Maurice Druon

Les rois maudits

* *

La Louve de France
Le Lis et le Lion
Quand un roi perd la France

omnibus

En couverture : *Le roi de France Philippe I*^{er} *(1052-1108) avec la reine Bretrade de Montfort (1070-1117) avec leurs enfants Constance de France (1078-1125) et Louis* VI *(1081-1137).* Miniature tirée de « Les grandes chroniques de France de Jean Fouquet (1420-1481) 15ᵉ siècle Paris, B.N. © Leemage

La Louve de France © 1966 by Maurice Druon, Librairie Plon et Editions Mondiales ; *Le Lis et le Lion* © 1966 by Maurice Druon, Librairie Plon et Editions Mondiales ; *Quand un roi perd la France* © 1977 by Maurice Druon, Librairie Plon et Editions Mondiales

© 2013, Editions Omnibus pour la présente édition

ISBN : 978-2-258-10059-6   Numéro d'éditeur : 719
Dépôt légal : janvier 2013

Omnibus | un département **place des éditeurs**

place
des
éditeurs

Sommaire

La Louve de France	7
De la Tamise à la Garonne	15
Isabelle aux amours	100
Le roi volé	164
La chevauchée cruelle	219
Le Lis et le Lion	303
Les nouveaux rois	305
Les jeux du diable	359
Les déchéances	415
Le boute-guerre	499
Jean Ier l'Inconnu	541
Quand un roi perd la France	579
Les malheurs viennent de loin	585
Le banquet de Rouen	657
Le printemps perdu	700
L'été des désastres	730
Répertoire biographique	809

LA LOUVE DE FRANCE

> « *Louve de France, dont les crocs acharnés*
> *Déchirent les entrailles de ton époux mutilé...* »
>
> Thomas GRAY

Prologue

... Et les châtiments annoncés, les malédictions lancées du haut de son bûcher par le grand-maître des Templiers, avaient continué de rouler sur la France. Le destin abattait les rois comme des pièces d'échecs.

Après Philippe le Bel foudroyé, après son fils aîné, Louis X, au bout de dix-huit mois assassiné, le second fils, Philippe V, paraissait promis à un long gouvernement. Or, à peine cinq années écoulées, Philippe V mourait à son tour avant d'avoir atteint trente ans.

Arrêtons-nous un instant sur ce règne qui ne se présente comme un répit de la fatalité qu'en regard des drames et des écroulements qui allaient lui faire suite. Règne pâle, semble-t-il à celui qui feuillette l'Histoire d'un geste distrait, sans doute parce qu'il ne retire pas de la page sa main teinte de sang. Et pourtant... Voyons de quoi sont faits les jours d'un grand roi quand le sort lui est contraire.

Car Philippe V le Long pouvait compter au nombre des grands rois. Par la force et par la ruse, par la justice et par le crime, il avait, jeune homme encore, saisi la couronne mise aux enchères des ambitions. Un conclave emprisonné, un palais royal enlevé d'assaut, une loi successorale inventée, une révolte provinciale brisée par une campagne de dix jours, un grand seigneur jeté en cachot, un enfant royal tué au berceau – du moins à ce que chacun croyait – avaient marqué les rapides étapes de sa course au trône.

Le matin de janvier 1317 où, toutes cloches sonnant dans le ciel, il était sorti de la cathédrale de Reims, le deuxième fils du Roi de fer possédait d'évidentes raisons de se penser triomphant, et libre de reprendre la grande politique qu'il avait admirée chez son père. Sa turbulente famille s'était, par obligation, inclinée ; les barons, matés, se résignaient à son pouvoir ; le Parlement subissait son ascendant et la bourgeoisie l'acclamait, tout à l'enthousiasme d'avoir retrouvé un prince fort. Son épouse était lavée des souillures de la tour de Nesle ; sa descendance semblait assurée par le fils qui venait de lui naître ; le sacre enfin l'avait revêtu d'une intangible majesté. Rien ne manquait à Philippe V pour jouir du relatif bonheur des rois, et pas même la sagesse de vouloir la paix et d'en connaître le prix.

Trois semaines plus tard, son fils mourait. C'était son seul enfant mâle, et la reine Jeanne, désormais frappée de stérilité, ne lui en donnerait plus d'autres.

Au début de l'été, une famine ravageait le pays, jonchant les villes de cadavres.

Puis, bientôt, un vent de démence souffla sur toute la France.

Quel élan aveugle et vaguement mystique, quels rêves élémentaires de sainteté et d'aventure, quel excès de misère, quelle fureur d'anéantissement poussèrent soudain garçons et filles des campagnes, gardiens de moutons, de bœufs et de porcs, petits artisans, petites fileuses, presque tous entre quinze et vingt ans, à quitter brusquement leurs familles, leurs villages, pour se former en bandes errantes, pieds nus, sans argent ni vivres ? Une incertaine idée de croisade servait de prétexte à cet exode.

La folie, en vérité, avait pris naissance dans les débris du Temple. Nombreux étaient les anciens Templiers que les prisons, les procès, les tortures, les reniements arrachés sous le fer rouge et le spectacle de leurs frères livrés aux flammes avaient rendus à demi fous. Le désir de vengeance, la nostalgie de leur puissance perdue et la possession de quelques recettes de magie apprises de l'Orient en avaient fait des fanatiques, d'autant plus redoutables qu'ils se cachaient sous l'humble robe du clerc ou le sarrau du tâcheron. Reformés en société clandestine, ils obéissaient aux ordres, mystérieusement transmis, du grand-maître secret qui avait remplacé le grand-maître brûlé.

Ce furent ces hommes-là qui, un hiver, se muèrent soudainement en prêcheurs de village et, pareils au joueur de flûte des légendes du Rhin, entraînèrent sur leurs pas la jeunesse de France. Vers la Terre sainte, disaient-ils. Mais leur volonté véritable était la perte du royaume et la ruine de la papauté.

Et le pape et le roi demeuraient également impuissants devant ces hordes d'illuminés qui parcouraient les routes, devant ces fleuves humains qui grossissaient à chaque carrefour, comme si la terre de Flandre, de Normandie, de Bretagne, de Poitou avait été ensorcelée.

Dix mille, vingt mille, cent mille... les « pastoureaux » marchaient vers de mystérieux rendez-vous. Prêtres interdits, moines apostats, brigands, voleurs, mendiants et putains se joignaient à leurs troupes. Une croix était portée en tête de ces cortèges où filles et garçons s'abandonnaient à la pire licence, aux pires débordements. Cent mille marcheurs en guenilles qui entrent dans une ville pour y demander l'aumône ont vite fait de la mettre au pillage. Et le crime, qui n'est d'abord que l'accessoire du vol, devient bientôt la satisfaction d'un vice.

Les pastoureaux ravagèrent la France pendant toute une année, avec une certaine méthode dans leur désordre, n'épargnant ni les églises, ni les monastères. Paris affolé vit cette armée de pillards envahir ses rues, et le roi Philippe V, d'une fenêtre de son Palais, leur adresser des paroles d'apaisement. Ils exigeaient du roi qu'il se mît à leur tête. Ils prirent d'assaut le Châtelet, assommèrent le prévôt, pillèrent l'abbaye de Saint-Germain-des-Prés. Puis un nouvel ordre, aussi mystérieux que celui qui les avait assemblés, les lança sur les chemins du sud. Les Parisiens tremblaient encore que les pastoureaux déjà inondaient Orléans. La Terre sainte était loin ; ce furent Bourges, Limoges, Saintes, le Périgord et le Bordelais, la Gascogne et l'Agenais qui eurent à subir leur fureur.

Le pape Jean XXII, inquiet de voir le flot se rapprocher d'Avignon, menaça d'excommunication ces faux croisés. Ils avaient besoin de victimes ; ils trouvèrent les Juifs. Les populations urbaines, dès lors, applaudissant aux massacres, fraternisèrent avec les pastoureaux. Ghettos de Lectoure, d'Auvillar, de Castelsarrasin, d'Albi, d'Auch, de Toulouse ; ici cent quinze cadavres, ailleurs cent cinquante-deux... Pas une cité du Languedoc qui n'ait eu droit à sa boucherie expiatoire. Les Juifs de Verdun-sur-Garonne se servirent de leurs propres enfants comme projectiles, puis s'entr'égorgèrent pour ne pas tomber aux mains des fous.

Alors le pape à ses évêques, le roi à ses sénéchaux donnèrent ordre de protéger les Juifs dont les commerces leur étaient nécessaires. Le comte de Foix, se portant au secours du sénéchal de Carcassonne, dut livrer vraiment une bataille rangée où les pastoureaux, repoussés dans les marécages d'Aigues-Mortes, moururent par milliers, assommés, percés, enlisés, noyés. La terre de France buvait son propre sang, engloutissait sa propre jeunesse. Clergé et officiers royaux s'unirent afin de pourchasser les rescapés. On leur ferma les portes des villes, on leur refusa vivres et logement ; on les traqua dans les passes des Cévennes ; on pendit tous ceux qu'on captura, par grappes de vingt, de trente, aux branches des arbres. Des bandes errèrent encore pendant près de deux ans, et il alla s'en perdre jusqu'en Italie.

La France, le corps de la France était malade. A peine apaisée la fièvre des pastoureaux, apparut celle des lépreux.

Etaient-ils tous responsables, ces malheureux aux chairs rongées, aux faces de morts, aux mains transformées en moignons, ces parias enfermés dans leurs ladreries, villages d'infection et de pestilence où ils procréaient entre eux et dont ils ne pouvaient sortir que cliquette en main, étaient-ils responsables absolument de la pollution des eaux ? Car l'été de 1321, les sources, les ruisseaux, les puits et les fontaines furent, en de nombreux points, empoisonnés. Et le peuple de France, cette année-là, haleta, assoiffé, devant ses généreuses rivières, ou ne s'y abreuva plus qu'avec effroi, attendant l'agonie pour chaque gorgée. Le Temple avait-il mis la main aux poisons étranges – faits de sang humain, d'urine, d'herbes magiques, de têtes de couleuvres, de pattes de crapauds écrasées, d'hosties transpercées et de poils de ribaudes – qu'on assura avoir été répandus dans les eaux ? Avait-il poussé à la révolte le peuple maudit, lui inspirant, comme certains lépreux l'avouèrent sous la torture, la volonté que tous les chrétiens périssent ou devinssent lépreux eux-mêmes ?

L'affaire commença dans le Poitou, où le roi Philippe V séjournait. Elle gagna vite le pays tout entier. Le peuple des villes et des campagnes se rua sur les léproseries pour y exterminer ces malades devenus soudain ennemis publics. N'étaient épargnées que les femmes enceintes, mais seulement jusqu'au sevrage de leur nourrisson. Après quoi on les livrait aux flammes. Les juges royaux couvraient de leurs sentences ces hécatombes, et la noblesse y prêtait ses hommes d'armes. Puis l'on se retourna une fois de plus contre les Juifs, accusés d'être complices d'une immense et imprécise conjuration inspirée, assurait-on, par les rois maures de Grenade et de Tunis. On eût dit que la France, dans de gigantesques sacrifices humains, cherchait à apaiser ses angoisses, ses terreurs.

Le vent d'Aquitaine était imprégné de l'atroce odeur des bûchers. A Chinon, tous les Juifs du bailliage furent jetés dans une grande fosse de feu ; à Paris, ils furent brûlés sur cette île qui portait tristement leur nom, en face du château royal, et où Jacques de Molay avait prononcé sa fatale prophétie.

Et le roi mourut. Il mourut de la fièvre et du déchirant mal d'entrailles qu'il avait contracté en Poitou, dans sa terre d'apanage ; il mourut d'avoir bu l'eau de son royaume.

Il mit cinq mois à s'éteindre dans les pires souffrances, consumé, squelettique.

Chaque matin, il commandait d'ouvrir les portes de sa chambre, en l'abbaye de Longchamp où il s'était fait transporter, laissant venir tous les passants jusqu'à son lit, pour pouvoir leur dire : « Voyez ici le roi de France, votre souverain seigneur, le plus pauvre homme de tout son royaume, car il n'est nul d'entre vous avec qui je ne voudrais échanger mon sort. Mes enfants, mirez-vous à votre prince temporel, et ayez tous le cœur à Dieu en voyant comme il se plaît à jouer avec ses créatures du monde. »

Il alla rejoindre les os de ses ancêtres, à Saint-Denis, le lendemain de l'Epiphanie de 1322, sans que personne, hormis sa femme, le pleurât.

Et pourtant, il avait été un roi fort sage, soucieux du bien public. Il avait déclaré inaliénable toute partie du domaine royal ; il avait unifié les monnaies, les poids et les mesures, réorganisé la justice pour qu'elle fût rendue avec plus d'équité, interdit le cumul des fonctions publiques, défendu aux prélats de siéger au Parlement, doté les finances d'une administration particulière. On lui devait encore d'avoir développé l'affranchissement des serfs. Il souhaitait que le servage disparût totalement de ses Etats ; il voulait régner sur un peuple d'hommes jouissant de « la liberté véritable », tels que la nature les avait faits.

Il avait évité les tentations de la guerre, supprimé de nombreuses garnisons intérieures pour renforcer celles des frontières, et préféré toujours les négociations aux stupides équipées. Sans doute était-il trop tôt pour que le peuple admît que la justice et la paix coûtassent de lourds sacrifices d'argent. « Où sont allés, demandait-on, les revenus, les dîmes et les annates, et les subventions des Lombards et des Juifs, puisqu'on a moins distribué d'aumônes, qu'on n'a pas tenu chevauchées, ni construit d'édifices ? Où donc tout cela a-t-il fondu ? »

Les grands barons, provisoirement soumis, et qui parfois, devant les remous des campagnes, s'étaient par peur serrés autour du souverain, avaient attendu patiemment leur heure de revanche et contemplé d'un regard apaisé l'agonie de ce jeune roi qu'ils n'avaient pas aimé.

Philippe V le Long, homme seul, en avance sur son temps, était passé dans l'incompréhension générale.

Il ne laissait que des filles ; « la loi des mâles » qu'il avait promulguée pour son propre usage les excluait du trône. La couronne était échue à son frère cadet, Charles de la Marche, aussi médiocre d'intelligence que beau de visage. Le puissant comte de Valois, le comte Robert d'Artois, tout le cousinage capétien et la réaction baronniale se voyaient à nouveau triomphants. Enfin, l'on pouvait reparler de croisade, se mêler aux intrigues de l'Empire, trafiquer des cours de la monnaie et assister, en se moquant, aux difficultés du royaume d'Angleterre.

Là-bas un roi léger, décevant, incapable, soumis à la passion amoureuse qu'il porte à son favori, se bat contre ses barons, contre ses évêques, et lui aussi trempe la terre de son royaume du sang de ses sujets.

Là-bas une princesse de France vit en femme humiliée, en reine bafouée, tremble pour sa vie, conspire pour sa sauvegarde, et rêve de vengeance.

Il semble qu'Isabelle, fille du Roi de fer et sœur de Charles IV de France, ait transporté au-delà de la Manche la malédiction des Templiers...

PREMIÈRE PARTIE

DE LA TAMISE À LA GARONNE

1

« *On ne s'évade pas de la tour de Londres...* »

Un énorme corbeau, noir, luisant, monstrueux, presque aussi gros qu'une oie, sautillait devant le soupirail. Parfois il s'arrêtait, l'aile basse, la paupière faussement close sur son petit œil rond, comme s'il allait dormir. Puis soudain, détendant le bec, il cherchait à frapper les yeux d'homme qui brillaient derrière les barreaux du soupirail. Ces yeux gris, couleur de silex, semblaient attirer l'oiseau. Mais le prisonnier était vif et avait déjà reculé le visage. Alors le corbeau reprenait sa promenade, par sauts pesants et courts.

L'homme, à présent, sortait la main hors du soupirail, une belle main grande et longue, nerveuse, l'avançait insensiblement, la laissait inerte, pareille à une branche sur la poussière du sol, attendant l'instant de saisir le corbeau par le cou.

L'oiseau, lui aussi, était rapide, en dépit de sa taille ; il s'écartait d'un bond, lançant un croassement enroué.

— Prends garde, Edouard, prends garde, dit l'homme derrière la grille du soupirail. Un jour, je finirai bien par t'étrangler.

Car le prisonnier avait donné à ce corbeau sournois le nom de son ennemi, le roi d'Angleterre.

Il y avait dix-huit mois que le jeu durait, dix-huit mois que le corbeau visait les prunelles du détenu, dix-huit mois que le détenu avait envie d'étouffer l'oiseau noir, dix-huit mois que Roger Mortimer, huitième baron de Wigmore, grand seigneur des Marches galloises et ex-lieutenant du roi en Irlande, était enfermé, en compagnie de son oncle Roger Mortimer de Chirk, ancien Grand Juge du Pays de Galles, dans un cachot de la tour de Londres. L'usage eût voulu que des prisonniers d'un tel rang, qui appartenaient à la plus ancienne noblesse du royaume, fussent pourvus d'un logement décent. Mais le roi Edouard II, lorsqu'il s'était saisi en janvier 1322 après la bataille de Shrewsbury gagnée sur ses barons révoltés, des deux Mortimer, leur avait assigné cette geôle étroite et basse, prenant son jour à ras de sol, dans les nouveaux bâtiments qu'il venait de faire construire, à droite de la tour de la Cloche. Obligé, sous la pression de la cour, des évêques et du peuple même, de commuer en réclusion perpétuelle la peine de mort qu'il avait d'abord décrétée contre les Mortimer, le roi espérait bien que cette cellule malsaine, cette cave où les fronts touchaient le plafond, ferait, à terme, office de bourreau.

De fait, si les trente-six ans de Roger Mortimer de Wigmore avaient pu résister à pareille prison, en revanche dix-huit mois de brume coulant par le soupirail, ou de pluie suintant des murs, ou de touffeur épaisse stagnant au fond de ce trou durant la saison chaude, semblaient avoir eu raison du vieux Lord de Chirk. Perdant ses cheveux, perdant ses dents, les jambes enflées, les mains tordues de rhumatismes, l'aîné des Mortimer ne quittait presque plus la planche de chêne qui lui servait de lit, tandis que son neveu se tenait près du soupirail, les yeux tournés vers la lumière.

C'était le deuxième été qu'ils passaient dans ce réduit.

Le jour, depuis deux heures déjà, était levé sur la plus célèbre forteresse d'Angleterre, cœur du royaume et symbole de la puissance de ses princes, sur la tour Blanche, construite par Guillaume le Conquérant et appuyée aux fondations mêmes de l'ancien *castrum* romain, sur cet immense donjon carré, léger malgré ses proportions gigantesques, sur les tours d'enceinte et les murs crénelés dus à Richard Cœur de Lion, sur le Logis du Roi, sur la chapelle Saint-Pierre, sur la porte des Traîtres. La journée serait chaude, pesante même, comme la veille l'avait été ; cela se devinait au soleil qui rosissait les pierres ainsi qu'à l'odeur de vase, un peu écœurante, montant des douves et de la

Tamise toute proche dont l'eau baignait le remblai des fossés*[1].

Le corbeau Edouard avait rejoint les autres corbeaux géants sur la pelouse tristement fameuse, le Green, où l'on installait le billot les jours d'exécutions capitales ; les oiseaux y picoraient une herbe nourrie du sang des patriotes écossais, des criminels d'Etat, des favoris tombés en disgrâce.

On ratissait le Green, on en balayait les chemins pavés sans que les corbeaux s'effarouchassent ; car nul n'aurait osé toucher à ces animaux qui vivaient là, objets d'une vague superstition, depuis des temps immémoriaux.

Les soldats de la garde, sortant de leurs logis, achevaient hâtivement de boucler leur ceinturon ou leurs houseaux, coiffaient leur chapeau de fer, et se rassemblaient pour la parade quotidienne qui, ce matin, prenait une importance particulière car on était le 1er août, jour de Saint-Pierre-ès-Liens – auquel la chapelle était dédiée – et fête annuelle de la Tour.

Les verrous grincèrent à la porte basse de la cellule. Le geôlier porte-clefs ouvrit, jeta un regard à l'intérieur, et laissa entrer le barbier. Celui-ci, un homme à petits yeux, à nez long, à bouche ronde, venait une fois la semaine raser Roger Mortimer le Jeune. Pendant les mois d'hiver, cette opération était un supplice pour le prisonnier, car le constable Stephen Seagrave, gouverneur de la Tour[2], avait déclaré :

— Si Lord Mortimer veut continuer d'être rasé, je lui enverrai donc le barbier, mais je n'ai pas obligation de le fournir d'eau chaude.

Et Lord Mortimer avait tenu bon, d'abord pour défier le constable, ensuite parce que son ennemi exécré le roi Edouard portait une jolie barbe blonde, enfin et surtout pour lui-même, sachant que s'il cédait sur ce point, il s'abandonnerait progressivement à la déchéance physique. Il avait sous les yeux l'exemple de son oncle, lequel ne prenait plus aucun soin de sa personne. Le menton broussailleux, les mèches éparses autour du crâne, le Lord de Chirk, après dix-huit mois de

---

* Les numéros dans le texte renvoient aux « Notes historiques », page 289. Le lecteur trouvera en fin de volume le « Répertoire biographique » des personnages.

détention, avait l'apparence d'un vieil anachorète et se plaignait sans arrêt des multiples maux qui l'accablaient.

— Seules les douleurs de mon pauvre corps, disait-il, m'assurent que je suis encore vivant.

Donc Mortimer le Jeune, semaine après semaine, avait accueilli le barbier Ogle, même lorsqu'il fallait casser la glace dans le bassin et que le rasoir lui laissait les joues sanglantes. Il en avait été récompensé, car il s'était aperçu au bout de quelques mois que cet Ogle pouvait lui servir de liaison avec l'extérieur. L'homme avait une âme étrange ; il était avide, et capable aussi de dévouement ; il souffrait d'une situation subalterne qu'il jugeait inférieure à son mérite ; l'intrigue lui offrait l'occasion d'une revanche secrète et d'acquérir, en partageant les secrets de grands personnages, de l'importance à ses propres yeux. Le baron de Wigmore était certainement l'homme le plus noble, à la fois de naissance et de nature, qu'il eût jamais approché. Et puis, un prisonnier qui s'obstine, même par temps de gel, à se faire raser, cela force l'admiration !

Grâce au barbier, Mortimer avait donc établi un lien, ténu mais régulier, avec ses partisans, et particulièrement avec Adam Orleton, l'évêque de Hereford ; par le barbier encore, il avait su que le lieutenant de la Tour, Gérard de Alspaye, pouvait être gagné à sa cause ; par le barbier toujours, il avait mis sur pied la lente machination d'une évasion. L'évêque assurait qu'il serait délivré à l'été. Et l'été était là...

A travers le judas ménagé dans la porte, le geôlier, de temps à autre, lançait un regard, sans suspicion particulière, par simple habitude professionnelle.

Le prisonnier, une écuelle de bois sous le menton – retrouverait-il jamais le bassin de fin argent martelé dont il se servait naguère ? – écoutait les propos de convenance que lui adressait le barbier à voix très haute, pour donner le change. Le soleil, l'été, la chaleur... Il faisait toujours beau temps, c'était chose remarquable, le jour de la Saint-Pierre...

Se penchant davantage sur son rasoir, Ogle souffla :

— *Be ready tonight, my Lord**.

Mortimer n'eut pas un tressaillement. Ses yeux couleur de silex, sous les sourcils bien fournis, se tournèrent seulement

---

* Soyez prêt pour ce soir, Monseigneur.

vers les petits yeux noirs du barbier. Celui-ci confirma d'un mouvement de paupières.

— Alspaye ?... murmura Mortimer.

— *He'll go with us**, répondit le barbier en passant de l'autre côté du visage.

— *The Bishop ?...* demanda encore le prisonnier.

— *He'll be waiting for you outside, after dark*, dit le barbier qui aussitôt se remit à parler bien fort du soleil, de la parade qui s'apprêtait, des jeux qui se dérouleraient l'après-midi...

Sa barbe faite, Mortimer se rinça le visage et s'essuya d'une toile sans même en sentir le contact.

Et lorsque le barbier Ogle fut parti en compagnie du porteclefs, le prisonnier s'étreignit la poitrine, à deux mains, et avala une grande gorgée d'air. Il se retenait de crier. « Soyez prêt pour ce soir ». Ces mots lui bruissaient dans la tête. Se pouvait-il que ce fût pour ce soir, enfin ?

Il s'approcha du bat-flanc où somnolait son compagnon de geôle.

— Mon oncle, dit-il, ce sera pour ce soir.

Le vieux Lord de Chirk se tourna en gémissant, éleva vers son neveu ses prunelles décolorées qui brillaient d'une lueur glauque dans l'ombre de la cellule, et répondit avec lassitude :

— On ne s'évade pas de la tour de Londres, mon garçon. Personne... Ni ce soir, ni jamais.

Mortimer le Jeune eut un mouvement d'irritation. Pourquoi cette obstination négative, ce refus du risque de la part d'un homme qui, au pire, avait si peu de vie à perdre ? Il s'interdit de répondre pour ne pas s'emporter. Bien qu'ils parlassent français entre eux, comme toute la cour et la noblesse, alors que les serviteurs, les soldats et le commun peuple parlaient anglais, ils craignaient toujours d'être entendus.

Mortimer revint au soupirail et regarda, de bas en haut, la parade, avec le sentiment exaltant d'y assister peut-être pour la dernière fois.

Au niveau de ses yeux passaient et repassaient les houseaux de la troupe ; de gros souliers de cuir frappaient les pavés. Et

---

* Il partira avec nous.

L'évêque ?

Il vous attendra à l'extérieur, à la nuit tombée.

le Lord de Wigmore ne pouvait s'empêcher d'admirer les évolutions précises des archers, ces remarquables archers anglais, les meilleurs d'Europe, qui tiraient jusqu'à douze flèches à la minute.

Au milieu du Green, Alspaye, le lieutenant, raide comme un pieu, criait les ordres à pleine voix et présentait la garde au constable. On comprenait mal que ce grand jeune homme, blond et rose, si attentif à son service, si visiblement animé du désir de bien faire, eût accepté de trahir. Il fallait qu'il y eût été poussé par d'autres motifs que le seul appât de l'argent. Gérard de Alspaye, lieutenant de la tour de Londres, souhaitait, comme beaucoup d'officiers, de shérifs, d'évêques et de seigneurs, voir l'Angleterre débarrassée des mauvais ministres qui entouraient le roi ; sa jeunesse rêvait de jouer un rôle héroïque ; de plus il haïssait et méprisait son chef, le constable Seagrave.

Ce dernier, un borgne à joues flasques, buveur et nonchalant, ne devait sa haute charge qu'à la protection, précisément, des mauvais ministres. Pratiquant ouvertement les mœurs dont le roi Edouard faisait étalage devant la cour, le constable se servait volontiers de sa garnison comme d'un harem. Et ses goûts le portaient par préférence vers les grands jeunes hommes blonds ; aussi l'existence du lieutenant Alspaye, fort dévot et éloigné du vice, était devenue un enfer. Ayant naguère repoussé les tendres assauts du constable, Alspaye en subissait maintenant les continuelles persécutions. Il n'était de tracasseries, de vexations, que Seagrave ne lui infligeât. Le borgne avait les loisirs de la cruauté. Dans l'instant même, passant l'inspection des hommes, il accablait son second de moqueries grossières pour des vétilles, pour un défaut d'alignement, pour une tache de rouille sur le fer d'un couteau, pour une minuscule déchirure dans le cuir d'un sac à flèches. Son œil unique ne cherchait que le défaut.

Bien que ce fût fête, jour où de coutume les punitions étaient levées, le constable ordonna que trois soldats fussent fouettés sur-le-champ, à cause du mauvais état de leur équipement. Un sergent alla quérir les verges. Les hommes punis durent baisser leurs chausses devant tous leurs camarades alignés. Le constable parut fort s'amuser du spectacle.

— Si la garde n'est pas mieux tenue, la prochaine fois, Alspaye, ce sera vous, dit-il.

Puis toute la garnison, à l'exception des sentinelles, se rendit à la chapelle pour entendre messe et chanter cantiques.

Les voix rudes et fausses parvenaient jusqu'au prisonnier, aux aguets derrière son soupirail. « Soyez prêt pour ce soir, my Lord... » L'ancien délégué du roi en Irlande ne cessait de penser que le soir, peut-être, il serait libre. Une journée entière à attendre, à espérer, à craindre aussi. Craindre que Ogle ne commît une sottise dans l'exécution du plan préparé, craindre que Alspaye, à la dernière minute, ne soit ressaisi par le sens du devoir... une journée à prévoir tous les obstacles fortuits, tous les éléments de hasard qui peuvent faire manquer une évasion.

« Il vaut mieux n'y pas songer, se dit-il, et croire que tout ira bien. Les choses surviennent toujours différemment de ce qu'on a pu imaginer. » Mais sa pensée revenait aux mêmes soucis. « Il y aura les veilleurs sur les chemins de ronde... »

Il fit un brusque saut en arrière. Le corbeau avait avancé en tapinois, le long du mur, et il s'en était peu fallu, cette fois, qu'il n'atteignît l'œil du prisonnier.

— Ah ! Edouard, Edouard, c'en est trop à présent, dit Mortimer entre les dents. L'un de nous deux, aujourd'hui, doit l'emporter.

La garnison venait de sortir de la chapelle et d'entrer au réfectoire, pour les ripailles traditionnelles.

Le geôlier reparut sur le seuil de la cellule, suivi d'un gardien chargé du repas des prisonniers. Le brouet de fèves, par exception, était engraissé d'un peu de viande de mouton.

— Forcez-vous à vous mettre debout, mon oncle, dit Mortimer.

— Et l'on nous prive même de la messe, comme des excommuniés ! dit le vieux Lord sans bouger de son bat-flanc.

Le porte-clefs s'était retiré. Les prisonniers seraient sans autre visite jusqu'au soir.

— Ainsi, mon oncle, vous êtes vraiment résolu à ne point m'accompagner ? demanda Mortimer.

— T'accompagner où, mon garçon ? répondit le Lord de Chirk. On ne s'évade pas de la Tour, je te le répète. Nul n'y est jamais parvenu. On ne se rebelle pas non plus contre son roi. Edouard n'est pas le meilleur souverain que l'Angleterre ait eu, certes non, et ses deux Despensers mériteraient bien d'être à notre place. Mais on ne choisit pas son roi, on le sert. Jamais je n'aurais dû vous écouter, Thomas de Lancastre et toi, quand vous avez pris les armes. Car Thomas a été décapité, et voilà où nous sommes...

C'était l'heure où, après quelques bouchées avalées, il consentait à parler, d'une voix monotone et lasse, pour ressasser d'ailleurs les mêmes propos que son neveu entendait depuis dix-huit mois.

Il ne restait plus rien, à soixante-sept ans, chez Mortimer l'Ancien, du bel homme ni du grand seigneur qu'il avait été, fameux pour de fabuleux tournois donnés au château de Kenilworth, et dont trois générations parlaient encore. Son neveu s'efforçait en vain de ranimer quelques braises au cœur de ce vieil homme épuisé.

— D'abord, mes jambes ne me soutiendraient pas, ajouta-t-il.

— Que ne les essayez-vous un peu ! Quittez donc votre lit. Et puis, je vous porterai, je vous l'ai dit.

— C'est cela ! Tu vas me porter par-dessus les murs, et puis dans l'eau où je ne sais pas nager. Tu vas me porter la tête sur le billot, voilà, et la tienne avec. Dieu est peut-être en train de travailler à notre délivrance, et toi tu vas tout ruiner par cette folie où tu t'entêtes. C'est toujours ainsi ; la révolte est dans le sang des Mortimer. Rappelle-toi le premier Roger de notre lignée, le fils de l'évêque et de la fille du roi Herfast. Il avait battu l'armée du roi de France sous les murs de son château de Mortemer-en-Bray[3]. Et pourtant il offensa si fort le Conquérant, son cousin, que ses terres et ses biens lui furent ôtés...

Roger Mortimer de Wigmore, assis sur l'escabelle, croisa les bras, ferma les yeux, et se renversa un peu pour appuyer les épaules au mur. Il lui fallait subir la quotidienne invocation des ancêtres, écouter Roger Mortimer de Chirk conter pour la centième fois comment Ralph le Barbu, fils du premier Roger, avait débarqué en Angleterre aux côtés du duc Guillaume, et comment il avait reçu Wigmore en fief, et pourquoi, depuis, les Mortimer étaient puissants sur quatre comtés.

Du réfectoire s'échappaient les chansons à boire que braillaient les soldats en fin de repas.

— De grâce, mon oncle, s'écria Mortimer le jeune, abandonnez un moment nos aïeux. Je n'ai pas si grand-hâte que vous de les retrouver. Oui, je sais que nous descendons d'un roi. Mais le sang des rois est petit sang dans une prison. Est-ce le glaive d'Herfast de Danemark qui va nous délivrer ? Où sont nos terres, et nous sert-on nos revenus dans ce cachot ? Et quand vous m'aurez redit encore les noms de nos aïeules : Hadewige, Mélisinde, Mathilde la Mesquine, Walcheline de Ferrers, Gladousa de Braose, sont-ce là les seules femmes dont je pourrai rêver jusqu'à mon dernier souffle ?

Mortimer de Chirk demeura un moment interdit, contemplant distraitement sa main gonflée, aux ongles démesurément longs et ébréchés. Puis il dit :

— Chacun occupe sa prison comme il peut, les vieux avec le passé perdu, les jeunes avec les lendemains qu'ils ne verront pas. Toi, tu te contes que toute l'Angleterre t'aime et travaille pour toi, que l'évêque Orleton est ton ami fidèle, que la reine elle-même œuvre à ton salut, et que tu vas tout à l'heure partir pour la France, pour l'Aquitaine, pour la Provence, que sais-je ! Et que tout le long de ton chemin, les cloches vont sonner la bienvenue. Et ce soir, tu verras, personne ne viendra.

Il se passa les doigts sur les paupières, d'un geste las, puis se tourna vers le mur.

Mortimer le Jeune revint au soupirail, glissa une main entre les barreaux et la posa, comme morte, sur la poussière.

« L'oncle, maintenant, va somnoler jusqu'au soir, pensait-il. Et puis il se décidera à la dernière minute. De fait, ce ne sera point aisé avec lui ; et ne va-t-il pas tout faire échouer ?... Ah ! voilà Edouard. »

L'oiseau s'était arrêté à peu de distance de la main inerte, et essuyait son gros bec noir contre sa patte.

« Si je l'étrangle, mon évasion réussira. Si je le manque, je ne m'échapperai pas. »

Ce n'était plus un jeu, mais un pari avec le destin. Pour occuper son attente, tromper son anxiété, le prisonnier avait besoin de se fabriquer des présages, et il guettait, d'un œil de chasseur, l'énorme corbeau. Mais celui-ci, comme s'il avait discerné la menace, s'écarta.

Les soldats sortaient du réfectoire, le visage tout illuminé. Ils se répartirent en petits groupes, à travers la cour, pour les jeux, les courses et luttes qui étaient tradition de fête. Pendant deux heures, le torse nu, ils suèrent sous le soleil, rivalisant de force pour se plaquer au sol, ou d'adresse pour lancer des masses contre un piquet de bois.

On entendait le constable crier :

— Le prix du roi ! Qui le gagnera ? Un shilling[4] !

Puis, quand le jour commença de baisser, les hommes allèrent se laver aux citernes et, plus bruyants que le matin, commentant leurs exploits ou leurs défaites, ils regagnèrent le réfectoire pour manger et boire encore. Qui n'était pas ivre le soir de la Saint-Pierre-ès-Liens méritait le mépris de ses compagnons ! Le prisonnier les entendait se ruer au vin. L'ombre descendait sur la cour, l'ombre bleue des soirs d'été, et l'odeur de vase, venant des douves et du fleuve, se faisait plus pénétrante.

Soudain un croassement furieux, rauque, prolongé, un de ces cris d'animaux qui donnent un malaise aux hommes, déchira l'air devant le soupirail.

— Qu'est-ce là ? demanda le vieux Lord de Chirk dans le fond de la cellule.

— Je l'ai manqué, dit son neveu. Je lui ai saisi l'aile au lieu du col.

Il conservait aux doigts quelques plumes noires qu'il contemplait tristement dans l'incertaine lumière du crépuscule. Le corbeau avait disparu et, cette fois, ne reviendrait plus.

« C'est sottise d'enfant que d'y attacher importance, se disait Mortimer le Jeune. Allons, l'heure approche. » Mais il était obsédé d'un mauvais pressentiment.

Il en fut distrait par l'étrange silence qui depuis quelques instants venait de s'établir dans la Tour. Aucun bruit ne s'élevait plus du réfectoire ; les voix des buveurs s'étaient éteintes ; le choc des plats et des pichets avait cessé. On n'entendait rien qu'un aboiement quelque part dans les jardins, et le cri lointain d'un marinier sur la Tamise... Le complot d'Alspaye avait-il été éventé, et ce silence de la forteresse était-il dû à la stupeur qui suit la découverte des grandes trahisons ?

Le front collé aux grilles du soupirail, le prisonnier, retenant son souffle, épiait l'ombre et les moindres sons. Un archer traversa la cour en titubant, alla vomir contre un mur, puis s'affala sur le sol et ne bougea plus. Mortimer distinguait sa forme immobile dans l'herbe. Déjà les premières étoiles apparaissaient au ciel. La nuit serait claire.

Deux soldats encore sortirent du réfectoire en se tenant le ventre, et vinrent s'écrouler au pied d'un arbre. Ce n'était pas une ivresse coutumière que celle-ci, qui assommait les hommes comme d'un coup de bâton.

Mortimer de Wigmore chercha ses bottes à tâtons, dans un coin du cachot, et les enfila ; elles glissaient facilement car ses jambes avaient maigri.

— Que fais-tu, Roger ? demanda Mortimer de Chirk.

— Je me prépare, mon oncle ; le moment approche. Notre ami Alspaye paraît avoir bien fait les choses ; on dirait tout juste que la Tour est morte.

— Il est vrai qu'on ne nous a point porté notre second repas, remarqua le vieux Lord avec un accent d'inquiétude.

Roger Mortimer remettait sa chemise dans ses braies, bouclait sa ceinture autour de sa cotte de guerre. Ses vêtements étaient usés, fripés, car on refusait depuis dix-huit mois de lui en fournir d'autres, et il vivait dans son habillement de bataille, tel qu'on l'avait dégagé de son armure faussée, la lèvre inférieure blessée par le choc de la mentonnière.

— Si tu réussis, je vais rester seul, et toutes les vengeances retomberont sur moi, dit encore le Lord de Chirk.

Il y avait une grande part d'égoïsme dans la vaine obstination du vieil homme à détourner son neveu de s'évader.

— Entendez donc, mon oncle, voici qu'on vient. Cette fois, levez-vous.

Des pas résonnaient sur les dalles de pierre, approchaient de la porte. Une voix appela :

— My Lord !

— Est-ce toi, Alspaye ?

— Oui, my Lord, mais je n'ai pas la clef. Votre geôlier, dans son ivresse, a égaré le trousseau ; et maintenant, en l'état où il est, on ne peut rien en tirer. J'ai cherché partout.

Du bat-flanc où reposait le Lord de Chirk partit un petit ricanement.

Mortimer le Jeune eut un juron de dépit. Alspaye mentait-il, ayant pris peur à la dernière minute ? Mais dans ce cas, pourquoi était-il venu ? Ou bien était-ce le hasard absurde, ce hasard que le prisonnier avait tenté d'imaginer toute la journée, et qui se présentait sous cette forme ?

— Tout est prêt, my Lord, je vous assure, continuait Alspaye. La poudre de l'évêque, qu'on a mêlée au vin, a fait merveille. Ils étaient déjà bien saouls et ne se sont aperçus de rien. A présent, ils sont tous engourdis, comme morts. Les cordes sont préparées, la barque vous attend. Mais je n'ai pas la clef.

— De combien de temps pouvons-nous profiter ?

— Les sentinelles ne devraient point s'inquiéter avant une grande demi-heure. Elles ont festoyé, elles aussi, avant leur garde.

— Qui t'accompagne ?

— Ogle.

— Envoie-le prendre une masse, un coin, un levier, et faites sauter la pierre.

— Je vais avec lui, et m'en retourne aussitôt.

Les deux hommes s'éloignèrent. Roger Mortimer mesurait le temps aux battements de son cœur. Pour une clef égarée !... Et il suffisait maintenant qu'une sentinelle, sous un prétexte quelconque, abandonnât sa veille pour que tout échouât... Le vieux Lord lui-même se taisait et l'on entendait sa respiration oppressée dans le fond du cachot.

Bientôt un rai de lumière filtra sous la porte. Alspaye revenait, avec le barbier qui portait chandelle et outils. Ils s'attaquèrent à la pierre du mur dans laquelle le pêne enfonçait de deux pouces. Ils s'efforçaient d'assourdir leurs coups ; mais même ainsi, ils avaient l'impression que l'écho s'en devait répercuter dans toute la Tour. Des éclats de pierre tombaient sur le sol. Enfin, le bloc s'écroula et la porte s'ouvrit.

— Faites vite, my Lord, dit Alspaye.

Sa face rose, éclairée par la chandelle, était couverte de sueur, et ses mains tremblaient.

Roger Mortimer de Wigmore s'approcha de son oncle, se pencha vers lui.

— Non, va seul, mon garçon, dit Mortimer de Chirk ; il faut que tu t'échappes. Que Dieu te protège. Et ne m'en veuille pas d'être vieux.

Il attira son neveu par la manche, lui traça du pouce un signe de croix au front.

— Venge-nous, Roger, murmura-t-il encore.

Et Roger Mortimer de Wigmore, se courbant, sortit de la cellule.
— Par où passerons-nous ? demanda-t-il.
— Par les cuisines, répondit Alspaye.
Le lieutenant, le barbier et le prisonnier gravirent quelques marches, suivirent un corridor, franchirent plusieurs pièces obscures.
— Tu es armé, Alspaye ? chuchota soudain Mortimer.
— J'ai ma miséricorde.
— Il y a un homme, là !
Une forme se tenait contre le mur, que Mortimer avait devinée le premier. Le barbier cacha sous sa paume la faible flamme de la chandelle ; le lieutenant dégagea sa dague ; ils avancèrent plus lentement.
L'homme, dans l'ombre, ne bougeait pas. Les épaules et les bras collés à la muraille, les jambes écartées, il paraissait avoir peine à se soutenir.
— C'est Seagrave, dit le lieutenant.
Le constable borgne, comprenant qu'on l'avait drogué en même temps que ses hommes, était parvenu à marcher jusque-là et luttait contre une invincible torpeur. Il voyait son prisonnier s'évader ; il voyait son lieutenant qui l'avait trahi ; mais sa bouche ne formait aucun son, ses membres lui refusaient tout mouvement, et, dans son œil unique, sous une paupière qui s'appesantissait, on pouvait lire l'angoisse de la mort. Le lieutenant lui lança le poing en plein visage ; la tête du constable cogna contre la pierre, et son corps s'affaissa.
Les trois hommes passèrent devant la porte du grand réfectoire où les torches fumaient ; toute la garnison s'y trouvait, endormie. Affalés sur les tables, écroulés sur les bancs, étendus à même le sol, les archers ronflaient, gueules ouvertes, dans des postures grotesques, comme si un magicien les eût plongés dans un sommeil de cent ans. Même spectacle aux cuisines éclairées par les braises rougeoyant sous les chaudrons, et où stagnait une épaisse odeur de graillon. Les vivandiers avaient tâté, eux aussi, du vin d'Aquitaine dans lequel le barbier Ogle avait versé la drogue ; et ils gisaient, qui sous l'étal, qui près de la panetière, qui parmi les brocs, la panse en l'air et les bras écartés. Seul bougeait un chat, gorgé de

viande crue, et cheminant d'une patte prudente à travers les tables.

— Ici, my Lord, dit le lieutenant en guidant le prisonnier vers un réduit utilisé à la fois comme latrines et comme déversoir aux eaux grasses.

Une lucarne était ménagée dans ce réduit, seule ouverture sur ce côté des murs qui pût livrer passage à un homme[5].

Ogle apporta une échelle de corde qu'il avait cachée dans un coffre, et approcha une escabelle. L'échelle fut fixée au rebord de la lucarne ; le lieutenant passa le premier, puis Roger Mortimer, puis le barbier. Et bientôt ils furent tous les trois accrochés à l'échelle, glissant le long de la muraille, à trente pieds au-dessus de l'eau miroitante des douves. La lune n'était pas encore levée.

« En effet, mon oncle n'aurait jamais pu s'enfuir de la sorte », pensa Mortimer.

Une masse noire bougea à côté de lui, avec un froissement de plumes. C'était un gros corbeau, niché dans une meurtrière et dérangé dans son sommeil. Mortimer, instinctivement, étendit la main, fouilla dans un plumage chaud, trouva le cou de l'oiseau qui eut un long cri douloureux, presque humain ; le fugitif serra de toutes ses forces en tournant le poignet jusqu'à ce qu'il sentît le craquement des os sous ses doigts.

Le corps de l'animal tomba dans l'eau avec un bruit claquant.

— *Who goes there ?** cria aussitôt une sentinelle.

Et un casque se pencha hors d'un créneau, au sommet de la tour de la Cloche.

Les trois fugitifs, agrippés à l'échelle de corde, se tassaient contre la muraille.

« Pourquoi ai-je fait cela ? pensait Mortimer. Quelle sotte tentation m'a poussé ? Il y avait assez de risques ; pourquoi en inventer ? »

Mais la sentinelle, rassurée par le silence, reprit sa ronde, et l'on entendit son pas décroître dans la nuit.

La descente continua. L'eau, en cette saison, était peu profonde dans les douves. Les trois hommes s'y laissèrent couler, disparaissant jusqu'aux épaules, et longèrent l'assise de

---

* Qui va là ?

la forteresse. S'appuyant de la main aux pierres du mur romain, ils contournèrent la tour de la Cloche, et puis traversèrent le fossé en amortissant le plus possible le bruit de leurs gestes. Le talus était vaseux et glissant. Les fugitifs s'y hissèrent sur le ventre, s'aidant l'un l'autre, puis coururent, courbés, jusqu'à la berge du fleuve. Là, une barque attendait, cachée dans les herbes. Deux rameurs se tenaient aux avirons ; un homme, enveloppé dans une grande chape sombre et la tête couverte d'un chaperon à oreillettes, était assis à l'arrière ; il émit un sifflement léger, à trois reprises. Les fugitifs sautèrent dans la barque.

— My Lord Mortimer, dit l'homme à la chape en tendant les mains.

— My Lord Bishop, répondit l'évadé en faisant le même geste.

Ses doigts rencontrèrent le cabochon d'une bague vers laquelle il pencha les lèvres.

— *Go ahead, quickly**, commanda le prélat aux rameurs.

Et les avirons entrèrent dans l'eau.

Adam Orleton, évêque de Hereford, nommé à son siège par le pape, contre la volonté du roi, et chef de l'opposition du clergé, venait de faire évader le plus important seigneur du royaume. C'était Orleton qui avait tout organisé, tout préparé, circonvenu Alspaye en l'assurant qu'il allait gagner à la fois sa fortune et le paradis, fourni le narcotique qui avait plongé dans l'hébétude la tour de Londres.

— Tout s'est bien passé, Alspaye ? demanda-t-il.

— Aussi bien que possible, my Lord, répondit le lieutenant. Combien de temps vont-ils dormir ?

— Deux bonnes journées, sans doute... J'ai là ce qui était promis à chacun, dit l'évêque en découvrant une lourde bourse qu'il tenait sous sa chape. Et pour vous aussi, my Lord, j'ai le nécessaire à votre dépense, pour quelques semaines tout au moins.

A ce moment on entendit une sentinelle crier :

— *Sound the alarm!*

Mais la barque était déjà fort engagée sur le fleuve, et tous les cris des sentinelles ne parviendraient pas à reveiller la Tour.

---

* En avant, rapidement.

— Je vous dois tout, et d'abord la vie, dit Mortimer à l'évêque.

— Attendez d'être en France, répondit celui-ci, et seulement alors vous pourrez me remercier. Des chevaux nous attendent sur l'autre rive, à Bermondsey. Une nef est frétée, auprès de Douvres, prête à appareiller.

— Partez-vous avec moi ?

— Non, my Lord, je n'ai aucune raison de fuir. Dès que je vous aurai embarqué, je rentre en mon diocèse.

— Ne craignez-vous donc pas pour vous-même, après ce que vous venez de faire ?...

— Je suis homme d'Eglise, répondit l'évêque avec une pointe d'ironie. Le roi me hait mais n'osera pas me toucher.

Ce prélat à la voix tranquille, qui bavardait au milieu de la Tamise, aussi calme que s'il eût été dans son palais épiscopal, possédait un singulier courage, et Mortimer l'admira sincèrement.

Les rameurs étaient au centre de la barque ; Alspaye et le barbier s'étaient installés à l'avant.

— Et la reine ? demanda Mortimer. L'avez-vous approchée récemment ? La tourmente-t-on toujours autant ?

— La reine, pour le moment, est dans le Yorkshire, où le roi voyage, ce qui a d'ailleurs bien facilité notre entreprise. Votre épouse...

L'évêque insista légèrement sur ce dernier mot.

— ... votre épouse m'en a fait tenir des nouvelles l'autre jour.

Mortimer se sentit rougir et rendit grâces à l'ombre qui cachait son trouble. Il s'était inquiété de la reine avant même de s'être enquis des siens et de sa propre femme. N'avait-il donc, durant ses dix-huit mois de détention, pensé qu'à la reine Isabelle ?

— La reine vous veut grand bien, reprit l'évêque. C'est elle qui a fourni de sa cassette, de la maigre cassette que nos bons amis Despensers consentent à lui laisser, ce que je vais vous remettre pour que vous puissiez vivre en France. Pour tout le reste, pour Alspaye, le barbier, les chevaux, la nef qui vous attend, mon diocèse en a fait les frais.

Il avait posé la main sur le bras de l'évadé.

— Mais vous êtes trempé ! ajouta-t-il.

— Bah ! fit Mortimer, l'air de la liberté me séchera vite.

Il se leva, dépouilla sa cotte et sa chemise, et se tint debout, torse nu, au milieu de la barque. Il avait un beau corps solide, aux épaules puissantes, au dos long et musclé ; la captivité l'avait amaigri, mais sans diminuer l'impression de force que donnait sa personne. La lune qui venait de surgir l'éclairait d'une lueur dorée et dessinait les reliefs de sa poitrine.

— Propice aux amoureux, funeste aux fugitifs, dit l'évêque en montrant la lune. C'était juste la bonne heure.

Roger Mortimer, sur sa peau et dans ses cheveux mouillés, sentait glisser l'air de la nuit, chargé d'odeurs d'herbes et d'eau. La Tamise, plate et noire, fuyait le long de la barque et les avirons soulevaient des paillettes d'or. La berge opposée approchait. Le grand baron se retourna pour regarder une dernière fois la Tour, haute, immense, épaulée sur ses fortifications, ses remparts, ses remblais. « On ne s'évade pas de la Tour... » Il était le premier prisonnier, depuis des siècles, à s'en être échappé ; il mesurait l'importance de son acte, et le défi qu'il lançait à la puissance des rois.

En arrière, la ville endormie se profilait dans la nuit. Sur les deux rives, et jusqu'au pont gardé par ses hautes tours, oscillaient lentement les mâts pressés, nombreux, des navires de la Hanse de Londres, de la Hanse Teutonique, de la Hanse parisienne des marchands d'eau, de l'Europe entière, qui apportaient les draps de Bruges, le cuivre, le goudron, la poix, les couteaux, les vins de la Saintonge et de l'Aquitaine, le poisson séché, et chargeaient pour la Flandre, pour Rouen, pour Bordeaux, pour Lisbonne, le blé, le cuir, l'étain, les fromages, et surtout la laine, la meilleure qui soit au monde, des moutons anglais. On reconnaissait à leur forme et à leurs dorures les grosses galères vénitiennes.

Mais déjà, Roger Mortimer de Wigmore pensait à la France. Il irait d'abord demander asile en Artois, à son cousin Jean de Fiennes... Il étendit les bras largement, d'un geste d'homme libre.

Et l'évêque d'Orleton, qui regrettait de n'être né ni beau ni grand seigneur, contemplait avec une sorte d'envie ce corps assuré, prêt à bondir en selle, ce haut torse sculpté, ce menton fier, ces rudes cheveux bouclés, qui allaient emporter dans l'exil le destin de l'Angleterre.

2

La reine blessée

Le carreau de velours rouge sur lequel la reine Isabelle posait ses pieds étroits était usé jusqu'à la trame ; les glands d'or, aux quatre coins, étaient ternis ; les lis de France et les lions d'Angleterre, brodés sur le tissu, s'effilochaient. Mais à quoi bon changer ce coussin, en commander un autre, puisque le neuf, aussitôt qu'apparu, passerait sous les souliers brodés de perles de Hugh Le Despenser, l'amant du roi ! La reine regardait ce vieux coussin qui avait traîné sur le pavement de tous les châteaux du royaume, une saison en Dorset, une autre en Norfolk, l'hiver dans le Warwick, et cet été en Yorkshire, sans qu'on demeurât jamais plus de trois jours à la même place. Le 1er août, voici moins d'une semaine, la cour était à Cowick ; hier, on s'était arrêté à Eserick ; aujourd'hui on campait, plutôt qu'on ne logeait, au prieuré de Kirkham ; après-demain, on repartirait pour Lockton, pour Pickering. Les quelques tapisseries poussiéreuses, la vaisselle bosselée, les robes fatiguées qui constituaient l'équipement de voyage de la reine Isabelle, seraient à nouveau tassées dans les meubles-coffres ; on démonterait le lit à courtines pour le remonter ailleurs, ce lit si fatigué d'avoir été trop transporté qu'il menaçait de s'écrouler, et où la reine faisait dormir avec elle, parfois, sa dame de parage, lady Jeanne Mortimer, et, parfois, son fils aîné, le prince Edouard, par crainte, si elle restait seule, d'être assassinée. Les Despensers n'oseraient tout de même pas la poignarder sous les yeux du prince héritier... Et la promenade reprenait à travers le royaume, ses campagnes vertes et ses châteaux tristes.

Edouard II voulait se faire connaître de ses moindres vassaux ; il imaginait leur rendre honneur en descendant chez eux, et s'acquérir, par quelques paroles amicales, leur fidélité contre les Ecossais ou contre le parti gallois. En vérité, il eût gagné à moins se montrer. Un désordre veule accompagnait ses pas ; sa légèreté pour parler des affaires du gouvernement, qu'il pensait être une attitude de détachement souverain, heurtait fort les seigneurs, abbés et notables, venus lui exposer les problèmes locaux ; l'intimité qu'il affichait avec son tout-puissant chambellan dont il caressait la main en plein conseil ou pendant la messe, ses rires aigus, les libéralités dont bénéficiaient soudain un petit clerc ou un jeune palefrenier éberlué, confirmaient les récits scandaleux qui circulaient jusqu'au fond des provinces où les maris trompaient leurs épouses, tout comme ailleurs, certes, mais avec des femmes ; et ce qui se chuchotait avant sa venue se disait à voix haute après qu'il fut passé. Il suffisait que ce bel homme à barbe blonde mais à l'âme molle apparût, couronne en tête, pour que s'effondrât tout le prestige de la majesté royale. Et les courtisans avides qui l'entouraient achevaient de le faire haïr.

Inutile, impuissante, la reine assistait à cette ambulante déchéance. Des sentiments contraires la divisaient ; d'une part, sa nature vraiment royale, marquée par l'atavisme capétien, s'irritait, s'indignait, souffrait de cette dégradation continue de l'autorité souveraine ; mais en même temps l'épouse lésée, blessée, menacée, se réjouissait secrètement à chaque nouvel ennemi que se créait le roi. Elle ne comprenait pas qu'elle eût pu aimer, naguère, ou se forcer d'aimer, un être à ce point méprisable, et qui la traitait de façon si odieuse. Pourquoi l'obligeait-on de participer à ces voyages, pourquoi la montrait-on, reine bafouée, à tout le royaume ? Le roi et son favori pensaient-ils duper personne, et donner à leur liaison un aspect innocent, du fait de sa présence ? Ou bien voulaient-ils la garder sous surveillance ? Comme elle eût préféré demeurer à Londres ou à Windsor, ou même dans l'un des châteaux dont on lui avait théoriquement fait don, pour y attendre un retour du sort ou simplement la vieillesse ! Et comme elle regrettait surtout que Thomas de Lancastre et Roger Mortimer de Wigmore, ces grands barons vraiment hommes, n'aient pas, l'autre année, réussi leur révolte...

Elle leva vers le comte de Bouville, envoyé de la cour de France, ses admirables yeux bleus, et dit assez bas :

— Depuis un mois, vous assistez à ma vie, messire Hugues. Je ne vous demande même point d'en conter les misères à mon frère, ni à mon oncle Valois. Voici quatre rois qui se succèdent au trône de France : mon père le roi Philippe, qui me maria pour l'intérêt de la couronne...

— Que Dieu garde son âme, Madame, que Dieu la garde ! dit avec conviction, mais sans élever le ton, le gros Bouville. Il n'est homme au monde que j'aie plus aimé, ni servi avec plus de joie.

— ... puis mon frère Louis, qui resta peu de mois au trône, puis mon frère Philippe avec lequel je n'avais que petite entente mais qui ne manquait pas de sagesse...

Le visage de Bouville se renfrogna un peu comme chaque fois qu'on parlait devant lui du roi Philippe le Long.

— ... enfin mon frère Charles qui règne présentement, poursuivit la reine. Tous ont été avertis de mon état, et ils n'ont rien pu faire, ou rien voulu faire. L'Angleterre n'intéresse les rois de France qu'autant qu'il s'agit de l'Aquitaine. Une princesse de France sur le trône anglais, parce qu'elle devient du même coup duchesse d'Aquitaine, leur est un gage de paix. Et si la Guyenne est calme, peu leur chaut que leur fille ou leur sœur, au-delà de la mer, meure de honte et de délaissement. Dites-le, ne le dites point, cela sera tout égal. Mais les jours que vous avez passés près de moi m'ont été doux, car j'ai pu parler devant un ami. Et vous avez vu combien j'en ai peu. Sans ma chère Lady Jeanne, qui met beaucoup de constance à partager mon malheur, je n'en aurais même aucun.

Pour prononcer ces derniers mots, la reine s'était tournée vers sa dame de parage assise à côté d'elle, Jeanne Mortimer, petite-nièce du fameux sénéchal de Joinville, une grande femme de trente-sept ans aux traits réguliers, au visage ouvert, aux mains nettes.

— Madame, répondit Lady Jeanne, vous faites plus pour soutenir mon courage que je ne fais pour accroître le vôtre. Et vous avez pris de gros risques à me conserver à vos côtés depuis que mon époux est en geôle.

Les trois interlocuteurs continuèrent de s'entretenir à mi-voix, car le chuchotement, la conversation en aparté, étaient devenus une nécessaire habitude dans cette cour où l'on n'était jamais seul et où la reine vivait environnée de malveillances.

En ce moment présent, trois chambrières, dans un coin de la pièce, brodaient une courtepointe destinée à Lady Aliénor Le Despenser, la femme du favori, laquelle, près d'une fenêtre ouverte, jouait aux échecs avec le prince héritier. Un peu plus loin, le second fils de la reine, qui avait atteint ses sept ans depuis trois semaines, se fabriquait un arc avec une baguette de coudrier ; et les deux petites filles, Isabelle et Jeanne, cinq et deux ans, assises sur le sol, s'amusaient à manier des poupées de chiffon.

Tout en poussant les pièces sur l'échiquier d'ivoire, la Despenser ne cessait d'épier la reine et s'efforçait de surprendre ses propos. Le front lisse mais étonnamment étroit, les yeux ardents et rapprochés, la lippe ironique, cette femme, sans être vraiment disgracieuse, était marquée de la laideur qui vient d'une mauvaise âme. Descendante de la famille de Clare, elle avait suivi une assez étrange carrière puisque, belle-sœur de l'ancien amant du roi, le chevalier de Gaveston, exécuté onze ans plus tôt, en 1312, par les barons révoltés, elle était l'épouse de l'amant actuel. Elle trouvait une délectation morbide à servir les amours masculines pour satisfaire ses appétits d'argent comme ses ambitions de puissance. En plus elle était sotte : elle allait perdre sa partie d'échecs pour le seul plaisir de lancer, sur un ton de provocation :

— Echec à la reine... échec à la reine !

Le prince héritier, Edouard, enfant de onze ans au visage fin et allongé, de nature secrète plutôt que timide, et qui tenait presque toujours les yeux baissés, profitait des moindres fautes de sa partenaire et s'appliquait à vaincre.

La brise d'août envoyait par la fenêtre étroite, au cintre rond, des bouffées de poussière chaude ; mais quand le soleil tout à l'heure aurait disparu, une fraîcheur humide s'installerait à nouveau entre les murs épais et sombres du vieux prieuré de Kirkham.

Des bruits de voix nombreuses venaient de la grand-salle du chapitre où le roi tenait son Conseil ambulant.

— Madame, poursuivait le comte de Bouville, je vous consacrerais volontiers tous les jours qui me restent à vivre s'ils pouvaient vous être de quelque service. J'y aurais plaisir, je vous l'assure. Que me reste-t-il à faire en ce bas monde depuis que je suis veuf, sinon employer mes forces à servir les descendants du roi qui fut mon bienfaiteur ? Et c'est près de vous, Madame, que je me retrouve le plus auprès de lui. Vous avez toute sa force d'âme et ses manières de parler, quand il voulait bien le faire, et toute sa beauté, inaccessible au temps. Quand il fut frappé de mort, à quarante-six ans, c'est à peine s'il en paraissait plus de trente. Vous serez ainsi. Dirait-on que vous avez eu ces quatre enfants...

Un sourire éclaira les traits de la reine. Il lui était bon, entourée de tant de haines, de voir un dévouement s'offrir à elle ; il lui était doux, humiliée comme elle l'était dans ses sentiments de femme, d'entendre louer sa beauté, même si le compliment venait d'un gros homme grisonnant aux yeux de vieux chien fidèle.

— J'ai trente et un ans déjà, dit-elle, dont quinze se sont passés de la façon que vous voyez. Cela ne se marque peut-être pas au visage ; mais c'est l'âme qui porte les rides... Moi aussi, Bouville, je vous garderais volontiers près de moi, s'il était possible.

— Hélas, Madame ! Je vois ma mission finir, et sans grand succès. Le roi Edouard me l'a déjà fait entendre, par deux fois, en feignant de s'étonner, puisqu'il avait livré le Lombard au Parlement du roi de France, que je fusse encore là.

Car le prétexte officiel à l'ambassade de Bouville était la demande d'extradition d'un certain Thomas Henry, membre de l'importante compagnie des Scali, de Florence. Ce banquier, ayant affermé certaines terres de la couronne de France, en avait touché les revenus considérables mais sans payer jamais ce qu'il devait au Trésor, et finalement avait fui en Angleterre. L'affaire était sérieuse certes, mais elle aurait fort bien pu se régler par lettre, ou par l'envoi d'un maître des requêtes, sans exiger le déplacement d'un ancien grand chambellan qui siégeait au Conseil étroit. En vérité, Bouville avait été chargé de renouer une autre négociation, plus difficile.

Monseigneur Charles de Valois, oncle du roi de France et de la reine Isabelle, s'était mis en tête, l'année précédente, de marier l'une de ses dernières filles, Marie, au prince Edouard, héritier d'Angleterre. Monseigneur de Valois – qui donc pouvait l'ignorer en Europe ? – était père de sept filles dont l'établissement avait toujours été pour lui l'objet de graves soucis. Ses sept filles lui venaient de trois mariages différents, Monseigneur Charles ayant eu, au cours de son existence agitée, l'infortune de rester deux fois veuf.

Il fallait avoir la cervelle claire pour ne point se perdre dans la confusion de cette descendance, et savoir, par exemple, lorsqu'on parlait de Madame Jeanne de Valois, s'il s'agissait de la comtesse de Hainaut ou bien de la comtesse de Beaumont, c'est-à-dire de la femme, depuis cinq ans, de Monseigneur Robert d'Artois. Car deux des filles, pour tout aider, portaient le même nom. Quant à Catherine, héritière du trône fantôme de Constantinople, et qui était du second lit, elle se trouvait avoir épousé en la personne de Philippe de Tarente, prince d'Achaïe, un frère aîné de la première femme de son père. Un vrai casse-tête !

A présent, c'était la première-née de son troisième mariage que Monseigneur Charles proposait à son petit-neveu d'Angleterre.

Monseigneur de Valois, au début de l'année, avait envoyé une mission composée du comte Henry de Sully, de Raoul Sevain de Jouy et de Robert Bertrand, dit « le chevalier au Vert Lion ». Ces ambassadeurs, pour acquérir les faveurs du roi Edouard II, l'avaient accompagné dans une expédition contre les Ecossais ; mais voici qu'à la bataille de Blackmore les Anglais s'étaient enfuis, laissant les ambassadeurs français tomber aux mains de l'ennemi. On avait dû négocier leur délivrance, payer leur rançon ; quand enfin, après tant de désagréables aventures, ils s'étaient trouvés relâchés, Edouard leur avait répondu, de manière dilatoire, évasive, que le mariage de son fils ne pouvait être décidé si vite, que la question était de trop grande importance pour qu'il en tranchât sans l'avis de son Parlement, que le Parlement d'ailleurs serait réuni en juin pour en discuter. Il voulait lier cette affaire à l'hommage qu'il devait rendre au roi de France pour le duché d'Aquitaine... Et puis le Parlement convoqué n'avait même pas été saisi de la question[6].

Aussi Monseigneur de Valois, impatient, s'était-il servi de la première occasion pour dépêcher le comte de Bouville dont le dévouement à la famille capétienne ne pouvait être mis en doute et qui, à défaut de génie, possédait une bonne expérience de cette sorte de missions. Bouville avait négocié naguère, à Naples, et déjà sur les instructions de Valois, le second mariage de Louis X avec Clémence de Hongrie ; il avait été curateur au ventre de cette reine, après la mort du Hutin. Mais de cette période-là, il aimait peu parler. Il avait également accompli diverses démarches en Avignon, auprès du Saint-Siège ; et sa mémoire était sans défaillance pour tout ce qui touchait aux liens de familles, à l'entrelacs infiniment compliqué des alliances dans les maisons royales. Le bon Bouville se sentait fort dépité de revenir cette fois les mains vides.

— Monseigneur de Valois, dit-il, va se mettre en grand courroux, lui qui avait déjà demandé dispense au Saint-Père pour ce mariage...

— J'ai fait ce que j'ai pu, Bouville, dit la reine, et vous avez dû juger à cela de l'importance qu'on m'accorde. Mais j'en éprouve moins de regret que vous ; je ne souhaite guère à une autre princesse de ma famille de connaître ce que je connais ici.

— Madame, répondit Bouville en baissant davantage la voix, doutez-vous de votre fils ? Il semble avoir pris de vous plutôt que de son père, grâces au Ciel !... Je vous revois au même âge, dans le jardin du palais de la Cité, ou bien à Fontainebleau...

Il fut interrompu. La porte s'était ouverte pour livrer passage au roi d'Angleterre. Celui-ci entra d'un grand pas pressé, la tête rejetée en arrière, et caressant sa barbe blonde d'un geste nerveux qui était chez lui signe d'irritation. Ses conseillers habituels le suivaient, c'est-à-dire les deux Le Despenser, père et fils, le chancelier Baldock, le comte d'Arundel et l'évêque d'Exeter. Les deux demi-frères du roi, les comtes de Kent et de Norfolk, jeunes hommes qui avaient du sang de France puisque leur mère était la propre sœur de Philippe le Bel, faisaient partie de cette suite, mais comme à contrecœur ; il en était de même pour Henry de Leicester, personnage court et carré, aux gros yeux clairs à fleur de visage, surnommé Tors-Col, à cause d'une difformité de la nuque et des épaules qui lui faisait tenir la tête complètement de travers et posait de difficiles problèmes aux armuriers chargés de forger ses cuirasses. On voyait encore, se pressant dans l'embrasure, quelques ecclésiastiques et dignitaires locaux.

— Savez-vous la nouvelle, Madame ? s'écria le roi Edouard s'adressant à la reine. Elle va certes vous contenter. Votre Mortimer s'est échappé de la Tour.

Lady Le Despenser sursauta devant l'échiquier et fit entendre une exclamation indignée comme si l'évasion du baron de Wigmore était pour elle une insulte personnelle.

La reine Isabelle n'avait pas bougé, ni d'attitude ni d'expression ; ses paupières simplement battirent un peu plus vite devant ses beaux yeux bleus, et sa main chercha furtivement, le long des plis de sa robe, la main de Lady Mortimer, comme pour inciter celle-ci à la force et au calme. Le gros Bouville s'était levé et se tenait en retrait, se sentant de trop dans cette affaire qui regardait uniquement la couronne anglaise.

— Ce n'est pas « mon » Mortimer, Sire, répondit la reine. Le Lord de Wigmore est votre sujet davantage, je crois, qu'il n'est le mien, et je ne suis pas comptable des actes de vos barons. Vous teniez celui-ci en geôle ; il a cherché à s'enfuir, c'est la loi commune.

— Ah ! Vous avouez bien par là que vous l'approuvez. Mais laissez donc paraître votre joie, Madame ! Du temps que ce Mortimer daignait se montrer à ma cour vous n'aviez d'yeux que pour lui, vous ne cessiez de vanter ses mérites, et toutes ses félonies à mon endroit, vous les mettiez au compte de sa noblesse d'âme.

— Mais n'est-ce pas vous-même, Sire mon époux, qui m'avez appris à l'aimer, du temps qu'il conquérait, à votre place et au péril de ses jours, le royaume d'Irlande... que vous avez, il semble, grand-peine à tenir sans lui. Etait-ce là félonie[7] ?

Un instant démonté par cette attaque, Edouard lança vers sa femme un regard méchant et ne sut que répondre :

— Eh bien, à présent il court, votre ami, il court, et vers votre pays sans doute !

Le roi, tout en parlant, marchait à travers la pièce, pour libérer une agitation inutile. Les bijoux accrochés sur ses vêtements tressautaient à chacun de ses pas. Et les assistants tournaient la tête de droite à gauche, comme à une partie de longue paume, pour suivre son déplacement. Un fort bel homme, certes, le roi Edouard, musclé, alerte, souple, et dont le corps, entretenu par les exercices et les jeux, résistait à l'empâtement de la quarantaine toute proche ; une constitution d'athlète. Mais à l'observer avec plus d'attention, on était frappé par le manque de rides au front, comme si les soucis du pouvoir n'avaient pu s'y inscrire, par les poches qui commençaient à se former sous les yeux, par le dessin effacé de la narine, par la forme allongée du menton sous la barbe légère et frisée, non pas un menton énergique, autoritaire, ni même vraiment sensuel, mais simplement trop grand, tombant trop bas. Il y avait vingt fois plus de volonté dans le petit menton de la reine que dans cette mâchoire ovoïde dont la barbe soyeuse ne parvenait pas à couvrir la faiblesse. La main était molle qui glissait sur le visage, tournoyait en l'air, sans raison, revenait tirer sur une perle cousue aux broderies de la cotte. La voix, qui se voulait, qui se croyait impérieuse, ne donnait d'autre impression que de manquer de contrôle. Le dos, un dos large pourtant, avait de déplaisantes ondulations depuis la nuque jusqu'aux reins, comme si l'épine dorsale eût manqué de solidité. Edouard ne pardonnait pas à sa femme de lui avoir un jour conseillé d'éviter d'offrir le dos aux regards, s'il voulait inspirer le respect à ses barons. Le genou était bien net, la jambe belle ; c'était même là ce que possédait de mieux cet homme si peu fait pour sa charge, et sur lequel une couronne était tombée par une vraie mégarde du sort.

— N'ai-je pas assez de tracas, n'ai-je pas assez de tourments ? continuait-il. Les Ecossais menacent sans cesse mes frontières, envahissent mon royaume ; et quand je les affronte en bataille, mes armées s'enfuient. Et comment pourrais-je les vaincre lorsque mes évêques s'entendent pour traiter avec eux, sans mon accord, lorsque j'ai tant de traîtres parmi mes vassaux, et que mes barons des Marches lèvent des troupes contre moi en s'obstinant à prétendre qu'ils ne tiennent leurs terres que de leur épée, alors que depuis beau temps, depuis vingt-cinq années, l'oublie-t-on, il en a été jugé et réglé autrement par le roi Edouard mon père ! Mais on a vu à Shrewsbury, on a vu à Boroughbridge, on a vu ce qu'il en coûtait de se rebeller contre moi, n'est-ce pas, Leicester ?

Henry de Leicester hocha sa grosse tête inclinée sur l'épaule. La manière était peu courtoise de lui rappeler la mort de son frère Thomas de Lancastre, décapité seize mois auparavant, en même temps que vingt autres grands seigneurs étaient pendus.

— On a vu en effet, Sire mon époux, que les seules batailles que vous pouviez gagner étaient contre vos propres barons, dit Isabelle.

A nouveau, Edouard lui jeta un regard haineux.

« Quel courage, pensait Bouville, quel courage a cette noble reine ! »

— Et il n'est point juste tout à fait, poursuivit-elle, de dire qu'ils se sont opposés à vous pour le droit de leur épée. Ne fut-ce pas plutôt pour les droits du comté de Gloucester que vous avez voulu remettre à messire Hugh ?

Les deux Le Despenser se rapprochèrent l'un de l'autre, comme pour faire front. Lady Le Despenser le Jeune se dressa devant l'échiquier ; elle était la fille du feu comte de Gloucester. Edouard II frappa du pied le dallage. La reine était trop irritante, à la fin, n'ouvrant la bouche que pour lui remontrer ses erreurs et ses fautes de gouvernement[8] !

— Je remets les grands fiefs à qui je veux, Madame, je les remets à qui m'aime et me sert, s'écria Edouard en posant la main sur l'épaule de Hugh le jeune. Sur qui d'autre pourrais-je m'appuyer ? Où sont mes alliés ? Votre frère de France, Madame, qui devrait se conduire comme le mien, puisque, après tout, c'est dans cette espérance que l'on m'a engagé à vous accueillir pour épouse, quel secours me porte-t-il ? Il me requiert de venir lui rendre l'hommage pour l'Aquitaine, voilà tout son appui. Et où m'envoie-t-il sa sommation ? En Guyenne ? Que nenni ! C'est ici, en mon royaume, qu'il me la fait délivrer, comme s'il avait mépris de toutes les coutumes féodales, ou le vouloir de m'offenser. Ne croirait-on pas qu'il se prend aussi pour le suzerain de l'Angleterre ? D'abord je l'ai rendu cet hommage, je ne suis que trop allé le rendre. Une première fois à votre père, quand j'ai manqué de rôtir dans l'incendie de Maubuisson, et puis encore à votre frère Philippe, voici trois ans, quand je suis allé à Amiens. A la fréquence, Madame, où meurent les rois de votre famille, il me faudra bientôt m'installer sur le Continent !

Les seigneurs, évêques et notables du Yorkshire, dans le fond de la pièce, se regardaient entre eux, nullement effrayés mais atterrés de cette colère sans force qui s'égarait si loin de son objet, et leur découvrait, en même temps que les difficultés du royaume, le caractère du roi. Etait-ce donc là le souverain qui leur demandait subsides pour son Trésor, auquel ils devaient obéissance en toutes choses, et d'aventurer leur vie quand il les requérait à ses combats ? Lord Mortimer avait eu certes quelques bonnes raisons de se rebeller...

Les conseillers intimes eux-mêmes paraissaient mal à l'aise, bien qu'ils connussent cette habitude du roi, et qui se retrouvait jusque dans sa correspondance, de refaire le compte de tous les ennuis de son règne à chaque nouveau désagrément qui survenait.

Le chancelier Baldock se frottait la pomme d'Adam, machinalement, à l'endroit où s'arrêtait sa robe d'archidiacre. L'évêque d'Exeter, Lord Trésorier, se rongeait l'ongle du pouce, à petits coups de dents, et observait ses voisins d'un regard sournois. Seul Hugh Le Despenser le Jeune, trop frisé, trop paré, trop parfumé pour un homme de trente-trois ans, montrait de la satisfaction. La main du roi posée sur son épaule prouvait à tous son importance et sa puissance.

Le nez bref, la lèvre sinueuse, abaissant et relevant le menton comme un cheval au piaffer, il approuvait chaque déclaration d'Edouard d'un petit raclement de gorge, et son visage semblait dire : « Cette fois la coupe est pleine, nous allons prendre des mesures sévères ! » Il était maigre, long de taille, assez étroit de torse, et avait une mauvaise peau, sujette aux inflammations.

— Messire de Bouville, dit soudain le roi Edouard se retournant contre l'ambassadeur, vous répondrez à Monseigneur de Valois que le mariage qu'il nous a proposé, et dont nous avons apprécié tout l'honneur, décidément ne se fera pas. Nous avons d'autres vues pour notre fils aîné. Ainsi en sera-t-il terminé avec une déplorable coutume qui veut que les rois d'Angleterre prennent leurs épouses en France, sans qu'il leur en vienne jamais aucun bienfait.

Le gros Bouville pâlit sous l'affront et s'inclina. Il adressa à la reine un regard désolé, et sortit.

Première conséquence, et bien imprévue, de l'évasion de Roger Mortimer : le roi d'Angleterre rompait avec les alliances traditionnelles. Il avait voulu, par ce trait, blesser sa femme ; mais il avait blessé en même temps ses demi-frères Norfolk et Kent dont la mère était française. Les deux jeunes gens regardèrent leur cousin Tors-Col, lequel haussa un peu plus l'épaule, d'un mouvement d'indifférence résignée. Le roi venait, sans réflexion, de s'aliéner à jamais le puissant comte de Valois dont chacun savait qu'il gouvernait la France au nom de son neveu Charles le Bel.

Le jeune prince Edouard, toujours près de la fenêtre, immobile et silencieux, observait sa mère, jugeait son père. C'était de son mariage, après tout, qu'il s'agissait, et dans lequel il n'avait mot à dire. Mais si on lui avait demandé ses préférences entre son sang d'Angleterre et celui de France, il eût penché pour ce dernier.

Les trois plus jeunes enfants avaient cessé de jouer ; la reine fit signe aux chambrières qu'on les éloignât.

Puis, très calmement, les yeux dans ceux du roi, elle dit :

— Quand un époux hait son épouse, il est naturel qu'il la tienne pour responsable de tout.

Edouard n'était pas homme à répondre de front.

— Toute ma garde de la Tour enivrée à mort, cria-t-il, le lieutenant envolé avec ce félon, et mon constable malade à périr de la drogue dont on l'a abreuvé ! A moins qu'il ne feigne la maladie, le traître, pour éviter le châtiment qu'il mérite ! Car c'était à lui de veiller à ce que mon prisonnier ne s'échappât ; vous entendez, Winchester ?

Hugh Le Despenser le père, depuis un an comte de Winchester, et qui était responsable de la nomination du constable Seagrave, se courba au passage de l'orage. Il avait l'échine étroite et maigre, avec une voussure en partie naturelle et en partie acquise dans une longue carrière de courtisan. Ses ennemis l'avaient surnommé « la belette ». La cupidité, l'envie, la lâcheté, l'égoïsme, la fourberie, et de plus toutes les délectations que peuvent procurer ces vices, semblaient s'être logés dans les rides de son visage et sous ses paupières rougies. Pourtant il ne manquait pas de courage ; mais il ne se connaissait de sentiments humains qu'envers son fils et quelques rares amis, dont Seagrave, précisément, faisait partie.

— My Lord, prononça-t-il d'une voix calme, je suis certain que Seagrave n'est en rien coupable...

— Il est coupable de négligence et de paresse ; il est coupable de s'être laissé berner ; il est coupable de n'avoir rien deviné du complot qui se montait sous son nez ; il est coupable de malchance peut-être... Je ne pardonne pas la malchance. Bien que Seagrave soit de vos protégés, Winchester, il sera châtié ; on ne dira donc point que je ne tiens pas la balance égale, et que mes faveurs ne vont qu'à vos créatures. Seagrave remplacera le Lord de Wigmore en prison. Ses successeurs, ainsi, veilleront à faire meilleure garde. Voilà, mon fils, comment l'on gouverne ! ajouta le roi en s'arrêtant devant l'héritier du trône.

L'enfant leva les yeux vers lui et les rabaissa aussitôt.

Hugh le jeune, qui savait assez bien faire dévier les colères du roi, renversa la tête en arrière et dit, en regardant les poutres du plafond :

— Celui qui par trop vous nargue, cher Sire, est l'autre félon, cet évêque Orleton qui a tout apprêté de sa main et paraît vous redouter si peu qu'il n'a pas même pris la peine de s'enfuir ou de se cacher.

Edouard regarda Hugh le Jeune avec reconnaissance et admiration. Comment pouvait-on ne pas être ému par la vue de ce profil, par ces belles attitudes que Hugh prenait en parlant, par cette voix haute, bien modulée, et puis cette manière, à la fois tendre et respectueuse, qu'il avait pour dire : « Cher Sire », à la française, comme autrefois le gentil Gaveston que les barons et les évêques avaient tué... Mais à présent Edouard était un homme mûr, averti de la méchanceté des hommes, et qui savait qu'on ne gagnait pas à composer. On ne le séparerait pas de Hugh, et tous ceux qui voudraient s'opposer seraient frappés à tour de rôle, impitoyablement...

— Je vous annonce, mes Lords, que l'évêque Orleton sera traduit devant mon Parlement pour y être jugé et condamné.

Edouard croisa les bras et attendit l'effet de ses paroles. L'archidiacre-chancelier et l'évêque-trésorier, bien qu'ils fussent les pires ennemis d'Orleton, avaient sursauté, par solidarité de gens d'Eglise.

Henry Tors-Col, homme sage et pondéré qui, pensant au bien du royaume, ne pouvait s'empêcher de rappeler le roi à la raison, fit observer calmement qu'un évêque ne pouvait être traduit que devant une juridiction ecclésiastique constituée par ses pairs.

— Il faut un début à toutes choses, Leicester. La conspiration contre les rois n'est pas, que je sache, enseignée par les saints Evangiles. Puisque Orleton oublie ce qu'il faut rendre à César, César s'en souviendra pour lui. Encore une des grâces que je dois à votre famille, Madame, continua le roi à l'adresse d'Isabelle, puisque c'est votre frère Philippe Le Cinquième qui a fait nommer par son pape français, et contre mon vouloir, cet Adam Orleton à l'évêché de Hereford. Soit ! Il sera le premier prélat à être condamné par la justice royale, et son châtiment sera exemplaire.

— Orleton ne vous était point hostile, naguère, mon cousin, insista Tors-Col, et il n'aurait eu aucune raison de le devenir si vous ne vous étiez pas opposé, ou si l'on ne s'était opposé dans votre Conseil, à ce que le Saint-Père lui donnât la mitre. C'est un homme de grand savoir et d'âme forte. Peut-être pourriez-vous aujourd'hui, justement parce qu'il est coupable, vous le rallier plus facilement par un acte de mansuétude que par une action de justice qui va, entre tous vos embarras, attiser l'hostilité du clergé.

— Mansuétude, clémence ! Chaque fois que l'on me nargue, chaque fois que l'on me provoque, chaque fois que l'on me trahit, vous n'avez que ces mots à la bouche, Leicester ! On m'a conseillé, et j'ai eu grand tort d'écouter les avis, on m'a supplié de gracier Wigmore ! Avouez donc que si j'en avais usé avec lui comme avec votre frère, ce rebelle aujourd'hui ne serait pas en train de courir les chemins.

Tors-Col haussa sa grosse épaule, ferma les yeux, et eut une moue lassée. Combien était irritante, chez Edouard, cette habitude qu'il croyait royale d'appeler ses parents ou ses principaux conseillers par les noms de leurs comtés, et de s'adresser à son cousin germain en lui criant « Leicester », au lieu de dire simplement « mon cousin », comme chacun dans la famille royale le faisait, comme la reine elle-même. Et ce mauvais goût de rappeler, à tout propos, la mort de Thomas de Lancastre, comme s'il en tirait gloire ! Ah ! l'étrange homme et le mauvais roi qui s'imaginait pouvoir décapiter ses proches parents sans s'attirer de ressentiment, qui croyait qu'une embrassade suffisait à effacer un deuil, qui exigeait le dévouement de ceux-là mêmes qu'il avait blessés, et voulait trouver partout fidélité alors qu'il n'était lui-même que cruelle inconséquence !

— Sans doute avez-vous raison, my Lord, dit Tors-Col, et puisque vous régnez depuis seize ans, vous devez savoir ajuster vos actes. Traduisez donc votre évêque devant le Parlement. Je n'y mettrai point d'obstacles.

Et il ajouta entre les dents, pour n'être entendu que du jeune comte de Norfolk :

— Ma tête est de travers, certes, mais je tiens toutefois à la garder où elle se trouve.

— Car c'est me narguer, vous en conviendrez, continuait Edouard en fouettant l'air de la main, que de s'évader en perçant les murs d'une tour que j'ai fait moi-même construire, pour qu'on ne s'en échappe pas.

— Peut-être, Sire mon époux, dit la reine, vous êtes-vous plus occupé quand vous la bâtissiez de la gentillesse des maçons que de la solidité de la pierre.

Le silence tomba d'un coup sur l'assistance. La pointe était brutale et soudaine. Chacun retenait son souffle et regardait, qui avec déférence, qui avec haine, cette femme de formes assez fragiles, droite sur son siège, seule, et qui tenait tête de telle façon. Les lèvres un peu écartées, la bouche entrouverte, elle découvrait ses dents fines, pressées les unes contre les autres, de petites dents carnassières, bien coupantes. Isabelle était visiblement satisfaite du coup qu'elle venait de porter.

Hugh le Jeune était devenu écarlate ; Hugh le père feignait de n'avoir pas entendu.

Edouard allait se venger certainement ; mais de quelle manière ? La riposte tardait à venir. La reine observait les gouttelettes de sueur qui perlaient au front de son mari. Rien ne répugne davantage à une femme que la sueur d'un homme qu'elle a cessé d'aimer.

— Kent, cria le roi, je vous ai fait gardien des Cinque Ports et gouverneur de Douvres. Que gardez-vous en ce moment ? Pourquoi n'êtes-vous pas sur les côtes que vous avez à commander et sur lesquelles notre félon doit chercher à s'embarquer ?

— Sire mon frère, dit le jeune comte de Kent tout éberlué, c'est vous qui m'avez donné ordre de vous accompagner en votre voyage...

— Eh bien, à présent, je vous en donne un autre qui est de rejoindre votre comté, d'en faire battre les bourgs et les campagnes à la recherche du fugitif, et de veiller vous-même à ce qu'on visite tous les bateaux qui seront dans les ports.

— Qu'on mette des espions à bord des bâtiments et qu'on prenne ledit Mortimer, vif ou mort, s'il venait à y monter, dit Hugh le jeune.

— C'est justement conseillé, Gloucester, approuva Edouard. Quant à vous, Stapledon...

L'évêque d'Exeter ôta son pouce de ses dents et murmura :
— My Lord...

— Vous allez à toute hâte regagner Londres ; vous irez à la Tour sous la raison d'y vérifier le Trésor ; vous prendrez la Tour sous votre commandement et surveillance jusqu'à ce qu'un nouveau constable soit nommé. Baldock établira sur l'heure, pour l'un et l'autre, les commissions qui vous feront obéir.

Henry Tors-Col, les yeux vers la fenêtre et l'oreille contre l'épaule, semblait rêver. Il calculait... Il calculait que six jours s'étaient écoulés depuis l'évasion de Mortimer, qu'il en faudrait huit au moins pour que les ordres commencent à entrer en exécution, et qu'à moins d'être un fol, ce qui n'était naturellement pas le cas de Mortimer, celui-ci aurait à coup sûr quitté le royaume[9]. Il se félicitait aussi de s'être solidarisé avec la plupart des évêques et des seigneurs qui, après Boroughbridge, avaient obtenu la vie sauve pour le baron de Wigmore. Car, à présent que celui-ci s'était évadé, l'opposition aux Despensers allait peut-être retrouver le chef qui lui manquait depuis la mort de Thomas de Lancastre, un chef de plus d'efficace, plus habile et plus fort que ne l'avait été Thomas...

Le dos royal ondula ; Edouard pivota sur les talons pour se replacer face à sa femme.

— Eh, si ! Madame ; je vous tiens justement pour responsable. Et d'abord lâchez cette main que vous ne cessez de serrer depuis que je suis entré ! Lâchez la main de Lady Jeanne ! cria Edouard en frappant le sol du pied. C'est fournir caution à un traître que de mettre tant d'ostentation à en garder l'épouse auprès de soi. Ceux qui ont aidé à l'évasion de Mortimer pensaient bien qu'ils avaient l'agrément de la reine... Et puis on ne s'évade pas sans argent ; les trahisons se payent, les murs se percent avec de l'or. De la reine à sa dame de parage, de la dame de parage à l'évêque, de l'évêque au rebelle, le chemin est facile. Il va me falloir vérifier plus étroitement votre cassette.

— Sire mon époux, je crois que ma cassette est assez bien contrôlée, dit Isabelle en désignant Lady Le Despenser.

Hugh le Jeune semblait s'être soudain désintéressé du débat. Enfin la colère du roi se tournait, comme à l'habitude, contre la reine, et Hugh se sentait un peu plus triomphant. Il prit un livre qui se trouvait là et que lady Mortimer lisait à la reine avant l'entrée du comte de Bouville. C'était un recueil des lais de Marie de France ; le signet de soie marquait ce passage :

> *En Lorraine ni en Bourgogne,*
> *Ni en Anjou ni en Gascogne,*
> *En ce temps ne pouvait trouver*
> *Si bon ni si grand chevalier.*
> *Sous ciel n'était dame ou pucelle,*
> *Qui tant fut noble et tant fut belle*
> *Qui n'en voulut amour avoir...*[10]

« La France, toujours la France... Elles ne lisent que ce qui touche à ce pays, se disait Hugh. Et quel est dans leur pensée ce chevalier dont elles rêvent ? Le Mortimer, sans doute... »

— My Lord, je ne surveille pas les aumônes, dit Aliénor Le Despenser.

Le favori releva les yeux et sourit. Il féliciterait sa femme pour ce trait.

— Je vois donc qu'il me faudra aussi renoncer aux aumônes, dit Isabelle. Il ne me restera bientôt plus rien d'une reine, pas même la charité.

— Et il faudra aussi, Madame, pour l'amour que vous me portez et que chacun voit, poursuivit Edouard, vous séparer de Lady Mortimer, car nul ne comprendrait plus dans le royaume qu'elle restât auprès de vous désormais.

Cette fois, la reine pâlit et se tassa un peu sur son siège. Les grandes mains nettes de Lady Jeanne se mirent à trembler.

— Une épouse, Edouard, ne peut être tenue de partager en tout les actes de son époux. J'en suis assez bien l'exemple. Veuillez croire que Lady Mortimer est aussi peu associée aux fautes de son mari que je le suis moi-même à vos péchés, s'il vous arrive d'en commettre !

Mais cette fois, l'attaque ne réussit pas.

— Lady Jeanne se rendra au château de Wigmore, lequel sera désormais sous la surveillance de mon frère Kent, et ceci jusqu'à ce que j'aie résolu ce qu'il me plaira de faire des biens d'un traître dont je ne veux plus que le nom soit prononcé en ma présence... avant la sentence de mort. Je pense, Lady Jeanne, que vous préférerez vous retirer de gré plutôt que de force.

— Allons, dit Isabelle, je vois que l'on me veut tout à fait seule.

— Que parlez-vous de solitude, Madame ! dit Hugh le Jeune de sa belle voix modulée. Ne sommes-nous pas tous vos amis fidèles, étant ceux du roi ? Et madame Aliénor, ma dévouée femme, ne vous est-elle pas de constante compagnie ? C'est un joli livre que vous possédez là, ajouta-t-il en montrant le volume, et finement enluminé ; me ferez-vous la grâce de me le prêter ?

— Mais certes, certes, la reine vous le prête ! dit le roi. N'est-ce pas, Madame, que vous nous faites le plaisir de prêter ce livre à notre ami Gloucester ?

— Bien volontiers, Sire mon époux, bien volontiers. Et je sais, quand il s'agit de notre ami Le Despenser, ce que prêter veut dire. Il y a dix ans que je lui ai prêté ainsi mes perles, et vous voyez qu'il les porte toujours au cou.

Elle ne désarmait pas, mais le cœur lui battait à grands coups dans la poitrine. Elle allait être seule désormais à supporter les quotidiennes blessures. Mais si un jour elle parvenait à se venger, elle n'oublierait rien.

Hugh le Jeune posa le livre sur un coffre et fit un signe d'intelligence à sa femme. Les lais de Marie de France iraient rejoindre le fermail d'or à lions de pierreries, les trois couronnes d'or, les quatre couronnes enrichies de rubis et d'émeraudes, les cent vingt cuillers d'argent, les trente grands plats, les dix hanaps d'or, la garniture de chambre en drap d'or losangé, le char pour six chevaux, le linge, les bassins d'argent, les harnais, les ornements de chapelle, toutes ces choses merveilleuses, dons de son père ou de ses proches, qui avaient formé la corbeille de noces de la reine, et qui étaient passées aux mains des amants d'Edouard, à Gaveston d'abord, au Despenser ensuite. Même le grand manteau de drap de Turquie, tout brodé, et qu'elle portait le jour de son mariage, lui avait été enlevé !

— Allons, mes Lords, dit le roi en frappant des mains, qu'on se hâte aux tâches que j'ai données et que chacun veille à son devoir.

C'était l'expression habituelle, une formule encore qu'il croyait royale, par laquelle il marquait la fin de ses Conseils. Il sortit, et chacun à sa suite, et la pièce se dépeupla.

L'ombre commençait à descendre dans le cloître du prieuré de Kirkham et, avec l'ombre, un peu de fraîcheur entrait par les fenêtres. La reine Isabelle et Lady Mortimer n'osaient prononcer un mot, de peur de se mettre à pleurer. Seraient-elles jamais à nouveau réunies, et quel sort, à chacune, était-il promis ?

Le jeune prince Edouard, les yeux baissés, vint se placer silencieusement derrière sa mère, comme s'il voulait remplacer l'amitié qu'on arrachait à la reine.

Lady Le Despenser s'approcha pour prendre le livre qui avait plu à son mari, un beau livre, dont la reliure de velours était rehaussée de pierreries. Il y avait longtemps que l'ouvrage excitait sa convoitise. Comme elle allait s'en saisir, le jeune prince Edouard y abattit la main.

— Ah, non ! mauvaise femme, dit-il, vous n'aurez pas tout !

La reine écarta la main du prince, prit le livre et le tendit à son ennemie. Puis elle se retourna vers son fils avec un furtif sourire qui découvrit à nouveau ses dents de petit carnassier. Un enfant de onze ans ne pouvait être encore de grand secours ; mais, tout de même, il s'agissait du prince héritier.

3

Un nouveau client pour messer Tolomei

Le vieux Spinello Tolomei, dans son cabinet de travail, au premier étage, écarta le bas d'une tapisserie et, poussant un petit volet de bois, démasqua une ouverture secrète qui lui permettait de surveiller ses commis dans la galerie du rez-de-chaussée. Par cet « espion » d'invention florentine, dissimulé dans les poutres, messer Tolomei pouvait voir tout ce qui se passait, et entendre tout ce qui se disait dans son établissement de banque et de négoce. Pour l'heure, il constata les signes d'une certaine confusion. Les flammes des lampes à trois becs vacillaient sur les comptoirs, et les employés s'étaient arrêtés de pousser des jetons de cuivre sur les damiers qui leur servaient à calculer. Une aune à mesurer l'étoffe tomba sur le pavement avec fracas ; les balances oscillaient sur les tables des changeurs sans que personne y eût touché. Les pratiques s'étaient retournées vers la porte et les maîtres commis se tenaient la main sur la poitrine, déjà ployés pour une révérence.

Messer Tolomei sourit, devinant à tout ce trouble que le comte d'Artois venait de pénétrer chez lui. D'ailleurs, au bout d'un instant, il vit, au travers de l'« espion », apparaître un immense chaperon à crête de velours rouge, des gants rouges, des bottes rouges dont les éperons sonnaient, un manteau d'écarlate qui se déployait derrière des épaules de géant. Seul Monseigneur Robert d'Artois avait cette manière fracassante d'entrer, de faire trembler le personnel dès son apparition, cette façon de pincer au passage le sein des bourgeoises, sans que les maris osassent même bouger, et d'ébranler les murs, semblait-il, rien qu'en respirant.

De tout cela, le vieux banquier s'émouvait peu. Il connaissait Robert d'Artois de trop longue date. Il l'avait observé trop de fois ; et à le considérer ainsi, d'en haut, il distinguait tout ce qu'il y avait d'outré, de forcé, d'ostentatoire dans les gestes de ce seigneur. Parce que la nature l'avait doté de proportions physiques exceptionnelles, Monseigneur d'Artois jouait à l'ogre. En fait, c'était un rusé, un matois. Et puis Tolomei tenait les comptes de Robert...

Le banquier fut davantage intéressé par le personnage qui accompagnait d'Artois, un seigneur entièrement vêtu de noir, à la démarche assurée, mais à l'air réservé, distant, assez hautain.

Les deux visiteurs s'étaient arrêtés devant le comptoir aux armes et aux harnais, et Monseigneur d'Artois promenait son énorme gant rouge parmi les poignards, les miséricordes, les modèles de gardes d'épées, bousculait les tapis de selle, les étriers, les mors incurvés, les rênes découpées, dentelées, brodées. Le commis aurait une bonne heure de travail pour remettre en place son étalage. Robert choisit une paire d'éperons de Todèle, à longues pointes, et dont la talonnière était haute et recourbée en arrière afin de protéger le tendon d'Achille quand le pied exerçait une pression violente contre le flanc du cheval ; une invention judicieuse et sûrement bien utile en tournoi. Les branches de l'éperon étaient décorées de fleurs et de rubans, avec la devise « Vaincre » gravée en lettres rondes dans l'acier doré.

— Je vous en fais présent, mon Lord, dit le géant au seigneur en noir. Il ne vous reste qu'à choisir la dame qui vous les bouclera aux pieds. Cela ne tardera guère ; les dames de France s'enflamment vite à ce qui vient de loin... Vous pouvez vous munir ici de tout ce que vous souhaitez, continua-t-il en montrant la galerie. Mon ami Tolomei, maître usurier et renard de négoce, vous fournira tout ; quoi qu'on lui demande, je ne l'ai jamais vu pris au dépourvu. Voulez-vous faire don d'une chasuble à votre chapelain ? Il en a trente à choisir... D'une bague à votre bien-aimée ? Il a des pierres plein ses coffres... Vous plaît-il de parfumer les filles avant de les conduire au déduit ? Il vous donnera un musc qui vient directement des marchés d'Orient... Cherchez-vous une relique ? Il en tient trois armoires... Et en plus, il vend l'or pour acheter tout cela ! Il possède monnaies frappées à tous les coins d'Europe, dont vous voyez les changes, là, marqués sur ces ardoises. Il vend des chiffres, voilà surtout ce qu'il vend : comptes de fermages, intérêts de prêts, revenus de fiefs... Derrière toutes ces petites portes, il a des commis qui additionnent, qui retiennent. Que ferions-nous sans cet homme-là qui s'enrichit de notre peu d'habileté à compter ? Montons chez lui.

Bientôt, les marches de bois de l'escalier à vis gémirent sous le poids de Robert d'Artois. Messer Tolomei repoussa le volet de l'« espion » et laissa retomber la tapisserie.

La pièce où entrèrent les deux seigneurs était sombre, somptueusement décorée de meubles lourds, de gros objets d'argent, et tendue de tapis à images qui étouffaient les bruits ; elle sentait la chandelle, l'encens, les épices de table, et les herbes de médecine. Entre les richesses qui l'emplissaient, s'étaient accumulés tous les parfums d'une vie.

Le banquier s'avança. Robert d'Artois qui ne l'avait pas vu depuis de nombreuses semaines – près de trois mois pendant lesquels il avait dû accompagner son cousin le roi de France, en Normandie d'abord à la fin d'août, puis en Anjou pendant tout l'automne – trouva le Siennois vieilli. Ses cheveux blancs étaient plus clairsemés, plus légers sur le col de sa robe ; le temps avait planté ses griffes sur son visage ; les pommettes étaient marquées comme par les pattes d'un oiseau ; les bajoues s'étaient affaissées et ballottaient sous le menton ; la poitrine était plus maigre et le ventre plus gros ; les ongles taillés ras s'ébréchaient. L'œil gauche, le fameux œil gauche de messer Tolomei, toujours aux trois quarts clos, conservait au visage une expression de vivacité et de malice ; mais l'autre œil, l'œil ouvert, avait le regard un peu distrait, absent, fatigué, d'un homme usé et moins soucieux du monde extérieur qu'attentif aux troubles, aux lassitudes qui habitent un vieux corps proche de sa fin.

— Ami Tolomei, s'écria Robert d'Artois, en ôtant ses gants qu'il jeta, flaque sanglante, sur une table, ami Tolomei, je vous conduis une nouvelle fortune.

Le banquier désigna des sièges à ses visiteurs.

— Combien va-t-elle me coûter, Monseigneur ? répondit-il.

— Allons, allons, banquier, dit Robert d'Artois, vous ai-je jamais fait faire de mauvais placements ?

— Jamais, Monseigneur, jamais, je le reconnais. Les échéances ont parfois été un peu retardées, mais enfin, Dieu m'ayant accordé une assez longue vie, j'ai pu recueillir les fruits de la confiance dont vous m'avez honoré. Mais imaginez, Monseigneur, que je sois mort, comme tant d'autres, à cinquante ans ? Eh bien ! grâce à vous, je serais mort ruiné !

La boutade amusa Robert dont le sourire, dans une face large, découvrit des dents courtes, solides, mais sales.

— Avez-vous jamais perdu avec moi ? répondit-il. Rappelez-vous comme je vous ai fait jouer naguère Monseigneur de Valois contre Enguerrand de Marigny ! Et voyez aujourd'hui où est Charles de Valois, et comment Marigny a terminé ses mauvais jours. Ce que vous m'avez avancé pour ma guerre d'Artois, ne vous l'ai-je pas intégralement remboursé ? Je vous sais gré, banquier, oui, je vous sais gré de m'avoir toujours soutenu, et au plus fort de mes misères ; car j'étais un moment ligoté de dettes, continua-t-il en se tournant vers le seigneur en noir ; je n'avais plus de terres, sinon ce comté de Beaumont-le-Roger, mais dont le Trésor ne me payait pas les revenus, et mon aimable cousin Philippe le Long – que Dieu garde son âme en quelque enfer ! – m'avait enfermé au Châtelet. Eh bien ! ce banquier que vous voyez là, mon Lord, cet usurier, ce maître coquin parmi les plus coquins que toute la Lombardie ait jamais produits, cet homme qui prendrait en gage un enfant dans le sein de sa mère, ne m'a jamais abandonné ! C'est pourquoi aussi longtemps qu'il vive, et il vivra longtemps...

Messer Tolomei fit les cornes avec les doigts de la main droite et toucha le bois de la table.

— Si, si, usurier de Satan, vous vivrez longtemps encore, je vous le dis... Eh bien ! c'est pourquoi cet homme-là sera toujours mon ami, foi de Robert d'Artois. Et il a eu raison car il me voit aujourd'hui gendre de Monseigneur de Valois, siégeant au Conseil du roi, et nanti, enfin, des revenus de mon comté. Messer Tolomei, le seigneur que vous avez devant vous est Lord Mortimer, baron de Wigmore.

— Évadé de la tour de Londres depuis le premier août, dit le banquier en inclinant le front. Grand honneur, my Lord, grand honneur.

— Eh quoi ? s'écria d'Artois. Vous savez donc ?

— Monseigneur, dit Tolomei, le baron de Wigmore est trop haut personnage pour que nous ne soyons pas informés. Je sais même, my Lord, que lorsque le roi Edouard a donné l'ordre à ses shérifs des côtes de vous rechercher et arrêter, vous étiez déjà embarqué, hors d'atteinte de la justice anglaise. Je sais que lorsqu'il a fait fouiller toutes les partances pour l'Irlande, et saisir tous les courriers provenant de France, vos amis à Londres et dans toute l'Angleterre étaient déjà informés de votre sauve arrivée chez votre cousin, messire Jean de Fiennes, en Picardie. Je sais enfin que lorsque le roi Edouard a ordonné à messire de Fiennes de vous livrer, menaçant de lui confisquer les terres qu'il possède outre-Manche, ce seigneur, qui est grand partisan et soutien de Monseigneur Robert, vous a tout aussitôt dirigé vers celui-ci. Je ne peux point dire que je vous attendais, my Lord, je vous espérais ; car Monseigneur d'Artois m'est fidèle, comme il vous l'a dit, et ne manque jamais de penser à moi quand il a un ami en peine.

Roger Mortimer avait écouté le banquier avec attention.

— Je vois, messer, répondit-il, que les Lombards ont de bons espions à la cour d'Angleterre.

— Pour vous servir, my Lord... Vous n'ignorez pas que le roi Edouard a une forte dette envers nos compagnies.

Lorsqu'on a une créance, on la surveille. Et votre roi, depuis beau temps, a cessé d'honorer son sceau, au moins à notre égard. Il nous a fait répondre par son trésorier, Monseigneur l'évêque d'Exeter, que les mauvaises recettes des tailles, les lourdes charges de ses guerres et les menées de ses barons ne lui permettent pas de faire mieux. Pourtant l'impôt qu'il fait peser sur nos marchandises, rien qu'au port de Londres, lui devrait être suffisant pour s'acquitter.

Un valet venait d'apporter l'hypocras et les dragées qu'on offrait toujours aux visiteurs d'importance. Tolomei versa dans les gobelets le vin aux aromates, ne se servant à lui-même qu'un doigt de la liqueur.

— Le Trésor de France paraît, pour l'heure, en meilleure santé que celui d'Angleterre, ajouta-t-il. Connaît-on déjà, Monseigneur Robert, quel en sera à peu près le solde pour l'année ?

— S'il ne survient pas, dans le mois à couler, quelque calamité soudaine, peste, famine, mariage ou funérailles d'un de nos royaux parents, les recettes passeront de douze mille livres les dépenses, ceci d'après les chiffres que messire Miles de Noyers, maître de la Chambre aux Comptes, a avancés ce matin au Conseil. Douze mille livres de recettes ! Ce n'est pas au temps des Philippe, le Quatrième et le Cinquième... fasse Dieu que la liste en soit close... que l'on avait si bon Trésor.

— Comment parvenez-vous, Monseigneur, à connaître un Trésor en surplus de recettes ? demanda Mortimer. Est-ce dû à l'absence de guerre ?

— L'absence de guerre, d'une part, et en même temps la guerre, la guerre que l'on prépare et que l'on ne fait pas. Ou pour dire mieux, la croisade. Je dois dire que mon cousin et beau-père Charles de Valois utilise la croisade comme nul autre ! N'allez pas croire que je le tiens pour mauvais chrétien ! Certes, il désire de grand cœur délivrer l'Arménie des Turcs, comme il désire tout également rétablir cet empire de Constantinople dont il porta naguère la couronne sans en pouvoir occuper le trône. Mais enfin, une croisade, cela ne se monte pas en un jour ! Il faut armer des navires, faire forger des armes ; il faut surtout trouver des croisés, négocier en Espagne, négocier en Allemagne... Et le premier pas pour tout cela, c'est d'obtenir du pape une dîme sur le clergé. Mon cher beau-père a obtenu la dîme, et à présent, pour nos gênes de Trésor, c'est le pape qui paye.

— Eh là ! Monseigneur, vous m'intéressez fort, dit Tolomei. C'est que je suis le banquier du pape... pour un quart, avec les Bardi, mais enfin ce quart-là est déjà gros ! et si le pape s'appauvrissait par trop...

D'Artois, qui prenait une bonne lampée d'hypocras, pouffa dans son gobelet d'argent et fit signe qu'il s'étranglait.

— S'appauvrir, le Très Saint-Père ? s'écria-t-il quand il eut avalé. Mais il est riche à centaines de milliers de florins. Ah ! voilà un homme qui vous en remontrerait, Spinello ; quel grand banquier il eût fait, s'il n'était entré en clergie ! Car il a trouvé le Trésor papal plus vide que ne l'était ma poche, il y a six ans...

— Je sais, je sais, murmura Tolomei.

— C'est que les curés, voyez-vous, sont les meilleurs collecteurs d'impôts que Dieu ait jamais mis sur terre, et c'est bien ce qu'a compris Monseigneur de Valois. Au lieu de forcer les tailles, dont les receveurs sont détestés, on fait quêter par les curés et l'on recueille la dîme. On se croisera, on se croisera... un jour ! En attendant, c'est le pape qui paye, sur la tonte des ouailles.

Tolomei se frottait la jambe droite, doucement ; depuis quelque temps, il éprouvait une sensation de froid dans cette jambe-là, et quelques douleurs aussi en marchant.

— Vous disiez donc, Monseigneur, qu'il y a eu Conseil ce matin. Y a-t-on pris ordonnances de grand intérêt ? demanda-t-il.

— Oh ! comme de coutume. On a débattu du prix des chandelles et défendu de mêler le suif à la cire, comme aussi de brasser les vieilles confitures avec les nouvelles. Pour toutes marchandises vendues en enveloppes, le poids des sacs devra être déduit et non compté dans le prix ; ceci pour complaire au commun peuple, et lui montrer qu'on s'occupe de lui.

Tolomei, tout en écoutant, observait ses deux visiteurs. Ils lui paraissaient l'un et l'autre très jeunes ; Robert d'Artois avait combien ? trente-cinq, trente-six ans... et l'Anglais n'en montrait guère plus. Tous les hommes au-dessous de la soixantaine lui semblaient étonnamment jeunes ! Combien de choses encore ils avaient à faire, combien d'émois à ressentir, de combats à livrer, d'espoirs à poursuivre, et combien de matins à connaître que lui ne connaîtrait pas ! Combien de fois ces deux hommes-là se réveilleraient, respireraient l'air d'un jour neuf quand lui-même serait sous terre !

Et quel genre de personnage était Lord Mortimer ? Ce visage bien taillé, aux sourcils épais, ces paupières coupées droit sur des yeux couleur de pierre, et puis le vêtement sombre, la façon de croiser les bras, l'assurance hautaine, silencieuse d'un homme qui a été au faîte de la puissance et qui tient à conserver toute sa dignité dans l'exil, ce geste même, machinal, que Mortimer avait pour passer le doigt sur la courte cicatrice blanche qui lui marquait la lèvre, tout plaisait au vieux Siennois. Et Tolomei eut envie que ce seigneur-là redevînt heureux ! Il venait à Tolomei, depuis quelque temps, le goût de penser aux autres.

— L'ordonnance sur la sortie des monnaies, demanda-t-il, doit-elle être prochainement promulguée, Monseigneur ?

Robert d'Artois eut une hésitation à répondre.

— A moins, peut-être, que vous n'en soyez pas averti... ajouta Tolomei.

— Mais certes, certes, j'en suis averti. Vous savez bien que rien ne se fait sans que le roi, et surtout Monseigneur de Valois, ne requièrent mon conseil. L'ordonnance sera scellée dans deux jours : nul ne pourra porter hors du royaume monnaie d'or ou d'argent frappée au coin de France. Les pèlerins seuls pourront se munir de quelques petits tournois.

Le banquier feignit de ne pas attacher plus d'importance à cette nouvelle qu'au prix des chandelles ou aux mélanges de confitures. Mais déjà il avait pensé : « Donc les monnaies étrangères seront seules admises à sortir du royaume ; donc elles vont croître de valeur... De quelle aide, dans notre métier, nous sont les bavards, et comme les vantards nous offrent pour rien ce qu'ils pourraient nous vendre si cher ! »

— Ainsi, my Lord, reprit-il, en se tournant vers Mortimer, vous comptez donc vous établir en France ? Qu'attendez-vous de moi ?

Ce fut Robert qui répondit :

— Ce qu'il faut à un grand seigneur pour tenir son rang. Vous avez assez l'habitude, Tolomei !

Le banquier agita une clochette. Au valet qui entra, il demanda son grand livre, et ajouta :

— Si messer Boccace n'est point encore parti, dis-lui qu'il veuille m'attendre.

Le livre fut apporté, un gros recueil à couverture de cuir noir patiné, et dont les feuilles de vélin tenaient assemblées par des broches mobiles. On pouvait à volonté ajouter des feuillets. Ce procédé permettait à messer Tolomei de réunir les comptes de ses gros clients, dans l'ordre des lettres de l'alphabet, au lieu d'avoir à rechercher des pièces éparpillées. Le banquier posa le recueil sur ses genoux, l'ouvrit avec quelque cérémonie.

— Vous allez vous trouver en bonne compagnie, my Lord, dit-il. Voyez : à tout seigneur tout honneur... Mon livre commence par le comte d'Artois... Vous avez beaucoup de feuillets, Monseigneur, ajouta-t-il avec un petit rire adressé à Robert. Et puis voici le comte de Bar, le comte de Boulogne, Monseigneur de Bourbon... Madame la reine Clémence...

Le banquier eut un hochement de tête déférent.

— Ah ! Elle nous a causé bien du souci après la mort du roi Louis Dixième ; on eût dit que le deuil lui avait donné une fringale de dépenses. Le Très Saint-Père lui-même lui a écrit, pour l'exhorter à la modération, et elle a dû placer ses bijoux en gage, chez moi, afin d'acquitter ses dettes. A présent, elle vit en l'hôtel du Temple qui lui a été échangé contre le donjon de Vincennes ; elle touche son douaire, et paraît avoir retrouvé la paix.

Il continuait de tourner les pages qui bruissaient sous sa main. Il avait une façon fort habile de laisser apparaître les noms, tout en cachant les chiffres avec son bras. Il n'était indiscret qu'à moitié.

« C'est moi, maintenant, qui joue le vantard, pensait-il. Mais il faut faire valoir un peu les services qu'on rend, et montrer qu'on n'est pas ébloui par un nouvel emprunteur. »

En vérité, sa vie entière se trouvait contenue dans ce livre, et toute occasion lui était bonne de le feuilleter. Chaque nom, chaque addition représentait tant de souvenirs, tant d'intrigues, et de secrets confiés, tant de prières à lui adressées et où il avait pu mesurer son pouvoir ! Chaque somme était le rappel précis d'une visite, d'une lettre, d'un marché habile, d'un mouvement de sympathie, d'une dureté pour un débiteur négligent... Il y avait près de cinquante ans que Spinello Tolomei, ayant commencé, à son arrivée de Sienne, par faire les foires de Champagne, était venu s'installer ici, rue des Lombards, pour y tenir banque[11].

Une page encore, et une autre, qui s'accrocha dans ses ongles ébréchés. Un trait noir barrait le nom.

— Tenez, voici messer Dante Alighieri, le poète... pour une petite somme, quand il se rendit à Paris visiter la reine Clémence, après le deuil de celle-ci. Il était grand ami du roi Charles de Hongrie, le père de Madame Clémence. Je me souviens de messer Dante, juste dans le fauteuil où vous êtes, my Lord. Un homme sans bonté. Il était fils de changeur ; il m'a parlé toute une heure avec grand mépris du métier de l'argent. Mais il pouvait bien être méchant et aller s'enivrer dans de mauvais lieux avec les filles ; qu'importe ! Il a fait chanter notre langue comme personne avant lui. Et de quelle façon il a dépeint les Enfers ! On frémit de penser que c'est peut-être ainsi. Savez-vous qu'à Ravenne, où messer Dante a vécu ses dernières années, les gens s'écartaient peureusement de son chemin parce qu'ils pensaient qu'il était magicien, et vraiment descendu dans les abîmes. Voilà deux ans qu'il est mort. Mais même à présent, beaucoup ne veulent pas croire à son trépas et assurent qu'il reviendra... Il n'aimait pas la banque, cela est sûr, ni non plus Monseigneur de Valois qui l'avait exilé de Florence.

Tolomei, tout le temps qu'il avait parlé de Dante, avait de nouveau fait les cornes et pressé ses doigts contre le bois du fauteuil.

— Voilà, vous serez ici, my Lord, reprit-il en mettant une marque dans le gros livre. Après Monseigneur de Marigny ; pas le pendu, rassurez-vous, dont Monseigneur d'Artois parlait tout à l'heure, non ! mais son plus jeune frère, l'évêque de Beauvais... Vous avez de ce jour un compte ouvert chez moi pour sept mille livres. Vous pouvez y puiser à votre convenance, et regarder ma modeste maison comme la vôtre. Etoffes, armes, bijoux, toutes fournitures qui vous seront nécessaires, vous pourrez les trouver à mes comptoirs, et les faire porter sur ce crédit.

Il accomplissait son métier par habitude ; il prêtait aux gens de quoi acheter ce qu'il vendait.

— Et votre procès contre votre tante, Monseigneur ? Ne comptez-vous pas le reprendre, à présent que vous êtes si puissant ? demanda-t-il à Robert d'Artois.

— Cela se fera, cela se fera, mais à son heure, répondit le géant en se levant. Rien ne presse, et je me suis aperçu que trop de hâte était mauvaise. Je laisse ma chère tante vieillir ; je la laisse s'user en petits procès contre ses vassaux, s'inventer chaque jour de nouveaux ennemis par ses chicanes, et remettre en ordre ses châteaux que j'ai un peu malmenés à la dernière visite que je fis en ses terres, qui sont les miennes. Elle commence à savoir ce qu'il lui en coûte de garder mon bien ! Elle a dû prêter à Monseigneur de Valois cinquante mille livres qu'elle ne reverra jamais, car elles ont fait la dot de mon épouse, sur quoi je vous ai payé. Vous voyez qu'elle n'est pas si nuisible femme qu'on dit, la bonne gueuse. Je me garde seulement de trop la voir, car elle m'aime tant qu'elle pourrait bien me gâter de quelque plat sucré dont on est mort pas mal dans son entourage... Mais j'aurai mon comté, banquier, je l'aurai, soyez-en sûr, et ce jour-là, je vous l'ai promis, vous serez mon trésorier !

Messer Tolomei, raccompagnant ses visiteurs, descendit derrière eux l'escalier, d'une jambe prudente, et les conduisit jusqu'à la porte, sur la rue des Lombards. Roger Mortimer lui ayant demandé à quel intérêt l'argent lui était prêté, le banquier écarta cette question d'un geste de la main.

— Faites-moi seulement la grâce, dit-il, quand vous aurez affaire à ma banque, de monter me voir. Vous aurez sûrement à m'instruire de beaucoup de choses, my Lord.

Un sourire accompagnait ces mots, et la paupière gauche s'était un peu soulevée.

L'air froid de novembre qui venait de la rue fit frissonner le vieil homme. Aussitôt la porte refermée, Tolomei passa derrière ses comptoirs et entra dans une petite pièce où se tenait le signor Boccace, l'associé des Bardi.

— Ami Boccacio, lui dit-il, achète dès ce jour et demain toutes les monnaies d'Angleterre, de Hollande et d'Espagne, florins d'Italie, doublons, ducats, en bref toutes monnaies de pays étrangers ; offre un denier, et même deux deniers de plus la pièce. Dans quelques jours, elles auront monté du quart. Tous les voyageurs devront s'en fournir auprès de nous, puisque l'or de France n'aura plus liberté de sortir. Je te fais ce marché de compte à demi[12].

Tolomei savait à peu près ce qu'on pouvait rafler d'or étranger sur la place ; y ajoutant ce qu'il avait en coffres, Tolomei avait déjà calculé que l'opération lui laisserait un bénéfice de quinze à vingt mille livres. Il venait d'en prêter sept mille ; il était sûr de gagner au moins le double et, avec ce gain, il consentirait d'autres prêts. Une routine !

Comme Boccace le félicitait de son habileté, et, tournant le compliment entre ses lèvres minces, disait que ce n'était pas en vain que les compagnies lombardes de Paris avaient choisi messer Spinello Tolomei pour leur capitaine général, celui-ci répondit :

— Oh ! après cinquante et des années de métier, je n'y ai plus de mérite ; cela vient de soi-même. Et si vraiment j'étais habile, qu'aurais-je fait ? Je t'aurais acheté tes réserves de florins et j'aurais gardé tout le profit pour moi. Mais à quoi cela me servirait-il en vérité ? Tu verras, Boccacio, tu es encore très jeune...

L'autre avait pourtant des fils blancs aux tempes.

— ... il arrive un âge où, quand on ne travaille plus que pour soi, on a le sentiment de travailler pour rien. Mon neveu me manque. Pourtant, ses affaires maintenant sont apaisées ; je suis certain qu'il ne risque rien à revenir. Mais il refuse, ce diable de Guccio ; il s'entête, par orgueil je crois. Alors cette grande maison, le soir, quand les commis sont partis et les valets couchés, me paraît bien vide. Et voilà que certains jours je me prends à regretter Sienne.

— Ton neveu aurait bien dû, dit Boccace, faire ce que j'ai fait moi-même qui me suis trouvé dans une semblable situation avec une dame de Paris. J'ai enlevé mon fils et l'ai emmené en Italie.

Messer Tolomei hochait la tête et pensait à la tristesse d'un foyer sans enfants. Le fils de Guccio devait atteindre ces jours-ci ses sept ans ; et jamais Tolomei ne l'avait vu. La mère s'y opposait...

Le banquier frottait sa jambe droite qu'il sentait pesante et refroidie, comme s'il y avait eu des fourmis. La mort vous tire de la sorte par les pieds, à petits coups, pendant des années... Tout à l'heure, avant de se mettre au lit, il se ferait porter un bassin d'eau chaude pour y plonger la jambe.

4

La fausse croisade

— Monseigneur de Mortimer, je vais avoir grande nécessité de chevaliers vaillants et preux, tels que vous l'êtes, pour entrer dans ma croisade, déclara Charles de Valois. Vous m'allez juger bien orgueilleux de dire « ma croisade » alors qu'en vérité c'est celle de Notre-Seigneur Dieu ; mais je dois bien avouer, et tout chacun me le reconnaît, que si cette grande entreprise, la plus vaste et la plus glorieuse qui puisse requérir les nations chrétiennes, vient à se faire, c'est parce que je l'aurai, de mes propres mains, montée. Ainsi, Monseigneur de Mortimer, je vous le propose tout droit, avec ma franche nature que vous apprendrez à connaître : voulez-vous être des miens ?

Roger Mortimer se redressa sur son siège ; son visage se referma un peu, et ses paupières s'abaissèrent à demi sur ses yeux couleur de pierre. Etait-ce une bannière de vingt cuirasses qu'on lui offrait de commander, comme à un petit châtelain de province, ou à un soldat d'aventure échoué là par l'infortune du sort ? Une aumône, cette proposition !

C'était la première fois que Mortimer était reçu par le comte de Valois, lequel jusqu'à présent avait toujours été pris par ses tâches au Conseil, retenu par les réceptions d'ambassadeurs étrangers, ou en déplacement à travers le royaume. Mortimer voyait enfin l'homme qui gouvernait la France et qui venait ce jour même d'introniser un de ses protégés, Jean de Cherchemont, comme nouveau chancelier[13]. Mortimer était dans la situation, enviable certes pour un ancien prisonnier à vie mais pénible pour un grand seigneur, de l'exilé qui vient demander, n'a rien à offrir et qui attend tout.

L'entrevue avait lieu à l'hôtel du roi de Sicile que Charles de Valois avait reçu de son premier beau-père, Charles de Naples le Boiteux, en présent de noces. Dans la grande salle réservée aux audiences, une douzaine de personnes, écuyers, courtisans, secrétaires, s'entretenaient à voix basse, par petits groupes, en tournant fréquemment leurs regards vers le maître qui recevait, ainsi qu'un vrai souverain, sur une sorte de trône surmonté d'un dais. Monseigneur de Valois était vêtu d'une grande robe de maison, en velours bleu brodé de V et de fleurs de lis, ouverte sur le devant, et qui laissait voir la doublure de fourrure. Ses mains étaient chargées de bagues ; il portait son sceau privé, gravé dans une pierre précieuse, pendu à la ceinture par une chaînette d'or, et il avait pour coiffure une sorte de bonnet de velours maintenu par un cercle d'or ciselé, une couronne d'appartement. Il était entouré de son fils aîné, Philippe de Valois, un gaillard à grand nez, bien découplé, qui s'appuyait au dossier du trône, et de Robert d'Artois, son gendre, installé sur un tabouret, et tendant vers le foyer ses grandes bottes de cuir rouge.

— Monseigneur, dit Mortimer lentement, si l'aide d'un homme qui est le premier parmi les barons des Marches galloises, qui a gouverné le royaume d'Irlande et commandé en plusieurs batailles, peut vous être de quelque service, je vous apporterai volontiers cette aide pour la défense de la chrétienté, et mon sang vous est dès à présent acquis.

Valois comprit que le personnage était fier qui parlait de ses fiefs des Marches comme s'il les tenait encore. Un homme dont il faudrait ménager l'honneur si l'on voulait en tirer parti.

— J'ai l'avantage, sire baron, répondit-il, de voir se ranger sous la bannière du roi de France, c'est-à-dire la mienne, puisqu'il est entendu dès à présent que mon neveu continuera de gouverner le royaume pendant que je commanderai la croisade, de voir, dis-je, se ranger les premiers princes souverains d'Europe : mon parent Jean de Luxembourg, roi de Bohême, mon beau-frère Robert de Naples et Sicile, mon cousin Alphonse d'Espagne, en même temps que les républiques de Gênes et de Venise qui, sur la demande du Très Saint-Père, nous apporteront l'appui de leurs galères. Vous ne serez donc pas en mauvaise compagnie, et je tiendrai à ce que chacun respecte et honore en vous le haut seigneur que vous êtes. La France, dont vos ancêtres sont venus, verra à mieux reconnaître vos mérites que ne semble le faire l'Angleterre.

Mortimer inclina le front en silence. Cette assurance valait ce qu'elle valait ; il veillerait à ce qu'elle ne restât pas simplement de parole.

— Car voici cinquante ans et plus, reprit Monseigneur de Valois, qu'on ne fait rien de grand en Europe pour le service de Dieu ; depuis mon grand-père Saint Louis, tout exactement, qui, s'il y gagna le Ciel, y laissa la vie. Les Infidèles, encouragés par notre absence, ont relevé la tête et se croient partout les maîtres ; ils ravagent les côtes, pillent les bateaux, entravent le commerce et, par leur seule présence, profanent les lieux saints. Nous, qu'avons-nous fait ? Nous nous sommes, d'année en année, repliés de toutes nos possessions, de tous nos établissements ; nous avons abandonné les forteresses que nous avions construites, négligé de défendre les droits sacrés que nous nous étions acquis. Ces temps sont révolus. Au début de l'année, les députés de la Petite Arménie sont venus nous demander secours contre les Turcs. Je rends grâces à mon neveu, le roi Charles Quatrième, d'avoir compris tout l'intérêt de leur démarche et d'avoir appuyé la suite que j'y ai donnée ; au point qu'à présent il s'en arroge même l'idée première ! Mais enfin il est bon qu'il y croie. Ainsi, avant peu, et nos forces rassemblées, nous allons partir et attaquer en terres lointaines les Barbaresques.

Robert d'Artois, qui entendait ce discours pour la centième fois, opinait de la tête d'un air pénétré, tout en s'amusant secrètement de l'ardeur que montrait son beau-père à exposer les belles causes. Car Robert connaissait les dessous du jeu. Il savait qu'on avait effectivement projet de courir aux Turcs, mais en bousculant aussi un peu les chrétiens sur le passage ; car l'empereur Andronic Paléologue, qui régnait à Byzance, n'était pas le tenant de Mahomet, qu'on sache ? Sans doute, son Eglise n'était pas tout à fait la bonne, et l'on y faisait le signe de croix à l'envers ; mais c'était tout de même le signe de croix ! Or, Monseigneur de Valois poursuivait toujours l'idée de reconstituer à son profit le fameux empire de Constantinople, étendu non seulement sur les territoires byzantins, mais sur Chypre, sur Rhodes, sur l'Arménie, sur tous les anciens royaumes Courtenay et Lusignan. Et quand il arriverait là-bas, le comte Charles, avec toutes ses bannières, Andronic Paléologue, à ce qu'on pouvait savoir, ne pèserait pas lourd. Monseigneur de Valois roulait dans sa tête des rêves de César...

A remarquer, d'ailleurs, qu'il usait assez bien d'une manœuvre qui consistait à toujours demander le plus afin d'obtenir un peu. Ainsi, il avait essayé d'échanger son commandement de la croisade et ses prétentions au trône de Constantinople contre le petit royaume d'Arles, sur le Rhône, à condition qu'on y adjoignît le Viennois. La négociation, entamée au début de l'année avec Jean de Luxembourg, avait échoué par l'opposition du comte de Savoie, et par celle surtout du roi de Naples, lequel ne tenait nullement à voir son turbulent parent se constituer un royaume indépendant au bord de ses possessions de Provence. Alors Monseigneur de Valois s'était remis avec plus d'entrain à la sainte expédition. Il était dit que cette couronne souveraine qui lui avait échappé en Espagne, en Allemagne, en Arles même, il lui faudrait aller la chercher à l'autre bout de la terre !

— Certes, tous les empêchements ne sont pas encore surmontés, poursuivit Monseigneur de Valois. Nous sommes encore en argument avec le Saint-Père sur le nombre de chevaliers et sur les soldes à leur donner. Nous voulons huit mille chevaliers et trente mille hommes à pied, et que chaque baron reçoive vingt sols le jour, chaque chevalier dix ; sept sous et six deniers pour les écuyers, deux sous aux hommes de pied. Le pape Jean veut me faire étrécir mon armée à quatre mille chevaliers et quinze mille hommes de piétaille ; il me promet toutefois douze galères armées. Il nous a autorisé la dîme, mais il rechigne aux douze cent mille livres par an, que nous lui demandons pendant cinq ans que durera la croisade, et surtout aux quatre cent mille livres nécessaires au roi de France pour les frais accessoires...

« Dont trois cent mille déjà réservées au bon Charles de Valois lui-même, pensait Robert d'Artois. A ce prix-là, on peut bien commander une croisade ! J'aurais mauvaise grâce à chicaner, puisqu'une part doit m'en revenir[14] ! »

— Ah ! si j'eusse été à Lyon, à la place de mon défunt neveu Philippe, lors du dernier conclave, s'écria Valois, j'aurais, sans médire de notre Très Saint-Père, choisi un cardinal qui comprît plus clairement l'intérêt de la chrétienté et qui se fît moins tirer la manche !

— Surtout depuis que nous avons pendu son neveu à Montfaucon, ce dernier mois de mai, observa Robert d'Artois.

Mortimer se tourna sur son siège et regarda Robert d'Artois, surpris, en disant :

— Un neveu du pape ? Quel neveu ?

— Comment, mon cousin, vous ne savez pas ? dit Robert d'Artois en profitant de l'occasion pour se lever, car il avait du mal à rester longtemps immobile ; et il alla repousser de sa botte les bûches qui brûlaient dans l'âtre.

Mortimer avait déjà cessé pour lui d'être « mon Lord » et il était devenu « mon cousin », à cause d'une lointaine parenté qu'ils s'étaient découverte par les Fiennes ; avant peu il serait « Roger », sans plus d'histoires.

— Eh non, au fait, comment l'auriez-vous su ? reprit Robert. Vous étiez en geôle par la grâce de votre ami Edouard... Il s'agit d'un baron gascon, Jourdain de l'Isle, auquel le Saint-Père avait donné une sienne nièce en mariage, et qui commit quelques minces méfaits, à savoir voleries, homicides, forcer dames, dépuceler pucelles, et un peu de bougrerie sur les jouvenceaux par surcroît. Il entretenait autour de lui voleurs, meurtriers et autres gens de mauvaise merdaille qui dépouillaient, pour son compte, clercs et laïcs. Comme le pape le protégeait, on lui fit grâce de ces peccadilles, sous la promesse qu'il s'amenderait. Le Jourdain ne sut mieux faire, pour prouver sa pénitence, que de se saisir d'un sergent royal qui venait lui délivrer une sommation, et de le faire empaler... Sur quoi ? Sur le bâton à fleur de lis que le sergent portait !

Robert d'Artois eut un grand rire qui trahissait son naturel penchant pour la canaille.

— On ne sait à vrai dire quel était plus grand crime, d'avoir occis un officier du roi ou d'avoir enduit les fleurs de lis de la crotte d'un sergent. Le sire Jourdain fut pendu au gibet de Montfaucon, où vous pourrez le voir encore, si d'aventure vous passez par là. Les corbeaux lui ont laissé peu de chair. Depuis, nous sommes en fraîcheur avec Avignon.

Et Robert se remit à rire, la gueule en l'air, les pouces dans la ceinture ; et sa joie était si sincère que Roger Mortimer lui-même se mit à rire, par contagion. Et Valois riait aussi, et son fils Philippe...

Cela les rendit plus amis de rire ensemble. Mortimer se sentit soudain admis dans le groupe Valois et se détendit un peu. Il regardait avec sympathie le visage de Monseigneur Charles, un visage large, haut en couleurs, d'homme qui mangeait trop et que le pouvoir privait de prendre assez d'exercice. Mortimer n'avait pas revu Valois depuis de rapides rencontres, une fois en Angleterre d'abord, pour les fêtes du mariage de la reine Isabelle, et puis une seconde fois, en 1313, en accompagnant les souverains anglais à Paris, pour le premier hommage. Et tout cela qui semblait hier était déjà bien loin. Dix ans ! Monseigneur de Valois, un homme encore jeune à l'époque, était devenu ce personnage massif, imposant... Allons ! il ne fallait pas perdre le temps de vivre, ni négliger l'occasion de l'aventure. Cette croisade, après tout, commençait de plaire à Roger Mortimer.

— Et quand donc, Monseigneur, vos nefs lèveront-elles l'ancre ? demanda-t-il.

— Dans dix-huit mois je pense, répondit Valois. Je vais renvoyer en Avignon une troisième ambassade, pour arrêter définitivement la fourniture des subsides, les bulles d'indulgences, et l'ordre de combat.

— Et ce sera belle chevauchée, Monseigneur de Mortimer, où il faudra vaillance, et où les farauds auront à montrer autre chose que ce qu'ils font en joute, dit Philippe de Valois qui n'avait pas parlé jusque-là et dont le visage se colora un peu.

Le fils aîné de Charles de Valois imaginait déjà les voiles gonflées des galères, les débarquements sur les côtes lointaines, les bannières, les cuirasses, le choc des lourds chevaux de France chargeant les Infidèles, le Croissant piétiné sous le fer des montures, les filles mauresques capturées dans le fond des palais, les belles esclaves nues arrivant enchaînées... Et sur ces grasses gaupes, rien n'empêcherait Philippe de Valois d'assouvir ses désirs. Ses grandes narines déjà s'élargissaient. Car Jeanne la Boiteuse, son épouse, dont la jalousie éclatait en scènes furieuses dès qu'il regardait la poitrine d'une autre femme, resterait en France. Ah ! elle n'était pas de caractère aisé, la sœur de Marguerite de Bourgogne ! Or il se peut qu'on aime sa femme et qu'en même temps une force de nature vous pousse à en désirer d'autres. Il faudrait au moins une croisade pour que le grand Philippe osât tromper la Boiteuse.

Mortimer se redressa un peu et tira sur sa cotte noire. Il voulait revenir au sujet qui lui importait, et qui n'était pas la croisade.

— Monseigneur, dit-il à Charles de Valois, vous pouvez me tenir comme marchant dans vos rangs. Mais je venais aussi quêter de vous...

Le mot était dit. L'ancien Grand Juge d'Irlande l'avait prononcée cette parole sans laquelle aucun solliciteur ne récolte rien, sans laquelle aucun homme puissant n'accorde son appui. Quêter, demander, prier... Il n'était point besoin d'ailleurs qu'il en prononçât davantage.

— Je sais, je sais, répondit Charles de Valois ; mon gendre Robert m'a mis au fait. Vous souhaitez que j'intrigue pour votre cause auprès du roi Édouard. Or donc, mon très loyal ami...

D'un seul coup, parce qu'il avait « quêté », il était devenu un ami.

— ... or donc, je ne le ferai pas, parce que cela ne servirait de rien... sinon à m'attirer quelque nouvel outrage ! Savez-vous la réponse que votre roi Édouard m'a fait tenir par le comte de Bouville ? Oui, vous la savez, bien sûr... alors que la dispense pour le mariage était déjà demandée au Saint-Père ! Quelle figure me donne-t-il ? Vais-je aller maintenant lui demander qu'il vous restitue vos terres, vous rétablisse dans vos titres, et qu'il chasse ses honteux Despensers ?

— Et que par là même, il rende à la reine Isabelle...

— Ma pauvre nièce ! s'écria Valois. Je sais, loyal ami, je sais tout ! Croyez-vous que je puisse, ou que le roi de France puisse, faire changer le roi Édouard à la fois de mœurs et de ministres ? Vous ne devez pas ignorer toutefois que lorsqu'il a envoyé l'évêque de Rochester pour réclamer votre livraison nous avons refusé ; nous avons refusé de seulement recevoir l'évêque ! Premier affront que je rends à Édouard en échange du sien. Nous sommes liés, vous et moi, Monseigneur de Mortimer, par les outrages qui nous ont été infligés. Et si l'occasion nous vient, à l'un ou à l'autre, de nous venger, je vous fais foi, cher sire, que nous nous vengerons ensemble.

Mortimer, sans en rien montrer, sentit le désespoir l'envahir. L'entretien, dont Robert d'Artois lui avait promis miracle... « Mon beau-père Charles peut tout ; s'il vous prend en amitié, et il ne manquera pas de le faire, vous êtes sûr de triompher... » l'entretien semblait achevé. Et qu'en résultait-il ? Du vent. La promesse d'un vague commandement dans dix-huit mois, au pays des Turcs. Roger Mortimer songeait déjà à quitter Paris, à se rendre auprès du pape ; et si de ce côté-là il n'obtenait rien, alors, il irait trouver l'empereur d'Allemagne... Ah ! elles étaient amères les déceptions de l'exil. Son oncle de Chirk les lui avait prédites...

Ce fut alors que Robert d'Artois, dans le silence gêné qui s'était fait, dit :

— Cette occasion de la vengeance dont vous parlez, Charles, pourquoi ne la ferions-nous pas naître ?

Il était le seul, à la cour, qui appelait le comte de Valois par son prénom, n'ayant pas changé d'habitude depuis le temps où ils n'étaient que cousins ; et puis sa taille, sa force, sa truculence, lui donnaient des droits qui n'étaient qu'à lui.

— Robert a raison, dit Philippe de Valois. On pourrait, par exemple, inviter le roi Edouard à la croisade, et là...

Un geste imprécis acheva sa pensée. Il était imaginatif, décidément, le grand Philippe ! Il voyait le passage d'un gué, ou mieux encore une rencontre en plein désert avec un parti d'Infidèles. On laissait Edouard s'engager à la charge, puis on l'abandonnait froidement aux mains des Turcs... voilà une belle vengeance !

— Jamais, s'écria Charles de Valois, jamais Edouard ne joindra ses bannières aux miennes. D'abord peut-on même parler de lui comme d'un roi chrétien ? Ce sont les Maures qui ont de pareilles mœurs !

En dépit de cette indignation, Mortimer fut saisi d'inquiétude. Il savait trop ce que valent les paroles des princes, et comment les ennemis de la veille peuvent se réconcilier le lendemain, même faussement, quand ils y ont intérêt. S'il prenait envie à Monseigneur de Valois, pour grossir sa croisade, d'y convier Edouard, et si Edouard feignait d'accepter...

— Quand bien même le feriez-vous, Monseigneur, dit Mortimer, il y a peu de chances que le roi Edouard réponde à votre invite ; il aime les jeux du corps mais déteste les armes, et ce n'est point lui, je vous l'assure, qui m'a vaincu à Shrewsbury. Edouard prétextera, et avec juste raison, les dangers que lui font courir les Ecossais...

— Mais j'en veux bien, moi, des Ecossais, dans ma croisade ! dit Valois.

Robert d'Artois frappa ses énormes poings l'un contre l'autre à petits coups. La croisade lui était totalement indifférente, et même, à vrai dire, il n'en avait aucune envie. D'abord il vomissait en mer. Sur terre, tout ce qu'on voulait, mais rien sur l'eau ; un nourrisson y était plus fort que lui ! Et puis il songeait avant tout à la reprise de son comté d'Artois, et une course de cinq ans au bout du monde ne ferait guère progresser ses affaires. Le trône de Constantinople n'était pas dans son héritage, et il ne lui plaisait en rien de se retrouver un jour commandant quelque île pelée dans des eaux perdues. Il n'avait pas d'intérêt non plus au commerce des épices, ni le besoin d'aller enlever des femmes aux Turcs ; Paris regorgeait de houris à cinquante sols et de bourgeoises qui coûtaient encore moins ; et Madame de Beaumont, sa compagne, fille de Monseigneur de Valois ici présent, fermait les yeux sur toutes ses incartades. Donc, cette croisade, il importait surtout à Robert d'en reculer le plus possible l'échéance ; tout en feignant de l'encourager, il ne travaillait qu'à la retarder. Il avait son idée en tête et ce n'était pas pour rien qu'il avait conduit Roger Mortimer à son beau-père.

— Je me demande, Charles, dit-il, s'il serait bien sage de laisser longtemps le royaume de France dépourvu d'hommes, privé de sa noblesse et de votre commandement, à la merci du roi d'Angleterre qui montre assez qu'il ne nous veut pas de bien.

— Les châteaux seront pourvus, Robert ; et nous y laisserons des garnisons à suffisance, répondit Valois.

— Mais sans noblesse, sans la plupart des chevaliers, et sans vous, je le répète, qui êtes notre grand homme de guerre. Qui défendra le royaume en notre absence ? Le connétable, bientôt sur ses septante-cinq ans, et dont c'est miracle qu'il se soutienne encore en selle ? Notre roi Charles ? Si Edouard, comme nous le dit Lord Mortimer, se plaît peu aux batailles, notre gentil cousin s'y entend encore moins. Au reste, à quoi s'entend-il, sinon à paraître, frais et souriant, devant son peuple ? Ce serait folie d'offrir le champ aux mauvaisetés d'Edouard sans l'avoir auparavant affaibli d'une défaite.

— Alors aidons les Ecossais, proposa Philippe de Valois. Débarquons sur leurs côtes et soutenons leur lutte. Pour ma part, j'y suis prêt.

Robert d'Artois baissa le nez pour ne point montrer ce qu'il pensait. On en verrait de belles, si Philippe prenait le commandement d'une équipée en Ecosse ! L'héritier des Valois avait fait la preuve de ses aptitudes, en Italie, où on l'avait envoyé soutenir le légat du pape contre les Visconti de Milan. Arrivé fièrement avec ses bannières, Philippe s'était si bien laissé manœuvrer et rouler en farine par Galeazzo Visconti qu'il avait tout cédé en croyant tout gagner, et s'en était retourné sans même avoir livré la plus petite bataille.

Roger Mortimer, pour sa part, parut quelque peu blessé par la suggestion de Philippe de Valois. Car s'il était l'adversaire du roi Edouard, l'Angleterre, tout de même, était sa patrie !

— Pour l'instant, dit-il, les Ecossais se tiennent assez en paix, et semblent décidés à respecter le traité qu'ils nous ont imposé l'autre année.

— Et puis l'Ecosse, l'Ecosse... renchérit Robert, il faut passer la mer ! Réservons donc nos nefs pour la croisade. Mais nous avons peut-être meilleur terrain pour défier ce bougre d'Edouard. Il n'a pas rendu hommage pour l'Aquitaine. Si nous le forcions à venir défendre ses droits en France, dans son duché, et qu'à cette occasion nous allions l'écraser, d'abord nous serions tous vengés, et, par surcroît, il se tiendrait au calme pendant notre absence.

Valois tournait ses bagues et réfléchissait. Une fois de plus Robert se révélait un conseiller avisé. L'idée était vague encore que ce dernier venait d'émettre, mais déjà Valois en apercevait tous les développements. D'abord, l'Aquitaine ne se présentait pas à lui comme une terre inconnue ; il y avait fait campagne, sa première grande campagne, victorieuse, en 1294.

— Ce serait à coup sûr, dit-il, un bon entraînement pour notre chevalerie qui n'a point vraiment guerroyé depuis longtemps, et un motif aussi pour éprouver cette artillerie à poudre dont les Italiens commencent à faire usage. Notre vieil ami Tolomei s'offre à nous en fournir. Certes, le roi de France peut mettre le duché d'Aquitaine sous sa main pour défaut d'hommage...

Il resta pensif un instant.

— Mais il ne s'ensuivra pas forcément combat d'armée, conclut-il. On négociera comme de coutume ; ce deviendra affaire de parlements et d'ambassades. Et puis, en rechignant, l'hommage sera rendu. Ce n'est pas une bonne cause.

Robert d'Artois se rassit, les coudes sur les genoux et les poings sous le menton.

— On peut découvrir, dit-il, un plus efficace prétexte que le défaut d'hommage. Ce n'est pas à vous, cousin Mortimer, que je vais apprendre toutes les difficultés, chicanes et batailles qui sont nées de l'Aquitaine, depuis que la duchesse Aliénor, ayant décoré de très fortes ramures le front de son premier époux, notre roi Louis Septième, s'en fut par son second mariage porter son corps folâtre ainsi que son duché à votre roi Henry Deuxième d'Angleterre. Ni je ne vais non plus vous enseigner le traité par lequel le roi Saint Louis, qui s'était mis en tête d'ordonner toutes choses avec équité, voulut mettre un terme à cent ans de guerre[15]. Mais l'équité ne vaut rien aux règlements entre les royaumes. Le traité de 1259 n'était qu'un gros nid à embrouilles. Une chatte n'y aurait pas retrouvé ses petits. Le sénéchal de Joinville lui-même, le grand-oncle de votre épouse, cousin Mortimer, et qu'on savait si dévoué au saint roi, lui avait déconseillé de jamais le signer. Non, reconnaissons-le, tout franc, ce traité-là était une sottise ! Depuis la mort de Saint Louis, ce ne sont que disputes, discussions, traités conclus, traités reniés, hommages rendus mais avec des réserves, audiences des parlements, plaignants déboutés, plaignants condamnés, révoltes dans le terroir et nouvelles audiences de justice. Mais quand vous-même, Charles, demanda Robert se tournant vers Valois, avez été envoyé par votre frère Philippe le Bel en Aquitaine où vous avez remis l'ordre de si belle façon, quel fut le motif donné à votre départ ?

— Une grosse émeute qu'il y eut à Bayonne, où matelots de France et d'Angleterre en vinrent aux mains, et où le sang coula.

— Eh bien ! s'écria Robert, il nous faut inventer l'occasion d'une nouvelle émeute de Bayonne. Il faut agir en quelque lieu pour que les gens des deux rois se cognent assez fort et se tuent un peu. Et le lieu pour cela, je crois bien que je le connais.

Il pointa son énorme index vers ses interlocuteurs et enchaîna :

— Dans le traité de Paris, confirmé par la paix de l'an 1303, revu à Périgueux en l'an 1311, il a toujours été réservé le cas de certaines seigneuries qu'on appelle privilégiées et qui, bien que situées en terre d'Aquitaine, demeurent sous l'allégeance directe du roi de France. Or ces seigneuries elles-mêmes ont, en Aquitaine, des dépendances vassales. Et jamais il ne fut tranché du cas des dépendances, pour savoir si elles relevaient directement du roi de France, ou bien du duc d'Aquitaine. Vous voyez ?

— Je vois, dit Monseigneur de Valois.

Son fils Philippe ne voyait pas. Il ouvrait de grands yeux bleus, et son incompréhension était si visible que son père lui expliqua :

— Mais si, mon fils. Imagine que je t'accorde, comme si c'était fief, tout cet hôtel. Mais je m'y réserve franc usage et disposition de cette salle où nous sommes. Or, de cette salle dépend le cabinet de passage que commande cette porte. Qui de nous a juridiction sur le cabinet de passage et doit pourvoir au mobilier et au nettoyage ? Le tout, ajouta Valois en revenant à Robert, est de trouver une dépendance assez importante pour que l'action qu'on y engagera oblige Edouard à soutenir l'épreuve.

— Vous avez, répondit le géant, une dépendance bien désignée qui est la terre de Saint-Sardos, laquelle est afférente au prieuré de Sarlat dans le diocèse de Périgueux. La situation en fut déjà débattue lorsque Philippe le Bel conclut avec le prieur de Sarlat un traité de pariage qui faisait le roi de France coseigneur de cette seigneurie. Edouard le Premier en avait appelé alors au Parlement de Paris, mais rien ne fut tranché[16]. Que sur la dépendance de Saint-Sardos, le roi de France, coseigneur de Sarlat, place une garnison et entreprenne la construction d'une forteresse un peu menaçante, que va faire alors le roi d'Angleterre, duc d'Aquitaine ? Il va donner ordre à son sénéchal de s'y opposer, et d'y envoyer garnison. A la première rencontre entre deux soldats, au premier officier du roi qu'on maltraite ou seulement qu'on insulte...

Robert ouvrit les mains, comme si la conclusion s'offrait d'elle-même. Et Monseigneur de Valois, dans ses velours bleus brodés d'or, se leva de son trône. Il se voyait déjà en selle, à la tête des bannières ; il repartait pour cette Guyenne où déjà, trente ans plus tôt, il avait fait triompher les armes du roi de France !

— J'admire en vérité, mon frère, s'écria Philippe de Valois, qu'un si bon chevalier comme vous l'êtes, soit instruit des procédures autant qu'un clerc.

— Bah ! mon frère, je n'y ai pas grand mérite. Ce n'est pas par goût que j'ai été amené à m'enquérir de toutes les coutumes de France et arrêts de parlements ; c'est pour mon procès d'Artois. Et puisque, jusqu'à ce jour, cela ne m'a point servi, qu'au moins cela serve à mes amis ! acheva Robert d'Artois en s'inclinant devant Roger Mortimer, comme si la vaste machination projetée n'avait d'autre motif ni d'autre but que de complaire au réfugié.

— Votre venue nous est d'une grande aide, sire baron, renchérit Charles de Valois, car nos causes sont liées et nous ne manquerons pas de vous demander vos conseils, très étroitement, en toute cette entreprise... que Dieu veuille protéger ! Il se peut qu'avant longtemps nous marchions ensemble vers l'Aquitaine.

Mortimer se sentait dérouté, dépassé. Il n'avait rien fait, rien dit, rien suggéré ; sa seule présence avait été l'occasion pour les autres de concrétiser leurs aspirations secrètes. Et maintenant on le requérait pour une guerre contre son propre pays, sans qu'aucun choix lui fût laissé.

Ainsi, et si Dieu le voulait, les Français allaient faire la guerre, en France, aux sujets français du roi d'Angleterre, avec la participation d'un grand seigneur anglais, et en usant des subsides consentis par le pape pour délivrer l'Arménie des Turcs.

5

Attente

La fin de l'automne s'écoula, et tout l'hiver, et le printemps encore et le début de l'été. Lord Mortimer vit les quatre saisons passer sur Paris, la boue s'amasser dans les rues étroites, puis la neige blanchir les prés de Saint-Germain, puis les bourgeons s'ouvrir aux arbres des berges de Seine, et le soleil briller sur la tour carrée du Louvre, sur la ronde tour de Nesle, sur la flèche aiguë de la Sainte-Chapelle.

Un émigré attend. C'est son rôle, et presque, croirait-on, sa fonction. Il attend que le mauvais sort passe ; il attend que les gens, dans le pays où il a pris refuge, aient fini de régler leurs propres affaires. Passés les moments de l'arrivée, où ses revers suscitent la curiosité, où chacun veut s'emparer de lui comme d'un animal de montre, sa présence bientôt devient lassante. Il semble toujours porteur d'un reproche muet. Mais on ne saurait s'occuper de lui à chaque instant ; il est le demandeur, il peut bien patienter, après tout !

Donc, Roger Mortimer attendait, comme il avait attendu deux mois en Picardie, chez son cousin Jean de Fiennes, que la cour de France fût rentrée à Paris, comme il avait attendu que Monseigneur de Valois trouvât, parmi toutes ses tâches, l'heure de le recevoir... Il attendait maintenant une guerre de Guyenne qui seule pouvait changer son destin.

Oh ! Monseigneur de Valois n'avait pas lanterné à donner les ordres. Les officiers du roi de France, ainsi que Robert l'avait conseillé, avaient bien entrepris, à Saint-Sardos, sur les dépendances litigieuses de la seigneurie de Sarlat, les fondations d'une forteresse ; mais une forteresse ne s'élève pas en un jour, ni même en trois mois, et les gens du roi d'Angleterre n'avaient pas paru, du moins au début, s'émouvoir outre mesure. Aucun incident ne s'était encore produit.

Roger Mortimer profitait de ses loisirs pour parcourir cette capitale qu'il n'avait qu'entrevue au cours d'un bref voyage, et pour découvrir le grand peuple de France qu'il connaissait bien mal. Quelle nation puissante, nombreuse, et combien différente de l'Angleterre ! On se croyait semblables, de part et d'autre de la mer, parce que dans les deux pays les noblesses étaient de même souche ; mais que de disparités, à considérer les choses de plus près ! Toute la population du royaume d'Angleterre, avec ses deux millions d'âmes, n'atteignait pas le dixième du total des sujets du roi de France. C'était à près de vingt-deux millions qu'il fallait évaluer le nombre des Français. Paris, à soi seul, comptait trois cent mille âmes quand Londres n'en avait que quarante mille[17]. Et quel grouillement dans ses rues, quelle activité de négoce et d'industrie, quelle dépense ! Il suffisait, pour s'en convaincre, de se promener sur le Pont-au-Change ou le long du quai des Orfèvres, et d'écouter bruire, dans le fond des boutiques, tous les petits marteaux à battre l'or ; de traverser, en se pinçant un peu le nez, le quartier de la Grande Boucherie, derrière le Châtelet, où travaillaient les tripiers et les écorcheurs ; de suivre la rue Saint-Denis où se tenaient les merciers ; d'aller tâter les étoffes sous les grandes halles aux Drapiers... Dans la rue des Lombards, plus silencieuse, et que maintenant Lord Mortimer connaissait bien, se traitaient les grandes affaires.

Près de trois cent cinquante corporations et maîtrises réglaient la vie de tous ces métiers ; chacune avait ses lois, ses coutumes, ses fêtes, et il n'était pratiquement pas de jour dans l'année où, après messe entendue et discussion en parloir, un grand banquet n'unît maîtres et compagnons, tantôt les chapeliers, tantôt les fabricants de cierges, tantôt les tanneurs... Sur la montagne Sainte-Geneviève, tout un peuple de clercs, de docteurs en bonnets, disputaient en latin, et les échos de leurs controverses sur l'apologétique ou les principes d'Aristote allaient ensemencer d'autres débats dans la chrétienté entière.

Les grands barons, les grands prélats, et beaucoup de rois étrangers avaient en ville une demeure où ils tenaient une sorte de cour. La noblesse hantait les rues de la Cité, la Galerie mercière du palais royal, les abords des hôtels de Valois, de Navarre, d'Artois, de Bourgogne, de Savoie. Chacun de ces hôtels était comme le siège d'une représentation permanente des grands fiefs ; les intérêts de chaque province s'y concentraient. Et la ville croissait, sans cesse, poussant ses faubourgs sur les jardins et les champs, hors des murs d'enceinte de Philippe Auguste qui commençaient à disparaître, noyés dans les constructions nouvelles.

Si l'on poussait un peu hors de Paris, on voyait que les campagnes étaient prospères. De simples porchers, des bouviers, possédaient fréquemment une vigne ou un champ en propre. Les femmes employées aux travaux de la terre, ou à d'autres métiers, ne travaillaient jamais le samedi après-midi qui pourtant leur était payé ; d'ailleurs, en tous lieux, on quittait le travail le samedi au troisième coup de vêpres. Les fêtes religieuses, nombreuses, étaient chômées, tout comme les fêtes de corporations. Et pourtant, ces gens-là se plaignaient. Or, quels étaient leurs principaux sujets de doléances ? Les tailles, les impôts, assurément, comme en tous temps et en tous pays, mais le fait aussi qu'ils eussent toujours au-dessus d'eux quelqu'un dont ils dépendaient. Ils avaient le sentiment de ne jamais vraiment disposer d'eux-mêmes ni des fruits de leur effort. Il demeurait en France, malgré les ordonnances de Philippe V insuffisamment suivies, beaucoup plus de serfs proportionnellement qu'en Angleterre où la plupart des paysans étaient des hommes libres, tenus d'ailleurs de s'équiper pour l'armée, et qui pouvaient faire entendre leur voix aux assemblées royales. Cela faisait mieux comprendre que le peuple d'Angleterre eût exigé des chartes de ses souverains.

En revanche, la noblesse de France n'était point divisée comme celle d'Angleterre ; il s'y trouvait bien des ennemis jurés pour questions d'intérêts particuliers, tels Robert d'Artois et sa tante Mahaut ; il s'y formait des clans, des coteries, mais toute cette noblesse reprenait cohésion lorsqu'il s'agissait de ses intérêts généraux ou de la défense du royaume. L'idée de nation y était plus précise et plus forte.

La seule vraie similitude, en ce temps-là, qui existait entre les deux pays, tenait à la personne même de leurs rois. A Londres comme à Paris, les couronnes étaient échues à des hommes faibles, ignorant ce souci véritable de la chose publique sans lequel un prince n'est prince que de nom.

Mortimer avait été présenté au roi de France et l'avait revu à plusieurs reprises ; il n'avait pu se former une bien haute opinion de cet homme de vingt-neuf ans, que ses seigneurs appelaient Charles le Bel, et son peuple Charles le Biau, mais qui, sous sa noble apparence, n'avait pas deux onces de cervelle.

— Avez-vous trouvé un logis convenable, messire de Mortimer ? Votre épouse est-elle avec vous ? Ah ! comme vous devez en être privé ! Combien d'enfants vous a-t-elle donnés ?

C'était là à peu près toutes les paroles que le roi avait adressées à l'exilé ; et chaque fois il lui redemandait : « Votre épouse est-elle avec vous ? Combien d'enfants en avez-vous eus ? » ayant, entre deux entrevues, oublié la réponse. Ses préoccupations semblaient être seulement d'ordre domestique et conjugal. Son triste mariage avec Blanche de Bourgogne, et dont il gardait blessure, avait été dissous par une annulation où lui-même n'était pas apparu sous le meilleur jour. On l'avait aussitôt remarié à Marie de Luxembourg, jeune sœur du roi de Bohême avec lequel Monseigneur de Valois, justement dans ce moment-là, voulait s'entendre au sujet du royaume d'Arles. Et voici qu'à présent Marie de Luxembourg était enceinte, et Charles le Bel l'entourait d'attentions un peu sottes.

L'incompétence du roi n'empêchait pas que la France s'occupât des affaires du monde entier. Le Conseil gouvernait au nom du roi, et Monseigneur de Valois au nom du Conseil. On donnait des avis à la papauté ; plusieurs chevaucheurs, qui touchaient huit livres et quelques deniers par voyage – un vrai patrimoine – avaient pour unique service d'acheminer le courrier vers Avignon. Et d'autres ainsi, vers Naples, vers l'Aragon, vers l'Allemagne. Car on veillait beaucoup aux questions d'Allemagne, où Charles de Valois et son compère Jean de Luxembourg s'étaient entendus pour faire excommunier l'empereur Louis de Bavière, de telle sorte que la couronne du Saint Empire pût être offerte... à qui donc ? mais à Monseigneur de Valois lui-même qui s'entêtait en son vieux rêve. Chaque fois que le siège du Saint Empire se trouvait vacant, Monseigneur de Valois se portait candidat. De quel prestige accru bénificierait la croisade si son chef se trouvait élu empereur !

Mais il ne fallait pas négliger pour autant de surveiller la Flandre, cette Flandre qui causait de permanents soucis à la couronne, selon que les populations s'y révoltaient contre leur comte parce que celui-ci se montrait fidèle au roi de France ou bien que le comte lui-même se révoltait contre le roi pour satisfaire ses populations. Et puis enfin, on s'occupait de l'Angleterre, et Roger Mortimer était appelé chez Valois chaque fois qu'une question se posait à ce sujet.

Mortimer avait loué logis, près de l'hôtel de Robert d'Artois, dans la rue Saint-Germain-des-Prés et devant l'hôtel de Navarre. Gérard de Alspaye, qui le suivait depuis son évasion de la Tour, commandait sa maison où le barbier Ogle tenait office de valet de chambre, et qui se grossissait petit à petit de réfugiés obligés à l'exil, eux aussi, par la haine des Despensers. En particulier était arrivé John Maltravers, seigneur anglais du parti de Mortimer, et descendant comme lui d'un compagnon du Conquérant. Ce Maltravers avait la face longue et sombre, les cheveux pendants, les dents immenses ; il ressemblait à son cheval. Il n'était pas très agréable compagnon et faisait sursauter les gens par des rires saccadés, hennissants, dont on cherchait en vain les motifs. Mais dans l'exil, on ne choisit pas ses amis ; l'infortune commune vous les impose. Par Maltravers, Mortimer apprit que sa femme avait été transférée au château de Skipton, dans le comté d'York, avec pour toute suite une dame, un écuyer, une blanchisseuse, un valet et un page, et qu'elle recevait treize shillings et quatre deniers par semaine pour son entretien et celui de ses gens ; presque la prison...

Quant à la reine Isabelle, son sort devenait de jour en jour plus pénible. Les Despensers la pillaient, la dépouillaient, l'humiliaient avec une patiente perfection dans la cruauté. « Il ne me reste plus en propre que la vie, faisait-elle dire à Mortimer, et je crains fort qu'on ne s'apprête à me l'ôter. Hâtez mon frère à ma défense. »

Mais le roi de France... « Votre épouse est-elle auprès de vous ? Avez-vous des fils ? »... s'en remettait aux avis de Monseigneur de Valois qui lui-même remettait tout au résultat de ses actions d'Aquitaine. Et si d'ici-là les Despensers assassinaient la reine ?

— Ils n'oseront pas, répondait Valois.

Mortimer allait glaner d'autres nouvelles chez le banquier Tolomei qui lui faisait passer son courrier outre-Manche. Les Lombards avaient un meilleur réseau de poste que la cour, et leurs voyageurs étaient plus habiles à dissimuler les messages. Ainsi la correspondance entre Mortimer et l'évêque d'Orleton était à peu près régulière.

L'évêque avait payé cher d'avoir monté l'évasion de Mortimer ; mais il était courageux et tenait tête au roi. Premier prélat d'Angleterre jamais traduit devant une juridiction laïque, il avait refusé de répondre à ses accusateurs, appuyé d'ailleurs par tous les archevêques du royaume qui voyaient leurs privilèges menacés. Edouard avait poursuivi le procès, fait condamner Orleton, et ordonné la confiscation de ses biens. Edouard venait également d'écrire au pape pour demander la déposition de l'évêque, comme rebelle ; il était important que Monseigneur de Valois agît auprès de Jean XXII pour empêcher une telle mesure dont le résultat eût été de porter la tête d'Orleton sur le billot.

Pour Henry Tors-Col, la situation était confuse. Edouard l'avait fait en mars comte de Lancastre, lui rendant les titres et les biens de son frère décapité, dont le grand château de Kenilworth. Puis, tout aussitôt, pour avoir eu connaissance d'une lettre d'encouragement et d'amitié adressée à Orleton, Edouard avait accusé Tors-Col de haute trahison.

Tolomei, à chaque visite que Mortimer lui rendait, ne manquait pas de dire à l'exilé :

— Puisque vous voyez souvent Messeigneurs de Valois et d'Artois, et que vous êtes bien leur ami, rappelez-leur, je vous en prie, ces bouches à poudre qu'on a expérimentées en Italie et qui serviront beaucoup aux sièges des villes. Mon neveu à Sienne, et les Bardi à Florence, peuvent s'occuper de les fournir ; ce sont pièces d'artillerie plus faciles à mettre en place que les grosses catapultes à balancier, et qui font plus de dégâts. Monseigneur de Valois devrait bien en équiper sa croisade...

Les femmes, dans le début, s'étaient assez intéressées à Mortimer, à cet étranger au beau torse, tout vêtu de noir, austère, et qui mordillait la cicatrice blanche qu'il avait à la lèvre. Elles lui avaient fait raconter vingt fois son évasion ; tandis qu'il parlait, de belles poitrines se soulevaient sous les transparentes gorgières de lin. Sa voix, qui était grave, presque rauque, avec un accent inattendu sur certains mots, touchait les cœurs oisifs. Robert d'Artois, à bien des reprises, avait voulu pousser le baron anglais dans ces bras qui ne demandaient qu'à s'ouvrir, comme il s'était offert aussi à lui procurer quelques follieuses, par paire ou par tercet, pour le distraire de ses soucis. Mais Mortimer n'avait cédé à aucune tentation, au point qu'on se demandait d'où lui venait cette rare vertu, et s'il ne partageait pas les mœurs de son roi.

On ne pouvait imaginer la vérité, à savoir que cet homme, le même qui avait parié son salut sur la mort d'un corbeau, avait misé son retour en fortune sur sa chasteté. Il s'était fait la promesse de ne pas toucher femme avant d'avoir retrouvé et la terre d'Angleterre, et ses titres, et sa puissance. Un vœu de chevalier, tel qu'auraient pu le prononcer un Lancelot, un Amadis, un compagnon du roi Arthur. Mais

Roger Mortimer devait s'avouer, après tant de mois, qu'il avait choisi son vœu un peu légèrement, et ceci contribuait à lui assombrir l'humeur...

Enfin de satisfaisantes nouvelles arrivèrent d'Aquitaine. Le sénéchal du roi d'Angleterre, messire Basset, homme d'autant plus sourcilleux que son nom prêtait à rire, commença de s'inquiéter de la forteresse qui s'élevait à Saint-Sardos. Il y vit une usurpation des droits de son maître, et une insulte à sa propre personne. Ayant réuni quelques troupes, il entra dans Saint-Sardos à l'improviste, mit la bourgade au pillage, appréhenda les officiers chargés de surveiller les travaux et les pendit aux poteaux fleurdelisés qui signalaient la suzeraineté du roi de France. Messire Ralph Basset n'était point seul dans cette expédition ; plusieurs seigneurs de la région lui avaient prêté la main.

Robert d'Artois, le jour qu'il en fut informé, alla quérir aussitôt Mortimer et l'entraîna chez Charles de Valois. Il débordait de joie et de fierté, Monseigneur d'Artois ; il riait plus fort que de coutume et donnait à ses familiers d'amicales tapes qui les envoyaient rebondir contre les murs. Enfin l'on tenait l'occasion, née de son inventive cervelle !

L'affaire fut aussitôt évoquée au Conseil étroit ; on fit les représentations d'usage, et les coupables du sac de Saint-Sardos se virent assignés devant le parlement de Toulouse. Allaient-ils se présenter, reconnaître leurs torts, faire soumission ? On le craignait.

Par chance, l'un d'entre eux, un seul, Raymond Bernard de Montpezat, refusa de se rendre à la convocation. Il n'en fallait pas davantage. On rendit un jugement par défaut, et Jean de Roye, qui avait succédé à Pierre-Hector de Galard comme grand maître des arbalétriers, fut envoyé en Guyenne avec petite escorte afin de se saisir du sire de Montpezat, de ses biens, et de présider au démantèlement de son château. Or ce fut le sire de Montpezat qui l'emporta. Il retint prisonnier Jean de Roye et exigea rançon pour le rendre. Le roi Edouard n'était pour rien dans cet incident mais son cas s'aggravait par la force des choses ; et Robert d'Artois exultait. Car un grand maître des arbalétriers n'est pas un homme qu'on séquestre sans qu'il s'ensuive des conséquences graves !

De nouvelles représentations furent adressées au roi d'Angleterre, directement cette fois, et assorties d'une menace de confiscation du duché. Au début d'avril, Paris vit arriver le comte de Kent, demi-frère du roi Edouard, secondé de l'archevêque de Dublin ; ils venaient proposer à Charles IV, pour régler leur différend, de renoncer tout simplement à l'hommage d'Edouard. Mortimer, qui rencontra Kent à cette occasion – leurs rapports restèrent courtois bien que leur situation fût difficile – lui démontra l'inutilité totale de cette démarche. Le jeune comte de Kent en était d'ailleurs lui-même persuadé ; il s'acquittait de sa mission sans plaisir. Il repartit en emportant le refus du roi de France, transmis de méprisante manière par Charles de Valois. La guerre inventée par Robert d'Artois semblait sur le point d'éclater.

Mais voici que dans le même temps la nouvelle reine, Marie de Luxembourg, mourut brusquement, à Issoudun, en accouchant avant terme d'un enfant qui n'était pas viable.

On ne pouvait décemment déclarer la guerre pendant le deuil, d'autant que le roi Charles était vraiment très abattu et presque incapable de tenir conseil. Le sort le poursuivait, décidément, dans son destin d'époux. Trompé d'abord, ensuite veuf... Il fallut que Valois, tout souci cessant, s'employât à découvrir une troisième épouse au roi, lequel s'inquiétait, devenait aigre, et reprochait à chacun le manque d'héritier où se trouvait le royaume.

Lord Mortimer dut donc attendre qu'on ait réglé cette affaire...

Monseigneur de Valois eût volontiers proposé une de ses dernières filles à marier, si les âges avaient pu s'assortir ; malheureusement même l'aînée, celle qui avait été offerte naguère au prince héritier d'Angleterre, ne comptait pas douze ans. Et Charles le Bel n'était guère enclin à patienter.

Restait une autre cousine germaine, fille celle-là de Monseigneur Louis d'Evreux, défunt à présent, et nièce de Robert d'Artois. Cette Jeanne d'Evreux n'avait guère d'éclat mais était bien faite, et, surtout, elle avait l'âge requis pour être mère. Monseigneur de Valois, plutôt que d'engager de longues et difficiles tractations au-delà des frontières, encouragea toute la cour à pousser Charles vers cette union. Trois mois après la mort de Marie de Luxembourg, une nouvelle dispense était demandée au pape.

Le mariage eut lieu le 5 juillet. Quatre jours plus tôt, Charles avait décidé la confiscation de l'Aquitaine et du Ponthieu pour révolte et défaut d'hommage. Le pape Jean XXII, comme il le jugeait de sa mission chaque fois qu'éclatait un conflit entre deux souverains, écrivit au roi Edouard, l'engageant à venir prêter l'hommage pour qu'un des points du litige au moins fût apaisé. Mais l'armée de France était déjà sur pied et se rassemblait à Orléans, tandis qu'une flotte s'équipait dans les ports pour attaquer les côtes anglaises.

Parallèlement, le roi d'Angleterre avait ordonné quelques levées d'hommes en Aquitaine, et messire Ralph Basset réunissait ses bannières ; le comte de Kent revenait en France, mais par l'Océan cette fois, et pour exercer dans le duché la lieutenance que lui avait commise son demi-frère.

Allait-on partir ? Non, car il fallut encore que Monseigneur de Valois courût à Bar-sur-Aube pour y conférer avec Léopold de Habsbourg au sujet de l'élection au Saint Empire, et conclure un traité par lequel Habsbourg s'engageait à ne point être candidat, moyennant sommes d'argent, pensions et revenus dès à présent fixés, dans le cas où Valois serait élu empereur. Roger Mortimer attendait toujours...

Enfin le 1er août, par une chaleur écrasante où les chevaliers cuisaient comme en marmite sous leur cuirasse, Charles de Valois, superbe, lourd, portant cimier à son casque et cotte brodée d'or par-dessus son armure, se fit élever en selle. Il avait à ses côtés son second fils, le comte d'Alençon, son neveu Philippe d'Evreux, nouveau beau-frère du roi, le connétable Gaucher de Châtillon, Lord Mortimer de Wigmore, et enfin Robert d'Artois qui, monté sur un cheval à sa taille, pouvait surveiller toute l'armée.

Monseigneur de Valois partant pour cette campagne, sa seconde campagne de Guyenne, qu'il avait voulue, décidée, fabriquée presque, était-il joyeux, heureux ou simplement satisfait ? Nullement. Il était d'humeur morose, parce que Charles IV avait refusé de signer sa commission de lieutenant général du roi en Aquitaine. Si quelqu'un vraiment avait droit à ce titre, n'était-ce pas Charles de Valois ? Et quel visage faisait-il, alors que le comte de Kent, ce damoiseau, ce nourrisson, avait reçu, lui, la lieutenance du roi Edouard !

Le roi Charles le Bel, qui n'était capable de décider de rien, avait ainsi de brusques et bizarres obstinations à refuser ce qu'on lui demandait de plus évidemment nécessaire. Charles de Valois pestait ferme ce jour-là et ne cachait pas à ses voisins la petite opinion dans laquelle il tenait son neveu et souverain. En vérité, ce niais couronné, cet oison, valait-il qu'on se donnât tant de peine à gouverner pour lui le royaume ?

Le vieux connétable Gaucher de Châtillon, qui commandait théoriquement l'armée, puisque Valois n'avait pas de commission officielle, plissait ses paupières de tortue sous son heaume de forme démodée. Il était un peu sourd, mais à soixante-quatorze ans, faisait encore bonne figure en selle.

Lord Mortimer avait acheté ses armes chez Tolomei. Sous la ventaille levée de son casque, on voyait briller ses yeux aux reflets durs, de la même couleur que l'acier neuf. Comme il marchait, par la faute de son roi, contre son pays, il portait une cotte d'armes de velours noir, en signe de deuil. La date de ce départ, il ne l'oublierait pas : on était le 1er août 1324, fête de Saint-Pierre-ès-Liens, et il y avait un an, jour pour jour, qu'il s'était évadé de la tour de Londres.

6

Les bouches à feu

L'alarme surprit le jeune comte Edmond de Kent allongé sur le dallage d'une chambre du château où il cherchait en vain quelque fraîcheur. Il s'était à demi dévêtu et gisait là, en chausses de toile et torse nu, bras écartés, immobile, terrassé par l'été du Bordelais. Son lévrier favori haletait à côté de lui.

Le chien fut le premier à entendre le tocsin. Il se dressa sur les pattes de devant, nez pointé, oreilles couchées et frémissantes. Le jeune comte de Kent sortit de sa somnolence, s'étira, et comprit soudain que ce grand vacarme provenait de toutes les cloches de La Réole sonnées à la volée. En un instant il fut debout, saisit sa chemise de légère batiste qu'il avait jetée sur un siège, l'enfila en hâte.

Déjà des pas se pressaient vers la porte. Messire Ralph Basset, le sénéchal, entra, suivi de quelques seigneurs locaux, le sire de Bergerac, les barons de Budos et de Mauvezin, et le sire de Montpezat à propos de qui – du moins le croyait-il, et pour s'en faire gloire – cette guerre était née.

Le sénéchal Basset était vraiment très petit ; le jeune comte de Kent s'en trouvait surpris chaque fois qu'il le voyait apparaître. Avec cela rond comme une futaille, et toujours au bord d'une colère qui lui faisait enfler le cou et saillir les yeux.

Le lévrier n'aimait pas le sénéchal et grondait dès qu'il le voyait.

— Est-ce l'incendie ou bien les Français, messire sénéchal ? demanda le comte de Kent.

— Les Français, les Français, Monseigneur ! s'écria le sénéchal presque choqué de la question. Venez donc ; on les aperçoit déjà.

Le comte de Kent se pencha vers un miroir d'étain pour remettre en ordre ses rouleaux blonds sur les oreilles, et suivit le sénéchal. En chemise blanche, ouverte sur la poitrine et qui blousait autour de la ceinture, sans éperons à ses bottes, tête nue, parmi les barons vêtus de mailles de fer, il donnait une étrange impression d'intrépidité et de grâce, de manque de sérieux aussi.

L'intense vacarme des cloches le surprit à la sortie du donjon et le grand soleil d'août l'éblouit. Le lévrier se mit à hurler.

On monta jusqu'au sommet de la Thomasse, la grosse tour ronde construite par Richard Cœur de Lion. Que n'avait-il pas bâti, cet ancêtre ? L'enceinte de la tour de Londres, Château-Gaillard en Normandie, la forteresse de La Réole...

La Garonne, large et miroitante, coulait au pied du coteau presque à pic, et son cours dessinait des méandres à travers la grande plaine fertile où le regard se perdait jusqu'à la lointaine ligne bleue des monts de l'Agenais.

— Je ne distingue rien, dit le comte de Kent qui s'attendait à voir les avant-gardes françaises aux abords de la ville.

— Mais si, Monseigneur, lui répondit-on en criant pour dominer le bruit du tocsin. Le long de la rivière, en amont, vers Sainte-Bazeille !

En plissant les yeux et en mettant la main en visière, le comte de Kent finit par apercevoir un ruban scintillant qui doublait celui du fleuve. On lui dit que c'était le reflet du soleil sur les cuirasses et les caparaçons des chevaux.

Et toujours ce fracas de cloches qui brisait l'air ! Les sonneurs devaient avoir les bras rompus. Dans les rues de la ville, autour de l'hôtel communal surtout, la population s'agitait, fourmillante. Comme les hommes semblaient petits, observés depuis les créneaux d'une citadelle ! Des insectes. Sur tous les chemins qui aboutissaient à la ville, se pressaient des paysans apeurés, qui tirant sa vache, qui poussant ses chèvres, qui aiguillonnant les bœufs de son attelage. On abandonnait les champs en courant ; arriveraient bientôt les gens des bourgs environnants, leurs hardes sur le dos ou entassées dans les chariots. Tout le monde se logerait comme il pourrait, dans une ville déjà surpeuplée par la troupe et les chevaliers de Guyenne.

— Nous ne commencerons vraiment à pouvoir compter les Français que dans deux heures, et ils ne seront pas sous les murs avant la nuit, dit le sénéchal.

— Ah ! c'est piètre saison pour faire la guerre, dit avec humeur le sire de Bergerac qui avait dû s'enfuir de Sainte-Foy-la-Grande quelques jours plus tôt, devant l'avance française.

— Pourquoi donc n'est-ce pas bonne saison ? demanda le comte de Kent en montrant le ciel pur et cette belle campagne qui s'étendait devant eux.

Il faisait un peu chaud, certes, mais cela ne valait-il pas mieux que la pluie et la boue ? S'ils avaient connu, ces gens d'Aquitaine, les guerres d'Ecosse, ils se seraient bien gardés de se plaindre.

— Parce qu'on est à un mois des vendanges, Monseigneur, dit le sire de Montpezat ; parce que les vilains vont gémir de voir fouler leurs récoltes, et nous opposer leur mauvaise volonté. Le comte de Valois connaît bien ce qu'il fait ; déjà, en 1294, il a agi de la sorte, ravageant tout pour lasser le pays plus vite.

Le duc de Kent haussa les épaules. Le pays bordelais n'en était pas à quelques barriques près, et guerre ou pas guerre, on continuerait de boire du claret. Il circulait en haut de la Thomasse une petite brise inattendue qui pénétrait dans la chemise ouverte du jeune prince et lui glissait agréablement sur la peau. Comme le seul fait de vivre procurait parfois une sensation merveilleuse !

Accoudé aux pierres tièdes du créneau, le comte de Kent se laissait aller à rêver. Il était, à vingt-trois ans, lieutenant du roi pour tout un duché, c'est-à-dire investi de toutes les prérogatives royales et figurant, en sa personne, le roi lui-même. Il était celui qui disait : « Je veux ! » et auquel on obéissait. Il pouvait ordonner : « Pendez ! »... Il ne songeait pas à le dire, d'ailleurs, mais il pouvait le faire. Et puis, surtout, il était loin de l'Angleterre, loin de la cour de Westminster, loin des lubies, des colères, des suspicions de son demi-frère Edouard II, loin des Despensers. Ici, il se trouvait enfin livré à lui-même, son seul maître, et maître de tout ce qui l'entourait. Une armée venait à sa rencontre qu'il allait charger et vaincre, il n'en doutait pas. Un astrologue lui avait annoncé qu'entre sa vingt-quatrième et sa vingt-sixième année il accomplirait ses plus hautes actions, qui le mettraient fort en vue... Ses songes d'enfance devenaient brusquement réels. Une grande plaine, des cuirasses, une autorité souveraine... Non, vraiment, il ne s'était, depuis sa naissance, senti plus heureux d'exister. La tête lui tournait un peu, d'une griserie qui ne lui venait de rien d'autre que de lui-même, et de cette brise qui passait contre sa poitrine, et de ce vaste horizon...

— Vos ordres, Monseigneur ? demanda messire Basset qui commençait à s'impatienter.

Le comte de Kent se retourna et regarda le petit sénéchal avec une nuance d'étonnement hautain.

— Mes ordres ? dit-il. Mais faites sonner les busines[18], messire sénéchal, et mettez votre monde à cheval. Nous allons nous porter en avant et charger.

— Mais avec quoi, Monseigneur ?

— Mais pardieu, avec nos troupes, Basset !

— Monseigneur, nous avons ici, à toute peine, deux cents armures, et il nous en vient plus de quinze cents à l'encontre, aux chiffres que nous avons. N'est-il pas vrai, messire de Bergerac ?

Le sire Réginald de Pons de Bergerac approuva de la tête. Le courtaud sénéchal avait le cou plus rouge et plus gonflé que de coutume ; vraiment il était inquiet et près d'éclater devant tant d'inconsciente légèreté.

— Et des renforts, nulle nouvelle ? dit le comte de Kent.

— Eh non, Monseigneur ! Toujours rien ! Le roi votre frère, pardonnez mon propos, nous laisse par trop choir.

Il y avait quatre semaines qu'on attendait ces fameux renforts d'Angleterre. Et le connétable de Bordeaux qui, lui, avait des troupes, en prenait prétexte pour ne pas bouger, puisqu'il avait reçu l'ordre exprès du roi Edouard de se mettre en route aussitôt que les renforts arriveraient. Le jeune comte de Kent n'était pas aussi souverain qu'il y paraissait...

Par suite de cette attente et de ce manque d'hommes – à se demander si les renforts annoncés étaient seulement embarqués ! – on avait permis à Monseigneur de Valois de se promener à travers le pays, d'Agen à Marmande et de Bergerac à Duras, comme dans un parc de plaisance. Et maintenant que Valois était là, à portée du regard, avec son gros ruban d'acier, on ne pouvait toujours rien faire.

— C'est aussi votre conseil, Montpezat ? demanda le comte de Kent.

— A regret, Monseigneur, oh ! bien à regret, répondit le baron de Montpezat en mordant ses noires moustaches.

— Et vous, Bergerac ? questionna encore Kent.

— J'en ai les larmes de rage, dit Pons de Bergerac avec l'accent bien chantant qu'avaient tous les seigneurs de la région.

Edmond de Kent se dispensa d'interroger les barons de Budos et de Fargues de Mauvezin ; ceux-là ne parlaient ni le français, ni l'anglais, mais seulement le gascon, et Kent ne comprenait rien à leurs palabres. Leurs visages d'ailleurs fournissaient suffisante réponse.

— Alors faites fermer les portes, messire sénéchal, et installons-nous pour être assiégés. Et puis quand les renforts arriveront, ils prendront les Français à revers, et ce sera peut-être mieux ainsi, dit le comte de Kent pour se consoler.

Il gratta du bout des doigts le front de son lévrier, et puis se réaccouda aux pierres tièdes pour observer la vallée. Un vieil adage disait : « Qui tient La Réole tient la Guyenne. » On tiendrait le temps qu'il faudrait.

Une avance trop aisée est presque aussi épuisante, pour une troupe, qu'une retraite. Faute de trouver devant soi une résistance qui permît de s'arrêter, fût-ce une journée, et de reprendre haleine, l'armée de France marchait, marchait, sans relâche, depuis plus de trois semaines, depuis vingt-cinq jours exactement. Le grand ost, bannières, armures, goujats, archers, chariots, forges, cuisines, et puis les marchands et les bordeliers à la suite, s'étirait sur plus d'une lieue. Les chevaux blessaient au garrot, et il ne se passait pas de quart d'heure que l'un ne se déferrât. Beaucoup de chevaliers avaient dû renoncer à porter leurs cuirasses qui, la chaleur aidant, leur provoquaient plaies et furoncles aux jointures. La piétaille traînait ses lourds souliers cloutés. En plus, les belles prunes noires d'Agen, qui semblaient mûres sur les arbres, avaient purgé avec violence les soldats assoiffés et chapardeurs ; on en voyait qui quittaient la colonne à tout instant pour aller baisser leurs chausses le long du chemin.

Le connétable Gaucher de Châtillon somnolait le plus qu'il pouvait, à cheval. Près de cinquante ans de métier des armes et huit guerres ou campagnes lui en avaient donné l'entraînement.

— Je vais dormir un petit, annonçait-il à ses deux écuyers.

Ceux-ci, réglant le pas de leurs montures, venaient se placer de part et d'autre du connétable, de façon à bien l'encadrer pour le cas où il aurait glissé de côté ; et le vieux chef, les reins appuyés au troussequin, ronflait dans son heaume.

Robert d'Artois suait sans maigrir et répandait à vingt pas une odeur de fauve. Il avait fait amitié avec un des Anglais qui suivaient Mortimer, ce long baron de Maltravers qui ressemblait à un cheval, et il lui avait même offert de marcher dans sa bannière parce que l'autre était fort joueur et toujours prêt, aux haltes, à manier le cornet de dés.

Charles de Valois ne décolérait pas. Entouré de son fils d'Alençon, de son neveu d'Evreux, des deux maréchaux Mathieu de Trye et Jean des Barres, et de son cousin Alphonse d'Espagne, il s'emportait contre tout, contre le climat intolérable, contre la touffeur des nuits et la fournaise des jours, contre les mouches, contre la nourriture trop grasse. Le vin qu'on lui servait n'était que piquette de manant. Pourtant on était dans un pays de crus fameux ? Où donc ces gens-là cachaient-ils leurs bonnes barriques ? Les œufs avaient mauvais goût, le lait était aigre. Monseigneur de Valois se réveillait parfois avec des nausées, et depuis quelques jours il éprouvait dans la poitrine une douleur sournoise qui l'inquiétait. Et puis la piétaille n'avançait pas, non plus que les grosses bouches à poudre fournies par les Italiens et dont les patins de bois semblaient coller aux chemins. Ah ! si l'on avait pu faire la guerre seulement avec la chevalerie !...

— Il semble que je sois voué au soleil, disait Valois. Ma première campagne, quand j'avais quinze ans, je l'ai faite ainsi, mon cousin Alphonse, par une chaleur brûlante, dans votre Aragon pelé, dont je fus un moment roi, contre votre grand-père.

Il s'adressait à Alphonse d'Espagne, héritier du trône d'Aragon, lui rappelant sans ménagement les luttes qui avaient divisé leurs familles. Mais il pouvait se le permettre, car Alphonse était bien débonnaire, prêt à tout accepter pour contenter chacun, prêt à partir pour la croisade puisqu'on l'en avait prié, et à combattre les Anglais pour s'entraîner à la croisade.

— Ah ! la prise de Gérone ! continuait Valois, je m'en souviendrai toujours. Quelle bouilloire ! Le cardinal de Cholet, n'ayant pas de couronne sous la main pour mon sacre, me coiffa de son chapeau. J'étouffais sous ce grand feutre rouge. Oui, j'avais quinze ans... Mon noble père, le roi Philippe le Hardi, mourut à Perpignan des fièvres qu'il avait prises là-bas...

Il s'était assombri en parlant de son père. Il pensait que celui-ci était mort à quarante ans. Son frère aîné, Philippe le Bel, avait trépassé à quarante-six, et son demi-frère Louis d'Evreux à quarante-trois. Lui-même en avait maintenant cinquante-quatre, depuis mars ; il avait montré qu'il était le plus robuste de la famille. Mais combien de temps encore la Providence lui accorderait-elle ?

— Et la Campanie, et la Romagne, et la Toscane, d'autres pays où il fait chaud ! poursuivit-il. Traverser toute l'Italie depuis Naples, en pleine saison de soleil, jusqu'à Sienne et Florence, pour en chasser les Gibelins comme je l'ai fait, il y a... laissez-moi compter... 1301, vingt-trois ans !... Et ici même, en Guyenne dans l'année 94, c'était aussi l'été ! Toujours l'été.

— Dites-moi, Charles, il fera pire chaleur encore à la croisade, lança ironiquement Robert d'Artois. Vous nous voyez chevauchant contre le Soudan d'Egypte ? Et là-bas, il paraît que la vigne est petite culture. On va lécher le sable.

— Oh ! la croisade, la croisade... répondit Valois avec une grande lassitude irritée. Sait-on même si elle partira, la croisade, avec toutes les traverses qu'on me met ! Il est beau de vouer sa vie au service des royaumes et de l'Eglise, mais on finit par être las d'user toujours ses forces pour des ingrats.

Les ingrats, c'était le pape Jean XXII qui rechignait à accorder les subsides, comme si vraiment il avait voulu décourager l'expédition ; c'était surtout le roi Charles IV qui, non seulement, différait toujours d'envoyer la commission de lieutenant à Charles de Valois, au point que cela en devenait offensant, mais en plus venait de profiter de l'éloignement de ce dernier pour se porter lui-même candidat à l'Empire. Et le pape, naturellement, avait accordé soutien officiel à cette candidature. Ainsi, toute la belle machination montée par Valois avec Léopold de Habsbourg s'écroulait. On le tenait pour niais, le Sire Charles le Bel, et de fait il l'était ; mais il s'entendait assez bien aux coups fourrés... Valois avait reçu la nouvelle le jour même, vingt-cinquième d'août. Mauvaise Saint-Louis, en vérité !

Il était de si méchante humeur, et si occupé à chasser les mouches de son visage, qu'il en oubliait de regarder le paysage. Il ne vit La Réole que lorsqu'on fut devant, à quatre ou cinq portées d'arbalète.

La Réole, bâtie sur un éperon rocheux et dominée elle-même par un cercle de vertes collines, surplombait la Garonne. Découpée sur le ciel pâlissant, serrée dans ses remparts de bonne pierre ocre que dorait le soleil couchant, montrant ses clochers, les tours de son château, la haute charpente de son hôtel de ville au clocheton ajouré, et tous ses toits de tuiles rouges pressés les uns contre les autres, elle ressemblait aux miniatures qui représentaient Jérusalem dans les Livres d'heures. Une jolie ville, vraiment. En outre, sa position élevée en faisait une idéale place de guerre ; le comte de Kent n'était pas sot de l'avoir choisie pour s'y enfermer. Il ne serait pas facile d'enlever cette forteresse.

L'armée s'était arrêtée, attendant les ordres. Mais Monseigneur de Valois n'en donnait pas. Il boudait. Que le connétable, que les maréchaux prissent les décisions qui leur paraîtraient bonnes. Lui, n'étant pas lieutenant du roi, ne se chargeait plus d'aucune responsabilité.

— Venez, Alphonse, allons nous rafraîchir, dit-il au cousin d'Espagne.

Le connétable tournait la tête dans son heaume pour saisir ce que lui disaient ses chefs de bannières. Il envoya le comte de Boulogne en reconnaissance. Boulogne revint au bout d'une heure, ayant décrit le tour de la ville du côté des collines. Toutes les portes étaient closes, et la garnison ne donnait aucun signe de sortie. On décida donc de camper là, et les bannières s'installèrent un peu comme elles voulurent. Les vignes qui lançaient leurs sarments entre les arbres et les hauts échalas constituaient d'agréables abris en forme de tonnelles. L'armée était fourbue et s'endormit dans le clair crépuscule, avec l'apparition des premières étoiles.

Le jeune comte de Kent ne put résister à la tentation de l'audace. Après une insomnieuse nuit dont il avait trompé l'attente en jouant au trémerel[19] avec ses écuyers, il manda le sénéchal Basset, lui commanda de faire armer sa chevalerie et, avant l'aube, sans sonner trompe, sortit de la ville, par une poterne basse.

Les Français, ronflant dans les vignes, ne s'éveillèrent que lorsque le galop des chevaliers gascons fut sur eux. Ils dressèrent des têtes étonnées pour les rabaisser aussitôt, et voir les sabots de la charge leur passer à ras du front. Edmond de Kent et ses compagnons s'en donnaient à plaisir parmi ces groupes ensommeillés, taillant de l'épée, frappant de leurs masses d'armes, abattant les lourds fléaux plombés sur des jambes nues, des côtes que ne protégeaient ni mailles ni cuirasses. On entendait les os craquer, et un chemin de hurlements s'ouvrait dans le camp français. Les tentes de quelques grands seigneurs s'écroulaient. Mais bientôt une rude voix domina la mêlée, qui criait : « A moi Châtillon ! » Et la bannière du connétable, de gueules à trois pals de vair au chef d'or, un dragon pour cimier, deux lions d'or pour tenir, flotta dans le soleil levant. C'était le vieux Gaucher qui, de son campement sagement établi en retrait, accourait à la rescousse avec ses vassaux. Les appels : « Artois en avant !... A moi Valois ! » répondirent à droite et à gauche. A demi équipés, certains à cheval, d'autres à pied, les chevaliers se ruaient à l'adversaire.

Le camp était trop vaste, trop disséminé, et les chevaliers français trop nombreux pour que le comte de Kent pût poursuivre longtemps ses ravages. Déjà les Gascons voyaient s'amorcer devant eux un mouvement de tenailles. Kent n'eut que le temps de faire tourner bride et de regagner au galop les portes de La Réole où il s'engouffra ; et puis, ayant adressé compliment à chacun, et son armure délacée, il s'en alla dormir, l'honneur sauf.

La consternation régnait dans le camp français où l'on entendait gémir les blessés. Parmi les morts, dont le nombre s'élevait à près de soixante, se trouvaient Jean des Barres, l'un des maréchaux, et le comte de Boulogne, commandant de l'avant-garde. On déplorait que ces deux seigneurs, vaillants hommes de guerre, eussent rencontré une fin aussi soudaine et absurde. Assommés à leur réveil !

Mais la prouesse de Kent inspira le respect. Charles de Valois lui-même, qui, la veille encore, déclarait qu'il ne ferait qu'une bouchée de ce jeune homme s'il le rencontrait en champ clos, prit un air pénétré, presque glorieux, pour dire :

— Eh ! Messeigneurs, il est mon neveu, ne l'omettez point !

Et oubliant du coup ses blessures d'amour-propre, ses malaises et le poids de la saison, il se mit, après que de somptueux honneurs funèbres eurent été rendus au maréchal des Barres, à préparer le siège de la ville. Il y montra autant d'activité que de compétence car, tout gros vaniteux qu'il était, il n'en était pas moins remarquable homme de guerre.

Toutes les routes d'accès à La Réole furent coupées, la région surveillée par des postes disposés en profondeur. Des fossés, remblais, et autres ouvrages de terre furent entrepris à petite distance des murs pour y mettre les archers à l'abri. On commença de construire, aux endroits les plus propices, des plates-formes pour y installer les bouches à poudre. En même temps on élevait des échafaudages destinés aux arbalétriers. Monseigneur de Valois était partout sur les chantiers, inspectant, ordonnant, poussant à l'œuvre. En retrait, dans l'amphithéâtre des collines, les chevaliers avaient fait dresser leurs trefs ronds au sommet desquels flottaient les bannières. La tente de Charles de Valois, placée de façon à dominer le camp et la cité assiégée, semblait un vrai château de toile brodée.

Le trente août, Valois reçut enfin sa commission tant attendue. Son humeur alors acheva de se transformer et il parut ne plus faire de doute pour lui que la guerre fût comme déjà gagnée.

Deux jours plus tard, Mathieu de Trye, le maréchal survivant, Pierre de Cugnières et Alphonse d'Espagne, précédés de busines sonnantes et de la bannière blanche des parlementaires, s'avancèrent jusqu'au pied des murs de La Réole pour faire sommation au comte de Kent, d'ordre du puissant et haut seigneur Charles, comte de Valois, lieutenant du roi de France en Gascogne et Aquitaine, d'avoir à se rendre et remettre en leurs mains tout le duché pour faute de foi et hommage non rendu.

A quoi le sénéchal Basset, se hissant sur la pointe des pieds pour apparaître aux créneaux, répondit, d'ordre du haut et puissant seigneur Edmond, comte de Kent, lieutenant du roi d'Angleterre en Aquitaine et Gascogne, que la sommation était irrecevable et que le comte ne quitterait la ville ni ne remettrait le duché, sauf à être délogé par la force.

La déclaration de siège ayant été faite dans les règles, chacun retourna à ses tâches.

Monseigneur de Valois mit à l'ouvrage les trente mineurs prêtés à lui par l'évêque de Metz. Ces mineurs devaient percer des galeries souterraines jusque sous les murs, puis y placer des barils de poudre auxquels on mettrait le feu. L'*ingeniator* Hugues, qui appartenait au duc de Lorraine, promettait miracle de cette opération. Le rempart s'ouvrirait comme une fleur au printemps.

Mais les assiégés, alertés par les coups sourds, disposèrent des récipients pleins d'eau sur les chemins de ronde. Et là où ils virent à la surface de l'eau se former des rides, ils surent que les Français, en dessous, creusaient une sape. Ils en firent autant de leur côté, travaillant la nuit, alors que les mineurs de Lorraine travaillaient de jour. Un matin, les deux galeries s'étant rejointes, il se passa sous terre, à la lueur des lumignons, une atroce boucherie dont les survivants ressortirent couverts de sueur, de poussière sombre et de sang, le regard affolé comme s'ils remontaient des enfers.

Alors, les plates-formes de tir étant prêtes, Monseigneur de Valois décida d'utiliser ses bouches à feu.

C'étaient de gros tuyaux de bronze épais, cerclés de fer, et reposant sur des affûts de bois sans roue. Il fallait dix chevaux pour traîner chacun de ses monstres, et vingt hommes pour les pointer, les caler, les charger. On construisait autour une sorte de caisse, faite d'épais madriers, et destinée à protéger les servants dans le cas où l'engin éclaterait.

Ces pièces venaient de Pise. Les servants italiens les appelaient *bombarda* à cause du bruit qu'elles faisaient.

Tous les grands seigneurs, tous les chefs de bannières, s'étaient réunis pour voir fonctionner les bombardes. Le connétable Gaucher haussait les épaules et déclarait, l'air bougon, qu'il ne croyait pas aux vertus destructrices de ces machines. Pourquoi toujours faire confiance à des « novelletés », alors qu'on pouvait se servir de bons mangonneaux, trébuchets et perrières qui, depuis des siècles, avaient produit leurs preuves ? Pour réduire les villes qu'il avait prises, lui, Châtillon, avait-il eu besoin des fondeurs de Lombardie ? Les guerres se gagnaient par la vaillance des âmes et la force des bras, et non point par recours à des poudres d'alchimistes qui sentaient un peu trop le soufre de Satan !

Les servants avaient allumé auprès de chaque engin un brasero où rougissait une broche de fer. Puis, ayant introduit la poudre à l'aide de grandes cuillers de fer battu, ils chargèrent chaque bombarde, d'abord d'une bourre d'étoupe, ensuite d'un gros boulet de pierre de près de cent livres, tout cela entonné par la gueule. Un peu de poudre fut déposé dans une gorge ménagée sur le dessus des culasses et qui communiquait par un mince orifice avec la charge intérieure.

Tous les assistants furent invités à se retirer de cinquante pas. Les servants des pièces se couchèrent, les mains sur les oreilles ; un seul servant resta debout auprès de chaque bombarde pour mettre le feu à la poudre à l'aide des longues broches de fer rougies au feu. Et aussitôt que cela fut fait, il se jeta au sol et s'aplatit contre la caisse de l'affût.

Des flammes rouges jaillirent et la terre trembla. Le bruit roula dans la vallée de la Garonne et s'entendit de Marmande à Langon.

L'air était devenu noir autour des pièces, dont l'arrière s'était enfoncé dans le sol meuble par l'effet du recul. Le connétable toussait, crachait et jurait. Quand la poussière fut un peu dissipée, on vit qu'un des boulets était tombé chez les Français ; une toiture, dans la ville, semblait éventrée.

— Beaucoup de fracas pour peu de dégâts, dit le connétable. Avec de vieilles balistes à poids et à frondes, tous les boulets seraient arrivés au but sans qu'on soit à s'étouffer pour autant.

Or, à l'intérieur de La Réole, personne n'avait compris tout d'abord pourquoi, du toit de maître Delpuch, notaire, une grande cascade de tuiles était soudain tombée dans la rue. On ne comprit pas non plus d'où venait ce coup de tonnerre, parti dans un ciel sans nuages, et que les oreilles perçurent un instant après. Puis maître Delpuch surgit de chez lui, en hurlant, parce qu'un gros boulet de pierre venait de choir dans sa cuisine.

Alors, la population courut aux remparts pour constater qu'il n'y avait dans le camp français aucune de ces hautes machines qui formaient l'équipement habituel des sièges. A la deuxième salve, on fut forcé d'admettre que bruit et projectiles sortaient de ces longs tubes couchés dans la colline, et que surmontait un panache de fumée. Chacun fut saisi d'effroi, et les femmes refluèrent vers les églises pour y prier contre cette invention du démon.

Le premier coup de canon des guerres d'Occident venait d'être tiré[20].

Le 22 septembre au matin, le comte de Kent fut prié de recevoir messires Ramon de Labison, Jean de Miral, Imbert Esclau, les frères Doat et Barsan de Pins, le notaire Hélie de Malenat, tous les six jurats de La Réole, ainsi que plusieurs bourgeois qui les accompagnaient. Les jurats présentèrent au lieutenant du roi d'Angleterre de longues doléances, et sur un ton qui s'écartait de la soumission et du respect. La ville était sans vivres, sans eau et sans toits. On voyait le fond des citernes, on balayait le sol des greniers, et la population n'en pouvait plus de cette pluie de boulets, de quart d'heure en quart d'heure, depuis plus de trois semaines. L'hôtel-Dieu regorgeait de malades et de blessés. On entassait dans les cryptes des églises les corps des gens tués dans les rues, des enfants écrasés dans leur lit. Les cloches de l'église Saint-Pierre s'étaient effondrées dans un vacarme de fin du monde, ce qui prouvait bien que Dieu ne protégeait pas la cause anglaise. En outre, il devenait urgent de vendanger, au moins dans les vignobles que les Français n'avaient pas ravagés, et l'on n'allait pas laisser pourrir sur ceps la récolte. La population, encouragée par les propriétaires et négociants, s'apprêtait à se soulever et à se battre avec les soldats du sénéchal, si de besoin, pour obtenir la reddition.

Tandis que les jurats parlaient, un boulet siffla dans l'air et l'on entendit un écroulement de charpente. Le lévrier du comte de Kent se mit à hurler. Son maître le fit taire d'un mouvement de lassitude excédée.

Depuis plusieurs jours déjà, Edmond de Kent savait qu'il aurait à se rendre. Il s'obstinait à la résistance, sans aucun motif raisonnable. Ses maigres troupes, déprimées par le siège, étaient hors d'état de soutenir un assaut. Tenter une nouvelle sortie contre un adversaire maintenant solidement retranché n'eût été qu'une folie. Et voici que les habitants de La Réole menaçaient de se révolter.

Kent se tourna vers le sénéchal Basset.

— Les renforts de Bordeaux, messire Ralph, y croyez-vous encore ? demanda-t-il.

Le sénéchal ne croyait plus à rien. Au bout de ses forces, il n'hésitait pas à accuser le roi Edouard et ses Despensers d'avoir laissé les défenseurs de La Réole dans un abandon qui ressemblait assez à une trahison.

Les sires de Bergerac, de Budos et de Montpezat ne montraient pas de plus joyeuses mines. Personne ne se souciait de mourir pour un roi qui témoignait si peu de soin à ses meilleurs serviteurs. La fidélité était par trop mal payée.

— Avez-vous une bannière blanche, messire sénéchal ? dit le comte de Kent. Alors, faites-la hisser au sommet du château.

Quelques minutes plus tard, les bombardes se turent, et sur le camp français tomba ce grand silence surpris qui accueille les événements longtemps espérés. Des parlementaires sortirent de La Réole et furent conduits à la tente du maréchal de Trye, lequel leur communiqua les conditions générales de la reddition. La ville serait livrée, naturellement ; mais également le comte de Kent devrait signer et proclamer la remise de tout le duché entre les mains du lieutenant du roi de France. Il n'y aurait ni pillage, ni prisonniers, mais seulement des otages, et une indemnité de guerre à fixer. En outre, le comte de Valois priait le comte de Kent à dîner.

Un grand festin fut apprêté dans le tref de toile brodée des lis de France où Monseigneur Charles vivait depuis près d'un mois. Le comte de Kent arriva sous ses plus belles armes, mais pâle et s'efforçant de contenir, sous un masque de dignité, son humiliation et son désespoir. Il était escorté du sénéchal Basset et de plusieurs seigneurs gascons.

Les deux lieutenants royaux, le vainqueur et le vaincu, se parlèrent avec quelque froideur, s'appelant néanmoins « Monseigneur mon neveu », « Monseigneur mon oncle », ainsi que gens entre qui la guerre ne rompt point les liens de famille.

A table, Monseigneur de Valois fit asseoir le comte de Kent en face de lui. Les chevaliers gascons commencèrent de s'empiffrer comme ils n'en avaient point eu l'occasion depuis des semaines.

On s'efforçait à la courtoisie, et de complimenter l'adversaire sur sa vaillance. Le comte de Kent fut félicité de sa sortie fougueuse qui avait coûté un maréchal aux Français. Kent répondit en marquant beaucoup de considération à son oncle pour ses dispositifs de siège et l'emploi de l'artillerie à feu.

— Entendez-vous, messire connétable, et vous tous, Messeigneurs, s'écria Valois, ce que déclare mon noble neveu... que sans nos bombardes à boulets, la ville aurait pu tenir quatre mois ? Qu'on en garde souvenir !

Par-dessus les plats, les coupes et les brocs, Kent et Mortimer s'observaient.

Aussitôt le banquet achevé, les principaux chefs s'enfermèrent pour la rédaction de l'acte de trêve dont les articles étaient nombreux. Kent, à vrai dire, était prêt à céder sur tout, sauf sur certaines formules qui contestaient la légitimité des pouvoirs du roi d'Angleterre, et sur l'inscription des sires Basset et Montpezat en tête de la liste des otages. Car ces derniers ayant séquestré et pendu des officiers du roi de France, leur sort n'eût été que trop certain. Or Valois exigeait qu'on lui remît le sénéchal et le responsable de la révolte de Saint-Sardos.

Lord Mortimer participait aux négociations. Il suggéra d'avoir un entretien particulier avec le comte de Kent. Le connétable Gaucher s'y déclara opposé ; on ne laissait pas discuter d'une trêve par un transfuge du camp adverse ! Mais Robert d'Artois et Charles de Valois faisaient confiance à Mortimer. Les deux Anglais s'isolèrent donc dans un coin du tref.

— Avez-vous grande inclination, my Lord, à vous en retourner si tôt en Angleterre ?... demanda Mortimer.

Kent ne répondit pas.

— Pour y affronter le roi Edouard votre frère, dont vous connaissez assez l'injustice et qui vous fera grief d'une défaite que les Despensers vous ont ménagée ? Car vous avez été trahi, my Lord, vous ne pouvez l'ignorer. Nous savions que des renforts vous étaient promis qui ne sont jamais partis d'Angleterre. Et l'ordre au sénéchal de Bordeaux de n'aller point à votre aide avant l'arrivée de ces renforts, n'est-ce pas là trahison ? Ne vous surprenez pas de me voir si bien informé ; je n'en suis redevable qu'aux banquiers lombards... Mais vous êtes-vous demandé la cause d'une si félonne négligence à votre endroit ? N'en voyez-vous pas le but ?

Kent se taisait toujours, la tête un peu inclinée, et contemplait ses doigts.

— Vainqueur ici, vous deveniez redoutable pour les Despensers, my Lord, reprit Mortimer, et preniez trop d'importance dans le royaume. Ils ont bien préféré vous faire subir le discrédit d'une reddition, fût-ce au prix de l'Aquitaine dont peu se soucient des hommes attentifs seulement à voler, l'une après l'autre, les baronnies des Marches. Comprenez-vous qu'il m'ait fallu, voici trois ans, me rebeller pour l'Angleterre contre son roi, ou pour le roi contre lui-même ? Qui vous assure qu'aussitôt rentré vous ne serez pas à votre tour accusé de forfaiture et jeté en geôle ? Vous êtes jeune encore, my Lord, et ne connaissez point ce dont ces mauvaises gens sont capables.

Kent repoussa ses rouleaux blonds derrière son oreille, et répondit enfin :

— Je commence, my Lord, à le connaître à mes dépens.

— Vous répugnerait-il de vous offrir pour premier otage, sous la garantie, bien sûr, que vous aurez traitement de prince ? A présent que l'Aquitaine est perdue, et à jamais, je le crains, ce qu'il nous faut sauver, c'est le royaume lui-même, et c'est d'ici que nous le pouvons mieux faire.

Le jeune homme leva vers Mortimer un regard surpris.

— Voici deux heures, dit-il, j'étais encore lieutenant du roi mon frère, et déjà vous m'invitez à entrer en révolte ?

— Sans qu'il y paraisse, my Lord, sans qu'il y paraisse... Les grandes actions se décident en peu de temps.

— Combien m'en accordez-vous ?

— Il n'en est besoin, my Lord, puisque vous avez déjà décidé.

Ce ne fut pas un mince succès pour Roger Mortimer lorsque le jeune comte Edmond de Kent, revenant s'asseoir à la table de la trêve, annonça qu'il s'offrait pour premier otage.

Mortimer, se penchant vers son épaule, lui dit :

— A présent, il nous faut œuvrer pour sauver votre belle-sœur et cousine, la reine. Elle mérite notre amour, et nous peut être du plus grand appui.

DEUXIÈME PARTIE

ISABELLE AUX AMOURS

1

La table du pape Jean

L'église Saint-Agricol venait d'être entièrement reconstruite. La cathédrale des Doms, l'église des Frères Mineurs, celle des Frères Prêcheurs et des Augustiniens, avaient été agrandies et rénovées. Les Hospitaliers de Saint-Jean de Jérusalem s'étaient construit une magnifique commanderie. Au-delà de la place au Change s'élevait une nouvelle chapelle Saint-Antoine, et l'on creusait les fondations de la future église Saint-Didier.

Le comte de Bouville, depuis une semaine, parcourait Avignon sans la reconnaître, sans plus rien trouver des souvenirs qu'il y avait laissés. Chaque promenade, chaque trajet était cause pour lui d'une surprise et d'un émerveillement. Comment une ville, en huit ans, pouvait-elle avoir changé si totalement d'aspect ?

Car ce n'étaient pas seulement les sanctuaires qui étaient sortis de terre, ou bien avaient pris façades différentes, et montraient de toutes parts leurs flèches, leurs ogives, leurs rosaces, leurs broderies de pierre blanche que dorait un peu le soleil d'hiver et où chantait le vent du Rhône.

Partout s'élevaient hôtels princiers, habitations de prélats, édifices communaux, demeures de bourgeois enrichis, maisons de compagnies lombardes, entrepôts, magasins. Partout on entendait le bruit patient, incessant et pareil à la pluie, du marteau des tailleurs de pierre, ces millions de petits coups de métal contre la roche tendre et par lesquels s'édifient les capitales. Partout la foule nombreuse, et souvent écartée par le cortège de quelque cardinal, partout la foule active, vivace, affairée, marchait dans les gravats, la sciure, la poussière calcaire. C'est le signe des âges de richesse que d'y voir les souliers brodés de la puissance se souiller aux déchets du bâtiment.

Non, Hugues de Bouville ne reconnaissait plus rien. Le mistral lui jetait aux yeux, en même temps que la poussière des travaux, un constant éblouissement. Les négoces, qui tous s'honoraient d'être fournisseurs du Très Saint-Père ou des éminences de son Sacré collège, regorgeaient des plus somptueuses marchandises de la terre, des velours les plus épais, des soieries, toiles d'or et passementeries les plus lourdes. Les bijoux sacerdotaux, croix pectorales, crosses, bagues, ciboires, ostensoirs, patènes, et puis aussi plats à manger, cuillers, gobelets, hanaps gravés d'armoiries tiarées ou cardinalices, s'entassaient sur les étagères du Siennois Tauro, du marchand Corboli et de maître Cachette, argenteurs.

Il fallait des peintres pour décorer toutes ces nefs, ces voûtes, ces cloîtres, ces salles d'audience ; les trois Pierre, Pierre du Puy, Pierre de Carmelère et Pierre Gaudrac, aidés de leurs nombreux élèves, étendaient l'or, l'azur, le carmin, et traçaient les figures du Zodiaque autour des scènes des deux Testaments. Il fallait des sculpteurs ; maître Macciolo de Spolète taillait dans le rouvre et le noyer les effigies des saints qu'il peignait ensuite ou recouvrait d'or. Et l'on saluait très bas dans les rues un homme qui n'était pas cardinal, mais que n'escortait pas moins une suite imposante d'acolytes et de serviteurs chargés de toises et de grands rouleaux de vélin ; cet homme était messire Guillaume de Coucouron, chef de tous les architectes pontificaux qui, depuis l'an 1317, rebâtissaient Avignon pour la dépense fabuleuse de cinq mille florins d'or.

Les femmes, dans cette métropole religieuse, se vêtaient plus bellement qu'en aucun lieu du monde. Les voir sortir des offices, traverser les rues, courir les boutiques, tenir cour en pleine rue, frileuses et rieuses, dans leurs manteaux fourrés, parmi des seigneurs empressés et des clercs fort délurés, était un enchantement du regard. Certaines allaient même fort aisément au bras d'un chanoine ou d'un évêque, et les deux robes avançaient, balayant la poussière blanche d'un pas bien accordé.

Le Trésor de l'Eglise faisait prospérer toutes les activités humaines. Il avait fallu construire de nouveaux établissements bordeliers et agrandir le quartier des follieuses, car tous les moines, moinillons, clercs, diacres et sous-diacres qui hantaient Avignon n'étaient pas forcément des saints. Les consuls avaient fait afficher sur panonceaux de sévères ordonnances : « *Il est fait défense aux femmes publiques et maquerelles de demeurer dans les bonnes rues, de se parer des mêmes atours que les femmes honnêtes, de porter voile en public et de toucher de la main le pain et les fruits dans les boutiques sous peine d'être obligées d'acheter les marchandises qu'elles ont tâtées. Les courtisanes mariées seront expulsées de la ville et déférées aux juges si elles viennent à y rentrer.* » Mais, en dépit des ordonnances, les courtisanes se paraient des plus beaux tissus, achetaient les plus beaux fruits, racolaient dans les rues nobles, et se mariaient sans peine tant elles étaient prospères et recherchées. Elles regardaient avec assurance les femmes dites honnêtes mais qui ne se conduisaient guère mieux, à cette seule différence que le sort leur avait fourni des amants de plus haut rang.

Non seulement Avignon, mais tout le pays environnant se transformait. De l'autre côté du pont Saint-Bénézet, sur la rive de Villeneuve, le cardinal Arnaud de Via, un neveu du pape, faisait édifier une énorme collégiale ; et déjà l'on appelait la tour de Philippe le Bel « la vieille tour » parce qu'elle datait de trente ans. Mais sans Philippe le Bel, qui avait naguère imposé à la papauté le séjour d'Avignon, tout cela eût-il existé[21] ? A Bédarrides, à Châteauneuf, à Noves, d'autres églises, d'autres châteaux, sortaient de terre.

Bouville en éprouvait quelque fierté personnelle. Non seulement parce qu'il se sentait concerné par tous les actes de ce roi, mais encore parce qu'il avait pendant de longues années tenu la charge de grand chambellan auprès de Philippe le Bel et qu'il se pensait un peu responsable de l'actuel pontificat.

N'était-ce pas lui, Bouville, qui, voici neuf ans, après une épuisante course à la recherche des cardinaux éparpillés entre Carpentras et Orange, avait le premier proposé le cardinal Duèze pour être le candidat de la cour de France ? Les ambassadeurs se croient volontiers seuls inventeurs de leurs missions lorsqu'elles ont réussi. Et Bouville, se rendant au banquet que le pape Jean XXII offrait en son honneur, gonflait le ventre en imaginant bomber le torse, secouait ses cheveux blancs sur son col de fourrure, et parlait assez haut à ses écuyers dans les rues d'Avignon.

Une chose, en tout cas, paraissait bien acquise : le Saint-Siège ne retournerait pas en Italie. On en avait fini avec les illusions entretenues sous le pontificat précédent. Les praticiens romains pouvaient bien s'agiter contre Jean XXII et le menacer, s'il ne regagnait pas la Ville éternelle, de créer un schisme en élisant un autre pape qui occuperait vraiment le trône de saint Pierre[22]. L'ancien bourgeois de Cahors avait su répondre aux princes de Rome, en ne leur accordant que quatre chapeaux sur les seize qu'il avait imposés depuis son avènement. Tous les autres chapeaux rouges étaient allés à des Français.

— Voyez-vous, messire comte, avait dit le pape Jean à Bouville, quelques jours plus tôt, lors de la première audience, et s'exprimant par ce souffle de voix avec lequel il commandait en maître à la chrétienté... voyez-vous, messire comte, il faut gouverner avec ses amis contre ses ennemis. Les princes qui usent leurs jours et leurs forces à se gagner leurs adversaires mécontentent leurs vrais soutiens et ne s'acquièrent que de faux amis, toujours prêts à les trahir.

Il n'était besoin, pour se convaincre de la volonté du pape de demeurer en France, que de voir le château qu'il venait de construire sur la place de l'ancien évêché, et qui dominait la ville de ses créneaux, tours et mâchicoulis. L'intérieur était distribué entre des cloîtres spacieux, des salles de réception et des appartements splendidement décorés sous des plafonds d'azur semés d'étoiles, comme le ciel[23]. Il y avait deux huissiers de la première porte, deux huissiers de la seconde, cinq pour la troisième, et quatorze huissiers encore pour les autres portes. Le maréchal du palais commandait à quarante courriers et à soixante-trois sergents d'armes.

« Tout ceci ne représente pas un établissement provisoire », se disait Bouville en suivant le maréchal venu l'attendre en personne à la porte du palais, et qui le guidait à travers les salles.

Et pour savoir avec qui le pape Jean avait choisi de gouverner, il suffit à Bouville d'entendre nommer les dignitaires qui venaient de prendre place, dans la salle des festins tendue de tapisseries de soie, à la longue table étincelante de vaisselle d'or et d'argent.

Le cardinal-archevêque d'Avignon, Arnaud de Via, était fils d'une sœur du pape. Le cardinal-chancelier de l'Eglise romaine, c'est-à-dire le premier ministre du monde chrétien, homme assez large et solide, bien assis dans sa pourpre, était Gaucelin Duèze, fils de Pierre Duèze, le propre frère du pape que le roi Philippe V avait anobli. Neveu du pape encore, le cardinal Raymond Le Roux. Un autre neveu, Pierre de Vicy, gérait la maison pontificale, mandatait les dépenses, dirigeait les deux panetiers, les quatre sommeliers, les maîtres de l'écurie et de la maréchalerie, les six chambriers, les trente chapelains, les seize confesseurs pour les pèlerins de passage, les sonneurs de cloches, les balayeurs, les porteurs d'eau, les lavandières, les archiatres apothicaires et barbiers.

Le moindre des « neveux » ici attablés n'était certes pas le cardinal Bertrand du Pouget, légat itinérant pour l'Italie, et dont on chuchotait... mais qui donc ici ne chuchotait pas ?... qu'il était un fils naturel qu'aurait eu Jacques Duèze au temps qu'il n'avait pas encore, à quarante ans passés, quitté son Quercy natal !

Tous les parents du pape Jean, jusqu'aux cousins issus de germains, logeaient en son palais et partageaient ses repas ; deux d'entre eux habitaient même dans l'entresol secret, sous la salle à manger. Tous étaient pourvus d'emplois, celui-là parmi les cent chevaliers nobles, celui-ci comme dispensateur des aumônes, cet autre comme maître de la chambre apostolique qui administrait tous les bénéfices ecclésiastiques, annates, décimes, subsides, caricatifs, droits de dépouilles et taxes de Sacrée Pénitencerie. Plus de quatre cents personnes formaient cette cour dont la dépense annuelle dépassait quatre mille florins.

Quand, huit ans plus tôt, le conclave de Lyon avait porté au trône de saint Pierre un vieillard épuisé, diaphane, dont on attendait, dont on espérait même, qu'il rendît l'âme la semaine suivante, il ne restait rien dans le Trésor papal. En huit années, ce même petit vieillard, qui avançait ainsi qu'une plume poussée par le vent, avait si bien administré les finances de l'Eglise, si bien taxé les adultères, les sodomites, les incestueux, les voleurs, les criminels, les mauvais prêtres et les évêques coupables de violence, vendu si cher les abbayes, fait contrôler si justement les ressources et biens ecclésiastiques qu'il s'était assuré les plus gros revenus du monde et possédait les moyens de rebâtir une ville. Il pouvait largement nourrir sa famille et régner par elle. Il n'était chiche ni de dons aux pauvres ni de présents aux riches, offrant à ses visiteurs joyaux et saintes médailles d'or dont l'approvisionnait son fournisseur habituel, le Juif Boncœur.

Enfoui, plutôt qu'assis, dans un fauteuil au dossier immense, et les pieds posés sur deux épais coussins de soie d'or, le pape Jean présidait cette longue tablée qui tenait à la fois du consistoire et du dîner de famille. Bouville, placé à sa droite, le regardait avec fascination. Comme le Saint-Père avait changé, depuis son élection ! Non pas d'apparence : le temps semblait sans prise sur ce mince visage pointu, ridé, mobile, au crâne enfermé dans un bonnet bordé de fourrure, aux petits yeux de souris, sans cils ni sourcils, à la bouche d'une extrême étroitesse où la lèvre supérieure rentrait un peu sous la gencive sans dents. Jean XXII portait ses quatre-vingts ans plus facilement que bien d'autres la cinquantaine ; ses mains en donnaient la preuve, lisses, à peine parcheminées, et dont les jointures jouaient avec beaucoup de liberté. Mais c'était à l'attitude, au ton de la voix, aux propos, que l'on pouvait juger de la transformation. Cet homme qui avait dû son chapeau de cardinal à un faux en écriture royale, puis sa tiare à deux ans d'intrigues sourdes, de corruptions électorales, parachevées par un mois de simulation d'une maladie incurable, paraissait avoir reçu une nouvelle âme, par la grâce du vicariat suprême. Parvenu au sommet des ambitions humaines, délivré d'avoir à rien désirer pour lui-même, toutes ses forces, toute la redoutable mécanique cérébrale qui l'avaient conduit à ce faîte s'employaient, de manière absolument détachée, au seul bien de l'Eglise tel qu'il le concevait. Et quelle activité il y dépensait ! Parmi ceux qui l'avaient élu, croyant qu'il disparaîtrait vite et laisserait la Curie gouverner en son nom, combien se repentaient à présent ! Jean XXII leur menait la vie dure. Un grand souverain de l'Eglise en vérité.

Il s'occupait de tout, tranchait de tout. Il n'avait pas hésité à excommunier, au mois de mars précédent, l'empereur d'Allemagne Louis de Bavière, le destituant du même coup et ouvrant cette succession au Saint Empire pour laquelle le roi de France et le comte de Valois s'agitaient tant. Il intervenait dans les différends des princes chrétiens, les rappelant, comme il était dans sa mission d'universel pasteur, à leurs devoirs de paix. En ce moment, il se penchait sur le conflit d'Aquitaine, et avait déjà arrêté, dans les audiences données à Bouville, les modalités de son action.

Les souverains de France et d'Angleterre seraient priés de prolonger la trêve signée par le comte de Kent, à La Réole, et qui arrivait à expiration en ce mois de décembre. Monseigneur de Valois n'utiliserait pas les quatre cents hommes d'armes et les mille arbalétriers nouveaux que le roi Charles IV lui avait envoyés ces jours derniers à Bergerac. Mais le roi Edouard serait impérativement invité à rendre l'hommage au roi de France, dans les plus brefs délais. Les deux souverains devraient remettre en liberté les seigneurs gascons qu'ils détenaient respectivement, et ne leur tenir aucune rigueur pour avoir pris le parti de l'adversaire. Enfin le pape allait écrire à la reine Isabelle pour la conjurer d'employer toutes ses forces à rétablir la concorde entre son époux et son frère. Le pape Jean ne se faisait aucune illusion, pas plus que Bouville, sur l'influence dont disposait la malheureuse reine. Mais le fait que le Saint-Père s'adressât à elle ne manquerait pas de lui restituer un certain crédit et de faire hésiter ses ennemis à la maltraiter davantage. Ensuite, Jean XXII conseillerait qu'elle se rendît à Paris, toujours en mission de conciliation, afin de présider à la rédaction du traité qui ne laisserait à l'Angleterre, du duché d'Aquitaine, qu'une mince bande côtière avec Saintes, Bordeaux, Dax et Bayonne. Ainsi les désirs politiques du comte de Valois, les machinations de Robert d'Artois, les vœux secrets de Lord Mortimer allaient recevoir du Saint-Père une aide majeure.

Bouville, ayant rempli avec succès la première partie de sa mission, pouvait manger de bon appétit le civet d'anguilles, délectable, parfumé, onctueux, qui emplissait son écuelle d'argent.

— Les anguilles nous viennent de l'étang des Martigues, fit remarquer à Bouville le pape Jean. Les appréciez-vous ?

Le gros Bouville, la bouche pleine, ne put répondre que d'un regard émerveillé.

La cuisine pontificale était somptueuse, et même les menus du vendredi y constituaient un régal rare. Thons frais, morues de Norvège, lamproies et esturgeons, accommodés de vingt manières et nappés de vingt sauces, se suivaient en procession sur des plats rutilants. Le vin d'Arbois coulait comme de l'or dans les timbales. Les crus de Bourgogne, du Lot ou du Rhône, accompagnaient les fromages.

Le Saint-Père, pour sa part, se contentait de grignoter du bout des gencives une cuillerée de pâté de brochet et de sucer un gobelet de lait. Il s'était mis en tête que le pape ne devait prendre que des aliments blancs.

Bouville avait à traiter d'un deuxième problème, et non moins délicat, pour le compte de Monseigneur de Valois. Un ambassadeur se doit d'aborder de biais les questions épineuses ; aussi Bouville crut parler fin en disant :

— Très Saint-Père, la cour de France a suivi avec beaucoup d'attention le concile de Valladolid qui fut tenu, voici deux ans, par votre légat, et où il a été ordonné que les clercs eussent à quitter leurs concubines...

— ... sous peine s'ils ne le faisaient, enchaîna le pape Jean de sa petite voix rapide et étouffée, d'être privés dans les deux mois de la tierce partie des fruits de leurs bénéfices, et deux mois après d'un autre tiers, et encore après deux mois d'être privés de tout. En vérité, messire comte, l'homme est pécheur même s'il est prêtre, et nous savons bien que nous n'arriverons pas à supprimer tout péché. Mais au moins, pour ceux qui s'y entêteront, cela emplira nos coffres qui servent à faire le bien. Et beaucoup aussi éviteront de rendre publics leurs scandales.

— Et ainsi les évêques cesseront, comme ils ont trop coutume de le faire, d'assister en personne au baptême et au mariage de leurs enfants illégitimes.

Ayant dit cela, Bouville brusquement rougit. Etait-ce bien habile de parler d'enfants illégitimes justement devant le cardinal du Pouget ? Un faux pas. Mais personne ne semblait y avoir pris garde. Bouville se hâta donc de poursuivre :

— Mais d'où vient, Très Saint-Père, qu'une punition plus forte ait été décrétée contre les prêtres dont les concubines ne sont pas chrétiennes ?

— La raison en est bien simple, messire comte, répondit le pape Jean. Le décret vise justement l'Espagne qui compte quantité de Maures... où nos clercs recrutent bien facilement des compagnes que rien ne gêne à forniquer avec la tonsure.

Il se tourna légèrement dans son grand siège, et un très bref sourire passa sur ses lèvres étroites. Il avait vu la direction où l'ambassadeur du roi de France cherchait à tirer l'entretien. Et maintenant il attendait, à la fois défiant et amusé, que messire de Bouville eût avalé une gorgée, afin de se donner courage, et affecté un air faussement aisé pour dire :

— Il est certain, Très Saint-Père, que ce concile a pris de sages édits qui nous serviront grandement lors de la croisade. Car nous aurons maints clercs et aumôniers pour accompagner nos armées, et qui s'avanceront en pays maure ; il serait mauvais qu'ils donnassent l'exemple de la méconduite.

Après quoi Bouville respira mieux, le mot de croisade était dit.

Le pape Jean plissa les paupières, joignit les doigts.

— Il serait mauvais également, répondit-il posément, que la même licence se mît à proliférer dans les nations chrétiennes pendant que leurs armées auraient affaire outre-mer. Car on a toujours constaté, messire comte, que lorsque les armées de guerre sont loin à se battre, et qu'on a puisé dans les peuples les combattants les plus vaillants, il fleurit toutes sortes de vices dans ces royaumes comme si, la force s'éloignant, le respect qu'on doit aux lois de Dieu partait du même coup. Les guerres offrent de grandes occasions de péché... Monseigneur de Valois est-il toujours aussi ferme sur cette croisade dont il veut honorer notre pontificat ?

— Eh bien ! Très Saint-Père, les députés de la Petite Arménie...

— Je sais, je sais, dit le pape Jean en écartant et rapprochant ses maigres doigts. C'est moi-même qui ai envoyé ces députés à Monseigneur de Valois.

— Il nous parvient de toutes parts que les Maures, sur les rivages...

— Je sais. Les rapports me parviennent en même temps qu'à Monseigneur de Valois.

Les conversations particulières s'étaient arrêtées le long de la grande table. L'évêque Pierre de Mortemart qui accompagnait Bouville dans sa mission, et dont on disait qu'il serait bientôt promu cardinal, prêtait l'oreille, et tous les neveux et cousins, prélats ou dignitaires, en faisaient autant. Les cuillers glissaient sur le fond des assiettes comme sur du velours. Le souffle singulièrement assuré, mais sans timbre, qui sortait de la bouche du Saint-Père était difficile à saisir, et il fallait une grande habitude pour le capter d'un peu loin.

— Monseigneur de Valois, que j'aime d'un amour très paternel, nous a fait consentir la dîme ; mais jusqu'à présent cette dîme ne lui a servi qu'à confisquer l'Aquitaine et à soutenir sa candidature au Saint Empire. Ce sont entreprises très nobles, mais qui ne s'appellent point croisades. Je ne suis nullement certain, l'an prochain, de consentir à nouveau cette dîme et moins encore, messire comte, de consentir aux subsides supplémentaires que l'on me demande pour l'expédition.

Bouville reçut durement le coup. Si c'était là tout ce qu'il devait rapporter à Paris, Charles de Valois entrerait dans une belle fureur.

— Très Saint-Père, répondit-il en s'efforçant à la froideur, il avait semblé au comte de Valois comme au roi Charles que vous étiez sensible à l'honneur que la chrétienté pourrait retirer...

— L'honneur de la chrétienté, mon cher fils, est de vivre en paix, coupa le pape en frappant légèrement sur la main de Bouville.

— Est-ce attenter à la paix chrétienne que de vouloir ramener les Infidèles à la vraie foi et d'aller combattre chez eux l'hérésie ?

— L'hérésie ! L'hérésie ! répondit le pape Jean dans un chuchotement. Occupons-nous donc d'abord d'arracher celle qui fleurit dans nos nations et ne nous soucions point tant d'aller presser les abcès sur le visage du voisin quand la lèpre ronge le nôtre ! L'hérésie est mon souci, et je m'entends assez bien je crois à la poursuivre. Mes tribunaux fonctionnent, et j'ai besoin de l'aide de tous mes clercs, comme de celle de tous les princes chrétiens, pour la traquer. Si la chevalerie d'Europe prend le chemin de l'Orient, le diable aura champ libre en France, en Espagne et en Italie ! Depuis combien de temps Cathares, Albigeois, et Spirituels se tiennent-ils en paix ? Pourquoi ai-je fragmenté le gros diocèse de Toulouse, qui était leur repaire, et créé seize nouveaux évêchés dans la Langue d'oc ? Et vos pastoureaux dont les bandes ont déferlé jusqu'à nos remparts voici bien peu d'années, n'étaient-ils pas conduits par l'hérésie ? Ce n'est pas sur le temps d'une seule génération que l'on extirpe un tel mal. Il faut attendre les fils des petits-fils pour en avoir fini.

Tous les prélats présents pouvaient témoigner de la rigueur avec laquelle Jean XXII poursuivait l'hérésie. Si l'on avait consigne de se montrer coulant, moyennant finances, contre les petits péchés de la nature humaine, les bûchers en revanche flambaient haut contre les erreurs de l'esprit. On répétait volontiers le mot de Bernard Délicieux, moine franciscain qui avait entrepris de lutter contre l'inquisition dominicaine, et poussé l'audace jusqu'à prêcher en Avignon. « Saint Pierre et saint Paul, disait-il, ne pourraient eux-mêmes se défendre d'hérésie, s'ils revenaient en ce monde et étaient poursuivis par les Accusateurs. » Délicieux avait été condamné à la réclusion perpétuelle.

Mais, en même temps, le Saint-Père donnait diffusion à certaines idées étranges, issues de sa vivace intelligence, et qui, émises du haut de la chaire pontificale, n'étaient pas sans provoquer de grands remous parmi les docteurs des facultés de théologie. Ainsi s'était-il prononcé contre l'Immaculée Conception de la Vierge Marie qui ne constituait pas un dogme, certes, mais dont le principe était généralement admis. Il admettait tout au plus que le Seigneur eût purifié la Vierge avant sa naissance, mais à un moment, déclarait-il, difficile à préciser. Jean XXII, d'autre part, ne croyait pas à la Vision béatifique, en tout cas jusqu'au Jugement dernier, déniant par là qu'il y eût encore aucune âme en Paradis et, partant, en Enfer.

Pour beaucoup de théologiens, de telles propositions fleuraient un peu le soufre. Aussi, à cette table même, se trouvait assis un grand cistercien nommé Jacques Fournier, ancien abbé de Fontfroide qu'on appelait « le cardinal blanc » et qui employait toutes les ressources de sa science apologétique à soutenir et justifier les thèses hardies du Saint-Père[24].

Celui-ci poursuivait :

— Veuillez donc, messire comte, ne point trop vous mettre en tracas pour l'hérésie des Maures. Faisons garder nos côtes contre leurs navires, mais laissons-les au jugement du Seigneur tout-puissant dont ils sont, après tout, les créatures, et qui avait bien sans doute quelque intention sur eux. Qui de nous peut affirmer ce qu'il advient des âmes qui n'ont pas encore été touchées par la grâce de la révélation ?

— Elles vont en enfer, je pense, dit naïvement Bouville.

— L'enfer, l'enfer ! souffla le frêle pape en haussant les épaules. Ne parlez donc point de ce que vous ignorez. Et ne me contez point non plus... nous sommes trop vieux amis, messire de Bouville... que c'est pour faire le salut des Infidèles que Monseigneur de Valois demande à mon Trésor douze cent mille livres de subsides. D'ailleurs, le comte de Valois, je le sais, n'a plus aussi grand désir de sa croisade.

— A vrai dire, Très Saint-Père, dit Bouville en hésitant un peu... sans être informé comme vous l'êtes, il me paraît toutefois...

« Oh ! le mauvais ambassadeur ! pensa le pape Jean. Si j'étais à sa place, mais je me ferais croire à moi-même que Valois a déjà réuni ses bannières, et je ne me tiendrais point quitte à moins de trois cent mille livres. »

Il laissa Bouville suffisamment s'empêtrer.

— Vous direz à Monseigneur de Valois, déclara-t-il enfin, que nous renonçons à la croisade ; et comme je sais Monseigneur un fils très respectueux des décisions de la Sainte Eglise, je suis sûr qu'il s'inclinera.

Bouville se sentait fort malheureux. Certes, tout le monde était prêt à abandonner le projet de la croisade mais pas comme cela, en deux phrases, et sans contrepartie.

— Je ne doute pas, Très Saint-Père, répondit Bouville, que Monseigneur de Valois ne vous obéisse ; mais il a déjà engagé, outre l'autorité de sa personne, de grandes dépenses.

— Combien faut-il à Monseigneur de Valois pour ne pas trop souffrir d'avoir engagé son autorité personnelle ?

— Très Saint-Père, je ne sais, dit Bouville rougissant, Monseigneur de Valois ne m'a pas chargé de répondre à telle question.

— Mais si, mais si ! Je le connais assez pour savoir qu'il l'avait prévue. Combien ?

— Il a déjà beaucoup avancé aux chevaliers de ses propres fiefs afin d'équiper leurs bannières...

— Combien ?

— Il s'est préoccupé de cette nouvelle artillerie à poudre...

— Combien, Bouville ?

— Il a passé grosses commandes d'armes de toutes sortes...

— Je ne suis pas homme de guerre, et ne vous demande point le compte des arbalètes. Je vous demande seulement de me dire la somme par laquelle Monseigneur de Valois se tiendrait pour dédommagé.

Il souriait de mettre son interlocuteur au gril. Et Bouville lui-même ne put s'empêcher de sourire à voir toutes ses grosses ruses percées comme une écumoire. Allons, il lui fallait le prononcer ce chiffre ! Il prit une voix aussi chuchotante que celle du pape pour murmurer :

— Cent mille livres...

Jean XXII hocha la tête et dit :

— C'est l'exigence habituelle du comte Charles. Il me paraît même que les Florentins, naguère, pour se libérer de l'aide qu'il leur avait portée, ont dû lui donner davantage. Aux Siennois, il en a coûté un peu moins pour qu'il consente à quitter leur ville. Le roi d'Anjou, en une autre occasion, a dû se saigner d'une somme identique pour le remercier d'un secours qu'il ne lui avait pas demandé ! C'est un moyen de finances comme un autre... Votre Valois, savez-vous, Bouville, est un bien gros larron ! Allons, rapportez-lui la bonne nouvelle... Nous lui donnerons ses cent mille livres, et notre bénédiction apostolique !

Il était assez satisfait, en somme, de s'en tirer à ce prix. Et Bouville, pour sa part, se sentait bien aise ; sa mission se trouvait accomplie. Discuter avec le souverain pontife comme avec quelque négociant lombard lui eût été vraiment pénible ! Mais le Saint-Père avait de ces mouvements qui n'étaient peut-être pas exactement de la générosité, mais une simple estimation du prix dont il devait payer son pouvoir.

— Vous souvenez-vous, messire comte, continuait le pape, du temps où vous m'apportiez, ici même, cinq mille livres de la part du comte de Valois pour assurer l'élection d'un cardinal français ? En vérité, ce fut de l'argent placé à bon intérêt !

Bouville s'attendrissait toujours sur ses souvenirs. Il revoyait cette prairie brumeuse dans la campagne, au nord d'Avignon, ce pré du Pontet, et le curieux entretien qu'ils avaient eu, tous deux assis sur une murette.

— Oui, je me rappelle, Très Saint-Père, dit-il. Savez-vous que lorsque je vous vis approcher, ne vous ayant jamais rencontré, je crus qu'on m'avait trompé, que vous n'étiez pas cardinal, mais un tout jeune clerc qu'un prélat avait déguisé pour l'envoyer à sa place ?

Le compliment fit sourire le pape Jean. Lui aussi se rappelait.

— Et ce jeune Siennois, Guccio Baglioni, qui travaillait dans la banque et vous accompagnait alors, qu'est-il devenu ? demanda-t-il. Vous me l'avez ensuite envoyé à Lyon, où il me fut fort utile, pendant le conclave muré. J'en avais fait mon damoiseau. J'imaginais le voir reparaître. Il est bien le seul qui m'ait rendu un service autrefois et qui ne soit pas venu quêter une grâce ou une charge !

— Je ne sais, Très Saint-Père, je ne sais. Il est reparti pour son Italie natale. Moi non plus je n'en ai plus jamais reçu nouvelles.

Mais Bouville s'était troublé pour répondre, et ce trouble n'avait pas échappé au pape.

— Il avait eu, si je me souviens bien, une mauvaise affaire de mariage, ou de faux mariage, avec une fille de noblesse qu'il avait rendue mère. Les frères le poursuivaient. N'est-ce pas cela ?

Ah ! certes, le Saint-Père disposait d'une terrible mémoire !

— Je suis surpris vraiment, insistait-il, que ce Baglioni, protégé par vous, protégé par moi, et exerçant le métier d'argent, n'en ait pas profité pour faire sa fortune. Cet enfant qu'il devait avoir, est-il né ? A-t-il vécu ?

— Oui, oui, il est né, dit hâtivement Bouville. Il vit quelque part en campagne, auprès de sa mère.

Il montrait de plus en plus de gêne.

— On m'a dit, qui donc m'a dit ?... poursuivit le pape, que cette même demoiselle, ou dame, avait été nourrice du petit roi posthume qui vint à Madame Clémence de Hongrie pendant la régence du comte de Poitiers. Est-ce bien cela ?

— Oui, oui, Très Saint-Père, je crois que c'est elle.

Un frémissement passa dans les mille rides qui grillageaient le visage du pape.

— Comment, vous croyez bien ? N'étiez-vous pas curateur au ventre de Madame Clémence ? Et au plus près d'elle quand le malheur de perdre son fils lui survint ? Vous deviez bien savoir qui était la nourrice ?

Bouville se sentit devenir pourpre. Il aurait dû se méfier quand le Saint-Père avait prononcé le nom de Guccio Baglioni, et se dire qu'une intention se cachait derrière ce souvenir. Le détour était un peu plus habile que les siens propres, lorsqu'il passait par le concile de Valladolid pour en arriver aux finances du comte de Valois. D'abord, le Saint-Père devait sûrement avoir des nouvelles de Guccio, puisque ses banquiers, les Bardi, travaillaient avec les Tolomei de Sienne.

Les petits yeux gris du pape ne quittaient pas les yeux de Bouville, et les questions continuaient :

— Madame Mahaut d'Artois a eu un gros procès où vous avez dû témoigner ? Qu'y a-t-il eu de vrai, cher sire comte, dans cette affaire ?

— Oh ! Très Saint-Père, rien que ce que la justice a éclairé. Des malveillances, des propos rapportés dont Madame Mahaut a voulu se laver.

Le repas touchait à sa fin et les écuyers, passant les aiguières et les bassins, versaient l'eau sur les doigts des convives. Deux chevaliers nobles s'approchaient pour tirer en arrière le siège du Saint-Père.

— Sire comte, dit celui-ci, j'ai été bien heureux de vous revoir. Je ne sais, vu mon grand âge, si cette joie me sera accordée une autre fois...

Bouville, qui s'était levé, respira mieux. L'instant des adieux semblait arriver, qui allait mettre un terme à cet interrogatoire.

— ... Aussi, avant votre départ, reprit le pape, je veux vous faire la plus grande grâce que je puisse accorder à un chrétien. Je vais vous entendre moi-même en confession. Accompagnez-moi dans ma chambre.

2

La pénitence est pour le saint-père

— Péchés de chair ? Certainement, puisque vous êtes homme... Péchés de gourmandise ? Il suffit de vous voir ; vous êtes gras... Péchés d'orgueil ? Vous êtes grand seigneur... Mais votre état même vous oblige à l'assiduité dans vos dévotions ; donc tous ces péchés, qui sont le fonds commun de l'humaine nature, vous vous en accusez et en êtes absous aussi souvent que vous vous approchez de la sainte table.

Etrange confession où le premier vicaire de l'Eglise romaine prononçait tout ensemble les questions et les réponses. Sa voix feutrée était parfois couverte par des cris d'oiseaux, car le pape avait dans sa chambre un perroquet enchaîné et, voletant sous une grande cage, des perruches, des serins, et de ces petits oiseaux des îles, rouges, qu'on appelle cardinaux.

Le sol de la pièce, dallé de carreaux peints, disparaissait en partie sous des tapis d'Espagne. Les murs et les sièges étaient tendus de vert et les courtines du lit, les rideaux des fenêtres également faits de lin vert. Sur cette couleur de forêt, les oiseaux vivants mettaient des taches colorées, comme des fleurs[25]. Un angle formait salle de bains, avec une baignoire de marbre. Dans la garde-robe, attenante à la chambre, manteaux blancs, camails grenats et ornements sacerdotaux emplissaient de vastes penderies.

Le gros Bouville, en entrant, avait eu un mouvement pour s'agenouiller ; mais le Saint-Père, très simplement, l'avait fait asseoir auprès de lui dans un des fauteuils verts. On ne pouvait, en vérité, traiter un pénitent avec plus d'égards. L'ancien chambellan de Philippe le Bel en était tout abasourdi, et rassuré à la fois, car il avait appréhendé vraiment d'avoir à confesser, lui grand dignitaire, et au souverain pontife, toutes les poussières d'une vie, toutes les petites scories, les mauvais désirs, les vilaines actions, toute la lie qui tombe au fond de l'âme avec les jours et les ans. Or, ces péchés-là, le Saint-Père semblait les tenir pour broutilles ou, tout au moins, pour être du ressort de plus humbles prêtres. Mais Bouville n'avait pas remarqué, en sortant de table, le regard échangé entre les cardinaux Gaucelin Duèze, du Pouget, et le « cardinal blanc ». Ceux-là connaissaient bien cette ruse habituelle du pape Jean : la confession post-prandiale, dont il se servait pour s'entretenir vraiment seul à seul avec un interlocuteur important, et qui lui permettait d'être éclairé sur des secrets d'Etat. Qui pouvait résister à cette offre abrupte, aussi flatteuse que terrifiante ? Tout s'unissait pour amollir les consciences, à la fois la surprise, la crainte religieuse et une digestion commençante.

— L'essentiel pour un homme, reprit le pape, est d'avoir bien rempli l'état particulier où Dieu l'a placé en ce monde, et c'est en ce domaine que les fautes lui sont comptées le plus sévèrement. Vous avez été, mon fils, chambellan d'un roi et chargé, sous trois autres, des plus hautes missions. Avez-vous toujours été bien exact en l'accomplissement de ces devoirs ?

— Je pense, mon Père, Très Saint-Père, veux-je dire, m'être acquitté de mes tâches avec zèle, avoir été, autant que je l'ai pu, loyal serviteur de mes suzerains...

Il s'interrompit brusquement, se rendant compte qu'il n'était pas là pour prononcer son propre éloge. Il se reprit, et changeant de ton :

— Je dois m'accuser d'avoir échoué en certaines missions que j'aurais pu mener à bien... Voilà, Très Saint-Père : je n'ai pas eu toujours l'esprit assez délié et me suis parfois aperçu trop tard d'erreurs que j'avais commises.

— Ce n'est pas un péché que d'avoir quelque retard dans la cervelle ; cela nous peut venir à tous et c'est justement le contraire de l'esprit de malice. Mais avez-vous commis en vos missions, ou à la suite d'elles, des fautes graves telles que faux témoignage... homicide...

Bouville secoua la tête, de droite à gauche, d'un mouvement de dénégation.

Mais les petits yeux gris, sans cils ni sourcils, tout brillants et lumineux dans le visage ridé, restaient fixement attachés sur lui.

— Etes-vous bien certain ? Voici l'occasion, mon cher fils, de parfaitement vous purifier l'âme ! Faux témoignage, jamais ? demanda le pape.

Bouville, à nouveau, se sentit mal à l'aise. Que signifiait cette insistance ? Le perroquet eut un cri rauque, sur son perchoir, et Bouville sursauta.

— Une chose, à vrai dire, Très Saint-Père, m'alourdit l'âme, mais je ne sais si c'est vraiment un péché, ni quel nom de péché lui donner. Je n'ai pas commis l'homicide moi-même, je vous en assure, mais une fois je n'ai pas su l'empêcher. Et ensuite, j'ai dû porter faux témoignage ; mais je ne pouvais agir autrement.

— Contez-moi donc cela, messire comte, dit le pape.

Ce fut son tour de se reprendre :

— Confessez-moi ce secret qui tant vous pèse, mon cher fils !

— Certes, il me pèse, dit Bouville, et plus encore depuis la mort de ma bonne épouse Marguerite, avec qui je le partageais. Et souvent je me répète que si je viens à mourir sans en avoir fait personne dépositaire...

Des larmes brusquement lui étaient venues.

— Comment n'ai-je pas songé plus tôt, Très Saint-Père, à vous le confier ?... Je vous le disais : j'ai la cervelle souvent lente... Ce fut après la mort du roi Louis Dixième, l'aîné fils de mon maître Philippe le Bel...

Bouville regarda le pape et se sentit comme déjà soulagé. Enfin il allait pouvoir se décharger l'âme de ce fardeau qu'il portait depuis huit années. Le pire moment de sa vie, à coup sûr, et dont le remords le poignait sans trêve. Que n'était-il pas venu plus tôt avouer tout cela au pape !

A présent Bouville parlait aisément. Il racontait comment, ayant été nommé curateur au ventre de la reine Clémence, après le trépas de Louis Hutin, il avait, lui Bouville, craint que la comtesse Mahaut d'Artois ne fît une criminelle entreprise et contre la reine et contre l'enfant qu'elle portait alors. En ce temps-là, Monseigneur Philippe de Poitiers, frère du roi décédé, réclamait la régence contre le comte de Valois et contre le duc de Bourgogne...

A ce souvenir, Jean XXII leva un instant les yeux vers les poutres peintes du plafond, et une expression songeuse passa sur son étroit visage. Il revit le matin de 1316, où lui-même, à Lyon, était venu annoncer à Philippe de Poitiers la mort de son frère Louis X, ayant appris la nouvelle justement de ce petit Lombard Baglioni...

Donc Bouville craignait un crime de la part de la comtesse d'Artois, un nouveau crime car on disait beaucoup qu'elle était l'auteur du trépas de Louis Hutin, par enherbement. Elle avait les meilleures raisons de le haïr, car il venait de lui confisquer son comté. Mais elle avait toutes bonnes raisons aussi, Louis disparu, de souhaiter que le comte de Poitiers, son gendre, accédât au trône. Le seul obstacle à cela était l'enfant que portait la reine, qui naquit et qui fut un mâle.

— Infortunée reine Clémence... dit le pape.

Mahaut d'Artois, choisie comme marraine, devait à ce titre amener le nouveau petit roi aux barons, lors de la cérémonie de présentation. Bouville était sûr, et madame de Bouville autant que lui, que si la terrible Mahaut voulait perpétrer un forfait, elle n'hésiterait pas à le faire pendant la présentation, seule occasion pour elle de tenir l'enfant. Bouville et sa femme avaient donc décidé de cacher l'enfant royal pendant ces heures-là, et de remettre à sa place dans les bras de Mahaut le fils d'une nourrice qui n'avait que quelques jours de plus. Sous les langes d'apparat, personne ne pourrait s'apercevoir de la substitution, puisque nul n'avait encore vu l'enfant de la reine Clémence et pas même celle-ci, atteinte de grande fièvre et presque mourante.

— Et puis en effet, Très Saint-Père, dit Bouville, l'enfant que j'avais remis à la comtesse Mahaut et qui se portait à merveille l'heure d'avant, mourut en quelques instants devant tous les barons. C'est cette petite créature innocente que j'ai livrée au trépas. Et le crime s'accomplit si vite, et j'étais si troublé, que je n'ai pas songé à crier aussitôt : « Cet enfant n'est pas le roi ! » Et après, ce fut trop tard. Comment expliquer...

Le pape, un peu penché en avant et les mains jointes sur sa robe, ne perdait pas un mot du récit.

— Alors l'autre enfant, le petit roi, qu'est-il devenu, Bouville ? Qu'en avez-vous fait ?

— Il existe, Très Saint-Père, il vit. Nous l'avons, ma défunte femme et moi, confié à la nourrice. Oh ! avec bien de la peine. Car la malheureuse nous haïssait, vous le pensez bien, et gémissait de douleur. A force de supplications, de menaces aussi, nous lui avons fait jurer sur les Evangiles de garder le petit roi comme s'il était son enfant, et de ne jamais rien révéler à qui que ce fût, même en confession.

— Oh, oh... murmura le Saint-Père.

— Si bien que le petit roi Jean, le vrai roi de France en somme, est élevé présentement dans un manoir d'Ile-de-France, sans qu'il sache qui il est, sans que personne le sache, à part cette femme qu'on croit sa mère... et moi-même.

— Et cette femme ?...

— ... est Marie de Cressay, l'épouse du jeune Lombard Guccio Baglioni.

Tout s'éclairait maintenant pour le pape.

— Et Baglioni, lui, ignore tout ?

— Tout, j'en suis assuré, Très Saint-Père. Car la dame de Cressay, pour garder son serment, a refusé de le revoir, ainsi que nous le lui avions ordonné. Le garçon est reparti tout aussitôt pour l'Italie. Il pense que son fils est vivant. Il s'en inquiète parfois dans ses lettres à son oncle, le banquier Tolomei...

— Mais pourquoi, Bouville, pourquoi, puisque vous aviez la preuve du crime, et combien facile à administrer, n'avez-vous pas dénoncé la comtesse Mahaut ?... Quand je songe, ajouta le pape Jean, que dans le même temps elle m'envoyait son chancelier afin que je soutienne sa cause contre son neveu Robert...

Le pape pensait soudain que Robert d'Artois, ce géant tapageur, ce semeur de brouilles, cet assassin sans doute, lui aussi – car il semblait bien qu'il eût trempé dans le meurtre de Marguerite de Bourgogne, à Château-Gaillard – ce terrible baron, valait peut-être mieux, à tout prendre, que sa cruelle tante, et qu'en luttant contre elle, il n'avait probablement pas tous les torts de son côté. Un monde de grands loups que celui des cours souveraines ! Et dans chaque royaume, il en allait de même. Etait-ce pour gouverner, apaiser, conduire ce troupeau de fauves que Dieu lui avait inspiré, à lui chétif petit bourgeois de Cahors, l'ambition d'une tiare dont il était à présent coiffé et qui, par moments, lui pesait un peu ?...

— Je me suis tu, Très Saint-Père, reprit Bouville, par le conseil surtout de ma défunte épouse. Comme j'avais manqué le bon instant de confondre la meurtrière, mon épouse m'a représenté avec justesse que si nous révélions la vérité, Mahaut s'acharnerait sur le petit roi, et sur nous-mêmes. Il fallait lui laisser croire que son crime avait réussi. Ce fut donc l'enfant de la nourrice qu'on inhuma à Saint-Denis parmi les rois.

Le pape réfléchissait.

— Ainsi, dans le procès fait à Madame Mahaut l'année suivante, les accusations étaient fondées ? dit-il.

— Certes, certes, elles l'étaient ! Monseigneur Robert avait pu mettre la main sur une empoisonneuse, une nécromancienne, nommée Isabelle de Fériennes, qui avait livré à une demoiselle de parage de la comtesse Mahaut le poison dont celle-ci tua d'abord le roi Louis, puis l'enfant présenté aux barons. Cette Isabelle de Fériennes, ainsi que son fils Jean, furent conduits à Paris pour y faire leurs aveux. Vous pensez comme cela servait bien Monseigneur Robert ! Leur déposition fut recueillie, et il apparut clairement qu'ils étaient les fournisseurs de la comtesse, car ils lui avaient déjà auparavant procuré le philtre par lequel elle se vantait d'avoir réconcilié sa fille Jeanne avec son gendre le comte de Poitiers...

— Magie, sorcellerie ! Vous pouviez bien faire griller la comtesse, chuchota le pape.

— Plus à ce moment, Très Saint-Père, plus à ce moment. Car le comte de Poitiers était devenu roi et protégeait beaucoup Madame Mahaut, si fort même que je suis assuré dans le fond de mon âme qu'il avait partie liée avec elle, au moins dans le second crime.

Le petit visage du pape se fripa davantage sous le bonnet fourré. Jean XXII aimait bien le roi Philippe V auquel il devait sa tiare, et avec lequel il s'était toujours parfaitement accordé pour toutes les questions de gouvernement. Les dernières paroles de Bouville le peinaient.

— Sur l'un et sur l'autre, le châtiment de Dieu s'est appesanti, reprit Bouville, puisqu'ils ont chacun perdu dans l'année leur unique héritier mâle. La comtesse a vu mourir son seul fils qui avait dix-sept ans. Et le jeune roi Philippe a été privé du sien, qui lui était né depuis seulement quelques mois ; et il n'en eut plus jamais d'autre... Mais pour l'accusation élevée contre elle, la comtesse sut se défendre. Elle invoqua l'irrégularité de la procédure engagée devant le Parlement, l'indignité de ses accusateurs, elle représenta que son rang de pair de France ne la rendait justiciable que de la Chambre des Barons. Toutefois, afin, disait-elle, de faire triompher son innocence, elle supplia son gendre... ce fut une belle scène de fausseté publique !... de poursuivre l'enquête et de lui donner moyen de confondre ses ennemis. La nécromancienne de Fériennes et son fils furent entendus à nouveau, mais après avoir subi la question. Leur état n'était pas beau, et le sang leur collait sur tout le corps. Ils se rétractèrent complètement, déclarèrent mensonges leurs aveux premiers et prétendirent qu'ils y avaient été conduits par caresses, prières, promesses et aussi violences de personnes dont, selon l'acte des greffiers, il convenait de taire le nom pour le moment. Puis le roi Philippe le Long tint lui-même lit de justice et fit comparaître tous ses proches et parents, et tous les familiers de feu son frère, le comte de Valois, le comte d'Evreux, Monseigneur de Bourbon, Monseigneur Gaucher le connétable, messire de Beaumont, le maître de l'hôtel, et la reine Clémence, elle-même, leur demandant, sous la foi du serment, s'ils savaient ou croyaient que le roi Louis et son fils Jean fussent morts autrement que de mort naturelle. Comme aucune preuve ne pouvait être produite, comme la séance avait lieu devant tous, et que la comtesse Mahaut se tenait assise à côté du roi, chacun déclara, bien que pour beaucoup ce fût à contre-conviction, que ces trépas étaient dus à l'œuvre de nature.

— Mais vous-même, vous avez eu à comparaître ?

Le gros Bouville baissa le front.

— J'ai porté faux témoignage, Très Saint-Père, dit-il. Mais que pouvais-je quand toute la cour, les pairs, les oncles du roi, les plus proches serviteurs, la reine veuve elle-même, certifiaient sous serment l'innocence de Madame Mahaut ? C'est moi qu'on eût alors accusé de mensonge et de fable ; et l'on m'eût envoyé me balancer à Montfaucon.

Il semblait si malheureux, si abattu, si triste, que l'on imaginait soudain, sur son gros visage charnu, les traits du petit garçon qu'il avait été un demi-siècle plus tôt. Le pape eut un mouvement de pitié.

— Apaisez-vous, Bouville, dit-il en se penchant et en lui mettant la main sur l'épaule. Et ne vous reprochez pas d'avoir mal agi. Dieu vous avait posé un problème un peu lourd pour vous. Votre secret, je le prends à mon compte. L'avenir dira si vous avez bien fait ! Vous avez voulu sauver une vie qui vous avait été confiée par le devoir de votre état, et vous l'avez sauvée. Combien en auriez-vous exposé d'autres, si vous aviez parlé !

— Ah ! Très Saint-Père, oui, je suis apaisé ! dit l'ancien chambellan. Mais le petit roi caché, que va-t-il devenir ? Que faut-il en faire ?

— Attendez sans rien changer. J'y penserai et vous le ferai savoir. Allez en paix, Bouville... Quant à Monseigneur de Valois, cent mille livres sont à lui mais pas un florin de plus. Qu'il me laisse en repos avec sa croisade, et qu'il s'accorde avec l'Angleterre.

Bouville mit genou en terre, porta la main du Saint-Père à ses lèvres, avec effusion, se releva et gagna la porte à reculons puisque l'audience semblait terminée.

Le pape le rappela du geste.

— Mon fils, et votre absolution ? Vous ne la voulez donc point ?

Un moment plus tard le pape Jean, demeuré seul, parcourait à petits pas glissants son cabinet de travail. Le vent du Rhône passait sous les portes et gémissait à travers le beau palais neuf. Les perruches pépiaient dans leur cage. Les tisons du brasero s'assombrissaient.

Jean XXII réfléchissait au difficile problème, à la fois de conscience et d'Etat, qui se posait à lui. L'héritier véritable de la couronne de France était un enfant ignoré, caché dans une cour de ferme. Deux personnes seulement au monde, ou plutôt trois personnes à présent, le savaient. La peur retenait les deux premières de parler. Que convenait-il de faire, quel parti prendre, quand deux rois déjà, depuis la naissance de cet enfant, s'étaient succédé au trône, deux rois dûment sacrés, oints du saint chrême ? Révéler l'affaire et jeter la France dans le plus terrible désordre dynastique ? De la semence de guerre, encore !

Un autre sentiment également incitait le pape à garder le silence, et ce sentiment concernait la mémoire du roi Philippe le Long. Oui, Jean XXII l'avait bien aimé, ce jeune homme, et l'avait aidé de toutes les façons possibles. C'était même le seul souverain qu'il eût jamais admiré et auquel il gardât reconnaissance. Ternir son souvenir revenait pour Jean XXII à se ternir lui-même ; car, sans Philippe le Long, fût-il jamais devenu pape ? Et voilà que Philippe se révélait avoir été un criminel, le complice d'une criminelle tout au moins... Mais était-ce au pape Jean, était-ce à Jacques Duèze, de jeter la première pierre, lui qui devait à de si grosses fourberies et sa pourpre et sa tiare ? Et s'il lui avait été absolument nécessaire, pour assurer son élection, de laisser commettre un meurtre...

« Seigneur, Seigneur, merci de m'avoir épargné pareille tentation... Mais était-ce bien moi qui devais être chargé du soin de vos créatures ?... Et si la nourrice parle un jour, qu'arrivera-t-il ? Peut-on se fier à langue de femme ? Il serait bon, Seigneur, que vous m'éclairiez quelquefois ! J'ai absous Bouville, mais la pénitence est pour moi. »

Il s'était agenouillé sur le coussin vert de son prie-Dieu ; il demeura là, longtemps, ses mains maigres enserrant son petit front ridé.

3

Le chemin de Paris

Qu'il sonnait clair, sous le fer des chevaux, le sol des routes françaises ! Quelle musique heureuse produisait le crissement du gravier ! Et l'air qu'on respirait, l'air léger du matin traversé de soleil, quel merveilleux parfum, quelle merveilleuse saveur il possédait ! Les bourgeons commençaient à s'ouvrir, et de petites feuilles vertes, tendres et plissées, venaient chercher pour une caresse le front des voyageurs jusqu'au milieu du chemin. L'herbe des talus et des prés d'Ile-de-France était moins riche, moins fournie, sans doute, que l'herbe d'Angleterre ; mais pour la reine Isabelle, c'était l'herbe de la liberté, enfin, et de l'espérance.

La crinière de la jument blanche ondulait au rythme de la marche. Une litière, portée par deux mules, suivait à quelques toises. La reine trop heureuse, trop impatiente pour rester enfermée dans cette balancelle, avait préféré monter sa haquenée ; pour un peu, elle eût galopé dans les herbages !

Boulogne, où elle s'était mariée quinze ans auparavant, Montreuil, Abbeville, Beauvais, avaient été les haltes de son voyage. Elle venait de passer la nuit précédente à Maubuisson, près de Pontoise, dans le manoir royal, où, pour la dernière fois, elle avait vu son père Philippe le Bel. Sa route était comme un pèlerinage à travers son propre passé. Il lui semblait remonter les étapes de sa vie pour revenir au départ. Mais quinze années malheureuses se pouvaient-elles abolir ?

— Votre frère Charles l'aurait sans doute reprise, disait Robert d'Artois qui cheminait à côté d'elle, et il nous l'aurait imposée pour reine, tant il continuait de la regretter et tant il montrait peu de décision au choix d'une nouvelle épouse.

De qui parlait Robert ? Ah oui ! de Blanche de Bourgogne. Il en parlait à cause de Maubuisson où, tout à l'heure, une cavalcade composée d'Henry de Sully, de Jean de Roye, du comte de Kent, de Lord Mortimer, de Robert d'Artois lui-même et de toute une troupe de seigneurs, était venue accueillir la voyageuse. Isabelle avait éprouvé un grand plaisir à se sentir de nouveau traitée en reine.

— Je crois que Charles, vraiment, prenait quelque plaisir secret à caresser les cornes qu'elle lui avait plantées, continuait Robert. Par malheur, par bonheur plutôt, la douce Blanche, l'année avant que Charles devînt roi, se fit engrosser en prison, par le geôlier !

Le géant chevauchait à gauche, du côté du soleil, et, monté sur un immense percheron pommelé, il portait de l'ombre sur la reine. Celle-ci poussait sa haquenée, s'efforçant de rester dans la lumière. Robert discourait sans trêve, tout à l'enthousiasme de la retrouvaille, et cherchant, dès ces premières lieues, à renouer les liens du cousinage et d'une ancienne amitié.

Isabelle ne l'avait pas revu depuis onze ans ; il avait peu changé. La voix était toujours la même, et toujours la même aussi cette odeur de gros mangeur de venaison que son corps dégageait dans l'animation de la marche et que la brise portait autour de lui par bouffées. Il avait la main rousse et velue jusqu'à l'ongle, le regard méchant même lorsqu'il croyait le faire aimable, la panse dilatée par-dessus sa ceinture comme s'il eût avalé une cloche. Mais l'assurance de sa parole et de ses gestes était à présent moins feinte et appartenait définitivement à sa nature ; la ride qui encadrait la bouche s'était inscrite plus profondément dans la graisse.

— Et Mahaut, ma bonne gueuse de tante, a dû se résigner à l'annulation du mariage de sa fille. Oh ! non sans se débattre et plaider devant les évêques ! Mais elle a finalement été confondue. Votre frère Charles, pour une fois, s'obstina. Parce qu'il ne pardonnait pas l'affaire du geôlier et de la grossesse. Et quand il s'obstine, ce faible homme, on ne le fait plus démordre ! Au procès d'annulation, on n'a pas posé moins de trente et une questions aux témoins. On a exhumé de la poussière la dispense accordée par Clément V et qui permettait à Charles d'épouser une de ses parentes, mais sans que le nom en soit spécifié. Or qui, dans nos familles, se marie autrement qu'avec une cousine ou une nièce ? Alors, Monseigneur Jean de Marigny, bien habilement, souleva l'empêchement de la parenté spirituelle. Mahaut était la marraine de Charles. Elle assurait que non, bien sûr, et qu'elle n'avait été au baptême que comme assistante et commère[26]. Alors tout le monde a comparu, barons, chambriers, valets, clercs, chantres, bourgeois de Creil où le baptême avait eu lieu, et tous ont répondu qu'elle avait bien tenu l'enfant pour le tendre ensuite à Charles de Valois, et qu'on ne pouvait s'y tromper vu qu'elle était la plus haute femme qui se trouvait en la chapelle et dépassait tout un chacun du chef. Voyez la belle menteuse !

Isabelle s'obligeait à écouter, mais en vérité elle n'était attentive qu'à elle-même et à un contact insolite qui tout à l'heure l'avait émue. Combien cela paraît surprenant aux doigts, soudain, des cheveux d'homme !

La reine leva les yeux vers Roger Mortimer qui était venu se placer à sa droite, d'un mouvement à la fois autoritaire et naturel comme s'il avait été son protecteur et son gardien. Elle regardait les boucles drues qui sortaient de son chaperon noir. On n'imaginait pas que ces cheveux-là fussent si soyeux au toucher !

Cela s'était fait par hasard dans le premier moment de la rencontre. Isabelle avait été surprise de voir apparaître Mortimer auprès du comte de Kent. Ainsi donc, en France, le rebelle, l'évadé, le proscrit Mortimer, marchait côte à côte avec le frère du roi d'Angleterre, et semblait presque avoir le pas sur lui.

Et Mortimer, sautant à terre, s'était élancé vers la reine pour baiser le bas de sa robe ; mais la haquenée ayant bougé, les lèvres de Roger s'étaient posées sur le genou d'Isabelle. Elle-même avait machinalement appuyé la main sur la tête découverte de cet ami retrouvé. Et maintenant qu'on chevauchait, sur la route striée d'ombre par les branches, le contact soyeux des cheveux se prolongeait, comme encore perceptible et enfermé sous le velours du gant.

— Mais le plus sérieux motif à la nullité du lien, outre que les contractants n'avaient pas l'âge canon pour copuler, fut fondé sur ceci que votre frère Charles, quand on le maria, manquait de discernement pour se chercher femme et de volonté pour exprimer son choix, vu qu'il était incapable, simple et imbécile, et que, partant, le contrat n'avait point de valeur. *Inhabilis, simplex et imbecillus !...* Et chacun, depuis votre oncle Valois jusqu'à la dernière chambrière, s'est accordé à prononcer sous serment qu'il était bien tout cela, à meilleure preuve que feu la reine sa mère elle-même le trouvait si bête qu'elle l'avait surnommé l'oison ! Pardonnez, ma cousine, de vous parler ainsi de votre frère, mais enfin, c'est là le roi que nous avons. Gentil compagnon au demeurant, et de beau visage, mais de peu d'allant. Vous comprendrez qu'il faille gouverner à sa place. N'attendez pas d'aide de lui.

Ainsi, à la gauche d'Isabelle roulait la voix intarissable de Robert d'Artois et flottait son parfum de fauve. A droite, la reine sentait le regard de Roger Mortimer posé sur elle avec une insistance troublante. Elle levait par instants les yeux vers ces prunelles couleur de silex, vers ce visage bien taillé où un sillon profond partageait le menton. Elle était surprise de ne pas se rappeler la cicatrice blanche qui ourlait la lèvre inférieure.

— Etes-vous toujours aussi chaste, ma belle cousine ? demanda brusquement Robert d'Artois.

La reine Isabelle rougit et leva furtivement les yeux vers Roger Mortimer comme si la question la mettait un peu en faute déjà, et de façon inexplicable, à son égard.

— J'y ai bien été forcée, répondit-elle.

— Vous souvenez-vous, cousine, de notre entrevue de Londres ?

Elle rougit davantage. Que lui rappelait-il là, et qu'allait penser Mortimer ? Un moment d'abandon lors d'un adieu... pas même un baiser, seulement un front qui s'appuie contre une poitrine d'homme et qui cherche un refuge... Robert y pensait-il donc encore, après onze ans ? Elle en fut flattée, mais nullement émue. Avait-il pris pour l'aveu d'un désir ce qui n'était qu'un moment de désarroi ? Peut-être, en effet, ce jour-là, mais ce jour-là seulement, si elle n'avait pas été reine, s'il n'avait pas été si pressé de repartir pour dénoncer les filles de Bourgogne...

— Enfin, s'il vous vient à l'idée de changer de coutume... insistait Robert d'un ton gaillard. J'ai toujours, en pensant à vous, comme le sentiment d'une créance non encaissée...

Il s'arrêta net, ayant croisé le regard de Mortimer, un regard d'homme prêt à tirer l'épée s'il en entendait davantage. La reine perçut cet affrontement et, pour se donner contenance, caressa la crinière blanche de sa jument. Cher Mortimer ! Qu'il y avait de noblesse et de chevalerie en cet homme-là ! Et comme l'air de France était bon à respirer, et comme cette route était belle, avec ses clartés et ses ombres !

Robert d'Artois avait un demi-sourire d'ironie coincé dans la graisse de ses joues. Sa créance, selon l'expression qu'il avait employée et qu'il avait crue délicate, il n'y devait plus songer. Il était certain que Lord Mortimer aimait la reine Isabelle et qu'Isabelle aimait Mortimer.

« Eh bien ! pensa-t-il, elle va s'amuser, la bonne cousine, avec ce templier. »

4

Le roi Charles

Il avait fallu près d'un quart d'heure pour traverser la ville depuis les portes jusqu'au palais de la Cité. Les larmes vinrent aux yeux de la reine Isabelle lorsqu'elle mit pied à terre dans la cour de cette demeure qu'elle avait vu édifier par son père, et qui déjà avait reçu la légère patine du temps.

Les portes s'ouvrirent en haut du grand escalier, et Isabelle ne put s'empêcher d'attendre le visage imposant, glacial, souverain, du roi Philippe le Bel. Que de fois avait-elle ainsi contemplé son père, au sommet des marches, s'apprêtant à descendre vers sa ville ?

Le jeune homme qui apparut en cotte courte, la jambe bien prise dans des chausses blanches, et suivi de ses chambellans, ressemblait assez par la taille et les traits au grand monarque disparu, mais aucune force, aucune majesté n'émanait de sa personne. Il n'était qu'une pâle copie, un moulage de plâtre pris sur un gisant. Et néanmoins, parce que l'ombre du Roi de fer demeurait présente derrière ce personnage sans âme et parce que la royauté de France s'incarnait en lui, Isabelle voulut, par trois ou quatre fois, s'agenouiller ; et chaque fois son frère la retint par la main en disant :

— Bienvenue, ma douce sœur, bienvenue.

L'ayant forcée à se relever, et toujours lui tenant la main, il la conduisit jusqu'au cabinet assez vaste où il se tenait habituellement, s'informant des détails du voyage. Avait-elle été bien reçue à Boulogne par le capitaine de la ville ?

Il s'inquiéta de savoir si les chambellans veillaient au bagage et recommanda qu'on ne laissât pas choir les coffres.

— Car les étoffes se froissent, expliqua-t-il, et j'ai bien vu, dans mon dernier déplacement de Languedoc, combien mes robes s'étaient gâtées.

Etait-ce pour cacher une émotion, une gêne, qu'il accordait son attention à cette sorte de soucis ?

Quand on fut assis, Charles le Bel dit :

— Alors, comment ce vous va, ma chère sœur ?

— Ce me va petitement, mon frère, répondit-elle.
— Quel est l'objet de votre voyage ?
Isabelle eut une expression de surprise peinée. Son frère n'était-il donc pas au courant ? Robert d'Artois, qui avait suivi ainsi que les principaux seigneurs de l'escorte, adressa à Isabelle un regard qui signifiait : « Que vous avais-je dit ? »
— Mon frère, je viens pour m'accorder avec vous sur ce traité que nos deux royaumes doivent passer s'ils veulent cesser de se nuire.
Charles le Bel resta silencieux un instant. Il paraissait réfléchir ; en vérité, il ne pensait à rien de précis. Comme avec Mortimer, au cours des audiences qu'il lui avait accordées, comme avec chacun, il posait des questions et ne prêtait pas attention aux réponses.
— Le traité... finit-il par dire. Oui, je suis prêt à recevoir l'hommage de votre époux Edouard. Vous en causerez avec notre oncle Charles, à qui j'ai donné mandat pour ce faire. La mer ne vous a pas incommodée ? Savez-vous que je ne suis jamais allé dessus ? Que ressent-on sur cette eau mouvante ?
Il fallut attendre qu'il eût émis encore quelques banalités de cet ordre pour pouvoir lui présenter l'évêque de Norwich, qui devait conduire les négociations, et le Lord de Cromwell qui commandait le détachement d'accompagnement. Il salua chacun avec courtoisie, mais sans, visiblement, s'intéresser à personne.
Charles IV n'était pas beaucoup plus sot sans doute que des milliers d'hommes du même âge qui, en son royaume, hersaient les champs de travers, cassaient les navettes de leurs métiers à tisser, ou débitaient la poix et le suif en se trompant dans leurs comptes de boutique ; le malheur voulait qu'il fût roi, ayant si peu de facultés pour l'être.
— Je viens aussi, mon frère, dit Isabelle, requérir votre aide et mettre ma personne sous votre protection, car tous mes biens m'ont été ôtés, et en dernier lieu le comté de Cornouailles inscrit au traité de noces.
— Vous direz vos griefs à notre oncle Charles ; il est de bon conseil, et j'approuverai, ma sœur, tout ce qu'il décidera pour votre bien. Je vais vous mener à vos chambres.
Charles IV laissa l'assemblée pour montrer à sa sœur les appartements où elle allait loger, une suite de cinq pièces avec un escalier indépendant.

— Pour les petites entrées de votre service, crut-il bon d'expliquer.

Il lui fit remarquer également le mobilier qui était neuf, les tapis à images sur les murs. Il avait des soucis de bonne ménagère, touchait l'étoffe de la courtepointe, priait sa sœur de ne point hésiter à quérir autant de braise qu'il lui en faudrait pour bassiner son lit. On ne pouvait pas être plus attentif, ni plus affable.

— Pour le logement de votre suite, messire de Mortimer s'en arrangera avec mes chambellans. Je désire que chacun soit bien traité.

Il avait prononcé le nom de Mortimer sans intention particulière, simplement parce que, lorsqu'il s'agissait des affaires anglaises, ce nom revenait souvent devant lui. Il lui paraissait donc normal que Lord Mortimer s'occupât de la maison de la reine d'Angleterre. Il avait certainement oublié que le roi Edouard réclamait sa tête.

Il continuait de tourner à travers l'appartement, redressant le pli d'une courtine, vérifiant la fermeture des volets intérieurs. Et puis soudain s'arrêtant, les mains derrière le dos et le front un peu penché, il dit :

— Nous n'aurons guère été heureux dans nos unions, ma sœur. J'avais cru être mieux servi par Dieu en la personne de ma chère Marie de Luxembourg que je ne l'avais été avec Blanche...

Il eut un bref regard vers Isabelle où elle lut qu'il lui gardait un ressentiment vague pour avoir fait éclater l'inconduite de sa première épouse.

— ... et puis la mort m'a emporté Marie, tout en même temps que l'héritier qu'elle me préparait. Et maintenant, l'on m'a fait épouser notre cousine d'Evreux, que vous allez revoir tout à l'heure ; c'est une aimable compagne, qui m'aime bien je crois. Mais nous nous sommes unis en juillet dernier ; nous voici en mars, et elle ne donne pas signe d'être enceinte. Il faudrait que je vous entretienne de choses dont je ne puis parler qu'à une sœur... Avec ce mauvais époux qui n'aime point votre sexe, vous avez eu pourtant quatre enfants. Et moi, avec mes trois épouses... Pourtant j'accomplis, je vous assure, mes devoirs conjugaux bien fréquemment, et j'y prends plaisir. Alors, ma sœur ? Cette malédiction dont mon peuple dit qu'elle pèse sur notre race et notre maison, n'y croyez-vous pas ?

Isabelle le contemplait avec tristesse. Il se montrait assez émouvant, tout à coup, par ces doutes qui lui assaillaient l'âme et qui devaient être son constant souci. Mais le plus humble jardinier ne se fût pas exprimé d'autre manière pour gémir sur ses infortunes, ou la stérilité de sa femme. Que désirait-il, ce pauvre roi ? Un héritier au trône ou un enfant au foyer ?

Et qu'y avait-il de royal, également, en cette Jeanne d'Evreux qui vint saluer Isabelle quelques moments plus tard ? Le visage un peu mou, l'expression docile, elle tenait avec humilité sa condition de troisième épouse, qu'on avait prise au plus proche dans la famille, parce qu'il fallait une reine à la France. Elle était triste. Sans cesse elle épiait sur le visage de son mari l'obsession qu'elle connaissait bien, et qui devait être le seul sujet de leurs entretiens nocturnes.

Le vrai roi, Isabelle le trouva en Charles de Valois. Accouru au Palais, aussitôt qu'il sut sa nièce arrivée, il la serra dans ses bras et la baisa aux joues. Isabelle reconnut aussitôt que le pouvoir était dans ces bras-là, et nulle part ailleurs.

Le souper fut bref, qui réunit autour des souverains les comtes de Valois, d'Artois et leurs épouses, le comte de Kent, l'évêque de Norwich, Lord Mortimer. Le roi Charles le Bel aimait à se coucher de bonne heure.

Tous les Anglais se réunirent ensuite dans l'appartement de la reine Isabelle pour y conférer. Lorsqu'ils se retirèrent, Mortimer se trouva le dernier sur le pas de la porte. Isabelle le retint, pour un instant dit-elle ; elle avait un message à lui délivrer.

5

La croix de sang

Ils n'avaient pas conscience du temps écoulé. Le vin de liqueur, parfumé de romarin, de rose et de grenade, était plus qu'à demi épuisé dans la cruche de cristal ; les braises s'écroulaient dans le foyer.

Ils n'avaient pas même entendu les cris du guet qui s'élevaient, lointains, d'heure en heure dans la nuit. Ils ne pouvaient s'arrêter de parler, la reine surtout qui, pour la première fois depuis bien des années, ne craignait pas qu'un espion fût caché derrière la tapisserie pour rapporter le moindre de ses propos. Elle n'aurait pu dire s'il lui était jamais arrivé de se confier aussi librement ; elle avait perdu jusqu'à la mémoire de la liberté. Mais jamais elle ne s'était trouvée devant un homme qui l'eût écoutée avec plus d'intérêt, lui eût répondu avec plus de justesse, et dont l'attention fût chargée de plus de générosité ! Bien qu'ils eussent devant eux des jours et des jours où il leur serait loisible de s'entretenir, ils ne pouvaient se décider à interrompre leur orgie de confidences. Ils avaient tout à se dire, sur l'état des royaumes, sur le traité de paix, sur les lettres du pape, sur leurs communs ennemis, et Mortimer à raconter sa prison, son évasion, son exil, et la reine à avouer ses tourments, et les outrages subis.

Isabelle comptait demeurer en France jusqu'à ce qu'Edouard y vînt lui-même pour l'hommage ; l'évêque Orleton, avec lequel elle avait eu une entrevue secrète entre Londres et Douvres, le lui conseillait.

— Vous ne pouvez point, Madame, retourner en Angleterre avant que les Despensers aient été chassés, dit Mortimer. Vous ne le pouvez ni ne le devez.

— Leur but était clair, en ces derniers mois, à me si cruellement tourmenter. Ils attendaient que je commisse quelque folle entreprise de révolte, afin de me clore en quelque couvent ou quelque château lointain comme on a fait de votre épouse.

— Pauvre amie Jeanne, dit Mortimer. Elle a bien fort pâti pour moi.

Et il alla mettre une bûche dans le foyer.

— Je lui dois d'avoir appris l'homme que vous étiez, reprit Isabelle. Souventes nuits, je la faisais dormir à mes côtés, tant je craignais qu'on ne m'assassinât. Et elle me parlait de vous, toujours de vous... Ainsi ai-je su les préparatifs de votre évasion, et j'ai pu y contribuer. Je vous connais mieux que vous ne pensez, Lord Mortimer.

Il y eut un moment comme d'attente de part et d'autre, et un peu de gêne aussi. Mortimer demeurait penché vers l'âtre dont les lueurs éclairaient son menton profondément incisé, ses sourcils épais.

— Sans cette guerre d'Aquitaine, continua la reine, sans les lettres du pape, sans cette mission auprès de mon frère, je suis certaine qu'il me serait arrivé grand malheur.

— Je savais, Madame, que c'était le seul moyen. Je n'avais guère plaisir, croyez-le, à cette guerre entreprise contre le royaume. Si j'ai accepté d'en partager la conduite et d'y faire figure de traître... car se rebeller pour défendre son droit est une chose, mais passer à l'armée adverse en est une autre...

Il avait sa campagne d'Aquitaine sur le cœur, et voulait s'en bien disculper.

— ... c'est que je savais qu'il n'était d'autre façon d'espérer vous délivrer, sinon en affaiblissant le roi Edouard. Et votre venue en France, Madame, est aussi mon idée ; j'y ai œuvré sans relâche jusqu'à ce que vous soyez là.

La voix de Mortimer était animée d'une vibration grave. Les paupières d'Isabelle se fermèrent à demi. Sa main redressa machinalement l'une des tresses blondes qui encadraient son visage comme des anses d'amphore.

— Quelle est cette blessure à la lèvre que je ne vous connaissais pas ? demanda-t-elle.

— Un présent de votre époux, Madame, un coup de fléau qui me fut asséné par les gens de son parti lorsqu'ils me renversèrent dans mon armure, à Shrewsbury, où je fus malheureux. Et malheureux, Madame, moins pour moi-même, moins de la mort risquée et de la prison endurée, que d'avoir échoué à vous porter la tête des Despensers, à l'issue d'un combat livré pour vous.

Cela n'était pas là vérité totale ; la sauvegarde de ses domaines et de ses prérogatives avait pesé au moins aussi lourd, dans les décisions militaires du baron des Marches, que le service de la reine. Mais en ce moment, il était sincèrement persuadé d'avoir agi pour la défendre. Et Isabelle y croyait aussi ; elle avait tant souhaité pouvoir le croire ! Elle avait tant espéré que se dressât un jour un champion de sa cause ! Et voilà que ce champion était là, devant elle, avec sa grande main maigre qui avait tenu l'épée, et la marque au visage, légère mais indélébile, d'une blessure.

Il semblait surgir tout droit, dans ses vêtements noirs, d'un roman de chevalerie.

— Vous rappelez-vous, ami Mortimer... vous rappelez-vous le lai du chevalier de Graëlent ?

Il fronça ses sourcils épais. Graëlent ?... Un nom qu'il avait déjà entendu ; mais il ne se rappelait pas l'histoire.

— C'est dans un livre de Marie de France, que l'on m'a volé, comme tout le reste, reprit Isabelle. Ce Graëlent était chevalier si fort, si bellement loyal, et son renom était si grand, que la reine de ce temps s'éprit de lui sans le connaître ; et l'ayant fait mander, elle lui dit pour premières paroles, lorsqu'il apparut devant elle : « Ami Graëlent, je n'ai jamais aimé mon époux ; mais je vous aime autant qu'on peut aimer et suis à vous. »

Elle était étonnée de sa propre audace, et que sa mémoire lui eût fourni si à propos les paroles qui traduisaient tout exactement ses sentiments. Pendant plusieurs secondes, le son de sa voix lui parut se prolonger à ses propres oreilles. Elle attendait, anxieuse et troublée, confuse et ardente, la réponse de ce nouveau Graëlent.

« Puis-je à présent lui avouer que je l'aime ? » se demandait Roger Mortimer, comme si ce n'avait pas été la seule chose à dire. Mais il est des champs clos où les hommes les plus braves en bataille se montrent singulièrement malhabiles.

— Avez-vous jamais aimé le roi Edouard ? répondit-il.

Et ils se sentirent l'un et l'autre également déçus. Etait-il bien nécessaire, en cet instant, de parler d'Edouard ? La reine se redressa un peu dans son siège.

— J'ai cru l'aimer, dit-elle. Je m'y suis efforcée avec des sentiments appris ; et puis j'ai vite reconnu l'homme auquel on m'avait unie ! A présent je le hais, et d'une si forte haine qu'elle ne peut s'éteindre qu'avec moi... ou avec lui. Savez-vous que pendant de longues années j'ai cru que les éloignements d'Edouard envers moi venaient d'une faute de ma nature ? Savez-vous, s'il faut tout vous avouer... d'ailleurs votre épouse le sait bien... que les dernières fois qu'il se força de fréquenter ma couche, quand fut conçue notre dernière fille, il exigea que Hugh le Jeune l'accompagnât jusqu'à mon lit ; et il se mignotait et il se caressait avec lui avant que de pouvoir accomplir acte d'époux, disant que je devais aimer Hugh comme lui-même, puisqu'ils étaient si bien unis qu'ils ne faisaient qu'un. C'est alors que j'ai menacé d'en écrire au pape...

La fureur avait empourpré le visage de Mortimer. L'honneur et l'amour se trouvaient en lui également atteints. Edouard était vraiment indigne d'être roi. Quand donc pourrait-on crier à tous ses vassaux : « Sachez enfin qui est votre suzerain, et reprenez vos serments ! » N'était-il pas injuste, quand le monde comptait tant de femmes infidèles, qu'un tel homme ait épousé une femme de si haute vertu ? N'eût-il pas mérité qu'elle se fût livrée à tout venant pour le honnir ?... Mais était-elle absolument demeurée fidèle ? Quelque amour secret n'avait-il pas traversé une si désespérante solitude ?

— Et jamais vous ne vous êtes abandonnée à d'autres bras ? demanda-t-il, d'une voix, déjà, de jaloux, cette voix qui plaît tant aux femmes, au début d'un sentiment, et leur devient si lassante à la fin d'une liaison.

— Jamais, répondit-elle.

— Pas même à votre cousin Robert d'Artois, qui semblait ce matin montrer bien franchement qu'il était épris de vous ?

Elle haussa les épaules.

— Vous connaissez mon cousin d'Artois ; tout gibier lui est bon. Reine ou truande, pour lui c'est tout un. Un jour lointain, à Westmoustiers, où je lui confiai mon esseulement, il s'offrit à m'en consoler. Voilà tout. D'ailleurs, ne l'avez-vous pas entendu : « Etes-vous toujours aussi chaste, ma cousine ?... » Non, gentil Mortimer, mon cœur est bien désolément vide... et beaucoup las de l'être.

— Ah ! que n'ai-je osé, Madame, vous dire depuis si longtemps que vous étiez l'unique dame de mes pensées ! s'écria Mortimer.

— Est-ce vrai, doux ami ? Y a-t-il longtemps ?

— Je crois, Madame, que cela date de la première fois où je vous ai vue. Et j'en ai eu la lumière un jour, à Windsor, où les larmes vous sont venues dans les yeux pour quelque honte que le roi Edouard vous avait faite... Vous dirai-je qu'en ma prison, il ne fut de matin ni de soir où je ne pensai à vous, et que ma première demande quand j'échappai de la Tour...

— Je sais, ami Roger, je sais ; l'évêque Orleton me l'a dit. Et j'ai été joyeuse alors d'avoir donné de ma cassette pour votre liberté ; non pour l'or, qui n'était rien, mais pour le risque qui était grand. Votre évasion a fait recroître mes tourments...

Il s'inclina très bas, s'agenouillant presque, pour marquer sa gratitude.

— Savez-vous, Madame, reprit-il d'un ton plus grave encore, que depuis que j'ai pris pied sur la terre de France, j'ai fait vœu de me vêtir de noir tant que je n'aurais point retrouvé l'Angleterre... et de ne toucher femme avant de vous avoir délivrée ?

Il infléchissait un peu les termes de son vœu et commençait à confondre la reine et le royaume. Mais de plus en plus il s'apparentait, pour Isabelle, à Graëlent, à Perceval, à Lancelot...

— Et vous avez tenu ce vœu ? demanda-t-elle.

— En doutez-vous ?

Elle le remercia d'un sourire, d'une buée qui monta à ses vastes yeux bleus, et d'une main tendue, d'une main fragile qui alla se loger, comme un oiseau, dans la main du grand baron. Puis leurs doigts s'ouvrirent, s'enlacèrent, se croisèrent...

— Croyez-vous que nous ayons le droit ? dit-elle après un silence. J'ai promis ma foi à un époux, si mauvais qu'il soit. Et vous, de votre part, vous avez une épouse qui est sans reproche. Nous avons contracté les liens devant Dieu. Et j'ai été si dure aux péchés des autres...

Cherchait-elle à se défendre contre elle-même, ou voulait-elle qu'il prît le péché sur lui ?

Il était assis, il se releva.

— Ni vous, ni moi, ma reine, n'avons été mariés par notre vouloir. Nous avons prononcé serment, mais pour des choix que nous n'avions pas faits. Nous avons obéi à des décisions qui étaient de nos familles, et non point à la volonté de notre cœur. Aux âmes comme les nôtres...

Il marqua une hésitation. L'amour qui craint de se nommer pousse aux actions les plus étranges ; le désir prend les plus hauts détours pour requérir ses droits. Mortimer était debout devant Isabelle, et leur mains restaient unies.

— Voulez-vous, ma reine, reprit-il, que nous nous affrérions ? Voulez-vous accepter d'échanger nos sangs pour qu'à jamais je sois votre soutien, et qu'à jamais vous soyez ma dame ?

Sa voix tremblait, de cette inspiration soudaine, démesurée, qu'il avait eue ; et les épaules d'Isabelle frémirent. Car il y avait de la sorcellerie, de la passion et de la foi, et toutes choses divines et diaboliques mêlées, et chevaleresques et charnelles ensemble dans ce qu'il venait de proposer. C'était le lien de sang des frères d'armes et celui des amants légendaires, le lien des Templiers, rapporté d'Orient à travers les croisades, le lien d'amour aussi qui unissait l'épouse mal mariée à l'amant de son choix, et quelquefois par-devant le mari lui-même, à condition que l'amour restât chaste... ou qu'on crût qu'il le restait. C'était le serment des corps, plus puissant que celui des mots et qui ne se pouvait rompre, reprendre ni annuler... Les deux créatures humaines qui le prononçaient se faisaient plus unies que des jumeaux ; ce que chacun possédait devenait possession de l'autre ; ils se devaient protéger en tout et ne pouvaient accepter de se survivre. « Ils doivent être affrérés... » On chuchotait cela de certains couples, avec un petit tremblement à la fois de crainte et d'envie[27].

— Je pourrai tout vous demander ? dit Isabelle très bas.

Il répondit en abaissant les paupières.

— Je me livre à vous, dit-il. Vous pouvez tout exiger de moi et ne me donner de vous-même que ce qu'il vous plaira. Mon amour sera ce que vous désirerez. Je puis m'étendre nu auprès de vous nue, et ne point vous toucher si vous me l'avez interdit.

Ce n'était point là la vérité de leur désir, mais comme un rite d'honneur qu'ils se devaient, conforme aux traditions chevaleresques. L'amant s'obligeait à montrer la force de son âme et la puissance de son respect. Il s'offrait à « l'épreuve courtoise », dont la durée était remise à la décision de l'amante ; il dépendait d'elle que le temps en durât toujours ou qu'il fût aussitôt aboli.

— Etes-vous consentante, ma reine ? dit-il.

A son tour, elle répondit des paupières.

— Au doigt ? au front ? au cœur ? demanda Mortimer.

Ils pouvaient se faire une piqûre au doigt, laisser leurs sangs s'égoutter dans un verre, les mêler et y boire à tour de rôle. Ils pouvaient s'inciser le front à la racine des cheveux et, se tenant tête contre tête, échanger leurs pensées...

— Au cœur, répondit Isabelle.

C'était la réponse qu'il souhaitait.

Un coq chanta dans les alentours dont le cri traversa la nuit silencieuse. Isabelle pensa que le jour qui allait se lever serait le premier du printemps.

Roger Mortimer ouvrit sa cotte, la laissa choir au sol, arracha sa chemise. Il apparut, poitrine nue, bombée, au regard d'Isabelle.

La reine délaça son corsage ; d'un mouvement souple des épaules, elle dégagea des manches ses bras fins et blancs et découvrit ses seins, marqués de leur fruit rose, et que quatre maternités n'avaient pas blessés ; elle avait mis une fierté décidée dans son geste, presque du défi.

Mortimer prit sa dague à sa ceinture. Isabelle tira la longue épingle, terminée par une perle, qui retenait ses nattes, et les anses d'amphore tombèrent d'une chute douce. Sans quitter du regard le regard de la reine, Mortimer, d'une main ferme, s'entailla la peau ; le sang courut comme un petit ruisseau rouge à travers la légère toison châtaine. Isabelle accomplit sur elle-même un semblable geste avec l'épingle, à la naissance du sein gauche, et le sang perla, comme le jus d'un fruit. La crainte de la douleur, plus que la douleur même, lui fit crisper la bouche un instant. Puis elle franchit le pas qui la séparait de Mortimer et appuya les seins contre le grand torse sillonné d'écarlate, se haussant sur la pointe des pieds afin que les deux blessures vinssent à se confondre. Chacun sentit le contact de cette chair qu'il approchait pour la première fois, et de ce sang tiède qui leur appartenait à tous deux.

— Ami, dit-elle, je vous livre mon cœur et prends le vôtre qui me fait vivre.

— Amie, répondit-il, je le retiens avec la promesse de le garder au lieu du mien.

Ils ne se détachaient pas, prolongeant indéfiniment cet étrange baiser des lèvres qu'ils avaient volontairement ouvertes dans leurs poitrines. Leurs cœurs battaient du même rythme, rapide et violent, de l'un à l'autre répercuté. Trois ans de chasteté chez lui, chez elle quinze années d'attente de l'amour...

— Serre-moi fort, ami, murmura-t-elle encore.

Sa bouche s'éleva vers la blanche cicatrice qui ourlait la lèvre de Mortimer, et ses dents de petit carnassier s'entrouvrirent, pour mordre.

Le rebelle d'Angleterre, l'évadé de la tour de Londres, le grand seigneur des Marches galloises, l'ancien Grand Juge d'Irlande, Lord Mortimer de Wigmore, amant depuis deux heures de la reine Isabelle, venait de partir glorieux, comblé, et des rêves tout autour de la tête, par l'escalier privé.

La reine n'avait pas sommeil. Plus tard peut-être, la lassitude la prendrait ; pour l'instant, elle demeurait éblouie, stupéfaite, comme si une comète continuait de tournoyer en elle. Elle contemplait, avec une gratitude éperdue, le lit ravagé. Elle savourait sa surprise d'un bonheur jusque-là ignoré. Elle n'avait jamais imaginé qu'on pût avoir à s'écraser la bouche contre une épaule, pour étouffer un cri. Elle se tenait debout près de la fenêtre dont elle avait écarté les volets peints. L'aube se levait, brumeuse et féerique, sur Paris. Etait-ce vraiment la veille au soir qu'Isabelle était arrivée ? Avait-elle existé jusqu'à cette nuit ? Etait-ce bien cette même ville que son enfance avait connue ? Le monde, d'un coup, naissait.

La Seine coulait, grise, au pied du Palais, et là-bas, sur l'autre berge, se dressait la vieille tour de Nesle. Isabelle se rappela soudain sa belle-sœur Marguerite de Bourgogne. Un grand effroi la saisit : « Qu'ai-je fait alors ? pensa-t-elle. Qu'ai-je fait ?... Si j'avais su ! »

Toutes les femmes amoureuses, de par le monde et depuis le début des âges, lui semblaient ses sœurs, des créatures élues... « J'ai eu le plaisir, qui vaut toutes les couronnes du monde, et je ne regrette rien !... » Ces paroles, ce cri que Marguerite la morte lui avait jeté, après le jugement de Maubuisson, combien de fois Isabelle se l'était répété, sans comprendre ! Et ce matin où il y avait le printemps nouveau, la force d'un homme, la joie de prendre et d'être prise, elle comprenait enfin ! « Aujourd'hui, sûrement, je ne la dénoncerais pas ! » Et de l'acte de justice royale qu'elle avait cru jadis accomplir, elle eut honte et remords, soudain, comme du seul péché qu'elle eût jamais commis.

6

Cette belle année 1325

Le printemps de 1325, pour la reine Isabelle, fut un enchantement. Elle s'émerveillait des matins ensoleillés où scintillaient les toits de la ville ; les oiseaux par milliers bruissaient dans les jardins ; les cloches de toutes les églises, de tous les couvents, de tous les monastères, et jusqu'au gros bourdon de Notre-Dame, semblaient sonner les heures du bonheur. Les nuits embaumaient le lilas, sous un ciel étoilé.

Chaque journée apportait sa brassée de plaisirs : joutes, fêtes, tournois, parties de chasse et de campagne. Un air de prospérité circulait dans la capitale, et un grand appétit de s'amuser. On dépensait profusément pour les liesses publiques, bien que le budget du Trésor eût montré pour la dernière année une perte de treize mille six cents livres dont la cause, chacun s'accordait à le reconnaître, était dans la guerre d'Aquitaine. Mais pour se fournir de ressources on avait frappé les évêques de Rouen, Langres et Lisieux d'amendes s'élevant respectivement à douze, quinze et cinquante mille livres, pour violences exercées contre leurs chapitres ou contre les gens du roi ; la fortune de ces prélats trop autoritaires avait comblé les déficits militaires. Et puis les Lombards avaient été sommés, une fois de plus, de racheter leur droit de bourgeoisie.

Ainsi s'alimentait le luxe de la cour ; et chacun marquait de la hâte aux divertissements, y recueillant ce premier plaisir qui est de se donner en spectacle aux autres. Comme il en allait de la noblesse, il en allait de la bourgeoisie et même du petit peuple, chacun dépensant un peu au-delà de ses moyens pour n'acquérir rien d'autre que l'agrément de vivre. Il est certaines années de cette sorte, où le destin semble sourire : un repos, un répit dans la peine des temps... On vend et on achète ce qu'on nomme superflu, comme s'il était superflu de se parer, de séduire, de conquérir, de se donner des droits à l'amour, de goûter aux choses rares qui sont le fruit de l'ingéniosité humaine, de profiter de tout ce que la Providence ou la nature ont donné à l'homme pour se délecter de son exceptionnelle condition en l'univers !

Certes, l'on se plaignait, mais non vraiment d'être misérable, plutôt de ne pouvoir assouvir tous ses désirs. On se plaignait d'être moins riche que les riches, de n'avoir pas autant que ceux qui avaient tout. La saison était exceptionnellement clémente, le négoce miraculeusement prospère. On avait renoncé à la croisade ; on ne parlait point de lever l'ost ni de diminuer le cours de la livre à l'agnel ; on s'occupait en Conseil étroit d'empêcher le dépeuplement des rivières ; et les pêcheurs à la ligne, installés en file sur les deux berges de la Seine, se chauffaient au doux soleil de mai.

Il y avait de l'amour dans l'air, ce printemps-là. Il s'y fit plus de mariages, et de petits bâtards aussi, que depuis bien longtemps. Les filles étaient rieuses et courtisées, les garçons entreprenants et vantards. Les voyageurs n'avaient pas d'yeux assez grands pour découvrir toutes les merveilles de la ville, ni de gorges assez larges pour savourer le vin qu'on versait aux auberges, ni de nuits assez longues pour épuiser tant de plaisirs offerts.

Ah ! comme on se souviendrait de ce printemps ! Assurément, il y avait des maladies, des deuils, des mères qui portaient au cimetière leur nourrisson, des paralytiques, des maris trompés qui s'en prenaient à la légèreté des mœurs, des boutiquiers volés qui accusaient leurs commis de ne pas faire surveillance, des incendies qui laissaient des familles sans foyer, quelques crimes ; mais tout cela n'était imputable qu'au sort, non au roi ou à son Conseil.

En vérité, il fallait tenir à bienfait de vivre en 1325, d'y être jeune ou dans le temps actif de l'existence, ou simplement bien portant. Et c'était sottise grave que de ne pas l'apprécier assez, que de ne pas remercier Dieu de ce qu'il vous donnait. Comme il aurait mieux savouré son printemps 1325, le peuple de Paris, s'il avait pu deviner la façon dont il allait vieillir ! Un vrai conte de fées auquel auraient peine à croire, quand on le leur raconterait, les enfants conçus pendant ces mois exquis, dans des draps parfumés de lavande. Treize cent vingt-cinq ! La belle époque ! et comme il faudrait peu de temps pour que cette année-là devînt « le bon temps ».

Et la reine Isabelle ? La reine Isabelle semblait résumer dans sa personne tous les prestiges et toutes les joies. On se retournait à son passage, non seulement parce qu'elle était souveraine d'Angleterre, non seulement parce qu'elle était la fille du grand roi dont on avait oublié à présent les édits financiers, les bûchers et les procès terribles, pour ne plus se rappeler que les sages ordonnances, mais aussi parce qu'elle était belle et qu'elle semblait comblée.

Dans le peuple, on disait qu'elle eût mieux porté la couronne que son frère Charles le Biau, bien gentil prince mais bien falot, et l'on se demandait si c'était bonne loi qu'avait faite Philippe le Long en écartant les femmes du trône. Les Anglais étaient bien sots qui causaient soucis à si gentille reine !

A trente-trois ans, Isabelle promenait un éclat avec lequel il n'était jouvencelle, si fraîche fût-elle, qui pût rivaliser. Les beautés les plus réputées parmi la jeunesse de France paraissaient se retraire dans l'ombre quand la reine Isabelle avançait. Et toutes les damoiselles, rêvant de lui ressembler, prenaient modèle sur elle, copiaient ses robes, ses gestes, ses nattes relevées, sa façon de regarder et de sourire.

Une femme amoureuse se distingue à sa démarche et même de dos ; les épaules, les hanches, le pas d'Isabelle exprimaient le bonheur. Elle était presque toujours accompagnée de Lord Mortimer, lequel, depuis l'arrivée de la reine, avait fait soudain la conquête de la ville. Les gens qui, l'autre année, le jugeaient sombre, orgueilleux, un peu trop fier pour un exilé, qui trouvaient à sa vertu un air de reproche, ces mêmes gens, soudain, avaient découvert en Mortimer un homme de haut caractère, de grande séduction, et bien digne d'être admiré. On avait cessé d'estimer lugubre sa tenue noire seulement rehaussée de quelques agrafes d'argent ; on n'y voyait plus maintenant que l'élégante ostentation d'un homme qui porte le deuil de sa patrie perdue.

S'il n'était pas chargé d'officielles fonctions auprès de la reine, ce qui eût constitué une trop ouverte provocation envers le roi Edouard, Mortimer, en fait, dirigeait les négociations. L'évêque de Norwich subissait son ascendant ; John de Cromwell ne se privait pas de déclarer qu'on avait fait injustice au baron de Wigmore, qu'un roi se montrait peu avisé qui s'aliénait un seigneur de si grand mérite ; le comte de Kent s'était définitivement pris d'amitié pour Mortimer et ne décidait rien sans son conseil.

Il était su et admis que Lord Mortimer restait après souper chez la reine qui requérait, disait-elle, « son conseil ». Et chaque nuit, sortant de l'appartement d'Isabelle, Mortimer secouait par l'épaule Ogle, l'ancien barbier de la tour de Londres promu à la fonction de valet de chambre, qui l'attendait en somnolant sur un coffre. Ils enjambaient les serviteurs endormis sur le dallage des couloirs, et qui ne soulevaient même plus de dessus leur visage le pan de leur manteau, habitués qu'ils étaient à ces pas familiers.

Aspirant d'un poumon conquérant l'air frais de l'aube, Mortimer rentrait en son logis de Saint-Germain-des-Prés, accueilli par le blond, rose et attentif Alspaye, qu'il croyait... naïfs amants !... seul confident de sa royale liaison.

La reine, à présent la chose était sûre, ne rentrerait en Angleterre que lorsque lui-même y pourrait rentrer. Le lien entre eux juré, de jour en jour, de nuit en nuit, se faisait plus étroit, plus solide ; et la petite trace blanche sur la poitrine d'Isabelle, où il posait les lèvres, comme rituellement, avant de la quitter, demeurait la trace visible de l'échange de leurs volontés.

Une femme peut être reine, son amant est toujours son maître. Isabelle d'Angleterre, capable de faire front, seule, aux discordes conjugales, aux trahisons d'un roi, à la haine d'une cour, frémissait longuement quand Mortimer posait la main sur son épaule, sentait son cœur fondre lorsqu'il s'éloignait de sa chambre, et portait cierges aux églises pour remercier Dieu de lui avoir donné un si merveilleux péché. Mortimer absent, fût-ce pour une heure, elle l'installait en pensée devant elle, sur le plus beau siège, et lui parlait tout bas. Chaque matin, à son réveil, avant d'appeler ses femmes, elle se glissait dans le lit vers la place que son amant avait abandonnée quelques moments auparavant. Une matrone lui avait enseigné certains secrets bien utiles aux dames qui cherchent plaisir hors mariage. Et l'on chuchotait dans les cercles de la cour, mais sans y voir offense car cela semblait une juste réparation du sort, que la reine Isabelle était aux amours, comme on eût dit qu'elle était aux champs, ou mieux encore, aux anges !

Les préliminaires du traité, qu'on avait fait traîner en longueur, furent pratiquement signés le 31 mai entre Isabelle et son frère, avec l'agrément réticent d'Edouard qui récupérait son domaine aquitain, mais amputé de l'Agenais et du Bazadais, c'est-à-dire des régions que l'armée française avait occupées l'année précédente, et moyennant, en outre, un versement de soixante mille livres... Valois, là-dessus, s'était montré inflexible. Il n'avait pas fallu moins que la médiation du pape pour parvenir à un accord toujours soumis à l'expresse condition qu'Edouard viendrait rendre l'hommage, ce qu'il répugnait visiblement à faire, non plus maintenant pour de seuls motifs de prestige, mais pour des raisons de sécurité. On convint alors d'un subterfuge qui semblait satisfaire tout le monde. Date serait prise pour ce fameux hommage ; puis Edouard, en dernière minute, feindrait d'être malade, ce qui serait d'ailleurs à peine un mensonge – car à présent, lorsqu'il était question qu'il mît le pied en France, des malaises anxieux l'étouffaient, il pâlissait, sentait fuir les battements de son cœur et devait s'allonger haletant, pour une heure. Il remettrait alors à son fils aîné, le jeune Edouard, les titres et les possessions de duc d'Aquitaine, et l'enverrait à sa place prêter serment.

Chacun en cette combinaison se jugeait gagnant. Edouard échappait à l'obligation d'un voyage redouté. Les Despensers évitaient le risque de perdre emprise sur le roi. Isabelle allait retrouver son fils préféré dont elle souffrait d'être séparée. Mortimer voyait tout le renfort qu'apporterait à ses desseins futurs la présence du prince héritier dans le parti de la reine.

Ce parti ne cessait de s'accroître, et en France même. Le roi Edouard s'étonnait de ce que plusieurs de ses barons, en cette fin de printemps, aient eu nécessité d'aller visiter leurs possessions françaises et il s'inquiétait plus encore de ce qu'aucun ne revînt. D'autre part, les Despensers n'étaient pas sans entretenir à Paris quelques espions qui renseignaient Edouard sur l'attitude du comte de Kent, sur la présence de Maltravers auprès de Mortimer, sur toute cette opposition qui gravitait à la cour de France autour de la reine. Officiellement, la correspondance entre les deux époux demeurait courtoise, et Isabelle, dans les longues missives par lesquelles elle expliquait la lenteur des négociations, appelait Edouard « doux cœur ». Mais Edouard avait donné l'ordre aux amiraux et shérifs des ports d'intercepter tous courriers, quels qu'ils fussent, porteurs de lettres envoyées à quiconque par la reine, l'évêque de Norwich ou toute personne de leur entourage. Ces messagers devaient être amenés au roi sous une escorte sûre. Mais pouvait-on arrêter tous les Lombards qui circulaient avec des lettres de change ?

A Paris, Roger Mortimer, un jour qu'il passait dans le quartier du Temple, accompagné seulement de Alspaye et Ogle, fut frôlé par un bloc de pierre tombé d'un édifice en construction. Il dut de n'être pas écrasé au bruit que fit le bloc en heurtant un ais de l'échafaudage. Il ne vit là qu'un banal incident de rue ; mais trois jours plus tard, comme il sortait de chez Robert d'Artois, une échelle s'abattit devant son cheval. Mortimer alla s'en entretenir avec Tolomei qui connaissait son Paris secret mieux que personne. Le Siennois fit venir l'un des chefs des compagnons maçons du Temple qui avaient gardé leurs franchises en dépit de la dispersion des chevaliers de l'Ordre. Et les attentats contre Mortimer cessèrent. Du haut des échafaudages on adressait même de grands saluts, bonnets ôtés, au seigneur anglais vêtu de noir, dès qu'on l'apercevait. Toutefois Mortimer prit l'habitude d'être plus fortement escorté, et de faire éprouver son vin avec une corne de narval, précaution contre le poison. Les truands qui vivaient accrochés à la bourse de Robert d'Artois furent priés d'ouvrir les yeux et les oreilles. Les menaces qui environnaient Mortimer ne firent que rendre plus intense l'amour que la reine Isabelle lui portait.

Et puis, au début du mois d'août, un peu avant le temps prévu pour l'hommage anglais, Monseigneur de Valois, si fortement installé au pouvoir qu'on l'appelait communément « le second roi », s'écroula brusquement, à cinquante-cinq ans.

Depuis plusieurs semaines, il était fort coléreux et s'irritait de tout ; particulièrement une grande rage l'avait saisi au reçu d'une proposition faite par le roi Edouard de marier leurs plus jeunes enfants, Louis de Valois et Jeanne d'Angleterre, qui avoisinaient leurs sept ans. Edouard comprenait-il enfin la bévue qu'il avait commise deux ans plus tôt en rompant les négociations sur le mariage de son fils aîné, et pensait-il de la sorte ramener Valois dans son jeu ? Monseigneur Charles, par une réaction singulière, prit cette offre pour une seconde insulte et se mit en telle fureur qu'il brisa tous les objets de sa table. En même temps, il montrait une grande fébrilité dans ses travaux de gouvernement, s'impatientait des lenteurs du Parlement à rendre les arrêts, disputait avec Miles de Noyers des calculs fournis par la Chambre des Comptes ; ensuite il se plaignait de la fatigue que toutes ces tâches lui causaient.

Un matin qu'il était en Conseil et qu'il allait parapher un acte, il laissa choir la plume d'oie qu'on lui tendait et qui balafra d'encre la cotte bleue dont il était vêtu. Sa main pendait auprès de sa jambe, et ses doigts étaient devenus de pierre. Il fut surpris du silence qui se faisait autour de lui, et ne se rendit pas compte qu'il tombait de son siège.

On le releva, les yeux bloqués vers la gauche, dans le haut des orbites, la bouche tordue du même côté, et la conscience partie. Il avait la face fort rouge, presque violette, et l'on s'empressa de quérir un physicien pour le saigner. Comme l'avait été, onze ans plus tôt, son frère Philippe le Bel, il venait d'être frappé à la tête, dans les rouages mystérieux du vouloir. On crut qu'il passait et, à son hôtel où on le transporta, l'énorme maisonnée prit l'affairement éploré du deuil.

Pourtant, après quelques jours, où il parut présent à la vie plutôt par le souffle que par la pensée, il reprit à demi apparence d'exister. La parole lui était revenue, mais hésitante, mal articulée, butant sur certains mots, sans plus rien de cette redondance et de cette autorité qui la marquaient auparavant ; la jambe droite n'obéissait pas, ni la main qui avait lâché la plume d'oie.

Immobile dans un siège, accablé de chaleur sous les couvertures dont on croyait bon de l'étouffer, l'ex-roi d'Aragon, l'ex-empereur de Constantinople, le comte de Romagne, le pair français perpétuellement candidat à l'Empire d'Allemagne, le dominateur de Florence, le vainqueur d'Aquitaine, le rassembleur de croisés, mesurait soudain que tous les honneurs qu'un homme peut recueillir ne sont plus rien lorsque s'installe le déshonneur du corps. Lui qui n'avait eu, et depuis son enfance, que l'anxiété de conquérir les biens de la terre, se découvrit soudain d'autres angoisses. Il exigea d'être conduit en son château du Perray, près de Rambouillet, où il n'allait guère et qui brusquement lui devint cher, par un de ces bizarres attraits qui viennent aux malades pour des lieux où ils s'imaginent pouvoir recouvrer la santé.

L'identité de son mal avec celui qui avait abattu son frère aîné obsédait son cerveau dont l'énergie était diminuée mais non point la clarté. Il cherchait dans ses actes passés la cause de ce châtiment que le Tout-puissant lui infligeait. Affaibli, il devenait pieux. Il pensait au Jugement. Mais les orgueilleux se font facilement la conscience pure ; Valois ne découvrait presque rien qu'il eût à se reprocher. En toutes ses campagnes, en tous les pillages et massacres qu'il avait ordonnés, en toutes les extorsions qu'il avait fait subir aux provinces conquises et délivrées par lui, il estimait avoir toujours bien usé de ses pouvoirs de chef et de prince. Un seul souvenir lui était objet de remords, une seule action lui semblait l'origine de son actuelle expiation, un seul nom s'arrêtait à ses lèvres lorsqu'il faisait l'examen de sa carrière : Marigny. Car il n'avait en vérité jamais haï personne, sauf Marigny. Pour tous les autres qu'il avait malmenés, châtiés, tourmentés, expédiés à la mort, il n'avait jamais agi que convaincu d'un bien général qu'il confondait avec ses propres ambitions. Mais dans sa lutte contre Marigny, il avait apporté tout le bas acharnement qu'on peut mettre à une querelle privée. Il avait menti sciemment en accusant Marigny, il avait porté faux témoignage contre lui, et suscité de fausses dépositions ; il n'avait reculé devant aucune bassesse pour envoyer l'ancien coadjuteur et recteur général du royaume, plus jeune alors qu'il ne se trouvait à présent lui-même, se balancer à Montfaucon. Rien ne l'avait guidé en cela que le besoin de vengeance, et la rancœur d'avoir vu, jour après jour, un autre disposer en France de plus de puissance que lui.

Et voilà que maintenant, assis dans la cour de son manoir du Perray, observant les oiseaux passer, regardant les écuyers sortir les beaux chevaux qu'il ne monterait plus, Valois s'était mis... le mot le surprenait lui-même, mais il n'y en avait pas d'autre !... il s'était mis à *aimer* Marigny, à aimer sa mémoire. Il aurait voulu que son ennemi fût encore vivant afin de pouvoir se réconcilier avec lui et lui parler de toutes choses qu'ils avaient connues, vécues ensemble et sur lesquelles ils s'étaient tant opposés. Son frère aîné Philippe le Bel, son frère Louis d'Evreux, ses deux premières épouses même, tous ces disparus lui manquaient moins que son ancien rival ; et aux moments où il ne se croyait pas observé, on le surprenait à marmonner quelques phrases d'une conversation tenue avec un mort.

Chaque jour, il envoyait un de ses chambellans, muni d'un sac de monnaie, faire aumône aux pauvres d'un quartier de Paris, paroisse après paroisse ; et les chambellans étaient chargés de dire, en déposant les pièces dans les mains crasseuses : « Priez, bonnes gens, priez Dieu pour Monseigneur Enguerrand de Marigny et pour Monseigneur Charles de Valois. » Il lui semblait qu'il s'attirerait la clémence du Ciel si dans une même prière on l'unissait à sa victime. Et le peuple de Paris s'étonnait de ce que le puissant et magnifique seigneur de Valois demandât d'être nommé auprès de celui qu'il proclamait jadis coupable de tous les malheurs du royaume, et qu'il avait fait pendre aux chaînes du gibet.

Le pouvoir, au Conseil, était passé à Robert d'Artois qui, par la maladie de son beau-frère, se trouvait soudain promu au premier rang. Le géant parcourait fréquemment, les étriers chaussés à fond, la route du Perray, pour aller demander un avis au malade. Car chacun s'apercevait, et d'Artois tout le premier, du vide qui s'ouvrait brusquement à la direction des affaires de la France. Certes, Monseigneur de Valois était connu pour un prince assez brouillon, tranchant de tout sans souvent réfléchir assez, et gouvernant d'humeur plutôt que de sagesse ; mais d'avoir vécu de cour en cour, de Paris en Espagne et d'Espagne à Naples, d'avoir soutenu les intérêts du Saint-Père en Toscane, d'avoir participé à toutes les campagnes de Flandre, d'avoir intrigué pour l'Empire et d'avoir siégé pendant plus de trente années au Conseil de quatre rois de France, lui était venue l'habitude de replacer chaque souci du royaume dans l'ensemble des affaires de l'Europe. Cela s'opérait en son esprit presque de soi-même.

Robert d'Artois, féru de coutumes et grand procédurier, n'avait point d'aussi vastes vues. Aussi l'on disait du comte de Valois qu'il était le « dernier », sans bien pouvoir vraiment préciser ce que l'on entendait par là, sinon qu'il était le dernier représentant d'une grande manière d'administrer le monde, et qui allait sans doute disparaître avec lui.

Le roi Charles le Bel, indifférent, se promenait d'Orléans à Saint-Maixent et Châteauneuf-sur-Loire, attendant toujours que sa troisième épouse lui donnât la bonne nouvelle d'être enceinte.

La reine Isabelle était devenue, pour ainsi dire, maîtresse du Palais de Paris, et c'était une seconde cour anglaise qui se tenait là.

La date de l'hommage avait été fixée au 30 août. Edouard attendit donc la dernière semaine du mois pour se mettre en voyage, puis pour feindre de tomber souffrant en l'abbaye de Sandown, près de Douvres. L'évêque de Winchester fut envoyé à Paris pour certifier sous serment, s'il en était besoin, mais ce qu'on ne lui demanda pas, la validité de l'excuse, et proposer la substitution du fils au père, étant bien entendu que le prince Edouard, fait duc d'Aquitaine et comte de Ponthieu, apporterait les soixante mille livres promises.

Le 16 septembre, le jeune prince arriva, mais accompagné de l'évêque d'Oxford et surtout de Walter Stapledon, évêque d'Exeter et Lord trésorier. En choisissant celui-ci, qui était l'un des plus actifs, des plus âpres partisans du parti Despenser, l'homme aussi le plus habile, le plus rusé de son entourage et l'un des plus détestés, le roi Edouard marquait bien sa volonté de ne pas changer de politique. L'évêque d'Exeter n'était pas chargé seulement d'une mission d'escorte.

Le jour même de cette arrivée, et presque au moment où la reine Isabelle serrait dans ses bras son fils retrouvé, on apprit que Monseigneur de Valois avait fait une rechute de son mal et qu'il fallait s'attendre à ce que Dieu lui reprît l'âme d'une heure à l'autre. Aussitôt la famille entière, les grands dignitaires, les barons qui se trouvaient à Paris, les envoyés anglais, tout le monde se précipita au Perray, sauf l'indifférent Charles le Bel qui surveillait à Vincennes quelques aménagements intérieurs commandés à son architecte Painfetiz.

Et le peuple de France continuait à vivre sa belle année 1325.

7

« Chaque prince qui meurt... »

A ceux qui ne l'avaient pas vu durant les dernières semaines, combien Monseigneur de Valois apparaissait changé ! D'abord, on avait l'habitude qu'il fût toujours coiffé, soit d'une grande couronne scintillante de pierreries, les jours d'apparat, soit d'un chaperon de velours brodé dont l'immense crête dentelée lui retombait sur l'épaule, ou encore d'un de ces bonnets à cercle d'or qu'il portait en appartement. Pour la première fois, il se montrait en cheveux, des cheveux blonds mélangés de blanc, auxquels l'âge avait donné une couleur délavée, dont la maladie avait défrisé les rouleaux, et qui pendaient sans vie, le long des joues et sur les coussins. L'amaigrissement, chez cet homme naguère gras et sanguin, était impressionnant, mais moins toutefois que l'immobilité contractée d'une moitié du visage, que la bouche un peu tordue dont un serviteur essuyait régulièrement la salive, moins impressionnant que la fixité éteinte du regard. Les draps brochés d'or, les courtines bleues semées de fleurs de lis qui, drapées comme un dais, surmontaient le chevet, ne faisaient qu'accuser la déchéance physique du moribond.

Et lui-même, avant de recevoir tout ce monde qui se pressait dans sa chambre, avait demandé un miroir, et il avait un moment étudié ce visage qui impressionnait si fort, deux mois plus tôt, les peuples et les rois. Que lui importaient à présent le prestige, la puissance ? Où étaient donc les ambitions qu'il avait si longtemps poursuivies ? Que signifiait cette satisfaction, si vivace naguère, de marcher toujours le front levé entre des fronts baissés, depuis que sous ce front s'était produit ce grand éclatement, ce grand basculement de tout ? Et cette main sur laquelle serviteurs, écuyers et vassaux se jetaient pour en baiser le dos et la paume, qu'était donc cette main morte le long de lui-même ? Et l'autre main, qu'il commandait encore, dont il se servirait tout à l'heure une dernière fois pour signer le testament qu'il allait dicter... si une main gauche voulait bien se prêter à tracer les signes de l'écriture !... cette main lui appartenait-elle davantage que le cachet gravé dont il scellait ses ordres et qu'on ferait glisser de son doigt après qu'il serait mort ? Rien lui avait-il jamais appartenu ?

La jambe droite, totalement inerte, semblait lui avoir déjà été reprise. Dans sa poitrine, par moments, se produisait comme un vide de gouffre.

L'homme est une unité pensante qui agit sur les autres hommes et transforme le monde. Et puis, soudain, l'unité se désagrège, se délie et qu'est-ce alors que le monde, et que sont les autres ? L'important en cette heure, pour Monseigneur de Valois, ce n'étaient plus les titres, les possessions, les couronnes, les royaumes, les décisions du pouvoir, la primauté de sa personne parmi les vivants. Les emblèmes de son lignage, les acquisitions de sa fortune, même les descendants de son sang qu'il voyait autour de lui assemblés, tout cela pour lui avait perdu valeur essentielle. L'important, c'était l'air de septembre, les feuillages encore verts, avec déjà quelques roussissures et qu'il apercevait par les fenêtres ouvertes, mais l'air surtout, l'air qu'il aspirait avec difficulté et qui allait s'engloutir dans cet abîme qu'il portait au fond de la poitrine. Tant qu'il sentirait l'air pénétrer dans sa gorge, le monde continuerait d'exister avec lui en son centre, mais un centre fragile, pareil à la fin de la flamme d'un cierge. Ensuite, tout cesserait d'être, ou plutôt tout continuerait, mais dans l'ombre totale et l'effrayant silence, comme une cathédrale existe quand le dernier cierge s'y est éteint.

Valois se rappelait les grands trépas de sa famille. Il réentendait les paroles de son frère Philippe le Bel : « Regardez ce que vaut le monde. Voici le roi de France ! » Il se souvenait des mots de son neveu Philippe le Long : « Voyez votre souverain seigneur ; il n'est nul d'entre vous, le plus pauvre fût-il, avec qui je ne voudrais échanger mon sort ! » Il avait entendu ces phrases-là sans les comprendre ; voilà donc ce qu'avaient éprouvé les princes ses parents au moment de passer dans la tombe ! Il n'existait pas d'autres mots pour le dire, et ceux qui avaient encore du temps à vivre étaient impuissants à le saisir. Chaque homme qui meurt est le plus pauvre homme de l'univers.

Et quand tout serait éteint, dissous, délié, quand la cathédrale se serait emplie d'ombre, qu'allait-il découvrir ce très pauvre homme, de l'autre côté ? Trouverait-il ce que lui avaient appris les enseignements de la religion ? Mais qu'étaient-ils ces enseignements, sinon d'immenses, d'angoissantes incertitudes ? Serait-il traduit devant un tribunal ; quel était le visage du juge ? Et tous les gestes de la vie, en quelle balance seraient-ils pesés ? Quelle peine peut être infligée à ce qui n'est plus ? Le châtiment... Quel châtiment ? Le châtiment consistait peut-être à conserver la conscience claire au moment de franchir le mur d'ombre.

Enguerrand de Marigny avait eu lui aussi – Charles de Valois ne pouvait se distraire d'y penser – la conscience claire, la conscience encore plus claire d'un homme en pleine santé, en pleine force, arraché à la vie non point par la rupture de quelque rouage secret de l'être, mais par le vouloir d'autrui. Non pas la dernière lueur du cierge, mais toutes les flammes soufflées d'un coup.

Les maréchaux, les dignitaires, les grands officiers qui avaient accompagné Marigny jusqu'au gibet, les mêmes ou leurs successeurs dans les mêmes charges, étaient là, en ce moment, autour de lui, emplissant toute la chambre, débordant dans la pièce voisine au-delà de la porte, et avec les mêmes regards d'hommes conduisant un des leurs à la dernière pulsation de son cœur, étrangers à la fin qu'ils guettent, et tout entiers dans un avenir dont le condamné est éliminé.

Ah ! Comme on donnerait toutes les couronnes de Byzance, tous les trônes d'Allemagne, tous les sceptres et tout l'or des rançons, pour un regard, un seul, où l'on ne se sente pas *éliminé* ! Du chagrin, de la compassion, du regret, de l'effroi, et les émotions du souvenir : on rencontrait tout cela dans le cercle d'yeux de toutes couleurs qui entouraient un lit de prince mourant. Mais chacun de ces sentiments n'était qu'une preuve de l'élimination.

Valois observait son fils aîné, Philippe, ce gaillard à grand nez, debout auprès de lui sous le dais, et qui serait, qui allait être, demain, ou un jour tout proche, ou dans une minute peut-être, le seul, le vrai comte de Valois, le Valois vivant ; il était triste comme il convenait de l'être, le grand Philippe, et pressait la main de sa femme, Jeanne de Bourgogne la Boiteuse ; mais soucieux aussi de son attitude, à cause de cet avenir devant lui, il semblait dire aux assistants : « Voyez, c'est mon père qui meurt ! » Dans ces yeux-là aussi Valois était déjà effacé.

Et les autres fils... Charles d'Alençon qui, lui, évitait de croiser le regard du moribond, se détournant lentement lorsqu'il le rencontrait ; et le petit Louis, qui avait peur, qui paraissait malade de peur parce que c'était la première agonie à laquelle il assistait... Et les filles... Plusieurs d'entre elles étaient présentes : la comtesse de Hainaut, qui faisait un signe, de temps à autre, au serviteur chargé d'essuyer la bouche, et sa cadette, la comtesse de Blois, et plus loin la comtesse de Beaumont auprès de son géant époux Robert d'Artois, tous deux faisant groupe avec la reine Isabelle d'Angleterre et le petit duc d'Aquitaine, ce garçonnet à longs cils, sage comme on l'est à l'église, et qui ne garderait de son grand-oncle Charles que ce seul souvenir.

Il semblait à Valois que l'on complotait de ce côté-là ; on y préparait un avenir également dont il était éliminé.

S'il inclinait la tête vers l'autre bord du lit, il rencontrait, droite, compétente, mais déjà veuve, Mahaut de Châtillon-Saint-Pol, sa troisième épouse. Gaucher de Châtillon, le vieux connétable, avec sa tête de tortue et ses soixante-dix-sept ans, était en train de remporter encore une victoire ; il regardait un homme plus jeune de vingt ans s'en aller avant lui.

Etienne de Mornay et Jean de Cherchemont, tous deux anciens chanceliers de Charles de Valois avant d'être devenus tour à tour chanceliers de France, Miles de Noyers, légiste et maître de la Chambre des Comptes, Robert Bertrand, le chevalier au Vert Lion, nouveau maréchal, le frère Thomas de Bourges, confesseur, Jean de Torpo, physicien, étaient tous là pour l'aider, chacun au titre de sa fonction. Mais qui donc aide un homme à mourir ? Hugues de Bouville essuyait une larme. Sur quoi pleurait-il, le gros Bouville, sinon sur sa jeunesse enfuie, sa vieillesse prochaine, et sa propre vie écoulée ?

Certes, un prince qui meurt est plus pauvre homme que le plus pauvre serf de son royaume. Car le pauvre serf n'a pas à mourir en public ; sa femme et ses enfants peuvent le leurrer sur l'imminence de son départ ; on ne l'entoure pas d'un apparat qui lui signifie sa disparition ; on n'exige pas de lui qu'il dresse, in extremis, constat de sa propre fin. Or, c'était bien cela qu'ils réclamaient, tous ces hauts personnages assemblés. Un testament, qu'est-ce d'autre que l'aveu qu'on fait soi-même de son décès ? Une pièce destinée à l'avenir des autres... Son notaire particulier attendait, l'encrier fixé au bord de la planche à écrire, le vélin et la plume prêts. Allons ! il fallait commencer... ou plutôt achever. Le plus pénible n'était pas tant l'effort d'esprit que l'effort de renoncement... Un testament, cela débutait comme une prière...

— Au nom du Père, du Fils et du Saint-Esprit...

Charles de Valois avait parlé. Et l'on crut qu'il priait.

— Ecrivez donc, l'ami, dit-il au secrétaire. Vous entendez bien que je dicte !... Je, Charles...

Il s'arrêta, parce que c'était une sensation bien douloureuse, bien effrayante que d'écouter sa propre voix, prononcer son propre nom pour la dernière fois... Le nom, n'est-ce pas le symbole même de l'existence de l'être et de son unité ? Valois eut envie vraiment d'en finir là, parce que rien d'autre ne l'intéressait plus. Mais il y avait tous ces regards. Une ultime fois, il fallait agir, et pour les autres, dont il se sentait déjà si profondément séparé.

— Je, Charles, fils du roi de France, comte de Valois, d'Alençon, de Chartres et d'Anjou, fais savoir à tous que je, sain d'esprit bien que malade de corps...

Si l'élocution était partiellement gênée, si la langue accrochait sur certains mots, parfois les plus simples, la mécanique cérébrale continuait en apparence de fonctionner normalement. Mais cette dictée s'effectuait dans une sorte de dédoublement et comme s'il avait été son propre auditeur. Il lui semblait se tenir au milieu d'un fleuve embrumé ; sa voix s'adressait à la rive dont il se détachait ; il tremblait de ce qui adviendrait lorsqu'il toucherait l'autre berge.

— ... et demandant à Dieu merci, redoutant qu'Il ne m'étonnât d'épouvante quant au jugement de l'âme, j'ordonne ici de moi et de mes biens, et fais mon testament et ma dernière volonté de la manière ci-après écrite. Premièrement je remets mon âme à Notre Seigneur Jésus-Christ et à sa miséricordieuse Mère et à tous les Saints...

Sur un signe de la comtesse de Hainaut, un serviteur essuya la salive qui coulait par un coin de la bouche. Toutes les conversations particulières s'étaient arrêtées et l'on évitait même les froissements d'étoffe. Les assistants paraissaient stupéfaits qu'en ce corps immobilisé, réduit, déformé par la maladie, la pensée eût gardé tant de précision et même de recherche dans la formulation.

Gaucher de Châtillon murmura à l'adresse de ses voisins :

— Ce n'est pas aujourd'hui qu'il va passer.

Jean de Torpo, l'un des médecins, eut une moue négative. Pour lui, Monseigneur Charles n'atteindrait pas la nouvelle aurore. Mais Gaucher reprit :

— J'en ai vu, j'en ai vu... Je vous dis qu'il reste de la vie dans ce corps-là...

La comtesse de Hainaut, le doigt sur la bouche, pria le connétable de se taire ; Gaucher était sourd et n'appréciait pas la force de son chuchotement.

Valois poursuivait sa dictée :

— Je veux la sépulture de mon corps en l'église des Frères Mineurs de Paris, entre les sépultures de mes deux premières épouses compagnes...

Son regard chercha le visage de sa troisième épouse, la vivante, bientôt comtesse douairière. Trois femmes, et toute une vie était passée... C'était Catherine, la seconde, qu'il avait le plus aimée... à cause, peut-être, de sa couronne féerique de Constantinople. Une beauté, Catherine de Courtenay, bien digne de porter un titre de légende ! Valois s'étonnait qu'en sa malheureuse chair, à moitié inerte et au bord de s'anéantir, demeurât vaguement, diffusément, comme un frémissement des anciens désirs qui transmettent la vie. Il reposerait donc à côté de Catherine, à côté de l'impératrice titulaire de Byzance ; et de l'autre côté, il aurait sa première épouse Marguerite, la fille du roi de Naples, toutes deux en poudre depuis si longtemps. Quelle étrangeté que le souvenir d'un désir pût persister quand le corps qui en était l'objet n'existe plus ! Est-ce que la résurrection... Mais il y avait la troisième épouse, celle qui le regardait, et qui avait été bonne compagne aussi. Il fallait lui laisser quelque fragment charnel.

— Item, je veux mon cœur en ladite ville et au lieu où ma compagne Mahaut de Saint-Pol élira sa sépulture ; et mes entrailles en l'abbaye de Chaâlis, le droit au partage de ma chair m'ayant été octroyé par bulle de Notre Très Saint-Père le pape...

Il hésita, cherchant la date qui lui échappait et ajouta :

— ... précédemment[28].

Quelle fierté n'avait-il pas retirée de cette autorisation, donnée seulement aux rois, de pouvoir distribuer son cadavre, comme on divise les saints en reliques ! Il lui serait fait traitement de roi jusque dans le tombeau. Mais maintenant il pensait à la grande résurrection, seul espoir laissé à ceux parvenus sur l'extrême bord de l'ultime marche. Si les enseignements de la religion étaient vrais, comment se passerait pour lui cette résurrection ? Les entrailles à Chaâlis, le cœur au lieu que Mahaut de Saint-Pol choisirait, et le corps en l'église de Paris... Etait-ce avec une poitrine vide, un ventre bourré de paille et recousu de chanvre, qu'il se dresserait entre Catherine et Marguerite ? Oh ! difficile espérance puisque inconcevable à l'esprit humain ! Y aurait-il cette presse de corps et de regards, comme celle qui se tenait en ce moment autour de son lit ? Quelle grande confusion attendre, si se dressaient ensemble tous les ancêtres, et tous les descendants, et les meurtriers face à leurs victimes, et toutes les maîtresses, et toutes les trahisons... Est-ce que Marigny surgirait devant lui ?

— ... Item, je laisse à l'abbaye de Chaâlis soixante livres tournois pour faire mon anniversaire...

Le linge à nouveau essuya son menton. Près d'un quart d'heure durant, il cita toutes les églises, abbayes, fondations pieuses situées dans ses fiefs, et auxquelles il laissait, à l'une cent livres, à l'autre cinquante, ici cent vingt, ici une fleur de lis pour embellir une châsse. Enumération monotone sauf pour le mourant à qui chaque nom prononcé représentait un clocher, une ville, un bourg dont il était pour quelques heures ou jours encore le seigneur. Couleurs d'un rempart, silhouette d'une flèche ajourée, sonorité des pavés ronds d'une rue montante, parfums d'une aire de marché, toutes choses une dernière fois, par la parole, possédées... Les pensées des assistants s'échappaient, comme à la messe quand le service est trop long. Seule Jeanne la Boiteuse, qui souffrait de rester si longtemps sur ses jambes inégales, écoutait avec attention. Elle additionnait, elle calculait. A chaque chiffre elle levait vers son mari, Philippe de Valois, un visage nullement disgracieux, mais qu'enlaidissaient les mauvaises pensées de l'avarice. Tous ces legs amputaient l'héritage.

Dans l'embrasure d'une fenêtre, Isabelle chuchotait avec Robert d'Artois ; mais l'inquiétude qui se lisait sur les traits de la reine n'était pas inspirée par la funèbre circonstance.

— Méfiez-vous de Stapledon, Robert, murmurait-elle. Cet évêque est la pire créature du diable, et Edouard ne l'a envoyé que pour causer nuisance, à moi ou à ceux qui me soutiennent. Il n'avait rien à faire ici, ce jourd'hui, et pourtant il s'est imposé, parce qu'il a reçu mission, dit-il, d'escorter partout mon fils. Il m'épie... La dernière lettre qui m'est parvenue avait été ouverte et le cachet recollé.

On entendait la voix de Charles de Valois :

— Item, je lègue à ma compagne, la comtesse, mon rubis que ma fille de Blois me donna. Item, je lui laisse la nappe brodée qui fut à la reine Marie ma mère...

Tous les yeux indifférents ou distraits durant l'énoncé des donations pieuses se remirent à briller parce qu'il était question des bijoux. La comtesse de Blois arquait les sourcils et marquait quelque désappointement. Son père aurait bien pu lui faire retour de ce rubis qu'elle lui avait offert.

— Item, le reliquaire que j'ai de saint Edouard...

En entendant le nom d'Edouard, le jeune prince d'Angleterre releva ses longs cils. Mais non, le reliquaire aussi allait à Mahaut de Châtillon.

— Item, je laisse à Philippe, mon fils aîné, un rubis et toutes mes armes et harnois, excepté un haubert d'armure qui est du travail d'Acre, et l'épée avec laquelle le seigneur d'Harcourt combattit, que je laisse à Charles, mon fils second. Item, à ma fille de Bourgogne, femme de Philippe mon fils, la plus belle de toutes mes émeraudes.

Les joues de la Boiteuse rosirent un peu, et elle remercia d'une inclination de tête qui parut une indécence. On pouvait être assuré qu'elle exigerait l'examen des émeraudes par un expert, pour reconnaître la plus belle !

— Item, à Charles mon fils second, tous mes chevaux et palefrois, mon calice d'or, un bassin d'argent et un missel.

Charles d'Alençon se mit à pleurer, bêtement, comme s'il ne prenait conscience de l'agonie de son père, et de la peine qu'elle lui causait, qu'au moment où le moribond le citait.

— Item, je laisse à Louis, mon fils troisième, toute ma vaisselle d'argent...

L'enfant se tenait collé à la jupe de Mahaut de Châtillon ; celle-ci lui caressa le front d'un geste tendre.

— Item, je veux et ordonne que tout ce qui demeurera de ma chapelle soit vendu pour faire prier pour l'âme de moi... Item, que tous les effets de ma garde-robe soient distribués aux valets de ma chambre...

Un remous discret se fit près des fenêtres ouvertes, et les têtes se penchèrent. Trois litières venaient d'entrer dans la cour du manoir, au sol couvert de paille pour étouffer le pas des chevaux. D'une grande litière ornée de sculptures dorées et de rideaux brodés des châteaux d'Artois, la comtesse Mahaut, pesante, monumentale, les cheveux tout gris sous son voile, descendait ainsi que sa fille, la reine douairière Jeanne, veuve de Philippe le Long. La comtesse était encore accompagnée de son chancelier, le chanoine Thierry d'Hirson, et de sa dame de parage, Béatrice, nièce de ce dernier. Mahaut arrivait de son château de Conflans près de Vincennes, d'où elle ne sortait plus guère en ces temps pour elle hostiles.

La seconde litière, toute blanche, transportait la reine douairière Clémence, veuve de Louis Hutin.

De la troisième litière, modeste, aux simples rideaux de cuir noir, sortait avec quelque peine, et aidé seulement de deux valets, messer Spinello Tolomei, capitaine général des Lombards de Paris.

Ainsi s'avançaient dans les couloirs du manoir deux anciennes reines de France, deux jeunes femmes du même âge, trente-deux ans, qui s'étaient succédé au trône, toutes deux vêtues de blanc, entièrement, selon l'usage établi pour les reines veuves, toutes deux blondes et belles, surtout la reine Clémence, et paraissant un peu comme deux sœurs jumelles. Derrière elles, les dominant des épaules, marchait la redoutable comtesse Mahaut dont chacun savait, mais sans avoir eu le courage d'en porter témoignage, qu'elle avait tué le mari de l'une pour que l'autre régnât. Et puis enfin, traînant la jambe, poussant le ventre, les cheveux blancs épars sur son col et les griffes du temps plantées dans les joues, le vieux Tolomei qui avait été, de près ou de loin, mêlé à toutes les intrigues. Parce que l'âge ennoblit tout, et parce que l'argent est la vraie puissance du monde, parce que Monseigneur de Valois, sans Tolomei, n'aurait pu épouser autrefois l'impératrice de Constantinople, parce que, sans Tolomei, la cour de France n'aurait pu envoyer Bouville chercher la reine Clémence à Naples, ni Robert d'Artois soutenir ses procès et épouser la fille du comte de Valois, parce que sans Tolomei la reine d'Angleterre n'aurait pu se trouver ici avec son fils, on accorda au vieux Lombard qui avait tant vu, tant prêté, et s'était beaucoup tu, les égards qui ne vont qu'aux princes.

On se tassait contre les murs, on s'effaçait pour libérer la porte. Bouville se mit à trembler quand Mahaut le frôla.

Isabelle et Robert d'Artois échangèrent une interrogation muette. Tolomei entrant avec Mahaut, cela signifiait-il que le vieux renard toscan travaillait aussi pour le compte de l'adversaire ? Mais Tolomei, d'un sourire discret, rassura ses clients. Il ne fallait voir, dans cette arrivée simultanée, qu'un hasard de route.

L'entrée de Mahaut avait créé une gêne dans l'assistance. Valois s'arrêta de dicter en voyant apparaître sa vieille et géante adversaire, poussant devant elle les deux veuves blanches, comme deux agnelles qu'on mène paître. Et puis Valois aperçut Tolomei. Alors sa main valide, où brillait le rubis qui allait passer au doigt de son fils aîné, s'agita devant son visage, et il dit :

— Marigny, Marigny...

On crut qu'il perdait l'esprit. Mais non ; la vue de Tolomei lui rappelait leur commun ennemi. Sans l'aide des Lombards, jamais Valois ne serait venu à bout du coadjuteur.

On entendit alors la grande Mahaut d'Artois dire :

— Dieu vous pardonnera, Charles, car votre repentance est sincère.

— La gueuse prononça Robert d'Artois assez haut pour être entendu de ses voisins ; elle ose parler de remords.

Charles de Valois, négligeant la comtesse d'Artois, faisait signe au Lombard d'approcher. Le vieux Siennois vint au bord du lit, souleva la main paralysée, la baisa ; et Valois ne sentit pas ce baiser.

— Nous prions pour votre guérison, Monseigneur, dit Tolomei.

Guérison ! le seul mot de réconfort que Valois eût entendu parmi tous ces gens dont aucun ne mettait sa mort en doute et qui attendaient son dernier soupir comme une nécessaire formalité ! Guérison... Le banquier lui disait-il cela par complaisance ou bien le pensait-il vraiment ? Ils se regardèrent et, dans le seul œil ouvert de Tolomei, cet œil sombre et rusé, le moribond vit une expression de complicité. Un œil enfin d'où il n'était pas éliminé !

— Item, item, reprit Valois en pointant l'index vers le notaire, je veux et commande que toutes mes dettes soient payées par mes enfants.

Ah ! c'était un beau legs qu'il faisait par ces mots à Tolomei, et plus lourd que tous les rubis et tous les reliquaires ! Et Philippe de Valois, et Charles d'Alençon, et Jeanne la Boiteuse, et la comtesse de Blois prirent tous la même mine déconfite. Il avait bien besoin de venir, ce Lombard !

— Item, à Aubert de Villepion, mon chambellan, une somme de deux cents livres tournois ; à Jean de Cherchemont qui fut mon chancelier avant d'être celui de France, autant ; à Pierre de Montguillon, mon écuyer...

Voilà que Monseigneur de Valois était repris par ce goût de largesse qui lui avait si fort coûté tout au long de sa vie. Il voulait récompenser royalement ceux qui l'avaient servi. Deux cents, trois cents livres ; ce n'étaient point legs énormes, mais lorsqu'il en existait quarante, cinquante à la file et qui s'ajoutaient aux legs religieux... L'or du pape, déjà bien écorné, n'allait pas y suffire, ni une année de revenus de tout l'apanage Valois. Il serait donc prodigue, Monseigneur Charles, jusques après son trépas !

Mahaut s'était rapprochée du groupe anglais. Elle avait salué Isabelle d'un regard où luisait une vieille haine, souri au petit prince Edouard comme si elle l'eût voulu mordre, et enfin elle avait regardé Robert.

— Mon bon neveu, te voilà bien en peine ; c'était un vrai père pour toi... dit-elle à voix basse.

— Et pour vous aussi, ma bonne tante, c'est là un coup navrant, répondit-il de même. Vous comptez à peu près le même nombre d'ans que Charles. L'âge où l'on meurt...

Dans le fond de la salle, on entrait, on sortait. Isabelle s'aperçut soudain que l'évêque Stapledon avait disparu ; ou plus exactement qu'il était en train de disparaître, car elle le vit qui franchissait la porte, de ce mouvement onctueux, glissant et assuré qu'ont les ecclésiastiques pour traverser les foules. Et le chanoine d'Hirson, le chancelier de Mahaut filait dans son sillage. La géante suivait du regard cette sortie elle aussi, et les deux femmes se surprirent dans leur commune observation.

Isabelle aussitôt se posa d'inquiètes questions. Que pouvaient avoir à se dire Stapledon, l'envoyé de ses ennemis, et le chancelier de la comtesse ? Et comment se connaissaient-ils, alors que Stapledon était arrivé de la veille ? Les espions d'Angleterre avaient travaillé du côté de Mahaut, ce n'était que trop évident. « Elle a toutes raisons de vouloir se venger et me nuire, pensait Isabelle. J'ai dénoncé autrefois ses filles... Ah ! Comme je voudrais que Roger fût là ! Que n'ai-je insisté pour qu'il vienne ! »

Les deux ecclésiastiques en vérité n'avaient guère eu de peine à se joindre. Le chanoine d'Hirson s'était fait désigner l'envoyé d'Edouard.

— *Reverendissimus sanctissimusque Exeteris episcopus ?* lui avait-il demandé. *Ego canonicus et comitissœ Artesiensis cancellarius sum**.

Ils avaient mission de s'aboucher à la première occasion. Cette occasion venait de se présenter. A présent, assis côte à côte dans une embrasure de fenêtre, au retrait de l'antichambre, et leur chapelet en main, ils conversaient en latin, comme s'ils se fussent envoyé les répons des prières pour les agonisants.

Le chanoine d'Hirson possédait la copie d'une très intéressante lettre d'un certain évêque anglais qui signait « O », adressée à la reine Isabelle, lettre qui avait été dérobée à un commerçant italien pendant son sommeil, dans une auberge d'Artois. Cet évêque « O » conseillait à la destinataire de ne point revenir pour l'heure, mais de se faire le plus de partisans qu'elle pourrait en France, de réunir mille chevaliers et de débarquer avec eux pour chasser les Despensers et le mauvais évêque Stapledon. Thierry d'Hirson avait sur lui cette copie. Monseigneur Stapledon souhaitait-il en prendre connaissance ? Un papier passa du camail du chanoine aux mains de l'évêque, qui y jeta les yeux et y reconnut le style habile, précis, d'Adam Orleton. Si Lord Mortimer, ajoutait celui-ci, prenait le commandement de l'expédition, toute la noblesse anglaise se rallierait en quelques jours.

L'évêque Stapledon se rongeait le coin du pouce.

— *Ille baro de Mortuo Mari concubinus Isabellæ reginæ aperte est***, précisa Thierry d'Hirson.

---

* Très révérend et saint évêque d'Exeter ?... Moi, je suis chanoine et chancelier de la comtesse d'Artois.

** Le baron Mortimer vit ici en concubinage ouvert avec la reine Isabelle.

L'évêque d'Exeter en voulait-il des preuves ? Hirson lui en fournirait quand il voudrait. Il suffisait d'interroger les serviteurs, de faire surveiller les entrées et sorties du palais de la Cité, de demander simplement leur avis aux familiers de la cour.

Stapledon enfouit la copie de la lettre dans sa robe, sous sa croix pectorale.

Monseigneur de Valois, pendant ce temps, avait nommé les exécuteurs de son testament. Son grand sceau, fait d'un semis de fleurs de lis entouré de l'inscription : « *Caroli regis Franciae filii, comitis Valesi et Andegaviae* »* s'était imprimé dans la cire coulée sur les lacets qui pendaient au bas du document. L'assistance commençait à évacuer la chambre.

— Monseigneur, puis-je présenter à votre haute et sainte personne ma nièce Béatrice, damoiselle de parage de la comtesse ? dit Thierry d'Hirson à Stapledon en désignant la belle fille brune, au regard coulant et aux hanches ondoyantes, qui s'approchait d'eux.

Béatrice d'Hirson baisa l'anneau de l'évêque ; puis son oncle lui dit quelques mots à voix basse. Elle rejoignit alors la comtesse Mahaut et lui murmura :

— C'est chose faite, Madame.

Et Mahaut, qui se tenait toujours à proximité d'Isabelle, avança sa grande main pour caresser le front du jeune prince Edouard.

Puis chacun repartit pour Paris. Robert d'Artois et le chancelier, parce qu'ils avaient à veiller aux tâches de gouvernement. Tolomei, parce que ses affaires l'appelaient. Mahaut, parce que, sa vengeance mise en route, elle n'avait plus rien à faire là. Isabelle, parce qu'elle désirait au plus tôt parler à Mortimer, les reines veuves parce qu'on n'eût pas su où les loger. Même Philippe de Valois eut à regagner Paris, pour l'administration de ce gros comté dont il était déjà le tenant de fait.

Il ne resta auprès du moribond que sa troisième épouse, sa fille aînée la comtesse de Hainaut, ses plus jeunes enfants et ses proches serviteurs. Guère plus de monde qu'autour d'un petit chevalier de province, alors que son nom et ses actes

---

* De Charles, fils de roi de France, comte de Valois et d'Anjou.

avaient tant agité le monde, depuis les bords de l'Océan jusqu'aux rives du Bosphore.

Et le lendemain, Monseigneur Charles de Valois respirait toujours, et le surlendemain encore. Le connétable Gaucher avait vu juste ; la vie continuait à se battre dans ce corps foudroyé.

Toute la cour, pendant ces jours-là, se transporta à Vincennes, pour l'hommage que le jeune prince Edouard, duc d'Aquitaine, rendit à son oncle Charles le Bel.

Puis, à Paris, une pièce d'échafaudage chut tout près de la tête de l'évêque Stapledon ; une passerelle, le lendemain, se rompit sous les fers de la mule du clerc qui le suivait. Un matin qu'il s'éloignait de son logis à l'heure de la première messe, Stapledon se trouva nez à nez dans une rue étroite avec Gérard de Alspaye, l'ancien lieutenant de la tour de Londres, et le barbier Ogle. Les deux hommes paraissaient se promener, insouciants. Mais sort-on de chez soi à pareille heure, simplement pour entendre chanter les oiseaux ? Dans une encoignure se tenait aussi un petit groupe d'hommes silencieux parmi lesquels Stapledon crut reconnaître le visage chevalin du baron Maltravers. Un convoi de maraîchers qui encombra la chaussée permit à l'évêque anglais de regagner précipitamment sa porte. Le soir même, sans avoir fait aucun adieu, il prenait la route de Boulogne, pour aller secrètement s'embarquer.

Il emportait, outre la copie de la lettre d'Orleton, de nombreuses preuves rassemblées pour convaincre de complot et de trahison la reine Isabelle, Mortimer, le comte de Kent et tous les seigneurs qui les entouraient.

Dans un manoir d'Ile-de-France, à une lieue de Rambouillet, Charles de Valois, abandonné de presque tous et reclus dans son corps comme déjà dans un tombeau, existait toujours. Celui qu'on avait appelé le second roi de France n'était plus attentif qu'à l'air qui pénétrait ses poumons d'un rythme irrégulier, avec par instants d'angoissantes pauses. Et il continuerait de respirer cet air, dont toute créature se nourrit, de longues semaines encore, jusqu'en décembre.

TROISIÈME PARTIE

LE ROI VOLÉ

1

Les époux ennemis

Depuis huit mois, la reine Isabelle vivait en France ; elle y avait appris la liberté et rencontré l'amour. Et elle avait oublié son époux, le roi Edouard. Celui-ci n'existait plus en ses pensées que d'une façon abstraite, comme un mauvais héritage laissé par une ancienne Isabelle qui eût cessé d'être ; il avait basculé dans les zones mortes du souvenir. Elle ne se rappelait même plus, lorsqu'elle voulait s'y forcer pour aviver ses ressentiments, l'odeur du corps de son mari, ni la couleur exacte de ses yeux. Elle ne retrouvait que l'image vague et brouillée d'un menton trop long sous une barbe blonde, et l'onduleux, le désagréable mouvement du dos. Si la mémoire fuyait, la haine en revanche restait tenace.

Le retour précipité de l'évêque Stapledon à Londres justifia toutes les craintes d'Edouard et lui montra l'urgence qu'il y avait à faire revenir sa femme. Encore fallait-il agir avec habileté et, comme disait Hugh le Vieux, endormir la louve si l'on voulait qu'elle regagnât le repaire. Aussi les lettres d'Edouard pendant quelques semaines furent celles d'un époux aimant, qu'affligeait l'absence de sa compagne. Les Despensers eux-mêmes participaient à ce mensonge en adressant à la reine des protestations de dévouement et en se joignant aux supplications du roi pour qu'elle leur accordât la joie de son prompt retour. Edouard avait également chargé l'évêque de Winchester d'user de son influence auprès de la reine.

Mais le 1er décembre, tout changea. Edouard, ce jour-là, fut saisi d'une de ces colères soudaines et démentes, une de ces rages, si peu royales, qui lui donnaient l'illusion de l'autorité. L'évêque de Winchester venait de lui transmettre la réponse de la reine ; celle-ci répugnait à regagner l'Angleterre par la crainte que lui inspiraient les entreprises de Hugh le Jeune ; elle avait d'ailleurs fait part de cette crainte à son frère le roi de France. Il n'en fallut pas plus. Le courrier qu'Edouard dicta à Westminster, pendant cinq heures d'affilée, allait plonger les cours d'Europe dans la stupéfaction.

Et d'abord il écrivit à Isabelle elle-même. Il n'était plus question, à présent, de « doux cœur ».

« *Dame*, écrivit Edouard, *souventes fois nous vous avons mandé, aussi bien avant l'hommage qu'après, que pour le grand désir que nous avons que vous fussiez auprès de nous et le grand mésaise de votre longue absence, vous vinssiez par devers nous en toute hâte et toutes excusations cessantes.*

« *Avant l'hommage, vous étiez excusée pour cause de l'avancement des besognes ; mais depuis lors vous nous avez mandé par l'honorable père évêque de Winchester que vous ne viendriez point, par peur et doute de Hugh Le Despenser, ce dont nous sommes grandement étonné ; car vous envers lui et lui envers vous vous êtes toujours faits louanges en ma présence, et nommément à votre départir, par promesses spéciales et autres preuves de confiante amitié, et encore par vos lettres particulières qu'il nous a montrées.*

« *Nous savons de vérité, et vous le savez également, Dame, que ledit Hugh nous a toujours procuré tout l'honneur qu'il a pu ; et vous savez aussi que onques nulle vilenie ne vous fit depuis que vous êtes ma compagne, sinon, et par aventure, une seule fois, et par votre faute, veuillez vous en souvenir.*

« *Trop nous déplairait, à présent que l'hommage a été rendu à notre très cher frère le roi de France et que nous sommes en si bonne voie d'amitié avec lui, que vous fussiez, vous que nous envoyâmes pour la paix, cause de quelque distance entre nous et pour des raisons inexactes.*

« *C'est pourquoi nous vous mandons, et chargeons, et ordonnons, que toutes excusations cessantes et feints prétextes, vous reveniez à nous en toute hâte.*

« *Quant à vos dépenses, quand vous serez venue comme femme doit faire à son seigneur, nous en ordonnerons de telle manière que vous n'ayez faute de rien et ne puissiez en rien être déshonorée.*

« *Aussi voulons et vous mandons que vous fassiez notre très cher fils Edouard venir par devers nous à plus de hâte qu'il pourra, car nous avons moult grand désir de lui voir et parler.*

« *L'honorable père en Dieu Wautier, évêque d'Exestre*[29], *nous a fait entendre naguère que certains de nos ennemis et bannis, lorsqu'ils étaient devers vous, le guettèrent pour vouloir faire mal à son corps s'ils en avaient eu le temps, et que, pour échapper à tels périls, il se hâta devers nous sur la foi et l'allégeance qu'il nous devait. Nous vous mandons ceci pour que vous entendiez que ledit évêque, lorsqu'il partit si soudainement de vous, ne le fit pour autres raisons.*

« *Donné à Westminster le premier jour de décembre 1325.*

Edouard. »

Si la fureur éclatait dans le début de la missive et le mensonge ensuite, le venin était bien savamment placé à la fin.

Une autre lettre, celle-ci plus courte, était adressée au jeune duc d'Aquitaine :

« *Très cher fils, si jeune et de tendre âge que vous soyez, remembrez-vous bien ce dont nous vous chargeâmes et que vous commandâmes à votre départir de nous, à Douvres, et ce que vous nous répondîtes alors, dont nous vous avons su moult bon gré, et ne dépassez ou contrevenez en nul point ce dont nous vous chargeâmes alors.*

« *Et puisqu'il est ainsi, que votre hommage est reçu, présentez-vous devers notre très cher frère le roi de France votre oncle, et prenez votre congé de lui, et venez par devers nous en la compagnie de notre très chère compagne la Reine votre mère, si elle vient tantôt.*

« *Et si elle ne vient pas venez en toute hâte sans plus longtemps demeurer ; car nous avons très grand désir de vous voir et parler ; et ce ne laissez de le faire en aucune manière, ni pour mère, ni pour autrui. Notre bénédiction.* »

Les redites, ainsi qu'un certain désordre irrité des phrases montraient bien que la rédaction n'avait pas été confiée au chancelier ni à quelque secrétaire, mais était l'œuvre du roi lui-même. On pouvait presque entendre la voix d'Edouard dictant ces messages. Charles IV le Bel n'était pas oublié. La lettre qu'Edouard lui adressait reprenait et presque terme pour terme, tous les points de la lettre de la reine.

« *Vous avez entendu par gens dignes de foi, que notre compagne la Reine d'Angleterre n'ose venir par devers nous par peur de sa vie et doute qu'elle a de Hugh Le Despenser. Certes, très aimé frère, il ne convient pas qu'elle se doute de lui ni de nul autre homme vivant en notre royaume ; car, par Dieu, il n'y a ni Hugh ni autre vivant en notre territoire qui mal lui voulut et, s'il nous venait de le sentir, nous le châtierions en manière que les autres en prendraient exemple, ce dont nous avons assez le pouvoir, Dieu merci.*

« *C'est pourquoi, très cher et très aimé frère, encore vous prions spécialement, pour honneur de vous et de nous, et de notre dite compagne, que vous veuillez tout faire pour qu'elle vienne par devers nous le plus en hâte qu'elle pourra ; car nous sommes moult chagriné d'être privé de la compagnie d'elle, chose que nous n'eussions en nulle manière faite sinon par la grande sûreté et confiance que nous avions en vous et en votre bonne foi qu'elle reviendrait à notre volonté.* »

Edouard exigeait également le retour de son fils, et dénonçait les tentatives d'assassinat imputables aux « ennemis et bannis au-delà » dirigées contre l'évêque d'Exeter.

Certes, la colère de ce 1er décembre avait dû être forte et les voûtes de Westminster en répercuter longtemps les échos criards. Car, pour le même motif et sur le même ton, Edouard avait écrit encore aux archevêques de Reims et de Rouen, à Jean de Marigny, évêque de Beauvais, aux évêques de Langres et de Laon, tous pairs ecclésiastiques, aux ducs de Bourgogne et de Bretagne, ainsi qu'aux comtes de Valois et de Flandre, pairs laïcs, à l'abbé de Saint-Denis, à Louis de Clermont-Bourbon, grand chambrier, à Robert d'Artois, à Miles de Noyers, président de la Chambre aux Comptes, au connétable Gaucher de Châtillon.

Que Mahaut fût le seul pair de France excepté de cette correspondance prouvait assez ses relations avec Edouard, et que celui-ci ne jugeait pas de besoin de l'avertir officiellement de l'affaire.

Robert, en décachetant le pli qui lui était destiné, entra en grande joie et arriva, tout s'esclaffant et se frappant les cuisses, chez sa cousine d'Angleterre. La bonne histoire, et bien faite pour qu'il la savourât ! Ainsi le roi Edouard envoyait chevaucheurs aux quatre coins du royaume pour instruire chacun de ses déboires conjugaux, défendre son ami de cœur et clamer son impuissance à faire rentrer son épouse au foyer. Infortuné pays d'Angleterre ; en quelles mains d'étoupe le sceptre de Guillaume le Conquérant était-il tombé ! Depuis les brouilles de Louis le Pieux et d'Aliénor d'Aquitaine, on n'avait rien ouï de meilleur !

— Faites-le bien cornard, ma cousine, criait Robert, et sans s'y mettre de gantelet, et que votre Edouard soit forcé de se courber en deux pour passer les portes de ses châteaux. N'est-ce pas, cousin Roger, que voilà tout ce qu'il mérite ?

Et il frappait gaillardement l'épaule de Mortimer.

Edouard, dans son emportement, avait aussi décidé des mesures de rétorsion, confisquant les biens de son demi-frère le comte de Kent et ceux du Lord de Cromwell, chef d'escorte d'Isabelle. Mais il avait fait plus : il venait de sceller un acte par lequel il s'instituait « gouverneur et administrateur » des fiefs de son fils, duc d'Aquitaine, et réclamait en son nom les possessions perdues. Autant dire qu'il réduisait à néant et le traité négocié par sa femme, et l'hommage rendu par son fils.

— Libre à lui, libre à lui, dit Robert d'Artois. Nous allons donc lui reprendre une nouvelle fois son duché, du moins ce qu'il en reste. Les arbalètes de la croisade commencent à se rouiller !

Nul besoin, pour ce faire, de lever l'ost ni d'expédier le connétable dont l'âge durcissait les jointures ; les deux maréchaux, à la tête des troupes permanentes, suffiraient bien à aller cogner un peu, en Bordelais, sur les seigneurs gascons qui avaient la faiblesse, la sottise, de demeurer fidèles au roi d'Angleterre. Cela devenait une habitude. Et l'on trouvait, chaque fois, moins de monde en face de soi.

La lettre d'Edouard II fut l'une des dernières que lut Charles de Valois, l'un des derniers échos qui lui parvinrent des affaires du monde.

Monseigneur Charles mourut au milieu de ce mois de décembre ; ses obsèques furent pompeuses, comme l'avait été sa vie. Toute la maison de Valois, dont on s'aperçut mieux de la voir ainsi en cortège combien elle était nombreuse et importante, toute la famille de France, tous les dignitaires, la plupart des pairs, les reines veuves, le Parlement, la Chambre des Comptes, le connétable, les docteurs de l'Université, les corporations de Paris, les vassaux des fiefs d'apanage, les clergés des églises et abbayes inscrites sur le testament, conduisirent jusqu'à l'église des Franciscains, pour qu'il y fût couché entre ses deux premières épouses compagnes, le corps, rendu bien léger par la maladie et par l'embaumement, de l'homme le plus turbulent de son temps.

Les entrailles, ainsi que Valois en avait disposé, furent transportées en l'abbaye de Chaâlis, et le cœur, enfermé dans une urne, remis à la troisième épouse pour attendre le moment où elle aurait elle-même une sépulture.

Sur quoi le royaume subit une extrême froidure, comme si les os de ce prince, d'y avoir été descendus, faisaient geler d'un coup la terre de France. Il serait aisé pour les gens de cette époque de se rappeler l'année de sa mort ; ils n'auraient qu'à dire : « C'était au temps du grand gel. »

La Seine était entièrement prise par les glaces ; on traversait à pied ses petits affluents, tels le ruisseau de la Grange Batelière ; les puits étaient gelés, et l'on puisait aux citernes non plus avec des seaux mais avec des haches. L'écorce des arbres craquait dans les jardins ; des ormes se fendirent jusqu'au cœur. Les portes de Paris connurent quelques grands dégâts, le froid ayant fait éclater même les pierres. Des oiseaux de toutes sortes, qu'on ne voyait jamais dans les villes, des geais, des pies, cherchaient leur nourriture sur le pavé des rues. La tourbe de chauffage se vendit à prix double et l'on ne trouvait plus fourrure dans les boutiques, ni une peau de marmotte, ni un ventre de menu-vair, ni même une simple toison de mouton. Il mourut beaucoup de vieillards et beaucoup d'enfants dans les demeures pauvres. Les pieds des voyageurs gelaient dans leurs bottes ; les chevaucheurs délivraient leur courrier avec des doigts bleus. Tout trafic fluvial était arrêté. Les soldats, s'ils avaient l'imprudence d'ôter leurs gants, laissaient la peau de leurs mains collée sur le fer des armes ; les gamins s'amusaient à persuader les idiots de village de poser la langue sur un fer de hache. Mais ce qui devait demeurer surtout dans les mémoires était une grande impression de silence parce que la vie paraissait arrêtée.

A la cour, l'an neuf fut célébré de façon assez discrète, en raison à la fois et du deuil et du gel. On s'offrit néanmoins le gui, et l'on échangea les cadeaux rituels. Les comptes du Trésor laissaient prévoir pour l'exercice qui se clôturerait à Pâques[30] un excédent de recettes de soixante-treize mille livres – dont soixante mille provenaient du traité d'Aquitaine – sur lequel Robert d'Artois se fit allouer huit mille livres par le roi. C'était bien justice, puisque, depuis six mois, Robert gouvernait le royaume pour le compte de son cousin. Il activa la nouvelle expédition de Guyenne, où les armes françaises remportèrent une victoire d'autant plus rapide qu'elles ne rencontrèrent pratiquement aucune résistance. Les seigneurs locaux, qui essuyaient une fois de plus la colère du suzerain de Paris contre son vassal de Londres, commencèrent à regretter d'être nés Gascons.

Edouard, ruiné, endetté, et qui se heurtait à des refus de crédit, n'avait plus les moyens d'expédier des troupes pour défendre son fief; il envoya des bateaux pour ramener sa femme. Celle-ci venait d'écrire à l'évêque de Winchester afin qu'il en fît part à tout le clergé anglais :

« *Vous, ni autres de bon entendement, ne devez croire que nous laissâmes la compagnie de notre seigneur sans trop grave cause et raisonnable, et si ce ne fut pour un péril de notre corps par ledit Hugh qui a le gouvernement de notre dit seigneur et de tout notre royaume et nous voudrait déshonorer comme nous en sommes bien certaine pour l'avoir éprouvé. Si longtemps que Hugh sera comme il est, tenant notre époux en son gouvernement, nous ne pourrons rentrer au royaume d'Angleterre sans exposer notre vie et celle de notre très cher fils à péril de mourir.* »

Et cette lettre se croisa justement avec les nouveaux ordres qu'au début de février Edouard adressait aux shérifs des comtés côtiers. Il les informait que la reine et son fils, le duc d'Aquitaine, envoyés en France dans un désir de paix, avaient, sous l'influence du traître et rebelle Mortimer, fait alliance avec les ennemis du royaume ; de ce fait, au cas où la reine et le duc d'Aquitaine débarqueraient des nefs par lui, le roi, envoyées, et seulement s'ils arrivaient avec de bonnes intentions, sa volonté était qu'ils fussent reçus courtoisement, mais s'ils débarquaient de vaisseaux étrangers, et montrant des volontés contraires aux siennes, l'ordre était de n'épargner que la reine et le prince Edouard, pour traiter en rebelles tous les autres qui sortiraient des navires.

Isabelle fit, par son fils, informer le roi qu'elle était malade et hors d'état de s'embarquer.

Mais au mois de mars, ayant appris que son épouse se promenait joyeusement dans Paris, Edouard II eut un nouvel accès de violence épistolaire. Il semblait que ce fût chez lui une affection cyclique qui le saisissait tous les trois mois.

Au jeune duc d'Aquitaine, il écrivait ceci :

« *Pour faux prétexte, notre compagne votre mère se retire de nous, à cause de notre cher et féal Hugh Le Despenser qui toujours nous a si bien et si loyalement servi ; mais vous voyez, et tout chacun peut voir, qu'ouvertement, notoirement, et s'égarant contre son devoir et contre l'état de notre couronne, elle a attiré à soi le Mortimer notre traître et ennemi mortel, prouvé, atteint et en plein Parlement jugé, et s'accompagne à lui en hôtel et dehors, en dépit de nous et de notre couronne et des droitures de notre royaume. Et encore fait-elle pis, si elle peut, quand elle vous garde en compagnie de notre dit ennemi devant tout le monde, en très grand déshonneur et vilenie, et en préjudice des lois et usages du royaume d'Angleterre que vous êtes souverainement tenu de sauver et maintenir.* »

Il mandait également au roi Charles IV :

« *Si votre sœur nous aimait et désirait être en notre compagnie, comme elle vous a dit et en a menti, sauf votre révérence, elle ne serait partie de nous sous prétexte de nourrir paix et amitié entre nous et vous, toutes choses que je crus en bonne foi en l'envoyant vers vous. Mais vraiment, très cher frère, nous nous apercevons assez qu'elle ne nous aime mie, et la cause qu'elle donne, parlant de notre cher parent Hugh Le Despenser, est feinte. Nous pensons que c'est désordonnée volonté quand, si ouvertement et notoirement, elle retient en son conseil notre traître et ennemi mortel le Mortimer, et s'accompagne en hôtel et dehors à ce mauvais. Aussi vous devriez bien vouloir, très cher frère, qu'elle se châtiât et se comportât comme elle devrait faire pour l'honneur de tous ceux à qui elle tient. Veuillez nous faire connaître vos volontés de ce qu'il vous plaira de faire, selon Dieu, raison et bonne foi, sans avoir regard à impulsions capricieuses de femmes ou autre désir.* »

Messages de même teneur étaient envoyés à nouveau vers tous les horizons, aux pairs, aux dignitaires, aux prélats, au pape lui-même. Les souverains d'Angleterre dénonçaient chacun l'amant de l'autre, publiquement, et cette affaire de double ménage, de deux couples où se trouvaient trois hommes pour une seule femme, faisait la joie des cours d'Europe.

Les amants de Paris n'avaient plus de ménagements à prendre. Plutôt que de chercher à feindre, Isabelle et Mortimer firent front et se montrèrent ensemble en toutes occasions. Le comte de Kent, que sa femme avait rejoint, vivait en compagnie du couple illégitime. Pourquoi se serait-on soucié de respecter les apparences, dès lors que le roi lui-même mettait tant d'ardeur à publier son infortune ? Les lettres d'Edouard n'avaient réussi en somme qu'à établir l'évidence d'une liaison que chacun accepta comme fait accompli et immuable. Et toutes les épouses infidèles de penser qu'il existait une grâce particulière pour les reines, et qu'Isabelle avait bien de la chance que son mari fût bougre !

Mais l'argent manquait. Plus aucune ressource ne parvenait aux émigrés dont les biens avaient été séquestrés. Et la petite cour anglaise de Paris vivait entièrement d'emprunts aux Lombards.

A la fin de mars, il fallut faire appel, une fois de plus, au vieux Tolomei. Il arriva chez la reine Isabelle, accompagné du signor Boccace qui représentait les Bardi. La reine et Mortimer, avec une grande affabilité, lui exprimèrent leur besoin d'argent frais. Avec une égale affabilité, et toutes les marques du chagrin, messer Spinello Tolomei refusa. Il avait pour cela de bons arguments ; il ouvrit son grand livre noir et montra les additions. Messire de Alspaye, le Lord de Cromwell, la reine Isabelle... sur cette page-là, Tolomei fit une profonde inclination de tête... le comte de Kent et la comtesse... nouvelle révérence... le Lord Maltravers, Lord Mortimer... Et puis, sur quatre feuilles à la file, les dettes du roi Edouard Plantagenet lui-même...

Roger Mortimer protesta : les comptes du roi Edouard ne le concernaient pas !

— Mais, my Lord, dit Tolomei, pour nous ce sont toujours, toutes ensemble, les dettes de l'Angleterre ! Je suis peiné de vous refuser, grandement peiné, et de décevoir si belle dame que Madame la reine ; mais c'est trop me demander que d'attendre de moi ce que je n'ai plus, et que vous avez. Car cette fortune, qu'on dit nôtre, elle n'est faite ainsi que de créances ! Mon bien, my Lord, ce sont vos dettes. Voyez, Madame, continua-t-il, en se tournant vers la reine, voyez, Madame, ce que nous sommes, nous autres pauvres Lombards, toujours menacés, qui devons à chaque roi nouveau payer un don de joyeux avènement... et combien en avons-nous payés, hélas, depuis douze ans !... à qui sous chaque roi l'on retire le droit de bourgeoisie pour nous le faire acquitter par bonne taxe, et même deux fois si le règne est long. Voyez cependant ce que nous faisons pour les royaumes ! L'Angleterre coûte à nos compagnies cent soixante-dix mille livres, le prix de ses sacres, de ses guerres, de ses discordes, Madame ! Voyez mon vieil âge... Je me reposerais depuis bien longtemps si je n'avais à courir sans cesse pour récupérer des créances qui nous resservent à aider d'autres besoins. On nous dit avaricieux, avides, et l'on ne songe point aux risques que nous prenons pour prêter à chacun et permettre aux princes de ce monde de continuer leurs affaires ! Les prêtres s'occupent des petites gens, de faire aumône aux mendiants, et d'ouvrir hôpitaux pour les infortunés ; nous, nous nous occupons des misères des grands.

Son âge lui permettait de s'exprimer de la sorte, et la douceur de son ton était telle qu'on ne pouvait s'offenser du discours. Tout en parlant, il lorgnait de son œil entrouvert un bijou qui brillait au col de la reine et qui était inscrit à crédit, dans son livre, au compte de Mortimer.

— Comment notre négoce a-t-il commencé ? Pourquoi existons-nous ? On ne se le remémore guère, poursuivait-il. Nos banques italiennes se sont créées lors des croisades parce que seigneurs et voyageurs répugnaient à se charger d'or sur les routes peu sûres où l'on était dévalisé à tout propos, ou même dans les camps qui n'étaient point hantés que de gens honnêtes. Et puis il y avait les rançons à payer. Alors, pour que nous acheminions l'or à leur compte et à notre péril, les seigneurs, et ceux d'Angleterre tout particulièrement, nous ont donné gages sur les revenus de leurs fiefs. Mais quand nous nous sommes présentés dans ces fiefs, avec nos créances, pensant que le sceau des grands barons devait être de suffisante obligation, nous n'avons pas été payés. Alors, nous avons fait appel aux rois, lesquels pour garantir les créances de leurs vassaux, ont en échange exigé que nous leur prêtions, à eux aussi ; et voilà comment nos ressources gisent dans les royaumes. Non, Madame, à mon grand meschef et déplaisir, cette fois je ne puis.

Le comte de Kent, qui assistait à l'entretien, dit :

— Soit, messire Tolomei. Nous allons devoir donc nous adresser à d'autres compagnies que la vôtre.

Tolomei sourit. Que croyait-il, ce jeune homme blond qui se tenait assis, les jambes croisées, et caressait négligemment la tête de son lévrier ? Porter sa clientèle ailleurs ? Cette phrase-là, Tolomei, en sa longue carrière, l'avait entendue plus de mille fois. La belle menace !

— My Lord, quand il s'agit d'aussi grands emprunteurs que vos personnes royales, vous pensez bien que toutes nos compagnies se tiennent informées, et que le crédit qu'il me faut à regret vous refuser, aucune autre compagnie ne vous l'accordera ; messer Boccace, que vous voyez, est avec moi pour les besognes des Bardi. Demandez-lui !... Car, Madame... (c'était toujours à la reine que Tolomei revenait) cet ensemble de créances nous est devenu bien fâcheux par le fait que rien ne les garantit. Au point où en sont arrivées vos affaires avec le Sire roi d'Angleterre, celui-ci ne va point garantir vos dettes ! Ni vous les siennes, je pense. A moins que vous soyez en intention de les reprendre à votre compte ? Ah ! si cela était, peut-être pourrions-nous encore vous porter appui.

Et il ferma complètement l'œil gauche, croisa les mains sur son ventre, et attendit.

Isabelle s'entendait peu aux questions de finances. Elle leva les yeux vers Roger Mortimer. Comment fallait-il prendre les dernières paroles du banquier ? Que signifiait, après si long palabre, cette soudaine ouverture ?

— Eclairez-nous, messer Tolomei, dit-elle.

— Madame, reprit le banquier, votre cause est belle et celle de votre époux fort laide. La chrétienté sait les traitements méchants qu'il vous a infligés, les mœurs qui noircissent sa vie et le mauvais gouvernement qu'il impose à ses sujets par la personne de ses détestables conseillers. En revanche, Madame, vous êtes aimée parce que vous êtes aimable, et je gage qu'il ne manque pas de bons chevaliers en France et ailleurs qui seraient prêts à lever leurs bannières pour vous et vous rendre votre place en votre royaume... fût-ce boutant hors de son trône le roi d'Angleterre votre époux.

— Messer Tolomei, s'écria le comte de Kent, comptez-vous pour rien que mon frère, tout détestable qu'il soit, ait été couronné ?

— My Lord, my Lord, répondit Tolomei, les rois ne sont vraiment tels que du consentement de leurs sujets. Et vous avez un autre roi tout prêt à donner au peuple d'Angleterre, ce jeune duc d'Aquitaine qui semble montrer bien de la sagesse pour son jeune âge. J'ai beaucoup vu les passions humaines ; je sais assez bien reconnaître celles qui ne se défont point et entraînent les plus puissants princes à leur perte. Le roi Edouard ne se déliera pas du Despenser ; mais en revanche, l'Angleterre est toute disposée à acclamer tel souverain qu'on lui offrira pour remplacer le mauvais sien et les méchants qui l'entourent.. Certes, vous m'opposerez, Madame, que les chevaliers qui s'offriront à combattre pour votre cause seront chers à payer ; il faudra leur fournir harnois, vivres et plaisirs. Mais nous, les Lombards, qui ne pouvons plus faire face à soutenir votre exil, nous pourrions encore faire face à soutenir votre armée, si Lord Mortimer dont la valeur n'est à personne inconnue s'engageait à en prendre la tête... et si, bien sûr, il nous était garanti que vous repreniez à votre compte les dettes de Messire Edouard, pour les acquitter le jour de votre succès.

La proposition ne pouvait être plus clairement faite. Les compagnies lombardes s'offraient à jouer la femme contre le mari, le fils contre le père, l'amant contre l'époux légitime. Mortimer n'en était point aussi surpris qu'on s'y serait attendu ni même n'affecta de l'être lorsqu'il répondit :

— La difficulté, messer Tolomei, est de réunir ces bannières. Cela ne se fait point dans une cave. Où pourrions-nous rassembler mille chevaliers que nous prendrons à notre solde ? En quel pays ? Les convoquer en France, nous ne pouvons, si bien disposé que soit le roi Charles envers sa sœur la reine.

Il y avait de la connivence entre le vieux Siennois et l'ancien prisonnier d'Edouard.

— Le jeune duc d'Aquitaine, dit Tolomei, n'a-t-il pas reçu en propre le comté de Ponthieu, qui vient de Madame la reine, et le Ponthieu ne se trouve-t-il pas vis-à-vis l'Angleterre, et jouxte le comté d'Artois où Monseigneur Robert, bien qu'il n'en soit pas le tenant, compte force partisans, ainsi que vous le savez, my Lord, puisque vous y fûtes abrité après votre évasion ?

— Le Ponthieu... répéta la reine, songeuse. Quel est votre conseil, gentil Mortimer ?

L'affaire, pour se débattre seulement de parole, n'en était pas moins une offre ferme. Tolomei était prêt à délivrer quelque crédit à la reine et à son amant afin qu'ils puissent faire face à l'immédiat et partir pour le Ponthieu organiser l'expédition. Et puis en mai, il fournirait le gros des fonds. Pourquoi mai ? Ne pouvait-il pas avancer cette date ?

Tolomei calculait. Il calculait qu'il avait, de concert avec les Bardi, une créance à récupérer sur le pape. Il demanderait à Guccio, qui se trouvait à Sienne, de se rendre, à cet effet, en Avignon. Le pape avait fait savoir incidemment, par un voyageur, qu'il accueillerait volontiers une visite du jeune homme ; il fallait profiter des bonnes dispositions du Saint-Père. Une occasion aussi, pour Tolomei, la dernière peut-être, de revoir ce neveu qui lui manquait beaucoup.

Et puis il y avait un petit amusement, dans la pensée du banquier. Comme Valois naguère à propos de la croisade, comme Robert d'Artois au sujet de l'Aquitaine, le Lombard se disait pour l'Angleterre : « C'est le pape qui paiera. » Alors, le temps que Boccace qui partait pour l'Italie, passât par Sienne, le temps que de Sienne Guccio allât en Avignon, qu'il arrivât à Paris...

— En mai, Madame, en mai... Que Dieu bénisse vos besognes.

2

Retour à Neauphle

Etait-elle donc si petite, la maison de banque de Neauphle, et si basse l'église de l'autre côté du minuscule champ de foire, et si étroit le chemin montant qui tournait pour aller vers

Cressay, Thoiry, Septeuil ? Le souvenir et la nostalgie agrandissent étrangement la réalité des choses.

Neuf années écoulées ! Cette façade, ces arbres, ce clocher, venaient de rajeunir Guccio de neuf années ! Ou plutôt non ; de le vieillir, au contraire, de tout ce temps écoulé.

Guccio avait retrouvé instinctivement son geste de jadis pour s'incliner en passant la porte basse qui séparait les deux pièces de négoce du comptoir, au rez-de-chaussée. Sa main avait cherché d'elle-même la corde d'appui, le long du madrier de chêne qui servait d'axe à l'escalier tournant, pour monter à son ancienne chambre. Ainsi, c'était là qu'il avait tant aimé, comme jamais avant, comme jamais depuis !

La pièce exiguë, collée sous les solives du toit, sentait la campagne et le passé. Comment un logis si resserré avait-il pu contenir un aussi grand amour ? Par la fenêtre, à peine une fenêtre, une lucarne plutôt, il apercevait un paysage inchangé. Les arbres étaient fleuris en ce début de mai, comme au temps de son départ, neuf ans plus tôt. Pourquoi les arbres en fleurs dispensent-ils toujours une si forte émotion ? Entre les branches des pêchers, roses et arrondies comme des bras, apparaissait le toit de l'écurie, cette écurie dont Guccio s'était enfui devant l'arrivée des frères Cressay ! Ah ! la belle peur qu'il avait eue cette nuit-là !

Il se retourna vers le miroir d'étain, toujours à la même place sur le coffre de chêne. Chaque homme, au souvenir de ses faiblesses, se rassure à se regarder, oubliant que les signes d'énergie qu'il lit sur son visage ne font impression qu'à lui-même, et que c'est devant les autres qu'il fut faible ! Le métal poli aux reflets de grisaille renvoyait à Guccio le portrait d'un garçon de trente ans, brun, avec une ride assez profondément creusée entre les sourcils, et deux yeux sombres dont il n'était pas mécontent, car ces yeux-là avaient vu déjà bien des paysages, la neige des montagnes, les vagues de deux mers, et allumé le désir dans le cœur des femmes, et soutenu le regard des princes et des rois.

... Guccio Baglioni, mon ami, que n'as-tu continué une carrière si bellement commencée ! Tu étais allé de Sienne à Paris, de Paris à Londres, de Londres à Naples, à Lyon, à Avignon ; tu portais messages pour les reines, trésors pour les prélats. Pendant deux grandes années tu as circulé ainsi, parmi les plus grands seigneurs de la terre, chargé de leurs intérêts ou de leurs secrets. Et tu avais à peine vingt ans ! Tout te réussissait. Il n'est que de voir les attentions dont on t'entoure à présent, au retour de neuf années d'absence, pour juger des souvenirs que tu as laissés. Le Saint-Père lui-même te le prouve. Aussitôt qu'il te sait de retour en Avignon pour un banal recouvrement de créance, lui, le souverain pontife, du haut du trône de saint Pierre et submergé par tant de tâches, il demande à te voir, il s'intéresse à ton sort, à ta fortune, il a la mémoire de se rappeler que tu as eu un enfant jadis, il s'inquiète de te savoir privé de cet enfant, il consacre à te conseiller quelques-unes de ses précieuses minutes... « ... Un fils doit être élevé par son père », te dit-il ; et il te fait délivrer sauf-conduit de messager papal, le meilleur qui soit.

... Et Bouville ! Bouville que tu viens trouver, porteur de la bénédiction du pape Jean, et qui te traite ainsi qu'ami depuis longtemps attendu, et qui a de grosses larmes dans les yeux en te voyant, et qui te délègue un de ses propres sergents d'armes pour t'accompagner dans ta démarche, et te remet une lettre, cachetée de son sceau, adressée aux frères Cressay, afin qu'on te laisse voir ton enfant !...

Ainsi, les plus hauts personnages s'occupaient de Guccio, sans aucun motif intéressé, pensait celui-ci, simplement pour l'amitié qu'inspirait sa personne, pour l'agilité de son esprit, et sans doute pour une certaine façon de se conduire avec les grands de ce monde qui lui était un don de nature.

Ah ! que n'avait-il persévéré ! Il aurait pu devenir l'un de ces grands Lombards, puissants dans les Etats à l'égal des princes, comme Macci dei Macci, gardien actuel du Trésor royal de France, ou bien comme Frescobaldi d'Angleterre qui entrait, sans se faire annoncer, chez le chancelier de l'Echiquier.

Etait-il trop tard, après tout ? Bien au fond de lui-même, Guccio se sentait supérieur à son oncle, et capable d'une plus éclatante réussite. Car le bon oncle Spinello, à froidement juger, faisait un négoce assez courant. Capitaine général des Lombards de Paris, il l'était devenu à l'ancienneté. Il possédait du bon sens, certes, et de l'habileté, mais point un exceptionnel talent. Guccio considérait tout cela de façon impartiale, à présent que, passé l'âge des illusions, il se sentait un homme de raisonnement pondéré. Oui, il avait eu tort autrefois. Or sa malheureuse aventure avec Marie de Cressay, il ne pouvait se le cacher, était la cause de ses renoncements.

Car pendant de longs mois, sa pensée n'avait été occupée que de ce déplorable événement, tous ses actes commandés par la volonté de dissimuler cet échec. Ressentiment, déception, abattement, honte de revoir ses amis et ses protecteurs après un dénouement peu glorieux, rêves de revanche... Son temps s'était usé à cela tandis qu'il s'installait dans une nouvelle vie, à Sienne, où l'on ne savait de ses amours de France que ce qu'il voulait bien en dire lui-même. Ah! elle ignorait, cette ingrate Marie, la grande destinée dont elle avait brisé le cours en refusant autrefois de fuir avec lui! Que de fois, en Italie, il y avait amèrement songé. Mais maintenant, il allait se venger...

Et si Marie, soudain, lui déclarait qu'elle l'aimait toujours, qu'elle l'avait attendu sans faiblesse et qu'un affreux malentendu avait été la seule cause de leur séparation? Oui, si cela était? Guccio savait qu'en ce cas il ne résisterait point, qu'il oublierait ses griefs aussitôt qu'exprimés, et qu'il emmènerait sans doute Marie de Cressay à Sienne, dans le palais familial, pour présenter sa belle épouse à ses concitoyens. Et pour montrer à Marie cette ville neuve, moins grande que Paris ou que Londres, certes, mais qui l'emportait en magnificence architecturale, avec son Municipio édifié depuis peu et dont Simone Martini terminait actuellement les fresques intérieures, avec sa cathédrale noire et blanche qui serait la plus belle de Toscane, une fois sa façade achevée. Ah! le plaisir de partager ce que l'on aime avec une femme aimée! Et que faisait-il à rêver devant un miroir d'étain, au lieu de courir à Cressay et de profiter de l'émotion de la surprise?

Et puis il réfléchit. Les amertumes pendant neuf ans remâchées ne pouvaient pas s'oublier d'un coup, ni la peur non plus qui l'avait chassé, un matin, de ce jardin même. Les cris furieux des deux frères Cressay qui voulaient lui rompre l'échine... Sans un bon cheval, il était mort. Mieux valait envoyer le sergent d'armes, avec la lettre du comte de Bouville; la démarche aurait plus de poids.

Mais Marie, après neuf ans, était-elle toujours aussi belle? Serait-il toujours aussi fier de se montrer à son bras?

Guccio pensait avoir atteint l'âge où l'on se conduit par la raison. Or, si une ride s'enfonçait entre les sourcils, il était toujours le même homme, le même mélange d'astuce et de naïveté, d'orgueil et de songes. Tant il est vrai que les années changent peu notre nature et qu'il n'est pas d'âge pour nous délivrer des erreurs. Les cheveux blanchissent plus vite que les faiblesses.

On rêve d'un événement pendant neuf années ; on l'espère et on le redoute, on prie la Vierge chaque nuit qu'il s'accomplisse et l'on prie Dieu chaque jour de l'empêcher ; on s'est préparé, soir après soir, matin après matin, à ce que l'on dira s'il se produit ; on a murmuré toutes les réponses que l'on donnera à toutes les questions que l'on a imaginées ; on a prévu les cent, les mille façons dont cet événement pourrait survenir... il survient. On est désemparé.

Ainsi se trouve Marie de Cressay ce matin-là, parce que sa servante, qui fut autrefois confidente de son bonheur et de son drame, est venue tout à l'heure lui chuchoter à l'oreille que Guccio Baglioni était de retour. Qu'on l'a vu arriver au village de Neauphle. Qu'il semble avoir train de seigneur. Que des sergents du roi lui servent d'escorte. Qu'il doit être messager du pape... Les gamins sur la place ont regardé, bouche bée, le harnais de cuir jaune brodé des clés de saint Pierre. A cause de ce harnais, cadeau du pape au neveu de ses banquiers, toutes les cervelles du village se sont mises à travailler.

Et la servante est là, essoufflée, les yeux brillants d'émoi au-dessus de ses joues rouges, et Marie de Cressay ne sait ce qu'elle doit ni va faire.

Elle dit :

— Ma robe !

Cela lui est venu tout seul, sans y réfléchir, et la servante a aussitôt compris, parce que Marie a peu de robes, et qu'elle n'en peut demander d'autre que celle-là qui fut cousue naguère dans le beau tissu de soie donné par Guccio, celle qu'on sort du coffre chaque semaine, qu'on brosse avec soin, qu'on défroisse, qu'on aère, devant laquelle on pleure parfois, et qu'on ne revêt jamais.

Guccio peut apparaître d'un moment à l'autre. La servante l'a-t-elle aperçu ? Non. Elle ne rapporte que des nouvelles qui couraient de seuil en seuil... Peut-être est-il déjà en chemin !

Si seulement Marie avait une pleine journée pour se préparer à cette arrivée ! Elle a attendu neuf années, et cela revient à n'avoir qu'un seul instant !

Qu'importe que l'eau soit froide dont elle s'asperge la gorge, le ventre, les bras, devant la servante qui se détourne, surprise de l'impudeur subite de sa maîtresse, et puis coule un regard vers ce beau corps dont c'est pitié vraiment qu'il soit sans homme depuis si longtemps, et qu'elle se met à jalouser un peu en voyant comme il est demeuré plein, et ferme, et pareil à une belle plante sous le soleil. Pourtant les seins sont plus lourds qu'autrefois et s'affaissent légèrement sur la poitrine ; les cuisses ne sont plus aussi lisses, le ventre est marqué de quelques petites stries laissées par la maternité. Allons ! Le corps des filles nobles s'abîme aussi, moins que le corps des servantes, certes, mais il s'abîme quand même, et c'est justice de Dieu, qui fait toutes les créatures pareilles.

Marie a du mal à entrer dans la robe. L'étoffe a-t-elle rétréci d'être restée si longtemps sans usage, ou bien est-ce Marie qui a grossi ? On dirait plutôt que la forme de son corps s'est modifiée, comme si les contours, les rondeurs n'étaient plus à la même place. Elle a changé. Elle sait bien aussi que le duvet blond est plus fourni sur sa lèvre, que les taches de rousseur dues à l'air des champs se sont incrustées plus largement sur son visage. Ses cheveux, cette brassée de cheveux dorés dont il faut en hâte retisser les tresses, n'ont plus leur souplesse lumineuse d'antan.

Et voici que Marie se retrouve dans sa robe de fête qui la gêne aux entournures ; et ses mains rougies par les travaux de la maison sortent des manches de soie verte.

Qu'a-t-elle fait de toutes ces années qui maintenant ne semblent plus qu'un soupir du temps ?

Elle a vécu de ce souvenir. Elle s'est nourrie quotidiennement de ses quelques mois d'amour et de bonheur, comme d'une provision trop rapidement engrangée. Elle a écrasé chaque instant de ce passé au moulin de la mémoire. Elle a revu mille fois le jeune Lombard arrivant pour réclamer sa créance et chassant le méchant prévôt. Mille fois elle a reçu son premier regard, refait leur première promenade. Elle a mille fois répété son vœu dans le silence et l'ombre nocturne de la chapelle, devant le moine inconnu. Mille fois elle a découvert sa grossesse. Mille fois elle a été arrachée par violence au couvent des filles du faubourg Saint-Marcel et conduite en litière fermée, tenant son nourrisson serré contre sa poitrine, à Vincennes, au château des rois. Mille fois on a devant elle revêtu son enfant des langes royaux, et on le lui a ramené mort, et elle en a encore le cœur poignardé. Et elle hait toujours la feue comtesse de Bouville, et elle l'espère en proie aux tourments infernaux. Mille fois, elle a juré sur les Evangiles de garder le petit roi de France, et de ne rien révéler des atroces secrets de la cour, même en confession, et de ne jamais revoir Guccio ; et mille fois elle s'est demandé : « Pourquoi est-ce à moi que cela est arrivé ? »

Elle l'a demandé au grand ciel bleu des jours d'août, aux nuits d'hiver passées à grelotter seule, entre des draps raides, aux aurores sans espérance. Pourquoi ?

Elle l'a demandé aussi au linge compté pour la buanderie, aux sauces remuées sur le feu de la cuisine, aux viandes mises en saloir, au ruisseau qui court au pied du manoir et au bord duquel on cueille les joncs et les iris, les matins de procession.

Elle a, par instants, haï Guccio, furieusement, pour le seul fait d'exister et d'avoir traversé sa vie comme le vent d'orage traverse une maison aux portes ouvertes ; et puis aussitôt elle s'est reproché cette pensée comme un blasphème.

Elle s'est prise tour à tour pour une très grande pécheresse à laquelle le Tout-puissant a imposé cette perpétuelle expiation, pour une martyre, pour une sorte de sainte tout exprès désignée par les volontés divines à dessein de sauver la couronne de France, la descendance de Saint Louis, tout le royaume, en la personne de ce petit enfant à elle confié... C'est de cette façon qu'on peut devenir folle, lentement, sans que les autres autour de vous s'en aperçoivent.

Des nouvelles du seul homme qu'elle ait aimé, des nouvelles de son époux auquel personne ne reconnaît ce titre, elle n'en a eu que de loin en loin, par quelques paroles du commis de la banque à la servante. Guccio était vivant. C'était tout ce qu'elle savait. Comme elle a souffert de l'imaginer, d'être impuissante à l'imaginer plutôt, en un pays lointain, une ville étrangère, parmi des parents, d'elle inconnus, auprès d'autres femmes sûrement, d'une autre épouse peut-être... Et voilà que Guccio est à un quart de lieue ! Mais est-ce vraiment pour elle qu'il est revenu ? Ou simplement pour régler quelque affaire du comptoir ? Ne serait-ce pas le plus affreux qu'il fût si proche et que ce ne fût pas pour elle ? Et pourrait-elle lui en faire reproche, puisqu'elle a refusé de le voir, voici neuf ans, elle-même lui a si durement signifié de ne plus jamais l'approcher, et sans pouvoir lui révéler la raison de cette cruauté ! Et soudain elle s'écrie :

— L'enfant !

Car Guccio va vouloir connaître ce petit garçon qu'il croit le sien ! Ne serait-ce pas pour cela qu'il a reparu ?

Jeannot est là, dans le pré qu'on aperçoit par la fenêtre, le long de la Mauldre, ce ruisseau bordé d'iris jaunes et trop peu profond pour qu'on s'y noie, jouant avec le dernier fils du palefrenier, les deux garçons du charron et la fille du meunier ronde comme une boule. Il a de la boue sur les genoux, sur le visage et jusque dans l'épi de cheveux blonds qui se tord sur son front. Il crie fort. Il a des mollets fermes et roses, celui qu'on croit un petit bâtard, un enfant du péché, et qu'on traite comme tel !

Mais comment ne s'aperçoivent-ils pas tous, les frères de Marie, les paysans du domaine, les gens de Neauphle, que Jeannot n'a rien de la blondeur dorée, presque rousse, de sa mère, et moins encore de la noirceur profonde, du teint couleur d'épices, de Guccio ? Comment ne voit-on pas qu'il est un vrai petit capétien, qu'il en a le visage large, les yeux bleu pâle, un peu trop écartés, le menton qui deviendra fort, la blondeur de paille ? Le roi Philippe le Bel était son grand-père. C'est miracle que les gens aient le regard si peu ouvert et ne reconnaissent dans les choses et les êtres que l'idée qu'ils s'en font !

Quand Marie a demandé à ses frères d'envoyer Jeannot chez les moines Augustins d'un couvent voisin afin qu'il y apprenne à lire et écrire, ils ont haussé les épaules.

— Nous savons lire un peu et cela ne nous sert guère ; nous ne savons pas écrire, et cela ne nous servirait de rien, a répondu Jean de Cressay. Pourquoi veux-tu que Jeannot ait besoin d'en apprendre plus long que nous ? C'est bon pour les clercs d'étudier, et tu ne peux même point le faire clerc puisqu'il est bâtard !

Dans le pré aux iris, l'enfant suit en rechignant la servante qui est venue le chercher. Il jouait au chevalier, la gaule en main, et était au moment d'enfoncer les défenses de l'appentis où des méchants retenaient prisonnière la fille du meunier.

Mais voici justement que les frères de Marie rentrent d'inspecter leurs champs. Ils sont poudreux, sentent la sueur de cheval et ont les ongles noirs. Jean, l'aîné, est déjà pareil à ce que fut leur père ; il a l'estomac lourd par-dessus la ceinture, la barbe broussailleuse, et les deux crocs lui manquent parmi ses dents gâtées. Il attend une guerre pour se révéler ; et chaque fois que devant lui on parle de l'Angleterre, il crie que le roi n'a qu'à lever l'ost et que la chevalerie saura bien montrer ce dont elle est capable. Il n'est point chevalier, du reste ; mais il pourrait le devenir à la faveur d'une campagne. Il n'a connu des armées que l'ost boueux de Louis Hutin, et l'on n'a pas fait appel à lui pour l'expédition d'Aquitaine. Il a nourri un moment d'espoir lors des intentions de croisade de Monseigneur Charles de Valois ; et puis Monseigneur Charles est mort. Ah ! que ce baron-là eût fait un bon roi !

Pierre de Cressay, le cadet, est resté plus mince et plus pâle, mais ne soigne guère davantage sa mise. Sa vie est un mélange d'indifférence et de routine. Ni Jean ni Pierre ne s'est marié. Leur sœur veille au ménage, depuis la mort de leur mère, dame Eliabel ; ils ont ainsi quelqu'un pour assurer leur cuisine, réparer leur gros linge ; et contre Marie ils peuvent s'emporter à l'occasion, plus aisément qu'ils n'oseraient le faire envers une épouse. Si leurs chausses sont déchirées, il leur est toujours loisible de tenir Marie pour responsable de ce qu'ils n'ont pas trouvé femme à leur convenance, à cause du déshonneur par elle jeté sur la famille.

A cela près, ils vivent dans une aisance limitée grâce à la pension que le comte de Bouville fait régulièrement servir à la jeune femme sous le prétexte qu'elle fut nourrice royale, et grâce aussi aux cadeaux en nature que le banquier Tolomei continue d'envoyer à celui qu'il croit son petit-neveu. Le péché de Marie a donc pour les deux frères été de quelque avantage.

Pierre connaît à Montfort-l'Amaury une bourgeoise veuve qu'il va visiter de temps à autre, et ces jours-là, il fait toilette avec un air coupable. Jean préfère ne chasser qu'en ses labours, et se sent seigneur à peu de frais parce que quelques gamins, dans les hameaux voisins, ont déjà sa tournure. Mais ce qui est honneur pour un garçon de noblesse est déshonneur pour une fille noble ; cela se sait, il n'y a pas à y revenir.

Les voilà tous deux bien surpris, Jean et Pierre, de voir leur sœur atournée de sa robe de soie, et Jeannot trépignant, parce qu'on le débarbouille. Est-ce donc jour de fête, dont la mémoire leur a manqué ?

— Guccio est à Neauphle, dit Marie.

Et elle recule, parce que Jean serait bien capable de lui envoyer un soufflet.

Mais non, Jean se tait ; il regarde Marie. Et Pierre de même, les bras ballants. Ils n'ont pas la cervelle modelée pour l'imprévu. Guccio est revenu. La nouvelle est de taille et il leur faut quelques minutes pour s'en pénétrer. Quels problèmes cela va-t-il leur poser ?... Ils aimaient bien Guccio, ils sont forcés d'en convenir, lorsqu'il était compagnon de leurs chasses, qu'il leur apportait des faucons de Milan ; ils ne voyaient pas que le gaillard faisait l'amour à leur sœur, presque sous leur nez. Puis ils ont voulu le tuer quand dame Eliabel a découvert le péché au ventre de sa fille. Puis ils ont regretté leur violence après qu'ils eurent visité le banquier Tolomei en son hôtel de Paris, et compris, mais trop tard, qu'ils eussent mieux préservé leur honneur à laisser leur sœur s'éloigner mariée à un Lombard qu'à la garder mère d'un enfant sans père.

Ils n'ont guère longtemps à s'interroger car le sergent d'armes à la livrée du comte de Bouville, trottant un grand cheval bai et portant cotte de drap bleu dentelée autour des fesses, entre dans la cour du manoir qui se peuple aussitôt de visages ébaubis. Les paysans mettent le bonnet à la main ; des têtes d'enfants surgissent des portes entrebâillées ; les femmes s'essuient les mains à leur tablier.

Le sergent vient délivrer deux messages au sire Jean, l'un de Guccio, l'autre du comte de Bouville lui-même. Jean de Cressay a pris la mine importante et hautaine de l'homme qui reçoit une lettre ; il a froncé le sourcil, avancé les lèvres en lippe à travers sa barbe et ordonné d'une voix forte qu'on fasse boire et manger le messager, comme si celui-ci venait de fournir quinze lieues. Puis il se retire auprès de son frère, pour lire.

Ils ne sont pas trop de deux ; il leur faut même appeler Marie qui sait mieux déchiffrer les signes d'écriture.

Et Marie se met à trembler, trembler, trembler.

— Nous n'y comprenons mie, messire. Notre sœur s'est soudain mise à trembler, comme si Satan en propre personne avait surgi devant elle, et elle a refusé tout net de même vous entrevoir. Aussitôt ensuite, elle fut secouée de gros sanglots.

Ils étaient bien embarrassés, les deux frères Cressay. Ils avaient fait brosser leurs bottes, et Pierre avait revêtu la cotte qu'il ne mettait d'ordinaire que pour aller visiter la veuve de Montfort. Dans la seconde pièce du comptoir de Neauphle, devant un Guccio qui leur opposait figure sombre et ne les avait même pas invités à s'asseoir, ils se tenaient plutôt penauds, et l'esprit partagé de sentiments contraires.

Au reçu des lettres, deux heures auparavant, ils avaient cru pouvoir négocier comme une bonne affaire le départ de leur sœur et la reconnaissance de son mariage. Mille livres comptant, voilà ce qu'ils demanderaient. Un Lombard pouvait bien débourser cela. Mais Marie avait mis en déroute leurs espérances par son étrange attitude et son obstination à ne pas revoir Guccio.

— Nous avons tâché à la raisonner, et bien contre notre avantage ; car si elle venait à nous quitter elle nous manquerait fort puisqu'elle tient tout notre ménage. Mais enfin, nous comprenons bien que si, après tant d'années, vous revenez la demander, c'est bien qu'elle est votre épouse véritable, quand même le mariage s'est-il fait en secret. Et puis le temps s'est écoulé...

C'était le barbu qui parlait et sa phrase s'embrouillait un peu. Le cadet se contentait d'approuver de la tête.

— Nous vous le disons tout franc, reprit Jean de Cressay, nous avons commis une faute en vous faisant refus de notre sœur. Mais cela n'est pas tant venu de nous que de notre mère... Dieu l'ait en garde !... qui s'était fort butée. Chevalier se doit de reconnaître ses torts, et si Marie notre sœur a passé outre notre consentement, nous portons une part de la coulpe. Tout cela devrait être effacé. Le temps est notre maître à tous. Or, maintenant, c'est elle qui vous refuse ; et pourtant je jure Dieu qu'elle n'a pas d'autre homme en tête, cela non ! Ainsi, je ne comprends plus. Elle a la cervelle faite de curieuse façon, notre sœur, n'est-il pas vrai, Pierre ?

Pierre de Cressay hocha le front.

Pour Guccio, c'était une belle revanche que d'avoir sous ses yeux, repentants et la langue entortillée, ces deux garçons qui jadis étaient arrivés, en pleine nuit, l'épieu en main, pour l'occire, et l'avaient obligé à fuir la France. A présent, ils ne souhaitaient rien tant que lui donner leur sœur ; pour un peu, ils l'auraient supplié de brusquer les choses, de venir à Cressay, d'imposer sa volonté et faire valoir ses droits d'époux.

Mais c'était mal connaître Guccio et son ombrageux orgueil. Des deux benêts, il faisait peu de cas. Marie seule avait de l'importance pour lui. Or Marie le repoussait alors qu'il était là, tout proche d'elle, et qu'il arrivait si consentant à oublier toutes les injures passées.

— Monseigneur de Bouville devait bien penser qu'elle agirait ainsi, dit le barbu, puisqu'il me mande dans sa lettre : « Si dame Marie, comme il est à croire, refuse de voir le seigneur Guccio... » Savez-vous quelle raison il avait d'écrire cela ?

— Non, je ne sais vraiment, répondit Guccio, mais il faut croire qu'elle en a dit bien long et bien fermement sur mon compte, à messire de Bouville, pour qu'il ait vu si clair !

— Et pourtant, elle n'a pas d'autre homme en tête, répéta le barbu.

La colère commençait d'envahir Guccio. Ses sourcils noirs se serraient sur la ride qui lui marquait le front. Cette fois, vraiment, tout lui donnait droit d'agir sans scrupules. Marie serait payée de sa cruauté par une cruauté pire.

— Et mon fils ? demanda-t-il.

— Il est là. Nous l'avons amené.

Dans la pièce voisine, l'enfant regardait le commis faire des comptes et s'amusait à caresser les barbes d'une plume d'oie. Jean de Cressay ouvrit la porte.

— Jeannot, approche, dit-il.

Guccio, attentif à ce qui se passait en lui-même, se forçait un peu à l'émotion. « Mon fils, je vais voir mon fils », se disait-il. En vérité, il ne ressentait rien. Pourtant, que de fois il avait espéré cet instant ! Mais il n'avait pas prévu ce petit pas lourd, campagnard, qu'il entendait approcher.

L'enfant entra. Il portait des braies courtes et un sarrau de toile ; son épi rebelle se tordait sur son front clair. Un vrai petit paysan !

Il y eut un moment de gêne pour les trois hommes, gêne que l'enfant perçut fort bien. Pierre le poussa vers Guccio.

— Jeannot, voici...

Il fallait bien dire quelque chose, dire à Jeannot qui était Guccio ; et l'on ne pouvait dire que la vérité.

— ... voici ton père.

Guccio, sottement, attendait un élan, des bras ouverts, des larmes. Le petit Jeannot leva vers lui des yeux bleus étonnés :

— Mais on m'avait dit qu'il était mort ? dit-il.

Guccio en eut un choc ; une grande fureur mauvaise s'éleva en lui.

— Mais non, mais non, se hâta de couper Jean de Cressay. Il était en voyage et ne pouvait envoyer de nouvelles. N'est-il pas vrai, ami Guccio ?

« De combien de mensonges ne l'a-t-on pas abreuvé ! pensa Guccio. Patience, patience... Lui dire que son père était mort, ah ! les méchantes gens ! Mais patience... » Pour meubler le silence, il dit :

— Comme il est blond !

— Oui, tout à fait semblable à l'oncle Pierre, le frère de notre défunt père, répondit Jean de Cressay.

— Jeannot, viens vers moi, viens, dit Guccio.

L'enfant obéit, mais sa petite main rugueuse restait étrangère dans la main de Guccio, et il s'essuya la joue après avoir été embrassé.

— Je souhaiterais le garder quelques jours avec moi, reprit Guccio, afin de pouvoir le conduire à mon oncle Tolomei, qui désire le connaître.

Et ce disant, Guccio avait machinalement, comme Tolomei, fermé l'œil gauche.

Jeannot, la bouche entrouverte, le regardait. Que d'oncles ! Autour de lui, on n'entendait parler que de cela.

— Moi, j'ai un oncle à Paris qui m'envoie des présents, dit-il d'une voix claire.

— C'est justement celui-ci que nous irons visiter. Si tes oncles n'y voient pas d'obstacles. Vous n'y voyez pas d'obstacles ? demanda Guccio.

— Certes non, répondit Jean de Cressay. Monseigneur de Bouville nous en prévient dans sa lettre, et nous engage à ne point nous opposer...

Décidément les Cressay ne bougeaient pas le doigt sans l'accord de Bouville !

Le barbu pensait déjà aux cadeaux que le banquier ne manquerait pas de faire à son petit-neveu. Il fallait s'attendre à une bourse d'or qui serait particulièrement bienvenue, car justement, cette année-là, la maladie s'était mise sur le bétail. Et qui sait ? le banquier était vieux ; peut-être avait-il l'intention de coucher l'enfant sur ses volontés...

Guccio savourait déjà sa vengeance. Mais la vengeance a-t-elle jamais consolé d'un amour perdu ?

L'enfant fut d'abord ébloui par le cheval et le harnachement papal. Jamais il n'avait vu si belle monture, et sa surprise fut grande de s'y trouver juché, sur le devant de la selle. Puis il se mit à observer ce père tombé du ciel, ou plutôt les détails qu'il en pouvait apercevoir en se penchant ou en tordant le cou. Il regardait les chausses collantes qui ne faisaient aucun pli sur le genou, les bottes souples de cuir foncé, et cet étrange vêtement de voyage, couleur de feuilles rousses, à manches étroites, et fermé jusqu'au menton par une série de minuscules boutons.

Le sergent d'armes avait une tenue bien plus éclatante, bien plus flatteuse par sa couleur gros bleu luisant sous le soleil, ses découpures festonnées aux manches et sur les reins, et ses armes seigneuriales brodées sur la poitrine. Mais l'enfant se rendit compte bien vite que Guccio donnait des ordres au sergent, et il prit grande considération pour ce père qui parlait en maître à un personnage si brillamment vêtu.

Ils avaient parcouru déjà près de quatre lieues. Dans l'auberge de Saint-Nom-la-Bretèche où ils s'arrêtèrent, Guccio, d'une voix naturellement autoritaire, commanda une omelette aux herbes, un chapon rôti sur broche, du fromage caillé. Et du vin. L'empressement des servantes augmenta encore le respect de Jeannot.

— Pourquoi parlez-vous d'autre façon que nous, messire ? demanda-t-il. Vous ne dites point les mots pareillement.

Guccio se sentit blessé de cette remarque faite sur son accent de Toscane, et par son propre fils.

— Parce que je suis de Sienne, en Italie qui est mon pays, répondit-il avec fierté ; et toi aussi, tu vas devenir siennois, libre citoyen de cette ville où nous sommes puissants. Et puis, ne m'appelle plus messire, mais *padre*.

— *Padre*, répéta docilement le petit.

Ils s'attablèrent, Guccio, le sergent et l'enfant. Et tandis qu'on attendait l'omelette, Guccio commença d'apprendre à Jeannot les mots de sa langue pour désigner les objets de la vie.

— *Tavola*, disait-il en saisissant le bord de la table, *bottiglia*, en soulevant la bouteille, *vino*...

Il se sentait embarrassé devant cet enfant, manquait de naturel ; la crainte de ne pas s'en faire aimer le paralysait, la crainte également de ne pas l'aimer. Car il avait beau se répéter : « C'est mon fils », il n'éprouvait toujours rien d'autre qu'une profonde hostilité envers les gens qui l'avaient élevé.

Jeannot n'avait jamais bu de vin. A Cressay, on se contentait de cidre, ou même de frênette, comme les paysans. Il en prit quelques gorgées. Il était habitué à l'omelette et au lait caillé, mais le chapon rôti avait un air de fête ; et puis ce repas pris au bord de la route, en milieu d'après-midi, lui plaisait bien. Il n'avait pas peur, et l'agrément de l'aventure lui faisait oublier de penser à sa mère. On lui avait dit qu'il la reverrait dans quelques jours... Paris, Sienne, tous ces noms n'évoquaient pour lui aucune idée précise de distance. Samedi prochain il reviendrait au bord de la Mauldre et pourrait déclarer à la fille du meunier, aux garçons du charron : « Moi, je suis siennois » sans avoir besoin de rien expliquer, puisqu'ils en savaient encore moins que lui.

La dernière bouchée avalée, les dagues essuyées sur un morceau de mie et remises à la ceinture, on remonta à cheval. Guccio souleva l'enfant et le posa devant lui, en travers de sa selle[31].

Le gros repas et le vin surtout, dont il venait de goûter pour la première fois, avaient alourdi l'enfant. Avant une demi-lieue franchie, il s'endormit, indifférent aux secousses du trot.

Rien n'est plus émouvant qu'un sommeil d'enfant, et surtout dans le grand jour, à l'heure où les adultes veillent et agissent. Guccio maintenait en équilibre cette petite vie déjà pesante, cahotante, dodelinante, abandonnée. Instinctivement, il caressa du menton les cheveux blonds qui se nichaient contre lui et il referma plus étroitement son bras, comme pour obliger cette tête ronde et ce gros sommeil à se coller plus étroitement à sa poitrine. Un parfum d'enfance montait du petit corps endormi. Et brusquement Guccio se sentit père, et tout fier de l'être, et les larmes lui brouillèrent les yeux.

— Jeannot, mon Jeannot, mon Giannino, murmura-t-il en posant les lèvres sur les cheveux soyeux et tièdes.

Il avait mis sa monture au pas et fait signe au sergent de ralentir aussi, afin de ne pas réveiller l'enfant et de prolonger son propre bonheur. Qu'importait l'heure à laquelle on arriverait ! Demain Giannino se réveillerait dans l'hôtel de la rue des Lombards qui lui paraîtrait un palais ; des servantes l'entoureraient, le laveraient, l'habilleraient en seigneur, et une vie de conte de fées commencerait pour lui !

Marie de Cressay replie sa robe inutile devant la servante muette et dépitée. La servante aussi rêve d'une autre existence où elle suivrait sa maîtresse, et il y a un peu de blâme dans son attitude.

Mais Marie a cessé de trembler et ses yeux sont séchés ; sa décision est prise. Elle n'a plus que quelques jours à attendre, une semaine au plus. Car ce matin, la surprise a provoqué de sa part une réponse absurde, un refus dément !

Parce que, saisie de court, elle n'a pensé qu'au serment d'autrefois que madame de Bouville, cette mauvaise femme, l'avait forcée de prononcer... Et puis aux menaces. « Si vous revoyez ce jeune Lombard, il lui en coûtera la vie... »

Mais deux rois se sont succédé et personne n'a jamais parlé ! Et madame de Bouville est morte. D'ailleurs était-il même conforme à la loi de Dieu, cet affreux serment ? N'est-ce pas un péché que d'interdire à la créature humaine d'avouer à un confesseur ses troubles d'âme ? Les religieuses elles-mêmes peuvent être relevées de leurs vœux. Et puis, nul n'a le droit de séparer l'épouse de l'époux ! Cela non plus n'est pas chrétien. Et le comte de Bouville n'est pas évêque, et d'ailleurs il n'est point aussi redoutable que l'était sa femme.

Toutes ces choses, Marie aurait dû y penser ce matin, et savoir reconnaître aussi que sans Guccio elle ne pouvait vivre, que sa place était auprès de lui, que Guccio venant la chercher, rien au monde, ni les serments anciens, ni les secrets de la couronne, ni la crainte des hommes, ni le châtiment de Dieu s'il devait survenir, ne l'empêcheraient de le suivre.

Elle ne mentira pas à Guccio. Un homme qui, au bout de neuf ans, vous aime encore, qui n'a pas repris femme, et revient vous chercher, est de cœur droit, loyal, pareil au chevalier qui franchit toutes les épreuves. Un tel homme peut partager un secret et en demeurer le gardien. Et l'on n'a pas le droit non plus de lui mentir, de lui laisser croire que son fils est vivant, qu'il le serre dans ses bras, alors que ce n'est point vrai.

Marie saura expliquer à Guccio que leur enfant, leur premier-né... car déjà cet enfant mort n'est plus dans sa pensée que leur premier-né... a été, par un enchaînement fatal, donné, échangé, pour sauver la vie du vrai roi de France. Et elle demandera à Guccio de partager son serment, et ils élèveront ensemble le petit Jean le Posthume qui a régné les cinq premiers jours de sa vie, jusqu'au moment où les barons viendront le chercher pour lui rendre sa couronne ! Et les autres enfants qu'ils auront seront un jour comme des frères pour le roi de France. Puisque tout peut arriver dans le mal, par les agencements incroyables du sort, pourquoi tout ne pourrait-il pas arriver dans le bien ?

Voilà ce que Marie expliquera à Guccio, dans quelques jours, la semaine prochaine, lorsqu'il ramènera Jeannot ainsi qu'il en est convenu avec les frères.

Alors le bonheur si longtemps différé pourra commencer ; et si toute chose heureuse sur la terre doit être payée d'un poids égal de souffrance, alors ils auront l'un et l'autre payé par avance toutes leurs joies futures ! Guccio voudra-t-il s'installer à Cressay ? Certes pas. A Paris ? Le lieu serait trop dangereux pour le petit Jean, et il ne faudrait point tout de même aller braver de trop près le comte de Bouville ! Ils iront en Italie. Guccio emmènera Marie dans ce pays dont elle ne connaît que les belles étoffes et l'habile travail des orfèvres. Comme elle l'aime, cette Italie, puisque c'est de là qu'est venu l'homme que Dieu lui destinait ! Marie est déjà en voyage aux côtés de son époux retrouvé. Dans une semaine ; elle a une semaine à attendre...

Hélas ! En amour, il ne suffit pas d'avoir les mêmes désirs ; faut-il encore les exprimer au même moment !

3

La reine du temple

Pour un enfant de neuf ans dont tout l'horizon, depuis qu'il avait l'âge de se souvenir, avait été limité par un ruisseau, des fosses à fumier et des toits de campagne, la découverte de Paris ne pouvait être qu'un enchantement. Mais que dire quand cette découverte s'accomplissait sous la conduite d'un père si fier, si glorieux de son fils, et qui le faisait habiller, friser, baigner, oindre, qui l'amenait dans les plus belles boutiques, le gavait de sucreries, lui offrait une bourse de ceinture, avec de vrais sols dedans, et des souliers brodés ! Jeannot, ou Giannino, vivait des jours éblouis.

Et toutes ces belles maisons où il pénétrait ! Car Guccio, sous des prétextes divers, souvent même sans aucun prétexte, visitait à tour de rôle ses connaissances d'antan, simplement pour pouvoir prononcer orgueilleusement : « mon fils ! », et montrer ce miracle, cette splendeur unique au monde : un petit garçon qui lui disait : « *padre mio* » avec un bon accent d'Ile-de-France.

Si l'on s'étonnait de la blondeur de Giannino, Guccio faisait allusion à la mère, une personne de noblesse ; il prenait alors ce ton faussement discret qui annonce l'indiscrétion et cet air un peu fanfaron dans le mystère qu'ont les Italiens pour feindre de se taire sur leurs conquêtes. Ainsi tous les Lombards de Paris, les Peruzzi, les Boccanegra, les Macci, les Albizzi, les Frescobaldi, les Scamozzi, et le signor Boccace lui-même étaient au courant.

L'oncle Tolomei, un œil ouvert, un œil fermé, le ventre pesant et la jambe lourde, ne participait pas peu à cette ostentation. Ah ! si Guccio avait pu se réinstaller à Paris, sous son toit, et avec le petit Giannino, comme il se serait senti heureux, le vieux Lombard, pour les jours qui lui restaient à vivre.

Mais c'était là un rêve impossible. Pourquoi ne voulait-elle pas de régularisation du mariage, pourquoi ne voulait-elle pas accepter la vie commune avec son époux, cette sotte, cette entêtée de Marie de Cressay, puisque maintenant tout le monde semblait d'accord ? Tolomei, quelque répugnance qu'il éprouvât à entreprendre le moindre déplacement, s'offrait à aller à Neauphle tenter une ultime démarche.

— Mais c'est moi qui ne veux plus d'elle, mon oncle, déclarait Guccio. Je ne laisserai pas bafouer mon honneur. Et puis quelle plaisance y aurait-il à vivre auprès d'une femme qui ne m'aime plus ?

— En es-tu bien sûr ?

Il y avait un signe, un seul, qui pouvait permettre à Guccio de se poser la question. Il avait reconnu au cou de l'enfant le petit reliquaire de corps à lui-même offert par la reine Clémence quand il se trouvait en l'hôtel-Dieu de Marseille, et dont il avait à son tour fait présent à Marie, une fois qu'elle était fort malade.

— Ma mère l'a ôté de son cou et l'a passé au mien, quand mes oncles m'ont mené vers vous l'autre matin, avait expliqué l'enfant.

Mais pouvait-on se fonder sur un si faible indice, sur un geste qui pouvait n'être que de religiosité ?

Et puis le comte de Bouville avait été formel.

— Si vous voulez garder cet enfant, il faut que vous partiez avec lui pour Sienne, et le plus tôt sera le mieux, avait-il dit à Guccio.

L'entrevue avait eu lieu en l'hôtel de l'ancien grand chambellan, derrière le Pré-aux-Clercs. Bouville se promenait dans son jardin clos de murs. Et les larmes lui étaient venues aux paupières en voyant Giannino. Il avait baisé la main du petit garçon avant de le baiser aux joues et, le contemplant, le détaillant des cheveux aux souliers, il avait murmuré :

— Un vrai petit prince, un vrai petit prince !

En même temps, il s'essuyait les yeux. Guccio était étonné de cette émotion excessive, et il en était touché comme d'un hommage d'amitié à lui-même rendu.

— Un vrai petit prince, comme vous le dites, messire, avait répondu Guccio tout heureux ; et c'est chose bien surprenante quand on songe qu'il n'a connu que la vie des champs et que sa mère, après tout, n'est qu'une paysanne !

Bouville hochait la tête. Oui, oui, tout cela était bien étonnant...

— Emmenez-le, vous ne pouvez mieux faire. D'ailleurs, n'avez-vous pas l'auguste approbation de notre Très Saint-Père ? Je vous ferai donner cette fois deux sergents pour vous accompagner jusqu'aux frontières du royaume, afin qu'aucun mal ne vous survienne, ni à... cet enfant.

Il ne lui semblait pas aisé de prononcer : « votre fils ».

— Adieu, mon petit prince, dit-il en embrassant encore Giannino. Vous reverrai-je jamais ?

Et puis il s'éloigna très vite, parce que les pleurs recommençaient à abonder dans ses gros yeux. Vraiment, cet enfant ressemblait trop douloureusement au grand roi Philippe !

— Retourne-t-on à Cressay ? demanda Giannino le matin du 11 mai, devant les portemanteaux et les malles de bât qu'on emplissait.

Il ne paraissait pas trop impatient de rentrer au manoir.

— Non, mon fils, répondit Guccio, nous allons d'abord à Sienne.

— Ma mère va-t-elle venir avec nous ?

— Non, pas à présent ; elle nous rejoindra plus tard.

L'enfant parut tranquillisé. Guccio pensa qu'après neuf ans de mensonges au sujet de son père, Giannino allait maintenant être abreuvé de nouveaux mensonges à propos de sa mère. Mais comment agir autrement ? Un jour peut-être faudrait-il lui laisser croire que sa mère était morte...

Avant de se mettre en route, il restait à Guccio une visite à faire, la plus prestigieuse sinon la plus importante ; il désirait saluer la reine douairière Clémence de Hongrie.

— Où est-ce donc, la Hongrie ? demanda l'enfant.

— Très loin, du côté du Levant. Il faut de nombreuses semaines de route pour y parvenir. Peu de gens y sont allés.

— Pourquoi est-elle à Paris, cette dame Clémence, si elle est reine de Hongrie ?

— Mais elle n'a jamais été reine de Hongrie, Giannino ; son père en fut roi, mais elle, elle a été reine de France.

— Alors, c'est la femme du roi Charles le Biau ?

Non, la femme du roi c'était Madame d'Evreux, qu'on couronnait ce jour même ; et l'on irait d'ailleurs, tout à l'heure, au palais royal, donner un coup d'œil sur la cérémonie à la Sainte-Chapelle, afin que Giannino partît sur un dernier souvenir plus beau que tous les autres. Guccio, l'impatient Guccio, n'éprouvait ni ennui ni lassitude à expliquer à cette petite cervelle des choses qui semblaient évidentes et ne l'étaient nullement, si l'on ne les savait pas de longtemps. C'est ainsi que se fait l'apprentissage du monde.

Mais cette reine Clémence qu'on allait voir, qui était-elle alors ? Et comment Guccio la connaissait-il ?

De la rue des Lombards au Temple, par la rue de la Verrerie, il y avait peu de distance. Chemin faisant, Guccio racontait à l'enfant comment il était allé à Naples, avec le comte de Bouville... le gros seigneur, tu sais, que nous avons visité l'autre jour et qui t'a embrassé... afin de demander cette princesse en mariage pour le roi Louis Dixième qui était mort à présent. Et comment lui-même, Guccio, s'était trouvé auprès de Madame Clémence sur le bateau qui la conduisait en France, et comment il avait manqué de périr dans une grande tempête avant d'aborder à Marseille.

— Et ce reliquaire, que tu portes au cou, me fut donné par elle pour me remercier de l'avoir sauvée de la noyade.

Et ensuite, quand la reine Clémence avait eu un fils, c'était la mère de Giannino qui avait été choisie pour nourrice.

— Ma mère ne m'en a jamais rien dit, s'écria l'enfant surpris. Ainsi elle connaissait aussi Madame Clémence ?

Tout cela était bien compliqué. Giannino aurait aimé savoir si Naples était en Hongrie. Et puis il y avait des passants qui les bousculaient ; une phrase commencée restait en suspens ; un marchand d'eau, avec le tintamarre de ses seaux, interrompait une réponse. Il était bien difficile à l'enfant de faire de l'ordre dans le récit... « Ainsi tu es le frère de lait du petit roi Jean le Posthume qui mourut à cinq jours... »

Frère de lait, cela Giannino comprenait bien ce que c'était. A Cressay il en entendait parler tout le temps ; des frères de lait, il y en a plein la campagne. Mais frère de lait d'un roi ? Il y avait matière à rester songeur. Car un roi, c'est un homme grand et fort, avec une couronne en tête... Il n'avait jamais pensé que les rois pussent avoir des frères de lait, ni même être jamais de petits enfants. Quant à « posthume »... un autre mot bizarre, lointain comme la Hongrie.

— Ma mère ne m'en a jamais rien dit, répéta Giannino.

Et il commençait à en vouloir à sa mère de tant de choses étonnantes qu'elle lui avait cachées.

— Et pourquoi cela s'appelle le Temple, où nous allons ?
— A cause des Templiers.
— Ah ! oui ! je sais ; ils crachaient sur la croix, ils adoraient une tête de chat, et ils empoisonnaient les puits pour garder tout l'argent du royaume.

Il tenait cela du fils du charron qui répétait les propos de son père qui les tenait lui-même de Dieu sait qui. Il n'était pas aisé pour Guccio, dans cette foule et en si peu de temps, d'expliquer à son fils que la vérité était un peu plus subtile. Et l'enfant ne comprenait pas pourquoi la reine qu'on allait voir habitait chez d'aussi vilaines gens.

— Ils n'y habitent plus, *figlio mio*. Ils n'existent plus ; c'est l'ancienne demeure du grand-maître.
— Maître Jacques de Molay ? C'était lui ?
— Fais les cornes, fais les cornes avec les doigts, mon garçon, quand tu prononces ce nom-là !... Donc les Templiers ont été supprimés, brûlés ou chassés, le roi a pris le Temple qui était leur château...
— Quel roi ?

Il ne s'y retrouvait plus, le pauvre Giannino, parmi tant de souverains !

— Philippe le Bel.
— Tu l'as vu, toi, le roi le Bel ?

L'enfant en avait entendu parler, de ce roi terrifiant et maintenant si hautement respecté ; mais cela faisait partie de toutes les ombres d'avant sa naissance. Et Guccio fut attendri.

« C'est vrai, pensa-t-il, il n'était pas né ; pour lui, cela veut dire autant que Saint Louis ! »

Et comme la presse ralentissait leurs pas :

— Oui, je l'ai vu, répondit-il. J'ai même manqué de le renverser, dans une de ces rues, à cause de deux lévriers que je promenais en laisse, le jour de mon arrivée à Paris, il y a douze ans.

Et le temps lui reflua sur les épaules comme une grosse vague soudaine qui vous submerge et puis s'éparpille. Une écume de jours s'écroula autour de lui. Il était un homme, déjà, qui racontait ses souvenirs !

— Donc, continua-t-il, la maison des Templiers est devenue la propriété du roi Philippe le Bel, et après du roi Louis, et après du roi Philippe le Long qui a précédé le roi d'à présent. Et le roi Philippe le Long a donné le Temple à la reine Clémence, en échange du château de Vincennes qu'elle avait reçu par testament de son époux le roi Louis[32].

— *Padre mio*, je voudrais une oublie.

Il avait senti une bonne odeur de gaufre s'échappant d'un éventaire, et cela faisait disparaître d'un coup tout intérêt pour ces rois qui se succédaient trop vite et échangeaient leurs châteaux. Il savait déjà, d'autre part, que de commencer sa phrase par « *padre mio* » était un sûr moyen d'obtenir ce qu'il désirait ; mais cette fois la recette fut vaine.

— Non, quand nous reviendrons, car à présent tu te salirais. Rappelle-toi bien ce que je t'ai enseigné. Ne parle à la reine que si elle t'adresse la parole ; et puis tu t'agenouilleras pour lui baiser la main.

— Comme à l'église ?

— Non, pas comme à l'église. Viens, je vais te montrer, mais moi j'ai du mal à le faire à cause de ma jambe blessée.

Ils étaient curieux à voir, vraiment, pour les passants, cet étranger de petite taille, au teint sombre, et cet enfant tout blond qui, dans une encoignure de porte, s'entraînaient à la génuflexion.

— ... Et puis tu te relèves, rapidement ; mais ne bouscule pas la reine !

L'hôtel du Temple était fort modifié, depuis l'époque de Jacques de Molay ; et d'abord il avait été morcelé. La résidence de la reine Clémence ne comprenait que la grande tour carrée à quatre poivrières, quelques logis secondaires, remises, écuries, autour de la cour pavée, et un jardin partie potager et partie d'agrément. Le reste de la commanderie, les habitations des chevaliers, les armureries, les chantiers des compagnons, isolés par de hauts murs, avaient été affectés à d'autres usages. Et cette cour gigantesque, destinée aux rassemblements militaires, paraissait à présent déserte et comme morte. La litière d'apparat, à rideaux blancs, qui attendait la reine Clémence, y semblait un bateau arrivé par mégarde ou détresse dans un port désaffecté. Et bien qu'il y eût autour de la litière quelques écuyers et valets, tout l'hôtel avait un ton de silence et d'abandon.

Guccio et Giannino pénétrèrent dans la tour du Temple par la porte même d'où Jacques de Molay, extrait de son cachot, était sorti douze ans plus tôt pour être conduit au supplice[33]. Les salles avaient été remises à neuf ; mais, en dépit des tapisseries, des beaux objets d'ivoire, d'argent et d'or, ces lourdes voûtes, ces étroites fenêtres, ces murs où les bruits s'étouffaient, et les proportions mêmes de cette résidence guerrière, ne constituaient pas une demeure de femme, d'une femme de trente-deux ans. Tout y rappelait les hommes rudes, portant le glaive sur la robe, qui avaient un moment assuré à la chrétienté la suprématie totale dans les limites de l'ancien empire romain. Pour une jeune veuve, le Temple semblait une prison.

Madame Clémence fit peu attendre ses visiteurs. Elle apparut, vêtue déjà pour la cérémonie à laquelle elle se rendait, en robe blanche, gorgière de voile sur la naissance de la poitrine, manteau royal sur les épaules et couronne d'or en tête. Une reine vraiment comme on en voit peintes aux vitraux des églises. Giannino crut que les reines étaient vêtues de cette sorte tous les jours de la vie. Belle, blonde, magnifique, distante et le regard un peu absent, Clémence de Hongrie offrait un sourire qui n'était que de commande, le sourire qu'une reine sans pouvoir, sans royaume, se doit de laisser tomber sur le peuple qui l'approche.

Cette morte sans tombeau trompait ses jours trop longs par des occupations inutiles, collectionnait les pièces d'orfèvrerie, et c'était là tout l'intérêt qui lui restait au monde, ou qu'elle feignait d'avoir.

L'entrevue fut plutôt décevante pour Guccio qui attendait davantage d'émotion, mais non pour l'enfant qui voyait devant lui une sainte du ciel en manteau d'étoiles.

Madame de Hongrie posait ces questions bienséantes qui nourrissent la conversation des souverains lorsqu'ils n'ont rien à dire. Guccio avait beau tenter d'orienter l'entretien vers leurs communs souvenirs, vers Naples, vers la tempête, la reine éludait. Tout souvenir, en vérité, lui était pénible : elle repoussait les souvenirs. Et quand Guccio, cherchant à mettre en valeur Giannino, précisa : « Le frère de lait de votre infortuné fils, Madame », une expression presque dure passa sur le beau visage de Clémence. Une reine ne pleure pas en public. Mais c'était trop d'inconsciente cruauté, vraiment, que de lui présenter bien vivant, blond et frais, un enfant de l'âge qu'aurait eu le sien, et qui avait sucé le même lait.

La voix du sang ne parlait guère, mais seulement celle du malheur. Et puis le jour était peut-être mal choisi, alors que Clémence allait assister au couronnement d'une troisième reine de France depuis elle ! Elle s'obligea par politesse à demander :

— Que fera-t-il quand il sera grand, ce bel enfant ?

— Il tiendra banque, Madame, je l'espère du moins, comme nous tous.

La reine Clémence croyait que Guccio venait lui réclamer une créance ou le paiement de quelque coupe d'or, de quelque joyau dont elle se fût fournie chez son oncle. Elle avait une telle habitude de ces réclamations de fournisseurs ! Elle fut surprise quand elle comprit que ce jeune homme s'était dérangé seulement pour la voir. Existait-il donc encore des gens qui la venaient saluer sans rien avoir à requérir d'elle, ni remboursement ni service ?

Guccio dit à l'enfant de montrer à Madame la reine le reliquaire qu'il portait au cou. La reine ne se souvenait plus, et Guccio dut lui rappeler la visite qu'elle lui avait faite à l'hôtel-Dieu de Marseille. Elle pensa : « Ce jeune homme m'a aimée. »

Consolation illusoire des femmes dont la destinée amoureuse s'est arrêtée trop tôt, et qui ne sont plus attentives qu'aux signes des sentiments qu'elles ont pu inspirer autrefois !

Elle se pencha pour embrasser l'enfant. Mais Giannino se ragenouilla aussitôt, et lui baisa la main.

Elle chercha autour d'elle, d'un mouvement presque machinal, un cadeau à faire, aperçut une boîte de vermeil et la tendit à l'enfant en disant :

— Tu aimes sûrement les dragées ? Conserve ce drageoir et que Dieu te garde !

Il était temps de se rendre à la cérémonie. Elle monta en litière, ordonna de clore les rideaux blancs, et puis fut prise d'un mal d'être qui lui venait de tout le corps, de la poitrine, des jambes, du ventre, de toute cette beauté inutile ; elle put enfin pleurer.

Dans la rue du Temple la foule était nombreuse qui se dirigeait vers la Seine, vers la Cité, pour aller saisir quelques bribes du couronnement, et qui ne verrait sans doute rien d'autre qu'elle-même.

Guccio, prenant Giannino par la main, se mit à la suite de la litière blanche, comme s'il faisait partie de l'escorte de la reine. Ils purent ainsi franchir le Pont-au-Change, pénétrer dans la cour du Palais, et là s'arrêter pour voir passer les grands seigneurs qui entraient, en costume d'apparat, dans la Sainte-Chapelle. Guccio les reconnaissait pour la plupart et pouvait les nommer à l'enfant : la comtesse Mahaut d'Artois, encore grandie par sa couronne, et le comte Robert, son neveu, qui la dépassait en taille ; Monseigneur Philippe de Valois, maintenant pair de France, avec à son côté sa femme qui boitait ; et puis Madame Jeanne de Bourgogne, l'autre reine veuve. Mais quel était ce jeune couple, dix-huit et quinze ans environ, qui venait ensuite ? Guccio se renseigna auprès de ses voisins. On lui répondit que c'était Madame Jeanne de Navarre et son mari Philippe d'Evreux. Eh oui ! La fille de Marguerite de Bourgogne avait maintenant quinze ans, et elle était mariée, après tant de drames dynastiques autour et à cause d'elle suscités.

La presse devint telle que Guccio dut hisser Giannino sur ses épaules ; il y pesait lourd le petit diable !

Ah ! voici que s'avançait la reine Isabelle d'Angleterre, rentrée du Ponthieu. Guccio la trouva étonnamment peu changée depuis qu'il l'avait entrevue autrefois à Westminster, le temps de lui délivrer un message de Robert d'Artois. Pourtant il se la rappelait plus grande... Sur le même rang marchait son fils, le jeune Edouard d'Aquitaine. Et toutes les têtes se tendaient parce que la traîne du manteau ducal du jeune homme était portée par Lord Mortimer, comme si celui-ci eût été le grand chambellan du prince. Un défi de plus lancé au roi Edouard. Lord Mortimer présentait un visage victorieux, mais moins toutefois que le roi Charles le Bel, auquel on n'avait jamais vu figure si resplendissante, parce que la reine de France, cela se chuchotait, était enceinte de deux mois, enfin ! Et son couronnement officiel, jusque-là différé, constituait un remerciement.

Giannino se pencha soudain sur l'oreille de Guccio :

— *Padre, padre mio*, dit-il, le gros seigneur qui m'a embrassé l'autre jour, que nous sommes allés voir dans son jardin, il est là, il me regarde !

Brave Bouville, coincé dans la foule des dignitaires ; quelles confuses et troublantes pensées roulaient dans sa tête en apercevant le vrai roi de France, que tout le monde croyait dans un caveau de Saint-Denis, juché sur les épaules d'un négociant lombard, tandis qu'on couronnait l'épouse de son second successeur !

L'après-midi même, sur la route de Dijon, deux sergents d'armes du même comte de Bouville escortaient le voyageur siennois accompagné de l'enfant blond. Guccio Baglioni s'imaginait enlever son fils ; il volait en fait le tenant réel et légitime du trône. Et ce secret n'était connu que d'un vieillard auguste, dans une chambre d'Avignon emplie de cris d'oiseaux, d'un ancien chambellan, dans son jardin du Pré-aux-Clercs, et d'une jeune femme à jamais désespérée, dans un pré d'Ile-de-France. La reine veuve qui habitait au Temple continuerait de faire dire des messes pour un enfant mort.

4

Le conseil de Chaâlis

L'orage a nettoyé le ciel de fin juin. Dans les appartements royaux de l'abbaye de Chaâlis, cet établissement cistercien qui est une fondation capétienne et où les entrailles de Charles de Valois ont été déposées voici quelques mois, les cierges se consument en fumant et mélangent leur odeur de cire à l'air chargé des parfums de la terre après la pluie, et aux senteurs d'encens comme il en flotte dans toutes les demeures religieuses. Les insectes échappés à l'orage sont entrés par les ogives des fenêtres et dansent autour des flammes[34].

C'est un soir triste. Les visages sont pensifs, moroses, ennuyés, dans cette salle voûtée où les tapisseries déjà anciennes, à semis de fleurs de lis et du modèle exécuté en série pour les résidences royales, pendent le long de la pierre nue. Une dizaine de personnes se trouvent là réunies autour du roi Charles IV : Robert d'Artois, autrement appelé le comte de Beaumont-le-Roger, le nouveau comte de Valois, Philippe, l'évêque-pair de Beauvais, Jean de Marigny, le chancelier Jean de Cherchemont, le comte Louis de Bourbon, le boiteux, grand chambrier, le connétable Gaucher de Châtillon. Ce dernier a perdu son fils aîné l'année précédente, et cela, comme on dit, l'a vieilli d'un coup. Il paraît vraiment ses soixante-seize ans ; il est de plus en plus sourd et en accuse ces bouches à poudre qu'on lui a fait partir dans les oreilles au siège de La Réole.

Quelques femmes ont été admises parce qu'en vérité c'est une affaire de famille qu'on doit traiter ce soir. Il y a là les trois Jeanne, Madame Jeanne d'Evreux, la reine, Madame Jeanne de Valois, comtesse de Beaumont, l'épouse de Robert, et encore Madame Jeanne de Bourgogne, la méchante, l'avare, petite-fille de Saint Louis, boiteuse comme le cousin Bourbon, et qui est la femme de Philippe de Valois.

Et puis Mahaut, Mahaut aux cheveux tout gris et aux vêtements noirs et violets, forte en poitrine, en croupe, en épaules, en bras, colossale ! L'âge, qui ordinairement réduit la taille des êtres, n'a pas eu tel effet sur Mahaut d'Artois. Elle est devenue une vieille géante, et ceci est plus impressionnant encore qu'une jeune géante. C'est la première fois, depuis bien longtemps, que la comtesse d'Artois reparaît à la cour autrement que couronne en tête pour les cérémonies auxquelles l'oblige son rang, la première fois, en fait, depuis le règne de son gendre Philippe le Long.

Elle est arrivée à Chaâlis, dans les couleurs du deuil, pareille à un catafalque en marche, drapée comme une église la semaine de la Passion. Sa fille Blanche vient de mourir, à l'abbaye de Maubuisson où elle avait été enfin admise après qu'on l'eut d'abord transférée de Château-Gaillard dans une résidence moins cruelle, près de Coutances. Mais Blanche n'a guère profité de cette amélioration de son sort obtenue en échange de l'annulation du mariage. Elle est morte quelques mois après son entrée au couvent, épuisée par ses longues années de détention, par les terribles nuits d'hiver dans la forteresse des Andelys, morte de maigreur, de toux, de malheur, presque démente, sous un voile de religieuse, à trente ans. Et tout cela pour quelques mois d'amour, si même on peut appeler amour son aventure avec Gautier d'Aunay ; un entraînement plutôt à imiter les plaisirs de sa belle-sœur Marguerite de Bourgogne, alors qu'elle avait dix-huit ans, l'âge où l'on ne sait pas ce que l'on fait !

Ainsi celle qui aurait pu être en ce moment reine de France, la seule femme que Charles le Bel ait vraiment aimée, vient de s'éteindre alors qu'elle accédait à une relative paix. Et le roi Charles le Bel, en qui cette mort soulève de lourdes vagues de souvenirs, est triste devant sa troisième épouse qui sait fort bien à quoi il pense et qui feint de ne pas s'en apercevoir.

Mahaut a saisi l'occasion de ce deuil. Elle est venue d'elle-même et sans se faire annoncer, comme poussée seulement par le mouvement du cœur, offrir, elle la mère éprouvée, ses condoléances à l'ancien mari malheureux ; et ils sont tombés dans les bras l'un de l'autre. Mahaut, de sa lèvre moustachue, a baisé les joues de son ex-gendre ; Charles, d'un mouvement enfantin, a laissé tomber son front sur la monumentale épaule et répandu quelques larmes parmi les draperies de corbillard dont la géante est vêtue. Ainsi se modifient les relations entre les êtres humains quand la mort passe parmi eux et supprime les mobiles du ressentiment.

Elle a idée en tête, dame Mahaut, pour s'être précipitée à Chaâlis ; et son neveu Robert ronge son frein. Il lui sourit, ils se sourient, ils s'appellent « ma bonne tante », « mon beau neveu » et se témoignent *bon amour de parents* comme ils s'y sont engagés par le traité de 1318. Ils se haïssent. Ils s'entretueraient s'ils se trouvaient seuls dans une même pièce. Mahaut est venue en vérité... elle ne le dit pas mais Robert le devine bien !... à cause d'une lettre qu'elle a reçue. Toutes les personnes présentes, d'ailleurs, ont reçu la même lettre, à quelques variantes près : Philippe de Valois, l'évêque Marigny, le connétable, et le roi... surtout le roi.

Les étoiles parsèment la nuit qu'on aperçoit, claire, par les fenêtres. Ils sont dix, onze personnages de la plus haute importance, assis en cercle sous les voûtes, entre les piliers à chapiteaux sculptés, et ils sont très peu. Ils ne se donnent pas à eux-mêmes une véritable impression de force.

Le roi, de caractère faible et d'entendement limité, est, de surcroît, sans famille directe, sans serviteurs personnels. Les princes ou les dignitaires autour de lui ce soir assemblés, qui sont-ils ? Des cousins, ou bien des conseillers hérités de son père ou de son oncle. Nul qui soit véritablement à lui, créé par lui, lié à lui. Son père avait trois fils et deux frères siégeant à son Conseil ; et même les jours de brouille, même les jours où feu Monseigneur de Valois jouait les ouragans, c'était un ouragan de famille. Louis Hutin avait deux frères et deux oncles ; Philippe le Long, ces mêmes oncles, qui l'appuyaient diversement, et encore un frère, Charles lui-même. Ce survivant n'a presque plus rien. Son Conseil fait penser irrésistiblement à une fin de dynastie ; le seul espoir d'une continuation de la lignée, d'une dévolution directe, dort au ventre de cette femme silencieuse, ni jolie ni laide, qui se tient les mains croisées auprès de Charles, et qui se sait une reine de rechange.

La lettre, la fameuse lettre dont on est occupé, est datée du 19 juin et vient de Westminster ; le chancelier la tient en main, la cire verte du sceau brisé s'écaille sur le parchemin.

— Ce qui a produit si grande ire au cœur du roi Edouard paraît bien être que Monseigneur de Mortimer ait tenu le manteau du duc d'Aquitaine, lors du couronnement de Madame la reine. Que son personnel ennemi soit aposté auprès de son fils en telle marque de dignité, Sire Edouard ne l'a pu ressentir que comme personnelle offense.

C'est Monseigneur de Marigny qui vient de parler, accompagnant parfois son propos d'un geste de ses doigts où brille l'améthyste épiscopale. Ses trois robes superposées sont d'étoffe légère, ainsi qu'il convient pour la saison, et la robe de dessus, plus courte, tombe en plis harmonieux. On reconnaît par moments chez Monseigneur de Marigny un peu de l'autorité du grand Enguerrand dont il est maintenant le seul frère survivant.

Le visage du prélat paraît sans faiblesse, barré de sourcils horizontaux, de part et d'autre d'un nez droit. Monseigneur de Marigny, si le sculpteur respecte ses traits, fera un beau gisant pour le dessus de son tombeau... mais dans longtemps, car il est jeune encore. Il a su tôt profiter de la fortune d'Enguerrand quand celui-ci était au plus haut de sa gloire, et s'en séparer à point nommé quand Enguerrand fut précipité. Toujours il a traversé aisément les vicissitudes qu'entraînent les changements de règne ; récemment encore, il a bénéficié des tardifs remords de Charles de Valois. Il est fort influent au Conseil.

— Cherchemont, dit le roi Charles à son chancelier, refaites-moi la lecture de cet endroit où notre frère Edouard se plaint de messire de Mortimer.

Jean de Cherchemont déplie le parchemin, l'approche d'un cierge, marmonne un peu avant de retrouver les lignes en cause et lit :

— « ... *l'adhérence de notre femme et notre fils avec nos traîtres et ennemis mortels notoirement connus en tant que ledit traître, le Mortimer, porta à Paris la suite de notre fils, publiquement, en la solennité de couronnement de notre très chère sœur, votre compagne, la reine de France, à la Pentecôte dernière passée, en si grande honte et dépit de nous...* »

L'évêque Marigny se penche vers le connétable Gaucher et lui murmure :

— Que voilà lettre bien mal écrite !

Le connétable n'a pas bien entendu ; il se contente de bougonner :

— Un hors-nature, un sodomite !

— Cherchemont, reprend le roi, quel droit avons-nous de nous opposer à la requête de notre frère d'Angleterre, lorsqu'il nous enjoint de supprimer séjour à son épouse ?

Cette manière, de la part de Charles le Bel, de s'adresser à son chancelier, et non pas de se tourner, comme il le fait d'habitude, vers Robert d'Artois, son cousin, l'oncle de sa femme, son premier conseiller, prouve bien que pour une fois il a une volonté en tête.

Jean de Cherchemont, avant de répondre, parce qu'il n'est pas absolument sûr de l'intention du roi et qu'il craint d'autre part de heurter Monseigneur Robert, Jean de Cherchemont se réfugie dans la fin de la lettre comme si, avant de donner un avis, il lui fallait en méditer davantage les dernières lignes.

— « ... *Ce pour quoi, très cher frère*, lit le chancelier, *nous vous prions derechef, si affectueusement et de cœur comme nous pouvons, que cette chose que nous désirons souverainement, veuillez nosdites requêtes entendre et les parfaire bénignement, et tôt à effet, par profit et honneur d'entre nous ; et que nous ne soyons déshonorés...* »

L'évêque Marigny secoue la tête et soupire. Il souffre d'entendre une langue si rugueuse, si gauche ! Mais enfin, toute mal écrite qu'elle soit, cette lettre, le sens en est clair.

La comtesse Mahaut d'Artois se tait ; elle se garde bien de triompher trop tôt, et ses yeux gris brillent dans la lumière des cierges. Sa délation de l'automne dernier et ses machinations avec l'évêque d'Exeter, en voici les fruits mûrs au début de l'été, et bons à cueillir.

Personne ne lui ayant rendu le service de lui couper la parole, le chancelier se voit contraint d'émettre un avis.

— Il est certain, Sire, que selon les lois à la fois de l'Eglise et des royaumes, il faut de quelque manière donner apaisement au roi Edouard. Il réclame son épouse...

Jean de Cherchemont est un ecclésiastique, ainsi que le veut sa fonction ; et il se tourne vers l'évêque Marigny, quêtant des yeux un appui.

— Notre Saint-Père le pape nous a lui-même fait porter un message dans ce sens par l'évêque Thibaud de Châtillon, dit Charles le Bel.

Car Edouard est allé jusqu'à s'adresser au pape Jean XXII, lui envoyant transcription de toute la correspondance où s'étale son infortune conjugale. Que pouvait faire le pape Jean, sinon répondre qu'une épouse doit vivre auprès de son époux ?

— Il faut donc que Madame ma sœur s'en reparte vers son pays de mariage, ajouta Charles le Bel.

Il a dit cela sans regarder personne, les yeux baissés vers ses souliers brodés. Un candélabre qui domine son siège éclaire son front où l'on retrouve soudain quelque chose de l'expression butée de son frère le Hutin.

— Sire Charles, déclare Robert d'Artois, c'est livrer aux Despensers Madame Isabelle, poings liés, que de l'obliger à s'en retourner là-bas ! N'est-elle pas venue chercher auprès de vous refuge, parce qu'elle redoutait déjà d'être occise ? Que sera-ce à présent !

— Certes, Sire mon cousin, vous ne pouvez... dit le grand Philippe de Valois toujours prêt à épouser le point de vue de Robert.

Mais sa femme, Jeanne de Bourgogne, l'a tiré par la manche, et il s'est arrêté net ; et l'on verrait bien, si ce n'était la nuit, qu'il rougit.

Robert d'Artois s'est aperçu du geste, et du brusque mutisme de Philippe, et du regard qu'ont échangé Mahaut et la jeune comtesse de Valois. S'il pouvait, il lui tordrait bien le cou, à cette boiteuse-là !

— Ma sœur s'est peut-être agrandi le danger, reprend le roi. Ces Despensers ne paraissent pas de si méchantes gens qu'elle m'en a fait portrait. J'ai reçu d'eux plusieurs lettres fort agréables et qui montrent qu'ils tiennent à mon amitié.

— Et des présents aussi, de belle orfèvrerie, s'écrie Robert en se levant, et toutes les flammes des cierges vacillent et les ombres se partagent sur les visages. Sire Charles, mon aimé cousin, avez-vous, pour trois saucières de vermeil qui manquaient à votre buffet, changé de jugement au sujet de ces gens qui vous ont fait la guerre, et sont comme bouc à chèvre avec votre beau-frère ? Nous avons tous reçu présents de leur part ; n'est-il pas vrai, Monseigneur de Beauvais, et vous Cherchemont, et toi Philippe ? Un courtier en change, je puis vous donner son nom, il s'appelle maître Arnold, a reçu l'autre mois cinq tonneaux d'argent, pour un montant de cinq mille marcs esterlins, avec instruction de les employer à faire des amis au comte de Gloucester dans le Conseil du roi de France. Ces présents ne coûtent guère aux Despensers, car ils sont payés aisément sur les revenus du comté de Cornouailles qu'on a saisi à votre sœur. Voilà, Sire, ce qu'il vous faut savoir et vous remémorer. Et quelle loyauté pouvez-vous attendre d'hommes qui se déguisent en femmes pour servir les vices de leur maître ? N'oubliez pas ce qu'ils sont, et où siège leur puissance.

Robert ne saurait résister, même en Conseil, à la tentation de la grivoiserie ; il insiste :

— ... Siège : voilà le juste mot !

Mais son rire ne lève aucun écho, sinon chez le connétable. Le connétable n'aimait pas Robert d'Artois, autrefois, et il en avait assez donné les preuves en aidant Philippe le Long, au temps que celui-ci était régent, à défaire le géant et à le mettre en prison. Mais, depuis quelque temps, le vieux Gaucher trouve à Robert des qualités, à cause de sa voix peut-être, la seule qu'il comprenne sans effort.

Les partisans de la reine Isabelle, ce soir, se peuvent compter. Le chancelier est indifférent, ou plutôt il est attentif à conserver une charge qui dépend de la faveur ; son opinion grossira le courant le plus fort. Indifférente aussi, la reine Jeanne, qui pense peu ; elle souhaite surtout ne point éprouver d'émois qui soient nuisibles à sa grossesse. Elle est nièce de Robert d'Artois et ne laisse pas d'être sensible à son autorité, à sa taille, à son aplomb ; mais elle est soucieuse de montrer qu'elle est une bonne épouse, et prête donc à condamner par principe les épouses qui sont objet de scandale.

Le connétable serait plutôt favorable à Isabelle. D'abord parce qu'il déteste Edouard d'Angleterre pour ses mœurs, et ses refus de rendre l'hommage. De façon générale, il n'aime pas ce qui est anglais. Il excepte de ce sentiment Lord Mortimer qui a rendu bien des services ; ce serait lâcheté que de l'abandonner à présent. Il ne se gêne point pour le dire, le vieux Gaucher, et pour déclarer également qu'Isabelle a toutes les excuses.

— Elle est femme, que diable, et son mari n'est pas homme ! C'est lui le premier coupable !

Monseigneur de Marigny, haussant un peu la voix, lui répond que la reine Isabelle est fort pardonnable, et que lui-même, pour sa part, est prêt à lui donner l'absolution ; mais l'erreur, la grande erreur de Madame Isabelle, c'est d'avoir rendu son péché public ; une reine ne doit point offrir l'exemple de l'adultère.

— Ah ! c'est vrai, c'est juste, dit Gaucher. Ils n'avaient point besoin d'aller mains jointes en toutes cérémonies, et de partager la même couche comme cela se dit qu'ils le font.

Sur ce point-là, il donne raison à l'évêque. Le connétable et le prélat sont donc du parti de la reine Isabelle, mais avec quelques restrictions. Et puis là s'arrêtent les préoccupations du connétable sur ce sujet. Il pense au collège de langue romane, qu'il a fondé près de son château de Châtillon-sur-Seine, et où il serait en ce moment si on ne l'avait pas retenu pour cette affaire. Il s'en consolera en allant tout à l'heure écouter les moines chanter l'office de nuit, plaisir qui peut paraître étrange, pour un homme qui devient sourd ; mais voilà, Gaucher entend mieux dans le bruit. Et puis ce militaire a le goût des arts ; cela se trouve.

La comtesse de Beaumont, une belle jeune femme qui sourit toujours de la bouche et jamais des yeux, s'amuse infiniment. Comment ce géant qu'on lui a donné pour mari, et qui lui fournit un perpétuel spectacle, va-t-il se sortir de l'affaire où il est ? Il gagnera, elle sait qu'il gagnera ; Robert gagne toujours. Et elle l'aidera à gagner si elle le peut, mais point par des paroles publiques.

Philippe de Valois est pleinement favorable à Madame d'Angleterre, mais il va la trahir, parce que sa femme, qui hait Isabelle, lui a fait la leçon et que cette nuit elle se refusera à lui, après cris et tempêtes, s'il agit autrement qu'elle en a décidé. Et le gaillard à grand nez se trouble, hésite, bafouille.

Louis de Bourbon est sans courage. On ne l'envoie plus dans les batailles, parce qu'il prend la fuite. Il n'a aucun lien particulier avec la reine Isabelle.

Le roi est faible, mais capable d'entêtement, comme cette fois dont on se souvient où il refusa tout un mois à son oncle Charles de Valois la commission de lieutenant royal en Aquitaine. Il est plutôt mal disposé à l'égard de sa sœur parce que les ridicules lettres d'Edouard, à force de répétition, ont fini par agir sur lui ; et puis surtout parce que Blanche est morte et qu'il repense au rôle joué par Isabelle, il y a douze ans, dans la découverte du scandale. Sans elle, il n'aurait jamais su ; et même sachant, il aurait, sans elle, pardonné, pour garder Blanche. Cela valait-il tant d'horreur, d'infamie remuée, de jours de souffrances, et pour finir ce trépas ?

Le clan des ennemis d'Isabelle ne comprend que deux personnes, Jeanne la Boiteuse et Mahaut d'Artois, mais solidement alliées par une commune haine.

Si bien que Robert d'Artois, l'homme le plus puissant après le roi, et même, en beaucoup d'aspects, plus important que le souverain, lui dont l'avis prévaut toujours, qui décide de toutes choses d'administration, qui dicte les ordres aux gouverneurs, baillis et sénéchaux, Robert est seul, soudain, à soutenir la cause de sa cousine.

Ainsi en va-t-il de l'influence dans les cours ; c'est une étrange et fluctuante addition d'états d'âme, où les situations se transforment insensiblement avec la marche des événements et la somme des intérêts en jeu. Et les grâces portent en elles le germe des disgrâces. Non qu'aucune disgrâce menace Robert ; mais Isabelle vraiment est menacée. Elle que, voici quelques mois, on plaignait, on protégeait, on admirait, à qui l'on donnait raison en tout, dont on applaudissait l'amour comme une belle revanche, voilà qu'elle n'a plus au

Conseil du roi qu'un seul partisan. Or, l'obliger à rentrer en Angleterre, c'est tout exactement lui poser le cou sur le billot de la tour de Londres, et cela chacun le sait bien. Mais soudain on ne l'aime plus ; elle a trop triomphé. Personne n'est plus désireux de se compromettre pour elle, sinon Robert, mais parce que c'est pour lui une façon de lutter contre Mahaut.

Or, voici que celle-ci s'éploie à son tour et lance son attaque depuis longtemps préparée.

— Sire, mon cher fils, je sais l'amour que vous portez à votre sœur, et qui vous honore, dit-elle ; mais il faut bien regarder en face qu'Isabelle est une mauvaise femme dont tous nous pâtissons ou avons pâti. Voyez l'exemple qu'elle donne à votre cour, depuis qu'elle s'y trouve, et songez que c'est la même femme qui fit pleuvoir naguère mensonges sur mes filles et sur la sœur de Jeanne ici présente. Quand je disais alors à votre père... Dieu en garde l'âme !... qu'il se laissait abuser par sa fille, n'avais-je pas raison ? Elle nous a tous souillés à plaisir, par des mauvaises pensées qu'elle voyait dans le cœur des autres et qui ne sont qu'en elle, comme elle le prouve assez ! Blanche qui était pure, et qui vous a aimé jusqu'à ses derniers jours comme vous le savez, Blanche vient d'en mourir cette semaine ! Elle était innocente, mes filles étaient innocentes !

Le gros doigt de Mahaut, un index dur comme un bâton, prend le ciel à témoin. Et pour faire plaisir à son alliée du moment, elle ajoute, se tournant vers Jeanne la Boiteuse :

— Ta sœur était sûrement innocente, ma pauvre Jeanne, et tous nous avons subi le malheur à cause des calomnies d'Isabelle, et ma poitrine de mère en a saigné.

Si elle continue de la sorte, elle va faire pleurer l'assemblée ; mais Robert lui lance :

— Innocente, votre Blanche ? Je veux bien, ma tante, mais ce n'est tout de même point le Saint-Esprit qui l'a engrossée en prison !

Le roi Charles le Bel a une grimace nerveuse. Robert, vraiment, n'avait pas besoin de rappeler cela.

— Mais c'est le désespoir qui a poussé là ma fillette ! crie Mahaut toute rebiffée. Qu'avait-elle à perdre, cette colombe, souillée de calomnies, mise en forteresse et à demi folle ? A tel traitement, je voudrais bien savoir qui pourrait résister.

— Je fus en prison, moi aussi, ma tante, au temps où, pour vous plaire, votre gendre Philippe le Long m'y plaça. Je n'ai point engrossé pour autant la femme du geôlier ni, par désespoir, ne me suis servi du porte-clefs pour épouse, comme il paraît que cela se fait dans notre famille anglaise !

Ah ! le connétable commence à reprendre de l'intérêt au débat.

— Et qui vous dit d'ailleurs, mon neveu qui vous plaisez si fort à salir la mémoire d'une morte, qu'elle n'a pas été prise de force, ma Blanche ? On a bien étranglé sa cousine dans la même prison, dit Mahaut en regardant Robert dans les yeux ; on peut avoir violé l'autre ! Non, Sire mon fils, poursuit-elle en revenant au roi, puisque vous m'avez appelée à votre Conseil...

— Nul ne vous a appelée, dit Robert, vous êtes bien venue de vous-même.

Mais on ne coupe pas aisément la parole à la vieille géante.

— ... alors ce conseil, je vous le donne, et d'un cœur de mère que je n'ai jamais cessé d'avoir pour vous, en dépit de tout ce qui eût pu m'éloigner. Je vous le dis, Sire Charles : chassez votre sœur de France, car chaque fois qu'elle y est revenue, la couronne a connu un malheur ! L'année que vous fûtes fait chevalier avec vos frères et mon neveu Robert lui-même qui s'en doit souvenir, le feu prit à Maubuisson pendant le séjour d'Isabelle, et peu s'en fallut que nous ne fussions tous grillés ! L'année suivante, elle nous amena ce scandale qui nous a couverts de boue et d'infamie, et qu'une bonne fille du roi, une bonne sœur de ses frères, même s'il y avait eu quelque ombre de vérité, se serait dû de taire, au lieu d'aller clabauder partout, avec l'aide de qui je sais ! Et encore du temps de votre frère Philippe, quand elle vint à Amiens pour qu'Edouard rendît l'hommage, qu'est-il survenu ? Les pastoureaux ont ravagé le royaume ! Et je tremble à présent, depuis qu'elle est de retour ! Car vous attendez un enfant, qu'on espère mâle, puisqu'il vous faut donner un roi à la France ; alors je vous le dis bien, Sire mon fils : tenez cette porteuse de malheur distante du ventre de votre épouse !

Ah ! elle a bien ajusté son carreau d'arbalète. Mais Robert déjà riposte.

— Et quand notre cousin Hutin a trépassé, très bonne tante, où était donc Isabelle ? Point en France, que je sache. Et quand son fils, le petit Jean le Posthume, s'est éteint tout brusquement dans vos bras, où vous le teniez, très bonne tante, où était Isabelle ? Dans la chambre de Louis ? Parmi les barons assemblés ? Peut-être la mémoire me manque, je ne la revois pas. A moins, à moins que ces deux trépas de rois ne soient pas, dans votre pensée, à compter parmi les malheurs du royaume.

La gredine a affaire à plus fort gredin. Si deux paroles encore viennent à s'échanger, on va s'accuser clairement d'assassinat !

Le connétable connaît cette famille depuis près de soixante ans. Il plisse ses yeux de tortue :

— Ne nous égarons point, dit-il, et revenons, Messeigneurs, au sujet qui demande décision.

Et quelque chose passe dans sa voix qui rappelle, soudain, le ton des conseils du Roi de fer.

Charles le Bel caresse son front lisse et dit :

— Si, pour donner satisfaction à Edouard, on faisait sortir messire de Mortimer du royaume ?

Jeanne la Boiteuse prend la parole. Elle a la voix nette, pas très haute ; mais après ces grands beuglements qu'ont poussés les deux taureaux d'Artois, on l'écoute.

— Ce seraient peine et temps perdus, déclara-t-elle. Pensez-vous que notre cousine va se séparer de cet homme qui est maintenant son maître ? Elle lui est bien trop dévouée d'âme et de corps ; elle ne respire plus que par lui. Ou elle refusera son départ, ou elle partira de concert.

Car Jeanne la Boiteuse déteste la reine d'Angleterre, non seulement pour le souvenir de Marguerite, sa sœur, mais encore pour ce trop bel amour qu'Isabelle montre à la France. Et pourtant, Jeanne de Bourgogne n'a pas à se plaindre ; son grand Philippe l'aime vraiment, et de toutes les manières, bien qu'elle n'ait pas les jambes de la même longueur. Mais la petite-fille de Saint Louis voudrait être la seule, dans l'univers, à être aimée. Elle hait les amours des autres.

— Il faut prendre décision, répète le connétable.

Il dit cela parce que l'heure s'avance et parce qu'en cette assemblée les femmes vraiment parlent trop.

Le roi Charles l'approuve en hochant la tête et puis déclare :

— Demain matin, ma sœur sera conduite au port de Boulogne pour y être embarquée, et ramenée sous escorte à son légitime époux. Je le veux ainsi.

Il a dit « je le veux » et les assistants se regardent, car ce mot bien rarement est sorti de la bouche de Charles le Faible.

— Cherchemont, ajoute-t-il, vous préparerez la commission d'escorte que je scellerai de mon petit sceau.

Rien ne peut être ajouté. Charles le Bel est buté ; il est le roi, et parfois s'en souvient.

Seule la comtesse Mahaut se permet de dire :

— C'est sagement décidé, Sire mon fils.

Et puis l'on se sépare sans grands souhaits de bonne nuit, avec le sentiment d'avoir participé à une vilaine action. Les sièges sont repoussés, chacun se lève pour saluer le départ du roi et de la reine.

La comtesse de Beaumont est déçue. Elle avait cru que Robert, son époux, l'emporterait. Elle le regarde ; il lui fait signe de se diriger vers la chambre. Il a un mot encore à dire à Monseigneur de Marigny.

Le connétable d'un pas lourd, Jeanne de Bourgogne d'un pas boiteux, Louis de Bourbon boitant aussi, ont quitté la salle. Le grand Philippe de Valois suit sa femme avec un air de chien de chasse qui a mal rabattu le gibier.

Robert d'Artois parle un instant à l'oreille de l'évêque de Beauvais, lequel croise et décroise ses longs doigts.

Un moment plus tard, Robert regagne son appartement par le cloître de l'hôtellerie. Une ombre est assise entre deux colonnettes, une femme qui regarde la nuit.

— Bons rêves à vous, Monseigneur Robert.

Cette voix à la fois ironique et traînante appartient à la demoiselle de parage de la comtesse Mahaut, Béatrice d'Hirson, qui se tient là, songeuse semble-t-il, et attendant quoi ? Le passage de Robert ; celui-ci le sait bien. Elle se lève, s'étire, se découpe dans l'ogive, fait un pas, deux pas, d'un mouvement balancé, et sa robe glisse contre la pierre.

— Que faites-vous là, gentille garce ? lui dit Robert.

Elle ne répond pas directement, désigne de son profil les étoiles dans le ciel et dit :

— C'est belle nuit que voici, et pitié que de s'aller coucher seule. Le sommeil vient mal en la chaude saison...

Robert d'Artois s'approche jusqu'à venir contre elle, interroge de haut ces longs yeux qui le défient et brillent dans la pénombre, pose sa large main sur la croupe de la demoiselle... et puis brusquement se retire en secouant les doigts, comme s'il se brûlait.

— Eh ! belle Béatrice, s'écrie-t-il en riant, allez prestement vous mettre les naches au frais dans l'étang, car sinon vous allez flamber !

Cette brutalité de geste, cette grossièreté de paroles, font frémir la demoiselle Béatrice. Il y a longtemps qu'elle attend l'occasion de conquérir le géant : ce jour-là, Monseigneur Robert sera à la merci de la comtesse Mahaut et elle, Béatrice, connaîtra un désir enfin satisfait. Mais ce ne sera pas pour ce soir encore.

Robert a plus important à faire. Il gagne son appartement, entre dans la chambre de la comtesse sa femme ; celle-ci se redresse dans son lit. Elle est nue ; elle dort ainsi tout l'été. Robert caresse machinalement un sein qui lui appartient par mariage, juste un bonsoir. La comtesse de Beaumont n'éprouve rien de cette caresse, mais elle s'amuse ; elle s'amuse toujours de voir apparaître son mari, et d'imaginer ce qu'il peut avoir en tête. Robert d'Artois s'est affalé sur un siège ; il a étendu ses immenses jambes, les soulève de temps à autre, et les laisse retomber, les deux talons ensemble.

— Vous ne vous couchez point, Robert ?

— Non, ma mie, non. Je vais même vous quitter pour courir à Paris tout à l'heure, quand ces moines auront fini de chanter dans leur église.

La comtesse sourit.

— Mon ami, ne croyez-vous pas que ma sœur de Hainaut pourrait accueillir quelque temps Isabelle, et lui permettre de regrouper ses forces ?

— J'y pensais, ma belle comtesse, j'y pensais justement.

Allons ! Madame de Beaumont est rassurée ; son mari gagnera.

Ce n'était pas tellement le service d'Isabelle qui mit Robert d'Artois à cheval, cette nuit-là, que sa haine pour Mahaut. La gueuse voulait s'opposer à lui, nuire à ceux qu'il protégeait, et reprendre influence sur le roi ? On verrait bien qui garderait le dernier mot.

Il alla secouer son valet Lormet.

— Va faire seller trois chevaux. Mon écuyer, un sergent...

— Et moi ? dit Lormet.

— Non, pas toi, tu vas retourner dormir.

C'était gentillesse de la part de Robert. Les années commençaient à peser sur le vieux compagnon de ses méfaits, tout à la fois garde du corps, étrangleur et nourrice. Lormet maintenant avait le souffle court et supportait mal les brumes du petit matin. Il maugréa. Puisqu'on se passait de lui, à quoi bon l'avoir réveillé ? Mais il aurait bougonné plus encore s'il lui avait fallu partir.

Les chevaux furent vite sellés ; l'écuyer bâillait, le sergent d'armes achevait de se harnacher.

— En selle, dit Robert, ce sera une promenade.

Bien assis sur le troussequin de sa selle, il garda le pas pour sortir de l'abbaye par la ferme et les ateliers. Puis, aussitôt atteinte la Mer de sable qui s'étendait claire, insolite et nacrée, entre les bouleaux blancs, vrai paysage pour une assemblée de fées, il fit prendre le galop. Dammartin, Mitry, Aulnay, Saint-Ouen : une promenade de quatre heures avec quelques temps d'allure plus lente, pour souffler, et juste une halte, dans une auberge ouverte la nuit qui servait à boire aux rouliers de maraîchage.

Le jour ne pointait pas encore quand on arriva au palais de la Cité. La garde laissa passage au premier conseiller du roi. Robert monta droit aux appartements de la reine Isabelle, enjamba les serviteurs endormis dans les couloirs, traversa la chambre des femmes qui lancèrent des hurlements de volailles effarouchées et crièrent : « Madame, Madame ! on entre chez vous. »

Une veilleuse brûlait au-dessus du lit où Mortimer était couché avec la reine.

« Ainsi, c'est pour cela, pour qu'ils puissent dormir dans les bras l'un de l'autre, que j'ai galopé toute la nuit à m'enlever les fesses ! » pensa Robert.

La surprise passée, et les chandelles allumées, toute gêne fut oubliée, en raison de l'urgence.

Robert mit les deux amants au courant, rapidement, de ce qui s'était décidé à Chaâlis et se tramait contre eux. Tout en écoutant, et en questionnant, Mortimer se vêtait devant Robert d'Artois, très naturellement, comme cela se fait entre gens de guerre. La présence de sa maîtresse ne semblait pas non plus l'embarrasser ; ils étaient décidément bien installés en ménage.

— Il vous faut partir dans l'heure, mes bons amis, voilà mon conseil, dit Robert, et tirer vers les terres d'Empire pour vous y mettre à l'abri. Tous deux, avec le jeune Edouard, et peut-être Cromwell, Alspaye et Maltravers, mais peu de monde pour ne point vous ralentir, vous allez piquer sur le Hainaut, où je vais dépêcher un chevaucheur qui vous devancera. Le bon comte Guillaume et son frère Jean sont deux grands seigneurs loyaux, redoutés de leurs ennemis, aimés de leurs amis. La comtesse mon épouse vous appuiera pour sa part auprès de sa sœur. C'est le meilleur refuge que vous puissiez gagner pour le présent. Notre ami de Kent, que je vais prévenir, vous rejoindra en se détournant par le Ponthieu, afin de rassembler les chevaliers que vous avez là-bas. Et puis, à la grâce de Dieu !... Je veillerai à ce que Tolomei continue à vous acheminer des fonds ; d'ailleurs, il ne peut plus agir autrement, il est trop engagé avec vous. Grossissez vos troupes, faites votre possible, battez-vous. Ah ! si le royaume de France n'était si gros morceau, où je ne veux pas laisser champ libre aux mauvaisetés de ma tante, j'irais volontiers avec vous.

— Tournez-vous donc, mon cousin, que je me vête, dit Isabelle.

— Alors quoi, ma cousine, pas de récompense ? Ce coquin de Roger veut donc tout garder pour lui ? dit Robert en obéissant. Il ne s'ennuie pas, le gaillard !

Pour une fois, ses intentions grivoises ne parurent pas choquantes ; il y avait même quelque chose de rassurant dans cette manière de plaisanter, en plein drame. Cet homme qui passait pour si méchant était capable de bons gestes, et son impudeur de paroles, parfois, n'était qu'un masque à une certaine pudeur de sentiments.

— Je suis en train de vous devoir la vie, Robert, dit Isabelle.

— Charge de revanche, ma cousine, charge de revanche ! On ne sait jamais, lui cria-t-il par-dessus son épaule.

Il vit sur une table une coupe de fruits, préparée pour la nuit des amants ; il prit une pêche, y mordit largement et le jus doré lui baigna le menton.

Branle-bas dans les couloirs, écuyers courant aux écuries, messagers dépêchés aux seigneurs anglais qui logeaient en ville, femmes qui se hâtaient à fermer les coffres légers, après y avoir entassé l'essentiel ; tout un grand mouvement agitait cette partie du Palais.

— Ne prenez pas par Senlis, dit Robert, la bouche encombrée par sa douzième pêche ; notre bon Sire Charles en est trop proche et pourrait faire mettre à vos trousses. Passez par Beauvais et Amiens.

Les adieux furent brefs ; l'aurore commençait seulement à éclairer la flèche de la Sainte-Chapelle et déjà, dans la cour, l'escorte était prête. Isabelle s'approcha de la fenêtre ; l'émotion la retint un instant devant ce jardin, ce fleuve, et à côté de ce lit où elle avait connu le temps le plus heureux de sa vie. Quinze mois s'étaient écoulés depuis le premier matin où elle avait respiré, à cette même place, le parfum merveilleux que répand le printemps, quand on aime. La main de Roger Mortimer se posa sur son épaule, et les lèvres de la reine glissèrent vers cette main...

Bientôt les fers des chevaux sonnèrent dans les rues de la Cité, puis sur le Pont-au-Change, vers le nord.

Monseigneur Robert d'Artois gagna son hôtel. Quand le roi serait averti de la fuite de sa sœur, il y aurait beau temps que celle-ci se trouverait hors d'atteinte ; et Mahaut devrait se faire saigner pour que le flux du sang ne l'étouffât pas... « Ah ! ma bonne gueuse !... » Robert pouvait dormir, d'un lourd sommeil de bœuf, jusqu'aux cloches de midi.

QUATRIÈME PARTIE

LA CHEVAUCHÉE CRUELLE

1

Harwich

Les mouettes, encerclant de leur vol criard les mâtures des navires, guettaient les déchets tombant à la mer. Dans l'embouchure où se jettent à la fois l'Orwell et la Stour, la flotte voyait se rapprocher le port de Harwich, son môle de bois et sa ligne de maisons basses.

Déjà deux embarcations légères avaient abordé, débarquant une compagnie d'archers chargés de s'assurer de la tranquillité des parages ; la rive ne paraissait pas gardée. Il y avait eu un peu de confusion sur le quai où la population, d'abord attirée par toutes ces voiles qui arrivaient du large, s'était enfuie en voyant des soldats prendre pied ; mais bientôt rassurée, elle s'attroupait à nouveau.

Le navire de la reine, arborant à sa corne la longue flamme brodée des lis de France et des lions d'Angleterre, filait sur son erre. Dix-huit vaisseaux de Hollande le suivaient. Les équipages, aux commandements des maîtres mariniers, abaissaient les voilures ; les longues rames venaient de sortir du flanc des nefs, comme des plumes d'ailes soudain déployées, pour aider à la manœuvre.

Debout sur le château d'arrière, la reine d'Angleterre, entourée de son fils le prince Edouard, du comte de Kent, de Lord Mortimer, de messire de Jean de Hainaut et de plusieurs autres seigneurs anglais et hollandais, assistait à la manœuvre et regardait grandir la rive de son royaume.

Pour la première fois depuis son évasion, Roger Mortimer n'était pas habillé de noir. Il portait non point la grande cuirasse à heaume fermé, mais simplement l'équipement de petite bataille, le casque sans visière auquel s'attachait le camail d'acier, et le haubert de mailles par-dessus quoi flottait sa cotte d'armes rouge et bleu, ornée de ses emblèmes.

La reine était vêtue de la même manière, son mince et blond visage enchâssé dans le tissu d'acier, et la jupe traînant jusqu'à terre mais sous laquelle elle avait chaussé, comme les hommes, des jambières de mailles.

Et le jeune prince Edouard, lui aussi, se montrait en tenue de guerre. Il avait beaucoup grandi, ces derniers mois, et pris un peu tournure d'homme. Il observait les mouettes, les mêmes, lui semblait-il, aux mêmes cris rauques, aux mêmes becs avides, qui avaient accompagné le départ de la flotte dans l'embouchure de la Meuse.

Ces oiseaux lui rappelaient la Hollande. Tout, d'ailleurs, la mer grise, le ciel gris nuancé de vagues traînées roses, le quai aux petites maisons de brique où l'on allait bientôt aborder, le paysage vert, onduleux, laguneux qui s'étendait derrière Harwich, tout s'accordait pour le faire se souvenir des paysages hollandais. Mais aurait-il contemplé un désert de pierres et de sable, sous un soleil flambant, qu'il eût encore songé, par différence, à ces terres de Brabant, d'Ostrevant, de Hainaut, qu'il venait de quitter. C'est que Monseigneur Edouard, duc d'Aquitaine et héritier d'Angleterre, était, pour ses quatorze ans trois quarts, tombé amoureux en Hollande.

Et voici comment la chose s'était faite, et quels notables événements avaient marqué la mémoire du jeune prince Edouard.

Après qu'on eut fui Paris à la sauvette, en ce petit matin où Monseigneur d'Artois avait intempestivement éveillé le Palais, on s'était hâté, en forçant les journées, pour gagner au plus pressé les terres d'Empire, jusqu'à ce qu'on fût parvenu chez le sire Eustache d'Aubercicourt, lequel, aidé de sa femme, avait fait un accueil tout d'empressement et de liesse à la reine anglaise et à sa compagnie. Dès qu'installée et répartie au mieux dans le château cette chevauchée inattendue, messire d'Aubercicourt avait sauté en selle pour s'en aller prévenir le bon comte Guillaume, dont la femme était cousine germaine de la reine Isabelle, en sa ville capitale de Valenciennes. Le lendemain même accourait le frère cadet du comte, messire Jean de Hainaut.

Curieux homme que celui-ci ; non point d'apparence, car il était bien honnêtement fait, le visage rond sur un corps solide, l'œil rond, le nez rond au-dessus d'une brève moustache blonde ; mais singulier dans sa manière d'agir. Car, arrivé devant la reine, et pas encore débotté, il avait mis un genou sur les dalles, et s'était écrié, la main sur le cœur :

— Dame, voyez ici votre chevalier qui est prêt à mourir pour vous, quand même tout le monde vous ferait faute et j'userai de tout mon pouvoir, avec l'aide de vos amis, pour vous reconduire, vous et Monseigneur votre fils, par-delà la mer en votre Etat d'Angleterre. Et tous ceux que je pourrai prier y mettront leur vie, et nous aurons gens d'armes assez, s'il plaît à Dieu.

La reine, pour le remercier d'une aide si soudaine, avait esquissé le geste de s'agenouiller devant lui ; mais messire Jean de Hainaut l'en avait empêchée et la saisissant à pleins bras, et toujours la serrant et lui soufflant dans la figure, avait continué :

— Ne plaise à Dieu que jamais la reine d'Angleterre ait à se ployer devant quiconque. Confortez-vous, Madame, et votre gentil fils aussi, car je vous tiendrai ma promesse.

Lord Mortimer commençait à faire la longue figure, trouvant que messire Jean de Hainaut avait l'empressement un peu vif à mettre son épée au service des dames. Vraiment cet homme-là se prenait proprement pour Lancelot du Lac, car il avait déclaré tout soudain qu'il ne souffrirait dormir ce soir-là sous le même toit que la reine, afin de ne pas la compromettre, et comme s'il n'apercevait pas au moins six grands seigneurs autour d'elle ! Il s'en était allé faire benoîtement retraite en une abbaye voisine, pour revenir tôt le lendemain, après messe et boire, quérir la reine et conduire toute cette compagnie à Valenciennes.

Ah ! les excellentes gens que ce comte Guillaume le Bon, son épouse et leurs quatre filles, qui vivaient dans un château blanc ! Le comte et la comtesse formaient un ménage heureux ; cela se voyait sur leurs visages et s'entendait dans toutes leurs paroles. Le jeune prince Edouard, qui avait souffert dès l'enfance du spectacle de désaccord donné par ses parents, regardait avec admiration ce couple uni et, en toutes choses, bienveillant. Comme elles étaient heureuses, les quatre jeunes princesses de Hainaut, d'être nées en pareille famille !

Le bon comte Guillaume s'était offert au service de la reine Isabelle, de moins éloquente façon que son frère, toutefois, et en prenant quelques avis afin de ne point s'attirer les foudres du roi de France, ni celles du pape.

Messire Jean de Hainaut, lui, se dépensait. Il écrivait à tous les chevaliers de sa connaissance, les priant sur l'honneur et l'amitié de le venir joindre dans son entreprise et pour le vœu qu'il avait fait. Il mit tant à rumeur Hainaut, Brabant, Zélande et Hollande que le bon comte Guillaume s'inquiéta ; c'était tout l'ost de ses Etats, toute sa chevalerie, que messire Jean était en train de lever. Il l'invita donc à plus de modération ; mais l'autre ne voulait rien entendre.

— Messire mon frère, disait-il, je n'ai qu'une mort à souffrir, qui est dans la volonté de Notre Seigneur, et j'ai promis à cette gentille dame de la conduire jusque en son royaume. Ainsi ferai-je, même s'il m'en faut mourir, car tout chevalier doit aider de son loyal pouvoir toutes dames et pucelles déchassées et déconfortées, à l'instant qu'ils en sont requis !

Guillaume le Bon craignait aussi pour son Trésor, car tous ces bannerets auxquels on faisait fourbir leur cuirasse, il allait bien falloir les payer ; mais là-dessus, il fut rassuré par Lord Mortimer, qui semblait tenir des banques lombardes assez d'argent pour entretenir mille lances.

On resta donc près de trois mois à Valenciennes, à mener la vie courtoise, tandis que Jean de Hainaut annonçait chaque jour quelque nouveau ralliement d'importance, tantôt celui du sire Michel de Ligne ou du sire de Sarre, tantôt du chevalier Oulfart de Ghistelles, ou Perceval de Semeries, ou Sance de Boussoy.

On alla comme en famille faire pèlerinage en l'église de Sebourg aux reliques de saint Druon, fort vénérées depuis que le grand-père du comte Guillaume, Jean d'Avesnes, qui souffrait d'une pénible gravelle, en avait obtenu guérison.

Des quatre filles du comte Guillaume, la deuxième, Philippa, avait plu tout de suite au jeune prince Edouard. Elle était rousse, potelée, criblée de taches de son, le visage large et le ventre déjà bombu ; une bonne petite Valois, mais teintée de Brabant. Les deux jeunes gens se trouvaient parfaitement appareillés par l'âge ; et l'on eut la surprise de voir le prince Edouard, qui ne parlait jamais, se tenir autant qu'il le pouvait auprès de la grosse Philippa, et lui parler, parler, parler pendant des heures entières... Cette attirance n'échappait à personne ; les silencieux ne savent plus feindre dès qu'ils abandonnent le silence.

Aussi la reine Isabelle et le comte de Hainaut étaient-ils vite venus à l'accord de fiancer leurs enfants qui montraient l'un pour l'autre si grande inclination. Par là Isabelle cimentait une alliance indispensable ; et le comte de Hainaut, du moment que sa fille était promise à devenir reine un jour en Angleterre, ne voyait plus que du bien à prêter ses chevaliers.

Malgré les ordres formels du roi Edouard II, qui avait interdit à son fils de se fiancer ou de se laisser fiancer sans son consentement[35], les dispenses avaient été déjà demandées au Saint-Père. Il semblait vraiment écrit dans les destins que le prince Edouard épouserait une Valois ! Son père, trois ans plus tôt, avait refusé pour lui une des dernières filles de Monseigneur Charles, bienheureux refus puisque maintenant le jeune homme allait pouvoir s'unir à la petite-fille de ce même Monseigneur Charles, et qui lui plaisait.

L'expédition, aussitôt, avait pris pour le prince Edouard un sens nouveau. Si le débarquement réussissait, si l'oncle de Kent et Lord Mortimer, avec l'aide du cousin de Hainaut, parvenaient à chasser les mauvais Despensers et à commander en leur place auprès du roi, celui-ci serait bien forcé d'agréer à ce mariage.

On ne se gênait plus, d'ailleurs, pour parler devant le jeune homme des mœurs de son père ; il en avait été horrifié, écœuré. Comment un homme, un chevalier, un roi, pouvait-il se conduire de pareille manière avec un seigneur de sa cour ? Le prince était résolu, quand viendrait son tour de régner, à ne jamais tolérer pareilles turpitudes parmi ses barons, et il montrerait à tous, auprès de sa Philippa, un vrai, bel et loyal amour d'homme et de femme, de reine et de roi. Cette ronde, rousse et grasse personne, déjà fortement féminine, et qui lui paraissait la plus belle demoiselle de toute la terre, avait sur le duc d'Aquitaine un pouvoir rassurant.

Ainsi c'était son droit à l'amour que le jeune homme allait gagner, et cela effaçait pour lui la peine qu'il y a à marcher en guerre contre son propre père.

Trois mois donc avaient passé de cette manière heureuse, les plus beaux sans conteste qu'eût connus le prince Edouard.

Le rassemblement des Hennuyers, puisque ainsi s'appelaient les chevaliers de Hainaut, s'était fait à Dordrecht, sur la Meuse, jolie ville étrangement coupée de canaux, de bassins, où chaque rue de terre enjambait une rue d'eau, où les navires de toutes les mers, et ceux aussi, plats et sans voiles, qui remontaient les rivières, accostaient jusque devant le parvis des églises. Une cité pleine de négoces et de richesses, où les seigneurs marchaient sur les quais entre les ballots de laine et les caisses d'épices, où l'odeur de poisson, fraîche et salée, flottait autour des halles, où les mariniers et les portefaix mangeaient dans la rue de belles soles blondes toutes chaudes surgies de la friture et qu'on achetait aux éventaires, où le peuple, sortant après messe de la grosse cathédrale de brique, venait badauder devant ce grand arroi de guerre, jamais encore vu, et qui se tenait au pied des demeures ! Les mâtures des nefs se balançaient plus haut que les toits.

Combien d'heures, et d'efforts, et de cris n'avait-il pas fallu pour charger les bateaux, ronds comme les sabots dont la Hollande était chaussée, de tout l'attirail de cette cavalerie : caisses d'armements, coffres aux cuirasses, vivres, cuisines, fourneaux, et une maréchalerie par bannière et cent hommes avec les enclumes, les soufflets, les marteaux ! Ensuite, on avait dû embarquer les gros chevaux de Flandre, ces lourds alezans pattus aux robes presque rouges sous le soleil, avec des crinières plus pâles, délavées et flottantes, et d'énormes croupes charnues, soyeuses, vraies montures de chevaliers sur lesquelles on pouvait poser les selles à hauts arçons, accrocher les caparaçons de fer, et placer un homme en armure ; près de quatre cents livres à emporter au galop.

On comptait mille et plus de ces chevaux, car messire Jean de Hainaut, tenant parole, avait réuni mille chevaliers, accompagnés de leurs écuyers, leurs varlets, leurs goujats, soit au total deux mille sept cent cinquante-sept hommes à solde, d'après le registre qu'en tenait Gérard de Alspaye.

Le château d'arrière de chaque vaisseau servait d'appartement aux grands seigneurs de l'expédition.

Ayant mis à la voile le matin du 22 septembre, afin de profiter des courants d'équinoxe, on avait navigué tout un jour sur la Meuse pour venir s'ancrer devant les digues de Hollande. Les mouettes criardes tournaient autour des nefs. Le lendemain, la flotte cinglait vers la haute mer. Le temps paraissait beau ; mais voici que vers la fin du jour le vent s'était levé par le travers, contre lequel les navires avaient peine à lutter ; sur une eau creusée d'énormes vagues, toute l'expédition souffrait de grand malaise et de grande peur. Les chevaliers vomissaient par-dessus les rambardes quand encore il leur restait la force de s'en approcher. Les équipages eux-mêmes étaient incommodés et les chevaux, bousculés dans les écuries d'entrepont, répandaient des odeurs affreuses. Une tempête est plus effrayante de nuit que de jour. Les aumôniers s'étaient mis en prières.

Messire Jean de Hainaut faisait merveille de courage et de réconfort auprès de la reine Isabelle, un peu trop même, car il est certaines occasions où l'empressement des hommes peut devenir importun aux dames. La reine avait éprouvé comme un soulagement lorsque messire de Hainaut s'était trouvé malade à son tour.

Seul, Lord Mortimer paraissait résister au gros temps ; les hommes jaloux ne souffrent pas du mal de mer, du moins cela se dit. En revanche, le baron de Maltravers présentait lorsque vint l'aurore un pitoyable aspect. Le visage plus long et plus jaune que jamais, les cheveux pendant sur les oreilles, la cotte d'armes maculée, il était assis les jambes écartées contre un rouleau de filin, et gémissait à chaque vague comme si elle eût apporté son trépas.

Enfin, par la grâce de Monseigneur saint Georges la mer s'étant apaisée, chacun avait pu remettre un peu d'ordre sur sa personne. Puis les hommes de vigie avaient reconnu la terre d'Angleterre, à quelques milles seulement plus au sud du point où l'on voulait arriver ; les mariniers s'étaient dirigés vers le port de Harwich où l'on abordait à présent, et dont la nef royale, rames levées, frôlait déjà le môle de bois.

Le jeune prince Edouard d'Aquitaine, à travers ses longs cils blonds, contemplait rêveusement les choses autour de lui, car tout ce que son regard rencontrait et qui était rond, roux ou rose, les nuages poussés par la brise de septembre, les voiles basses et gonflées des derniers navires, les croupes des alezans de Flandre, les joues de messire Jean de Hainaut, tout lui rappelait, invinciblement, la Hollande de ses amours.

En posant la semelle sur le quai de Harwich, Roger Mortimer se sentit tout à fait semblable à son ancêtre qui, deux cent soixante années plus tôt, avait débarqué sur le sol anglais aux côtés du Conquérant. Et cela se vit bien à son air, à son ton et à la manière dont il prit toutes choses en main.

Il partageait la direction de l'expédition, à égalité de commandement, avec Jean de Hainaut, partage assez normal puisque Mortimer n'avait pour lui que sa bonne cause, quelques seigneurs anglais et l'argent des Lombards ; tandis que l'autre conduisait les deux mille sept cent cinquante-sept hommes qui allaient combattre. Toutefois, Mortimer considérait que l'autorité de Jean de Hainaut ne devait s'exercer que sur l'organisation et la subsistance des troupes, tandis que lui-même entendait garder la responsabilité entière des opérations. Le comte de Kent, pour sa part, semblait peu soucieux de se pousser en avant ; car si, en dépit des informations optimistes qu'on avait reçues, une partie de la noblesse demeurait fidèle au roi Edouard, les troupes de ce dernier seraient commandées par le comte de Norfolk, maréchal d'Angleterre, c'est-à-dire le propre frère de Kent. Or, se révolter contre un demi-frère plus vieux de vingt ans et qui se montre mauvais roi est une chose ; mais c'en est une tout autre que de tirer l'épée contre un frère très aimé et dont un an seulement vous sépare.

Mortimer, cherchant d'abord le renseignement, avait fait quérir le Lord-maire de Harwich. Savait-il où se trouvaient les troupes royales ? Quel était le plus proche château qui pouvait offrir abri à la reine le temps qu'on débarquât les hommes et qu'on déchargeât les navires ?

— Nous sommes ici, déclara Mortimer au Lord-maire, pour aider le roi Edouard à se défaire des mauvais conseillers dont gémit son royaume, et pour remettre la reine en l'état qui lui est dû. Nous n'avons donc point d'autres intentions que celles inspirées par la volonté des barons et de tout le peuple d'Angleterre.

Voilà qui était bref, clair, ce que Roger Mortimer répéterait à chaque halte afin d'expliquer, aux gens qui s'en pourraient surprendre, l'arrivée de cette armée étrangère.

Le Lord-maire, un vieil homme dont les cheveux blancs voletaient, et qui frissonnait dans sa robe, non point de froid mais de peur, ne paraissait guère avoir d'informations. Le roi, le roi ?... On disait qu'il était à Londres, à moins qu'il ne fût à Portsmouth... En tout cas, à Portsmouth, une grande flotte devait être rassemblée, puisqu'un ordre du mois dernier avait commandé à tous les bateaux de s'y diriger pour prévenir une invasion française ; cela expliquait qu'il y eût si peu de navires dans le port.

Lord Mortimer ne négligea pas de montrer à ce moment quelque fierté et particulièrement devant messire de Hainaut. Car il avait fait habilement répandre, par des émissaires, son intention de débarquer sur la côte sud ; la ruse avait pleinement réussi. Mais Jean de Hainaut pouvait être orgueilleux, pour sa part, de ses mariniers hollandais qui avaient tenu leur cap en dépit de la tempête.

La région n'était point gardée ; le Lord-maire n'avait pas connaissance de mouvements de troupes dans les parages, ni reçu autre consigne que celle de surveillance habituelle. Un lieu où se retrancher ? Le Lord-maire suggérait l'abbaye de Walton, à trois lieues au sud en contournant les eaux. Il était fort désireux, au fond de soi, de se débarrasser sur les moines du soin d'abriter cette compagnie.

Il fallait constituer une escorte de protection pour la reine.

— Je la commanderai ! s'écria Jean de Hainaut.

— Et le débarquement de vos Hennuyers, messire, dit Mortimer, qui va y veiller ? Et combien de temps cela va-t-il prendre ?

— Trois grosses journées, pour qu'ils soient constitués en ordre de marche. Je laisserai à y pourvoir Philippe de Chasteaux, mon maître écuyer.

Le plus grand souci de Mortimer concernait les messagers secrets qu'il avait envoyés de Hollande vers l'évêque Orleton et le comte de Lancastre. Ces derniers avaient-ils été joints, prévenus en temps voulu ? Et où étaient-ils présentement ? Par les moines, on pourrait sans doute le savoir et dépêcher des chevaucheurs qui, de monastère en monastère, parviendraient jusqu'aux deux chefs de la résistance intérieure.

Autoritaire, calme en apparence, Mortimer arpentait la grand-rue de Harwich, bordée de maisons basses ; il se retournait, impatient de voir se former l'escorte, redescendait au port pour presser le débarquement des chevaux, revenait à l'auberge des Trois Coupes où la reine et le prince Edouard attendaient leurs montures. En cette même rue qu'il foulait, passerait et repasserait, pendant plusieurs siècles, l'histoire de l'Angleterre[36].

Enfin l'escorte fut prête ; les chevaliers arrivaient, se rangeant par quatre de front et occupant ainsi toute la largeur de High Street. Les goujats couraient à côté des chevaux pour fixer une dernière boucle au caparaçon ; les lances oscillaient devant les étroites fenêtres ; les épées tintaient contre les genouillères.

On aida la reine à monter sur son palefroi, et puis la chevauchée commença à travers la campagne vallonnée, aux arbres clairsemés, aux landes envahies par la marée et aux rares maisons coiffées de toits de chaume. Derrière des haies basses, des moutons à laine épaisse broutaient l'herbe autour de flaques d'eau saumâtre. Un pays assez triste, en somme, enveloppé dans la brume de l'estuaire. Mais Kent, Cromwell, Alspaye, la poignée d'Anglais, et Maltravers lui-même, tout malade qu'il fût encore, regardaient ce paysage, se regardaient, et les larmes leur brillaient aux yeux. Cette terre-là, c'était celle de l'Angleterre !

Et soudain, à cause d'un cheval de ferme qui avançait la tête par-dessus la demi-porte d'une écurie et qui se mit à hennir au passage de la cavalcade, Roger Mortimer sentit fondre sur lui l'émotion du pays retrouvé. Cette joie si longtemps attendue, et qu'il n'avait pas encore ressentie, tant il avait de graves pensées en tête et de décisions à prendre, il venait de la rencontrer, au milieu de la campagne, parce qu'un cheval anglais hennissait vers les chevaux de Flandre.

Trois ans d'éloignement, trois ans d'exil, d'attente et d'espérance ! Mortimer se revit tel qu'il était la nuit de son évasion de la Tour, tout trempé, glissant dans une barque au milieu de la Tamise, pour atteindre un cheval, sur l'autre rive. Et voici qu'il revenait, ses armoiries brodées sur la poitrine, et mille lances avec lui pour soutenir son combat. Il revenait, amant de cette reine à laquelle il avait si fort rêvé en prison. La vie survient parfois semblable au songe qu'on en a fait, et c'est seulement alors qu'on peut se dire heureux.

Il tourna les yeux, dans un mouvement de gratitude et de partage, vers la reine Isabelle, vers ce beau profil, serti dans le tissu d'acier, et où l'œil brillait comme un saphir. Mais Mortimer vit que messire Jean de Hainaut, qui marchait de l'autre côté de la reine, la regardait aussi, et sa grande joie tomba d'un coup. Il eut l'impression d'avoir déjà connu cet instant-là, de le revivre, et il en fut troublé, car peu de sentiments en vérité sont aussi inquiétants que celui, qui parfois nous assaille, de reconnaître un chemin où l'on n'est jamais passé. Et puis il se souvint de la route de Paris, le jour où il était allé accueillir Isabelle à son arrivée, et se rappela Robert d'Artois cheminant auprès de la reine, comme Jean de Hainaut à présent.

Et il entendit la reine prononcer :

— Messire Jean, je vous dois tout, et d'abord d'être ici.

Mortimer se renfrogna, se montra sombre, brusque, distant, pendant tout le reste du parcours, et encore lorsqu'on fut parvenu chez les moines de Walton et que chacun s'installa, qui dans le logis abbatial, qui dans l'hôtellerie, et la plupart des hommes d'armes dans les granges. A ce point que la reine Isabelle, lorsqu'elle se retira au soir avec son amant, lui demanda :

— Mais qu'avez-vous eu, toute cette fin de journée, gentil Mortimer ?

— J'ai, Madame, que je croyais avoir bien servi ma reine et mon amie.

— Et qui vous a dit, beau sire, que vous ne l'avez point fait ?

— Je pensais, Madame, que c'était à moi que vous deviez votre retour en ce royaume.

— Mais qui a prétendu que je ne vous le devais point ?

— Vous-même, Madame, vous-même, qui l'avez déclaré devant moi à messire de Hainaut, en lui rendant grâces de tout.

— Oh ! Mortimer, mon doux ami, s'écria la reine, comme vous prenez ombrage de toute parole ! Quel mal y a-t-il vraiment à remercier qui vous oblige ?

— Je prends ombrage de ce qui est, répliqua Mortimer. Je prends ombrage des paroles comme je prends ombrage aussi de certains regards dont j'espérais, loyalement, que vous ne les deviez adresser qu'à moi. Vous êtes fleureteuse, Madame, ce que je n'attendais point. Vous fleuretez !

La reine était lasse. Les trois jours de mauvaise mer, l'inquiétude d'un débarquement fort aventureux et, pour finir, cette course de quatre lieues, l'avaient mise à suffisante épreuve. Connaissait-on beaucoup de femmes qui en eussent supporté autant, sans jamais se plaindre ni causer de souci à personne ? Elle attendait plutôt un compliment pour sa vaillance que des remontrances de jalousie.

— Quel fleuretage, ami, je vous le demande ! dit-elle avec impatience. L'amitié chaste que messire de Hainaut m'a vouée peut porter à rire, mais elle vient d'un bon cœur ; et n'oubliez pas en outre qu'elle nous vaut les troupes que nous avons ici. Souffrez donc que sans l'encourager j'y réponde un peu, car comptez donc nos Anglais, et comptez ses Hennuyers. C'est pour vous aussi que je souris à cet homme qui vous irrite tant !

— A mal agir, on découvre toujours quelque bonne raison. Messire de Hainaut vous sert par grand amour, je le veux bien, mais non jusqu'à refuser l'or dont on le paye pour cela. Il ne vous est donc point besoin de lui offrir si tendres sourires. Je suis humilié pour vous de vous voir déchoir de cette hauteur de pureté où je vous plaçais.

— Cette hauteur de pureté, ami Mortimer, vous n'avez pas paru blessé que j'en déchusse, le jour que ce fut dans vos bras.

C'était leur première brouille. Fallait-il qu'elle éclatât justement ce jour-là qu'ils avaient tant espéré, et pour lequel pendant tant de mois, ils avaient uni leurs efforts ?

— Ami, ajouta plus doucement la reine, cette grande ire qui vous prend ne viendrait-elle pas de ce que je vais à présent être à moins de distance de mon époux, et que l'amour nous sera moins facile ?

Mortimer baissa le front que barraient ses rudes sourcils.

— Je crois en effet, Madame, que maintenant que vous voici sur le sol de votre royaume, il nous faut faire couche séparée.

— C'est tout juste ce dont j'allais vous prier, doux ami, répondit Isabelle.

Il passa la porte de la chambre. Il ne verrait pas sa maîtresse pleurer. Où étaient-elles, les heureuses nuits de France ?

Dans le couloir du logis abbatial, Mortimer rencontra le jeune prince Edouard, portant un cierge qui éclairait son mince et blanc visage. Etait-il là pour épier ?

— Vous ne dormez donc point, my Lord ? lui demanda Mortimer.

— Non, je vous cherchais, my Lord, pour vous prier de me dépêcher votre secrétaire... Je voudrais, ce soir de mon retour au royaume, envoyer une lettre à Madame Philippa...

2

L'heure de lumière

« A très bon et puissant seigneur Guillaume, comte de Hainaut, Hollande et Zélande.

« Mon très cher et très aimé frère, en la garde de Dieu, salut.

« Or nous étions encore à mettre sur pied nos bannières autour du port marin de Harwich, et la reine à camper en l'abbaye de Walton, quand la bonne nouvelle nous est parvenue que Monseigneur Henry de Lancastre, qui est cousin au roi Edouard et qu'on appelle communément ici le Lord au Tors-Col à cause qu'il a la tête plantée de travers, était en marche pour nous rencontrer, avec une armée de barons et chevaliers et autres hommes levés sur leurs terres, et aussi les Lords évêques de Hereford, Norwich et Lincoln, pour se mettre tous au service de la reine, ma Dame Isabelle. Et Monseigneur de Norfolk, maréchal d'Angleterre, s'annonçait pour sa part, et dans les mêmes intentions, avec ses troupes vaillantes.

« Nos bannières et celles des Lords de Lancastre et de Norfolk se sont rejointes en une place nommée Bury-Saint-Edmonds où il y avait marché justement ce jour-là qui se tenait à même les rues.

« La rencontre se fit dans une liesse que je ne puis vous peindre. Les chevaliers sautant à bas de leurs destriers, se reconnaissant, s'embrassant à l'accolade ; Monseigneur de Kent et Monseigneur de Norfolk, poitrine sur poitrine, et tout en larmes comme de vrais frères longtemps séparés, et messire de Mortimer en faisant autant avec le seigneur évêque de Hereford, et Monseigneur au Tors-Col baisant aux joues le prince Edouard, et tous courant au cheval de la reine pour fêter celle-ci et poser les lèvres à la frange de sa robe. Ne serais-je venu au royaume d'Angleterre que pour voir cela, tant d'amour et de joie se pressant autour de ma Dame Isabelle, je me sentirais assez payé de mes peines. D'autant que le peuple de Saint-Edmonds, abandonnant ses volailles et légumes étalés à Péventaire, s'était joint à l'allégresse et qu'il parvenait sans cesse du monde de la campagne alentour.

« La reine m'a présenté, avec force compliments et gentillesse, à tous les seigneurs anglais ; et puis j'avais, pour me désigner, nos mille lances de Hollande derrière moi, et j'ai fierté, mon très aimé frère, de la noble figure que nos chevaliers ont montrée devant ces seigneurs d'outremer.

« La reine n'a pas manqué non plus de déclarer à tous ceux de sa parenté et de son parti que c'était grâce au Lord Mortimer qu'elle était ainsi de retour et si fortement appuyée ; elle a hautement loué les services de Monseigneur de Mortimer, et ordonné qu'on se conformât en tout à son conseil. D'ailleurs ma Dame Isabelle elle-même ne prend aucun décret sans s'être auparavant consultée à lui. Elle l'aime et en fait devanture ; mais ce ne peut être que de chaste amour, quoi qu'en prétendent les langues toujours prêtes à médire, car elle mettrait plus de soin à dissimuler s'il en était autrement ; et je sais bien aussi, aux yeux qu'elle a pour moi, qu'elle ne pourrait me regarder de telle sorte si sa foi n'était libre. J'avais craint un peu à Walton que leur amitié, pour un motif que je ne sais, se fût refroidie un petit ; mais tout prouve qu'il n'en est rien et qu'ils restent bien unis, de laquelle chose je me réjouis, car il est naturel qu'on aime ma Dame Isabelle pour toutes les belles et bonnes qualités qu'elle a ; et je voudrais que chacun lui montrât même amour que celui que je lui dévoue.

« Les seigneurs évêques ont apporté des fonds avec eux, à suffisance, et promis qu'ils en recevraient d'autres collectés dans leurs diocèses, et ceci m'a bien rassuré quant à la solde de nos Hennuyers pour lesquels je craignais que les aides lombardes de messire de Mortimer ne fussent trop vite épuisées. Ce que je vous conte s'est passé le vingt-huitième jour de septembre.

« A partir de là, où nous nous remîmes en marche, ce fut une avance en grand triomphe à travers la ville de Neuf-Market, nombreusement fournie d'auberges et allogements, et la noble cité de Cambridge où tout le monde parle latin que c'est merveille et où l'on compte plus de clercs, en un seul collège, que vous n'en pourriez assembler en tout votre Hainaut. Partout l'accueil du peuple comme celui des seigneurs nous a prouvé assez que le roi n'était pas aimé, que ses mauvais conseillers l'ont fait haïr et mépriser ; aussi nos bannières sont saluées au cri de "délivrance" !

« Nos Hennuyers ne s'ennuient pas, selon ce qu'a dit messire Henry au Tors-Col qui use, ainsi que vous voyez, de la langue française avec gentillesse, et dont cette parole, lorsqu'elle m'est revenue aux oreilles, m'a fait rire de joie tout un grand quart d'heure, et que j'en ris encore à chaque fois que d'y repenser ! Les filles d'Angleterre sont accueillantes à nos chevaliers, ce qui est bonne chose pour les maintenir en humeur de guerre. Pour moi, si je folâtrais, je donnerais mauvais exemple et perdrais de ce pouvoir qu'il faut au chef pour rappeler, quand de besoin, ses troupes à l'ordre. Et puis, le vœu que j'ai fait à ma Dame Isabelle me l'interdit et, si je venais à y manquer, la fortune de notre expédition pourrait se mettre à la traverse. Si tant est que les nuits me rongent un peu ; mais comme les chevauchées sont longues, le sommeil ne me fuit pas. Je pense qu'au retour de cette aventure, je me marierai.

« Sur le propos de mariage je vous dois informer, mon cher frère, ainsi que ma chère sœur la comtesse votre épouse, que Monseigneur le jeune prince Edouard est toujours dans la même humeur touchant votre fille Philippa, et qu'il ne se passe point de journées sans qu'il ne m'en demande nouvelles, et que toutes ses pensées de cœur semblent bien demeurer tournées vers elle, et que ce sont bonnes et profitables accordailles qui ont été conclues là dont votre fille sera, j'en suis sûr, toujours bien heureuse. Je me suis attaché d'amitié au jeune prince Edouard qui paraît m'admirer fort, bien qu'il parle peu ; il se tient souvent silencieux comme vous m'avez décrit le puissant roi Philippe le Bel, son grand-père. Il se peut bien qu'il devienne un jour aussi grand souverain que le roi le Bel le fut, et peut-être même avant le temps qu'il aurait dû attendre de Dieu sa couronne, si j'en crois ce qui se dit au Conseil des barons anglais.

« Car le roi Edouard a fait piètre figure à tout ce qui survint. Il était à Westmoustiers lorsque nous sommes débarqués, et s'est aussitôt réfugié en sa tour de Londres pour se mettre le corps à l'abri ; et il a fait clamer par tous les shérifs, qui sont gouverneurs des comtés de son royaume, et en tous lieux publics, places, foires et marchés, l'ordonnance dont voici la transcription :

"Vu que Roger de Mortimer et autres traîtres et ennemis du roi et de son royaume ont débarqué par la violence, et à la tête de troupes étrangères qui veulent renverser le pouvoir royal, le roi ordonne à tous ses sujets de s'y opposer par tous les moyens et de les détruire. Seuls doivent être épargnés la reine, son fils et le comte de Kent. Tous ceux qui prendront les armes contre l'envahisseur recevront grosse solde et à quiconque apportera au roi le cadavre de Mortimer, ou seulement sa tête, il est promis récompense de mille livres esterlines."

« Les ordres du roi Edouard n'ont été obéis de personne ; mais ils ont fort servi l'autorité de Monseigneur de Mortimer en montrant le prix qu'on estimait sa vie, et en le désignant comme notre chef plus encore qu'il ne l'était. La reine a riposté en promettant deux mille livres esterlines à qui lui porterait la tête de Hugh Le Despensier le Jeune, estimant à ce taux les torts que ce seigneur lui avait faits dans l'amour de son époux.

« Les Londoniens sont restés indifférents à la sauvegarde de leur roi, lequel s'est entêté jusqu'au bout dans ses erreurs. La sagesse eût été de chasser son Despensier qui mérite si bien le nom qu'il a ; mais le roi Edouard s'est obstiné à le garder, disant qu'il était instruit assez par l'expérience passée, que pareilles choses étaient survenues autrefois au sujet du chevalier de Gaveston qu'il avait consenti à éloigner de lui, sans que cela eût empêché qu'on tuât par la suite ce chevalier et qu'on lui imposât, à lui, le roi, une charte et un conseil d'ordonnateurs dont il n'avait eu que trop de peine à se débarrasser. Le Despensier l'encourageait dans cette opinion, et ils ont, à ce qu'on dit, versé force larmes sur le sein l'un de l'autre ; et même le Despensier aurait crié qu'il préférait mourir sur la poitrine de son roi que de vivre sauf à l'écart de lui. Et bien sûr il a fort avantage à dire cela, car cette poitrine est son seul rempart.

« Si bien qu'ils sont restés, chacun les abandonnant à leurs vilaines amours, entourés seulement du Despensier le Vieux, du comte d'Arundel qui est parent au Despensier, du comte de Warenne qui est beau-frère d'Arundel, et enfin du chancelier Baldock qui ne peut que demeurer fidèle au roi, vu qu'il est si unanimement haï que partout où il irait il serait mis en pièces.

« Le roi a cessé bientôt de goûter la sécurité de la Tour, et il s'est enfui avec ce petit nombre pour aller lever une armée en Galles, non sans avoir fait publier auparavant, le trentième jour de septembre, les bulles d'excommunication que notre saint-père le pape lui avait délivrées contre ses ennemis. Ne prenez nulle inquiétude de cette publication, très aimé frère, si la nouvelle vous en parvient ; car les bulles ne nous concernent point ; elles avaient été demandées par le roi Edouard contre les Escots, et nul n'a été dupe du faux usage qu'il en a fait ; aussi nous donne-t-on communion comme avant, et les évêques tout les premiers.

« En fuyant Londres si piteusement, le roi a laissé le gouvernement à l'archevêque Reynolds, à l'évêque John de Stratford et à l'évêque Stapledon, diocésain d'Exeter et trésorier de la couronne. Mais devant la hâte de notre avance, l'évêque de Stratford est venu présenter sa soumission à la reine Isabelle, tandis que l'archevêque Reynolds, depuis le Kent où il s'était réfugié, envoyait demander pardon. Seul donc l'évêque Stapledon est demeuré à Londres, croyant s'y être acquis par ses vols des défenseurs à suffisance. Mais la colère de la ville a grondé contre lui et, quand il s'est décidé à fuir, la foule jetée à sa poursuite l'a rejoint et l'a massacré dans le faubourg de Cheapside, où son corps fut piétiné jusqu'à n'être plus reconnaissable.

« Ceci est advenu le quinzième jour d'octobre, alors que la reine était à Wallingford, une cité entourée de remparts de terre où nous avons délivré messire Thomas de Berkeley qui est gendre à Monseigneur de Mortimer. Quand la reine a eu nouvelle de la fin de Stapledon, elle a dit qu'il ne convenait point de pleurer le trépas d'un si mauvais homme, et qu'elle en avait plutôt joie, car il lui avait nui moultement. Et Monseigneur de Mortimer a bien déclaré qu'il en irait ainsi de tous ceux qui avaient voulu leur perte.

« L'avant-veille, en la ville d'Oxford, qui est encore plus fournie de clercs que la ville de Cambridge, messire Orleton, évêque de Hereford, était monté en chaire devant ma Dame Isabelle, le duc d'Aquitaine, le comte de Kent et tous les seigneurs, pour prononcer un grand sermon sur le sujet *"Caput meum doleo"*, qui est parole tirée des Ecritures dans le saint livre des Rois, à dessein de signifier que la maladie dont souffrait le corps d'Angleterre logeait dans la tête dudit royaume, et que c'était là qu'il convenait d'appliquer le remède.

« Ce sermon fit profonde impression sur toute l'assemblée qui entendit dépeindre et dénombrer les plaies et douleurs du royaume. Et encore que pas une fois, en une heure de parole, messire Orleton n'eût prononcé le nom du roi, chacun l'avait en pensée pour cause de tous ces maux ; et l'évêque s'est écrié enfin que la foudre des Cieux comme le glaive des hommes devaient s'abattre sur les orgueilleux perturbateurs de la paix et les corrupteurs des rois. C'est un homme de grand spirituel que ledit Monseigneur de Hereford, et je m'honore de lui parler souvent, bien qu'il ait l'air pressé lorsqu'il est à converser avec moi ; mais je recueille toujours quelque bonne sentence de ses lèvres. Ainsi m'a-t-il dit l'autre jour : "Chacun de nous a son heure de lumière dans les événements de son siècle. Une fois c'est Monseigneur de Kent, une fois c'est Monseigneur de Lancastre, et tel autre auparavant et tel autre ensuite, que l'événement illumine pour la décisive part qu'il y prend. Ainsi se fait l'histoire du monde. Ce moment où nous sommes, messire de Hainaut, peut être bien votre heure de lumière."

« Le surlendemain du prêche, et dans la suite de la commotion qu'il avait donnée à tous, la reine a lancé de Wallingford une proclamation contre les Despensiers, les accusant d'avoir dépouillé l'Eglise et la couronne, mis à mort injustement nombre de loyaux sujets, déshérité, emprisonné et banni des seigneurs parmi les plus grands, opprimé les veuves et les orphelins, accablé le peuple de tailles et d'exactions.

« On apprit dans le même temps que le roi, qui avait d'abord couru se réfugier en la ville de Gloucester laquelle appartient au Despensier le Jeune, était passé à Westbury, et que là son escorte s'était séparée. Le Despensier le Vieux s'est retranché dans sa ville et son château de Bristol pour y faire échec à notre avance, tandis que les comtes d'Arundel et Warenne ont gagné leurs domaines du Shropshire ; c'est manière ainsi de tenir les Marches de Galles au nord et au sud, tandis que le roi, avec le Despensier le Jeune et son chancelier Baldock, est parti lever une armée en Galles. A vrai dire on ne sait point présentement ce qui est advenu de lui. D'aucuns bruits circulent qu'il se serait embarqué pour l'Irlande.

« Tandis que plusieurs bannières anglaises sous le commandement du comte de Charlton se sont mises en course vers le Shropshire afin d'y défier le comte d'Arundel, hier, vingt-quatrième jour d'octobre, un mois tout juste écoulé depuis que nous avons quitté Dordrecht, nous sommes entrés aisément, et grandement acclamés, dans la ville de Gloucester. Ce jour nous allons avancer sur Bristol, où le Despensier le Vieux s'est enfermé. J'ai pris en charge de donner l'assaut à cette forteresse et vais avoir enfin l'occasion, qui ne m'a point encore été donnée tant nous trouvons peu d'ennemis sur notre approche, de livrer combat pour ma Dame Isabelle et montrer à ses yeux ma vaillance. Je baiserai la flamme de Hainaut qui flotte à ma lance avant de me ruer.

« J'ai confié à vous, mon très cher et très aimé frère, avant que de m'empartir, mes volontés de testament, et ne vois rien que j'y veuille reprendre ou ajouter. S'il me faut souffrir la mort, vous saurez que je l'ai soufferte sans déplaisir ni regret, comme le doit un chevalier à la noble défense des dames et des malheureux opprimés, et pour l'honneur de vous, de ma chère sœur votre épouse, et de mes nièces, vos aimées filles, que tous Dieu garde.

« Donné à Gloucester le vingt-cinquième jour d'octobre mil trois cent et vingt-cinq. »

Jean.

Messire Jean de Hainaut n'eut pas, le lendemain, à faire montre de sa vaillance, et sa belle préparation d'âme resta vaine.

Quand il se présenta au matin, toutes bannières flottantes et heaumes lacés, devant Bristol, la ville était déjà décidée à se rendre et on aurait pu la prendre avec un bâton. Les notables s'empressèrent d'envoyer des parlementaires qui ne s'inquiétèrent que de savoir où les chevaliers voulaient loger, protestant de leur attachement à la reine et s'offrant à livrer sur-le-champ leur seigneur, Hugh Le Despenser le Vieux, seul coupable de leur empêchement à témoigner plus tôt de leurs bonnes intentions.

Les portes de la ville aussitôt ouvertes, les chevaliers prirent quartier dans les beaux hôtels de Bristol. Despenser le Vieux fut appréhendé dans son château et gardé par quatre chevaliers, tandis que la reine, le prince héritier et les principaux barons s'installaient dans les appartements. La reine retrouva là ses trois autres enfants qu'Edouard II, en fuyant, avait laissés à la garde du Despenser. Isabelle s'émerveillait qu'ils eussent en vingt mois si fort grandi, et ne se lassait pas de les contempler et de les embrasser. Soudain elle regarda Mortimer, comme si cet excès de joie la mettait en faute envers lui, et murmura :

— Je voudrais, ami, que Dieu m'eût fait la grâce qu'ils fussent nés de vous.

A l'instigation du comte de Lancastre, un conseil fut immédiatement réuni autour de la reine, et qui groupait les évêques de Hereford, Norwich, Lincoln, Ely et Winchester, l'archevêque de Dublin, les comtes de Norfolk et de Kent, le baron Roger Mortimer de Wigmore, sir Thomas Wake, sir William La Zouche d'Ashley, Robert de Montalt, Robert de Merle, Robert de Watteville et le sire Henry de Beaumont[37].

Ce conseil, tirant argument juridique de ce que le roi Edouard se trouvait hors des frontières – qu'il fût en Galles ou en Irlande ne faisait pas de différence – décida de proclamer le jeune prince Edouard gardien et mainteneur du royaume en l'absence du souverain. Les principales fonctions administratives furent aussitôt redistribuées et Adam Orleton, qui était la tête pensante de la révolte, reçut la charge de Lord trésorier.

Il était grand temps, en vérité, de pourvoir à la réorganisation de l'autorité centrale. C'était merveille même que, pendant tout un mois, le roi en fuite, ses ministres dispersés, et l'Angleterre livrée à la chevauchée de la reine et des Hennuyers, les douanes eussent continué de fonctionner normalement, les receveurs de percevoir les taxes vaille que vaille, le guet de faire surveillance dans les villes, et que, somme toute, la vie publique eût suivi son cours normal par une sorte d'habitude du corps social.

Donc, le gardien du royaume, le dépositaire provisoire de la souveraineté, avait quinze ans moins un mois. Les ordonnances qu'il allait promulguer seraient scellées de son sceau privé, puisque les sceaux de l'Etat avaient été emportés par le roi et le chancelier Baldock. Le premier acte de gouvernement du jeune prince fut de présider, le jour même, au procès du Hugh Le Despenser le Vieux.

L'accusation fut soutenue par sir Thomas Wake, rude chevalier et déjà âgé, qui était maréchal de l'ost[38], et qui présenta le Despenser, comte de Winchester, comme responsable de l'exécution de Thomas de Lancastre, responsable du décès à la tour de Londres de Roger Mortimer l'aîné (car le vieux Lord de Chirk n'avait pu voir le retour triomphal de son neveu et s'était éteint dans son cachot quelques semaines plus tôt), responsable aussi de l'emprisonnement, du bannissement ou de la mort de nombreux autres seigneurs, de la spoliation des biens de la reine et du comte de Kent, de la mauvaise gestion des affaires du royaume, des défaites d'Ecosse et d'Aquitaine, toutes choses survenues par ses exhortations et funestes conseils. Les mêmes griefs seraient repris désormais contre tous les conseillers du roi Edouard.

Ridé, voûté, la voix faible, Hugh le Vieux, qui avait feint tant d'années un tremblant effacement devant les désirs du roi, montra l'énergie dont il était capable. Il n'avait plus rien à perdre, il se défendit pied à pied.

Les guerres perdues ? Elles l'avaient été par la lâcheté des barons. Les exécutions capitales, les emprisonnements ? Ils avaient été décrétés contre des traîtres et des rebelles à la royale autorité, sans le respect de laquelle les royaumes s'effondrent. Les séquestres de fiefs et de revenus n'avaient été décidés que pour empêcher les ennemis de la couronne de se fournir en hommes et en fonds. Et si l'on venait à lui reprocher quelques pillages et spoliations, comptait-on pour rien les vingt-trois manoirs qui étaient ses propriétés ou celles de son fils et que Mortimer, Lancastre, Maltravers, Berkeley, tous présents ici, avaient fait piller et brûler l'an 1321, avant d'être défaits, les uns à Shrewsbury, les autres à Boroughbridge ? Il ne s'était que remboursé des dommages par lui subis et qu'il évaluait à quarante mille livres, sans pouvoir estimer les violences et sévices de tous ordres, commis sur ses gens.

Il termina par ces mots adressés à la reine :

— Ah ! Madame ! Dieu nous doit bon jugement, et si nous ne pouvons l'avoir en ce siècle, il nous le doit dans l'autre monde !

Le jeune prince Edouard avait relevé ses longs cils et écoutait avec attention. Hugh Le Despenser le Vieux fut condamné à être traîné, décapité et pendu, ce qui lui fit dire avec quelque mépris :

— Je vois bien, mes Lords, que décapiter et pendre sont pour vous deux choses diverses, mais pour moi cela ne fait qu'une seule mort !

Son attitude, bien surprenante pour tous ceux qui l'avaient connu en d'autres circonstances, expliquait soudain la grande influence qu'il avait exercée. Cet obséquieux courtisan n'était pas un lâche, ce détestable ministre n'était pas un sot.

Le prince Edouard donna son approbation à la sentence ; mais il réfléchissait et commençait à se former silencieusement une opinion sur le comportement des hommes promus aux hautes charges. Ecouter avant de parler, s'informer avant de juger, comprendre avant de décider, et garder toujours présent à l'esprit que dans chaque homme se trouvent ensemble les ressources des meilleures actions et des pires. Ce sont là, pour un souverain, les dispositions fondamentales de la sagesse.

Il est rare qu'on ait, avant d'avoir quinze ans, à condamner à mort un de ses semblables. Edouard d'Aquitaine, pour son premier jour de pouvoir, recevait un bon entraînement.

Le vieux Despenser fut lié par les pieds au harnais d'un cheval, et traîné à travers les rues de Bristol. Puis, les tendons déchirés, les os fêlés, il fut amené sur la place du château et installé à genoux devant le billot. On lui rabattit ses cheveux blancs pour dégager la nuque. Un bourreau en cagoule rouge, d'une large épée, lui trancha la tête. Son corps, tout ruisselant du sang échappé aux grosses artères, fut accroché par les aisselles à un gibet. La tête ridée, maculée, fut plantée à côté, sur une pique.

Et tous ces chevaliers qui avaient juré par Monseigneur saint Georges de défendre dames, pucelles, opprimés et orphelins, se réjouirent, avec force rires et joyeuses remarques, du spectacle que leur offrait ce cadavre de vieillard en deux partagé.

3

Hereford

La nouvelle cour, pour la Toussaint, s'installa à Hereford.

Si, comme disait Adam Orleton, évêque de cette ville, chacun dans l'Histoire connaît son heure de lumière, cette heure, pour lui-même, était arrivée. Au bout de surprenantes vicissitudes, après avoir fait évader l'un des premiers seigneurs du royaume, été traduit en jugement devant le Parlement et sauvé par la coalition de ses pairs, après avoir prêché et animé la rébellion, il revenait triomphant dans cet évêché auquel il avait été nommé en 1317, contre la volonté du roi Edouard, et où il s'était comporté en grand prélat.

Avec quelle joie cet homme petit, sans grâce physique, mais courageux de corps et d'âme, ne parcourait-il pas, revêtu de ses insignes sacerdotaux, mitre en tête, crosse en main, les rues de sa cité retrouvée.

Aussitôt que l'escorte royale eut pris possession du château situé au centre de la ville, dans une boucle de la rivière Wye, Orleton n'eut de cesse de montrer à la souveraine les œuvres de son entreprise, et d'abord la haute tour carrée, à deux étages ajourés d'immenses ogives, chaque angle terminé par trois clochetons, deux petits en arêtes et un grand les dominant, douze flèches en tout montant vers le ciel, et qu'il avait fait élever pour embellir et magnifier la cathédrale. La lumière de novembre jouait sur les briques roses dont l'humidité gardait fraîche la couleur ; autour du monument s'étendait une vaste pelouse sombre et bien tondue.

— N'est-ce pas, Madame, la plus belle tour de votre royaume ? disait Adam Orleton avec l'orgueil naïf du bâtisseur, devant cette construction ciselée, point trop chargée, pure de lignes, et dont il ne cessait de s'émerveiller. Ne serait-ce que pour avoir édifié ceci, je serais content d'avoir vécu.

Orleton tenait sa noblesse d'Oxford, comme on disait, et non du blason. Il en était conscient, et avait voulu justifier les hautes situations auxquelles l'ambition autant que l'intelligence, et le savoir plus encore que l'intrigue, l'avaient conduit. Il se savait supérieur à tous les hommes qui l'entouraient.

Il avait réorganisé la bibliothèque de la cathédrale, une librairie où les gros volumes, rangés la tranche en avant, étaient tenus aux planches par des chaînes à longs maillons forgés, afin qu'on ne pût les dérober ; près de mille manuscrits enluminés, décorés, merveilleux, rassemblant cinq siècles de pensée, de foi et d'invention, depuis la première traduction des Evangiles en saxon, avec certaines pages encore décorées de caractères runiques, jusqu'aux dictionnaires latins les plus récents, en passant par la *Hiérarchie Céleste*, les œuvres de saint Jérôme, de saint Jean Chrysostome, les douze prophètes mineurs...

La reine eut encore à admirer les travaux entrepris pour la salle du chapitre, ainsi que la fameuse carte du monde peinte par Richard de Bello, et qui ne pouvait être que d'inspiration divine car elle commençait à faire des miracles[39].

Hereford fut ainsi, près d'un mois, la capitale improvisée de l'Angleterre. Mortimer n'y était pas moins heureux qu'Orleton, puisqu'il venait de reprendre possession de son château de Wigmore, distant de quelques milles.

On continuait, pendant ce temps, de rechercher le roi.

Un certain Rhys ap Owell, chevalier du Pays de Galles, vint un jour annoncer qu'Edouard II était caché dans une abbaye, sur les côtes du comté de Glamorgan où le bateau avec lequel il espérait gagner l'Irlande avait été jeté par les vents contraires.

Aussitôt Jean de Hainaut, genou en terre, s'offrit à aller forcer dans son repaire de Galles le déloyal époux de Madame Isabelle. On eut quelque peine à lui faire entendre qu'il serait peu convenable de confier la capture du roi à un étranger, et qu'un membre de la famille royale se trouvait mieux désigné pour accomplir cette pénible besogne. Ce fut Henry Tors-Col qui, sans joie excessive, eut à se mettre en selle pour aller, accompagné du comte de la Zouche et de Rhys ap Owell, battre la côte de l'ouest.

A peu près dans le même temps, le comte de Charlton arriva du Shropshire ramenant le comte d'Arundel enchaîné. Pour le Lord de Wigmore ce fut là une éclatante revanche car Edmond Fitzalan, comte d'Arundel, avait reçu du roi une importante partie des biens saisis à la famille Mortimer, et s'était fait conférer le titre de Grand Juge de Galles qui avait appartenu au vieux Mortimer de Chirk.

Roger se contenta de laisser Arundel debout devant lui tout un quart d'heure, sans lui adresser la parole, le regardant seulement des pieds à la tête, et s'offrant la satisfaisante contemplation d'un ennemi vivant qui bientôt serait un ennemi mort.

Le jugement d'Arundel, et sous les mêmes chefs d'accusation que ceux retenus contre le Despenser le Vieux, fut rapidement expédié, et la décapitation du comte donnée en réjouissance à la ville de Hereford et aux troupes qui y stationnaient.

On remarqua que, pendant le supplice, la reine et Roger Mortimer se tenaient par la main.

Le jeune prince Edouard avait eu ses quinze ans trois jours plus tôt.

Enfin le 20 novembre une insigne nouvelle arriva. Le roi Edouard avait été pris par le comte de Lancastre, en l'abbaye cistercienne de Neath, dans la basse vallée de la Towe.

Le roi, son favori, son chancelier, y vivaient cachés depuis plusieurs semaines sous des habits de moines ; Edouard occupait son attente d'un sort meilleur en travaillant à la forge de l'abbaye, passe-temps qui lui distrayait l'esprit de trop penser.

Il était là, torse nu, le froc descendu sur les reins, la poitrine et la barbe éclairées par le feu de la forge, les mains environnées d'étincelles, tandis que le chancelier tirait le soufflet et que Hugh le Jeune, d'un air lamentable, lui passait les outils, quand Henry Tors-Col s'encadra dans la porte, le heaume incliné vers l'épaule et dit :

— Sire mon cousin, voici le temps venu de payer pour vos fautes.

Le roi laissa échapper le marteau qu'il tenait ; la pièce de métal qu'il forgeait resta à rougeoyer sur l'enclume. Et le souverain d'Angleterre, son large torse pâle tout tremblant, demanda :

— Cousin, cousin, que va-t-il advenir de moi ?

— Ce que les barons et hauts hommes du royaume en décideront, répondit Tors-Col.

A présent Edouard attendait, toujours avec son favori, toujours avec son chancelier, dans le petit manoir fortifié de Monmouth, à quelques lieues de Hereford, où Lancastre l'avait conduit et enfermé.

Adam Orleton, accompagné de son archidiacre Thomas Chandos, et du grand chambellan William Blount, s'en fut aussitôt à Monmouth pour réclamer les sceaux royaux que Baldock continuait de transporter.

Edouard, quand Orleton eut exprimé sa requête, arracha de la ceinture de Baldock le sac de cuir qui contenait les sceaux, s'entoura le poignet des lacets du sac comme s'il voulait s'en faire une arme, et s'écria :

— Messire traître, mauvais évêque, si vous voulez mon sceau, vous viendrez me le prendre par force et montrerez qu'un homme d'Eglise a contraint son roi !

Le destin avait décidément désigné Monseigneur Adam Orleton pour d'exceptionnelles tâches. Il n'est pas courant d'ôter à un roi les attributs de son pouvoir. Devant cet athlète furieux, Orleton, les épaules tombantes, les mains faibles, et n'ayant d'autre arme que sa canne à fragile crosse d'ivoire, répondit :

— La remise se doit accomplir de par votre vouloir, et que les témoins en constatent. Sire Edouard, allez-vous obliger votre fils, qui est à présent mainteneur du royaume, à se commander son propre sceau de roi plus tôt qu'il n'y comptait ? Par contrainte, toutefois, je puis faire saisir le Lord chancelier et le Lord Despenser que j'ai ordre de conduire à la reine.

A ces mots, Edouard cessa de s'inquiéter du sceau pour ne plus penser qu'à son favori bien-aimé. Il détacha de son poignet le sac de cuir, le jeta au chambellan William Blount comme si ce fût devenu soudain un objet négligeable et, ouvrant les bras à Hugh, s'écria :

— Ah non ! vous ne me l'arracherez point !

Hugh le Jeune, amaigri, frissonnant, s'était jeté contre la poitrine du roi. Il claquait des dents, paraissait prêt à défaillir et gémissait :

— C'est ton épouse, tu vois, qui veut cela ! C'est elle, c'est cette louve française, qui est cause de tout ! Ah ! Edouard, Edouard, pourquoi l'as-tu épousée ?

Henry Tors-Col, Orleton, l'archidiacre Chandos et William Blount regardaient ces deux hommes embrassés et, si incompréhensible que leur fût le spectacle de cette passion, ils ne pouvaient s'empêcher d'y reconnaître quelque affreuse grandeur.

A la fin, ce fut Tors-Col qui s'approcha, prit le Despenser par le bras, en disant :

— Allons, il faut vous séparer.

Et il l'entraîna.

— Adieu, Hugh, adieu, criait Edouard. Je ne te verrai plus, ma chère vie, ma belle âme ! On m'aura donc tout pris !

Les larmes roulaient dans sa barbe blonde.

Hugh le Despenser fut confié aux chevaliers d'escorte qui commencèrent par le revêtir d'un capuchon de paysan, en grosse bure, sur lequel ils peignirent, par dérision, les armoiries et emblèmes des comtés que lui avait donnés le roi. Puis ils le hissèrent, les mains liées dans le dos, sur le plus petit et chétif cheval qu'ils trouvèrent, un bidet nain, maigre et bourru comme il en existe en campagne. Hugh avait des jambes très longues ; il était forcé de les replier ou bien de laisser traîner les pieds dans la boue. On le conduisit ainsi de ville en bourg, à travers tout le Monmouthshire et le Herefordshire, l'exposant sur les places pour que le peuple s'en divertît tout son saoul. Les trompettes sonnaient devant le prisonnier, et un héraut criait :

— Voyez, bonnes gens, voyez le comte de Gloucester, le Lord chambellan, voyez le mauvais homme qui a si fort nui au royaume !

Le chancelier Robert de Baldock fut convoyé plus discrètement, vers l'évêché de Londres, pour y être emprisonné, sa qualité d'archidiacre empêchant de requérir contre lui la peine de mort.

Toute la haine se concentra donc sur Hugh Le Despenser le Jeune. Son jugement fut rapidement instruit, à Hereford ; sa condamnation n'était mise en discussion ni en doute par personne. Mais parce qu'on le tenait pour le premier fauteur de toutes les erreurs et de tous les malheurs dont avait souffert l'Angleterre, son supplice fut l'objet de raffinements particuliers.

Le vingt-quatrième jour de novembre, des tribunes furent dressées sur l'esplanade devant le château, et une plate-forme d'échafaud montée assez haut pour qu'un peuple nombreux pût assister, sans en perdre aucun détail, à l'exécution. La reine Isabelle prit place au premier rang de la plus grande tribune, entre Roger Mortimer et le prince Edouard. Il bruinait.

Les trompes et les busines sonnèrent. Les aides bourreaux amenèrent Hugh le Jeune, le dépouillèrent de ses vêtements. Quand son long corps aux hanches saillantes, au torse un peu creux, apparut, blanc et totalement nu, entre les bourreaux rouges et au-dessus des piques des archers qui entouraient l'échafaud, un immense rire gras s'éleva de la foule.

La reine Isabelle se pencha vers Mortimer et lui murmura :

— Je déplore qu'Edouard ne soit point présent à regarder.

Les yeux brillants, ses petites dents carnassières entrouvertes, et les ongles plantés dans la paume de son amant, elle était bien attentive à ne rien perdre de sa vengeance.

Le prince Edouard pensait : « Est-ce donc là celui qui a tant plu à mon père ? » Il avait déjà assisté à deux supplices et savait qu'il tiendrait jusqu'au bout, sans vomir.

Les busines sonnèrent à nouveau. Hugh fut étendu et lié par les membres sur une croix de Saint-André horizontale.

Le bourreau affila lentement, sur une pierre d'affûtage, une lame aiguë, pareille à un couteau de boucher, et en éprouva le tranchant sous le pouce. La foule retenait son souffle. Puis un aide s'approcha, muni d'une tenaille dont il saisit le sexe du condamné. Une vague d'hystérie souleva l'assistance ; les pieds battants faisaient trembler les tribunes. Et malgré ce vacarme, on perçut le hurlement poussé par Hugh, un seul cri déchirant et arrêté net, tandis qu'un flot de sang jaillissait devant lui. La même opération fut répétée pour les génitoires, mais sur un corps déjà inconscient, et les tristes déchets jetés dans un fourneau plein de braises ardentes qu'un aide éventait. Il s'échappa une affreuse odeur de chair brûlée. Un héraut, placé devant les sonneurs de busines, annonça qu'il en était procédé de la sorte « *parce que le Despenser avait été sodomite, et qu'il avait favorisé le roi en sodomie, et pour ce déchassé la reine de sa couche* ».

Puis le bourreau, choisissant une lame plus épaisse et plus large, fendit la poitrine par le travers, et le ventre dans la longueur, comme on aurait ouvert un porc ; les tenailles allèrent chercher le cœur presque encore battant et l'arrachèrent de sa cage pour le jeter également au brasier. Les busines retentirent pour donner la parole au héraut, lequel déclara que « *le Despenser avait été faux de cœur et traître, et par ses traîtres conseils avait honni le royaume* ».

Les entrailles furent ensuite sorties du ventre, déroulées et secouées, toutes miroitantes, nacrées, et présentées au public, parce que « *le Despenser s'était nourri du bien des grands comme du bien du pauvre peuple* ». Et les entrailles à leur tour se transformèrent en cette âcre fumée épaisse qui se mêlait à la bruine de novembre.

Après quoi la tête fut tranchée, non pas d'un coup d'épée, puisqu'elle pendait à la renverse entre les branches de la croix, mais détachée au couteau, parce que « *le Despenser avait fait décoller les plus grands barons d'Angleterre et que de son chef étaient sortis tous les mauvais conseils* ». La tête de Hugh Le Despenser le Jeune ne fut pas brûlée ; les bourreaux la rangèrent à part pour l'envoyer à Londres, où elle serait plantée à l'entrée du pont.

Enfin ce qui restait du corps fut débité en quatre morceaux, un bras avec l'épaule, l'autre bras avec son épaule et le cou, les deux jambes avec chacune la moitié du ventre, pour qu'ils soient expédiés aux quatre meilleures cités du royaume, après Londres.

La foule descendit des tribunes, lasse, épuisée, libérée. On pensait avoir atteint les sommets de la cruauté.

Après chaque exécution sur cette route sanglante, Mortimer avait trouvé la reine Isabelle plus ardente au plaisir. Mais cette nuit qui suivit la mort de Hugh le Jeune, les exigences qu'elle eut, la gratitude affolée qu'elle exprima, ne laissèrent pas d'inquiéter son amant. Pour avoir haï si fort l'homme qui lui avait pris Edouard, il fallait qu'elle eût jadis aimé celui-ci. Et dans l'âme ombrageuse de Mortimer se forma un projet qu'il mènerait à son terme, quelque temps que cela prît.

Le lendemain, Henry Tors-Col, désigné comme gardien du roi, fut chargé de conduire celui-ci au château de Kenilworth et de l'y tenir enfermé, sans que la reine l'eût revu.

4

« Vox populi »

— Qui voulez-vous pour roi ?

Cette terrible apostrophe, dont va dépendre l'avenir d'une nation, Monseigneur Adam Orleton la lance, le 12 janvier 1327, à travers le grand hall de Westminster, et les mots s'en répercutent là-haut, contre les nervures des voûtes.

— Qui voulez-vous pour roi ?

Le Parlement d'Angleterre, depuis six jours, siège, s'ajourne, siège à nouveau, et Adam Orleton, faisant office de chancelier, dirige les débats.

Dans sa première séance, l'autre semaine, le Parlement a assigné le roi à comparaître devant lui. Adam Orleton et John de Stratford, évêque de Winchester, sont allés à Kenilworth présenter à Edouard II cette assignation. Et le roi Edouard a refusé.

Il a refusé de venir rendre compte de ses actes aux Lords, aux évêques, aux députés des villes et des comtés. Orleton a fait connaître à l'assemblée cette réponse inspirée, on ne sait, par la peur ou bien le mépris. Mais Orleton a la conviction profonde, et qu'il vient d'exprimer au Parlement, que si l'on obligeait la reine à se réconcilier avec son époux, on la vouerait à une mort certaine.

A présent donc, la grande question est posée ; Monseigneur Orleton conclut son discours en conseillant au Parlement de se séparer jusqu'au lendemain afin que chacun pèse son choix en conscience et dans le silence de la nuit. Demain l'assemblée dira si elle souhaite qu'Edouard II Plantagenet conserve la couronne, ou bien que celle-ci soit remise à l'héritier, Edouard, duc d'Aquitaine.

Beau silence pour les consciences que le vacarme qui se fait dans Londres cette nuit-là ! Les hôtels des seigneurs, les abbayes, les demeures des grands marchands, les auberges vont retentir jusqu'au petit jour du bruit de discussions passionnées. Tous ces barons, évêques, chevaliers, squires et représentants des bourgs choisis par les shérifs ne sont, en droit, membres du Parlement que sur la désignation du roi, et leur rôle, en principe, devrait n'être que consultatif. Mais voici que le souverain est défaillant, incapable ; il est un fugitif rattrapé hors de son royaume ; et ce n'est pas le roi qui a convoqué le Parlement, mais le Parlement qui a voulu convoquer son roi, sans que ce dernier ait daigné s'exécuter. Le suprême pouvoir se trouve donc réparti pour un moment, pour une nuit, entre tous ces hommes de régions diverses, d'origines disparates, de fortunes inégales.

« Qui voulez-vous pour roi ? »

Tous réellement se posent la question, et même ceux qui ont souhaité le plus haut la prompte fin d'Edouard II, qui ont crié, à chaque scandale, à chaque impôt nouveau ou chaque guerre perdue : « Qu'il crève, et que Dieu nous en délivre ! »

Car Dieu n'a plus à intervenir ; tout repose sur eux-mêmes, et ils prennent soudain conscience de l'importance de leur volonté. Leurs souhaits et leurs malédictions se sont accomplis, rien qu'en s'additionnant. La reine, même soutenue par ses Hennuyers, aurait-elle pu se saisir de tout le royaume, comme elle l'a fait, si les barons et les peuples avaient répondu à la levée ordonnée par Edouard ?

Mais l'acte est gros qui consiste à déposer un roi et à le dépouiller à jamais de son autorité nominale. Beaucoup de membres du Parlement en sont effrayés, à cause du caractère divin qui s'attache au sacre et à la majesté royale. Et puis le jeune prince qu'on propose à leurs vœux est bien jeune ! Que sait-on de lui, sinon qu'il est tout entier dans les mains de sa mère, laquelle est tout entière dans les mains de Lord Mortimer ? Or si l'on respecte, si l'on admire le baron de Wigmore, l'ancien Grand Juge d'Irlande, si son évasion, son exil, son retour, ses amours mêmes, en ont fait un héros, s'il est pour beaucoup le libérateur, on craint son caractère, sa dureté, son inclémence ; déjà on lui reprocherait sa rigueur punitive, alors qu'en vérité toutes les exécutions de ces dernières semaines étaient réclamées par les vœux populaires. Ceux qui le connaissent bien redoutent surtout son ambition. Ne désire-t-il pas secrètement devenir roi lui-même ? Amant de la reine, il est bien près du trône. On hésite à lui remettre le grand pouvoir qu'il va détenir si Edouard II est déposé ; et l'on en débat autour des lampes à huile et des chandelles, parmi les pots d'étain qu'on emplit de bière ; et l'on ne va se coucher qu'écrasé de fatigue, sans avoir rien résolu.

Le peuple anglais, cette nuit-là, est souverain mais, un peu embarrassé de l'être, ne sait à qui remettre l'exercice de cette souveraineté.

L'histoire a fait un pas soudain. On dispute de questions dont la discussion même signifie que de nouveaux principes sont admis. Un peuple n'oublie pas un tel précédent, ni une assemblée un tel pouvoir qui lui est échu ; une nation n'oublie pas d'avoir été, en son Parlement, maîtresse un jour de sa destinée.

Aussi le lendemain, quand Monseigneur Orleton, prenant le jeune prince Edouard par la main, le présente aux députés à nouveau assemblés dans Westminster, une immense ovation s'élève et roule entre les murs, par-dessus les têtes.

— Nous le voulons, nous le voulons !

Quatre évêques, dont ceux de Londres et d'York, protestent et argumentent sur le caractère irrévocable du sacre et des serments d'hommage. Mais l'archevêque de Canterbury, Reynolds, auquel Edouard II avant de fuir, avait confié le gouvernement, et qui veut prouver la sincérité de son tardif ralliement à l'insurrection, s'écrie :

— *Vox populi, vox Dei !*

Il prêche sur ce thème comme s'il était en chaire, pendant un grand quart d'heure.

John de Stratford, évêque de Winchester, rédige alors et lit devant l'assemblée les six articles qui consacrent la déchéance d'Edouard II Plantagenet.

Primo, le roi est incapable de gouverner ; pendant tout son règne, il a été mené par de détestables conseillers.

Secundo, il a consacré son temps à des occupations indignes de lui, et négligé les affaires du royaume.

Tertio, il a perdu l'Ecosse, l'Irlande et la moitié de la Guyenne.

Quarto, il a fait tort à l'Eglise dont il a emprisonné les ministres.

Quinto, il a emprisonné, exilé, déshérité, condamné à une mort honteuse beaucoup de ses grands vassaux.

Sexto, il a ruiné le royaume ; il est incorrigible et incapable de s'amender.

Pendant ce temps, les bourgeois de Londres, inquiets et partagés – leur évêque ne s'est-il pas déclaré contre la déposition ? – se sont réunis au Guild Hall. Ils sont moins aisés à manœuvrer que les représentants des comtés. Vont-ils faire échec au Parlement ? Roger Mortimer, qui n'est rien en titre et tout en fait, court au Guild Hall, remercie les Londoniens de leur loyale attitude et leur garantit le maintien des libertés coutumières de la cité. Au nom de qui, au nom de quoi donne-t-il cette garantie ? Au nom d'un adolescent qui n'est même pas roi encore, qui vient à peine d'être désigné par acclamation. Le prestige de Mortimer, l'autorité de sa personne, opèrent sur les bourgeois londoniens. On l'appelle déjà le Lord protecteur. De qui est-il protecteur ? Du prince, de la reine, du royaume ? Il est le Lord protecteur, voilà tout, l'homme promu par l'Histoire et entre les mains duquel chacun se démet de sa part de pouvoir et de jugement.

Et soudain l'inattendu survient. Le jeune prince, qu'on croyait déjà roi, le pâle jeune homme aux longs cils qui a suivi en silence tous ces événements et ne semblait songer qu'aux yeux bleus de Madame Philippa de Hainaut, Edouard d'Aquitaine déclare à sa mère, au Lord protecteur, à Monseigneur Orleton, aux Lords évêques, à tous ceux qui l'entourent, qu'il ne ceindra pas la couronne sans le consentement de son père et sans que celui-ci ait officiellement proclamé qu'il s'en défaisait.

La stupeur gèle les visages, les mains tombent au bout des bras. Quoi ? tant d'efforts remis en cause ? Quelques soupçons se tournent vers la reine. Ne serait-ce pas elle qui aurait agi secrètement sur son fils, par un de ces imprévisibles retours d'affection comme il en vient aux femmes ? Y a-t-il eu brouille entre elle et le Lord protecteur, cette nuit où chacun devait prendre le conseil de sa conscience ?

Mais non ; c'est ce garçon de quinze ans tout seul, qui a réfléchi sur l'importance de la légitimité du pouvoir. Il ne veut pas faire figure d'usurpateur, ni détenir son sceptre de la volonté d'une assemblée qui pourrait le lui retirer aussi bien qu'elle le lui a donné. Il exige le consentement de son prédécesseur. Non point qu'il nourrisse des sentiments forts tendres envers son père ; il le juge : Mais il juge chacun.

Depuis des années, trop de choses mauvaises se sont passées devant lui et l'ont forcé à juger. Il sait que le crime n'est pas entièrement d'un côté, et l'innocence de l'autre. Certes, son père a fait souffrir sa mère, l'a déshonorée, dépouillée ; mais cette mère, avec Lord Mortimer, quel exemple donne-t-elle à présent ? Si un jour, pour quelque faute qu'il lui arriverait de commettre, Madame Philippa se mettait à agir de même ? Et ces barons, ces évêques, tous si acharnés aujourd'hui contre le roi Edouard, n'ont-ils pas exercé le gouvernement avec lui ? Norfolk, Kent, les jeunes oncles, ont reçu, accepté des charges ; les évêques de Winchester et de Lincoln sont allés négocier au nom du roi Edouard. Les Despensers n'étaient pas en tous lieux et, même s'ils commandaient, ils n'ont pas exécuté eux-mêmes leurs propres ordres. Qui s'est risqué à refuser d'obéir ? Le cousin au Tors-Col, oui, celui-là a eu ce courage ; et Lord Mortimer aussi qui a payé sa rébellion d'une longue prison. Mais pour deux que voilà, combien d'obséquieux courtisans maintenant pleins d'ardeur à se décharger sur leur maître des conséquences de leur servilité ?

Tout autre prince de cet âge serait aisément grisé de recevoir une couronne tendue par tant de mains. Lui relève ses longs cils, regarde fixement, rougit un peu de son audace, et s'obstine dans sa décision. Alors Monseigneur Orleton appelle à lui les évêques de Winchester et de Lincoln, ainsi que le grand chambellan William Blount, ordonne de sortir du Trésor de la Tour la couronne et le sceptre, les fait mettre dans un coffre sur le bât d'une mule, et lui-même, emportant ses vêtements de cérémonie, reprend le chemin de Kenilworth afin d'obtenir l'abdication du roi.

5

Kenilworth

Les remparts extérieurs, contournant une large colline, enfermaient des jardins clos, des prés, des écuries et des étables, une forge, des granges et les fournils, le moulin, les citernes, les habitations des serviteurs, les casernes des soldats, tout un village presque plus grand que celui d'alentour, dont on voyait se presser les toits moussus. Et il ne semblait pas possible que ce fût la même race d'hommes qui habitât en deçà des murs, dans ces masures, et à l'intérieur de la formidable forteresse qui dressait ses rouges enceintes contre le ciel d'hiver.

Car Kenilworth était bâti dans une pierre couleur de sang séché. C'était l'un de ces fabuleux châteaux du siècle qui suivit la Conquête et pendant lequel une poignée de Normands, les compagnons de Guillaume, ou leurs descendants immédiats, surent tenir tout un peuple en respect grâce à ces immenses châteaux forts plantés sur les collines.

Le *keep* de Kenilworth – le donjon comme disaient les Français, faute d'un meilleur mot, car cette sorte de construction n'existait pas en France, ou n'existait plus – le *keep* était de forme carrée et d'une hauteur vertigineuse qui rappelait aux voyageurs d'Orient les pylônes des temples d'Egypte.

Les proportions de cet ouvrage titanesque étaient telles que de très vastes pièces étaient contenues, réservées, dans l'épaisseur même des murs. Mais on ne pouvait entrer dans cette tour que par un escalier étroit où deux personnes avaient peine à avancer de front et dont les marches rouges conduisaient à une porte protégée, hersée, au premier étage. A l'intérieur du *keep* se trouvait un jardin, une cour herbue plutôt, de soixante pieds de côté, à ciel ouvert, et complètement enfermée[40].

Il n'était pas d'édifice militaire mieux conçu pour soutenir un siège. L'envahisseur parvenait-il à franchir la première enceinte, on se réfugiait dans le château lui-même, à l'abri du fossé ; et si la seconde enceinte était percée, alors, abandonnant à l'ennemi les appartements habituels de séjour, le grand hall, les cuisines, les chambres seigneuriales, la chapelle, on se retranchait dans le *keep*, autour du puits de sa cour verte, et dans les flancs de ses murs profonds.

Le roi vivait là, prisonnier. Il connaissait bien Kenilworth, qui avait appartenu à Thomas de Lancastre et servi naguère de centre de ralliement à la rébellion des barons. Thomas décapité, Edouard avait séquestré le château et l'avait habité lui-même durant l'hiver de 1323, avant de le remettre l'année suivante à Henry Tors-Col en même temps qu'il lui rendait tous les biens et titres des Lancastre.

Henri III, le grand-père d'Edouard, avait dû jadis assiéger Kenilworth six mois durant pour le reprendre au fils de son beau-frère, Simon de Montfort ; et ce n'étaient pas les armées qui en avaient eu raison, mais la famine, la peste et l'excommunication.

Au début du règne d'Edouard Ier, Roger Mortimer de Chirk, celui qui venait de mourir en geôle, en avait été le gardien, au nom du premier comte de Lancastre, et y avait donné ses fameux tournois. L'une des tours du mur extérieur, pour l'exaspération d'Edouard, portait le nom de tour de Mortimer! Elle était là, plantée devant son horizon quotidien, comme une dérision et un défi.

La région donnait au roi Edouard II d'autres nourritures à ses souvenirs. Du haut du *keep* rouge de Kenilworth, il pouvait apercevoir, à quatre milles vers le sud, le *keep* blanc du château de Warwick où Gaveston, son premier amant, avait été mis à mort par les barons, déjà! Cette proximité avait-elle changé le cours des pensées du roi? Edouard semblait avoir oublié complètement Hugh Le Despenser; mais il était obsédé, en revanche, par la mémoire de Pierre de Gaveston, et en parlait sans cesse à Henry de Lancastre, son gardien.

Jamais Edouard et son cousin Tors-Col n'avaient vécu si longtemps l'un auprès de l'autre, et dans une telle solitude. Jamais Edouard ne s'était confié autant à l'aîné de sa famille. Il avait des moments de grande lucidité, et des jugements sans complaisance, portés sur lui-même, qui soudain confondaient Lancastre et l'émouvaient assez. Lancastre commençait à comprendre des choses qui, à tout le peuple anglais, paraissaient incompréhensibles.

C'était Gaveston, reconnaissait Edouard, qui avait été le responsable, ou tout au moins l'origine, de ses premières erreurs, du mauvais chemin pris par sa vie.

— Il m'aimait si bien, disait le roi prisonnier; et puis dans ce jeune âge que j'avais, j'étais prêt à croire toutes les paroles et à me confier entièrement à si bel amour.

A présent encore, il ne pouvait s'empêcher d'être attendri lorsqu'il se rappelait le charme de ce petit chevalier gascon, sorti de rien, « un champignon né dans une nuit » comme disaient les barons, et qu'il avait fait comte de Cornouailles au mépris de tous les grands seigneurs du royaume.

— Il en avait si forte envie! disait Edouard.

Et quelle merveilleuse insolence que celle de Pierre, une insolence qui ravissait Edouard! Un roi ne pouvait se permettre de traiter ses barons comme son favori le faisait.

— Te rappelles-tu, Tors-Col, comme il appelait le comte de Gloucester un bâtard ? Et comme il criait au comte de Warwick : « Va te coucher, chien noir ! »

— Et comme il insultait aussi mon frère en le nommant cornard, ce que Thomas ne lui pardonna jamais, parce que c'était vrai.

Peur de rien, ce Pierrot, pillant les bijoux de la reine et jetant l'offense autour de lui comme d'autres distribuent l'aumône, parce qu'il était sûr de l'amour de son roi ! Vraiment un effronté comme on n'en vit jamais. En plus, il avait de l'invention dans le divertissement, faisait mettre ses pages nus, les bras chargés de perles, la bouche fardée, une branche feuillue tenue sur le ventre, et organisait ainsi de galantes chasses dans les bois. Et les escapades dans les mauvais lieux du port de Londres, où il se colletait avec les portefaix, car il était fort en plus, le gaillard ! Ah ! quelles belles années de jeunesse Edouard lui devait !

— J'avais cru tout cela retrouver en Hugh, mais l'imagination y pourvoyait plus que la vérité. Vois-tu, Tors-Col, ce qui rendait Hugh différent de Pierrot c'est qu'il était d'une vraie famille de grands barons et ne pouvait l'oublier... Mais si je n'avais pas connu Pierrot, je suis bien sûr que j'aurais été un autre roi.

Au cours des interminables soirées d'hiver, entre deux parties d'échecs, Henry Tors-Col, les cheveux couvrant son épaule droite, écoutait donc les aveux de ce roi, que les revers, l'écroulement de sa puissance et la captivité venaient de brusquement vieillir, dont le corps d'athlète semblait s'amollir, dont le visage bouffissait, surtout aux paupières. Et pourtant tel qu'il était, Edouard gardait encore une certaine séduction. Quel dommage qu'il ait eu de si mauvaises amours et cherché sa confiance en de si mauvais cœurs !

Tors-Col avait conseillé à Edouard d'aller se présenter devant son Parlement, mais en vain. Ce roi faible ne montrait de force que dans le refus.

— Je sais bien que j'ai perdu mon trône, Henry, répondait-il, mais je n'abdiquerai pas.

Portés sur un coussin, la couronne et le sceptre d'Angleterre s'élevaient lentement, marche par marche, dans l'étroit escalier du *keep* de Kenilworth. Derrière, les mitres oscillaient et les pierreries des crosses scintillaient dans la pénombre. Les évêques, retroussant sur leurs chevilles leurs trois robes brodées, se hissaient dans la tour.

Le roi, sur un siège qui, d'être unique, faisait figure de trône, attendait, au fond du gigantesque hall, le front dans la main, le corps affaissé, entre les piliers qui soutenaient des arcs d'ogives pareils à ceux des cathédrales. Tout, ici, avait des proportions inhumaines. Le jour pâle de janvier qui tombait par les hautes et très étroites fenêtres ressemblait à un crépuscule.

Le comte de Lancastre, la tête penchée, se tenait debout à côté de son cousin, en compagnie de trois serviteurs qui n'étaient même pas ceux du souverain. Les murs rouges, les piliers rouges, les arcs rouges composaient autour de ce groupe un tragique décor pour la fin d'une puissance.

Lorsqu'il vit apparaître, par la porte à deux battants ouverte, puis avancer vers lui cette couronne et ce sceptre qui lui avaient été amenés pareillement, vingt ans plus tôt, sous les voûtes de Westminster, Edouard se redressa sur son siège, et son menton se mit à trembler un peu. Il leva les yeux vers son cousin de Lancastre, comme pour chercher appui, et Tors-Col détourna le regard tant cette supplication muette était insupportable.

Puis Orleton fut devant le souverain, Orleton dont chaque apparition, depuis quelques semaines, avait signifié à Edouard la confiscation d'une partie de son pouvoir. Le roi regarda les autres évêques et le grand chambellan ; il fit un effort de dignité pour demander :

— Qu'avez-vous à me dire, mes Lords ?

Mais la voix se formait mal sur ses lèvres pâlies, parmi la barbe blonde.

L'évêque de Winchester lut le message par lequel le Parlement sommait le souverain de déclarer sa renonciation au trône ainsi qu'à l'hommage de ses vassaux, de donner agrément à la désignation de son fils, et de remettre aux envoyés les insignes rituels de la royauté.

Quand l'évêque de Winchester se fut tu, Edouard resta silencieux un long moment. Toute son attention semblait fixée sur la couronne. Il souffrait, et sa douleur était si visiblement physique, si profondément marquée sur ses traits, que l'on pouvait douter qu'il fût en train de penser. Pourtant il dit :

— Vous avez la couronne en vos mains, mes Lords, et me tenez à votre merci. Faites donc ce qu'il vous plaira, mais de par mon consentement point.

Alors Adam Orleton avança d'un pas et déclara :

— Sire Edouard, le peuple d'Angleterre ne vous veut plus pour roi, et son Parlement nous envoie vous le déclarer. Mais le Parlement accepte pour roi votre fils aîné, le duc d'Aquitaine, que je lui ai présenté ; et votre fils ne veut accepter sa couronne que de votre gré. Si donc vous vous obstinez au refus, le peuple sera libre de son choix et pourra bien élire pour souverain prince, celui, parmi les grands du royaume, qui le contentera le plus, et ce roi pourra n'être point de votre lignage. Vous avez trop mis à trouble vos Etats ; après tant d'actes qui leur ont nui, c'est le seul à présent que vous puissiez accomplir pour leur rendre la paix.

De nouveau le regard d'Edouard s'éleva vers Lancastre. Malgré le malaise qui l'envahissait, le roi avait bien compris l'avertissement contenu dans les paroles de l'évêque. Si l'abdication n'était pas consentie, le Parlement, dans son besoin de se trouver un roi, ne manquerait pas de choisir le chef de la rébellion, Roger Mortimer, qui possédait déjà le cœur de la reine. Le visage du roi avait pris une teinte cireuse, inquiétante ; le menton continuait de trembler ; les narines se pinçaient.

— Monseigneur Orleton a justement parlé, dit Tors-Col, et vous devez renoncer, mon cousin, pour rendre la paix à l'Angleterre, et pour que les Plantagenets continuent d'y régner.

Edouard, alors, incapable apparemment d'articuler une parole, fit signe d'approcher la couronne et inclina la tête comme s'il voulait qu'on le ceignît une dernière fois.

Les évêques se consultaient du regard, ne sachant comment agir, ni quel geste accomplir, en cette cérémonie imprévue qui n'avait point de précédent dans la liturgie royale. Mais la tête du roi continuait de s'abaisser, graduellement, vers les genoux.

— Il passe ! s'écria soudain l'archidiacre Chandos qui portait le coussin aux emblèmes.

Tors-Col et Orleton se précipitèrent pour retenir Edouard évanoui au moment où son front allait cogner sur les dalles.

On le remit dans son siège, on lui frappa les joues, on courut chercher du vinaigre. Enfin, il respira longuement, rouvrit les yeux, regarda autour de lui ; puis, d'un coup, il se mit à sangloter. La mystérieuse force que l'onction et les magies du sacre infusent aux rois, et pour ne servir parfois que des dispositions funestes, venait de se retirer de lui. Il était comme exorcisé de la royauté.

A travers ses pleurs, on l'entendit parler :

— Je sais, mes Lords, je sais que c'est par ma propre faute que je suis tombé à si grande misère, et que je me dois résigner à la souffrir. Mais je ne puis m'empêcher de ressentir lourd chagrin de toute cette haine de mon peuple, que je ne haïssais point. Je vous ai offensés, je n'ai point agi pour le bien. Vous êtes bons, mes Lords, très bons de garder dévouement à mon aîné fils, de n'avoir point cessé de l'aimer et de le désirer pour roi. Donc, je vous veux satisfaire. Je renonce devant vous à tous mes droits sur le royaume ; je délie tous mes vassaux de l'hommage qu'ils m'ont fait et leur demande le pardon. Approchez...

Et de nouveau il fit le geste d'appeler les emblèmes. Il saisit le sceptre, et son bras fléchit comme s'il en avait oublié le poids ; il le remit à l'évêque de Winchester en disant :

— Pardonnez, my Lord, pardonnez les offenses que je vous ai faites.

Il avança ses longues mains blanches vers le coussin, souleva la couronne, y appuya ses lèvres comme on baise la patène ; puis, la tendant à Adam Orleton :

— Prenez-la, my Lord, pour en ceindre mon fils. Et accordez-moi pardon des maux et injustices que je vous ai causés. Dans la misère où je suis, que mon peuple me pardonne. Priez pour moi, mes Lords, qui ne suis plus rien.

Tout le monde était frappé de la noblesse des paroles. Edouard ne se révélait roi qu'à l'instant où il cessait de l'être.

Alors, sir William Blount, le grand chambellan, sortit de l'ombre des piliers, s'avança entre Edouard II et les évêques, et brisa sur son genou son bâton sculpté, comme il l'eût fait, pour marquer que le règne était terminé, devant le cadavre d'un roi descendu au tombeau.

6

La guerre des marmites

« *Vu que Sire Edouard, autrefois roi d'Angleterre, a de sa propre volonté, et par le conseil commun et l'assentiment des prélats, comtes, barons et autres nobles, et de toute la communauté, résigné le gouvernement du royaume, et consenti et voulu que le gouvernement dudit royaume passât à Sire Edouard, son fils et héritier, et que celui-ci gouverne et soit couronné roi, pour laquelle raison tous les grands ont prêté hommage, nous proclamons et publions la paix de notre dit seigneur Sire Edouard le fils et ordonnons de sa part à tous que nul ne doit enfreindre la paix de notre dit seigneur le roi, car il est et sera prêt à faire droit à tous ceux dudit royaume, envers et contre tous, tant aux hommes de peu qu'aux grands. Et si qui que ce soit réclame quoi que ce soit d'un autre, qu'il le fasse dans la légalité, sans user de la force ou autres violences.* »

Cette proclamation fut lue le 24 janvier 1327 devant le Parlement d'Angleterre, et un conseil de régence aussitôt institué ; la reine présidait ce conseil de douze membres parmi lesquels les comtes de Kent, Norfolk et Lancastre, le maréchal sir Thomas Wake et, le plus important de tous, Roger Mortimer, baron de Wigmore.

Le dimanche 1er février le couronnement d'Edouard III eut lieu à Westminster. La veille, Henry Tors-Col avait armé chevalier le jeune roi en même temps que les trois fils aînés de Roger Mortimer.

Lady Jeanne Mortimer, qui avait recouvré sa liberté et ses biens, mais perdu l'amour de son époux, était présente. Elle n'osait regarder la reine, et la reine n'osait la regarder. Lady Jeanne souffrait sans répit de cette trahison des deux êtres au monde qu'elle avait le plus aimés et le mieux servis. Quinze ans de présence auprès de la reine Isabelle, de dévouement, d'intimité, de risques partagés, devaient-ils recevoir pareil paiement ? Vingt-trois ans d'union avec Mortimer, auquel elle avait donné onze enfants, devaient-ils s'achever de la sorte ? En ce grand bouleversement qui renversait les destins du royaume et amenait son époux au faîte de la puissance, Lady Jeanne, si loyale toujours, se retrouvait parmi les vaincus. Et pourtant elle pardonnait, elle s'effaçait avec dignité, parce qu'il s'agissait justement des deux êtres qu'elle avait le plus admirés, et qu'elle comprenait que ces deux êtres se fussent aimés d'un inévitable amour dès l'instant que le sort les avait rapprochés.

A l'issue du sacre, la foule fut autorisée à pénétrer dans l'évêché de Londres pour y assommer l'ancien chancelier Robert de Baldock. Messire Jean de Hainaut reçut dans la semaine une rente de mille marks esterlins à prendre sur le produit de l'impôt des laines et cuirs dans le port de Londres.

Messire Jean de Hainaut serait volontiers resté plus longtemps à la cour d'Angleterre. Mais il avait promis de se rendre à un grand tournoi, à Condé-sur-l'Escaut, où s'étaient promis rencontre toute une foule de princes, dont le roi de Bohême. On allait jouter, parader, rencontrer belles dames qui avaient traversé l'Europe pour voir s'affronter les plus beaux chevaliers ; on allait séduire, danser, se divertir de fêtes et de scènes jouées. Messire Jean de Hainaut ne pouvait manquer cela, ni de briller, plumes sur le heaume, au milieu des lices sablées. Il accepta d'emmener une quinzaine de chevaliers anglais qui voulaient participer au tournoi.

En mars fut enfin signé avec la France le traité qui réglait la question d'Aquitaine, au plus grand détriment de l'Angleterre. Il était impossible à Mortimer de refuser au nom d'Edouard III les clauses qu'il avait naguère lui-même négociées pour qu'elles fussent imposées à Edouard II. On soldait ainsi l'héritage du mauvais règne. De plus Mortimer s'intéressait peu à la Guyenne où il n'avait pas de possessions, et toute son attention à présent se reportait, comme avant son emprisonnement, vers le Pays de Galles et les Marches galloises.

Les envoyés qui vinrent à Paris ratifier le traité virent le roi Charles IV fort triste et défait, parce que l'enfant qui était né à Jeanne d'Evreux au mois de novembre précédent, une fille alors qu'on espérait si fort un garçon, n'avait pas vécu plus de deux mois.

L'Angleterre, vaille que vaille, se remettait en ordre quand le vieux roi d'Ecosse, Robert Bruce, bien que déjà fort avancé en âge et de surcroît atteint de la lèpre, envoya vers le 1er avril, douze jours avant Pâques, défier le jeune Edouard III et l'avertir qu'il allait envahir son pays.

La première réaction de Roger Mortimer fut de faire changer l'ex-roi Edouard II de résidence. C'était prudence. En effet, on avait besoin d'Henry de Lancastre à l'armée, avec ses bannières ; et puis Lancastre, d'après les rapports qui venaient de Kenilworth, semblait traiter avec trop de douceur son prisonnier, relâchant la surveillance et laissant à l'ancien roi quelques intelligences avec l'extérieur. Or les partisans des Despensers n'avaient pas tous été exécutés, tant s'en fallait. Le comte de Warenne, plus heureux que son beau-frère le comte d'Arundel, avait pu s'échapper. Certains se terraient dans leurs manoirs ou bien dans des demeures amies, attendant que l'orage fût passé ; d'autres avaient fui le royaume. On pouvait se demander même si le défi lancé par le vieux roi d'Ecosse n'était pas de leur inspiration.

D'autre part, le grand enthousiasme populaire qui avait accompagné la libération commençait à décroître. De gouverner depuis six mois, Roger Mortimer était déjà moins aimé, moins adulé ; car il y avait toujours des impôts, et des gens qu'on emprisonnait parce qu'ils ne les payaient pas. Dans les cercles du pouvoir, on reprochait à Mortimer une autorité tranchante qui s'accentuait de jour en jour, et les grandes ambitions qu'il démasquait. A ses propres biens repris sur le comte d'Arundel, il avait ajouté le comté de Glamorgan ainsi que la plupart des possessions de Hugh le Jeune. Ses trois gendres – car Mortimer avait déjà trois filles mariées – le lord de Berkeley, le comte de Charlton, le comte de Warwick, étendaient sa puissance territoriale. Reprenant la charge de Grand Juge de Galles, autrefois détenue par son oncle de Chirk, ainsi que les terres de celui-ci, il songeait à se faire créer comte des Marches, ce qui lui eût constitué, à l'ouest du royaume, une fabuleuse principauté quasi indépendante.

Il avait en outre réussi à se brouiller, déjà, avec Adam Orleton. Ce dernier, dépêché en Avignon pour hâter les dispenses nécessaires au mariage du jeune roi, avait sollicité du pape l'important évêché de Worcester, vacant en ce moment-là. Mortimer s'était offensé de ce qu'Orleton ne lui eût pas demandé un agrément préalable, et avait fait opposition. Edouard II ne s'était pas comporté autrement envers le même Orleton, pour le siège de Hereford !

La reine subissait forcément le même recul de popularité.

Et voilà que la guerre se rallumait, la guerre d'Ecosse, une fois de plus. Rien donc n'était changé. On avait trop espéré pour n'être pas déçu. Il suffisait d'un revers des armées, d'un complot qui fît évader Edouard II, et les Ecossais, alliés pour la circonstance à l'ancien parti Despenser, trouveraient là un roi tout prêt à remettre sur son trône et qui leur abandonnerait volontiers les provinces du nord en échange de sa liberté et de sa restauration[41].

Dans la nuit du 3 au 4 avril, l'ancien roi fut tiré de son sommeil et prié de s'habiller en hâte. Il vit entrer un grand cavalier dégingandé, osseux, aux longues dents jaunes, aux cheveux sombres et raides tombant sur les oreilles.

— Où me conduis-tu, Maltravers ? dit Edouard avec épouvante en reconnaissant ce baron qu'il avait autrefois spolié et banni, et dont la tête fleurait l'assassinat.

— Je te conduis, Plantagenet, en un lieu où tu seras plus en sûreté ; et pour que cette sûreté soit complète, tu ne dois pas savoir où tu vas afin que ta tête ne risque pas le confier à ta bouche.

Maltravers avait pour instructions de contourner les villes et de ne pas traîner en chemin. Le 5 avril, après une route faite tout entière au grand trot ou au galop, et seulement coupée d'un arrêt dans une abbaye proche de Gloucester, l'ancien roi entra au château de Berkeley pour y être remis à la garde d'un des gendres de Mortimer.

L'ost anglais, d'abord convoqué à Newcastle et pour l'Ascension, se réunit à la Pentecôte et dans la ville d'York. Le gouvernement du royaume avait été transporté là, et le Parlement y tint une session, tout comme au temps du roi déchu, quand l'Ecosse attaquait.

Bientôt arrivèrent messire Jean de Hainaut et ses Hennuyers, qu'on n'avait pas manqué d'appeler à la rescousse. On revit donc, montés sur les gros chevaux roux et tout fiévreux encore des grands tournois de Condé-sur-l'Escaut, les sires de Ligne, d'Enghien, de Mons et de Sarre, et Guillaume de Bailleul, Perceval de Séméries et Sance de Boussoy, et Oulfard de Ghistelles qui avaient fait triompher dans les joutes les couleurs de Hainaut, et messires Thierry de Wallecourt, Rasses de Grez, Jean Pilastre et les trois frères de Harlebeke sous les bannières du Brabant ; et encore des seigneurs de Flandre, du Cambrésis, de l'Artois, et avec eux le fils du marquis de Juliers.

Jean de Hainaut n'avait eu qu'à les rassembler à Condé. On passait de la guerre au tournoi et du tournoi à la guerre. Ah ! Que de plaisirs et de nobles aventures !

Des réjouissances furent données à York en l'honneur du retour des Hennuyers. Les meilleurs logements leur furent affectés ; on leur offrit fêtes et festins, avec abondance de viandes et de poulailles. Les vins de Gascogne et du Rhin coulaient à barils percés.

Ce traitement fait aux étrangers irrita les archers anglais, qui étaient six bons milliers parmi lesquels nombre d'anciens soldats du feu comte d'Arundel, le décapité.

Un soir, une rixe, comme il en survient banalement parmi des troupes stationnées, éclata pour une partie de dés, entre quelques archers anglais et les valets d'armes d'un chevalier de Brabant. Les Anglais, qui n'attendaient que l'occasion, appellent leurs camarades à l'aide ; tous les archers se soulèvent pour mettre à mal les goujats du Continent ; les Hennuyers courent à leurs cantonnements, s'y retranchent. Leurs chefs de bannières, qui étaient à festoyer, sortent dans les rues, attirés par le bruit, et sont aussitôt assaillis par les archers d'Angleterre. Ils veulent chercher refuge dans leurs logis, mais n'y peuvent pénétrer car leurs propres hommes s'y sont barricadés. La voici sans armes ni défense, cette fleur de la noblesse de Flandre ! Mais elle est composée de solides gaillards. Messires Perceval de Sémeries, Fastres de Rues et Sance de Boussoy, s'étant saisis de lourds leviers de chêne trouvés chez un charron, s'adossent à un mur et assomment, à eux trois, une bonne soixantaine d'archers qui appartenaient à l'évêque de Lincoln !

Cette petite querelle entre alliés fit un peu plus de trois cents morts.

Les six mille archers, oubliant tout à fait la guerre d'Ecosse, ne songeaient qu'à exterminer les Hennuyers. Messire Jean de Hainaut, outragé, furieux, voulait rentrer chez lui, à condition encore qu'on levât le siège autour de ses cantonnements ! Enfin, après quelques pendaisons, les choses s'apaisèrent. Les dames d'Angleterre, qui avaient accompagné leurs maris à l'ost, firent mille sourires aux chevaliers de Hainaut, mille prières pour qu'ils restassent, et leurs yeux se mouillèrent. On cantonna les Hennuyers à une demi-lieue du reste de l'armée, et un mois passa de la sorte, à se regarder comme chiens et chats.

Enfin on décida de se mettre en campagne. Le jeune roi Edouard III, pour sa première guerre, s'avançait à la tête de huit mille armures de fer et de trente mille hommes de pied.

Malheureusement, les Ecossais ne se montraient pas. Ces rudes hommes faisaient la guerre sans fourgons ni convoi. Leurs troupes légères n'emportaient pour bagage qu'une pierre plate accrochée à la selle, et un petit sac de farine ; ils savaient vivre de cela pendant plusieurs jours, mouillant la farine à l'eau des ruisseaux et la faisant cuire en galettes sur la pierre chauffée au feu. Les Ecossais s'amusaient de l'énorme armée anglaise, prenaient le contact, escarmouchaient, se repliaient aussitôt, franchissaient et repassaient les rivières, attiraient l'adversaire dans les marais, les forêts épaisses, les défilés escarpés. On errait à l'aventure entre la Tyne et les monts Cheviot.

Un jour les Anglais entendent une grande rumeur dans un bois où ils progressaient. L'alarme est donnée. Chacun s'élance, la visière baissée, l'écu au col, la lance au poing, sans attendre père, frère ni compagnon, et ceci pour rencontrer, tout penaudement, une harde de cerfs qui fuyait affolée devant les bruits d'armures.

Le ravitaillement devenait malaisé ; le pays ne produisait rien ; des marchands acheminaient péniblement quelques denrées qu'ils vendaient dix fois leur valeur. Les montures manquaient d'avoine et de fourrage. Là-dessus, la pluie se mit à tomber, sans désemparer, pendant une grande semaine ; les panneaux de selles pourrissaient sous les cuisses, les chevaux laissaient leur ferrure dans la boue ; toute l'armée rouillait. Le soir, les chevaliers usaient le tranchant de leur épée à tailler des branchages pour se construire des huttes. Et toujours les Ecossais restaient insaisissables !

Le maréchal de l'ost, sir Thomas Wake, était désespéré. Le comte de Kent regrettait presque La Réole ; au moins, là-bas, le temps était beau. Henry Tors-Col avait des rhumatismes dans la nuque. Mortimer s'irritait, et se lassait de courir sans cesse de l'armée à Yorkshire, où se trouvaient la reine et les services du gouvernement. Le désespoir qui engendre les querelles commençait à s'installer dans les troupes ; on parlait de trahison.

Un jour, tandis que les chefs de bannières discutaient très haut de ce que l'on n'avait pas fait, de ce que l'on aurait dû faire, le jeune roi Edouard III réunit quelques écuyers d'environ son âge, et promit la chevalerie ainsi qu'une terre d'un revenu de cent livres à qui découvrirait l'armée d'Ecosse. Une vingtaine de garçons, entre quatorze et dix-huit ans, se mirent à battre la campagne. Le premier qui revint se nommait Thomas de Rokesby ; tout haletant et épuisé, il s'écria :

— Sire Edouard, les Escots sont à quatre lieues de nous dans une montagne où ils se tiennent depuis une semaine, sans plus savoir où vous êtes que vous ne savez où ils sont !

Aussitôt, le jeune Edouard fit sonner les trompes, rassembler l'armée dans une terre qu'on appelait « la lande blanche », et commanda de courir aux Ecossais. Les grands tournoyeurs en étaient tout éberlués. Mais le bruit que faisait cette énorme ferraille avançant par les montagnes parvint de loin aux hommes de Robert Bruce. Les chevaliers d'Angleterre et de Hainaut, arrivant sur une crête, s'apprêtaient à dévaler l'autre versant, lorsqu'ils aperçurent soudain toute l'armée écossaise, à pied et rangée en bataille, les flèches déjà encochées dans la corde des arcs. On se regarda de loin sans oser s'affronter, car le lieu était mal choisi pour lancer les chevaux ; on se regarda pendant vingt-deux jours !

Comme les Ecossais ne semblaient pas vouloir bouger d'une position qui leur était si favorable, comme les chevaliers ne voulaient pas livrer combat dans un terrain où ils ne pouvaient pas se déployer, on demeura donc de part et d'autre de la crête, chaque adversaire attendant que l'autre voulût bien se déplacer. On se contentait d'escarmoucher, la nuit généralement, en laissant ces petites rencontres à la piétaille.

Le plus haut fait de cette étrange guerre, que se livraient un octogénaire lépreux et un roi de quinze ans, fut accompli par l'Ecossais Jacques de Douglas qui, avec deux cents cavaliers de son clan, fondit par une nuit de lune sur le camp anglais, renversa ce qui lui barrait passage en criant « Douglas, Douglas ! », s'en vint couper trois cordes à la tente du roi, et tourna bride. De cette nuit-là, les chevaliers anglais dormirent dans leurs armures.

Et puis un matin, avant l'aurore, on captura deux « trompeurs » de l'armée d'Ecosse, deux guetteurs qui vraiment semblaient vouloir qu'on les prît et qui, amenés devant le roi d'Angleterre, lui dirent :

— Sire, que cherchez-vous ici ? Nos Escots sont retournés dans les montagnes, et Sire Robert, notre roi, nous a dit de vous en avertir, et aussi qu'il ne vous combattrait plus pour cette année, à moins que vous ne le veniez poursuivre.

Les Anglais s'avancèrent, prudents, craignant un piège, et soudain furent devant quatre cents marmites et chaudrons de campement, pendus en ligne, et que les Ecossais avaient laissés pour ne point s'alourdir ni produire de bruit dans leur retraite. Egalement on découvrit, formant un énorme tas, cinq mille vieux souliers de cuir avec le poil dessus ; les Ecossais avaient changé de chaussures avant de partir. Il ne restait comme créatures vivantes dans ce camp que cinq prisonniers anglais, tout nus, liés à des pieux, et dont les jambes avaient été brisées à coups de bâtons.

Poursuivre les Ecossais dans leurs montagnes, à travers ce pays difficile, hostile, où l'armée, fort fatiguée déjà aurait à mener une guerre d'embuscade pour laquelle elle n'était pas entraînée, apparaissait comme une pure folie. La campagne fut déclarée terminée ; on revint à York et l'ost fut dissous.

Messire Jean de Hainaut fit le compte de ses chevaux morts ou hors d'usage, et présenta un mémoire de quatorze mille livres. Le jeune roi Edouard n'avait pas autant d'argent disponible dans son Trésor, et devait aussi payer les soldes de ses propres troupes. Alors messire Jean de Hainaut, ayant grand geste comme de coutume, se porta garant auprès de ses chevaliers de toutes les sommes qui leur étaient dues par son futur neveu.

Au cours de l'été, Roger Mortimer, qui n'avait aucun intérêt dans le nord du royaume, bâcla un traité de paix. Edouard III renonçait à toute suzeraineté sur l'Ecosse et reconnaissait Robert Bruce comme roi de ce pays, ce qu'Edouard II tout le long de son règne n'avait jamais accepté ; en outre, David Bruce, fils de Robert, épousait Jeanne d'Angleterre, seconde fille de la reine Isabelle.

Etait-ce bien la peine, pour un tel résultat, d'avoir déchu de ses pouvoirs l'ancien roi qui vivait reclus à Berkeley ?

7

La couronne de foin

Une aurore presque rouge incendiait l'horizon derrière les collines du Costwold.

— Le soleil va bientôt poindre, sir John, dit Thomas Gournay, l'un des deux cavaliers qui marchaient en tête de l'escorte.

— Oui, le soleil va poindre, sir Thomas, et nous ne sommes point encore arrivés à notre étape, répondit John Maltravers qui cheminait à côté de lui, au botte à botte.

— Quand le jour sera venu, les gens pourraient bien reconnaître qui nous conduisons, reprit le premier.

— Cela se pourrait, en effet, mon compagnon, et c'est juste ce qu'il nous faut éviter.

Ces paroles étaient échangées d'une voix haute, forcée, afin que le prisonnier qui suivait les entendît bien.

La veille, sir Thomas Gournay était arrivé à Berkeley, ayant traversé la moitié de l'Angleterre pour porter depuis York, à John Maltravers, les nouveaux ordres de Roger Mortimer concernant la garde du roi déchu.

Gournay était un homme de physique peu avenant; il avait le nez court et camard, les crocs inférieurs plus longs que les autres dents, la peau rose, tachetée, piquetée de poils roux comme le cuir d'une truie; ses cheveux trop abondants se tordaient, pareils à des copeaux de cuivre, sous le bord de son chapeau de fer.

Pour seconder Thomas Gournay, et aussi pour le surveiller un peu, Mortimer lui avait adjoint Ogle, l'ancien barbier de la tour de Londres.

Au soir tombant, à l'heure où les paysans avaient déjà avalé leur soupe, la petite troupe quittant Berkeley s'était dirigée vers le sud à travers une campagne silencieuse et des villages endormis. Maltravers et Gournay chevauchaient en tête. Le roi allait encadré par une dizaine de soldats que commandait un officier subalterne du nom de Towurlee. Colosse à petit front et d'une intelligence parcimonieusement mesurée, Towurlee était un homme obéissant, bien utile pour les tâches qui réclamaient à la fois de la force et qu'on les exécutât en se posant un minimum de questions. Ogle fermait la marche, en compagnie du moine Guillaume, lequel n'avait pas été choisi parmi les meilleurs de son couvent. Mais on pouvait avoir besoin de lui pour une extrême-onction.

Toute la nuit, l'ancien roi avait cherché vainement à deviner où on le conduisait. A présent, le jour paraissait.

— Que faire, sir Thomas, pour qu'on ne puisse point reconnaître un homme ? reprit sentencieusement Maltravers.

— Lui changer le visage, sir John, je ne vois que cela, répondit Gournay.

— Il faudrait le barbouiller de goudron, ou bien de suie.

— Ainsi les paysans croiraient que c'est un Maure que nous accompagnons.

— Par malchance, nous n'avons pas de goudron.

— Alors, on pourrait le raser, dit Thomas Gournay en appuyant sa proposition d'un lourd clin d'œil.

— Ah ! voici la bonne idée, mon compagnon ! D'autant que nous avons un barbier dans notre suite. Le Ciel nous vient en aide. Ogle, Ogle, approche donc !... As-tu ton bassin, tes rasoirs ?

— Je les ai, sir John, pour vous servir, répondit Ogle en rejoignant les deux chevaliers.

— Alors arrêtons-nous ici. Je vois un peu d'eau qui court dans ce ruisseau.

Tout cela était, depuis la veille, concerté. La petite colonne fit halte. Gournay et Ogle mirent pied à terre. Gournay avait les épaules larges, les jambes très courtes et arquées. Ogle étendit une toile sur l'herbe du talus, y disposa ses ustensiles et se mit à aiguiser un rasoir, lentement, en regardant l'ancien roi.

— Que voulez-vous de moi ? Qu'allez-vous me faire ? demanda Edouard II d'une voix angoissée.

— Nous voulons que tu descendes de ton destrier, noble Sire, afin que nous te fassions un autre visage. Voilà justement un bon trône pour toi, dit Thomas Gournay en désignant une taupinière qu'il écrasa du talon de sa botte. Allons ! Assieds-toi.

Edouard obéit. Comme il hésitait un peu, Gournay le poussa à la renverse, et les soldats d'escorte éclatèrent de rire.

— En rond, vous autres, leur dit Gournay.

Ils se disposèrent en cercle, et le colosse Towurlee se plaça derrière le roi afin de lui peser sur les épaules, s'il en était besoin.

L'eau du ruisseau était glacée qu'alla puiser Ogle.

— Mouille-lui la face, dit Gournay.

Le barbier lança tout le contenu du bassin, d'un coup, à la face du roi. Puis il commença de passer le rasoir sur les joues, sans précaution. Les touffes blondes tombaient dans l'herbe.

Maltravers était resté à cheval. Les mains appuyées au pommeau, les cheveux lui pendant sur les oreilles, il suivait l'opération en y prenant un évident plaisir.

Entre deux coups de rasoir, Edouard s'écria :

— Vous me faites trop souffrir ! Ne pourriez-vous au moins me mouiller d'eau chaude ?

— De l'eau chaude ? s'écria Gournay. Voyez donc le délicat.

Et Ogle rapprochant sa face ronde et blanchâtre du visage du roi lui souffla de tout près :

— Et my Lord Mortimer, quand il était à la tour de Londres, faisait-on chauffer l'eau de son bassin ?

Puis il reprit sa tâche, à grands coups de lame. Le sang perlait sur la peau. De douleur, Edouard se mit à pleurer.

— Ah ! voyez l'habile homme, s'écria Maltravers ; il a trouvé le moyen d'avoir quand même de l'eau chaude sur les joues.

— Je rase également les cheveux, sir Thomas ? demanda Ogle.

— Certes, certes, les cheveux aussi, répondit Gournay.

Le rasoir fit tomber les mèches depuis le front jusqu'à la nuque.

Au bout d'une dizaine de minutes, Ogle tendit à son patient un miroir d'étain, et l'ancien souverain d'Angleterre y découvrit avec stupéfaction sa face véritable, enfantine et vieillotte à la fois, sous le crâne nu, étroit et allongé. Le long menton ne cachait plus sa faiblesse. Edouard se sentait dépouillé, ridicule, comme un chien tondu.

— Je ne me reconnais pas, dit-il.

Les hommes qui l'entouraient se remirent à rire.

— Ah ! voilà qui est bien ! dit Maltravers du haut de son cheval. Si toi-même tu ne te reconnais pas, ceux qui pourraient te rechercher te reconnaîtront encore moins. Voilà ce qu'on gagne à vouloir s'évader.

Car telle était la raison de ce déplacement. Quelques seigneurs gallois, sous la conduite d'un des leurs, Rhys ap Gruffyd, avaient organisé, pour délivrer le roi déchu, une conspiration dont Mortimer avait été prévenu. Dans le même temps, Edouard, profitant d'une négligence de Thomas de Berkeley, s'était enfui un matin de sa prison. Maltravers, aussitôt parti en chasse, l'avait rattrapé au milieu de la forêt courant vers l'eau comme un cerf forcé. L'ancien roi cherchait à gagner l'embouchure de la Severn dans l'espoir d'y trouver une embarcation. A présent, Maltravers se vengeait ; mais dans l'instant, il avait eu chaud.

— Debout, Sire roi ; il est temps de te remettre en selle, dit-il.
— Où nous arrêterons-nous ? demanda Edouard.
— Là où nous serons sûrs que tu ne pourras point rencontrer d'amis. Et ton sommeil ne sera point troublé. Fais-nous confiance pour veiller sur toi.

Le voyage dura ainsi presque une semaine. On cheminait de nuit, on se reposait le jour, soit dans un manoir dont on était sûr, soit même dans quelque abri des champs, quelque grange écartée. A la cinquième aurore, Edouard vit se profiler une immense forteresse grise, dressée sur une colline. L'air de la mer, plus frais, plus humide, un peu salé, arrivait par bouffées.

— Mais c'est Corfe ! dit Edouard. Est-ce là que vous me conduisez ?
— Certes, c'est Corfe, dit Thomas de Gournay. Tu connais bien les châteaux de ton royaume, à ce qu'il semble.

Un grand cri d'effroi s'échappa des lèvres d'Edouard. Son astrologue, jadis, lui avait conseillé de ne jamais s'arrêter à Corfe, parce qu'un séjour dans ce lieu lui serait fatal. Aussi, dans ses déplacements dans le Dorset et le Devonshire, Edouard II s'était approché de Corfe à plusieurs reprises, mais en refusant obstinément d'y pénétrer.

Le château de Corfe était plus ancien, plus grand, plus sinistre que Kenilworth. Son donjon géant dominait tout le pays d'alentour, toute la péninsule de Purbeck. Certaines de ses fortifications dataient d'avant la Conquête normande. Il avait été souvent utilisé comme prison, par Jean sans Terre notamment qui, cent vingt ans plus tôt, avait ordonné d'y laisser mourir de faim vingt-deux chevaliers français. Corfe semblait une construction vouée au crime. La superstition tragique qui l'entourait remontait au meurtre d'un garçon de quinze ans, le roi Edouard surnommé le Martyr, l'autre Edouard II, celui de la dynastie saxonne, avant l'an mille.

La légende de cet assassinat demeurait vivace dans le pays. Edouard le Saxon, fils du roi Edgar auquel il avait succédé, était haï de sa belle-mère, la reine Elfrida, seconde épouse de son père. Un jour qu'il rentrait à cheval de la chasse et tandis que, fort échauffé, il portait à ses lèvres une corne de vin, la reine Elfrida lui enfonça un poignard dans le dos. Affolé de douleur, il éperonna son cheval qui partit droit vers la forêt. Le jeune roi, perdant son sang, chute bientôt de sa selle ; mais son pied s'étant coincé dans l'étrier, la monture le traîna encore sur une grande distance, lui fracassant la tête contre les arbres. Des paysans, en suivant les traces de sang laissées dans la forêt, retrouvèrent son corps et l'inhumèrent en cachette.

La tombe s'étant mise à produire des miracles, Edouard avait été plus tard canonisé.

Même nom, même chiffre dans l'autre dynastie ; ce rapprochement, rendu plus inquiétant encore par la prédiction de l'astrologue, pouvait bien faire trembler le roi prisonnier. Corfe allait-il voir la mort du second Edouard II ?

— Pour ton entrée dans cette belle citadelle, il te faut coiffer d'une couronne, mon noble Sire, dit Maltravers. Towurlee, va donc ramasser un peu de foin dans ce champ !

De la brassée d'herbe sèche que rapporta le colosse, Maltravers confectionna une couronne et la planta sur le crâne rasé du roi. Les barbes du foin s'enfoncèrent dans la peau.

— Avance, à présent, et pardonne-nous de n'avoir point de trompettes !

Un profond fossé, une enceinte, un pont-levis entre deux grosses tours rondes, une colline verte à escalader, un autre fossé, une autre porte, une autre herse, et au-delà encore des pentes herbues : en se retournant on pouvait voir les petites maisons du village, aux toits faits de pierres plates et grises posées comme des tuiles.

— Avance donc ! cria Maltravers en donnant à Edouard un coup de poing dans les reins.

La couronne de foin vacilla. Les chevaux progressaient à présent dans des couloirs étroits, tortueux, pavés de galets ronds, entre d'énormes, d'hallucinantes murailles au sommet desquelles les corbeaux, perchés côte à côte, frise noire bordant la pierre grise, regardaient, à cinquante pieds sous eux, passer la colonne.

Le roi Edouard II était certain qu'on allait le tuer. Mais il existe bien des manières de faire mourir un homme.

Thomas Gournay et John Maltravers n'avaient pas ordre exprès de l'assassiner, mais plutôt de l'anéantir. Ils choisirent donc la manière lente. Deux fois le jour, d'affreuses bouillies de seigle étaient servies à l'ancien souverain, tandis que ses gardiens s'empiffraient devant lui de toutes sortes de victuailles. Et pourtant, à cette infecte nourriture comme aux moqueries et aux coups dont on le gratifiait, le prisonnier résistait. Il était singulièrement robuste de corps et même d'esprit. D'autres à sa place eussent facilement perdu la raison : lui se contentait de gémir. Mais ses gémissements mêmes témoignaient de son bon sens.

— Mes péchés sont-ils si lourds qu'ils ne méritent ni pitié ni assistance ? Avez-vous perdu toute charité chrétienne, toute bonté ? disait-il à ses geôliers. Si je ne suis plus un souverain, je demeure pourtant père et époux ; comment puis-je faire encore peur à ma femme et à mes enfants ? Ne sont-ils pas suffisamment satisfaits d'avoir pris tout ce qui m'appartenait ?

— Et que te plains-tu, Sire roi, de ton épouse ? Madame la reine ne t'a-t-elle pas envoyé de beaux vêtements, et de douces lettres que nous t'avons lues ?

— Fourbes, fourbes, répondait Edouard, vous m'avez montré les vêtements mais vous ne me les avez point donnés, et vous me laissez pourrir dans cette mauvaise robe. Et les lettres, pourquoi cette méchante femme les a-t-elle envoyées, sinon pour pouvoir feindre qu'elle m'a témoigné de la compassion. C'est elle, c'est elle avec le méchant Mortimer qui vous donne les ordres de me tourmenter ! Sans elle et sans ce traître, mes enfants, j'en suis sûr, accourraient m'embrasser !

— La reine ton épouse et tes enfants, répondait Maltravers, ont trop peur de ta cruelle nature. Ils ont trop subi tes méfaits et ta fureur pour désirer t'approcher.

— Parlez, mauvais, parlez, disait le roi. Un temps viendra où les tourments qui me sont infligés seront vengés.

Et il se mettait à pleurer, son menton nu enfoui dans ses bras. Il pleurait, mais il ne mourait point.

Gournay et Maltravers s'ennuyaient à Corfe, car tous les plaisirs s'épuisent, même ceux qu'on prend à torturer un roi.

Et puis Maltravers avait laissé sa femme Eva à Berkeley, auprès de son beau-frère ; et puis, dans la région de Corfe, on commençait à savoir que le roi détrôné était détenu là. Alors, après échange de messages avec Mortimer, on décida de ramener Edouard à Berkeley.

Lorsque, encadré de la même escorte, il repassa, un peu plus maigre seulement et un peu plus voûté, les grosses herses, les ponts-levis, les deux enceintes, le roi Edouard II, si malheureux qu'il fût, éprouva un immense soulagement et comme le sentiment de la délivrance. Son astrologue avait menti.

8

« *Bonum est* »

La reine Isabelle était déjà au lit, ses deux nattes d'or tombant sur sa poitrine. Roger Mortimer entra, sans se faire annoncer, ainsi qu'il en avait le privilège. A l'expression de son visage, la reine sut de quel sujet il allait lui parler, lui reparler plutôt.

— J'ai reçu nouvelles de Berkeley, dit-il d'un ton qui se voulait calme et détaché.

Isabelle ne répondit pas.

La fenêtre était entrouverte sur la nuit de septembre. Mortimer alla l'ouvrir tout à fait et resta un moment à contempler la ville de Lincoln, vaste et tassée, encore piquetée de quelques lumières, et qui s'étendait au-dessous du château. Lincoln était en importance la quatrième ville du royaume après Londres, Winchester et York. L'un des morceaux du corps de Hugh Le Despenser le Jeune y avait été expédié dix mois auparavant. La cour, arrivant du Yorkshire, venait de s'y installer depuis une semaine.

Isabelle regardait les hautes épaules de Mortimer et sa nuque couverte de cheveux en rouleaux se découper, ombre sur le ciel nocturne, dans l'encadrement de la fenêtre. Dans ce moment précis, elle ne l'aimait pas.

— Votre époux paraît s'obstiner à vivre, reprit Mortimer en se retournant, et cette vie met en péril la paix du royaume. On continue de conspirer pour sa délivrance dans les manoirs de Galles. Les dominicains ont le front de prêcher en sa faveur jusques à Londres même, où les troubles qui nous ont inquiétés en juillet pourraient bien se renouveler. Edouard n'est guère dangereux par lui-même, je vous l'accorde, mais il est prétexte à l'agitation de nos ennemis. Veuillez enfin, je vous prie, émettre cet ordre que je vous conseille et sans lequel il n'y aura point de sécurité ni pour vous ni pour votre fils.

Isabelle eut un soupir de lassitude excédée. Que ne donnait-il lui-même cet ordre ? Que ne prenait-il la décision à son compte, lui qui faisait la pluie et le soleil dans le royaume ?

— Gentil Mortimer, dit-elle calmement, je vous ai déjà répondu qu'on n'obtiendrait point cet ordre de moi.

Roger Mortimer ferma la fenêtre ; il craignait de s'emporter.

— Mais pourquoi, à la parfin, dit-il, avoir subi tant d'épreuves et couru si grands risques pour devenir à présent l'ennemie de votre propre sûreté ?

Elle secoua la tête et répondit :

— Je ne puis. J'aime mieux courir tous les hasards que d'en venir à cette issue. Je t'en prie, Roger, ne souillons pas nos mains de ce sang-là.

Mortimer eut un ricanement bref.

— D'où te vient, répliqua-t-il, ce soudain respect du sang de tes ennemis ? Le sang du comte d'Arundel, le sang des Despensers, le sang de Baldock, tout ce sang-là qui coulait sur les places des villes, tu n'en as pas détourné les yeux. J'avais même cru, certaines nuits, que le sang te plaisait assez. Et lui, le cher Sire, n'a-t-il pas les mains plus rouges que les nôtres pourront jamais l'être ? N'aurait-il pas volontiers versé mon sang et le tien, si nous lui en avions laissé le loisir ? Il ne faut pas être roi, Isabelle, si l'on a peur du sang, il ne faut pas être reine ; il faut se retirer dans quelque couvent, sous un voile de nonne, et n'avoir ni amour ni pouvoir !

Ils s'affrontèrent un moment du regard. Les prunelles couleur de silex brillaient trop fort sous les sourcils épais, à la lueur des chandelles ; la cicatrice blanche ourlait une lèvre au dessin trop cruel. Isabelle fut la première à baisser les yeux.

— Rappelle-toi, Mortimer, qu'il t'a fait grâce autrefois, dit-elle. Il doit penser à présent que s'il n'avait pas cédé aux prières des barons, des évêques, à mes propres prières, et t'avait fait décapiter comme il en a ordonné de Thomas de Lancastre...

— Non point, non point, je m'en souviens, et justement je ne voudrais pas avoir à connaître un jour des regrets semblables aux siens. Je trouve cette compassion que tu lui portes bien étrange et bien obstinée.

Il prit un temps.

— L'aimes-tu donc encore ? ajouta-t-il. Je ne vois point d'autre raison.

Elle haussa les épaules.

— C'est donc pour cela, dit-elle, pour que je te fournisse une preuve de plus ! Cette fureur de jaloux ne s'éteindra donc jamais en toi ? Ne t'ai-je pas assez montré devant tout le royaume de France, et tout celui d'Angleterre, et devant mon fils même, que je n'avais au cœur d'autre amour que le tien ? Mais que me faut-il faire ?

— Ce que je te demande, et rien d'autre. Mais je vois que tu ne veux pas t'y résoudre. Je vois que la croix que tu te fis au cœur, devant moi, et qui devait nous allier en tout, et ne nous donner qu'une volonté, n'était pour toi que simulacre. Je vois bien que le destin m'a fait engager ma foi à une créature faible !

Oui, un jaloux, voilà ce qu'il était ! Régent tout-puissant, nommant aux emplois, gouvernant le jeune roi, vivant conjugalement avec la reine, et ceci aux yeux de tous les barons, Mortimer demeurait un jaloux !... « Mais a-t-il complètement tort de l'être ? » pensa soudain Isabelle. Le danger de toute jalousie est de forcer celui qui en est l'objet à rechercher en lui-même s'il n'y a pas motif aux reproches qu'on lui adresse. Ainsi s'éclairent certains sentiments auxquels on n'avait pas pris garde... Comme c'était étrange ! Isabelle était sûre de haïr Edouard autant que femme pouvait ; elle ne songeait à lui qu'avec mépris, dégoût et rancune à la fois. Et pourtant... Et pourtant le souvenir des anneaux échangés, du couronnement, des maternités, les souvenirs qu'elle gardait non pas de lui, mais d'elle-même, le souvenir simplement d'avoir cru qu'elle l'aimait, c'était tout cela qui la retenait à présent. Il lui semblait impossible d'ordonner la mort du père des enfants qu'elle avait mis au monde... « Et ils m'appellent la Louve de France ! » Le saint n'est jamais aussi saint, ni le cruel jamais aussi complètement cruel que les autres le croient.

Et puis Edouard, même déchu, était un roi. Qu'on l'eût dépossédé, dépouillé, emprisonné, n'empêchait pas qu'il fût personne royale. Et Isabelle était reine elle-même, et formée à l'être. Toute son enfance, elle avait eu l'exemple de la vraie majesté royale, incarnée dans un homme qui, par le sang et le sacre, se savait au-dessus de tous les autres hommes, et se faisait connaître pour tel. Attenter à la vie d'un sujet, fût-il le plus grand seigneur du royaume, n'était jamais qu'un crime. Mais l'acte de supprimer une vie royale comportait un sacrilège et la négation du caractère sacerdotal, divin, dont les souverains étaient investis.

— Et cela, Mortimer, tu ne peux le comprendre, car tu n'es pas roi, et tu n'es pas né d'un roi.

Elle s'aperçut, trop tard, qu'elle venait de penser tout haut.

Le baron des Marches, le descendant du compagnon de Guillaume le Conquérant, le Grand Juge du Pays de Galles, prit rudement le coup. Il recula de deux pas, s'inclina.

— Je ne pense pas que ce soit un roi, Madame, qui vous ait rendu votre trône ; mais il paraît que c'est perdre son temps que d'attendre que vous en conveniez. Comme de vous rappeler que je descends des rois de Danemark qui n'ont pas dédaigné de donner l'une de leurs filles à mon aïeul le premier Roger Mortimer. Mes efforts pour vous m'ont acquis peu de mérite. Laissez donc vos ennemis délivrer votre royal époux, ou bien, même, allez lui rendre la liberté de vos propres mains. Votre puissant frère de France ne manquera pas alors de vous protéger, comme il le fit si bien quand vous eûtes à fuir, soutenue par moi en votre selle, vers le Hainaut. Mortimer, lui, n'étant point roi, et sa vie de la sorte n'étant pas protégée contre une mésaventure de la fortune, s'en va, Madame, chercher refuge ailleurs avant qu'il soit trop tard, hors d'un royaume dont la reine l'aime si peu qu'il ne se sent plus rien à y faire.

Sur quoi il gagna la porte. Il était contrôlé dans sa colère ; il ne fit point battre le vantail de chêne mais le repoussa lentement, et ses pas décrurent.

Isabelle connaissait assez l'orgueilleux Mortimer pour savoir qu'il ne reviendrait pas. Elle bondit hors du lit, courut en chemise à travers les couloirs du château, rattrapa Mortimer, le saisit par ses vêtements, se pendit à ses bras.

— Demeure, demeure, gentil Mortimer, je t'en supplie ! s'écria-t-elle sans se soucier qu'on l'entendît. Je ne suis qu'une femme, j'ai besoin de ton conseil et de ton appui ! Demeure ! demeure, de grâce, et agis ainsi que tu crois.

Elle était en larmes et s'appuyait, se blottissait contre ce torse, ce cœur sans lesquels elle ne pouvait vivre.
— Je veux ce que tu veux ! dit-elle encore.
Les serviteurs, attirés par le bruit, étaient apparus et tout aussitôt se dissimulaient, gênés d'être témoins de cette querelle d'amants.
— Tu veux vraiment ce que je veux ?... demanda-t-il en prenant le visage de la reine entre ses mains. Alors ! Gardes ! cria-t-il. Qu'on aille me quérir aussitôt Monseigneur Orleton.
Depuis quelques mois Mortimer et Adam Orleton se battaient froid. Leur brouille stupide avait pour cause cet évêché de Worcester attribué à Orleton par le pape, tandis que Mortimer le promettait à un autre candidat. Que Mortimer n'avait-il su que son ami souhaitait cet évêché ! Mais à présent, sa parole engagée, il ne voulait plus se dédire. Le Parlement, saisi de la question, à York, avait décrété la confiscation des revenus du diocèse de Worcester... Orleton, qui donc n'était plus évêque de Hereford et ne l'était pas non plus de Worcester, jugeait bien ingrat l'homme qu'il avait fait évader de la Tour. L'affaire demeurait en débat, et Orleton continuait de suivre la cour dans ses déplacements.

« Mortimer, quelque jour, aura de nouveau besoin de moi, se disait-il, et alors il cédera. »

Ce jour, ou plutôt cette nuit, était arrivé. Orleton le comprit aussitôt qu'il eut pénétré dans la chambre de la reine. Isabelle, recouchée, gardait des traces de larmes sur le visage. Mortimer marchait à grands pas autour du lit. Pour qu'on se gênât si peu devant le prélat, il fallait que l'affaire fût grave !

— Madame la reine, déclara Mortimer, considère avec raison, à cause des menées que vous savez, que la vie de son époux met en péril la paix du royaume, et elle s'inquiète que Dieu tarde tant à le rappeler à lui.

Adam Orleton regarda Isabelle, Isabelle regarda Mortimer, puis ramena les yeux vers l'évêque et fit un signe d'assentiment. Orleton eut un bref sourire, non de cruauté, ni même vraiment d'ironie, plutôt une expression de pudique tristesse.

— Madame la reine se voit placée devant le grand problème qui se pose toujours à ceux qui ont la charge des Etats, répondit-il. Faut-il, pour ne point détruire une seule vie, risquer d'en faire périr beaucoup d'autres ?

Mortimer se tourna vers Isabelle, et dit :

— Vous entendez !

Il était fort satisfait de l'appui que lui portait l'évêque et regrettait simplement de ne pas avoir trouvé lui-même cet argument.

— C'est de la sauvegarde des peuples qu'il s'agit là, reprit Orleton, et c'est à nous, évêques, qu'on s'adresse pour éclairer les volontés divines. Certes, les Saints Commandements nous interdisent de hâter toute fin. Mais les rois ne sont pas hommes ordinaires, et ils s'exceptent eux-mêmes des Commandements lorsqu'ils condamnent à mort leurs sujets... Je croyais toutefois, my Lord, que les gardiens que vous avez nommés autour du roi déchu allaient vous épargner de vous poser ces questions.

— Les gardiens paraissent avoir épuisé leurs ressources, répondit Mortimer. Et ils n'agiront pas plus avant sans avoir reçu des instructions écrites.

Orleton hocha la tête, mais ne répondit point.

— Or un ordre écrit, poursuivit Mortimer, peut tomber en d'autres mains que celles auxquelles il est destiné ; il peut également fournir une arme à ceux qui ont à l'exécuter contre ceux qui le donnent. Me comprenez-vous ?

Orleton sourit à nouveau. Le prenait-on pour un niais ?

— En d'autres mots, my Lord, dit-il, vous voudriez envoyer l'ordre et ne pas l'envoyer.

— Je voudrais plutôt envoyer un ordre qui soit clair pour ceux qui doivent l'entendre, et qui demeure obscur à ceux qui le doivent ignorer. C'est là-dessus que je veux me consulter avec vous qui êtes homme de ressources, si vous consentez à m'apporter votre concours.

— Et vous demandez cela, my Lord, à un pauvre évêque qui n'a même pas de siège, ni de diocèse où planter sa crosse ?

Ce fut au tour de Mortimer de sourire :

— Allons, allons, my Lord Orleton, ne parlons plus de ces choses. Vous m'avez beaucoup fâché, vous le savez. Si vous m'aviez seulement averti de vos souhaits ! Mais puisque vous y tenez tant, je ne m'opposerai plus. Vous aurez Worcester, c'est parole dite... J'en ferai mon affaire avec le Parlement... Et vous êtes toujours mon ami, vous le savez bien aussi.

L'évêque hocha le front. Oui, il le savait ; et lui-même gardait toujours autant d'amitié à Mortimer, et leur brouille récente n'avait rien changé ; il suffisait qu'ils fussent face à face pour en prendre conscience. Trop de souvenirs les liaient, trop de complicités et une réciproque admiration. Ce soir même, dans la difficulté où Mortimer se trouvait après avoir enfin arraché à la reine un consentement si longtemps attendu, qui donc appelait-il ? L'évêque aux épaules tombantes, à la démarche de canard, à la vue fatiguée par l'étude. Ils étaient même si fort amis qu'ils en avaient oublié la reine qui les observait, de ses larges yeux bleus, et se sentait mal.

— C'est votre beau sermon « *Doleo caput meum* », nul ne l'a oublié, qui a permis de déchoir le mauvais roi, dit Mortimer. Et c'est vous encore qui avez obtenu l'abdication.

Voilà que la gratitude revenait ! Orleton s'inclina sous les compliments.

— Vous voulez donc que j'aille jusqu'au bout de la tâche, dit-il.

Il y avait dans la chambre une table à écrire, des plumes et du papier. Orleton réclama un couteau parce qu'il ne pouvait écrire qu'avec une plume taillée par lui-même. Cela l'aidait à réfléchir. Mortimer respectait sa méditation.

— L'ordre n'a pas besoin d'être long, dit Orleton au bout d'un moment.

Il regardait en l'air, d'un air amusé. Il avait visiblement oublié qu'il s'agissait de la mort d'un homme ; il éprouvait un sentiment d'orgueil, une satisfaction de lettré qui vient de résoudre un difficile problème de rédaction. Les yeux près de la table, il ne traça qu'une seule phrase d'une écriture bien formée, répandit dessus de la poudre à sécher, et tendit la feuille à Mortimer en disant :

— J'accepte même de sceller cette lettre de mon propre sceau, si vous-même ou Madame la reine considérez ne point devoir y apposer les vôtres.

Vraiment, il paraissait content de lui.

Mortimer s'approcha d'une chandelle. La lettre était en latin. Il lut assez lentement :

— *Eduardum occidere nolite timere bonum est*. Il réfléchit un moment, puis, revenant à l'évêque :

— *Eduardum occidere*, cela je comprends bien ; *nolite* : ne faites pas... *timere* : craindre... *bonum est* : il est bon...

Orleton souriait.

— Faut-il entendre : « Ne tuez pas Edouard, il est bon de craindre... de faire cette chose », poursuivit Mortimer, ou bien

« Ne craignez pas de tuer Edouard, c'est chose bonne » ? Où est la virgule ?
— Elle n'est pas, répondit Orleton. La volonté de Dieu se manifestera par la compréhension de celui qui recevra la lettre. Mais la lettre elle-même, à qui peut-on en faire reproche ?

Mortimer restait perplexe.

— C'est que j'ignore, dit-il, si Maltravers et Gournay entendent bien le latin.

— Le frère Guillaume, que vous avez placé auprès d'eux, l'entend assez bien. Et puis le messager pourra transmettre de bouche, mais de bouche seulement, que toute action découlant de cet ordre devra demeurer sans traces.

— Et vraiment, demanda Mortimer, vous êtes prêt à y apposer votre propre sceau ?

— Je le ferai, dit Orleton.

C'était vraiment un bon compagnon. Mortimer le raccompagna jusqu'au bas de l'escalier, puis remonta à la chambre de la reine.

— Gentil Mortimer, lui dit Isabelle, ne me laissez point dormir seule cette nuit.

La nuit de septembre n'était pas si froide qu'elle dût grelotter autant.

9

Le fer rouge

Comparé aux forteresses démesurées de Kenilworth ou de Corfe, Berkeley peut être regardé comme un petit château. Ses pierres de teinte rose, ses dimensions humaines, ne le rendent en rien effrayant... Il communique directement avec le cimetière qui entoure l'église et où les dalles, en quelques années, se couvrent d'une petite mousse verte, fine comme un tissu de soie[42].

Thomas de Berkeley, assez brave jeune homme que n'animait aucune férocité à l'égard de son semblable, ne possédait pas de raisons toutefois de se montrer bienveillant à l'excès envers l'ancien roi Edouard II qui l'avait tenu quatre ans en prison à

Wallingford, en compagnie de son père Maurice, mort pendant cette détention. En revanche, tout l'incitait au dévouement envers son puissant beau-père, Roger Mortimer, dont il avait épousé la fille aînée en 1320, qu'il avait suivi dans la révolte de 1322, et auquel il devait sa délivrance, l'année précédente. Thomas recevait la considérable somme de cent shillings par jour pour la garde et l'hébergement du roi déchu. Ni sa femme Marguerite Mortimer, ni sa sœur Eva, l'épouse de John Maltravers, n'étaient non plus de mauvaises personnes.

N'aurait-il eu affaire qu'à la famille Berkeley, Edouard II eût trouvé le séjour acceptable. Par malheur, il lui fallait subir les trois tourmenteurs, le Maltravers, le Gournay et leur barbier Ogle. Ceux-ci ne laissaient pas de répit à l'ancien roi ; ils avaient l'esprit fécond en cruauté, et ils se livraient à une sorte de compétition, rivalisant d'invention et de raffinement dans le supplice.

Maltravers avait imaginé d'installer Edouard, à l'intérieur du *keep*, dans un réduit circulaire de quelques pieds de diamètre au centre duquel s'ouvrait un ancien puits maintenant asséché. Aucune margelle n'entourait le puits. Il eût suffi d'un faux mouvement pour que le prisonnier tombât dans cette oubliette. Aussi Edouard devait-il rester constamment attentif ; cet homme de quarante-quatre ans, mais qui maintenant en paraissait plus de soixante, demeurait là, gisant sur une brassée de paille, le corps collé contre la muraille ou ne se déplaçait qu'en rampant, et lorsqu'il s'assoupissait, il se réveillait aussitôt, tout en sueur, craignant de s'être rapproché du vide.

A ce supplice de la peur, Gournay en ajouta un autre, celui de l'odeur. Il faisait ramasser dans la campagne des charognes de bêtes puantes, blaireaux pris au terrier, renards, putois, et aussi les oiseaux morts, bien pourris, que l'on jetait dans le puits afin que la pestilence qu'ils dégageaient infestât le peu d'air dont disposait le prisonnier.

— Voilà de la bonne venaison pour le crétin ! disaient les trois tortionnaires, chaque matin, quand ils voyaient arriver la cargaison de bêtes mortes.

Eux-mêmes n'avaient pas le nez très fin car ils se tenaient ensemble, ou à tour de rôle, dans une petite pièce en haut de l'escalier du *keep* et qui commandait le réduit où s'anémiait le roi. D'écœurantes bouffées venaient parfois jusqu'à eux ; mais c'était alors l'occasion de grosses plaisanteries :

— Ce qu'il peut puer, le gâteux ! s'écriaient-ils en abattant leurs cornets à dés et en lampant leurs pots de bière.

Le jour où leur parvint la lettre d'Adam Orleton, ils se concertèrent longuement. Le frère Guillaume leur avait traduit la missive, sans hésiter le moins du monde sur son sens véritable, mais en leur faisant apprécier l'habile ambiguïté de la rédaction. Les trois méchants s'en étaient frappé les cuisses pendant un quart d'heure, en répétant : « *bonum est... bonum est !* » et en se tordant de rire.

Le chevaucheur un peu obtus qu'on leur avait dépêché avait fidèlement délivré son message oral : « Sans traces. »

C'était là-dessus précisément qu'ils se consultaient.

— Ils ont vraiment d'étranges exigences, les gens de la cour, évêques et autres Lords ! dit Maltravers. Ils vous commandent de tuer et que cela ne se voie pas.

Comment procéder ? Le poison laissait les corps noirs ; et puis le poison, il fallait s'en fournir auprès de gens qui pouvaient parler. La strangulation ? La marque du lacet demeure autour du cou, et la face reste toute bleue.

Ce fut Ogle, l'ancien barbier de la tour de Londres, qui eut le trait de génie. Thomas Gournay apporta au plan proposé quelques perfectionnements ; et Maltravers rit bien fort, découvrant les gencives en même temps que les dents.

— Il sera puni par où il a péché ! s'écria-t-il.

L'idée lui semblait vraiment astucieuse.

— Mais il nous faudra bien être quatre, pour le moins, dit Gournay. Berkeley devra nous prêter la main.

— Ah ! tu sais comment est mon beau-frère Thomas, répondit Maltravers. Il touche ses cinq livres la journée, mais il a le cœur sensible. Il serait plus gênant qu'utile.

— Le gros Towurlee, pour la promesse de quelques shillings, nous aidera volontiers, dit Ogle. Et puis il est si bête que, même s'il parle, personne ne le croira.

On attendit le soir. Gournay fit préparer aux cuisines un excellent repas pour le prisonnier, avec un pâté moelleux, de petits oiseaux rôtis sur broche, une queue de bœuf en sauce. Edouard n'avait pas fait pareil souper depuis les soirées de Kenilworth, chez son cousin Tors-Col. Il fut tout étonné, un peu inquiet d'abord, puis réconforté, par cette chère inhabituelle. Au lieu de lui jeter une écuelle qu'il devait loger au bord de la fosse puante, on l'avait installé dans la pièce attenante, sur une escabelle, ce qui lui semblait un confort miraculeux ; et il dégustait ces mets dont il avait presque oublié le goût. On ne lui ménageait pas le vin non plus, un bon vin claret que Thomas de Berkeley faisait venir d'Aquitaine. Les trois geôliers assistaient à cette ripaille en échangeant des clins d'œil.

— Il n'aura même pas le temps de le digérer, souffla Maltravers à Gournay.

Le colosse Towurlee se tenait dans la porte qu'il obstruait complètement.

— Voilà, on se sent mieux à présent, n'est-il pas vrai, my Lord, dit Gournay quand l'ancien souverain eut terminé son repas. Maintenant on va te conduire dans une bonne chambre où tu trouveras un lit de plumes.

Le prisonnier au crâne rasé, au long menton tremblant, regarda ses gardiens avec surprise.

— Vous avez reçu de nouveaux ordres ? demanda-t-il.

Son ton était plein d'humilité craintive.

— Ah oui ! pour sûr, on a reçu des ordres et l'on va bien te traiter, my Lord ! répondit Maltravers. On t'a même commandé du feu, là où tu vas dormir, parce que les soirées commencent à fraîchir, n'est-ce pas Gournay ? Eh ! c'est la saison qui le veut ; on est déjà fin septembre.

On fit descendre au roi l'étroit escalier, puis traverser la cour herbue du *keep*, puis remonter de l'autre côté, dans la muraille. Ses geôliers avaient dit vrai ; ils le menaient à une chambre, pas une chambre de palais, bien sûr, mais une bonne pièce, propre et passée à la chaux, avec un lit à gros matelas de plumes, et un brasero, plein de tisons ardents. Il faisait presque trop chaud.

Le vin, la chaleur... Le roi déchu sentait la tête lui tourner un peu. Suffisait-il donc d'un bon repas pour reprendre espérance ? Quels étaient les nouveaux ordres et pourquoi lui témoignait-on tant d'égards soudains ? Une révolte dans le royaume peut-être ; Mortimer tombé en disgrâce... Ou simplement le jeune roi s'était inquiété enfin du sort de son père et avait exigé qu'on le traitât de façon humaine... Mais, si même il y avait révolte, si même tout le peuple s'était soulevé en sa faveur, jamais Edouard n'accepterait de reprendre son trône, jamais, il en faisait serment à Dieu. Parce que roi de nouveau, il recommencerait à commettre des fautes ; il n'était pas fait pour régner. Un calme couvent, voilà tout ce qu'il souhaitait, et pouvoir se promener dans un beau jardin, être servi de mets à son goût... prier aussi. Et puis se laisser repousser la barbe et les cheveux, à moins qu'il ne gardât la tonsure... Quelle négligence de l'âme et quelle ingratitude que de ne pas remercier le Créateur de ces simples choses qui suffisent à rendre une vie agréable, une nourriture savoureuse, une chambre chaude... Il y avait un tisonnier dans le poêle à braise.

— Etends-toi donc, my Lord ! La couche est bonne, tu verras, dit Gournay.

Et de fait, le matelas était doux. Retrouver un vrai lit, quel bienfait ! Mais pourquoi les trois autres restaient-ils là ? Maltravers était assis sur une escabelle, les cheveux pendant sur les oreilles, les mains entre les genoux, et regardait le roi. Gournay tisonnait le feu. Le barbier Ogle tenait une corne de bœuf à la main et une petite scie.

— Dors, Sire Edouard, ne t'occupe pas de nous, nous avons à travailler, insista Gournay.

— Que fais-tu, Ogle ? demanda le roi. Tu tailles une corne pour boire ?

— Non, my Lord, pas pour boire. Je taille une corne, voilà tout.

Puis, se tournant vers Gournay et marquant une place sur la corne, avec l'ongle du pouce, le barbier dit :

— Je crois que c'est la bonne longueur, ne pensez-vous pas ?

Le rouquin au visage de truie regarda par-dessus son épaule et répondit :

— Oui, cela doit convenir. *Bonum est.*

Puis il se remit à éventer le feu.

La scie criait sur la corne de bœuf. Quand celle-ci fut partagée, le barbier en tendit la partie effilée à Gournay, qui la prit, l'examina, y enfonça le tisonnier rouge. Une âcre odeur s'échappa qui d'un coup empesta la pièce. Le tisonnier ressortit par la pointe brûlée de la corne. Gournay le remit au feu. Comment voulait-on que le roi dormît avec tout ce travail autour de lui ? Ne l'avait-on éloigné de l'oubliette aux charognes que pour l'enfumer à présent avec de la corne brûlée ? Soudain Maltravers, toujours assis et toujours regardant Edouard, lui demanda :

— Ton Despenser que tu aimais tant, avait-il la parure solide ?

Les deux autres s'esclaffèrent. A cause de ce nom prononcé, Edouard sentit comme un déchirement dans son esprit et comprit que ces gens allaient l'exécuter sur l'heure. Se préparaient-ils à lui infliger le même et atroce traitement qu'à Hugh le Jeune ?

— Vous n'allez pas faire cela ? Vous n'allez pas me tuer ? s'écria-t-il, s'étant brusquement redressé sur son lit.

— Nous, te tuer, Sire Edouard ? dit Gournay sans même se retourner. Qui pourrait te faire croire cela ?... Nous avons des ordres. *Bonum est, bonum est...*

— Allons, recouche-toi, dit Maltravers.

Mais Edouard ne se recouchait pas. Son regard, dans sa tête toute chauve et amaigrie, allait, comme celui d'une bête piégée, de la nuque rousse de Thomas Gournay au long visage jaune de Maltravers et aux joues poupines du barbier. Gournay avait ressorti le tisonnier du feu et en examinait l'extrémité incandescente.

— Towurlee ! appela-t-il. La table !

Le colosse, qui attendait dans la pièce voisine, entra soulevant une lourde table. Maltravers alla refermer la porte et y donna un tour de clé. Pourquoi cette table, cette épaisse planche de chêne, qu'on posait ordinairement sur des tréteaux ? Il n'y avait pas de tréteaux dans la pièce. Et parmi tant de choses étranges qui se passaient autour du roi, cette table tenue à bout de bras par un géant devenait l'objet le plus insolite, le plus effrayant. Comment pouvait-on tuer avec une table ? Ce fut la dernière pensée claire qu'eut le roi.

— Allons ! dit Gournay faisant signe à Ogle.

Ils s'approchèrent, chacun d'un côté du lit, se jetant sur Edouard, le tournèrent pour le mettre à plat ventre.

— Ah ! les gueux, les gueux ! cria-t-il. Non, vous n'allez pas me tuer.

Il s'agitait, se débattait, et Maltravers était venu leur prêter la main, et ils n'étaient pas trop de trois ; et le géant Towurlee ne bougeait pas.

— Towurlee, la table ! cria Gournay.

Towurlee se rappela ce qu'on lui avait commandé. Il avança et laissa tomber l'énorme planche en travers des épaules du roi. Gournay releva la robe du prisonnier, abaissa les braies dont l'étoffe usée se déchira. C'était grotesque, misérable, un fondement ainsi exposé ; mais maintenant les assassins n'avaient plus le cœur à rire.

Le roi, à demi assommé par le coup et suffoquant sous la table qui l'enfonçait dans le matelas, se débattait, ruait. Que d'énergie il lui restait !

— Towurlee, tiens-lui les chevilles ! Mais non, pas ainsi, tiens-les écartées ! ordonna Gournay.

Le roi était parvenu à sortir sa nuque dénudée de dessous la planche, et tournait le visage de côté, pour prendre un peu d'air. Maitravers lui pesa des deux mains sur la tête. Gournay se saisit du tisonnier et dit :

— Ogle ! Enfonce la corne, à présent.

Le roi Edouard eut un sursaut d'une force désespérée quand le fer rouge lui pénétra dans les entrailles ; le hurlement qu'il poussa, traversant les murs, traversant le *keep*, passant par-dessus les dalles du cimetière, alla réveiller les gens jusque dans les maisons du bourg. Et ceux qui entendirent ce long, ce lugubre, cet effroyable cri, eurent dans l'instant même la certitude qu'on venait d'assassiner le roi.

Le lendemain matin les habitants de Berkeley montèrent au château, pour s'informer. On leur répondit qu'en effet l'ancien roi était trépassé dans la nuit, soudainement, en jetant un grand cri.

— Venez donc le voir, mais oui, approchez, disaient Maltravers et Gournay aux notables et au clergé. On fait présentement sa toilette mortuaire. Qu'on entre ; tout le monde peut entrer.

Et les gens du bourg constatèrent qu'il n'y avait aucune marque de coup, aucune plaie, aucune blessure sur ce corps qu'on était en train de laver, et qu'on ne cherchait nullement à leur dissimuler.

Thomas Gournay et John Maltravers se regardaient ; ç'avait été une brillante idée que cette corne de bœuf pour enfoncer le tisonnier à travers. Vraiment, une mort sans traces ; dans ce temps si inventif en matière d'assassinat, ils pouvaient s'enorgueillir d'avoir découvert là une parfaite méthode.

Ils étaient inquiets seulement du départ inopiné de Thomas de Berkeley, avant l'aube, sous le prétexte, avait-il fait dire par sa femme, d'une affaire qui l'appelait dans un château voisin. Et puis Towurlee, le colosse au petit crâne, réfugié aux écuries, depuis plusieurs heures pleurait, assis par terre.

Gournay dans la journée partit à cheval pour Nottingham où se trouvait la reine, afin d'annoncer à celle-ci le trépas de son époux.

Thomas de Berkeley resta éloigné une bonne semaine et se montra en divers lieux d'alentour, essayant d'accréditer qu'il n'avait pas été dans son château au moment de la mort. Il eut, à son retour, la mauvaise surprise d'apprendre que le cadavre était toujours chez lui. Aucun des monastères voisins ne s'en voulait charger. Berkeley dut garder son prisonnier en bière, pendant tout un mois, durant lequel il continua de percevoir ses cent shillings quotidiens.

Tout le royaume, maintenant, connaissait la mort de l'ancien souverain ; d'étranges récits, mais qui n'étaient guère éloignés de la vérité, circulaient, et l'on chuchotait que cet assassinat ne porterait bonheur ni à ceux qui l'avaient accompli, ni à ceux, si haut qu'ils fussent, qui l'avaient ordonné.

Enfin, un abbé vint prendre livraison du corps, au nom de l'évêque de Gloucester qui acceptait de le recevoir dans sa cathédrale. La dépouille du roi Edouard II fut mise sur un chariot recouvert d'une toile noire. Thomas de Berkeley et sa famille l'accompagnèrent, et les gens des environs suivirent en cortège. A chaque halte que fit le convoi de mille en mille, les paysans plantèrent un petit chêne.

Après six cents ans écoulés, certains de ces chênes sont toujours debout et projettent des places d'ombre noire sur la route qui va de Berkeley à Gloucester.

NOTES HISTORIQUES

1. — La tour de Londres formait encore au XIVe siècle la limite orientale de la ville, et même était séparée de la Cité proprement dite par les jardins des monastères. Le Tower Bridge naturellement n'existait pas ; la Tamise n'était franchie que par le seul London Bridge, en amont de la Tour.

Si l'édifice central, la White Tower, entrepris vers 1078 sur l'ordre de Guillaume le Conquérant par son architecte le moine Gandulf, se présente à nous, au bout de neuf cents ans, sensiblement dans son apparence initiale – la restauration de Wren, malgré l'élargissement des fenêtres, l'a peu modifié – en revanche l'aspect général de l'ensemble fortifié était, à l'époque d'Edouard II, assez différent.

Les ouvrages de l'actuelle enceinte n'étaient pas encore construits, à l'exception de la St-Thomas Tower et de la Middle Tower, dues respectivement à Henri II et à Edouard Ier. Les murailles extérieures étaient celles qui forment aujourd'hui la seconde enceinte, ensemble pentagonal à douze tours bâti par Richard Cœur de Lion et constamment remanié par ses successeurs.

On peut constater l'étonnante évolution du style médiéval au cours d'un siècle en comparant la White Tower (fin du XIe) qui, malgré l'énormité de sa masse, garde dans sa forme et ses proportions le souvenir des anciennes villas gallo-romaines, et l'appareil fortifié de Richard Cœur de Lion (fin du XIIe) dont elle est entourée ; ce second ouvrage a déjà les caractéristiques du classique château fort, du type de Château-Gaillard en France, édifié d'ailleurs par le même Richard Ier, ou, ultérieurement, des constructions angevines de Naples.

White Tower est le seul monument pratiquement intact, parce que constamment utilisé au cours des siècles, qui témoigne du style de construction de l'an mille.

2. — Le terme de *constable*, forme contractée de *connétable*, et qui désigne de nos jours un officier de police, était le titre officiel du commandant de la Tour. Le constable était assisté d'un lieutenant commandant en second. Ces deux fonctions d'ailleurs existent toujours, mais elles sont devenues purement honorifiques et sont remises à des militaires illustres en fin de carrière. Le commandement effectif de la Tour est de nos jours exercé par le *major* qui est lui-même officier général. Comme on le voit, ces dignités ont une hiérarchie inverse à celle des grades de l'armée.

Le *major* réside à la Tour, dans le Logis du Roi – ou de la Reine – construction de l'époque Tudor, accotée à la Bell Tower ; le premier Logis du Roi, qui datait du temps d'Henry Ier, a été démoli sous Cromwell. Egalement à l'époque de notre récit – 1323 – la chapelle Saint-Pierre n'était constituée que par la partie romane de l'édifice actuel.

3. — En 1054, contre le roi Henri Ier de France. Roger Ier Mortimer, petit-fils de Herfast de Danemark, était neveu de Richard Ier Sans Peur, troisième duc de Normandie, grand-père du Bâtard Conquérant.

4. — Le *shilling* était à cette époque une unité de valeur, mais non une monnaie proprement dite. De même pour la livre ou le marc. Le *penny* était la plus haute pièce de monnaie en circulation. Il faut attendre le règne d'Edouard III pour voir apparaître des monnaies d'or, avec le *florin* et le *noble*. Le shilling d'argent ne commencera d'être frappé qu'au XVIe siècle.

5. — Très vraisemblablement dans la tour de Beauchamp – mais qui ne portait pas encore ce nom. Elle ne fut appelée ainsi qu'à partir de 1397, à cause de Thomas de Beauchamp, comte de Warwick, qui y fut incarcéré et qui était, coïncidence curieuse, petit-fils de Roger Mortimer. Ce bâtiment était une construction d'Edouard II, donc toute récente à l'époque de Mortimer.

Les lucarnes des latrines étaient souvent le point faible des édifices fortifiés. C'est par une ouverture de cette sorte que les soldats de Philippe Auguste purent, après un siège qui menaçait de demeurer vain, s'introduire une nuit dans Château-Gaillard, la grande forteresse française de Richard Cœur de Lion.

6. — Le terme de *Parlement*, qui signifie très exactement assemblée, s'est appliqué en France et en Angleterre à des institutions de commune origine, c'est-à-dire au départ une extension de la *curia regis*, mais qui prirent rapidement des formes et des attributions complètement différentes.

Le Parlement français, d'abord ambulant, puis fixé à Paris avant que des parlements secondaires ne fussent par la suite institués en province, était une assemblée judiciaire exerçant le pouvoir de justice sur l'ordre et au nom du souverain. Les membres en étaient d'abord désignés par le roi et pour la durée d'une session judiciaire ; à partir de la fin du XIIIe siècle et au début du XIVe, c'est-à-dire du règne de Philippe le Bel, les maîtres du Parlement furent désignés à vie.

Le Parlement français avait à connaître des grands conflits d'intérêts privés comme des procès opposant des particuliers à la couronne, des procès criminels important à la vie de l'Etat, des contestations s'élevant à propos de l'interprétation des coutumes et de tout ce qui touchait, en somme, à la législation générale du royaume, y compris même la loi de succession au trône, comme on le vit au début du règne de Philippe V. Mais encore une fois le rôle du Parlement et ses attributions étaient uniquement judiciaires ou juridiques.

La seule puissance politique du Parlement français venait de ce qu'aucun acte royal, ordonnance, édit, grâce, etc., n'était valable sans avoir été enregistré et entériné par ledit Parlement, mais il ne commença vraiment d'user de ce pouvoir de refus que vers la fin du XIVe et le début du XVe siècle, quand la monarchie se trouva affaiblie.

Le Parlement anglais, lui, était une assemblée à la fois judiciaire, puisque les grands procès d'Etat y étaient évoqués, en même temps que déjà une assemblée politique. Nul n'y siégeait de droit ; c'était toujours une sorte de Grand Conseil élargi où le souverain appelait qui il voulait, c'est-à-dire les membres de son Conseil étroit, les grands seigneurs du royaume, tant laïcs qu'ecclésiastiques, et les représentants des comtés et des villes choisis généralement par les shérifs.

Le rôle politique du Parlement anglais devait à l'origine se borner à une double mission d'information, le roi informant les représentants de son peuple, choisis par lui, des dispositions générales qu'il entendait prendre, et les représentants informant le souverain, par voie de pétition ou d'exposé oral, des desiderata des classes ou des régions administratives auxquelles ils appartenaient.

En théorie, le roi d'Angleterre était seul maître de son Parlement qui restait en somme comme un auditoire privilégié auquel il ne demandait rien d'autre qu'une sorte d'adhésion symbolique et passive aux actes de sa politique. Mais dès que les rois d'Angleterre se trouvèrent dans de graves difficultés, ou bien lorsqu'il leur arriva de se montrer faibles ou mauvais gouvernants, les Parlements qu'ils avaient désignés devinrent plus exigeants, adoptèrent des attitudes franchement délibératives et imposèrent leurs volontés au souverain ; du moins le souverain eut-il à compter avec les volontés exprimées.

Le précédent de la Grande Charte de 1215, imposée à Jean Sans Terre par ses barons, et qui portait en essence le règlement des libertés anglaises, demeura toujours présent à l'esprit des Parlements. Celui qui se tint en 1311 contraignit Edouard II à accepter une charte instituant autour du roi un conseil d'ordonnateurs composé de grands barons élus par le Parlement et qui exerçaient vraiment le pouvoir au nom du souverain.

Edouard II lutta toute sa vie contre ces dispositions, les ayant d'abord refusées puis s'y étant soumis après sa défaite de 1314 par les Ecossais. Il ne s'en délivra vraiment, et pour son malheur, qu'en 1322 lorsque, les luttes d'influence ayant divisé les ordonnateurs, il put écraser aux batailles de Shrewsbury et de Boroughbridge le parti Lancastre-Mortimer qui avait pris les armes contre lui.

Rappelons enfin que le Parlement anglais n'avait pas de siège fixe, mais qu'un Parlement pouvait être convoqué par le souverain, ou réclamer d'être convoqué, en toute ville du royaume où le roi se trouvait.

7. — En 1318, donc cinq ans plus tôt, Roger Mortimer de Wigmore, nommé Grand Juge et lieutenant du roi d'Angleterre en Irlande, avait battu, à la tête d'une armée de barons des Marches, Edouard Bruce, roi d'Irlande et frère du roi Robert Bruce d'Ecosse. La prise et l'exécution d'Edouard Bruce marquèrent la fin du royaume irlandais. Mais l'autorité anglaise y fut encore pour longtemps tenue en échec.

8. — L'affaire du comté de Gloucester, fort sombre et embrouillée, naquit des fabuleuses prétentions émises sur ce

comté par Hugh Le Despenser le Jeune, prétentions qu'il n'aurait eu aucune chance de voir triompher s'il n'avait été le favori du roi.

Hugh le Jeune, non content d'avoir reçu tout le Glamorgan en part d'héritage de sa femme, exigeait contre tous ses beaux-frères, et en particulier contre Maurice de Berkeley, l'intégralité des possessions du feu comte son beau-père. Toute la noblesse du sud et de l'ouest de l'Angleterre s'en était alarmée et Thomas de Lancastre avait pris la tête de l'opposition avec d'autant plus d'ardeur que dans le clan adverse se trouvait son pire ennemi, le comte de Warenne, lequel lui avait enlevé sa femme, la belle Alice.

Les Despensers, un moment exilés par un arrêt du Parlement rendu sous la pression des Lancastriens en armes, avaient été vite rappelés, Edouard ne supportant pas de vivre ni sans son amant, ni sous la tutelle de son cousin Thomas.

Le retour des Despensers au pouvoir avait été l'occasion d'une reprise de la rébellion, mais Thomas de Lancastre, aussi infortuné au combat qu'il l'avait été en ménage, avait fort mal dirigé la coalition. Ne se portant pas à temps au secours des barons des Marches galloises, il avait laissé ceux-ci se faire battre, en janvier 1322, dans l'ouest, à Shrewsbury, où les deux Mortimer avaient été faits prisonniers, tandis que lui-même, attendant vainement dans le Yorkshire des renforts écossais, avait été défait deux mois plus tard à Boroughbridge et condamné à mort immédiatement après.

9. — La commission de l'évêque d'Exeter, d'après le *Calendar of close rolls*, est du 6 août 1323. D'autres ordres furent expédiés concernant l'affaire Mortimer, notamment le 10 août aux shérifs du comté de Kent, le 26 au comte de Kent lui-même. Il ne semble pas que le roi Edouard ait eu connaissance avant le 1er octobre de la destination du fugitif.

10. — Marie de France, la plus ancienne des poétesses françaises, vécut dans la seconde moitié du XIIe siècle à la cour d'Henry II Plantagenet, où elle avait été amenée, ou appelée, par Aliénor d'Aquitaine, princesse infidèle, au moins à son premier époux le roi de France, mais certainement exquise, et qui avait créé autour d'elle, en Angleterre, un véritable centre d'art et de poésie. Aliénor était petite-fille du duc Guillaume IX, poète lui-même.

Les œuvres de Marie de France connurent une immense faveur, non seulement du vivant de leur auteur, mais encore pendant tout le XIIIe et le début du XIVe siècle.

11. — La compagnie des Tolomei, l'une des plus importantes banques siennoises avec celle des Buonsignori, était fort puissante et célèbre depuis le début du XIIIe siècle. Elle avait la papauté comme principal client ; son fondateur, Tolomeo Tolomei, avait participé à une ambassade auprès du pape Alexandre III. Les Tolomei furent sous Alexandre IV banquiers exclusifs du Saint-Siège. Urbain IV les excepta nominalement de l'excommunication générale décrétée contre Sienne entre 1260 et 1273. Ce fut vers cette époque (fin du règne de Saint Louis, début du règne de Philippe III) que les Tolomei commencèrent d'apparaître aux grandes foires de Champagne et que Spinello fonda la branche française de la compagnie. Il existe encore à Sienne une place et un palais Tolomei.

12. — L'ordonnance de Charles IV sur l'interdiction de sortie des monnaies françaises fut certainement l'occasion d'un trafic, puisqu'une autre ordonnance, publiée quatre mois plus tard, défendit d'acheter l'or et l'argent à plus haut cours que celui des monnaies du royaume. Une année après, le droit de bourgeoisie fut retiré aux marchands italiens, ce qui ne signifie pas qu'ils eurent à quitter la France, mais simplement à racheter, une fois de plus, l'autorisation d'y tenir commerce.

13. — 19 novembre 1323. Jean de Cherchemont, seigneur de Venours en Poitou, chanoine de Notre-Dame de Paris, trésorier de la cathédrale de Laon, avait été déjà chancelier à la fin du règne de Philippe V. Charles IV, à son avènement, l'avait remplacé par Pierre Rodier. Mais Charles de Valois, dont il avait su gagner les faveurs, le réimposa dans sa charge à cette date.

14. — Le règlement proposé au pape, à la suite d'un Conseil royal tenu à Gisors en juillet 1323, prévoyait que le roi serait bénéficiaire de 300 000 livres sur les 400 000 de frais accessoires. Mais il était spécifié également – et Valois montrait là le bout de sa grande oreille – que si le roi de France, pour quelque raison que ce fût, ne prenait pas la tête de l'expédition, ce rôle reviendrait de droit à Charles de Valois qui bénéficierait alors à titre personnel des subsides fournis par le pape.

15. — On oublie généralement qu'il y eut entre la France et l'Angleterre, deux guerres de cent ans.

La première, qui va de 1152 à 1259, fut considérée comme terminée par le traité de Paris, conclu entre Saint Louis et Henry III Plantagenet. En fait, entre 1259 et 1338, les deux pays entrèrent en conflit armé deux fois encore, toujours pour la question d'Aquitaine : en 1294 et, comme on le verra, en 1324. La seconde guerre de Cent Ans, qui s'ouvrit en 1328, n'aura plus véritablement pour objet le différend d'Aquitaine, mais la succession au trône de France.

16. — Ceci donne un exemple de l'état d'imbroglio extrême auquel était parvenu le système féodal, système qu'on se représente ordinairement comme fort simple, et qui l'était, effectivement, mais qui finit par s'étouffer dans les complications nées de son usage.

Il faut bien se rendre compte que la question de Saint-Sardos, ou l'affaire d'Aquitaine en général, n'étaient pas des exceptions, et qu'il en allait de même pour l'Artois, pour la Flandre, pour les Marches galloises, pour les royaumes d'Espagne, pour celui de Sicile, pour les principautés allemandes, pour la Hongrie, pour l'Europe entière.

17. — Ces chiffres ont été calculés par les historiens à partir des documents du XIVe siècle, en se basant sur le recensement du nombre des paroisses, et des feux par paroisse, à quatre habitants en moyenne par feu. Ils s'entendent pour la période environnant 1328.

Au cours de la seconde guerre de Cent Ans, les combats, les famines et les épidémies firent tomber le total de la population de plus d'un tiers ; il fallut attendre quatre siècles pour que la France retrouvât à la fois le niveau démographique et le niveau de richesse qui étaient les siens sous Philippe le Bel et ses fils. Au début du XIXe siècle encore, on pouvait considérer que dans cinq départements français, la densité moyenne de population n'avait pas réatteint ses chiffres de 1328. De nos jours même, certaines villes, prospères au Moyen Age et ruinées par la guerre de Cent Ans, demeurent au-dessous de leur situation d'alors. On peut mesurer à cela ce qu'a coûté cette guerre à la nation.

18. — Les *busines* (même origine que le *buccin* des Romains) étaient de longues trompes droites ou légèrement recourbées

qui servaient à rallier les armées au combat. La trompette courte, qui commença d'être en usage au XIIIe siècle, ne supplanta la busine qu'au cours du XVe siècle.

19. — Jeu de dés et de jetons qui paraît avoir été l'ancêtre du trictrac et du jacquet.

20. — Nos lecteurs seront peut-être surpris par cet emploi de bouches à feu au siège de La Réole en 1324. En effet, on ne date traditionnellement l'apparition de l'artillerie à poudre que de la bataille de Crécy en 1346.

En vérité Crécy fut la première bataille où l'artillerie fut utilisée *en rase campagne* et en guerre de mouvement. Il ne s'agissait d'ailleurs que d'armes de relativement petits calibres et qui ne firent ni gros dégâts, ni grosse impression. Certains historiens français en ont exagéré l'effet pour expliquer une défaite due bien plus à la fougueuse sottise du roi Philippe VI et de ses barons qu'à cet emploi par l'adversaire d'armes nouvelles.

Mais les « traits à poudre » de Crécy étaient une application de la grosse artillerie à feu employée pour les sièges depuis une vingtaine d'années déjà, concurremment à l'artillerie classique – on peut presque dire l'artillerie antique, car elle avait peu varié depuis César et même Alexandre le Grand – et qui lançait sur les villes par systèmes de leviers, de balanciers, de contrepoids ou de ressorts, des boulets de pierre ou des matières ardentes. Les premières bombardes ne lançaient rien d'autre que ces boulets de pierre semblables à ceux des balistes, mangonneaux et autres catapultes. C'était le moyen de projection qui était nouveau. Il paraît bien que ce fut en Italie que l'artillerie à poudre prit naissance, car le métal dont étaient cerclées les bombardes était qualifié de « fer lombard ». Les Pisans usaient de ces engins dans les années qui nous intéressent.

Charles de Valois fut vraisemblablement le premier stratège, en France, à se servir de cette artillerie nouvelle. Il en avait passé commande dès le mois d'avril 1324 et s'était entendu avec le sénéchal de Languedoc pour qu'elle fût rassemblée à Castelsarrasin. Donc son fils Philippe VI ne dut pas être tellement surpris des petits boulets qu'on lui envoya à Crécy.

21. — Le roi de France, rappelons-le, n'était pas à cette époque suzerain d'Avignon. Philippe le Bel, en effet, avait pris

soin de céder au roi de Naples ses titres de coseigneur d'Avignon afin de ne point paraître, aux yeux du monde, tenir le pape en tutelle directe. Mais par la garnison installée à Villeneuve, et par la seule situation géographique de l'établissement papal, il tenait le Saint-Siège et l'Eglise tout entière sous forte surveillance.

22. — C'est ce qui arriva effectivement sept ans plus tard, en 1330, quand les Romains élirent l'antipape Nicolas V.

23. — Le Palais des Papes, tel que nous le connaissons, est très différent du château de Jean XXII dont il ne reste que quelques éléments dans la partie qu'on nomme « le palais vieux ». L'énorme édifice qui fait la célébrité d'Avignon est surtout l'œuvre des papes Benoît XII, Clément VI, Innocent VI et Urbain V. Les constructions de Jean XXII y furent complètement remaniées et absorbées au point de disparaître à peu près dans le nouvel ensemble. Il n'en demeure pas moins que Jean XXII fut le véritable fondateur du Palais des Papes.

24. — Fils d'un boulanger de Foix en Ariège, Jacques Fournier, confident du pape Jean XXII, devait devenir pape lui-même, dix ans plus tard, sous le nom de Benoît XII.

25. — Jean XXII qui aimait les animaux exotiques, avait également dans son palais une ménagerie qui contenait un lion, deux autruches et un chameau.

26. — La question méritait en effet d'être posée, car les princes du Moyen Age avaient fréquemment six et même huit parrains et marraines. Mais n'étaient réputés comme tels, en droit canon, que ceux qui avaient réellement tenu l'enfant sur les fonts. Le procès d'annulation du mariage de Charles IV et de Blanche de Bourgogne, conservé au département des manuscrits de la Bibliothèque Nationale, est l'un des documents les plus riches en renseignements sur les cérémonies religieuses dans les familles royales. L'assistance était nombreuse et très mélangée ; le menu peuple se pressait comme à un spectacle et les officiants étaient presque étouffés par la foule. L'affluence et la curiosité y étaient aussi grandes qu'aux actuels mariages des étoiles de cinéma, et le recueillement pareillement absent.

27. — Les affrèrements par échange et mélange des sangs, pratiqués depuis la plus haute antiquité et les sociétés dites

primitives, étaient encore en usage à la fin du Moyen Age. Ils existaient en Islam ; ils étaient également d'usage dans la noblesse d'Aquitaine, peut-être par tradition héritée des Maures. On en retrouve les traces dans certaines dépositions au procès des Templiers. Il semble qu'ils se perpétuent, comme acte de contre-magie, chez certaines tribus de gitans. L'affrèrement pouvait sceller le pacte d'amitié, de compagnonnage, aussi bien que le pacte d'amour, spirituel ou non. Les plus célèbres affrèrements rapportés par la littérature médiévale chevaleresque sont ceux contractés par Girart de Roussillon et la fille de l'empereur de Byzance (et devant leurs époux respectifs), par le chevalier Gauvain, par la comtesse de Die, par le fameux Perceval.

28. — Cette dispense lui avait été accordée par Clément V en 1313, Charles de Valois n'ayant alors que quarante-trois ans.

29. — Wautier (ou Wauter, ou Vautier, selon les rédactions différentes) pour Walter. Il s'agissait toujours du Lord Trésorier Stapledon, Walter de son prénom. L'original de cette lettre, ainsi que des suivantes, est en français.

30. — Rappelons que l'année traditionnelle commençait au premier janvier alors que l'année administrative commençait à Pâques.

31. — Cette manière de faire voyager un enfant n'est pas anormal, encore qu'elle ne soit guère confortable. En effet, les selles de voyage, à la fin du XIIIe siècle et au début du XIVe siècle, si elles possédaient un très haut troussequin, ou bâte arrière, en forme de dossier auquel s'appuyait le cavalier, étaient sans pommeau et se présentaient fort plates sur le garrot du cheval.
C'était la selle de combat qui possédait une bâte avant très relevée, afin que le chevalier, lourdement armé et ayant à subir des chocs violents, fût comme enchâssé entre le troussequin et le pommeau.

32. — La transaction avait été faite, en août 1317, entre Philippe V et Clémence.

33. — Louis XVI devait sortir, par cette même porte, de la tour du Temple, 467 ans plus tard, et pour aller à l'échafaud. On ne peut s'empêcher d'être frappé de cette coïncidence, et du lien fatidique entre le Temple et la dynastie capétienne.

34. — Chaâlis, en forêt d'Ermenonville, est un des tout premiers monuments gothiques de l'Ile-de-France. Sur cet ancien prieuré dépendant des moines de Vézelay, le roi Louis le Gros fonda, un an avant sa mort, en 1136, un vaste monastère dont il ne reste, depuis les démolitions de la Révolution, que quelques ruines imposantes. Saint Louis y résidait fréquemment. Charles IV y fit deux brefs séjours en mai et en juin 1322, et celui dont il s'agit ici en juin 1326. Philippe VI y demeura au début mars 1329, et plus tard Charles V. A la Renaissance, quand Hippolyte d'Este, cardinal de Ferrare, en était abbé commendataire, le Tasse y passa deux mois.

Cette fréquence des séjours royaux dans les abbayes et monastères, en France comme en Angleterre, ne doit pas être tant imputée aux pieuses dispositions des souverains qu'au fait que les moines, au Moyen Age, détenaient une sorte de monopole de l'industrie hôtelière. Il n'était pas de couvent un peu important qui n'eût son « hôtellerie », et plus confortable que la plupart des châteaux avoisinants. Les souverains en déplacement s'y installaient donc, avec leur cour ambulante, comme de nos jours ils se font réserver, pour eux et leur suite, un étage dans un palace de capitale, de ville d'eau ou de station balnéaire.

35. — Par la lettre du 19 juin 1326 : « *Et aussi, beau fils, vous chargeons que vous ne vous mariiez nulle part tant que vous ne serez revenu à nous, ni sans notre assentiment et commandement... Et ne croyez à nul conseil contraire à la volonté de votre père, selon ce que sage roi Salomon vous apprend...* »

36. — Harwich avait reçu son statut de bourg communal par une charte accordée en 1318 par Edouard II. Ce port devait rapidement devenir la tête du commerce avec la Hollande et le lieu des embarquements royaux pour le Continent pendant la guerre de Cent Ans. Edouard III, quatorze ans après y avoir abordé avec sa mère comme nous le racontons ici, devait en partir pour livrer la bataille de l'Ecluse, première de la longue série de défaites infligées aux flottes françaises par l'Angleterre. Au XVIe siècle sir Francis Drake et l'explorateur sir Martin Frobisher s'y rencontrèrent après que le premier eut détruit l'Armada de Philippe V. Ce fut à Harwich également que s'embarquèrent pour l'Amérique les fameux passagers du

Mayflower commandé par le capitaine Christopher Jones ; Nelson lui-même y séjourna.

37. — Jean de Hainaut, en tant qu'étranger, n'assista pas à ce Conseil ; mais il est intéressant d'y noter la présence de Henry de Beaumont, petit-fils de Jean de Brienne – roi de Jérusalem et empereur de Constantinople – qui avait été exclu par Edouard II du Parlement anglais, sous le prétexte de ses origines étrangères, et s'était, de ce fait, rallié au parti de Mortimer.

38. — Il ne faut pas confondre la fonction de maréchal d'Angleterre, qui était tenue par le comte de Norfolk, et celle de maréchal de l'ost.

Le maréchal d'Angleterre était l'équivalent du connétable en France (nous dirions aujourd'hui généralissime).

Les maréchaux de l'ost (l'armée française en comptait deux, l'Angleterre n'en avait qu'un seul) correspondaient à peu près à nos actuels chefs d'Etat-Major.

39. — La carte de Richard de Bello, conservée à la cathédrale de Hereford, est antérieure de quelques années à la nomination d'Adam Orleton à ce diocèse. Ce fut toutefois durant l'épiscopat d'Orleton que la carte se révéla objet miraculeux.

C'est un des plus curieux documents existants sur la conception médiévale de l'univers et une très curieuse synthèse graphique des connaissances de ce temps. La carte se présente sur un vélin d'assez grandes dimensions ; la terre y est inscrite dans un cercle dont Jérusalem forme le centre ; l'Asie est placée en haut ; l'Afrique en bas ; la place du Paradis terrestre y est marquée ainsi que celle du fleuve Gange. L'univers semble ordonné autour du bassin méditerranéen, avec toutes sortes de dessins et mentions sur la faune, l'ethnologie et l'Histoire, selon des déductions tirées de la Bible, du naturaliste Pline, des pères de l'Eglise, des philosophes païens, des bestiaires médiévaux et des romans de chevalerie.

La carte est entourée de cette inscription circulaire : « La terre ronde a commencé d'être mesurée par Jules César. »

La magie n'est pas absente de ce document, tout au moins d'une part de son inspiration.

La bibliothèque de la cathédrale de Hereford est la plus considérable, à notre connaissance, des librairies à chaînes encore existantes aujourd'hui puisqu'elle compte 1 140 volumes.

Il est étrange et injuste que le nom d'Adam Orleton soit si peu mentionné dans les études sur Hereford, alors que ce prélat a fait construire le monument principal de la ville, c'est-à-dire la grande et belle tour de la cathédrale qui fut élevée sous son administration.

40. — Ces châteaux normands bâtis depuis le début du XIe siècle et dont le type de construction dura jusqu'au début du XVIe, soit avec des *keeps* carrés dans les monuments de la première période, puis des *keeps* ronds, dits « en coquille », à partir du XIIe, résistèrent en fait à tout, au temps comme aux armées. Leur reddition vint plus souvent de circonstances politiques que de l'entreprise militaire, et ils seraient tous encore debout aujourd'hui, quasiment intacts, si Cromwell ne les avait pas, à l'exception de trois ou quatre, fait démanteler ou raser. Kenilworth se trouve à douze milles au nord de Stratford-on-Avon.

41. — Les chroniqueurs, et beaucoup d'historiens après eux, qui ne voient dans les déplacements infligés à Edouard II vers la fin de sa vie que l'expression d'une cruauté gratuite, semblent ne pas avoir établi le rapprochement entre ces déplacements et la guerre d'Ecosse. C'est le jour même où parvient le défi de Robert Bruce que l'ordre est donné à Edouard II de quitter Kenilworth ; c'est au moment où la guerre s'achève qu'il est à nouveau changé de résidence.

42. — Berkeley Castle, avec seulement trois autres forteresses normandes, devait être excepté du démantèlement général ordonné par Cromwell. Constamment habité, c'est sans doute aujourd'hui la plus vieille demeure d'Angleterre. Les propriétaires actuels sont toujours des Berkeley, descendants de Thomas de Berkeley et de Marguerite Mortimer.

LE LIS ET LE LION

« *La politique consiste dans la volonté de conquête et de conservation du pouvoir ; elle exige par conséquent une action de contrainte ou d'illusion sur les esprits... L'esprit politique finit toujours par être contraint de falsifier...* »

Paul VALÉRY

PREMIÈRE PARTIE

LES NOUVEAUX ROIS

1

Le mariage de janvier

De toutes les paroisses de la ville, en deçà comme au-delà de la rivière, de Saint-Denys, de Saint-Cuthbert, de Saint-Martin-cum-Gregory, de Saint-Mary-Senior et Saint-Mary-Junior, des Shambles, de Tanner Row, de partout, le peuple d'York depuis deux heures montait en files ininterrompues vers le Minster, vers la gigantesque cathédrale, encore inachevée en sa partie occidentale, et qui occupait, haute, allongée, massive, le sommet de la cité.

Dans Stonegate et Deangate, les deux rues tortueuses qui aboutissaient au Yard, la foule était bloquée. Les adolescents perchés sur les bornes n'apercevaient que des têtes, rien que des têtes, un foisonnement de têtes, couvrant entièrement l'esplanade. Bourgeois, marchands, matrones aux nombreuses nichées, infirmes sur leurs béquilles, servantes, commis d'artisans, clercs sous leur capuchon, soldats en chemise de mailles, mendiants en guenilles, étaient confondus ainsi que les brindilles d'un foin botté. Les voleurs aux doigts agiles faisaient leurs affaires pour l'année. Aux fenêtres en surplomb apparaissaient des grappes de visages.

Mais était-ce une lumière de midi que ce demi-jour fumeux et mouillé, cette buée froide, cette nuée cotonneuse qui enveloppait l'énorme édifice et la multitude piétinant dans la boue ? La foule se tassait pour garder sa propre chaleur.

24 janvier 1328. Devant Monseigneur William de Melton, archevêque d'York et primat d'Angleterre, le roi Edouard III,

qui n'avait pas seize ans, épousait Madame Philippa de Hainaut, sa cousine, qui en avait à peine plus de quatorze.

Il ne restait pas une seule place dans la cathédrale réservée aux dignitaires du royaume, aux membres du haut clergé, à ceux du Parlement, aux cinq cents chevaliers invités, aux cent nobles écossais en robes quadrillées venus pour ratifier, par la même occasion, le traité de paix. Tout à l'heure serait célébrée la messe solennelle, chantée par cent vingt chantres.

Mais dans l'instant, la première partie de la cérémonie, le mariage proprement dit, se déroulait devant le portail sud, à l'extérieur de l'église et à la vue du peuple, selon le rite ancien et les coutumes particulières à l'archidiocèse d'York*[1].

La brume marquait de traînées humides les velours rouges du dais dressé contre le porche, se condensait sur les mitres des évêques, collait les fourrures sur les épaules de la famille royale assemblée autour du jeune couple.

— *Here I take thee, Philippa, to my wedded wife, to have and to hold at bed and at board...* Ici, je te prends, Philippa, pour ma femme épousée, pour t'avoir et garder en mon lit et à mon logis...

Surgie de ces lèvres tendres, de ce visage imberbe, la voix du roi surprit par sa force, sa netteté et l'intensité de sa vibration. La reine mère Isabelle en fut saisie, et messire Jean de Hainaut, oncle de la mariée, également, et tous les assistants des premiers rangs parmi lesquels les comtes Edmond de Kent et de Norfolk, et le comte de Lancastre au Tors-Col, chef du Conseil de régence et tuteur du roi.

— *... for fairer for fouler, for better for worse, in sickness and in health...* Pour le beau et le laid, le meilleur et le pire, dans la maladie et dans la santé...

Les chuchotements dans la foule cessaient progressivement. Le silence s'étendait comme une onde circulaire et la résonance de la jeune voix royale se propageait par-dessus les milliers de têtes, audible presque jusqu'au bout de la place. Le roi prononçait lentement la longue formule du vœu qu'il avait apprise la veille ; mais on eût dit qu'il l'inventait, tant il en

---

* Les numéros dans le texte renvoient aux « Notes historiques », page 567. Le lecteur trouvera en fin de volume, page 763, le « Répertoire biographique » des personnages.

détachait les termes, tant il les *pensait* pour les charger de leur sens le plus profond et le plus grave. C'était comme les mots d'une prière destinée à n'être dite qu'une fois et pour la vie entière.

Une âme d'adulte, d'homme sûr de son engagement à la face du Ciel, de prince conscient de son rôle entre son peuple et Dieu, s'exprimait par cette bouche adolescente. Le nouveau roi prenait ses parents, ses proches, ses grands officiers, ses barons, ses prélats, la population d'York et toute l'Angleterre, pour témoins de l'amour qu'il jurait à Madame Philippa.

Les prophètes brûlés du zèle de Dieu, les meneurs de nations soutenus d'une conviction unique, savent imposer aux foules la contagion de leur foi. L'amour publiquement affirmé possède aussi cette puissance, provoque cette adhésion de tous à l'émotion d'un seul.

Il n'était pas une femme dans l'assistance, et quel que fût son âge, pas une mariée récente, pas une épouse trompée, pas une veuve, pas une pucelle, pas une aïeule, qui ne se sentît en cet instant-là à la place de la nouvelle épousée ; pas un homme qui ne s'identifiât au jeune roi. Edouard III s'unissait à tout ce qu'il y avait de féminin dans son peuple ; et c'était son royaume tout entier qui choisissait Philippa pour compagne. Tous les rêves de la jeunesse, toutes les désillusions de la maturité, tous les regrets de la vieillesse se dirigeaient vers eux comme autant d'offrandes jaillies de chaque cœur. Ce soir, dans les rues sombres, les yeux des fiancés illumineraient la nuit, et même de vieux couples désunis se reprendraient la main après souper.

Si depuis le lointain des temps les peuples se pressent aux mariages des princes, c'est pour vivre ainsi par délégation un bonheur qui, d'être exposé si haut, semble parfait.

— ... *till death us do part...* jusqu'à ce que la mort nous sépare...

Les gorges se nouèrent ; la place exhala un vaste soupir de surprise triste et presque de réprobation. Non, il ne fallait pas parler de mort en cette minute ; il n'était pas possible que ces deux jeunes êtres eussent à subir le sort commun, pas admissible qu'ils fussent mortels.

— ... *and thereto I plight thee my troth...* et pour tout ceci je t'engage ma foi.

Le jeune roi sentait respirer la multitude, mais ne la regardait pas. Ses yeux bleu pâle, presque gris, aux longs cils pour une fois relevés, ne quittaient pas la petite fille roussote et ronde, empaquetée dans ses velours et ses voiles, à laquelle son vœu s'adressait.

Car Madame Philippa ne ressemblait en rien à une princesse de conte, et elle n'était même pas très jolie. Elle présentait les traits grassouillets des Hainaut, un nez court, un cou bref, un visage couvert de taches de son. Elle n'avait pas de grâce particulière dans la tournure, mais au moins elle était simple et ne cherchait pas à affecter une attitude de majesté qui ne lui eût guère convenu. Privée d'ornements royaux, elle eût pu être confondue avec n'importe quelle fille rousse de son âge ; ses semblables se rencontraient par centaines dans toutes les nations du Nord. Et ceci précisément renforçait la tendresse de la foule à son égard. Elle était désignée par le sort et par Dieu, mais non différente, en essence, des femmes sur lesquelles elle allait régner. Toutes les rousses un peu grasses se sentaient promues et honorées.

Emue, elle-même, à en trembler, elle plissait les paupières comme si elle ne pouvait soutenir l'intensité du regard de son époux. Tout ce qui lui advenait était trop beau. Tant de couronnes autour d'elle, tant de mitres, et ces chevaliers et ces dames qu'elle apercevait à l'intérieur de la cathédrale, rangés derrière les cierges comme les élus en Paradis, et tout ce peuple autour... Reine, elle allait être reine, et choisie par amour !

Ah ! combien elle allait le choyer, le servir, l'adorer, ce joli prince blond, aux longs cils, aux mains fines, arrivé par miracle vingt mois auparavant à Valenciennes, accompagnant une mère en exil qui venait quérir aide et refuge ! Leurs parents les avaient envoyés jouer dans le verger, avec les autres enfants ; il s'était épris d'elle, et elle de lui. A présent il était roi et ne l'avait pas oubliée. Avec quel bonheur elle lui vouait sa vie ! Elle craignait seulement de n'être pas assez belle pour lui plaire toujours, ni assez instruite pour le pouvoir bien seconder.

— Offrez, Madame, votre main droite, lui dit l'archevêque-primat.

Aussitôt, Philippa tendit hors de la manche de velours une petite main potelée, et la présenta fermement, paume en avant et doigts ouverts.

Edouard eut un regard émerveillé pour cette étoile rose qui se donnait à lui.

L'archevêque prit, sur un plateau tenu par un second prélat, l'anneau d'or plat, incrusté de rubis, qu'il venait de bénir, et le remit au roi. L'anneau était mouillé, comme tout ce qu'on touchait dans cette brume. Puis l'archevêque, doucement, rapprocha les mains des époux.

— Au nom du Père, prononça Edouard en posant l'anneau, sans l'engager, sur l'extrémité du pouce de Philippa. Au nom du Fils... du Saint-Esprit... dit-il en répétant le geste sur l'index, puis sur le médius.

Enfin il glissa la bague au quatrième doigt en disant :
— Amen !
Elle était sa femme.

Comme toute mère qui marie son fils, la reine Isabelle avait les larmes aux yeux. Elle s'efforçait de prier Dieu d'accorder à son enfant toutes les félicités, mais pensait surtout à elle-même, et souffrait. Les jours écoulés l'avaient amenée à ce point où elle cessait d'être la première dans le cœur de son fils et dans sa maison. Non, certes, qu'elle eût, ni pour l'autorité sur la cour, ni pour la comparaison de beauté, grand-chose à redouter de cette petite pyramide de velours et de broderies que le destin lui allouait comme belle-fille.

Droite, mince et dorée, avec ses belles tresses relevées de chaque côté du visage clair, Isabelle à trente-six ans en paraissait à peine trente. Son miroir longuement consulté le matin même, tandis qu'elle coiffait sa couronne pour la cérémonie, l'avait rassurée. Et pourtant, à partir de ce jour, elle cessait d'être la reine tout court pour devenir la reine-mère. Comment cela s'était-il fait si vite ? Comment vingt ans de vie, et traversés de tant d'orages, s'étaient-ils dissous de la sorte ?

Elle pensait à son propre mariage, il y avait tout juste vingt ans, une fin de janvier comme aujourd'hui, et dans la brume également, à Boulogne en France. Elle aussi s'était mariée en croyant au bonheur, elle aussi avait prononcé ses vœux d'épousailles du plus profond de son cœur. Savait-elle alors à qui on l'unissait, pour satisfaire aux intérêts des royaumes ? Savait-elle qu'en paiement de l'amour et du dévouement qu'elle apportait, elle ne recevrait qu'humiliations, haine et mépris, qu'elle se verrait supplantée dans la couche de son époux non pas même par des maîtresses mais par des hommes avides et scandaleux, que sa dot serait pillée, ses biens confisqués, qu'elle devrait fuir en exil pour sauver sa vie menacée et lever une armée pour abattre celui-là même qui lui avait glissé au doigt l'anneau nuptial ?

Ah ! la jeune Philippa avait bien de la chance, elle qui était non seulement épousée mais aimée !

Seules les premières unions peuvent être pleinement pures et pleinement heureuses. Rien ne les remplace, si elles sont manquées. Les secondes amours n'atteignent jamais à cette perfection limpide ; même solides jusqu'à ressembler au roc, il court dans leur marbre des veines d'une autre couleur qui sont comme le sang séché du passé.

La reine Isabelle tourna les yeux vers Roger Mortimer, baron de Wigmore, son amant, l'homme qui, grâce à elle autant qu'à lui-même, gouvernait en maître l'Angleterre au nom du jeune roi. Sourcils joints, les traits sévères, les bras croisés sur son manteau somptueux, il la regardait, dans la même seconde, sans bonté.

« Il devine ce que je pense, se dit-elle. Mais quel homme est-il donc pour donner l'impression qu'on commet une faute dès qu'on cesse un moment de ne songer qu'à lui ? »

Elle connaissait son caractère ombrageux, et lui sourit pour l'apaiser. Que voulait-il de plus que ce qu'il possédait ? Ils vivaient comme s'ils eussent été époux et femme, bien qu'elle fût reine, bien qu'il fût marié, et le royaume assistait à leurs publiques amours. Elle avait agi de sorte qu'il eût le contrôle entier du pouvoir. Mortimer nommait ses créatures à tous les emplois ; il s'était fait donner tous les fiefs des anciens favoris d'Edouard II et le Conseil de régence ne faisait qu'entériner ses volontés. Mortimer avait même obtenu qu'elle consentît à l'exécution de son conjoint déchu. Elle savait qu'à cause de lui certains à présent l'appelaient la Louve de France ! Pouvait-il empêcher qu'elle pensât, un jour de noces, à son époux assassiné, surtout lorsque l'exécuteur était là, en la personne de John Maltravers, promu récemment sénéchal d'Angleterre, et dont la longue face sinistre apparaissait parmi celles des premiers seigneurs, comme pour rappeler le crime ?

Isabelle n'était pas la seule que cette présence indisposât. John Maltravers, gendre de Mortimer, avait été le gardien du roi déchu ; sa soudaine élévation à la charge de sénéchal dénonçait trop clairement les services dont on l'avait ainsi payé. Officiellement, Edouard II était décédé par trépas naturel. Mais qui donc, à la cour, acceptait cette fable ?

Le comte de Kent, le demi-frère du mort, se pencha vers son cousin Henry Tors-Col et lui chuchota :

— Il semble que le régicide, à présent, donne droit de se pousser au rang de la famille.

Edmond de Kent grelottait. Il trouvait la cérémonie trop longue, le rituel d'York trop compliqué. Pourquoi n'avoir pas célébré le mariage dans la chapelle de la tour de Londres, ou de quelque château royal, au lieu d'en faire une occasion de kermesse populaire ? La foule lui causait un malaise. Et la vue de Maltravers, de surcroît... N'était-il pas indécent que l'homme qui avait expédié le père fût présent, en si belle place, aux noces du fils ?

Tors-Col, la tête couchée sur l'épaule droite, infirmité à laquelle il devait son surnom, murmura :

— C'est par le péché qu'on entre le plus aisément dans notre maison. Notre ami, le premier, nous en offre la preuve.

Ce « notre ami » désignait Mortimer envers qui les sentiments des Anglais étaient bien changés depuis qu'il avait débarqué, dix-huit mois plus tôt, commandant l'armée de la reine et accueilli en libérateur.

« Après tout, la main qui obéit n'est pas plus laide que la tête qui commande, pensait Tors-Col. Et Mortimer est plus coupable assurément, et Isabelle avec lui, que Maltravers. Mais nous sommes tous un peu coupables ; nous avons tous pesé sur le fer lorsque nous avons destitué Edouard II. Cela ne pouvait finir autrement. »

Cependant l'archevêque présentait au jeune roi trois pièces d'or frappées sur leur face aux armes d'Angleterre et de Hainaut, et chargées au revers d'un semis de roses, les fleurs emblématiques du bonheur conjugal. Ces pièces étaient les *deniers pour épouser*, symbole du douaire en revenus, terres et châteaux que le marié constituait à sa femme. Les donations avaient été bien écrites et précisées, ce qui rassurait un peu messire Jean de Hainaut, l'oncle, auquel on devait toujours quinze mille livres pour la solde de ses chevaliers pendant la campagne d'Ecosse.

— Prosternez-vous, Madame, aux pieds de votre époux, pour recevoir les deniers, dit l'archevêque à la mariée.

Tous les habitants d'York attendaient cet instant, curieux de savoir si leur rituel local serait respecté jusqu'au bout, si ce qui valait pour toute sujette valait aussi pour une reine.

Or nul n'avait prévu que Madame Philippa, non seulement s'agenouillerait, mais encore, dans un élan d'amour et de gratitude, enserrerait à deux bras les jambes de son époux, et baiserait les genoux de celui qui la faisait reine. Elle était donc, cette ronde Flamande, capable d'inventer sous l'impulsion du cœur.

La foule lui adressa une immense ovation.

— Je crois qu'ils seront bien heureux, dit Tors-Col à Jean de Hainaut.

— Le peuple va l'aimer, dit Isabelle à Mortimer qui venait de s'approcher d'elle.

La reine mère ressentait comme une blessure ; cette ovation n'était pas pour elle. « C'est Philippa la reine à présent, pensait-elle. Mon temps ici est achevé. Oui, mais maintenant, peut-être, je vais avoir la France... »

Car un chevaucheur à la fleur de lis, une semaine plus tôt, avait galopé jusqu'à York pour lui apprendre que son dernier frère, le roi Charles IV de France, se mourait.

2

Travaux pour une couronne

Le roi Charles IV avait dû s'aliter le jour de Noël. A l'Epiphanie, les mires et physiciens, déjà, le déclaraient perdu. La cause de cette fièvre qui le consumait, de cette toux déchirante qui secouait sa poitrine amaigrie, de ces crachats sanglants ? Les mires levaient les épaules d'un geste d'impuissance. La malédiction, voyons ! la malédiction qui accablait la descendance de Philippe le Bel. Les remèdes sont inopérants contre une malédiction. Et la cour et le peuple partageaient cette certitude.

Louis Hutin était mort à vingt-sept ans, par manœuvre criminelle. Philippe le Long était trépassé à vingt-neuf ans, d'avoir bu en Poitou l'eau de puits empoisonnés. Charles IV avait résisté jusqu'à trente-trois ans ; il atteignait la limite. Il est bien connu que les maudits ne peuvent pas dépasser l'âge du Christ !

— A nous, mon frère, de nous saisir à présent du gouvernement du royaume, et de le tenir de main ferme, avait dit le comte de Beaumont, Robert d'Artois, à son cousin et beau-frère Philippe de Valois. Et cette fois, avait-il ajouté, nous ne nous laisserons pas gagner à la course par ma tante Mahaut. D'ailleurs elle n'a plus de gendre à pousser.

Ces deux-là se montraient en belle santé. Robert d'Artois, à quarante et un ans, était toujours le même colosse qui devait se baisser pour franchir les portes et pouvait terrasser un bœuf en le prenant par les cornes. Maître en procédure, en chicane, en intrigues, il avait assez prouvé depuis vingt ans son savoir-faire, et par les soulèvements d'Artois, et dans le déclenchement de la guerre de Guyenne, et en bien d'autres occasions. La découverte du scandale de la tour de Nesle était un peu le fruit de ses œuvres. Si la reine Isabelle et son amant Lord Mortimer avaient pu réunir une armée en Hainaut, soulever l'Angleterre et renverser Edouard II, c'était en partie grâce à lui. Et il ne se sentait pas gêné d'avoir sur les mains le sang de Marguerite de Bourgogne. Au Conseil du faible Charles IV, sa voix, dans les récentes années, s'élevait plus fermement que celle du souverain.

Philippe de Valois, de six ans son cadet, ne possédait pas tant de génie. Mais haut et fort, la poitrine large, la démarche noble, et faisant presque figure de géant quand Robert n'était pas à côté de lui, il avait une belle prestance de chevalier qui prévenait en sa faveur. Et surtout il bénéficiait du souvenir laissé par son père, le fameux Charles de Valois, le prince le plus turbulent, le plus aventureux de son temps, coureur de trônes fantômes et de croisades manquées, mais grand homme de guerre, et dont il s'efforçait de copier la prodigalité et la magnificence.

Si Philippe de Valois jusqu'à ce jour n'avait pas encore étonné l'Europe par ses talents, on lui accordait toutefois confiance. Il brillait en tournois, qui étaient sa passion ; l'ardeur qu'il y déployait n'était pas chose négligeable.

— Philippe, tu seras régent, je m'y engage, disait Robert d'Artois. Régent, et peut-être roi, si Dieu le veut... c'est-à-dire si dans deux mois la reine, ma nièce[2], qui est déjà grosse jusqu'au menton, n'accouche pas d'un fils. Pauvre cousin Charles ! Il ne verra pas cet enfant-là qu'il souhaitait tant. Et même si ce doit être un garçon, tu n'en exerceras pas moins la régence pour vingt ans. Or, en vingt ans...

Il prolongeait sa pensée d'un grand geste du bras qui en appelait à tous les hasards possibles, à la mortalité infantile, aux accidents de chasse, aux desseins impénétrables de la Providence.

— Et toi, loyal comme je te sais, continuait le géant, tu agiras pour qu'on me restitue enfin mon comté d'Artois que Mahaut la voleuse, l'empoisonneuse, détient injustement, ainsi que la pairie qui s'y rattache. Songe que je ne suis pas même pair ! N'est-ce pas bouffon ? J'en ai honte pour ta sœur qui est mon épouse.

Philippe avait abaissé par deux fois son grand nez charnu, et fermé les paupières d'un air entendu.

— Robert, je te rendrai bonne justice, si je suis mis en état de l'administrer. Tu peux compter sur mon soutien.

Les meilleures amitiés sont celles qui se fondent sur des intérêts communs et la construction d'un même avenir.

Robert d'Artois, auquel aucune tâche ne répugnait, se chargea d'aller à Vincennes faire entendre à Charles le Bel que ses jours étaient comptés et qu'il avait quelques dispositions à prendre, comme de convoquer les pairs de toute urgence, et de leur recommander Philippe de Valois pour assurer la régence. Et même, afin de mieux éclairer leur choix, pourquoi ne pas confier à Philippe, dès à présent, le gouvernement du royaume, en lui déléguant les pouvoirs ?

— Nous sommes tous mortels, tous, mon bon cousin, disait Robert, éclatant de santé, et qui faisait trembler par son pas puissant le lit de l'agonisant.

Charles IV n'était guère en capacité de refuser, et trouvait même du soulagement à ce qu'on le délivrât de tout souci. Il ne songeait qu'à retenir sa vie qui lui fuyait entre les dents.

Philippe de Valois reçut donc la délégation royale et lança l'ordre de convocation des pairs.

Robert d'Artois, aussitôt, se mit en campagne. D'abord auprès de son neveu d'Evreux, garçon jeune encore, vingt et un ans, de gentille tournure, mais assez peu entreprenant. Il était marié à la fille de Marguerite de Bourgogne, Jeanne la Petite comme on continuait de l'appeler bien qu'elle eût à présent dix-sept ans, et qui avait été écartée de la succession de France à la mort du Hutin.

La loi salique, en fait, avait été inventée à son propos et afin de l'éliminer, ceci d'autant plus aisément que l'inconduite de sa mère jetait un doute sérieux sur sa légitimité. En compensation, et pour apaiser la maison de Bourgogne, on avait reconnu à Jeanne la Petite l'héritage de Navarre. Mais on s'était peu hâté de tenir cette promesse, et les deux derniers rois de France avaient gardé le titre de roi de Navarre.

L'occasion était belle, pour Philippe d'Evreux, s'il avait ressemblé tant soit peu à son oncle Robert d'Artois, d'ouvrir là-dessus une énorme chicane, de contester la loi successorale et de réclamer au nom de sa femme les deux couronnes.

Mais Robert, usant de son ascendant, eut vite fait de rouler comme poisson en pâte ce compétiteur possible.

— Tu auras cette Navarre qui t'est due, mon bon neveu, aussitôt que mon beau-frère Valois sera régent. J'en fais une affaire de famille, que j'ai posée en condition à Philippe pour lui porter mon appui. Roi de Navarre tu vas être ! C'est une couronne qui n'est pas à dédaigner et que je te conseille, pour ma part, de te mettre au plus tôt sur la tête, avant qu'on ne te la vienne discuter. Car, parlons bas, la petite Jeanne, ton épouse, serait mieux assurée de son droit si sa mère avait eu la cuisse moins folâtre ! Dans cette grande ruée qui va se faire, il faut te ménager des soutiens : tu as le nôtre. Et ne t'avise pas d'écouter ton oncle de Bourgogne ; il ne te conduira, pour son propre service, qu'à commettre des sottises. Philippe régent, fonde-toi là-dessus !

Ainsi, moyennent l'abandon définitif de la Navarre, Philippe de Valois disposait déjà, outre la sienne propre, de deux voix.

Louis de Bourbon venait d'être créé duc quelques semaines auparavant en même temps qu'il avait reçu en apanage le comté de la Marche[3]. Il était l'aîné de la famille. Dans le cas d'une trop grande confusion autour de la régence, sa qualité de petit-fils de Saint Louis pouvait lui servir à rallier plusieurs suffrages. Sa décision, de toute manière, pèserait sur le Conseil des pairs. Or ce boiteux était lâche. Entrer en rivalité avec le puissant parti Valois eût été une entreprise digne d'un homme de plus de courage. En outre, son fils avait épousé une sœur de Philippe de Valois.

Robert laissa comprendre à Louis de Bourbon que plus vite il se rallierait, plus vite lui seraient garantis les avantages en terres et en titres qu'il avait accumulés au cours du règne précédent. Trois voix.

Le duc de Bretagne, à peine arrivé de Vannes, et ses coffres pas encore déballés, vit Robert d'Artois se dresser en son hôtel.

— Nous appuyons Philippe, n'est-ce pas ? Tu es bien d'accord... Avec Philippe, si pieux, si loyal, nous sommes certains d'avoir un bon roi... je veux dire un bon régent.

Jean de Bretagne ne pouvait que se déclarer pour Philippe de Valois. N'avait-il pas épousé une sœur de Philippe, Isabelle, morte à l'âge de huit ans il est vrai, mais les liens d'affection n'en subsistaient pas moins. Robert, pour renforcer sa démarche, avait amené sa mère, Blanche de Bretagne, consanguine du duc, toute vieille, toute petite, toute ridée, et parfaitement dénuée de pensée politique, mais qui opinait à tout ce que voulait son géant de fils. Or Jean de Bretagne s'occupait davantage des affaires de son duché que de celles de France. Eh bien ! oui, Philippe, pourquoi pas, puisque tout le monde semblait si empressé à le désigner !

Cela devenait en quelque sorte la campagne des beaux-frères. On appela en renfort Guy de Châtillon, comte de Blois, qui n'était nullement pair, et même le comte Guillaume de Hainaut, simplement parce qu'ils avaient épousé deux autres sœurs de Philippe. Le grand parentage Valois commençait à apparaître déjà comme la vraie famille de France.

Guillaume de Hainaut mariait en ce moment sa fille au jeune roi d'Angleterre ; soit, on n'y voyait pas d'obstacle, et même on y trouverait peut-être un jour des avantages. Mais il avait été bien avisé de se faire représenter aux noces par son frère Jean plutôt que de s'y rendre lui-même, car c'était ici, à Paris, qu'allaient se produire les événements importants. Guillaume le Bon ne souhaitait-il pas depuis longtemps que la terre de Blaton, patrimoine de la couronne de France, enclavée dans ses Etats, lui fût cédée ? On lui donnerait Blaton, pour presque rien, un rachat symbolique, si Philippe occupait la régence.

Quant à Guy de Blois, il était l'un des derniers barons à avoir conservé le droit de battre monnaie. Malheureusement, et malgré ce droit, il manquait d'argent, et les dettes l'étranglaient.

— Guy, mon aimé parent, ton droit de battage te sera racheté. Ce sera notre premier soin.

Robert, en peu de jours, avait accompli un solide travail.

— Tu vois, Philippe, tu vois, disait-il à son candidat, combien les mariages arrangés par ton père nous aident à présent. On dit qu'abondance de filles est grand-peine pour les familles ; ce sage homme, que Dieu l'ait en sa garde, a bien su se servir de toutes tes sœurs.

— Oui, mais il faudra achever de payer les dots, répondait Philippe. Plusieurs n'ont été versées qu'au quart...

— A commencer par celle de la chère Jeanne, mon épouse, rappelait Robert d'Artois. Mais dès lors que nous aurons tout pouvoir sur le Trésor...

Plus difficile à rallier fut le comte de Flandre, Louis de Crécy et de Nevers. Car lui n'était pas un beau-frère et demandait autre chose qu'une terre ou de l'argent. Il voulait la reconquête de son comté dont ses sujets l'avaient chassé. Pour le convaincre, il fallut lui promettre une guerre.

— Louis, mon cousin, Flandre vous sera rendue, et par les armes, nous vous en faisons serment !

Là-dessus, Robert, qui pensait à tout, de courir de nouveau à Vincennes pour presser Charles IV de parfaire son testament.

Charles n'était plus qu'une ombre de roi, crachant ce qui lui restait de poumons.

Or, tout moribond qu'il fût, il se souvint à ce moment-là du projet de croisade que son oncle Charles de Valois lui avait naguère mis en tête. Projet d'année en année différé ; les subsides de l'Eglise avaient été employés à d'autres fins ; et puis Charles de Valois était mort... Dans le mal qui le détruisait, Charles IV ne devait-il pas reconnaître un châtiment pour cette promesse non tenue, ce vœu non accompli ? Le sang de poitrine dont il tachait ses draps lui rappelait la croix rouge qu'il n'avait pas cousue sur son manteau.

Alors, dans l'espérance d'amadouer le Ciel et de négocier quelque survie, il fit ajouter à son testament ses volontés concernant la Terre sainte... « *car mon intention est d'y aller de mon vivant*, dicta-t-il, *et, si de mon vivant ne se peut, que cinquante mille livres soient données au premier passage général qui se fera.* »

On ne lui en demandait pas tant, ni de grever d'une semblable hypothèque la fortune royale dont on avait besoin pour de plus pressants usages. Robert enrageait. Ce niais de Charles, jusqu'au bout, aurait de ces sots entêtements !

On lui demandait simplement de léguer trois mille livres au chancelier Jean de Cherchemont, autant au maréchal de Trye et à messire Miles de Noyers, président de la Chambre aux Comptes, pour leurs loyaux services rendus à la couronne... et parce que leurs fonctions les faisaient siéger de droit au Conseil des pairs.

— Et le connétable ? murmura le roi agonisant.

Robert haussa les épaules. Le connétable Gaucher de Châtillon avait soixante-dix-huit ans, il était sourd comme une marmite, et possédait des biens à ne savoir qu'en faire. Ce n'était pas à son âge que se développait l'appétit de l'or ! On raya le connétable.

En revanche, Robert, avec beaucoup d'attention, aida Charles IV à composer la liste des exécuteurs testamentaires, car cette liste constituait comme un ordre de préséance parmi les grands du royaume : le comte Philippe de Valois en tête, le comte Philippe d'Evreux, et puis lui-même, Robert d'Artois, comte de Beaumont-le-Roger.

Cela fait, on s'occupa de rallier les pairs ecclésiastiques.

Guillaume de Trye, duc-archevêque de Reims, avait été précepteur de Philippe de Valois ; et puis Robert venait de faire coucher son frère, le maréchal, sur le testament royal, pour trois mille livres qu'on sut rendre tintantes. On n'aurait pas de mécomptes de ce côté-là.

Le duc-archevêque de Langres était acquis de longue date aux Valois ; et tout également leur était dévoué le comte-évêque de Beauvais, Jean de Marigny, dernier frère survivant du grand Enguerrand. Vieilles trahisons, vieux remords, services mutuels avaient tissé de solides liens.

Restaient les évêques de Châlons, de Laon et de Noyon ; ces derniers, on le savait, feraient corps avec le duc Eudes de Bourgogne.

— Ah ! pour le Bourguignon, s'écria Robert d'Artois en écartant les bras, cela, Philippe, c'est ton affaire. Je ne peux rien auprès de lui, nous sommes lance à lance. Mais tu as épousé sa sœur ; tu dois bien avoir quelque action sur lui.

Eudes IV n'était pas un aigle de gouvernement. Toutefois il se rappelait les leçons de sa défunte mère, la duchesse Agnès, la dernière fille de Saint Louis, et comment lui-même, pour reconnaître la régence de Philippe le Long, avait gagné le rattachement de la Bourgogne-comté à la Bourgogne-duché. Eudes en cette occasion avait épousé la petite-fille de Mahaut d'Artois, de quatorze ans plus jeune que lui, ce dont il ne se plaignait pas maintenant qu'elle était nubile.

La question de l'héritage d'Artois fut la première qu'il posa lorsque, arrivant de Dijon, il s'enferma avec Philippe de Valois.

— Il est bien entendu qu'au jour du trépas de Mahaut, le comté d'Artois ira à sa fille, la reine Jeanne la Veuve, pour ensuite revenir à la duchesse mon épouse ? J'insiste fort sur ce point, mon cousin, car je connais les prétentions de Robert sur l'Artois ; il les a assez clamées !

Ces grands princes ne mettaient pas moins de défiante âpreté à défendre leurs droits d'héritage sur les quartiers du royaume que des brus à se disputer les gobelets et les draps dans une succession de pauvres.

— Jugements par deux fois ont été rendus qui ont attribué l'Artois à la comtesse Mahaut, répondit Philippe de Valois. Si aucun fait nouveau ne vient étayer les requêtes de Robert, l'Artois passera à votre épouse, mon frère.

— Vous n'y voyez point d'empêchement ?

— Je n'en vois mie.

Ainsi le loyal Valois, le preux chevalier, le héros de tournoi, avait donné à ses deux cousins, à ses deux beaux-frères, deux promesses contradictoires.

Honnête toutefois dans sa duplicité, il rapporta à Robert d'Artois son entretien avec Eudes, et Robert l'approuva pleinement.

— L'important, dit ce dernier, est d'obtenir la voix du Bourguignon, et peu importe qu'il s'ancre dans la tête un droit qu'il n'a pas. Des faits nouveaux, lui as-tu dit ? Eh bien, nous en produirons, mon frère, et je ne te ferai pas manquer à ta parole. Allons, tout est au mieux.

Il ne restait plus qu'à attendre, ultime formalité, le décès du roi, en souhaitant qu'il se produisît assez vite, pendant que cette belle conjonction de princes était réunie autour de Philippe de Valois.

Le dernier fils du Roi de fer rendit l'âme la veille de la Chandeleur, et la nouvelle du deuil royal se répandit dans Paris, le lendemain matin, en même temps que l'odeur des crêpes chaudes.

Tout semblait devoir se dérouler selon le plan parfaitement agencé par Robert d'Artois, quand à l'aube même du jour fixé pour le Conseil des pairs, arriva un évêque anglais, au visage chafouin, aux yeux fatigués, sortant d'une litière couverte de boue, et qui venait représenter les droits de la reine Isabelle.

3

Conseil pour un cadavre

Plus de cervelle dans la tête, plus de cœur dans la poitrine, ni d'entrailles dans le ventre. Un roi creux. Les embaumeurs, la veille, avaient terminé leur travail sur le cadavre de Charles IV. Mais cela faisait-il grande différence avec ce que ce faible, indifférent, inactif monarque avait été durant sa vie ? Enfant attardé que sa mère appelait « l'oison », mari trompé, père malheureux vainement entêté à travers trois mariages à assurer sa succession, souverain constamment gouverné, d'abord par un oncle puis par des cousins, il n'avait servi à rien d'autre qu'au logement du principe royal. Il y servait encore.

Au bout de la grand-salle à piliers du château de Vincennes, reposait, raide sur un lit d'apparat, sa dépouille habillée de la tunique azurée, du manteau fleurdelisé, et la tête encastrée dans la couronne.

Les pairs et les barons, réunis à l'autre extrémité, voyaient briller, éclairés par les buissons de cierges, les pieds bottés de toile d'or.

Charles IV allait présider son dernier conseil, dit « conseil dans la chambre du roi », puisqu'il était censé gouverner encore ; son règne ne serait officiellement terminé que le lendemain à l'instant où son corps descendrait dans la tombe, à Saint-Denis.

Robert d'Artois avait pris l'évêque anglais sous son aile, tandis qu'on attendait les retardataires.

— En combien de temps êtes-vous venu ? Douze jours depuis York ? Vous n'avez pas traîné à chanter messe en route, messire évêque... un vrai train de chevaucheur !... Votre jeune roi, a-t-il eu de joyeuses noces ?

— Je le pense. Je n'ai pu y prendre part ; j'étais déjà sur mon chemin, répondit l'évêque Orleton.

Et Lord Mortimer, était-il en bonne santé ? Grand ami, Lord Mortimer, grand ami, et qui parlait souvent, au temps où il était réfugié à Paris, de Monseigneur Orleton.

— Il m'a conté comment vous le fîtes évader de la tour de Londres. Pour ma part, je l'ai accueilli en France et lui ai donné les moyens de s'en retourner un peu plus armé qu'il n'était arrivé. Ainsi nous avons fait chacun la moitié de la besogne.

Et la reine Isabelle ? Ah ! la chère cousine ! Toujours d'aussi grande beauté ?

Robert ainsi amusait le temps, pour empêcher Orleton de se mêler aux autres groupes, d'aller parler au comte de Hainaut ou au comte de Flandre. Il connaissait Orleton de réputation, et s'en méfiait. N'était-ce pas l'homme que la cour de Westminster utilisait pour ses ambassades auprès du Saint-Siège, et l'auteur, à ce qu'on disait, de la fameuse lettre à double sens : « *Eduardum occidere nolite timere bonum est...* » dont Isabelle et Mortimer s'étaient servis pour ordonner l'assassinat d'Edouard II ?

Alors que les prélats français avaient tous coiffé leur mitre, Orleton portait simplement son bonnet de voyage, en soie violette, à oreillettes fourrées d'hermine. Robert nota ce détail avec satisfaction ; cela retirerait de l'autorité à l'évêque anglais quand il prendrait la parole.

— C'est Monseigneur Philippe de Valois qui va être régent, murmura-t-il à Orleton comme s'il confiait un secret à un ami.

L'autre ne répondit pas.

Enfin la dernière personne attendue pour que le Conseil fût au complet entra. C'était la comtesse Mahaut d'Artois, seule femme convoquée à cette assemblée. Elle avait vieilli, Mahaut ; ses pas semblaient haler avec peine le poids de son corps massif ; elle s'appuyait sur une canne. Son visage était rouge sombre sous les cheveux tout blancs. Elle adressa de vagues saluts à la ronde, alla asperger le mort, et vint s'asseoir, lourdement, à côté du duc de Bourgogne. On l'entendait haleter[4].

L'archevêque-primat Guillaume de Trye se leva, se tourna d'abord vers le cadavre du souverain, fit le signe de croix, lentement, puis demeura un moment en méditation, les yeux vers les voûtes comme s'il demandait l'inspiration divine. Les chuchotements s'étaient arrêtés.

— Mes nobles seigneurs, commença-t-il, quand la succession naturelle fait défaut à la dévolution du pouvoir royal, celui-ci retourne à sa source qui est dans le consentement des pairs. Telle est la volonté de Dieu et de la Sainte Eglise, laquelle en fournit l'exemple par l'élection de son suprême pontife.

Il parlait bien, Monseigneur de Trye, avec une belle éloquence de sermon. Les pairs et barons ici conviés allaient avoir à décider de l'attribution du pouvoir temporel dans le royaume de France, d'abord pour l'exercice de la régence et ensuite, car sagesse veut de prévoir, pour l'exercice de la royauté même, dans le cas où la très noble dame la reine faillirait à donner un fils.

Le meilleur d'entre les égaux, *primus inter pares*, tel était celui qu'il convenait de désigner, et le plus proche aussi de la couronne, par le sang. N'était-ce pas de comparables circonstances qui avaient conduit autrefois les pairs-barons et les pairs-évêques à remettre le sceptre au plus sage et au plus fort d'entre eux, le duc de France et comte de Paris, Hugues Capet, fondateur de la glorieuse dynastie ?

— Notre défunt suzerain, pour ce jour encore auprès de nous, continua l'archevêque en inclinant légèrement sa mitre vers le lit, a voulu nous éclairer en recommandant à notre choix, par testament, son plus proche cousin, prince très chrétien et très vaillant, digne en tout de nous gouverner et conduire, Monseigneur Philippe, comte de Valois, d'Anjou et du Maine.

Le prince très vaillant et très chrétien, les oreilles bourdonnantes d'émotion, ne savait quelle attitude prendre. Baisser son grand nez d'un air modeste, c'eût été montrer qu'il doutait de lui-même et de son droit à régner. Se redresser d'un air arrogant et orgueilleux eût pu indisposer les pairs. Il choisit de demeurer figé, les traits immobiles, le regard fixé sur les bottes dorées du cadavre.

— Que chacun se recueille en sa conscience, acheva l'archevêque de Reims, et exprime son conseil pour le bien de tous.

Monseigneur Adam Orleton était déjà debout.

— Ma conscience est recueillie, dit-il. Je viens ici porter parole pour le roi d'Angleterre, duc de Guyenne.

Il avait l'expérience de ce genre d'assemblées où tout est préparé en sous main et où chacun pourtant hésite à faire la première intervention. Il se hâtait de prendre cet avantage.

— Au nom de mon maître, poursuivit-il, j'ai à déclarer que la plus proche parente du feu roi Charles de France est la reine Isabelle, sa sœur, et que la régence, de ce fait, doit à elle revenir.

A l'exception de Robert d'Artois qui s'attendait bien à quelque coup de cette sorte, les assistants marquèrent un temps de stupéfaction. Nul n'avait songé à la reine Isabelle durant les tractations préliminaires, nul n'avait envisagé une minute qu'elle pût émettre la moindre prétention. On l'avait oubliée, tout bonnement. Et voilà qu'elle surgissait de ses brumes nordiques, par la voix d'un petit évêque en bonnet fourré. Avait-elle vraiment des droits ? On s'interrogeait du regard, on se consultait. Oui, de toute évidence, et si l'on s'en tenait aux strictes considérations de lignage, elle possédait des droits ; mais il semblait dément qu'elle en voulût faire usage.

Cinq minutes plus tard, le Conseil était en pleine confusion. Tout le monde parlait à la fois et le ton des voix montait, sans égard pour la présence du mort.

Le roi d'Angleterre, duc de Guyenne, en la personne de son ambassadeur, avait-il oublié que les femmes ne pouvaient régner en France, selon la coutume deux fois confirmée par les pairs dans les récentes années ?

— N'est-ce point vrai, ma tante ? lança méchamment Robert d'Artois, rappelant à Mahaut le temps où ils s'étaient si fort opposés sur cette loi de succession établie pour favoriser Philippe le Long, gendre de la comtesse.

Non, Monseigneur Orleton n'avait rien oublié ; particulièrement, il n'avait pas oublié que le duc de Guyenne ne se trouvait ni présent ni représenté – sans doute parce qu'à dessein averti trop tard – aux réunions des pairs où s'était décidée très arbitrairement l'extension de la loi dite salique au droit royal, laquelle extension, par voie de conséquence, le duc n'avait jamais ratifiée.

Orleton ne possédait pas la belle éloquence onctueuse de Monseigneur Guillaume de Trye ; il parlait un français un peu rocailleux avec des tournures archaïques qui pouvaient prêter à sourire. Mais en revanche, il avait une grande habileté à la controverse juridique, et ses réponses venaient vite.

Messire Miles de Noyers, conseiller de quatre règnes et le principal rédacteur, sinon même l'inventeur, de la loi salique, lui porta la réplique.

Puisque le roi Edouard II avait rendu l'hommage au roi Philippe le Long, on devait admettre qu'il avait reconnu celui-ci pour légitime et ratifié implicitement le règlement de succession.

Orleton ne l'entendait pas de cette oreille. Que nenni, messire ! En rendant l'hommage, Edouard II avait confirmé seulement que le duché guyennais était vassal de la couronne de France, ce que personne ne songeait à nier, encore que les limites de cette vassalité restassent, depuis cent et des ans, à préciser. Mais l'hommage ne valait point pour la loi du trône. Et d'abord, de quoi disputait-on, de la régence ou de la couronne ?

— Des deux, des deux ensemble, intervint l'évêque Jean de Marigny. Car justement l'a dit Monseigneur de Trye : sagesse veut de prévoir ; et nous ne devons point nous exposer dans deux mois à affronter le même débat.

Mahaut d'Artois cherchait son souffle. Ah ! qu'elle était fâchée du malaise qu'elle éprouvait, et de ce bruissement dans la tête qui l'empêchait de penser clairement. Rien ne lui convenait de tout ce qu'on disait. Elle était hostile à Philippe de Valois parce que soutenir Valois c'était soutenir Robert ; elle était hostile à Isabelle par vieille haine, parce que Isabelle, autrefois, avait dénoncé ses filles. Elle intervint, avec une mesure de retard.

— Si la couronne à femme pouvait aller, ce ne serait point à votre reine, messire évêque, mais à nulle autre qu'à Madame Jeanne la Petite, et la régence à exercer devrait l'être par son époux que voici, Monseigneur d'Evreux, ou son oncle qui est à mon côté, le duc Eudes.

Quelque flottement fut perceptible du côté du duc de Bourgogne, du comte de Flandre, des évêques de Laon et de Noyon, et jusque dans l'attitude du jeune comte d'Evreux.

On eût dit que la couronne était en suspens entre sol et voûte, incertaine du point de sa chute, et que plusieurs têtes se tendaient.

Philippe de Valois avait depuis longtemps abandonné sa noble immobilité et s'adressait par signes à son cousin d'Artois. Celui-ci se leva.

— Allons ! s'écria-t-il, il paraît qu'en ce jour chacun s'empresse à se renier. Je vois Madame Mahaut, ma bien-aimée tante, toute prête à reconnaître à Madame de Navarre...

Et il appuya sur le mot « Navarre » en regardant Philippe d'Evreux pour lui rappeler leur accord.

— ... les droits précisément qu'elle lui contesta naguère. Je vois le noble évêque d'Angleterre se réclamer des actes d'un roi qu'il s'est occupé à déchasser du trône pour faiblesse, incurie et trahison... Voyons, messire Orleton ! on ne peut refaire une loi à chaque occasion de l'appliquer, et au gré de chaque partie. Une fois elle sert l'un, une fois elle sert l'autre. Nous aimons et respectons Madame Isabelle, notre parente, que nous sommes quelques-uns ici à avoir aidée et servie. Mais sa requête, pour laquelle vous avez bien plaidé, semble irrecevable. N'est-ce point votre conseil, Messeigneurs ? acheva-t-il en prenant les pairs à témoins.

Des approbations nombreuses lui répondirent, les plus chaleureuses venant du duc de Bourbon, du comte de Blois, des pairs-évêques de Reims et de Beauvais.

Mais Orleton n'avait pas usé toutes ses lames. Si même on admettait, pour ne point revenir sur une loi appliquée, que les femmes ne pussent régner en France, alors ce n'était pas au nom de la reine Isabelle, mais au nom de son fils, le roi Edouard III, seul descendant mâle de la lignée directe, qu'il élevait sa réclamation.

— Mais si femme ne peut régner, à plus forte raison ne peut-elle transmettre ! dit Philippe de Valois.

— Et pourquoi, Monseigneur ? Les rois en France ne naissent donc point de femme ?

Cette riposte amena un sourire sur quelques visages. Le grand Philippe se trouvait cloué. Après tout il n'avait pas tort, le petit évêque anglais ! La fameuse coutume invoquée à la succession de Louis X était muette là-dessus. Et, en bonne logique, puisque trois frères à la suite avaient régné, sans produire de garçons, le pouvoir ne devait-il pas revenir au fils de la sœur survivante, plutôt qu'à un cousin ?

Le comte de Hainaut, tout acquis à Valois jusque-là, réfléchissait, voyant se dessiner soudain pour sa fille un avenir inattendu.

Le vieux connétable Gaucher, les paupières plissées comme celles d'une tortue et la main en cornet autour de l'oreille, demandait à son voisin Miles de Noyers :

— Quoi ? Que dit-on ?

Le tour trop compliqué du débat l'irritait. Sur la question de la succession des femmes, il avait son opinion invariable depuis douze ans. La loi des mâles, en vérité, c'était lui qui l'avait proclamée en ralliant les pairs autour de sa formule fameuse : « Les lis ne filent pas la laine ; et France est trop noble royaume pour être à femelle remis. »

Orleton poursuivait, cherchant à se rendre émouvant. Il invitait les pairs à considérer une occasion, que les siècles peut-être n'offriraient plus jamais, d'unir les deux royaumes sous le même sceptre. Car là était sa pensée profonde. Finis les litiges incessants, les hommages mal définis, et les guerres d'Aquitaine dont pâtissaient les deux nations ; résolue l'inutile rivalité de commerce qui créait les problèmes de Flandre. Un seul et même peuple, des deux côtés de la mer. La noblesse anglaise n'était-elle pas tout entière de souche française ? La langue française n'était-elle pas commune aux deux cours ? De nombreux seigneurs français n'avaient-ils pas, par jeu d'héritage, des biens en Angleterre, comme les barons anglais avaient des établissements en France ?

— Eh bien, soit, remettez-nous l'Angleterre, nous ne la refusons pas, ironisa Philippe de Valois.

Le connétable Gaucher écoutait les explications que Miles de Noyers lui soufflait à l'oreille, et soudain son teint fonça. Comment ? Le roi d'Angleterre réclamait la régence ? Et la couronne à suivre ? Alors, tant de campagnes qu'il avait conduites, lui Gaucher, sous le dur soleil de Gascogne, tant de chevauchées dans les boues du Nord contre ces mauvais drapiers flamands toujours soutenus par l'Angleterre, tant de bons chevaliers tués, tant de tailles et subsides dépensés, n'auraient donc servi qu'à cela ? On se moquait.

Sans se lever, mais d'une profonde voix de vieillard tout enrouée par la colère, il s'écria :

— Jamais France ne sera à l'Anglois, et cela n'est point question de mâle ou de femelle, ni de savoir si la couronne se transmet par le ventre ! Mais la France ne sera pas à l'Anglois parce que les barons ne le supporteraient pas. Allons Bretagne ! Allons Blois ! Allons Nevers ! Allons Bourgogne ! Vous acceptez d'entendre cela ? Nous avons un roi à porter en terre, le sixième de ceux que j'aurai vus passer de mon vivant, et qui tous ont dû lever leur ost contre l'Angleterre ou ceux qu'elle appuie. Qui doit commander à la France doit être du sang de France. Et qu'on en finisse d'écouter ces sornettes qui feraient rire mon cheval.

Il avait appelé Bretagne, Blois, Bourgogne, du ton qu'il prenait naguère en bataille, pour rallier les chefs de bannière.

— Je donne mon conseil, avec le droit du plus vieux, pour que le comte de Valois, le plus proche du trône, soit régent, gardien et gouverneur du royaume.

Et il éleva la main pour appuyer son vote.

— Il a bien dit ! s'empressa d'approuver Robert d'Artois en dressant sa large patte et en conviant du regard les partisans de Philippe à l'imiter.

Il regrettait presque, à présent, d'avoir fait écarter le vieux connétable du testament royal.

— Il a bien dit ! répétèrent les ducs de Bourbon et de Bretagne, le comte de Blois, le comte de Flandre, le comte d'Evreux, les évêques, les grands officiers, le comte de Hainaut.

Mahaut d'Artois interrogea des yeux le duc de Bourgogne, vit qu'il allait lever la main et se hâta d'approuver pour n'être pas la dernière.

Seule la main d'Orleton resta baissée.

Philippe de Valois, qui se sentait soudain épuisé, se disait : « C'est chose faite, c'est chose faite. » Il entendit l'archevêque Guillaume de Trye, son ancien précepteur, dire :

— Longue vie au régent du royaume de France, pour le bien du peuple et de la Sainte Eglise.

Le chancelier Jean de Cherchemont avait préparé le document qui devait clore le conseil et en entériner la décision ; il ne restait que le nom à inscrire. Le chancelier traça en grandes lettres celui du « très puissant, très noble et très redouté seigneur Philippe, comte de Valois », et puis donna lecture de cet acte qui non seulement attribuait la régence, mais encore désignait le régent, si l'enfant à naître était une fille, pour devenir roi de France.

Tous les assistants apposèrent en bas du document leur signature et leur sceau privé ; tous, sauf le duc de Guyenne, c'est-à-dire son représentant Monseigneur Adam Orleton qui refusa en disant :

— On ne perd jamais rien à défendre son droit, même si l'on sait qu'il ne peut pas triompher. L'avenir est grand, et dans les mains de Dieu.

Philippe de Valois s'était approché du catafalque et regardait le corps de son cousin, la couronne encadrant le front cireux, le long sceptre d'or posé le long du manteau, les bottes scintillantes.

On crut qu'il priait, et ce geste lui valut le respect.

Robert d'Artois vint auprès de lui et lui murmura :

— Si ton père te voit, en ce moment, il doit être bien heureux, le cher homme... Encore deux mois à attendre.

4

Le roi trouvé

Les princes de ce temps-là avaient besoin d'un nain. Les couples de pauvres gens considéraient presque comme une chance de mettre au monde un avorton de cette sorte ; ils avaient la certitude de le vendre un jour à quelque grand seigneur, sinon au roi lui-même.

Car le nain, nul n'eût songé à en douter, était un être intermédiaire entre l'homme et l'animal domestique. Animal, parce qu'on pouvait lui mettre un collier, l'affubler, comme un chien dressé, de vêtements grotesques, et lui envoyer des coups de pied aux fesses ; homme, parce qu'il parlait et s'offrait volontairement, moyennant salaire et nourriture, à ce rôle dégradant. Il avait à bouffonner sur ordre, sautiller, pleurer ou niaiser comme un enfant, et cela même quand ses cheveux devenaient blancs. Sa petitesse faisait ressortir la grandeur du maître. On se le transmettait par héritage ainsi qu'un bien de propriété. Il était le symbole du « sujet », de l'individu soumis à autrui par nature, et créé tout exprès, semblait-il, pour témoigner de la division de l'espèce humaine en races différentes, dont certaines avaient pouvoir absolu sur les autres.

L'abaissement comportait des avantages ; le plus petit, le plus faible, le plus difforme, prenait place parmi les mieux nourris et les mieux vêtus. Il était également permis et même ordonné à ce disgracié de dire aux maîtres de la race supérieure ce qui n'eût été toléré de nul autre.

Les moqueries, les reproches, les insultes que tout homme, même le plus dévoué, adresse parfois en pensée à celui qui le commande, le nain les proférait pour le compte de tous, comme par délégation.

Il existe deux sortes de nains : ceux à long nez, à face triste et à double bosse, et ceux à gros visage, nez court et torse de géant monté sur de minuscules membres noués. Le nain de Philippe de Valois, Jean le Fol, était de la seconde sorte. Sa tête arrivait juste à hauteur des tables. Il portait grelots au sommet de son bonnet et sur les épaules de ses robes de soie.

Ce fut lui qui vint dire un jour à Philippe, en tournoyant et en ricanant :

— Tu sais, mon Sire, comment le peuple te nomme ? On t'appelle « le roi trouvé ».

Car le Vendredi saint, 1er avril de l'an 1328, Madame Jeanne d'Evreux, veuve de Charles IV, avait fait ses couches. Rarement dans l'Histoire, sexe d'enfant fut observé avec plus d'attention à l'issue des flancs maternels. Et quand on vit que c'était une fille qui naissait, chacun reconnut bien que la volonté divine s'était exprimée et l'on en éprouva un grand soulagement.

Les barons n'avaient pas à revenir sur leur choix de la Chandeleur. Dans une assemblée immédiate, où seul le représentant de l'Angleterre fit entendre, par principe, une voix discordante, ils confirmèrent à Philippe l'octroi de la couronne.

Le peuple poussait un soupir. La malédiction du grand-maître Jacques de Molay paraissait épuisée. La branche aînée de la race capétienne s'achevait par trois bourgeons séchés.

L'absence de garçon, en toute famille, fut toujours considérée comme un malheur ou un signe d'infériorité. A plus forte raison pour une maison royale. Cette incapacité des fils de

Philippe le Bel à produire des descendants mâles semblait bien la manifestation d'un châtiment. L'arbre allait pouvoir repartir du pied.

De soudaines fièvres saisissent les peuples, dont il faudrait chercher la cause dans le déplacement des astres, tant elles échappent à toute autre explication : vagues d'hystérie cruelle, comme l'avaient été la croisade des pastoureaux et le massacre des lépreux, ou vagues d'euphorie délirante comme celle qui accompagna l'avènement de Philippe de Valois.

Le nouveau roi était de belle taille et possédait cette majesté musculaire nécessaire aux fondateurs de dynastie. Son premier enfant était un fils âgé déjà de neuf ans et qui paraissait robuste ; il avait également une fille, et l'on savait, les cours ne font point mystère de ces choses, qu'il honorait presque chaque nuit sa boiteuse épouse avec un entrain que les années ne ralentissaient pas.

Doué d'une voix forte et sonore, il n'était pas un bafouilleur comme ses cousins Louis Hutin et Charles IV, ni un silencieux comme Philippe le Bel ou Philippe V. Qui pouvait s'opposer à lui, qui pouvait-on lui opposer ? Qui songeait à écouter, dans cette liesse où roulait la France, la voix de quelques docteurs en droit payés par l'Angleterre pour formuler, sans conviction, des représentations ?

Philippe VI arrivait au trône dans le consentement unanime.

Et pourtant il n'était qu'un roi de raccroc, un neveu, un cousin de roi comme il y en avait tant, un homme fortuné parmi son parentage ; pas un roi désigné par Dieu à la naissance, pas un roi reçu ; un roi « trouvé » le jour qu'on en manquait.

Ce mot inventé par la rue ne diminuait en rien la confiance et la joie ; ce n'était qu'une de ces expressions d'ironie dont les foules aiment à nuancer leurs passions et qui leur donnent l'illusion de la familiarité avec le pouvoir. Jean le Fol, lorsqu'il répéta cette parole à Philippe, eut droit à une bourrade dont il exagéra la rudesse en se frottant les côtes et en poussant des cris aigus ; il venait tout de même de prononcer le maître mot d'un destin.

Car Philippe de Valois, comme tout parvenu, voulut prouver qu'il était bien digne, par valeur naturelle, de la situation qui lui était échue, et répondre en tout à l'image qu'on peut se faire d'un roi.

Parce que le roi exerce souverainement la justice, il envoya pendre dans les trois semaines le trésorier du dernier règne, Pierre Rémy, dont on assurait qu'il avait beaucoup trafiqué du Trésor. Un ministre des Finances au gibet est chose toujours qui réjouit un peuple ; les Français se félicitèrent ; on avait un roi juste.

Le prince est, par devoir et fonction, défenseur de la foi. Philippe prit un édit qui renforçait les peines contre les blasphémateurs et accroissait le pouvoir de l'inquisition. Ainsi le haut et bas clergé, la petite noblesse et les bigotes de paroisse se trouvèrent rassurés : on avait un roi pieux.

Un souverain se doit de récompenser les services rendus. Or combien de services avaient été nécessaires à Philippe pour assurer son élection ! Mais un roi doit veiller également à ne point se faire d'ennemis parmi ceux qui se sont montrés, sous ses prédécesseurs, bons serviteurs des intérêts publics. Aussi, tandis qu'étaient maintenus dans leurs charges presque tous les anciens dignitaires et officiers royaux, de nouvelles fonctions furent créées ou bien l'on doubla celles qui existaient afin de donner place aux soutiens du nouveau règne, et satisfaire à toutes les recommandations présentées par les grands électeurs. Et comme la maison de Valois avait déjà train royal, ce train se superposa à celui de l'ancienne dynastie, et ce fut une grande ruée aux emplois et aux bénéfices. On avait un roi généreux.

Un roi se doit encore d'apporter la prospérité à ses sujets. Philippe VI s'empressa de diminuer et même, dans certains cas, de supprimer les taxes que Philippe IV et Philippe V avaient mises sur le négoce, sur les marchés publics et sur les transactions des étrangers, taxes qui, de l'avis de ceux qui les acquittaient, entravaient les foires et le commerce.

Ah ! le bon roi que voilà, qui faisait cesser les tracasseries des receveurs de Finances ! Les Lombards, prêteurs habituels de son père et auxquels lui-même devait encore si gros, le bénissaient. Nul ne songeait que la fiscalité des anciens règnes produisait ses effets à long terme et que si la France était riche, si l'on y vivait mieux que nulle part au monde, si l'on y était vêtu de bon drap et souvent de fourrure, si l'on y voyait des bains et étuves jusque dans les hameaux, on le devait aux précédents Philippe qui avaient su assurer l'ordre dans le royaume, l'unité des monnaies, la sécurité du travail.

Un roi... un roi doit aussi être un sage, l'homme le plus sage parmi son peuple. Philippe commença de prendre un ton sentencieux pour énoncer, de cette belle voix qui était la sienne, de graves principes où l'on reconnaissait un peu la manière de son précepteur, l'archevêque Guillaume de Trye.

« Nous qui toujours voulons raison garder... », disait-il chaque fois qu'il ne savait quel parti prendre.

Et quand il avait fait fausse route, ce qui lui arrivait fréquemment, et se trouvait contraint d'interdire ce qu'il avait ordonné l'avant-veille, il déclarait avec autant d'assurance : « Raisonnable chose est de modifier son propos. »

« En toute chose, mieux vaut prévenir qu'être prévenu », énonçait encore pompeusement ce roi qui en vingt-deux ans de règne ne cesserait d'aller de surprise en surprise malheureuse !

Jamais monarque ne débita de plus haut autant de platitudes. On croyait qu'il réfléchissait ; en vérité il ne pensait qu'à la sentence qu'il allait pouvoir formuler pour se donner l'air de réfléchir ; mais sa tête était creuse comme une noix de la mauvaise saison.

Un roi, un vrai roi, n'oublions pas, se doit d'être brave, et preux, et fastueux ! En vérité Philippe n'avait d'aptitude que pour les armes. Pas pour la guerre, mais bien pour les armes, les joutes, les tournois. Instructeur de jeunes chevaliers, il eût fait merveille à la cour d'un moindre baron. Souverain, son hôtel ressembla à quelque château des romans de la Table Ronde, qui étaient beaucoup lus à l'époque et dont il s'était fort farci l'imagination. Ce ne furent que tournois, fêtes, festins, chasses, divertissements, puis tournois encore avec débauche de plumes sur les heaumes, et chevaux plus parés que des femmes.

Philippe s'occupait très gravement du royaume, une heure par jour, après une joute d'où il revenait ruisselant ou un banquet dont il sortait la panse lourde et l'esprit nuageux. Son chancelier, son trésorier, ses officiers innombrables prenaient les décisions pour lui, ou bien allaient chercher leurs ordres auprès de Robert d'Artois. Celui-ci, en vérité, commandait plus que le souverain.

Nulle difficulté ne se présentait que Philippe n'en appelât au conseil de Robert, et l'on obéissait de confiance au comte d'Artois, sachant que tout décret de sa part serait approuvé par le roi.

De la sorte on alla au sacre, où l'archevêque Guillaume de Trye devait poser la couronne sur le front de son ancien élève. Les fêtes, à la fin mai, durèrent cinq jours.

Il semblait que tout le royaume fût arrivé à Reims. Et non seulement le royaume, mais encore une partie de l'Europe avec le superbe et impécunieux roi Jean de Bohême, le comte Guillaume de Hainaut, le marquis de Namur et le duc de Lorraine. Cinq jours de réjouissances et de ripailles ; une profusion, une dépense comme les bourgeois rémois n'en avaient jamais vu. Eux qui subvenaient aux frais des fêtes, et qui avaient rechigné devant le coût des derniers sacres, cette fois fournissaient le double, le triple, d'un cœur joyeux. Il y avait cent ans qu'au royaume de France on n'avait autant bu : on servait à cheval dans les cours et sur les places.

La veille du couronnement, le roi arma chevalier Louis de Crécy, comte de Flandre et de Nevers, avec la plus grande pompe possible. Il avait été décidé, en effet, que ce serait le comte de Flandre qui tiendrait le glaive de Charlemagne pendant le sacre, et le porterait au roi. Et l'on s'étonnait que le connétable eût consenti à se dessaisir de cette fonction traditionnelle. Encore fallait-il que le comte de Flandre fût chevalier. Philippe VI pouvait-il montrer avec plus d'éclat l'amitié dans laquelle il tenait son cousin flamand ?

Or, le lendemain, pendant la cérémonie dans la cathédrale, lorsque Louis de Bourbon, grand chambrier de France, ayant chaussé le roi des bottes fleudelisées, appela le comte de Flandre pour présenter l'épée, ce dernier ne bougea pas.

Louis de Bourbon répéta :

— Monseigneur le comte de Flandre !

Louis de Crécy resta immobile, debout, les bras croisés.

— Monseigneur le comte de Flandre, proclama le duc de Bourbon, si vous êtes céans, ou quelque personne pour vous, venez accomplir votre devoir, et ci vous sommons de paraître à peine de forfaiture.

Un grand silence s'était fait sous les voûtes et un étonnement apeuré se peignait sur les visages des prélats, des barons, des dignitaires ; mais le roi restait impassible, et Robert d'Artois reniflait, nez en l'air, comme s'il s'intéressait au jeu du soleil à travers les vitraux.

Enfin le comte de Flandre consentit à avancer, s'arrêta devant le roi, s'inclina et dit :

— Sire, si l'on avait appelé le comte de Nevers ou le sire de Crécy, je me fusse approché plus tôt.

— Mais quoi, Monseigneur, répondit Philippe VI, n'êtes-vous point comte de Flandre ?

— Sire, j'en porte le nom, mais n'en ai point le profit.

Philippe VI prit alors son meilleur air royal, poitrine gonflée, regard vague, et son grand nez pointé vers l'interlocuteur pour prononcer bien calmement :

— Mon cousin, que me dites-vous donc ?

— Sire, reprit le comte, les gens de Bruges, d'Ypres, de Poperingue et de Cassel m'ont bouté dehors mon fief, et ne me tiennent plus pour leur comte ni seigneur ; c'est à peine si je puis tout furtivement me rendre à Gand tant le pays est en rébellion.

Alors Philippe de Valois abattit sa large paume sur le bras du trône, geste qu'il avait vu bien souvent faire à Philippe le Bel et qu'il reproduisait, inconsciemment, tant son oncle avait été l'incarnation véritable de la majesté.

— Louis, mon beau cousin, déclara-t-il lentement et fortement, nous vous tenons pour comte de Flandre, et, par les dignes onctions et sacrement que nous recevons aujourd'hui, vous promettons que jamais ne prendrons paix ni repos avant que de vous avoir remis en possession de votre comté.

Alors le comte de Flandre s'agenouilla et dit :

— Sire, grand merci.

Et la cérémonie continua.

Robert d'Artois clignait de l'œil à ses voisins, et l'on comprit alors que cet esclandre était coup monté. Philippe VI tenait les promesses faites par Robert pour assurer son élection. Philippe d'Evreux apparaissait ce même jour, sous son manteau de roi de Navarre.

Aussitôt après la cérémonie, le roi réunit les pairs et barons, les princes de sa famille, les seigneurs d'au-delà du royaume venus assister à son sacre, et, comme si l'affaire ne souffrait une heure d'attente, il délibéra avec eux du moment où il irait attaquer les rebelles de Flandre. Le devoir d'un roi preux est de défendre le droit de ses vassaux ! Quelques esprits prudents, estimant que le printemps était déjà fort avancé et qu'on risquait de n'être prêt qu'à la mauvaise saison – ils avaient encore en mémoire l'ost boueux de Louis Hutin – conseillaient de remettre l'expédition à un an. Le vieux connétable Gaucher leur fit honte en s'écriant d'une voix forte :

— Qui bon cœur a pour la bataille, toujours trouve le temps convenant !

A soixante-dix-huit ans, il éprouvait quelque hâte à commander sa dernière campagne, et ce n'était pas pour tergiverser de la sorte qu'il avait accepté de se dessaisir tout à l'heure du glaive de Charlemagne.

— Ainsi l'Anglois, qui est par-dessous cette rébellion, prendra bonne leçon, dit-il encore en grommelant.

Ne lisait-on pas, dans les romans de chevalerie, les exploits des héros de quatre-vingts ans, capables de renverser leurs ennemis en bataille et de leur fendre le heaume jusqu'à l'os du crâne ? Les barons allaient-ils montrer moins de vertu que le vieux vétéran impatient de partir en guerre avec son sixième roi ?

Philippe de Valois, se levant, s'écria :

— Qui m'aime bien me suivra !

Dans le mouvement général d'enthousiasme qui suivit cette parole, on décida de convoquer l'ost pour la fin juillet, et à Arras, comme par hasard. Robert allait pouvoir en profiter pour remuer un peu le comté de sa tante Mahaut.

Et de la sorte, au début d'août, on entra en Flandre.

Un bourgeois du nom de Zannequin commandait les quinze mille hommes des milices de Furnes, de Dixmude, de Poperingue et de Cassel. Voulant prouver qu'il savait les usages, Zannequin adressa un cartel au roi de France pour lui demander jour de bataille. Mais Philippe méprisa ce manant qui prenait des manières de prince, et fit répondre aux Flamands qu'étant gens sans chef ils auraient à se défendre comme ils pourraient. Puis il envoya ses deux maréchaux, Mathieu de Trye et Robert Bertrand, dit « le chevalier au Vert Lion », incendier les environs de Bruges.

Quand les maréchaux rentrèrent ils furent grandement félicités ; chacun se réjouissait de voir au loin de pauvres maisons flamber. Les chevaliers désarmés, vêtus de riches robes, se faisaient visite d'une tente à l'autre, mangeaient sous des pavillons de soie brodée, et jouaient aux échecs avec leurs familiers. Le camp français ressemblait tout à fait au camp du roi Arthur dans les livres à images, et les barons se prenaient pour autant de Lancelot, d'Hector et de Galaad.

Or il arriva que le vaillant roi, qui préférait prévenir plutôt qu'être prévenu, dînait en compagnie, joyeusement, quand les quinze mille hommes de Flandre envahirent son camp. Ils brandissaient des étendards peints d'un coq sous lequel était écrit :

> *Le jour que ce coq chantera*
> *Le roi trouvé ci entrera.*

Ils eurent tôt fait de ravager la moitié du camp, coupant les cordes des pavillons, renversant les échiquiers, bousculant les tables de festin et tuant bon nombre de seigneurs.

Les troupes d'infanterie françaises prirent la fuite ; leur émoi devait les porter sans souffler jusqu'à Saint-Omer, à quarante lieues en arrière.

Le roi n'eut que le temps de passer une cotte aux armes de France, se couvrir la tête d'un bassinet de cuir blanc et sauter sur son destrier pour rassembler ses héros.

Les adversaires, en cette bataille, avaient chacun commis une lourde faute, par vanité. Les chevaliers français avaient méprisé les communaux de Flandre ; mais ceux-ci, afin de montrer qu'ils étaient gens de guerre autant que les seigneurs, s'étaient équipés d'armures ; or, ils venaient à pied !

Le comte de Hainaut et son frère Jean, dont les cantonnements se trouvaient un peu à l'écart, se lancèrent les premiers pour prendre les Flamands à revers et désorganiser leur attaque. Les chevaliers français, rameutés par le roi, purent alors se ruer sur cette piétaille qu'alourdissait un orgueilleux équipement, la culbuter, la fouler aux sabots des lourds destriers, en faire massacre. Les Lancelot et les Galaad se contentaient de pourfendre et d'assommer, laissant leurs valets d'arme achever au couteau les vaincus. Qui cherchait à fuir était renversé par un cheval à la charge ; qui s'offrait à se rendre était dans l'instant égorgé. Il resta sur le terrain treize mille Flamands qui formaient un fabuleux monceau de fer et de cadavres, et l'on ne pouvait rien toucher, herbe, harnais, homme ou bête, qui ne fût poisseux de sang.

La bataille du mont Cassel, commencée en déroute, s'achevait en victoire totale pour la France. On en parlait déjà comme d'un nouveau Bouvines.

Or le vrai vainqueur n'était pas le roi, ni le vieux connétable Gaucher, ni Robert d'Artois, si grande vaillance qu'ils eussent prouvée en s'éboulant comme avalanche dans les rangs adverses. Celui qui avait tout sauvé était le comte Guillaume de Hainaut. Mais ce fut Philippe VI, son beau-frère, qui moissonna la gloire.

Un roi aussi puissant que l'était Philippe ne pouvait plus tolérer aucun manquement de la part de ses vassaux. On envoya donc sommation au roi anglais, duc de Guyenne, de venir rendre hommage et de se hâter.

Il n'est guère de défaites salutaires, mais il est des victoires malheureuses. Peu de journées devaient coûter aussi cher à la France que celle de Cassel, car elle accrédita plusieurs idées fausses : à savoir d'abord que le nouveau roi était invincible, et ensuite que les gens de pied ne valaient rien à la guerre. Crécy, vingt ans plus tard, serait la conséquence de cette illusion.

En attendant, quiconque avait bannière, quiconque portait lance, et jusqu'au plus simple écuyer, considérait avec pitié, du haut de sa selle, les espèces inférieures qui s'en allaient à pied.

Cet automne-là, vers le milieu du mois d'octobre, Madame Clémence de Hongrie, la reine à la mauvaise fortune qui avait été la seconde épouse de Louis Hutin, mourut à trente-cinq ans, en l'ancien hôtel du Temple, sa demeure. Elle laissait tant de dettes qu'une semaine après sa mort tout ce qu'elle possédait, bagues, couronnes, joyaux, meubles, linge, orfèvrerie, et jusqu'aux ustensiles de cuisine, fut mis aux enchères sur la demande des prêteurs italiens, les Bardi et les Tolomei.

Le vieux Spinello Tolomei, traînant la jambe, poussant le ventre, un œil ouvert et l'autre clos, fut à cette vente où six orfèvres-priseurs, commis par le roi, firent les estimations. Et tout fut dispersé de ce qui avait été donné à la reine Clémence en une année de précaire bonheur.

Quatre jours durant on entendit les priseurs, Simon de Clokettes, Jean Pascon, Pierre de Besançon et Jean de Lille, crier :

— Un bon chapeau d'or[5], auquel il y a quatre gros rubis balais, quatre grosses émeraudes, seize petits balais, seize petites émeraudes et huit rubis d'Alexandrie, prisé six cents livres. Vendu au roi !

— Un doigt, où il y a quatre saphirs dont trois carrés et un cabochon, prisé quarante livres. Vendu au roi !

— Un doigt, où il y a six rubis d'Orient, trois émeraudes carrées et trois diamants d'émeraude, prisé deux cents livres. Vendu au roi !

— Une écuelle de vermeil, vingt-cinq hanaps, deux plateaux, un bassin, prisés deux cents livres. Vendus à Monseigneur d'Artois, comte de Beaumont !

— Douze hanaps en vermeil émaillé aux armes de France et de Hongrie, une grande salière en vermeil portée par quatre babouins, le tout pour quatre cent quinze livres. Vendus à Monseigneur d'Artois, comte de Beaumont !

— Une boursette brodée d'or, semée de perles et de doubles, et dedans la bourse il y a un saphir d'Orient. Prisée seize livres. Vendue au roi !

La compagnie des Bardi acheta la pièce la plus chère : une bague portant le plus gros rubis de Clémence de Hongrie et estimée mille livres. Ils n'avaient pas à la payer, puisque cela viendrait en diminution de leurs créances, et ils étaient sûrs de pouvoir la revendre au pape lequel, autrefois leur débiteur, disposait maintenant d'une fabuleuse richesse.

Robert d'Artois, comme pour prouver que les hanaps et autres services à boire n'étaient pas son seul souci, acquit encore une bible en français, pour trente livres.

Les habits de chapelle, tuniques, dalmatiques, furent achetés par l'évêque de Chartres.

Un orfèvre, Guillaume le Flament, eut à bon compte le couvert en or de la reine défunte.

Des chevaux de l'écurie, on tira six cent quatre-vingt-douze livres. Le char de Madame Clémence et le char de ses demoiselles suivantes furent mis aussi à l'encan.

Et quand tout fut enlevé de l'hôtel du Temple, on eut le sentiment de fermer une maison maudite.

Il semblait vraiment cette année-là que le passé s'éteignait, comme de lui-même, pour faire place nette au nouveau règne. L'évêque d'Arras, Thierry d'Hirson, chancelier de la comtesse Mahaut, mourut au mois de novembre. Il avait été pendant trente ans le conseiller de la comtesse, un peu son amant aussi, et son serviteur en toutes ses intrigues. La solitude s'installait autour de Mahaut. Robert d'Artois fit nommer au diocèse d'Arras un ecclésiastique du parti Valois, Pierre Roger[6].

Tout était défavorable à Mahaut, tout se montrait favorable à Robert dont le crédit ne cessait de grandir, et qui accédait aux suprêmes honneurs.

Au mois de janvier 1329, Philippe VI érigeait en pairie le comté de Beaumont-le-Roger ; Robert devenait pair du royaume.

Le roi d'Angleterre tardant à rendre son hommage, on décida de saisir à nouveau le duché de Guyenne. Mais avant de mettre la menace à exécution armée, Robert d'Artois fut envoyé en Avignon pour obtenir l'intervention du pape Jean XXII.

Robert passa, au bord du Rhône, deux semaines enchanteresses. Car Avignon, où tout l'or de la chrétienté affluait, était, pour qui aimait la table, le jeu et les belles courtisanes, une ville d'agrément sans égal, sous un pape octogénaire et ascète, retrait dans les problèmes d'administration financière, de politique et de théologie.

Le nouveau pair de France eut plusieurs audiences du Saint-Père ; un festin fut donné en son honneur au château pontifical, et il s'entretint doctement avec nombre de cardinaux. Mais, fidèle aux goûts de sa tumultueuse jeunesse, il eut rapport aussi avec des gens de plus douteux aloi. Où qu'il fût, Robert attirait à lui, et sans prendre aucune peine, la fille légère, le mauvais garçon, l'échappé de justice. N'eût-il existé dans la ville qu'un seul receleur, il le découvrait dans le quart d'heure. Le moine chassé de son ordre pour quelque gros scandale, le clerc accusé de larcin ou de faux serments piétinaient dans son antichambre pour quêter son appui. Dans les rues, il était souvent salué par des passants de basse mine dont il cherchait vainement à se rappeler en quel bordel de quelle ville il les avait autrefois rencontrés. Il inspirait confiance à la truanderie, c'était un fait, et qu'il fût à présent le second prince du royaume français n'y changeait rien.

Son vieux valet Lormet le Dolois, trop âgé à présent pour les longs voyages, ne l'accompagnait pas. Un gaillard plus jeune, mais formé à pareille école, Gillet de Nelle, emplissait le même rôle et se chargeait des mêmes besognes. Ce fut Gillet qui rabattit sur Monseigneur Robert un certain Maciot l'Allemant, sergent d'armes sans emploi, mais prêt à tout faire, et qui était originaire d'Arras. Ce Maciot avait bien connu l'évêque Thierry d'Hirson. Or l'évêque Thierry, en ses dernières années, avait une amie de cœur et de couche, une certaine Jeanne de Divion, de vingt bonnes années plus jeune que lui, et qui se plaignait assez haut maintenant des ennuis que lui causait la comtesse Mahaut, depuis la mort de l'évêque. Si Monseigneur voulait entendre cette dame de Divion...

Robert d'Artois constata, une fois de plus, qu'on s'instruit beaucoup auprès des gens de petite réputation. Certes, les mains du sergent Maciot n'étaient pas celles auxquelles on eût pu confier le plus sûrement sa bourse ; mais l'homme savait de fort intéressantes choses. Vêtu de neuf, et remonté d'un cheval bien gras, il fut expédié vers le nord.

Rentré à Paris au mois de mars, Robert se frottait les mains et affirmait que du nouveau allait se produire en Artois. Il parlait d'actes royaux dérobés jadis par l'évêque Thierry, pour le compte de Mahaut. Une femme au visage encapuchonné passa plusieurs fois la porte de son cabinet, et il eut avec elle de longues conférences secrètes. On le voyait de semaine en semaine plus confiant, plus joyeux, et annonçant avec plus de certitude la prochaine confusion de ses ennemis.

Au mois d'avril, la cour d'Angleterre, cédant aux recommandations du pape, envoyait de nouveau à Paris l'évêque Orleton, avec une suite de soixante-douze personnes, seigneurs, prélats, docteurs, clercs et valets, pour négocier la formule d'hommage. C'était un vrai traité qu'on se disposait à conclure.

Les affaires d'Angleterre n'étaient pas au plus haut. Lord Mortimer n'avait guère accru son prestige en se faisant conférer la pairie et en obligeant le Parlement à siéger sous la menace de ses troupes. Il avait dû réprimer une révolte armée des barons unis autour d'Henri de Lancastre au Tors-Col, et il éprouvait de grandes difficultés à gouverner.

Au début de mai mourut le brave Gaucher de Châtillon, à l'entrée de sa quatre-vingtième année. Il était né sous Saint Louis, et avait exercé vingt-sept ans la charge de connétable. Sa rude voix avait souvent changé le sort des batailles et prévalu dans les conseils royaux.

Le 26 mai, le jeune roi Edouard III, ayant dû emprunter, comme l'avait fait son père, cinq mille livres aux banquiers lombards afin de couvrir les frais de son voyage, s'embarquait à Douvres pour venir prêter hommage à son cousin de France.

Ni sa mère Isabelle, ni Lord Mortimer ne l'accompagnaient, craignant trop, s'ils s'étaient absentés, que le pouvoir ne passât en d'autres mains. Un souverain de seize ans, confié à la surveillance de deux évêques, allait donc affronter la plus impressionnante cour du monde.

Car l'Angleterre était faible, divisée, et la France était tout. Il n'était pas de nation plus puissante que celle-ci dans l'univers chrétien. Ce royaume prospère, nombreux en hommes, riche d'industries, comblé par l'agriculture, mené par une administration encore compétente et par une noblesse encore active, semblait le plus enviable ; et le roi trouvé qui le gouvernait depuis un an, ne récoltant que des succès, était bien le plus envié de tous les rois de la terre.

5

Le géant aux miroirs

Il voulait se montrer mais également se voir. Il voulait que sa belle épouse, la comtesse, que ses trois fils, Jean, Jacques, et Robert, dont l'aîné, à huit ans, promettait déjà de devenir grand et fort, il voulait que ses écuyers, les valets de sa chambre et tout son hôtel qu'il avait amené avec lui de Paris, le contemplassent bien dans l'éclat de sa splendeur ; mais il désirait aussi s'apparaître et s'admirer.

A ce faire, il avait demandé tous les miroirs trouvables dans les bagages de son escorte, miroirs d'argent poli, ronds comme des assiettes, miroirs à manche, miroirs de vitre sur feuille d'étain, coupés à l'octogone dans un cadre de vermeil, et il les avait fait suspendre, les uns auprès des autres, à la tapisserie de la chambre qu'il occupait[7]. L'évêque d'Amiens serait bien content lorsqu'il verrait son beau tapis à images lacéré par les clous qu'on avait plantés dedans ! Mais qu'importait ! Un prince de France pouvait se permettre cela. Monseigneur Robert d'Artois, seigneur de Conches et comte de Beaumont-le-Roger, souhaitait se contempler dans son costume de pair qu'il portait pour la première fois.

Il tournait, virait, avançait de deux pas, reculait, mais ne parvenait à saisir sa propre image que par fragments, comme les morceaux découpés d'un vitrail : à gauche, la garde d'or de la longue épée et, un peu plus haut, à droite, un morceau de poitrine où, sur la cotte de soie, étaient brodées ses armes ; ici l'épaule à laquelle s'accrochait par un fermail étincelant le grand manteau de pair, et près du sol les franges de la longue tunique retroussée par les éperons d'or ; et puis, tout au sommet, la couronne de pair à huit fleurons égaux, monumentale, sur laquelle il avait fait sertir tous les rubis achetés à la vente de feu la reine Clémence.

— Allons, je suis dignement vêtu, déclara-t-il. C'eût été pitié vraiment que je ne fusse pas pair, car la robe m'en sied bien.

La comtesse de Beaumont, elle-même en tenue d'apparat, semblait ne partager qu'à demi l'orgueilleuse allégresse de son époux.

— Etes-vous sûr, Robert, demanda-t-elle d'une voix soucieuse, que cette dame arrive à temps ?

— Mais certes, mais certes, répondit-il. Et si même elle n'arrive pas ce matin, je n'en vais pas moins clamer ma requête, et je présenterai les pièces demain.

La seule gêne qu'éprouvait Robert en son beau costume lui venait d'avoir à le porter par la chaleur d'un été précoce. Il suait sous ce harnois d'or, de velours et de soies épaisses, et bien qu'il se fût baigné le matin aux étuves, il commençait de répandre un fort parfum de fauve.

Par la fenêtre, ouverte sur un ciel éclatant de lumière, on entendait les cloches de la cathédrale sonnant à la volée et dominant le bruit que peut faire dans une ville le train de cinq rois et de leurs cours.

Ce 6 juin de l'an 1329, en effet, cinq rois étaient présents à Amiens. De mémoire de chancelier, on ne se souvenait pas de pareille entrevue. Pour recevoir l'hommage de son jeune cousin d'Angleterre, Philippe VI avait tenu à inviter ses parents ou alliés, les rois de Navarre, de Bohême, et de Majorque, ainsi que le comte de Hainaut, le duc d'Athènes et tous les pairs, ducs, comtes, évêques, barons et maréchaux.

Six mille chevaux du côté français, et six cents du côté anglais. Ah ! Charles de Valois n'aurait pas désavoué son fils, ni son gendre Robert d'Artois, s'il avait pu voir cette assemblée !

Le nouveau connétable, Raoul de Brienne, pour son entrée en fonctions, avait eu la charge d'organiser le logement. Il s'en était tiré au mieux, mais il avait maigri de cinq livres.

Le roi de France occupait, avec sa famille, le palais épiscopal dont une aile avait été réservée à Robert d'Artois.

Le roi d'Angleterre était installé à la Malmaison[8], les autres rois dans les maisons bourgeoises. Les serviteurs dormaient dans les couloirs, les écuyers campaient autour de la ville avec les chevaux et les trains de bagages.

Une foule innombrable était venue de la province proche, des comtés voisins, et même de Paris. Les badauds passaient les nuits sous les porches.

Tandis que les chanceliers des deux royaumes discutaient une dernière fois des termes de l'hommage et pour tomber d'accord, au bout de leurs palabres, sur l'impossibilité d'arriver à rien de précis, toute la noblesse d'Occident, depuis six jours, s'amusait de joutes et de tournois, de spectacles joués, de jongleries, de danses, et festoyait en de fantastiques ripailles qui, servies dans les vergers des palais, commençaient au grand soleil pour s'achever aux étoiles.

Des hortillonnages de l'Amiénois arrivaient, par barques plates poussées à la perche sur les étroits canaux, des monceaux d'iris, de renoncules, de jacinthes et de lis qu'on déchargeait sur les quais du marché d'eau pour aller les répandre dans les rues, les cours et les salles où devaient passer les rois[9]. La ville était saturée du parfum de toutes ces fleurs écrasées, de ce pollen qui collait aux semelles et qui se mêlait à la forte odeur des chevaux et de la foule.

Et les vivres ! Et les vins ! Et les viandes ! Et les farines ! Et les épices ! On poussait les troupeaux de bœufs, de moutons et de porcs vers les abattoirs qui fonctionnaient en permanence ; d'incessants charrois apportaient dans les cuisines des palais daims, cerfs, sangliers, chevreuils, lièvres, et tous les poissons de la mer, les esturgeons, les saumons, les bars, et la pêche de rivière, les longs brochets, les brèmes, les tanches, les écrevisses, et toutes les volailles, les plus fins chapons, les plus grasses oies, les faisans aux couleurs vives, les cygnes, les hérons en leur blancheur, les paons ocellés. Partout les tonneaux étaient en perce.

Quiconque arborait la livrée d'un seigneur, fût-ce le dernier laquais, faisait l'important. Les filles étaient folles. Les marchands italiens étaient venus de toutes parts à cette foire fabuleuse qu'organisait le roi. Les façades d'Amiens disparaissaient sous les soieries, les brocarts, les tapis pendus aux fenêtres, pour pavoiser.

Il y avait trop de cloches, de fanfares et de cris, trop de palefrois et de chiens, trop de victuailles et de breuvages, trop de princes, trop de voleurs, trop de putains, trop de luxe et trop d'or, trop de rois ! La tête en éclatait.

Le royaume se grisait de se contempler en sa puissance comme Robert d'Artois se grisait de lui-même, devant ses miroirs.

Lormet, son vieux serviteur, vêtu de neuf lui aussi, mais quand même bougon dans toute cette fête... oh ! pour peu de chose, parce que Gillet de Nelle prenait trop de place dans la maison, parce qu'on ne cessait de voir de nouveaux visages autour du maître... s'approcha de Robert et lui dit à mi-voix :

— La dame que vous attendez est là.

Le géant se retourna d'un bloc.

— Conduis-la-moi, répondit-il.

Il adressa un long clin d'œil à la comtesse sa femme, puis, à grands gestes, poussa son monde vers la porte en criant :

— Sortez tous, formez-vous en cortège dans la cour.

Il resta seul un moment, devant la fenêtre, regardant la foule massée aux abords de la cathédrale pour admirer les entrées et contenue avec peine par un cordon d'archers. Les cloches, là-haut, continuaient leur vacarme ; une odeur de gaufres chaudes montant d'un éventaire s'était mêlée à l'air, brusquement ; les rues alentour étaient pleines ; et l'on voyait à peine miroiter le canal du Hocquet tant les barques s'y touchaient.

Robert d'Artois se sentait triomphant, et il le serait davantage encore tout à l'heure, quand il s'avancerait vers son cousin Philippe, dans la cathédrale, et prononcerait certaines paroles qui ne manqueraient pas de faire trembler de surprise les rois, les ducs et barons assemblés. Et chacun ne s'en repartirait pas aussi joyeux qu'il était venu. A commencer par sa chère tante Mahaut et par le duc bourguignon.

Ah ! certes, Robert allait bien étrenner son costume de pair ! Vingt ans et plus de lutte opiniâtre recevraient ce jour leur récompense. Et pourtant, dans cette grande joie orgueilleuse qui l'habitait, il reconnaissait comme une fissure, un regret. D'où ce sentiment pouvait-il lui venir, alors que tout lui souriait, que tout se conformait à ses souhaits ? Soudain il comprit : l'odeur des gaufres. Un pair de France, qui va réclamer le comté de ses pères, ne peut descendre dans la rue, en couronne à huit fleurons, pour manger une gaufre. Un pair de France ne peut plus gueuser, se mêler à la multitude, pincer le sein des filles et, le soir, brailler entre quatre ribaudes, comme il le faisait lorsqu'il était pauvre et qu'il avait vingt ans. Cette nostalgie le rassura. « Allons, se dit-il, le sang n'est pas encore éteint ! »

La visiteuse se tenait près de la porte, intimidée, et n'osant troubler les méditations d'un seigneur coiffé d'une aussi grosse couronne.

C'était une femme d'environ trente-cinq ans, à visage triangulaire et pommettes pointues. Le chaperon rabattu d'une cape de voyage cachait à demi ses cheveux nattés, et sa respiration soulevait sa poitrine, fort ronde et pleine, sous la guimpe de lin blanc.

« Mâtin ! il ne s'ennuyait pas, l'évêque ! » pensa Robert quand il s'aperçut de sa présence.

Elle fléchit un genou dans un geste de révérence. Il étendit sa large main gantée et chargée de rubis.

— Donnez, fit-il.

— Je ne les ai point, Monseigneur, répondit la femme.

Le visage de Robert changea d'expression.

— Comment, vous n'avez point les pièces ? s'écria-t-il. Vous m'aviez assuré que vous me les porteriez aujourd'hui !

— J'arrive du château d'Hirson, Monseigneur, où je me suis introduite le jour d'hier, en compagnie du sergent Maciot. Nous sommes allés au coffre de fer scellé dans le mur, pour l'ouvrir avec les fausses clefs.

— Et alors ?

— Il avait déjà été visité. Nous l'avons trouvé vide.

— Fort bien, belle nouvelle ! dit Robert dont les joues pâlirent un peu. Voici un grand mois que vous me lanternez. « Monseigneur, je puis vous remettre les actes qui vous rendront la possession de votre comté ! Je sais où ils sont muchés. Donnez-moi une terre et des revenus, je vous les porterai la semaine prochaine. » Et puis la semaine passe et une autre encore... « Les Hirson se tiennent au château ; je ne puis y paraître quand ils sont là. » « A présent j'y suis allée, Monseigneur, mais la clef que j'avais n'était point la bonne. Patientez un peu... » Et le jour enfin que je dois présenter les deux pièces au roi...

— Les trois, Monseigneur : le traité du mariage du comte Philippe, votre père, la lettre du comte Robert, votre grand-père, et celle de Monseigneur Thierry.

— Mieux encore ! les trois ! Vous arrivez pour me dire tout niaisement : « Je ne les ai point ; le coffre était vide ! » Et vous pensez que je vais vous croire ?

— Mais demandez au sergent Maciot qui m'accompagnait ! Ne voyez-vous pas, Monseigneur, que j'en ai encore plus grand meschef que vous ?

Un méchant soupçon passa dans le regard de Robert d'Artois qui, changeant de ton, demanda :

— Dis-moi, la Division, ne serais-tu pas en train de me truffer ? Cherches-tu à me soutirer davantage, ou bien m'aurais-tu trahi pour Mahaut ?

— Monseigneur ! Qu'allez-vous imaginer ! s'écria la femme au bord des larmes. Quand toute la peine et le dénuement où je suis me viennent de la comtesse Mahaut qui m'a volée de tout ce que mon cher seigneur Thierry m'avait laissé par son testament ! Ah ! je lui souhaite bien autant de mal que vous pouvez le faire, à Madame Mahaut ! Pensez, Monseigneur : douze ans je fus la bonne amie de Thierry, à cause de quoi beaucoup de gens me montraient du doigt. Pourtant, un évêque, c'est un homme tout pareillement aux autres ! Mais les gens ont de la méchanceté...

La Division recommençait son histoire que Robert avait déjà entendue au moins trois fois. Elle parlait vite ; sous des sourcils horizontaux, son regard semblait tourné en dedans comme chez les êtres qui ruminent sans cesse leurs propres affaires et ne sont attentifs à rien d'autre qu'à eux-mêmes.

Forcément, elle ne pouvait rien espérer de son mari dont elle s'était séparée pour vivre dans la maison de l'évêque Thierry. Elle reconnaissait que son mari s'était montré plutôt accommodant, peut-être parce qu'il avait, lui, cessé de bonne heure d'être un homme... Monseigneur comprenait ce qu'elle voulait dire. C'était pour la mettre à l'abri du besoin, en remerciement de toutes les bonnes années qu'elle lui avait données, que l'évêque Thierry l'avait inscrite sur son testament pour plusieurs maisons, somme en or et revenus. Mais il se méfiait de Madame Mahaut qu'il était obligé de nommer exécutrice testamentaire.

— Elle m'a toujours vue de mauvais œil, à cause de ce que j'étais plus jeune qu'elle, et qu'autrefois Thierry, c'est lui-même qui me l'a confié, avait dû passer par sa couche. Il savait bien qu'elle me jouerait méchamment quand il ne serait plus là, et que tous les Hirson, qui sont contre moi, à commencer par la Béatrice, la plus mauvaise, qui est demoiselle de parage de Mahaut, s'arrangeraient pour me chasser de la maison et me priver de tout.

Robert n'écoutait plus l'intarissable bavarde. Il avait posé sur un coffre sa lourde couronne et réfléchissait en frottant ses cheveux roux. Sa belle machination s'écroulait. « La plus petite pièce probante, mon frère, et j'autorise aussitôt l'appel des jugements de 1309 et 1318 », lui avait dit Philippe VI. « Mais comprends que je ne puis faire à moins, quelque volonté que j'aie de te servir, sans me déjuger devant Eudes de Bourgogne, avec les conséquences que tu devines. » Or ce n'était pas une petite pièce, mais des pièces massues, les actes même que Mahaut avait fait disparaître afin de capter l'héritage d'Artois, qu'il s'était targué de fournir !

— Et dans quelques minutes, dit-il, je dois être à la cathédrale, pour l'hommage.

— Quel hommage ? demanda la Division.

— Celui du roi d'Angleterre, voyons !

— Ah ! c'est donc cela qu'il y a si grande presse dans la ville que je ne pouvais avancer.

Elle ne voyait donc rien, cette sotte, tout occupée à remâcher ses infortunes personnelles, elle ne se rendait compte ni ne s'informait de rien !

Robert se demanda s'il n'avait pas été bien léger en accordant crédit aux dires de cette femme, et si les pièces, le coffre d'Hirson, la confession de l'évêque avaient jamais existé autrement qu'en imagination. Et Maciot l'Allemant, était-il dupe lui aussi, ou bien de connivence ?

— Dites le vrai, la femme ! Jamais vous n'avez vu ces lettres.

— Mais si, Monseigneur ! s'écria la Division pressant des deux mains ses pommettes pointues. C'était au château d'Hirson, le jour que Thierry se sentit malade, avant de se faire transporter en son hôtel d'Arras. « Ma Jeannette, je veux te prémunir contre Madame Mahaut, comme je m'en suis prémuni moi-même », il m'a dit. « Les lettres scellées qu'elle a fait retraire des registres pour dérober Monseigneur Robert, elle les croit toutes brûlées. Mais ce sont celles des registres de Paris qui sont allées au feu, devant elle. Les copies gardées aux registres d'Artois » ... ce sont les propres paroles de Thierry, Monseigneur... « je lui ai assuré les avoir fait ardoir, mais je les ai conservées ici, et j'y ai joint une lettre de moi. » Et Thierry m'a conduite au coffre caché dans un creux du mur de son cabinet, et il m'a fait lire les feuilles toutes chargées de sceaux, que même je n'en pouvais croire mes yeux ni que pareilles vilenies fussent possibles. Il y avait aussi huit cents livres en or dans le coffre. Et il m'a remis la clef au cas qu'il lui survînt malheur.

— Et lorsque vous êtes allée une première fois à Hirson...

— J'avais confondu la clef avec une autre ; je l'ai perdue, c'est sûr. Vraiment la calamité s'acharne sur moi ! Quand tout commence d'aller mal...

Et brouillonne, de plus ! Elle devait dire la vérité. On ne s'invente pas aussi bête lorsqu'on veut tromper. Robert l'aurait volontiers étranglée, si cela avait pu servir à quelque chose.

— Ma visite a dû donner l'éveil, ajouta-t-elle ; on a découvert le coffre et forcé les verrous. C'est la Béatrice, à coup sûr...

La porte s'entrouvrit et Lormet passa la tête. Robert le renvoya, d'un geste de la main.

— Mais après tout, Monseigneur, reprit Jeanne de Divion comme si elle cherchait à racheter sa faute, ces lettres, on pourrait aisément les refaire, ne croyez-vous pas ?

— Les refaire ?

— Dame, puisqu'on sait ce qu'il y avait dedans ! Moi je le sais bien, je puis vous répéter, presque parole pour parole, la lettre de Monseigneur Thierry.

Le regard absent, l'index tendu pour ponctuer les phrases, elle commença de réciter :

— « Je me sens grandement coupable de ce que j'ai tant cette chose celée que les droits de la comté d'Artois appartiennent à Monseigneur Robert, par les convenances qui furent faites au mariage de Monseigneur Philippe d'Artois et de Madame

Blanche de Bretagne, convenances établies en double paire de lettres scellées, desquelles lettres j'en ai une, et l'autre fut retraite des registres de la cour par l'un de nos grands seigneurs... Et toujours j'ai eu vouloir qu'après la mort de Madame la comtesse, à qui pour complaire et sur les ordres de laquelle j'ai agi, si Dieu la rappelait avant moi, je rendrai audit Monseigneur Robert ce que je détenais... »

La Divion égarait ses clefs, mais pouvait se souvenir d'un texte qu'elle avait lu une fois. Il y a des cervelles construites de la sorte ! Et elle proposait à Robert, comme chose la plus naturelle au monde, de faire des faux. Elle n'avait visiblement aucun sens du bien et du mal, n'établissait aucune distinction entre le moral et l'immoral, l'autorisé et l'interdit. Etait moral ce qui lui convenait. En quarante-deux ans de vie, Robert avait commis presque tous les péchés possibles : il avait tué, menti, dénoncé, pillé, violé. Mais user de faux en écritures, cela ne lui était pas encore arrivé.

— Il y a aussi l'ancien bailli de Béthune, Guillaume de la Planche, qui doit se souvenir et pourrait nous aider, car il était clerc chez Monseigneur Thierry en ce temps-là.

— Où est-il, cet ancien bailli ? demanda Robert.

— En prison.

Robert haussa les épaules. De mieux en mieux ! Ah ! il avait commis une erreur à se trop presser. Il aurait dû attendre de tenir les documents, et non pas se contenter de promesses. Mais aussi, il y avait cette occasion de l'hommage, que le roi lui-même lui avait conseillé de saisir...

Le vieux Lormet, de nouveau, passa la tête par l'entrebâillement de la porte.

— Oui ! je sais, lui cria Robert avec impatience. Il y a juste la place à traverser.

— C'est que le roi s'apprête à descendre, dit Lormet d'un ton de reproche.

— Bon, je viens.

Le roi, après tout, n'était que son beau-frère, et roi parce que lui, Robert, avait fait le nécessaire. Et cette chaleur ! Il se sentait ruisseler sous son manteau de pair.

Il s'approcha de la fenêtre, regarda la cathédrale aux deux tours inégales et ajourées. Le soleil frappait de biais la grande rosace de vitraux. Les cloches continuaient de sonner, couvrant les rumeurs de la foule.

Le duc de Bretagne, suivi de son escorte, montait les marches du porche central.

Ensuite, à vingt pas d'intervalle, s'avançait d'une démarche boiteuse le duc de Bourbon, la traîne de son manteau soulevée par deux écuyers.

Puis s'approchait le cortège de Mahaut d'Artois. Elle pouvait avoir le pas ferme, aujourd'hui, la dame Mahaut ! Plus haute que la plupart des hommes, et le visage fort rouge, elle saluait le peuple, de petites inclinations de tête, d'un air impérial. C'était elle la voleuse, la menteuse, l'empoisonneuse de rois, la criminelle qui soustrayait les actes scellés aux registres royaux ! Si près de la confondre, de remporter sur elle, enfin, la victoire à laquelle il travaillait depuis vingt ans, Robert allait-il être forcé de renoncer... et pour quoi ? pour une clef égarée par une concubine d'évêque ? Est-ce que, contre les méchants, il ne convient pas d'user des mêmes méchancetés ? Doit-on se montrer si regardant sur le choix des procédés quand il s'agit de faire triompher le bon droit ?

A y bien penser, si Mahaut avait en sa possession les pièces retrouvées dans le coffre forcé du château d'Hirson – et à supposer qu'elle ne les eût pas immédiatement détruites comme tout portait à le croire – elle était bien empêchée de jamais les produire, ou de faire allusion à leur existence, puisque ces pièces constituaient la preuve de sa culpabilité. Elle serait bien prise, Mahaut, si on venait lui opposer des lettres toutes pareilles aux documents disparus ! Que n'avait-il la journée devant lui pour pouvoir réfléchir, s'informer davantage... Il fallait qu'avant une heure il eût décidé, et tout seul.

— Je vous reverrai, la femme ; mais tenez-vous coite, dit-il.

De fausses écritures, tout de même, c'était gros risque...

Il reprit sa monumentale couronne, s'en coiffa, jeta un regard aux miroirs qui lui renvoyèrent son image éclatée en trente morceaux. Puis il partit pour la cathédrale.

6

L'hommage et le parjure

« Fils de roi ne saurait s'agenouiller devant fils de comte ! »
Cette formule, c'était un souverain de seize ans qui, tout seul, l'avait trouvée et imposée à ses conseillers pour qu'eux-mêmes l'imposassent aux légistes de France.

— Voyons, Monseigneur Orleton, avait dit le jeune Edouard III en arrivant à Amiens ; l'an passé vous étiez ici pour soutenir que j'avais plus de droits au trône de France que mon cousin Valois, et vous accepteriez à présent que je me jette à terre devant lui ?

Peut-être parce qu'il avait souffert, pendant son enfance, d'assister aux désordres dus à l'indécision et à la faiblesse de son père, Edouard III, pour la première fois qu'il était livré à lui-même, voulait qu'on revînt à des principes clairs et sains. Et pendant ces six jours passés à Amiens, il avait tout fait remettre en cause.

— Mais Lord Mortimer tient beaucoup à la paix avec la France, disait John Maltravers.

— My Lord sénéchal, l'interrompait Edouard, vous êtes ici pour me garder, je pense, non pour me commander.

Il éprouvait une aversion mal déguisée pour le baron à longue figure qui avait été le geôlier et, bien certainement, l'assassin d'Edouard II. D'avoir à subir la surveillance et même, pour mieux dire, l'espionnage de Maltravers, indisposait fort le jeune souverain, qui reprenait :

— Lord Mortimer est notre grand ami, mais il n'est pas le roi, et ce n'est point lui qui va rendre l'hommage. Et le comte de Lancastre qui préside au Conseil de régence, et seul de ce fait peut prendre décisions en mon nom, ne m'a point instruit, avant mon départ, de rendre indistinctement n'importe quelle sorte d'hommage. Je ne rendrai point l'hommage-lige.

L'évêque de Lincoln, Henry de Burghersh, chancelier d'Angleterre, lui aussi du parti Mortimer, mais moins inféodé que ne l'était Maltravers et de plus brillant esprit, ne pouvait, en dépit du tracas causé, qu'approuver ce souci du jeune roi de défendre sa dignité, en même temps que les intérêts de son royaume.

Car non seulement l'hommage-lige obligeait le vassal à se présenter sans armes ni couronne, mais encore il impliquait, par le serment prononcé à genoux, que le vassal devenait, par premier devoir, *l'homme* de son suzerain.

— Par premier devoir, insistait Edouard. Adonc, mes Lords, s'il survenait, tandis que nous avons guerre en Ecosse, que le roi de France me veuille requérir pour sa guerre à lui, en Flandre, en Lombardie ou ailleurs, je devrais tout quitter pour venir le joindre, faute de quoi il aurait droit de saisir mon duché. Cela ne se peut.

Un des barons de l'escorte, Lord Montaigu, fut saisi d'une grande admiration pour un prince qui faisait montre d'une sagesse si précoce, et d'une non moins précoce fermeté. Montaigu avait vingt-huit ans.

— Je pense que nous allons avoir un bon roi, déclarait-il. J'ai plaisir à le servir.

Désormais on le vit toujours auprès d'Edouard III, lui fournissant conseil et appui.

Et finalement le roi de seize ans l'avait emporté. Les conseillers de Philippe de Valois, eux aussi, voulaient la paix et surtout qu'on en finît de ces discussions. L'essentiel n'était-il pas que le roi d'Angleterre fût venu ? On n'avait pas assemblé le royaume et la moitié de l'Europe pour que l'entrevue se soldât par un échec.

— Soit, qu'il rende l'hommage simple, avait dit Philippe VI à son chancelier, comme s'il ne s'était agi que de régler une figure de danse ou une entrée en tournoi. Je lui donne raison ; à sa place, je ferais sans doute de même.

C'est pourquoi, dans la cathédrale emplie de seigneurs jusqu'au plus profond des chapelles latérales, Edouard III s'avançait à présent, l'épée au flanc, le manteau brodé de lions tombant à longs plis de ses épaules, et ses cils blonds baissés sous la couronne. L'émotion ajoutait à la pâleur habituelle de son visage. Son extrême jeunesse était plus frappante sous ces lourds ornements. Il y eut un moment où toutes les femmes dans l'assistance, le cœur étreint de tendresse, furent amoureuses de lui.

Deux évêques et dix barons le suivaient.

Le roi de France, en manteau semé de lis, était assis dans le chœur, un peu plus haut que les autres rois, reines et princes souverains qui l'entouraient et formaient comme une pyramide de couronnes. Il se leva, majestueux et courtois, pour accueillir son vassal qui s'arrêta à trois pas de lui.

Un grand rai de soleil, traversant les vitraux, venait les toucher comme une épée céleste.

Messire Miles de Noyers, chambellan, maître au Parlement et maître à la Chambre aux deniers, se détacha des pairs et grands officiers et se plaça entre les deux souverains. C'était un homme d'une soixantaine d'années, au visage sérieux, et que ni son office ni ses vêtements d'apparat ne semblaient impressionner. D'une voix forte et bien posée, il dit :

— Sire Edouard, le roi notre maître et puissant seigneur n'entend point vous recevoir ici pour toutes les choses qu'il tient et se doit de tenir en Gascogne et en Agenais, comme les tenait et devait tenir le roi Charles IV, et qui ne sont point contenues dans l'hommage.

Alors Henri de Burghersh, chancelier d'Edouard, s'approcha pour faire pendant à Miles de Noyers et répondit :

— Sire Philippe, notre maître et seigneur le roi d'Angleterre, ou tout autre pour lui et par lui, n'entend renoncer à nul droit qu'il doit avoir en la duché de Guyenne et ses appartenances, et entend qu'aucun droit nouveau ne soit, par cet hommage, acquis au roi de France.

Telles étaient les formules de compromis, ambiguës à souhait, sur lesquelles on s'était mis d'accord, et qui, ne précisant rien, ne réglaient rien. Chaque mot comportait un sous-entendu.

Du côté français, on voulait signifier que les terres de confins, saisies sous le règne précédent pendant la campagne commandée par Charles de Valois, resteraient directement rattachées à la couronne de France. Ce n'était que la confirmation d'un état de fait.

Pour l'Angleterre, les termes « tout autre pour lui et par lui » étaient une allusion à la minorité du roi et à l'existence du Conseil de régence ; mais le « par lui » pouvait également concerner, dans l'avenir, les attributions du sénéchal en Guyenne, ou de tout autre lieutenant royal. Quant à l'expression « aucun droit nouveau », elle constituait un entérinement des droits acquis jusqu'à ce jour, c'est-à-dire y compris le traité de 1327. Mais ce n'était pas dit explicitement.

Ces déclarations, comme celles généralement de tous traités de paix ou d'alliance depuis le début des âges et entre toutes nations, dépendaient entièrement pour leur application du bon ou du mauvais vouloir des gouvernements. Pour l'heure, la présence des deux princes face à face témoignait d'un désir réciproque de vivre en bonne harmonie.

Le chancelier Burghersh déroula un parchemin où pendait le sceau d'Angleterre et lut, au nom du vassal :

— « *Sire, je deviens votre homme de la duché de Guyenne et de ses appartenances que je clame tenir de vous comme duc de Guyenne et pair de France, selon la forme des paix faites entre vos devanciers et les nôtres, et selon ce que nous et nos ancêtres, rois d'Angleterre et ducs de Guyenne, avons fait pour la même duché envers vos devanciers, rois de France.* »

Et l'évêque tendit à Miles de Noyers la cédule qu'il venait de lire, et dont la rédaction était fort écourtée par rapport à l'hommage-lige.

Miles de Noyers dit alors en réponse :

— Sire, vous devenez homme du roi de France, mon seigneur, pour la duché de Guyenne et ses appartenances que vous reconnaissez tenir de lui, comme duc de Guyenne et pair de France, selon la forme des paix faites entre ses devanciers, rois de France, et les vôtres, et selon ce que vous et vos ancêtres, rois d'Angleterre et ducs de Guyenne, avez fait pour la même duché envers ses devanciers, rois de France.

Tout cela pourrait fournir belle matière à procédure le jour qu'on cesserait d'être d'accord.

Edouard III dit alors :

— En vérité.

Miles de Noyers confirma par ces mots :

— Le roi notre Sire vous reçoit, sauves ses protestations et retenues dessus dites.

Edouard franchit les trois pas qui le séparaient de son suzerain, se déganta, remit ses gants à Lord Montaigu, et, tendant ses mains fines et blanches, les posa dans les larges paumes du roi de France. Puis les deux rois échangèrent un baiser de bouche.

On s'aperçut alors que Philippe VI n'avait pas à beaucoup se pencher pour atteindre le visage de son jeune cousin. La différence entre eux était surtout de corpulence. Le roi d'Angleterre, qui avait encore à grandir, serait sûrement lui aussi de belle taille.

Les cloches se remirent à sonner dans la plus haute tour. Et chacun se sentait content. Pairs et dignitaires s'adressaient des hochements de tête satisfaits. Le roi Jean de Bohême, sa belle barbe châtaine étalée sur la poitrine, avait une attitude noblement rêveuse. Le comte Guillaume le Bon et son frère Jean de Hainaut échangeaient des sourires avec les seigneurs anglais. Une bonne chose, en vérité, se trouvait accomplie.

Pourquoi se disputer, s'aigrir, se menacer, porter plainte devant les Parlements, confisquer les fiefs, assiéger les villes, se battre méchamment, dépenser or, fatigue et sang de chevaliers, quand, avec un peu de bon vouloir, chacun mettant du sien, on pouvait si bien s'accorder ?

Le roi d'Angleterre avait pris place sur le trône préparé pour lui, un peu au-dessous de celui du roi de France. Il ne restait plus qu'à entendre messe.

Pourtant Philippe VI paraissait attendre quelque chose encore et, tournant la tête vers ses pairs, cherchait du regard Robert d'Artois dont la couronne dépassait de haut toutes les autres.

Robert avait les yeux mi-clos. Il essuyait de son gant rouge la sueur qui lui coulait des tempes, encore qu'il fît dans la cathédrale une bienfaisante fraîcheur. Mais le cœur lui battait vite en cet instant. Et n'ayant pas pris garde que son gant déteignait, il avait comme une traînée de sang sur la joue.

Brusquement il se leva de sa stalle. Sa décision était prise.

— Sire, s'écria-t-il en s'arrêtant devant le trône de Philippe, puisque tous vos vassaux sont ici assemblés...

Miles et Noyers et l'évêque Burghersh, quelques instants auparavant, avaient parlé à voix ferme et claire, audible dans tout l'édifice. Or on eut l'impression, quand Robert ouvrit la bouche que des oisillons avaient gazouillé avant lui.

— ... et puisqu'à tous vous devez votre justice, continua-t-il, justice je viens vous demander.

— Monseigneur de Beaumont, mon cousin, par qui vous a-t-il été fait tort ? demanda gravement Philippe VI.

— Il m'a été fait tort, Sire, par votre vassale dame Mahaut de Bourgogne qui tient indûment, par cautèle et félonie, les titres et possessions de la comté d'Artois qui me reviennent par droits de mes pères.

On entendit alors une voix presque aussi forte s'écrier :

— Allons, cela devait bien arriver !

C'était Mahaut d'Artois qui venait de parler.

Il y avait eu quelques mouvements de surprise dans l'assistance, mais non de stupeur. Robert agissait comme le comte de Flandre l'avait fait le jour du sacre. Il semblait que l'usage s'établît à présent, quand un pair se jugeait lésé, qu'il exprimât sa plainte en ces sortes d'occasions solennelles, et avec, visiblement, l'accord préalable du roi.

Le duc Eudes de Bourgogne interrogeait du regard sa sœur la reine de France, laquelle lui répondait de même, et par geste des mains ouvertes, pour lui faire comprendre qu'elle était la première étonnée et ne se trouvait au courant de rien.

— Mon cousin, dit Philippe, pouvez-vous produire pièces et témoignages pour certifier votre droit ?

— Je le puis, dit fermement Robert.

— Il ne le peut, il ment ! s'écria Mahaut qui quitta les stalles et vint rejoindre son neveu devant le roi.

Comme ils se ressemblaient, Robert et Mahaut, sous leurs couronnes et leurs manteaux identiques, animés de la même fureur, et le sang affluant à leurs encolures de taureau ! Mahaut portait, elle aussi, le long de son flanc de géante guerrière, le grand glaive de pair de France à garde d'or. Mère et fils, ils eussent sans doute moins sûrement montré l'évidence de leur parenté.

— Ma tante, dit Robert, niez-vous donc que le traité de mariage du noble comte Philippe d'Artois, mon père, me faisait, moi, son premier hoir à naître, héritier de l'Artois, et que vous avez profité de mon enfance, quand mon père fut mort, pour me dépouiller ?

— Je nie tout ce que vous dites, méchant neveu qui me voulez honnir.

— Niez-vous qu'il y ait eu traité de mariage ?

— Je le nie ! hurla Mahaut.

Alors un vaste murmure de réprobation s'éleva de l'assistance, et même on entendit distinctement le vieux comte de Bouville, ancien chambellan de Philippe le Bel, pousser un « Oh ! » scandalisé. Sans que chacun eût les mêmes raisons que Bouville, curateur au ventre de la reine Clémence lors de la naissance de Jean Ier le Posthume, de connaître les capacités de Mahaut dans le mensonge et son aplomb dans le crime, il était flagrant qu'elle niait l'évidence. Un mariage entre un fils d'Artois, prince à la fleur de lis[10], et une fille de Bretagne n'avait pu se conclure sans un contrat ratifié par les pairs de l'époque et par le roi. Le duc Jean de Bretagne le disait à ses voisins. Cette fois Mahaut passait les bornes. Qu'elle continuât, comme elle l'avait fait dans ses deux procès, d'exciper de la vieille coutume d'Artois, laquelle jouait en sa faveur par suite du décès prématuré de son frère, soit ! mais non de nier qu'il y ait eu contrat. Elle confirmait tous les soupçons, et d'abord celui d'avoir fait disparaître les pièces.

Philippe VI s'adressa à l'évêque d'Amiens.

— Monseigneur, veuillez porter jusqu'à nous les Saints évangiles et les présenter au plaignant...

Il prit un temps et ajouta :

— ... ainsi qu'à la défenderesse.

Et quand ce fut fait :

— Acceptez-vous l'un comme l'autre, mon cousin, ma cousine, d'assurer vos dires par serment prononcé sur les Très Saints Evangiles de la Foi, par-devant nous, votre suzerain, et les rois nos parents, et tous vos pairs ici assemblés ?

Il était vraiment majestueux, Philippe, en prononçant cela, et son fils, le jeune prince Jean, âgé de dix ans, le considérait les yeux écarquillés, le menton un peu pendant, avec une admiration éperdue. Mais la reine de France, Jeanne la Boiteuse, avait un mauvais pli cruel de chaque côté de la bouche, et ses doigts tremblaient. La fille de Mahaut, Jeanne la Veuve, l'épouse de Philippe le Long, mince et sèche, était devenue aussi blanche de visage que sa blanche robe de reine douairière. Et blême aussi, la petite-fille de Mahaut, la jeune duchesse de Bourgogne, tout comme le duc Eudes, son époux. On eût dit qu'ils allaient s'élancer pour retenir Mahaut de jurer. Toutes les têtes se tendaient, dans un grand silence.

— J'accepte ! dirent d'une même voix et Mahaut et Robert.

— Dégantez-vous, leur dit l'évêque d'Amiens.

Mahaut portait des gants verts, que la chaleur avait également fait déteindre. Si bien que les deux mains énormes qui se tendirent au-dessus du Saint Livre étaient l'une rouge comme le sang et l'autre verte comme le fiel.

— Je jure, prononça Robert, que la comté d'Artois est mienne et que je produirai lettres et témoignages qui établiront mes droits et possessions.

— Mon beau neveu, s'écria Mahaut, osez-vous jurer que telles lettres vous les avez jamais vues ou possédées ?

Yeux gris dans yeux gris, mentons carrés chargés de graisse, et presque visage contre visage, ils se défiaient. « Gueuse, pensa Robert, c'est donc bien toi qui les as volées. » Et comme, en de telles circonstances, il faut être déterminé, il répondit clairement :

— Oui, je le jure. Mais vous, ma belle tante, osez-vous jurer que telles lettres n'ont point existé, et que vous n'en avez jamais eu connaissance ni possession en vos mains ?

— J'en fais serment, répondit-elle avec une égale détermination et en regardant Robert avec une égale haine.

Aucun d'eux n'avait pu vraiment marquer un point sur l'autre. La balance demeurait immobile, avec, dans chaque plateau, le poids du faux serment qu'ils s'étaient obligés mutuellement à prononcer.

— Dès demain, commissaires seront nommés pour mener enquête et éclairer ma justice. Qui a menti sera châtié par Dieu ; qui a dit vrai sera établi dans son droit, dit Philippe en faisant signe à l'évêque d'emporter l'Evangile.

Dieu n'est pas obligé d'intervenir directement pour punir le parjure, et le Ciel peut rester muet. Les mauvaises âmes recèlent en elles-mêmes la suffisante semence de leur propre malheur.

DEUXIÈME PARTIE

LES JEUX DU DIABLE

1

Les témoins

Toute jeunette, et pas plus grosse encore que le pouce, une poire pendait hors de l'espalier.

Sur le banc de pierre, trois personnages étaient assis ; le vieux comte de Bouville, au centre, qu'on interrogeait, et, à sa droite, le chevalier de Villebresme, commissaire du roi, et de l'autre côté le notaire Pierre Tesson qui prenait la déposition par écrit.

Le notaire Tesson portait bonnet de clerc sur un énorme crâne en dôme d'où tombaient des cheveux plats ; il avait le nez pointu, le menton exagérément long et effilé, et son profil faisait penser au premier quartier de la lune.

— Monseigneur, dit-il avec grand respect, puis-je à présent vous lire votre témoignage ?

— Faites, messire, faites, répondit Bouville.

Et sa main se dirigea, tâtonnante, vers le petit fruit vert dont il éprouva la dureté. « Le jardinier aurait dû veiller à rattacher la branche », pensa-t-il.

Le notaire se pencha vers l'écritoire posée sur ses genoux et commença :

— *Le dix-septième jour du mois de juin de l'an 1329 nous, Pierre de Villebresme, chevalier...*

Le roi Philippe VI n'avait pas laissé les choses traîner. Deux jours après l'esclandre d'Amiens et les serments prononcés dans la cathédrale, il avait nommé une commission pour instruire l'affaire ; et moins d'une semaine après le retour de la cour à Paris, l'enquête était déjà commencée.

— *... et nous, Pierre Tesson, notaire du roi, sommes venus ouïr...*

— Maître Tesson, dit Bouville, êtes-vous le même Tesson qui se trouvait précédemment attaché à l'hôtel de Monseigneur Robert d'Artois ?

— Le même, Monseigneur...

— Et à présent vous voici notaire du roi ? Fort bien, fort bien, je vous en complimente...

Bouville se redressa un peu, croisa les mains par-dessus son ventre rond. Il était vêtu d'une vieille robe de velours, trop longue et démodée, comme on en portait au temps de Philippe le Bel, et qu'il usait dans son jardin.

Il se tournait les pouces, trois fois dans un sens, trois fois dans l'autre. La journée serait belle et chaude, mais la matinée gardait encore quelque trace des fraîcheurs de la nuit...

— ... *sommes venus ouïr haut et puissant seigneur le comte Hugues de Bouville, et l'avons entendu en le verger de son hôtel sis non loin le Préaux-Clercs...*

— Comme le voisinage a changé depuis que mon père a fait construire cette demeure, dit Bouville. En ce temps-là, depuis l'abbaye Saint-Germain-des-Prés jusqu'à Saint-André-des-Arts, il n'y avait guère que trois hôtels : celui de Nesle, sur le bord de la rivière, celui de Navarre, en retrait, et le second séjour des comtes d'Artois qui leur servait de campagne, car autour ce n'étaient encore que prés et champs... Et voyez à présent comme tout s'est bâti !... Toutes les fortunes neuves ont voulu s'établir de ce côté ; les chemins sont devenus des rues. Jadis, par-dessus mon mur, je ne voyais que des herbages ; et maintenant, par le peu de lumière que mes yeux ont encore, je n'aperçois que des toits. Et le bruit ! Le bruit qui se fait dans ce quartier ! On se croirait tout juste au cœur de la Cité. Si j'avais encore un peu d'âge devant moi, je vendrais cette maison et ferais bâtir ailleurs. Mais en est-il seulement question...

Et sa main s'éleva de nouveau, hésitante, vers la petite poire verte au-dessus de lui. Attendre la maturité d'un fruit, c'était bien tout le temps d'espérance auquel il osait encore prétendre, et le plus long projet qu'il s'autorisât. Il perdait la vue depuis de nombreux mois déjà. Le monde, les êtres, les arbres ne lui apparaissaient plus que comme au travers d'un mur d'eau. On a été actif et important, on a voyagé, siégé aux conseils royaux et participé à de grands événements ; et l'on finit dans son jardin, la pensée ralentie et la vue brouillée, seul et presque oublié, sauf lorsque les gens plus jeunes ont à faire appel à vos souvenirs...

Maître Pierre Tesson et le chevalier de Villebresme échangèrent un regard de lassitude. Ah ! ce n'était pas un témoin aisé que le vieux comte de Bouville dont le propos s'égarait sans cesse sur des banalités vagues ; or il était homme trop noble et trop vieux pour qu'on pût le brusquer. Le notaire reprit :

— *... lequel nous a déclaré, de sa voix, les choses ci-après écrites, à savoir : que lorsqu'il était chambellan de notre Sire Philippe le Bel avant que celui-ci ne devînt roi, il eut connaissance du traité de mariage conclu entre feu Monseigneur Philippe d'Artois et Madame Blanche de Bretagne, et qu'il eut ledit traité entre les mains, et qu'audit traité il était précisément inscrit que la comté d'Artois irait par droit d'héritage audit Monseigneur Philippe d'Artois et, après lui, à ses hoirs mâles, issus dudit mariage...*

Bouville agita la main :

— Je n'ai point assuré cela. J'ai eu le traité en mains, comme je vous l'ai dit et comme je l'ai indiqué à Monseigneur Robert d'Artois lui-même quand il m'est venu visiter l'autre jour, mais je n'ai point souvenance, en toute conscience, de l'avoir lu.

— Et pourquoi, Monseigneur, auriez-vous tenu ce traité devers vous, si ce n'était point pour le lire ? demanda le sire de Villebresme.

— Pour le porter au chancelier de mon maître, afin qu'il le scellât, car le traité fut revêtu, cela je m'en souviens bien, du sceau de tous les pairs dont mon maître Philippe le Bel était, en tant que premier fils de la couronne.

— Ceci est à noter, Tesson, dit Villebresme. Tous les pairs ont apposé leur sceau... Sans même avoir lu la pièce, Monseigneur, vous saviez bien que l'héritage d'Artois y était assuré au comte Philippe et à ses hoirs mâles ?

— Je l'ai ouï dire, répondit Bouville, et ne puis rien certifier d'autre.

La manière qu'avait ce jeune Villebresme de lui faire déclarer plus qu'il ne voulait l'irritait un peu. Il n'était pas né, ce garçon, et son père était encore bien loin de l'engendrer, quand s'étaient passés les faits sur lesquels il enquêtait ! Les voilà bien, ces petits officiers royaux, tout gonflés de leur charge neuve. Un jour ils se retrouveraient, eux aussi, vieux et seuls, contre l'espalier de leur jardin... Oui, Bouville se souvenait de ces choses inscrites au traité de mariage de Philippe d'Artois. Mais quand en avait-il entendu parler pour la première fois ? Au moment du mariage même, en 1282, ou bien quand le comte Philippe était mort, en 98, de ses blessures reçues à la bataille de Furnes ? Ou bien encore après que le vieux comte Robert II eut été tué à la bataille de Courtrai, en 1302, ayant survécu de quatre ans à son fils, d'où le procès entre sa fille Mahaut et son petit-fils Robert III l'actuel...

On demandait à Bouville de fixer un souvenir qui pouvait se placer à un quelconque moment sur une période de plus de vingt ans. Et ce n'étaient pas seulement le notaire Tesson et ce sire de Villebresme qui étaient venus lui presser la cervelle, mais Monseigneur Robert d'Artois lui-même, plein de courtoisie et de révérence, il fallait en convenir, mais tout de même parlant fort, s'agitant beaucoup et écrasant les fleurs du jardin sous ses bottes.

— Alors rectifions de la sorte, dit le notaire ayant corrigé son texte : *... et qu'il eut ledit traité entre les mains, mais ne le tint que peu, et aussi se souvient qu'il fut scellé du sceau des douze pairs ; et encore que le comte de Bouville nous a déclaré avoir ouï dire, alors, qu'audit traité était précisément inscrit que la comté d'Artois...*

Bouville approuva de la tête. Il aurait préféré qu'on supprimât ce petit « alors », « ouï dire, alors... » que le notaire avait introduit dans sa phrase. Mais il était fatigué de lutter. Et un mot a-t-il tellement d'importance ?

— *... irait à ses hoirs mâles issus dudit mariage ; et encore nous a certifié que le traité fut bien placé aux registres de la cour, et encore tient pour vrai qu'il fut soustrait plus tard auxdits registres par manœuvres de malice et sur l'ordre de Madame Mahaut d'Artois...*

— Je n'ai point dit cela non plus, fit Bouville.

— Vous ne l'avez point dit sous cette forme, Monseigneur, répondit Villebresme, mais cela ressort de votre déposition. Reprenons ce que vous avez certifié : d'abord que le traité de mariage a existé ; secondement que vous l'avez vu, troisièmement qu'il fut mis aux registres...

— ... revêtu du sceau des pairs...

Villebresme échangea un nouveau regard lassé avec le notaire.

— ... revêtu du sceau des pairs, répéta-t-il pour faire plaisir au témoin. Vous certifiez encore que ce traité excluait de l'héritage la comtesse Mahaut, et qu'il disparut des registres de sorte qu'il ne put être produit au procès qu'intenta Monseigneur Robert d'Artois à sa tante. Qui pensez-vous donc qui l'ait fait soustraire ? Croyez-vous que ce soit le roi Philippe le Bel qui en ait donné l'ordre ?

La question était perfide. N'avait-on pas dit bien souvent que Philippe le Bel, pour avantager la belle-mère de ses deux derniers fils, avait rendu en sa faveur un jugement de complaisance ? Bientôt on irait prétendre que c'était Bouville lui-même qui avait été chargé de faire disparaître les pièces !

— Ne mêlez pas, messire, la mémoire du roi le Bel, mon maître, à un acte si vilain, répondit-il avec dignité.

Par-dessus les toits et les frondaisons, les cloches sonnèrent au clocher de Saint-Germain-des-Prés. Bouville pensa que c'était l'heure à laquelle on lui apportait une écuelle de fromage caillé ; son physicien lui avait recommandé d'en prendre trois fois le jour.

— Donc, reprit Villebresme, il faut bien que le traité ait été enlevé à l'insu du roi... Et qui pouvait avoir intérêt à ce qu'il fût dérobé, sinon la comtesse Mahaut ?

Le jeune commissaire tapota du bout des doigts la pierre du banc ; il n'était pas mécontent de sa démonstration.

— Oh ! certes, fit Bouville, Madame Mahaut est capable de tout.

Sur ce point, sa conviction ne datait pas de la veille. Il savait Mahaut coupable de deux crimes, et bien autrement graves qu'un vol de parchemins. Elle avait tué, assurément, le roi Louis X ; elle avait tué, sous ses yeux à lui, Bouville, un enfant de cinq jours qu'elle pensait être le roi posthume... et toujours pour garder sa comté d'Artois. Vraiment, c'était un souci bien sot que de se faire à son sujet scrupule d'exactitude ! Elle avait volé le contrat de mariage de son frère, certainement, ce contrat dont elle avait le front de nier, et par serment, qu'il eût jamais existé ! L'horrible femme... A cause d'elle, le véritable héritier des rois de France grandissait loin de son royaume, dans une petite ville d'Italie, chez un marchand lombard qui le croyait son fils... Allons ! Il ne fallait pas penser à cela. Bouville avait naguère versé ce secret, qu'il était seul à détenir, dans l'oreille papale. Ne plus y penser, jamais... de peur d'être tenté d'en parler. Et puis, que ces enquêteurs s'en aillent, au plus vite !

— Vous avez raison, laissez ce que vous avez écrit, dit-il. Où dois-je signer ?

Le notaire tendit la plume à Bouville. Celui-ci distinguait mal le bord du papier. Son paraphe sortit un peu de la feuille. On l'entendit encore marmonner :

— Dieu finira bien par lui faire expier ses fautes, avant de la remettre à la garde du diable.

Un peu de poudre à sécher fut répandue sur sa signature. Le notaire replaça feuilles et écritoire dans son sac de cuir noir ; puis les deux enquêteurs se levèrent pour prendre congé. Bouville les salua de la main sans se lever. Ils n'avaient pas fait cinq pas qu'ils n'étaient plus pour lui que deux ombres vagues se dissolvant derrière le mur d'eau.

L'ancien chambellan agita une clochette posée à côté de lui, pour réclamer son lait caillé. Diverses pensées le tracassaient. Comment son maître vénéré, le roi Philippe le Bel, au rendu de son jugement pour l'Artois, avait-il pu oublier l'acte qu'il avait auparavant ratifié, comment ne s'était-il pas soucié de la disparition de cette pièce ? Ah ! les meilleurs rois ne commettent pas seulement de belles actions...

Bouville se disait aussi qu'il irait un prochain jour faire visite au banquier Tolomei, afin de s'informer de Guccio Baglioni... et de l'enfant... mais sans insister, comme par une politesse de conversation. Le vieux Tolomei ne bougeait presque plus de son lit. C'étaient les jambes, chez lui, qui étaient prises. La vie s'en va ainsi ; pour l'un c'est l'oreille qui se ferme, pour l'autre les yeux qui s'éteignent, ou les membres qui cessent de se mouvoir. On compte le passé en années, mais on n'ose plus penser l'avenir qu'en mois ou en semaines.

« Vivrai-je encore quand ce fruit sera mûr, et le pourrai-je cueillir ? » songeait le comte de Bouville en regardant la poire de l'espalier.

Messire Pierre de Machaut, seigneur de Montargis, était un homme qui ne pardonnait jamais les injures, même aux morts. Le trépas de ses ennemis ne suffisait pas à apaiser ses ressentiments.

Son père, pourvu d'un haut emploi au temps du Roi de fer, en avait été destitué par Enguerrand de Marigny, et la fortune de la famille en avait grandement souffert. La chute du tout-puissant Enguerrand avait été pour Pierre de Machaut une revanche personnelle ; le grand jour de sa vie restait celui où, comme écuyer du roi Louis Hutin, il avait conduit Monseigneur de Marigny au gibet. Conduit, c'était manière de dire ; accompagné, plutôt, et pas au premier rang, mais parmi nombre de dignitaires plus importants que lui. Toutefois, les années passant, ces seigneurs l'un après l'autre étaient décédés, ce qui permettait à messire Pierre de Machaut, chaque fois qu'il racontait ce trajet mémorable, de s'avancer d'une place dans la hiérarchie du cortège.

D'abord il s'était contenté d'avoir défié des yeux messire Enguerrand debout sur sa charrette et de lui avoir bien prouvé par son visage que quiconque nuisait aux Machaut, si élevé fût-il, bientôt en recueillait malheur.

Ensuite, le souvenir embellissant les choses, il assurait que Marigny, pendant cette ultime promenade, non seulement l'avait reconnu mais encore s'était adressé à lui en disant tristement :

— Ah ! c'est vous, Machaut ! Vous triomphez à présent ; je vous ai nui, je m'en repens.

Aujourd'hui, après quatorze ans écoulés, il semblait qu'Enguerrand de Marigny allant à son supplice n'ait eu de paroles que pour Pierre de Machaut et, de la prison jusqu'à Montfaucon, ne lui eût rien celé de l'état de sa conscience.

Petit, les sourcils gris joints au-dessus du nez, la jambe raidie par une mauvaise chute en tournoi, Pierre de Machaut continuait de faire soigneusement graisser des cuirasses qu'il n'endosserait plus jamais. Il était vaniteux autant que rancunier, et Robert d'Artois le savait bien qui avait pris la peine d'aller le visiter deux fois pour qu'il lui parlât justement de cette fameuse chevauchée auprès de la charrette de messire Enguerrand.

— Eh bien ! contez donc tout cela aux commissaires du roi qui viendront vous demander témoignage sur mon affaire, avait dit Robert. Les avis d'un homme aussi preux que vous l'êtes sont choses d'importance ; vous éclairerez le roi et vous acquerrez grande gratitude de sa part comme de la mienne. Vous a-t-on jamais pensionné pour les services que votre père et vous-même rendîtes au royaume ?

— Jamais.

Quelle injustice ! Alors que tant d'intrigants, de bourgeois, de parvenus, s'étaient fait mettre pendant les derniers règnes sur la liste des dons de la cour, comment avait-on pu oublier un homme d'aussi grande vertu que messire de Machaut ? Oubli volontaire, à n'en pas douter, et inspiré par la comtesse Mahaut qui avait toujours eu partie liée avec Enguerrand de Marigny !

Robert d'Artois veillerait personnellement à ce que cette iniquité fût réparée.

Si bien que lorsque le chevalier de Villebresme, toujours flanqué du notaire Tesson, se présenta chez l'ancien écuyer, celui-ci ne mit pas moins de zèle à répondre aux questions que le commissaire à les poser.

L'interrogatoire eut lieu dans un jardin voisin, comme c'était l'usage de justice, les dépositions devant être faites en lieu ouvert et à l'air libre.

A entendre Pierre de Machaut, on eût cru que l'exécution de Marigny s'était passée l'avant-veille.

— Ainsi, disait Villebresme, vous étiez, messire, devant la charrette quand le sire Enguerrand en fut descendu auprès du gibet ?

— Je suis monté dans la charrette, répondit Machaut, et d'ordre du roi Louis X je demandai au condamné de quelles fautes de gouvernement il voulait s'accuser avant de comparaître devant Dieu.

En réalité, c'était Thomas de Marfontaine qui avait été chargé de cet office, mais Thomas de Marfontaine était mort depuis longtemps...

— Et Marigny continua de se donner pour innocent de toutes les fautes qui lui avaient été reprochées pendant son procès ; il reconnut néanmoins... ce sont ses propres paroles où l'on retrouve bien sa fourberie... « avoir pour des causes justes accompli des actions injustes ». Alors je lui demandai quelles étaient ces actions, et il m'en cita plusieurs, comme d'avoir destitué mon père, le sire de Montargis, et aussi d'avoir soustrait aux registres royaux le traité de mariage du feu comte d'Artois afin de servir l'intérêt de Madame Mahaut et de ses filles, les brus du roi.

— Ah ! c'est donc lui qui fit accomplir ce retrait ? Il s'en est accusé ! s'écria Villebresme. Voilà qui est important. Notez, Tesson, notez.

Le notaire n'avait pas besoin de cet encouragement et grattait son papier avec entrain. Le bon témoin que ce sire de Machaut !

— Et savez-vous, messire, demanda Tesson prenant à son tour la parole, si le sire Enguerrand fut payé pour cette forfaiture ?

Machaut eut une légère hésitation et ses sourcils gris se froncèrent.

— Certes, il le fut, répondit-il. Car je lui demandai encore s'il était vrai qu'il eût reçu, comme on le disait, quarante mille livres de Madame Mahaut pour lui faire gagner son procès devant le roi. Et Enguerrand baissa la tête en signe d'assentiment et de grande honte, et il me répondit : « Messire de Machaut, priez Dieu pour moi », ce qui était bien un aveu.

Et Pierre de Machaut croisa les bras d'un air de mépris triomphant.

— A présent tout est bien clair, dit Villebresme avec satisfaction.

Le notaire transcrivait les derniers points de la déposition.

— Avez-vous entendu déjà beaucoup de témoins ? demanda l'ancien écuyer.

— Quatorze, messire, et il nous en reste le double à entendre, dit Villebresme. Mais nous sommes huit commissaires et deux notaires à nous partager la besogne.

2

Le plaideur conduit l'enquête

Le cabinet de travail de Monseigneur d'Artois était décoré de quatre grandes fresques pieuses, assez platement peintes, où l'ocre et le bleu dominaient quatre figures de saints, « pour inspirer confiance », disait le maître du lieu. A droite, saint Georges terrassait le dragon ; en face, saint Maurice, autre patron des chevaliers, se dressait en cuirasse et cotte azurée ; sur le mur du fond, saint Pierre tirait de la mer ses inépuisables filets ; sainte Madeleine, patronne des pécheresses, vêtue seulement de ses cheveux d'or, occupait la dernière paroi.

C'était surtout vers ce mur-là que Monseigneur Robert aimait à porter les yeux.

Les poutres du plafond étaient pareillement peintes d'ocre, de jaune et de bleu, avec, de place en place, les blasons d'Artois, de Beaumont et de Valois. Des tables couvertes de brocarts, des coffres où traînaient des armes somptueuses, et de lourdes torchères de fer doré meublaient la pièce.

Robert se leva de son grand siège et rendit au notaire les minutes des dépositions qu'il venait de parcourir.

— Fort bien, fort bonnes pièces, déclara-t-il, surtout le dire du sire de Machaut qui paraît très spontané, et complète tout à propos celui du comte de Bouville. Décidément vous êtes habile homme, maître Tesson de la Chicane, et je ne regrette point de vous avoir élevé là où vous êtes. Sous votre face de Carême jeûné, il se cache plus d'astuce que dans la tête creuse de bien des maîtres au Parlement. Il faut reconnaître que Dieu vous a doté d'assez de place pour loger votre cervelle.

Le notaire eut un sourire obséquieux et inclina son crâne démesuré, coiffé du bonnet qui ressemblait à un énorme chou noir. Les compliments moqueurs de Monseigneur d'Artois dissimulaient peut-être quelque promesse d'avancement.

— Est-ce là toute la récolte ? Avez-vous d'autres nouvelles à me donner pour ce jour ? ajouta Robert. Où en sommes-nous avec l'ancien bailli de Béthune ?

La procédure est une passion, comme le jeu. Robert d'Artois ne vivait plus que pour son procès, ne pensait, n'agissait qu'en fonction de sa cause. Cette quinzaine-là, la seule affaire de son existence était de se procurer des témoignages. Son esprit y travaillait de l'aube au soir, et même la nuit il se réveillait, tiré du rêve par une inspiration soudaine, pour sonner son valet Lormet qui arrivait tout somnolent et rechignant, et lui demander :

— Vieux ronfleur, ne m'as-tu pas parlé l'autre jour d'un certain Simon Dourin ou Dourier, qui fut clerc de plume chez mon grand-père ? Sais-tu si l'homme vit toujours ? Tâche demain à t'en enquérir.

A la messe, qu'il entendait chaque jour par convenance, il se surprenait à prier Dieu pour le succès de son procès. De la prière, il revenait tout naturellement à ses machinations, et se disait, pendant l'Evangile :

« Mais ce Gilles Flamand, qui fut autrefois écuyer de Mahaut et qu'elle a chassé pour quelque méfait... Voilà un homme, peut-être, qui pourrait témoigner pour moi. Il ne faut pas que j'oublie cela. »

On ne l'avait jamais vu plus assidu aux travaux du Conseil ; il passait chaque jour plusieurs heures au Palais et donnait l'impression de s'employer ferme aux tâches du royaume ; mais c'était seulement pour garder prise sur son beau-frère Philippe VI, se rendre indispensable et veiller à ce qu'on ne nommât aux emplois que des gens de son choix. Il suivait de fort près les arrêts de justice afin d'y puiser l'idée de quelque manœuvre. De tout le reste, il se moquait.

Qu'en Italie Guelfes et Gibelins continuassent à s'entre-déchirer, qu'Azzo Visconti ait fait assassiner son oncle Marco et barricadé la ville de Milan contre les troupes de l'empereur Louis de Bavière, tandis qu'en revanche Vérone, Vicence, Padoue, Trévise, se soustrayaient à l'autorité du pape protégé par la France, Monseigneur d'Artois le savait, l'entendait, mais n'y songeait qu'à peine.

Qu'en Angleterre le parti de la reine se trouvât en difficulté, et que l'impopularité de Roger Mortimer devînt chaque jour plus grande, Monseigneur d'Artois haussait les épaules. L'Angleterre, ces jours-là, ne l'intéressait pas, non plus que les lainiers des Flandres qui, pour les avantages de leur commerce, multipliaient les ententes avec les compagnies anglaises.

Mais que maître Andrieu de Florence, chanoine-trésorier de Bourges, fût pourvu d'un nouveau bénéfice ecclésiastique, ou que le chevalier de Villebresme passât à la Chambre aux deniers, ah ! voilà qui était chose importante et ne pouvait supporter sursis ! C'est que maître Andrieu, avec le sire de Villebresme, était des huit commissaires nommés pour instruire le procès d'Artois.

Ces commissaires, Robert les avait désignés à Philippe VI et pratiquement choisis... « Si l'on prenait Bouchart de Montmorency ? il nous a toujours loyalement servis... Si l'on prenait Pierre de Cugnières ? voilà un homme avisé que chacun s'accorde à respecter... » De même pour les notaires, dont ce Pierre Tesson depuis vingt ans attaché d'abord à l'hôtel de Valois, puis à la maison de Robert.

Jamais Pierre Tesson ne s'était senti si important ; jamais il n'avait été traité avec tant de familière amitié, comblé d'autant de pièces d'étoffes pour les robes de son épouse, et de petits sacs d'or pour lui-même. Néanmoins il était fatigué, parce que Robert harcelait son monde et que la vitalité de cet homme était tout bonnement épuisante.

D'abord Monseigneur Robert était presque toujours debout. Sans arrêt il arpentait son cabinet, entre les hautes figures de saints. Maître Tesson ne pouvait décemment s'asseoir en présence de si grand personnage qu'un pair de France. Or les notaires ont l'habitude de travailler assis. Maître Tesson peinait donc à soutenir son sac de cuir noir qu'il n'osait poser sur les brocarts, et dont il extrayait les pièces l'une après l'autre ; il redoutait d'achever ce procès avec un mal de reins pour la vie.

— J'ai vu, dit-il répondant à la question de Robert, l'ancien bailli Guillaume de la Planche, qui est présentement détenu au Châtelet. La dame de Divion était allée le visiter auparavant ; il a bien témoigné comme nous l'attendions. Il demande que vous n'oubliiez point de parler à messire Miles de Noyers pour sa grâce, car son affaire est mauvaise et il risque fort d'être pendu[11].

— Je veillerai à ce qu'on le relâche ; qu'il dorme tranquille. Et Simon Dourier, l'avez-vous entendu ?

— Je ne l'ai pas entendu encore, Monseigneur, mais je l'ai approché. Il est prêt à déclarer par-devant les commissaires qu'il était présent le jour de 1302 où le comte Robert II, votre grand-père, peu avant de défunter, dicta la lettre qui confirmait votre droit à l'héritage d'Artois.

— Ah ! Fort bien, fort bien.

— Je lui ai promis aussi qu'il serait repris dans votre hôtel et pensionné par vous.

— Pourquoi en avait-il été chassé ? demanda Robert.

Le notaire esquissa le geste courbe de quelqu'un qui met de l'argent dans sa poche.

— Bah ! s'écria Robert, il est vieux à présent, il a eu le temps de se repentir ! Je lui donnerai cent livres l'an, le logement, et les draps.

— Manessier de Lannoy confirmera que les lettres soustraites furent brûlées par Madame Mahaut... Sa maison, comme vous le savez, allait être vendue pour payer ses dettes aux Lombards ; il vous a grande grâce de lui avoir conservé un toit.

— Je suis bon ; cela ne se sait pas assez, dit Robert. Mais vous ne m'apprenez rien sur Juvigny, l'ancien valet d'Enguerrand ?

Le notaire baissa le nez d'un air coupable.

— Je n'en obtiens rien, dit-il ; il refuse ; il prétend qu'il ne sait pas, qu'il ne se souvient plus.

— Comment ! s'écria Robert, je suis allé moi-même au Louvre, où il est pensionné pour faire bien peu, et je lui ai parlé ! Et il s'obstine à ne pas se souvenir ? Voyez donc si on ne peut le mettre un peu à la question. La vue des tenailles l'aidera peut-être à dire la vérité.

— Monseigneur, répondit le notaire tristement, on tourmente les prévenus, mais pas encore les témoins.

— Alors apprenez-lui que, si la mémoire ne lui revient pas, ses gages seront supprimés. Je suis bon ; encore faut-il qu'on m'y aide.

Il saisit un chandelier de bronze qui pesait bien quinze livres et le fit sauter, tout en marchant, d'une main dans l'autre.

Le notaire pensa à l'injustice divine qui accorde tant de force musculaire à des gens qui ne l'emploient que pour s'amuser, et si peu aux pauvres notaires qui ont leur lourd sac de cuir noir à porter.

— Ne craignez-vous pas, Monseigneur, si vous supprimez à Juvigny ses gages, qu'il ne puisse les retrouver de la main de la comtesse Mahaut ?

Robert s'arrêta.

— Mahaut ? s'écria-t-il, mais elle ne peut plus rien ; elle se terre, elle a peur. L'a-t-on vue à la cour ces temps-ci ? Elle ne bouge plus, elle tremble, elle sait qu'elle est perdue.

— Dieu vous entende, Monseigneur, Dieu vous entende. Certes, nous gagnerons ; mais cela n'ira pas sans encore quelques petites traverses...

Tesson hésitait à continuer, non tant par crainte de ce qu'il avait à dire qu'à cause du poids du sac. Encore cinq ou dix minutes à rester debout.

— J'ai été avisé, reprit-il, que nos gens d'enquête sont suivis en Artois, et nos témoins visités par d'autres que par nous. En outre, ces temps-ci, il y a eu certain va-et-vient de messagers entre l'hôtel de Madame Mahaut et Dijon. On a vu sa porte passée par divers chevaucheurs à la livrée de Bourgogne...

Mahaut cherchait à resserrer ses liens avec le duc Eudes, c'était chose bien claire. Or le parti de Bourgogne disposait à la cour de l'appui de la reine.

— Oui, mais moi j'ai le roi, dit Robert. La gueuse perdra, Tesson, je vous l'affirme.

— Il faudrait quand même produire les pièces, Monseigneur, parce que sans pièces... A des dires on peut toujours opposer d'autres lies... Le plus tôt sera le mieux.

Il avait de personnelles raisons pour insister. A inspirer tant de témoignages, voire à les extorquer par achat ou menaces, un notaire peut faire sa fortune, mais il risque aussi le Châtelet, et même la roue... Tesson ne souhaitait guère prendre la place de l'ancien bailli de Béthune.

— Elles viennent, vos pièces, elles viennent ! Elles arrivent, je vous le dis ! Croyez-vous que ce soit si facile de les obtenir ?... A propos, Tesson, dit soudain Robert en désignant de l'index le sac de cuir noir, vous avez noté dans le témoignage du comte de Bouville que le traité de mariage avait été scellé par les douze pairs. Pourquoi avez-vous noté cela ?

— Parce que le témoin l'a dit, Monseigneur.

— Ah oui... C'est très important, dit Robert songeur.

— Pourquoi donc, Monseigneur ?

— Pourquoi ? Parce que j'attends l'autre copie du traité, celle des registres d'Artois, qui doit m'être remise... et pour fort cher, d'ailleurs... Si les noms des douze pairs n'y figuraient pas, la pièce ne serait point bonne. Quels étaient les pairs en ce temps-là ? Pour les ducs et comtes, c'est chose facile ; mais les pairs d'Eglise, quels étaient-ils ? Voyez comme il faut être attentif à tout ?

Le notaire regarda Robert avec un mélange d'inquiétude et d'admiration.

— Savez-vous, Monseigneur, que si vous n'aviez pas été si grand sire, vous eussiez fait le meilleur notaire qui soit au royaume ? Sans offense, je dis cela sans offense, Monseigneur !

Robert sonna pour qu'on raccompagnât son visiteur.

A peine le notaire se fut-il retiré que Robert sortit par une petite porte ménagée entre les hanches de la Madeleine – un jeu de décoration qui l'amusait fort – et courut à la chambre de son épouse. En ayant chassé les dames de parage, il dit :

— Jeanne, ma bonne amie, ma chère comtesse, faites savoir à la Divion d'interrompre l'écriture du traité de mariage : il y faut le nom des douze pairs de l'an 82. Les savez-vous ? Eh bien, moi non plus ! Où peut-on se les procurer sans donner l'éveil ? Ah ! que de temps perdu ! Que de temps perdu !

La comtesse de Beaumont, de ses beaux yeux bleus limpides, contemplait son mari ; un vague sourire éclairait son visage. Son géant avait encore trouvé quelque motif d'agitation. Très calmement elle dit :

— A Saint-Denis, mon doux ami, à Saint-Denis, aux registres de l'abbaye. Nous y relèverons sûrement les noms des pairs. Je vais y envoyer Frère Henry, mon confesseur, comme s'il voulait faire quelque recherche savante...

Une expression de tendresse amusée, de gratitude joyeuse, passa sur le large visage de Robert.

— Savez-vous, ma mie, dit-il en s'inclinant avec une grâce pesante, que si vous n'étiez pas si haute dame, vous eussiez fait le meilleur notaire du royaume ?

Ils se sourirent, et dans les yeux de Robert la comtesse de Beaumont, née Jeanne de Valois, lut la promesse qu'il visiterait son lit le soir.

3

Les faussaires

On croit toujours, lorsqu'on s'engage sur le chemin du mensonge, que le trajet sera court et facile ; on franchit aisément et même avec un certain plaisir les premiers obstacles ; mais bientôt la forêt s'épaissit, la route s'efface, se ramifie en sentiers qui vont se perdre dans les marécages ; chaque pas bute, s'enfonce ou s'enlise ; on s'irrite ; on se dépense en démarches vaines dont chacune constitue une nouvelle imprudence.

A première vue, rien de plus simple que de contrefaire un vieux document. Une feuille de vélin jaunie au soleil et usée dans la cendre, la main d'un clerc soudoyé, quelques sceaux appliqués sur des lacets de soie : voilà qui ne semble requérir que peu de temps et des dépenses modiques.

Pourtant, Robert d'Artois avait dû renoncer, provisoirement, à faire reconstituer le contrat de mariage de son père. Et cela, non seulement à cause de la recherche du nom des douze pairs, mais aussi parce qu'il fallait que l'acte fût rédigé en latin et que n'importe quel clerc n'était pas apte à fournir la formule utilisée naguère dans les traités des mariages princiers. L'ancien aumônier de la reine Clémence de Hongrie, instruit de ces matières, tardait à fournir l'entrée et l'issue de lettre ; on n'osait trop le presser de peur que la démarche ne prît un air suspect.

Il y avait aussi la question des sceaux.

— Faites-les copier par un graveur de coins, d'après d'anciens cachets, avait dit Robert.

Or les graveurs de sceaux étaient assermentés ; celui de la cour, interrogé, avait déclaré qu'on ne pouvait imiter exactement un sceau, que deux coins jamais n'étaient identiques, et qu'une cire scellée d'un faux coin se reconnaissait aisément aux yeux des experts. Quant aux coins originaux, ils étaient toujours détruits à la mort de leur propriétaire.

Donc il fallait se procurer d'anciens actes pourvus des cachets dont on avait besoin, détacher ceux-ci, ce qui n'était pas opération aisée, et les reporter sur la fausse pièce.

Robert conseilla à la Divion de rassembler ses efforts sur un document moins difficile et qui présentait une égale importance.

Le 28 juin 1302, avant de partir pour l'ost de Flandre, où il devait périr percé de vingt coups de lance, le vieux comte Robert II avait mis ses affaires en ordre et confirmé par lettre les dispositions qui assuraient à son petit-fils l'héritage du comté d'Artois.

— Et cela est vrai, tous les témoins l'affirment ! disait Robert à sa femme. Simon Dourier se rappelle même quels vassaux de mon grand-père étaient présents, et de quels bailliages on apposa les sceaux. Ce n'est rien d'autre que la vérité que nous ferons éclater là !

Simon Dourier, ancien notaire du comte Robert II, fournit la teneur de la déclaration, autant que sa mémoire la pouvait restituer. L'écriture en fut faite par un clerc de la comtesse de

Beaumont, nommé Dufour ; mais le texte de Dufour avait trop de ratures, et puis sa main se reconnaissait.

La Divion alla en Artois porter ce texte à un certain Robert Rossignol, qui avait été clerc de Thierry d'Hirson, et qui recopia la lettre, non avec une plume d'oie, mais avec une plume de bronze, pour mieux déguiser son écriture.

Ce Rossignol, à qui l'on offrit en récompense un voyage à Saint-Jacques-de-Compostelle où il avait promis de se rendre en accomplissement d'un vœu de santé, avait un gendre appelé Jean Oliette qui s'entendait assez bien à détacher les sceaux. Cette famille décidément était pleine de ressources ! Oliette enseigna son savoir à la dame de Divion.

Celle-ci revient à Paris, s'enferme avec Madame de Beaumont et une seule servante, Jeannette la Mesquine[12] ; et voilà les trois femmes s'exerçant, à l'aide d'un rasoir chauffé et d'un crin de cheval trempé dans une liqueur spéciale qui l'empêchait de casser, à détacher les cachets de cire de vieux documents. On partageait le sceau en deux ; puis on chauffait l'une des moitiés et on la réappliquait sur l'autre, en prenant entre elles les lacets de soie ou la queue de parchemin de la nouvelle pièce. Enfin on cuisait un peu le bord de la cire pour faire disparaître la trace de la coupure.

Jeanne de Beaumont, Jeanne de Divion et Jeanne la Mesquine se firent ainsi la main sur plus de quarante sceaux ; elles ne travaillaient jamais deux fois au même endroit, se cachant tantôt dans une chambre de l'hôtel d'Artois, tantôt à l'hôtel de l'Aigle, ou encore en des demeures de campagne.

Robert pénétrait parfois dans la pièce, pour jeter un coup d'œil sur l'opération.

— Alors, mes trois Jeanne sont au labeur ! lançait-il avec bonne humeur.

C'était la comtesse de Beaumont qui, des trois, était la plus habile.

— Doigts de femme, doigts de fée, disait Robert en baisant courtoisement la main de son épouse.

Le tout n'était pas de savoir détacher les sceaux ; encore fallait-il se procurer ceux dont on avait besoin.

Le sceau de Philippe le Bel était aisé à trouver ; il existait partout des actes royaux. Robert se fit confier par l'évêque d'Évreux une lettre concernant sa seigneurie de Conches, pièce qu'il avait à consulter, prétendit-il, et qu'il ne rendit jamais.

En Artois, la Divion mit ses amis Rossignol et Oliette, ainsi que deux autres mesquines, Marie la Blanche et Marie la Noire, à rechercher les anciens cachets de bailliages et de seigneuries.

Bientôt tous les sceaux furent réunis, sauf un seul, le plus important, celui du feu comte Robert II. La chose pouvait paraître absurde, mais c'était ainsi : tous les actes de famille étaient enfermés aux registres d'Artois, sous la garde des clercs de Mahaut, et Robert, mineur lors de la mort de son grand-père, n'en détenait aucun.

La Divion, grâce à une sienne cousine, approcha un personnage nommé Ourson le Borgne, qui possédait une patente du feu comte, scellée avec « lacs de foi », et qui paraissait disposé à s'en défaire moyennant trois cents livres. Madame Jeanne de Beaumont avait bien dit qu'on achetât la pièce à n'importe quel prix ; mais la Divion ne possédait pas tant d'argent en Artois ; et messire Ourson le Borgne, méfiant, n'acceptait pas de se défaire de sa patente contre seules promesses.

La Divion, à bout de ressources, se souvint d'avoir un mari qui vivait assez benoîtement dans la châtellenie de Béthune. Il ne lui avait jamais montré trop d'aigre jalousie, et maintenant que l'évêque Thierry était mort... Elle recourut à lui. Sans doute, c'étaient beaucoup de gens, à présent, mis dans la confidence ; mais il fallait bien en passer par là. Le mari ne voulut pas prêter d'argent, mais consentit à se défaire d'un bon cheval sur lequel il avait été en tournoi et que la Divion fit accepter à messire Ourson en complément de gages, lui laissant également les quelques bijoux qu'elle avait sur elle.

Ah ! elle se dépensait, la Divion ! Elle ne ménageait ni son temps, ni sa peine, ni ses démarches, ni ses voyages. Ni sa langue. Et puis elle faisait attention à ne plus rien égarer ; elle dormait la tête sur ses clefs.

La main crispée par l'angoisse, elle découpa au rasoir le sceau du feu comte Robert. Un sceau qui coûtait trois cents livres ! Et comment retrouver le semblable si par malheur il allait se briser ?

Monseigneur Robert s'impatientait un peu, parce que tous les témoins, maintenant, étaient entendus, et que le roi lui demandait, fort aimablement, et par marque d'intérêt, si les pièces dont il avait juré l'existence seraient bientôt présentées.

Encore deux jours, encore un jour de patience ; Monseigneur Robert allait être content !

4

Les invités de Reuilly

Robert d'Artois, pendant la saison chaude, et quand le service du royaume ou les soucis de son procès lui en laissent le temps, aime à passer les fins de semaine à Reuilly, dans un château qui appartient à sa femme par héritage Valois.

Les prairies et les forêts entretiennent une agréable fraîcheur autour de cette demeure. Robert garde là son oisellerie de chasse. La maisonnée est nombreuse, car beaucoup de jeunes nobles, avant d'obtenir la chevalerie, se placent chez Robert pour y être écuyers, sommeliers, ou valets de sa chambre. Qui ne parvient pas à entrer dans la maison du roi s'efforce d'être attaché à celle du comte d'Artois, se fait recommander par des parents influents et, une fois accepté, cherche à se distinguer par son zèle. Tenir la bride du cheval de Monseigneur, lui tendre le gant de cuir sur lequel se posera son faucon muscadin, apporter son couvert à table, incliner sur ses puissantes mains l'aiguière à eau, c'est s'avancer un peu dans la hiérarchie de l'Etat ; venir secouer son oreiller, au matin, pour l'éveiller, c'est presque secouer l'oreiller du Bon Dieu, puisque Monseigneur, chacun s'accorde à le dire, fait à la cour la pluie et le beau temps.

Ce samedi du début de septembre, il a invité à Reuilly quelques seigneurs de ses amis dont le sire de Brécy, le chevalier de Hangest et l'archidiacre d'Avranches, et même le vieux comte de Bouville, à demi aveugle, qu'il a fait prendre en litière. Pour ceux qui voulaient se lever matin, il a offert une petite chasse au vol.

A présent ses hôtes sont réunis dans la salle de justice où lui-même, en vêtements de campagne, se tient familièrement assis dans son grand faudesteuil. La comtesse de Beaumont, son épouse, est présente, et aussi le notaire Tesson qui a posé sur une table son écritoire et ses plumes.

— Mes bons sires, mes amis, dit-il, j'ai requis votre compagnie afin que vous me portiez conseil.

Les gens sont toujours flattés qu'on requière leur avis... Les jeunes écuyers nobles présentent aux invités les breuvages d'avant repas, les vins aux aromates, les dragées épicées, et les amandes émondées sur des coupes de vermeil. Ils sont attentifs à ne faire ni bruit ni faute en leur service ; ils ouvrent tout grands leurs yeux ; ils se préparent des souvenirs ; ils diront plus tard : « J'étais ce jour-là chez Monseigneur Robert ; il y avait le comte de Bouville qui avait été chambellan du roi Philippe le Bel... »

Robert parle posément, sérieusement : une certaine dame de Divion, qu'il ne connaît que peu, s'est venue proposer pour lui remettre une lettre qu'elle tient, avec d'autres, de l'évêque Thierry d'Hirson... dont elle était la douce amie, confie-t-il en baissant un peu la voix. La Divion demande argent, naturellement ; ces femmes-là sont toutes de même sorte ! Mais le document semble d'importance. Toutefois, avant de l'acquérir, Robert veut s'assurer qu'on ne le gruge pas, que cette lettre est bonne, qu'elle peut servir comme pièce à son procès et que ce n'est pas là quelque œuvre de faussaire fabriquée seulement pour lui soutirer monnaie. C'est pourquoi il a convié ses amis, qui sont d'avis sage et plus habiles que lui en matière d'écrits, à examiner la pièce.

De temps en temps Robert lance un coup d'œil à sa femme pour s'assurer de l'effet produit. Jeanne incline la tête, imperceptiblement ; elle admire la grosse malice de son époux, et comme ce géant retors joue bien les naïfs quand il veut tromper. Il fait l'inquiet, le soupçonneux... Les autres ne vont pas manquer d'approuver si bonne lettre ; ayant approuvé ils ne se dédiront plus de leur opinion, et à travers les milieux de la cour et du Parlement se répandra la nouvelle que Robert tient en main la preuve de son droit.

— Faites entrer cette dame Divion, dit Robert avec un air sévère.

Jeanne de Divion apparaît, bien provinciale, bien modeste ; de la guimpe de lin sort son visage triangulaire, aux yeux cernés d'ombre. Elle n'a pas besoin de contrefaire l'intimidée ; elle l'est. Elle sort d'une grande bourse d'étoffe un parchemin

roulé d'où pendent plusieurs sceaux, et le remet à Robert qui le déploie, le considère un moment, puis le passe au notaire.
— Examinez les sceaux, maître Tesson.
Le notaire vérifie l'attache des lacets de soie, incline sur le vélin son énorme bonnet noir et son profil en croissant de lune.
— C'est bien le sceau du feu comte votre grand-père, Monseigneur, dit-il d'un ton convaincu.
— Voyez, mes bons sires, dit Robert.
On se transmet le document de main en main. Le sire de Brécy confirme que les sceaux des bailliages d'Arras et de Béthune sont excellents ; le comte de Bouville approche la pièce de ses yeux fatigués ; il ne distingue que la tache verte au bas de la lettre ; il palpe la cire, douce sous le doigt, et les larmes s'échappent de ses paupières :
— Ah ! murmure-t-il, le sceau de cire verte de mon bon maître Philippe le Bel !
Et il y a un moment de grand attendrissement, un instant de silence où l'on respecte les longs souvenirs de ce vieux serviteur de la couronne.
La Division, qui se tient en retrait contre un mur, échange un regard discret avec la comtesse de Beaumont.
— A présent, lisez-nous cela, maître Tesson, commande Robert.
Et le notaire, ayant repris le parchemin, commence :
— *Nous, Robert de France, pair et comte d'Artois...*
Les formules initiales ont la tournure habituelle ; l'assistance écoute avec calme.
— *... et ci déclarons en présence des seigneurs de Saint-Venant, de Saint-Paul, de Waillepayelle, chevaliers, qui scelleront de leurs sceaux, et de maître Thierry d'Hirson, mon clerc...*
Quelques regards se sont portés vers la Division qui baisse le nez.
« Habile, habile, d'avoir mentionné l'évêque Thierry, pense Robert ; cela authentifie les témoignages sur son rôle ; tout cela s'enchaîne bien. »
— *... que lors du mariage de notre fils Philippe nous lui avons fait investiture de notre comté, nous en réservant la jouissance notre vie durant, et que notre fille Mahaut y a consenti et qu'elle a renoncé à ladite comté...*
— Ah ! mais c'est chose capitale, cela, s'écrie Robert. C'est plus que je n'attendais ! Jamais nul ne m'avait dit que Mahaut

eût consenti ! Vous voyez, mes amis, quelle est sa vilenie !...
Continuez, maître Tesson.

Les assistants sont fort impressionnés. On hoche la tête, on se regarde... Oui, la pièce est d'importance.

— ... *et à présent que Dieu a rappelé à lui notre cher et bien-aimé fils le comte Philippe, demandons à notre seigneur le roi, s'il nous vient qu'à la guerre Dieu fasse sa volonté de nous, que notre seigneur le roi veille à ce que les hoirs de notre fils n'en soient pas déshérités.*

Les têtes continuent d'approuver avec dignité ; le chevalier de Hangest, qui est du Parlement, écarte les mains, en direction de Robert, d'un geste qui signifie : « Monseigneur, votre procès est gagné. »

Le notaire achève :

— ... *et avons ceci scellé de notre sceau, en notre hôtel d'Arras, le vingt-huitième jour de juin de l'an de grâce treize cent vingt-deux.*

Robert ne peut réprimer un sursaut. La comtesse de Beaumont pâlit. La Divion, contre son mur, se sent mourir.

Ils ne sont pas les seuls à avoir entendu *treize cent vingt-deux*. Dans l'auditoire les têtes se sont tournées avec surprise vers le notaire qui lui-même donne quelques signes d'affolement.

— Vous avez lu treize cent vingt-deux ? demande le chevalier de Hangest. C'est treize cent *et* deux que vous voulez dire, l'année de la mort du comte Robert ?

Maître Tesson voudrait bien pouvoir s'accuser d'un lapsus ; mais le texte est là, sous les yeux, portant clairement *treize cent vingt-deux*. Et l'on va demander à revoir la pièce. Comment cela a-t-il pu se produire ? Ah ! Monseigneur Robert va être d'une humeur ! Et lui-même, Tesson, dans quelle affaire s'est-il laissé engager. Au Châtelet... c'est au Châtelet que tout cela va finir !

Il fait ce qu'il peut pour réparer le désastre ; il bredouille :

— Il y a un vice d'écriture... Mais oui, bien sûr, c'est treize cent *et deux* qu'il faut lire...

Et prestement, il trempe sa plume dans l'encre, rature, biffe quelques lettres, rétablit la date correcte.

— Est-ce bien à vous de corriger ainsi ? lui dit le chevalier de Hangest d'un ton un peu choqué.

— Mais oui, messire, dit le notaire ; il y a deux points marqués sous le mot, et c'est l'habitude des notaires de corriger les mots mal écrits sous lesquels des points sont mis...

— Cela est vrai, confirme l'archidiacre d'Avranches.

Mais l'incident a détruit toute la belle impression produite par la lecture.

Robert appelle un écuyer, lui commande à l'oreille de faire hâter le repas, et puis s'efforce de ranimer la conversation :

— En somme, maître Tesson, pour vous la lettre est bonne ?

— Certes, Monseigneur, certes, s'empresse de répondre Tesson.

— Et pour vous aussi, messire l'archidiacre ?

— Je la pense bonne.

— Peut-être, dit le sire de Brécy d'une voix amicale, devriez-vous la faire comparer avec d'autres lettres du feu comte d'Artois, de la même année...

— Et le moyen, mon bon, répond Robert, le moyen de comparer quand ma tante Mahaut tient tout en ses registres ! Je crois la pièce bonne. On n'invente pas pareilles choses ! Moi-même je n'en savais pas tant, et particulièrement que Mahaut eût renoncé.

A ce moment une sonnerie de trompes résonne dans la cour. Robert frappe dans ses mains.

— On corne l'eau, Messeigneurs ! Passons à nous laver les mains, et allons dîner.

Il écumait en arpentant la chambre de la comtesse son épouse, et le plancher tremblait sous son pas.

— Et vous l'avez lue ! Et Tesson l'a lue ! Et la Division l'a lue ! et personne, personne de vous n'a été capable de voir ce malheureux *vingt-deux* qui risque de faire crouler tout notre édifice !

— Mais vous-même, mon ami, répond calmement Jeanne de Beaumont, vous avez lu et relu cette lettre, et vous en étiez fort satisfait il me semble.

— Eh oui ! je l'ai lue, et moi non plus je n'ai pas vu ce vice ! Lire des yeux et lire de voix, ce n'est pas la même chose. Et pouvais-je penser qu'on allait commettre pareille sottise ! Il a fallu que cet âne de notaire... Et l'autre âne qui a écrit la lettre... comment s'appelle-t-il celui-là ? Rossignol ?... Cela se prétend capable de rédiger une pièce, cela vous extrait plus d'argent qu'il n'en faut pour bâtir, et ce n'est même pas capable de tracer la bonne date ! Je vais le faire saisir ce Rossignol, pour qu'on le fouette jusqu'au sang !

— Il vous faudra le faire prendre à Saint-Jacques, mon ami, où il est en pèlerinage avec vos deniers.

— A son retour, alors !

— Ne craignez-vous pas qu'il parle un peu trop haut pendant qu'on le fouettera ?

Robert haussa les épaules.

— Heureux encore que la chose se soit passée ici, et non en lecture devant le Parlement ! Il vous faudra veiller davantage, ma mie, pour les autres pièces, à ce que de telles erreurs ne se commettent plus.

Madame de Beaumont trouvait injuste que la colère de son époux se tournât contre elle. Elle déplorait l'erreur tout autant que lui, s'en attristait également, mais après tout le mal qu'elle s'était donné, après s'être écorché les mains à couper la cire de tant de sceaux, elle estimait que Robert eût pu se contenir et ne pas la traiter en coupable.

— Après tout, Robert, pourquoi vous acharnez-vous tant à ce procès ? Pourquoi risquez-vous et me faites risquer, ainsi qu'à tant de personnes de votre entourage, d'être un jour convaincus de mensonge et de faux ?

— Ce ne sont pas des mensonges, ce ne sont pas des faux ! hurla Robert. C'est le vrai que je veux faire éclater aux yeux de tous, alors qu'on s'est obstiné à le cacher !

— Soit, c'est le vrai, dit-elle ; mais un vrai, avouez-le, qui a mauvaise apparence. Craignez, sous de tels habits, qu'on ne le reconnaisse pas ! Vous avez tout, mon ami ; vous êtes pair du royaume, frère du roi par moi qui suis sa sœur, et tout-puissant en son Conseil ; vos revenus sont larges, et ce que je vous ai apporté par dot et héritage fait votre fortune enviable par tous. Que ne laissez-vous l'Artois ! Ne pensez-vous pas que nous avons assez joué à un jeu qui peut nous coûter fort cher ?

— Ma mie, vous raisonnez bien mal et je m'étonne de vous entendre, vous si sage d'ordinaire, parler de la sorte. Je suis premier baron de France, mais un baron sans terre. Mon petit comté de Beaumont, qui ne m'a été donné qu'en compensation, est domaine de la couronne : je ne l'exploite pas, on m'en sert les revenus. On m'a élevé à la pairie, vous venez de le dire vous-même, parce que le roi est votre frère ; or, Dieu puisse nous le garder longtemps, mais un roi n'est pas éternel. Nous en avons vu suffisamment passer ! Que Philippe vienne à mourir, est-ce moi qui aurai la régence ? Que sa male boiteuse d'épouse, qui me hait et qui vous hait, s'appuie sur la Bourgogne pour régenter, serai-je aussi puissant, et le Trésor me paiera-t-il toujours mes revenus ? Je n'ai point d'administration, je n'ai point de justice, je n'ai pas vraiment de grands vassaux, je ne peux point tirer de ma terre des hommes à moi qui me doivent toute obéissance et que je puisse placer aux emplois. Qui nantit-on des charges aujourd'hui ? Des gens venus de Valois, d'Anjou, du Maine, des apanages et fiefs du bon Charles, votre père. Où puisé-je mes propres serviteurs ? Parmi ceux-là. Je vous le répète, je n'ai rien. Je ne puis lever de bannières assez nombreuses qui fassent trembler devant moi. La puissance vraie ne se compte qu'au nombre de châtellenies qu'on commande et dont on peut tirer des hommes de guerre. Ma fortune ne repose que sur moi, sur mes bras, sur la place que j'occupe au Conseil ; mon crédit n'est fondé que sur la faveur, et la faveur ne tient que ce que Dieu le veut. Nous avons des fils ; eh bien ! pensez à eux, ma mie, et comme il n'est pas bien sûr qu'ils aient hérité ma cervelle, je voudrais bien leur laisser la couronne d'Artois... qui est leur lot par juste héritage !

Il n'en avait jamais dit aussi long sur ses pensées profondes, et la comtesse de Beaumont, oubliant ses griefs du moment précédent, voyait son mari lui apparaître sous un jour nouveau, non plus seulement comme le colosse rusé dont les intrigues l'amusaient, le mauvais sujet capable de toutes les coquineries, le trousseur de toutes les filles qu'elles fussent nobles, bourgeoises ou servantes, mais comme un vrai grand seigneur, raisonnant les lois de sa condition. Charles de Valois, lorsque autrefois il courait après un royaume ou une couronne d'empereur, et cherchait pour ses filles des alliances souveraines, justifiait ses actes par de semblables soucis.

A ce moment un écuyer frappa à la porte : la dame de Divion demandait à parler au comte, de toute urgence.

— Que me veut-elle encore, celle-là ? Elle ne craint donc pas que je l'écrase ? Faites-la venir.

La Division apparut, hagarde, porteuse d'une très mauvaise nouvelle. Ses deux mesquines en Artois, Marie la Blanche et Marie la Noire, celles qui l'avaient aidée à acheter plusieurs des sceaux de la fausse lettre, se trouvaient en prison, appréhendée par les sergents de la comtesse Mahaut.

5

Mahaut et Béatrice

— Que le diable vous fasse sécher les entrailles à tous, mauvaises gens que vous êtes ! criait la comtesse Mahaut. Comment ? je fais saisir ces deux femmes, par lesquelles on pouvait tout savoir, et pas plus tôt elles sont prises, voici qu'on les relâche ?

La comtesse Mahaut, en son château de Conflans sur la Seine, près de Vincennes, venait d'apprendre, quelques minutes plus tôt, que les deux servantes de la Division, arrêtées sur son ordre par le bailli d'Arras, avaient été libérées. Sa colère était grande et « les mauvaises gens » auxquels ses malédictions s'adressaient n'étaient représentés pour l'heure que par la seule Béatrice d'Hirson, sa demoiselle de parage, sur laquelle elle déchargeait sa fureur. Le bailli d'Arras était un oncle de Béatrice, un frère cadet de feu l'évêque Thierry.

— Ces mesquines, Madame... n'ont été relâchées que sur un ordre du roi, présenté par deux sergents d'armes, répondit calmement Béatrice.

— Allons donc ! le roi se moque bien de deux servantes qui tiennent cuisine dans un faubourg d'Arras ! Elles ont été relâchées sur l'ordre de mon Robert qui a couru chez le roi pour obtenir leur élargissement. A-t-on seulement pris le nom des sergents ? S'est-on assuré qu'ils étaient bien des officiers royaux ?

— Ils se nomment Maciot l'Allemant et Jean Le Servoisier, Madame... répondit Béatrice avec la même calme lenteur.

— Deux sergents d'armes de Robert ! Je connais ce Maciot l'Allemant ; il est de ceux que mon gueux de neveu emploie à tous ses méchants coups. Et d'abord, comment Robert a-t-il été averti que les servantes de la Divion avaient été prises ? demanda Mahaut en jetant sur sa dame de parage un regard chargé de soupçon.

— Monseigneur Robert a gardé beaucoup d'intelligences en Artois... vous ne l'ignorez pas, Madame.

— Je souhaite, dit Mahaut, qu'il n'en ait pas trouvé parmi les gens qui me touchent de près... Mais c'est déjà me trahir que de mal me servir, et je suis trahie de toutes parts. Ah ! depuis la mort de Thierry, on dirait que vous n'avez plus de cœur pour moi. Des ingrats ! Je vous ai tous couverts de mes bienfaits ; depuis quinze ans je te traite comme ma propre fille...

Béatrice d'Hirson abaissa ses longs cils noirs et regarda vaguement le dallage. Son visage ambré, lisse, aux lèvres bien ourlées, ne trahissait aucun sentiment, ni humilité, ni révolte, simplement une certaine fausseté par cet abaissement des cils extraordinairement longs derrière lesquels s'abritait le regard.

— ... Ton oncle Denis, dont j'ai fait mon trésorier pour complaire à Thierry, me gruge et me dérobe ! Où sont les comptes des cerises de mon verger qu'il a vendues cet été sur le marché de Paris ? Un jour viendra où j'exigerai contrôle de ses registres ! Vous avez tout, terres, maisons, châteaux achetés avec les profits que vous faites sur moi ! Ton oncle Pierre, un niais, que je nomme bailli, pensant que d'être si sot au moins il me sera fidèle, le voilà qui n'est plus même capable de tenir closes les portes de mes prisons ! On en sort comme on veut, comme d'une auberge ou d'un bordeau !

— Mon oncle pouvait-il refuser, Madame... devant le cachet du roi ?

— Et les quatre jours qu'elles ont passés en geôle, qu'ont-elles dit ces servantes de mauvaise putain ? Les a-t-on fait parler ? Ton oncle les a-t-il soumises à la question ?

— Mais, Madame, dit Béatrice toujours de la même voix lente, il ne le pouvait sans ordre de justice. Voyez ce qui est advenu à votre bailli de Béthune...

D'un geste de sa grande main tavelée, Mahaut balaya l'argument.

— Non, vous ne me servez plus avec cœur, dit-elle, ou plutôt vous m'avez toujours mal servie !

Mahaut vieillissait. L'âge marquait son corps de géante ; un rude duvet blanc croissait sur ses joues qui s'empourpraient au moindre mécontentement ; la montée du sang lui découpait alors comme une bavette rouge sur la gorge. Au cours de l'année précédente elle avait connu plusieurs graves altérations de santé. Cette période lui était funeste, de toutes les manières.

Depuis son parjure d'Amiens et la constitution de la commission d'enquête, son caractère s'aigrissait, jusqu'à devenir odieux. De plus, son esprit se fatiguait ; elle mettait un peu toutes choses sur le même plan. La grêle avait-elle gâté les roses qu'elle faisait cultiver par milliers dans ses jardins, ou bien quelque accident était-il survenu aux machines hydrauliques qui alimentaient les cascades artificielles de son château d'Hesdin ? Sa colère s'abattait, comme tempête, sur les jardiniers, sur les ingénieurs, sur les écuyers, sur Béatrice.

— Et ces peintures, faites il n'y a pas dix ans ! criait-elle en montrant les fresques de la galerie de Conflans... Quarante-huit livres parisis, je les ai payées à cet imagier que ton oncle Denis avait fait venir de Bruxelles, et qui m'avait bien garanti qu'il emploierait les couleurs les plus fines[13] ! Pas même dix ans, et regarde donc ! L'argent des heaumes se ternit déjà et le bas de l'image est tout écaillé. Est-ce là bon travail honnête, je te le demande ?

Béatrice s'ennuyait. La suite de Mahaut était nombreuse, mais composée seulement de gens âgés. Mahaut se tenait à présent assez éloignée de la cour de France qui était toute soumise à l'influence de Robert. Là-bas, à Paris, à Saint-Germain, autour du roi *trouvé*, c'étaient sans cesse joutes, tournois et fêtes, pour l'anniversaire de la reine, pour le départ du roi de Bohême, ou même sans raison, simplement pour se donner plaisirs. Mahaut n'y allait guère ou ne faisait que de brèves apparitions quand son rang de pair du royaume l'y obligeait. Elle n'était plus d'âge à danser caroles ni d'humeur à regarder les autres se divertir, surtout dans une cour où on la traitait si mal. Elle ne prenait même plus d'agrément à séjourner à Paris, en son hôtel de la rue Mauconseil ; elle vivait retraite entre les hauts murs de Conflans, ou bien à Hesdin qu'elle avait dû remettre en état après les dévastations exercées par Robert en 1316.

Tyrannique depuis qu'elle n'avait plus d'amant – le dernier avait été l'évêque Thierry d'Hirson qui se partageait entre elle et la Divion, d'où la haine que Mahaut vouait à cette femme –

et redoutant d'être saisie de malaises nocturnes, elle obligeait Béatrice à dormir au bout de sa chambre où stagnaient des odeurs accumulées de vieillesse, de pharmacie et de mangeaille. Car Mahaut dévorait toujours autant, à toute heure saisie des mêmes fringales monstrueuses ; les tentures, les tapis sentaient le civet, la venaison, le brouet à l'ail. De fréquentes indigestions l'obligeaient à appeler mires, physiciens, barbiers et apothicaires ; les potions et bouillons d'herbes succédaient aux viandes marinées. Ah ! où était le bon temps où Béatrice aidait Mahaut à empoisonner les rois !

Béatrice elle-même commençait à ressentir le poids des années. Sa jeunesse s'achevait. Trente-trois ans, c'est l'âge où toutes les femmes, même les plus perverses, contemplent les deux versants de leur vie, songent avec nostalgie aux saisons écoulées, et avec inquiétude aux saisons à venir. Béatrice était toujours belle et s'en assurait dans les yeux des hommes, ses miroirs préférés. Mais elle savait aussi qu'elle ne possédait plus absolument ce teint de fruit doré qui avait fait l'attrait de ses vingt ans ; l'œil très sombre, et qui ne laissait presque pas paraître de blanc entre les cils, était moins brillant au réveil ; la hanche s'alourdissait un peu. C'était maintenant que les jours ne se devaient point perdre.

Mais comment, avec cette Mahaut qui l'obligeait à coucher dans sa chambre, comment s'échapper pour rejoindre un amant de rencontre ou pour aller, à minuit, en quelque maison secrète, assister à une messe vaine et trouver, dans les pratiques du sabbat, les épices du plaisir ?

— Où es-tu à rêver ? lui cria brusquement la comtesse.

— Je ne suis pas à rêver, Madame... répondit-elle en ramenant sur Mahaut son regard coulant ; je songe seulement que vous pourriez avoir meilleure fille que moi pour vous servir... Je pense à me marier.

C'était là savante méchanceté dont l'effet se manifesta sans retard.

— Beau parti que tu feras ! s'écria Mahaut. Ah ! il sera bien pourvu, celui qui te prendra pour femme et qui pourra rechercher ton pucelage dans le lit de tous mes écuyers, avant que d'aller aussi y gagner ses cornes !

— A l'âge que j'ai, Madame, et où vous m'avez tenue fille pour vous servir... pucelage est plutôt malheur que vertu. C'est de toute façon chose plus commune que les maisons et les biens que j'apporterai à un mari.

— Si tu les gardes, ma fille ! Si tu les gardes ! Car ils ont été tondus sur mon dos !

Béatrice sourit, et son regard noir à nouveau se voila.

— Oh... Madame, dit-elle avec une extrême douceur, vous n'iriez point retirer vos bienfaits à qui vous a servie en choses si secrètes... et que nous avons accomplies ensemble ?

Mahaut la regarda avec haine.

Béatrice savait lui rappeler les cadavres royaux qui dormaient entre elles, les dragées du Hutin, le poison sur les lèvres du petit Jean Ier... et elle savait aussi comment la scène finirait, par une montée de sang au visage de la comtesse, par la bavette rouge marquée sur son cou bovin.

— Tu ne te marieras pas ! Tiens, tiens, vois le mal que tu me fais, à me tenir tête, et sois contente, dit Mahaut en se laissant choir sur un siège. Le sang me monte aux oreilles qui sont toutes sonnantes ; il va falloir encore me faire saigner.

— Ne serait-ce, Madame, de manger trop qui vous oblige à vous faire tirer tant de sang ?

— Je mangerai ce qui me plaît, hurla Mahaut, et quand il me plaît ! Je n'ai pas besoin d'une ignorante comme toi pour décider ce qui m'est bon. Va me chercher du fromage anglais ! Et du vin ! Et ne tarde pas !

Il ne restait plus de fromage anglais aux resserres ; le dernier arrivage était épuisé.

— Qui l'a mangé ? On me vole ! Alors qu'on m'apporte un pâté en croûte !

« Eh oui ! c'est cela. Bourre-toi, et crève ! » pensait Béatrice en déposant le plateau.

Mahaut saisit une large tranche, à pleine main, et y mordit. Mais le craquement qu'elle entendit, et qui lui résonna dans le crâne, n'était pas seulement celui de la croûte ; elle venait de se casser une dent, une de plus.

Ses yeux, gris et injectés, s'élargirent un peu. Elle demeura immobile quelques instants, la tranche de pâté d'une main, un verre de vin dans l'autre, et la bouche ouverte avec une incisive, rompue au collet, qui s'était mise horizontale, contre la lèvre. Elle posa le verre, détacha sans peine la partie brisée de la dent. Elle mesurait de la langue la place vide sous la gencive, et tâtait la surface râpeuse, blessante de la racine. En même temps, elle contemplait entre ses gros doigts le petit morceau d'ivoire jauni, noir à la brisure, ce fragment d'elle-même qui l'abandonnait.

Mahaut releva les yeux parce que Béatrice, devant elle, était en train de pouffer. Les bras croisés sur la taille, les épaules agitées, la demoiselle de parage ne pouvait plus contenir son fou rire. Avant qu'elle ait eu le temps de reculer, Mahaut fut sur elle et la gifla à la volée, par deux fois. Le rire de Béatrice s'arrêta net ; derrière les longs cils, les prunelles noires étincelèrent d'un éclat méchant, puis s'éteignirent aussitôt.

Ce soir-là, quand Béatrice aida la comtesse à se dévêtir, il semblait que la paix fût rétablie entre elles. Mahaut, revenue à son obsession, expliquait à Béatrice :

— Comprends-tu pourquoi je tenais tant à ce qu'on questionnât ces deux femmes ? Je suis certaine que la Division aide Robert à fabriquer de fausses pièces, et je voudrais qu'on le prît la main dans le sac.

Elle suçait machinalement son chicot que le barbier avait limé.

Béatrice, depuis la double gifle, mûrissait un projet.

— Puis-je, Madame... vous proposer un conseil ? Accepteriez-vous de l'ouïr ?

— Mais oui, ma fille, parle, parle. Je suis vive, j'ai la main leste ; mais j'ai confiance en toi, tu le sais bien.

— Eh bien ! Madame, tout le mal vient de l'héritage de mon oncle Thierry... et de ce que vous n'avez point voulu payer ce qu'il laissait à la Division. Une mauvaise créature, certes, et qui ne méritait pas tant ! Mais vous vous êtes fait là une ennemie qui tenait certains secrets de la bouche de mon oncle... et qui est en train de les vendre à Monseigneur Robert. C'est une chance encore que j'aie pu vider à temps le coffre d'Hirson... où mon oncle serrait certains de vos papiers ! Voyez quel usage en aurait pu faire cette mauvaise femme... Un peu d'argent et de terre que vous lui eussiez donnés... et le bec lui était scellé.

— Eh oui ! dit Mahaut, j'ai peut-être eu tort. Mais avoue que cette ribaude qui s'en va se chauffer dans les draps d'un évêque, et se fait encore porter au testament comme si elle était épouse légitime... Eh oui ! j'ai peut-être eu tort...

Béatrice aidait Mahaut à ôter sa chemise de jour. La géante levait ses énormes bras, découvrant aux aisselles une triste toison blanche ; la graisse formait bosse sur sa nuque, comme sur l'échine des bœufs ; la mamelle était lourde, affaissée, monstrueuse.

« Elle est vieille, pensait Béatrice, elle va mourir... mais quand ? Jusqu'à son dernier jour, je vais vêtir et dévêtir ce vilain corps et user toutes mes nuits auprès... Et lorsqu'elle sera morte, que m'arrivera-t-il ? Monseigneur Robert va sans doute gagner, avec l'appui du roi... La maison de Mahaut sera dispersée... »

Quand elle eut passé autour de Mahaut la chemise de nuit, Béatrice reprit :

— Si vous faisiez offrir à cette Divion de lui payer le legs qu'elle réclame... et même quelque chose en sus, vous la ramèneriez sans doute dans votre parti ; et, si elle a servi à votre neveu pour de mauvaises besognes, vous pourriez connaître lesquelles... et en tirer avantage.

— C'est peut-être sagesse ce que tu dis là, répondit Mahaut. Mon comté vaut bien de dépenser un millier de livres, même pour payer le péché. Mais comment l'approcher, cette catin ? Elle loge à l'hôtel de Robert qui doit la faire de près surveiller... et même la caresser un peu à l'occasion, car il n'a guère de dégoût. Il ne faudrait pas que la démarche fût éventée.

— Je m'offre, Madame, à aller la voir et à lui parler. Je suis la nièce de Thierry. Il pourrait m'avoir confié pour elle quelque volonté...

Mahaut regarda attentivement le visage calme, presque souriant, de sa demoiselle de parage.

— Tu risques gros, dit-elle. Si jamais Robert l'apprend...

— Je sais, Madame... je sais ce que je risque ; mais le péril n'est point pour m'effrayer, dit Béatrice en ramenant sur la comtesse, qui s'était couchée, la couverture brodée.

— Allons, tu es une bonne fille, dit Mahaut. La joue ne te brûle pas trop ?

— Si, Madame, toujours... pour vous servir...

6

Béatrice et Robert

Lormet l'avait reçue à la petite porte de l'hôtel, celle qu'empruntaient les fournisseurs, comme si la visiteuse avait été une quelconque fripière ou brodeuse venue livrer une commande. D'ailleurs, vêtue d'une pèlerine de léger drap gris dont le capuchon lui couvrait les cheveux, Béatrice d'Hirson ne se distinguait en rien d'une ordinaire bourgeoise.

Elle avait immédiatement reconnu le vieux serviteur personnel de Monseigneur d'Artois ; mais elle n'en avait pas montré d'étonnement, pas plus qu'elle n'en témoignait à traverser les deux cours, les bâtiments de service, et à voir qu'on la conduisait vers les appartements seigneuriaux.

Lormet allait devant, le souffle un peu bruyant, et se retournait de temps en temps pour jeter par-dessus l'épaule un regard défiant sur cette fille trop belle, à la démarche glissante et balancée, et qui ne paraissait nullement intimidée.

« Qu'ont à faire ici les gens de Mahaut ? bougonnait intérieurement Lormet. Quel plat de sa façon cette gueuse vient-elle cuire à nos fourneaux ? Ah ! Monseigneur Robert est bien imprudent de lui avoir laissé franchir l'huis ! La dame Mahaut sait bien comment agir ; ce n'est pas la plus laide de ses femmes qu'elle lui dépêche ! »

Un couloir voûté, une tapisserie, une porte basse qui tourna sur des gonds bien huilés, et Béatrice vit, aux trois murs, saint Georges dardant sa lance, saint Maurice appuyé sur son glaive et saint Pierre tirant ses filets.

Monseigneur Robert se tenait debout au milieu de la pièce, les jambes largement écartées, les bras croisés sur le poitrail et le menton posé sur le col.

Béatrice abaissa ses longs cils, et se sentit parcourue d'un délectable frémissement de crainte et de satisfaction mêlées.

— Vous ne vous attendiez point à me voir, je pense, dit Robert d'Artois.

— Oh ! si, Monseigneur... répondit Béatrice de sa voix lente ; c'était bien vous que j'espérais approcher.

Elle avait fait le nécessaire pour cela, et si peu déguisé, pendant une semaine, ses émissaires auprès de la Divion que tout l'hôtel devait être averti.

La réponse surprit un peu Robert.

— Alors, que venez-vous faire ? M'annoncer la mort de ma tante Mahaut ?

— Oh ! non, Monseigneur... Madame Mahaut s'est seulement cassé une dent.

— Belle nouvelle, dit Robert, mais qui ne me paraît pas valoir le dérangement. Vous envoie-t-elle en messagère ? Voit-elle qu'elle a perdu sa cause et veut-elle à présent traiter avec moi ? Je ne traiterai pas !

— Oh ! non, Monseigneur... Madame Mahaut ne veut pas traiter puisqu'elle sait qu'elle gagnera.

— Elle gagnera ? En vérité ! Contre cinquante-cinq témoins, tous accordés pour reconnaître les vols et tromperies commis à mon endroit ?

Béatrice sourit.

— Madame Mahaut en aura bien soixante, Monseigneur, pour prouver que vos témoins disent faux, et qui auront été payés le même prix...

— Ah çà ! la belle ; est-ce pour me narguer que vous êtes entrée ici ? Les témoins de votre maîtresse ne vaudront rien parce que les miens appuient de bonnes pièces, que je montrerai.

— Ah ! vraiment, Monseigneur ? dit Béatrice d'un ton faussement respectueux. Alors c'est que Madame Mahaut se trompe sur la raison de la grande recherche de sceaux qui se fait en Artois, ces temps-ci... pour votre maison.

— On recherche des sceaux, dit Robert irrité, parce qu'on recherche toutes pièces anciennes, et que mon nouveau chancelier veille à mettre ordre en mes registres.

— Ah ! vraiment, Monseigneur... répéta Béatrice.

— Mais ce n'est pas à vous de m'interroger ! C'est moi qui vous demande ce que vous cherchez ici. Vous venez soudoyer mes gens ?

— Nul besoin, Monseigneur, puisque je suis parvenue jusqu'à vous.

— Mais que me voulez-vous, à la parfin ? s'écria-t-il.

Béatrice parcourait la pièce du regard. Elle vit la porte par laquelle elle était entrée, et qui s'ouvrait dans le ventre de la Madeleine. Elle eut un léger rire.

— Est-ce par cette chatière que passent toujours les dames que vous recevez ?

Le géant commençait à s'énerver. Cette voix traînante, ironique, ce rire bref, ce regard noir qui brillait un instant et s'éteignait aussitôt derrière les longs cils recourbés, tout cela le troublait un peu.

« Prends garde, Robert, se disait-il, c'est là garce fameuse et qu'on ne doit pas t'envoyer pour ton bien ! »

Il la connaissait de longue date, la demoiselle Béatrice ! Ce n'était pas la première fois qu'elle le provoquait. Il se rappelait comment à l'abbaye de Chaâlis, sortant d'un conseil nocturne autour du roi Charles IV à propos des affaires d'Angleterre, il avait trouvé Béatrice qui l'attendait sous les arches du cloître de l'hôtellerie. Et bien d'autres fois encore... A chaque rencontre, c'était le même regard attaché au sien, le même mouvement onduleux des hanches, le même soulèvement de poitrine. Robert n'était pas homme que la fidélité ligotait ; un tronc d'arbre habillé d'un jupon l'eût fait sortir de sa route. Mais cette fille, qui était à Mahaut et pour toutes besognes, lui avait toujours inspiré la prudence.

— Ma belle, vous êtes sûrement bien gueuse, mais peut-être également êtes-vous avisée. Ma tante croit qu'elle gagnera sa cause ; mais vous, l'œil plus ouvert, vous vous dites déjà qu'elle la perdra. Sans doute pensez-vous que le bon vent va cesser de souffler du côté de Conflans, et qu'il serait temps de se faire bien voir de ce Monseigneur Robert dont on a tant médit, auquel on a si grandement nui, et dont la main risque d'être lourde le jour de la vengeance. N'est-ce pas cela ?

Il marchait de long en large selon son habitude. Il portait une cotte courte qui lui moulait la panse ; les énormes muscles de sa cuisse tendaient l'étoffe de ses chausses. Béatrice, à travers ses cils, ne cessait de l'observer, depuis la rousse chevelure jusqu'aux souliers.

« Comme il doit peser lourd ! » pensait-elle.

— Mais on n'acquiert pas mes faveurs par un sourire, sachez-le, continuait Robert. A moins que vous n'ayez grand besoin de monnaie et quelque secret à me vendre ? Je récompense si l'on me sert, mais je suis sans pitié si l'on veut me truffer !

— Je n'ai rien à vous vendre, Monseigneur.

— Alors, demoiselle Béatrice, pour votre gouverne et salut, sachez que vous aurez avantage à prendre au large des portes de mon hôtel, quel que soit le prétexte à vous en approcher. Mes cuisines sont bien gardées, mes plats sont éprouvés, mon vin est essayé avant qu'on ne me le verse.

Béatrice se passa sur les lèvres la pointe de la langue, comme si elle goûtait une liqueur savoureuse.

« Il redoute que je l'empoisonne », se disait-elle.

Oh! qu'elle s'amusait, et qu'elle avait peur à la fois. Et Mahaut, pendant ce temps, qui la croyait occupée à circonvenir la Divion! Oh! l'admirable moment! Béatrice avait l'impression de tenir au creux de sa main plusieurs lacs invisibles et mortels. Encore fallait-il les bien assujettir.

Elle rabattit en arrière son capuchon, dénoua le cordon du col et ôta sa pèlerine. Ses cheveux sombres, épais, étaient tordus en tresse autour des oreilles. Sa robe de marbré, fort échancrée sur la poitrine, montrait la naissance généreuse des seins. Robert, qui aimait les femmes plantureuses, ne put s'empêcher de penser que Béatrice avait gagné en beauté depuis leur dernière rencontre.

Béatrice étala sa pèlerine sur le dallage de façon qu'elle couvrît la moitié d'un rond. Robert eut un regard de surprise.

— Que faites-vous donc là?

Elle ne répondit pas, tira de son aumônière trois plumes noires qu'elle posa sur le haut de la pèlerine, les croisant pour former comme une petite étoile; puis elle se mit à tourner, décrivant de l'index un cercle imaginaire et murmurant des paroles incompréhensibles.

— Mais que faites-vous? répéta Robert.

— Je vous ensorcelle... Monseigneur, répondit tranquillement Béatrice, comme si c'était la chose la plus naturelle du monde, ou tout au moins la chose la plus coutumière pour elle.

Robert éclata de rire. Béatrice le regarda et lui prit la main comme pour l'amener à l'intérieur du cercle. La main de Robert se retira.

— Vous avez peur, Monseigneur? dit Béatrice en souriant.

Voilà bien la force des femmes! Quel seigneur eût osé dire au comte Robert d'Artois qu'il avait peur sans recevoir un poing énorme sur la face ou une épée de vingt livres en travers du crâne? Et voici qu'une vassale, une chambrière, vient rôder autour de son hôtel, se fait conduire jusqu'à lui, occupe son temps à lui conter des sornettes... « Mahaut a perdu une dent... Je n'ai pas de secret à vous vendre... » étend son manteau sur le carrelage et lui déclare en belle face qu'il a peur !

— Vous semblez avoir toujours craint de vous approcher de moi, continua Béatrice. Le jour que je vous vis pour la première fois, il y a bien longtemps, à l'hôtel de Madame Mahaut... quand vous vîntes lui annoncer que ses filles allaient être jugées... peut-être ne vous souvenez-vous pas... déjà, vous vous étiez détourné de moi. Et souventes fois depuis... Non, Monseigneur, ne me faites point croire que vous auriez peur !

Sonner Lormet, lui ordonner d'éloigner cette moqueuse ; n'était-ce pas ce que la sagesse conseillait à Robert, sans perdre davantage de temps ?

— Et que cherches-tu, avec ta chape, ton cercle, et tes trois plumes ? demanda-t-il. A faire apparaître le Diable ?

— Mais oui, Monseigneur... dit Béatrice.

Il haussa les épaules devant cette gaminerie et, par jeu, avança dans le cercle.

— Voilà qui est fait, Monseigneur. C'est tout juste ce que je voulais. Parce que c'est vous, le Diable...

Quel homme résiste à ce compliment-là ? Robert eut cette fois un vrai rire, un rire de gorge satisfait. Il prit le menton de Béatrice entre le pouce et l'index.

— Sais-tu que je pourrais te faire brûler comme sorcière ?

— Oh ! Monseigneur...

Elle se tenait contre lui, la tête levée vers les larges mâchoires piquées de poils rouges ; elle percevait son odeur de sanglier forcé. Elle était tout émue de danger, de trahison, de désir et de satanisme.

Une ribaude, une ribaude bien franche, comme Robert les aimait ! « Qu'est-ce que je risque ? » se dit-il.

Il la saisit aux épaules, l'attira contre lui.

« C'est le neveu de Madame Mahaut, son neveu qui lui souhaite tant de mal », pensait Béatrice tandis qu'elle perdait souffle contre sa bouche.

7

La maison Bonnefille

L'évêque Thierry d'Hirson, de son vivant, possédait à Paris, dans la rue Mauconseil, un hôtel jouxte celui de la comtesse d'Artois, et qu'il avait agrandi en achetant la maison d'un de ses voisins nommé Julien Bonnefille. Ce fut cette maison, reçue en héritage, que Béatrice proposa à Robert d'Artois comme abri de leurs rencontres.

La promesse de s'ébattre en compagnie de la dame de parage de Mahaut, à côté de l'hôtel de Mahaut, dans une maison payée sur les deniers de Mahaut, et qui, de surcroît, gardait le nom de maison Bonnefille, il y avait en tout cela de quoi satisfaire le penchant naturel de Robert pour la farce. Le sort organise parfois de ces amusements...

Néanmoins, Robert, dans les débuts, n'en usa qu'avec une extrême prudence. Bien qu'il fût lui-même propriétaire, dans la même rue, d'un hôtel où il ne résidait pas mais qu'il venait visiter de temps à autre, il préférait ne se rendre à la maison Bonnefille que le soir tombé. En ces quartiers proches de la Seine, où les voies étroites étaient encombrées d'une foule dense et lente, un seigneur tel que Robert d'Artois, de stature si reconnaissable et escorté d'écuyers, ne pouvait passer inaperçu. Robert attendait donc la chute du jour. Il se faisait toujours accompagner de Gillet de Nelle et de trois serviteurs, choisis parmi les plus discrets et surtout les plus forts. Gillet était la cervelle de cette garde et les trois valets à poings d'assommeurs se plaçaient aux issues de la maison Bonnefille, sans livrée, comme de quelconques badauds.

Au cours des premières entrevues, Robert refusa de boire le vin aux épices que Béatrice lui offrait. « La donzelle peut bien avoir été chargée de m'enherber », se disait-il. Il ne se dévêtait qu'à regret de son surcot doublé d'une fine maille de fer, et, tout le temps du plaisir, gardait l'œil vers le coffre où il avait posé sa dague.

Béatrice se délectait de lui voir pareilles craintes. Ainsi, elle, petite bourgeoise d'Artois, fille non mariée à trente ans passés, et qui avait roulé dans toutes sortes de draps, pouvait inspirer crainte à un tel colosse et un si puissant pair de France ?

L'aventure avait pour Béatrice, plus encore que pour Robert, tout le piment de la perversité. Dans la maison de son oncle l'évêque ! Et avec le mortel ennemi de Madame Mahaut à laquelle, pour excuser ses absences, Béatrice devait conter sans cesse de nouvelles fables... La Divion était réticente... Elle ne céderait pas d'un coup et ce serait folie que de lui verser forte somme pour laquelle elle pourrait ne vendre qu'un gros mensonge... Non, il fallait la voir souvent, lui extirper, bribe après bribe, les intrigues du mauvais Monseigneur Robert, lui faire livrer le nom des témoins de complaisance, et ensuite vérifier ses dires, aller trouver le sieur Juvigny, au Louvre, ou Michelet Guéroult, le valet du notaire Tesson. Ah ! tout cela n'allait pas sans peine, ni temps, ni monnaie... « Il conviendrait, Madame, de donner une pièce d'étoffe à ce clerc, pour sa femme ; sa langue se déliera... M'autorisez-vous à vous prendre quelques livres ? »

Et le plaisir de regarder Madame Mahaut dans les yeux, de lui sourire, et de penser : « Il y a moins de douze heures, je m'offrais toute dépouillée à messire votre neveu ! »

A voir sa demoiselle de parage tant se dépenser à son service, Mahaut la rabrouait moins, lui montrait de nouveau de l'affection et ne lui ménageait pas les gâteries. Pour Béatrice c'était une occasion doublement exquise que de jouer Mahaut tout en s'appliquant à conquérir Robert. Car on ne saurait prétendre avoir conquis un homme parce qu'on a passé une heure avec lui au même lit, pas plus qu'on n'est le maître d'un fauve parce qu'on l'a acheté et qu'on l'observe à travers les grilles de la cage.

La possession ne fait pas le pouvoir.

On n'est le maître, vraiment, que lorsqu'on a si bien travaillé le fauve qu'il se couche à la voix, rentre les griffes, et qu'un regard lui sert de barreaux.

Les défiances de Robert étaient pour Béatrice comme autant de griffes à limer. En toute sa carrière de chasseresse elle n'avait jamais eu l'occasion de piéger si grand gibier, et réputé si féroce que c'en était proverbe.

Le jour où Robert consentit à accepter de la main de Béatrice un gobelet de grenache, elle connut sa première victoire. « J'aurais donc pu y mettre du poison, et il l'aurait bu... »

Et quand une fois il s'endormit, pareil à l'ogre des fabliaux, alors elle éprouva le sentiment du triomphe. Le géant avait au cou une démarcation nette, là où se fermait la robe ou la cuirasse ; la teinte brique du visage tanné par le grand air s'arrêtait brusquement, et, au-dessous, commençait la peau blanche, tavelée de taches de son et couverte aux épaules de poils roux comme la soie des porcs. Cette ligne semblait à Béatrice la marque toute tracée pour le tranchant d'une hache ou le fil d'un poignard.

Les cheveux couleur de cuivre, frisés en rouleaux sur les joues, s'étaient déplacés et laissaient apparaître une oreille petite, délicatement ourlée, enfantine, attendrissante. « On pourrait, pensait Béatrice, dans cette petite oreille, enfoncer un fer jusqu'à la cervelle... »

Robert se réveilla en sursaut, au bout de quelques minutes, avec inquiétude.

— Eh bien ! Monseigneur... je ne t'ai pas tué, dit-elle en riant.

Son rire découvrait une gencive rouge sombre.

Comme pour la remercier, il relança au jeu. Il lui fallait avouer qu'elle l'y secondait bien, inventive, sournoise, peu ménagère de soi, jamais rechigneuse, et criant fort sa joie. Robert qui, pour avoir troussé toutes sortes de cottes, soie, lin ou chanvre, se croyait grand maître en ribauderie, devait reconnaître qu'il avait trouvé là plus forte partie.

— Si c'est au sabbat, ma petite mie, lui disait-il, que tu as appris toutes ces galanteries, on devrait davantage y envoyer pucelles !

Car Béatrice lui parlait souvent du sabbat et du Diable. Cette fille lente et molle en apparence, ondoyante de démarche, traînante en sa parole, ne révélait qu'au lit sa vraie violence, de même que son discours ne devenait rapide et animé que lorsqu'il s'agissait de démons ou de sorcellerie.

— Pourquoi donc ne t'es-tu jamais mariée ? lui demandait Robert. Les époux n'ont pas dû manquer à se proposer, surtout si tu leur as donné tel avant-goût du mariage...

— Parce que le mariage se fait à l'église, et que l'église m'est mauvaise.

Agenouillée sur le lit, les mains aux genoux, l'ombre au creux du ventre, Béatrice, les cils bien ouverts, disait :

— Tu comprends, Monseigneur, les prêtres et les papes de Rome et d'Avignon n'enseignent pas la vérité. Il n'y a pas un seul Dieu ; il y en a deux, celui de la lumière et celui des ténèbres, le prince du Bien et le prince du Mal. Avant la création du monde, le peuple des ténèbres s'est révolté contre le peuple de la lumière ; et les vassaux du Mal, pour pouvoir vraiment exister, puisque le Mal est le néant et la mort, ont dévoré une partie des principes du Bien. Et parce que les deux forces du Bien et du Mal étaient en eux, ils ont pu créer le monde et engendrer les hommes où les deux principes sont mêlés et toujours en bataille, et où le Mal dirige, puisque c'est l'élément du peuple d'origine. Et l'on voit bien qu'il y a deux principes puisqu'il y a l'homme et la femme, faits comme toi et comme moi, de manière diverse, poursuivait-elle avec un sourire avide. Et c'est le Mal qui chatouille nos ventres et les pousse à se joindre... Or les gens dans lesquels la nature du Mal est plus forte que la nature du Bien doivent honorer Satan et faire pacte avec lui pour être heureux et triompher en leurs affaires ; et ils ne doivent rien faire pour le Seigneur du Bien qui leur est adverse.

Cette étrange philosophie, qui puait fortement le soufre, et où traînaient des bribes mal digérées de manichéisme, d'impurs éléments de doctrines cathares, mal transmis et mal compris, avait plus d'adeptes que les gens au pouvoir ne le croyaient. Béatrice ne représentait pas un cas isolé ; mais pour Robert, dont l'esprit n'avait jamais effleuré ce genre de problème, elle entrouvrait les portes d'un monde mystérieux ; il était surtout fort admiratif d'entendre de tels raisonnements dans la bouche d'une femme.

— Tu as plus de cervelle que je n'aurais cru. Qui donc t'a appris tout cela ?

— D'anciens Templiers, répondit-elle.

— Ah ! les Templiers ! Certes, ils connaissaient beaucoup de choses...

— Vous les avez détruits.

— Pas moi, pas moi ! s'écria Robert. Philippe le Bel et Enguerrand, les amis de Mahaut... Mais Charles de Valois et moi-même nous étions opposés à leur destruction.

— Ils sont restés puissants par magie ; tous les maux survenus depuis lors au royaume sont arrivés à cause du pacte que les Templiers ont fait avec Satan, parce que le pape les avait condamnés.

— Les malheurs du royaume, les malheurs du royaume... disait Robert peu convaincu. Certains ne sont-ils pas l'œuvre de ma tante plutôt que celle du Diable ? Car c'est elle qui a expédié mon cousin Hutin, et son fils ensuite. N'y aurais-tu pas mis un peu la main ?

Il revenait souvent sur cette question mais, chaque fois, Béatrice esquivait. Ou bien elle souriait, vaguement, comme si elle n'avait pas entendu ; ou bien elle répondait à côté.

— Mahaut ne sait pas... elle ne sait pas que j'ai fait pacte avec le Diable... Sûrement elle me chasserait...

Et elle repartait aussitôt d'un débit rapide sur ses sujets favoris, sur la messe vaine, l'opposé, la négation de la messe chrétienne, qu'on devait célébrer à minuit, dans un souterrain, et près d'un cimetière de préférence. L'idole avait une tête à deux visages ; on se servait d'hosties noires que l'on consacrait en prononçant trois fois le nom de Belzébuth. Si l'officiant pouvait être un prêtre renégat, ou un moine défroqué, cela n'en valait que mieux.

— Le Dieu d'en haut est failli ; il a promis la félicité et ne donne que malheur aux créatures qui le servent ; il faut obéir au Dieu d'en bas. Tiens, Monseigneur, si tu veux que les pièces de ton procès soient renforcées par le Diable, fais-les traverser d'un fer rouge dans le coin de la feuille, et qu'il y demeure un trou marqué d'un peu de brûlure. Ou bien encore, souille la page d'une petite tache d'encre étalée en forme de croix où la branche du haut finisse comme une main... Je sais comment il faut faire.

Mais Robert, lui non plus, ne se livrait pas tout à fait ; et bien que Béatrice dût être la première à savoir que les pièces qu'il se targuait de posséder étaient des faux, jamais il ne se serait laissé aller à en convenir.

— Si tu veux prendre tout pouvoir sur un ennemi et qu'il agisse à sa perte par volonté maligne, lui confia-t-elle un jour, il faut que tu le fasses frotter aux aisselles, au revers des oreilles et à la plante des pieds d'un onguent fait de fragments d'hosties et de poudre d'os d'un petit enfant sans baptême, cela mêlé à du rut d'homme répandu sur le dos d'une femme pendant la messe vaine, et du sang mensuel de cette femme...[14]

— Je serais plus sûr, répondit Robert, si, à une bonne ennemie que j'ai, on versait la poudre à faire mourir les rats et les bêtes puantes.

Béatrice feignit de ne pas réagir. Mais l'idée lui fit passer des ondes chaudes sous la peau. Non, il ne fallait pas qu'elle répondît tout de suite à Robert. Il ne fallait pas qu'il sût qu'elle était déjà consentante... Est-il meilleur pacte qu'un crime pour lier à jamais deux amants ?

Car elle l'aimait. Elle ne se rendait pas compte que, cherchant à le piéger, c'était elle qui entrait en dépendance. Elle ne vivait plus que pour le moment où elle le rejoignait, pour ne vivre ensuite que de se souvenir et à nouveau d'attendre. Attendre ce poids de deux cents livres, et cette odeur de ménagerie que Robert dégageait, surtout dans l'ébat amoureux, et ce grondement de félin qu'elle lui tirait de la gorge.

Il existe plus de femmes qu'on ne pense qui ont le goût du monstre. Les nains de la cour, Jean le Fol et les autres, le savaient bien qui ne pouvaient suffire à leurs conquêtes ! Même une anomalie accidentelle est objet de curiosité et, partant, de désir. Un chevalier borgne par exemple, rien que pour l'envie de soulever le carreau d'étoffe noire qui lui couvre une partie du visage. Robert, à sa manière, tenait du monstre.

La pluie d'automne s'égouttait sur les toits. Les doigts de Béatrice s'amusaient à suivre les renflements d'une panse gigantesque.

— D'abord toi, Monseigneur, disait-elle, tu n'as besoin de rien pour obtenir ce que tu veux, ni besoin d'être instruit d'aucune science... Tu es le Diable lui-même. Le Diable ne sait pas qu'il est le Diable...

Il rêvassait, repu, le menton en l'air, écoutant cela...

Le Diable a des yeux qui brûlent comme la braise, d'immenses griffes au bout des doigts pour lacérer les chairs, une langue partagée en deux, et un souffle de fournaise s'échappe de sa bouche. Mais le Diable pouvait avoir aussi le poids et l'odeur de Robert. Elle était amoureuse de Satan. Elle était la femelle du Diable et on ne l'en séparerait jamais...

Un soir que Robert d'Artois, venant de la maison Bonnefille, rentrait à son hôtel, sa femme lui présenta le fameux traité de mariage, enfin rédigé, et auquel il ne manquait plus que les sceaux.

Robert, l'ayant examiné, s'approcha de la cheminée, et, d'un geste négligent, mit le tisonnier dans les braises ; puis, quand la pointe fut rouge, il en troua le coin d'une des feuilles qui se mit à grésiller.

— Que faites-vous, mon ami ? demanda Madame de Beaumont.

— Je veux seulement, dit Robert, m'assurer que c'est du bon vélin.

Jeanne de Beaumont considéra un instant son mari, puis lui dit doucement, presque maternelle :

— Vous devriez bien, Robert, vous faire couper les ongles... Quelle est cette mode neuve que vous avez de les porter si longs ?

8

Retour à Maubuisson

Il arrive que toute une machination longuement ourdie soit compromise dès l'origine par une faille de raisonnement.

Robert s'aperçut soudain que les catapultes qu'il avait si bien montées pouvaient se casser net au moment de tirer, faute de sa part d'avoir songé à un ressort premier.

Il avait certifié au roi son beau-frère, et juré solennellement sur les Ecritures, que ses titres d'héritage existaient ; il avait fait établir des lettres aussi semblables que possible aux documents disparus ; il avait provoqué de nombreux témoignages pour étayer la validité de ces écrits. Toutes les chances semblaient donc rassemblées pour que ses preuves fussent agréées sans discussion.

Mais il existait une personne qui savait, elle, indubitablement, que les actes étaient faux : Mahaut d'Artois, puisqu'elle avait brûlé les vrais actes, ceux d'abord des registres de Paris, dérobés quelque vingt ans plus tôt grâce à des complaisances dans l'entourage de Philippe le Bel, et puis, tout récemment, les copies récupérées dans le coffre de Thierry d'Hirson.

Or, si un faux peut passer pour authentique aux yeux de gens favorablement prévenus et qui n'ont jamais eu connaissance des originaux, il n'en va pas de même pour qui est averti de la falsification.

Certes, Mahaut n'irait pas déclarer : « Ces pièces sont mensongères parce que j'ai jeté au feu les bonnes » ; mais, sachant les pièces frauduleuses, elle allait tout mettre en œuvre pour le démontrer ; on pouvait sur ce point lui faire confiance ! L'arrestation des mesquines de la Divion constituait une alerte probante. Trop de personnes déjà avaient participé à la fabrication pour qu'il ne s'en trouvât pas quelqu'une capable de trahir par peur, ou par appât du gain.

Si une erreur s'était glissée, comme le malheureux « 1322 » à la place de « 1302 » dans la lettre lue à Reuilly, Mahaut ne manquerait pas de la déceler. Les sceaux pouvaient sembler parfaits mais Mahaut en exigerait le contre-examen minutieux. Et puis, le feu comte Robert II avait, comme tous les princes, l'habitude de faire mentionner dans ses actes officiels le nom du clerc qui les avait écrits. Evidemment, pour les fausses lettres, on s'était gardé de cette précision. Or, telle omission sur une seule pièce pouvait passer, mais sur quatre qu'on allait présenter ? Mahaut aurait beau jeu à faire ouvrir les registres d'Artois : « Comparez, dirait-elle, et parmi toutes les lettres scellées par mon père, cherchez donc la main d'un de ses clercs qui ressemble à ces écritures-là ! »

Robert en était venu à la conclusion que ses pièces, qui avaient en son esprit valeur de vérité, ne pouvaient être utilisées que lorsque la personne qui avait fait disparaître les originaux aurait elle-même disparu. Autrement dit, son procès n'était gagné qu'à la condition que Mahaut fût morte. Ce n'était plus un souhait mais une nécessité.

— Si Mahaut venait à trépasser, dit-il un jour à Béatrice d'un air songeur, les deux mains sous la tête et regardant le plafond de la maison Bonnefille... oui, si elle trépassait, je pourrais fort bien te faire entrer en mon hôtel comme dame de parage de mon épouse... Puisque je recueillerais l'héritage d'Artois, on comprendrait que je reprenne certaines gens de la maison de ma tante. Et ainsi je pourrais t'avoir toujours auprès de moi...

L'hameçon était gros, mais lancé vers un poisson qui avait la bouche ouverte.

Béatrice n'entretenait pas de plus douce espérance. Elle se voyait habitant l'hôtel de Robert, y tramant ses intrigues, maîtresse d'abord secrète, puis avouée, car ce sont là choses que le temps installe... Et qui sait ? Madame de Beaumont, comme toute créature humaine, n'était pas éternelle. Certes, elle avait sept ans de moins que Béatrice et jouissait d'une santé qui semblait excellente ; mais quel triomphe, justement, pour une femme plus âgée, de supplanter une cadette ! Est-ce qu'un envoûtement bien accompli ne pourrait pas, d'ici quelques années, faire de Robert un veuf ? L'amour ôte tout frein à la raison, toute limite à l'imagination. Béatrice se rêvait par moments comtesse d'Artois, en manteau de pairesse...

Et si le roi, comme cela pouvait aussi survenir, trépassait, et que Robert devînt régent ? En chaque siècle, il existe des femmes petitement nées qui se haussent ainsi jusqu'au premier rang, par le désir qu'elles inspirent à un prince, et parce qu'elles ont des grâces de corps et une habileté de tête qui les rendent supérieures, par droit naturel, à toutes les autres. Les dames empérières de Rome et de Constantinople, à ce que racontaient les romans des ménestrels, n'étaient pas toutes nées sur les marches d'un trône. Dans la société des puissants de ce monde, c'est allongée qu'une femme s'élève le plus vite...

Béatrice mit, pour se laisser ferrer, juste le temps nécessaire à bien s'assurer prise sur celui qui la voulait prendre. Il fallut que Robert, pour la convaincre, s'engageât assez, et qu'il lui eût dix fois certifié qu'elle entrerait à l'hôtel d'Artois, et les titres et prérogatives dont elle jouirait, et quelle terre lui serait donnée... Oui, alors, peut-être, elle pouvait indiquer un envoûteur qui, par image de cire bien travaillée, aiguilles plantées et conjurations prononcées, ferait œuvre nocive sur Mahaut. Mais encore Béatrice feignait d'être traversée d'hésitations, de scrupules ; Mahaut n'était-elle pas sa bienfaitrice et celle de toute la famille d'Hirson ?

Agrafes d'or et fermaux de pierreries bientôt s'accrochèrent au cou de Béatrice ; Robert apprenait les usages galants. Caressant de la main le bijou qu'elle venait de recevoir, Béatrice disait que, si l'on voulait que l'envoûte réussît, le plus sûr et le plus rapide moyen consistait à prendre un enfant de moins de cinq ans auquel on faisait avaler une hostie blanche, puis de trancher la tête de l'enfant et d'en égoutter le sang sur une hostie noire que l'on devait ensuite, par quelque subterfuge, faire manger à l'envoûté. Un enfant de moins de cinq ans, cela requérait-il grand-peine à trouver ? Combien de familles pauvres, surchargées de marmaille, eussent consenti à en vendre un !

Robert faisait la grimace ; trop de complications pour un résultat bien incertain. Il préférait un bon poison, bien simple, qu'on administre et qui fait son œuvre.

Béatrice enfin sembla se laisser fléchir, par dévouement à ce diable qu'elle adorait, par impatience de vivre auprès de lui, à l'hôtel d'Artois, par espérance de le voir plusieurs fois le jour. Pour lui, elle serait capable de tout... Elle s'était déjà, depuis une semaine, procuré telle provision d'arsenic blanc qu'elle eût pu exterminer le quartier, lorsque Robert crut triompher en lui faisant accepter cinquante livres pour en acquérir.

Il fallait maintenant attendre une occasion favorable. Béatrice représentait à Robert que Mahaut était entourée de physiciens qui accouraient au moindre malaise de Madame ; les cuisines étaient surveillées, les échansons diligents... L'entreprise n'était pas facile.

Et puis, soudain, Robert changea d'avis. Il avait eu un long entretien avec le roi. Philippe VI, au vu du rapport des commissaires qui avaient si bien travaillé sous la direction du plaignant, et plus que jamais convaincu du bon droit de son beau-frère, ne demandait qu'à servir ce dernier. Afin d'éviter un procès d'une conclusion si certaine, mais dont le retentissement ne pouvait être que déplaisant pour la cour et tout le royaume, il avait résolu de convoquer Mahaut et de la convaincre de renoncer à l'Artois.

— Elle n'acceptera jamais, dit Béatrice, et tu le sais aussi bien que moi, Monseigneur...

— Essayons toujours. Si le roi parvenait à lui faire entendre raison, ne serait-ce pas la meilleure issue ?

— Non... la meilleure issue c'est le poison.

Car l'éventualité d'un règlement amiable n'arrangeait nullement les affaires de Béatrice ; son entrée à l'hôtel de Robert se trouvait reculée. Béatrice devrait rester dame de parage de la comtesse jusqu'à ce que celle-ci s'éteignît, Dieu savait quand ! C'était elle à présent qui voulait presser les choses ; les obstacles, les difficultés par elle-même soulevées, ne l'effrayaient plus. L'occasion favorable ? Elle en avait plusieurs chaque jour, ne fût-ce que lorsqu'elle portait à la comtesse Mahaut ses tisanes ou ses médecines...

— Mais puisque le roi la convie dans trois jours à Maubuisson ? insistait Robert.

Les deux amants en convinrent de la sorte : ou bien Mahaut acceptait la proposition royale de se démettre de l'Artois, et alors on lui laisserait la vie ; ou bien elle refusait et, dans ce cas, le jour même Béatrice lui administrerait le poison. Quelle meilleure opportunité pouvait-on saisir ? Mahaut prise de malaise en sortant de la table du roi ! Qui donc oserait soupçonner ce dernier de l'avoir fait assassiner, ou même le soupçonnant, oserait le dire ?

Philippe VI avait proposé à Robert d'être présent à l'entrevue de conciliation ; mais Robert refusa.

— Sire mon frère, vos paroles auront plus d'effet si je ne suis point là ; Mahaut me hait beaucoup, et ma vue risquerait de l'entêter plutôt que de l'encourager à se soumettre.

Il pensait cela sérieusement, mais en outre il voulait, par son absence, se dérober à toute éventuelle accusation.

Trois jours plus tard, le 23 octobre, la comtesse Mahaut, cahotée dans sa grande litière toute dorée et décorée des armes d'Artois, avançait sur la route de Pontoise. Son seul enfant survivant, la reine Jeanne, veuve de Philippe le Long, était du voyage. Béatrice se tenait en face de sa maîtresse sur un tabouret de tapisserie.

— Que croyez-vous, Madame... que le roi vous veuille proposer ? disait Béatrice. Si c'est un accommodement... souffrez que je vous donne mon conseil... je vous engage à refuser. Je vous aurai avant peu toutes bonnes preuves contre Monseigneur Robert. La Divion est prête, cette fois, à nous livrer de quoi le confondre.

— Que ne l'amènes-tu un peu, cette Divion qui t'est devenue si familière et que je ne vois jamais ? dit Mahaut.

— Cela ne se peut, Madame... elle craint pour sa vie. Si Monseigneur Robert l'apprenait, elle n'entendrait pas messe le matin suivant. Moi-même elle ne me vient visiter que de nuit à la maison Bonnefille... et toujours escortée de plusieurs valets qui la gardent. Mais refusez fortement, Madame, refusez !

Jeanne la Veuve, en robe blanche, regardait défiler le paysage et se taisait. Ce fut seulement quand les toits aigus de Maubuisson apparurent au loin, par-dessus les masses rousses de la forêt, qu'elle ouvrit la bouche pour dire :

— Vous rappelez-vous, ma mère, il y a quinze ans...

Il y avait quinze ans que, sur ce même chemin, en robe de bure et la tête rasée, elle hurlait son innocence dans le chariot noir qui l'emmenait vers Dourdan. Un autre chariot noir emmenait sa sœur Blanche et sa cousine Marguerite de Bourgogne vers Château-Gaillard. Quinze ans !

Elle avait été graciée, elle avait retrouvé la tendresse de son époux. Marguerite était morte. Louis X était mort... Jamais Jeanne n'avait posé de questions à Mahaut sur les conditions de la disparition de Louis Hutin et du petit Jean Ier... Et Philippe le Long était devenu roi, pour six ans, et il était mort à son tour. Il semblait à Jeanne qu'elle eût vécu trois vies distinctes ; la première se terminait, loin dans le passé, avec l'atroce journée de Maubuisson ; dans la seconde, elle était couronnée reine de France à Reims, auprès de Philippe ; et puis, dans sa troisième vie, elle devenait cette veuve, entourée d'égards mais éloignée du pouvoir, et assise en ce moment dans la grande litière. Trois vies ; et l'étrange impression d'avoir été trois personnes différentes qui avaient peine à concorder. Sa propre continuité, elle ne la ressentait que par la présence de cette mère imposante, autoritaire, qui l'avait toujours dominée, et à laquelle, depuis l'enfance, elle craignait d'adresser la parole.

Mahaut elle aussi se souvenait...

— Et toujours à cause de ce mauvais Robert, dit-elle ; c'est lui qui avait tout manégé avec cette chienne d'Isabelle dont on me dit que les affaires ne vont pas fort pour l'heure, non plus que celles du Mortimer dont elle est la putain. Ils seront tous châtiés un jour !

Chacune suivait sa propre pensée.

— A présent j'ai des cheveux... mais j'ai des rides, murmura la reine veuve.

— Tu auras l'Artois, ma fille, dit Mahaut en lui posant la main sur le genou.

Béatrice contemplait la campagne et souriait aux nuages.

Philippe VI reçut Mahaut courtoisement, mais non sans quelque hauteur, et parla comme il sied à un roi. Il voulait la paix entre ses grands barons ; les pairs, soutiens de la couronne, ne devaient point donner l'exemple de la discorde ni s'offrir au déshonneur public.

— Je ne veux point juger de ce qui s'est accompli sous les précédents règnes, dit Philippe comme s'il jetait un voile d'indulgence sur les agissements anciens de Mahaut. C'est sur l'état présent que je veux statuer. Mes commissaires ont achevé leur besogne ; les témoignages, ma cousine, ne vous sont guère favorables, je ne vous le peux celer. Robert va produire ses pièces...

— Témoignages payés et travaux de faussaires... grommela Mahaut.

Le repas eut lieu dans la grande salle, celle-là même où autrefois Philippe le Bel avait jugé ses trois brus. « Tout le monde doit y penser », se disait la reine Jeanne la Veuve ; et elle en avait l'appétit coupé. Or, à l'exception de sa mère et d'elle-même, personne ne songeait plus à cet événement lointain dont presque tous les témoins déjà avaient disparu. Tout à l'heure, peut-être, à l'issue du dîner, un vieil écuyer dirait à un autre :

— Vous rappelez-vous, messire, nous étions là, quand Madame Jeanne monta dans le chariot... et voilà qu'elle revient en reine douairière...

Et le souvenir s'effacerait aussitôt qu'évoqué.

C'est une erreur commune à tous les humains que de croire que leur prochain accorde à leur personne autant d'importance qu'ils lui en attachent eux-mêmes ; les autres, sauf s'ils ont un intérêt particulier à s'en souvenir, oublient vite ce qui nous est arrivé ; et si même ils n'ont pas oublié, leur souvenir ne revêt pas la gravité que nous imaginons.

En un autre lieu peut-être Mahaut se fût montrée plus accessible aux propositions de Philippe VI. Monarque qui se voulait arbitre, il cherchait l'accommodement. Mais Mahaut, parce qu'elle était à Maubuisson, et que toutes ses haines s'en trouvaient ravivées, ne se sentait pas en humeur de céder. Elle ferait condamner Robert comme faussaire, elle prouverait qu'il était parjure, c'était là son unique pensée.

Obligée de mesurer ses paroles, elle mangeait énormément, par compensation, engloutissant tout ce qu'on lui présentait au plat, et vidant son hanap aussitôt que rempli. La colère autant que le vin lui empourprait le visage. Le roi n'était-il pas en train de lui conseiller, tout bonnement, d'abandonner son comté à Robert, celui-ci s'engageant à verser à sa tante quarante mille livres l'an ?

— Je me fais fort, disait Philippe, d'obtenir là-dessus l'agrément de votre neveu.

Mahaut pensa : « Si Robert en est à me faire proposer cela par son beau-frère, c'est donc bien qu'il n'est pas très assuré de ses titres et qu'il préfère payer une rente de quarante mille livres l'année plutôt que de montrer ses fausses pièces ! »

— Je refuse, Sire mon cousin, dit-elle, de me dépouiller ainsi ; et comme l'Artois m'appartient, votre justice me le conservera.

Philippe VI la regarda par-dessus son grand nez. Cette obstination à refuser était peut-être dictée à Mahaut par un souci d'orgueil, ou bien par la crainte, en cédant, d'accréditer les accusations... Philippe suggéra une autre solution : Mahaut gardait son comté, ses titres et droits, sa couronne de pair, pour toute sa vie durant, et elle instituait par-devant le roi, en un acte ratifié par les pairs, son neveu Robert comme héritier de l'Artois. Honnêtement, elle n'avait aucune raison de s'opposer à cet arrangement ; son seul fils lui avait été tôt repris par Dieu ; sa fille ici présente était pourvue d'un douaire royal, et ses petites-filles mariées l'une à la Bourgogne, l'autre à la Flandre, la troisième au Viennois. Mahaut pouvait-elle souhaiter mieux ? Quant à l'Artois, il reviendrait un jour à son destinataire naturel.

— Car si votre frère, le comte Philippe, n'était pas mort avant votre père, pouvez-vous nier, ma cousine, que votre neveu, aujourd'hui, serait le tenant de la comté ? Ainsi pour tous deux l'honneur est sauf, et je donne au différend qui vous oppose un juste règlement.

Mahaut serra les mâchoires et agita la tête en signe de dénégation.

Alors Philippe VI montra quelque irritation et fit hâter le service. Puisque Mahaut en usait ainsi, puisqu'elle lui faisait l'offense de repousser son arbitrage, elle irait au procès... A son gré !

— Je ne vous retiens point à loger, ma cousine, lui dit-il aussitôt les mains lavées ; je ne pense pas que le séjour en ma cour vous soit plaisant.

C'était la disgrâce, et clairement signifiée.

Avant de reprendre la route, Mahaut alla verser quelques larmes sur la tombe de sa fille Blanche, dans la chapelle de l'abbaye. Elle-même, en ses volontés, avait décidé de se faire enterrer là[15].

— Ah ! Maubuisson, dit-elle, n'est pas une place qui nous aura porté chance. L'endroit ne vaut que pour y dormir morte.

Tout le long du trajet de retour, elle ne cessa d'exhaler sa colère.

— L'avez-vous entendu, ce grand niais que le mauvais sort nous a baillé pour roi ? Me défaire de l'Artois, tout aisément, à seule fin de lui complaire ! Instituer pour mon héritier ce gros puant de Robert ! Mais la main me sécherait au bout du bras plutôt que de sceller cela ! Faut-il qu'il y ait entre eux long marché de coquinerie et qu'ils se doivent beaucoup l'un à l'autre... Et dire que sans moi, si je n'avais pas si bien déblayé autrefois les avenues du trône...

— Ma mère... murmura doucement Jeanne la Veuve.

Si elle avait osé exprimer sa pensée, si elle n'avait pas craint d'essuyer une terrible rebuffade, Jeanne eût conseillé à sa mère d'accepter les propositions du roi. Mais cela n'eût servi à rien.

— Jamais, répétait Mahaut, jamais ils n'obtiendront cela de moi.

Elle venait, sans le savoir, de signer son arrêt de mort, et l'exécuteur était devant elle, dans la litière, qui la regardait à travers des cils noirs.

— Béatrice, dit soudain Mahaut, aide-moi un peu à me délacer ; j'ai le ventre qui enfle.

La rage lui avait dérangé la digestion. Il fallut arrêter la litière pour que Madame Mahaut allât se soulager les entrailles dans le premier champ.

— Ce soir, Madame, dit Béatrice, je vous donnerai de la pâte de coings.

En arrivant à Paris dans la nuit, à l'hôtel de la rue Mauconseil, Mahaut se sentait le cœur encore un peu brouillé, mais elle allait mieux. Elle fit un repas maigre et se coucha.

9

Le salaire des crimes

Béatrice attendit que tous les serviteurs fussent endormis. Elle s'approcha du lit de Mahaut, souleva le rideau de tapisserie qu'on fermait pour la nuit. La veilleuse pendue au ciel de lit dispensait une faible lueur bleutée. Béatrice était en chemise et tenait une cuiller à la main.

— Madame, vous avez oublié de prendre votre pâte de coings...

Mahaut, somnolente, et dont les sens luttaient entre la fureur et la fatigue, dit simplement :

— Ah oui... tu es une bonne fille d'y avoir pensé.

Et elle avala le contenu de la cuiller.

Deux heures avant l'aurore, elle réveilla son monde à grands appels et fracas de sonnette. On la trouva vomissant au-dessus d'un bassin que Béatrice lui tendait.

Thomas le Miesier et Guillaume du Venat, ses physiciens, aussitôt appelés, se firent conter par le menu la journée de la veille et donner le détail de ce que la comtesse avait mangé ; ils conclurent sans peine à une forte indigestion accompagnée d'un flux de sang causé par le mécontentement.

On envoya chercher le barbier Thomas qui, pour les quinze sols habituels, saigna la comtesse, et la dame Mesgnière, l'herbière du Petit Pont, fournit un clystère aux herbes[16].

Béatrice prit prétexte d'aller chercher un électuaire chez maître Palin, l'épicier, pour s'échapper dans la soirée et rejoindre Robert à trois porches de chez Mahaut, dans la maison Bonnefille.

— C'est chose faite, lui dit-elle.

— Elle est morte ? s'écria Robert.

— Oh ! non... elle va souffrir longuement ! dit Béatrice avec un noir éclat dans le regard. Mais il faudra être prudents, Monseigneur, et nous voir moins souvent ces temps-ci.

Mahaut mit un mois à mourir.

Béatrice, soir après soir, pincée après pincée, la poussait vers la tombe, et ceci d'autant plus impunément que Mahaut n'avait confiance qu'en elle et ne prenait les remèdes que de sa main.

Après les vomissements qui durèrent trois jours, elle fut atteinte d'un catarrhe de la gorge et des bronches ; elle n'avalait qu'avec une extrême douleur. Les physiciens déclarèrent qu'elle avait été saisie de froid pendant son indigestion. Puis, quand le pouls commença de faiblir, on pensa l'avoir trop saignée ; ensuite sa peau sur tout le corps se couvrit de boutons et de pustules.

Prévenante, attentive, toujours présente, et montrant cette humeur égale et souriante si précieuse aux malades, Béatrice se délectait à contempler les écœurants progrès de son œuvre. Elle n'allait presque plus retrouver Robert ; mais le souci de chercher chaque jour dans quel aliment ou quel remède elle glisserait le poison lui procurait un suffisant plaisir.

Lorsque Mahaut vit ses cheveux tomber, par touffes grises comme du foin mort, alors elle se sut perdue.

— On m'a enherbée, dit-elle tout angoissée à sa demoiselle de parage.

— Oh ! Madame, Madame, ne prononcez point ces mots. C'est chez le roi que vous avez fait votre dernier dîner, avant d'être malade.

— Eh ! c'est bien à cela que je pense, dit Mahaut.

Elle demeurait coléreuse, emportée, houspillant ses physiciens qu'elle accusait d'être des ânes. Elle ne donnait pas signe de se rapprocher de la religion, et accordait plus de souci aux affaires de son comté qu'à celles de son âme. Elle dicta une lettre à sa fille : « Si je venais à trépasser, je vous commande aussitôt de vous rendre auprès du roi et d'exiger de lui rendre l'hommage pour l'Artois avant que Robert ait rien pu tenter... »

Les maux qu'elle endurait ne lui faisaient nullement penser aux souffrances qu'elle avait naguère infligées à autrui ; elle restait jusqu'à la fin une âme égoïste et dure, où même l'approche de la mort ne faisait apparaître aucune ressource de repentir ni d'humaine compassion.

Il lui sembla toutefois nécessaire de se confesser d'avoir tué deux rois, ce qu'elle n'avait jamais avoué à ses confesseurs ordinaires. Elle choisit pour cela de faire appeler un Franciscain obscur. Quand le moine sortit, tout pâle, de la chambre, il fut pris en charge par deux sergents qui avaient ordre de le conduire au château d'Hesdin. Les instructions de Mahaut furent mal comprises ; elle avait dit que le moine devait être gardé à Hesdin jusqu'à son trépas ; le gouverneur du château crut qu'il s'agissait du trépas du moine et on le jeta dans une oubliette. Ce fut le dernier crime, involontaire celui-là, de la comtesse Mahaut.

Enfin la malade fut saisie d'atroces crampes qui se manifestèrent d'abord aux orteils, puis dans les mollets ; puis ce furent les avant-bras qui se durcirent. La mort montait.

Le 27 novembre, des chevaucheurs partirent, vers le couvent de Poissy où résidait alors la reine Jeanne la Veuve, vers Bruges, pour prévenir le comte de Flandre, et trois à la suite, dans le cours de la journée, pour Saint-Germain où séjournait le roi en compagnie de Robert d'Artois. Chacun des chevaucheurs dirigés vers Saint-Germain semblait à Béatrice le porteur d'un message d'amour adressé à Robert : la comtesse Mahaut avait reçu les sacrements, la comtesse ne pouvait plus parler, la comtesse était au bord de trépasser...

Profitant d'un moment où elle se trouvait seule auprès de l'agonisante, Béatrice se pencha vers la tête chauve, vers la face pustuleuse qui ne paraissait plus vivre que par les yeux, et prononça doucement :

— Vous avez été empoisonnée, Madame... par moi... et pour l'amour que j'ai de Monseigneur Robert.

La mourante eut un regard d'incrédulité d'abord, puis de haine ; en cet être d'où l'existence fuyait, le dernier sentiment fut le désir de tuer. Oh ! non, elle n'avait à regretter aucun de ses actes ; elle avait eu bien raison d'être méchante puisque le monde n'est peuplé que de méchants ! La pensée qu'elle recevait là, à l'ultime minute, le salaire de ses crimes, ne l'effleura même pas. C'était une âme sans rachat.

Quand sa fille arriva de Poissy, Mahaut lui désigna Béatrice d'un doigt raide et froid qui ne pouvait presque plus bouger ; sa lèvre se contracta ; mais sa voix ne put sortir, et elle rendit la vie dans cet effort.

Aux obsèques qui eurent lieu le 30 novembre, à Maubuisson, Robert eut un maintien pensif et sombre qui surprit. Sa manière eût été davantage d'afficher un air de triomphe. Pourtant son attitude n'était pas feinte. A perdre un ennemi contre lequel on s'est battu vingt ans, on éprouve une sorte de dépouillement. La haine est un lien très fort qui laisse, en se rompant, quelque mélancolie.

Obéissant aux dernières volontés de sa mère, la reine Jeanne la Veuve, dès le lendemain, demandait à Philippe VI que le gouvernement de l'Artois lui fût remis. Avant de répondre, Philippe VI tint à s'en expliquer très franchement avec Robert :

— Je ne puis faire autrement que de déférer à la requête de ta cousine Jeanne, puisque d'après les traités et jugements elle est l'héritière légitime. Mais c'est un consentement de pure forme que je vais donner, et provisoire, jusqu'à ce que nous parvenions à un règlement ou bien que le procès ait lieu... Je t'engage à m'adresser au plus tôt ta propre requête.

Ce que Robert s'empressa de faire, par une lettre ainsi rédigée : « *Mon très cher et redouté Seigneur, comme je, Robert d'Artois, votre humble comte de Beaumont, ai été longtemps déshérité contre droits et contre toute raison, par plusieurs malices, fraudes et cautèles, de la comté d'Artois, laquelle m'appartient et doit m'appartenir par plusieurs causes bonnes, justes, de nouveau venues à ma connaissance, ainsi vous requiers humblement qu'en mon droit vous me vouliez ouïr...* »

La première fois que Robert revint à la maison Bonnefille, Béatrice crut lui servir un plat de choix en lui faisant le récit, heure par heure, des derniers moments de Mahaut. Il écouta, mais sans témoigner aucun plaisir.

— On dirait que tu la regrettes, dit-elle.

— Non point, non point, répondit Robert, pensivement, elle a bien payé...

Son esprit était déjà tourné vers le prochain obstacle.

— A présent je puis être dame de parage chez toi. Quand vais-je entrer en ton hôtel ?

— Quand j'aurai l'Artois, répondit Robert. Fais en sorte de rester auprès de la fille de Mahaut ; c'est elle, maintenant, qu'il me faut écarter de ma route.

Lorsque Madame Jeanne la Veuve, retrouvant un goût des honneurs qu'elle n'avait plus éprouvé depuis la mort de son époux Philippe le Long, et libérée, enfin, à trente-sept ans, de l'étouffante tutelle maternelle, se déplaça en grand appareil pour aller prendre possession de l'Artois, elle fit halte à Roye-en-Vermandois. Là, elle eut envie de boire un gobelet de vin claret. Béatrice d'Hirson dépêcha l'échanson Huppin à en quérir. Huppin était plus attentif aux yeux de Béatrice qu'aux devoirs de son service ; depuis quatre semaines il languissait d'amour. Ce fut Béatrice qui apporta le gobelet. Comme elle était cette fois pressée d'en finir, elle n'usa pas d'arsenic mais de sel de mercure.

Et le voyage de Madame Jeanne s'arrêta là.

Ceux qui assistèrent à l'agonie de la reine veuve racontèrent que le mal la saisit vers le milieu de la nuit, que le venin lui coulait par les yeux, la bouche et le nez, et que son corps devint tout taché de blanc et de noir. Elle ne résista pas deux jours, n'ayant survécu que deux mois à sa mère.

Alors la duchesse de Bourgogne, petite-fille de Mahaut, réclama la comté d'Artois.

TROISIÈME PARTIE

LES DÉCHÉANCES

1

Le complot du fantôme

Le moine avait déclaré s'appeler Thomas Dienhead. Il avait le front bas sous une maigre couronne de cheveux couleur de bière, et tenait les mains cachées dans ses manches. Sa robe de Frère Prêcheur était d'un blanc douteux. Il regardait à droite et à gauche et avait demandé par trois fois si « my Lord » était seul, et si aucune autre oreille ne risquait d'entendre.

— Mais oui, parlez donc, dit le comte de Kent du fond de son siège, en agitant la jambe avec un rien d'impatience ennuyée.

— My Lord, notre bon Sire le roi Edouard le Second est toujours vivant.

Edmond de Kent n'eut pas le sursaut qu'on aurait pu attendre, d'abord parce qu'il n'était pas homme à faire montre volontiers de ses émotions, et aussi parce que cette stupéfiante nouvelle lui avait déjà été portée, quelques jours plus tôt, par un autre émissaire.

— Le roi Edouard est tenu secrètement au château de Corfe, reprit le moine ; je l'ai vu et viens vous en fournir témoignage.

Le comte de Kent se leva, enjamba son lévrier et s'approcha de la fenêtre à petites vitres et croisillons de plomb par laquelle il observa un moment le ciel gris au-dessus de son manoir de Kensington.

Kent avait vingt-neuf ans ; il n'était plus le mince jeune homme qui avait commandé la défense anglaise pendant la désastreuse guerre de Guyenne, en 1324, et dû, faute de troupes, se rendre, dans la Réole assiégée, à son oncle Charles de Valois. Mais bien qu'un peu épaissi, il gardait toujours la même blonde pâleur et la même nonchalance distante qui cachait plus de tendance au songe qu'à la véritable méditation.

Il n'avait jamais entendu chose plus étonnante ! Ainsi son demi-frère Edouard II dont le décès avait été annoncé trois ans plus tôt, qui avait sa tombe à Gloucester – et dont on n'hésitait plus maintenant, dans le royaume, à nommer les assassins – aurait encore été de ce monde ? La détention au château de Berkeley, le meurtre atroce, la lettre de l'évêque Orleton, la culpabilité conjointe de la reine Isabelle, de Mortimer et du sénéchal Maltravers, enfin l'inhumation à la sauvette, tout cela n'aurait été qu'une fable, montée par ceux qui avaient intérêt à ce qu'on crût l'ancien roi décédé, et grossie ensuite par l'imagination populaire ?

Pour la seconde fois, en moins de quinze jours, on venait lui faire cette révélation. La première fois, il avait refusé d'y croire. Mais maintenant il commençait d'être ébranlé.

— Si la nouvelle est vraie, elle peut changer bien des choses au royaume, dit-il sans précisément s'adresser au moine.

Car depuis trois ans l'Angleterre avait eu le temps de s'éveiller de ses rêves. Où étaient la liberté, la justice, la prospérité, dont on avait imaginé qu'elles s'attachaient aux pas de la reine Isabelle et du glorieux Lord Mortimer ? De la confiance qu'on leur avait accordée, des espérances qu'on avait mises en eux, il ne restait rien que le souvenir d'une vaste illusion déçue.

Pourquoi avoir chassé, destitué, emprisonné et – du moins le croyait-on jusqu'à ce jour – laissé assassiner le faible

Edouard II soumis à d'odieux favoris, si c'était pour qu'il fût remplacé par un roi mineur, plus faible encore, et dépouillé de tout pouvoir par l'amant de sa mère ?

Pourquoi avoir décapité le comte d'Arundel, assommé le chancelier Baldock, coupé en quatre morceaux Hugh Le Despenser, quand à présent Lord Mortimer gouvernait avec le même arbitraire, pressurait le pays avec la même avidité, insultait, opprimait, terrifiait, ne supportait aucune discussion de son autorité ?

Au moins, Hugh Le Despenser, créature vicieuse et cupide, présentait-il quelques faiblesses sur lesquelles on pouvait agir. Il lui arrivait de céder à la peur ou à l'attrait de l'argent. Roger Mortimer, lui, était un baron inflexible et violent. La Louve de France, comme on appelait la reine mère, avait pour amant un loup.

Le pouvoir corrompt rapidement ceux qui s'en saisissent sans y être poussés, avant tout, par le souci du bien public.

Brave, héroïque même, célèbre pour une évasion sans exemple, Mortimer avait, dans ses années d'exil, incarné les aspirations d'un peuple malheureux. On se rappelait qu'il avait autrefois conquis le royaume d'Irlande pour la couronne anglaise ; on oubliait qu'il s'y était fait la main.

Jamais, en vérité, Mortimer n'avait pensé à la nation dans son ensemble, ni aux besoins de son peuple. Il ne s'était fait le champion de la cause publique qu'autant que cette cause se trouvait confondue pour un moment avec la sienne propre. Il n'incarnait, en vérité, que les griefs d'une certaine fraction de la noblesse. Devenu le maître, il se comportait comme si l'Angleterre tout entière fût passée à son service.

Et d'abord il s'était approprié presque le quart du royaume en devenant comte des Marches, titre et fief qu'il avait fait créer pour lui. Au bras de la reine mère, il menait train de roi, et en usait avec le jeune Edouard III comme si celui-ci eût été non pas son suzerain mais son héritier.

Lorsque, en octobre 1328, Mortimer avait exigé du Parlement réuni à Salisbury la confirmation de son élévation à la pairie, Henry de Lancastre au Tors-Col, doyen de la famille royale, s'était abstenu de siéger. Au cours de la même session, Mortimer avait fait pénétrer ses troupes en armes dans l'enceinte du Parlement, pour mieux appuyer ses volontés. Ce genre de contrainte ne fut jamais du goût des assemblées.

Presque fatalement, la même coalition formée naguère pour abattre les Despensers s'était reconstituée autour des mêmes princes du sang, autour d'Henry Tors-Col, autour des comtes de Norfolk et de Kent, oncles du jeune roi.

Deux mois après l'affaire de Salisbury, Tors-Col, profitant d'une absence de Mortimer et d'Isabelle, réunissait secrètement à Londres, dans l'église Saint-Paul, de nombreux évêques et barons, afin d'organiser un soulèvement armé. Or Mortimer entretenait des espions partout. Avant même que la coalition se fût équipée, il venait ravager avec ses propres troupes la ville de Leicester, premier fief des Lancastre. Henry voulait continuer la lutte ; mais Kent, jugeant l'affaire mal engagée, se dérobait alors, peu glorieusement.

Si Lancastre s'était tiré de ce mauvais pas sans autre dommage qu'une amende, d'ailleurs impayée, de onze mille livres, il le devait à ceci qu'il était premier membre du Conseil de régence et tuteur du roi, et que, par une logique absurde, Mortimer avait besoin de maintenir la fiction juridique de cette tutelle afin de pouvoir faire également condamner, pour révolte contre le roi, des adversaires tels que Lancastre lui-même !

Ce dernier avait été envoyé en France, sous le prétexte de négocier le mariage de la sœur du jeune roi avec le fils aîné de Philippe VI. Cet éloignement était une prudente disgrâce, sa mission durerait longtemps.

Tors-Col absent, Kent se trouvait du coup, et presque malgré lui, le chef des mécontents. Tout refluait vers sa personne ; et lui-même cherchait à effacer sa défection de l'année précédente. Non, ce n'était pas la lâcheté qui l'avait détourné d'agir...

Il pensait à toutes ces choses, confusément, devant la fenêtre de son château de Kensington. Le moine se tenait toujours immobile, les mains dans les manches. Qu'il fût un Frère Prêcheur, tout comme le premier messager qui lui avait déjà certifié qu'Edouard II n'était pas mort, donnait également à réfléchir au comte de Kent, et l'inclinait à prendre la nouvelle au sérieux, car l'ordre des Dominicains était réputé hostile à Mortimer. Or l'information, si elle était véridique, faisait tomber toutes les présomptions de régicide qui pesaient sur Isabelle et Mortimer. En revanche, elle modifiait complètement la situation du royaume.

Car maintenant le peuple regrettait Edouard II et, passant d'un extrême à l'autre, n'était pas loin d'élever au martyre ce prince dissolu. Si Edouard II vivait encore, le Parlement pourrait fort bien revenir sur ses actes passés, en déclarant qu'ils lui avaient été imposés, et restaurer l'ancien souverain.

Quelles preuves, après tout, possédait-on de sa mort ? Le témoignage des habitants de Berkeley défilant devant la dépouille ? Mais combien d'entre eux avaient-ils vu Edouard II auparavant ? Qui pouvait affirmer qu'on ne leur avait pas montré un autre corps ?... Nul membre de la famille royale ne se trouvait présent aux obsèques mystérieuses en l'abbatiale de Gloucester ; en outre, c'était un cadavre vieux d'un mois, dans une caisse couverte d'un drap noir, qu'on avait descendu au tombeau.

— Et vous dites, frère Dienhead, l'avoir véritablement vu, de vos yeux ? demanda Kent en se retournant.

Thomas Dienhead regarda de nouveau autour de lui, comme un bon conspirateur, et répondit à voix basse :

— C'est le prieur de notre ordre qui m'a envoyé là-bas ; j'ai gagné la confiance du chapelain qui, pour me permettre l'entrée, m'a obligé de revêtir des habits laïques. Tout un jour je suis resté caché dans un petit bâtiment, à gauche du corps de garde ; au soir on m'a fait pénétrer dans la grand-salle, et là j'ai bien vu le roi attablé, entouré d'un service d'honneur.

— Lui avez-vous parlé ?

— On ne m'a pas laissé l'approcher, dit le frère ; mais le chapelain me l'a montré, de derrière un pilier, et il m'a dit : « C'est lui. »

Kent demeura un moment silencieux, puis demanda :

— Si j'ai besoin de vous, puis-je vous faire quérir au couvent des Frères Prêcheurs ?

— Non point, my Lord, car mon prieur m'a conseillé de ne pas demeurer au couvent, pour le moment.

Et il donna son adresse, dans Londres, chez un clerc du quartier Saint-Paul.

Kent ouvrit son aumônière et lui tendit trois pièces d'or. Le frère refusa ; il n'avait le droit d'accepter aucun présent.

— Pour les aumônes de votre ordre, dit le comte de Kent.

Alors le frère Dienhead sortit une main de ses manches, s'inclina très bas, et se retira.

Le jour même, Edmond de Kent décidait d'avertir les deux principaux prélats naguère affiliés à la conjuration manquée, Graveson, l'évêque de Londres, et l'archevêque d'York, William de Melton, celui-là même qui avait marié Edouard III et Philippa de Hainaut.

« On m'affirme par deux fois et de sources qui paraissent sûres... » leur écrivait-il.

Les réponses ne se firent pas attendre. Graveson garantissait son appui au comte de Kent en toute action que celui-ci voudrait mener ; quant à l'archevêque d'York, primat d'Angleterre, il envoya son propre chapelain, Allyn, porter promesse de fournir cinq cents hommes d'armes, et même davantage s'il était nécessaire, pour la délivrance de l'ancien roi.

Kent prit alors d'autres contacts, avec Lord de la Zouche notamment, et avec plusieurs seigneurs, tels que Lord Beaumont et sir Thomas Rosslyn, qui s'étaient réfugiés à Paris afin de se soustraire à la vindicte de Mortimer. Car il y avait de nouveau, en France, un parti d'émigrés.

Ce qui emporta tout fut une communication personnelle et secrète du pape Jean XXII au comte de Kent. Le Saint-Père, ayant appris lui aussi que le roi Edouard II était toujours vivant, recommandait au comte de Kent d'agir pour sa délivrance, absolvant d'avance ceux qui participeraient à l'entreprise « *ab omni pœna et culpa* »... pouvait-on plus clairement dire que tous les moyens seraient bons ?... et même menaçant le comte de Kent d'excommunication s'il négligeait cette tâche hautement pie.

Or ce n'était pas là un message oral, mais une lettre en latin où un éminent prélat du Saint-Siège, dont la signature était assez mal déchiffrable, rapportait fidèlement les paroles prononcées par Jean XXII dans un entretien à ce sujet. La lettre avait été acheminée par un membre de la suite du chancelier Burghersh, évêque de Lincoln, qui venait de rentrer d'Avignon où il était allé négocier, lui aussi, l'hypothétique mariage de la sœur d'Edouard III à l'héritier de France.

Edmond de Kent, fort ému, résolut alors d'aller vérifier sur place toutes ces informations si concordantes, et d'étudier les possibilités d'une évasion.

Il fit chercher le frère Dienhead à l'adresse que celui-ci avait donnée et, avec une escorte réduite mais sûre, il partit pour le Dorset. On était en février.

Arrivé à Corfe, par un jour de mauvais temps où les bourrasques salées balayaient la presqu'île désolée, Kent fit mander le gouverneur de la forteresse, sir John Daverill. Celui-ci vint se présenter au comte de Kent, dans l'unique auberge de Corfe, devant l'église de Saint-Edouard-le-Martyr, le roi assassiné de la dynastie saxonne.

De haute taille, étroit d'épaules, le front plissé et la lèvre méprisante, avec une sorte de regret dans la civilité ainsi qu'il convient à un homme de devoir, John Daverill s'excusa de ne pouvoir recevoir le noble Lord au château. Il avait des ordres absolus.

— Le roi Edouard II est-il vivant ou mort ? lui demanda Edmond de Kent.

— Je ne puis vous le dire.

— C'est mon frère ! Est-ce lui que vous gardez ?

— Je ne suis pas autorisé à parler. Un prisonnier m'a été confié ; je ne dois révéler ni son nom ni son rang.

— Pourriez-vous me laisser entrevoir ce prisonnier ?

John Daverill fit non de la tête. Un mur, un roc, ce gouverneur, aussi impénétrable que l'énorme donjon sinistre défendu par trois vastes enceintes et qui se dressait sur le haut de la colline, au-dessus du petit village aux toits de pierres plates. Ah ! Mortimer choisissait bien ses serviteurs !

Mais il y a des manières de nier qui sont comme des affirmations. Daverill eût-il fait tel mystère, eût-il montré pareille inflexibilité, si ce n'avait pas été l'ancien roi, précisément, qu'il gardait ?

Edmond de Kent usa de son charme, qui était grand, et d'autres arguments aussi auxquels la nature humaine n'est pas toujours insensible. Il posa sur la table une lourde bourse d'or.

— Je voudrais, dit-il, que ce prisonnier fût bien traité. Ceci est pour améliorer son sort ; il y a là cent livres esterlins.

— Je puis vous assurer, my Lord, qu'il est bien traité, dit Daverill à voix basse avec une nuance de complicité.

Et sans aucune gêne, il mit la main sur la bourse.

— Je donnerais volontiers le double, dit Edmond de Kent, seulement pour l'apercevoir.

Daverill eut une dénégation désolée.

— Comprenez, my Lord, qu'il y a en ce château deux cents archers de garde...

Edmond de Kent se crut un grand homme de guerre en notant intérieurement cette importante décision ; il faudrait en tenir compte, pour l'évasion.

— ... et que si jamais l'un d'eux parlait, que Madame la reine mère vînt à l'apprendre, elle me ferait décapiter.

Pouvait-on mieux se trahir, et avouer ce qu'on prétendait cacher ?

— Mais je puis faire passer un message, reprit le gouverneur, car ceci restera entre vous et moi.

Kent, heureux de voir si vite avancer ses affaires, écrivit la lettre suivante, tandis que les rafales d'un vent mouillé battaient les fenêtres de l'auberge :

« *Fidélité et respect à mon très cher frère, s'il vous plaît. Je prie Dieu de tout cœur que vous soyez en bonne santé car les dispositions sont prises pour que vous sortiez bientôt de prison et soyez délivré des maux qui vous accablent. Soyez assuré que j'ai l'appui des plus grands barons d'Angleterre et de toutes leurs forces, c'est-à-dire leurs troupes et leurs trésors. De nouveau vous serez roi ; prélats et barons l'ont juré sur l'Evangile.* »

Il tendit la feuille, simplement pliée, au gouverneur.

— Je vous prie de la sceller, my Lord, dit celui-ci ; je ne veux point avoir pu en connaître la teneur.

Kent se fit apporter de la cire par quelqu'un de sa suite, apposa son cachet, et Daverill cacha le pli sous sa cotte.

— Un message, dit-il, sera parvenu de l'extérieur au prisonnier qui, je pense, le détruira aussitôt. Ainsi...

Et ses mains firent un geste qui signifiait l'effacement, l'oubli.

« Cet homme, si je sais m'y prendre assez bien, nous ouvrira les portes toutes grandes, le jour venu ; nous n'aurons même pas à livrer bataille », pensait Edmond de Kent.

Trois jours plus tard sa lettre était aux mains de Roger Mortimer qui la lisait en conseil, à Westminster.

Aussitôt la reine Isabelle, s'adressant au jeune roi, s'écriait, pathétique :

— Mon fils, mon fils, je vous supplie d'agir contre votre plus mortel ennemi qui veut accréditer au royaume la fable que votre père est encore vivant, afin de vous déposer et prendre votre place. De grâce donnez les ordres pour qu'on châtie ce traître pendant qu'il en est temps.

En fait, les ordres étaient déjà donnés et les sbires de Mortimer galopaient vers Winchester pour arrêter le comte de

Kent sur son chemin de retour. Mais ce n'était pas seulement une arrestation que voulait Mortimer ; il exigeait une condamnation spectaculaire. Il avait quelques raisons de se hâter ainsi.

Dans un an, Edouard III allait être majeur ; il manifestait déjà de nombreux signes de son impatience à gouverner. En éliminant Kent, après avoir éloigné Lancastre, Mortimer décapitait l'opposition et empêchait que le jeune roi pût échapper à son emprise.

Le 19 mars, le Parlement se réunissait à Winchester pour juger l'oncle du roi.

Au sortir d'un séjour de plus d'un mois en prison, le comte de Kent apparut décomposé, amaigri, hagard, et comme s'il ne comprenait rien à ce qui lui arrivait. Il n'était pas homme, décidément, fait pour supporter l'adversité. Sa belle nonchalance distante l'avait quitté. Sous l'interrogatoire de Robert Howell, coroner de la maison royale, il s'effondra, avoua tout, conta son histoire de bout en bout, livra le nom de ses informateurs et de ses complices. Mais quels informateurs ? L'ordre des Dominicains ne connaissait aucun Frère du nom de Dienhead ; c'était là une invention de l'accusé, pour tenter de se sauver. Invention également la lettre du pape Jean XXII ; personne, dans la suite de l'évêque de Lincoln, pendant l'ambassade d'Avignon, n'avait eu conversation au sujet du feu roi, ni avec le Saint-Père, ni avec aucun de ses cardinaux ou conseillers. Edmond de Kent s'obstinait. Voulait-on lui faire perdre la raison ? Pourtant, il leur avait parlé, à ces Frères Prêcheurs ! Il l'avait eue en main, cette lettre « *ab omni pœna et culpa* »...

Kent découvrait enfin l'affreux traquenard dans lequel on l'avait attiré en se servant du fantôme du roi mort. Complot organisé de toutes pièces par Mortimer et par ses créatures : faux émissaires, faux moines, faux écrits, et, plus faux que tous et que tout, ce Daverill du château de Corfe ! Kent avait basculé dans le piège.

Le coroner royal requérait la peine de mort.

Mortimer, assis sur l'estrade, devant les Lords, tenait chacun sous son regard ; et Lancastre, le seul peut-être qui eût osé parler en faveur de l'accusé, était hors du royaume. Mortimer avait fait savoir qu'il n'engagerait aucune poursuite contre les complices de Kent, ecclésiastiques ou non, si celui-ci était condamné. Trop d'entre les barons se trouvaient, à un titre quelconque, compromis ; ils abandonnèrent – et même Norfolk, propre frère de l'accusé – le second prince du sang à la rancune du comte des Marches. Une victime expiatoire, en somme.

Et bien que Kent, s'humiliant devant l'assemblée et reconnaissant son aberration, eût offert d'aller porter sa soumission au roi, en chemise, pieds nus et la corde au cou, les Lords, à regret, rendirent la sentence qu'on attendait d'eux. Pour apaiser leur conscience, ils chuchotaient :

— Le roi va le gracier ; le roi usera de son pouvoir de grâce...

Il n'était pas vraisemblable qu'Edouard III fît décapiter son oncle, pour une action coupable certes, mais où la légèreté avait sa part, et où la provocation n'était que trop évidente.

Beaucoup qui avaient voté la mort se proposaient d'aller, le lendemain, demander la grâce.

Les Communes, elles, refusèrent de ratifier la sentence des Lords ; elles réclamaient un supplément d'enquête.

Mais Mortimer, aussitôt acquis le vote de la Chambre Haute, courut au château où la reine Isabelle était à son dîner.

— C'est fait, lui dit-il ; nous pouvons envoyer Edmond au billot. Mais nombre de nos faux amis escomptent que votre fils le sauvera de la peine suprême. Aussi je vous conjure d'agir sans retard.

Ils avaient pris soin d'occuper le jeune roi pour toute la journée par une réception au collège de Winchester, l'un des plus anciens et des plus réputés d'Angleterre.

— Le gouverneur de la ville, ajouta Mortimer, exécutera votre ordre, ma mie, aussi bien que s'il venait du roi.

Isabelle et Mortimer se regardèrent dans les yeux ; ils n'en étaient plus à un crime près, ni à un abus de pouvoir. La Louve de France signa l'ordre de décapiter sur-le-champ son beau-frère et cousin germain.

Edmond de Kent fut à nouveau extrait de son cachot et, en chemise, les mains liées, conduit, sous escorte d'un petit détachement d'archers, dans une cour intérieure du château. Là il resta une heure, deux heures, trois heures, sous la pluie, tandis que le jour tombait. Pourquoi cette interminable attente devant le billot ? Il passait par des alternances d'abattement et de folle espérance. Le roi son neveu était sans doute en train de sceller l'ordonnance de pardon. Cette station tragique était le châtiment qu'on imposait au condamné pour mieux lui inspirer le repentir et mieux lui faire apprécier la magnanimité de la clémence. Ou bien il y avait troubles et émeutes ; le peuple peut-être s'était soulevé. Ou peut-être Mortimer venait-il d'être assassiné. Kent priait Dieu, et soudain se mettait à sangloter d'angoisse. Il grelottait sous sa chemise trempée ; la pluie ruisselait sur le billot et sur le casque des archers. Quand donc ce supplice allait-il finir ?

La seule explication qui ne pût se présenter à l'esprit du comte de Kent, c'était qu'on cherchait un bourreau, à travers tout Winchester, et qu'on n'en trouvait pas. Celui de la ville, sachant que les Communes rejetaient la sentence et que le roi n'avait pu se prononcer, refusait obstinément d'exercer son office sur un prince royal. Ses aides se solidarisaient avec lui ; ils préféraient perdre leur charge.

On s'adressa aux officiers de la garnison pour qu'ils eussent à désigner un de leurs hommes, à moins que ne se proposât un volontaire auquel serait donnée grasse rémunération. Les officiers eurent un mouvement de dégoût. Ils voulaient bien maintenir l'ordre, monter la garde autour du Parlement, accompagner le condamné jusqu'au lieu d'exécution ; mais il ne fallait pas leur demander plus, ni à eux ni à leurs soldats.

Mortimer entra dans une froide et féroce colère contre le gouverneur.

— Ne tenez-vous pas en vos prisons quelque meurtrier, faussaire ou brigand, qui veuille la vie sauve en échange ? Allons, hâtez-vous, si vous ne voulez vous-même finir en geôle !

En visitant les cachots, on découvrit enfin l'homme souhaité ; il avait volé des objets d'église et devait être pendu la semaine suivante. On lui remit la hache, mais il exigea d'avoir le visage masqué.

La nuit était venue. A la lueur des torches, combattue par l'averse, le comte de Kent vit s'avancer son exécuteur et comprit que ses longues heures d'espérance n'avaient été qu'une ultime et dérisoire illusion. Il poussa un cri affreux ; il fallut l'agenouiller de force devant le billot.

Le bourreau d'occasion était plus peureux que cruel, et tremblait davantage que sa victime. Il n'en finissait pas de lever la hache. Il manqua son coup, et le fer glissa sur les cheveux. Il dut s'y reprendre à quatre fois, frappant dans une écœurante bouillie rouge. Les vieux archers, alentour, vomissaient.

Ainsi mourut, avant d'avoir trente ans, le comte Edmond de Kent, prince plein de grâce et de naïveté.

Et un voleur de ciboire fut rendu à sa famille.

Quand le jeune roi Edouard III revint d'avoir ouï une longue dispute en latin sur les doctrines de maître Occam, on lui apprit que son oncle avait été décapité.

— Sans mon ordre ? dit-il.

Il fit appeler Lord Montaigu qui ne le quittait guère depuis l'hommage d'Amiens, et dont il avait pu à diverses reprises constater la loyauté.

— My Lord, lui demanda-t-il, vous étiez au Parlement ce jour. J'aimerais savoir la vérité...

2

La hache de Nottingham

Le crime d'Etat a toujours besoin d'être couvert par une apparence de légalité.

La source de la loi est dans le souverain, et la souveraineté appartient au peuple qui exerce celle-ci soit par le truchement d'une représentation élue, soit par une délégation héréditairement faite à un monarque, et parfois selon les deux manières ensemble comme c'était le cas déjà pour l'Angleterre.

Tout acte légal en ce pays devait donc comporter le consentement conjoint du monarque et du peuple, que ce consentement fût tacite ou exprimé.

L'exécution du comte de Kent avait légalité de forme puisque les pouvoirs royaux étaient exercés par le Conseil de régence, et qu'en l'absence du comte de Lancastre, tuteur du souverain, la signature revenait à la reine mère ; mais cette exécution n'avait ni le consentement véritable d'un Parlement siégeant sous la contrainte, ni l'adhésion du roi tenu dans l'ignorance d'un ordre donné en son nom ; un tel acte ne pouvait être que funeste à ses auteurs.

Edouard III marqua sa réprobation autant qu'il le put en exigeant qu'on fît à son oncle Kent des funérailles princières. Comme il ne s'agissait plus que d'un cadavre Mortimer accepta de déférer aux désirs du jeune roi. Mais Edouard ne pardonnerait jamais à Mortimer d'avoir disposé à son insu, une fois de plus, de la vie d'un membre de sa famille ; il ne lui pardonnerait pas non plus l'évanouissement de Madame Philippa à l'annonce brutale de l'exécution de l'oncle Kent. Or la jeune reine était enceinte de six mois et l'on aurait pu en user envers elle avec ménagements. Edouard en fit reproche à sa mère, et, comme cette dernière répliquait avec irritation que Madame Philippa montrait trop de sensibilité pour les ennemis du royaume et qu'il fallait avoir l'âme forte si l'on avait choisi d'être reine, Edouard lui répondit :

— Toute femme, Madame, n'a pas le cœur aussi pierreux que vous.

L'incident, pour Madame Philippa, n'eut pas de conséquence et, vers la mi-juin, elle accoucha d'un fils[17]. Edouard III en éprouva la joie simple, profonde et grave, qui est celle de tout homme au premier enfant que lui donne la femme qu'il aime et dont il est aimé. Du même coup, il se sentait, comme roi, brusquement mûri. Sa succession était assurée. Le sentiment de la dynastie, de sa propre place entre ses ancêtres et sa descendance, celle-ci toute fragile encore mais déjà présente dans un berceau mousseux, occupait ses méditations et lui rendait de moins en moins supportable l'incapacité juridique dans laquelle on le maintenait.

Toutefois, il était assailli de scrupules ; rien ne sert de renverser une coterie dirigeante si l'on n'a pas de meilleurs hommes pour la remplacer ni de meilleurs principes à appliquer.

« Saurai-je vraiment régner, et suis-je assez formé pour cela ? » se demandait-il souvent.

Son esprit demeurait marqué par le détestable exemple qu'avait fourni son père, entièrement gouverné par les Despensers, et l'exemple aussi détestable qu'offrait sa mère sous la domination de Roger Mortimer.

Son inaction forcée lui permettait d'observer et de réfléchir. Rien ne se pouvait faire au royaume sans le Parlement, sans son accord spontané ou obtenu. L'importance prise ces dernières années par cette assemblée de consultation, réunie de plus en plus fréquemment, en tous lieux et à tous propos, était la conséquence de la mauvaise administration, des expéditions militaires mal conduites, des désordres dans la famille royale et de l'état de constante hostilité entre le pouvoir central et la coalition des grands féodaux.

Il fallait faire cesser ces déplacements ruineux où Lords et Communes devaient courir à Winchester, à Salisbury, à York, et tenir des sessions qui n'avaient d'autre objet que de permettre à Lord Mortimer de faire sentir sa férule au royaume.

« Quand je serai vraiment roi, le Parlement siégera à dates régulières, et à Londres autant que se pourra... L'armée ?... L'armée n'est point présentement l'armée du roi ; ce sont des armées de barons qui n'obéissent que selon leur gré. Il faudrait une armée recrutée pour le service du royaume, et commandée par des chefs qui ne tiennent leur pouvoir que du roi... La justice ?... La justice demande d'être concentrée dans la main souveraine qui doit s'efforcer de la faire égale pour tous. Au royaume de France, quoi qu'on dise, l'ordre est plus grand. Il faut aussi donner des ouvertures au commerce dont on se plaint qu'il soit ralenti par les taxes et interdictions sur les cuirs et les laines qui sont notre richesse. »

C'étaient là des idées qui pouvaient paraître fort simples mais cessaient de l'être du fait qu'elles logeaient dans une tête royale, des idées quasi révolutionnaires, en un temps d'anarchie, d'arbitraire et de cruauté comme rarement nation en connut.

Le jeune souverain brimé rejoignait ainsi les aspirations de son peuple opprimé. Il ne s'ouvrait de ses intentions qu'à peu de personnes, à son épouse Philippa, à Guillaume de Mauny, l'écuyer qu'elle avait amené de Hainaut avec elle, à Lord Montaigu surtout, qui lui traduisait le sentiment des jeunes Lords.

C'est souvent à vingt ans qu'un homme formule les quelques principes qu'il mettra toute une vie à appliquer. Edouard III avait une qualité majeure pour un homme de pouvoir : il était sans passions et sans vices. Il avait eu la chance d'épouser une princesse qu'il aimait ; il avait la chance de continuer à l'aimer. Il possédait cette forme suprême de l'orgueil qui consistait à tenir pour naturelle sa position de roi. Il exigeait le respect de sa personne et de sa fonction ; il méprisait la servilité parce qu'elle exclut la franchise. Il détestait la pompe inutile, parce qu'elle insulte à la misère et qu'elle est le contraire de la réelle majesté.

Les gens qui avaient séjourné autrefois à la cour de France disaient qu'il ressemblait par beaucoup de traits au roi Philippe le Bel ; on lui trouvait même forme et même pâleur de visage, même froideur des yeux bleus quand parfois il relevait ses longs cils.

Edouard était plus communicatif et enthousiaste, certes, que son grand-père maternel. Mais ceux qui parlaient ainsi n'avaient connu le Roi de fer qu'en ses dernières années, à la fin d'un long règne ; nul ne se rappelait ce qu'avait été Philippe le Bel à vingt ans. Le sang de France, en Edouard III, l'avait emporté sur celui des Plantagenets, et il semblait que le vrai Capétien fût sur le trône d'Angleterre.

En octobre de cette même année 1330, le Parlement fut à nouveau convoqué, à Nottingham cette fois, dans le nord du royaume. La réunion menaçait d'être houleuse ; la plupart des Lords gardaient rancune à Mortimer de l'exécution du comte de Kent, dont leur conscience demeurait alourdie.

Le comte de Lancastre au Tors-Col, qu'on appelait maintenant le vieux Lancastre parce qu'il avait réussi le prodige de conserver sur les épaules, jusqu'à cinquante ans, sa grosse tête penchée, Lancastre, courageux et sage, était enfin de retour. Atteint d'une maladie des yeux qui, depuis longtemps menaçante, s'était brusquement aggravée jusqu'à la demi-cécité, il lui fallait faire guider ses pas par un écuyer ; mais cette infirmité même le rendait encore plus respectable, et l'on sollicitait ses avis avec davantage de déférence.

Les Communes s'inquiétaient des nouveaux subsides qu'on allait leur demander de consentir et des nouvelles taxes sur les laines. Où donc passait l'argent ?

Les trente mille livres du tribut d'Ecosse, à quel usage Mortimer les avait-il employées ? Etait-ce pour son profit ou celui du royaume qu'on avait mené cette dure campagne, trois ans plus tôt ? Et pourquoi avoir gratifié le triste baron Maltravers, outre sa charge de sénéchal, d'une somme de mille livres pour salaire de la garde du feu roi, autrement dit du meurtre ? Car tout se sait, ou finit par se savoir, et les comptes du Trésor ne peuvent rester éternellement secrets. Voilà donc à quoi servait le revenu des taxes ! Et Ogle et Gournay, les assesseurs de Maltravers, et Daverill, le gouverneur de Corfe, en avaient reçu autant.

Mortimer qui, sur la route de Nottingham, s'avançait en un tel train de splendeur que le jeune roi lui-même semblait faire partie de sa suite, Mortimer n'était plus soutenu réellement que par une centaine de partisans qui lui devaient toute leur fortune, n'étaient puissants que de le servir, et risquaient la disgrâce, le bannissement ou la potence, si lui-même venait à tomber.

Il se croyait obéi parce qu'un réseau d'espions, jusqu'auprès du roi en la personne de John Wynyard, l'informait de toutes les paroles prononcées et faisait hésiter les conjurations. Il se croyait puissant parce que ses troupes imposaient la crainte aux Lords et aux Communes. Mais les troupes peuvent marcher à d'autres ordres, et les espions trahir.

Le pouvoir, sans le consentement de ceux sur lesquels il est exercé, est une duperie qui jamais ne dure longtemps, un équilibre éminemment fragile entre la peur et la révolte, et qui se rompt d'un coup quand suffisamment d'hommes prennent ensemble conscience de partager le même état d'esprit.

Chevauchant sur une selle brodée d'or et d'argent, entouré d'écuyers vêtus d'écarlate et portant son pennon flottant au bout des lances, Mortimer s'avançait sur une route pourrie.

Pendant le voyage, Edouard III nota que sa mère paraissait malade, qu'elle avait le visage terne et tiré, les yeux marqués de fatigue, le regard moins brillant. Elle allait en litière et non sur sa haquenée blanche, comme c'était sa coutume ; souvent il fallait arrêter la litière dont le mouvement lui donnait la nausée. Mortimer avait auprès d'elle une présence attentive et gênée.

Peut-être Edouard eût-il moins remarqué ces signes s'il n'avait eu l'occasion d'observer les mêmes, au début de l'année, sur Madame Philippa son épouse. Et puis, en voyage, les serviteurs bavardent davantage ; les femmes de la reine mère parlaient à celles de Madame Philippa. A York, où l'on fit halte deux jours, Edouard ne pouvait plus avoir de doutes ; sa mère était enceinte.

Il se sentait submergé de honte et de dégoût. La jalousie également, une jalousie de fils aîné, aidait à son ressentiment. Il ne retrouvait plus la belle et noble image qu'il avait de sa mère, en son enfance.

« Pour elle j'ai haï mon père, à cause des hontes qu'il lui infligeait. Et voici qu'elle-même à présent me honnit ! Mère à quarante ans d'un bâtard qui sera plus jeune que mon propre fils ! »

Comme roi, il se sentait humilié devant son royaume, et comme époux devant son épouse.

Dans la chambre du château d'York, se retournant entre les draps sans parvenir à trouver le sommeil, il disait à Philippa :

— Te souviens-tu, ma mie, c'est ici que nous nous sommes épousés... Ah ! je t'ai conviée à un bien triste règne !

Placide et réfléchie, Philippa prenait l'événement avec moins de passion ; mais, assez prude, elle jugeait.

— De telles choses, dit-elle, ne se verraient point à la cour de France.

— Ah ! ma mie... Et les adultères de vos cousines de Bourgogne ?... Et vos rois empoisonnés ?

Du coup, la famille capétienne devenait celle de Philippa, comme s'il n'en était pas lui-même tout également descendu.

— En France on est plus courtois, répondit Philippa, moins affiché dans ses désirs, moins cruel en ses rancunes.

— On est plus dissimulé, plus sournois. On préfère le poison au fer...

— Vous, vous êtes plus brutaux...

Il ne répondit pas. Elle craignit de l'avoir offensé, étendit vers lui un bras rond et doux.

— Je t'aime fort, mon ami, dit-elle, car toi tu ne leur es point semblable...

— Et ce n'est pas seulement la honte, reprit Edouard, mais aussi le danger...

— Que veux-tu dire ?

— Je veux dire que Mortimer est bien capable de nous faire tous périr, et d'épouser ma mère afin de se faire reconnaître régent et de pousser son bâtard au trône...

— C'est chose folle à penser ! dit Philippa.

Certes, une telle subversion qui supposait le reniement de tous les principes, à la fois religieux et dynastiques, eût été, dans une monarchie ferme, proprement inimaginable ; mais tout est possible, et même les plus démentes aventures, dans un royaume déchiré et abandonné à la lutte des factions.

— Je m'en ouvrirai demain à Montaigu, dit le jeune roi.

En arrivant à Nottingham, Lord Mortimer se montra particulièrement impatient, autoritaire et nerveux, parce que John Wynyard, sans pouvoir percer la teneur des entretiens, avait surpris de fréquents colloques, dans la dernière partie du trajet, entre le roi, Montaigu et plusieurs jeunes Lords.

Mortimer s'emporta contre sir Edouard Bohun, le vice-gouverneur, lequel, chargé d'organiser le logement, et n'agissant d'ailleurs que selon l'habitude, avait prévu d'installer les grands seigneurs dans le château même.

— De quel droit, s'écria Mortimer, avez-vous, sans en référer à moi, disposé d'appartements si proches de ceux de la reine mère ?

— Je croyais, my Lord, que le comte de Lancastre...

— Le comte de Lancastre, ainsi que tous les autres, devra loger à un mille au moins du château.

— Et vous-même, my Lord ?

Mortimer fronça les sourcils comme si cette question constituait une offense.

— Mon appartement sera à côté de celui de la reine mère, et vous ferez remettre à celle-ci, par le constable, les clés du château, chaque soir.

Edouard Bohun s'inclina.

Il est parfois des prudences funestes. Mortimer voulait éviter qu'on commentât l'état de la reine mère ; il voulait surtout isoler le roi, ce qui permit aux jeunes Lords de s'assembler et de se concerter beaucoup plus librement, loin du château et des espions de Mortimer.

Lord Montaigu réunit ceux de ses amis qui lui paraissaient les plus résolus, garçons pour la plupart entre vingt et trente ans : les Lords Molins, Hufford, Stafford, Clinton, ainsi que John Nevil de Horneby et les quatre frères Bohun, Edouard, Humphrey, William et John, celui-ci étant comte de Hereford et Essex. La jeunesse formait le parti du roi. Ils avaient la bénédiction d'Henry de Lancastre, et davantage même qu'une bénédiction.

De son côté Mortimer siégeait au château en compagnie du chancelier Burghersh, de Simon Bereford, de John Monmouth, John Wynyard, Hugh Turplington et Maltravers, les consultant sur les moyens d'empêcher le développement d'une nouvelle conjuration.

L'évêque Burghersh sentait le vent tourner et se montrait moins ardent à la sévérité ; se couvrant de sa dignité ecclésiastique, il prêchait l'entente. Il avait su, naguère, glisser à temps du parti Despenser au parti Mortimer.

— Assez d'arrestations, de procès et de sang, disait-il. Peut-être que quelques satisfactions allouées en terres, argent ou honneurs...

Mortimer l'interrompit du regard ; son œil, à la paupière coupée droit, sous le massif du sourcil, faisait encore trembler ; l'évêque de Lincoln se tut.

Or, à la même heure, Lord Montaigu réussissait à s'entretenir en privé avec Edouard III.

— Je vous supplie, mon noble roi, lui disait-il, de ne pas tolérer plus longtemps les insolences et les intrigues d'un homme qui a fait assassiner votre père, décapiter votre oncle, corrompu votre mère. Nous avons juré de verser jusqu'à la dernière goutte de notre sang pour vous en délivrer. Nous sommes prêts à tout ; encore faudrait-il agir avec hâte, et pour cela que nous puissions pénétrer en assez grand nombre dans le château où aucun de nous n'est logé.

Le jeune roi réfléchit un moment.

— A présent sûrement, William, répondit-il, je sais que je vous aime bien.

Il n'avait pas dit : « que vous m'aimez bien ». Disposition d'âme vraiment royale ; il ne doutait pas qu'on voulût le servir ; l'important, pour lui, était d'accorder à bon escient sa confiance et son affection.

— Vous allez donc, continua-t-il, trouver le constable du château, sir William Eland, en mon nom, et le prier, de par mon ordre, de vous obéir en ce que vous lui demanderez.

— Alors, my Lord, dit Montaigu, que Dieu nous aide !

Tout dépendait, à présent, de cet Eland, et de ce qu'il fût acquis et de ce qu'il fût loyal ; s'il révélait la démarche de Montaigu, les conjurés étaient perdus, et peut-être le roi lui-même. Mais sir Edouard Bohun garantissait qu'il pencherait du bon côté, ne fût-ce qu'en raison de la manière dont Mortimer, depuis l'arrivée à Nottingham, le traitait en valet.

William Eland ne déçut pas Montaigu, lui promit de se conformer à ses ordres autant qu'il pourrait, et jura de garder le secret.

— Puisque donc vous êtes avec nous, lui dit Montaigu, remettez-moi ce soir les clés du château...

— My Lord, répondit le constable, sachez que les grilles et portes sont fermées chaque soir par des clés que je remets à la reine mère, laquelle les cache sous ses oreillers jusqu'au matin. Sachez aussi que la garde habituelle du château a été relevée et remplacée par quatre cents hommes des troupes personnelles de Lord Mortimer.

Montaigu vit tous ses espoirs s'écrouler.

— Mais je sais un chemin secret qui conduit de la campagne jusqu'au château, reprit Eland. C'est un souterrain que firent creuser les rois saxons pour échapper aux Danois, quand ceux-ci ravageaient tout le pays. Ce souterrain est inconnu de la reine Isabelle, de Lord Mortimer et de leurs gens auxquels je n'avais nulle raison de le montrer ; il aboutit au cœur du château, dans le keep, et par là on peut pénétrer sans être aperçu de personne.

— Comment trouverons-nous l'entrée dans la campagne ?

— Parce que je serai avec vous, my Lord.

Lord Montaigu eut un second et rapide entretien avec le roi ; puis, dans la soirée, en compagnie des frères Bohun, des autres conjurés et du constable Eland, il monta à cheval et quitta la ville, déclarant à suffisamment de personnes que Nottingham leur devenait peu sûre.

Ce départ, qui ressemblait beaucoup à une fuite, fut aussitôt rapporté à Mortimer.

— Ils se savent découverts et se dénoncent d'eux-mêmes. Demain je les ferai saisir et traduire devant le Parlement. Allons, nous aurons une nuit tranquille, ma mie, dit-il à la reine Isabelle.

Vers minuit, de l'autre côté du keep, dans une chambre aux murs de granit éclairée seulement d'une veilleuse, Madame Philippa demandait à son époux pourquoi il ne se couchait pas et demeurait assis au bord du lit, une cotte de mailles sous sa cotte de roi, et une épée courte au côté.

— Il peut se passer de grandes choses, cette nuit, répondit Edouard.

Philippa restait calme et placide en apparence, mais le cœur lui battait à grands coups dans la poitrine ; elle se rappelait leur conversation d'York.

— Croyez-vous qu'il veuille venir vous assassiner ?
— Cela aussi peut se faire.

Il y eut un bruit de voix chuchotées dans la pièce voisine, et Guillaume de Mauny, que le roi avait désigné pour prendre la garde en son antichambre, frappa discrètement à la porte. Edouard alla ouvrir.

— Le constable est là, my Lord, et les autres avec lui.

Edouard revint poser un baiser sur le front de Philippa ; elle lui saisit les doigts, les tint un instant étroitement serrés et murmura :

— Dieu te garde !

Guillaume de Mauny demanda :

— Dois-je vous suivre, my Lord ?
— Ferme étroitement les portes derrière moi, et veille sur Madame Philippa.

Dans la cour herbue du donjon, sous la clarté de la lune, les conjurés attendaient rassemblés autour du puits, ombres armées de glaives et de haches.

La jeunesse du royaume s'était entouré les pieds de chiffons ; le roi n'avait pas pris cette précaution et son pas fut seul à résonner sur les dalles des longs couloirs. Une unique torche éclairait cette marche.

Aux serviteurs, allongés à même le sol et qui se soulevaient, somnolents, on murmurait : « Le roi », et ils demeuraient où ils étaient, se tassant sur eux-mêmes, inquiets de cette promenade nocturne de seigneurs en armes, mais ne cherchant pas à en savoir trop.

La bagarre éclata seulement dans l'antichambre des appartements de la reine Isabelle, où les six écuyers postés là par Mortimer refusèrent le passage, bien que ce fût le roi qui le demandât. Bataille fort brève, où seul John Nevil de Horneby fut blessé d'un coup de pique qui lui traversa le bras ; cernés et désarmés, les hommes de garde se collèrent aux murs ; l'affaire n'avait duré qu'une minute, mais derrière l'épaisse porte on entendit un cri échappé de la gorge de la reine mère, puis le bruit de traverses poussées.

— Lord Mortimer, sortez ! commanda Edouard III ; c'est votre roi qui vient vous appréhender.

Il avait pris sa claire et forte voix de bataille, celle aussi que la foule d'York avait entendue le jour de son mariage.

Il n'y eut d'autre réponse qu'un tintement d'épée tirée hors d'un fourreau.

— Mortimer, sortez ! répéta le jeune roi.

Il attendit encore quelques secondes, puis soudain saisit la plus proche hache des mains d'un jeune Lord, l'éleva au-dessus de sa tête, et, de toutes ses forces, l'abattit contre la porte.

Ce coup de hache, c'était l'affirmation trop longuement attendue de sa puissance royale, la fin de ses humiliations, le terme aux arrêts délivrés contre son vouloir ; c'était la libération de son Parlement, l'honneur rendu aux Lords et la légalité restaurée au royaume. Bien plus que le jour du couronnement, le règne d'Edouard III commençait là, avec ce fer brillant planté dans le chêne sombre, et ce choc, ce grand craquement de bois dont l'écho se répercuta sous les voûtes de Nottingham.

Dix autres haches s'attaquèrent à la porte, et bientôt le lourd vantail céda.

Roger Mortimer était au centre de la pièce ; il avait eu le temps de passer des chausses ; sa chemise blanche était ouverte sur sa poitrine, et il tenait son épée à la main.

Son œil couleur de pierre brillait sous les sourcils épais, ses cheveux grisonnants et dépeignés entouraient son rude visage ; il y avait encore une belle force en cet homme-là.

Isabelle, auprès de lui, les joues baignées de larmes, tremblait de froid et de peur ; ses minces pieds nus faisaient deux taches claires sur le dallage. On apercevait dans la pièce voisine un lit défait.

Le premier regard du jeune roi fut pour le ventre de la reine mère, dont la robe de nuit dessinait l'arrondi. Jamais Edouard III ne pardonnerait à Mortimer d'avoir réduit sa mère, que ses souvenirs lui représentaient si belle et si vaillante dans l'adversité, si cruelle dans le triomphe mais toujours parfaitement royale, à cet état de femelle éplorée à qui l'on venait arracher le mâle dont elle était grosse, et qui se tordait les mains en gémissant :

— Beau fils, beau fils, je vous en conjure, épargnez le gentil Mortimer !

Elle s'était placée entre son fils et son amant.

— A-t-il épargné votre honneur ? dit Edouard.

— Ne faites point de mal à son corps, cria Isabelle. Il est vaillant chevalier, notre ami bien-aimé ; rappelez-vous que vous lui devez votre trône !

Les conjurés hésitaient. Allait-il y avoir combat, et faudrait-il tuer Mortimer sous les yeux de la reine ?

— Il s'est assez payé d'avoir hâté mon règne ! Allez, mes Lords, qu'on s'en saisisse, dit le jeune roi en écartant sa mère et en faisant signe à ses compagnons d'avancer.

Montaigu, les Bohun, Lord Molins et John Nevil dont le bras ruisselait de sang sans qu'il y prît garde, entourèrent Mortimer. Deux haches se levèrent derrière lui, trois lames se dirigèrent vers ses flancs, une main s'abattit sur son bras pour lui faire lâcher l'épée qu'il tenait. On le poussa vers la porte. Au moment de la franchir, Mortimer se retourna.

— Adieu, Isabelle, ma reine, s'écria-t-il ; nous nous sommes bien aimés !

Et c'était vrai. Le plus grand, le plus spectaculaire, le plus dévastateur amour du siècle, commencé comme un exploit de chevalerie, et qui avait ému toutes les cours d'Europe, jusqu'à celle du Saint-Siège, cette passion qui avait frété une flotte, équipé une armée, s'était consommée dans un pouvoir tyrannique et sanglant, s'achevait entre des haches, à la lueur d'une torche fumeuse. Roger Mortimer, huitième baron de Wigmore, ancien Grand Juge d'Irlande, premier comte des Marches, était conduit vers les prisons ; sa royale maîtresse, en chemise, s'écroulait au pied du lit.

Avant l'aurore, Bereford, Daverill, Wynyard et les principales créatures de Mortimer étaient arrêtés ; on se lançait à la poursuite du sénéchal Maltravers, de Gournay et Ogle, les trois meurtriers d'Edouard II, qui avaient aussitôt pris la fuite.

La foule, au matin, s'était massée dans les rues de Nottingham et hurlait sa joie au passage de l'escorte qui emmenait sur une charrette, suprême honte pour un chevalier, Mortimer enchaîné. Tors-Col, l'oreille sur l'épaule, était au premier rang de la population et, bien que ses yeux malades vissent à peine le cortège, il dansait sur place et lançait en l'air son bonnet.

— Où le conduit-on ? demandaient les gens.
— A la tour de Londres.

3

Vers les common gallows

Les corbeaux de la Tour vivent très vieux, plus de cent ans, dit-on. Le même énorme corbeau, attentif et sournois, qui sept ans plus tôt cherchait à piquer les yeux du prisonnier à travers les barreaux du soupirail, était revenu se poster devant la cellule.

Etait-ce par dérision qu'on avait assigné à Mortimer son cachot d'autrefois ? Là où le père l'avait gardé dix-sept mois enfermé, le fils à son tour le tenait captif. Mortimer se disait qu'il devait y avoir dans sa nature, dans sa personne, quelque chose qui le rendait intolérable à l'autorité royale, ou qui lui rendait insupportable cette autorité. De toute manière, un roi et lui ne pouvaient cohabiter dans la même nation, et il fallait bien que l'un des deux disparût. Il avait supprimé un roi ; un autre roi allait le supprimer. C'est un grand malheur que d'être né avec une âme de monarque quand on n'est pas destiné à régner.

Mortimer, cette fois, n'avait plus l'espérance ni même le désir de s'évader. Il lui semblait être déjà mort, depuis Nottingham. Pour les êtres tels que lui, dominés par l'orgueil, et dont les plus hautes ambitions ont été un moment satisfaites, la chute équivaut au trépas. Le vrai Mortimer était à présent, et pour l'éternité humaine, inscrit dans les chroniques d'Angleterre ; le cachot de la Tour ne contenait que sa charnelle mais indifférente enveloppe.

Chose singulière, cette enveloppe avait retrouvé des habitudes. De la même manière que lorsqu'on revient, après vingt ans d'absence, dans la demeure où l'on vécut enfant, on pèse du genou machinalement et par une sorte de mémoire musculaire sur le battant de la porte qui autrefois forçait, ou bien l'on pose le pied au plus large de l'escalier pour éviter le bord d'une marche usée, de la même manière Mortimer avait repris les gestes de sa précédente détention. Il pouvait, la nuit, franchir les quelques pas du soupirail au mur sans jamais se cogner ; il avait, dès son entrée, repoussé l'escabelle à sa place ancienne ; il reconnaissait les bruits familiers, la relève de la garde, la sonnerie des offices à la chapelle Saint-Pierre ; et cela sans le moindre effort d'attention. Il savait l'heure où on lui apportait son repas, la nourriture était à peine moins mauvaise que du temps de l'ignoble constable Seagrave.

Parce que le barbier Ogle avait servi d'émissaire à Mortimer, la première fois, pour organiser sa fuite, on refusait de lui envoyer quelqu'un pour le raser. Une barbe d'un mois lui poussait aux joues. Mais, à ce détail près, tout était semblable, jusqu'à ce corbeau que Mortimer avait naguère surnommé « Edouard », et qui feignait de dormir, ouvrant de temps en temps son œil rond avant de lancer son gros bec à travers les barreaux.

Ah, si ! Quelque chose manquait : les monologues tristes du vieux Lord Mortimer de Chirk, gisant sur la planche qui servait de couche... A présent, Roger Mortimer comprenait pourquoi son oncle avait refusé autrefois de le suivre dans son évasion. Ce n'était ni par peur du risque ni même par faiblesse de corps ; on a toujours assez de forces pour entreprendre un chemin, même si l'on doit y tomber. C'était le sentiment que sa vie était terminée qui avait retenu le Lord de Chirk, et lui avait fait préférer attendre sa fin, sur ce bat-flanc.

Pour Roger Mortimer, qui ne comptait que quarante-cinq ans, la mort ne viendrait pas d'elle-même. Il éprouvait une vague angoisse lorsqu'il regardait vers le centre du Green la place où l'on dressait habituellement le billot. Mais on s'habitue à la proximité de la mort par toute une suite de pensées très simples qui s'organisent pour constituer une mélancolique acceptation. Mortimer se disait que le corbeau sournois vivrait après lui, et narguerait d'autres prisonniers ; les rats aussi vivraient, les gros rats mouillés qui montaient la nuit des berges vaseuses de la Tamise et couraient sur les pierres de la forteresse ; même la puce qui le taquinait sous sa chemise sauterait sur le bourreau, le jour de l'exécution, et continuerait de vivre. Toute vie qui s'efface du monde laisse les autres vies intactes. Rien n'est plus banal que de mourir.

Quelquefois il songeait à sa femme, Lady Jeanne, sans nostalgie ni remords. Il l'avait assez tenue à l'écart de sa puissance pour que l'on eût quelque raison de s'en prendre à elle. On lui laisserait, sans doute, la disposition de ses biens personnels. Ses fils ? Certes, ses fils auraient à subir la séquelle des haines dont il était l'objet ; mais comme il y avait peu de chances qu'ils devinssent jamais hommes d'aussi vaste valeur et d'aussi haute ambition que lui, qu'importait qu'ils fussent ou ne fussent pas comtes dans les Marches ? Le grand Mortimer, c'était lui, ou plutôt ce qu'il avait été. Ni pour sa femme, ni pour ses fils, il n'éprouvait de regrets.

La reine ?... La reine Isabelle mourrait un jour, et de cet instant-là il n'existerait plus personne sur terre à l'avoir connu dans sa vérité. C'était seulement lorsqu'il pensait à Isabelle qu'il se sentait encore quelque peu rattaché à l'existence. Il était mort à Nottingham, certes ; mais le souvenir de son amour continuait de vivre, un peu comme les cheveux s'obstinent à croître quand le cœur a cessé de battre. Voilà tout ce qui restait au bourreau à trancher. Quand on séparerait la tête du corps, on anéantirait le souvenir des mains royales qui s'étaient nouées à ce cou.

Comme chaque matin, Mortimer avait demandé la date. On était le 29 novembre ; le Parlement devait donc se trouver réuni et le prisonnier s'attendait à comparaître. Il connaissait assez la lâcheté des assemblées pour savoir que nul ne prendrait sa défense, bien au contraire. Lords et Communes allaient se venger avec empressement de la terreur qu'il leur avait si longtemps inspirée.

Le jugement avait déjà été prononcé, dans la chambre de Nottingham. Ce n'était pas à un acte de justice qu'on allait le soumettre, mais seulement à un simulacre nécessaire, une formalité, tout exactement comme lors des condamnations naguère ordonnées par lui.

Un souverain de vingt ans impatient de gouverner, et de jeunes Lords impatients d'être les maîtres de la faveur royale, avaient besoin de sa disparition pour être sûrs de leur pouvoir.

« Ma mort, pour ce petit Edouard, est l'indispensable complément de son sacre... Et pourtant, ils ne feront pas mieux que moi ; le peuple ne sera pas davantage satisfait sous leur loi. Là où je n'ai pas réussi, qui donc pourrait réussir ? »

Quelle attitude devrait-il adopter pendant le simulacre de justice ? Se faire suppliant, comme le comte de Kent ? Battre sa coulpe, implorer, offrir sa soumission, pieds nus et la corde au cou, en confessant le regret de ses erreurs ? Il faut avoir grande envie de vivre pour s'imposer la comédie de la déchéance ! « Je n'ai commis aucune faute. J'ai été le plus fort, et le suis resté jusqu'à ce que d'autres, plus forts pour un moment, m'abattent. C'est tout. »

Alors l'insulte ? Faire face une dernière fois à ce Parlement de moutons et lui lancer : « J'ai pris les armes contre le roi Edouard II. Mes Lords, lesquels d'entre vous qui me jugez ce jour ne m'ont pas suivi alors ?... Je me suis évadé de la tour de Londres. Mes Lords évêques, lesquels d'entre vous qui me jugez ce jour n'ont pas fourni aide et trésor pour ma liberté ?... J'ai sauvé la reine Isabelle d'être tuée par les favoris de son époux, j'ai levé des troupes et armé une flotte qui vous ont délivrés des Despensers, j'ai déposé le roi que vous haïssiez et fait couronner son fils qui ce jour me juge. Mes Lords, comtes, barons et évêques, et vous messires des Communes, lesquels d'entre vous ne m'ont pas loué pour tout cela, et même pour l'amour que la reine m'a porté ? Vous n'avez rien à me reprocher que d'avoir agi en votre place, et vous avez belles dents à me déchirer, pour faire oublier par la mort d'un seul ce qui fut la besogne de tous. »

Ou bien le silence... Refuser de répondre à l'interrogatoire, refuser de présenter une défense, ne pas prendre l'inutile peine de se justifier. Laisser hurler les chiens qu'on ne tient plus sous le fouet... « Mais combien j'avais raison de les soumettre à la peur ! »

Il fut tiré de ses pensées par des bruits de pas. « Voici le moment », se dit-il.

La porte s'ouvrit, et des sergents d'armes apparurent qui s'écartèrent pour laisser passer le frère du défunt comte de Kent, le comte de Norfolk, maréchal d'Angleterre, suivi du Lord-maire et des shérifs de Londres, ainsi que de plusieurs délégués des Lords et des Communes. Tout ce monde ne pouvait tenir dans la cellule, et les têtes se pressaient dans l'étroit couloir.

— My Lord, dit le comte de Norfolk, je viens d'ordre du roi vous donner la lecture du jugement rendu à votre endroit, l'autre avant-hier, par le Parlement assemblé.

Les assistants furent surpris de voir, à cette annonce, Mortimer sourire. Un sourire calme, méprisant, qui ne s'adressait pas à eux mais à lui-même. Le jugement était déjà rendu depuis deux jours sans comparution, sans interrogatoire, sans défense... alors que l'instant d'avant il s'inquiétait de la figure à prendre devant ses accusateurs. Vain souci ! On lui infligeait une ultime leçon ; il aurait pu aussi bien se dispenser naguère, pour les Despensers, pour le comte d'Arundel, pour le comte de Kent, d'aucune formalité judiciaire.

Le coroner de la cour avait commencé de lire le jugement.

— *Vu que fut ordonné par le Parlement séant à Londres, immédiatement après le couronnement de notre seigneur le roi, que le conseil du roi comprendrait cinq évêques, deux comtes et cinq barons, et que rien ne pourrait être décidé hors de leur présence, et que ledit Roger Mortimer, sans égard à la volonté du Parlement, s'appropria le gouvernement et l'administration du royaume, déplaçant et plaçant à sa guise les officiers de la maison du roi et de l'ensemble du royaume pour y introduire ses propres amis selon son bon plaisir*[18]...

Debout, adossé au mur et la main posée sur un barreau du soupirail, Roger Mortimer regardait le Green et paraissait à peine intéressé par la lecture.

— *... Vu que le père de notre roi ayant été conduit au château de Kenilworth, par ordonnance des pairs du royaume, pour y demeurer et y être traité selon sa dignité de grand prince, ledit Roger ordonna de lui refuser tout ce qu'il demanderait et le fit transférer au château de Berkeley où finalement, par ordre dudit Roger, il fut traîtreusement et ignominieusement assassiné...*

— Va-t-en, mauvais oiseau, cria Mortimer, à l'étonnement des assistants, parce que le corbeau sournois venait de lui décharger un grand coup de bec sur le dos de la main.

— *... Vu que, bien qu'il fût interdit par ordonnance du roi, scellée du grand sceau, de pénétrer en armes dans la salle de délibération du Parlement séant à Salisbury, ceci sous peine de forfaiture, ledit Roger et sa suite armée n'en pénétrèrent pas moins, violant ainsi l'ordonnance royale...*

La liste des griefs s'allongeait, interminable. On reprochait à Mortimer l'expédition militaire contre le comte de Lancastre ; les espions placés auprès du jeune souverain et qui avaient contraint celui-ci de se « *conduire plutôt en prisonnier qu'en roi* » ; l'accaparement de vastes terres appartenant à la couronne ; la rançon, le dépouillement, le bannissement de nombreux barons ; la machination montée pour faire croire au comte de Kent que le père du roi était toujours vivant, « *ce qui détermina ledit comte à vérifier les faits par les moyens les plus honnêtes et les plus loyaux* » ; l'usurpation des pouvoirs royaux pour traduire le comte de Kent devant le Parlement et le faire mettre à mort ; le détournement des sommes destinées à financer la guerre de Gascogne, ainsi que des trente mille marcs d'argent versés par les Ecossais en exécution du traité de paix ; la mainmise sur le Trésor royal de sorte que le roi n'était plus en état de tenir son rang. Mortimer était accusé encore d'avoir allumé la discorde entre le père du roi et la reine consort, « *étant ainsi responsable du fait que la reine ne revint jamais à son seigneur pour partager son lit, au grand déshonneur du roi et de tout le royaume* », et enfin d'avoir déshonoré la reine « *en se montrant auprès d'elle comme son paramour notoire et avoué* ».

Mortimer, les yeux au plafond et se caressant la barbe, souriait à nouveau ; c'était toute son histoire qu'on lisait et qui, sous cette forme étrange, allait entrer à jamais dans les archives du royaume.

— *... C'est pourquoi le roi s'en est remis aux comtes, barons et autres, pour prononcer un juste jugement contre ledit Roger Mortimer ; ce que les membres du Parlement, après s'être concertés, ont admis, déclarant que toutes charges énumérées étaient valables, notoires, connues de tout le peuple et particulièrement l'article touchant la mort du roi au château de Berkeley. C'est pourquoi il est décidé par eux que ledit Roger, traître et ennemi du roi et du royaume, sera traîné sur la claie et puis pendu...*

Mortimer eut un léger sursaut. Donc, ce ne serait pas le billot ? Jusqu'au bout il y avait de l'imprévu.

— *... et aussi que la sentence sera sans appel ainsi que ledit Mortimer lui-même en a autrefois décidé dans les procès des deux Despensers et du défunt Lord Edmond, comte de Kent et oncle du roi.*

Le clerc avait terminé et roulait les feuilles. Le comte de Norfolk, frère du comte de Kent, regardait Mortimer dans les yeux. Qu'avait-il fait celui-là, qui s'était tenu bien coi ces derniers mois, pour reparaître en affectant un air vengeur et justicier ? A cause de ce regard, Mortimer eut envie de parler... oh ! brièvement... juste pour dire au comte maréchal, et, à travers ce personnage, au roi, aux conseillers, aux Lords, aux Communes, au clergé, au peuple tout entier :

— Quand il paraîtra au royaume d'Angleterre un homme capable d'accomplir telles choses que vous venez d'énumérer, vous vous soumettrez à lui derechef, tout également que vous me fûtes soumis. Mais je ne crois pas qu'il naisse de sitôt... A présent il est temps d'en finir. Est-ce maintenant que vous me conduisez ?

Il semblait donner encore des ordres et commander sa propre exécution.

— Oui, my Lord, dit le comte de Norfolk, c'est à présent. Nous vous menons aux Common Gallows.

Les Common Gallows, le gibet des voleurs, des bandits, des faussaires, des vendeurs de filles, le gibet de la crapule[19]...

— Bien, allons ! dit Mortimer.

— Mais auparavant, vous devez être dépouillé, pour la claie.

— Fort bien, dépouillez-moi.

On lui ôta ses vêtements, ne lui laissant qu'une toile autour des reins. Il sortit ainsi, nu parmi cette escorte chaudement vêtue, sous une petite pluie bruinante de novembre. Son haut corps musclé faisait une tache claire parmi toutes les robes sombres des shérifs, et les vêtements de fer de la garde.

La claie était dans le Green, construite de lattes rugueuses posées sur deux patins, et accrochée aux harnais d'un cheval de trait.

Mortimer conserva son sourire méprisant pour regarder cet équipage. Que de soins, que d'application à l'humilier ! Il se coucha sans aide et on lui lia les poignets et les chevilles aux traverses de bois ; puis le cheval se mit en marche et la claie commença de glisser, d'abord doucement sur l'herbe du Green, puis en raclant le gravier et les pierres du chemin.

Le maréchal d'Angleterre, le Lord-maire, les délégués du Parlement, le constable de la Tour, suivaient ; une escorte de soldats, la pique sur l'épaule, ouvrait la route et protégeait la marche.

Le cortège sortit de la forteresse par la Traitors' Gate où une foule attendait, curieuse, houleuse, cruelle, qui ne fit que grossir le long du chemin.

Quand on a généralement considéré les multitudes du haut d'un cheval ou d'une estrade, c'est une impression étrange que de les regarder soudain depuis le niveau du sol, d'apercevoir tous ces mentons agités, toutes ces bouches déformées par les cris, ces milliers de narines ouvertes. Les hommes ont vraiment de mauvais visages observés ainsi, et les femmes également, des visages grotesques et méchants, d'affreuses gueules de gargouilles sur lesquelles on n'a pas assez frappé lorsqu'on était debout ! Et sans cette petite bruine qui lui tombait droit dans les yeux, Mortimer, secoué et cahoté sur sa claie, aurait mieux pu voir ces faces de haine.

Quelque chose de visqueux et de mou l'atteignit à la joue, lui coula dans la barbe ; Mortimer comprit que c'était un crachat. Et puis, une douleur aiguë, perçante, le traversa tout entier ; une main lâche lui avait lancé une pierre au bas-ventre. Sans les piquiers, la foule, s'enivrant de ses propres hurlements, l'eût déchiré sur place.

Il avançait sous une voûte sonore d'insultes et de malédictions, lui qui, six ans plus tôt, sur toutes les routes d'Angleterre, n'entendait s'élever que des acclamations. Les foules ont deux voix, une pour la haine, l'autre pour l'allégresse ; c'est merveille que tant de gorges hurlant ensemble puissent produire deux rumeurs si différentes.

Et brusquement, ce fut le silence. Etait-on déjà parvenu au gibet ? Mais non ; on était entré à Westminster et l'on faisait passer la claie lentement sous les fenêtres où se pressaient les membres du Parlement. Ceux-ci se taisaient en contemplant, traîné comme un arbre fourchu sur les pavés, celui qui tant de mois les avait pliés à sa volonté.

Mortimer, les yeux emplis de pluie, cherchait un regard. Peut-être, par suprême cruauté, avait-on fait obligation à la reine Isabelle d'assister à son supplice ? Il ne l'aperçut pas.

Puis le cortège se dirigea vers Tyburn. Arrivé aux Common Gallows, le condamné fut délié et rapidement confessé. Une dernière fois Mortimer domina la foule, du haut de l'échafaud. Il souffrit peu, car la corde du bourreau, en le soulevant brusquement, lui rompit les vertèbres.

La reine Isabelle se trouvait ce jour-là à Windsor où elle se remettait lentement d'avoir perdu, en même temps que son amant, l'enfant qu'elle attendait de lui.

Le roi Edouard fit savoir à sa mère qu'il viendrait passer avec elle les fêtes de Noël.

4

Un mauvais jour

Par les fenêtres de la maison Bonnefille, Béatrice d'Hirson regardait la pluie tomber dans la rue Mauconseil. Depuis plusieurs heures elle attendait Robert d'Artois qui lui avait promis de la rejoindre, cet après-midi-là. Mais Robert ne tenait aucunement ses promesses, les petites pas plus que les grandes, et Béatrice se jugeait bien stupide de le croire encore.

Pour une femme qui attend, un homme a tous les torts. Robert ne lui avait-il pas promis aussi, et depuis près d'un an, qu'elle serait dame de parage en son hôtel ? Au fond, il n'était pas différent de sa tante ; tous les Artois se ressemblaient. Des ingrats ! On se crevait à faire leurs volontés ; on courait les herbières et les jeteurs de sorts ; on tuait pour servir leurs intérêts ; on risquait la potence ou le bûcher... car ce n'eût pas été Monseigneur Robert qu'on eût arrêté si l'on avait pris Béatrice à verser l'arsenic dans la tisane de Madame Mahaut, ou le sel de mercure dans le hanap de Jeanne la Veuve. « Cette femme, aurait-il dit, je ne la connais pas ! Elle prétend avoir agi sur mon ordre ? Menteries. Elle était de la maison de ma tante, pas de la mienne. Elle invente fables pour se sauver. Faites-la donc rouer. » Entre la parole d'un prince de France, beau-frère du roi, et celle d'une quelconque nièce d'évêque, dont la famille n'était même plus en faveur, qui dont aurait hésité ?

« Et j'ai fait tout cela pour quoi ? pensait Béatrice. Pour attendre ; pour attendre, esseulée en ma maison, que Monseigneur Robert daigne une fois la semaine me visiter ! Il avait dit qu'il viendrait après Vêpres ; voici le Salut sonné. Il a dû encore ripailler, traiter trois barons à dîner, parler de ses grands exploits, des affaires du royaume, de son procès, flatter de la main le rein de toutes les chambrières. Même la Division mange à sa table, à présent, je le sais ! Et moi je suis ici à regarder la pluie. Et il arrivera à la nuitée, lourd, rotant beaucoup et les joues enflammées ; il me dira trois fadaises, s'écroulera sur le lit pour y dormir une heure, et repartira. Si même il vient... »

Béatrice s'ennuyait, plus encore qu'à Conflans dans les derniers mois de Mahaut. Ses amours avec Robert s'enlisaient. Elle avait cru piéger le géant, mais c'était lui qui avait gagné. La passion contrariée, humiliée, se changeait en sourde rancune. Attendre, toujours attendre ! Et ne pas même pouvoir sortir, courir les tavernes avec quelque amie à la recherche de l'aventure, parce que Robert pourrait justement survenir dans ce moment-là. En plus, il la faisait surveiller !

Elle comprenait bien que Robert se détachait d'elle et ne la voyait plus que par obligation, comme une complice qu'il faut ménager. Deux semaines entières se passaient parfois sans qu'il lui témoignât de désir.

« Tu ne gagneras pas toujours, Monseigneur Robert ! » disait-elle tout bas. Elle commençait secrètement de le haïr, faute de le posséder assez.

Elle avait essayé les meilleures recettes de philtres d'amour : *Tirez de votre sang, un vendredi de printemps ; mettez-le sécher au four dans un petit pot, avec deux couillons de lièvre et un foie de colombe ; réduisez le tout en poudre fine et faites-en avaler à la personne sur qui vous avez dessein ; et si l'effet ne se sent pas à la première fois, réitérez jusqu'à trois fois.*

Ou bien encore : *Vous irez un vendredi matin, avant soleil levé, dans un verger fruitier et cueillerez sur un arbre la plus belle pomme que vous pourrez ; puis vous écrirez avec votre sang, sur un petit morceau de papier blanc, votre nom et surnom, et, en une autre ligne suivante, le nom et le surnom de la personne dont vous voulez être aimé ; et vous tâcherez d'avoir trois de ses cheveux, que vous joindrez avec trois des vôtres, qui vous serviront à lier le petit billet que vous aurez écrit de votre sang ; puis vous fendrez la pomme en deux, vous en ôterez les pépins, et, en leur place, vous mettrez le billet lié des cheveux ; et avec deux petites brochettes pointues de branche de myrte verte, vous rejoindrez proprement les deux moitiés de pomme et la ferez ainsi sécher au four en sorte qu'elle devienne dure et sans humidité, comme des pommes sèches de carême ; vous l'envelopperez ensuite dans des feuilles de laurier et de myrte et tâcherez de la mettre sous le chevet du lit où couche la personne aimée, sans qu'elle s'en aperçoive ; et en peu de temps elle vous donnera des marques de son amour.*

Vaine entreprise. Les pommes du vendredi restaient inopérantes. La sorcellerie, où Béatrice se croyait infaillible, paraissait n'avoir pas de prise sur le comte d'Artois. Il n'était pas le Diable, tout de même ! en dépit de ce qu'elle lui avait affirmé pour le conquérir.

Elle avait espéré être enceinte. Robert semblait aimer ses fils, par orgueil peut-être, mais il les aimait. Ils étaient les seuls êtres dont il parlât avec un peu de tendresse. Alors, un bâtard qui lui serait venu à présent... Et puis, c'eût été un bon moyen pour Béatrice ; montrer son ventre et dire : « J'attends un enfant de Monseigneur Robert... » Mais soit qu'elle eût dans le passé dérangé la nature, soit que le Malin l'eût faite telle qu'elle ne pût engendrer, cet espoir-là aussi avait été déçu. Et il ne restait à Béatrice d'Hirson, ancienne demoiselle de parage de la comtesse Mahaut, que l'attente, la pluie, et des rêves de vengeance...

A l'heure où les bourgeois se mettaient au lit, Robert d'Artois arriva enfin, la mine fort sombre et se grattant du pouce le piquant de la barbe. A peine regarda-t-il Béatrice qui avait pris soin de mettre une robe neuve ; il se versa une grande rasade d'hypocras.

— Il est éventé, dit-il avec une grimace en se laissant choir sur un siège qui rendit un grand gémissement de bois.

Comment le breuvage n'eût-il pas perdu son arôme ? L'aiguière était préparée depuis quatre heures !

— J'espérais plus tôt ta venue, Monseigneur.

— Eh oui ! mais j'ai de graves soucis qui m'ont tenu empêché.

— Comme le jour d'hier, et comme l'hier d'avant...

— Comprends aussi que je ne peux me montrer entrant de jour en ta maison, surtout en ce moment qu'il me faut recroître de prudence.

— La bonne excuse ! Alors ne me dis point que tu viendras de jour si tu ne me veux visiter que la nuit. Mais la nuit appartient à la comtesse ton épouse...

Il haussa les épaules d'un air excédé.

— Tu sais bien que je ne l'approche plus.

— Tous les époux disent cela à leur bonne amie, les plus grands du royaume comme le dernier savetier... et tous mentent de la même façon. Je voudrais bien voir que Madame de Beaumont te fît si bon visage et se montrât de si bon air avec toi si tu n'entrais jamais en son lit... Pour les journées, Monseigneur est au Conseil étroit, à croire que le roi tient conseil de la crevée de l'aube jusqu'au soir couchant. Ou bien Monseigneur est à la chasse... ou bien Monseigneur va jouter... ou bien Monseigneur est parti pour sa terre de Conches.

— La paix ! cria Robert abattant le plat de la main sur la table. J'ai d'autres soins en tête que d'écouter sornettes de femelle. C'est aujourd'hui que j'ai présenté ma requête devant la Chambre du roi.

En effet, on était le 14 décembre, jour fixé par Philippe VI pour l'ouverture du procès d'Artois. Béatrice le savait. Robert l'en avait prévenue ; mais agacée de jalousie, elle l'avait oublié.

— Et tout s'est passé à ton souhait ?

— Pas absolument, répondit Robert. J'ai présenté les lettres de mon grand-père, et l'on a contesté qu'elles fussent vraies.

— Les croyais-tu bonnes ? dit Béatrice avec un sourire méchant. Et qui donc les a contestées ?

— La duchesse de Bourgogne qui s'est fait remettre les pièces à l'examen.

— Ah ! la duchesse de Bourgogne est à Paris...

Les longs cils noirs se relevèrent un instant et le regard de Béatrice brilla d'un soudain éclat, vite dissimulé. Robert, tout à ses soucis, ne s'en aperçut pas.

Frappant les poings l'un contre l'autre, et les muscles des mâchoires contractés, il disait :

— Elle est venue tout exprès avec le duc Eudes. Mahaut me nuira donc jusque dans sa descendance ! Pourquoi si mauvais sang coule-t-il en cette race-là ? Tout ce qui est fille de Bourgogne est putain, vol et mensonge ! Celle-ci, qui pousse contre moi son benêt de mari, est gueuse déjà comme toute sa parenté. Ils ont la Bourgogne ; que veulent-ils encore la comté qu'ils m'ont volée ? Mais je gagnerai. Je soulèverai l'Artois s'il le faut comme je l'ai fait déjà contre Philippe le Long, le père de cette mauvaise guenon. Et cette fois ce ne sera pas sur Arras que je marcherai, mais sur Dijon...

Il parlait, mais le cœur n'y était pas. C'était une colère assise, sans grands cris, sans ce pas à faire crouler les murs, sans toute cette comédie de la fureur qu'il savait si bien jouer. Pour quel auditoire se fût-il donné cette peine ?

L'habitude en amour érode les caractères. On ne s'oblige à l'effort que dans la nouveauté, et l'on ne redoute que ce que l'on ne connaît pas. Nul n'est fait que de puissance, et les craintes disparaissent en même temps que le mystère s'efface. Chaque fois que l'on se montre nu, on abandonne un peu d'autorité. Béatrice ne craignait plus Robert.

Elle oubliait de le redouter parce qu'elle l'avait vu trop souvent dormir, et se permettait, envers ce géant, ce que personne n'eût osé.

Et de même pour Robert envers Béatrice, devenue une maîtresse jalouse, exigeante, pleine de reproches, comme toute femme quand une liaison cachée dure trop longtemps. Ses talents de sorcière n'amusaient plus Robert. Ses pratiques de magie et de satanisme lui paraissaient routine. Il se défiait de Béatrice, mais par simple habitude atavique, puisqu'il est entendu une fois pour toutes que les femmes sont menteuses et trompeuses. Comme elle lui mendiait le plaisir, il ne pensait plus à la craindre, et oubliait qu'elle ne s'était jetée dans ses bras que par goût de la trahison. Même le souvenir de leurs deux crimes perdait de l'importance et se dissolvait dans la poussière des jours, tandis que les deux cadavres s'effritaient sous terre.

Ils vivaient cette période d'autant plus dangereuse qu'on ne croit plus au danger. Les amants devraient savoir, au moment où ils cessent de s'aimer, qu'ils vont se retrouver tels qu'avant de commencer. Les armes ne sont jamais détruites, mais seulement déposées.

Béatrice observait Robert en silence, tandis qu'il rêvait, bien loin d'elle, à de nouvelles machinations pour gagner son procès. Mais quand on a usé de tout pendant vingt ans, fait fouiller les lois et les coutumes, utilisé le faux témoignage, la falsification d'écritures, le meurtre, même, et qu'on a le roi pour beau-frère, et qu'encore on ne tient pas la victoire, n'y a-t-il pas, certains jours, motif à désespérer ?

Changeant d'attitude, Béatrice vint s'agenouiller devant lui, soudain câline, soumise et tendre, comme si elle voulait à la fois consoler et se blottir.

— Quand donc mon gentil seigneur Robert me prendra-t-il en son hôtel ? Quand me fera-t-il dame de parage de sa comtesse, comme il me l'a promis ? Regarde la bonne chose que ce serait ! Toujours près de toi, tu pourrais m'appeler à ton gré... je serais là pour te servir et veiller sur toi mieux qu'aucune. Quand donc ?

— Quand mon procès sera gagné, dit-il comme chaque fois qu'elle revenait sur la question.

— Du train qu'il va, ce procès, je pourrai bien attendre d'avoir les cheveux blancs.

— Quand il sera jugé, si tu préfères. C'est chose dite, et Robert d'Artois n'a qu'une parole. Mais patience, que diable !

Il regrettait bien d'avoir dû, naguère, lui faire miroiter ce projet. A présent il était fermement décidé à n'y jamais donner suite. Béatrice en l'hôtel de Beaumont ? Quel trouble, quelle fatigue, et quelle source d'ennuis !

Elle se releva, alla tendre les mains au feu de tourbe qui brûlait dans la cheminée.

— De la patience, j'en ai eu assez, je crois, dit-elle sans hausser la voix. D'abord, ce devait être après la mort de Madame Mahaut ; ensuite, après la mort de Madame Jeanne la Veuve. Elles sont mortes, il me semble, et le bout de l'an va en être bientôt chanté en église... Mais tu ne veux pas que j'entre en ton hôtel... Une putain traînée comme la Divion, qui fut maîtresse de mon oncle l'évêque, et qui t'a fabriqué de si bonnes pièces qu'un aveugle les verrait fausses, a le droit, elle, de vivre à ta table, de se pavaner à ta cour...

— Laisse donc la Divion. Tu sais bien que je ne garde cette sotte menteuse que par prudence.

Béatrice eut un bref sourire. La prudence !... Avec la Divion, parce qu'elle avait fait cuire quelques sceaux, il fallait user de prudence. Mais d'elle, Béatrice, qui avait envoyé deux princesses en tombe, on ne redoutait rien, et on pouvait la payer d'ingratitude.

— Allons, ne te plains pas, dit Robert. Tu as le meilleur de moi. Si tu étais en ma maison, je te pourrais sûrement moins voir, et avec moins d'abandon.

Il était bien gonflé de soi, Monseigneur Robert, et il parlait de ses présences comme de cadeaux sublimes qu'il daignait accorder !

— Alors si c'est le meilleur de toi que j'ai, que tardes-tu à me le donner... répondit Béatrice de sa voix traînante. Le lit est prêt.

Et elle montrait la porte ouverte sur la chambre.

— Non, ma petite mie ; il me faut à présent retourner au Palais et y voir le roi, en secret, pour contrebattre la duchesse de Bourgogne.

— Oui, certes, la duchesse de Bourgogne... répéta Béatrice en hochant la tête d'un air entendu. Alors, est-ce demain que je dois attendre le meilleur ?

— Hélas, demain je dois partir pour Conches et Beaumont.

— Et tu y resteras... ?

— Fort peu. Deux semaines.

— Tu ne seras donc point là pour la fête de l'an neuf ? demanda-t-elle.

— Non, ma belle chatte ; mais je te ferai présent d'un bon fermail de pierreries pour décorer ta gorge.

— Je m'en parerai donc pour éblouir mes valets, puisque ce sont les seules gens que je voie.

Robert aurait dû se méfier davantage. Il est des jours funestes. A l'audience, ce 14 décembre, ses pièces avaient été protestées si fermement par le duc et la duchesse de Bourgogne que Philippe VI en avait froncé le sourcil par-dessus son grand nez, et regardé son beau-frère avec inquiétude. C'eût été l'occasion d'être plus attentif, de ne pas blesser, justement ce jour-là, une femme telle que Béatrice, de ne pas la laisser, pour deux semaines, insatisfaite de cœur et de corps. Il s'était levé.

— La Divion part-elle dans ta suite ?

— Eh oui ! mon épouse en a décidé de la sorte.

Une bouffée de haine souleva la belle poitrine de Béatrice, et ses cils firent une ombre ronde sur ses joues.

— Alors, Monseigneur Robert, je t'attendrai comme une servante aimante et fidèle, prononça-t-elle en lui présentant un visage souriant.

Robert effleura d'un baiser machinal la joue de Béatrice. Il lui posa sa lourde main sur les reins, l'y tint un moment, et son geste s'acheva en une petite tape indifférente. Non, décidément, il ne la désirait plus ; et c'était bien là, pour elle, la pire offense.

5

Conches

L'hiver fut relativement doux cette année-là.

Avant le jour levé, Lormet le Dolois venait secouer l'oreiller de Robert. Celui-ci poussait quelques grands bâillements de fauve, se mouillait un peu le visage dans le bassin que lui présentait Gillet de Nelle, sautait dans ses vêtements de chasse, tout de cuir et la fourrure en dedans, les seuls vraiment bien agréables à porter. Puis il allait ouïr messe basse en sa chapelle ; l'aumônier avait ordre de dépêcher l'office, Evangile et communion, en quelques minutes. Robert tapait du pied si le frère s'attardait un peu trop à prier ; et le ciboire n'était pas rangé qu'il avait déjà passé la porte.

Il avalait un bol de bouillon chaud, deux ailes de chapon ou bien un morceau de porc gras, avec un bon hanap de vin blanc de Meursault qui vous dégourdit l'homme, coule comme de l'or dans la gorge, et réveille les humeurs endormies par la nuit. Tout cela debout. Ah ! si la Bourgogne n'avait produit que ses vins, au lieu d'avoir aussi ses ducs ! « Manger matin donne grand santé », disait Robert qui croquait encore en gagnant son cheval. Le coutel au côté, la corne en sautoir, et son bonnet de loup enfoncé sur les oreilles, il était en selle.

La meute de chiens courants, tenue sous le fouet, aboyait à pleines gueules ; les chevaux piaffaient, la croupe piquée par le petit froid matinal. La bannière claquait sur le haut du donjon, puisque le seigneur séjournait au château. Le pont-levis s'abaissait, et chiens, chevaux, valets, veneurs, à grand vacarme, déboulaient vers la mare, au cœur du bourg, et gagnaient la campagne à la suite du gigantesque baron.

Il traîne, les matins d'hiver, sur les prés du pays d'Ouche, une petite brume blanche qui a une odeur d'écorce et de fumée. Robert d'Artois aimait Conches, décidément ! Ce n'était qu'un petit château, certes, mais bien plaisant, avec de bonnes forêts à l'entour.

Un soleil pâle dissipait la brume juste comme on arrivait au rendez-vous où les valets de limier présentaient leur rapport ;

ils avaient relevé traces et volcelets. On attaquait à la meilleure brisée.

Les bois de Conches regorgeaient de cerfs et de sangliers. Les chiens étaient bien créancés. Si l'on empêchait le sanglier de s'arrêter pour pisser, il était pris en guère plus d'une heure. Les grands cerfs majestueux emmenaient leur monde un peu plus longtemps, par de longs débuchers où la terre volait en gerbes sous les pieds des chevaux, et ils allaient se faire aboyer, raides, haletants, la langue sortie sous leur lourde ramure, dans quelque étang ou marais.

Le comte Robert chassait au moins quatre fois la semaine. Cela ne ressemblait pas aux grands laisser-courre royaux où deux cents seigneurs se pressaient, où l'on ne voyait rien, et où, par crainte de perdre la compagnie, on chassait le roi plutôt que le gibier. Ici, vraiment, Robert s'amusait entre ses piqueurs, quelques vassaux du voisinage fort fiers d'être invités, et ses deux fils qu'il commençait de former à l'art de vénerie que tout bon chevalier se doit de connaître. Il était content de ses fils, dix et neuf ans, qui grandissaient en force ; il surveillait leur travail aux armes et à la quintaine. Ils avaient de la chance, ces gamins ! Robert avait été trop tôt privé de son père...

Il servait lui-même l'animal hallali, prenant son coutelas pour le cerf, ou un épieu pour le sanglier. Il y montrait une grande dextérité et éprouvait plaisir à sentir le fer, appuyé au juste endroit, s'enfoncer d'un coup dans la chair tendre. Le gibier et le veneur étaient également fumants de sueur ; mais l'animal s'écroulait, foudroyé, et l'homme restait debout.

Sur le chemin du retour, tandis qu'on commentait les incidents de la poursuite, les vilains des hameaux, en guenilles et les jambes entourées de toiles déchirées, surgissaient de leurs masures, pour courir baiser l'éperon du seigneur, d'un mouvement à la fois extasié et craintif ; une bonne habitude qui se perdait en ville.

Au château, dès le maître apparu, on cornait l'eau pour la dînée de midi. Dans la grand-salle tendue de tapisseries aux armes de France, d'Artois, de Valois et de Constantinople – car Madame de Beaumont était Courtenay par sa mère – Robert s'attablait pour engloutir pendant trois heures de rang, tout en taquinant son entourage ; il faisait comparaître son maître queux, la cuiller de bois pendue à la ceinture, et parfois le complimentait si le cuissot de laie, bien mariné, était fondant à point, ou lui promettait la potence si la sauce au poivre chaud, dont on arrosait le cerf entier rôti à la broche, manquait de relevé.

Il prenait le temps d'une courte sieste, après quoi il revenait dans la grand-salle pour entendre ses prévôts et receveurs, se faire donner les comptes, régler les affaires de son fief et rendre la justice. Il aimait beaucoup rendre la justice, voir l'envie ou la haine dans les yeux des plaideurs, la fourberie, l'astuce, la malice, le mensonge, se voir lui-même en somme, à la petite échelle des gens du fretin.

Il se réjouissait surtout des histoires de femmes ribaudes et de maris trompés.

— Faites paraître le cornard ! ordonnait-il, carré dans son faudesteuil de chêne.

Et de poser les questions les plus paillardes, tandis que les clercs greffiers pouffaient derrière leurs plumes et que les requérants devenaient cramoisis de honte.

Robert avait une fâcheuse propension, que ses prévôts lui reprochaient, à n'infliger que des peines légères aux voleurs, larrons, pipeurs de dés, suborneurs, détrousseurs, maquereaux et brutaux, sauf, bien sûr, quand le larcin ou le délit avait été commis à son détriment. Une secrète connivence le liait de cœur avec tout ce qu'il y avait de truanderie sur la terre.

Justice rendue, et voilà la journée presque passée. Robert descendait aux étuves, installées dans une chambre basse du donjon, se plongeait dans une cuve d'eau chaude parfumée d'herbes et d'aromates qui défatiguent les membres, se faisait sécher et bouchonner comme un cheval, peigner, raser, friser.

Déjà, écuyers, échansons et valets avaient de nouveau dressé sur les tréteaux les tables du souper, où Robert paraissait dans une immense robe seigneuriale de velours vermeil ouvré de lis d'or et des châteaux d'Artois, et dont la fourrure intérieure lui couvrait la chaussure.

Madame de Beaumont, elle, portait une robe de camocas violet, fourrée de menu-vair, brodée en or des initiales « J » et « R » entrelacées, avec semis de trèfles d'argent.

La chère était moins lourde qu'au repas de midi : potages aux herbes ou au lait, un paon, un cygne rôti au milieu d'une couronne de pigeonneaux, fromages frais et fermentés, tartes et gaufres sucrées qui aidaient à goûter les vieux vins coulant des aiguières en forme de lion ou d'oiseau.

On servait à la française, c'est-à-dire à deux par écuelle, une femme et un homme mangeant au même plat, sauf le seigneur. Robert avait sa platée pour lui seul, qu'il vidait de la cuiller, du couteau et des doigts, s'essuyant à la nappe comme chacun. Pour la petite volaille, il broyait chair et os, tout ensemble.

Vers la fin du souper, le ménestrel Watriquet de Couvin était prié de prendre sa courte harpe et de dire un conte de sa composition. Messire Watriquet était de Hainaut ; il connaissait bien le comte Guillaume et la comtesse, sœur de Madame de Beaumont ; il avait fait ses débuts à leur cour, et poursuivait sa carrière en passant chez chaque Valois, à tour de rôle. On se le disputait à gros gages.

— Watriquet, le lai des Dames de Paris ! réclamait Robert, la bouche encore grasse.

C'était son conte préféré et, bien qu'il le connût presque par cœur, il voulait l'entendre toujours, semblable en cela aux enfants qui exigent chaque soir la même histoire, et qu'on n'en omette rien. Qui eût pu, à ce moment-là, croire Robert d'Artois capable de faux et de crimes ?

Le lai des Dames de Paris contait l'aventure de deux bourgeoises, Margue et Marion, femme et nièce d'Adam de Gonesse, qui, s'en allant au tripier, le matin du jour des Rois, rencontrent pour leur malheur une voisine, dame Tifaigne la coiffière, et se laissent entraîner par elle dans une auberge où l'hôte, dit-on, fait crédit.

Voici les commères attablées à la taverne des Maillets où le tenancier Drouin leur sert force bonnes choses : du vin claret, une oie grasse, une pleine écuelle d'aulx, des gâteaux chauds.

A cet endroit du conte, Robert d'Artois se mettait à rire, d'avance. Et Watriquet poursuivait :

> ... *Lors commença Margue à suer*
> *Et boire à grandes hanapées.*
> *En peu d'heures eurent échappées*
> *Trois chopines parmi sa gorge.*
> « *Dame, foi que je dois saint Georges,*
> *Dit Maroclippe, sa commère,*

Ce vin me fait la bouche amère ;
Je veux avoir de la grenache,
Si devais-je vendre ma vache
Pour en avoir aux mains plein pot. »

Assis près de la grande cheminée où un arbre entier flambait, Robert d'Artois, renversé en arrière, gloussait d'un gros rire de gorge.

C'était toute sa jeunesse, passée dans les tavernes, bordeaux et autres mauvais lieux, qu'il revoyait à travers ce conte. En avait-il assez connu de ces franches garces, attablées et s'enivrant avec application à l'insu de leurs maris !

A minuit, chantait Watriquet, Margue, Marion et la coiffière, ayant tâté de tous les vins, de l'Arbois jusqu'au Saint-Mélion, et s'étant fait porter gaufres, oublies, amandes pelées, poires, épices et noix, étaient encore à l'auberge. Margue propose d'aller danser dehors. Le tavernier exige, pour les laisser sortir, qu'elles déposent leurs habits en gage ; ce à quoi elles consentent volontiers, saoules qu'elles sont ; en un tournemain elles se défont de leurs robes et pelissons, cottes, chemises, bourses et courroies.

Nues comme au jour de leur naissance, les voilà parties dans la nuit de janvier, braillant à tue-tête : « *Amour au vireli m'en vois* », titubant, trébuchant, s'écorchant aux murs, se rattrapant l'une à l'autre, pour finalement s'écrouler, ivres mortes, sur les monceaux d'ordures.

Le jour se lève, les portes s'ouvrent. On les découvre toutes souillées et sanglantes et ne bougeant pas plus que « *merdes en la mi-voie* ». On va quérir les maris qui les croient assassinées ; on les porte au cimetière des Innocents ; on les jette à la fosse commune.

L'une sur l'autre, toutes vives ;
Or leur fuyait par les gencives
Le vin, et par tous les conduits.

Elles ne sortent de leur sommeil que la nuit suivante, au milieu du charnier, couvertes de terre, mais pas encore dessaoulées, et se mettent à crier dans le cimetière tout noir et gelé :

« *Drouin, Drouin, où es allé ?*
Apporte trois harengs salés

> *Et un pot de vin du plus fort*
> *Pour faire à nos têtes confort ;*
> *Et ferme aussi la grand fenestre !* »

C'était un rugissement que poussait alors Monseigneur Robert. Le ménestrel Watriquet avait peine à finir son conte car, pour plusieurs minutes, le rire du géant emplissait la salle. Les yeux larmoyants, il se frappait les côtes à deux mains. Dix fois il répétait : « *Et ferme aussi la grand fenestre !* » Sa joie était si contagieuse que toute la maisonnée se tordait avec lui.

— Ah ! les drôlesses ! Toutes dépouillées, les naches à la bise... *Et ferme aussi la grand fenestre !*

Et il repartait à rire.

Au fond, c'était une bonne vie, celle qu'on menait à Conches... Madame de Beaumont était une bonne épouse, le comté de Beaumont était un bon petit comté, et qu'importait qu'il fût domaine de la couronne puisque les revenus en étaient assurés ? Alors l'Artois ?... Etait-ce si important l'Artois, après tout, cela méritait-il tant de soucis, luttes et besognes ?... « La terre où l'on me couchera un jour, que ce soit celle de Conches ou celle d'Hesdin... »

Ce sont là propos qu'on se tient lorsqu'on a passé la quarantaine, qu'une affaire engagée ne tourne pas complètement à souhait, et qu'on dispose de deux semaines de loisirs. Mais l'on sait bien, dans le fond, qu'on ne se tiendra pas à cette sagesse fugitive... Tout de même, demain, Robert irait courir un cerf du côté de Beaumont, et il en profiterait pour inspecter le château, voir s'il ne convenait pas de l'agrandir...

Ce fut en rentrant de Beaumont, où il s'était rendu avec son épouse, l'avant-dernier jour de l'année, que Robert d'Artois trouva ses écuyers et ses valets l'attendant, tout affolés, sur le pont-levis de Conches.

On était venu dans l'après-midi se saisir de la dame de Divion pour l'emmener en prison, à Paris.

— S'en saisir ? Qui est venu s'en saisir ?

— Trois sergents.

— Quels sergents ? D'ordre de qui ? hurla Robert.

— Du roi.

— Allons donc ! Et vous avez laissé faire ! Vous êtes des niais que je vais bâtonner. Saisir chez moi ? Quelle imposture ! Avez-vous vu l'ordre, au moins ?

— Nous l'avons vu, Monseigneur, répondit Gillet de Nelle tremblant, et nous avons même exigé de le garder. Nous n'avons laissé prendre madame de Divion qu'à cette condition. Le voici.

C'était bien un ordre royal, tracé d'une main de clerc, mais scellé du cachet de Philippe VI. Et non pas du sceau de chancellerie, ce qui eût pu expliquer quelque haute fourberie. La cire portait le relief du sceau privé de Philippe, le « petit sceau » comme on disait, que le roi gardait sur lui, dans une bourse, et que sa main seule utilisait.

Le comte d'Artois n'était pas, de nature, un homme angoissé. Ce jour-là, pourtant, il apprit à connaître la peur.

6

La male reine

Aller de Conches à Paris en une seule journée, c'était une rude étape, même pour un cavalier entraîné, et qui exigeait un cheval solide. Robert d'Artois laissa en route deux de ses écuyers dont les montures étaient tombées boiteuses. Il arriva de nuit dans la cité, trouva, malgré l'heure tardive, les rues encore encombrées de bandes joyeuses qui fêtaient l'An neuf. Des ivrognes vomissaient dans l'ombre, sur le seuil des tavernes ; des femmes se tenaient par le bras, chantant à tue-tête et le pas mal assuré, comme dans le conte de Watriquet.

Sans égard pour cette roture que le poitrail de son cheval bousculait, Robert alla droit au Palais. Le capitaine de garde lui apprit que le roi était venu dans la journée, pour recevoir les vœux des bourgeois, mais qu'il était reparti pour Saint-Germain.

Robert, alors, franchissant le pont, alla au Châtelet. Un pair de France pouvait se permettre de réveiller le gouverneur. Or, celui-ci, interrogé, déclara n'avoir reçu, ni la veille ni ce jour, aucune dame qui se nommât Jeanne de Divion, ni qui ressemblât à sa description.

Si elle n'était au Châtelet, elle devait être au Louvre, car on n'incarcérait, d'ordre du roi, qu'en ces deux places-là.

Robert poussa donc jusqu'au Louvre ; mais le capitaine lui fit la même réponse. Alors, où était la Divion ? Robert avait-il cheminé plus vite que les sergents royaux et, par une autre route, devancé leur détachement ? Pourtant, à Houdan, où il s'était renseigné, on lui avait bien dit que trois sergents, conduisant une dame, étaient passés depuis plusieurs heures. Le mystère se faisait de plus en plus dense autour de cette affaire.

Robert se résigna à rentrer en son hôtel, dormit peu, et avant l'aube partit pour Saint-Germain.

La gelée blanche couvrait les champs et les prés ; les branches des arbres étaient vernies de givre, et les collines, la forêt, autour du manoir de Saint-Germain, semblaient un paysage de confiserie.

Le roi venait de s'éveiller. Les portes s'ouvrirent pour Robert jusqu'à la chambre de Philippe VI, lequel était encore au lit, entouré de ses chambellans et de ses veneurs, et donnait des ordres pour la chasse du jour.

Robert entra d'un pas d'assaut, mit un genou au parquet, se releva aussitôt et dit :

— Sire, mon frère, reprenez la pairie que vous m'avez donnée, mes fiefs, mes terres, mes revenus, ôtez-m'en le bien et l'usage, chassez-moi de votre Conseil étroit auquel je ne suis plus digne de paraître. Non, je ne suis plus rien au royaume !

Ouvrant tout grands ses yeux bleus par-dessus son nez charnu, Philippe demanda :

— Mais qu'avez-vous donc, mon frère ? D'où vous vient cet émoi ? Que dites-vous ?

— Je dis le vrai. Je dis que je ne suis plus rien au royaume puisque le roi, sans daigner m'en informer, fait saisir une personne qui loge sous mon toit !

— Qui ai-je fait saisir ? Quelle personne ?

— Une certaine dame de Divion, mon frère, qui est de ma maison, servante à la robe de mon épouse votre sœur, et que trois sergents, sur votre ordre, sont venus prendre à mon château de Conches pour la conduire en geôle !

— Sur mon ordre ? dit Philippe stupéfait. Mais je n'ai jamais donné tel ordre... Divion ? J'ignore ce nom. Et de toute manière, mon frère, faites-moi la grâce de me croire, je n'eusse point fait saisir en votre maisonnée, quand même en aurais-je eu le motif, sans vous tenir au fait, et d'abord vous demander conseil.

— C'est ce que j'aurais cru, mon frère, dit Robert, pourtant, cet ordre est bien de vous.

Et il tira de sa cotte la lettre d'arrestation remise par les sergents.

Philippe VI y jeta les yeux, reconnut son petit sceau, et les chairs de son nez blêmirent.

— Hérouart, ma robe ! cria-t-il à l'un des chambellans. Et qu'on se hâte à sortir ; qu'on me laisse seul avec Monseigneur d'Artois !

Ayant rejeté ses couvertures brodées d'or, il était déjà debout, en longue chemise blanche. Le chambellan l'aida à enfiler une robe fourrée, voulut aviver le feu dans la cheminée.

— Sors, sors !... J'ai dit qu'on me laisse seul.

Jamais Hérouart de Belleperche, depuis qu'il servait le roi, n'avait été traité avec pareille violence, comme un simple garçon de cuisine.

— Non, je n'ai nullement scellé cela, ni dicté rien qui y ressemble, dit le roi quand le chambellan se fut retiré.

Il examina très attentivement la pièce, rapprocha les deux parties du cachet brisé par l'ouverture de la lettre, prit une loupe de cristal dans un tiroir de crédence.

— Ne serait-ce pas, mon frère, dit Robert, qu'on aurait contrefait votre sceau ?

— Cela ne se peut. Les faiseurs de coins sont habiles à prévenir copies et dissimulent toujours quelque petite imperfection volontaire, surtout pour coins royaux ou de grands barons. Regarde le « L » de mon nom ; vois la brisure qui est au bâton, et ce point creux dans le feuillage de bordure...

— Alors, dit Robert, n'aurait-on pas détaché le cachet d'une autre pièce ?

— La chose, en effet, se pratique, il paraît ; avec un rasoir chauffé, ou de quelque autre manière ; mon chancelier me l'a certifié.

Le visage de Robert prit une expression naïve, comme s'il apprenait là une chose insoupçonnée. Mais le cœur lui battait un peu plus vite.

— Mais ce ne saurait être le cas, poursuivit Philippe, car, tout exprès, je n'use de mon petit sceau que pour des cachets à briser ; jamais je ne l'emploie sur page plate ni lacs.

Il resta silencieux un moment, les yeux fixés sur Robert comme s'il lui demandait une explication qu'il ne cherchait, en vérité, que dans sa propre pensée.

— Il faut, conclut-il, qu'on m'ait dérobé un moment mon sceau. Mais qui ? Mais quand ? De tout le jour il ne quitte la bougette à ma ceinture ; je ne m'en défais que la nuit...

Il alla vers la crédence, prit dans le tiroir une bourse de tissu d'or dont il palpa d'abord le contenu, puis qu'il ouvrit, et dont il sortit son petit sceau qui était d'or, avec une fleur de lis pour servir de poignée.

— ... et je le reprends au matin...

Sa voix s'était faite plus lente ; un doute terrible s'installait en lui. Il reprit l'ordre d'arrestation et l'étudia de nouveau, avec grande attention.

— Je connais cette main, dit-il. Ce n'est pas celle d'Hugues de Pommard, ni celle de Jacques La Vache, ni de Geoffroy de Fleury...

Il sonna. Pierre Trousseau, l'autre chambellan de service, se présenta.

— Mande-moi d'urgence, s'il est au château, ou bien ailleurs où qu'il se trouve, le clerc Robert Mulet ; qu'il vienne ici avec ses plumes.

— Ce Mulet, demanda Robert, ne sert-il pas aux écritures de la reine Jeanne ton épouse ?

— Oui, Mulet sert tantôt à moi, tantôt à Jeanne, dit Philippe VI évasivement, pour masquer sa gêne.

Ils avaient repris, machinalement, leur tutoiement d'antan, lorsque Philippe était bien loin d'être roi, lorsque Robert n'était pas encore pair, lorsqu'ils étaient seulement deux cousins bien unis ; en ce temps-là Monseigneur Charles de Valois citait toujours Robert en exemple à Philippe, pour sa force, sa ténacité, son intelligence aux affaires.

Mulet était au château. Il arriva, se hâtant, l'écritoire sous le bras, et se courba pour baiser la main du roi.

— Pose ta boîte, écris, dit Philippe VI qui commença aussitôt à dicter : « De par le roi, à notre aimé et féal prévôt de Paris, Jean de Milon, salut. Nous vous ordonnons de diligenter... »

Les deux cousins, d'un même mouvement, s'étaient rapprochés et lisaient par-dessus l'épaule du clerc. Son écriture était bien celle de l'ordre d'arrestation.

— « ... à faire délivrer sur l'heure la dame Jeanne de... »
— Divion, articula Robert.
— « ... laquelle a été recluse en notre prison... » Au fait, où se trouve-t-elle ? demanda Philippe.
— Ni au Châtelet, ni au Louvre, dit Robert.
— A la tour de Nesle, Sire, dit le clerc qui croyait se faire apprécier pour son zèle et sa bonne mémoire.

Les deux cousins se regardèrent et croisèrent les bras d'un geste identique.

— Et comment le sais-tu ? demanda le roi au clerc.
— Sire, parce que j'ai eu l'honneur, l'autre avant-hier, d'écrire votre ordre pour saisir cette dame.
— Et qui te l'a dicté ?
— La reine, Sire, qui m'a dit que vous n'aviez point le temps de le faire et l'en aviez chargée. Les deux ordres, pour mieux dire, celui de saisie et celui d'écrou.

Le sang s'était complètement retiré du visage de Philippe qui, partagé entre la honte et la colère, n'osait plus regarder son beau-frère.

« La belle gueuse, pensait Robert. Je savais bien qu'elle me haïssait, mais jusqu'à voler le sceau de son époux pour me nuire... Et qui donc a pu si bien la renseigner ? »

— Vous ne faites pas achever, Sire ? dit-il.
— Certes, certes, dit Philippe sortant de ses pensées.

Il dicta la formule finale. Le clerc alluma une chandelle au feu, fit couler quelques gouttes de cire rouge sur la feuille pliée qu'il présenta au roi pour qu'il y appliquât lui-même son petit sceau.

Philippe, perdu dans ses réflexions, semblait n'accorder à ses propres gestes qu'une attention secondaire. Robert prit l'ordre, agita une cloche. Ce fut Hérouart de Belleperche qui reparut.

— Au prévôt, sur l'heure, d'ordre du roi, lui dit Robert en lui remettant la lettre.
— Et fais appeler céans Madame la reine, ordonna Philippe VI depuis le fond de la pièce.

Le clerc Mulet attendait, regardant alternativement le roi et le comte d'Artois et se demandant si son excès de zèle avait été si bien venu. Robert, de la main, lui enjoignit de disparaître.

Quelques instants plus tard la reine Jeanne entra avec cette démarche particulière qui venait de sa boiterie. Son corps se déplaçait dans un quart de cercle dont la jambe la plus longue formait le pivot. C'était une reine maigre, d'assez beau visage, encore que la dent déjà s'y gâtât. L'œil était grand, avec la fausse limpidité du mensonge ; les doigts très longs, un peu tordus, laissaient paraître du jour entre eux même lorsqu'ils étaient joints.

— Depuis quand, Madame, envoie-t-on des ordres en mon nom ?

La reine prit un air de surprise et d'innocence parfaitement joué.

— Un ordre, mon aimé Sire ?

Elle avait la voix grave, mélodieuse, où traînait un accent de tendresse bien feinte.

— Et depuis quand me dérobe-t-on mon sceau pendant que je dors ?

— Votre sceau, doux cœur ? Mais jamais je n'ai touché à votre sceau. De quel sceau parlez-vous ?

Une gifle énorme vint lui couper la parole.

Les yeux de Jeanne la Boiteuse s'emplirent de larmes, tant le coup avait été brutal et cuisant ; sa bouche s'entrouvrit de stupeur et elle porta ses longs doigts à sa joue qui se marbrait de rouge.

Robert d'Artois n'était pas moins surpris, mais lui, avec bonheur. Jamais il n'aurait cru son cousin Philippe, que chacun disait si soumis à sa femme, capable de lever la main sur elle. « Serait-il vraiment devenu roi ? » se dit Robert.

Philippe de Valois était surtout redevenu homme et pareil à tout époux, grand seigneur ou dernier valet, qui corrige sa femme menteuse. Une autre gifle partit, comme si la première lui avait aimanté la main ; et puis une grêle. Jeanne, affolée, se défendait le visage de ses deux bras levés. La main de Philippe tombait où elle pouvait, sur le haut de la tête, sur les épaules. En même temps, il criait :

— C'est l'autre nuit, n'est-ce pas, que vous m'avez joué ce tour ? Et vous avez le front de nier alors que Mulet m'a tout avoué ? Mauvaise putain qui me mignote, se frotte à moi, se dit toute prise d'amour, profite de la faiblesse que j'ai pour elle, et me berne quand je dors, et me dérobe mon sceau de roi ? Ne sais-tu pas qu'il n'est acte plus laid, pire que vol ? Que d'aucun sujet en mon royaume, fût-ce le plus grand, je ne tolérerais qu'il usât du cachet d'autrui sans le faire bâtonner ? Et c'est du mien qu'on se sert ! A-t-on vu pire scélérate qui veut me déshonorer devant mes pairs, devant mon cousin, mon propre frère ? N'ai-je pas raison, Robert ? dit-il s'arrêtant un instant de frapper pour chercher approbation. Comment pourrions-nous gouverner nos sujets si chacun se servait à volonté de nos sceaux pour ordonner ce que nous n'avons point voulu ? C'est faire viol à notre honneur.

Puis, revenant sur sa femme avec un brusque regain de fureur :

— Et voilà le bel emploi que vous faites de l'hôtel de Nesle que je vous ai donné. M'avez-vous assez supplié pour l'avoir ! Etes-vous aussi mauvaise que votre sœur, et cette tour maudite servira-t-elle toujours à abriter les méfaits de Bourgogne ? Que si vous n'étiez pas la reine, par le malheur que j'ai eu de vous épouser, c'est bien vous que j'y ferais jeter en prison ! Et puisque par d'autres ne peux vous châtier, eh bien ! je le fais moi-même.

Et les coups se remirent à pleuvoir.

« Puisse-t-il la laisser morte ! » pensait Robert.

Jeanne s'était maintenant recroquevillée sur le lit, les jambes battant hors de sa robe, et chaque coup lui tirait un gémissement ou un hurlement. Puis, soudain, elle fit face comme un chat, les ongles en avant, et se mit à hurler, les joues barbouillées de larmes :

— Oui, je l'ai fait ! Oui, j'ai dérobé ton sceau dans ton sommeil, parce que tu rends mauvaise justice et que je veux défendre mon frère de Bourgogne contre ce méchant Robert que voici, qui nous a toujours nui par cautèle et par crime, qui, de complot avec ton père, a fait périr ma sœur Marguerite...

— Garde la mémoire de mon père hors de ta bouche ! s'écria Philippe.

A la lueur qu'elle vit dans le regard de son époux, elle se tut, car vraiment il était bien capable de la tuer.

Il ajouta, élevant la main d'un geste protecteur jusqu'à l'épaule de Robert d'Artois :

— Et garde-toi, mauvaise, de jamais nuire à mon frère qui est le meilleur soutien de mon trône.

Quand il alla ouvrir la porte pour informer son chambellan qu'il supprimait la chasse de ce jour, vingt têtes accolées reculèrent ensemble. Jeanne la Boiteuse était détestée des serviteurs qu'elle harcelait d'exigences, qu'elle dénonçait pour le moindre manquement, et qui l'appelaient entre eux « la male reine ». Le récit de la correction qu'elle venait de recevoir allait emplir de joie le Palais[20].

Vers la fin de la matinée, dans le verger de Saint-Germain où la gelée fondait, Philippe et Robert se promenaient ensemble, à pas lents. Le roi avait la tête basse.

— N'est-ce pas chose affreuse, Robert, que d'avoir à se défier de sa propre épouse, et même quand on dort ? Que puis-je faire ? Mettre mon sceau sous mon oreiller ? Elle y glissera la main. J'ai le sommeil lourd. Je ne puis quand même pas l'enfermer au couvent : c'est ma femme ! Ne plus la laisser dormir auprès de moi, c'est tout ce que je puis. Le pis est que je l'aime, cette drôlesse ! Ne va point le redire, mais j'ai, comme tout chacun, tâté de quelques autres au déduit. J'en suis revenu avec plus de goût pour elle... Mais si jamais elle recommence, je la battrai encore !

A ce moment, Trouillard d'Usages, vidame du Mans et chevalier de l'hôtel, s'avança dans l'allée pour annoncer le prévôt de Paris qui le suivait.

Rond de bedaine, et roulant sur de courtes pattes, Jean de Milon n'avait pas la mine gaie.

— Alors, messire prévôt, vous avez fait relâcher cette dame ?

— Non, Sire, répondit le prévôt d'une voix gênée.

— Quoi ? Mon ordre était-il faux ? Peut-être n'avez-vous pas reconnu mon sceau ?

— Non point, Sire, mais avant que de l'exécuter, je voulais vous en entretenir, et suis bien aise aussi de trouver Monseigneur d'Artois avec vous, dit Jean de Milon en regardant Robert d'un air gêné. Cette dame a confessé.

— Qu'a-t-elle confessé ? demanda Robert.

— Toutes sortes de vilenies, Monseigneur, fausses écritures, pièces contrefaites, et d'autres choses encore.

Robert garda très bon contrôle de soi, feignit même de prendre la chose pour plaisanterie, et s'écria en haussant les épaules :

— Certes, si on l'a passée à la question, elle a dû confesser beaucoup ! Que je vous livre aux tourmenteurs, messire de

Milon, et je gage que vous confesserez m'avoir voulu sodomiser !

— Hélas ! Monseigneur, dit le prévôt, la dame a parlé avant la question... par peur, simplement par peur d'être questionnée. Elle a donné longue liste de complices.

Philippe VI, silencieux, observait son beau-frère. Un nouveau travail se faisait dans sa tête.

Robert sentit un piège se refermer sur lui. Un roi qui vient de rouer de coups son épouse, et devant témoin, pour usurpation de sceau et fausses lettres, peut difficilement relâcher, même pour complaire à son plus intime parent, une ordinaire sujette qui vient d'avouer d'identiques méfaits.

— Ton conseil, mon frère ? demanda Philippe à Robert sans le quitter du regard.

Robert comprit que son salut dépendait de sa réponse ; il fallait jouer la loyauté. Tant pis pour la Division. Tout ce qu'elle avait pu ou pourrait déclarer le concernant serait tenu par lui pour mensonge éhonté.

— Votre justice, Sire mon frère, votre justice ! déclara-t-il. Maintenez cette femme en cachot, et si elle m'a trompé, sachez bien que je réclamerai de vous la plus grande rigueur.

En même temps il se disait : « Mais qui donc a prévenu le duc de Bourgogne ? » Et puis la réponse, l'évidente réponse, lui vint aussitôt. Il n'existait qu'une seule personne qui ait pu dire au duc de Bourgogne, ou à la male reine elle-même, que la Division se trouvait à Conches : Béatrice.

Ce fut seulement vers la fin mars, quand la Seine, gonflée par les crues de printemps, inondait les rives et entrait dans les caves, que des mariniers repêchèrent, du côté de Chatou, un sac flottant entre deux eaux et contenant un corps de femme complètement nu.

Toute la population du village, pataugeant dans la boue, s'était assemblée autour de la macabre trouvaille, et les mères giflaient leurs gamins en criant :

— Allons, fuyez, vous autres ; ce n'est pas pour vous, ces choses-là !

Le cadavre était hideusement gonflé, avec l'horrible teinte verdâtre d'une décomposition déjà avancée ; il avait dû séjourner plus d'un mois dans le fleuve. On pouvait pourtant reconnaître que la morte était jeune. Ses longs cheveux noirs semblaient bouger parce que des bulles y crevaient. Le visage avait été lacéré, talonné, écrasé pour qu'on ne pût l'identifier ; et le cou portait la trace d'un lacet.

Les mariniers, partagés entre le dégoût et une attirance obscène, poussaient du bout de leurs gaffes l'impudique charogne.

Soudain le corps, rendant l'eau qui le gonflait, se mit à remuer de lui-même, donnant un instant l'illusion de ressusciter, et les commères s'écartèrent en hurlant.

Le bailli, qu'on avait averti, arriva, posa quelques questions, tourna autour de la morte, inspecta les objets sortis du sac, avec le cadavre, et qui s'égouttaient sur l'herbe : une corne de bouc, une figurine de cire enveloppée de chiffons et piquée d'épingles, un grossier ciboire d'étain gravé de signes sataniques.

— C'est une sorcière occise par ses compagnons après quelque sabbat ou noire messe, déclara le bailli.

Les commères se signèrent. Le bailli désigna une corvée pour aller enfouir au plus vite le corps et les vilains objets dans un boqueteau, à l'écart du village, et sans une prière.

Un crime bien fait, en somme, bien maquillé, où Gillet de Nelle avait suivi les bonnes leçons de Lormet le Dolois, et qui s'achevait comme l'avaient souhaité les meurtriers.

Robert d'Artois était vengé de la trahison de Béatrice, ce qui ne signifiait pas qu'il fût pour autant triomphant.

Dans deux générations, les villageois de Chatou ne sauraient plus pourquoi on avait appelé un bouquet d'arbres, en aval, « le bois de la sorcière ».

7

Le tournoi d'Evreux

Vers le milieu du mois de mai, on vit des hérauts à la livrée de France, accompagnés de sonneurs de busines, s'arrêter sur les places des villes, aux carrefours des bourgades et devant l'entrée des châteaux. Les sonneurs soufflaient dans leur longue trompette d'où pendait une flamme fleurdelisée, le héraut déroulait un parchemin et d'une voix forte proclamait :

— « *Or, oyez, oyez ! On fait assavoir à tous princes, seigneurs, barons, chevaliers et écuyers des duchés de Normandie, de Bretagne et de Bourgogne, des comtés et marches d'Anjou, d'Artois, de Flandre et de Champagne, et à tous autres, qu'ils soient de ce royaume ou de tout autre royaume chrétien, s'ils ne sont bannis ou ennemis du roi notre Sire, à qui Dieu donne bonne vie, que le jour de la Sainte-Lucie, sixième de juillet, auprès la ville d'Evreux, sera un grandissime pardon d'armes et très noble tournoi, où l'on frappera de masses de mesure et épées rabattues, en harnois propre pour ce faire, en timbre, cotte d'armes et housseaux de chevaux armoyés des nobles tournoyeurs, comme de toute ancienneté et coutume.*

« *Duquel tournoi sont chefs très hauts et très puissants princes, mes très redoutés seigneurs notre Sire bien aimé, Philippe, roi de France, pour appelant, et le Sire Jean de Luxembourg, roi de Bohême, pour défendant. Et pour ce fait-on derechef assavoir à tous princes, seigneurs, barons, chevaliers et écuyers des marches dessus dites et autres de quelconque nation qu'ils soient, qui auront vouloir et désir de tournoyer pour acquérir honneur, qu'ils portent de petits écussons que ci présentement donnerai, à ce qu'on reconnaisse qu'ils sont des tournoyeurs, et pour ce en demande qui en voudra avoir. Et audit tournoi il y aura de nobles et riches prix, par les dames et damoiselles donnés.*

« *Outre plus, j'annonce à tous princes, barons, chevaliers, et écuyers qui avez l'intention de tournoyer, que vous êtes tenus de vous rendre audit lieu d'Evreux et prendre vos auberges le quatrième jour avant ledit tournoi, pour faire de vos blasons fenêtres et montrer vos pavois, sous peine de ne pas être reçus audit tournoi. Et ceci il est fait assavoir de par mes seigneurs les juges diseurs, et me le pardonnez, s'il vous plaît.* »

Les trompettes sonnaient de nouveau, et les gamins jusqu'à la sortie du bourg faisaient en courant escorte au héraut qui s'en allait plus loin porter la nouvelle.

Les badauds, avant de se disperser, disaient :

— Cela va encore cher nous coûter, si notre châtelain se veut rendre à ce tournoi crié ! Il va partir avec sa dame et toute sa maisonnée... Toujours pour eux les amusailles, et pour nous les tailles à payer.

Mais plus d'un pensait en même temps : « Si le seigneur, des fois, voulait emmener mon aîné comme goujat d'écurie, il y aurait sûrement une bonne bourse à gagner, et peut-être quelque emploi d'avenir... J'en parlerai au chanoine pour qu'il recommande mon Gaston. »

Pour six semaines, le tournoi allait être la grande affaire et l'unique préoccupation des châteaux. Les adolescents rêvaient d'étonner le monde de leurs premiers exploits.

— Tu es trop jeune encore ; une autre année. Les occasions ne manqueront pas, répondaient les parents.

— Mais le fils de nos voisins de Chambray, qui a mon âge, va bien s'y rendre, lui !

— Si le sire de Chambray a raison perdue, ou des deniers à perdre, cela le regarde.

Les vieillards rabâchaient leurs souvenirs. A les entendre, on eût cru qu'en leur temps les hommes étaient plus forts, les armes plus lourdes, les chevaux plus rapides :

— Au tournoi de Kenilworth, que donna le Lord Mortimer de Chirk, l'oncle à celui qu'on pendit à Londres cet hiver...

— Au tournoi de Condé-sur-Escaut, chez Monseigneur Jean d'Avesnes, le père au comte de Hainaut l'actuel...

On empruntait sur la moisson prochaine, sur les coupes de bois ; on portait sa vaisselle d'argent chez les plus proches Lombards afin de la transformer en plumes pour le heaume du seigneur, en étoffes de cendal ou de camocas pour les robes de madame, en caparaçons pour les chevaux.

Les hypocrites feignaient de se plaindre :

— Ah ! que de dépenses, que de soucis ; alors qu'il ferait si bon à demeurer chez soi ! Mais nous ne pouvons nous dispenser de paraître à ce tournoi, pour l'honneur de notre maison... Si le roi notre Sire a envoyé ses hérauts à la porte de notre manoir, nous le fâcherions en n'y allant pas.

Partout on tirait l'aiguille, on battait le fer, on cousait le tissu de mailles sur le cuir des haubergeons, on entraînait les chevaux et s'entraînait soi-même dans les vergers dont les oiseaux s'enfuyaient, effrayés par ces charges, ces chocs de lances et grands cliquetis d'épées. Les petits barons mettaient trois heures à essayer leur cervelière.

Pour se faire la main, les châtelains organisaient des tournois locaux où les hommes d'âge, fronçant le sourcil, gonflant les joues, jugeaient des coups en regardant leurs cadets s'éborgner.

Après quoi l'on s'attablait pour dîner longuement, bâfrant, buvant et discutant.

Ces jeux guerriers, de baronnie à baronnie, finissaient par être aussi coûteux que de vraies campagnes.

Enfin on se mettait en route ; le grand-père avait décidé à la dernière minute d'être du voyage, et le fils de quatorze ans avait eu gain de cause ; il servirait de petit écuyer. Les destriers d'armes, qu'il ne fallait point fatiguer, étaient conduits en main ; les coffres aux robes et aux cuirasses étaient chargés sur des mulets. Les goujats de service traînaient les pieds dans la poussière. On logeait aux hôtelleries des couvents ou bien chez quelque parent dont le manoir se trouvait sur le chemin, et qui lui-même se rendait au tournoi. Un lourd souper encore, copieusement arrosé, et à l'aube crevant on repartait tous ensemble.

Ainsi, de halte en halte, les troupes grossissaient, jusqu'à la rencontre, en formidable appareil, du sire comte dont on était vassal. On lui baisait la main ; quelques banalités s'échangeaient qui seraient longuement commentées. Les dames faisaient sortir des coffres une de leurs robes nouvelles et l'on s'agrégeait à la suite du comte, déjà longue d'une demi-lieue et toutes bannières flottantes sous le soleil de début d'été.

De fausses armées, équipées de lances épointées, d'épées sans tranchant et de masses sans poids, franchissaient alors la Seine, l'Eure, la Risle, ou montaient de la Loire, pour se rendre à une fausse guerre où rien n'était sérieux sinon les vanités.

Dès huit jours avant le tournoi, il ne restait plus chambre ou soupente à louer en toute la ville d'Evreux. Le roi de France tenait sa cour dans la plus grande abbaye, et le roi de Bohême, en l'honneur duquel les fêtes étaient données, logeait chez le comte d'Evreux, roi de Navarre.

Singulier prince que ce Jean de Luxembourg, roi de Bohême, parfaitement impécunieux, couvert de plus de dettes que de terres, qui vivait aux crochets du Trésor de France mais n'eût pas imaginé de paraître en moins grand équipage que l'hôte dont il tirait ses ressources ! Luxembourg avait près de quarante ans, et en paraissait trente ; on le reconnaissait à sa belle barbe châtaine, soyeuse et déployée, à sa tête rieuse et altière, à ses mains avenantes, toujours tendues. C'était un prodige de vivacité, de force, d'audace, de gaieté, de bêtise aussi. D'une stature voisine de celle de Philippe VI, il était vraiment magnifique et offrait en tous points la figure d'un roi telle que l'imagination populaire pouvait se la représenter. Il savait se faire aimer de tous, des princes comme du peuple, universellement ; il était même parvenu à être l'ami à la fois du pape Jean XXII et de l'empereur Louis de Bavière, ces deux adversaires irréductibles. Merveilleuse réussite pour un imbécile, car, chacun là-dessus s'accordait également : Jean de Luxembourg était aussi stupide qu'il était séduisant.

La bêtise n'interdit pas l'entreprise, au contraire ; elle en masque les obstacles et fait apparaître facile ce qui, à toute tête un peu raisonnante, semblerait désespéré. Jean de Luxembourg, délaissant la petite Bohême où il s'ennuyait, s'était engagé, en Italie, dans de démentes aventures. « Les luttes entre Gibelins et Guelfes ruinent ce pays, avait-il pensé comme s'il faisait là grande découverte. L'Empereur et le pape se disputent des républiques dont les habitants ne cessent de s'entre-tuer. Eh bien ! puisque je suis ami d'un parti et de l'autre, qu'on me remette ces Etats, et j'y ferai régner la paix ! » Le plus étonnant était qu'il y fût presque parvenu. Pendant quelques mois il avait été l'idole de l'Italie, mis à part les Florentins, gens difficiles à berner, et le roi Robert de Naples que ce gêneur commençait à inquiéter.

En avril, Jean de Luxembourg avait tenu une conférence secrète avec le cardinal légat Bertrand du Pouget, parent du pape et même, chuchotait-on, son fils naturel, conférence par laquelle les Bohémiens considéraient avoir réglé d'un coup, et le sort de Florence, et le retrait de Rimini aux Malatesta, et l'établissement d'une principauté indépendante dont Bologne serait la capitale. Or, sans qu'il sût comment, sans qu'il comprît pourquoi, alors que ses affaires semblaient si bien avancées qu'il songeait même à remplacer son intime ami, Louis de Bavière, au trône impérial, voilà que soudain Jean de Luxembourg avait vu se dresser contre lui deux coalitions formidables, où Guelfes et Gibelins, pour une rare fois, faisaient alliance, où Florence était d'accord avec Rome, où le roi de Naples, soutien du pape, attaquait au sud, tandis que l'Empereur, ennemi du pape, attaquait au nord, et où les deux ducs d'Autriche, le margrave de Brandebourg, le roi de Pologne, le roi de Hongrie, venaient à la rescousse. Il y avait là de quoi surprendre un prince si aimé, et qui voulait donner la paix aux Italiens !

Laissant seulement huit cents chevaux à son fils Charles pour maîtriser toute la Lombardie, Jean de Luxembourg, la barbe au vent, avait couru de Parme jusqu'en Bohême où les Autrichiens pénétraient. Il était tombé dans les bras de Louis de Bavière et, à force de grands baisers sur les joues, avait dissipé l'absurde malentendu. La couronne impériale ? Mais il n'y avait songé que pour faire plaisir au pape !

A présent il arrivait chez Philippe de Valois pour le prier d'intervenir auprès du roi de Naples, et lui soutirer également de nouveaux subsides afin de poursuivre son projet de royaume pacifique.

Philippe VI pouvait-il faire moins, envers cet hôte chevaleresque, que d'offrir un tournoi en son honneur ?

Ainsi dans la plaine d'Evreux, sur les bords de l'Iton, le roi de France et le roi de Bohême, amis fraternels, allaient se livrer fausse bataille... avec plus de monde sous les armes que n'en avait le fils de ce même roi de Bohême pour s'opposer à l'Italie entière.

Les lices, c'est-à-dire l'enclos du tournoi, étaient tracées dans une vaste prairie plate où elles formaient un rectangle de trois cents pieds sur deux cents, fermé par deux palissades, la première à claire-voie et faite de poteaux terminés en pointe, la seconde, à l'intérieur, un peu plus basse et bordée d'une épaisse main courante. Entre les deux palissades se tenaient, pendant les épreuves, les valets d'armes des tournoyeurs.

Du côté de l'ombre avaient été bâtis les échafauds, trois grandes tribunes couvertes de toile et décorées de bannières : celle du milieu pour les juges, et les deux autres pour les dames.

Tout autour, dans la plaine, se pressaient les pavillons des valets et palefreniers ; c'était là qu'on venait admirer, en se promenant, les montures de tournoi ; sur chaque pavillon flottaient les armes de son propriétaire.

Les quatre premiers jours de la rencontre furent consacrés aux joutes individuelles, aux défis que se lançaient deux à deux les seigneurs présents. Certains voulaient leur revanche d'une défaite essuyée dans une précédente rencontre ; d'autres, qui ne s'étaient jamais encore mesurés, souhaitaient s'éprouver ; ou bien l'on poussait deux joueurs fameux à s'affronter.

Les tribunes s'emplissaient plus ou moins, selon la qualité des adversaires. Deux jeunes écuyers avaient-ils pu, en faisant démarches, obtenir les lices pour une demi-heure de grand matin ? Les échafauds alors n'étaient que maigrement garnis de quelques amis ou parents. Mais qu'on annonçât une rencontre entre le roi de Bohême et messire Jean de Hainaut, arrivé tout exprès de la Hollande avec vingt chevaliers, les tribunes menaçaient de crouler. C'était alors que les dames arrachaient une manche de leur robe pour la remettre au chevalier de leur choix, fausse manche souvent, où la soie n'était cousue par-dessus la vraie manche que par quelques fils faciles à casser, ou bien vraie manche, chez certaines dames osées qui se plaisaient à découvrir un beau bras.

Il y avait toute espèce de personnes, sur les gradins ; car en cette grande affluence qui faisait d'Evreux comme une foire de noblesse, on ne pouvait point trop trier. Quelques follieuses de haut vol, aussi parées que les baronnes, et plus jolies souvent et de plus fines manières, parvenaient à se glisser aux meilleures places, jouaient de l'œil et provoquaient les hommes à d'autres tournois.

Les joueurs qui n'étaient pas en lice, sous couvert d'assister aux exploits d'un ami, venaient s'asseoir auprès des dames, et il s'amorçait là des fleuretages qu'on poursuivrait le soir, au château, entre les danses et les caroles.

Messire Jean de Hainaut et le roi de Bohême, invisibles sous leurs armures empanachées, portaient chacun à la hampe de leur lance six manches de soie, comme autant de cœurs accrochés. Il fallait qu'un des joueurs renversât l'autre ou bien que le bois de lance se brisât. On ne devait frapper qu'à la poitrine, et l'écu était incurvé de manière à dévier les coups. Le ventre protégé par le haut arçon de la selle, la tête enfermée dans un heaume dont la ventaille était abaissée, les adversaires se lançaient l'un contre l'autre. Dans les tribunes, on hurlait, on trépignait de joie. Les deux joueurs étaient de force égale, et l'on parlerait longtemps de la grâce avec laquelle messire de Hainaut mettait lance sur fautre[21], et aussi de la façon qu'avait le roi de Bohême d'être droit comme flèche sur ses étriers et de tenir au choc jusqu'à ce que les deux hampes, se ployant en arcs, finissent par se rompre.

Quant au comte Robert d'Artois, venu de Conches en voisin, et qui montait d'énormes chevaux percherons, son poids le rendait redoutable. Harnais rouge, lance rouge, écharpe rouge flottant à son heaume, il avait une habileté particulière pour cueillir l'adversaire en pleine course, l'élever hors de sa selle et l'envoyer dans la poussière. Mais il était d'humeur sombre, ces temps-ci, Monseigneur d'Artois, et l'on eût dit qu'il participait à ces jeux plutôt par devoir que par plaisir.

Cependant les juges diseurs, tous choisis parmi les plus importants personnages du royaume, tels le connétable Raoul de Brienne, ou messire Miles de Noyers, s'occupaient de l'organisation du grand tournoi final.

Entre le temps passé à se harnacher et déharnacher, à paraître aux joutes, à commenter les exploits, à ménager les vanités des chevaliers qui voulaient combattre sous telle bannière et non sous telle autre, et le temps employé à table, et celui encore d'écouter ménestrels après les festins, et de danser après avoir ouï les chansons, c'était à peine si le roi de France, le roi de Bohême et leurs conseillers disposaient d'une petite heure chaque jour pour s'entretenir des affaires d'Italie qui étaient, somme toute, la raison de cette réunion. Mais on sait que les affaires les plus importantes se règlent en peu de paroles si les interlocuteurs sont en bonne humeur de s'accorder.

Comme deux vrais rois de la Table Ronde, Philippe de Valois, magnifique en ses robes brodées, et Jean de Luxembourg, non moins somptueux, s'adressaient, le hanap en main, de solennelles déclarations d'amitié. On décidait à la hâte d'une lettre au pape Jean XXII ou d'une ambassade au roi Robert de Naples.

— Ah ! il faudra aussi, mon beau Sire, que nous parlions un peu de la croisade, disait Philippe VI.

Car il avait repris le projet de son père Charles de Valois et de son cousin Charles le Bel. Tout allait si bien au royaume de France, le Trésor se trouvait si convenablement fourni et la paix de l'Europe, avec l'aide du roi de Bohême, si convenablement assurée, qu'il devenait urgent d'envisager, pour l'honneur et la prospérité des nations chrétiennes, une belle et glorieuse expédition contre les Infidèles.

— Ah ! Messeigneurs, on corne l'eau...

La conférence était levée ; on discuterait de la croisade après le repas, ou le lendemain.

A table, on se gaussait fort du jeune roi Edouard d'Angleterre qui, trois mois auparavant, et accompagné du seul Lord Montaigu, était venu, déguisé en marchand, pour s'entretenir secrètement avec le roi de France. Oui, costumé comme un quelconque négociant lombard ! Et dans quel dessein ? Pour conclure un règlement de commerce au sujet des fournitures lainières à la Flandre. Un marchand, en vérité ; il s'occupait des laines ! Avait-on jamais vu prince se soucier de telles affaires, comme un vulgaire bourgeois des guildes ou des hanses ?

— Alors, mes amis, puisqu'il le voulait, je l'ai reçu *en marchant* ! disait Philippe de Valois charmé de son propre calembour. Sans fêtes, sans tournoi, en marchant dans les allées de la forêt d'Halatte ; et je lui ai offert un petit souper maigre[22].

Il n'avait que des idées absurdes, ce jeunot ! N'était-il pas en train d'instituer dans son royaume une armée permanente de gens de pied, avec service obligatoire ? Qu'espérait-il de cette piétaille alors qu'on savait bien, et la bataille du mont Cassel l'avait assez prouvé, que seule la chevalerie compte dans les combats et que le fantassin fuit dès qu'il voit paraître cuirasse ?

— Il semble toutefois que l'ordre règne davantage en Angleterre depuis que Lord Mortimer a été pendu, faisait observer Miles de Noyers.

— L'ordre règne, répondait Philippe VI, parce que les barons anglais sont las, pour un temps, de s'être beaucoup battus entre eux. Dès qu'ils auront repris souffle, le pauvre Edouard verra ce qu'il pourra, avec sa piétaille ! Et il avait pensé, naguère, le cher garçon, à réclamer la couronne de France... Allons, Messeigneurs, regrettez-vous de ne l'avoir pour prince, ou bien préférez-vous votre « roi trouvé » ? ajoutait-il en se frappant gaillardement la poitrine.

Au sortir de chaque festin, Philippe disait à Robert d'Artois, assez bas :

— Mon frère, je veux te parler seul à seul, et de choses fort graves.

— Sire mon cousin, quand tu le souhaiteras.

— Eh bien, ce soir...

Mais le soir on dansait, et Robert ne cherchait pas à hâter un entretien dont il devinait trop aisément l'objet ; depuis les aveux de la Divion, toujours tenue en prison, d'autres arrestations avaient été opérées, dont celle du notaire Tesson, et tous les témoins soumis à une contre-enquête... On avait remarqué, pendant les brèves conférences avec le roi de Bohême, que Philippe VI ne demandait guère le conseil de Robert, ce qui pouvait être interprété comme un signe de défaveur.

La veille du tournoi, le « roi d'armes »[23], accompagné de ses hérauts et de ses sonneurs, se rendit au château, aux demeures des principaux seigneurs et sur les lices mêmes, afin de proclamer :

— *« Or oyez, oyez, très hauts et puissants princes, ducs, comtes, barons, seigneurs, chevaliers et écuyers ! Je vous notifie, de par Messeigneurs les juges diseurs, que chacun de vous fasse ce jour apporter son heaume sous lequel il doit tournoyer, et ses bannières aussi, en l'hôtel de Messeigneurs les juges, afin que mesdits seigneurs les juges puissent commencer à en faire le partage ; et après qu'ils seront départis, les dames viendront voir et visiter pour en dire leur bon plaisir ; et pour ce jour autre chose ne se fera, sinon les danses après souper. »*

A l'hôtellerie des juges, les heaumes, à mesure qu'ils arrivaient présentés par les valets d'armes, étaient alignés sur des coffres dans le cloître, et répartis par camp. On eût dit les dépouilles d'une folle armée décapitée. Car pour se bien distinguer pendant la bataille, les tournoyeurs, par-dessus leur tortil ou leur couronne comtale, faisaient fixer à leur heaume les emblèmes les plus voyants ou les plus étranges : qui un aigle, qui un dragon, qui une femme nue, ou une sirène, ou une licorne dressée. De plus, de longues écharpes de soie, aux couleurs du seigneur, étaient accrochées à ces casques.

Dans l'après-midi, les dames vinrent à l'hôtellerie et, précédées des juges et des deux chefs de tournoi, c'est-à-dire les rois de France et de Bohême, furent invitées à faire le tour du cloître, tandis qu'un héraut, s'arrêtant devant chaque heaume, en nommait le possesseur.

— Messire Jean de Hainaut... Monseigneur le comte de Blois... Monseigneur d'Evreux, roi de Navarre...

Certains des heaumes étaient peints, de même que les épées et les hampes des lances, d'où les surnoms de leurs propriétaires : le Chevalier aux armes blanches, le Chevalier aux armes noires.

— Messire le maréchal Robert Bertrand, le chevalier au Vert Lion...

Venait ensuite un heaume rouge monumental, et que sommait une tour d'or :

— Monseigneur Robert d'Artois, comte de Beaumont-le-Roger...

La reine qui, au premier rang des dames, avançait de son pas inégal, fit le geste d'étendre la main. Philippe VI l'arrêta en lui relevant le poignet, et, feignant de l'aider à marcher, lui dit à mi-voix :

— Ma mie, je vous le défends bien !

La reine Jeanne eut un sourire méchant.

— C'eût été pourtant bonne occasion, murmura-t-elle à sa voisine et belle-sœur, la jeune duchesse du Bourgogne.

Car, selon les règles du tournoi, si une dame touchait un des heaumes, le chevalier auquel ce heaume appartenait se trouvait « recommandé », c'est-à-dire qu'il n'avait plus le droit de participer à la rencontre. Les autres chevaliers s'assemblaient pour le battre à coups de hampes, à son entrée en lice ; son cheval était donné aux sonneurs de trompettes ; lui-même juché de force sur la main courante qui entourait les lices et obligé d'y demeurer, à califourchon, ridiculement, pendant tout le temps du tournoi. On infligeait tel traitement d'infamie à celui qui avait médit d'une dame, ou forfait d'autre manière à l'honneur, soit en prêtant argent à usure, soit pour « parole faussée ».

Le mouvement de la reine n'avait pas échappé à Madame de Beaumont, qu'on vit pâlir. Elle s'approcha du roi son frère et lui adressa des reproches.

— Ma sœur, lui répondit Philippe VI avec une expression sévère, remerciez-moi plutôt que de vous plaindre.

Le soir, pendant les danses, chacun était au courant de l'incident. La reine avait fait mine de « recommander » Robert d'Artois. Celui-ci montrait son visage des très mauvais jours. Pour les caroles, il refusa ostensiblement la main à la duchesse de Bourgogne, et alla se planter devant la reine Jeanne, laquelle ne dansait jamais à cause de son infirmité ; il resta là un long instant, le bras arrondi comme s'il l'invitait, ce qui était méchant affront de revanche. Les épouses cherchaient des yeux leurs maris ; les violes et les harpes se faisaient entendre dans un silence angoissé. Il eût suffi du plus léger éclat pour que le tournoi fût avancé d'une nuit et que la mêlée commençât aussitôt, dans la salle de bal.

L'entrée du roi d'armes, escorté de ses hérauts, et qui venait pour une nouvelle proclamation, produisit une utile diversion.

— « *Or, oyez, hauts et puissants princes, seigneurs, barons, chevaliers et écuyers qui êtes au tournoi parties ! Je vous fais assavoir de par Messeigneurs les juges diseurs que chacun de vous soit demain dedans les rangs à l'heure de midi, en armes et prêt pour tournoyer, car à une heure après midi les juges feront couper les cordes pour commencer le tournoi, auquel il y aura de riches dons par les dames donnés. Outre plus, je vous avise que nul d'entre vous ne doit amener dedans les rangs valets à cheval pour vous servir outre la quantité, à savoir : quatre valets pour princes, trois pour comtes, deux pour chevaliers et un pour écuyers, et des valets de pied chacun à son plaisir, comme ainsi en ont ordonné les juges. Outre plus, s'il plaît à vous tous, vous lèverez la main dextre en haut vers les saints, et tous ensemble promettrez que nul d'entre vous audit tournoi ne frappera à son escient d'estoc, ni non plus de la ceinture jusque plus bas ; et d'autre part, si, par cas d'aventure, le heaume choit de la tête à aucun d'entre vous, nul autre ne le touchera tant que son heaume ne sera remis et lacé ; et vous vous soumettrez, si vous en faites autrement, à perdre armure et destrier, et à être criés bannis du tournoi les autres fois. Et ainsi vous jurez et promettez par la foi, sur votre honneur.* »

Tous les tournoyeurs présents levèrent la main et crièrent :
— Oui, oui, nous le jurons !
— Prenez bien garde, demain, dit le duc de Bourgogne à ses chevaliers, car notre cousin d'Artois pourrait se montrer mauvais et ne pas respecter toutes les semonces.

Et puis l'on se remit à danser.

8

Honneur de pair, honneur de roi

Chaque tournoyeur se trouvait dans le pavillon de drap brodé où flottait sa bannière et s'y faisait équiper. D'abord les chausses de mailles auxquelles on fixait les éperons ; puis les plaques de fer qui couvraient les jambes et les bras ; ensuite le haubert de cuir épais par-dessus lequel on revêtait l'armure de corps, sorte de tonnelet de fer, articulé ou bien d'une seule pièce, selon les préférences. Venaient ensuite la cervelière de cuir pour protéger des chocs du heaume, et le heaume lui-même, empanaché ou surmonté d'emblèmes, et qui se laçait au col du haubert par des lanières de cuir. Par-dessus l'armure, on passait la cotte de soie, de couleur éclatante, longue, flottante, avec d'immenses manches festonnées qui pendaient aux épaules, et des armoiries brodées sur la poitrine. Enfin le chevalier recevait l'épée, au tranchant émoussé, et l'écu, targe ou rondache.

Dehors le destrier attendait, couvert d'une housse armoriée, mâchant son mors à longues branches, et le frontal protégé d'une plaque de fer sur laquelle était fixé, comme sur le heaume du maître, un aigle, un dragon, un lion, une tour ou un bouquet de plumes. Des valets d'armes tenaient les trois lances épointées dont chaque tournoyeur disposait, ainsi qu'une masse assez légère pour n'être pas meurtrière.

Les gens de noblesse se promenaient entre les pavillons, venaient assister au harnachement des champions, adressaient aux amis les derniers encouragements.

Le petit prince Jean, fils aîné du roi, contemplait avec admiration ces préparatifs, et Jean le Fol, qui l'accompagnait, faisait des grimaces sous son bonnet à marotte.

La foule populaire, nombreuse, était tenue à distance par une compagnie d'archers ; elle verrait surtout de la poussière, car, depuis quatre jours que les jouteurs piétinaient les lices, l'herbe était morte et le sol, bien qu'arrosé, se transformait en poudre.

Avant même que d'être à cheval, les tournoyeurs ruisselaient sous leur harnois dont les plaques de fer chauffaient au grand soleil de juillet. Ils perdraient bien quatre livres dans la journée.

Les hérauts passaient en criant :

— Lacez heaumes, lacez heaumes, seigneurs chevaliers, et hissez bannières, pour convoyer la bannière du chef !

Les échafauds s'étaient emplis et les juges diseurs, parmi lesquels le connétable, messire Miles de Noyers et le duc de Bourbon, se trouvaient à leurs places dans la tribune centrale.

Les trompes retentirent ; les tournoyeurs, aidés par leurs valets, montèrent pesamment à cheval et se rendirent, qui devant la tente du roi de France, qui devant la tente du roi de Bohême, pour se former en cortège, deux par deux, chaque chevalier suivi de son porte-bannière, jusqu'aux lices, où ils firent leur entrée.

Des cordes séparaient l'enclos par moitié, dans le sens de la largeur. Les deux partis se rangèrent face à face. Après de nouvelles sonneries de trompettes, le roi d'armes s'avança pour répéter une dernière fois les conditions du tournoi.

Enfin il cria :

— Coupez cordes, hurlez bataille, quand vous voudrez !

Le duc de Bourbon n'entendait jamais ce cri sans un certain malaise, car c'était celui qu'autrefois poussait son père, Robert de Clermont, le sixième fils de Saint Louis, dans les crises de démence qui le saisissaient soudain au milieu d'un repas ou d'un conseil royal. Le duc lui-même préférait être juge plutôt que combattant.

Les hommes préposés avaient levé leurs haches ; les cordes se rompirent. Les porte-bannières quittèrent les rangs ; les valets à cheval, armés de tronçons de lance qui n'avaient pas plus de trois pieds, s'alignèrent contre la main courante, prêts à se porter au secours de leurs maîtres. Puis la terre trembla sous les sabots de deux cents chevaux lancés au galop les uns contre les autres ; et la mêlée s'engagea.

Les dames, debout dans les tribunes, criaient en suivant des yeux le heaume de leur chevalier préféré. Les juges étaient attentifs à distinguer les coups échangés afin de désigner les vainqueurs. Le choc des lances, des étriers, des armures, de toute cette ferraille, produisait un vacarme infernal. La poussière faisait écran au soleil.

Dès le premier affrontement, quatre chevaliers furent jetés à bas de leur destrier et vingt autres eurent leur lance rompue. Les valets, répondant aux appels qui sortaient par la ventaille des heaumes, coururent porter des lances neuves aux tournoyeurs désarmés et relever les désarçonnés qui gigotaient comme des crabes retournés. L'un d'eux avait la jambe brisée et quatre hommes durent l'emporter.

Miles de Noyers était maussade et, bien que juge diseur, ne s'intéressait qu'assez vaguement au spectacle. En vérité, on lui faisait perdre son temps. Il avait à présider aux travaux de la Chambre des Comptes, contrôler les arrêts du Parlement, veiller à l'administration générale du royaume. Et pour complaire au roi, il lui fallait se tenir là, à regarder des hurleurs casser des lances de frêne ! Il cachait peu ses sentiments.

— Tous ces tournois coûtent trop cher ; ce sont profusions inutiles, et que le peuple blâme, disait-il à ses voisins. Le roi n'entend pas ses sujets parler dans les bourgs et les campagnes. Lorsqu'il passe, il ne voit que gens courbés à lui baiser les pieds ; mais moi, je sais bien ce que me rapportent les baillis et les prévôts. Vaines dépenses d'orgueil et de futilité ! Et pendant ce temps rien ne se fait ; les ordonnances demeurent à signer pendant deux semaines ; on ne tient conseil que pour décider qui sera roi d'armes ou chevalier d'honneur. La grandeur d'un royaume ne se mesure pas à ces simulacres de chevalerie. Le roi Philippe le Bel le savait bien, qui, d'accord avec le pape Clément, avait fait interdire les tournois.

Le connétable Raoul de Brienne, la main en visière pour observer la mêlée, répondit :

— Certes, vous ne parlez point à tort, messire, mais vous négligez cet aspect du tournoi qu'il est un bon entraînement à la guerre.

— Quelle guerre ? dit Miles de Noyers. Croyez-vous donc qu'on s'en ira en guerre avec ces gâteaux de noces sur la tête et ces manches festonnées qui pendent de deux aunes ? Les joutes, oui, je vous le concède, entretiennent l'habileté au combat ; mais le tournoi, depuis qu'il ne se fait plus en armure de guerre et que le chevalier ne porte plus le poids véritable, a perdu tout sens. Il est même funeste, car nos jeunes écuyers qui n'ont jamais servi à l'ost croiront qu'à l'ennemi les choses se passent de pareille façon, et qu'on attaque seulement quand on crie « coupez cordes ! ».

Miles de Noyers pouvait parler avec autorité, car il avait été maréchal à l'armée, du temps que son parent Gaucher de

Châtillon débutait en la charge de connétable et que Brienne s'exerçait encore à la quintaine.

— Il est bon également que nos seigneurs apprennent à se connaître pour la croisade, dit le duc de Bourbon d'un air entendu.

Miles de Noyers haussa les épaules. Cela convenait bien au duc, ce couard légendaire, de prôner la croisade !

Messire Miles était las de veiller aux affaires de la France sous un souverain que tous s'accordaient à juger admirable et que lui, par longue expérience du pouvoir, tenait pour peu capable. Une certaine fatigue survient à poursuivre des efforts dans une voie que personne n'approuve, et Miles, qui avait commencé sa carrière à la cour de Bourgogne, se demandait s'il n'allait pas bientôt y retourner. Mieux valait administrer sagement un duché que follement un royaume ; or le duc Eudes, la veille, lui avait fait une invite en ce sens. Il chercha du regard le duc dans la mêlée et vit qu'il gisait au sol, renversé par Robert d'Artois. Alors Miles de Noyers reprit intérêt au tournoi.

Tandis que le duc Eudes était replacé debout par ses valets, Robert descendait de cheval et offrait à son adversaire le combat à pied. Masse et épée en main, les deux tours de fer s'avancèrent l'une vers l'autre, d'un pas un peu titubant, pour s'accabler de coups. Miles surveillait Robert d'Artois, prêt à le disqualifier au premier manquement. Mais Robert observait les règles, n'attaquait pas plus bas que la ceinture, ne frappait que de taille. De sa masse d'armes, il martelait le heaume du duc de Bourgogne, écrasant le dragon qui le surmontait. Et bien que la masse ne pesât qu'une livre, l'autre devait en avoir le crâne rudement ébranlé, car il commençait à mal se défendre et son épée battait l'air plus qu'elle ne touchait Robert. En voulant esquiver, Eudes de Bourgogne perdit l'équilibre ; Robert lui posa un pied sur la poitrine et la pointe de son épée au laçage du heaume ; le duc cria merci. Il s'était rendu et devait quitter le combat. Robert se fit remonter en selle et passa au galop, fièrement, devant les tribunes. Une dame enthousiaste arracha sa manche que Robert cueillit, du bout de la lance.

— Monseigneur Robert devrait ces jours-ci montrer moins de superbe, dit Miles de Noyers.

— Bah ! dit Raoul de Brienne, le roi le protège.

— Jusques à quand ? répliqua Miles de Noyers. Madame Mahaut semble avoir trépassé un peu vite, et Madame Jeanne la Veuve également. Et puis, il y a cette Béatrice d'Hirson, leur dame de parage, qui a disparu, et que sa famille vainement recherche... Le duc de Bourgogne agira sagement en faisant goûter ses plats.

— Vous avez bien changé de sentiment à l'égard de Robert. L'autre année, vous lui paraissiez tout acquis.

— C'est que, l'autre année, je n'avais pas encore à instruire son affaire dont je viens de diriger la seconde enquête...

— Ah ! voici messire de Hainaut qui attaque, dit le connétable.

Jean de Hainaut, qui secondait le roi de Bohême, se dépensait follement ; il n'était pas de seigneur important, dans le parti du roi de France, qu'il ne fût venu défier ; dès à présent on savait qu'il recevrait le trophée du vainqueur.

Le tournoi dura une pleine heure au bout de laquelle les juges firent sonner à nouveau les trompettes, ouvrir les barrières et disjoindre les rangs. Une dizaine de chevaliers et écuyers d'Artois, néanmoins, semblaient n'avoir pas entendu le signal et assommaient avec entrain quatre seigneurs bourguignons dans un coin des lices. Robert n'était pas parmi eux, mais certainement avait inspiré quelques-uns de ses partisans ; la bagarre risquait de tourner au massacre. Le roi Philippe VI fut obligé de se faire déheaumer et, tête nue pour être reconnu, il alla, à l'admiration de tous, séparer les acharnés.

Précédées des hérauts et des sonneurs, les deux troupes se reformèrent en cortège pour sortir de l'arène. Ce n'était plus qu'armures faussées, cottes en lambeaux, peintures écaillées, chevaux boiteux sous des housses déchirées. La rencontre se soldait par un mort et quelques estropiés à vie. Outre messire Jean de Hainaut, auquel irait le prix offert par la reine, tous les tournoyeurs recevraient en souvenir un présent, hanap de vermeil, coupe ou écuelle d'argent.

Dans leurs pavillons aux portières relevées, les seigneurs se déharnachaient, montrant des visages bouillis, des mains écorchées à la jointure des gantelets, des jambes tuméfiées. En même temps on échangeait des commentaires.

— Mon heaume s'est faussé au tout début. C'est cela qui m'a gêné...

— Si le sire de Courgent ne s'était pas jeté à votre rescousse, vous auriez vu, l'ami !

— Le duc Eudes n'a pas su tenir longtemps devant Monseigneur Robert !

— Ah ! Brécy s'est bien comporté, je le reconnais !

Rires, courroux, halètements de fatigue ; les tournoyeurs se dirigeaient vers les étuves, installées dans une grange voisine, et entraient aux baquets préparés, les princes d'abord, puis les barons, puis les chevaliers, et les écuyers en dernier. Il existait entre eux cette familiarité, amicale et solide, que créent les compétitions physiques ; mais on devinait aussi quelques rancunes tenaces.

Philippe VI et Robert d'Artois trempaient dans deux cuves jumelles.

— Beau tournoi, beau tournoi, disait Philippe. Ah ! mon frère, il faut que je te parle.

— Sire, mon frère, je suis tout à t'entendre.

La démarche qu'il avait à faire coûtait visiblement à Philippe. Mais pour parler cœur à cœur avec son cousin, son beau-frère, son ami de jeunesse et de toujours, quel meilleur moment pouvait-il trouver que celui-ci, où ils venaient de tournoyer ensemble, et où les cris qui emplissaient la grange, les grandes claques que les chevaliers s'appliquaient sur les épaules, les clapotis d'eau, la buée qui s'élevait des cuves, isolaient parfaitement leur entretien ?

— Robert, ton procès est mauvais parce que tes lettres sont fausses.

Robert dressa au-dessus du baquet ses cheveux rouges, ses joues rouges.

— Non, mon frère, elles sont vraies !

Le roi prit un visage désolé.

— Robert, je t'en conjure, ne t'obstine pas en si mauvaise voie. J'ai fait pour toi le plus que j'ai pu, et contre l'avis de beaucoup, tant dans ma famille que dans mon Conseil. Je n'ai accepté de remettre l'Artois à la duchesse de Bourgogne que sous réserve de tes droits. J'ai imposé pour gouverner Ferry de Picquigny, un homme à toi dévoué. J'ai offert à la duchesse que l'Artois lui soit racheté pour t'être remis...

— Il n'était pas besoin de lui racheter l'Artois, puisqu'il est à moi !

Devant tant d'obstination butée, Philippe VI eut un geste d'irritation. Il cria à son chambrier :

— Trousseau ! Un peu plus d'eau fraîche, je te prie.

Puis il poursuivit :

— Ce sont les communes d'Artois qui n'ont pas voulu payer le prix pour changer de maître ; qu'y puis-je ?... L'ordonnance d'ouvrir ton procès attend depuis un mois. Depuis un mois je refuse de la signer parce que je ne veux pas que mon frère soit confronté à de basses gens qui vont le souiller d'une boue dont je ne suis pas sûr qu'il se puisse laver. Chaque homme est faillible ; nul d'entre nous n'a commis que de louables choses. Tes témoins ont été payés ou menacés ; ton notaire a parlé ; les faussaires sont écroués, et leurs aveux recueillis d'avoir écrit tes lettres.

— Elles sont vraies, répéta Robert.

Philippe VI soupira. Que d'efforts faut-il faire pour sauver un homme malgré lui !

— Je ne dis pas, Robert, que tu en sois vraiment coupable. Je ne dis pas, comme on le prétend, que tu aies mis la main à ces lettres. On te les a apportées, tu les as crues bonnes, tu as été trompé...

Robert, dans son baquet, contractait les mâchoires.

— Peut-être même, continua Philippe, est-ce ma propre sœur, ton épouse, qui t'a abusé. Les femmes ont de ces faussetés, parfois, croyant nous servir ! Fausseté est leur nature. Vois la mienne, qui n'a pas répugné à dérober mon sceau.

— Oui, les femmes sont fausses, dit Robert avec colère. Tout cela est manège de femmes monté entre ton épouse et sa belle-sœur de Bourgogne. Je ne connais point les viles gens dont on m'oppose les aveux extorqués !

— Je veux également tenir pour calomnie, reprit plus bas Philippe, ce qu'on dit de la mort de ta tante...

— Elle avait dîné chez toi !

— Mais sa fille n'y avait pas dîné, quand elle trépassa en deux jours.

— Je n'étais pas le seul ennemi qu'elles se fussent acquis en leur mauvaise vie, répondit Robert d'un ton de feinte indifférence.

Il sortit de la cuve et réclama des toiles pour se sécher. Philippe en fit autant. Ils étaient l'un devant l'autre, nus, la

peau rose, et fortement velus. Leurs serviteurs attendaient à quelques pas, avec les vêtements d'apparat sur les bras.
— Robert, j'attends ta réponse, dit le roi.
— Quelle réponse ?
— Que tu renonces à l'Artois, pour que je puisse éteindre l'affaire...
— Et pour que tu puisses aussi reprendre la parole que tu m'avais donnée avant d'être roi. Sire, mon frère, aurais-tu donc oublié qui t'a porté au trône, qui t'a rallié les pairs, qui t'a gagné ton sceptre ?
Philippe de Valois prit Robert par les poignets et, le regardant droit dans les yeux :
— Si j'avais oublié, Robert, crois-tu que je te parlerais en ce moment comme je le fais ?... Pour la dernière fois, renonce.
— Jamais, répondit le géant en secouant la tête.
— C'est au roi que tu refuses ?
— Oui, Sire, au roi que j'ai fait.
Philippe desserra les doigts.
— Alors, si tu ne veux point sauver ton honneur de pair, dit-il, moi je veillerai à sauver mon honneur de roi !

9

Les Tolomei

— Faites-moi pardon, Monseigneur, de ne pouvoir me lever pour vous mieux accueillir, dit Spinello Tolomei, d'une voix haletante, à l'entrée de Robert d'Artois.
Le vieux banquier était allongé sur un lit dressé dans son cabinet de travail ; une couverture légère laissait deviner la forme de son gros ventre et de sa poitrine amenuisée. Une barbe de huit jours semblait, sur ses joues effondrées, comme un dépôt de sel, et sa bouche bleuie cherchait l'air. Mais de la fenêtre, donnant sur la rue des Lombards, ne venait aucune fraîcheur. Paris cuisait, sous le soleil d'un après-midi d'août.
Il ne restait plus beaucoup de vie dans le corps de messer Tolomei, plus beaucoup de vie dans le regard de son seul œil

ouvert qui n'exprimait rien qu'un mépris fatigué, comme si quatre-vingts ans d'existence avaient été un bien inutile effort.

Autour du lit se tenaient quatre hommes au teint basané, aux lèvres minces, aux yeux luisants comme des olives noires, et tous vêtus également de robes sombres.

— Mes cousins Tolomeo Tolomei, Andrea Tolomei, Giaccomo Tolomei... dit le moribond en les désignant. Et puis vous connaissez mon neveu, Guccio Baglioni...

A trente-cinq ans, les tempes de Guccio étaient déjà blanches.

— Ils sont tous venus de Sienne pour me voir mourir... et aussi pour d'autres choses, ajouta lentement le vieux banquier.

Robert d'Artois, en chausses de voyage, le buste un peu penché sur le siège qu'on lui avait avancé, regardait le vieillard avec cette fausse attention des gens qu'obsède un très grave souci.

— Monseigneur d'Artois est un ami, j'ose le dire, reprit Tolomei à l'adresse de ses parents. Tout ce qu'on pourra faire pour lui doit être fait ; il nous a sauvés, souvent, et il n'a pas dépendu de lui cette fois...

Comme les cousins siennois n'entendaient guère le français, Guccio leur traduisit, rapidement, les paroles de l'oncle ; les cousins hochèrent, d'un même mouvement, leurs faces sombres.

— Mais, si c'est d'argent que vous avez nécessité, Monseigneur, hélas, hélas, et malgré tout mon dévouement pour vous, nous ne pouvons rien. Vous savez trop pourquoi...

On sentait que Spinello Tolomei économisait ses forces. Il n'avait pas besoin de s'étendre longuement. A quoi bon commenter la situation dramatique où se débattaient, depuis quelques mois, les banquiers italiens ?

En janvier, le roi avait rendu une ordonnance par laquelle tous les Lombards se voyaient menacés d'expulsion. Ce n'était pas là chose nouvelle ; chaque règne, en ses moments difficiles, brandissait la même menace et raflait aux Lombards une part de leur fortune en les obligeant à racheter leur droit de séjour. Pour compenser la perte, les banquiers augmentaient pendant un an le taux d'usure. Mais l'ordonnance cette fois s'accompagnait d'une plus grave mesure. Toutes les créances que les Italiens détenaient sur des seigneurs français se trouvaient, de par la volonté royale, annulées ; et il était interdit aux débiteurs de s'acquitter, si même ils en avaient le vouloir ou la possibilité. Des sergents royaux, montant la garde aux portes des comptoirs, faisaient rebrousser chemin aux honnêtes clients qui venaient rembourser. Les banquiers italiens en auraient pleuré !

— Et cela parce que la noblesse s'est trop endettée pour ces folles fêtes, pour tous ces tournois où elle veut briller devant le roi ! Même sous Philippe le Bel nous ne fûmes pas traités de telle façon.

— J'ai plaidé pour vous, dit Robert.

— Je sais, je sais, Monseigneur. Vous avez toujours défendu nos compagnies. Mais voilà, vous n'êtes guère mieux en grâce que nous, à présent... Nous pouvions croire que les choses s'arrangeraient comme les autres fois. Mais avec la mort de Macci dei Macci, le dernier coup nous a été porté !

Le vieil homme tourna son regard vers la fenêtre, et se tut.

Macci dei Macci, l'un des plus grands financiers italiens en France, auquel Philippe VI depuis le début de son règne avait confié, sur le conseil de Robert, l'administration du Trésor, venait d'être pendu la semaine précédente après jugement sommaire.

Guccio Baglioni, la voix chargée de colère contenue, dit alors :

— Un homme qui avait mis tout son labeur, toute son astuce au service de ce royaume. Il se sentait plus français que s'il était né sur la Seine ! S'est-il enrichi en son office davantage que ceux qui l'ont fait pendre ? C'est toujours sur les Italiens qu'on frappe parce qu'ils n'ont pas moyens de se défendre !

Les cousins siennois captaient ce qu'ils pouvaient du discours ; au nom de Macci dei Macci, leurs sourcils étaient remontés jusqu'au milieu du front, et, les paupières fermées, ils avaient émis une même lamentation de gorge.

— Tolomei, dit Robert d'Artois, je ne viens pas vous emprunter de l'argent, mais vous prier de m'en prendre.

Si affaibli qu'il fût, messer Tolomei releva légèrement le torse, tant l'annonce était surprenante.

— Oui, reprit Robert, je voudrais vous remettre tout mon trésor de monnaie contre des lettres de change. Je pars. Je quitte le royaume.

— Vous, Monseigneur ? Votre procès va-t-il si mal ? Le jugement a-t-il été rendu contre vous ?

— Il va l'être dans quatre semaines. Sais-tu, banquier, comment me traite ce roi dont j'ai épousé la sœur et qui jamais, sans moi, n'eût été roi ? Il a envoyé son bailli de Gisors corner à la porte de tous mes châteaux, à Conches, à Beaumont, à Orbec, qu'il m'ajournait pour la Saint-Michel devant son lit de justice. Feinte justice où l'arrêt contre moi est déjà rendu. Philippe a mis tous ses chiens à mes trousses : Sainte-Maure, son mauvais chancelier, Forget, son trésorier voleur, Mathieu de Trye, son maréchal, et Miles de Noyers pour leur faire la voie. Les mêmes qui se sont alliés contre vous, les mêmes qui ont pendu votre ami Mache des Mache ! C'est la male reine, c'est la boiteuse qui a gagné, c'est la Bourgogne qui l'emporte, et la vilenie. Ils ont jeté en geôle mes notaires, mon aumônier, et tourmenté mes témoins pour les obliger à se renier. Eh bien ! qu'ils me jugent ; je ne serai pas là. Ils m'ont volé l'Artois, qu'ils me honnissent à loisir ! Ce royaume ne m'est plus rien, et son roi est mon ennemi ; je m'en vais hors des frontières pour lui faire tout le mal que je pourrai ! Demain je suis à Conches pour envoyer mes chevaux, ma vaisselle, mes joyaux et mes armes vers Bordeaux, et les mettre sur un vaisseau d'Angleterre ! Ils veulent saisir et mon corps et mes biens ; ils ne me prendront pas !

— Est-ce en Angleterre que vous allez, Monseigneur ? demanda Tolomei.

— Je demande d'abord refuge à ma sœur, la comtesse de Namur.

— Votre épouse part-elle avec vous ?

— Mon épouse me rejoindra plus tard. Alors voilà, banquier : mon trésor de monnaie contre lettres de change sur vos comptoirs de Hollande et d'Angleterre. Et gardez pour vous deux livres sur vingt.

Tolomei déplaça un peu sa tête sur l'oreiller, et entama avec son neveu et ses cousins une conversation en italien dans laquelle Robert ne saisissait que des bribes. Il captait mots de *débito... rimborso... deposito...* En acceptant l'argent d'un seigneur français, la compagnie des Tolomei ne contrevenait-elle pas à l'ordonnance ? Non, puisqu'il ne s'agissait pas d'un règlement de dettes, mais d'un *deposito...*

Puis Tolomei tourna de nouveau vers Robert d'Artois son visage de sel et ses lèvres bleuies.

— Nous aussi, Monseigneur, nous partons ; ou plutôt eux partent... dit-il en désignant ses parents. Ils vont emporter tout ce que nous avons ici. Nos Compagnies en ce moment sont divisées. Les Bardi, les Peruzzi hésitent ; ils pensent que le pire est passé, et qu'en courbant un peu l'échine... Ils sont comme les Juifs qui font toujours confiance aux lois et croient qu'on les tiendra quittes lorsqu'ils auront payé leur rouelle ; ils payent la rouelle et ensuite on les mène au bûcher ! Alors, les Tolomei, eux, s'en vont. Ce départ causera quelque surprise car nous emportons en Italie tout l'argent qui nous a été confié ; le plus gros en est déjà acheminé. Puisqu'on refuse de nous payer les dettes, eh bien, nous emportons les dépôts[24] !

Une dernière expression de malice glissa sur les traits effondrés du vieil homme.

— Je ne laisserai à la terre de France que mes os qui sont petite richesse, ajouta-t-il.

— La France, en vérité, ne nous a pas été bonne, dit Guccio Baglioni.

— Eh quoi ! elle t'a donné un fils, ce n'est pas si mal !

— C'est vrai, dit Robert d'Artois, vous avez un garçon. Il pousse bien ?

— Grand merci, Monseigneur, répondit Guccio. Oui, il est bientôt plus haut que moi ; il a quinze ans. Mais il montre peu de goût pour la banque.

— Il y viendra, il y viendra, dit le vieillard... Alors, Monseigneur, nous acceptons. Confiez-nous votre trésor de monnaie ; nous le ferons sortir et vous remettrons lettres de change pour le montant, sans en rien retenir. La monnaie fraîche est toujours serviable.

— Je t'en sais gré, Tolomei ; mes coffres seront portés à la nuit.

— Quand l'argent commence à fuir un royaume, le bonheur de ce royaume est mesuré. Vous aurez votre revanche, Monseigneur ; je ne la verrai point, mais je vous le dis, vous aurez votre revanche !

L'œil gauche, habituellement clos, s'était ouvert ; Tolomei le regardait des deux yeux ; le regard de la vérité, enfin. Et Robert d'Artois se sentit l'âme toute remuée, parce qu'un vieux Lombard qui allait bientôt mourir l'observait intensément.

— Tolomei, j'ai vu des hommes courageux, lutter jusqu'au bout en bataille ; tu es aussi courageux qu'eux, à ta manière.

Un sourire triste passa sur les lèvres du banquier.

— Ce n'est point du courage, Monseigneur, au contraire. Si je ne faisais pas de banque, j'aurais si peur en ce moment !

Sa main amaigrie se leva de la couverture et fit signe à Robert d'approcher.

Robert se pencha, comme pour recueillir une confidence.

— Monseigneur, dit Tolomei, laissez-moi bénir mon dernier client.

Et il traça du pouce un signe de croix sur les cheveux du géant, ainsi que les pères italiens ont coutume de le faire au front de leurs fils, lorsqu'ils partent pour un long voyage.

10

Le lit de justice

Au centre d'une estrade à degrés, sur un siège aux bras terminés par des têtes de lion, Philippe VI était assis, couronne en tête et revêtu du manteau royal. Une grande broderie de soie, aux armes de France, ondulait au-dessus de lui ; il se penchait de temps à autre, tantôt à sa gauche vers son cousin le roi de Navarre, tantôt à sa droite vers son parent le roi de Bohême, pour les prendre à témoin du regard, et leur faire apprécier combien sa mansuétude avait été longue.

Le roi de Bohême secouait sa belle barbe châtaine, d'un air à la fois confondu et indigné. Se pouvait-il qu'un chevalier, un pair de France, comme l'était Robert d'Artois, un prince à la fleur de lis, se fût conduit de telle façon, eût mis la main à d'aussi sordides entreprises que celles en ce moment énumérées, se fût compromis avec des gens d'aussi méchante espèce ?

Au rang des pairs laïques, on voyait siéger pour la première fois l'héritier du trône, le prince Jean, anormalement grand pour ses treize ans, enfant au regard sombre et lourd, au menton trop long, et que son père venait de créer duc de Normandie.

A la suite du jeune prince se trouvaient le comte d'Alençon, frère du roi, les ducs de Bourbon et de Bretagne, le comte de Flandre, le comte d'Etampes. Il y avait deux tabourets vides : celui du duc de Bourgogne, qui ne pouvait siéger étant partie dans le procès, et celui du roi d'Angleterre, lequel ne s'était même pas fait représenter.

Parmi les pairs ecclésiastiques on reconnaissait Monseigneur Jean de Marigny, comte-évêque de Beauvais, et Guillaume de Trye, duc-archevêque de Reims.

Pour donner plus de solennité à ce lit de justice, le roi y avait convoqué les archevêques de Sens et d'Aix, les évêques d'Arras, d'Autun, de Blois, de Forez, de Vendôme, le duc de Lorraine, le comte Guillaume de Hainaut et son frère Jean, et tous les grands officiers de la couronne : le connétable, les deux maréchaux, Miles de Noyers, les sires de Châtillon, de Soyecourt, de Garencières qui étaient du Conseil étroit, et bien d'autres encore, assis en retour de l'estrade, le long des murs de la grande-salle du Louvre où se tenait l'audience.

A même le sol, les jambes repliées sur des carreaux d'étoffe, étaient entassés les maîtres des requêtes et conseillers au Parlement, les clercs de justice et ecclésiastiques de petit rang.

Debout en face du roi, à six pas, le procureur général, Simon de Bucy, entouré des commissaires d'enquête, lisait depuis deux heures les feuillets de son réquisitoire, le plus long qu'il ait eu à prononcer en toute sa carrière. Il avait dû reprendre tout l'historique de l'affaire d'Artois dont l'origine remontait à la fin de l'autre siècle, rappeler le premier procès de 1309, l'arrêt rendu par Philippe le Bel, la rébellion armée de Robert contre Philippe le Long en 1316, le second jugement de 1318, pour parvenir à la procédure présente, au faux serment d'Amiens, à l'enquête, à la contre-enquête, aux innombrables dépositions recueillies, aux subornations de témoins, à la fabrication des faux, aux arrestations de complices.

Tous ces faits mis en lumière l'un après l'autre, expliqués et commentés dans leur enchaînement, leur engrenage compliqué, constituaient non seulement l'un des plus grands procès de droit privé, et maintenant de droit criminel, jamais plaidé, mais encore intéressaient directement l'histoire du royaume sur une période d'un quart de siècle. L'assistance était à la fois fascinée et stupéfaite, stupéfaite par les révélations du procureur, fascinée parce qu'elle découvrait la vie secrète du grand baron devant lequel hier tous tremblaient encore, dont chacun cherchait à devenir l'ami, et qui avait si longtemps décidé de toute chose en la nation de France ! La dénonciation des scandales de la tour de Nesle, l'emprisonnement de Marguerite de Bourgogne, l'annulation du mariage de Charles IV, la guerre d'Aquitaine, le renoncement à la croisade, le soutien donné à Isabelle d'Angleterre, l'élection de Philippe VI, Robert avait été l'âme de tout cela, créant l'événement ou le dirigeant, mais toujours mû par une seule pensée, un seul intérêt : l'Artois, l'héritage d'Artois !

Combien étaient-ils, parmi les présents, qui devaient leur titre, leur fonction, leur fortune à ce parjure, ce faussaire, ce criminel... à commencer par le roi lui-même !

La place de l'accusé était symboliquement occupée dans le prétoire par deux sergents d'armes soutenant un grand panonceau de soie où figurait l'écu de Robert, « semé de France, au lambel de quatre pendants de gueules, chaque pendant chargé des trois châteaux d'or ».

Et chaque fois que le procureur prononçait le nom de Robert, il se tournait vers le panonceau comme s'il désignait la personne.

Il en est arrivé à la fuite du comte d'Artois :

— « Nonobstant que l'ajournement lui ait été régulièrement signifié par maître Jean Loncle, garde de la baillie de Gisors, en ses demeures ordinaires, ledit Robert d'Artois, comte de Beaumont, a fait défaut devant notre Sire le roi et sa chambre de justice dûment convoquée au vingt-neuvième jour de septembre. Or il nous a été appris et confirmé de plusieurs parts que ledit Robert avait ses chevaux et son trésor sur un navire, à Bordeaux, embarqués, et ses monnaies d'or et d'argent dirigées par moyens interdits hors du royaume, et que lui-même, au lieu de se présenter devant la justice du roi, s'était retrait hors des frontières.

« Le six d'octobre 1331, la femme de Divion, reconnue coupable de nombreux méfaits accomplis pour le service dudit Robert et le sien propre, dont au premier chef faux en écritures et contrefaçon de sceaux, a été arse et brûlée à Paris, en la place aux Pourceaux, et ses os réduits en poudre, ceci par-devant Messeigneurs le duc de Bretagne, le comte de Flandre, le sire Jean de Hainaut, le sire Raoul de Brienne, connétable de France, les maréchaux Robert Bertrand et Mathieu de Trye, et messire Jean de Milon, prévôt de Paris, qui a rendu compte au roi de l'exécution... »

Ceux qu'on venait de nommer baissèrent les yeux ; ils gardaient le souvenir de la Divion hurlant contre son poteau, et des flammes qui dévoraient sa robe de chanvre, et de la chair des jambes qui se gonflait, qui éclatait sous la brûlure, le souvenir aussi de l'atroce odeur que le vent d'octobre leur renvoyait au visage. Ainsi avait fini la maîtresse de l'ancien évêque d'Arras.

— « Les douze et quatorze d'octobre, maître Pierre d'Auxerre, conseiller, et Michel de Paris, bailli, ont signifié à Madame de Beaumont, épouse dudit Robert, d'abord à Jouy-le-Châtel, puis à Conches, Beaumont, Orbec et Quatre-mares, ses demeures ordinaires, que le roi ajournait ledit pour juger, le quatorze de décembre. Or, ledit Robert, à cette date, a fait pour la seconde fois défaut. Par grand vouloir de mansuétude, notre Sire le roi a donné nouvel ajournement à quinzaine de la fête de la Chandeleur, et pour que ledit Robert ne pût point l'ignorer, proclamation en fut faite d'abord dans la Grand-Chambre du Parlement, ensuite à la Table de Marbre dans la grande-salle du Palais, et après portée à Orbec et Beaumont, et encore à Conches par les mêmes maîtres Pierre d'Auxerre et Michel de Paris, où ils ne purent parler à la dame de Beaumont, mais dirent leur proclamation à la porte de sa chambre, et à si haute voix qu'elle la pût entendre... »

Chaque fois qu'on citait Madame de Beaumont, le roi passait la main sur son visage, tordait un peu son grand nez charnu. C'était de sa sœur qu'il s'agissait !

— « Au Parlement de justice tenu par le roi à la date citée, ledit Robert d'Artois n'a point comparu, mais s'est fait représenter par maître Henry, doyen de Bruxelles, et maître Thiébault de Meaux, chanoine de Cambrai, avec procuration pour se présenter en sa place et proposer ses causes d'absence. Mais vu que l'ajournement était pour le lundi à quinzaine de la Chandeleur, et que la commission dont ils étaient porteurs désignait le mardi, pour cette raison leur commission ne put être reconnue valable, et défaut fut pour la troisième fois prononcé contre le défendeur. Or il est su et notoire que durant ce temps Robert d'Artois a voulu prendre refuge d'abord auprès de madame la comtesse de Namur, sa sœur ; mais le roi notre Sire ayant donné défense à madame de Namur d'aider et de recueillir ce rebelle, elle a interdit audit Robert, son frère, le séjour en ses Etats. Et qu'ensuite ledit Robert a voulu prendre refuge auprès de Monseigneur le comte Guillaume sur ses Etats de Hainaut ; mais qu'à l'instante demande du roi notre Sire, Monseigneur le comte de Hainaut a interdit de même audit Robert le séjour en ses Etats. Et encore ledit Robert a demandé refuge et asile au duc de Brabant, lequel duc, prié par notre Sire le roi de ne point faire droit à cette demande, a d'abord répondu que n'étant pas vassal au roi de France il pouvait accueillir qui lui plaisait, à sa convenance ; mais ensuite le duc de Brabant a cédé aux remontrances à lui présentées par Monseigneur de Luxembourg, roi de Bohême, et s'est courtoisement conduit en chassant Robert d'Artois de son duché[25]. »

Philippe VI se tourna et vers le comte de Hainaut et vers le roi de Bohême, leur adressant à chacun un signe d'amicale et triste gratitude. Philippe souffrait, visiblement ; et il n'était pas le seul. Si coupable que fût Robert d'Artois, ceux qui l'avaient connu l'imaginaient errant de petite cour en petite cour, accueilli un jour, banni le lendemain, repartant plus loin pour être chassé encore. Pourquoi avait-il mis tant d'acharnement à sa propre perte, quand le roi, jusqu'au bout, lui avait ouvert les bras ?

— « Nonobstant que l'enquête fût close, après soixante et seize témoins entendus, dont quatorze retenus aux prisons royales, et la justice du roi suffisamment éclairée, nonobstant que les charges énumérées fussent assez apparentes, notre Sire le roi, par amitié ancienne, a fait savoir audit Robert d'Artois qu'il lui donnait sauf-conduit pour rentrer au royaume et en ressortir s'il lui plaisait, sans qu'il lui soit causé de mal ni à lui ni à ses gens, afin qu'il pût entendre les charges, présenter sa défense, reconnaître ses torts et obtenir sa grâce. Or ledit Robert, loin de saisir cette offre de clémence, n'est point rentré au royaume, mais, en ses divers séjours, il s'est abouché à toutes sortes de mauvaises gens, bannis et ennemis du roi, et il a averti moult personnes, qui l'ont répété, de son intention de faire périr par glaive ou maléfice le chancelier, le maréchal de Trye et divers conseillers de notre Sire le roi, et enfin il a prononcé les mêmes menaces contre le roi lui-même. »

L'assistance bourdonna d'un long murmure indigné.

— « Toutes ces choses susdites étant sues et notoires, vu que ledit Robert d'Artois a été ajourné une dernière fois, par publications régulièrement faites, à ce présent mercredi huit avril avant Pâques fleuries, et que le citons à comparaître pour la quatrième fois... »

Simon de Bucy s'interrompit et fit signe à un sergent massier, lequel prononça à très haute voix :

— Messire Robert d'Artois, comte de Beaumont-le-Roger, à comparaître !

Tous les regards se tournèrent instinctivement vers la porte comme si l'accusé allait vraiment entrer. Quelques secondes passèrent, dans un silence total. Puis le sergent frappa le sol de sa masse, et le procureur poursuivit :

— ... « et constatons que ledit Robert fait défaut, en conséquence, au nom de notre Sire le roi, requérons : que ledit Robert soit déchu des titres, droits et prérogatives de pair du royaume, ainsi que de tous ses autres titres, seigneuries et possessions ; outre plus que ses biens, terres, châteaux, maisons et tous objets, meubles ou immeubles lui appartenant soient confisqués et remis au Trésor, pour qu'il en soit disposé selon la volonté du roi ; outre plus que ses armoiries soient détruites en présence des pairs et barons, pour jamais ne paraître plus sur bannière ou sur sceau, et sa personne à toujours bannie des terres du royaume, avec interdiction à tous vassaux, alliés, parents et amis du roi notre Sire de lui donner abri ; enfin requérons que la présente sentence soit à cris proclamée et à trompes aux carrefours principaux de Paris, et signifiée aux baillis de Rouen, Gisors, Aix et Bourges, ainsi qu'aux sénéchaux de Toulouse et de Carcassonne, pour qu'il en soit fait exécution... de par le roi. »

Maître Simon de Bucy se tut. Le roi semblait rêver. Son regard erra un moment sur l'assemblée. Puis inclinant la tête, d'abord à droite, ensuite à gauche :

— Mes pairs, votre conseil, dit-il. Si nul ne parle c'est qu'il approuve !

Aucune main ne se leva, aucune bouche ne s'ouvrit.

La paume de Philippe VI frappa la tête du lion au bras du fauteuil :

— C'est chose jugée !

Le procureur alors commanda aux deux sergents qui tenaient l'écusson de Robert d'Artois de s'avancer jusqu'au pied du trône. Le chancelier Guillaume de Sainte-Maure, l'un de ceux que Robert, dans son exil, menaçait de mort, s'avança vers le panonceau, demanda le glaive d'un des sergents et en attaqua le bord de l'étoffe. Puis, dans un long crissement de soie, l'écusson fut partagé.

La pairie de Beaumont avait vécu. Celui pour lequel elle avait été instituée, le prince de France descendant du roi Louis VIII, le géant à la force fameuse, aux intrigues infinies, n'était plus qu'un proscrit ; il n'appartenait plus au royaume sur lequel ses ancêtres avaient régné, et rien en ce royaume ne lui appartenait plus.

Pour les pairs et les seigneurs, pour tous ces hommes dont les armoiries étaient comme l'expression non seulement de la puissance mais presque de l'existence, qui faisaient flotter ces emblèmes sur leurs toits, sur leurs lances, sur leurs chevaux, qui les brodaient sur leur propre poitrine, sur la cotte de leurs écuyers, sur la livrée de leurs valets, qui les peignaient sur leurs meubles, les gravaient sur leur vaisselle, en marquaient hommes, bêtes et choses qui à quelque degré dépendaient de leur volonté ou constituaient leurs biens, cette déchirure, sorte d'excommunication laïque, était plus infamante encore que le billot, la claie ou la potence. Car la mort efface la faute et le déshonneur s'éteint avec le déshonoré.

« Mais tant qu'on est vivant, on n'a jamais toute partie perdue », se disait Robert d'Artois, errant hors de sa patrie sur des routes hostiles, et se dirigeant vers de plus vastes crimes.

QUATRIÈME PARTIE

LE BOUTE-GUERRE

1
Le proscrit

Pendant plus de trois années Robert d'Artois, comme un grand fauve blessé, rôda aux frontières du royaume.

Parent de tous les rois et princes d'Europe, neveu du duc de Bretagne, oncle du roi de Navarre, frère de la comtesse de Namur, beau-frère du comte de Hainaut et du prince de Tarente, cousin du roi de Naples, du roi de Hongrie et de bien d'autres, il était, à quarante-cinq ans, un voyageur solitaire devant lequel les portes de tous les châteaux se fermaient. Il avait de l'argent à suffisance, grâce aux lettres de change des banques siennoises, mais jamais un écuyer ne se présentait à l'auberge où il était descendu pour le prier à dîner chez le seigneur du lieu. Quelque tournoi se donnait-il dans les parages ? On se demandait comment éviter d'y convier Robert d'Artois, le banni, le faussaire, que naguère on eût installé à la place d'honneur. Et un ordre lui était délivré avec une déférence froide, par le capitaine de ville : Monseigneur le comte suzerain le priait de porter plus loin ses pas. Car Monseigneur le comte suzerain, ou le duc, ou le margrave, ne voulait pas se brouiller avec le roi de France et ne se sentait tenu à aucun égard envers un homme si déshonoré qu'il n'avait plus ni blason ni bannière.

Et Robert repartait à l'aventure, escorté de son seul valet Gillet de Nelle, un assez mauvais sujet qui, sans effort, eût mérité de se balancer aux fourches d'un gibet, mais qui vouait à son maître, comme Lormet jadis, une fidélité sans limite. Robert lui donnait, en compensation, cette satisfaction plus précieuse que de gros gages : l'intimité avec un grand seigneur dans l'adversité. Combien de soirées, durant cette errance, ne passèrent-ils pas à jouer aux dés, attablés dans l'angle d'une mauvaise taverne ! Et quand le besoin de gueuser les démangeait un peu, ils entraient ensemble en quelqu'un de ces bordeaux qui étaient nombreux en Flandre, et offraient bon choix de lourdes ribaudes.

C'était en de tels lieux, de la bouche de marchands qui revenaient des foires, ou de maquerelles qui avaient fait parler des voyageurs, que Robert apprenait les nouvelles de France.

A l'été 1332, Philippe VI avait marié son fils Jean, duc de Normandie, à la fille du roi de Bohême, Bonne de Luxembourg. « Voilà donc pourquoi Jean de Luxembourg m'a fait expulser de chez son parent de Brabant, se disait Robert ; voilà de quel prix on a payé ses services. » Les fêtes données pour ces noces, à Melun, avaient, à ce qu'on racontait, dépassé en splendeur toute autre dans le passé.

Et Philippe VI avait profité de ce grand rassemblement de princes et de noblesse pour faire coudre solennellement la croix sur son manteau royal. Car la croisade, cette fois, était décidée. Pierre de la Palud, patriarche de Jérusalem, l'avait prêchée à Melun, tirant les larmes aux six mille invités de la noce, dont dix-huit cents chevaliers d'Allemagne. L'évêque Pierre Roger la prêchait à Rouen dont il venait de recevoir le diocèse, après ceux d'Arras et de Sens. Le passage général était décidé pour le printemps 1334. On hâtait la construction d'une grande flotte dans les ports de Provence, à Marseille, à Aigues-Mortes. Et déjà l'évêque Marigny voguait, chargé d'aller porter défi au Soudan d'Egypte !

Mais si les rois de Bohême, de Navarre, de Majorque, d'Aragon, qui vivaient à la table de Philippe, si les ducs, comtes et grands barons, ainsi qu'une certaine chevalerie éprise d'aventure, avaient suivi avec enthousiasme l'exemple du roi de France, la petite noblesse de terroir montrait, elle, moins d'empressement à saisir les croix de drap rouge tendues par les prédicateurs, et à s'embarquer pour les sables d'Egypte. Le roi d'Angleterre, pour sa part, pressait l'instruction militaire de son peuple, mais ne donnait aucune réponse touchant les projets vers la Terre sainte. Et le vieux pape Jean XXII, d'ailleurs en grave querelle avec l'Université de Paris et son recteur Buridan sur les problèmes de la vision béatifique, faisait la sourde oreille. Il n'avait accordé à la croisade qu'une bénédiction réticente, et il rechignait au partage des frais... En revanche les marchands d'épices, d'encens, de soieries, de reliques, les fabricants d'armures et les constructeurs de bateaux poussaient beaucoup à l'entreprise.

Philippe VI avait déjà organisé la régence, pour la durée de son absence, et fait jurer aux pairs, aux barons, aux évêques, s'il venait à trépasser outre-mer[26], qu'ils obéiraient en tout à son fils Jean et lui remettraient sans discussion la couronne.

« C'est donc que Philippe n'est point tellement assuré de sa légitimité, pensait Robert d'Artois, s'il engage à reconnaître son fils dès à présent. »

Accoudé devant un pot de bière, Robert n'osait pas dire à ses informateurs de rencontre qu'il connaissait tous les grands personnages dont ils lui parlaient ; il n'osait pas dire qu'il avait jouté contre le roi de Bohême, procuré la mitre à Pierre Roger, qu'il avait fait sauter le roi d'Angleterre sur ses genoux et dîné à la table du pape. Mais il notait tout, pour en faire un jour son profit.

La haine le soutenait. Aussi longtemps qu'en lui resterait la vie, aussi longtemps resterait la haine. En quelque endroit qu'il prît auberge, c'était la haine qui l'éveillait avec le premier rayon de jour filtrant entre les volets d'une chambre inconnue. La haine était le sel de ses repas, le ciel de sa route.

On dit que les hommes forts sont ceux qui savent reconnaître leurs torts. Il en est de plus forts, peut-être, qui ne les reconnaissent jamais. Robert appartenait à cette seconde espèce. Il rejetait toutes fautes sur les autres, morts et vivants, sur Philippe le Bel, Enguerrand, Mahaut, sur Philippe de Valois, Eudes de Bourgogne, le chancelier Sainte-Maure. Et d'étape en étape, il ajoutait à la liste de ses ennemis sa sœur de Namur, son beau-frère de Hainaut, et Jean de Luxembourg, et le duc de Brabant.

A Bruxelles, il recruta un avoué véreux nommé Huy et son secrétaire Berthelot ; c'était par des gens de procédure qu'il commençait à remonter sa maison.

A Louvain, l'avoué Huy lui dénicha un moine de mauvaise mine et de douteuse vie, Frère Henry de Sagebran, qui s'y connaissait davantage en envoûtes et pratiques sataniques qu'en litanies et œuvres de charité. Avec Frère Henry de Sagebran, l'ancien pair de France, se souvenant des leçons de Béatrice d'Hirson, baptisa des poupées de cire et les perça d'aiguilles en les nommant Philippe, Sainte-Maure ou Mathieu de Trye.

— Et celle-là, vois-tu, soigne-la bien, perce-la depuis la tête tout le long du corps car elle s'appelle Jeanne, la boiteuse reine de France. Ce n'est point vraiment la reine, c'est une diablesse !

Il se fournit aussi d'une encre invisible pour écrire certaines formules qui, tracées sur un parchemin, procuraient le sommeil éternel. Encore fallait-il que le parchemin fût glissé dans le lit de qui l'on voulait se débarrasser ! Frère Henry de Sagebran, chargé d'un peu d'argent et de beaucoup de promesses, partit pour la France, tel un bon moine mendiant, avec, sous son froc, une grosse provision de parchemins à dormir.

Gillet de Nelle, de son côté, racolait des meurtriers à solde, des voleurs par vocation, des échappés de prison, gaillards à gueules basses, auxquels le crime répugnait moins que le travail à la journée. Et quand Gillet en eut fait une petite troupe, bien instruite, Robert les envoya au royaume de France avec mission d'agir de préférence pendant les grandes réunions ou fêtes.

— Les dos offrent au couteau des cibles faciles quand tous les yeux sont tournés vers les lices, ou toutes les oreilles tendues pour écouter prêcher croisade.

A courir les routes, Robert avait maigri ; la ride s'enfonçait davantage dans les muscles de sa face, et la méchanceté des sentiments qui l'animaient du réveil au soir, et jusque dans ses rêves, avait donné à ses traits leur expression définitive. Mais, en même temps, l'aventure lui rajeunissait l'âme. Il avait l'amusement de goûter, en ces pays nouveaux, à des nourritures nouvelles, à des femmes nouvelles aussi.

Si Liège l'expulsa, ce ne fut pas pour ses méfaits anciens mais parce que son Gillet et lui-même avaient transformé une maison louée à un certain sieur d'Argenteau en vrai repaire de follieuses, et que le bruit qui s'y faisait gâtait le sommeil du voisinage.

Il y avait de bons jours ; il y en avait de mauvais, comme celui où il apprit que le Frère Henry de Sagebran, avec ses parchemins à dormir pour l'éternité, s'était fait arrêter à Cambrai, et cet autre jour où l'un de ses meurtriers à solde reparut pour lui annoncer que ses compères n'avaient pu dépasser Reims et moisissaient à présent dans les prisons du « roi trouvé ».

Puis Robert tomba malade, de la plus sotte façon. Etant réfugié dans une maison en bordure d'un canal où se déroulaient des joutes d'eau, la curiosité lui fit passer la tête jusqu'au col à travers une nasse à poisson qui masquait la fenêtre. Il se poussa si bien qu'il ne put se retirer qu'après de longs efforts, en s'arrachant le cuir des joues au grillage de la nasse. L'infection se mit dans les écorchures et la fièvre bientôt le saisit, dont il grelotta quatre jours, tout près de trépasser.

Dégoûté des Marches flamandes, il se rendit à Genève. Traînant ses chausses le long du lac, ce fut là qu'il apprit l'arrestation de la comtesse de Beaumont, son épouse, et de leurs trois enfants. Philippe VI, par représailles contre Robert, n'avait pas hésité à enfermer sa propre sœur d'abord au donjon de Nemours, puis à Château-Gaillard. La prison de Marguerite ! Vraiment la Bourgogne prenait bien sa revanche.

De Genève, voyageant sous un nom d'emprunt et vêtu comme un quelconque bourgeois, Robert gagna Avignon. Il y resta deux semaines, cherchant à intriguer pour sa cause. Il trouva la capitale de la chrétienté débordante de richesses et de plus en plus dissolue. Ici les ambitions, les vanités, les vices ne s'adoubaient pas d'une cuirasse de tournoi, mais se dissimulaient sous des robes de prélats ; les signes de la puissance ne s'étalaient pas en harnais d'argent ou en heaumes empanachés, mais en mitres incrustées de pierres précieuses, en ciboires d'or plus lourds que des hanaps de roi. On ne se défiait point en batailles, mais on se haïssait en sacristie. Les confessionnaux n'étaient pas sûrs ; et les femmes se montraient plus infidèles, plus méchantes, plus vénales que partout ailleurs, puisqu'elles ne pouvaient tirer noblesse que du péché.

Et pourtant nul ne voulait se compromettre pour l'ancien pair de France. On se rappelait à peine l'avoir connu. Même dans ce bourbier Robert apparaissait comme un pestiféré. Et la liste de ses rancunes s'allongeait.

Toutefois, il eut quelque consolation à constater, en écoutant les gens, que les affaires de son cousin Valois étaient moins brillantes qu'on eût pu le croire. L'Eglise cherchait à décourager la croisade. Quelle serait, une fois Philippe VI et ses alliés embarqués, la situation de l'Occident laissé à la discrétion de l'Empereur et du roi anglais ? Si jamais ces deux souverains venaient à s'unir... Déjà le passage général avait été reculé de deux ans. Le printemps de 1334 s'était achevé sans que rien fût prêt. On parlait maintenant de l'année 36.

Pour sa part, Philippe VI, présidant lui-même une assemblée plénière des docteurs de Paris sur la montagne Sainte-Geneviève, brandissait la menace d'un décret d'hérésie contre le vieux pontife, âgé de quatre-vingt-dix ans, si celui-ci ne rétractait pas ses thèses théologiques. D'ailleurs, on donnait la mort de Jean XXII pour imminente ; mais il y avait dix-huit ans qu'on annonçait cela !

« Rester vivant, se répétait Robert, voilà toute l'affaire ; durer, pour attendre le jour où l'on gagne. »

Déjà le trépas de quelques-uns de ses ennemis venait lui rendre l'espérance. Le trésorier Forget était mort à la fin de l'autre année ; le chancelier Guillaume de Sainte-Maure venait de mourir à son tour. Le duc Jean de Normandie, héritier de France, était gravement malade ; et même Philippe VI, disait-on, subissait des ennuis de santé. Peut-être les maléfices de Robert n'avaient-ils pas été totalement inopérants...

Pour retourner en Flandre, Robert prit des habits de convers. Etrange frère, en vérité, que ce géant dont le capuchon dominait les foules, qui entrait d'un pas guerrier aux abbayes, et demandait l'hospitalité qu'on doit aux hommes de Dieu de la même voix qu'il eût demandé sa lance à un écuyer !

Dans un réfectoire de Bruges, la tête inclinée sur son écuelle, au bout de la longue table grasse, et faisant mine de murmurer des prières dont il ignorait le premier mot, il écoutait le frère lecteur, installé dans une petite niche creusée à mi-hauteur du mur, lire la vie des saints. Les voûtes renvoyaient la voix monotone sur la tablée des moines ; et Robert se disait : « Pourquoi ne pas finir ainsi ? La paix, la profonde paix des couvents, la délivrance de tout souci, le renoncement, le gîte assuré, les heures régulières, la fin de l'errance... »

Quel homme, fût-ce le plus turbulent, le plus ambitieux, le plus cruel, n'a pas connu cette tentation du repos, de la démission ? A quoi bon tant de luttes, tant d'entreprises vaines, puisque tout doit s'achever dans la poudre du tombeau ? Robert y songeait, de la même façon que, cinq ans plus tôt, il songeait à se retirer, avec sa femme et ses fils, dans une tranquille vie de seigneur terrien. Mais ce sont là pensées qui ne peuvent durer. Et chez Robert elles se présentaient toujours trop tard, à l'instant même où quelque événement allait le rejeter dans sa vocation véritable, qui était l'action et le combat.

Deux jours plus tard, à Gand, Robert d'Artois rencontrait Jakob Van Artevelde.

L'homme était sensiblement du même âge que Robert : l'approche de la cinquantaine. Il avait le masque carré, la panse forte et les reins bien plantés sur les jambes ; il était fort mangeur et buveur solide, sans que jamais la tête lui tournât. En sa jeunesse, il avait fait partie de la suite de Charles de Valois à Rhodes, et accompli plusieurs autres voyages ; il possédait son Europe. Ce brasseur de miel, ce grand négociant en draps, s'était, en secondes noces, marié à une femme noble.

Hautain, imaginatif et dur, il avait pris grande autorité, d'abord sur sa ville de Gand, qu'il dominait complètement, puis sur les principales communes flamandes. Lorsque les foulons, les drapiers, les brasseurs, qui constituaient la vraie richesse du pays, voulaient faire des représentations au comte ou au roi de France, c'était à Jakob Van Artevelde qu'ils s'adressaient afin qu'il allât porter leurs vœux ou leurs reproches d'une voix forte et d'une parole claire. Il n'avait aucun titre ; il était messire Van Artevelde, devant qui chacun s'inclinait. Les ennemis ne lui manquaient pas, et il ne se déplaçait qu'accompagné de soixante valets armés qui l'attendaient aux portes des maisons où il dînait.

Artevelde et Robert d'Artois se jugèrent, se jaugèrent du premier coup d'œil pour gens de même race, courageux de corps, habiles, lucides, animés du goût de dominer.

Que Robert fût un proscrit gênait peu Artevelde ; au contraire, ce pouvait être aubaine pour le Gantois que la rencontre de cet ancien grand seigneur, ce beau-frère de roi, naguère tout-puissant, et maintenant hostile à la France. Et pour Robert, ce bourgeois ambitieux apparaissait vingt fois plus estimable que les nobliaux qui lui interdisaient leur manoir. Artevelde était hostile au comte de Flandre, donc à la France, et puissant parmi ses concitoyens ; c'était là l'important.

— Nous n'aimons pas Louis de Nevers qui n'est demeuré notre comte que parce qu'au mont Cassel le roi a massacré nos milices.

— J'y étais, dit Robert.

— Le comte ne vient parmi nous que pour nous demander l'argent qu'il dépense à Paris ; il ne comprend rien aux représentations et n'y veut rien comprendre ; il ne commande rien de son chef, et ne fait que transmettre les mauvaises ordonnances du roi de France. On vient de nous obliger à chasser les marchands anglais. Nous ne sommes point opposés, nous, aux marchands anglais, et nous nous moquons bien des différends que le roi trouvé peut avoir avec son cousin d'Angleterre au sujet de la croisade ou du trône d'Ecosse[27] ! A présent l'Angleterre, par représailles, nous menace de couper les livraisons de ses laines. Ce jour-là, nos foulons et tisserands, ici et dans toute la Flandre, n'auront plus qu'à briser leurs métiers et fermer leurs échoppes. Mais ce jour-là aussi, Monseigneur, ils reprendront leurs couteaux... et Hainaut, Brabant, Hollande, Zélande seront avec nous, car ces pays ne tiennent à la France que par les mariages de leurs princes, mais non par le cœur du peuple, ni par son ventre ; on ne règne pas longtemps sur des gens qu'on affame.

Robert écoutait Artevelde avec grande attention. Enfin un homme qui parlait clair, qui savait son sujet, et qui semblait appuyé sur une force véritable.

— Pourquoi, si vous devez vous révolter encore, dit Robert, ne pas vous allier franchement au roi d'Angleterre ? Et pourquoi ne pas prendre langue avec l'empereur d'Allemagne qui est ennemi du pape, donc ennemi de la France qui tient le pape dans sa main ? Vos milices sont courageuses, mais limitées à de petites actions parce qu'il leur manque des troupes à cheval. Faites-les soutenir d'un corps de chevaliers anglais, d'un corps de chevaliers allemands, et avancez-vous en France par la route d'Artois. Là, je gage de vous gagner encore plus de monde...

Il voyait déjà la coalition formée et lui-même chevauchant à la tête d'une armée.

— Croyez bien, Monseigneur, que j'y ai souvent pensé, répondit Artevelde, et qu'il serait aisé de parler avec le roi d'Angleterre, et même avec l'Empereur Louis de Bavière, si nos bourgeois y étaient prêts. Les hommes des communes haïssent le comte Louis, mais c'est néanmoins vers le roi de France qu'ils se tournent pour en obtenir justice. Ils ont fait serment au roi de France. Même quand ils prennent les armes contre lui, il demeure leur maître. En outre, et c'est là manœuvre habile de la part de la France, on a contraint nos villes à reconnaître qu'elles verseraient deux millions de florins au pape si elles se révoltaient contre leur suzerain, et ceci sous menace d'excommunication si nous ne payions pas. Les familles redoutent d'être privées de prêtres et de messes.

— C'est-à-dire qu'on a obligé le pape à vous menacer d'excommunication ou de ruine, afin que vos communes se tiennent tranquilles durant la croisade. Mais qui pourra vous forcer à payer, quand l'ost de France sera en Egypte ?

— Vous savez comment sont les petites gens, dit Artevelde ; ils ne connaissent leur force que lorsque le moment d'en user est passé.

Robert vida la grande chope de bière qui était devant lui ; il prenait goût à la bière, décidément. Il resta un moment silencieux, les yeux fixés sur la boiserie. La maison de Jakob Van Artevelde était belle et confortable ; les cuivres, les étains bien astiqués, les meubles de chêne y luisaient dans l'ombre.

— C'est donc l'allégeance au roi de France qui vous empêche de contracter des alliances et de reprendre les armes ?

— C'est cela même, dit Artevelde.

Robert avait l'imagination vive. Depuis trois ans et demi, il trompait sa faim de vengeance avec de petites pâtures, envoûtes, sortilèges, tueurs à gages qui n'arrivaient pas jusqu'aux victimes désignées. Soudain son espérance retrouvait d'autres dimensions ; une grande idée germait, enfin digne de lui.

— Et si le roi d'Angleterre devenait le roi de France ? demanda-t-il.

Artevelde regarda Robert d'Artois avec incrédulité, comme s'il doutait d'avoir bien entendu.

— Je vous dis, messire : si le roi d'Angleterre *était* le roi de France ? S'il revendiquait la couronne, s'il faisait établir ses droits, s'il prouvait que le royaume de France est sien, s'il se présentait comme votre suzerain légitime ?

— Monseigneur, c'est un songe que vous bâtissez là !

— Un songe ? s'écria Robert. Mais cette querelle-là n'a jamais été jugée, ni la cause perdue ! Quand mon cousin Valois a été porté au trône... quand je l'ai porté au trône, et vous voyez la grâce qu'il m'en garde !... les députés d'Angleterre sont venus faire valoir les droits de la reine Isabelle et de son fils Edouard. Il n'y a pas si longtemps ; il y a moins de sept ans. On ne les a pas entendus parce qu'on ne voulait pas les entendre, et que je les ai fait reconduire à leur vaisseau. Vous appelez Philippe *le roi trouvé* ; que n'en trouveriez-vous un autre ! Et que penseriez-vous si l'on reprenait maintenant l'affaire, et qu'on vînt dire à vos foulons, vos tisserands, vos marchands, vos communaux : « Votre comte ne tient pas ses droits de bonne main ; son hommage, il ne le devait point au roi de France. Votre suzerain, c'est celui de Londres ! »

Un songe, en vérité, mais qui séduisait Jakob Van Artevelde. La laine qui arrivait du nord-ouest par la mer, les étoffes, rudes ou précieuses, qui repartaient par le même chemin, le trafic des ports, tout incitait la Flandre à tourner ses regards vers le royaume anglais. Du côté de Paris rien ne venait, sinon des collecteurs d'impôts.

— Mais croyez-vous, Monseigneur, en bonne raison, qu'aucune personne au monde puisse être convaincue de ce que vous dites, et puisse consentir à pareille entreprise ?

— Une seule, messire, il suffit qu'une seule personne soit convaincue : le roi d'Angleterre lui-même.

Quelques jours plus tard, à Anvers, muni d'un passeport de marchand drapier, et suivi de Gillet de Nelle qui portait, pour la forme, quelques aunes d'étoffe, Monseigneur Robert d'Artois s'embarquait pour Londres.

2

Westminster Hall

A nouveau un roi était assis, couronne en tête, sceptre en main, entouré de ses pairs. A nouveau, prélats, comtes et barons étaient alignés de part et d'autre de son trône. A nouveau, clercs, docteurs, juristes, conseillers, dignitaires s'offraient à sa vue, en rangs pressés.

Mais ce n'étaient pas les lis de France qui semaient le manteau royal ; c'étaient les lions des Plantagenêts. Ce n'étaient point les voûtes du Palais de la Cité qui renvoyaient sur la foule l'écho de sa propre rumeur, mais l'admirable charpente de chêne, aux immenses arcs ajourés, du grand hall de Westminster. Et c'étaient six cents chevaliers anglais, venus de tous les comtés, et les squires et les shérifs des villes, qui constituaient, couvrant les larges dalles carrées, le Parlement d'Angleterre siégeant au complet.

Pourtant, c'était afin d'écouter une voix française que cette assemblée avait été convoquée.

Debout, drapé dans un manteau d'écarlate, à mi-hauteur des marches de pierre au fond du hall, et comme ourlé d'or par la lumière tombant derrière lui du gigantesque vitrail, le comte Robert d'Artois s'adressait aux délégués du peuple de Grande-Bretagne.

Car pendant les deux années écoulées depuis que Robert avait quitté les Flandres, la roue du destin avait accompli un bon quart de tour. Et d'abord le pape était mort.

Vers la fin de 1334, le petit vieillard exsangue qui, au cours d'un des plus longs règnes pontificaux, avait rendu à l'Eglise une administration forte et des finances prospères, était obligé, du fond de son lit, dans la chambre verte de son grand palais d'Avignon, de renoncer publiquement aux seules thèses que son esprit eût défendues avec conviction. Pour éviter le schisme dont l'Université de Paris le menaçait, pour obéir aux ordres de cette cour de France en faveur de laquelle il avait réglé tant d'affaires douteuses et gardé bouche close sur tant de secrets, il reniait ses écrits, ses prêches, ses encycliques. Maître Buridan[28] dictait ce qu'il convenait de penser en matière de dogme : l'enfer existait, plein d'âmes à rôtir, afin de mieux assurer aux princes de ce monde la dictature sur leurs sujets ; le paradis était ouvert, comme une bonne hôtellerie, aux chevaliers loyaux qui avaient bien massacré pour le compte de leur roi, aux prélats dociles qui avaient bien béni les croisades, et sans qu'il soit, à ces justes, besoin d'attendre le jugement dernier pour jouir de la vision béatifique de Dieu.

Jean XXII était-il encore conscient quand il signa ce reniement forcé ? Il mourait le lendemain. Il y eut d'assez méchants docteurs, sur la montagne Sainte-Geneviève, pour dire en se moquant :

— Il doit savoir à présent si l'enfer existe !

Alors le conclave s'était réuni, et dans un lacis d'embrouilles qui menaçait de rendre cette élection plus longue encore que les précédentes. La France, l'Angleterre, l'Empereur, le bouillant Bohême, l'érudit roi de Naples, Majorque, Aragon, et la noblesse romaine, et les Visconti de Milan, et les Républiques, toutes les puissances pesaient sur les cardinaux.

Afin de gagner du temps et de ne faire avancer si peu que ce soit aucune candidature, ceux-ci, une fois enfermés, s'étaient tous tenu le même raisonnement : « Je vais voter pour l'un d'entre nous qui n'a nulle chance d'être élu. »

L'inspiration divine a d'étranges détours ! Les cardinaux étaient si bien d'accord, in petto, sur celui qui avait les moindres chances, sur celui qui *ne pouvait pas* être pape, que tous les bulletins sortirent avec le même nom : celui de Jacques Fournier, le « cardinal blanc » comme on l'appelait, parce qu'il continuait de porter son habit de Cîteaux. Les cardinaux, le peuple quand on lui fit l'annonce, et l'élu lui-même se trouvèrent également stupéfaits. Le premier mot du nouveau pape fut pour déclarer à ses collègues que leur choix était tombé sur un âne.

C'était trop de modestie.

Benoît XII, l'élu par erreur, apparut bientôt comme un pape de paix. Il avait consacré ses premiers efforts à arrêter les luttes qui ensanglantaient l'Italie, et rétablir, si cela se pouvait, la concorde entre le Saint-Siège et l'Empire. Or, cela se pouvait. Louis de Bavière avait répondu très favorablement aux avances d'Avignon, et l'on s'apprêtait à poursuivre, quand Philippe de Valois était entré en fureur. Comment ! on se passait de lui, le premier monarque de la chrétienté, pour entamer des négociations si importantes ? Une influence autre que la sienne viendrait à s'exercer sur le Saint-Siège ? Son cher parent, le roi de Bohême, devrait renoncer à ses chevaleresques projets sur l'Italie ?

Philippe VI avait intimé l'ordre à Benoît XII de rappeler ses ambassadeurs, d'arrêter les pourparlers, et ceci sous menace de confisquer aux cardinaux tous leurs biens en France.

Puis, accompagné toujours du cher roi de Bohême, du roi de Navarre et d'une si nombreuse escorte de barons et de chevaliers qu'on eût dit déjà une armée, Philippe VI, au début de 1336, venait faire ses Pâques en Avignon. Il y avait donné rendez-vous au roi de Naples et au roi d'Aragon. C'était là manière de rappeler le nouveau pape à ses devoirs, et de l'amener à bien comprendre ce qu'on attendait de lui.

Or Benoît XII allait montrer, par un tour de sa façon, qu'il n'était pas absolument l'âne qu'il prétendait être, et qu'un roi, désireux d'entreprendre une croisade, avait quelque intérêt à se ménager l'amitié du pape.

Le Vendredi saint, Benoît montait en chaire pour prêcher la souffrance de Notre-Seigneur et recommander le voyage de la croix. Pouvait-il faire moins, quand quatre rois croisés et deux mille lances campaient autour de sa ville ? Mais le dimanche de Quasimodo, Philippe VI, parti vers les côtes de Provence inspecter sa grande flotte, eut la surprise de recevoir une belle lettre en latin qui le relevait de son vœu et de ses serments. Puisque l'état de guerre continuait de régner entre les nations chrétiennes, le Saint-Père refusait de laisser s'éloigner vers les terres infidèles les meilleurs défenseurs de l'Eglise.

La croisade des Valois s'arrêterait à Marseille.

En vain le roi chevalier l'avait-il pris de haut ; l'ancien cistercien l'avait pris de plus haut encore. Sa main qui bénissait pouvait aussi excommunier et l'on imaginait mal une croisade excommuniée au départ !

— Réglez, mon fils, vos différends avec l'Angleterre, vos difficultés avec les Flandres ; laissez-moi régler les difficultés avec l'Empereur ; apportez-moi la preuve que bonne paix, bien certaine et durable, va régner sur nos pays, et vous pourrez ensuite aller convertir les Infidèles aux vertus que vous aurez vous-même montrées.

Soit ! Puisque le pape le lui imposait, Philippe allait régler ses différends. Et avec l'Angleterre d'abord... en remettant le jeune Edouard dans ses obligations de vassal, et en lui enjoignant de livrer sans tarder ce félon de Robert d'Artois auquel il donnait asile. Les fausses grandes âmes, lorsqu'elles sont blessées, se cherchent ainsi de misérables revanches.

Quand l'ordre d'extradition, transmis par le sénéchal de Guyenne, était parvenu à Londres, Robert avait déjà pris pied solidement à la cour d'Angleterre. Sa force, ses manières, sa faconde lui avaient attiré de nombreuses amitiés ; le vieux Tors-Col chantait ses louanges. Le jeune roi avait grand besoin d'un homme d'expérience qui connût bien les affaires de France. Or, qui donc en était mieux instruit que le comte d'Artois ? Parce qu'il pouvait être utile, ses malheurs inspiraient la compassion.

— Sire, mon cousin, avait-il dit à Edouard III, si vous jugez que ma présence en votre royaume vous doive créer ou péril ou nuisance, livrez-moi à la haine de Philippe, le roi mal trouvé. Je n'aurai point à me plaindre de vous, qui m'avez fait si grande hospitalité ; je n'aurai à blâmer que moi-même pour ce que j'ai, contre le bon droit, donné le trône à ce méchant Philippe au lieu de le faire octroyer à vous-même que je ne connaissais pas assez.

Et cela était prononcé la main largement étalée sur le cœur, et le buste ployé.

Edouard III avait répondu calmement :

— Mon cousin, vous êtes mon hôte, et vous m'êtes fort précieux par vos conseils. En vous livrant au roi de France je serais l'ennemi de mon honneur autant que de mon intérêt. Et puis, vous êtes accueilli au royaume d'Angleterre et non pas en duché de Guyenne... Suzeraineté de France ici ne vaut pas.

La demande de Philippe VI fut laissée sans réponse.

Et jour après jour, Robert put poursuivre son œuvre de persuasion. Il versait le poison de la tentation dans l'oreille d'Edouard ou celle de ses conseillers. Il entrait en disant :

— Je salue le vrai roi de France...

Il ne manquait pas une occasion de démontrer que la loi salique n'avait été qu'une invention de circonstance et que les droits d'Edouard à la couronne de Hugues Capet étaient les mieux fondés.

A la seconde sommation qui lui fut faite de livrer Robert, Edouard III ne répondit autrement qu'en accordant à l'exilé la jouissance de trois châteaux et douze cents marcs de pension[29].

C'était le temps d'ailleurs où Edouard témoignait sa gratitude à tous ceux qui l'avaient bien servi, où il nommait son ami William Montaigu comte de Salisbury, et distribuait titres et rentes aux jeunes Lords qui l'avaient aidé dans l'affaire de Nottingham.

Une troisième fois, Philippe VI envoya son grand maître des arbalétriers signifier au sénéchal de Guyenne, pour le roi d'Angleterre, qu'on eût à rendre Robert d'Artois, ennemi mortel du royaume de France, faute de quoi, à quinzaine échue, le duché serait séquestré.

— J'attendais bien cela ! s'écria Robert. Ce grand niais de Philippe n'a d'autre idée que de répéter ce que j'inventai naguère, cher Sire Edouard, contre votre père ; donner un ordre qui offense le droit, puis séquestrer pour défaut d'exécution de cet ordre, et, par le séquestre imposer ou l'humiliation ou la guerre. Seulement, aujourd'hui, l'Angleterre a un roi qui véritablement règne, et la France n'a plus Robert d'Artois.

Il n'ajoutait pas : « Et naguère il y avait en France un exilé qui jouait tout juste le rôle que je joue ici, et c'était Mortimer ! »

Robert avait réussi au-delà de ses espérances ; il devenait la cause même du conflit qu'il rêvait de voir éclater ; sa personne revêtait une importance capitale ; et pour aborder ce conflit, il proposait sa doctrine : faire revendiquer par le roi d'Angleterre la couronne de France.

Voilà pourquoi ce jour de septembre 1337, sur les degrés de Westminster Hall, Robert d'Artois, manches déployées et pareil à un oiseau d'orage, devant les nervures du grand vitrail, s'adressait sur la demande du roi au Parlement britannique. Entraîné par trente ans de procédure, il parlait sans documents ni notes.

Ceux des délégués qui n'entendaient pas parfaitement le français prenaient de leurs voisins la traduction de certains passages.

A mesure que le comte d'Artois développait son discours, les silences se faisaient plus denses dans l'assemblée, ou bien les murmures plus intenses, quand quelque révélation frappait les esprits. Que de choses surprenantes ! Deux peuples vivent, séparés seulement par un étroit bras de mer ; les princes des deux cours se marient entre eux ; les barons d'ici ont des terres là-bas ; les marchands circulent d'une nation à l'autre... et l'on ne sait rien, au fond, de ce qui se passe chez le voisin !

Ainsi la règle : « France ne peut à femme être remise ni par femme transmise » n'était nullement tirée des anciennes coutumes ; c'était juste trouvaille d'humeur lancée par un vieux rabâcheur de connétable, lors de la succession, vingt ans plus tôt, d'un roi assassiné. Oui, Louis Dixième, le Hutin, avait été assassiné. Robert d'Artois le proclamait et nommait sa meurtrière.

— Je la connaissais bien, elle était ma tante, et m'a volé mon héritage !

L'histoire des crimes commis par les princes français, le récit des scandales de la cour capétienne, Robert s'en servait pour épicer son discours, et les députés au Parlement d'Angleterre en frémissaient d'indignation et d'effroi, comme s'ils tenaient pour rien les horreurs accomplies sur leur propre sol et par leurs propres princes.

Et Robert poursuivait sa démonstration, défendant les thèses exactement inverses à celles qu'il avait soutenues naguère en faveur de Philippe de Valois, et avec une égale conviction.

Donc, à la mort du roi Charles IV, dernier fils de Philippe le Bel, et si même on avait voulu tenir compte de la répugnance des barons français à voir femme régner, la couronne de France devait, en toute équité, revenir, à travers la reine Isabelle, au seul mâle de la lignée directe...

L'immense manteau rouge pivota devant les yeux des Anglais tout saisis ; Robert s'était tourné vers le roi. D'un coup il se laissa tomber, le genou sur la pierre.

— ... revenir à vous, noble Sire Edouard, roi d'Angleterre, en qui je reconnais et salue le véritable roi de France !

On n'avait pas ressenti émotion plus intense depuis le mariage d'York. On annonçait aux Anglais que leur souverain pouvait prétendre à un royaume plus grand du double, plus riche du triple ! C'était comme si la fortune de chacun, la dignité de chacun s'en trouvaient augmentées d'autant.

Mais Robert savait qu'il ne faut pas laisser s'épuiser l'enthousiasme des foules. Déjà il se relevait et rappelait qu'au moment de la succession de Charles IV, le roi Edouard avait envoyé, pour faire valoir ses droits, de hauts et respectés évêques, dont Monseigneur Adam Orleton qui aurait pu en témoigner de vive voix, s'il n'eût été présentement en Avignon, à ce même propos et pour obtenir l'appui du pape.

Et son propre rôle, à lui Robert, dans la désignation de Philippe de Valois, devait-il le passer sous silence ? Rien n'avait mieux servi le géant, tout au long de sa vie, que la fausse franchise. Ce jour-là il en usa encore.

Qui donc avait refusé d'entendre les docteurs anglais ? Qui avait repoussé leurs prétentions ? Qui les avait empêchés de faire valoir leurs raisons devant les barons de France ? Robert, de ses deux énormes poings, se frappa la poitrine :

— Moi, mes nobles Lords et squires, moi qui suis devant vous, qui, croyant agir pour le bien, et la paix, ai choisi l'injuste plutôt que le juste, et qui n'ai pas assez expié cette faute par tous les malheurs qui me sont advenus.

Sa voix, répercutée par les charpentes, roulait jusqu'au bout du Hall.

Pouvait-il apporter à sa thèse un argument plus probant ? Il s'accusait d'avoir fait élire Philippe VI contre le bon droit ; il plaidait coupable, mais présentait sa défense. Philippe de Valois, avant d'être roi, lui avait promis que toutes choses seraient remises en ordre équitable, qu'une paix définitive serait établie laissant au roi d'Angleterre la jouissance de toute la Guyenne, qu'en Flandre des libertés seraient consenties qui rendraient prospérité au commerce, et qu'à lui-même l'Artois serait restitué. Donc c'était dans un but de conciliation et pour le bonheur général que Robert avait agi de la sorte. Mais il était bien prouvé que l'on ne doit se fonder que sur le droit, et non sur les fallacieuses promesses des hommes, puisqu'au jour présent l'héritier d'Artois était un proscrit, la Flandre affamée, et la Guyenne menacée de séquestre !

Alors, si l'on devait aller à la guerre, que ce ne soit plus pour vaines querelles d'hommage lige ou non lige, de seigneuries réservées ou de définition des termes de vassalité ; que ce soit pour le vrai, le grand, l'unique motif : la possession de la couronne de France. Et du jour où le roi d'Angleterre l'aurait ceinte, alors il n'y aurait plus, ni en Guyenne ni en Flandre, de motif à la discorde. Les alliés ne manqueraient pas en Europe, princes et peuples tous ensemble.

Et si pour ce faire, pour servir cette grande aventure qui allait changer le sort des nations, le noble Sire Edouard avait besoin de sang, Robert d'Artois, tendant les bras hors de ses manches de velours, au roi, aux Lords, aux Communes, à l'Angleterre, offrait le sien.

3

Le défi de la tour de Nesle

Lorsque l'évêque Henry de Burghersh, trésorier d'Angleterre, escorté de William Montaigu, nouveau comte de Salisbury, de William Bohun, nouveau comte de Northampton, de Robert Ufford, nouveau comte de Suffolk, présenta le jour de la Toussaint, à Paris, les lettres de défi qu'Edouard III Plantagenet adressait à Philippe VI de Valois, celui-ci, pareil au roi de Jéricho devant Josué, commença par rire.

Avait-il bien entendu ? Le petit cousin Edouard le sommait de lui remettre la couronne de France ? Philippe regarda le roi de Navarre et le duc de Bourbon, ses parents. Il sortait de table en leur compagnie ; il était de belle humeur ; ses joues claires, son grand nez se teintèrent de rose et il se remit à pouffer.

Que cet évêque, noblement appuyé sur sa crosse, que ces trois seigneurs anglais, raides dans leurs cottes d'armes, fussent venus lui faire une annonce plus mesurée, le refus de leur maître, par exemple, de livrer Robert d'Artois, ou bien une protestation contre le décret de saisie de la Guyenne, Philippe sans doute se fût fâché. Mais sa couronne, son royaume tout entier ? Cette ambassade, en vérité, était bouffonne.

Mais oui, il entendait bien : la loi salique n'existait pas, son couronnement était irrégulier...

— Et que les pairs m'aient fait roi de leur volonté, que l'archevêque de Reims, voici neuf ans, m'ait sacré, cela non plus, messire évêque, n'existe pas ?

— Beaucoup de pairs et barons qui vous ont élu sont morts depuis, répondit Burghersh, et d'autres se demandent si ce qu'ils ont fait alors a été approuvé par Dieu !

Philippe, toujours secoué de rire, renversa la tête en arrière, découvrant les profondeurs de sa gorge.

Et quand le roi Edouard était venu lui rendre l'hommage à Amiens, ne l'avait-il pas reconnu pour roi ?

— Notre roi, alors, était mineur. L'hommage qu'il vous fit, et qui eût dû, pour avoir valeur, être consenti par le Conseil de régence, n'avait été décidé que sur l'ordre du traître Mortimer, lequel depuis a été pendu.

Ah bah ! il ne manquait pas d'aplomb, l'évêque, qui avait été fait chancelier par Mortimer, lui avait servi de premier conseiller, avait accompagné Edouard à Amiens et lu, lui-même, dans la cathédrale, la formule de l'hommage !

Que disait-il à présent de la même voix ? Que c'était à Philippe, en tant que comte de Valois, de rendre l'hommage à Edouard ! Car le roi d'Angleterre reconnaissait volontiers à son cousin de France le Valois, l'Anjou, le Maine, et même la pairie... Vraiment c'était trop de magnanimité !

Mais où se trouvait-on, Dieu du ciel, pour entendre pareilles énormités ?

On était à l'hôtel de Nesle, parce qu'entre deux séjours à Saint-Germain et à Vincennes le roi passait la journée en cette demeure donnée à son épouse. Car, tout ainsi que de moindres seigneurs disaient : « On se tiendra en la grand-salle », ou « dans la petite chambre aux perroquets », ou encore « on soupera dans la chambre verte », le roi décidait : « Ce jour, je dînerai au Palais de la Cité », ou bien « au Louvre », ou bien « chez mon fils le duc de Normandie, dans l'hôtel qui fut à Robert d'Artois ».

Ainsi les vieux murs de l'hôtel de Nesle, et la tour plus vieille encore qu'on apercevait par les fenêtres, étaient témoins de cette farce. Il semble que certains lieux soient désignés pour qu'y passe le drame des peuples sous un déguisement de comédie. En cette demeure où Marguerite de Bourgogne s'était si bien divertie à tromper le Hutin dans les bras du chevalier d'Aunay, sans pouvoir imaginer que cette joyeuseté changerait le cours de la monarchie française, le roi d'Angleterre faisait présenter son défi au roi de France, et le roi de France riait[30] !

Il riait si fort qu'il en était presque attendri ; car il reconnaissait, en cette folle ambassade, l'inspiration de Robert. Cette démarche ne pouvait être inventée que par lui. Décidément, le gaillard était fou. Il avait trouvé un autre roi, plus jeune, plus naïf, pour se prêter à ses gigantesques sottises. Mais où s'arrêterait-il ? Le défi de royaume à royaume ! Le remplacement d'un roi par un autre... Passé un certain degré d'aberration, on ne peut plus tenir rigueur aux gens des outrances qui sont en leur nature.

— Où logez-vous, Monseigneur évêque ? demanda Philippe VI courtoisement.

— A l'hôtel du Château Fétu, rue du Tiroir.

— Eh bien ! rentrez-y ; ébattez-vous quelques jours en notre bonne ville de Paris, et revenez nous voir, si vous le souhaitez, avec quelque offre plus sensée. En vérité, je ne vous en veux point ; et même, pour vous être chargé d'une pareille mission et l'accomplir sans rire, comme je vous le vois faire, je vous tiens pour le meilleur ambassadeur que j'aie jamais reçu...

Il ne savait pas si bien dire, car Henry de Burghersh avant d'arriver à Paris était passé par les Flandres. Il avait eu des conférences secrètes avec le comte de Hainaut, beau-père du roi d'Angleterre, avec le comte de Gueldre, avec le duc de Brabant, avec le marquis de Juliers, avec Jakob Van Artevelde et les échevins de Gand, d'Ypres et de Bruges. Il avait même déjà détaché une partie de sa suite vers l'empereur Louis de Bavière. Certaines paroles qui s'étaient dites, certains accords qui avaient été pris, Philippe VI les ignorait encore.

— Sire, je vous remets les lettres de défi.

— C'est cela, remettez, dit Philippe. Nous garderons ces bonnes feuilles pour les relire souvent, et chasser la tristesse si elle nous vient. Et puis l'on va vous servir à boire. Après tant parler, vous devez avoir le gosier sec.

Et il frappa des mains pour appeler un écuyer.

— A Dieu ne plaise, s'écria l'évêque Burghersh, que je devienne un traître et que je boive le vin d'un ennemi auquel, du fond du cœur, je suis résolu à faire tout le mal que je pourrai !

Alors Philippe de Valois se remit à rire aux éclats, et, sans plus s'inquiéter de l'ambassadeur ni des trois Lords, il prit le roi de Navarre par l'épaule et rentra dans les appartements.

4

Autour de Windsor

Autour de Windsor, la campagne est verte, largement vallonnée, amicale. Le château couronne moins la colline qu'il ne l'enveloppe, et ses rondes murailles font songer aux bras d'une géante endormie sur l'herbe.

Autour de Windsor, le paysage ressemble à celui de la Normandie, du côté d'Evreux, de Beaumont ou de Conches.

Robert d'Artois, ce matin-là, s'en allait à cheval, au pas. Sur son poing gauche, il portait un faucon muscadin dont les serres étaient enfoncées dans le cuir épais du gant. Un seul écuyer le devançait, du côté de la rivière.

Robert s'ennuyait. La guerre de France ne se décidait pas. On s'était contenté, vers la fin de l'année précédente, et comme pour confirmer par un acte belliqueux le défi de la tour de Nesle, de prendre une petite île appartenant au comte de Flandre, au large de Bruges et de l'Ecluse. Les Français, en retour, étaient venus brûler quelques bourgs côtiers du sud de l'Angleterre. Aussitôt, à cette guerre non débutée, le pape avait imposé une trêve, et des deux côtés on y avait consenti, pour d'étranges motifs.

Philippe VI, tout en ne parvenant pas à prendre au sérieux les prétentions d'Edouard à la couronne de France, avait toutefois été fort impressionné par un avis de son oncle, le roi Robert de Naples. Ce prince, érudit au point d'en devenir pédant, et l'un des deux seuls souverains du monde, avec un porphyrogénète byzantin, à jamais avoir mérité le surnom d'« Astrologue », venait de se pencher sur les cieux respectifs d'Edouard et de Philippe ; ce qu'il y avait lu l'avait assez frappé pour qu'il prît la peine d'écrire au roi de France « d'éviter de se combattre jamais au roi anglais, pour ce que celui-ci serait trop fortuné en toutes les besognes qu'il entreprendrait ». Pareilles prédictions vous nouent un peu l'âme, et, si grand tournoyeur qu'on soit, on hésite avant de rompre des lances contre les étoiles.

Edouard III, de son côté, semblait un peu effrayé de sa propre audace. L'aventure dans laquelle il s'était lancé pouvait paraître, à bien des égards, démesurée. Il craignait que son armée ne fût pas assez nombreuse ni suffisamment entraînée ; il dépêchait vers les Flandres et l'Allemagne ambassade sur ambassade afin de renforcer sa coalition. Henry Tors-Col, quasi aveugle maintenant, l'exhortait à la prudence, tout au contraire de Robert d'Artois qui poussait à l'action immédiate. Qu'attendait donc Edouard pour se mettre en campagne ? Que les princes flamands qu'on était parvenu à rallier fussent morts ? Que Jean de Hainaut, exilé à présent de la cour de France après y avoir été si fort en faveur, et qui vivait de nouveau à celle d'Angleterre, n'eût plus le bras assez fort pour soulever son épée ? Que les foulons de Gand et de Bruges fussent lassés et vissent moins d'avantages aux promesses non tenues du roi d'Angleterre qu'à l'obéissance au roi de France ?... Edouard souhaitait recevoir des assurances de l'Empereur ; mais l'Empereur n'allait pas risquer d'être excommunié une seconde fois avant que les troupes anglaises aient pris pied sur le Continent ! On parlait, on parlementait, on piétinait ; on manquait de courage, il fallait dire le mot.

Robert d'Artois avait-il à se plaindre ? En apparence, nullement. Il était pourvu de châteaux et pensions, dînait auprès du roi, buvait auprès du roi, recevait tous les égards souhaitables. Mais il était las de dépenser ses efforts, depuis trois ans, pour des gens qui ne voulaient point courir de risques, pour un jeune homme à qui il tendait une couronne, quelle couronne ! et qui ne s'en saisissait point. Et puis il se sentait seul. Son exil, même doré, lui pesait. Qu'avait-il à dire à la jeune reine Philippa, sinon lui parler de son grand-père Charles de Valois, de sa grand-mère d'Anjou-Sicile ? Par moments, il prenait le sentiment d'être lui-même un ancêtre.

Il aurait aimé voir la reine Isabelle, la seule personne en Angleterre avec laquelle il eût vraiment des souvenirs communs. Mais la reine mère n'apparaissait plus à la cour ; elle vivait à Castle-Rising, dans le Norfolk, où son fils allait, de loin en loin, la visiter. Depuis l'exécution de Mortimer elle n'avait plus d'intérêt à rien[31]...

Robert connaissait les nostalgies de l'émigré. Il pensait à Madame de Beaumont ; quel visage aurait-elle, au sortir de tant d'années de réclusion, quand il la retrouverait, si jamais ils devaient être réunis ? Reconnaîtrait-il ses fils ? Reverrait-il jamais son hôtel de Paris, son hôtel de Conches, reverrait-il la France ? Du train qu'allait cette guerre qu'il s'était donné tant de mal à créer, il lui faudrait attendre d'être centenaire avant d'avoir quelque chance de revenir en sa patrie !

Alors, ce matin-là, mécontent, irrité, il était parti chasser seul, pour occuper le temps et pour oublier. Mais l'herbe, souple sous les pieds du cheval, l'épaisse herbe anglaise, était encore plus touffue et plus gorgée d'eau que l'herbe du pays d'Ouche. Le ciel avait une teinte bleu pâle, avec de petits nuages déchiquetés et volant très haut ; la brise de mai caressait les haies d'aubépine fleurie et les pommiers blancs, pareils aux pommiers et aux aubépines de Normandie.

Robert d'Artois allait avoir bientôt cinquante ans, et qu'avait-il fait de sa vie ? Il avait bu, mangé, paillardé, chassé, voyagé, besogné pour lui-même et pour les Etats, tournoyé, plaidé plus qu'aucun homme en son temps. Nulle existence n'avait connu plus de vicissitudes, de tumulte et de tribulations. Mais jamais il n'avait profité du présent. Jamais il ne s'était vraiment arrêté à ce qu'il faisait, pour savourer l'instant. Son esprit constamment avait été tourné vers le lendemain, vers l'avenir. Son vin trop longtemps avait été dénaturé par le désir de le boire en Artois ; au lit de ses amours, c'était la défaite de Mahaut qui avait occupé ses pensées ; au plus joyeux tournoi, le soin de ses alliances lui faisait surveiller ses élans. Durant son errance de banni, le brouet de ses haltes, la bière de ses repos, avaient toujours été mêlés d'une âcre saveur de rancune et de haine. Et aujourd'hui encore, à quoi pensait-il ? A demain, à plus tard. Une impatience rageuse l'empêchait de profiter de cette belle matinée, de ce bel horizon, de cet air doux à respirer, de cet oiseau tout à la fois sauvage et docile dont il sentait l'étreinte sur son poing... Etait-ce cela qu'on appelait vivre, et de cinquante ans passés sur la terre ne restait-il que cette cendre d'espérances ?

Il fut tiré de ses songes amers par les cris de son écuyer posté en avant, sur une éminence.

— Au vol, au vol ! Oiseau, Monseigneur, oiseau !

Robert se dressa sur sa selle, plissa les paupières. Le faucon muscadin, la tête enfermée dans un capuchon de cuir dont seul le bec dépassait, avait frémi sur le poing ; lui aussi connaissait la voix. Il y eut un bruit de roseaux froissés et puis un héron s'éleva des bords de la rivière.

— Au vol, au vol ! continuait de crier l'écuyer.

Le grand oiseau, volant à faible hauteur, glissait contre le vent et venait en direction de Robert. Celui-ci le laissa passer, et quand l'oiseau eut pris environ trois cents pieds d'éloignement, alors il libéra le faucon de son capuchon, et d'un large geste le lança en l'air.

Le faucon décrivit trois cercles autour de la tête de son maître, descendit, rasa le sol, aperçut la proie qu'on lui destinait, et fila droit comme trait d'arbalète. Se voyant poursuivi, le héron allongea le cou pour dégorger les poissons qu'il venait d'avaler dans la rivière, et s'alléger d'autant. Mais le muscadin se rapprochait ; il montait d'essor, en tournoyant comme s'il suivait une spirale. L'autre, à grands coups d'ailes, s'élevait vers le ciel pour éviter que le rapace ne le coiffât. Il montait, montait, diminuait au regard, mais perdait de la distance, parce qu'il avait été levé contre le vent et se trouvait ralenti par sa propre envergure. Il dut rebrousser chemin ; le faucon accomplit un nouveau tourbillon dans les airs et s'abattit sur lui. Le héron avait fait un écart de côté, et les serres ne purent assurer leur prise. Etourdi néanmoins par le choc, l'échassier tomba de cinquante pieds, comme une pierre, et puis se remit à fuir. Le faucon fondait à nouveau sur lui.

Robert et son écuyer suivaient, tête levée, cette bataille où l'agilité l'emportait sur le poids, la vitesse sur la force, la méchanceté belliqueuse sur les instincts pacifiques.

— Vois donc ce héron, criait Robert avec passion ; c'est vraiment le plus lâche oiseau qui soit ! Il est large quatre fois comme mon petit émouchet ; il pourrait l'assommer d'un seul coup de son long bec ; et il fuit, le couard, il fuit ! Va, mon petit vaillant, cogne ! Ah ! le brave petit oiseau ! Voilà ! Voilà ! l'autre cède ; il est pris !

Il mit son cheval au galop pour gagner l'endroit où les oiseaux allaient s'abattre. Le héron avait le cou étreint dans les serres du faucon ; il devait étouffer ; ses vastes ailes ne battaient plus que faiblement et, dans sa chute, il entraînait son vainqueur. A quelques pieds du sol, l'oiseau de proie ouvrit les serres pour laisser sa victime choir seule, et puis se rejeter sur elle et l'achever à coups de bec dans les yeux et la tête. Robert et son écuyer étaient déjà là.

— Au leurre, au leurre ! dit Robert.

L'écuyer décrocha de sa selle un pigeon mort et le jeta au faucon, pour le « leurrer ». Demi-leurre, en vérité ; un faucon bien dressé devait savoir se contenter de cette récompense sans toucher à la proie. Et le vaillant petit muscadin, la face maculée de sang, dévora le pigeon mort, tout en gardant une patte posée sur le héron. Du ciel descendaient lentement quelques plumes grises arrachées pendant le combat.

L'écuyer mit pied à terre, ramassa l'échassier et le présenta à Robert : un héron superbe et qui, ainsi élevé à bout de bras, avait des pattes au bec presque la longueur d'un homme.

— C'est vraiment trop lâche oiseau ! répéta Robert. Il n'y a presque point de plaisir à le prendre. Ces hérons sont des braillards qui s'effraient de leur ombre et se mettent à crier quand ils la voient. On devrait laisser ce gibier-là aux vilains.

Le faucon repu, et obéissant au sifflet, était venu se reposer sur le poing de Robert ; celui-ci le recoiffa de son capuchon. Puis on reprit au petit trot la direction du château.

Soudain, l'écuyer entendit Robert d'Artois rire tout seul d'un éclat bref, sonore, que rien apparemment ne motivait, et qui fit broncher les chevaux.

Comme ils rentraient à Windsor, l'écuyer demanda :

— Que dois-je faire du héron, Monseigneur ?

Robert leva les yeux vers la bannière royale qui flottait sur le donjon de Windsor, et son visage prit une expression moqueuse et méchante.

— Prends-le et accompagne-moi aux cuisines, répondit-il. Et puis tu iras quérir un ménestrel ou deux parmi ceux qui sont au château.

5

Les vœux du héron

Le repas en était au quatrième des six services, et la place du comte d'Artois, à la gauche de la reine Philippa, demeurait vide.

— Notre cousin Robert n'est-il donc point rentré ? demanda Edouard III qui s'était déjà, en s'asseyant à table, étonné de cette absence.

Un des nombreux écuyers tranchants qui circulaient derrière les convives répondit qu'on avait aperçu le comte Robert, retour de la chasse, voici près de deux heures. Que signifiait pareil manquement ? Si même Robert était las, ou malade, il eût pu envoyer un de ses serviteurs pour porter au roi son excuse.

— Robert se conduit à votre cour, Sire mon neveu, tout juste comme il le ferait en auberge. Venant de lui d'ailleurs, ceci n'a rien pour surprendre, dit Jean de Hainaut, l'oncle de la reine Philippa.

Jean de Hainaut, qui se piquait d'être maître en chevalerie courtoise, n'aimait guère Robert, dans lequel il voyait toujours le parjure, banni de la cour de France pour falsification de sceaux ; et il blâmait Edouard III de lui accorder si grande créance. Et puis Jean de Hainaut naguère avait été épris de la reine Isabelle, comme Robert, et sans plus de succès ; mais il était blessé de la manière gaillarde dont Robert parlait en privé de la reine mère.

Edouard, sans répondre, garda ses longs cils baissés, le temps que s'apaisât l'irritation qu'il éprouvait. Il se retenait d'un mouvement d'humeur qui eût pu faire dire ensuite : « Le roi a parlé sans savoir ; le roi a prononcé des mots injustes. » Puis il releva son regard vers la comtesse de Salisbury qui était certes la dame la plus attirante de toute la cour.

Grande, avec de belles tresses noires, un visage ovale au teint uni et pâle, et des yeux prolongés d'une ombre mauve au creux des paupières, la comtesse de Salisbury donnait toujours l'impression de rêver. Ces femmes-là sont dangereuses car, sous leur apparence de songe, elles pensent. Les yeux cernés de mauve rencontraient souvent les yeux du roi.

William Montaigu, comte de Salisbury, ne prêtait guère attention à cet échange de regards, d'abord parce qu'il tenait la vertu de sa femme pour aussi certaine que la loyauté du roi, son ami, et aussi parce qu'il était lui-même en ce moment captivé par les rires, la vivacité de parole, le pépiement d'oiseau de la fille du comte de Derby, sa voisine. Les honneurs pleuvaient sur Salisbury ; il venait d'être fait gardien des Cinq-Ports et maréchal d'Angleterre.

Mais la reine Philippa, elle, était inquiète. Une femme se sent toujours inquiète lorsqu'elle voit durant qu'elle est enceinte les yeux de son époux se tourner trop souvent vers un autre visage. Or Philippa était prégnante à nouveau et elle ne recevait pas d'Edouard toutes les marques de gratitude, d'émerveillement, qu'il lui avait prodiguées pendant sa première maternité.

Edouard avait vingt-cinq ans ; il avait laissé pousser depuis quelques semaines une légère barbe blonde qui n'encadrait que le menton. Etait-ce pour plaire à la comtesse de Salisbury ? Ou bien pour donner plus d'autorité à son visage qui restait celui d'un adolescent ? Avec cette barbe, le jeune roi se mettait à ressembler un peu à son père ; le Plantagenet semblait vouloir se manifester en lui, et lutter avec le Capétien. L'homme, simplement à vivre, se dégrade, et perd en pureté ce qu'il gagne en puissance. Une source, si transparente soit-elle, ne peut éviter de charrier, lorsqu'elle devient fleuve, les boues et les limons. Madame Philippa avait des raisons d'être inquiète...

Soudain des accents de vielle tournée et de luth pincé résonnèrent, aigrelets, derrière la porte dont les vantaux s'ouvrirent. Deux petites chambrières âgées au plus de quatorze ans parurent, couronnées de feuillages, en longues chemises blanches, et jetant devant elles des fleurs d'iris, de marguerites et d'églantines qu'elles sortaient d'une panière. En même temps, elles chantaient : « *Je vais à la verdure car l'amour me l'apprend.* » Deux ménestrels suivaient, les accompagnant de leurs instruments. Robert d'Artois marchait derrière eux, dépassant à mi-corps le petit orchestre, et soulevant à deux bras son héron rôti sur un large plat d'argent.

Toute la cour se mit à sourire, puis à rire, de cette entrée de farce. Robert d'Artois jouait les écuyers tranchants. On ne pouvait inventer manière plus gentille et plus gaie de se faire pardonner un retard.

Les valets avaient interrompu leur service et, le couteau ou l'aiguière en main, ils s'apprêtaient à se former en cortège pour prendre part au jeu.

Mais soudain la voix du géant s'éleva, couvrant chanson, luth et vielle :

— Ouvrez vos rangs, mauvaises gens faillis ! C'est à votre roi que je viens faire présent.

On riait toujours. Ce « mauvaises gens faillis » semblait une joyeuse trouvaille. Robert s'était arrêté auprès d'Edouard III et, esquissant un fléchissement de genou, lui présentait le plat.

— Sire, s'écria-t-il, j'ai là un héron que mon faucon a pris. C'est le plus lâche oiseau qui soit de par le monde, car il fuit devant tous les autres. Les gens de votre pays, à mon avis, devraient s'y vouer, et je le verrais figurer aux armes d'Angleterre mieux que je n'y vois les lions. C'est à vous, roi Edouard, que j'en veux faire l'offrande car il revient de droit au plus lâche et plus couard prince de ce monde, qu'on a déshérité du royaume de France, et auquel le cœur manque pour conquérir ce qui lui appartient.

On s'était tu. Un silence, angoissé chez certains, indigné chez les autres, avait remplacé les rires. L'insulte était indubitable. Déjà Salisbury, Suffolk, Guillaume de Mauny, Jean de Hainaut, à demi levés de leurs sièges, attendaient, pour se jeter sur le comte d'Artois, un geste du roi. Robert ne semblait pas ivre. Etait-il fou ? Certes il fallait qu'il le fût car jamais on n'avait ouï que personne en aucune cour, et à plus forte raison pour un étranger banni de son pays natal, eût agi de pareille façon.

Les joues du jeune roi s'étaient empourprées. Edouard regardait Robert droit dans les yeux. Allait-il le chasser de la salle, le chasser de son royaume ?

Edouard prenait toujours quelques secondes avant de parler, sachant que chaque parole de roi compte, ne fût-ce que lorsqu'il dit « Bonne nuit » à son écuyer. Clore par force une bouche ne supprime pas l'outrage qu'elle a proféré. Edouard était sage, et il était honnête. On ne montre pas son courage en ôtant, par colère, à un parent qu'on a recueilli, et qui vous sert, les bienfaits qu'on lui a octroyés ; on ne montre pas son courage en faisant jeter en prison un homme seul parce qu'il vient de vous accuser de faiblesse. On montre son courage en prouvant que l'accusation est fausse. Il se leva.

— Puisqu'on me traite de couard, face aux dames et à mes barons, il vaut mieux que je dise là-dessus mon avis ; et pour vous assurer, mon cousin, que vous m'avez mal jugé, et que ce n'est point lâcheté qui me retient encore, je vous fais vœu qu'avant l'année achevée, j'aurai passé l'eau afin de défier le roi qui se prétend de France, et me combattre à lui, vînt-il à moi un contre dix. Je vous sais gré de ce héron, que vous avez pris pour moi, et que j'accepte avec grand merci.

Les convives restaient muets ; mais leurs sentiments avaient changé de nature et de dimension. Les poitrines s'élargissaient comme si chacun eût besoin d'aspirer plus d'air. Une cuiller qui tomba rendit dans ce silence un tintement exagéré. Robert avait dans les prunelles une lueur de triomphe. Il s'inclina et dit :

— Sire, mon jeune et vaillant cousin, je n'attendais pas de vous une autre réponse. Votre noble cœur a parlé. J'en ai une grande joie pour votre gloire ; et pour moi, sire Edouard, j'en tire grande espérance, car ainsi je pourrai revoir mon épouse et mes enfants. Par Dieu qui nous entend, je vous fais un vœu de partout vous précéder en bataille, et prie que vie assez longue me soit accordée pour vous servir assez et assez me venger.

Puis, s'adressant à la tablée entière :

— Mes nobles Lords, chacun de vous n'aura-t-il pas à cœur de faire vœu comme le roi votre Sire bien-aimé l'a fait ?

Toujours portant le héron rôti, aux ailes et au croupion duquel le cuisinier avait replanté quelques-unes de ses plumes, Robert avança vers Salisbury :

— Noble Montaigu, à vous le premier je m'adresse !

— Comte Robert, tout à votre désir, dit Salisbury qui quelques instants plus tôt était prêt à se lancer sur lui.

Et se levant, il prononça :

— Puisque le roi notre Sire a désigné son ennemi, je choisis le mien ; et comme je suis maréchal d'Angleterre, je fais vœu de n'avoir repos gagné que lorsque j'aurai défait en bataille le maréchal de Philippe le faux roi de France.

Gagnée par l'enthousiasme, la table l'applaudit.

— Moi aussi, je veux faire vœu, s'écria en battant des mains la demoiselle de Derby. Pourquoi les dames n'auraient-elles pas droit de vouer ?

— Mais elles le peuvent, gente comtesse, lui répondit Robert, et à grand avantage ; les hommes n'en tiendront que mieux leur foi. Allez, pucelettes, ajouta-t-il pour les deux fillettes couronnées, remettez-vous à chanter en l'honneur de la dame qui veut vouer.

Ménestrels et pucelettes reprirent : « *Je vais à la verdure car l'amour me l'apprend.* » Puis devant le plat d'argent où le héron se figeait dans sa sauce, la demoiselle de Derby dit, d'une voix aigrelette :

— Je voue et promets à Dieu de Paradis que je n'aurai mari, qu'il soit prince, comte ou baron, avant que le vœu que vient de faire le noble Lord de Salisbury soit accompli. Et quand il reviendra, s'il en échappe vif, le mien corps lui octroie, et de bon cœur.

Ce vœu causa quelque surprise, et Salisbury rougit.

Les belles nattes noires de la comtesse de Salisbury n'eurent pas un mouvement ; ses lèvres simplement se pincèrent d'une légère ironie et ses yeux aux ombres mauves cherchèrent à accrocher le regard du roi Edouard, comme pour lui faire comprendre : « Nous n'avons point trop à nous gêner. »

Robert s'arrêta ainsi devant chaque convive, faisant donner quelques tours de vielle et chanter les fillettes pour laisser à chacun le temps de préparer son vœu et choisir son ennemi. Le comte de Derby, père de la demoiselle qui avait fait une déclaration si osée, promit de défier le comte de Flandre ; le nouveau comte de Suffolk désigna le roi de Bohême. Le jeune Gautier de Mauny, tout bouillant d'avoir été récemment armé chevalier, impressionna vivement l'assemblée en promettant de réduire en cendres toutes les villes, autour du Hainaut, qui appartenaient à Philippe de Valois, dût-il, jusqu'à ce faire, ne plus voir la lumière que d'un œil.

— Eh bien ! qu'il en soit ainsi, dit la comtesse de Salisbury, sa voisine, en lui posant deux doigts sur l'œil droit. Et quand votre promesse sera accomplie, alors mon amour soit à qui plus m'aime ; c'est là mon vœu.

En même temps elle regardait le roi. Mais le naïf Gautier, qui croyait cette promesse à lui destinée, garda la paupière fermée après que la dame en eut ôté les doigts. Puis, sortant son mouchoir qui était rouge, il se le noua en travers du front pour tenir l'œil couvert.

Le moment de pure grandeur était passé. Quelques rires se mêlaient déjà à cette compétition de bravoure orale. Le héron était arrivé devant messire Jean de Hainaut, lequel avait bien espéré que la provocation tournerait autrement pour son auteur. Il n'aimait pas à recevoir des leçons d'honneur, et son visage poupin cachait mal son dépit.

— Lorsque nous sommes en taverne, et force vin buvant, dit-il à Robert, les vœux nous coûtent peu pour nous faire regarder des dames. Nous n'avons alors parmi nous que des Olivier, des Roland et des Lancelot. Mais quand nous sommes en campagne sur nos destriers courants, nos écus au col, nos lances abaissées, et qu'une grande froidure nous glace à l'approche de l'ennemi, alors combien de fanfarons aimeraient mieux être dans les caves ! Le roi de Bohême, le comte de Flandre et Bertrand le maréchal sont aussi bons chevaliers que nous, cousin Robert, vous le savez bien ; car bannis que nous soyons l'un et l'autre de la cour de France, mais pour raisons diverses, nous les avons assez connus ; leurs rançons ne nous sont pas encore acquises ! Pour ma part je fais vœu simplement que si notre roi Edouard veut passer par le Hainaut, je serai auprès de lui pour toujours soutenir sa cause. Et ce sera la troisième guerre où je le servirai.

Robert venait maintenant vers la reine Philippa. Il mit un genou en terre. La ronde Philippa tourna vers Edouard son visage taché de son.

— Je ne puis faire vœu, dit-elle, sans l'autorisation de mon seigneur.

Elle donnait par là une calme leçon aux dames de sa cour.

— Vouez tout ce qu'il vous plaira, ma mie, vouez ardemment ; je ratifie d'avance, et que Dieu vous aide ! dit le roi.

— Si donc, mon doux Sire, je puis vouer ce qui me plaît, reprit Philippa, puisque je suis grosse d'enfant et que même le sens remuer, je voue qu'il ne sortira de mon corps que vous ne m'ayez menée outremer pour accomplir votre vœu...

Sa voix tremblait légèrement, comme au jour de ses noces.

— ... mais s'il advenait, ajouta-t-elle, que vous me laissiez ici, et partiez outre-mer avec d'autres, alors je m'occirais d'un grand couteau d'acier pour perdre à la fois et mon âme et mon fruit !

Ceci fut prononcé sans emphase, mais bien clairement pour que chacun en fût averti. On évitait de regarder la comtesse de Salisbury. Le roi baissa ses longs cils, prit la main de la reine, la porta à ses lèvres et dit dans le silence, pour rompre le malaise :

— Ma mie, vous nous donnez à tous leçon de devoir. Après vous, personne ne vouera.

Puis à Robert :

— Mon cousin d'Artois, prenez votre place auprès de Madame la reine.

Un écuyer partagea le héron dont la chair était dure pour avoir été cuite trop fraîche, et froide d'avoir si longtemps attendu. Chacun néanmoins en mangea une bouchée. Robert trouva à sa chasse une exquise saveur : la guerre, ce jour-là, était vraiment commencée.

6

Les murs de Vannes

Et les vœux prononcés à Windsor furent tenus.

Le 16 juillet de la même année 1338, Edouard III prenait la mer à Yarmouth, avec une flotte de quatre cents vaisseaux. Le lendemain il débarquait à Anvers. La reine Philippa était du voyage, et de nombreux chevaliers, pour imiter Gautier de Mauny, avaient l'œil droit caché par un losange de drap rouge.

Ce n'était pas encore le temps des batailles, mais celui des entrevues. A Coblence, le 5 septembre, Edouard rencontrait l'empereur d'Allemagne.

Pour cette cérémonie, Louis de Bavière s'était composé un étrange costume, moitié empereur, moitié pape, dalmatique de pontife sur tunique de roi, et couronne à fleurons scintillant autour d'une tiare. D'une main il tenait le sceptre, de l'autre le globe surmonté de la croix. Ainsi s'affirmait-il comme le suzerain de la chrétienté entière.

Du haut de son trône, il prononça la forfaiture de Philippe VI, reconnut Edouard comme roi de France et lui remit la verge d'or qui le désignait comme vicaire impérial. C'était là encore une idée de Robert d'Artois qui s'était rappelé comment Charles de Valois, avant chacune de ses expéditions personnelles, prenait soin de se faire proclamer vicaire pontifical. Louis de Bavière jura de défendre, pendant sept ans, les droits d'Edouard, et tous les princes allemands venus avec l'Empereur confirmèrent ce serment.

Cependant Jakob Van Artevelde continuait d'appeler à la révolte les populations du comté de Flandre, d'où Louis de Nevers s'était enfui, définitivement. Edouard III alla de ville en ville, tenant de grandes assemblées où il se faisait reconnaître roi de France. Il promettait de rattacher à la Flandre Douai, Lille, l'Artois même, afin de constituer, de tous ces territoires aux intérêts communs, une seule nation. L'Artois étant cité dans le grand projet, on devinait bien qui l'avait inspiré et en serait, sous tutelle anglaise, le bénéficiaire.

En même temps, Edouard décidait d'augmenter les privilèges commerciaux des cités ; au lieu de réclamer des subsides, il accordait des subventions, et il scellait ses promesses d'un sceau où les armes d'Angleterre et de France étaient conjointement gravées.

A Anvers, la reine Philippa donna le jour à son second fils, Lionel.

Le pape Benoît XII multipliait vainement en Avignon ses efforts de paix. Il avait interdit la croisade pour empêcher la guerre franco-anglaise, et celle-ci maintenant n'était que trop certaine.

Déjà, entre avant-gardes anglaises et garnisons françaises, se produisaient de grosses escarmouches, en Vermandois et en Thiérache, auxquelles Philippe VI ripostait en envoyant des détachements en Guyenne et d'autres jusqu'en Ecosse pour y fomenter la rébellion au nom du petit David Bruce.

Edouard III faisait la navette entre la Flandre et Londres, engageant aux banques italiennes les joyaux de sa couronne afin de subvenir à l'entretien de ses troupes comme aux exigences de ses nouveaux vassaux.

Philippe VI, ayant levé l'ost, prit l'oriflamme à Saint-Denis et s'avança jusqu'au-delà de Saint-Quentin, puis, à une journée seulement d'atteindre les Anglais, il fit faire demi-tour à toute son armée et alla reporter l'oriflamme sur l'autel de Saint-Denis. Quelle pouvait être la raison de cette étrange dérobade de la part du roi tournoyeur ? Chacun se le demandait. Philippe trouvait-il le temps trop mouillé pour engager le combat ? Ou bien les prédictions funestes de son oncle Robert l'Astrologue lui étaient-elles soudain revenues en tête ? Il déclarait s'être décidé pour un autre projet. L'angoisse, en une nuit, lui avait fait échafauder un autre plan. Il allait conquérir le royaume d'Angleterre. Ce ne serait point la première fois que les Français y prendraient pied ; un duc de Normandie, trois siècles plus tôt, n'avait-il pas conquis la Bretagne Grande ?... Eh bien ! lui, Philippe, paraîtrait sur ces mêmes rivages d'Hastings ; un duc de Normandie, son fils, serait à ses côtés ! Chacun des deux rois ambitionnait donc de conquérir le royaume de l'autre.

Mais l'entreprise exigeait d'abord la maîtrise de la mer. Edouard ayant la plus grande partie de son armée sur le Continent, Philippe résolut de le couper de ses bases, pour l'empêcher de ravitailler ses troupes ou de les renforcer. Il allait détruire la marine anglaise.

Le 22 juin 1340, devant l'Ecluse, dans le large estuaire qui sépare la Flandre de la Zélande, deux cents navires s'avançaient, parés des plus jolis noms, la flamme de France flottant à leur grand mât : *La Pèlerine, la Nef-Dieu, la Miquolette, l'Amoureuse, la Faraude, la Sainte-Marie-Porte-Joye...* Ces vaisseaux étaient montés par vingt mille marins et soldats, complétés de tout un corps d'arbalétriers ; mais on ne comptait guère, parmi eux, plus de cent cinquante gentilshommes. La chevalerie française n'aimait pas la mer.

Le capitaine Barbavera, qui commandait aux cinquante galères génoises louées par le roi de France, dit à l'amiral Béhuchet :

— Monseigneur, voici le roi d'Angleterre et sa flotte qui viennent sur nous. Prenez la pleine mer avec tous vos navires, car si vous restez ici, enfermés comme vous l'êtes dans les grandes digues, les Anglais, qui ont pour eux le vent, le soleil et la marée, vous serreront tant que vous ne saurez vous aider.

On aurait pu l'écouter ; il avait trente ans d'expérience navale et, l'année précédente, pour le compte de la France, avait audacieusement brûlé et pillé Southampton. L'amiral Béhuchet, ancien maître des eaux et forêts royales, lui répondit fièrement :

— Honni soit qui s'en ira d'ici !

Il fit ranger ses bâtiments sur trois lignes : d'abord les marins de la Seine, puis les Picards et les Dieppois, enfin les gens de Caen et du Cotentin ; il ordonna de lier les navires entre eux par des câbles, et y disposa les hommes comme sur des châteaux forts.

Le roi Edouard, parti l'avant-veille de Londres, commandait une flotte sensiblement égale. Il ne possédait pas plus de combattants que les Français n'en avaient ; mais sur les vaisseaux il avait réparti deux mille gentilshommes parmi lesquels Robert d'Artois, malgré le grand dégoût que celui-ci avait de naviguer.

Dans cette flotte se trouvait également, gardée par huit cents soldats, toute une nef de dames d'honneur pour le service de la reine Philippa.

Au soir, la France avait dit adieu à la domination des mers.

On ne s'était même pas aperçu de la chute du jour tant les incendies des vaisseaux français fournissaient de lumière.

Pêcheurs normands, picards, et marins de la Seine s'étaient fait mettre en pièces par les archers d'Angleterre et par les Flamands venus à la rescousse sur leurs barques plates, du fond de l'estuaire, pour prendre à revers les châteaux forts à voile. Ce n'étaient que craquements de mâtures, cliquetis d'armes, hurlements d'égorgés. On se battait au glaive et à la hache parmi un champ d'épaves. Les survivants, qui cherchaient à échapper à la fin du massacre, plongeaient entre les cadavres, et l'on ne savait plus si l'on nageait dans l'eau ou dans le sang. Des centaines de mains coupées flottaient sur la mer.

Le corps de l'amiral Béhuchet pendait à la vergue du navire d'Edouard. Depuis de longues heures, Barbavera avait pris le large avec ses galères génoises.

Les Anglais étaient meurtris mais triomphants. Leur plus grand désastre : la perte de la nef des dames, coulée au milieu de cris affreux. Des robes dérivaient parmi le grand charnier marin, comme des oiseaux morts.

Le jeune roi Edouard avait été blessé à la cuisse et le sang ruisselait sur sa botte de cuir blanc ; mais les combats désormais se passeraient sur la terre de France.

Edouard III envoya aussitôt à Philippe VI de nouvelles lettres de défi. « *Pour éviter de graves destructions aux peuples et aux pays, et une grande mortalité de chrétiens, ce que tout prince doit avoir à cœur d'empêcher* », le roi anglais offrait à son cousin de France de le rencontrer en combat singulier, puisque la querelle concernant l'héritage de France leur était affaire personnelle. Et si Philippe de Valois ne voulait point de ce « *challenge entre leurs corps* », il lui offrait de l'affronter avec seulement cent chevaliers de part et d'autre, en champ clos : un tournoi en somme, mais à lances non épointées, à glaives non rabattus, où il n'y aurait pas de juges diseurs pour surveiller la mêlée et dont le prix ne serait point une broche de parure ou un faucon muscadin, mais la couronne de Saint Louis.

Or le roi tournoyeur répondit que la proposition de son cousin était irrecevable, vu qu'elle avait été adressée à Philippe de Valois et non pas au roi de France dont Edouard était le vassal traîtreusement révolté.

Le pape fit négocier une nouvelle trêve. Les légats se dépensèrent fort et s'attribuèrent tout le mérite d'une paix précaire que les deux princes n'acceptaient que pour se donner le temps de souffler.

Cette seconde trêve avait quelques chances de durer, lorsque mourut le duc de Bretagne.

Il ne laissait pas de fils légitime ni d'héritier direct. Le duché fut réclamé à la fois par le comte de Montfort-l'Amaury, son dernier frère, et par Charles de Blois, son neveu : une autre affaire d'Artois, et qui, juridiquement, se présentait à peu près de la même manière. Philippe VI appuya les prétentions de son parent Charles de Blois, un Valois par alliance. Aussitôt Edouard III prit parti pour Jean de Montfort. Si bien qu'il y eut deux rois de France, ayant chacun son duc de Bretagne, comme chacun avait déjà son roi d'Ecosse.

La Bretagne touchait à Robert de fort près, puisqu'il était, par sa mère, du sang de ses ducs. Edouard III ne pouvait ni moins ni mieux faire que de remettre au géant le commandement du corps de bataille qui allait y débarquer.

La grande heure de Robert d'Artois était venue.

Robert a cinquante-six ans. Autour de son visage, aux muscles durcis par une longue destinée de haine, les cheveux ont pris cette bizarre couleur de cidre allongé d'eau qui vient aux hommes roux lorsqu'ils blanchissent. Il n'est plus le mauvais sujet qui s'imaginait faire la guerre quand il pillait les châteaux de sa tante Mahaut. A présent, il sait ce qu'est la guerre ; il prépare soigneusement sa campagne ; il a l'autorité que confèrent l'âge et toutes les expériences accumulées au long d'une tumultueuse existence. Il est unanimement respecté. Qui donc se rappelle qu'il fut faussaire, parjure, assassin et un peu sorcier ? Qui oserait le lui rappeler ? Il est Monseigneur Robert, ce colosse vieillissant, mais d'une force toujours surprenante, toujours vêtu de rouge, et toujours sûr de soi, qui s'avance en terre française à la tête d'une armée anglaise. Mais cela compte-t-il pour lui que ses troupes soient étrangères ? Et d'ailleurs cette notion existe-t-elle pour aucun des comtes, barons, et chevaliers ? Leurs expéditions sont des affaires de famille et leurs combats des luttes d'héritages ; l'ennemi est un cousin, mais l'allié est un autre cousin. C'est pour le peuple, dont les maisons vont être brûlées, les granges pillées, les femmes malmenées, que le mot « étranger » signifie « ennemi » ; pas pour les princes qui défendent leurs titres et assurent leurs possessions.

Pour Robert, cette guerre entre France et Angleterre c'est *sa guerre* ; il l'a voulue, prêchée, fabriquée ; elle représente dix ans d'efforts incessants. Il semble qu'il ne soit né, qu'il n'ait vécu que pour elle. Il se plaignait naguère de n'avoir jamais pu goûter le moment présent ; cette fois il le savoure enfin. Il aspire l'air comme une liqueur délectable. Chaque minute est un bonheur. Du haut de son énorme alezan, la tête au vent et le heaume pendu à la selle, il adresse à son monde de grandes joyeusetés qui font trembler. Il a vingt-deux mille chevaliers et soldats sous ses ordres, et, lorsqu'il se retourne, il voit ses lances osciller jusqu'à l'horizon ainsi qu'une terrible moisson. Les pauvres Bretons fuient devant lui, quelques-uns en chariot, la plupart à pied, sur leurs chausses de toile ou d'écorce, les femmes traînant les enfants, et les hommes portant sur l'épaule un sachet de blé noir.

Robert d'Artois a cinquante-six ans, mais de même qu'il peut encore fournir sans fatigue des étapes de quinze lieues, de même il continue de rêver... Demain il va prendre Brest ; puis il va prendre Vannes, puis il va prendre Rennes ; de là il entrera en Normandie, il se saisira d'Alençon qui est au frère de Philippe de Valois ; d'Alençon, il court à Evreux, à Conches, son cher Conches ! Il court à Château-Gaillard, libère Madame de Beaumont. Puis il fond, irrésistible, sur Paris ; il est au Louvre, à Vincennes, à Saint-Germain, il fait choir du trône Philippe de Valois, et remet la couronne à Edouard qui le fait, lui, Robert, lieutenant général du royaume de France. Son destin a connu des fortunes et des infortunes moins concevables, alors qu'il n'avait pas, soulevant la poussière des routes, toute une armée le suivant.

Et en effet Robert prend Brest, où il délivre la comtesse de Montfort, âme guerrière, corps robuste, qui, tandis que son mari est retenu prisonnier par le roi de France, continue, le dos à la mer, de résister au bout de son duché. Et en effet Robert traverse, triomphant, la Bretagne, et en effet il assiège Vannes ; il fait dresser perrières et catapultes, pointer les bombardes à poudre dont la fumée se dissout dans les nuages de novembre, ouvrir une brèche dans les murs. La garnison de Vannes est nombreuse, mais ne paraît pas particulièrement résolue ; elle attend le premier assaut pour pouvoir se rendre de façon honorable. Il faudra, de part et d'autre, sacrifier quelques hommes afin que cette formalité soit remplie.

Robert fait lacer son heaume d'acier, enfourche son énorme destrier qui s'affaisse un peu sous son poids, crie ses derniers ordres, abaisse devant son visage la ventaille de son casque, agite d'un geste tournoyant les six livres de sa masse d'armes au-dessus de sa tête. Les hérauts qui font claquer sa bannière hurlent à pleine voix : « Artois à la bataille ! »

Des hommes de pied courent à côté des chevaux, portant à six de longues échelles ; d'autres tiennent au bout d'un bâton des paquets d'étoupe enflammée ; et le tonnerre roule vers l'éboulis de pierres, à l'endroit où le rempart a cédé ; et la cotte flottante de Monseigneur d'Artois, sous les lourdes nuées grises, rougeoie comme la foudre...

Un trait d'arbalète, ajusté du créneau, traversa la cotte de soie, l'armure, le cuir du haubergeon, la toile de la chemise. Le choc n'avait pas été plus dur que celui d'une lance de joutes ; Robert d'Artois arracha lui-même le trait et, quelques foulées plus loin, sans comprendre ce qui lui arrivait, ni pourquoi le ciel devenait soudain si noir, ni pourquoi ses jambes n'enserraient plus son cheval, il s'écroula dans la boue.

Tandis que ses troupes enlevaient Vannes, le géant déheaumé, étendu sur une échelle, était porté jusqu'à son camp ; le sang coulait sous l'échelle.

Robert n'avait jamais été blessé auparavant. Deux campagnes en Flandre, sa propre expédition en Artois, la guerre d'Aquitaine... Robert, à travers tout cela, était passé sans seulement une écorchure. Pas une lance brisée, en cinquante tournois, pas une défense de sanglier ne lui avait même effleuré la peau.

Pourquoi devant Vannes, devant cette ville qui n'offrait pas de résistance véritable, qui n'était qu'une étape secondaire sur la route de son épopée ? Aucune prédiction funeste, concernant Vannes ou la Bretagne, n'avait été faite à Robert d'Artois. Le bras qui avait tendu l'arbalète était celui d'un inconnu qui ne savait même pas sur qui il tirait.

Quatre jours Robert lutta, non plus contre les princes et les Parlements, non plus contre les lois d'héritage, les coutumes des comtés, contre les ambitions ou l'avidité des familles royales ; il luttait contre sa propre chair. La mort pénétrait en lui, par une plaie aux lèvres noirâtres ouverte entre ce cœur qui avait tant battu et ce ventre qui avait tant mangé ; non pas la mort qui glace, celle qui incendie. Le feu s'était mis dans ses veines. Il fallait à la mort brûler en quatre jours les forces qui restaient en ce corps, pour vingt ans de vie.

Il refusa de faire un testament, criant que le lendemain il serait à cheval. Il fallut l'attacher pour lui administrer les derniers sacrements, parce qu'il voulait assommer l'aumônier dans lequel il croyait reconnaître Thierry d'Hirson. Il délirait.

Robert d'Artois avait toujours détesté la mer ; un bateau appareilla pour le ramener en Angleterre. Toute une nuit, au balancement des flots, il plaida en justice, étrange justice où il s'adressait aux barons de France en les appelant « mes nobles Lords », et requérait de Philippe le Bel qu'il ordonnât la saisie de tous les biens de Philippe de Valois, manteau, sceptre et couronne, en exécution d'une bulle papale d'excommunication.

Sa voix, depuis le château d'arrière, s'entendait jusqu'à l'étrave, montait jusqu'aux hommes de vigie, dans les mâts.

Avant l'aube, il s'apaisa un peu et demanda qu'on approchât son matelas de la porte ; il voulait regarder les dernières étoiles. Mais il ne vit pas se lever le soleil. A l'instant de mourir, il imaginait encore qu'il allait guérir. Le dernier mot que ses lèvres formèrent fut : « Jamais ! » sans qu'on sûc s'il s'adressait aux rois, à la mer ou à Dieu.

Chaque homme en venant au monde est investi d'une fonction infime ou capitale, mais généralement inconnue de lui-même, et que sa nature, ses rapports avec ses semblables, les accidents de son existence le poussent à remplir, à son insu, mais avec l'illusion de la liberté. Robert d'Artois avait mis le feu à l'occident du monde ; sa tâche était achevée.

Lorsque le roi Edouard III, en Flandre, apprit sa mort, ses cils se mouillèrent, et il envoya à la reine Philippa une lettre où il disait :

« *Doux cœur, Robert d'Artois notre cousin est à Dieu commandé ; pour l'affection que nous avions envers lui et pour notre honneur, nous avons écrit à nos chancelier et trésorier, et les avons chargés de le faire enterrer en notre cité de Londres. Nous voulons, doux cœur, que vous veilliez à ce qu'ils fassent bien selon notre volonté. Que Dieu soit gardien de vous. Donné sous notre sceau privé en la ville de Grandchamp, le jour de Sainte-Catherine, l'an de notre règne d'Angleterre seizième et de France tiers.* »

Au début de janvier 1343, la crypte de la cathédrale Saint-Paul, à Londres, reçut le plus lourd cercueil qui y fût jamais descendu.

... Et ici l'auteur, contraint par l'histoire à tuer son personnage préféré, avec lequel il a vécu six années, éprouve une tristesse égale à celle du roi Edouard d'Angleterre ; la plume, comme disent les vieux conteurs de chroniques, lui échappe hors des doigts, et il n'a plus le désir de poursuivre, au moins immédiatement, sinon pour faire connaître au lecteur la fin de quelques-uns des principaux héros de ce récit.

Franchissons onze ans, et franchissons les Alpes...

ÉPILOGUE

JEAN Ier L'INCONNU

1

La route qui mène à Rome

Le lundi 22 septembre 1354, à Sienne, Giannino Baglioni, notable de cette ville, reçut au palais Tolomei, où sa famille tenait compagnie de banque, une lettre du fameux Cola de Rienzi qui avait saisi le gouvernement de Rome en reprenant le titre antique de tribun. Dans cette lettre, datée du Capitole et du jeudi précédent, Cola de Rienzi écrivait au banquier :

« *Très cher ami, nous avons envoyé des messagers à votre recherche avec mission de vous prier, s'ils vous rencontraient, de vouloir bien vous rendre à Rome auprès de nous. Ils nous ont rapporté qu'ils vous avaient en effet découvert à Sienne, mais n'avaient pu vous déterminer à venir nous voir. Comme il n'était pas certain qu'on vous découvrirait, nous ne vous avions pas écrit ; mais maintenant que nous savons où vous êtes, nous vous prions de venir nous trouver en toute diligence, aussitôt que vous aurez reçu cette lettre, et dans le plus grand secret, pour affaire concernant le royaume de France.* »

Pour quelle raison le tribun, grandi dans une taverne du Trastevere mais qui affirmait être fils adultérin de l'empereur Henri VII d'Allemagne – donc un demi-frère du roi Jean de Bohême – et en qui Pétrarque célébrait le restaurateur des anciennes grandeurs de l'Italie, pour quelle raison Cola de Rienzi voulait-il s'entretenir, et d'urgence, et secrètement, avec Giannino Baglioni ? Celui-ci ne cessait de se poser la question, les jours suivants, tandis qu'il cheminait vers Rome, en compagnie de son ami le notaire Angelo Guidarelli auquel il avait demandé de l'accompagner, d'abord parce qu'une route faite à deux semble moins longue, et aussi parce que le notaire était un garçon avisé qui connaissait bien toutes les affaires de banque.

En septembre le ciel est encore chaud sur la campagne siennoise, et le chaume des moissons couvre les champs comme d'une fourrure fauve. C'est l'un des plus beaux paysages du monde ; Dieu y a tracé avec aisance la courbe des collines, et répandu une végétation riche, diverse, où le cyprès règne en seigneur. L'homme a su travailler cette terre et partout y semer ses logis, qui, de la plus princière villa à la plus humble métairie, possèdent tous, avec leur couleur ocre et leurs tuiles rondes, la même grâce et la même harmonie. La route n'est jamais monotone, serpente, s'élève, descend vers de nouvelles vallées, entre des cultures en terrasses et des oliveraies millénaires. A Sienne, Dieu et l'homme ont eu également du génie.

Quelles étaient ces affaires de France dont le tribun de Rome désirait parler, en secret, au banquier de Sienne ? Pourquoi l'avait-il fait approcher à deux reprises, et lui avait-il envoyé cette lettre pressante où il le traitait de « très cher ami » ? De nouveaux prêts à consentir au roi de Paris, sans doute, ou des rançons à acquitter pour quelques grands seigneurs prisonniers en Angleterre ? Giannino Baglioni ignorait que Cola de Rienzi s'intéressât tellement au sort des Français.

Et si même il en était ainsi, pourquoi le tribun ne s'adressait-il pas aux autres membres de la compagnie, aux plus anciens, à Tolomeo Tolomei, à Andrea, à Giaccomo, qui connaissaient bien mieux ces questions, et étaient allés à Paris autrefois liquider l'héritage du vieil oncle Spinello, quand on avait dû fermer les comptoirs de France ? Certes Giannino était né d'une mère française, une belle jeune dame un peu triste, qu'il revoyait au centre de ses souvenirs d'enfance, dans un manoir vétuste en un pays pluvieux. Et certes, son père, Guccio Baglioni, mort depuis quatorze ans déjà, le cher homme, au cours d'un voyage en Campanie... et Giannino, balancé par le pas de son cheval, dessinait un signe de croix discret sur sa poitrine... son père, du temps qu'il séjournait en France, s'était trouvé fort mêlé à de grandes affaires de cour, entre Paris, Londres, Naples et Avignon. Il avait approché les rois et les reines, et même assisté au fameux conclave de Lyon...

Mais Giannino n'aimait pas se souvenir de la France, précisément à cause de sa mère jamais revue, et dont il ignorait si elle était encore vivante ou trépassée ; à cause de sa naissance, légitime selon son père, illégitime aux yeux des autres membres de la famille, de tous ces parents brusquement découverts lorsqu'il avait neuf ans : le grand-père Mino Baglioni, les oncles Tolomei, les innombrables cousins... Longtemps Giannino s'était senti étranger, parmi eux. Il avait tout fait pour effacer cette dissemblance, pour s'intégrer à la communauté, pour devenir un Siennois, un banquier, un Baglioni.

S'étant spécialisé dans le négoce des laines, peut-être parce qu'il gardait quelque nostalgie des moutons, des prés verts et des matins de brume, il avait épousé, deux ans après le décès de son père, une héritière de bonne famille siennoise, Giovanna Vivoli, dont lui étaient nés trois fils et avec laquelle il avait vécu fort heureux pendant six ans, avant qu'elle ne mourût pendant l'épidémie de peste noire, en 48. Remarié l'année suivante à une autre héritière, Francesca Agazzano, deux fils encore réjouissaient son foyer, et il attendait présentement une nouvelle naissance.

Il était estimé de ses compatriotes, conduisait ses affaires avec honnêteté, et devait à la considération publique la charge de camerlingue de l'hôpital Notre-Dame-de-la-Miséricorde...

San Quirico d'Orcia, Radicofani, Acquapendente, le lac de Bolsena, Montefiascone ; les nuits passées aux hôtelleries à gros portiques, et la route reprise au matin... Giannino et Guidarelli étaient sortis de la Toscane. A mesure qu'il avançait, Giannino se sentait davantage décidé à répondre au tribun Cola, avec toute la courtoisie possible, qu'il ne voulait point se mêler de transactions en France. Le notaire Guidarelli l'approuvait pleinement ; les compagnies italiennes gardaient trop mauvais souvenir des spoliations, et trop se détériorait le royaume de France, depuis le début de la guerre d'Angleterre, pour qu'on pût y prendre le moindre risque d'argent. Mieux valait vivre en une bonne petite république comme Sienne, aux arts et au commerce prospères, qu'en ces grandes nations gouvernées par des fous[32] !

Car Giannino, du palais Tolomei, avait bien suivi les affaires françaises durant les dernières années ; on gardait là-bas quantité de créances qu'on ne verrait sans doute jamais honorées ! Des déments, en vérité, ces Français, à commencer par leur roi Valois qui avait réussi à perdre d'abord la Bretagne et la Flandre, ensuite la Normandie, ensuite la Saintonge, et puis s'était fait buissonner comme chevreuil par les armées anglaises, autour de Paris. Ce héros de tournoi, qui voulait emmener l'univers en croisade, refusait le cartel de défi par lequel son ennemi lui offrait combat dans la plaine de Vaugirard, presque aux portes de son Palais ; puis, s'imaginant les Anglais en fuite parce qu'ils se retiraient vers le nord... pour quelle raison auraient-ils fui, alors qu'ils étaient partout victorieux ?... Philippe, soudainement, épuisant ses troupes par des marches forcées, se lançait à la poursuite d'Edouard, l'atteignait au-delà de la Somme ; et là se terminait sa gloire.

Les échos de Crécy s'étaient répandus jusqu'à Sienne. On savait comment le roi de France avait obligé ses gens de marche à attaquer, sans prendre souffle, après une étape de cinq lieues, et comment la chevalerie française, irritée contre cette piétaille qui n'avançait pas assez vite, avait chargé à travers sa propre infanterie, la bousculant, la renversant, la foulant aux fers des chevaux, pour aller se faire mettre en pièces sous les tirs croisés des archers anglais.

— Ils ont dit, pour expliquer leur défaite, que c'étaient les traits à poudre, fournis aux Anglais par l'Italie, qui avaient semé le désordre et l'effroi dans leurs rangs, à cause du fracas. Mais non, Guidarelli, ce ne sont pas les traits à poudre ; c'est leur stupidité.

Ah ! On ne pouvait nier qu'il se fût accompli là de beaux faits d'armes. Par exemple, on avait vu Jean de Bohême, devenu aveugle vers la cinquantaine, exiger de se faire conduire quand même au combat, son destrier lié à droite et à gauche aux montures de deux de ses chevaliers ; et le roi aveugle s'était enfoncé dans la mêlée, brandissant sa masse d'armes pour l'abattre sur qui ? Sur la tête des deux malheureux qui l'encadraient. On l'avait retrouvé mort, toujours lié à ses deux compagnons assommés, parfait symbole de cette caste chevaleresque, enfermée dans la nuit de ses heaumes, qui, méprisant le peuple, se détruisait elle-même comme à plaisir.

Au soir de Crécy, Philippe VI errait dans la campagne, n'ayant plus que six hommes avec lui, et allait frapper à la porte d'un petit manoir en gémissant :

— Ouvrez, ouvrez à l'infortuné roi de France !

Messer Dante, on ne devait pas l'oublier, avait maudit autrefois la race des Valois, à cause du premier d'entre eux, le comte Charles, le ravageur de Sienne et de Florence. Tous les ennemis du *divino poeta* finissaient assez mal.

Et après Crécy, la peste amenée par les Génois. De ceux-là non plus il ne fallait jamais attendre rien de bon ! Leurs bateaux avaient rapporté d'Orient le mal affreux qui, gagnant d'abord la Provence, s'était abattu sur Avignon, sur cette ville toute pourrie de débauches et de vices. Il suffisait d'avoir entendu répéter les propos de messer Pétrarque sur cette nouvelle Babylone pour comprendre que sa puante infamie et les péchés qui s'y étalaient la désignaient aux calamités vengeresses[33].

Le Toscan n'est jamais content de rien ni de personne, sauf de lui-même. S'il ne pouvait médire, il ne pourrait vivre. Et Giannino, en cela, se montrait bien toscan. A Viterbo, Guidarelli et lui n'en avaient pas encore fini de critiquer et de blâmer tout l'univers.

D'abord que faisait le pape en Avignon, au lieu de siéger à Rome, en la place désignée par saint Pierre ? Et pourquoi élisait-on toujours des papes français, comme ce Pierre Roger, l'ancien évêque d'Arras, qui avait succédé à Benoît XII et régnait présentement sous le nom de Clément VI ? Pourquoi ne nommait-il à son tour que des cardinaux français et refusait-il de rentrer en Italie ? Dieu les avait tous punis. Une seule saison voyait la fermeture de sept mille maisons d'Avignon dépeuplée par la peste ; on ramassait les cadavres par charretées. Puis le fléau montait vers le nord, à travers un pays épuisé par la guerre. La peste arrivait à Paris où elle causait mille morts par journée ; grands ou petits, elle n'épargnait personne. La femme du duc de Normandie, fille du roi de Bohême, était morte de la peste. La reine Jeanne de Navarre, la fille de Marguerite de Bourgogne, était morte de la peste. La male reine de France elle-même, Jeanne la Boiteuse, sœur de Marguerite, avait péri de la peste ; les Français, qui la détestaient, disaient que son trépas n'était qu'un juste châtiment.

Mais pourquoi Giovanna Baglioni, la première épouse de Giannino, Giovanna aux beaux yeux en amande, au cou pareil à un fût d'albâtre, avait-elle aussi été emportée ? Etait-ce là justice ? Etait-il juste que l'épidémie eût dévasté Sienne ? Dieu manifestait vraiment peu de discernement et taxait trop souvent les bons pour payer les fautes des méchants.

Bienheureux ceux qui avaient échappé à la peste ! Bienheureux messer Giovanni Boccacio, le fils d'un ami des Tolomei, de mère française, comme Giannino, et qui avait pu demeurer à l'abri, hôte d'un riche seigneur, dans une belle villa en lisière de Florence ! Tout le temps de la contagion, afin de distraire les réfugiés de la villa Palmieri, et leur faire oublier que la mort rôdait aux portes, Boccacio avait écrit ses beaux et plaisants contes que maintenant l'Italie entière répétait. Le courage montré devant le trépas par les hôtes du comte Palmieri et par messer Boccacio ne valait-il pas toute la sotte bravoure des chevaliers de France ? Le notaire Guidarelli partageait complètement cet avis.

Or le roi Philippe s'était remarié trente jours seulement après la mort de la male reine. Là encore, Giannino trouvait motif à blâmer, non exactement dans le remariage puisque lui-même en avait fait autant, mais dans l'indécente hâte mise par le roi de France à ses secondes noces. Trente jours ! Et qui Philippe VI avait-il choisi ? C'était là que l'histoire commençait d'être savoureuse ! Il avait enlevé à son fils aîné la princesse à laquelle celui-ci devait se remarier, sa cousine Blanche, fille du roi de Navarre, qu'on surnommait Belle Sagesse.

Ebloui par l'apparition à la cour de cette pucelle de dix-huit ans, Philippe avait exigé de son fils, Jean de Normandie, qu'il la lui cédât, et Jean s'était laissé unir à la comtesse de Boulogne, une veuve de vingt-quatre ans, pour laquelle il n'éprouvait pas grand goût, non plus à vrai dire que pour aucune dame, car il semblait que l'héritier de France fût plutôt tourné vers les écuyers.

Le roi de cinquante-six ans avait alors retrouvé, entre les bras de Belle Sagesse, la fougue de sa jeunesse. Belle Sagesse, vraiment ! le nom convenait bien ; Giannino et Guidarelli en étaient secoués de rire sur leurs chevaux. Belle Sagesse ! Messer Boccacio en eût pu faire un de ses contes. En trois mois, la donzelle avait eu les os du roi tournoyeur, et l'on conduisait à Saint-Denis ce superbe imbécile qui n'avait régné un tiers de siècle que pour conduire son royaume de la richesse à la ruine.

Jean II, le nouveau roi, âgé maintenant de trente-six ans, et qu'on appelait le Bon sans qu'on sût trop pourquoi, possédait tout juste, à ce que les voyageurs rapportaient, les mêmes solides qualités que son père, et le même bonheur dans ses entreprises. Il était seulement un peu plus dépensier, instable, et futile ; mais il rappelait aussi sa mère par la sournoiserie et la cruauté. Se croyant constamment trahi, il avait déjà fait décapiter son connétable.

Parce que le roi Edouard III, campant dans Calais par lui conquis, avait institué l'ordre de la Jarretière, un jour qu'il s'était plu à rattacher lui-même le bas de sa maîtresse la belle comtesse de Salisbury, le roi Jean II, ne voulant pas demeurer en reste de chevalerie, avait fondé l'ordre de l'Etoile afin d'en honorer son favori espagnol, le jeune Charles de La Cerda. Ses prouesses s'arrêtaient là.

Le peuple crevait de faim ; les campagnes comme l'industrie, par suite de la peste et de la guerre, manquaient de bras ; les denrées étaient rares et les prix démesurés ; on supprimait des emplois ; on imposait sur toutes les transactions une taxe de près d'un sol à la livre.

Des bandes errantes, semblables aux pastoureaux de jadis, mais plus démentes encore, traversaient le pays, des milliers d'hommes et de femmes en haillons qui se flagellaient les uns les autres avec des cordes ou des chaînes, en hurlant des psaumes lugubres le long des routes, et soudain, saisis de fureur, massacraient, comme toujours, les Juifs et les Italiens.

Cependant la cour de France continuait d'étaler un luxe insultant, dépensait pour un seul tournoi ce qui eût suffi à nourrir un an tous les pauvres d'un comté, et se vêtait de façon peu chrétienne, les hommes plus parés de bijoux que les femmes, avec des cottes pincées à la taille, si courtes qu'elles découvraient les fesses, et des chaussures terminées en si longues pointes qu'elles empêchaient de marcher.

Une compagnie de banque un peu sérieuse pouvait-elle à de telles gens consentir de nouveaux prêts ou fournir des laines ? Certes non. Et Giannino Baglioni, entrant à Rome, le 2 octobre, par le Ponte Milvio, était bien résolu à le dire au tribun Cola de Rienzi.

2

La nuit du Capitole

Les voyageurs s'étaient installés dans une *osteria* du Campo dei Fiori, à l'heure où les marchandes criardes soldaient leurs bottes de roses et débarrassaient la place du tapis multicolore et embaumé de leurs éventaires.

A la nuit tombante, ayant pris l'aubergiste pour guide, Giannino Baglioni se rendit au Capitole.

L'admirable ville que Rome, où il n'était jamais venu et qu'il découvrait en regrettant de ne pouvoir à chaque pas s'arrêter ! Immense en comparaison de Sienne et de Florence, plus grande même, semblait-il, que Paris, ou que Naples, si Giannino se référait aux récits de son père. Le dédale de ruelles s'ouvrait sur des palais merveilleux, brusquement surgis, et dont les porches et les cours étaient éclairés de torches ou de lanternes. Des groupes de garçons chantaient, se tenant par le bras en travers des rues. On se bousculait, mais sans mauvaise humeur, on souriait aux étrangers ; les tavernes étaient nombreuses d'où sortaient de bons parfums d'huile chaude, de safran, de poisson frit et de viande rôtie. La vie ne semblait pas s'arrêter avec la nuit.

Giannino monta la colline du Capitole à la lueur des étoiles. L'herbe croissait devant un porche d'église ; des colonnes renversées, une statue dressant un bras mutilé attestaient l'antiquité de la cité. Auguste, Néron, Titus, Marc Aurèle avaient foulé ce sol.

Cola de Rienzi soupait en nombreuse compagnie, dans une vaste salle sur les assises mêmes du temple de Jupiter. Giannino vint à lui, mit un genou en terre et se nomma. Aussitôt le tribun, lui prenant les mains, le releva et le fit conduire dans une pièce voisine où, après peu d'instants, il le rejoignit.

Rienzi s'était choisi le titre de tribun, mais il avait plutôt le masque et le port d'un empereur. La pourpre était sa couleur ; il drapait son manteau comme une toge. Le col de sa robe cernait un cou large et rond ; le visage massif avec de gros yeux clairs, des cheveux courts, un menton volontaire, semblait destiné à prendre place à la suite des bustes des Césars. Le tribun avait un tic léger, un frémissement de la narine droite qui lui donnait une expression d'impatience. Le pas était autoritaire. Cet homme-là montrait bien, rien qu'en paraissant, qu'il était né pour commander, avait de grandes vues pour son peuple, et qu'il fallait se hâter de comprendre ses pensées et de s'y conformer. Il fit asseoir Giannino près de lui, ordonna à ses serviteurs de fermer les portes et de veiller à ce qu'on ne le dérangeât point ; puis, tout aussitôt, il commença de poser des questions qui ne concernaient en rien les affaires de banque.

Le commerce des laines, les prêts d'argent, les lettres de change ne constituaient pas son souci. C'était Giannino uniquement, la personne de Giannino, qui l'intéressait. A quel âge Giannino était-il arrivé de France ? Où avait-il passé ses premières années ? Qui l'avait élevé ? Avait-il toujours porté le même nom ?

Après chaque demande, Rienzi attendait la réponse, écoutait, hochait le menton, interrogeait de nouveau.

Donc Giannino avait vu le jour dans un couvent de Paris. Sa mère, Marie de Cressay, l'avait élevé jusqu'à l'âge de neuf ans, en Ile-de-France, près d'un bourg nommé Neauphle-le-Vieux. Que savait-il d'un séjour qu'aurait fait sa mère à la cour de France ? Le Siennois se rappelait les propos de son père, Guccio Baglioni, à ce sujet : Marie de Cressay, peu après avoir accouché de Giannino, avait été appelée à la cour comme nourrice, pour le fils nouveau-né de la reine Clémence de Hongrie ; mais elle y était peu restée, puisque l'enfant de la reine était mort au bout de quelques jours, empoisonné disait-on.

Et Giannino se mit à sourire. Il avait été frère de lait d'un roi de France ; c'était chose à laquelle il ne songeait presque jamais et qui lui paraissait soudain incroyable, presque risible, lorsqu'il se contemplait, tout près d'atteindre quarante ans, dans sa tranquille existence de bourgeois italien.

Mais pourquoi Rienzi lui posait-il toutes ces questions ? Pourquoi le tribun aux gros yeux clairs, le bâtard de l'avant-dernier empereur, l'observait-il avec cette attention réfléchie ?

— C'est bien vous, dit enfin Cola de Rienzi, c'est bien vous...

Giannino ne comprenait pas ce qu'il entendait par là. Il fut encore plus surpris quand il vit l'imposant tribun mettre un genou en terre et s'incliner jusqu'à lui baiser le pied droit.

— Vous êtes le roi de France, déclara Rienzi, et c'est ainsi que tout le monde doit vous traiter désormais.

Les lumières vacillèrent un peu autour de Giannino.

Quand la maison où l'on se tient paisiblement à dîner se fissure soudain parce que le sol est en train de glisser, quand le bateau sur lequel on dort vient en pleine nuit éclater contre un récif, on ne comprend pas non plus, dans le premier instant, ce qui arrive.

Giannino Baglioni était assis dans une chambre du Capitole ; le maître de Rome s'agenouillait à ses pieds et lui affirmait qu'il était roi de France.

— Il y a eu neuf ans au mois de juin, la dame Marie de Cressay est morte...

— Ma mère est morte ? s'écria Giannino.

— Oui, mon grandissime Seigneur... celle plutôt que vous croyiez votre mère. Et l'avant-veille de mourir elle s'est confessée...

C'était la première fois que Giannino s'entendait appeler « grandissime Seigneur » et il en demeura bouche bée, plus stupéfait encore que du baise-pied.

Donc, se sentant proche de trépasser, Marie de Cressay avait appelé auprès de son lit un moine augustin d'un couvent voisin, Frère Jourdain d'Espagne, et elle s'était confessée à lui.

L'esprit de Giannino remontait vers ses premiers souvenirs. Il voyait la chambre de Cressay et sa mère blonde et belle... Elle était morte depuis neuf ans, et il ne le savait pas. Et voilà qu'à présent elle n'était plus sa mère.

Frère Jourdain, à la demande de la mourante, avait consigné par écrit cette confession qui constituait la révélation d'un extraordinaire secret d'Etat, et d'un non moins extraordinaire crime.

— Je vous montrerai la confession, ainsi que la lettre de Frère Jourdain ; tout cela est en ma possession, dit Cola de Rienzi.

Le tribun parla pendant quatre heures pleines. Il n'en fallait pas moins, et d'abord pour instruire Giannino d'événements, vieux de quarante ans, qui faisaient partie de l'histoire du royaume de France : la mort de Marguerite de Bourgogne, le remariage du roi Louis X avec Clémence de Hongrie.

— Mon père avait été de l'ambassade qui alla chercher la reine à Naples ; il me l'a plusieurs fois raconté, dit Giannino ; il faisait partie de la suite d'un certain comte de Bouville...

— Le comte de Bouville, dites-vous ? Tout se confirme bien ! C'est ce même Bouville qui était curateur au ventre de la reine Clémence, votre mère, noblissime Seigneur, et qui alla faire prendre, pour vous nourrir, la dame de Cressay au couvent où elle venait d'accoucher. Elle a raconté cela précisément.

A mesure que le tribun parlait, son visiteur se sentait perdre la raison. Tout était retourné ; les ombres devenaient claires, le jour devenait noir. Giannino obligeait souvent Rienzi à revenir en arrière, comme lorsqu'on reprend une opération de calcul trop compliquée. Il apprenait d'un seul coup que son père n'était pas son père, que sa mère n'était pas sa mère, et que son père véritable, un roi de France, assassin d'une première épouse, avait fini lui-même assassiné. Il cessait d'être le frère de lait d'un roi de France mort au berceau ; il était ce roi même soudain ressuscité.

— On vous a toujours appelé Jean, n'est-ce pas ? La reine votre mère vous avait donné ce nom à cause d'un vœu. Jean ou Giovanni, qui fait Giovannino, ou Giannino... Vous êtes Jean Ier le Posthume.

Le Posthume ! Une appellation sinistre, un de ces mots qui évoquent le cimetière et que les Toscans n'entendent pas sans faire les cornes avec leur main gauche.

Brusquement, le comte Robert d'Artois, la comtesse Mahaut, ces noms qui appartenaient aux grands souvenirs de son père... non, pas son père ; enfin l'autre, Guccio Baglioni... surgissaient dans le récit du tribun, chargés de rôles terribles. La comtesse Mahaut, qui avait déjà empoisonné le père de Giannino, oui, le roi Louis !... avait entrepris de faire périr également le nouveau-né.

— Mais le comte de Bouville, prudent, avait échangé l'enfant de la reine avec celui de la nourrice, qui d'ailleurs s'appelait Jean, également. C'est ce dernier qui a été tué, et enterré à Saint-Denis...

Et Giannino éprouva comme une sensation d'épaississement de son malaise, parce qu'il ne pouvait se déshabituer si vite d'être Giannino Baglioni, l'enfant du marchand siennois, et que c'était comme si on lui annonçait qu'il avait cessé de respirer à l'âge de cinq jours et que sa vie depuis, toutes ses pensées, tous ses actes, son corps même, n'étaient qu'illusion. Il se sentait s'évanouir, s'emplir d'ombre, se muer en son propre fantôme. Où se trouvait-il vraiment, sous la dalle de Saint-Denis, ou bien ici, au Capitole ?

— Elle m'appelait parfois : « Mon petit prince », murmura-t-il.

— Qui cela ?

— Ma mère... je veux dire, la dame de Cressay... quand nous étions seuls. Je croyais que c'était un mot comme les mères de France en donnent à leurs enfants ; et elle me baisait les mains, et elle se mettait à pleurer... Oh ! que de choses me reviennent... Et cette pension qu'envoyait le comte de Bouville, et qui faisait que les oncles Cressay, le barbu et l'autre, étaient plus gentils avec moi les jours où la bourse arrivait.

Qu'étaient devenus tous ces gens ? Ils étaient morts pour la plupart, et depuis longtemps : Mahaut, Bouville, Robert d'Artois... Les frères Cressay avaient été armés chevaliers la veille de la bataille de Crécy, sur un jeu de mots du roi Philippe VI.

— Ils devaient être déjà assez vieux...

Mais alors, si Marie de Cressay n'avait jamais voulu revoir Guccio Baglioni, ce n'était pas qu'elle le détestât, comme celui-ci le prétendait amèrement, mais pour garder le serment qu'on lui avait fait prononcer par force, en lui remettant le petit roi sauvé.

— Par crainte de représailles également, sur elle-même ou sur son mari, expliqua Cola de Rienzi. Car ils étaient mariés, secrètement mais réellement, par un moine. Cela aussi elle l'a dit dans sa confession. Et un jour Baglioni est venu vous enlever, quand vous aviez neuf ans.

— Je me souviens bien de ce départ... et elle, ma... la dame de Cressay, elle ne s'est jamais remariée.

— Jamais, puisqu'elle avait contracté union.

— Lui non plus ne s'est pas remarié.

Giannino resta songeur un moment, s'entraînant à penser à la morte de Cressay, au mort de Campanie, comme à des parents d'adoption.

Puis soudain il demanda :

— Pourrais-je avoir un miroir ?

— Certes, dit le tribun avec une légère surprise.

Il frappa dans ses mains et donna un ordre à un serviteur.

— J'ai vu la reine Clémence, une fois... précisément quand je fus emmené de Cressay et que je passai quelques jours à Paris, chez l'oncle Spinello. Mon père... adoptif, ainsi que vous dites... me conduisit la saluer. Elle m'a donné des dragées. Alors, c'était elle, ma mère ?

Les larmes lui montaient aux yeux. Il glissa la main sous le col de sa robe, sortit un petit reliquaire pendu à une cordelette de soie :

— Cette relique de saint Jean venait d'elle...

Il cherchait désespérément à retrouver les traits exacts du visage de la reine, pour autant qu'ils se fussent inscrits dans sa mémoire d'enfant. Il se rappelait seulement l'apparition d'une femme merveilleusement belle, tout en blanc dans le costume des reines veuves, et qui lui avait posé sur le front une main distraite et rose... « Et je n'ai pas su que j'étais devant ma mère. Et elle, jusqu'à son dernier jour, a cru son fils mort... »

Ah ! cette comtesse Mahaut était une bien grande criminelle, pour avoir non seulement assassiné un innocent nouveau-né, mais encore jeté dans tant d'existences le désarroi et le malheur !

L'impression d'irréalité de sa personne avait à présent disparu chez Giannino pour faire place à une sensation de dédoublement tout aussi angoissante. Il était lui-même et un autre, le fils du banquier siennois et le fils du roi de France.

Et sa femme, Francesca ? Il y pensa soudain. Qui avait-elle épousé ? Et ses propres enfants ? Alors ils descendaient de Hugues Capet, de Saint Louis, de Philippe le Bel ?

— Le pape Jean XXII devait avoir eu vent de cette affaire, reprit Cola de Rienzi. On m'a rapporté que certains cardinaux dans son entourage chuchotaient qu'il doutait que le fils du roi Louis X fût mort. Simple présomption, pensait-on, comme il en court tellement et qui ne paraissait guère fondée, jusqu'à cette confession *in extremis* de votre mère adoptive, votre nourrice, qui fit promettre au moine augustin de vous rechercher et vous apprendre la vérité. Toute sa vie, elle avait, par son silence, obéi aux ordres des hommes : mais à l'instant de paraître devant Dieu, et comme ceux qui lui avaient imposé ce silence étaient décédés sans l'avoir relevée du serment, elle voulut se délivrer de son secret.

Et Frère Jourdain d'Espagne, fidèle à la promesse donnée, s'était mis à la recherche de Giannino ; mais la guerre et la peste l'avaient empêché d'aller plus loin que Paris. Les Tolomei n'y tenaient plus comptoir. Frère Jourdain ne se sentait plus en âge d'entreprendre de longs voyages.

— Il remit donc confession et récit, reprit Rienzi, à un autre religieux de son ordre, le Frère Antoine, homme d'une grande sainteté qui a accompli plusieurs fois le pèlerinage de Rome et qui m'était venu visiter précédemment. C'est ce Frère Antoine qui, voici deux mois, se trouvant malade à Porto Venere, m'a laissé connaître tout ce que je viens de vous apprendre, en m'envoyant les pièces et son propre récit. J'ai un moment hésité, je vous l'avoue, à croire toutes ces choses. Mais, à la réflexion, elles m'ont paru trop extraordinaires et fantastiques pour avoir été inventées ; l'imagination humaine ne saurait aller jusque-là. C'est la vérité souvent qui nous surprend. J'ai fait contrôler les dates, recueillir divers indices, et envoyé à votre recherche ; je vous ai d'abord adressé ces émissaires qui, faute d'être porteurs d'un écrit, n'ont pu vous convaincre de venir à moi ; et enfin, je vous ai mandé cette lettre grâce à laquelle, mon grandissime Seigneur, vous vous trouvez ici. Si vous voulez faire valoir vos droits à la couronne de France, je suis prêt à vous y aider.

On venait d'apporter un miroir d'argent. Giannino l'approcha des grands candélabres, et s'y regarda longuement. Il n'avait jamais aimé son visage ; cette rondeur un peu molle, ce nez droit mais sans caractère, ces yeux bleus sous des sourcils trop pâles, était-ce là le visage d'un roi de France ?

Giannino cherchait, dans le fond du miroir, à dissiper le fantôme, à se reconstituer...

Le tribun lui posa la main sur l'épaule.

— Ma naissance aussi, dit-il gravement, fut longtemps entourée d'un bien singulier mystère. J'ai grandi dans une taverne de cette ville ; j'y ai servi le vin aux portefaix. Je n'ai su qu'assez tard de qui j'étais le fils.

Son beau masque d'empereur, où seule la narine droite frémissait, s'était un peu affaissé.

3

« *Nous, Cola de Rienzi...* »

Giannino, sortant du Capitole à l'heure où les premières lueurs de l'aurore commençaient à ourler d'un trait cuivré les ruines du Palatin, ne rentra pas dormir au Campo dei Fiori. Une garde d'honneur, fournie par le tribun, le conduisit de l'autre côté du Tibre, au château Saint-Ange où un appartement lui avait été préparé.

Le lendemain, cherchant l'aide de Dieu pour apaiser le grand trouble qui l'agitait, il passa plusieurs heures dans une église voisine ; puis il regagna le château Saint-Ange. Il avait demandé son ami Guidarelli ; mais il fut prié de ne s'entretenir avec personne avant d'avoir revu le tribun. Il attendit, seul jusqu'au soir, qu'on vînt le chercher. Il semblait que Cola de Rienzi ne traitât ses affaires que de nuit.

Giannino retourna donc au Capitole où le tribun l'entoura de plus grands égards encore que la veille et s'enferma de nouveau avec lui.

Cola de Rienzi avait son plan de campagne qu'il exposa : il adressait immédiatement des lettres au pape, à l'Empereur, à tous les souverains de la chrétienté, les invitant à lui envoyer leurs ambassadeurs pour une communication de la plus haute importance, mais sans laisser percer la nature de cette communication ; puis, devant tous les ambassadeurs réunis en une audience solennelle, il faisait apparaître Giannino, revêtu des insignes royaux, et le leur désignait comme le véritable roi de France... Si le noblissime Seigneur lui donnait son accord, bien entendu.

Giannino était roi de France depuis la veille, mais banquier siennois depuis vingt ans ; et il se demandait quel intérêt Rienzi pouvait avoir à prendre ainsi parti pour lui, avec une impatience, une fébrilité presque, qui agitait tout le grand corps du potentat. Pourquoi, alors que depuis la mort de Louis X quatre rois s'étaient succédé au trône de France, voulait-il ouvrir une telle contestation ? Etait-ce simplement, comme il l'affirmait, pour dénoncer une injustice monstrueuse et rétablir un prince spolié dans son droit ? Le tribun livra assez vite le bout de sa pensée.

— Le vrai roi de France pourrait ramener le pape à Rome. Ces faux rois ont de faux papes.

Rienzi voyait loin. La guerre entre la France et l'Angleterre, qui commençait à tourner en guerre d'une moitié de l'Occident contre l'autre, avait, sinon pour origine, au moins pour fondement juridique, une querelle successorale et dynastique. En faisant surgir le titulaire légitime et véritable du trône de France, on déboutait les deux autres rois de toutes leurs prétentions. Alors, les souverains d'Europe, au moins les souverains pacifiques, tenaient assemblée à Rome, destituaient le roi Jean II et rendaient au roi Jean Ier sa couronne. Et Jean Ier décidait le retour du Saint-Père dans la Ville éternelle. Il n'y avait plus de visées de la cour de France sur les terres impériales d'Italie ; il n'y avait plus de luttes entre Guelfes et Gibelins ; l'Italie, dans son unité retrouvée, pouvait aspirer à reprendre sa grandeur de jadis ; enfin le pape et le roi de France, s'ils le souhaitaient, pouvaient même, de l'artisan de cette grandeur et de cette paix, de Cola de Rienzi, fils d'empereur, faire l'Empereur, et pas un empereur à l'allemande, un empereur à l'antique ! La mère de Cola était du Trastevere, où les ombres d'Auguste, de Titus, de Trajan, se promènent toujours, même aux tavernes, et y font lever les rêves...

Le lendemain 4 octobre, au cours d'une troisième entrevue, celle-ci dans la journée, Rienzi remettait à Giannino, qu'il appelait désormais Giovanni di Francia, toutes les pièces de son extraordinaire dossier : la confession de la fausse mère, le récit du Frère Jourdain d'Espagne, la lettre du Frère Antoine ; enfin, ayant appelé un de ses secrétaires, il commença de dicter l'acte qui authentifiait le tout :

— *Nous, Cola de Rienzi, chevalier par la grâce du Siège apostolique, sénateur illustre de la Cité sainte, juge, capitaine et tribun du peuple romain, avons bien examiné les pièces qui nous ont été délivrées par le Frère Antoine, et nous y avons d'autant plus ajouté foi qu'après tout ce que nous avons appris et entendu, c'est en effet par la volonté de Dieu que le royaume de France a été en proie, pendant de longues années, tant à la guerre qu'à des fléaux de toutes sortes, toutes choses que Dieu a permises, nous le croyons, en expiation de la fraude qui a été commise à l'égard de cet homme, et qui a fait qu'il a été longtemps dans l'abaissement et la pauvreté...*

Le tribun semblait plus nerveux que la veille ; il s'arrêtait de dicter chaque fois qu'un bruit non familier parvenait à son oreille, ou au contraire qu'un silence un peu long s'établissait. Ses gros yeux se dirigeaient souvent vers les fenêtres ouvertes ; on eût dit qu'il épiait la ville.

— *... Giannino s'est présenté devant nous, à notre invitation, le jeudi 2 octobre. Avant de lui parler de ce que nous avions à lui dire, nous lui avons demandé ce qu'il était, sa condition, son nom, celui de son père, et toutes les choses qui le concernaient. D'après ce qu'il nous a répondu, nous avons trouvé que ses paroles s'accordaient avec ce que disaient les lettres du Frère Antoine ; ce que voyant, nous lui avons respectueusement révélé tout ce que nous avions appris. Mais comme nous savons qu'un mouvement se prépare à Rome contre nous...*

Giannino eut un sursaut. Comment ! Cola de Rienzi, si puissant qu'il parlait d'envoyer des ambassadeurs au pape et à tous les princes du monde, redoutait... Il leva le regard vers le tribun ; celui-ci confirma, en abaissant lentement les paupières sur ses yeux clairs ; sa narine droite tremblait.

— Les Colonna, dit-il sombrement.

Puis il se remit à dicter :

— *... Comme nous craignons de périr avant de lui avoir donné quelque appui ou quelque moyen pour recouvrer son royaume, nous avons fait copier toutes ces lettres et les lui avons remises en main propre, le samedi 4 octobre 1354, les ayant scellées de notre sceau marqué de la grande étoile entourée de huit petites, avec le petit cercle au milieu, ainsi que des armes de la Sainte Eglise et du peuple romain, pour que les vérités qu'elles contiennent en reçoivent une garantie plus grande et pour qu'elles soient connues de tous les fidèles. Puisse Notre Très Pieux et Très Gracieux Seigneur Jésus-Christ nous accorder une vie assez longue pour qu'il nous soit donné de voir triomphante en ce monde une aussi juste cause. Amen, amen !*

Quand ceci fut fait, Rienzi s'approcha de la fenêtre ouverte et, prenant Jean Ier par l'épaule d'un geste presque paternel, il lui montra, à cent pieds plus bas, le grand désordre de ruines du forum antique, les arcs de triomphe et les temples écroulés. Le soleil couchant teintait d'or rose cette fabuleuse carrière où

Vandales et papes s'étaient fournis de marbre pendant près de dix siècles, et qui n'était pas encore épuisée. Du temple de Jupiter, on apercevait la maison des Vestales, le laurier qui croissait au temple de Vénus...

— C'est là, dit le tribun désignant la place de l'ancienne Curie romaine, c'est là-bas que César fut assassiné... Voulez-vous me rendre un très grand service, mon noble Seigneur ? Nul ne vous connaît encore, nul ne sait qui vous êtes, et vous pouvez cheminer en paix comme un simple bourgeois de Sienne. Je veux vous aider de tout mon pouvoir ; encore faut-il pour cela que je sois vivant. Je sais qu'une conspiration se trame contre moi. Je sais que mes ennemis veulent mettre fin à mes jours. Je sais qu'on surveille les messagers que j'envoie hors de Rome. Partez pour Montefiascone, présentez-vous de ma part au cardinal Albornoz, et dites-lui de m'envoyer des troupes, avec la plus grande urgence.

Dans quelle aventure Giannino se trouvait-il, en si peu d'heures, engagé ? Revendiquer le trône de France ! Et à peine était-il prince prétendant, partir en émissaire du tribun pour lui chercher du secours. Il n'avait dit oui à rien, et à rien ne pouvait dire non.

Le lendemain 5 octobre, après une course de douze heures, il parvenait à ce même Montefiascone qu'il avait traversé, médisant si fort de la France et des Français, cinq jours plus tôt. Il parla au cardinal Albornoz qui aussitôt décida de marcher sur Rome avec les soldats dont il disposait ; mais il était déjà trop tard. Le mardi 7 octobre, Cola de Rienzi était assassiné.

4

Le roi posthume

Et Giovanni di Francia rentra à Sienne, y reprit son commerce de banque et de laines, et pendant deux ans se tint coi. Simplement, il se regardait souvent dans les miroirs. Il ne s'endormait pas sans penser qu'il était le fils de la reine Clémence de Hongrie, le parent des souverains de Naples, l'arrière-petit-fils de Saint Louis. Mais il n'avait pas une immense audace de cœur ; on ne sort pas brusquement de Sienne, à quarante ans, pour crier : « Je suis le roi de France », sans risquer d'être pris pour un fou. L'assassinat de Cola de Rienzi, son protecteur de trois jours, l'avait fait sérieusement réfléchir. Et d'abord, qui serait-il allé trouver ?

Toutefois il n'avait pas gardé la chose si secrète qu'il n'en eût parlé un peu à son épouse Francesca, curieuse comme toutes les femmes, à son ami Guidarelli, curieux comme tous les notaires, et surtout Fra Bartolomeo, de l'ordre des Frères Prêcheurs, curieux comme tous les confesseurs.

Fra Bartolomeo était un moine italien, enthousiaste et bavard, qui se voyait déjà chapelain de roi. Giannino lui avait montré les pièces remises par Rienzi ; il commença d'en parler dans la ville. Et les Siennois bientôt de se chuchoter ce miracle : le légitime roi de France était parmi leurs concitoyens ! On s'attroupait devant le palazzo Tolomei ; quand on venait commander des laines à Giannino, on se courbait très bas ; on était honoré de lui signer une traite ; on se le désignait lorsqu'il marchait dans les petites rues. Les voyageurs de commerce qui avaient été en France assuraient qu'il avait tout à fait le visage des princes de là-bas, blond, les joues larges, les sourcils un peu écartés.

Et voilà les marchands siennois dispersant la nouvelle auprès de leurs correspondants en tous comptoirs italiens d'Europe. Et voilà qu'on découvre que les Frères Jourdain et Antoine, les deux Augustins que chacun croyait morts, tant ils se présentaient dans leurs relations écrites comme vieux ou malades, étaient toujours bien vivants, et même s'apprêtaient à partir pour la Terre sainte. Et voilà que ces deux moines écrivent au Conseil de la République de Sienne, pour confirmer toutes leurs déclarations antérieures ; et même le Frère Jourdain écrit à Giannino, lui parlant des malheurs de la France et l'exhortant à prendre bon courage !

Les malheurs en effet étaient grands. Le roi Jean II, « le faux roi » disaient maintenant les Siennois, avait donné toute la mesure de son génie dans une grande bataille qui s'était livrée à l'ouest de son royaume, du côté de Poitiers. Parce que son père Philippe VI s'était fait battre à Crécy par des troupes de pied, Jean II, le jour de Poitiers, avait décidé de mettre à terre ses chevaliers, mais sans leur laisser ôter leurs armures, et de les faire marcher ainsi contre un ennemi qui les attendait en haut d'une colline. On les avait découpés dans leurs cuirasses comme des homards crus.

Le fils aîné du roi, le dauphin Charles, qui commandait un corps de bataille, s'était éloigné du combat, sur l'ordre de son père assurait-on, mais avec bien de l'empressement à exécuter cet ordre. On racontait aussi que le dauphin avait les mains qui gonflaient et qu'à cause de cela il ne pouvait tenir longtemps une épée. Sa prudence, en tout cas, avait sauvé quelques chevaliers à la France, tandis que Jean II, isolé avec son dernier fils Philippe qui lui criait : « Père, gardez-vous à droite, père, gardez-vous à gauche ! » alors qu'il avait à se garder d'une armée entière, finissait par se rendre à un chevalier picard passé au service des Anglais.

A présent le roi Valois était prisonnier du roi Edouard III. N'avançait-on pas, comme prix de sa rançon, le chiffre fabuleux d'un million de florins ? Ah ! il ne fallait pas compter sur les banquiers siennois pour y contribuer.

On commentait toutes ces nouvelles, avec beaucoup d'animation, un matin d'octobre 1356, devant le Municipio de Sienne, sur la belle place en amphithéâtre bordée de palais ocres et roses ; on en discutait, en faisant de grands gestes qui effarouchaient les pigeons, lorsque soudain Fra Bartolomeo s'avança dans sa robe blanche vers le groupe le plus nombreux, et, justifiant sa renommée de Frère Prêcheur, commença de parler comme s'il eût été en chaire.

— On va voir enfin ce qu'est ce roi prisonnier et quels sont ses titres à la couronne de Saint Louis ! Le moment de la justice est arrivé ; les calamités qui s'appesantissent sur la France depuis vingt-cinq années ne sont que le châtiment d'une infamie, et Jean de Valois n'est qu'un usurpateur... *Usurpatore, usurpatore !* hurlait Fra Bartolomeo devant la foule qui grossissait. Il n'a aucun droit au trône qu'il occupe. Le véritable, le légitime roi de France, c'est à Sienne qu'il se trouve et tout le monde le connaît : on l'appelle Giannino Baglioni...

Son doigt indiquait par-dessus les toits la direction du palais Tolomei.

— ... on le croit le fils de Guccio, fils de Mino ; mais en vérité il est né en France, du roi Louis et de la reine Clémence de Hongrie.

La ville fut mise par ce prêche dans un tel émoi que le Conseil de la République se réunit sur l'heure au Municipio, demanda à Fra Bartolomeo d'apporter les pièces, les examina, et, après une grande délibération, décida de reconnaître Giannino comme roi de France. On allait l'aider à recouvrer son royaume ; on allait nommer un conseil de six d'entre les citoyens les plus avisés et les plus riches pour veiller à ses intérêts, et informer le pape, l'Empereur, les souverains, le Parlement de Paris, qu'il existait un fils de Louis X, honteusement dépossédé mais indiscutable, qui revendiquait son héritage. Et tout d'abord on lui vota une garde d'honneur et une pension.

Giannino, effrayé de cette agitation, commença par tout refuser. Mais le Conseil insistait ; le Conseil brandissait devant lui ses propres documents et exigeait qu'il fût convaincu. Il finit par raconter ses entrevues avec Cola de Rienzi, dont la mort continuait de l'obséder, et alors l'enthousiasme ne connut pas de limites ; les plus nobles des jeunes Siennois se disputaient l'honneur d'être de sa garde ; on se serait presque battu entre quartiers, comme le jour du Palio.

Cet empressement dura un petit mois, pendant lequel Giannino parcourut sa ville avec un train de prince. Son épouse ne savait trop quelle attitude adopter et se demandait si, simple bourgeoise, elle pourrait être ointe à Reims. Quant aux enfants, ils étaient habillés toute la semaine de leurs vêtements de fête. L'aîné du premier mariage, Gabriele, devrait-il être considéré comme l'héritier du trône ? Gabriele Primo, roi de France... cela sonnait étrangement. Ou bien... et la pauvre Francesca Agazzano en tremblait... le pape ne serait-il pas forcé d'annuler un mariage si peu en rapport avec l'auguste personne de l'époux, afin de permettre que celui-ci contractât une nouvelle union avec une fille de roi ?

Négociants et banquiers furent vite calmés par leurs correspondants. Les affaires n'étaient-elles pas assez mauvaises en France, qu'il fallût y faire surgir un roi de plus ? Les Bardi de Florence se moquaient bien de ce que le légitime souverain fût siennois ! La France avait déjà un roi Valois, prisonnier à Londres où il menait une captivité dorée, en l'hôtel de Savoie sur la Tamise, et se consolait, en compagnie de jeunes écuyers, de l'assassinat de son cher La Cerda. La France avait également un roi anglais qui commandait à la plus grande part du pays.

Et maintenant le nouveau roi de Navarre, petit-fils de Marguerite de Bourgogne, qu'on appelait Charles le Mauvais, revendiquait lui aussi le trône. Et tous étaient endettés auprès des banques italiennes... Ah ! les Siennois étaient bien venus d'aller soutenir les prétentions de leur Giannino !

Le Conseil de la République n'envoya aucune lettre aux souverains, aucun ambassadeur au pape, aucune représentation au Parlement de Paris. Et l'on retira bientôt à Giannino sa pension et sa garde d'honneur.

Mais c'était lui, maintenant, entraîné presque contre son gré dans cette aventure, qui voulait la poursuivre. Il y allait de son honneur, et l'ambition, tardivement, le tourmentait. Il n'admettait plus qu'on tînt pour rien qu'il eût été reçu au Capitole, qu'il eût dormi au Château Saint-Ange et marché sur Rome en compagnie d'un cardinal. Il s'était promené un mois avec une escorte de prince, et ne pouvait supporter qu'on chuchotât, le dimanche, quand il entrait au Duomo dont on venait d'achever la belle façade noire et blanche : « Vous savez, c'est lui qui se disait héritier de France ! » Puisqu'on avait décidé qu'il était roi, il continuerait de l'être. Et, tout seul, il écrivit au pape Innocent VI, qui avait succédé en 1352 à Pierre Roger ; il écrivit au roi d'Angleterre, au roi de Navarre, au roi de Hongrie, leur envoyant copie de ses documents et leur demandant d'être rétabli dans ses droits. L'entreprise en fût peut-être restée là si Louis de Hongrie, seul de tout le parentage, n'eût répondu. Il était neveu direct de la reine Clémence ; dans sa lettre il donnait à Giannino le titre de roi et le félicitait de sa naissance !

Alors, le 2 octobre 1357, trois ans jour pour jour après sa première entrevue avec Cola de Rienzi, Giannino, emportant avec lui tout son dossier, ainsi que deux cent cinquante écus d'or et deux mille six cents ducats cousus dans ses vêtements, partit pour Bude, pour demander protection à ce cousin lointain qui acceptait de le reconnaître. Il était accompagné de quatre écuyers fidèles à sa fortune.

Mais quand il arriva à Bude, deux mois plus tard, Louis de Hongrie ne s'y trouvait pas. Tout l'hiver, Giannino attendit, dépensant ses ducats. Il découvrit là un Siennois, Francesco del Contado, qui était devenu évêque.

Enfin, au mois de mars, le cousin de Hongrie rentra dans sa capitale, mais ne reçut pas Giovanni di Francia. Il le fit interroger par plusieurs de ses seigneurs qui se déclarèrent d'abord convaincus de sa légitimité, puis, huit jours plus tard, faisant volte-face, affirmèrent que ses prétentions n'étaient qu'imposture. Giannino protesta ; il refusait de quitter la Hongrie. Il se constitua un conseil, présidé par l'évêque siennois ; il parvint même à recruter, parmi l'imaginative noblesse hongroise toujours prête aux aventures, cinquante-six gentilshommes qui s'engagèrent à le suivre avec mille cavaliers et quatre mille archers, poussant leur aveugle générosité jusqu'à offrir de le servir à leurs frais aussi longtemps qu'il ne serait pas en état de les récompenser.

Encore leur fallait-il, pour s'équiper et partir, l'autorisation du roi de Hongrie. Celui-ci, qui se faisait nommer « le Grand », mais ne paraissait pas briller par la rigueur de jugement, voulut réexaminer lui-même les documents de Giannino, les approuva comme authentiques, proclama qu'il allait fournir appuis et subsides à l'entreprise, puis, la semaine suivante, annonça que, tout bien réfléchi, il abandonnait ce projet.

Et pourtant le 15 mai 1359, l'évêque Francesco del Contado remettait au prétendant une lettre datée du même jour, scellée du sceau de Hongrie, par laquelle Louis le Grand « *enfin éclairé par le soleil de la vérité* » certifiait que le seigneur Giannino di Guccio, élevé dans la ville de Sienne, était bien issu de la famille royale de ses ancêtres, et fils du roi Louis de France et de la reine Clémence de Hongrie, d'heureuses mémoires. La lettre confirmait également que la divine Providence, se servant du secours de la nourrice royale, avait voulu qu'un échange substituât au jeune prince un autre enfant à la mort duquel Giannino devait son salut. « *Ainsi autrefois la Vierge Marie, fuyant en Egypte, sauvait son enfant en laissant croire qu'il ne vivait plus...* »

Toutefois l'évêque Francesco conseillait au prétendant de partir au plus vite, avant que le roi de Hongrie ne fût revenu sur sa décision, d'autant qu'on n'était pas absolument certain que la lettre eût été dictée par lui, ni le sceau apposé par son ordre...

Le lendemain, Giannino quittait Bude, sans avoir eu le temps de réunir toutes les troupes qui s'étaient offertes à le servir, mais néanmoins avec une assez belle suite pour un prince qui avait si peu de terres.

Giovanni di Francia se rendit alors à Venise où il se fit tailler des habits royaux, puis à Trévise, à Padoue, à Ferrare, à Bologne, et enfin il rentra à Sienne, après un voyage de seize mois, pour se présenter aux élections du Conseil de la République.

Or, bien que son nom fût sorti le troisième des boules, le Conseil invalida son élection, justement parce qu'il était le fils de Louis X, justement parce qu'il était reconnu comme tel par le roi de Hongrie, justement parce qu'il n'était pas de la ville. Et on lui ôta la citoyenneté siennoise.

Vint à passer par la Toscane le grand sénéchal du royaume de Naples, qui se rendait en Avignon. Giannino s'empressa de l'aller trouver; Naples n'était-elle pas le berceau de sa famille maternelle? Le sénéchal, prudent, lui conseilla de s'adresser au pape.

Sans escorte cette fois, les nobles hongrois s'étant lassés, il arriva au printemps 1360 dans la cité papale, en simple habit de pèlerin. Innocent VI refusa obstinément de le recevoir. La France causait au Saint-Père trop de tracas pour qu'il songeât à s'occuper de cet étrange roi posthume.

Jean II le Bon était toujours prisonnier; Paris demeurait marqué par l'insurrection où le prévôt des marchands, Etienne Marcel, avait péri assassiné après sa tentative d'établir un pouvoir populaire. L'émeute était aussi dans les campagnes où la misère soulevait ceux qu'on appelait « les Jacques ». On se tuait partout, on ne savait plus qui était ami ou ennemi. Le dauphin aux mains gonflées, sans troupes et sans finances, luttait contre l'Anglais, luttait contre le Navarrais, luttait contre les Parisiens même, aidé du Breton du Guesclin auquel il avait remis l'épée qu'il ne pouvait tenir. Il s'employait en outre à réunir la rançon de son père.

L'embrouille était totale entre des factions toutes également épuisées; des compagnies, qui se disaient de soldats mais qui n'étaient que de brigands, rendaient les routes incertaines, pillaient les voyageurs, tuaient par simple vocation du meurtre.

Le séjour d'Avignon devenait, pour le chef de l'Eglise, aussi peu sûr que celui de Rome, même avec les Colonna. Il fallait traiter, traiter au plus vite, imposer la paix à ces combattants exténués, et que le roi d'Angleterre renonçât à la couronne de France, fût-ce à garder par droit de conquête la moitié du pays, et que le roi de France fût rétabli sur l'autre moitié pour y ramener un semblant d'ordre. Qu'avait-on à faire d'un pèlerin agité qui réclamait le royaume en brandissant l'incroyable relation de moines inconnus, et une lettre du roi de Hongrie que celui-ci démentait ?

Alors Giannino erra, cherchant quelque argent, essayant d'intéresser à son histoire des convives d'auberge qui disposaient d'une heure à perdre entre deux pichets de vin, accordant de l'influence à des gens qui n'en avaient point, s'abouchant avec des intrigants, des malchanceux, des routiers de grandes compagnies, des chefs de bandes anglaises qui, venues jusque-là, écumaient la Provence. On disait qu'il était fou et, en vérité, il le devenait.

Les notables d'Aix l'arrêtèrent un jour de janvier 1361 où il semait le trouble dans leur ville. Ils s'en débarrassèrent dans les mains du viguier de Marseille lequel le jeta en prison. Il s'évada au bout de huit mois pour être aussitôt repris ; et puisqu'il se réclamait si haut de sa famille de Naples, puisqu'il affirmait avec tant de force être le fils de Madame Clémence de Hongrie, le viguier l'envoya à Naples.

On négociait justement dans ce moment-là le mariage de la reine Jeanne, héritière de Robert l'Astrologue, avec le dernier fils de Jean II le Bon. Celui-ci, à peine revenu de sa joyeuse captivité, après la paix de Brétigny conclue par le dauphin, courait en Avignon où Innocent VI venait de mourir. Et le roi Jean II proposait au nouveau pontife Urbain V un magnifique projet, la fameuse croisade que ni son père Philippe de Valois ni son grand-père Charles n'avaient réussi à faire partir !

A Naples, Jean le Posthume, Jean l'Inconnu, fut enfermé au château de l'œuf ; par le soupirail de son cachot il pouvait voir le Château-Neuf, le *Maschio Angioino*, d'où sa mère était partie si heureuse, quarante-six ans plus tôt, pour devenir reine de France.

Ce fut là qu'il mourut, la même année, ayant partagé, lui aussi, par les détours les plus étranges, le sort des Rois maudits.

Quand Jacques de Molay, du haut de son bûcher, avait lancé son anathème, était-il instruit, par les sciences divinatoires dont les Templiers passaient pour avoir l'usage, de l'avenir promis à la race de Philippe le Bel ? Ou bien la fumée dans laquelle il mourait avait-elle ouvert son esprit à une vision prophétique ?

Les peuples portent le poids des malédictions plus longtemps que les princes qui les ont attirées.

Des descendants mâles du Roi de fer, nul n'avait échappé au destin tragique, nul ne survivait, sinon Edouard d'Angleterre, qui venait d'échouer à régner sur la France.

Mais le peuple, lui, n'était pas au bout de souffrir. Il lui faudrait connaître encore un roi sage, un roi fou, un roi faible, et soixante-dix ans de calamités, avant que les reflets d'un autre bûcher, allumé pour le sacrifice d'une fille de France, n'eussent dissipé, dans les eaux de la Seine, la malédiction du grand-maître.

Paris, 1954-1960
Essendiéras, 1965-1966

NOTES HISTORIQUES

1. — L'Eglise n'a jamais imposé de législation fixe ou uniforme au rituel du mariage et s'est plutôt contentée d'entériner des usages particuliers.

La diversité des rites et la tolérance de l'Eglise à leur égard reposent sur le fait que le mariage est par essence un contrat entre individus et un sacrement dont les contractants sont l'un envers l'autre mutuellement les ministres. La présence du prêtre, et même de tout témoin, n'était nullement requise dans les églises chrétiennes primitives. La bénédiction n'est devenue obligatoire qu'à partir d'un décret de Charlemagne. Jusqu'à la réforme du Concile de Trente au XVIe siècle, les fiançailles, par leur caractère d'engagement, avaient presque autant d'importance que le mariage lui-même.

Chaque région avait ses usages particuliers qui pouvaient varier d'un diocèse à un autre. Ainsi le rite de Hereford était différent du rite d'York. Mais de façon générale l'échange de vœux constituant le sacrement proprement dit avait lieu en public à l'extérieur de l'église. Le roi Edouard Ier épousa de la sorte Marguerite de France, en septembre 1299, à la porte de la cathédrale de Canterbury. L'obligation faite de nos jours de tenir ouvertes les portes de l'église pendant la cérémonie du mariage, et dont la non-observance peut constituer un cas d'annulation, est une précise survivance de cette tradition.

Le rite nuptial de l'archidiocèse d'York présentait certaines analogies avec celui de Reims, en particulier en ce qui concernait l'application successive de l'anneau aux quatre doigts, mais à Reims le geste était accompagné de la formule suivante :

Par cet anel l'Eglise enjoint
Que nos deux cœurs en ung soient joints
Par vray amour, loyale foy;
Pour tant je te mets en ce doy.

2. — Après l'annulation de son mariage avec Blanche de Bourgogne (voir notre précédent volume : *La Louve de France*), Charles IV avait épousé successivement Marie de Luxembourg, morte en couches, puis Jeanne d'Evreux. Celle-ci, nièce de Philippe le Bel par son père Louis de France comte d'Evreux, était également nièce de Robert d'Artois par sa mère Marguerite d'Artois, sœur de Robert.

3. — Par un traité conclu à la fin de 1327, Charles IV avait échangé le comté de la Marche, constituant précédemment son fief d'apanage, contre le comté de Clermont en Beauvaisis que Louis de Bourbon avait hérité de son père, Robert de Clermont. C'est à cette occasion que la seigneurie de Bourbon avait été élevée en duché.

4. — Cette année 1328 fut pour Mahaut d'Artois une année de maladie. Les comptes de sa maison nous apprennent qu'elle dut se faire saigner le surlendemain de ce conseil, 6 février 1328, et encore les 9 mai, 18 septembre et 19 octobre.

5. — *Un chapeau d'or* : terme employé au Moyen Age concurremment à celui de couronne. Egalement en orfèvrerie, *doigt* signifiait : bague.

6. — Pierre Roger, précédemment abbé de Fécamp, avait fait partie de la mission chargée des négociations entre la cour de Paris et la cour de Londres, avant l'hommage d'Amiens. Il fut nommé au diocèse d'Arras le 3 décembre 1328 en remplacement de Thierry d'Hirson ; puis il fut successivement archevêque de Sens, archevêque de Rouen ; et, enfin, élu pape en 1342 à la mort de Benoît XII, il régna sous le nom de Clément VI.

7. — Jusqu'au XVIe siècle, les grands miroirs, pour s'y voir en buste ou en pied, n'existaient pas ; on ne disposait que de miroirs de petites dimensions destinés à être pendus ou posés sur les meubles, ou encore de miroirs de poche. Ils étaient soit de métal poli, comme ceux de l'Antiquité, soit, et seulement depuis le XIIIe siècle, constitués par une plaque de verre derrière laquelle une feuille d'étain était appliquée à la colle transparente. L'étamage des glaces avec un amalgame de mercure et d'étain ne fut inventé qu'au XVIe siècle.

8. — Cet hôtel de la Malmaison, de dimensions palatiales, devait devenir par la suite l'Hôtel de ville d'Amiens.

9. — On nomme *hortillonnages* des cultures maraîchères qui se pratiquaient, et se pratiquent toujours, dans la large vallée marécageuse de la Somme, aménagée, selon un procédé et un aspect très particuliers, pour le maraîchage.

Ces jardins, artificiellement créés en surélevant le sol à l'aide du limon dragué dans le fond de la vallée, sont sillonnés de canaux qui drainent l'eau du sous-sol, et sur lesquels les maraîchers, ou *hortillons*, se déplacent dans de longues barques noires et plates, poussées à la perche, et qui les amènent jusqu'au Marché d'Eau dans Amiens.

Les hortillonnages couvrent un territoire de près de trois cents hectares. L'origine latine du nom (*hortus : jardin*) permet de supposer que ces cultures datent de la colonisation romaine.

10. — On appelait *princes à fleur de lis* tous les membres de la famille royale capétienne, parce que leurs armes étaient constituées d'un *semé de France* (d'azur semé de fleurs de lis d'or) avec une bordure variant selon leurs apanages ou fiefs.

11. — Guillaume de la Planche, bailli de Béthune, puis de Calais, se trouvait en prison pour l'exécution hâtive d'un certain Tassard le Chien, qu'il avait, de sa propre autorité, condamné à être traîné et pendu.

La Divion était venue le voir en sa prison et elle lui avait promis que, s'il témoignait dans le sens qu'elle lui indiquait, le comte d'Artois le tirerait d'affaire en faisant intervenir Miles de Noyers. Guillaume de la Planche, lors de la contre-enquête, se rétracta et déclara qu'il n'avait déposé que « *par peur des menaces et par doute de demeurer très longtemps et mourir en prison, s'il refusait d'obéir à Monseigneur Robert qui était si grand, si puissant et si avant environ le roi* ».

12. — *Mesquine* ou *meschine* (du wallon *eskène*, ou *méquène* en Hainaut, ou encore, en provençal, *mesquin*) signifiant : faible, pauvre, chétif, ou misérable, était le qualitatif généralement appliqué aux servantes.

13. — En juin 1320, Mahaut avait fait marché avec Pierre de Bruxelles, peintre demeurant à Paris, pour la décoration à fresques de la grande galerie de son château de Conflans, situé au confluent de la Marne et de la Seine. L'accord indiquait très précisément les sujets de ces fresques – portraits du comte Robert II et de ses chevaliers en batailles de terre et de mer –

les vêtements que devaient porter les personnages, les couleurs, et la qualité des matériaux utilisés.

Les peintures furent achevées le 26 juillet 1320.

14. — Ces recettes de sorcellerie, dont l'origine remonte au plus haut Moyen Age, étaient encore utilisées du temps de Charles IX et même sous Louis XIV ; certains assurèrent que la Montespan se prêta à la préparation de telles pâtes conjuratoires. Les recettes de la composition des philtres d'amour, qu'on lira plus loin, sont extraites des recueils du Petit ou du Grand Albert.

15. — Nous rappelons qu'après un emprisonnement de onze ans à Château-Gaillard, Blanche de Bourgogne fut transférée au château de Gournay, près Coutances, pour prendre enfin le voile à l'abbaye de Maubuisson où elle mourut en 1326. Mahaut, sa mère, devait être elle-même inhumée à Maubuisson ; ses restes ne furent transférés que plus tard à Saint-Denis où se trouve toujours son gisant, le seul, à notre connaissance, qui soit fait de marbre noir.

16. — De la Chandeleur de 1329 jusqu'au 23 octobre, Mahaut semble avoir été en excellente santé et n'avoir eu à faire que très peu appel à ses médecins ordinaires. Du 23 octobre, date de son entrevue avec Philippe VI à Maubuisson, jusqu'au 26 novembre, veille de sa mort, on peut suivre presque jour par jour l'évolution de sa maladie, grâce aux paiements faits par son trésorier aux *mires, physiciens, barbiers, herbière, apothicaires et espiciers*, pour leurs soins ou leurs fournitures.

17. — Le premier des douze enfants d'Edouard III et de Philippa de Hainaut, Edouard de Woodstock, prince de Galles, qu'on appela le *Prince Noir*, à cause de la couleur de son armure.

C'est lui qui devait remporter la victoire de Poitiers sur le fils de Philippe VI de Valois, Jean II, et faire ce dernier prisonnier.

Au cours d'une existence de grand chef de guerre, il vécut surtout sur le Continent, fut l'un des personnages dominants des débuts de la guerre de Cent Ans, et mourut un an avant son père, en 1376.

18. — Le texte original du jugement de Roger Mortimer fut rédigé en français.

19. — Les Common Gallows de Londres (le Montfaucon des Anglais), où étaient exécutés la plupart des condamnés de droit commun, étaient situés en bordure des bois de Hyde Park, au lieu appelé Tyburn, et qu'occupe actuellement Marble Arch. Pour y parvenir, depuis la Tour, il fallait donc traverser tout Londres, et sortir de la ville. Ce gibet fut utilisé jusqu'au milieu du XVIIIe siècle. Une plaque discrète en signale l'emplacement.

20. — La reine Jeanne la Boiteuse était coutumière de pareils méfaits et lorsqu'elle avait pris en détestation l'un des amis, conseillers ou serviteurs de son époux, usait des pires moyens pour assouvir sa haine.

Ainsi, voulant se débarrasser du maréchal Robert Bertrand, dit le Chevalier au Vert Lion, elle adressa au prévôt de Paris une lettre « de par le roi » lui ordonnant d'arrêter le maréchal pour trahison, et de l'envoyer pendre sur-le-champ au gibet de Montfaucon. Le prévôt était l'intime ami du maréchal ; cet ordre soudain que n'avait précédé aucune action de justice le stupéfia ; au lieu de conduire Robert Bertrand à Montfaucon, il l'emmena d'urgence trouver le roi, lequel leur fit le meilleur accueil, embrassa le maréchal et ne comprit rien à l'émoi de ses visiteurs. Quand ils lui montrèrent l'ordre d'arrestation, il reconnut aussitôt que l'ordre venait de sa femme et il enferma celle-ci, dit le chroniqueur, dans une chambre où il la battit à coups de bâton et tellement « *qu'il s'en fallut de peu qu'il la tuât* ».

L'évêque Jean de Marigny faillit lui aussi être victime des criminelles manœuvres de la Boiteuse. Il lui avait déplu et ne le savait pas. Il revenait d'une mission en Guyenne ; la reine feint de l'accueillir avec de grandes effusions d'amitié et pour le défatiguer lui fait préparer un bain au Palais. L'évêque d'abord refuse, n'en voyant pas l'urgente nécessité ; mais la reine insiste, lui disant que son fils Jean, le duc de Normandie (le futur Jean II), va se baigner également. Et elle l'accompagne aux étuves. Les deux bains sont prêts ; le duc de Normandie, par mégarde ou indifférence, se dirige vers le bain destiné à l'évêque et s'apprête à y entrer, quand sa mère, brusquement, l'en empêche, donnant des signes d'affolement. On s'étonne. Jean de Normandie, qui était fort ami de Marigny, flaire un piège, prend un chien qui rôdait là et le jette dans la cuve ; le chien meurt aussitôt. Le roi Philippe VI, quand l'incident lui fut raconté, à nouveau enferma sa femme et la roua « *à coup de torches* ».

Quant à l'hôtel de Nesle, il lui avait été donné par son mari en 1332, c'est-à-dire deux ans après que celui-ci eut acheté l'hôtel aux exécuteurs testamentaires de la fille de Mahaut, Jeanne de Bourgogne la Veuve, qui le tenait elle-même de son époux Philippe V.

En exécution d'une clause du testament de Jeanne la Veuve, le produit de la vente, mille livres en espèces plus un revenu de deux cents livres, servit à la fondation et à l'entretien d'une maison d'écoliers installée dans une dépendance de l'hôtel. C'est là l'origine du célèbre Collège de Bourgogne ; c'est également la cause de la confusion qui s'est établie, dans la mémoire populaire, entre les deux belles-sœurs, Marguerite et Jeanne de Bourgogne.

Les débauches d'écoliers qu'on attribua à Marguerite, et qui n'existèrent jamais que dans la légende, trouvent là leur explication.

21. — *Fautre*, ou *faucre* : crochet fixé au plastron de l'armure et destiné à y appuyer le bois de la lance et à en arrêter le recul au moment du choc. Le *fautre* était fixe jusqu'à la fin du XIVe siècle ; on le fit ensuite à charnière ou à ressort pour remédier à la gêne que causait cette saillie dans les combats à l'épée.

22. — Ce séjour secret d'Edouard III en France dura quatre jours, du 12 au 16 avril 1331, à Saint-Christophe-en-Halatte.

23. — Le *roi d'armes*, personnage qui avait des fonctions d'ordonnateur, présidait à toutes les formalités du tournoi.

24. — La compagnie des Tolomei, comme nous l'avons dit précédemment, était la plus importante des compagnies siennoises, après celle des Buonsignori. Sa fondation remontait à Tolomeo Tolomei, ami ou tout au moins familier d'Alexandre III, pape de 1159 à 1181, lui-même siennois, et qui fut l'adversaire de Frédéric Barberousse. Le palais Tolomei à Sienne fut édifié en 1205. Les Tolomei furent souvent les banquiers du Saint-Siège ; ils établirent leurs

filiales en France vers le milieu du XIIIe siècle, d'abord autour des foires de Champagne, puis en créant de nombreux comptoirs, dont celui de Neauphle, avec une maison principale à Paris.

Au moment des ordonnances de Philippe VI, et quand de nombreux négociants italiens furent emprisonnés pendant trois semaines pour ne recouvrer leur liberté qu'au prix de versements considérables, les Tolomei partirent subrepticement, emportant toutes les sommes déposées chez eux soit par d'autres compagnies italiennes, soit par leurs clients français, ce qui créa d'assez sérieuses difficultés au Trésor.

25. — Ces « remontrances » avaient été poussées fort loin puisque Jean de Luxembourg, pour complaire à Philippe VI, avait monté une coalition et menacé le duc de Brabant d'envahir ses terres. Le duc de Brabant préféra expulser Robert d'Artois, mais non sans avoir, à cette occasion, négocié une opération fructueuse : le mariage de son fils aîné avec la fille du roi de France. Jean de Bohême, de son côté, fut remercié de son intervention par la conclusion du mariage de sa fille Bonne de Luxembourg avec l'héritier de France, Jean de Normandie.

26. — Le 2 octobre 1332. Le serment demandé par Philippe VI à ses barons était un serment de fidélité au duc de Normandie « *qui droit hoir et droit sire doit être du royaume de France* ». N'étant pas héritier direct de la couronne et n'ayant reçu celle-ci que par choix des pairs, Philippe VI revenait aux coutumes de la monarchie élective, celle des premiers Capétiens.

27. — Le vieux roi lépreux Robert Bruce, qui avait tenu si longtemps en échec Edouard II et Edouard III, était mort en 1329, laissant sa couronne à un enfant de sept ans, David Bruce. La minorité de David fut une occasion pour les différentes factions de rouvrir leur querelle. Le petit David fut emmené pour sa sauvegarde par des barons de son parti qui prirent refuge avec lui à la cour de France, tandis qu'Edouard III soutenait les prétentions d'un gentilhomme français d'origine normande, Edouard de Baillol, parent des anciens rois d'Ecosse et qui acceptait que la couronne écossaise fût placée sous la suzeraineté anglaise.

28. — Jean Buridan, né vers 1295 à Béthune en Artois, était disciple d'Occam. Son enseignement philosophique et théologique lui valut une immense réputation ; il devint à trente ou trente-deux ans recteur de l'Université de Paris. Sa controverse avec le vieux pape Jean XXII, et le schisme qu'elle faillit entraîner, accrurent encore sa célébrité. Il devait, dans la seconde partie de sa vie, se retirer en Allemagne où il enseigna principalement à Vienne. Il mourut en 1360.

Le rôle que l'imagination populaire lui prêta dans l'affaire de la tour de Nesle est de pure fantaisie et n'apparaît d'ailleurs que dans des récits de deux siècles postérieurs.

29. — On relève, dans les comptes du trésorier de l'Echiquier, pour les seuls premiers mois de 1337 : en mars, un ordre de payer deux cents livres à Robert d'Artois comme don du roi ; en avril, un don de trois cent quatre-vingt-trois livres, un autre de cinquante-quatre livres, et l'octroi des châteaux de Guilford, Wallingford et Somerton ; en mai, l'attribution d'une pension annuelle de douze cents marcs esterlins ; en juin, le remboursement de quinze livres dues par Robert à la Compagnie des Bardi, etc.

30. — L'imagination du romancier hésiterait devant pareille coïncidence, qui semble vraiment trop grossière et volontaire, si la vérité des faits ne l'y obligeait. D'avoir été le lieu où fut présenté le défi d'Edouard III, acte qui ouvrit juridiquement la guerre de Cent Ans, ne termine pas d'ailleurs l'étrange destin de l'hôtel de Nesle.

Le connétable Raoul de Brienne, comte d'Eu, habitait l'hôtel de Nesle lorsqu'il fut arrêté en 1350 par ordre de Jean le Bon pour être condamné à mort et décapité.

L'hôtel fut encore le séjour de Charles le Mauvais, roi de Navarre (le petit-fils de Marguerite de Bourgogne), qui prit les armes contre la maison de France.

Plus tard, Charles VI le Fou devait le donner à sa femme, Isabeau de Bavière, qui livra par traité la France aux Anglais en dénonçant son propre fils, le dauphin, comme adultérin.

A peine l'hôtel fut-il donné à Charles le Téméraire par Charles VII que ce dernier mourut, et que le Téméraire entra en conflit avec le nouveau roi Louis XI.

François Ier céda une partie des bâtiments à Benvenuto Cellini ; puis Henri II y fit installer un atelier pour la fabrication des pièces de monnaie, et la Monnaie de Paris est toujours à cet emplacement. On voit par là l'ampleur qu'avait l'ensemble du terrain et des édifices.

Charles IX, pour pouvoir payer ses gardes suisses, fit mettre en vente l'hôtel et la Tour qui furent acquis par le duc de Nevers, Louis de Gonzague ; celui-ci les fit raser pour édifier à la place l'hôtel de Nevers.

Enfin Mazarin se rendit acquéreur de l'hôtel de Nevers pour le démolir et le remplacer par le Collège des Quatre Nations, qui subsiste toujours : c'est le siège aujourd'hui de l'Institut de France.

31. — La reine Isabelle devait vivre encore vingt ans, mais sans reprendre jamais aucune participation aux affaires de son siècle. La fille de Philippe le Bel mourut le 23 août 1358, au château de Hertford, et son corps fut inhumé en l'église des franciscains de Newgate à Londres.

32. — En dépit des luttes politiques, émeutes, rivalités entre les classes sociales ou avec les cités voisines qui sont le lot commun des républiques italiennes à cette époque, Sienne connut au XIVe siècle sa grande période de prospérité et de gloire, autant pour ses arts que pour son commerce. Entre l'occupation de la ville par Charles de Valois en 1301 et sa conquête en 1399 par Jean Galeazzo Visconti, duc de Milan, le seul malheur véritable qui s'abattit sur Sienne fut l'épidémie de peste de 1347-1348.

33. — Tout le temps qu'il passa en Avignon, Pétrarque ne cessa d'exhaler, avec un rare talent de pamphlétaire, sa haine contre cette ville. Ses lettres, où il faut faire la part de l'exagération poétique, nous ont laissé une saisissante peinture d'Avignon au temps des papes.

« ... *J'habite maintenant, en France, la Babylone de l'Occident, tout ce que le soleil voit de plus hideux, sur les bords du Rhône indompté qui ressemble au Cocyte ou à l'Achéron du Tartare, où règnent les successeurs, jadis pauvres, du pêcheur, qui ont oublié leur origine. On est confondu de voir, au lieu d'une sainte solitude, une affluence criminelle et des bandes d'infâmes satellites répandus partout ; au lieu de jeûnes austères, des festins pleins de sensualité ; au lieu de pieuses pérégrinations, une oisiveté cruelle et impudique ; au lieu des pieds nus des apôtres, les coursiers rapides des voleurs, blancs comme la neige, couverts d'or, logés dans l'or, rongeant de l'or, et bientôt chaussés d'or. Bref, on dirait les rois des Perses ou des Parthes, qu'il faut adorer et qu'il n'est pas permis de visiter sans leur offrir des présents... »*

(Lettre V)

« ... Aujourd'hui Avignon n'est plus une ville, c'est la patrie des larves et des lémures ; et pour le dire en un mot, c'est la sentine de tous les crimes, et de toutes les infamies ; c'est cet enfer des vivants signalé par la bouche de David... »

(Lettre VIII)

« ... Je sais par expérience qu'il n'y a là aucune pitié, aucune charité, aucune foi, aucun respect, aucune crainte de Dieu, rien de saint, rien de juste, rien d'équitable, rien de sacré, enfin rien d'humain... Des mains douces, des actes cruels ; des voix d'anges, des actes de démons ; des chants harmonieux, des cœurs de fer... »

(Lettre XV)

« ... C'est le seul endroit de la terre où la raison n'a aucune place, où tout se meurt sans réflexion et au hasard, et parmi toutes les misères de cet endroit, dont le nombre est infini, le comble de la déception c'est que tout y est plein de glu, de grappins, en sorte que, quand on croit s'échapper on se trouve enlacé et enchaîné plus étroitement. En outre il n'y a là ni lumière ni guide... Et, pour employer le mot de Lucain, "une nuit noire de crimes"... Vous ne diriez pas un peuple, mais une poussière que le vent fait tournoyer... »

(Lettre XVI)

« ... Satan regarde en riant ce spectacle et prend plaisir à cette danse inégale, assis comme arbitre entre ces décrépits et ces jeunes filles... Il y avait dans le nombre (des cardinaux) un petit vieillard capable de féconder tous les animaux ; il avait la lasciveté d'un bouc ou s'il y a quelque chose de plus puant qu'un bouc. Soit qu'il eût peur des rats ou des revenants, il n'osait pas dormir seul. Il trouvait qu'il n'y a rien de plus triste et de plus malheureux que le célibat. Il célébrait tous les jours un nouvel

hymen. Il avait depuis longtemps dépassé la soixante-dixième année et il lui restait tout au plus sept dents... »

(Lettre XVIII)

(Pétrarque, *Lettres sans titre*, à Cola de Rienzi, tribun de Rome, et à d'autres.)

QUAND UN ROI PERD LA FRANCE

« *Notre plus longue guerre, la guerre de Cent Ans, n'a été qu'un débat judiciaire, entrecoupé de recours aux armes.* »

Paul Claudel

Introduction

Les tragédies de l'Histoire révèlent les grands hommes : mais ce sont les médiocres qui provoquent les tragédies.

Au début du XIVe siècle, la France est le plus puissant, le plus peuplé, le plus actif, le plus riche des royaumes chrétiens, celui dont les interventions sont redoutées, les arbitrages respectés, la protection recherchée. Et l'on peut penser que s'ouvre pour l'Europe un siècle français.

Qu'est-ce donc qui fait, quarante ans après, que cette même France est écrasée sur les champs de bataille par une nation cinq fois moins nombreuse, que sa noblesse se partage en factions, que sa bourgeoisie se révolte, que son peuple succombe sous l'excès de l'impôt, que ses provinces se détachent les unes des autres, que des bandes de routiers s'y livrent au ravage et au crime, que l'autorité y est bafouée, la monnaie dégradée, le commerce paralysé, la misère et l'insécurité partout installées ? Pourquoi cet écroulement ? Qu'est-ce donc qui a retourné le destin ?

C'est la médiocrité. La médiocrité de quelques rois, leur infatuation vaniteuse, leur légèreté aux affaires, leur inaptitude à bien s'entourer, leur nonchalance, leur présomption, leur incapacité à concevoir de grands desseins ou seulement à poursuivre ceux conçus avant eux.

Rien ne s'accomplit de grand, dans l'ordre politique, et rien ne dure, sans la présence d'hommes dont le génie, le caractère, la volonté inspirent, rassemblent et dirigent les énergies d'un peuple.

Tout se défait dès lors que des personnages insuffisants se succèdent au sommet de l'Etat. L'unité se dissout quand la grandeur s'effondre.

La France, c'est une idée qui épouse l'Histoire, une idée volontaire qui, à partir de l'an mille, habite une famille régnante et qui se transmet si opiniâtrement de père à fils que la primogéniture dans la branche aînée devient rapidement une légitimité suffisante.

La chance, certes, y eut sa part, comme si le destin voulait favoriser, à travers une dynastie robuste, cette nation naissante. De l'élection du premier Capétien à la mort de Philippe le Bel, onze rois seulement en trois siècles et quart, et chacun laissant un héritier mâle.

Oh ! tous ces souverains ne furent pas des aigles. Mais, presque toujours, à l'incapable ou à l'infortuné succède immédiatement, comme par une grâce du ciel, un monarque de haute stature ; ou bien un grand ministre gouverne aux lieu et place d'un prince défaillant.

La toute jeune France manque de périr dans les mains de Philippe Ier, homme de petits vices et de vaste incompétence. Survient alors le gros Louis VI, l'infatigable, qui trouve, à son avènement, un pouvoir menacé à cinq lieues de Paris, et le laisse, à sa mort, restauré ou établi jusques aux Pyrénées. L'incertain, l'inconséquent Louis VII engage le royaume dans les désastreuses aventures d'outre-mer ; mais l'abbé Suger maintient, au nom du monarque, la cohésion et l'activité du pays.

Et puis la chance de la France, chance répétitive, c'est d'avoir ensuite, répartis entre la fin du XIIe siècle et le début du XIVe, trois souverains de génie ou d'exception, chacun servi par une assez longue durée au trône – quarante-trois ans, quarante et un ans, vingt-neuf ans de règne – pour que son dessein principal devienne irréversible. Trois hommes de nature et de vertus bien différentes, mais tous trois très au-dessus du commun des rois.

Philippe Auguste, forgeron de l'Histoire, commence, autour et au-delà des possessions royales, à sceller réellement l'unité de la patrie. Saint Louis, illuminé par la piété, commence d'établir, autour de la justice royale, l'unité du droit. Philippe le Bel, gouvernant supérieur, commence d'imposer, autour de l'administration royale, l'unité de l'Etat. Aucun n'eut pour souci premier de plaire, mais celui d'être agissant et efficace. Chacun dut avaler l'amer breuvage de l'impopularité. Mais ils furent plus regrettés après leur mort qu'ils n'avaient été, de leur vivant, décriés, moqués ou haïs. Et surtout ce qu'ils avaient voulu se mit à exister.

Une patrie, une justice, un Etat : les fondements définitifs d'une nation. La France, avec ces trois suprêmes artisans de l'idée française, était sortie du temps des virtualités. Consciente de soi, elle s'affirmait dans le monde occidental comme une réalité indiscutable et rapidement prééminente.

Vingt-deux millions d'habitants, des frontières bien gardées, une armée rapidement mobilisable, des féodaux maintenus dans l'obéissance, des circonscriptions administratives assez exactement contrôlées, des routes sûres, un commerce actif ; quel autre pays chrétien peut alors se comparer à la France, et lequel ne l'envie pas ? Le peuple se plaint, certes, de sentir sur lui une main qu'il juge trop ferme ; il gémira bien plus quand il sera livré à des mains trop molles ou trop folles.

Avec la mort de Philippe le Bel, soudain, c'est la brisure. La longue chance successorale est épuisée.

Les trois fils du Roi de fer défilent au trône sans laisser de descendance mâle. Nous avons conté précédemment les drames que connut alors la cour de France, autour d'une couronne mise et remise aux enchères des ambitions.

Quatre rois au tombeau en l'espace de quatorze ans ; il y a de quoi consterner les imaginations ! La France n'était pas habituée de courir si souvent à Reims. Le tronc de l'arbre capétien est comme foudroyé. Et ce n'est pas de voir la couronne glisser à la branche Valois, la branche agitée, qui va rassurer personne. Princes ostentatoires, irréfléchis, d'une présomption énorme, tout en gestes et sans profondeur, les Valois s'imaginent qu'il leur suffit de sourire pour que le royaume soit heureux. Leurs devanciers confondaient leur personne avec la France. Eux confondent la France avec l'idée qu'ils se font d'eux-mêmes. Après la malédiction des trépas rapides, la malédiction de la médiocrité.

Le premier Valois, Philippe VI, qu'on appelle « le roi trouvé », autrement dit le parvenu, n'a pas su en dix ans bien assurer son pouvoir puisque c'est au bout de ce temps que son cousin germain, Edouard III d'Angleterre, se décide à rouvrir la querelle dynastique ; il se déclare en droit roi de France, ce qui lui permet de soutenir, en Flandre, en Bretagne, en Saintonge, en Aquitaine, tous ceux, villes ou seigneurs, qui ont à se plaindre du nouveau règne. En face d'un plus efficace monarque, l'Anglais eût sans doute continué d'hésiter.

Pas davantage, Philippe de Valois n'a su repousser les périls ; sa flotte est détruite à l'Ecluse par la faute d'un amiral choisi, sans doute, pour sa méconnaissance de la mer ; et lui-même, le roi, erre à travers champs, au soir de Crécy, pour avoir laissé ses troupes à cheval charger par-dessus leur propre infanterie.

Quand Philippe le Bel instituait des impôts dont on lui faisait grief, c'était afin de mettre la France en état de défense. Quand

Philippe de Valois exige des taxes plus lourdes encore, c'est pour payer le prix de ses défaites.

Dans les cinq dernières années de son règne, le cours des monnaies sera modifié cent soixante fois ; l'argent perdra les trois quarts de sa valeur. Les denrées, vainement taxées, atteignent des prix vertigineux. Une inflation sans précédent rend les villes grondantes.

Lorsque les ailes du malheur tournent au-dessus d'un pays, tout s'en mêle, et les calamités naturelles s'ajoutent aux erreurs des hommes.

La peste, la grande peste, partie du fond de l'Asie, frappe la France plus durement qu'aucune région d'Europe. Les rues des villes sont des mouroirs, les faubourgs, des charniers. Ici un quart de la population, ailleurs un tiers succombent. Des villages entiers disparaissent dont il ne restera, parmi les friches, que des masures ouvertes au vent.

Philippe de Valois avait un fils que la peste, hélas ! épargna.

Il restait à la France quelques degrés à descendre dans la ruine et la détresse ; ce sera l'œuvre de celui-là, Jean II, dit par erreur le Bon.

Cette lignée de médiocres fut tout près de faire écarter, dès le Moyen Age, un système qui confiait à la nature de produire, au sein d'une même famille, le détenteur du pouvoir souverain. Mais les peuples sont-ils plus souvent gagnants à la loterie des urnes qu'à celle des chromosomes ? Les foules, les assemblées, même les collèges restreints ne se trompent pas moins que la nature ; et la providence, de toute manière, est avare de grandeur.

PREMIÈRE PARTIE

LES MALHEURS VIENNENT DE LOIN

1

Le cardinal de Périgord pense...

J'aurais dû être pape. Comment ne pas penser et repenser que, par trois fois, j'ai tenu la tiare entre mes mains ; trois fois ! Tant pour Benoît XII que pour Clément VI, ou que pour notre actuel pontife, c'est moi, en fin de lutte, qui ai décidé de la tête sur laquelle la tiare serait posée. Mon ami Pétrarque m'appelle le faiseur de papes... Pas si bon faiseur que cela, puisque ce ne put jamais être sur la mienne. Enfin, la volonté de Dieu... Ah ! l'étrange chose qu'un conclave ! Je crois bien que je suis le seul des cardinaux vivants à en avoir vu trois. Et peut-être en verrai-je un quatrième, si notre Innocent VI est aussi malade qu'il se plaint de l'être...

Quels sont ces toits là-bas ? Oui, je reconnais, c'est l'abbaye de Chancelade, dans le vallon de la Beauronne... La première fois, certes, j'étais trop jeune. Trente-trois ans, l'âge du Christ ; et cela se murmurait en Avignon, dès qu'on sut que Jean XXII... Seigneur, gardez son âme dans votre sainte lumière ; il fut mon bienfaiteur... ne se relèverait pas. Mais les cardinaux n'allaient pas élire le plus jeunot d'entre leurs frères ; et c'était raisonnable, je le confesse volontiers. Il faut en cette charge l'expérience que j'ai acquise depuis. Tout de même, j'en possédais assez, déjà, pour ne point m'enfler la tête de vaines illusions... En faisant suffisamment chuchoter aux Italiens que jamais, jamais, les cardinaux français ne voteraient pour Jacques Fournier, j'ai réussi à précipiter leurs votes sur lui, et à le faire élire à l'unanimité. « Vous avez élu un âne ! » C'est le remerciement qu'il nous a crié sitôt son nom proclamé. Il connaissait ses insuffisances. Non, pas un âne ; pas un lion non plus. Un bon général d'Ordre, qui avait assez bien su se faire obéir, à la tête des chartreux. Mais diriger l'entière chrétienté... trop minutieux, trop tatillon, trop inquisiteur. Ses réformations, finalement, ont fait plus de mal que de bien. Seulement, avec lui, on était absolument certain que le Saint-Siège ne retournerait pas à Rome. Sur ce point-là, un mur, un roc... et c'était l'essentiel.

La seconde fois, au conclave de 1342... ah ! la seconde fois, j'aurais eu toutes mes chances si... si Philippe de Valois n'avait pas voulu faire élire son chancelier, l'archevêque de Rouen. Nous, les Périgord, nous avons toujours été obéissants à la couronne de France. Et puis, comment aurais-je pu continuer d'être le chef du parti français si j'avais prétendu m'opposer au roi ? D'ailleurs Pierre Roger a été un grand pape, le meilleur à coup sûr de ceux que j'ai servis. Il suffit de voir ce qu'est devenue Avignon avec lui, le palais qu'il a fait construire, et ce grand afflux de lettrés, de savants et d'artistes... Et puis, il a réussi à acheter Avignon. Cette négociation-là, c'est moi qui l'ai faite, avec la reine de Naples ; je peux bien dire que c'est mon œuvre. Quatre-vingt mille florins, ce n'était rien, une aumône. La reine Jeanne avait moins besoin d'argent que d'indulgences pour tous ses mariages successifs, sans parler de ses amants.

Sûrement, l'on a mis à mes chevaux de somme des harnais neufs. Ma litière manque de moelleux. C'est toujours ainsi quand on prend le départ, toujours ainsi... Dès lors, le vicaire de Dieu a cessé d'être comme un locataire, assis du bout des fesses sur un trône incertain. Et la cour que nous avons eue, qui donnait l'exemple au monde ! Tous les rois s'y pressaient. Pour être pape, il ne suffit pas d'être prêtre ; il faut aussi savoir être prince. Clément VI fut un grand politique ; il entendait volontiers mes conseils. Ah ! la ligue navale qui groupait les Latins d'Orient, le roi de Chypre, les Vénitiens, les Hospitaliers... Nous avons nettoyé l'archipel de Grèce des barbaresques qui l'infestaient ; et nous allions faire plus. Et puis il y eut cette absurde guerre entre les rois français et anglais, dont je me demande si elle finira jamais, et qui nous a empêchés de poursuivre notre projet, ramener l'Eglise d'Orient dans le giron de la Romaine. Et puis, il y eut la peste... et puis Clément est mort...

La troisième fois, au conclave d'il y a quatre ans, c'est ma naissance qui m'a fait empêchement. J'étais trop grand seigneur, paraît-il, et nous venions d'en avoir un. Moi, Hélie de Talleyrand, qu'on appelle le cardinal de Périgord, pensez donc, c'eût été une insulte aux pauvres que de me choisir ! Il y a des moments où l'Eglise est saisie d'une soudaine fureur d'humilité et de petitesse. Ce qui ne lui vaut jamais rien. Dépouillons-nous de nos ornements, cachons nos chasubles, vendons nos ciboires d'or et offrons le Corps du Christ dans une écuelle de deux deniers, vêtons-nous comme des manants, et bien crasseux s'il se peut, de sorte que nous ne sommes plus respectés de personne, et d'abord point des manants... Dame ! si nous nous faisons pareils à eux, pourquoi nous honoreraient-ils ? et nous en arrivons à ne plus nous respecter nous-mêmes... Les acharnés d'humilité, lorsque vous leur opposez cela, vous mettent le nez dans l'Evangile, comme s'ils étaient seuls à le connaître, et ils insistent sur la crèche, entre le bœuf et l'âne, et ils insistent sur l'échoppe du charpentier... Faites-vous semblable à Notre-Seigneur Jésus... Mais Notre-Seigneur, où est-il en ce moment, mes petits clercs vaniteux ? N'est-il pas à la droite du Père et confondu en lui dans sa Toute-Puissance ? N'est-il pas le Christ en majesté, trônant dans la lumière des astres et la musique des cieux ? N'est-il pas le roi du monde, entouré des légions de séraphins et de bienheureux ? Qu'est-ce donc qui vous autorise à décréter laquelle de ces images vous devez, à travers votre personne, offrir aux fidèles, celle de sa brève existence terrestre ou celle de son éternité triomphante ?

... Tiens, si je passe par quelque diocèse où je vois l'évêque un peu trop porté à rabaisser Dieu en épousant les idées nouvelles, voilà ce que je prêcherai... Marcher en supportant vingt livres d'or tissé, et la mitre, et la crosse, ce n'est pas plaisant tous les jours, surtout quand on le fait depuis plus de trente années. Mais c'est nécessité.

On n'attire pas les âmes avec du vinaigre. Quand un pouilleux dit à d'autres pouilleux « mes frères », cela ne leur produit pas grand effet. Si c'est un roi qui le leur dit, là, c'est différent. Procurer aux gens un peu d'estime d'eux-mêmes, voilà bien la première charité qu'ignorent nos fratricelles et autres gyrovagues. Justement parce que les gens sont pauvres, et souffrants, et pécheurs, et misérables, il faut leur donner quelque raison d'espérer en l'au-delà. Eh oui ! avec de l'encens, des dorures, des musiques. L'Eglise doit offrir aux fidèles une vision du royaume céleste, et tout prêtre, à commencer par le pape et ses cardinaux, refléter un peu l'image du Pantocrator...

Au fond, ce n'est pas mauvaise chose de me parler ainsi à moi-même ; j'y trouve arguments pour mes prochains sermons. Mais je préfère les trouver en compagnie... J'espère que Brunet n'a pas oublié mes dragées. Ah ! non, les voilà. D'ailleurs, il n'oublie jamais...

Moi, qui ne suis pas grand théologien, comme ceux qui nous pleuvent de partout ces temps-ci, mais qui ai charge de tenir en ordre et propreté la maison du bon Dieu sur la terre, je me refuse à réduire mon train et mon hôtel ; et le pape lui-même, qui sait trop ce qu'il me doit, ne s'est pas avisé de m'y contraindre. S'il lui plaît de s'apetisser sur son trône, c'est affaire qui le regarde. Mais moi qui suis son nonce, je veille à préserver la gloire de son sacerdoce.

Je sais que d'aucuns daubent sur ma grande litière pourpre à pommeaux et clous dorés où je vais à présent, et mes chevaux houssés de pourpre, et les deux cents lances de mon escorte, et mes trois lions de Périgord brodés sur ma bannière et sur la livrée de mes sergents. Mais à cause de cela, quand j'entre dans une ville, tout le peuple accourt pour se prosterner, on vient baiser mon manteau, et j'oblige les rois à s'agenouiller... pour votre gloire, Seigneur, pour votre gloire.

Seulement, ces choses n'étaient pas dans l'air du dernier conclave, et l'on me le fit bien sentir. On voulait un homme du commun, on voulait un simple, un humble, un dépouillé. C'est de justesse que j'ai pu éviter qu'on nous élise Jean Birel, un saint homme, oh ! certes, un saint homme, mais qui n'avait pas une once d'esprit de gouvernement et qui aurait été un second Pierre de Morone. J'ai eu assez d'éloquence pour représenter à mes frères conclavistes combien il y aurait péril, dans l'état où se trouvait l'Europe, à commettre l'erreur de nous donner un autre Célestin V. Ah ! je ne l'ai pas ménagé le Birel ! J'ai fait de lui un tel éloge, en montrant combien ses vertus admirables le rendaient impropre à gouverner l'Eglise, qu'il en est resté tout écrasé. Et je suis parvenu à faire proclamer Etienne Aubert qui était né assez pauvrement, du côté de Pompadour, et dont la carrière manquait assez d'éclat pour qu'il pût rallier tout le monde à son nom.

On nous assure que le Saint-Esprit nous éclaire afin de nous faire désigner le meilleur ; en fait, nous votons le plus souvent pour éloigner le pire.

Il me déçoit, notre Saint-Père. Il gémit, il hésite, il décide, il se reprend. Ah ! j'aurais conduit l'Eglise d'autre façon ! Et puis, cette idée qu'il a eue d'envoyer le cardinal Capocci avec moi, comme s'il fallait deux légats, comme si je n'étais point assez averti pour mener les choses tout seul ! Le résultat ? Nous nous brouillons dès l'arrivée, parce que je lui montre sa sottise ; il fait l'offensé, mon Capocci ; il se retire ; et tandis que je cours de Breteuil à Montbazon, de Montbazon à Poitiers, de Poitiers à Bordeaux, de Bordeaux à Périgueux, lui, de Paris, il ne fait rien qu'écrire partout pour brouiller mes négociations. Ah ! j'espère bien ne pas le retrouver à Metz, chez l'Empereur...

Périgueux, mon Périgord... Mon Dieu, est-ce la dernière fois que je les aurais vus ?

Ma mère tenait pour assuré que je serais pape. Elle me l'a fait entendre en plus d'une occasion. C'est pour cela qu'elle me fit prendre la tonsure quand j'avais six ans, et qu'elle obtint de Clément V, qui lui portait grande et belle amitié, que je fusse aussitôt inscrit comme escholier papal, et apte à recevoir bénéfices. Quel âge avais-je quand elle me conduisit à lui ?... « Dame Brunissande, puisse votre fils, que nous bénissons spécialement, montrer dans l'état que vous lui avez choisi les vertus qu'on peut attendre de son lignage, et s'élever rapidement vers les plus hauts offices de notre sainte Eglise. » Non, guère plus de sept ans. Il me fit chanoine de Saint-Front ; mon premier camail. Presque cinquante ans de cela... Ma mère me voyait pape. Etait-ce rêve d'ambition maternelle, ou bien vraiment vision prophétique comme les femmes parfois en ont ? Hélas, je crois bien que je ne serai point pape.

Et pourtant... et pourtant, dans mon ciel de naissance, Jupiter est conjoint au Soleil, en belle culmination, ce qui est signe de domination et de règne dans la paix. Aucun des autres cardinaux n'a de si beaux aspects que les miens. Ma configuration était bien meilleure que celle d'Innocent, le jour de l'élection. Mais voilà... règne dans la paix, règne dans la paix ; or nous sommes dans la guerre, le trouble et l'orage. J'ai de trop beaux astres pour les temps où nous sommes. Ceux d'Innocent, qui disent difficultés, erreurs, revers, convenaient mieux à cette période sombre. Dieu accorde les hommes avec les moments du monde, et appelle les papes qui conviennent à ses desseins, tel pour la grandeur et la gloire, tel pour l'ombre et la chute...

Si je n'avais été dans l'Eglise, comme ma mère l'a voulu, j'aurais été comte de Périgord, puisque mon frère aîné est mort sans descendance, l'année précisément de mon premier conclave, et que la couronne, faute que je puisse la ceindre, est passée à mon frère cadet, Roger-Bernard... Ni pape, ni comte. Allons, il faut accepter la place où la Providence nous met, et s'efforcer d'y faire de son mieux. Sans doute serai-je de ces hommes qui ont eu grand rôle et grande figure dans leur siècle, et qui sont oubliés aussitôt que disparus. La mémoire des peuples est paresseuse ; elle ne retient que le nom des rois... Votre volonté, Seigneur, votre volonté...

Et puis, rien ne sert de repenser à ces choses, que je me suis dites cent fois... C'est d'avoir revu le Périgueux de mon enfance, et ma chère collégiale Saint-Front, et de m'en éloigner, qui me remue l'âme. Regardons plutôt ce paysage que je vois peut-être pour la dernière fois. Merci, Seigneur, de m'avoir octroyé cette joie...

Mais pourquoi me mène-t-on d'un train si rapide ? Nous venons déjà de passer Château-l'Evêque ; d'ici Bourdeilles, nous n'en avons guère que pour deux heures. Le jour du départ, il faut toujours faire petite étape. Les adieux, les dernières suppliques, les dernières bénédictions qu'on vous vient demander, le bagage oublié : on ne part jamais à l'heure décidée. Mais cette fois, c'est vraiment petite étape...

Brunet !... Holà ! Brunet, mon ami ; va en tête commander qu'on ralentisse le train. Qui nous emmène avec cette hâte ? Est-ce Cunhac ou La Rue ? Point n'est besoin de me secouer autant. Et puis va dire à Monseigneur Archambaud, mon neveu, qu'il descende de sa monture et que je le convie à partager ma litière. Merci, va...

Pour venir d'Avignon, j'avais avec moi mon neveu Robert de Durazzo ; il fut un fort agréable compagnon. Il avait bien des traits de ma sœur Agnès, et de notre mère. Qu'est-il allé se faire occire à Poitiers, par ces butors d'Anglais, en se portant dans la bataille du roi de France ! Oh ! je ne l'en désapprouve pas, même si j'ai dû feindre de le faire. Qui pouvait penser que le roi Jean irait se faire étriller de pareille sorte ! Il aligne trente mille hommes contre six mille, et le soir il se retrouve prisonnier. Ah ! l'absurde prince, le niais ! Alors qu'il pouvait, s'il avait seulement accepté l'accord que je lui portais comme sur un plateau d'offrandes, tout gagner sans livrer bataille !

Archambaud me paraît moins vif et brillant que Robert. Il n'a pas connu l'Italie, qui délie beaucoup la jeunesse. Enfin, c'est lui qui sera comte de Périgord, si Dieu le veut. Cela va le former, ce jeune homme, de voyager en ma compagnie. Il a tout à apprendre de moi... Une fois mes oraisons faites, je n'aime point à rester seul.

2

Le cardinal de Périgord parle

Ce n'est pas que je répugne à chevaucher, Archambaud, ni que l'âge m'en ait rendu incapable. Croyez-moi, je puis fort bien encore couvrir mes quinze lieues à cheval, et j'en sais de plus jeunes que moi que je laisserais en arrière. D'ailleurs, comme vous le voyez, j'ai toujours un palefroi qui me suit, tout harnaché pour le cas où j'aurais l'envie ou la nécessité de l'enfourcher. Mais je me suis avisé qu'une pleine journée à ressauter dans sa selle ouvre l'appétit mieux que l'esprit, et porte à manger et à boire gros plutôt qu'à garder tête claire, comme j'ai besoin de l'avoir quand souvent il me faut inspecter, régenter ou négocier dès mon arrivée.

Bien des rois, et celui de France tout le premier, conduiraient plus profitablement leurs Etats s'ils se fatiguaient un peu moins le rein et davantage la cervelle, et s'ils ne s'obstinaient à traiter des plus grandes affaires à table, en fin d'étape ou retour de chasse. Notez que l'on ne se déplace pas moins vite en litière, comme je le fais, si l'on a de bons sommiers dans les brancards, et la prudence de les changer souvent... Voulez-vous une dragée, Archambaud ? dans le petit coffret à votre main... eh bien, passez-m'en une...

Savez-vous combien de jours j'ai mis d'Avignon à Breteuil en Normandie, pour aller trouver le roi Jean qui y montait un absurde siège ? Dites un peu ?... Non, mon neveu ; moins que cela. Nous sommes partis le 21 juin, le jour du solstice, et point à la première heure. Car vous savez, ou plutôt vous ne savez point comment se passe le départ d'un nonce, ou de deux, puisque nous étions deux en l'occasion... Il est de bonne coutume que tout le collège des cardinaux, après messe, fasse escorte aux partants, jusqu'à une lieue de la ville ; et il y a toujours grande foule à suivre ou à regarder de part et d'autre du chemin. Et l'on se doit d'aller à pas de procession, pour donner dignité au cortège. Puis on fait halte, et les cardinaux se rangent en ligne par ordre de préséance, et le nonce échange avec chacun le baiser de paix. Toute cette cérémonie met loin de l'aurore... Donc nous partîmes le 21 juin. Or, nous étions rendus à Breteuil le 9 juillet. Dix-huit jours. Niccola Capocci, mon colégat, était malade. Il faut dire que je l'avais secoué, ce douillet. Jamais il n'avait voyagé d'un tel train. Mais une semaine plus tard, le Saint-Père avait dans les mains, portée par chevaucheurs, la relation de mon premier entretien avec le roi.

Cette fois, nous n'avons pas à tant nous hâter. D'abord, les journées, en cette époque de l'année, sont brèves, même si nous bénéficions d'une saison clémente... Je ne me rappelais pas que novembre pût être si doux en Périgord, comme il fait aujourd'hui. La belle lumière que nous avons ! Mais nous risquons fort de rencontrer l'intempérie, quand nous avancerons vers le nord du royaume. J'ai compté un gros mois, de telle sorte que nous soyons à Metz pour la Noël, si Dieu le veut. Non, je n'ai point autant de presse que l'été passé, puisque, contre tout mon effort, cette guerre s'est faite, et que le roi Jean est prisonnier.

Comment pareille infortune a pu advenir ? Oh ! vous n'êtes point le seul à vous en ébaubir, mon neveu. Toute l'Europe en éprouve surprise peu petite, et dispute ces mois-ci des causes et des raisons... Les malheurs des rois viennent de loin, et souvent l'on prend pour accident de leur destinée ce qui n'est que fatalité de leur nature. Et plus les malheurs sont gros, plus les racines en sont longues.

Cette affaire, je la sais par le menu... Tirez un peu vers moi cette couverture... et je l'attendais, vous dirais-je. J'attendais qu'un grand revers, un grand abaissement vînt frapper ce roi, donc, hélas ! ce royaume. En Avignon, nous avons à connaître de tout ce qui intéresse les cours. Toutes les intrigues, tous les complots refluent vers nous. Pas un mariage projeté dont nous ne soyons avertis avant les fiancés eux-mêmes... « dans le cas où Madame de telle couronne pourrait être accordée à Monseigneur de telle autre, qui est son cousin au second degré, notre Très Saint-Père octroierait-il dispense ? »... pas un traité qui ne se négocie sans que quelques agents des deux parts aient été envoyés ; pas de crime qui ne vienne chercher son absolution... L'Eglise fournit aux rois et aux princes leurs chanceliers, ainsi que la plupart de leurs légistes...

Depuis dix-huit années, les maisons de France et d'Angleterre sont en lutte ouverte. Cette lutte, quelle en est la cause ? Les prétentions du roi Edouard à la couronne de France, certes ! C'est là le prétexte, un bon prétexte juridique, je le conçois, car on peut en débattre à l'infini ; mais ce n'est point le seul et vrai motif. Il y a les frontières, de tout temps mal définies, entre la Guyenne et les comtés voisins, à commencer par le nôtre, le Périgord, tous ces terriers confusément écrits où les droits féodaux se chevauchent ; il y a les difficultés d'entente, de vassal à suzerain, quand tous les deux sont rois ; il y a les rivalités de commerce et d'abord pour les laines et tissus, ce qui fait qu'on s'est disputé les Flandres ; il y a le soutien que la France a toujours porté aux Ecossais qui entretiennent menace, pour le roi anglais, sur son septentrion... La guerre n'a pas éclaté pour une raison, mais pour vingt qui couvaient comme braises de nuit. Là-dessus Robert d'Artois, perdu d'honneur et proscrit du royaume, est allé en Angleterre souffler sur les tisons. Le pape, c'était alors Pierre Roger, c'est-à-dire Clément VI, a tout fait et fait faire pour tenter d'empêcher cette méchante guerre. Il a prêché le compromis, les concessions de part et d'autre. Il a dépêché, lui aussi, un légat, qui n'était autre d'ailleurs que l'actuel pontife, le cardinal Aubert. Il a voulu relancer le projet de croisade, à laquelle les deux rois devaient participer en emmenant leur noblesse. C'eût été bon moyen de dériver leurs envies guerrières, avec l'espérance de refaire l'unité de la chrétienté... Au lieu de la croisade, nous avons eu Crécy. Votre père y était ; vous avez ouï de lui le récit de ce désastre...

Ah ! mon neveu, vous le verrez tout au long de votre vie, il n'y a guère de mérite à servir de tout son cœur un bon roi ; il vous entraîne au devoir, et les peines qu'on prend ne coûtent pas parce qu'on sent qu'elles concourent au bien suprême. Le difficile c'est de bien servir un mauvais monarque... ou un mauvais pape. Je les voyais bien heureux, les hommes du temps de ma prime jeunesse, qui servaient Philippe le Bel. Etre fidèle à ces Valois vaniteux demande plus d'effort. Ils n'entendent conseils et ne se prêtent à parler raison que lorsqu'ils sont défaits et étrillés.

C'est seulement après Crécy que Philippe VI consentit une trêve sur des propositions que j'avais préparées. Point trop mal, il faut croire, puisque cette trêve a duré, en gros, à part quelques engagements locaux, de l'an 1347 à l'an 1354. Sept années de paix relative. Ç'aurait pu être, pour beaucoup, un temps de bonheur. Mais voilà ; en notre siècle maudit, à peine la guerre finie, c'est la peste qui commence.

Vous avez été plutôt épargnés en Périgord... Certes, mon neveu, certes, vous avez payé votre tribut au fléau ; oui, vous avez eu votre part d'horreur. Mais ce n'est rien à comparer avec les villes nombreuses et entourées de campagnes très peuplées, comme Florence, Avignon, ou Paris. Savez-vous que ce fléau venait de Chine, par l'Inde, la Tartarie et l'Asie mineure ? Il s'est répandu, à ce qu'on dit, jusqu'en Arabie. C'est bien une maladie d'infidèles qui nous a été envoyée pour punir l'Europe de trop de péchés. De Constantinople et des rivages du Levant, les navires ont transporté la peste dans l'archipel grec d'où elle a gagné les ports d'Italie ; elle a passé les Alpes et nous est venue ravager, avant de gagner l'Angleterre, la Hollande, le Danemark, et d'aller finir jusque dans les pays du grand Nord, la Norvège, l'Islande. Avez-vous eu ici les deux formes de la peste, celle qui tuait en trois jours, avec fièvre brûlante et crachements de sang... les infortunés qui en étaient atteints disaient qu'ils enduraient déjà les peines de l'enfer... et puis l'autre, qui faisait l'agonie plus longue, cinq à six jours, avec de la fièvre pareillement, et de gros carboncles et pustules qui venaient aux aines et aux aisselles ?

Sept mois de rang, nous avons subi cela en Avignon. Chaque soir, en se couchant, on se demandait si l'on se relèverait. Chaque matin, on se tâtait sous les bras et à la fourche des cuisses. A la moindre chaleur qu'ils se sentaient dans le corps, les gens étaient pris d'angoisse et vous regardaient avec des yeux fous. A chaque respiration, on se disait que c'était peut-être avec cette goulée d'air-là que le mal vous pénétrait. On ne quittait nul ami sans penser « Sera-ce lui, sera-ce moi, ou bien nous deux ? » Les tisserands mouraient dans leur échoppe au pied de leurs métiers arrêtés, les orfèvres auprès de leurs creusets froids, les changeurs sous leurs comptoirs. Des enfants finissaient de mourir sur le grabat de leur mère morte. Et l'odeur, Archambaud, l'odeur dans Avignon ! Les rues étaient pavées de cadavres.

La moitié, vous m'entendez bien, la moitié de la population a péri. Entre janvier et avril de 1348, on compta soixante-deux mille morts. Le cimetière que le pape avait fait acheter en hâte fut plein en un seul mois ; on y enfouit onze mille corps. Les gens trépassaient sans serviteurs, étaient ensevelis sans prêtres. Le fils n'osait plus visiter son père, ni le père visiter son fils. Sept mille maisons fermées ! Tous ceux qui le pouvaient fuyaient vers leur palais de campagne.

Clément VI, avec quelques cardinaux dont je fus, resta dans la ville. « Si Dieu nous veut, il nous prendra. » Et il fit rester la plupart des quatre cents officiers de l'hôtel pontifical qui ne furent pas de trop pour organiser les secours. Le pape servit des gages à tous les médecins et physiciens ; il prit à solde charretiers et fossoyeurs, fit distribuer des vivres et prescrivit de bonnes mesures de police contre la contagion. Nul alors ne lui reprocha d'être large à la dépense. Il tança moines et nonnes qui manquaient au devoir de charité envers les malades et les agonisants... Ah ! j'en ai entendu alors des confessions et des repentirs chez des hommes bien hauts et puissants, même d'Eglise, qui venaient se nettoyer l'âme de tous leurs péchés et quêter l'absolution ! Même les gros banquiers lombards et florentins qui se confessaient en claquant des dents, et se découvraient soudain généreux. Et les maîtresses des cardinaux... eh oui, eh oui, mon neveu ; pas tous, mais il y en a... ces belles dames venaient accrocher leurs joyaux aux statues de la Sainte Vierge ! Elles se tenaient sous le nez un mouchoir imprégné d'essences aromatiques et jetaient leurs chaussures avant de rentrer chez elles. Ceux-là qui reprochent à Avignon d'être ville d'impiété et comme la nouvelle Babylone ne l'ont pas vue pendant la peste. On y fut pieux, je vous l'assure !

L'étrange créature que l'homme ! Quand tout lui sourit, qu'il jouit d'une santé florissante, que ses affaires sont prospères, son épouse féconde et sa province en paix, n'est-ce pas là qu'il devrait élever sans cesse son âme vers le Seigneur pour lui rendre grâces de tant de bienfaits ? Point du tout ; il est oublieux de son créateur, fait la tête fière et s'emploie à braver tous les commandements. Mais dès que le malheur le frappe et que survient la calamité, alors il se rue à Dieu. Et il prie, et il s'accuse, et il promet de s'amender... Dieu a donc bien raison de l'accabler, puisque c'est la seule manière, semble-t-il, de faire que l'homme lui revienne...

Je n'ai pas choisi mon état. C'est ma mère, peut-être le savez-vous, qui me l'a désigné quand j'étais enfant. Si j'y ai convenu, c'est, je crois, parce que de toujours j'ai eu gratitude envers Dieu de ce qu'il me donnait, et d'abord de vivre. Je me rappelle, tout petit, dans notre vieux château de la Rolphie, à Périgueux, où vous êtes né vous-même, Archambaud, mais où vous n'habitez plus depuis que votre père a choisi, voici quinze ans, de résider à Montignac... eh bien là, dans ce gros château assis sur une arène des anciens Romains, je me rappelle cet émerveillement qui m'emplissait soudain d'être vivant au milieu du vaste monde, de respirer, de voir le ciel ; je me rappelle avoir ressenti cela surtout les soirs d'été, quand la lumière est longue et qu'on me conduisait au lit bien avant que le jour ne soit tombé. Les abeilles bruissaient dans une vigne qui grimpait au mur, sous ma chambre, l'ombre lentement emplissait la cour ovale, aux pierres énormes ; le ciel était encore clair où passaient des oiseaux, et la première étoile s'installait dans les nuées qui restaient roses. J'avais un grand besoin de dire merci et ma mère m'a fait comprendre que c'était à Dieu, organisateur de toute cette beauté, qu'il fallait le dire. Et cela jamais ne m'a abandonné.

Ce jour d'hui même, tout au long de notre route, j'ai souvent un merci qui me vient au cœur pour ce temps doux que nous avons, ces forêts rousses que nous traversons, ces prés encore verts, ces serviteurs fidèles qui m'escortent, ces beaux chevaux gras que je vois trotter contre ma litière. J'aime à regarder le visage des hommes, le mouvement des bêtes, la forme des arbres, toute cette grande variété qui est l'œuvre infinie et infiniment merveilleuse de Dieu.

Tous nos docteurs qui disputent théologie dans des salles closes, et se lardent de creuses paroles, et s'invectivent de bouche amère, et s'assomment de mots inventés pour nommer autrement ce qu'on savait avant eux, tous ces gens feraient bien de se guérir la tête en contemplant la nature. Moi, j'ai pour théologie celle qu'on m'a apprise, tirée des pères de l'Eglise ; et je ne me soucie point d'en changer...

Vous savez que j'aurais pu être pape... oui, mon neveu. D'aucuns me le disent, comme ils disent aussi que je pourrais l'être si Innocent dure moins que moi. Ce sera ce que Dieu voudra. Je ne me plains point de ce qu'il m'a fait. Je le remercie qu'il m'ait mis où il m'a mis, et qu'il m'ait conservé jusqu'à l'âge que j'ai, où bien peu parviennent... cinquante-cinq ans, mon cher neveu... et aussi dispos que je suis. Cela aussi est bénédiction du Seigneur. Des gens qui ne m'ont pas vu de dix ans n'en croient pas leurs yeux que j'aie si peu changé d'apparence, la joue toujours aussi rose, et la barbe à peine blanchie.

L'idée de coiffer ou de n'avoir pas coiffé la tiare ne me chatouille, en vérité... je vous le confie comme à un bon parent... que lorsque j'ai le sentiment que je pourrais mieux agir que celui qui la porte. Or, ce sentiment-là, je ne l'ai jamais connu auprès de Clément VI. Il avait bien compris que le pape doit être monarque par-dessus les monarques, lieutenant général de Dieu. Un jour que Jean Birel ou quelque autre prêcheur de dépouillement lui reprochait d'être trop dispendieux et trop généreux envers les solliciteurs, il répondit : « Personne ne doit se retirer mécontent de la présence du prince. » Puis, se tournant vers moi, il ajouta entre ses dents : « Mes prédécesseurs n'ont pas su être papes. » Et pendant cette grande peste, comme je vous le disais, il nous prouva vraiment qu'il était le meilleur. Je ne crois point, tout honnêtement, que j'eusse pu faire autant que lui, et j'ai remercié Dieu, là encore, qu'il ne m'ait point désigné pour conduire la chrétienté souffrante au travers de cette épreuve.

Pas un moment, Clément ne se départit de sa majesté ; et il montra bien qu'il était le Saint-Père, le père de tous les chrétiens et même des autres, puisque lorsque les populations, un peu partout, mais principalement dans les provinces rhénanes, à Mayence, à Worms, se retournèrent contre les juifs qu'elles accusaient d'être les responsables du fléau, il condamna ces persécutions. Il fit même plus ; il décida de prendre les juifs sous sa protection ; il excommunia ceux qui les molestaient ; il offrit aux juifs pourchassés l'asile et l'établissement dans ses Etats dont, il faut le reconnaître, ils ont refait la prospérité en quelques années.

Mais pourquoi vous parlé-je si longuement de la peste ? Ah, oui ! A cause des grandes conséquences qu'elle eut pour la couronne de France, et pour le roi Jean lui-même. En effet, vers la fin de l'épidémie, dans l'automne de 1349, coup sur coup trois reines, ou plutôt deux reines et une princesse promise à l'être...

Que dis-tu, Brunet ? Parle plus haut. Nous sommes en vue de Bourdeilles ?... Ah, oui, je veux regarder. La position est forte, en effet, et le château bien posé pour commander de loin les approches.

Voilà donc, Archambaud, le château que mon frère cadet, votre père, m'a abandonné pour me remercier d'avoir libéré Périgueux. Car, si je ne suis point parvenu à tirer le roi Jean des mains anglaises, au moins ai-je pu en tirer notre ville comtale et faire que l'autorité nous y soit rendue.

La garnison anglaise, vous vous rappelez, ne voulait pas partir. Mais les lances qui m'accompagnent, et dont certaines gens se gaussent, se sont, une nouvelle fois, révélées bien utiles. Il a suffi que j'apparaisse avec elles, venant de Bordeaux, pour que les Anglais fassent leurs bagages, sans demander leur reste. Deux cents lances et un cardinal, c'est beaucoup... Oui, la plupart de mes serviteurs sont entraînés aux armes, de même que mes secrétaires et les docteurs ès lois qui vont avec moi. Et mon fidèle Brunet est chevalier ; je l'ai fait naguère anoblir.

En me donnant Bourdeilles, mon frère au fond se renforce. Car avec la châtellenie d'Auberoche, près Savignac, et la bastide de Bonneval, proche de Thenon, que j'ai rachetées vingt mille florins, voici dix ans, au roi Philippe VI... je dis rachetées, mais en vérité cela compensa pour partie les sommes que je lui avais prêtées... avec aussi l'abbaye forte de Saint-Astier, dont je suis l'abbé, et mes prieurés du Fleix et de

Saint-Martin-de-Bergerac, cela fait à présent six places, à bonne distance tout autour de Périgueux, qui dépendent d'une haute autorité d'Eglise, presque comme si elles étaient tenues par le pape lui-même. On hésitera à s'y frotter. Ainsi j'assure la paix dans notre comté.

Vous connaissez Bourdeilles, bien sûr ; vous y êtes venu souvent. Moi, il y a longtemps que je ne l'ai visité... Tiens, je ne me rappelais point ce gros donjon octogonal. Il a fière allure. Le voici mien, à présent, mais pour y passer seulement une nuit et un matin, le temps d'y installer le gouverneur que j'ai choisi, et sans savoir quand j'y reviendrai, si j'y reviens. C'est peu de loisir pour en jouir. Enfin, remercions Dieu pour ce temps qu'il m'y accorde. J'espère qu'on nous aura préparé un bon souper car, même en litière, la route creuse.

3

La mort frappe à toutes les portes

Je le savais, mon neveu, je l'avais dit, qu'il ne fallait point escompter, ce jour d'hui, aller plus loin que Nontron. Et encore n'y parviendrons-nous qu'après le salut, à nuit toute noire. La Rue me rebattait les oreilles : « Monseigneur se ralentit... Monseigneur ne va pas se contenter d'une étape de huit lieues... » Eh ouiche ! La Rue va toujours comme s'il avait le feu au troussequin. Ce qui n'est point mauvaise chose, car avec lui mon escorte ne s'assoupit point. Mais je savais que nous ne pourrions quitter Bourdeilles avant le milieu du jour. J'avais trop à faire et à décider, trop de seings à donner.

J'aime Bourdeilles, voyez-vous ; je sais que j'y pourrais être heureux si Dieu m'avait assigné, non seulement de le posséder, mais d'y résider. Celui qui a un bien unique et modeste en profite pleinement. Celui qui a possessions vastes et nombreuses n'en jouit que par l'idée. Toujours le ciel balance ce dont il nous gratifie.

Quand vous rentrerez en Périgord, faites-moi la bonne grâce de vous rendre à Bourdeilles, Archambaud, et voyez si l'on a bien réparé les toitures comme je l'ai commandé tout à l'heure. Et puis la cheminée de ma chambre fumait... C'est grande chance que les Anglais l'aient épargné. Vous avez vu Brantôme, que nous avons juste passée ; vous avez vu cette désolation qu'ils ont faite d'une ville autrefois si douce et si belle au bord de sa rivière ! Le prince de Galles s'y est arrêté, pour la nuit, le 9 du mois d'août, à ce qui vient de m'être dit. Et ses coutilliers et goujats, au matin, ont tout embrasé avant de repartir.

Je réprouve fort cette façon qu'ils ont de tout détruire, ardoir, exiler ou ruiner, comme il semble qu'ils s'y adonnent de plus en plus. Qu'on s'égorge à la guerre, entre gens d'armes, je le conçois ; si Dieu ne m'avait désigné pour l'Eglise et que j'aie eu à mener bannières au combat, je n'aurais point fait de quartier. Qu'on pille, passe encore ; il faut bien donner quelque agrément aux hommes dont on exige risque et fatigue. Mais chevaucher seulement pour réduire le peuple à misère, griller ses toits et ses moissons, l'exposer à famine et froidure, cela me donne du courroux. Je sais le dessein ; de provinces ruinées, le roi ne peut plus tirer impôt, et c'est pour l'affaiblir qu'on détruit ainsi les biens de ses sujets. Mais cela ne vaut. Si l'Anglais prétend avoir droit sur la France, pourquoi la ravage-t-il ? Et pense-t-il, même s'il l'emporte par les traités après l'avoir emporté par les armes, pense-t-il en agissant de la sorte y être jamais toléré ? Il sème la haine. Sans doute il prive d'argent le roi de France, mais il lui fournit des âmes qu'animent la colère et la vengeance. Trouver des seigneurs, ici ou là, pour faire allégeance par intérêt, oui le roi Edouard en trouvera ; mais le peuple désormais lui opposera refus, car ce sont traitements inexpiables. Voyez déjà ce qui se produit ; les bonnes gens n'en veulent point au roi Jean de s'être fait battre ; ils le plaignent, ils l'appellent Jean le Brave, ou Jean le Bon, alors qu'ils devraient l'appeler Jean le Sot, Jean le Buté, Jean l'Incapable. Et vous verrez qu'ils sauront se saigner pour payer sa rançon.

Vous me demandez pourquoi je vous disais hier que la peste avait eu grave effet sur lui et sur le sort du royaume ? Eh ! mon neveu, pour quelques morts en mauvais ordre, des morts de femmes et d'abord de la sienne, Madame Bonne de Luxembourg, avant qu'il ne soit roi.

Madame de Luxembourg fut enlevée par la peste en septembre de 1349. Elle devait être reine, et eût été une bonne reine. Elle était, comme vous le savez, la fille du roi de Bohême, Jean l'Aveugle, qui avait si grand amour de la France qu'il disait que la cour de Paris était la seule où l'on pût vivre noblement. Un modèle de chevalerie, ce roi-là, mais un peu fou. Bien que n'y voyant goutte, il s'obstina de combattre à Crécy et, pour cela, il fit lier son cheval aux montures de deux de ses chevaliers qui l'encadraient de part et d'autre. Et ils se ruèrent ainsi à la mêlée. On les trouva morts tous les trois, toujours liés. Le roi de Bohême portait trois plumes d'autruche blanches au cimier de son heaume. Son noble trépas frappa si fort le jeune prince de Galles... il allait alors sur ses seize ans ; c'était son premier combat, et il s'y conduisit bien, même si le roi Edouard estima politique d'exagérer un peu la part de son héritier dans cette affaire... le prince de Galles donc fut si frappé qu'il pria son père de lui laisser porter dorénavant le même emblème que feu le roi aveugle. Et c'est pourquoi l'on voit les trois plumes blanches surmonter à présent le heaume du prince.

Mais le plus important en Madame Bonne, c'était son frère, Charles de Luxembourg, dont nous avions, le pape Clément VI et moi, favorisé l'élection à la couronne du Saint Empire. Non que nous ne pensions avoir quelques embarras avec ce rustaud madré comme un marchand... oh ! rien de son père, vous en jugerez bientôt ; mais comme nous prévoyions aussi que la France connaîtrait de piètres moments, c'était la renforcer que de faire son futur roi beau-frère de l'Empereur. Morte la sœur, finie l'alliance. Les embarras, nous les avons eus avec sa Bulle d'Or ; mais d'appui à la France, il n'en a guère donné, et c'est bien pourquoi je m'en vais à Metz.

Le roi Jean, qui n'était encore alors que duc de Normandie, ne montra point un désespoir extrême de la mort de Madame Bonne. Il y avait peu d'entente entre eux, et souvent des éclats. Bien qu'elle eût de la grâce et qu'il lui ait fait un enfant chaque année, onze au total, depuis qu'on lui avait donné à comprendre qu'il était temps pour lui de se rapprocher de son épouse dans le lit, Monseigneur Jean, pour l'affection, inclinait plutôt du côté d'un sien cousin, de huit ans son cadet et d'assez jolie tournure... Charles de La Cerda, qu'on appelait aussi Monsieur d'Espagne, parce qu'il appartenait à une branche évincée du trône de Castille.

Aussitôt Madame Bonne mise en terre, ce fut en compagnie du beau Charles d'Espagne que le duc Jean se retira à Fontainebleau, pour fuir la contagion... Oh ! ce vice n'est pas rare, mon neveu. Je ne le comprends point et il m'encolère fort ; il est de ceux pour lesquels j'ai le moins d'indulgence. Mais force est de reconnaître qu'il est répandu même chez les rois, auxquels il fait grand tort. Jugez-en par ce qu'il advint du roi Edouard II d'Angleterre, le père de l'actuel. Ce fut la sodomie qui lui a coûté et le trône et la vie. Notre roi Jean n'est pas à ce point sodomite affiché ; mais il en marque beaucoup de traits, et il les montra surtout dans sa passion funeste pour ce cousin d'Espagne au trop gracieux visage...

Qu'y a-t-il, Brunet ? Pourquoi s'arrête-t-on ? Où sommes-nous ? A Quinsac. Il n'est point prévu... Que veulent ces manants ? Ah ! une bénédiction ! Qu'on n'arrête point mon cortège pour cela ; tu sais bien que je bénis en marchant... *In nomine patris... lii... sancti...* Allez, bonnes gens, vous êtes bénis, allez en paix... S'il fallait s'arrêter chaque fois qu'on me demande une bénédiction, nous serions à Metz dans six mois.

Donc, vous disais-je, en septembre de 1349 Madame Bonne meurt, laissant veuf l'héritier du trône. En octobre, ce fut le tour de la reine de Navarre, Madame Jeanne, qu'on appelait naguère Jeanne la Petite, la fille de Marguerite de Bourgogne, et peut-être, ou peut-être pas, de Louis Hutin ; celle qu'on avait écartée de la succession de France en faisant peser sur elle la présomption de bâtardise... eh oui, l'enfant de la tour de Nesle... Emportée par la peste. Son trépas, à elle non plus, ne fut pas salué par de très longs sanglots. Elle était veuve depuis six ans de son cousin, Monseigneur Philippe d'Evreux, tué quelque part en Castille dans un combat contre les Maures. La couronne de Navarre leur avait été abandonnée par Philippe VI, lors de son avènement, pour prévenir les revendications qu'ils auraient pu émettre sur celle de France. Cela fit partie de toutes les tractations qui assurèrent le trône aux Valois.

Je n'ai jamais approuvé cet arrangement navarrais qui n'était bon ni en droit ni en fait. Mais je n'avais pas encore mon mot à dire ! je venais tout juste d'être nommé évêque d'Auxerre. Et puis même l'aurais-je dis... En droit, cela ne tenait point. La Navarre venait de la mère de Louis Hutin. Si Jeanne la Petite n'était pas la fille de celui-ci, mais d'un quelconque écuyer, elle n'avait pas plus de titres sur la Navarre que sur la France. Donc, si on lui reconnaissait la couronne de l'une, on étayait *ipso facto* ses droits sur l'autre, pour elle et pour ses héritiers. On avouait un peu trop qu'on l'avait écartée du trône non tellement pour sa présumée bâtardise, mais parce qu'elle était femme, et grâce à l'artifice d'une loi des mâles inventée.

Quant aux raisons de fait... Jamais le roi Philippe le Bel n'aurait consenti, pour quelque raison que ce fût, à amputer ainsi le royaume de ce qu'il y avait ajouté. On n'assure pas son trône en lui sciant un pied. Jeanne et Philippe de Navarre s'étaient tenus fort calmes, elle parce que la chemise de sa mère lui collait un peu trop à la peau, lui parce qu'il était comme son père, Louis d'Evreux, de nature digne et réfléchie. Ils semblaient contents avec leur riche comté normand et leur petit royaume pyrénéen. Les choses allaient changer avec leur fils Charles, jeune homme fort remuant pour ses dix-huit ans, qui jetait des regards pleins de vindicte sur le passé de sa famille, pleins d'ambition sur son propre avenir. « Si ma grand-mère n'avait pas été si chaude putain, si ma mère était née homme... Je serais roi de France à présent. » Je l'ai entendu dire cela, de mes oreilles... Il convenait donc de ménager la Navarre qui, par sa situation au midi du royaume, prenait d'autant plus d'importance que les Anglais, à présent, tenaient toute l'Aquitaine. Alors, comme toujours en pareil cas, arrangeons un mariage.

Le duc Jean se fût bien dispensé de contracter une nouvelle union. Mais il était promis à être roi, et l'image royale voulait qu'il eût une épouse à son côté, surtout dans son cas. Une épouse empêcherait qu'il parût marcher trop ouvertement au bras de Monsieur d'Espagne. D'autre part, comment mieux flatter le remuant Charles d'Evreux-Navarre, et comment mieux lui lier les mains, qu'en choisissant la future reine de France parmi ses sœurs ? La plus âgée, Blanche, avait seize ans. Une beauté, et beaucoup de grâces d'esprit. Le projet fut fort avancé, les dispenses demandées au pape et le mariage quasiment annoncé, encore qu'on se demandât qui serait vivant la semaine suivante, dans l'horrible période qu'on traversait.

Car la mort continuait de frapper à toutes les portes. Au début de décembre, la peste enleva la reine de France elle-même, Madame Jeanne de Bourgogne, la boiteuse, la mauvaise reine. Pour celle-là, ce fut tout juste si la bienséance permit de contenir les cris de joie, et si le peuple ne se mit pas à danser dans les rues. Elle était haïe ; votre père a dû vous le dire. Elle volait le sceau de son mari pour faire jeter gens en prison ; elle apprêtait des bains empoisonnés pour les hôtes qui lui déplaisaient. Il s'en fallut de peu qu'elle ne fît de la sorte périr un évêque... Le roi, parfois, la rouait à coups de torche ; mais il ne parvint pas à l'amender. Je me méfiais fort de cette reine-là. Sa nature soupçonneuse peuplait la cour d'ennemis imaginaires. Elle était coléreuse, menteuse, odieuse ; elle était criminelle. Sa mort parut un effet tardif de la justice céleste. D'ailleurs, aussitôt après, le fléau commença de régresser, comme si cette grande hécatombe, venue de si loin, n'avait eu d'autre but que d'atteindre, enfin, cette harpie.

De tous les hommes de France, celui qui en éprouva le plus grand soulagement, ce fut le roi lui-même. Un mois moins un jour après, dans la froidure de janvier, il se remaria. Même veuf d'une femme unanimement détestée, c'était faire bien peu de cas des délais de convenance. Mais le pire n'était point dans la hâte. Avec qui convolait-il ? Avec la fiancée de son fils, avec Blanche de Navarre, la jeunette, dont il était tombé fou en la voyant paraître à la cour. Si complaisants qu'ils soient pour la gaillardise, les Français n'aiment guère, chez le souverain, les égarements de cette sorte.

Philippe VI avait quarante ans de plus que la beauté qu'il soufflait, fort brutalement, à son héritier. Et il ne pouvait point invoquer, comme pour tant d'unions princières désassorties, l'intérêt supérieur des empires. Il enchâssait une pierre de scandale dans sa couronne, cependant qu'il infligeait à son successeur la meurtrissure du ridicule. Mariage célébré à la sauvette, du côté de Saint-Germain-en-Laye. Jean de Normandie, naturellement, n'y assistait pas. Il n'avait jamais eu grande affection pour son père, qui d'ailleurs lui en rendait peu. Maintenant, il lui vouait de la haine.

Et l'héritier, un mois plus tard, se remariait à son tour. Il avait hâte d'effacer l'outrage. Il fit l'enchanté de s'accommoder de Madame de Boulogne, veuve du duc de Bourgogne. Ce fut mon vénérable frère, le cardinal Guy de Boulogne, qui arrangea cette union pour l'avantage de sa famille, et le sien propre. Madame de Boulogne était, du point de vue de la fortune, un fort bon parti, ce qui aurait dû assainir les affaires du prince, déjà dépensier comme personne, mais ne servit en fait qu'à l'encourager au gaspillage.

La nouvelle duchesse de Normandie était plus âgée que sa belle-mère ; elles produisaient ensemble un étrange effet aux réceptions de cour, d'autant que, pour la tournure et le visage, la comparaison n'était guère à l'avantage de la bru. Le duc Jean en éprouvait dépit ; il s'était pris à croire qu'il aimait d'amour Madame Blanche de Navarre qui lui avait été si vilainement enlevée, et il souffrait torture en la voyant auprès de son père qui ne cessait de la mignoter en public, de la plus sotte façon. Cela n'arrangea pas les nuits du duc Jean avec Madame de Boulogne, et le rejeta davantage vers Monsieur d'Espagne. La prodigalité lui servit de revanche. On eût dit qu'il se redonnait de l'honneur en dilapidant.

D'ailleurs, après les mois de terreur et de malheur qu'on venait de traverser durant la peste, tout le monde dépensait follement. Surtout à Paris. Autour de la cour, c'était démence. On prétendait que cette débauche de luxe procurait travail aux petites gens. Pourtant on n'en voyait guère l'effet dans les masures et les soupentes. Entre les princes endettés et le commun peuple miséreux, il y avait l'échelon où le profit fuyait, happé par de gros marchands comme les Marcel, qui font négoce de draps, soieries et autres denrées de parure et se sont alors grassement enrichis. La mode devint extravagante, et le duc Jean, bien qu'il eût déjà trente et un ans, arborait en compagnie de Monsieur d'Espagne des cottes dentelées si courtes qu'elles leur laissaient paraître les fesses. On riait d'eux lorsqu'ils étaient passés.

Madame Blanche de Navarre avait été reine plus tôt que prévu ; elle fut régnante moins longtemps qu'escompté. Philippe de Valois avait réchappé de la guerre et de la peste ; il ne résista pas à l'amour. Tant qu'il avait vécu auprès de son acariâtre boiteuse, il était resté bel homme, un peu gras, mais toujours solide et allant, maniant les armes, chevauchant vite, chassant longtemps. Six mois de prouesses galantes auprès de sa belle épousée eurent raison de lui. Il ne quittait son lit qu'avec l'idée d'y retourner. C'était obsession ; c'était frénésie. Il réclamait de ses physiciens des préparations qui le fissent infatigable au déduit... Quoi donc ?... Il vous surprend que... Mais si, mon neveu, mais si ; bien que d'Eglise, ou plutôt parce que d'Eglise, il nous faut être instruits de ces choses, surtout quand elles touchent la personne des rois.

Madame Blanche subissait, à la fois consentante, inquiète et flattée, cette passion qui lui était à tout moment prouvée. Le roi se glorifiait publiquement qu'elle fût plus vite lasse que lui. Bientôt il maigrit. Il se désintéressait de gouverner. Chaque semaine le vieillissait d'une année. Il mourut le 22 août 1350, à cinquante-sept ans, dont vingt-deux ans de règne.

Sous des dehors splendides, ce souverain auquel je fus fidèle... il était le roi de France, n'est-ce pas, et je ne pouvais d'autre part pas oublier qu'il demanda pour moi le chapeau... ce souverain avait été un très piteux capitaine et un financier désastreux. Il avait perdu Calais, il avait perdu l'Aquitaine ; il laissait la Bretagne en révolte et maintes places du royaume incertaines ou ravagées. Par-dessus tout, il avait perdu le prestige. Ah si ! tout de même, il avait acheté le Dauphiné. Nul ne peut être constamment catastrophique. C'est moi, il est bon que vous le sachiez, qui ai conclu l'affaire, deux ans avant Crécy. Le Dauphin Humbert était endetté à ne plus savoir à qui emprunter pour rembourser qui... Je vous conterai la chose par le menu une autre fois, si elle vous intéresse, et comment je m'y pris, en faisant porter la couronne de Dauphin par l'aîné fils de France, à faire entrer le Viennois dans le giron du royaume. Aussi puis-je dire, sans me vanter, que j'ai mieux servi la France que le roi Philippe VI, car lui n'a su que l'apetisser alors que moi j'ai réussi à l'agrandir.

Six ans déjà ! Six ans que le roi Philippe est mort et que Monseigneur le duc Jean est devenu le roi Jean II ! Ce sont six ans qui ont passé si vite qu'on se croirait encore au début du règne. Est-ce parce que notre roi a fait si peu de choses mémorables, ou bien parce que, plus l'on vieillit, plus le temps semble fuir rapidement ? Quand on a vingt ans, chaque mois, chaque semaine, tout enrichis de nouveautés, paraissent de grande durée... Vous verrez, Archambaud, quand vous aurez mon âge, si vous y parvenez, ce que je vous souhaite de tout mon cœur... On se retourne et l'on se dit : « Comment ? Déjà une année passée ? Comment a-t-elle coulé si vite ! » Peut-être parce que l'on use beaucoup de moments à se souvenir, à revivre du temps vécu...

Et voilà ; le jour est tombé. Je savais que nous n'arriverions à Nontron qu'à la nuit noire.

Brunet ! Brunet !... Demain, il nous faudra partir avant l'aurore car nous aurons longue étape. Donc que l'on harnache en temps, et que chacun soit pourvu de vivres car nous n'aurons guère loisir de faire arrêt. Qui est parti vers Limoges pour annoncer ma venue ? Armand de Guillermis ; c'est fort bien... Je dépêche ainsi mes bacheliers à tour de rôle, pour veiller à mon logement et aux apprêts de ma réception. Un jour ou deux en avance, mais pas plus. Juste ce qu'il faut pour que les gens s'empressent, et pas assez pour que les plaignants du diocèse puissent accourir et m'accabler de leurs suppliques... Le cardinal ? Ah ! nous n'avons su que la veille ; hélas, il est déjà parti... Autrement, mon neveu, je serais un vrai tribunal ambulant.

4

Le cardinal et les étoiles

Eh ! mon neveu, je vois que vous prenez goût à ma litière, et aux petits repas qu'on m'y sert. Et à ma compagnie, et à ma compagnie, bien sûr... Prenez de ce confit de canard dont on nous a fait présent à Nontron. C'est spécialité de la ville. Je ne sais comment mon maître queux s'est arrangé pour nous le garder tiède...

Brunet !... Brunet, vous direz à mon queux combien j'apprécie qu'il conserve un peu chauds les mets qu'il m'apprête ainsi pour la route ; il est habile... Ah ! il a des braises dans son chariot... Non, non, je ne me plains point qu'on me serve deux fois à la suite les mêmes nourritures, du moment qu'elles m'ont plu. Et j'avais trouvé bien savoureux ce confit, hier soir. Remercions Dieu de nous en avoir pourvus à suffisance.

Le vin, certes, est un peu vert et léger de corps. Ce n'est pas le vin de Sainte-Foy ou celui de Bergerac, auxquels vous êtes accoutumé, Archambaud, sans parler de ceux de Saint-Emilion et de Lussac qui sont régal, mais qui partent tous à présent de Libourne, par vaisseaux pleins, pour l'Angleterre... Palais français n'y ont plus droit.

N'est-ce pas, Brunet, que cela ne vaut point un gobelet de Bergerac ? Le chevalier Aymar Brunet est de Bergerac, et ne juge rien de meilleur que ce qui croît chez lui. Je le moque un peu là-dessus...

Ce matin, c'est dom Francesco Calvo, le secrétaire papal, qui m'a fait compagnie. Je voulais qu'il me remémorât les affaires dont j'aurai besogne à Limoges. Nous y resterons deux jours pleins, peut-être trois. De toute façon, sauf à y être obligé par quelque urgence ou mandement exprès, j'évite à cheminer le dimanche. Je désire que mon escorte puisse assister aux offices et prendre son repos.

Ah ! je ne puis celer que j'ai quelque émoi à revoir Limoges ! Ce fut mon premier évêché. J'avais... j'avais... j'étais plus jeune que vous n'êtes à présent, Archambaud ; j'avais vingt-trois ans. Et je vous traite comme un jouvenceau ! C'est un travers qui vient avec l'âge d'en user avec la jeunesse comme si elle était encore l'enfance, en oubliant ce qu'on fut soi-même, à pareil âge. Il faudra me reprendre, mon neveu, quand vous me verrez incliner dans ce défaut. Evêque... Ma première mitre ! J'en étais bien fier, et j'eus tôt fait, à cause d'elle, de commettre le péché d'orgueil. On disait, certes, que je devais mon siège à la faveur, et que, tout comme mes premiers bénéfices m'avaient été octroyés par Clément V à cause de la grande amitié qu'il portait à ma mère, Jean XXII m'avait pourvu d'un évêché parce que nous avions accordé ma dernière sœur, votre tante Aremburge, à un de ses petits-neveux, Jacques de La Vie. Pour vous avouer le tout, c'était un peu vrai. Etre neveu de pape est un bel accident, mais dont le profit ne dure guère à moins que de s'allier à quelque grande noblesse telle que la nôtre... Votre oncle La Vie fut un brave homme.

Pour ma part, si jeunet que je fusse, je n'ai pas laissé le souvenir, je crois, d'un mauvais évêque. Quand je vois tant de diocésains chenus qui ne savent tenir ni leurs ouailles ni leur clergé, et qui nous accablent de leurs doléances et de leurs procès, je me dis que je sus faire assez bien, et sans trop me donner de peine. J'avais de bons vicaires... tenez, versez-moi encore de ce vin ; il faut faire passer le confit... de bons vicaires à qui je laissais le soin d'administrer. J'ordonnais qu'on ne me dérangeât que pour affaires graves, ce qui m'acquit du respect et même un peu de crainte. J'eus le loisir ainsi de poursuivre mes études. J'étais déjà fort savant en droit canon ; j'obtins d'appeler de bons maîtres à ma résidence afin de me parfaire en droit civil. Ils vinrent de Toulouse où j'avais pris mes grades, et qui est tout aussi bonne université que celle de Paris, tout aussi fournie en hommes de savoir. Par reconnaissance, j'ai décidé... je veux vous en avertir, mon neveu, puisque l'occasion s'en trouve ; ceci est consigné dans mes volontés dernières, pour le cas où je n'aurais pu accomplir la chose de mon vivant... j'ai décidé de faire fondation, à Toulouse, d'un collège pour des escholiers périgordins pauvres... Prenez donc cette toile, Archambaud, et séchez-vous les doigts...

C'est aussi à Limoges que je commençai à m'instruire en astrologie. Car les deux sciences les plus nécessaires à ceux qui doivent exercer gouvernement sont bien celle du droit et celle des astres, pour ce que la première apprend les lois qui régissent les rapports et obligations que les hommes ont entre eux, ou avec le royaume, ou avec l'Eglise, et la seconde donne connaissance des lois qui régissent les rapports des hommes avec la Providence. Le droit et l'astrologie ; les lois de la terre, les lois du ciel. Je dis qu'il n'y a point à sortir de là. Dieu fait naître chacun de nous à l'heure qu'il veut, et cette heure est marquée à l'horloge céleste, où il nous a, par grande bonté, permis de lire.

Je sais qu'il est de piètres croyants qui se gaussent de l'astrologie, parce que cette science abonde en charlatans et marchands de mensonges. Mais cela fut de tout temps, et les vieux livres nous rapportent que les anciens Romains et autres peuples antiques dénonçaient les mauvais tireurs d'horoscopes et les faux mages vendeurs de prédictions ; cela n'empêchait point qu'ils recherchassent les bons et justes lecteurs de ciel, qui pratiquaient souvent dans les sanctuaires. Ce n'est point parce qu'il est des prêtres simoniaques, ou intempérants, qu'il faut fermer toutes les églises.

Je suis aise de vous voir partager mes opinions là-dessus. C'est l'attitude humble qui convient au chrétien devant les décrets du Seigneur, le créateur de toutes choses, qui se tient derrière les étoiles...

Vous souhaiteriez... Mais bien volontiers, mon neveu, je le ferai bien volontiers pour vous. Savez-vous l'heure de votre naissance ?... Ah ! il faudrait la savoir ; mandez quelqu'un à votre mère, pour la prier de vous donner l'heure de votre premier cri. Ce sont les mères qui gardent mémoire de ces choses-là...

Pour ma part, je n'ai jamais eu qu'à me louer de pratiquer la science astrale. Cela m'a permis de donner d'utiles conseils aux princes qui voulaient bien m'écouter, et aussi de connaître la nature des gens en face de qui je me trouvais, et de me garder de ceux dont le sort était contraire au mien. Ainsi, le Capocci, j'ai toujours su qu'il me serait adverse en tout, et me suis toujours défié de lui... C'est à partir des astres que j'ai réussi maintes négociations et conclu maints arrangements favorables, comme pour ma sœur de Durazzo ou pour le mariage de Louis de Sicile ; et les bénéficiaires reconnaissants ont grossi ma fortune. Mais en tout premier, c'est auprès de Jean XXII... Dieu le garde ; il fut mon bienfaiteur... que cette science me fut de précieux service. Car ce pape était grand alchimiste et astrologien lui-même ; de savoir que je m'adonnais au même art, avec succès, lui dicta un recroît de faveur pour moi et lui inspira d'écouter le souhait du roi de France en me créant cardinal à trente ans, ce qui est chose peu commune. J'allai donc en Avignon recevoir mon chapeau. Vous savez comment la chose se passe. Non ?

Le pape donne un grand banquet, où sont conviés tous les cardinaux, pour l'entrée du nouveau dans la curie. A la fin du repas, le pape s'assoit sur son trône, et impose le chapeau au nouveau cardinal qui se tient agenouillé et lui baise d'abord le pied, puis la bouche. J'étais trop jeune pour que Jean XXII... il avait alors quatre-vingt-sept ans... m'appelât *venerabilis frater* ; alors il choisit de s'adresser à moi en me donnant du *dilectus filius*. Et avant de m'inviter à me relever, il me souffla à l'oreille : « Sais-tu combien me coûte ton chapeau ? Six livres, sept sous et dix deniers. » C'était bien dans la façon de ce pontife que de vous rabattre l'orgueil, dans l'instant qu'on pouvait en concevoir le plus, en vous glissant une moquerie sur les grandeurs. De tous les jours de ma vie, il n'en est pas dont j'aie gardé plus précise mémoire. Le Saint-Père, tout desséché, tout plissé, sous son bonnet blanc qui lui enserrait les joues... C'était le 14 juillet de l'an 1331...

Brunet ! Fais arrêter ma litière. Je m'en vais me dégourdir un peu les jambes, avec mon neveu, tandis qu'on brossera ces miettes. Le chemin est plat, et le soleil nous gratifie d'un petit rayon. Vous nous reprendrez en avant. Douze hommes seulement à m'escorter ; je veux un peu de paix... Salut, maître Vigier... salut Volnerio... salut du Bousquet... la paix de Dieu soit sur vous tous, mes fils, mes bons serviteurs.

5

Les débuts de ce roi qu'on appelle le bon

Le ciel du roi Jean ? Certes, je le connais ; je me suis maintes fois penché dessus... Si je prévoyais ? Bien sûr, je prévoyais ; c'est pourquoi je me suis si fort dépensé pour empêcher cette guerre, sachant qu'elle lui serait funeste, et donc funeste à la France. Mais allez faire entendre raison à un homme, et surtout à un roi, dont les astres font barrière, précisément, et à l'entendement et à la raison !

Le roi Jean II, à sa naissance, avait Saturne culminant dans la constellation du Bélier, en milieu du ciel. C'est configuration funeste pour un roi, celle des souverains détrônés, des règnes qui s'achèvent hâtivement ou que terminent de tragiques revers. Ajoutez à cela une Lune qui se lève dans le signe du Cancer, lunaire lui-même, marquant ainsi une nature fort féminine. Enfin, et pour ne vous donner que les traits les plus voyants, ceux qui sautent aux yeux de tout astrologien, un difficile groupement où l'on trouve le Soleil, Mercure et Mars étroitement conjoints en Taureau. Voilà un ciel bien pesant qui compose un homme mal balancé, mâle et même assez lourd dans les apparences, mais chez qui tout ce qui devrait être viril est comme castré, jusques et y compris l'entendement ; en même temps, un brutal, un violent, habité de songes et de peurs secrètes qui lui inspirent des fureurs soudaines et homicides, incapable d'écouter avis ou de se maîtriser soi-même, et cachant ses faiblesses sous des dehors de grande ostentation ; au fond de tout, un sot, et le contraire d'un vainqueur ou d'une âme de commandement.

De certaines gens, il semble que la défaite soit l'affaire principale, qu'ils en aient un secret appétit, et ne connaissent de cesse qu'ils ne l'aient trouvée. Etre battu complaît à leur âme profonde ; le fiel de l'échec est leur breuvage préféré, comme à d'autres l'hydromel des victoires ; ils aspirent à la dépendance, et rien ne leur convient mieux que de se contempler dans une soumission imposée. C'est grand malheur quand de telles dispositions de naissance tombent sur la tête d'un roi.

Jean II, tant qu'il fut Monseigneur de Normandie, vivant sous la contrainte d'un père qu'il n'aimait pas, parut un prince acceptable, et les ignorants crurent qu'il régnerait bien. D'ailleurs les peuples, et même les cours, toujours portés à l'illusion, attendent toujours d'un nouveau roi qu'il soit meilleur que le précédent, comme si la nouveauté portait en soi vertu miraculeuse. A peine celui-ci eut-il le sceptre en main que ses astres et sa nature commencèrent de montrer leurs malheureux effets.

Il n'était roi que depuis dix jours quand Monsieur d'Espagne, dans ce mois d'août 1350, se fit battre sur la mer, au large de Winchelsea, par le roi Edouard III. La flotte que Charles d'Espagne commandait était castillane, et notre Sire Jean n'était pas responsable de l'expédition. Néanmoins, comme le vainqueur était d'Angleterre, et le vaincu l'ami très cher du roi de France, c'était mauvais début pour ce dernier.

Le sacre se fit en fin septembre. Monsieur d'Espagne était revenu et, à Reims, on témoigna beaucoup de grâces à ce vaincu, pour le consoler de sa défaite.

A la mi-novembre, le connétable Raoul de Brienne, comte d'Eu, rentra en France. Il était depuis quatre ans captif du roi Edouard, mais un captif assez libre, qu'on laissait à l'occasion aller entre les deux pays, car il était mêlé aux négociations d'une paix générale à laquelle nous travaillions fort en Avignon. Moi-même, je correspondais avec le connétable. Cette fois, il venait réunir le prix de sa rançon. Je n'ai point à vous apprendre que Raoul de Brienne était un très haut, très grand, très puissant personnage, et pour ainsi dire le second homme du royaume. Il avait succédé en sa charge à son père Raoul V, tué en tournoi. Il était tenant de vastes fiefs en Normandie, d'autres en Touraine, dont Bourgueil et Chinon, d'autres en Bourgogne, d'autres en Artois. Il possédait des terres, pour l'heure confisquées, en Angleterre et en Irlande ; il en possédait dans le pays de Vaud. Il était le cousin par alliance du comte Amédée de Savoie. Un tel homme, quand on vient juste de s'asseoir au trône, est de ceux qu'on traite avec quelques égards ; ne croyez-vous pas, Archambaud ? Eh bien, notre Jean II, après lui avoir adressé, au soir de son arrivée, des reproches furieux, mais peu clairs, commanda sur-le-champ de l'emprisonner. Et le surlendemain matin, il le fit décapiter, sans jugement... Non ; aucune raison avouée. Nous n'avons pas pu en savoir plus, à la curie, que vous à Périgueux. Et pourtant nous nous sommes employés à éclairer l'affaire, croyez-le ! Pour expliquer cette exécution précipitée, le roi Jean affirma qu'il détenait les preuves écrites de la félonie du connétable ; mais jamais il ne les produisit, jamais. Même au pape, qui le pressait, dans son intérêt propre, de révéler ces fameuses preuves, il opposa un silence buté.

Alors on commença, dans toutes les cours d'Europe, à chuchoter, à supposer... On parla d'une correspondance amoureuse que le connétable aurait entretenue avec Madame Bonne de Luxembourg et qui, après le décès de celle-ci, serait tombée entre les mains du roi... Ah ! vous aussi vous avez entendu cette fable !... Etrange liaison, en vérité, et dont on apercevrait mal, en tout cas, qu'elle ait pu prendre un tour criminel, entre une femme sans cesse enceinte et un homme presque continûment captif depuis quatre ans ! Peut-être y avait-il, dans les lettres de messire de Brienne, des choses pénibles à lire pour le roi ; mais si ce fut, elles devaient regarder plutôt sa propre conduite que celle de sa première épouse... Non, rien ne tenait qui pût expliquer cette exécution, sinon la nature haineuse et meurtrière du nouveau roi, semblable assez à la nature de sa mère, la méchante boiteuse. Le vrai motif se révéla peu après, quand la charge de connétable fut donnée... vous savez bien à qui... eh oui ! à Monsieur d'Espagne, avec une partie des biens du défunt, dont toutes les terres et possessions furent distribuées entre les familiers du roi. Ainsi le comte Jean d'Artois en eut grosse part : le comté d'Eu.

Les largesses de cette sorte font moins d'obligés qu'elles ne créent d'ennemis. Messire de Brienne avait foison de parents, d'amis, de vassaux, de serviteurs, toute une grande clientèle fort attachée à lui et qui aussitôt se mua en un réseau de mécontents. Comptez, en plus, des gens de l'entourage royal qui ne reçurent ni mie ni miette des dépouilles, et en furent jaloux et revêches...

Ah ! Nous avons bonne vue, d'ici, sur Châlus et ses deux châteaux. Comme ces deux hauts donjons se répondent bien, qu'une mince rivière sépare ! Et le pays est plaisant au regard, sous ces nuages qui courent bon train...

La Rue ! La Rue, je ne me méprends point ; c'est bien devant le châtel de droite, sur la colline, que messire Richard Cœur de Lion fut durement navré d'une flèche qui lui ôta la vie ? Ce n'est point d'aujourd'hui que les gens de nos pays ont accoutumé d'être assaillis par l'Anglais, et de s'en défendre...

Non, La Rue, je ne suis point las ; je m'arrête seulement pour contempler... Eh certes, oui, j'ai bon pas ! Je vais cheminer encore un petit, et ma litière me reprendra plus avant. Rien ne nous presse trop. De Châlus à Limoges, si j'ai bon souvenir, il y a moins de neuf lieues. Trois heures et demie nous suffiront, sans forcer le trot... Soit ! quatre heures. Laissez-moi profiter des derniers beaux jours que Dieu nous dispense. Je serai bien assez enfermé derrière mes rideaux quand viendra la pluie...

Je vous disais donc, Archambaud, la façon dont s'y prit le roi Jean pour se faire sa première corbeille d'ennemis, dans le sein même du royaume. Il résolut alors de se créer des amis, des féaux, des hommes tout à sa dévotion, liés à lui par un lien neuf, qui l'aideraient en guerre comme en paix, et qui feraient la gloire de son règne. Et pour ce, dès l'aube de l'an suivant, il fonda l'Ordre de l'Etoile auquel il donna pour objets l'exhaussement de la chevalerie et l'accroissement de l'honneur. Cette grande novelleté n'était point si neuve, puisque le roi Edouard d'Angleterre avait déjà institué la Jarretière. Mais le roi Jean se gaussait de cet ordre créé autour d'une jambe de femme ; l'Etoile serait tout autre chose. Vous pouvez noter là un trait constant chez lui. Il ne sait que copier, mais toujours en se donnant des airs d'inventer.

Cinq cents chevaliers, pas moins, qui devaient jurer sur les Saintes Ecritures de ne jamais reculer d'un pied en bataille, ni jamais se rendre. Tant de sublime se devait d'être signalé par de visibles marques. Jean II ne lésina point sur l'ostentation ; et son Trésor, qui n'était déjà pas bien haut, se mit à fuir comme tonneau percé. Pour loger l'Ordre, il fit aménager la maison de Saint-Ouen, qu'on n'appela plus que la Noble Maison, tout emplie de meubles superbes, sculptés et ajourés, engravés d'ivoire et autres matières précieuses. Je n'ai point vu la Noble Maison, mais on me l'a dépeinte. Les murs y sont, ou plutôt y étaient, tendus de toiles d'or et d'argent, ou bien de velours semé d'étoiles et de fleurs de lis d'or. A tous les chevaliers, le roi fit faire une cotte de soie blanche, un surcot mipartie blanc et vermeil, un chaperon vermeil orné d'un fermail d'or en forme d'étoile. Ils reçurent encore une bannière blanche brodée d'étoiles, et chacun aussi un riche anneau d'or et d'émail, pour montrer qu'ils étaient tous comme mariés au roi... ce qui portait à sourire. Cinq cents fermails, cinq cents bannières, cinq cents anneaux ; calculez la dépense ! Il paraît que le roi dessina et discuta chaque pièce de ce glorieux attirail. Il y croyait ferme, à son Ordre de l'Etoile ! Avec de si mauvais astres que les siens, il eût été mieux avisé de choisir un autre emblème.

Une fois l'an, selon la règle qu'il avait dictée, tous les chevaliers devaient se réunir en un grand festin où chacun donnerait récit de ses aventures héroïques, et des prouesses d'armes par lui accomplies dans l'année ; deux clercs en tiendraient registre et chronique. La Table Ronde allait revivre, et le roi Jean dépasser en renommée le roi Arthur de Bretagne ! Il édifiait de grands et vagues projets. On se mit à reparler de croisade...

La première assemblée de l'Etoile, convoquée pour le jour des Rois de 1352, fut passablement décevante. Les futurs preux n'avaient pas grands exploits à conter. Le temps leur avait manqué. Les janissaires fendus en deux, du casque à l'arçon de la selle, et les pucelles délivrées des geôles barbaresques, ce serait l'affaire d'une autre année. Les deux clercs commis à la chronique de l'Ordre n'eurent point à user beaucoup d'encre, à moins que saoulerie ne comptât pour exploit. Car la Noble Maison fut le lieu de la plus grosse beuverie qu'on eût vue en France depuis Dagobert. Les chevaliers blanc et vermeil s'engagèrent si fort au festin qu'avant l'entremets, criant, chantant, hurlant, ivres à rouler, ne quittant la table que pour courir pisser ou dégorger, revenant piquer aux plats, se lançant d'ardents défis à qui viderait le plus de hanaps, ils méritaient tout seulement d'être armés chevaliers de la ripaille. La belle vaisselle d'or, ouvragée pour eux, fut froissée ou brisée ; ils se la jetaient par-dessus les tables, comme des gamins, ou bien l'écrasaient de leurs poings. Des beaux meubles ajourés et incrustés, il ne resta que débris. L'ivresse dut faire croire à certains qu'ils étaient déjà en guerre, car ils s'employèrent céans à faire butin. Ainsi les draps d'or et d'argent qui pendaient au mur furent volés.

Or, ce jour même fut celui où les Anglais se saisirent de la citadelle de Guines, livrée par belle trahison, tandis que le capitaine qui commandait cette place festoyait à Saint-Ouen.

Le roi, de tout cela, eut gros dépit et commença de se complaire dans l'idée que ses plus valeureuses entreprises, par quelque sort funeste, étaient vouées à l'échec.

Peu de temps après survint le premier combat auquel des chevaliers de l'Étoile eurent à prendre part, non point dans un Orient fantastique, mais au coin d'un bois de Basse-Bretagne. Quinze d'entre eux, voulant prouver qu'ils étaient capables d'autres hauts faits que ceux du pichet, respectèrent leur serment de ne jamais reculer ni retraiter ; et plutôt que de se dégager à temps, comme gens sensés l'eussent fait, ils s'offrirent à être encerclés par un adversaire dont le nombre ne leur laissait nulle chance, même petite. Aucun ne revint pour conter cette prouesse. Mais les parents des chevaliers morts ne se privèrent point de dire que le nouveau roi avait l'esprit bien faussé pour imposer à ses bannerets un serment aussi fol, et que si tous devaient le tenir, il se retrouverait bientôt seul à son assemblée...

Ah ! voici ma litière... Vous préférez chevaucher à présent ?... Moi, je crois que je vais dormir un petit afin de me trouver frais à l'arrivée... Mais vous comprenez, Archambaud, pourquoi l'Ordre de l'Etoile n'a pas eu grande suite, et qu'on en parle de moins en moins, d'année en année.

6

Les débuts de ce roi qu'on appelle le mauvais

Avez-vous noté, mon neveu, que partout où nous nous arrêtons, à Limoges aussi bien qu'à Nontron ou ailleurs, chacun nous demande nouvelles du roi de Navarre, comme si le sort du royaume dépendait de ce prince ? L'étrange situation, en vérité, que celle où nous sommes. Le roi de Navarre est prisonnier, dans un château d'Artois, de son cousin le roi de France. Le roi de France est prisonnier, dans un hôtel de Bordeaux, de son cousin le prince héritier d'Angleterre. Le Dauphin, héritier de France, se débat dans le palais de Paris, entre ses bourgeois agités et ses Etats généraux remontrants. Or, c'est du roi de Navarre que tout le monde paraît s'inquiéter. Vous avez entendu l'évêque lui-même : « On disait le Dauphin fort ami de Monseigneur de Navarre. Ne va-t-il pas le libérer ? » Dieu Saint ! J'espère bien que non. Il a été fort avisé, ce jeune homme, de n'en rien faire jusqu'à présent. Et je m'inquiète de cette tentative d'évasion que des chevaliers du clan navarrais auraient montée pour délivrer leur chef. Elle a échoué ; il faut nous en féliciter. Mais tout porte à croire qu'ils voudront recommencer.

Oui, oui, j'ai appris bien des choses pendant notre arrêt à Limoges. Et je me dispose, dès notre arrivée ce soir à La Péruse, d'en écrire au pape.

Si c'était une grosse sottise de la part du roi Jean d'enfermer Monsieur de Navarre, c'en serait une égale aujourd'hui, pour le Dauphin, de le relâcher. Je ne connais pas de plus grand brouilleur que ce Charles qu'on appelle le Mauvais ; et ils se sont bien donné la main, à travers leur querelle, le roi Jean et lui, pour jeter la France dans son malheur présent. Vous savez d'où lui vient son surnom ? Des tout premiers mois de son règne. Il n'a point perdu de temps pour le gagner.

Sa mère, la fille de Louis Hutin, mourut, comme je vous le contais l'autre jour, durant l'automne de 49. Dans l'été de 1350, il alla se faire couronner en sa capitale de Pampelune, où jamais depuis sa naissance, à Evreux, dix-huit ans plus tôt, il n'avait mis les pieds. Voulant se faire connaître, il parcourut ses Etats, ce qui ne demandait point de longues courses ; puis il alla visiter ses voisins et parents, son beau-frère, le comte de Foix et de Béarn, celui qui se fait appeler Phœbus, et son autre beau-frère, le roi d'Aragon, Pierre le Cérémonieux, et également le roi de Castille.

Or, un jour qu'il était de retour à Pampelune et qu'il y passait un pont, à cheval, il rencontra une délégation de nobles navarrais qui venaient à lui, pour lui porter leurs doléances, parce qu'il avait laissé violer leurs droits et privilèges. Comme il refusait de les entendre, les autres s'échauffèrent un peu ; il fit alors saisir par ses soldats ceux qui criaient au plus près de lui, et ordonna qu'on les pendît dans l'instant aux arbres voisins, disant qu'il faut être prompt à punir si l'on veut être respecté.

J'ai remarqué que les princes trop hâtifs au châtiment capital obéissent souvent à des mouvements de peur. Ce Charles n'y fait pas exception, car je le crois plus courageux de paroles que de corps. C'est cette brutale pendaison, dont la Navarre fut endeuillée, qui lui valut d'être bientôt appelé par ses sujets *el malo*, le Mauvais. Il ne tarda pas, d'ailleurs, à s'éloigner de son royaume, dont il laissa le gouvernement à son plus jeune frère, Louis, qui n'avait alors que quinze ans, lui-même préférant revenir s'agiter à la cour de France en compagnie de son autre frère, Philippe.

Alors, me direz-vous, comment le parti navarrais peut-il être tellement nombreux et puissant si, en Navarre même, une part de la noblesse est opposée à son roi ? Eh ! mon neveu, c'est que ce parti est surtout composé des chevaliers normands du comté d'Evreux. Et ce qui rend Charles de Navarre si dangereux pour la couronne de France, plus encore que ses possessions au midi du royaume, ce sont celles qu'il tient, ou qu'il tenait, dans la proximité de Paris, telles les seigneuries de Mantes,

Pacy, Meulan, ou Nonancourt, qui commandent les accès à la capitale pour tout le quart ouest du pays.

Cela, le roi Jean le comprit assez bien, ou on le lui fit comprendre ; et il donna, pour une rare fois, preuve de bon sens en s'efforçant à l'entente et à l'arrangement avec son cousin de Navarre. Par quel lien pouvait-il se l'attacher le mieux ? Par un mariage. Et quel mariage pouvait-on lui offrir qui le liât à la couronne aussi étroitement que l'union qui avait, pendant six mois, fait de sa sœur Blanche la reine de France ? Eh bien, le mariage avec l'aînée des filles du roi lui-même, la petite Jeanne de Valois. Elle n'avait que huit ans, mais c'était un parti qui valait bien d'attendre pour consommer. D'ailleurs Charles de Navarre ne manquait pas de galante compagnie pour seconder sa patience. Entre autres, on sait une certaine demoiselle Gracieuse... oui, c'est son nom, ou celui qu'elle avoue... La petite Jeanne de Valois, elle, était déjà veuve, puisqu'on l'avait une première fois mariée, à l'âge de trois ans, avec un parent de sa mère que Dieu n'avait pas tardé à reprendre.

En Avignon, nous fûmes favorables à ces accordailles qui nous semblaient devoir assurer la paix. Car le contrat réglait toutes affaires pendantes entre ces deux branches de la famille de France, à commencer par celle du comté d'Angoulême depuis si longtemps promis à la mère de Charles, en échange de son renoncement à la Brie et à la Champagne, puis rééchangé contre Pontoise et Beaumont, mais sans qu'il y ait eu exécution. Cette fois, on revenait à l'accord premier ; Navarre recevrait l'Angoumois ainsi que plusieurs grosses places et châtellenies qui constituaient la dot. Le roi Jean prenait grand air d'autorité pour charger de bienfaits son futur beau-fils. « Vous aurez ceci, je le veux ; je vous donne cela, j'en ai dit... »

Navarre faisait plaisanterie, devant ses familiers, de ses liens nouveaux avec le roi Jean. « Nous étions cousins par naissance ; nous fûmes sur le point d'être beaux-frères ; mais son père ayant épousé ma sœur, je me suis trouvé son oncle ; et voici qu'à présent, je vais devenir son gendre. » Mais tandis qu'on négociait le contrat, il s'entendait fort bien à grossir son lot. A lui-même il n'était point demandé d'apport, seulement une avance d'argent : cent mille écus dont le roi Jean était endetté auprès des marchands de Paris, et que Charles aurait la bonne grâce de rembourser. Il n'avait point, lui non plus, la liquidité de la somme ; on la lui trouva chez les banquiers de Flandre auxquels il consentit à remettre en gage une partie de ses bijoux. C'était chose plus aisée pour le gendre du roi que pour le roi lui-même...

Ce fut à cette occasion, je m'en avise, que Navarre dut s'aboucher avec le prévôt Marcel... dont il faut également que j'écrive au pape, car les agissements présents de cet homme-là ne sont point sans m'inquiéter. Mais c'est une autre affaire...

Les cent mille écus furent reconnus à Navarre dans le contrat de mariage ; ils devaient lui être versés par fractions, promptement. En outre, il fut fait chevalier de l'Etoile, et on lui laissa même espérer la charge de connétable, bien qu'il n'eût pas vingt ans accomplis. Le mariage fut célébré avec grand éclat et grande liesse.

Or, la belle amitié que se montraient le beau-père et le gendre fut bientôt brouillée. Qui la brouilla ? L'autre Charles, Monsieur d'Espagne, le beau La Cerda, jaloux forcément de la faveur qui environnait Navarre, et inquiet d'en voir l'astre monter si haut dans le ciel de la cour. Charles de Navarre a ce travers commun à beaucoup de jeunes hommes... et dont je vous engage à vous défendre, Archambaud... qui est de parler trop quand la fortune leur sourit, et de ne point résister à faire de méchants mots. La Cerda ne manqua pas de rapporter au roi Jean les traits de son beau-fils, en les assaisonnant de sa sauce. « Il vous brocarde, mon cher Sire ; il se croit toutes paroles permises. Vous ne pouvez tolérer ces atteintes à votre majesté ; et si vous les tolérez, moi, pour l'amour de vous, je ne les puis supporter. » Et d'instiller poison dans la tête du roi, jour après jour. Navarre avait dit ci, Navarre avait fait ça ; Navarre se rapprochait trop du Dauphin ; Navarre intriguait avec tel officier du Grand Conseil. Il n'y a pas d'homme plus prompt que le roi Jean à entrer dans une mauvaise idée sur le compte d'autrui ; ni plus renâclant à en sortir. Il est tout ensemble crédule et buté. Rien n'est plus aisé que de lui inventer des ennemis.

Bientôt la lieutenance générale en Languedoc, dont Charles de Navarre avait été gratifié, lui fut retirée. Au profit de qui ? De Charles d'Espagne. Puis la charge de connétable, vacante depuis la décapitation de Raoul de Brienne, fut enfin attribuée, mais pas à Charles de Navarre, à Charles d'Espagne. Des cent mille écus qui devaient lui être remboursés, Navarre ne vit pas le premier, cependant que présents et bénéfices ruisselaient sur l'ami du roi. Enfin, enfin, le comté d'Angoulême, au mépris de tous les accords, fut donné à Monsieur d'Espagne, Navarre devant se contenter de nouveau d'une vague promesse d'échange.

Alors, entre Charles le Mauvais et Charles d'Espagne, ce fut d'abord le froid, puis la détestation, et bientôt la haine ouverte et avouée. Monsieur d'Espagne avait beau jeu de dire au roi : « Voyez comme j'étais dans le vrai, mon cher Sire ! Votre gendre, dont j'avais percé les mauvais desseins, s'insurge contre vos volontés. Il s'en prend à moi, parce qu'il voit que je vous sers trop bien. »

D'autres fois, il feignait de vouloir s'exiler de la cour, lui qui était au sommet de la faveur, si les frères Navarre continuaient de médire de lui. Il parlait comme une maîtresse : « Je m'en irai dans quelque lieu désert, hors de votre royaume, pour y vivre du souvenir de l'amour que vous m'avez montré. Ou pour y mourir ! Car loin de vous, l'âme me quittera le corps. » On lui vit verser des larmes, à cet étrange connétable !

Et comme le roi Jean avait la tête tout envahie de l'Espagnol, et qu'il ne voyait rien que par ses yeux, il mit beaucoup d'opiniâtreté à se faire un irréductible ennemi du cousin qu'il avait choisi pour gendre afin de s'assurer un allié.

Je vous l'ai dit : plus sot que ce roi-là on ne peut trouver, ni plus nuisible à soi-même... ce qui ne serait encore que de petit dommage s'il n'était du même coup si nuisible à son royaume.

La cour ne bruissait plus que de cette querelle. La reine, bien délaissée, se rencognait avec Madame d'Espagne... car il était marié, le connétable, un mariage de façade, avec une cousine du roi, Madame de Blois.

Les conseillers du roi, bien qu'ils fissent tous également mine d'aduler leur maître, étaient fort partagés, selon qu'ils pensaient bon de lier leur fortune à celle du connétable ou à celle du gendre. Et les luttes feutrées qui les opposaient étaient d'autant plus âpres que ce roi, qui voudrait faire paraître qu'il est seul à trancher de tout, a toujours abandonné à son entourage le soin des plus graves affaires.

Voyez-vous, mon cher neveu, on intrigue autour de tous les rois. Mais on ne conspire, on ne complote qu'autour des rois faibles, ou de ceux qu'un vice, ou encore les atteintes de la maladie, affaiblissent. J'aurais voulu voir qu'on conspirât autour de Philippe le Bel ! Personne n'y songeait, personne n'aurait osé. Ce qui ne veut point dire que les rois forts sont à l'abri des complots ; mais alors, il y faut de vrais traîtres. Tandis qu'auprès des princes faibles, il devient naturel aux honnêtes gens eux-mêmes d'être comploteurs.

Un jour d'avant la Noël de 1354, en un hôtel de Paris, il s'échangea de si grosses paroles et insultes entre Charles d'Espagne et Philippe de Navarre que ce dernier tira sa dague et fut tout près, si on ne l'avait entouré, d'en frapper le connétable ! Ce dernier feignit de rire, et cria au jeune Navarre qu'il se fût montré moins menaçant s'il n'y avait eu tant de gens autour d'eux pour le retenir. Philippe n'est point aussi fin, mais il est plus enflammé au combat que son frère aîné. On ne le retira de la salle qu'il n'ait proféré qu'il tirerait prompte vengeance de l'ennemi de sa famille, et lui ferait ravaler son outrage. Ce qu'il accomplit, à deux semaines de là, dans la nuit de la fête des rois mages.

Monsieur d'Espagne allait visiter sa cousine, la comtesse d'Alençon. Il s'arrêta pour coucher à Laigle, dans une auberge dont le nom ne se laisse point oublier, l'auberge de la Truie-qui-file. Trop sûr du respect qu'inspiraient, pensait-il, sa charge et l'amitié du roi, il croyait n'avoir point de danger à craindre quand il cheminait par le royaume, et il n'avait pris avec lui que petite escorte. Or, le bourg de Laigle est sis dans le comté d'Evreux, à peu de lieues de cette ville où les frères d'Evreux-Navarre séjournaient en leur gros château. Avertis du passage du connétable, ils apprêtèrent à celui-ci une belle embûche.

Vers la minuit, vingt chevaliers normands, tous rudes seigneurs, le sire de Graville, le sire de Clères, le sire de Mainemares, le sire de Morbecque, le chevalier d'Aunay... eh oui ! le descendant d'un des galants de la tour de Nesle ; il n'était point surprenant qu'on le retrouvât dans le parti Navarre... enfin, vous dis-je, une bonne vingtaine dont les noms sont connus, puisque le roi, à son malgré, dut leur donner par la suite des lettres de rémission... surgirent dans le bourg, sous la conduite de Philippe de Navarre, firent voler les portes de la Truie-qui-file, et se ruèrent au logement du connétable.

Le roi de Navarre n'était pas avec eux. Pour le cas où l'affaire aurait mal tourné, il avait choisi d'attendre à la lisière de la ville, auprès d'une grange, en compagnie des gardes-chevaux. Oh! je le vois, mon Charles le Mauvais, petit, vivace, entortillé dans son manteau comme une fumée d'enfer, et sautant de long en large sur la terre gelée, pareil au diable qui ne touche pas le sol. Il attend. Il regarde le ciel d'hiver. Le froid lui pince les doigts. Il a l'âme tordue à la fois de crainte et de haine. Il prête l'oreille. Il reprend son piétinement inquiet.

Survient alors Jean de Fricamps, dit Friquet, le gouverneur de Caen, son conseiller et son plus zélé monteur de machines, qui lui dit, tout hors d'haleine : « C'est chose faite, Monseigneur ! »

Et puis Graville, Mainemares, Morbecque apparaissent, et Philippe de Navarre lui-même, et tous les conjurés. Là-bas, à l'auberge, le beau Charles d'Espagne, qu'ils ont tiré de dessous son lit où il avait pris refuge, est bien trépassé. Ils l'ont vilainement appareillé, à travers sa robe de nuit. On lui comptera quatre-vingts plaies au corps, quatre-vingts coups de lame. Chacun a voulu y plonger quatre fois son épée... Voilà, messire mon neveu, comment le roi Jean perdit son bon ami, et comment Monseigneur de Navarre entra en rébellion...

A présent, je vais vous prier de céder votre place à dom Francesco Calvo, mon secrétaire papal, avec lequel je veux m'entretenir avant que nous ne parvenions à l'étape.

7

Les nouvelles de Paris

Comme je vais être, dom Calvo, fort affairé en arrivant à La Péruse, pour inspecter l'abbaye et voir si elle a été fort ravagée par les Anglais que je doive, pendant un an, exempter les moines, ainsi qu'ils me le demandent, de me verser mes bénéfices de prieur, je veux vous dire céans les choses à figurer dans ma lettre au Saint-Père. Je vous saurai gré de me préparer cette lettre dès que nous serons là-bas, avec toutes les belles tournures que vous avez coutume d'y mettre.

Il faut faire connaître au Saint-Père les nouvelles de Paris qui me sont parvenues à Limoges, et qui ne laissent pas de m'inquiéter.

En lieu premier, les agissements du prévôt des marchands de Paris, maître Etienne Marcel. J'apprends que ce prévôt fait depuis un mois construire fortifications et creuser fossés autour de la ville, au-delà des enceintes anciennes, comme s'il se préparait à soutenir un siège. Or, au point où nous en sommes des palabres de paix, les Anglais ne montrent point d'intention de faire peser menace sur Paris, et l'on ne comprend guère cette hâte à se fortifier. Mais outre cela, le prévôt a organisé ses bourgeois en corps de ville, qu'il arme et exerce, avec quarteniers, cinquanteniers et dizainiers pour assurer les commandements, tout à fait à l'image des milices de Flandre qui gouvernent elles-mêmes leurs cités ; il a imposé à Monseigneur le Dauphin, lieutenant du roi, d'agréer à la constitution de cette milice, et, de surcroît, alors que toutes taxes et tailles royales sont objet général de doléances et refus, il a, lui prévôt, afin d'équiper ses hommes, établi un impôt sur les boissons qu'il perçoit directement.

Ce maître Marcel qui naguère s'est bien enrichi à la fourniture du roi, mais qui a perdu depuis quatre ans cette fourniture et en a conçu un gros dépit, semble depuis le malheur de Poitiers vouloir se mêler de toutes choses au royaume. On aperçoit mal ses desseins, sauf celui de se rendre important ; mais il ne va guère dans le chemin de l'apaisement que souhaite notre Saint-Père. Aussi, mon pieux devoir est de conseiller au pape, s'il lui parvenait quelque demande de ce côté-là, de se montrer fort sourcilleux, et de ne donner aucun appui, ni même apparence d'appui, au prévôt de Paris et à ses entreprises.

Vous m'avez déjà compris, dom Calvo. Le cardinal Capocci est à Paris. Il pourrait bien, irréfléchi comme il l'est et ne manquant point une bévue, se croire très fort en nouant intrigue avec ce prévôt... Non, rien de précis ne m'a été rapporté ; mais mon nez me fait sentir une de ces voies torses dans lesquelles mon colégat ne manque jamais de s'engager...

En lieu second, je veux inviter le souverain pontife à se faire instruire par le menu des Etats généraux de la Langue d'oïl qui se sont clos à Paris au début de ce mois, et à porter la lumière de sa sainte attention sur les étrangetés qu'on y a vu se produire.

Le roi Jean avait promis de convoquer ces Etats au mois de décembre ; mais dans le grand émoi, désordre et accablement où s'est trouvé le royaume en conséquence de la défaite de Poitiers, le Dauphin Charles a cru sagement agir en avançant dès octobre la réunion. En vérité, il n'avait guère d'autre choix à faire pour affirmer l'autorité qui lui échéait en cette malencontre, jeune comme il est, avec une armée toute dessoudée par les revers, et un Trésor en extrême pénurie.

Mais les huit cents députés de la Langue d'oïl, dont quatre cents bourgeois, ne délibérèrent pas du tout des points sur lesquels ils étaient invités à le faire.

L'Eglise a longue expérience des conciles qui échappent à ceux qui les ont assemblés. Je veux dire au pape que ces Etats ressemblent tout exactement à un concile qui s'égare et s'arroge de régenter de tout, et se rue à la réformation désordonnée en profitant de la faiblesse du suprême pouvoir.

Au lieu de s'affairer à la délivrance du roi de France, nos gens de Paris se sont d'emblée souciés de réclamer celle du roi de Navarre, ce qui montre bien de quel bord sont ceux qui les mènent.

Outre quoi, les huit cents ont nommé une commission de quatre-vingts qui s'est mise à besogner dans le secret pour produire une longue liste de remontrances où il y a un peu de bon et beaucoup de pire. D'abord, ils demandent la destitution et la mise en jugement des principaux conseillers du roi, qu'ils accusent d'avoir dilapidé les aides, et qu'ils tiennent pour responsables de la défaite...

Sur cela, je dois dire, Calvo... ce n'est pas pour la lettre, mais je vous ouvre ma pensée... les remontrances ne sont point tout à fait injustes. Parmi les gens auxquels le roi Jean a commis le gouvernement, j'en sais qui ne valent guère, et qui même sont de francs gredins. Il est naturel qu'on s'enrichisse dans les hautes charges, sinon personne n'en voudrait prendre la peine et les risques. Mais il faut se garder de franchir les limites de la déshonnêteté, et ne pas faire ses affaires aux dépens de l'intérêt public. Et puis surtout, il faut être capable. Or le roi Jean, étant peu capable lui-même, choisit volontiers des gens qui ne le sont point.

Mais à partir de là, les députés se sont mis à requérir choses abusives. Ils exigent que le roi, ou pour le présent son lieutenant le Dauphin, ne gouverne plus que par conseillers désignés par les trois Etats, quatre prélats, douze chevaliers, douze bourgeois. Ce Conseil aurait puissance de tout faire et ordonner, comme le roi le faisait avant, nommerait à tous offices, pourrait réformer la Chambre des comptes et toutes compagnies du royaume, déciderait du rachat des prisonniers, et encore de bien d'autres choses. En vérité, il ne s'agit de rien moins que de dépouiller le roi des attributs de la souveraineté.

Ainsi la direction du royaume ne serait plus exercée par celui qui a été oint et sacré selon notre sainte religion ; elle serait confiée à ce dit Conseil qui ne tirerait son droit que d'une assemblée bavarde, et n'opérerait que dans la dépendance de celle-ci. Quelle faiblesse et quelle confusion ! Ces prétendues réformations... vous m'entendez, dom Calvo ; j'insiste là-dessus, car il ne faut point que le Saint-Père puisse dire qu'il n'a pas été averti... ces prétendues réformations sont offense au bon sens, en même temps qu'elles fleurent l'hérésie.

Or, des gens d'Eglise, la chose est regrettable, penchent de ce côté-là, comme l'évêque de Laon, Robert Le Coq, lui aussi dans la disgrâce du roi, et pour cela tout abouché au prévôt. C'est l'un des plus véhéments.

Le Saint-Père doit bien voir que, derrière tous ces remuements, on trouve le roi de Navarre qui semble mener les choses du fond de sa prison, et qui les empirerait encore s'il les façonnait à l'air libre. Le Saint-Père, en sa grande sagesse, jugera donc qu'il lui faut se garder d'intervenir de la moindre façon pour que Charles le Mauvais, je veux dire Monseigneur de Navarre, soit relâché, ce que maintes suppliques venues de tous côtés doivent le prier de faire.

Pour ma part, usant de mes prérogatives de légat et nonce... vous m'écoutez, Calvo ?... j'ai commandé à l'évêque de Limoges d'être en ma suite pour se présenter à Metz. Il me rejoindra à

Bourges. Et j'ai résolu d'en faire autant de tous autres évêques sur ma route, dont les diocèses ont été pillés et désolés par les chevauchées du prince de Galles, afin qu'ils en témoignent devant l'Empereur. Je serai ainsi renforcé pour représenter combien se révèle pernicieuse l'alliance qu'ont faite le roi navarrais et celui d'Angleterre...

Mais qu'avez-vous à regarder sans cesse au-dehors, dom Calvo ?... Ah ! c'est le balancement de ma litière qui vous tourne l'estomac ! Moi, j'y suis fort habitué, je dirais même que cela me stimule l'esprit ; et je vois que mon neveu, messire de Périgord, qui me fait souvent compagnie depuis notre départ, n'en est point du tout affecté... C'est vrai, vous avez la mine trouble. Bon, vous allez descendre. Mais n'oubliez rien de ce que je vous ai dit, quand vous prendrez vos plumes.

8

Le traité de Mantes

Où sommes-nous ? Avons-nous passé Mortemart ?... Pas encore ! Eh bien, j'ai dormi un petit, ce me semble... Oh ! comme le ciel s'assombrit, et comme les jours raccourcissent ! Je rêvais, voyez-vous, mon neveu, je rêvais d'un prunier en fleur, un gros prunier tout blanc, tout rond, tout empli d'oiseaux, comme si chaque fleur chantait. Et le ciel était bleu, pareil au tapis de la Vierge. Une vision angélique, un vrai coin du paradis. L'étrange chose que les rêves ! Avez-vous remarqué que, dans les Evangiles, il n'y a point de rêves relatés, à part celui de Joseph au début de saint Matthieu ? C'est le seul. Alors que, dans l'Ancien Testament, les patriarches ont sans cesse des songes, dans le Nouveau, on ne rêve point. Je me suis souvent demandé pourquoi, sans pouvoir répondre... Cela ne vous avait pas frappé ? C'est que vous n'êtes pas grand lecteur des saintes Ecritures, Archambaud... Je vois là un bon sujet, pour nos savants docteurs de Paris ou d'Oxford, de disputer entre eux et de nous fournir de gros traités et discours, en un latin si épais que personne n'y entendrait plus goutte...

En tout cas, le Saint-Esprit m'a bien inspiré de faire l'écart par La Péruse. Vous avez vu ces bons frères bénédictins qui voulaient prendre avantage de la chevauchée anglaise pour ne point payer les commendes du prieur ? Je leur ferai remplacer la croix d'émail et les trois calices de vermeil qu'ils se sont hâtés d'offrir aux Anglais, pour être saufs du pillage ; et ils solderont leurs annuités.

Ils cherchaient tout benoîtement à se faire confondre avec les gens de l'autre rive de la Vienne, où les routiers du prince de Galles ont vraiment tout ravagé, pillé, grillé, comme nous l'avons bien vu ce matin, à Chirac ou à Saint-Maurice-des-Lions. Et surtout à l'abbaye de Lesterps où les chanoines réguliers se sont montrés vaillants. « Notre abbaye est fortifiée ; nous la défendrons. » Et ils se sont battus ces chanoines, en hommes bons et braves, que l'on ne contraint pas. Plusieurs ont péri dans l'affaire qui se sont conduits plus noblement que ne l'ont fait à Poitiers maints chevaliers de ma connaissance.

Si tous les gens de France avaient autant de cœur... Encore ont-ils trouvé moyen, ces honnêtes chanoines, dans leur couvent tout calciné, de nous offrir dîner si plantureux et si bien apprêté qu'il m'a porté au sommeil. Et avez-vous noté cet air de sainte gaieté qu'ils arboraient sur leur visage ? « Nos frères ont été tués ? Ils sont en paix ; Dieu les a accueillis dans sa mansuétude... Il nous a laissés sur la terre ? C'est pour que nous puissions y faire bonne œuvre... Notre couvent est à demi détruit ? Voilà l'occasion de le refaire plus beau... »

Les bons religieux sont gais, mon neveu, sachez-le. Je me méfie des trop sévères jeûneurs, à mine longue, avec des yeux brûlants et rapprochés, comme s'ils avaient trop longtemps louché du côté de l'enfer. Ceux à qui Dieu fait le plus haut honneur qui soit en les appelant à son service ont une manière d'obligation de s'en montrer joyeux ; c'est un exemple et une politesse qu'ils doivent aux autres mortels.

De même que les rois, puisque Dieu les a élevés au-dessus de tous les autres hommes, ont devoir de montrer toujours empire sur eux-mêmes. Messire Philippe le Bel qui était un parangon de vraie majesté condamnait sans qu'on lui vît de colère ; et il portait le deuil sans larmes.

Dans l'occasion du meurtre de Monsieur d'Espagne, que je vous contais hier, le roi Jean fit bien apparaître, et de la plus pitoyable façon, qu'il était incapable d'imposer retenue à ses passions. La pitié n'est pas ce qu'un roi doit inspirer ; mieux vaut qu'on le croie fermé à la douleur. Pendant quatre jours, le nôtre fut dans l'empêchement de prononcer un seul mot et de dire même s'il voulait manger ou boire. Il errait dans les chambres, l'œil tout rouge et noyé, ne reconnaissant personne, et s'arrêtant soudain pour sangloter. Il était vain de lui parler d'aucune affaire. L'ennemi eût-il envahi son palais qu'il se fût laissé prendre par la main. Il n'avait pas montré le quart de chagrin lorsqu'était morte la mère de ses enfants, Madame de Luxembourg, ce que le Dauphin Charles ne manqua point de relever. Ce fut même la première fois où on le vit marquer du mépris pour son père, allant jusqu'à lui dire qu'il n'était pas décent de s'abandonner ainsi. Mais le roi n'entendait rien.

Il ne sortit de son abattement que pour hurler. Hurler qu'on lui sellât céans son destrier, hurler qu'on rassemblât l'ost ; hurler qu'il courait à Evreux faire justice, et que chacun aurait à trembler... Ses familiers eurent grand-peine à le ramener à la raison et à lui représenter que pour rassembler l'ost, même sans l'arrière-ban, il ne fallait pas moins d'un mois ; que s'il voulait attaquer Evreux, il mettrait la Normandie en dissension ; que, d'autre part, les trêves avec le roi d'Angleterre venaient à expiration, et que s'il prenait à ce dernier l'envie de profiter du désordre, le royaume pourrait se trouver en péril.

On lui remontra aussi que, peut-être, s'il avait respecté le contrat de mariage de sa fille et tenu son engagement de remettre Angoulême à Charles de Navarre, au lieu d'en faire don à son cher connétable...

Jean II ouvrait le bras et clamait : « Que suis-je donc, si je ne puis rien ? Je vois bien qu'aucun de vous ne m'aime, et que j'ai perdu mon soutien. » Mais enfin, il resta en son hôtel, jurant Dieu que jamais il ne connaîtrait joie jusqu'à ce qu'il fût vengé.

Cependant, Charles le Mauvais ne demeurait pas inactif. Il écrivait au pape, il écrivait à l'Empereur, il écrivait à tous les princes chrétiens, leur expliquant qu'il n'avait pas voulu la mort de Charles d'Espagne, mais seulement s'en saisir pour les nuisances et outrages qu'il avait soufferts de lui ; qu'on avait outrepassé ses ordres, mais qu'il prenait tout à son compte et couvrait ses parents, amis et serviteurs qui n'avaient été mus, dans le tumulte de Laigle, que par un trop grand zèle pour son bien.

Il se donnait ainsi, ayant monté le guet-apens comme un truand de grand chemin, les gants du chevalier.

Et surtout, il écrivait au duc de Lancastre, qui se trouvait à Malines, et au roi d'Angleterre lui-même. Nous eûmes connaissance de la teneur de ces lettres quand les choses s'embrouillèrent. Le Mauvais n'y allait pas par détours. « Si vous mandez à vos capitaines de Bretagne qu'ils soient prêts, sitôt que j'enverrai vers eux, à entrer en Normandie, je leur baillerai bonne et sûre entrée. Veuillez savoir, très cher cousin, que tous les nobles de Normandie sont avec moi à mort et à vie. » Par le meurtre de Monsieur d'Espagne, notre homme s'était mis en rébellion ; à présent il progressait en trahison. Mais en même temps, il lançait sur le roi Jean les dames de Melun.

Vous ne savez pas qui l'on nomme ainsi ?... Ah ! voilà qu'il pleut. Il fallait s'y attendre ; cette pluie menaçait depuis le départ. C'est maintenant que vous allez bénir ma litière, Archambaud, plutôt que d'avoir l'eau vous coulant dans le col, sous votre cotte hardie, et la boue vous crottant jusqu'aux reins...

Les dames de Melun ? Ce sont les deux reines douairières, et puis Jeanne de Valois, la petite épouse de Charles, qui attend d'être nubile. Elles vivent toutes les trois au château de Melun, qu'on appelle pour cela le château des Trois Reines, ou encore la Cour des Veuves.

Il y a d'abord Madame Jeanne d'Evreux, la veuve du roi Charles IV et la tante de notre Mauvais. Oui, oui, elle vit toujours ; elle n'est même point si vieille qu'on croit. A peine doit-elle avoir passé la cinquantaine ; elle a quatre ou cinq ans de moins que moi. Il y a vingt-huit ans qu'elle est veuve, vingt-huit ans qu'elle est vêtue de blanc. Elle a partagé le trône seulement trois ans. Mais elle conserve de l'influence au royaume. C'est qu'elle est la doyenne, la dernière reine de la première race capétienne. Si, sur les trois couches qu'elle fit...

trois filles, et dont une seule, la posthume, reste vivante... elle avait eu un garçon, elle eût été reine mère et régente. La dynastie a pris fin dans son sein. Quand elle dit : « Monseigneur d'Evreux, mon père... mon oncle Philippe le Bel... mon beau-frère Philippe le Long... » chacun se tait. Elle est la survivante d'une monarchie indiscutée, et d'un temps où la France était autrement puissante et glorieuse qu'aujourd'hui. Elle est comme une caution pour la nouvelle race. Alors, il y a des choses qu'on ne fait point, parce que Madame d'Evreux les désapprouverait.

En plus, on dit autour d'elle : « C'est une sainte. » Avouons qu'il suffit de peu de chose, quand on est reine, pour être regardée comme une sainte par une petite cour désœuvrée où la louange tient lieu d'occupation. Madame Jeanne d'Evreux se lève avant le jour ; elle allume elle-même sa chandelle pour ne pas déranger ses femmes. Puis elle se met à lire son livre d'heures, le plus petit du monde à ce qu'on assure, un présent de son époux qui l'avait commandé à un maître imagier, Jean Pucelle. Elle prie beaucoup et fait moult aumône. Elle a passé vingt-huit ans à répéter qu'elle n'avait point d'avenir, parce qu'elle n'avait pu enfanter un fils. Les veuves vivent d'idées fixes. Elle aurait pu peser davantage dans le royaume si elle avait eu de l'intelligence à proportion de sa vertu.

Ensuite, il y a Madame Blanche, la sœur de Charles de Navarre, la seconde femme de Philippe VI, qui n'a été reine que six mois, à peine le temps de s'habituer à porter couronne. Elle a la réputation d'être la plus belle femme du royaume. Je l'ai vue, naguère, et je ratifie volontiers ce jugement. Elle a vingt-quatre ans, à présent, et depuis six ans déjà elle se demande à quoi lui servent la blancheur de sa peau, ses yeux d'émail et son corps parfait. La nature l'eût dotée d'une moins splendide apparence, elle serait reine à présent, puisqu'elle était destinée au roi Jean ! Le père ne la prit pour lui que parce qu'il fut poignardé par sa beauté.

Après qu'elle eut, en une demi-année, fait passer son époux de la couche au tombeau, elle fut demandée en mariage par le roi de Castille, don Pedro, que ses sujets ont surnommé le Cruel. Elle fit répondre, un peu vite peut-être : « Une reine de France ne se remarie point. » On l'a fort louée de cette grandeur. Mais elle se demande à présent si ce n'est pas un bien lourd sacrifice qu'elle a consenti à sa magnificence passée. Le domaine de Melun est son douaire. Elle y fait de grands embellissements, mais elle peut bien changer à Noël et à Pâques les tapis et tentures qui composent sa chambre ; c'est toujours seule qu'elle y dort.

Enfin, il y a l'autre Jeanne, la fille du roi Jean, dont le mariage n'a eu pour effet que de précipiter les orages. Charles de Navarre l'a confiée à sa tante et à sa sœur, jusqu'à ce qu'elle ait l'âge de la consommation du lien. Celle-là est une petite calamité, comme peut l'être une gamine de douze ans, qui se souvient d'avoir été veuve à six ans, et qui se sait déjà reine sans occuper encore la place. Elle n'a rien d'autre à faire que d'attendre de grandir, et elle attend mal, rechignant à tout ce qu'on lui commande, exigeant tout ce qu'on lui refuse, poussant à bout ses dames suivantes et leur promettant mille tortures le jour qu'elle sera pubère. Il faut que Madame d'Evreux, qui ne plaisante point sur la conduite, lui allonge souvent une gifle.

Nos trois dames entretiennent à Melun et à Meaux... Meaux est le douaire de Madame d'Evreux... une illusion de cour. Elles ont chancelier, trésorier, maître de l'hôtel. De bien hauts titres pour des fonctions fort réduites. On a surprise de trouver là nombre de gens qu'on croyait morts, tant ils sont oubliés, sauf d'eux-mêmes. Vieux serviteurs rescapés des règnes précédents, vieux confesseurs de rois défunts, secrétaires gardiens de secrets éventés, hommes qui parurent puissants un moment parce qu'ils approchaient au plus près le pouvoir, ils piétinent dans leurs souvenirs en se donnant importance d'avoir pris part à des événements qui n'en ont plus. Quand l'un d'eux commence : « Le jour où le roi m'a dit... » il faut deviner de quel roi il s'agit, entre les six qui ont occupé le trône depuis l'orée du siècle. Et ce que le roi a dit, c'est ordinairement quelque confidence grave et mémorable, telle que : « Il fait beau temps, aujourd'hui, Gros-Pierre... »

Aussi, quand survient une affaire comme celle du roi de Navarre, c'est presque une aubaine pour la Cour des Veuves, soudain réveillée de ses songes. Chacun de s'émouvoir, de bruire, de s'agiter... Ajoutons que, pour les trois reines, Monseigneur de Navarre est, entre tous les vivants, le premier dans leurs pensées. Il est le neveu bien-aimé, le frère chéri, l'époux adoré. On aurait beau leur dire qu'en Navarre on l'appelle le Mauvais ! Il fait tout, au demeurant, pour leur paraître aimable, les comblant de présents, venant souvent les visiter... du moins tant qu'il n'était pas emmuré... les égayant de ses récits, les entretenant de ses démêlés, les passionnant pour ses entreprises, charmeur comme il peut l'être, jouant le respectueux avec sa tante, l'affectueux auprès de sa sœur, et l'amoureux devant sa fillette d'épouse, tout cela par bon calcul, pour les tenir comme pièces dans son jeu.

Après l'assassinat du connétable, et dès que le roi Jean parut un peu calmé, elles s'en vinrent ensemble à Paris, à la demande de Monseigneur de Navarre.

La petite Jeanne de Valois, se jetant aux pieds du roi, lui récita d'un bon air la leçon qu'on lui avait enseignée : « Sire mon père, il ne se peut que mon époux ait commis aucune traîtrise contre vous. S'il a mal agi, c'est que des traîtres l'ont abusé. Je vous conjure pour l'amour de moi de lui pardonner. »

Madame d'Evreux, toute pénétrée de tristesse et de l'autorité que son âge lui confère, dit : « Sire mon cousin, comme la plus ancienne qui porta la couronne en ce royaume, j'ose vous conseiller et vous prier de vous accommoder à mon neveu. S'il s'est acquis des torts envers vous, c'est que certains qui vous servent en eurent envers lui et qu'il a pu croire que vous l'abandonniez à ses ennemis. Mais lui-même ne nourrit à votre endroit, je vous l'assure, que des pensées de bonne et loyale affection. Ce serait vous nuire à tous deux que de poursuivre cette discorde... »

Madame Blanche ne dit rien du tout. Elle regarda le roi Jean. Elle sait qu'il ne peut pas oublier qu'elle devait être sa femme. Devant elle, cet homme haut et lourd, si tranchant en son ordinaire, devient tout hésitant. Ses yeux la fuient, sa parole s'embarrasse. Et toujours en sa présence, il décide le contraire de ce qu'il croit vouloir.

Aussitôt après cette entrevue, il désigna le cardinal de Boulogne, l'évêque de Laon, Robert Le Coq, et Robert de Lorris, son chambellan, pour négocier avec son gendre et lui faire bonne paix. Il prescrivit que les choses fussent menées rondement. Elles le furent en vérité puisque, une semaine avant la fin de février, les négociateurs des deux parties signèrent accord, à Mantes. Jamais, de ma mémoire, on ne vit traité si aisément obtenu et hâtivement conclu.

Le roi Jean fit bien montre, en l'occasion, de ses bizarreries de caractère et de son peu de suite aux affaires. Le mois précédent, il ne songeait qu'à saisir et occire Monseigneur de Navarre ; à présent, il consentait à tout ce que celui-ci souhaitait. Venait-on lui dire que son gendre réclamait le Clos de Cotentin, avec Valognes, Coutances et Carentan ? Il répondait : « Donnez-lui, donnez-lui ! » La vicomté de Pont-Audemer et celle d'Orbec ? « Donnez, puisqu'on veut que je m'accorde à lui. » Ainsi Charles le Mauvais reçut-il également le gros comté de Beaumont, avec les châtellenies de Breteuil et de Conches, tout cela qui avait constitué autrefois la pairie du comte Robert d'Artois. Belle revanche, *post mortem*, pour Marguerite de Bourgogne ; son petit-fils reprenait les biens de l'homme qui l'avait perdue. Comte de Beaumont ! Il exultait, le jeune Navarre. Lui-même, par ce traité, ne cédait presque rien ; il rendait Pontoise, et puis il confirmait solennellement qu'il renonçait à la Champagne, ce qui était chose établie depuis plus de vingt-cinq ans.

De l'assassinat de Charles d'Espagne, on ne parlerait plus. Ni châtiment, même des comparses, ni réparation. Tous les complices de la Truie-qui-file, et qui dès lors n'hésitèrent plus à se nommer, reçurent des lettres de quittance et rémission.

Ah ! ce traité de Mantes ne fut pas pour grandir l'image du roi Jean. « On lui tue son connétable ; il donne la moitié de la Normandie. Si on lui tue son frère ou son fils, il donnera la France. » Voilà ce que les gens disaient.

Le petit roi de Navarre, lui, ne s'était pas montré malhabile. Avec Beaumont, en plus de Mantes et d'Evreux, il pouvait isoler Paris de la Bretagne ; avec le Cotentin, il tenait des voies directes vers l'Angleterre.

Aussi, quand il vint à Paris pour prendre son pardon, c'était lui qui avait l'air de l'accorder.

Oui ; que dis-tu, Brunet ?... Oh ! cette pluie ! Mon rideau est tout trempé... Nous arrivons à Bellac ? Fort bien. Ici au moins nous sommes assurés d'un gîte confortable, et l'on y serait sans excuse de ne pas nous faire grande réception. La chevauchée anglaise a épargné Bellac, d'ordre du prince de Galles, parce que c'est le douaire de la comtesse de Pembroke, qui est une

Châtillon-Lusignan. Les hommes de guerre vous ont de ces gentillesses...

Je vous achève, mon neveu, l'histoire du traité de Mantes. Le roi de Navarre parut donc à Paris comme s'il avait gagné bataille, et le roi Jean, à l'effet de le recevoir, tint séance du Parlement, les deux reines veuves assises à ses côtés. Un avocat du roi vint s'agenouiller devant le trône... oh ! tout cela avait grand air... « Mon très redouté Seigneur, Mesdames les reines Jeanne et Blanche ont entendu que Monsieur de Navarre est en votre malgrâce et vous supplient de lui pardonner... »

Sur ce, le nouveau connétable, Gautier de Brienne, duc d'Athènes... oui, un cousin de Raoul, l'autre branche des Brienne ; cette fois, on n'avait pas choisi un jeunôt... s'en alla prendre Navarre par la main... « Le roi vous pardonne, pour l'amitié des reines, de bon cœur et de bonne volonté. »

A quoi, le cardinal de Boulogne eut charge d'ajouter bien haut : « Qu'aucun du lignage du roi ne s'aventure désormais à recommencer car, fût-il fils du roi, il en sera fait justice. »

Belle justice, en vérité, dont chacun riait sous cape. Et devant toute la cour, le beau-père et le gendre s'embrassèrent. Je vous conterai la suite demain.

9

Le mauvais en Avignon

Pour bien vous dire le vrai, mon neveu, je préfère ces églises de jadis, comme celle du Dorat où nous venons de passer, aux églises qu'on nous fait depuis cent cinquante ou deux cents ans, qui sont des prouesses de pierre, mais où l'ombre est si dense, les ornements si profus et souvent si effrayants, que l'on s'y sent le cœur serré d'angoisse, autant que si l'on était perdu dans la nuit au milieu de la forêt. Ce n'est pas bien vu, je le sais, que d'avoir mon goût ; mais c'est le mien et je m'y tiens. Peut-être me vient-il de ce que j'ai grandi dans notre vieux château de Périgueux, planté sur un monument de l'antique Rome, tout près de notre Saint-Front, tout près de notre Saint-

Etienne, et que j'aime à retrouver les formes qui me les rappellent, ces beaux piliers simples et réguliers et ces hauts cintres bien arrondis sous lesquels la lumière se répand aisément.

Les anciens moines s'entendaient à bâtir de ces sanctuaires dont la pierre semble doucement dorée tant le soleil y pénètre à foison, et où les chants, sous les hautes voûtes qui figurent le toit céleste, s'enflent et s'envolent magnifiquement comme voix d'anges au paradis.

Par grâce divine, les Anglais, s'ils ont pillé le Dorat, n'ont point assez détruit ce chef-d'œuvre entre les chefs-d'œuvre pour qu'on ait à le reconstruire. Sinon je gage que nos architectes du nord se seraient plu à monter quelque lourd vaisseau de leur façon, appuyé sur des pattes de pierre comme un animal fantastique, et où lorsqu'on y pénètre on croirait tout juste que la maison de Dieu est l'antichambre de l'enfer. Et ils auraient remplacé l'ange de cuivre doré, au sommet de la flèche, qui a donné son nom à la paroisse... eh oui, *lou dorat*... par un diable fourchu et bien grimaçant...

L'enfer... Mon bienfaiteur, Jean XXII, mon premier pape, n'y croyait pas, ou plutôt il professait qu'il était vide. C'était aller un peu loin. Si les gens n'avaient plus à redouter l'enfer, comment pourrait-on en tirer aumônes et pénitences, pour rachat de leurs péchés ? Sans l'enfer, l'Eglise pourrait fermer boutique. C'était lubie de grand vieillard. Il nous fallut obtenir qu'il se rétractât sur son lit de mort. J'étais là...

Oh ! mais le temps fraîchit vraiment. On sent bien que dans deux jours nous entrons en décembre. Un froid mouillé, le pire.

Brunet ! Aymar Brunet, vois donc, mon ami, s'il n'y a point dans le char aux vivres un pot de braises à placer dans ma litière. Les fourrures n'y suffisent plus, et si nous continuons de la sorte, c'est un cardinal tout grelottant qui va sortir à Saint-Benoît-du-Sault. Là aussi, m'a-t-on dit, l'Anglais a fait ravage... Et s'il n'y a point de braises à suffisance dans le chariot du queux, car il m'en faut plus que pour tenir tiède un ragoût, qu'on aille en quérir au premier hameau que nous traverserons... Non, je n'ai point besoin de maître Vigier. Laissez-le cheminer son train. Dès qu'on appelle mon médecin à ma litière, toute l'escorte imagine que je suis à l'agonie. Je me porte à merveille. J'ai besoin de braises, voilà tout...

Alors vous voulez savoir, Archambaud, ce qui s'ensuivit du traité de Mantes, dont je vous ai fait récit hier... Vous êtes bon écouteur, mon neveu, et c'est plaisir que de vous instruire de ce que l'on sait. Je vous soupçonne même de prendre quelques notes d'écrit quand nous parvenons à l'étape ; n'est-ce pas vrai ?... Bon, j'ai bien jugé. Ce sont les seigneurs du nord qui se donnent de la grandeur à être plus ignorants que des ânes, comme si lire et écrire étaient emploi de petit clerc, ou de pauvre. Il leur faut un serviteur pour connaître le moindre billet qu'on leur adresse. Nous, dans le midi du royaume, qui avons toujours été frottés de romanité, nous ne méprisons pas l'instruction. Ce qui nous donne l'avantage dans bien des affaires.

Ainsi vous notez. C'est bonne chose. Car, pour ma part, je ne pourrai guère laisser témoignage de ce que j'ai vu et de ce que j'ai fait. Toutes mes lettres et écritures sont ou seront versées aux registres de la papauté pour n'en sortir jamais, comme il est de règle. Mais vous serez là, Archambaud, qui pourrez, au moins sur les affaires de France, dire ce que vous savez, et rendre justice à ma mémoire si certains, comme je ne doute pas que le ferait le Capocci... Dieu veuille seulement me garder sur terre un jour de plus que lui... entreprenaient d'y attenter.

Donc, très vite après le traité de Mantes où il s'était montré si inexplicablement généreux à l'endroit de son gendre, le roi Jean accusa ses négociateurs, Robert Le Coq, Robert de Lorris et même l'oncle de sa femme, le cardinal de Boulogne, de s'être laissé acheter par Charles de Navarre.

Soit dit entre nous, je crois qu'il n'était pas hors de la vérité. Robert Le Coq est un jeune évêque brûlé d'ambition, qui excelle à l'intrigue, qui s'en délecte, et qui a très vite aperçu l'intérêt qu'il pouvait avoir à se rapprocher du Navarrais, au parti duquel d'ailleurs, depuis sa brouille avec le roi, il s'est ouvertement rallié. Robert de Lorris, le chambellan, est certainement dévoué à son maître ; mais il est d'une famille de banque où l'on ne résiste jamais à rafler quelques poignées d'or au passage. Je l'ai connu, ce Lorris, quand il est venu en Avignon, voici dix ans à peu près, négocier l'emprunt de trois cent mille florins que le roi Philippe VI fit au pape d'alors. Je me suis, pour ma part, contenté honnêtement de mille florins pour l'avoir abouché avec les banquiers de Clément VI, les Raimondi d'Avignon et les Mattei de Florence ; mais lui, il s'est plus largement servi. Quant à Boulogne, tout parent qu'il est au roi...

J'entends bien qu'il est constant que nous soyons, nous, cardinaux, justement récompensés de nos interventions au profit des princes. Nous ne pourrions autrement suffire à nos charges. Je n'ai jamais fait secret, et même j'en tire honneur, d'avoir reçu vingt-deux mille florins de ma sœur de Durazzo pour le soin que j'ai pris, il y a vingt ans... déjà vingt ans !... de ses affaires ducales qui étaient bien compromises. Et l'an dernier, pour la dispense nécessaire au mariage de Louis de Sicile avec Constance d'Avignon, j'ai été remercié par cinq mille florins. Mais jamais je n'ai rien accepté que de ceux qui remettaient leur cause à mon talent ou à mon influence. La déshonnêteté commence quand on se fait payer par l'adversaire. Et je pense bien que Boulogne n'a pas résisté à cette tentation. Depuis lors, l'amitié est fort refroidie entre lui et Jean II.

Lorris, après un peu d'éloignement, est rentré en grâce, comme il en va toujours avec les Lorris. Il s'est jeté aux pieds du roi, le dernier Vendredi saint, a juré de sa parfaite loyauté, et rejeté toutes duplicités ou complaisances sur le dos de Le Coq, lequel est demeuré dans la brouille et banni de la cour.

C'est chose avantageuse que de désavouer les négociateurs. On peut en prendre argument pour ne pas exécuter le traité. Ce que le roi ne se priva point de faire. Quand on lui représentait qu'il eût pu mieux contrôler ses députés, et céder moins qu'il ne l'avait fait, il répondait, irrité : « Traiter, débattre, argumenter ne sont point affaires de chevalier. » Il a toujours affecté de tenir en mépris la négociation et la diplomatique, ce qui lui permet de renier ses obligations.

En fait, il n'avait tant promis que parce qu'il escomptait bien ne rien tenir.

Mais, dans le même temps, il environnait son gendre de mille courtoisies feintes, le voulant sans cesse auprès de lui à la cour, et non seulement lui, mais son cadet, Philippe, et même le puîné, Louis, qu'il insistait fort à faire revenir de Navarre. Il se disait le protecteur des trois frères et engageait le Dauphin à leur prodiguer amitié.

Le Mauvais ne se soumettait pas sans arrogance à tant d'excessives prévenances, tant d'incroyable sollicitude, allant jusqu'à dire au roi, en pleine table : « Avouez que je vous ai rendu bon service en vous débarrassant de Charles d'Espagne, qui voulait tout régenter au royaume. Vous ne le dites point, mais je vous ai soulagé. » Vous imaginez combien le roi Jean goûtait de telles gentillesses.

Et puis un jour de l'été qu'il y avait fête au palais, et que Charles de Navarre s'y rendait en compagnie de ses frères, il vit venir à lui, se hâtant, le cardinal de Boulogne qui lui dit : « Rebroussez chemin et rentrez en votre hôtel, si vous tenez à la vie. Le roi a résolu de vous faire occire tout à l'heure, les trois que vous êtes, pendant la fête. »

La chose n'était point imaginaire, ni déduite de vagues rumeurs. Le roi Jean en avait décidé ainsi, le matin même, dans son Conseil étroit auquel Boulogne assistait... « J'ai attendu pour ce faire que les trois frères fussent assemblés, car je veux qu'on les occise tous les trois afin qu'il ne reste plus rejetons mâles de cette mauvaise race. »

Pour ma part, je ne blâme point Boulogne d'avoir averti les Navarre, même si cela devait accréditer qu'il leur était vendu. Car un prêtre de la sainte Église... et qui plus est un membre de la curie pontificale, un frère du pape dans le Seigneur... ne peut entendre de sang-froid qu'on va perpétrer un triple meurtre, et accepter qu'il s'accomplisse sans rien avoir tenté. C'était s'y laisser associer, en quelque sorte, par le silence. Qu'avait donc le roi Jean besoin de parler devant Boulogne ? Il n'avait qu'à aposter ses sergents... Mais non, il s'est cru habile. Ah ! ce roi-là quand il veut faire le finaud ! Il n'a jamais su voir trois coups d'échecs en avant. Sans doute pensait-il que lorsque le pape lui ferait remontrance d'avoir ensanglanté son palais, il aurait beau jeu de répondre : « Mais votre cardinal était là, qui ne m'a point désapprouvé. » Boulogne n'est pas perdreau de la dernière couvée, qu'on amène à donner dans de si gros panneaux.

Charles de Navarre, ainsi averti, se retira donc très hâtivement vers son hôtel où il fit apprêter son escorte. Le roi Jean, ne voyant point paraître les trois frères à sa fête, les envoya quérir, fort impérativement. Mais son messager ne reçut pour réponse que le pet des chevaux, car juste à ce moment les Navarre tournaient bride vers la Normandie.

Le roi Jean entra alors dans un vif courroux où il cacha son dépit en faisant l'offensé. « Voyez ce mauvais fils, ce félon qui se refuse à l'amitié de son roi et qui de lui-même s'exile de ma cour ! Il doit avoir à celer de bien méchants desseins. »

Et de cela il prit prétexte pour proclamer qu'il suspendait l'effet du traité de Mantes, qu'il n'avait jamais commencé d'exécuter.

Ce qu'apprenant, Charles renvoya son frère Louis en Navarre et dépêcha son frère Philippe en Cotentin afin d'y lever des troupes, lui-même ne restant guère à Evreux.

Car dans le même temps notre Saint-Père, le pape Innocent, avait décidé d'une conférence en Avignon... la troisième, la quatrième, ou plutôt la même toujours recommencée... entre les envoyés des rois de France et d'Angleterre pour négocier, non plus d'une trêve reconduite, mais d'une paix vraie et définitive. Innocent voulait cette fois, disait-il, mener à succès l'œuvre de son prédécesseur et il se flattait de réussir là où Clément VI avait échoué. La présomption, Archambaud, se loge même au cœur des pontifes...

Le cardinal de Boulogne avait présidé les négociations antérieures ; Innocent le reconduisit en cet office. Boulogne avait toujours été suspect, comme je l'étais également, au roi Edouard d'Angleterre qui l'estimait trop proche des intérêts de la France. Or, depuis le traité de Mantes et la fuite de Charles le Mauvais, il était suspect aussi au roi Jean. A cause de cela peut-être, Boulogne mena la rencontre mieux qu'on ne l'attendait ; il n'avait personne à ménager. Il s'entendit assez bien avec les évêques de Londres et de Norwich et surtout avec le duc de Lancastre, qui est un bon homme de guerre et un seigneur véritable. Et moi-même, en retrait, je mis la main à l'œuvre. Le petit Navarrais dut avoir vent...

Ah ! voici la braise ! Brunet, glisse le pot sous mes robes. Il est bien clos au moins, que je ne m'aille pas brûler ! Oui, cela va bien...

Donc Charles de Navarre dut avoir vent que l'on progressait vers la paix, ce qui certes n'eût pas arrangé ses affaires, car un beau jour de novembre... il y a tout juste deux ans... le voilà qui surgit en Avignon, où nul ne l'attendait.

C'est en cette occasion que je le vis pour la première fois. Vingt-quatre ans, mais n'en paraissant pas plus de dix-huit à cause de sa petite taille, car il est bref, vraiment très bref, le plus petit des rois d'Europe ; mais si bien pris dans sa personne, si droit, si leste, si vif que l'on ne songe pas à s'aviser de ce défaut. Avec cela un charmant visage que ne dépare point un nez un peu fort, de beaux yeux de renard, aux coins déjà plissés en étoile par la malice. Son dehors est si affable, ses façons si polies et légères à la fois, sa parole si aisée, coulante et imprévue, il est si prompt au compliment, il passe si prestement de la gravité à la badinerie et de l'amusaille au grand sérieux, enfin il paraît si disposé à montrer de l'amitié aux gens que l'on comprend que les femmes lui résistent si peu, et que les hommes se laissent si bien emboberiner par lui. Non, vraiment, je n'ai jamais ouï plus vaillant parleur que ce petit roi-là ! On oublie, à l'entendre, la mauvaiseté qui se cache sous tant de bonne grâce, et qu'il est déjà bien endurci dans le stratagème, le mensonge et le crime. Il a un primesaut qui le fait pardonner de ses noirceurs secrètes.

Son affaire, quand il parut en Avignon, n'était pas des meilleures. Il était en insoumission au regard du roi de France qui s'employait à saisir ses châteaux, et il avait fort blessé le roi d'Angleterre en signant le traité de Mantes sans même l'en avertir. « Voilà un homme qui m'appelle à son aide, et me propose bonne entrée en Normandie. Je fais mouvoir pour lui mes troupes de Bretagne ; j'en apprête d'autres à débarquer ; et quand il s'est rendu assez fort, par mon appui, pour intimider son adversaire, il traite avec lui sans m'en prévenir... A présent, qu'il s'adresse à qui bon lui plaira ; qu'il s'adresse au pape... »

Eh bien, c'était justement au pape que Charles de Navarre venait s'adresser. Et après une semaine, il avait retourné tout le monde en sa faveur.

En présence du Saint-Père, et devant plusieurs cardinaux dont j'étais, il jure qu'il ne veut rien tant qu'être réconcilié avec le roi de France, y mettant tout le cœur qu'il faut pour que chacun le croie. Auprès des délégués de Jean II, le chancelier Pierre de La Forêt et le duc de Bourbon, il va même plus loin, leur laissant entendre que, pour prix de la bonne amitié qu'il veut restaurer, il pourrait aller lever des troupes en Navarre afin d'attaquer les Anglais en Bretagne ou sur leurs propres côtes.

Mais dans les jours suivants, ayant fait mine de sortir de la ville avec son escorte, il y revient de nuit, plusieurs fois et à la dérobée, pour conférer avec le duc de Lancastre et les émissaires anglais. Il abritait ses secrètes rencontres tantôt chez Pierre Bertrand, le cardinal d'Arras, tantôt chez Guy de Boulogne lui-même. J'en ai d'ailleurs fait reproche plus tard à Boulogne, qui tirait un peu trop sa paille aux deux mangeoires. « Je voulais savoir ce qu'ils manigançaient, m'a-t-il répondu. En prêtant ma maison, je pouvais les faire écouter par mes espies. » Ses espies devaient être fort sourds, car il n'a rien su du tout, ou feint de ne rien savoir. S'il n'était pas dans la connivence, alors c'est que le roi de Navarre lui a tiré le mouchoir de dessous le nez.

Moi, j'ai su. Et vous plaît-il de connaître, mon neveu, comment Navarre s'y prit pour se gagner Lancastre ? Eh bien ! il lui proposa tout fièrement de reconnaître le roi Edouard d'Angleterre pour roi de France. Rien moins que cela. Ils allèrent même si avant en besogne qu'ils projetèrent un traité de bonne alliance.

Premier point : Navarre, donc, eût reconnu en Edouard le roi de France. Second point : ils convenaient de conduire ensemble la guerre contre le roi Jean. Troisième point : Edouard reconnaissait à Charles de Navarre le duché de Normandie, la Champagne, la Brie, Chartres, et aussi la lieutenance du Languedoc, en plus, bien sûr, de son royaume de Navarre et du comté d'Evreux. Autant dire qu'ils se partageaient la France. Je vous passe le reste.

Comment ai-je eu connaissance de ce projet ? Ah ! je puis vous dire qu'il fut noté de la propre main de l'évêque de Londres qui accompagnait messire de Lancastre. Mais ne me demandez point qui m'en a instruit un peu plus tard. Souvenez-vous que je suis chanoine de la cathédrale d'York et que, si mal en cour que je sois outre-Manche, j'y ai conservé quelques intelligences.

Point n'est besoin de vous assurer que si l'on avait eu d'abord quelques chances de progresser vers une paix entre la France et l'Angleterre, elles furent toutes minées par le passage du sémillant petit roi.

Comment les ambassadeurs auraient-ils voulu plus avant s'accorder quand chacune des deux parties se croyait encouragée à la guerre par les promesses de Monseigneur de Navarre ? A Bourbon, il disait : « Je parle à Lancastre, mais je lui mens pour vous servir. » Puis il venait chuchoter à Lancastre : « Certes, j'ai vu Bourbon, pour le tromper. Je suis votre homme. » Et l'admirable, c'est que les deux le croyaient.

Si bien que lorsque vraiment il s'éloigna d'Avignon pour gagner les Pyrénées, des deux côtés on était convaincu, tout en prenant bien soin de n'en rien dire, de voir partir un ami.

La conférence entra dans l'aigreur ; on ne se concédait plus rien. Et la ville entra dans la torpeur. Pendant trois semaines on n'avait rien fait que de s'occuper de Charles le Mauvais. Le pape lui-même surprit en redevenant morose et geignard ; le méchant charmeur un moment l'avait distrait...

Ah ! me voilà réchauffé. A vous, mon neveu ; tirez le pot de braise devers vous, et vous dégourdissez un peu.

10

La mauvaise année

Vous dites bien, vous dites bien, Archambaud, et je ressens comme vous. Voilà dix jours seulement que nous sommes partis de Périgueux, et c'est comme si nous courions depuis un mois. Le voyage allonge le temps. Ce soir nous coucherons à Châteauroux. Je ne vous cache point que je ne serai pas fâché, demain, d'arriver à Bourges, si Dieu le veut, et de m'y reposer, trois grands jours pour le moins, et peut-être quatre. Je commence à être un peu las de ces abbayes où l'on nous sert maigre chère et où l'on bassine à peine mon lit, pour bien me donner à entendre qu'on est ruiné par le passage de la guerre. Qu'ils ne croient pas, ces petits abbés, que c'est en me faisant jeûner et dormir au vent coulis qu'ils gagneront d'être exemptés de finances !... Et puis les hommes d'escorte ont besoin de repos, eux aussi, et de réparer les harnois, et de sécher leurs habits. Car cette pluie n'arrange rien. A écouter mes bacheliers éternuer autour de ma litière, je gage que plus d'un va occuper son séjour de Bourges à se soigner à la cannelle, au girofle et au vin chaud. Pour moi, je ne pourrai guère muser. Dépouiller le courrier d'Avignon, dicter mes missives en retour...

Peut-être vous surprenez-vous, Archambaud, des paroles d'impatience qu'il m'arrive de laisser échapper au sujet du Saint-Père. Oui, j'ai le sang vif, et montre un peu trop mes dépits. C'est qu'il m'en donne gros à mâcher. Mais croyez que je ne me prive guère de lui remontrer à lui-même ses sottises. Et c'est plus d'une fois qu'il m'est arrivé de lui dire : « Veuille la grâce de Dieu, Très Saint-Père, vous éclairer sur la bourde que vous venez de commettre. »

Ah ! si les cardinaux français ne s'étaient pas soudain butés sur l'idée qu'un homme né comme nous le sommes ne convenait point... l'humilité, il fallait être né dans l'humilité... et que d'autre part les cardinaux italiens, le Capocci et les autres, avaient été moins obstinés sur le retour du Saint-Siège à Rome... Rome, Rome ! Ils ne voient que leurs Etats d'Italie ; le Capitole leur cache Dieu.

Ce qui m'enrage le plus, chez notre Innocent, c'est sa politique à l'endroit de l'Empereur. Avec Pierre Roger, je veux dire Clément VI, nous nous sommes arc-boutés six ans pour que l'Empereur ne fût point couronné. Qu'il fût élu, fort bien. Qu'il gouvernât, nous y consentions. Mais il fallait conserver son sacre en réserve tant qu'il n'aurait pas souscrit aux engagements que nous voulions qu'il prît. Je savais trop bien que cet Empereur-là, au lendemain de l'onction, nous causerait déboires.

Là-dessus, notre Aubert coiffe la tiare et commence à chantonner : « Concilions, concilions. » Et au printemps de l'année passée, il parvient à ses fins. « L'Empereur Charles IV sera couronné ; je l'ordonne ! », finit-il par me dire. Le pape Innocent est de ces souverains qui ne se découvrent d'énergie que pour battre en retraite. Nous avons foison de ces gens-là. Il imaginait avoir remporté grande victoire parce que l'Empereur s'était engagé à n'entrer dans Rome que le matin du sacre pour en ressortir le soir même, et qu'il ne coucherait pas dans la ville. Vétille ! Le cardinal Bertrand de Colombiers... « Vous voyez, je désigne un Français ; vous devez être satisfait... » fut expédié pour aller poser sur le front du

Bohêmien la couronne de Charlemagne. Six mois après, en retour de cette bonté, Charles IV nous gratifiait de la Bulle d'Or, par quoi la papauté n'a plus désormais ni voix ni regard dans l'élection impériale.

Désormais, l'Empire se désigne entre sept électeurs allemands qui vont confédérer leurs Etats... c'est-à-dire qui vont faire règle perpétuelle de leur belle anarchie. Cependant, rien n'est décidé pour l'Italie et nul ne sait vraiment par qui et comment le pouvoir s'y va exercer. Le plus grave, en cette bulle, et qu'Innocent n'a pas vu, c'est qu'elle sépare le temporel du spirituel et qu'elle consacre l'indépendance des nations vis-à-vis de la papauté. C'est la fin, c'est l'effacement du principe de la monarchie universelle exercée par le successeur de saint Pierre, au nom du Seigneur Tout-Puissant. On renvoie Dieu au ciel, et l'on fait ce qu'on veut sur la terre. On nomme cela « l'esprit moderne », et l'on s'en vante. Moi, j'appelle cela, pardonnez-moi mon neveu, avoir de la merde sur les yeux.

Il n'y a pas d'esprit ancien et d'esprit moderne. Il y a l'esprit tout court, et de l'autre côté la sottise. Qu'a fait notre pape ? A-t-il tonné, fulminé, excommunié ? Il a envoyé à l'Empereur une missive fort douce et amicale pleine de ses bénédictions... Oh ! non, oh ! non ; ce n'est pas moi qui l'ai préparée. Mais c'est moi qui vais devoir, à la diète de Metz, entendre solennellement publier cette bulle qui renie le pouvoir suprême du Saint-Siège et ne peut apporter à l'Europe que troubles, désordres et misères.

La belle couleuvre que je dois avaler, et de bonne grâce en plus ; car à présent que l'Allemagne s'est retirée de nous, il nous faut plus que jamais tenter de sauver la France, autrement il ne restera plus rien à Dieu. Ah ! l'avenir pourra maudire cette année 1355 ! Nous n'avons pas fini d'en récolter les fruits épineux.

Et le Navarrais, pendant ce temps ? Eh bien ! il était en Navarre, tout charmé d'apprendre qu'aux brouilles et embrouilles qu'il nous avait faites s'ajoutaient celles qui nous venaient des affaires impériales.

D'abord, il attendait le retour de son Friquet de Fricamps, parti pour l'Angleterre avec le duc de Lancastre, et qui s'en revenait avec un chambellan de celui-ci, porteur des avis du roi Edouard sur le projet de traité ébauché en Avignon. Et le chambellan s'en retournait à Londres, accompagné cette fois de Colin Doublel, un écuyer de Charles le Mauvais, un autre des meurtriers de Monsieur d'Espagne, qui allait présenter les observations de son maître.

Charles de Navarre est tout le contraire du roi Jean. Il s'entend mieux qu'un notaire à disputer de chaque article, chaque point, chaque virgule d'un accord. Et rappeler ci, et prévoir ça. Et s'appuyer sur telle coutume qui fait foi, et toujours cherchant à raboter un petit peu ses obligations, et à augmenter celles de l'autre partie... Et puis, en tardant à cuire son pain avec l'Anglais, il se donnait loisir de surveiller celui qu'il avait au four du côté de la France.

C'eût été l'heure pour le roi Jean de se montrer coulant. Mais cet homme-là, pour agir, choisit toujours le contretemps. Faisant le rodomont, le voilà qui s'équipe en guerre pour courir sus à un absent, et, se ruant à Caen, ordonne de saisir tous les châteaux normands de son gendre, fors Evreux. Belle campagne qui, à défaut d'ennemis, fut surtout une campagne de gueuletons et mit fort en déplaisir les Normands qui voyaient les archers royaux piller leurs saloirs et garde-manger.

Cependant, le Navarrais levait tranquillement des troupes en sa Navarre, tandis que son beau-frère, le comte de Foix, Phœbus... un autre jour, je vous parlerai de celui-là ; ce n'est pas un mince seigneur... s'en allait ravager un peu le comté d'Armagnac pour causer nuisance au roi de France.

Ayant attendu l'été, afin de prendre la mer au moindre risque, notre jeune Charles débarque à Cherbourg, un beau jour d'août, avec deux mille hommes.

Et Jean II est tout ébaubi d'apprendre, dans le même temps, que le prince de Galles, qui avait été fait en avril prince d'Aquitaine et lieutenant du roi d'Angleterre en Guyenne, ayant monté cinq mille hommes de guerre sur ses nefs, s'en venait à pleines voiles vers Bordeaux. Encore avait-il dû attendre des vents propices. Ah ! l'on peut dire que son renseignement est bien fait, au roi Jean ! Nous, d'Avignon, nous voyions s'apprêter ce beau mouvement croisé, sur la mer, afin de prendre la France en tenailles. Et l'on annonçait même l'imminente arrivée du roi Edouard lui-même, lequel eût déjà dû être à Jersey, si la tempête ne l'avait contraint de rebrousser sur Portsmouth. On peut dire que ce fut le vent, et rien d'autre, qui sauva la France, l'an dernier.

Ne pouvant lutter sur trois fronts, le roi Jean choisit de n'en tenir aucun. De nouveau, il se porte à Caen, mais cette fois pour traiter. Il avait avec lui ses deux cousins de Bourbon, Pierre et Jacques, ainsi que Robert de Lorris, rentré en grâce, comme je vous ai dit. Mais Charles de Navarre ne vint pas. Il envoya messires de Lor et de Couillarville, deux seigneurs à lui, pour négocier. Le roi Jean n'eut donc qu'à s'en repartir, laissant les deux Bourbon qu'il instruisit seulement d'avoir à se hâter de trouver un accommodement.

L'accord fut conclu à Valognes, le 10 septembre. Charles de Navarre y retrouvait tout ce qui lui avait été reconnu par le traité de Mantes, et un peu plus.

Et deux semaines après, au Louvre, nouvelle réconciliation solennelle du beau-père et du gendre, en présence, bien sûr, des reines veuves, Madame Jeanne et Madame Blanche... « Sire mon cousin, voici notre neveu et frère que nous vous prions pour l'amour de nous... » Et l'on s'ouvre les bras, et l'on se baise aux joues avec l'envie de se mordre, et l'on se jure pardon et loyale amitié...

Ah ! j'oublie une chose qui n'est point de mince importance. Pour faire escorte d'honneur au roi de Navarre, Jean II avait dépêché à sa rencontre son fils, le Dauphin Charles, qu'il avait précédemment nommé son lieutenant général en Normandie. Du Vaudreuil sur l'Eure, où d'abord ils séjournèrent quatre jours, jusques à Paris, les deux beaux-frères firent donc route ensemble. C'était la première fois qu'ils se voyaient si longtemps d'affilée, chevauchant, devisant, musant, dînant et dormant côte à côte. Monseigneur le Dauphin est tout le contraire du Navarrais, aussi long que l'autre est bref, aussi lent que l'autre est vif, aussi retenu de paroles que l'autre est bavard. Avec cela, six ans de moins, et point de précocité, en rien. De plus le Dauphin est affligé d'une maladie qui semble bien proprement une infirmité ; sa main droite enfle et devient toute violacée aussitôt qu'il veut soulever un poids un peu lourd ou serrer fermement un objet. Il ne peut point porter l'épée. Son père et sa mère l'ont engendré très tôt, et juste comme ils relevaient l'un et l'autre de maladie ; le fruit s'en est ressenti.

Mais il ne faut pas conclure de tout cela, comme le font hâtivement certains, à commencer par le roi Jean lui-même, que le Dauphin est un sot et qu'il fera un mauvais roi. J'ai bien soigneusement étudié son ciel... 21 janvier 1338... Le Soleil est encore dans le Capricorne, juste avant qu'il n'entre dans le Verseau... Les natifs du Capricorne ont le triomphe tardif, mais ils l'ont, s'ils possèdent les lumières d'esprit. Les plantes d'hiver sont lentes à se développer... Je suis prêt à gager sur ce prince-là plus que sur bien d'autres qui offrent meilleure apparence. S'il traverse les gros dangers qui le menacent dans les présentes années... il vient déjà d'en surmonter ; mais le pire est devant lui... il saura s'imposer dans le gouvernement. Mais il faut reconnaître que son extérieur ne prévient guère en sa faveur...

Ah ! voici le vent à présent qui pousse l'ondée par rafales. Défaites les pendants de soie qui retiennent les rideaux, je vous prie, Archambaud. Mieux vaut continuer de bavarder dans l'ombre que d'être aspergés. Et puis nous entendrons moins ce floc floc des chevaux qui finit par nous assourdir. Et dites à Brunet, ce soir, qu'il fasse housser ma litière avec les toiles cirées par-dessus les toiles teintes. C'est un peu plus lourd pour les chevaux, je sais. On en changera plus souvent...

Oui, je vous disais que j'imagine fort bien comment Monseigneur de Navarre durant le voyage du Vaudreuil à Paris... le Vaudreuil se trouve dans une des plus belles situations de Normandie ; le roi Jean a voulu en faire l'une de ses résidences ; il paraît que l'œuvre qu'il y a commandée est merveille ; je ne l'ai point vue, mais je sais qu'il en a coûté gros au Trésor ; il y a des images peintes à l'or sur les murs... j'imagine comment Monseigneur Charles de Navarre, avec toute sa faconde et son aisance à protester l'amitié, dut s'employer à séduire Charles de France. La jeunesse prend aisément des modèles. Et, pour le Dauphin, cet aîné de six ans, si aimable compagnon, qui avait déjà tant voyagé, tant vu, tant fait, et qui lui racontait maints secrets et le divertissait en brocardant les gens de la cour... « Votre père, notre Sire, a dû me peindre à vous tout autrement que je ne suis... Soyons alliés, soyons amis, soyons vraiment les frères que nous sommes. » Le Dauphin, tout aise de se voir si apprécié d'un parent plus avancé que lui dans la vie, déjà régnant et si plaisant, fut aisément conquis.

Ce rapprochement ne fut pas sans effet sur la suite, et contribua pour gros aux méchefs et affrontements qui survinrent.

Mais j'entends l'escorte qui se resserre pour défiler. Ecartez un peu ce rideau... Oui, j'aperçois les faubourgs. Nous entrons dans Châteauroux. Nous n'aurons pas grand monde pour nous accueillir. Il faut être bien grand chrétien, ou bien grand curieux, pour se faire tremper par cette sauce à seule fin de voir passer la litière d'un cardinal.

11

Le royaume se fissure

Ces chemins du Berry ont toujours été réputés pour mauvais. Mais je vois que la guerre ne les a point améliorés... Holà ! Brunet, La Rue ! Faites ralentir le train, par la grâce de Dieu. Je sais bien que chacun est en hâte d'arriver à Bourges. Mais ce n'est point raison pour me moudre comme poivre dans cette caisse. Arrêtez, arrêtez tout à fait ! Et faites arrêter en tête. Bon... Non, ce n'est point la faute de mes chevaux. C'est la faute de vous tous, qui poussez vos montures comme si vous aviez de l'étoupe allumée sur vos selles... A présent qu'on reparte, et qu'on observe, je vous prie, de me mener à une allure de cardinal. Sinon, je vous obligerai à combler les ornières devant moi.

C'est qu'ils me rompraient les os, ces méchants diables, pour se coucher une heure plus tôt ! Enfin, la pluie a cessé... Tenez, Archambaud, encore un hameau brûlé. Les Anglais sont venus s'ébattre jusque dans les faubourgs de Bourges qu'ils ont incendiés, et même ils ont envoyé un parti qui s'est montré sous les murs de Nevers.

Voyez-vous, je n'en veux point aux archers gallois, aux coutilliers irlandais et autre ribaudaille que le prince de Galles emploie à cette besogne. Ce sont gens de misère à qui l'on fait miroiter fortune. Ils sont pauvres, ignorants, et on les mène à la dure. La guerre, pour eux, c'est piller, se goberger, et détruire. Ils voient les gens des villages s'enfuir à leur approche, des enfants plein les bras, en hurlant : « Les Anglais, les Anglais, sauve Dieu ! » La chose est plaisante, pour les vilains, que d'apeurer d'autres vilains ! Ils se sentent bien forts. Ils mangent de la volaille et du porc gras tous les jours ; ils percent toutes les barriques pour étancher leur soif, et ce qu'ils n'ont pu boire ou manger, ils le saccagent avant de partir. Raflés les chevaux pour leur remonte, ils égorgent tout ce qui meugle ou bêle le long des chemins et dans les étables. Et puis, gueules saoules et mains noires, ils jettent en riant des torches sur les meules, les granges et tout ce qui peut brûler. Ah ! c'est bonne joie, n'est-ce pas, pour cette armée de bidaux et goujats, d'obéir à de tels ordres ! Ils sont comme des enfants malfaisants qu'on invite à méfaire.

Et même je n'en veux point aux chevaliers anglais. Après tout, ils sont hors de chez eux ; on les a requis pour la guerre. Et le Prince Noir leur donne l'exemple du pillage, se faisant apporter les plus beaux objets d'or, d'ivoire et d'argent, les plus belles étoffes, pour en emplir ses chariots ou bien gratifier ses capitaines. Dépouiller des innocents pour combler ses amis, voilà la grandeur de cet homme-là.

Mais ceux à qui je souhaite qu'ils périssent de male mort et rôtissent en géhenne éternelle... oui, oui, tout bon chrétien que je suis... ce sont ces chevaliers gascons, aquitains, poitevins, et même certains de nos petits sires du Périgord, qui préfèrent suivre le duc anglais que leur roi français et qui, par goût de la rapine ou par méchant orgueil, ou par jalousie de voisinage, ou parce qu'ils ont en travers du cœur un mauvais procès, s'emploient à ravager leur propre pays. Non, ceux-là, je prie bien fort Dieu de ne les point pardonner.

Ils n'ont à leur décharge que la sottise du roi Jean qui ne leur a guère prouvé qu'il était homme à les défendre, levant toujours ses bannières trop tard et les envoyant roidement du côté où les ennemis ne sont plus. Ah ! c'est un bien grand scandale que Dieu a permis, en laissant naître un prince si décevant !

Pourquoi donc avait-il consenti au traité de Valognes, dont je vous entretenais hier, et échangé avec son gendre de Navarre un nouveau gros baiser de Judas ? Parce qu'il redoutait l'armée du prince Edouard d'Angleterre qui faisait voile vers Bordeaux. Alors, la droite raison eût voulu, s'étant libéré les mains du côté de la Normandie, qu'il courût sus à l'Aquitaine. Il n'y a pas besoin d'être cardinal pour y penser. Mais que non. Notre piteux roi musarde, donnant de grands ordres pour de petites choses. Il laisse le prince de Galles débarquer sur la Gironde et faire entrée de triomphe à Bordeaux. Il sait, par rapports d'espies et de voyageurs, que le prince rassemble ses troupes, et les grossit de tous ses Gascons et Poitevins dont je vous disais tout à l'heure en quelle estime je les ai. Tout lui indique donc qu'une rude expédition s'apprête. Un autre eût fondu comme l'aigle pour défendre son royaume et ses sujets. Mais ce parangon de chevalerie, lui, ne bouge pas.

Il avait, il faut en convenir, des ennuis de finances, en cette fin de septembre de l'an passé, un peu plus qu'à son ordinaire. Et justement comme le prince Edouard équipait ses troupes, le roi Jean, pour sa part, annonçait qu'il avait à surseoir de six mois au paiement de ses dettes et aux gages de ses officiers.

Souvent, c'est quand un roi est à cours de monnaie qu'il lance ses gens à la guerre. « Soyez vainqueurs et vous serez riches ! Faites-vous du butin, gagnez des rançons... » Le roi Jean préféra se laisser appauvrir davantage en permettant à l'Anglais de ruiner à loisir le midi du royaume.

Ah ! la chevauchée fut bonne et facile, pour le prince d'Angleterre ! Il ne lui fallut qu'un mois pour conduire son armée des rives de la Garonne jusqu'à Narbonne et à sa mer, se plaisant à faire trembler Toulouse, brûlant Carcassonne, ravageant Béziers. Il laissait derrière lui un long sillon de terreur, et s'en acquit, à peu de frais, une grande renommée.

Son art de guerre est simple, que notre Périgord a éprouvé cette année ; il attaque ce qui n'est point défendu. Il envoie une avant-garde éclairer la route assez loin, et reconnaître les villages ou châteaux qui seraient solidement tenus. Ceux-là, il les contourne. Sur les autres, il lance un gros corps de chevaliers et d'hommes d'armes qui fondent sur les bourgs dans un fracas de fin du monde, dispersent les habitants, écrasent contre les murs ceux qui n'ont pas fui assez vite, embrochent ou assomment tout ce qui s'offre à leurs lances et à leurs masses ; puis se partagent en épi vers les hameaux, manoirs ou monastères avoisinants.

Viennent derrière les archers, qui raflent la subsistance nécessaire à la troupe et vident les maisons avant d'y bouter le feu ; puis les coutilliers et les goujats qui entassent le butin dans les chariots et achèvent la besogne d'incendie.

Tout ce monde, buvant jusqu'à plus soif, avance de trois à cinq lieues par jour ; mais la peur que répand cette armée la précède de loin.

Le but du Prince Noir ? Je vous l'ai dit : affaiblir le roi de France. On doit accorder que l'objet fut atteint.

Les grands bénéficiaires, ce sont les Bordelais et les gens du vignoble, et l'on conçoit qu'ils se soient coiffés de leur duc anglais. Ces dernières années, ils n'ont connu qu'un chapelet de malheurs : la dévastation de la guerre, les vignes malmenées par les combats, les routes du commerce fort incertaines, la mévente, sur quoi était venue s'ajouter la grande peste qui avait obligé de raser tout un quartier de Bordeaux pour assainir la ville. Et voici que les calamités de la guerre à présent s'abattent sur d'autres ; eh bien, ils s'en gaussent. A chacun, n'est-ce pas, son tour de peine !

Aussitôt débarqué, le prince de Galles a fait battre monnaie et circuler de belles pièces d'or, frappées au lis et au lion... au léopard comme veulent dire les Anglais... bien plus épaisses et lourdes que celles de France marquées à l'agneau. « Le lion a mangé l'agneau », disent les gens en manière de joyeuseté. Les vignes donnent bien. La province est gardée. Le mouvement du port est riche et nombreux, et en quelques mois il en est parti vingt mille tonneaux de vin, presque tout vers l'Angleterre. Si bien que depuis l'hiver passé, les bourgeois de Bordeaux montrent des faces réjouies et des ventres aussi ronds que leurs futailles. Leurs femmes se pressent chez les drapiers, les orfèvres et les joailliers. La ville vit dans les fêtes, et chaque retour du prince, en cette armure noire qu'il affectionne et qui lui vaut son surnom, est salué par des réjouissances. Toutes les bourgeoises en ont la tête tournée. Les soldats, riches de leurs pillages, dépensent sans compter. Les capitaines de Galles et de Cornouailles tiennent le haut du pavé ; et il s'est fait beaucoup de cocus à Bordeaux, ces temps-ci, car la fortune n'encourage pas la vertu.

On dirait de la France, depuis un an, qu'elle a deux capitales, ce qui est la pire chose qui puisse advenir à un royaume. A Bordeaux, l'opulence et la puissance ; à Paris, la pénurie et la faiblesse. Que voulez-vous ? Les monnaies parisiennes ont été altérées quatre-vingts fois depuis le début du règne. Oui, Archambaud, quatre-vingts fois ! La livre tournois n'a plus que le dixième de la valeur qu'elle avait à l'avènement du roi. Comment veut-on conduire un Etat avec de pareilles finances ? Quand on laisse s'enfler sans mesure le prix de toutes denrées, et quand on amincit en même temps la monnaie, il faut bien s'attendre à de grands troubles et de grands revers. Les revers, la France les connaît, et les troubles, elle y entre.

Qu'a donc fait notre roi si futé, l'autre hiver, pour conjurer des périls que chacun apercevait ? Ne pouvant plus guère obtenir d'aides de la Langue d'oc, après la chevauchée anglaise, il a convoqué les Etats généraux de la Langue d'oïl. La réunion n'a point tourné à sa satisfaction.

Pour accepter l'ordonnance d'une levée exceptionnelle de huit deniers à la livre sur toute vente, ce qui est lourde imposition pour tous métiers et négoces, ainsi qu'une particulière gabelle mise sur le sel, les députés se firent tirer l'oreille et émirent de grosses exigences. Ils voulaient que la recette fût perçue par receveurs spéciaux choisis par eux ; que l'argent de ces impôts n'aille ni au roi, ni aux officiers de son service ; que, s'il y avait une autre guerre, nulle levée d'aides nouvelles ne se fît qu'ils n'en aient délibéré... que sais-je encore ? Les gens du Tiers étaient fort véhéments. Ils avançaient l'exemple des communes de Flandre où les bourgeois se gouvernent eux-mêmes, ou bien du Parlement d'Angleterre qui a barre sur le roi beaucoup plus que les Etats en France. « Faisons comme les Anglais, cela leur réussit. » C'est un travers des Français, lorsqu'ils sont dans la difficulté politique, de chercher des modèles étrangers plutôt que d'appliquer avec scrupule et exactitude les lois qui leur sont propres... Ne nous étonnons point que la nouvelle réunion des Etats, que le Dauphin a dû avancer, tourne de la mauvaise façon que je vous contais l'autre jour. Le prévôt Marcel s'est exercé la gorge déjà l'année dernière... Ce n'était pas à vous ? Ah non, c'était à dom Calvo, en effet... Je ne l'ai pas fait remonter avec moi depuis ; il est malade en litière...

Et le Navarrais, me direz-vous, pendant ce temps ? Le Navarrais s'attachait à persuader le roi Edouard qu'il ne l'avait pas joué en acceptant de traiter avec Jean II à Valognes, qu'il était toujours à son endroit dans les mêmes sentiments, qu'il n'avait feint de s'accorder au roi de France que pour mieux servir leurs desseins communs, et que le temps ne tarderait pas qu'il le lui ferait voir. Autrement dit, qu'il attendait la première occasion de trahir.

Cependant, il travaillait à affermir son amitié avec le Dauphin, par tous moyens de cajolerie, de flatteries et de plaisir, et même par le moyen des femmes, car je sais des demoiselles, dont la Gracieuse que j'ai déjà dû vous nommer, et aussi une Biette Cassinel, qui sont fort dévouées au roi de Navarre et dont on dit qu'elles ont mis de l'entrain dans les petites fêtes des deux beaux-frères. A la faveur de quoi, s'étant fait son maître en péché, le Navarrais commença de sourdement encourager le Dauphin contre son père.

Il lui représentait que le roi Jean ne l'aimait guère, lui, son aîné fils. Et c'était chose vraie. Qu'il était piètre roi. Et c'était vrai encore. Qu'après tout, ce serait œuvre pie que d'aider Dieu, sans aller jusqu'à abréger ses jours, au moins à le déchasser du trône. « Vous feriez, mon frère, un meilleur roi que lui. N'attendez point qu'il vous laisse un royaume tout effondré. » Un jeune homme est aisément pris à cette chanson-là. « A nous deux, je vous l'assure, nous pouvons accomplir cela. Mais il faut nous gagner des appuis en Europe. » Et d'imaginer qu'ils aillent trouver l'empereur Charles IV, l'oncle du Dauphin, pour requérir son soutien et lui demander des troupes. Rien de moins. Qui eut cette belle idée d'appeler l'étranger pour régler les affaires du royaume et d'offrir à l'Empereur, qui déjà donne tant de fil à retordre à la papauté, d'arbitrer le sort de la France ? Peut-être l'évêque Le Coq, ce mauvais prélat, que Navarre avait ramené dans l'entourage du Dauphin. Toujours est-il que l'affaire était bien montée, et poussée fort avant...

Quoi ? Pourquoi s'arrête-t-on quand je ne l'ai pas commandé ? Ah ! des fardiers encombrent la route. C'est que nous entrons dans les faubourgs. Faites dégager. Je n'aime point ces arrêts imprévus. On ne sait jamais... Quand il s'en produit, que l'escorte se resserre autour de ma litière. Il y a des routiers pleins d'audace que le sacrilège n'effraie point, et pour qui un cardinal serait de bonne prise...

Donc, le voyage des deux Charles, celui de France et celui de Navarre, était résolu dans le secret ; et l'on sait même à présent qui devait être de l'équipée qui les conduirait à Metz : le comte de Namur, le comte Jean d'Harcourt, le très gros, à qui il allait arriver malheur, comme je vous dirai ; et aussi un Boulogne, Godefroy, et Gaucher de Lor, et puis bien sûr les sires de Graville, de Clères et d'Aunay, Maubué de Mainemares, Colin Doublel et l'inévitable Friquet de Fricamps, c'est-à-dire les conjurés de la Truie-qui-file. Et aussi, la chose est d'intérêt car je pense bien que c'étaient eux qui baillaient finance à l'expédition, Jean et Guillaume Marcel, deux neveux du prévôt, qui étaient dans l'amitié du roi de Navarre et qu'il conviait à ses réjouissances. Comploter avec un roi, cela éblouit toujours les jeunes bourgeois riches !

Le départ était prévu pour la Saint-Ambroise. Trente Navarrais devaient attendre le Dauphin à la barrière de Saint-Cloud, au soir tombant, pour le conduire à Mantes chez son cousin ; et de là ce beau monde gagnerait l'Empire.

Et puis, et puis... tout ne peut être contraire toujours à un homme qui a le mauvais sort, et même le plus sot des rois ne parvient pas à tout manquer... La veille, jour de la Saint-Nicolas, notre Jean II a vent de l'affaire. Il mande son fils, le cuisine assez bien, et le Dauphin, lui faisant l'aveu du projet, prend le sentiment du même coup qu'il s'est fourvoyé, non seulement pour lui-même, mais pour l'intérêt du royaume.

Là, le roi Jean, je dois le dire, se conduisit plus habilement qu'à son accoutumée. Il ne retient contre son fils que d'avoir voulu quitter le royaume sans son autorisation, lui montre gré de sa franchise en lui accordant tout aussitôt pardon et rémission de cette faute, et, découvrant que son héritier avait de la décision personnelle, déclare vouloir l'associer plus étroitement aux charges du trône en le faisant duc de Normandie. C'était bien sûr l'envoyer dans un piège, que de lui remettre ce duché tout peuplé de partisans des Evreux-Navarre ! Mais c'était bien joué.

Monseigneur le Dauphin n'avait plus qu'à prévenir le Mauvais qu'il rendait la liberté à tous ceux qui étaient dans la confidence de leur dessein.

Vous pensez bien que cette affaire n'avait pas fait recroître l'amour du père pour le fils, même si le dépit était dissimulé sous ce fier cadeau. Mais surtout la haine du roi pour son gendre commençait à être bien recuite et dure comme pâte remise six fois au feu. Tuer son connétable, fomenter des troubles, débarquer des troupes, prendre langue avec l'ennemi anglais... et il ne savait pas encore à quel point !... enfin détourner son fils, c'en était trop ; le roi Jean attendait l'heure propice à faire payer tout ce débit au Navarrais.

Pour nous, qui observions ces choses d'Avignon, l'inquiétude grandissait, et nous voyions approcher des circonstances extrêmes. Des provinces détachées, d'autres ravagées, une monnaie fuyante, un trésor vide, une dette croissante, des députés grondeurs et véhéments, de grands vassaux entêtés dans leurs factions, un roi qui n'est plus servi que par ses conseillers immédiats, et enfin, brochant sur le tout, un héritier du trône prêt à requérir l'aide étrangère contre sa propre dynastie... J'ai dit au pape : « Très Saint-Père, la France se fissure. » Je n'avais point tort. Je me suis seulement trompé sur le temps.

Je donnais deux ans pour que se produisît l'écroulement. Il n'en a même pas fallu un. Et nous n'avons pas encore vu le pire. Que voulez-vous ? Quand il n'y a point de fermeté à la tête, comment pourrait-on attendre qu'il y en ait dans les membres ? A présent, il nous faut tenter de recoller les morceaux, vaille que vaille, et pour cela nous voilà en nécessité de recourir aux bons offices de l'Allemagne, et de donner du coup plus d'autorité à cet Empereur dont nous aurions plutôt souhaité museler l'arrogance. Avouez qu'il y a de quoi pester !

Allez maintenant, Archambaud, reprendre votre monture et vous placer en tête du cortège. Je veux que pour entrer dans Bourges, même si l'heure est tardive, on puisse voir flotter votre pennon du Périgord à côté de celui du Saint-Siège. Et faites écarter les rideaux de ma litière, pour les bénédictions.

DEUXIÈME PARTIE

LE BANQUET DE ROUEN

1

Dispenses et bénéfices

Oh ! ce Monseigneur de Bourges m'a fort échauffé les humeurs, pendant ces trois jours que nous avons passés en son palais. Que voilà donc un prélat qui a l'hospitalité bien encombrante et bien quémandeuse ! Tout le temps à vous tirer par la robe pour obtenir quelque chose. Et que de protégés et de clients a cet homme-là, auxquels il a fait promesses et qu'il vous jette dans les souliers. « Puis-je présenter à Sa Très Sainte Eminence un clerc de grand mérite... Sa Très Sainte Eminence voudra-t-elle abaisser son regard bienveillant vers le chanoine de je ne sais quoi... J'ose recommander aux faveurs de Votre Très Sainte Eminence... » Je me suis vraiment tenu à quatre, hier soir, pour ne pas lui lâcher : « Allez vous purger, l'évêque, et veuillez... oui, la paix à ma Sainte Eminence ! »

Je vous ai pris avec moi, ce matin, Calvo... vous commencez à mieux tolérer, j'espère, le balancement de ma litière ; d'ailleurs je serai bref... pour que nous récapitulions bien précisément ce que je lui ai accordé, et rien de plus. Car il ne va pas manquer, maintenant qu'il est dans notre route, de vous venir bassiner de prétendus agréments que j'aurais donnés à toutes ses requêtes. Déjà, il m'a dit : « Pour les dispenses mineures, je n'en veux point fatiguer Votre Très Sainte Eminence ; je les présenterai à messire Francesco Calvo, qui est assurément personne de grand savoir, ou bien à messire du Bousquet... » Holà ! Je n'ai pas emmené avec moi un auditeur pontifical, deux docteurs, deux licenciés ès lois et quatre bacheliers pour relever de leur illégitimité tous les fils de prêtres qui disent la messe dans ce diocèse, ou y possèdent un bénéfice. C'est merveille d'ailleurs qu'après toutes les dispenses qu'accorda durant son pontificat mon saint protecteur, le pape

Jean XXII... près de cinq mille, dont plus de la moitié à des bâtards de curés, et moyennant pénitence d'argent, bien sûr, ce qui aida fort à restaurer le trésor du Saint-Siège... il se retrouve aujourd'hui autant de tonsurés qui sont les fruits du péché.

Comme légat du pape, j'ai latitude de donner dix dispenses au cours de ma mission, pas davantage. J'en accorde deux à Monseigneur de Bourges ; c'est déjà trop. Pour les offices de notaire, j'ai droit d'en conférer vingt-cinq, et à des clercs qui m'auront rendu de personnels services, pas à des gens qui se sont glissés dans les papiers de Monseigneur de Bourges. Vous lui en donnerez un, en choisissant le plus bête et le moins méritant, pour qu'il ne lui en vienne que des ennuis. Si l'on s'étonne, vous répondrez : « Ah ! c'est Monseigneur qui l'a recommandé tout expressément... » Pour les bénéfices sans charge d'âmes, autrement dit les commendes, que ce soit à des ecclésiastiques ou des laïcs, nous n'en distribuerons aucune. « Monseigneur de Bourges en demandait trop. Son Eminence n'a pas voulu faire de jalousies... » Et j'en ajouterai une ou deux à Monseigneur de Limoges, qui s'est montré plus discret. Ne dirait-on pas que je suis venu d'Avignon tout seulement pour répandre les faveurs et les profits autour de ce Monseigneur de Bourges ? Je prise peu les gens qui se poussent en faisant étalage de beaucoup d'obligés et il se leurre, cet évêque-là, s'il croit que je parlerai de lui pour le chapeau.

Et puis je l'ai trouvé bien indulgent pour les fratricelles dont j'ai vu pas mal rôder dans les couloirs de son palais. J'ai été forcé de lui rappeler la lettre du Saint-Père contre ces franciscains égarés... je la connais d'autant mieux que c'est moi qui l'ai rédigée... qui s'attribuent le ministère de la prédication, séduisent les simples par un habit d'une humilité feinte et font des discours dangereux contre la foi et le respect dû au Saint-Siège. Je lui ai remis en mémoire qu'il avait commandement de corriger et punir ces malfaisants selon les canons, et en implorant si de besoin le secours du bras séculier, comme Innocent VI l'a fait l'autre année en laissant brûler Jean de Chastillon et François d'Arquate qui soutenaient des hérésies... « Des hérésies, des hérésies... des erreurs certes, mais il faut les comprendre. Ils n'ont pas tort en tout. Et puis les temps changent... » Voilà ce qu'il m'a répondu, Monseigneur de Bourges. Moi, je n'aime guère ces prélats qui comprennent trop les mauvais prêcheurs et plutôt que de sévir veulent se faire populaires en allant du côté où souffle le vent.

Je vous aurai donc gré, dom Calvo, de me surveiller un peu ce bonhomme-là, durant le voyage, et d'éviter qu'il n'endoctrine mes bacheliers, ou bien qu'il ne s'épanche trop auprès de Monseigneur de Limoges ou des autres évêques que nous allons prendre en chemin.

Faites-lui la route un peu dure, encore que nous n'aurons plus, les jours raccourcissant et le froid devenant plus vif, que des étapes courtes. Dix à douze lieues la journée, pas davantage. Je ne veux point qu'on chemine de nuit. C'est pourquoi, aujourd'hui, nous n'allons pas plus loin que Sancerre. Nous y aurons longue soirée. Prenez garde au vin qu'on y boit. Il est fruité et gouleyant, mais plus gaillard qu'il n'y paraît. Faites-le savoir à La Rue, et qu'il me surveille l'escorte. Je ne veux point de soûlards sous la livrée du pape... Mais vous pâlissez, Calvo. Décidément vous ne tolérez point la litière... Non, descendez, descendez vite, je vous prie.

2

La colère du roi

Donc, l'équipée d'Allemagne avait tourné court, laissant le Navarrais dans le dépit. Reparti pour Evreux, il ne manqua pas de s'y agiter. Trois mois passent ; nous arrivons à la fin mars de l'an dernier... Si, de l'an dernier, je dis bien... ou l'an présent, si vous voulez... mais Pâques étant cette année tombé le 24 avril, c'était encore l'an dernier...

Oui ; je sais, mon neveu ; c'est assez sotte coutume qui veut en France, alors que l'on fête l'an neuf le premier janvier, que pour les registres, traités et toutes choses à se remémorer, on ne change le nombre qu'à partir de Pâques. La sottise, surtout, et qui met beaucoup de confusion, c'est d'avoir aligné le début légal de l'an sur une fête mobile. De sorte que certaines années comptent deux mois de mars, alors que d'autres sont privées d'avril... Certes, il faudrait changer cela, j'en tombe bien d'accord avec vous.

Il y a déjà fort longtemps qu'on en parle, mais l'on ne s'y résout point. C'est le Saint-Père qui devrait en décider une bonne fois, pour toute la chrétienté. Et croyez bien que la pire embrouille, c'est pour nous, en Avignon ; car en Espagne, comme en Allemagne, l'an commence le jour de Noël ; à Venise, le 1ᵉʳ mars ; en Angleterre, le 25. Si bien que lorsque plusieurs pays sont parties à un traité conclu au printemps, on ne sait jamais de quelle année on parle. Imaginez qu'une trêve entre la France et l'Angleterre ait pu être signée dans les jours d'avant Pâques ; pour le roi Jean, elle serait datée de l'an 1355 et pour les Anglais de 1356. Oh ! je vous le concède volontiers, c'est chose la plus bête qui soit ; mais nul ne veut revenir sur ses habitudes, même détestables, et l'on dirait que les notaires, tabellions, prévôts et toutes gens d'administration prennent plaisir à s'encroûter dans des difficultés qui égarent le commun.

Nous en arrivons, vous disais-je, à cette fin du mois de mars où le roi Jean eut une grande colère... Contre son gendre, bien sûr. Oh ! reconnaissons que les motifs de déplaisir ne lui manquaient pas. Aux Etats de Normandie, assemblés au Vaudreuil par-devant son fils devenu le nouveau duc, il s'était dit de rudes paroles à son endroit, comme jamais on n'en avait ouï auparavant, et c'étaient les députés de la noblesse, montés par les Evreux-Navarre, qui les avaient proférées. Les deux d'Harcourt, l'oncle et le neveu, étaient les plus violents, à ce qu'on m'a dit ; et le neveu, le gros comte Jean, s'était emporté jusqu'à crier : « Par le sang Dieu, ce roi est mauvais homme ; il n'est pas bon roi, et je me garderai de lui. » Cela était revenu, vous imaginez bien, aux oreilles de Jean II. Et puis, aux nouveaux Etats de Langue d'oïl, qui s'étaient tenus à la suite, les députés de Normandie n'étaient point venus. Refus de paraître, tout bonnement. Ils ne voulaient plus s'associer aux aides et subsides, ni les payer. D'ailleurs, l'assemblée eut à constater que la gabelle et l'imposition sur les ventes n'avaient point produit ce qu'on en attendait. Alors on décida d'y substituer un impôt sur le revenu vaillant, en bout d'année où l'on se trouvait.

Je vous laisse à penser comme la mesure fut bien prise, d'avoir à payer au roi une part de tout ce qu'on avait reçu, perçu ou gagné, au fil de l'an, et souvent déjà dépensé... Non, cela ne fut point appliqué au Périgord, ni nulle part en Langue d'oc. Mais je sais des personnes de chez nous qui sont passées à l'Anglais par peur, simplement, que la mesure ne leur fût étendue. Cet impôt sur le revenu vaillant, joint à l'enchérissement des vivres, provoqua de l'émeute en diverses places, et surtout Arras, où le menu peuple s'insurgea ; et le roi Jean dut envoyer son connétable, avec plusieurs compagnies de gens d'armes, pour charger ces meneurs... Non, certes, tout cela ne lui offrait guère raisons de se réjouir. Mais si gros ennuis qu'il ait, un roi doit conserver empire sur soi-même. Ce qu'il ne fit pas en l'occasion que voici.

Il était à l'abbaye de Beaupré-en-Beauvaisis pour le baptême du premier né de Monseigneur Jean d'Artois, comte d'Eu depuis qu'il a été gratifié des biens et titres de Raoul de Brienne, le connétable décapité... Oui, c'est cela même, le fils du comte Robert d'Artois, auquel il ressemble fort d'ailleurs, par la tournure. Quand on le voit, on en est saisi ; on croit voir le père, à son âge. Un géant, une tour qui marche. Les cheveux rouges, le nez bref, les joues piquées de soies de porc, et des muscles qui lui joignent d'un trait la mâchoire à l'épaule. Il lui faut, pour sa remonte, des chevaux de fardier, et lorsqu'il charge, harnaché en bataille, il vous fait des trous dans une armée. Mais là s'arrête la semblance. Pour l'esprit, c'est le contraire. Le père était astucieux, délié, rapide, malin, trop malin. Celui-là a la cervelle comme un mortier de chaux, et qui a bien pris. Le comte Robert était procédurier, comploteur, faussaire, parjure, assassin. Le comte Jean, comme s'il voulait racheter les fautes paternelles, se veut modèle d'honneur, de loyauté et de fidélité. Il a vu son père déchu et banni. Lui-même, en son enfance, a un peu séjourné en prison, avec sa mère et ses frères. Je crois qu'il n'est point encore accoutumé au pardon qu'il a reçu, et à son retour en fortune. Il regarde le roi Jean comme le Rédempteur en personne. Et puis il est ébloui de porter le même prénom. « Mon cousin Jean... mon cousin Jean... »

Ils se balancent du cousin Jean toutes les trois paroles. Les hommes de mon âge, qui ont connu Robert d'Artois, même s'ils ont eu à souffrir de ses entreprises, ne peuvent se défendre d'un certain regret en voyant la bien pâle copie qu'il nous a laissée. Ah ! c'était un autre gaillard, le comte Robert ! Il a rempli son temps de ses turbulences. Quand il mourut, on eût dit que le siècle tombait dans le silence. Même la guerre semblait avoir perdu de sa rumeur. Quel âge aurait-il à présent ? Voyons... bah... autour de soixante-dix ans. Oh ! il avait de la force pour vivre jusque-là, si une flèche perdue ne l'avait abattu, dans le camp anglais, au siège de Vannes... Tout ce qu'on peut dire, c'est que les preuves de loyauté que multiplie le fils n'ont pas eu pour la couronne meilleur effet que les trahisons du père.

Car ce fut Jean d'Artois qui, juste avant le baptême, et comme pour remercier le roi du grand honneur de son parrainage, lui révéla le complot de Conches, ou ce qu'il croyait être un complot.

Conches... oui, je vous l'ai dit... un des châteaux autrefois confisqués à Robert d'Artois et que Monseigneur de Navarre s'est fait donner par le traité de Valognes. Mais il reste là-bas quelques vieux serviteurs des d'Artois qui leur sont toujours attachés.

De la sorte, Jean d'Artois put chuchoter au roi... un chuchotement qui s'entendait à l'autre bout du bailliage... que le roi de Navarre s'était réuni à Conches avec son frère Philippe, les deux d'Harcourt, l'évêque Le Coq, Friquet de Fricamps, plusieurs sires normands de vieille connaissance, et encore Guillaume Marcel, ou Jean... enfin l'un des neveux Marcel... et un seigneur qui arrivait de Pampelune, Miguel d'Espelette, et qu'ils auraient tous ensemble comploté d'assaillir par surprise le roi Jean, à la première fois que celui-ci se rendrait en Normandie, et de l'occire. Etait-ce vrai, était-ce faux ? Je pencherais à croire qu'il y avait un peu de vrai là-dedans, et que sans être allés jusqu'à mettre la conjuration sur pied, ils avaient envisagé la chose. Car elle est bien dans la manière de Charles le Mauvais qui, ayant manqué l'opération dans la grandeur en allant chercher appui auprès de l'empereur d'Allemagne, ne répugnait sans doute pas à l'accomplir dans la vilenie, en répétant le coup de la Truie-qui-file. Il faudra attendre d'être devant le tribunal de Dieu pour connaître le fond de la vérité.

Ce qui est sûr, c'est qu'on avait beaucoup discuté à Conches, pour savoir si l'on se rendrait à Rouen, dans une semaine de là, le mardi d'avant la mi-carême, au festin auquel le Dauphin, duc de Normandie, avait prié tous les plus importants chevaliers normands, pour tenter de s'accorder avec eux. Philippe de Navarre conseillait qu'on refusât ; Charles au contraire était enclin à accepter. Le vieux Godefroy d'Harcourt, celui qui boite, était contre, et le disait bien fort. D'ailleurs, lui qui s'était brouillé avec feu le roi Philippe VI pour une affaire de mariage où l'on avait contrarié ses amours, ne se regardait plus tenu par aucun lien de vassalité envers la couronne. « Mon roi, c'est l'Anglais », disait-il.

Son neveu, l'obèse comte Jean, que le fumet d'un banquet eût traîné à l'autre bout du royaume, penchait pour y aller. À la fin, Charles de Navarre dit que chacun en ferait à son gré, que lui-même se rendrait à Rouen avec ceux qui le voudraient, mais qu'il approuvait autant les autres de ne point paraître chez le Dauphin, et que même c'était sagesse qu'il y en eût dans le retrait, car jamais il ne fallait mettre tous les chiens dans le même terrier.

Une chose encore fut rapportée au roi qui pouvait étayer le soupçon de complot. Charles de Navarre aurait dit que, si le roi Jean venait à mourir, aussitôt il rendrait public son traité passé avec le roi d'Angleterre, par lequel il le reconnaissait pour roi de France, et qu'il se conduirait en tout comme son lieutenant dans le royaume.

Le roi Jean ne demanda pas de preuves. Le premier soin d'un prince doit être de toujours faire vérifier la délation, et la plus plausible aussi bien que la plus incroyable. Mais notre roi manque tout à fait de cette prudence. Il gobe comme œufs frais tout ce qui nourrit ses rancunes. Un esprit plus rassis eût écouté, et puis cherché à rassembler renseignements et témoignages au sujet de ce traité secret qui venait de lui être révélé. Et si, de cette présomption, il avait pu faire vérité, il eût alors été bien fort contre son gendre.

Mais lui, dans l'instant, prit la chose pour certifiée ; et c'est tout enflammé de colère qu'il entra dans l'église. Il y eut, m'a-t-on dit, une conduite étrange, n'entendant point les prières, prononçant tout de travers les répons, regardant chacun d'un air furieux et jetant sur le surplis d'un diacre la braise d'un encensoir auquel il s'était heurté. Je ne sais trop comment fut baptisé le rejeton des d'Artois ; mais, avec un semblable parrain, je crois qu'il faudra bien vite faire renouveler ses vœux à ce petit chrétien-là, si l'on veut que le bon Dieu l'ait en miséricorde.

Et dès l'issue de la cérémonie, ce fut l'ouragan. Jamais les moines de Beaupré n'entendirent tant de jurons affreux, comme si le diable s'était venu loger dans la gorge du roi. Il pleuvait, mais Jean II n'en avait cure. Pendant toute une grande heure et alors qu'on avait déjà corné l'eau du dîner, il se fit saucer en arpentant le jardin des moines, battant les flaques de ses poulaines... ces ridicules chaussures que le beau Monseigneur d'Espagne et lui mirent en mode... et forçant toute sa suite, messire Nicolas Braque, son maître de l'hôtel, et messire de Lorris, et les autres chambellans, et le maréchal d'Audrehem et le grand Jean d'Artois, tout éberlué et penaud, à se tremper avec lui. Il se gâta là pour des milliers de livres de velours, de broderies et de fourrures.

« Il n'y a nul maître en France hors moi, hurlait le roi. Je ferai qu'il crève, ce mauvais, cette vermine, ce blaireau pourri qui conspire ma fin avec tous mes ennemis. Je m'en vais l'occire moi-même. Je lui arracherai le cœur de mes mains, et je partagerai son puant corps en tant de morceaux, m'entendez-vous ? qu'il y en aura assez pour en pendre un à la porte de chacun des châteaux que j'ai eu la faiblesse de lui octroyer. Et qu'on ne vienne plus jamais intercéder pour lui, et qu'aucun de vous ne s'avise de me prêcher l'accommodement. D'ailleurs, il n'y aura plus lieu de plaider pour ce félon, et la Blanche et la Jeanne pourront se vider à faire couler leurs larmes ; on apprendra qu'il n'y a nul maître en France, hors moi. » Et sans cesse il revenait sur ce « nul maître en France, hors moi », comme s'il avait eu besoin de se persuader qu'il était le roi.

Il se calma à demi pour demander quand se tiendrait ce banquet que son âne de fils offrait si courtoisement à son serpent de gendre... « Le jour de la Sainte-Irène, le 5 avril »... « Le 5 avril, la Sainte-Irène », répéta-t-il comme s'il avait peine à se mettre une chose si simple dans l'esprit. Il resta un moment à secouer la tête, tel un cheval, pour égoutter ses cheveux jaunes tout collés de pluie. « Ce jour-là, j'irai chasser à Gisors », fit-il.

On était habitué à ses sautes d'humeur ; chacun pensa que la colère du roi s'était épuisée en paroles et que la chose en resterait là. Et puis advint ce qui se passa au banquet de Rouen... Oui, mais vous ne le savez pas par le menu. Je vais vous conter cela, mais demain ; car pour ce jour d'hui, l'heure avance, et nous devons être proches d'arriver.

Vous voyez, à bavarder ainsi, le chemin paraît plus court. Pour ce soir, nous n'avons qu'à souper et dormir. Demain, nous serons à Auxerre, où j'aurai des nouvelles d'Avignon et de Paris. Ah ! un mot encore, Archambaud. Soyez circonspect avec Monseigneur de Bourges, qui nous accompagne, si jamais il vous entreprend. Il ne me plaît guère, et je ne sais pourquoi, j'ai dans l'idée que cet homme-là a des intelligences avec le Capocci. Lancez le nom, sans paraître y toucher, et vous me direz ce qu'il vous en semble.

3

Vers Rouen

Le roi Jean s'en fut effectivement à Gisors, mais il n'y resta que le temps de prendre cent piquiers de la garnison. Puis il partit bien ostensiblement par la route de Chaumont et de Pontoise, afin que chacun pût croire qu'il rentrait à Paris. Il emmenait avec lui son second fils, le duc d'Anjou, et puis son frère, le duc d'Orléans, lequel paraît plutôt comme un de ses fils, car Monseigneur d'Orléans, qui a vingt ans, en compte dix-sept de différence avec le roi, et seulement deux avec le Dauphin.

Le roi s'était fait escorter du maréchal d'Audrehem, de ses seconds chambellans, Jean d'Andrisel et Guy de La Roche, parce qu'il avait expédié à Rouen, quelques jours plus tôt, Lorris et Nicolas Braque, sous le prétexte qu'il les prêtait au Dauphin pour veiller aux préparatifs de son banquet.

Qui y avait-il encore derrière le roi ? Oh ! Il avait bien constitué sa troupe. Il emmenait les frères d'Artois, Charles et l'autre... « mon cousin Jean »... qui lui collait à la croupe et dépassait de la tête toute la chevauchée, et encore Louis d'Harcourt, qui était en brouille avec son frère et son oncle Godefroy, et tenait à cause de cela le parti du roi. Je vous passe les écuyers de chasse et les veneurs, les Corquilleray, Huet des Ventes, et autres Maudétour. Dame ! Le roi allait chasser et voulait en donner l'apparence ; il montait son cheval de chasse, un napolitain vite, brave et bien embouché qu'il affectionne particulièrement. Nul ne pouvait s'étonner qu'il fût suivi des sergents de sa garde étroite, commandés par deux gaillards fameux pour la grosseur de leurs muscles, Enguerrand Lalemant et Perrinet le Buffle. Ces deux-là vous retournent un homme rien qu'en le prenant par la main... Il est bon qu'un roi ait toujours autour de lui une garde rapprochée. Le Saint-Père a la sienne. J'ai mes hommes de protection, moi aussi, qui chevauchent au plus près de ma litière, comme vous avez dû vous en aviser. Je suis tellement accoutumé à eux que je finis par ne plus les voir ; mais eux ne me quittent pas des yeux.

Ce qui eût pu surprendre, mais il aurait fallu avoir le regard bien ouvert, c'était que les valets de la chambre, sans doute Tassin et Poupart le Barbier, portaient, pendus à leur selle, le heaume, la cervellière, la grande épée, tout le harnais de bataille du roi. Et puis aussi la présence du roi des ribauds, un bonhomme qui se nomme... Guillaume... Guillaume je ne sais plus quoi... et qui non seulement veille à la police des bordels, dans les villes où le roi réside, mais est chargé de la justice directe du roi. Il y a davantage de travail dans cette charge depuis que Jean II est au trône.

Avec les écuyers des ducs, les varlets, le domestique de tous ces seigneurs et les piquiers embarqués à Gisors, cela faisait bien deux cents cavaliers, dont beaucoup hérissés de lances, un bien gros équipage pour aller buissonner le chevreuil.

Le roi avait pris la direction de Chaumont-en-Vexin mais jamais on ne le vit passer dans ce bourg. Sa troupe s'évanouit en route comme par un tour d'enchanteur. Il avait fait couper à travers la campagne pour remonter droit au nord, sur Gournay-en-Bray où il ne s'attarda guère, juste le temps de prendre le comte de Tancarville, un des rares grands seigneurs de Normandie qui soit resté de ses féaux parce qu'il est comme chien à chien avec les d'Harcourt. Un Tancarville stupéfait, car il attendait là, entouré de vingt chevaliers de sa bannière, le maréchal d'Audrehem, mais nullement le roi.

« Mon fils le Dauphin ne vous avait-il pas convié demain à Rouen, messire comte ? — Oui, Sire ; mais le mandement que j'ai reçu de messire le maréchal, qui venait inspecter les forteresses de ce pays, m'a dispensé de paraître dans une compagnie où beaucoup de visages m'auraient fort déplu. — Eh bien ! vous irez quand même à Rouen, Tancarville, et je vais vous instruire de ce que nous y allons faire. »

Sur quoi, toute la chevauchée pique vers le sud, dans la nuit tombante, une petite trotte, trois ou quatre lieues, mais qui s'ajoutent aux dix-huit parcourues depuis le matin, pour aller dormir dans un château fort bien écarté, en bordure de la forêt de Lyons.

Les espies du roi de Navarre, s'il en avait par là, devaient être bien en peine de lui dire où courait le roi de France, sur ce chemin haché, et pour y quoi faire... on a vu le roi qui partait chasser... le roi est à inspecter les forteresses...

Le roi était debout avant l'aurore, plein de hâte et de fièvre, pressant son monde, et déjà en selle pour foncer, cette fois au plus droit, à travers la forêt de Lyons. Ceux qui voulaient manger un quignon de pain et une tranche de lard durent le faire d'une main, les rênes au creux du bras, de l'autre main tenant leur lance, tout en trottant.

Elle est dense et longue, la forêt de Lyons ; elle a plus de sept lieues et pourtant en deux heures on l'a presque traversée. Le maréchal d'Audrehem pense qu'à ce train-là on va arriver sûrement trop tôt. On pourrait bien s'arrêter un moment, ne serait-ce que pour laisser pisser les chevaux. Sans compter que pour sa propre part... C'est le maréchal lui-même qui me l'a raconté. « Une envie, que Votre Eminence me pardonne, à me couper les flancs. Or, un maréchal de l'ost ne peut tout de même pas se soulager du haut de sa monture, comme le font les simples archers quand le besoin les presse, et tant pis s'ils arrosent le cuir de l'arçon. Alors je dis au roi : "Sire, rien ne sert de tant se hâter ; cela ne fait pas avancer plus vite le soleil... En plus, les chevaux ont besoin de faire de l'eau." Et le roi de me répondre : "Voici la lettre que j'écrirai au pape, pour expliquer ma justice et prévenir les mauvais récits qu'on pourra lui faire... Trop longtemps, Très Saint-Père, les mansuétudes et accommodements que j'ai consentis par douceur chrétienne à ce mauvais parent l'ont encouragé à forfaire, et à cause de lui sont venus méchefs et malheurs au royaume. Il en apprêtait un plus grand encore en me déprivant de la vie ; et c'est pour prévenir qu'il accomplisse ce nouveau crime..." »

Et pique avant sans s'apercevoir de rien, qu'il est sorti de la forêt de Lyons, qu'il a débuché en plaine, qu'il est entré dans une forêt. Audrehem m'a dit qu'il ne lui avait jamais vu tel visage, l'œil comme fou, son lourd menton trémulant sous la maigre barbe.

Soudain Tancarville pousse sa monture jusqu'à la hauteur du roi pour demander à celui-ci, bien poliment, s'il a choisi de se rendre à Pont-de-l'Arche. « Mais non, crie le roi, je vais à Rouen ! — Alors, Sire, je crains que vous n'y parveniez pas par ici. Il eût fallu prendre à droite, à la dernière patte-d'oie. » Et le roi de faire faire demi-tour sur place à son cheval napolitain, et de remonter au galop toute la colonne, en commandant à grands coups de gueule qu'on le suive, ce qui ne s'accomplit pas sans désordre, mais toujours sans pisser, pour la grand-peine du maréchal...

Dites-moi, mon neveu, ne sentez-vous rien dans notre allure ?... Eh bien, moi, si.

Brunet, holà ! Brunet ! Un de mes sommiers boite... Ne me dites pas : « Non, Monseigneur » et regardez. Celui d'arrière. Et je pense même qu'il boite de l'antérieur droit... Faites arrêter... Et alors ? Ah ! Il se déferge ? Et de quel pied... Alors, qui avait raison ? J'ai les reins plus éveillés que vous n'avez les yeux.

Allons, Archambaud, descendons. Nous ferons quelques pas tandis qu'on va changer les chevaux... L'air est frais, mais point méchant. Qu'apercevons-nous d'ici ? Le savez-vous Brunet ? Saint-Amand-en-Puisaye... C'est ainsi, Archambaud, que le roi Jean dut apercevoir Rouen, le matin du 5 avril.

4

Le banquet

Vous ne connaissez pas Rouen, Archambaud, ni donc le château du Bouvreuil. Oh ! c'est un gros château à six ou sept tours disposées en rond, avec une grande cour centrale. Il fut bâti voici cent et cinquante ans, par le roi Philippe Auguste, pour surveiller la ville et son port, et commander le cours extrême de la rivière de Seine. C'est une place importante que Rouen, une des ouvertures du royaume du côté de l'Angleterre, donc une fermeture aussi. La mer remonte jusqu'à son pont de pierre qui relie les deux parties du duché de Normandie.

Le donjon n'est pas au milieu du château ; c'est une des tours, un peu plus haute et épaisse que les autres. Nous avons des châteaux pareils en Périgord, mais ils ont ordinairement plus de fantaisie dans l'aspect.

La fleur de la chevalerie de Normandie y était assemblée, vêtue avec autant de richesse qu'il était possible. Soixante sires étaient venus, chacun avec au moins un écuyer. Les sonneurs venaient de corner l'eau quand un écuyer de messire Godefroy d'Harcourt, tout suant d'un long galop, vint avertir le comte Jean que son oncle le mandait en hâte et le priait de quitter Rouen sur-le-champ. Le message était fort impérieux, comme si messire Godefroy avait eu vent de quelque chose. Jean d'Harcourt se mit en devoir d'obtempérer, se coulant hors de la compagnie ; et il était déjà au bas de l'escalier du donjon qu'il encombrait presque tout de sa personne, tant il était gras, une vraie futaille, quand il tomba sur Robert de Lorris qui lui barra le passage de l'air le plus affable. « Messire comte, messire, vous vous en partez ? Mais Monseigneur le Dauphin n'attend plus que vous pour dîner ! Votre place est à sa gauche. » N'osant faire affront au Dauphin, le gros d'Harcourt se résigna à différer son départ. Il partirait après le repas. Et il remonta l'escalier, sans trop de regret. Car la table du Dauphin avait grande réputation ; on savait qu'il s'y servait merveilles ; et Jean d'Harcourt n'avait pas acquis tout le lard dont il était bardé à sucer seulement des brins d'herbes.

Et de fait, quel festin ! Ce n'était pas en vain que Nicolas Braque avait aidé le Dauphin à l'apprêter. Ceux qui y furent, et qui en réchappèrent, n'en ont rien oublié. Six tables, réparties dans la grande salle ronde. Aux murs, des tapisseries de verdure, si vives de couleur qu'on aurait cru dîner au milieu de la forêt. Auprès des fenêtres, des buissons de cierges, pour renforcer le jour qui venait par les ébrasements, comme le soleil à travers les arbres. Derrière chaque convive, un écuyer tranchant, soit, pour les grands seigneurs, le leur propre, et pour les autres quelqu'un de la maison du Dauphin. On usait de couteaux à manche d'ébène, dorés et émaillés aux armes de France, tout spécialement réservés pour le temps de carême. C'est la coutume de la cour de ne sortir les couteaux à manche d'ivoire qu'à partir des fêtes de Pâques.

Car on respectait le carême. Pâtés de poisson, ragoûts de poisson, carpes, brochets, tanches, brèmes, saumons et bars, plats d'œufs, volailles, gibiers de plume ; on avait vidé les viviers et les basses-cours, écumé les rivières. Les pages de cuisine, formant une chaîne continue dans l'escalier, montaient les plats d'argent et de vermeil où rôtisseurs, queux et sauciers avaient disposé, dressé, nappé les mets préparés sous les cheminées de la tour des cuisines. Six échansons versaient les vins de Beaune, de Meursault, d'Arbois et de Touraine... Ah ! vous aussi, cela vous met en appétit, Archambaud ! J'espère qu'on nous fera bonne chère, tout à l'heure, à Saint-Sauveur...

Le Dauphin, au milieu de la table d'honneur, avait Charles de Navarre à sa droite et Jean d'Harcourt à sa gauche. Il était vêtu d'un drap bleu marbré de Bruxelles et coiffé d'un chaperon de même étoffe, orné de broderies de perles disposées en forme de feuillage. Je ne vous ai jamais encore décrit Monseigneur le Dauphin... Le corps étiré, les épaules larges et maigres, il a le visage allongé, un grand nez un peu bossué en son milieu, un regard dont on ne sait s'il est attentif ou songeur, la lèvre supérieure mince, l'autre plus charnue, le menton effacé.

On dit qu'il ressemble assez, pour autant qu'on ait moyen de savoir, à son ancêtre Saint Louis, qui était comme lui très long et un peu voûté. Cette tournure-là, à côté d'hommes très sanguins et redressés, apparaît de temps à autre dans la famille de France.

Les huissiers de cuisine venaient d'un pas empesé présenter les plats l'un après l'autre ; et lui, le Dauphin, désignait la table vers laquelle ils devaient être portés, faisant ainsi honneur à chacun de ses hôtes, au comte d'Etampes, au sire de la Ferté, au maire de Rouen, accompagnant d'un sourire, avec beaucoup de dignité courtoise, le geste qu'il faisait de la main, la main gauche toujours. Car, je vous l'ai dit, je crois, sa main droite est enflée, rougeâtre et le fait souffrir ; il s'en sert le moins possible. A peine peut-il jouer à la paume, une demi-heure, et tout de suite sa main gonfle. Ah ! c'est une grande faiblesse pour un prince... Ni chasse ni guerre. Son père ne se cache pas pour l'en mépriser. Comme il devait envier, le pauvre Dauphin, tous ces seigneurs qu'il traitait, les sires de Clères, de Graville, du Bec Thomas, de Mainemares, de Braquemont, de Sainte-Beuve ou d'Houdetot, ces chevaliers solides, sûrs d'eux, tapageurs, fiers de leurs exploits aux armes. Il devait même envier le gros d'Harcourt, que son quintal de graisse n'empêchait pas de maîtriser un cheval ni d'être un redoutable tournoyeur, et surtout le sire de Biville, un fameux homme qu'on entoure beaucoup dès qu'il paraît en société et à qui l'on fait raconter son exploit... C'est celui-là même... vous voyez, son nom vous est parvenu... oui, d'un seul coup d'épée, un Turc fendu en deux, sous les yeux du roi de Chypre. A chaque récit qu'il recommence, l'entaille augmente d'un pouce. Un jour il aura aussi fendu le cheval...

Mais je reviens au Dauphin Charles. Il sait, ce garçon, à quoi sa naissance et son rang l'obligent ; il sait pourquoi Dieu l'a fait naître, la place que la Providence lui a assignée, au plus haut de l'échelle des hommes, et que, sauf à mourir avant son père, il sera roi. Il sait qu'il aura le royaume à gouverner souverainement ; il sait qu'il sera la France. Et si dans le secret de soi il s'afflige que Dieu ne lui ait pas dispensé, en même temps que la charge, la robustesse qui l'aiderait à la bien porter, il sait qu'il doit pallier les insuffisances de son corps par une bonne grâce, une attention à autrui, un contrôle de son visage et de ses propos, un air tout ensemble de bienveillance et de certitude qui jamais ne laissent oublier qui il est, et se composer de la sorte une manière de majesté. Cela n'est point

chose aisée, quand on a dix-huit ans et que la barbe vous pousse à peine !
Il faut dire qu'il y a été entraîné de bonne heure. Il avait onze ans quand son grand-père le roi Philippe VI parvint enfin à racheter le Dauphiné à Humbert II de Vienne. Cela effaçait quelque peu la défaite de Crécy et la perte de Calais. Je vous ai dit après quelles négociations... Ah ! je croyais... Vous voulez donc en savoir le menu ?
Le Dauphin Humbert était aussi gonflé d'orgueil que perclus de dettes. Il désirait vendre, mais continuer à gouverner quelque partie de ce qu'il cédait, et que ses Etats après lui restassent indépendants. Il avait d'abord voulu traiter avec le comte de Provence, roi de Sicile ; mais il monta le prix trop haut. Il se retourna alors vers la France, et c'est là que je fus appelé à m'occuper des tractations. Dans un premier accord, il céda sa couronne mais seulement pour après sa mort... il avait perdu son unique fils... partie au comptant, cent vingt mille florins s'il vous plaît, et partie en pension viagère. Avec cela, il eût pu vivre à l'aise. Mais au lieu d'éteindre ses dettes, il dissipa tout ce qu'il avait reçu en allant chercher la gloire à combattre les Turcs. Harcelé par ses créanciers, il lui fallut alors vendre ce qui lui restait, c'est-à-dire ses droits viagers. Ce qu'il finit par accepter, pour deux cent mille florins de plus et vingt-quatre mille livres de rente, mais non sans continuer de faire le superbe. Heureusement pour nous, il n'avait plus d'amis.
C'est moi, je le dis modestement, qui trouvai l'accommodement par lequel on put satisfaire à l'honneur d'Humbert et de ses sujets. Le titre de Dauphin de Viennois ne serait pas porté par le roi de France, mais par l'aîné des petits-fils du roi Philippe VI et ensuite par son aîné fils. Ainsi les Dauphinois, jusque-là indépendants, gardaient l'illusion de conserver un prince qui ne régnait que sur eux. C'est la raison pour laquelle le jeune Charles de France, ayant reçu l'investiture à Lyon, eut à accomplir, au long de l'hiver de 1349 et du printemps de 1350, la visite de ses nouveaux Etats. Cortèges, réceptions, fêtes. Il n'avait, je vous le répète, que onze ans. Mais avec cette facilité qu'ont les enfants d'entrer dans leur personnage, il prit l'habitude d'être accueilli dans les villes par des vivats, d'avancer entre des fronts courbés, de s'asseoir sur un trône tandis qu'on se hâtait de lui glisser sous

les pieds assez de carreaux de soie pour qu'ils ne pendissent pas dans le vide, de recevoir en ses mains l'hommage des seigneurs, d'écouter gravement les doléances des villes. Il avait surpris par sa dignité, son affabilité, le bon sens de ses questions. Les gens s'attendrissaient de son sérieux ; les larmes venaient aux yeux des vieux chevaliers et de leurs vieilles épouses lorsque cet enfant les assurait de son amour et de son amitié, les louait de leurs mérites et leur disait compter sur leur fidélité. De tout prince, la moindre parole est objet de gloses infinies par lesquelles celui qui l'a reçue se donne importance. Mais d'un si jeune garçon, d'une miniature de prince, quels récits émus ne provoquait pas la plus simple phrase ! « A cet âge, on ne peut point feindre. » Mais si, il feignait, et même il se plaisait à feindre comme tous les gamins. Feindre l'intérêt pour chacun qu'il voyait, même si on lui offrait un regard louche et une bouche édentée, feindre le contentement devant le présent qu'on lui remettait même s'il en avait déjà reçu quatre semblables, feindre l'autorité lorsqu'un conseil de ville venait se plaindre pour une affaire de péage ou quelque litige communal... « Vous serez rétabli dans votre droit, si l'on vous a fait tort. Je veux que l'on conduise enquête avec diligence. » Il avait vite compris combien prescrire une enquête d'un ton décidé produit grand effet sans engager à rien.

Il ne savait pas encore qu'il serait d'une santé si faible, bien qu'il fût tombé malade pendant plusieurs semaines, à Grenoble. Ce fut durant ce voyage qu'il apprit la mort de sa mère, puis de sa grand-mère, et bientôt après le remariage de son grand-père et celui de son père, coup sur coup, avant qu'on lui annonçât qu'il allait lui-même bientôt épouser Madame Jeanne de Bourbon, sa cousine, qui avait le même âge que lui. Ce qui s'était fait, à Tain l'Hermitage, au début d'avril, dans une grande pompe et toute une affluence d'Eglise et de noblesse... Il n'y a que six ans.

C'est miracle qu'il n'ait pas eu la tête tournée, ou perturbée, par toutes ces pompes. Il avait seulement révélé le penchant commun à tous les princes de sa famille pour la dépense et le luxe. Des mains percées. Avoir tout de suite tout ce qui leur plaît. Je veux ceci, je veux cela. Acheter, posséder les choses les plus belles, les plus rares, les plus curieuses, et surtout les plus coûteuses, les animaux des ménageries, les orfèvreries somptueuses, les livres enluminés, dépenser, vivre dans des chambres tendues de soie et de drap d'or de Chypre, faire coudre sur leur vêtement des fortunes en pierreries, rutiler, c'est, pour le Dauphin comme pour tous les gens de son lignage, le signe du pouvoir et la preuve, à leurs propres yeux, de la majesté. Une naïveté qui leur vient de leur aïeul, le premier Charles, le frère de Philippe le Bel, l'empereur titulaire de Constantinople, ce gros bourdon qui tant s'agita et agita l'Europe, et même un moment songea à l'empire d'Allemagne. Un dispendieux, si jamais il en fut... Tous ont cela dans le sang. Quand on se commande des souliers, dans la famille, c'est par vingt-quatre, quarante ou cinquante-cinq paires à la fois, pour le roi, pour le Dauphin, pour Monseigneur d'Orléans. Il est vrai que leurs sottes poulaines ne tiennent pas à la boue ; les longues pointes se déforment, les broderies se ternissent, et l'on abîme en trois jours ce qui a pris un mois de labeur aux meilleurs artisans qui sont dans la boutique de Guillaume Loisel, à Paris. Je le sais parce que c'est de là que je fais venir mes mules rouges ; mais moi il me suffit de huit paires à l'année. Et regardez ; ne suis-je pas toujours proprement chaussé ?

Comme la cour donne le ton, seigneurs et bourgeois se ruinent en passementerie, en fourrures, en joyaux, en dépenses de vanité. On rivalise d'ostentation. Pensez que pour orner le chaperon que portait Monseigneur le Dauphin, ce jour de Rouen que je vous conte, on avait usé un marc de grosses perles et un marc de menues, commandées chez Belhommet Thurel pour trois cents ou trois cent vingt écus ! Allez vous étonner que les coffres soient vides quand chacun dépense plus qu'il ne lui reste d'argent ?

Ah ! voilà ma litière qui revient. On a changé d'attelage. Eh bien, remontons...

Il en est un, en tout cas, à qui ces difficultés de finances profitent, et qui fait bien ses affaires sur la pénurie de la caisse royale ; c'est messire Nicolas Braque, le premier maître de l'hôtel, qui est aussi le trésorier et le gouverneur des monnaies. Il a monté une petite compagnie de banque, je devrais dire une compagnie de frime, qui rachète parfois aux deux tiers, parfois à la moitié, parfois même au tiers prix, les dettes du roi et de sa parenté. La machinerie est simple. Un fournisseur de la cour est saisi à la gorge parce que depuis deux ans ou plus on ne lui a rien versé et qu'il ne sait plus comment payer ses compagnons ou acheter ses marchandises. Il s'en vient trouver messire Braque et lui agite ses mémoires sous le nez. Il a grand air, messire Braque ; il est bel homme, toujours sévèrement vêtu, et il ne prononce jamais plus de mots qu'il n'en faut. Il n'a pas son pareil pour rabattre aux gens leur caquet. Tel qui arrivait tempêtant... « cette fois, il va m'entendre ; c'est que j'en ai gros à lui dire, et je ne lui mâcherai pas mes mots... » se retrouve en un tournemain balbutiant et suppliant. Messire Braque laisse tomber sur lui, comme une douche de gouttière, quelques paroles froides et roides : « Vos prix sont forcés, comme toujours sur les travaux qu'on fait pour le roi... la clientèle de la cour vous attire maintes pratiques sur lesquelles vous gagnez gros... si le roi est en difficulté de payer, c'est que tout l'argent de son Trésor passe à subvenir aux frais de la guerre... prenez-vous-en aux bourgeois, comme maître Marcel, qui rechignent à consentir les aides... puisque vous peinez tant à fournir le roi, eh bien, on vous retirera les commandes... » Et quand le doléant est bien assagi, bien marri, bien grelottant, alors Braque lui dit : « Si vraiment vous êtes dans la gêne, je veux essayer de vous venir en aide. Je puis peser sur une compagnie de change où je compte des amis pour qu'elle reprenne vos créances. Je tenterai, je dis bien, je tenterai, qu'elles vous soient rachetées pour les quatre sixièmes ; et vous donnerez quittance du tout. La Compagnie se fera rembourser quand Dieu voudra regarnir le Trésor... si jamais Il le veut. Mais n'en allez point parler, sinon chacun dans le royaume m'en viendrait demander autant. C'est grande faveur que je vous fais. »

Après quoi, dès qu'il y a trois sous dans la cassette, Braque prend l'occasion de glisser au roi : « Sire, je ne voulais point, pour votre honneur et votre renom, laisser traîner cette dette criarde, d'autant que le créancier était fort monté et menaçait d'un esclandre. J'ai, pour l'amour de vous, éteint cette dette avec mes propres deniers. » Et par priorité de faveur, il se fait rembourser du tout. Comme c'est lui, d'autre part, qui ordonne la dépense du palais, il se fait arroser de beaux cadeaux pour chaque commande passée. Il gagne aux deux bouts, cet honnête homme.

Ce jour du banquet, il s'affairait moins à négocier le paiement des aides refusées par les Etats de Normandie qu'à traiter avec le maire de Rouen, maître Mustel, du rachat des créances des marchands rouennais. Car des mémoires qui dataient du dernier voyage du roi, et même d'avant, restaient impayés. Quant au Dauphin, depuis qu'il était lieutenant du roi en Normandie, avant même d'être duc en titre, il commandait, il commandait, mais sans jamais solder aucun de ses comptes. Et messire Braque se livrait à son trafic habituel, en assurant le maire que c'était par amitié pour lui et pour l'estime dans laquelle il tenait les bonnes gens de Rouen qu'il allait leur rafler le tiers de leurs profits. Davantage même, car il les paierait en francs à la chaise, c'est-à-dire dans une monnaie amincie, et par qui ? Par lui, qui décidait des altérations... Reconnaissons que lorsque les Etats se plaignent des grands officiers royaux, ils y ont quelques motifs. Quand je pense que messire Enguerrand de Marigny fut naguère pendu parce qu'on lui reprochait, dix ans après, d'avoir une fois rogné la monnaie ! Mais c'était un saint auprès des argentiers d'aujourd'hui !

Qui y avait-il encore, à Rouen, qui mérite d'être nommé, hors les serviteurs habituels, et Mitton le Fol, nain du Dauphin, qui gambadait entre les tables, portant lui aussi chaperon emperlé... des perles pour un nain, je vous le demande, est-ce bonne manière de dépenser les écus qu'on n'a pas ? Le Dauphin le fait vêtir d'un drap rayé qu'on lui tisse tout exprès, à Gand... Je désapprouve cet emploi qu'on fait des nains. On les oblige à bouffonner, on les pousse du pied, on en fait risée. Ce sont créatures de Dieu, après tout, même si l'on peut dire que Dieu ne les a pas trop réussies. Raison de plus pour témoigner un peu de charité. Mais les familles, à ce qu'il paraît, tiennent pour une bénédiction la venue d'un nain. « Ah ! il est petit. Puisse-t-il ne pas grandir. On pourra le vendre à un duc, ou peut-être au roi... »

Non, je crois vous avoir cité tous les convives d'importance, avec Friquet de Fricamps, Graville, Mainemares, oui, je les ai nommés... et puis, bien sûr, le plus important de tous, le roi de Navarre.

Le Dauphin lui réservait toute son attention. Il n'avait guère d'efforts à faire, d'ailleurs, du côté du gros d'Harcourt. Celui-là ne causait qu'avec les plats, et il était bien vain de lui adresser parole pendant qu'il engloutissait des montagnes.

Mais les deux Charles, Normandie et Navarre, les deux beaux-frères, parlaient beaucoup. Ou plutôt Navarre parlait. Ils ne s'étaient guère revus depuis leur équipée manquée d'Allemagne ; et c'était tout à fait dans la manière du Navarrais que de chercher, par flatterie, protestations de bonne amitié, souvenirs joyeux et récits plaisants à reprendre empire sur son jeune parent.

Tandis que son écuyer, Colin Doublel, déposait les mets devant lui, Navarre, rieur, charmant, plein d'entrain et de désinvolte... « c'est la fête de nos retrouvailles ; grand merci, Charles, de me permettre de te montrer l'attachement que j'ai pour toi ; je m'ennuie, depuis ton éloignement... » lui rappelait leurs fines parties de l'hiver précédent et les aimables bourgeoises qu'ils jouaient aux dés, à qui la blonde, à qui la brune ? « ... la Cassinel est grosse à présent et nul ne doute que c'est de toi... », et de là passait aux affectueux reproches... « ah ! qu'es-tu allé conter tous nos projets à ton père !... Tu en as retiré le duché de Normandie, c'est bien joué, je le reconnais. Mais avec moi, c'est tout le royaume que tu pourrais avoir à cette heure... » pour lui glisser enfin, reprenant son antienne : « Avoue que tu ferais un meilleur roi que lui ! »

Et de s'enquérir, sans avoir l'air d'y toucher, de la prochaine rencontre entre le Dauphin et le roi Jean, si la date en était arrêtée, si elle aurait lieu en Normandie... « J'ai ouï dire qu'il était à chasser du côté de Gisors. »

Or il trouvait un Dauphin plus réservé, plus secret que par le passé. Affable certes, mais sur ses gardes, et ne répondant que par sourires ou inclinaisons de tête à tant d'empressement.

Soudain, il se produisit un grand fracas de vaisselle qui domina les voix des dîneurs. Mitton le Fol, qui s'employait à singer les huissiers de cuisine en présentant un merle, tout seul, sur le plus grand plat d'argent qu'il avait pu trouver, Mitton venait de laisser tomber le plat. Et il ouvrait la bouche toute grande, en désignant la porte.

Les bons chevaliers normands, déjà fortement abreuvés, s'amusaient du tour qu'ils jugeaient fort drôle. Mais leurs rires se coincèrent aussitôt dans leur gorge.

Car de la porte surgissait le maréchal d'Audrehem, tout armé, tenant son épée droite, la pointe en l'air, et qui leur criait de sa voix de bataille : « Que nul d'entre vous ne bouge pour chose qu'il voit, s'il ne veut mourir de cette épée ».

Ah ! mais, ma litière est arrêtée... Eh oui, nous voici arrivés ; je ne m'en avisais point. Je vous dirai la suite après souper.

5

L'arrestation

Grand merci, messire abbé, je suis votre obligé... Non, de rien, je vous l'assure, je n'ai plus besoin de rien... seulement que l'on me remette quelques bûches au feu... Mon neveu va me faire compagnie ; j'ai à m'entretenir avec lui. C'est cela, messire abbé, la bonne nuit. Merci des prières que vous allez dire pour le Très Saint-Père et pour mon humble personne... oui, et toute votre pieuse communauté... L'honneur est pour moi. Oui, je vous bénis ; le bon Dieu vous ait en Sa sainte garde...

Ououh ! Si je le lui avais permis, il nous aurait tenus jusqu'à la minuit, cet abbé-là ! Il a dû naître le jour de la Saint-Bavard...

Voyons, où en étions-nous ? Je ne veux point vous laisser languir. Ah oui... le maréchal, l'épée haute...

Et derrière le maréchal surgirent une douzaine d'archers qui rabattirent brutalement échansons et valets contre les murs ; et puis Lalemant et Perrinet le Buffle, et sur leurs talons le roi Jean II lui-même, tout armé, heaume en tête, et dont les yeux jetaient du feu par la ventaille levée. Il était suivi de près par Chaillouel et Crespi, deux autres sergents de sa garde étroite.

« Je suis piégé », dit Charles de Navarre.

La porte continuait de dégorger l'escorte royale dans laquelle il reconnaissait quelques-uns de ses pires ennemis, les frères d'Artois, Tancarville...

Le roi marcha droit vers la table d'honneur. Les seigneurs normands esquissèrent un vague mouvement pour lui faire révérence. D'un geste des deux mains, il leur imposa de rester assis.

Il saisit son gendre par le col fourré de son surcot, le secoua, le souleva, tout en lui criant du fond de son heaume : « Mauvais traître ! Tu n'es pas digne de t'asseoir à côté de mon fils. Par l'âme de mon père, je ne penserai jamais à boire ni à manger tant que tu vivras ! »

L'écuyer de Charles de Navarre, Colin Doublel, voyant son maître ainsi malmené, eut une folle impulsion et brandit un couteau à trancher pour en frapper le roi. Mais son geste fut prévenu par Perrinet le Buffle qui lui retourna le bras.

Le roi, pour sa part, lâcha Navarre et, perdant contenance un instant, regarda avec surprise ce simple écuyer qui avait osé lever la main sur lui. « Prenez-moi ce garçon et son maître aussi », commanda-t-il.

La suite du roi s'était portée en avant d'un seul élan, les frères d'Artois au premier rang, qui encadrèrent Navarre comme un noisetier pincé entre deux chênes. Les hommes d'armes avaient complètement investi la salle ; les tapisseries étaient comme hérissées de piques. Les huissiers de cuisine semblaient vouloir rentrer dans les murs. Le Dauphin s'était levé et disait : « Sire mon père, Sire mon père... »

Charles de Navarre tentait de s'expliquer, de se défendre. « Monseigneur, je ne puis comprendre ! Qui vous a si mal informé contre moi ? Que Dieu m'aide, mais jamais, faites-m'en grâce, je n'ai pensé trahison, ni contre vous ni contre Monseigneur votre fils ! S'il est homme au monde qui m'en veuille accuser, qu'il le fasse, devant vos pairs, et je jure que je me purgerai de ses dires et le confondrai. »

Même en si périlleuse situation, il avait la voix claire, et la parole qui coulait aisément de la bouche. Il était vraiment très petit, très fluet, au milieu de tous ces gens de guerre ; mais il gardait son assurance dans le caquet.

« Je suis roi, Monseigneur, d'un moindre royaume que le vôtre, certes, mais je mérite d'être traité en roi. — Tu es comte d'Evreux, tu es mon vassal, et tu es félon ! — Je suis votre bon cousin, je suis l'époux de Madame votre fille, et je n'ai jamais forfait. Il est vrai que j'ai fait tuer Monseigneur d'Espagne. Mais il était mon adversaire et m'avait offensé. J'en ai fait pénitence. Nous nous sommes donné la paix et vous avez accordé des lettres de rémission à tous... — En prison, traître. Tu as assez joué de menterie. Allez ! qu'on l'enferme, qu'on les enferme tous les deux ! » cria le roi en montrant Navarre et son écuyer. « Et celui-là aussi », ajouta-t-il en désignant de son gantelet Friquet de Fricamps qu'il venait de reconnaître et qu'il savait avoir monté l'attentat de la Truie-qui-file.

Alors que sergents et archers entraînaient les trois hommes vers une chambre voisine, le Dauphin se jeta aux genoux du roi. Si effrayé qu'il pût être de la grande fureur où il voyait son père, il était demeuré assez lucide pour en apercevoir les conséquences, au moins pour lui-même.

« Ah ! Sire mon père, pour Dieu merci, vous me déshonorez ! Que va-t-on dire de moi ? J'avais prié le roi de Navarre et ses barons à dîner, et vous les traitez ainsi. On dira de moi que je les ai trahis. Je vous supplie par Dieu de vous calmer et de changer d'avis. — Calmez-vous vous-même, Charles ! Vous ne savez pas ce que je sais. Ils sont mauvais traîtres, et leurs méfaits se découvriront bientôt. Non, vous ne savez pas tout ce que je sais. »

Là-dessus notre Jean II, se saisissant de la masse d'armes d'un sergent, alla en frapper le comte d'Harcourt d'un coup formidable dont tout autre, moins gras que lui, aurait eu l'épaule cassée. « Debout, traître ! Passez vous aussi en prison. Vous serez bien malin si vous m'échappez. »

Et comme le gros d'Harcourt, tout éberlué, ne se levait pas assez vite, il l'empoigna par sa cotte blanche qu'il déchira, faisant craquer tout son vêtement jusqu'à la chemise.

Poussé par les archers, Jean d'Harcourt, dépoitraillé, passa devant son cadet, Louis, et lui dit quelque chose qu'on ne comprit point, mais qui était méchant, et auquel l'autre répondit d'un geste qui pouvait signifier ce qu'on voulait... je n'ai rien pu faire ; je suis chambellan du roi... tu l'as cherché, tant pis pour toi...

« Sire mon père, insistait le duc de Normandie, vous faites mal de traiter ainsi ces vaillants hommes... »

Mais Jean II ne l'entendait plus. Il échangeait des regards avec Nicolas Braque et Robert de Lorris qui lui désignaient silencieusement certains convives. « Et celui-là, en prison !... Et celui-là... » ordonnait-il en bousculant le sire de Graville et en cognant du poing Maubué de Mainemares, deux chevaliers qui avaient, eux aussi, trempé dans l'assassinat de Charles d'Espagne, mais qui avaient reçu, depuis deux ans, leurs lettres de rémission, signées de la main du roi. Comme vous le voyez, c'était de la haine bien recuite.

Mitton le Fol, grimpé sur un banc de pierre, dans l'ébrasement d'une fenêtre, faisait des signes à son maître en lui montrant les plats posés sur une desserte, et puis le roi, et puis agitait ses doigts devant sa bouche... manger...

« Mon père, dit le Dauphin, voulez-vous qu'on vous serve à manger ? » L'idée était heureuse ; elle évita d'expédier au cachot toute la Normandie.

« Pardieu oui ! C'est vrai que j'ai faim. Savez-vous, Charles, que je suis parti d'au-delà la forêt de Lyons, et que je cours depuis l'aube pour châtier ces méchants ? Faites-moi servir. »

Et il appela de la main pour qu'on lui délaçât son heaume. Il apparut les cheveux collés ; la face rougie ; la sueur lui coulait dans la barbe. En s'asseyant à la place de son fils, il avait déjà oublié son serment de ne manger ni boire tant que son gendre serait encore en vie.

Tandis qu'on se hâtait à lui dresser un couvert, qu'on lui versait du vin, qu'on le faisait patienter avec un pâté de brochet point trop entamé, qu'on lui présentait un cygne, resté intact et encore tiède, il se fit, entre les prisonniers qu'on emmenait et les valets qui dévalaient de nouveau vers les cuisines, un flottement dans la salle et les escaliers ; les seigneurs normands en profitèrent pour s'échapper, tel le sire de Clères qui comptait également parmi les meurtriers du bel Espagnol et qui s'en tira de justesse. Le roi ne faisant plus mine d'arrêter personne, les archers les laissaient passer.

L'escorte crevait de faim et de soif, elle aussi. Jean d'Artois, Tancarville, les sergents louchaient vers les plats. Ils attendaient un geste du roi les autorisant à se restaurer. Comme ce geste ne venait pas, le maréchal d'Audrehem arracha la cuisse d'un chapon qui traînait sur une table et se mit à manger, debout. Louis d'Orléans eut une moue d'humeur. Son frère, vraiment, montrait trop peu de souci de ceux qui le servaient. Il s'assit au siège que Navarre occupait un moment avant, en disant : « Je me fais devoir de vous tenir compagnie, mon frère. »

Le roi, alors, avec une sorte de mansuétude indifférente, invita ses parents et barons à s'asseoir. Et tous aussitôt s'attablèrent, autour des nappes maculées, pour épuiser les reliefs de la ripaille. On ne se soucia pas de changer les écuelles d'argent. On attrapait ce qui se présentait au passage, le gâteau de lait avant le canard confit, l'oie grasse avant la soupe de coquillages. On mangeait des restes de friture froide. Les archers se bourraient de tranches de pain ou bien filaient se faire nourrir aux cuisines. Les sergents lampaient les gobelets abandonnés.

Le roi, bottes écartées sous la table, restait enfermé dans une songerie brutale. Sa colère n'était pas apaisée ; elle semblait même reflamber avec la mangeaille. Pourtant il aurait dû avoir quelques motifs de contentement. Il était dans son rôle de justicier, le bon roi ! Il venait enfin de remporter une victoire ; il avait une belle prouesse à faire consigner par ses clercs pour la prochaine assemblée de l'Ordre de l'Etoile. « Comment Monseigneur le roi Jean défit les traîtres qu'il saisit au château de Bouvreuil... » Il parut s'étonner soudain de ne plus voir les chevaliers normands, et s'en inquiéta. Il se méfiait d'eux. S'ils allaient lui organiser une révolte, soulever la ville, libérer les prisonniers ?... Il montrait là toute sa nature, cet habile homme. Dans un premier temps, poussé par une fureur longuement remâchée, il se ruait, sans réfléchir à rien ; puis il négligeait de consolider ses actes ; puis il se faisait des imaginations, toujours à côté de la réalité, mais dont il était difficile de l'ôter. Maintenant, il voyait Rouen en rébellion, comme Arras l'avait été un mois auparavant. Il voulut qu'on fît venir le maire. Plus de maître Mustel. « Mais il était là voici à peine un moment », disait Nicolas Braque. On rattrapa le maire dans la cour du château. Il comparut, blanc d'une digestion coupée, devant le roi bâfrant. Il s'entendit ordonner de fermer les portes de la ville et de crier par les rues que chacun restât chez soi. Interdiction à quiconque de circuler, bourgeois ou manant, et pour aucune raison. C'était l'état de siège, le couvre-feu en plein jour. Une armée ennemie enlevant la ville n'eût pas agi autrement.

Mustel eut le courage de se montrer outragé. Les Rouennais n'avaient rien fait qui justifiât de telles mesures... « Si ! Vous refusez de verser les aides, en suivant les exhortements de ces méchants que je suis venu confondre. Mais, par saint Denis, ils ne vous exhorteront plus. »

En voyant se retirer le maire, le Dauphin dut penser avec tristesse que tous ses efforts patients poursuivis depuis plusieurs mois pour se concilier les Normands étaient réduits à néant. A présent, il aurait tout le monde contre lui, noblesse et bourgeoisie. Qui pourrait croire, en effet, qu'il n'était pas complice de ce guet-apens ? En vérité, son père lui donnait un bien méchant rôle.

Et puis le roi demanda qu'on allât quérir Guillaume... ah ! Guillaume comment... le nom m'échappe, pourtant je l'ai su... enfin, son roi des ribauds. Et chacun comprit qu'il avait résolu de procéder sans plus attendre à l'exécution immédiate des prisonniers.

« Ceux qui ne savent pas garder la chevalerie, il n'y a point de raison qu'on leur garde la vie, disait le roi. — Certes, mon cousin Jean », approuvait Jean d'Artois, ce monument de sottise.

Je vous le demande, Archambaud, était-ce vraiment de la chevalerie que de se mettre en arroi de bataille pour prendre des gens désarmés, et en se servant de son fils comme appât ? Navarre, sans doute, avait d'assez beaux états de grinderie ; mais le roi Jean, sous ses dehors superbes, a-t-il beaucoup plus d'honneur dans l'âme ?

6

Les apprêts

Guillaume à la Cauche... Voilà, je l'ai retrouvé ! Le nom que je cherchais ; le roi des ribauds... Curieux office que le sien qui résulte d'une institution de Philippe Auguste. Il avait organisé pour sa garde étroite un corps de sergents, tous des géants, qu'on appelait les *ribaldi regis*, les ribauds du roi. Inversion de génitif ou bien jeu de mots, le chef de cette garde est devenu le *rex ribaldorum*. Nominalement, il commande aux sergents comme Perrinet le Buffle et les autres ; et c'est lui, chaque soir, à l'heure du souper, qui fait le tour de l'hôtel royal pour voir si en sont bien sorties toutes gens qui ont entrée à la cour mais ne doivent pas y coucher. Mais surtout, comme je vous l'ai dit, je crois, il a charge de surveiller les mauvais lieux dans toute ville où le roi séjourne. C'est-à-dire que, d'abord, il réglemente et inspecte les bordeaux de Paris, qui ne sont pas en petit nombre, sans parler des follieuses qui travaillent à leur compte dans les rues qui leur sont réservées. De même les maisons où l'on joue les jeux de hasard. Tous ces méchants endroits sont ceux où l'on a le plus de chance de dépister voleurs, tire-laine, faussaires et meurtriers à gages ; et puis de connaître les vices des gens, parfois très haut placés, qui vous ont des mines tout à fait honorables.

Si bien que le roi des ribauds est devenu le chef d'une sorte de police fort spéciale. Il a ses espies un peu partout. Il tient et entretient toute une vermine de taverne qui le fournit en rapports et indices. Si l'on veut faire suivre un voyageur, en explorer le portemanteau ou savoir à qui il se réunit, on s'adresse à lui. Ce n'est point un homme aimé, mais c'est un homme craint. Je vous en parle pour le jour où vous serez à la cour. Il vaut mieux n'être point mal avec lui.

Il gagne gros, car sa charge est moelleuse. Surveiller les catins, inspecter les bouges, c'est de bon profit. Outre les gages en argent et avantages en nature qu'il touche dans la maison du roi, il perçoit deux sous de redevance à la semaine sur tous les logis bordeaux et toutes les femmes bordelières. Voilà un bel impôt, n'est-ce pas, et dont la rentrée fait moins de difficultés que la gabelle. Egalement il touche cinq sous des femmes adultères... enfin, de celles qui sont connues. Mais en même temps, c'est lui qui engage les galantes pour l'usage de la cour. On le paye pour avoir les yeux ouverts, mais on le paye souvent aussi pour les fermer. Et puis, c'est lui, quand le roi est en chevauchée, qui exécute ses sentences ou celles du tribunal des maréchaux. Il règle l'ordonnance des supplices ; et dans ce cas les dépouilles des condamnés lui reviennent, tout ce qu'ils ont sur le corps au moment de leur arrestation. Comme, ordinairement, ce n'est point le fretin du crime qui provoque la colère royale, mais de puissantes et riches gens, les vêtements et joyaux qu'il récolte sur eux ne sont pas prises négligeables.

Le jour de Rouen, c'était l'aubaine. Un roi à décoller, et cinq seigneurs d'un coup ! Jamais roi des ribauds n'avait, oh ! depuis Philippe Auguste, connu fortune pareille. Une occasion sans égale de se faire apprécier du souverain. Aussi ne ménageait-il pas sa peine. Un supplice, c'est un spectacle... Il lui avait fallu trouver, en s'adressant au maire, six charrettes, parce que le roi avait exigé une charrette par condamné, c'était ainsi. Cela ferait le cortège plus long. Elles attendaient dans la cour du château, attelées de percherons pattus. Il lui avait fallu trouver un bourreau... parce que le bourreau de la ville n'était pas là, ou bien qu'il n'y en avait pas d'appointé dans le moment. Le roi des ribauds avait tiré de la prison un méchant drôle appelé Bétrouve, Pierre Bétrouve... eh bien, ce nom-là, vous voyez, je m'en souviens, allez savoir pourquoi... qui avait quatre homicides sur la conscience, ce qui paraissait une bonne préparation au travail qu'on allait lui confier, en échange d'une lettre de rémission délivrée par le roi. Il l'échappait belle, ce Bétrouve. S'il y avait eu un bourreau en ville...

Il avait fallu aussi trouver un prêtre ; mais c'est denrée moins rare, et l'on ne s'était guère mis en peine pour le choisir... le premier capucin venu, dans le couvent le plus voisin.

Durant ces apprêts, le roi Jean tenait petit conseil dans la salle du banquet un peu nettoyée...

Décidément le temps est à la pluie. Il y en a pour la journée. Bah ! nous avons de bonnes fourrures, de la braise dans nos échauffettes, des dragées, de l'hypocras pour nous revigorer contre la mouillure ; nous avons de quoi tenir jusqu'à Auxerre. Je suis bien aise de revoir Auxerre ; cela va raviver mes souvenirs...

Donc le roi tenait conseil, un conseil où il était presque seul à parler. Son frère d'Orléans se taisait ; son fils d'Anjou également. Audrehem était sombre. Le roi lisait bien sur les visages de ses conseillers que même les plus acharnés à perdre le roi de Navarre n'approuvaient pas qu'il fût décapité ainsi, sans procès et comme à la sauvette. Cela rappelait trop l'exécution de Raoul de Brienne, l'ancien connétable, décidée de la sorte sur un coup de colère, pour des raisons jamais éclairées, et qui avait mal inauguré le règne.

Seul Robert de Lorris, le premier chambellan, semblait seconder le souverain dans son vouloir de vengeance instantanée ; mais c'était platitude plutôt que conviction. Il avait connu plusieurs mois de disgrâce pour s'être, aux yeux du roi, trop avancé du côté navarrais lors du traité de Mantes. Il fallait à Lorris prouver sa fidélité.

Nicolas Braque, qui a de l'habileté et sait manœuvrer le roi, chercha diversion en parlant de Friquet de Fricamps. Il opinait pour qu'on le gardât en vie, provisoirement, afin de lui faire subir une question en bonne et due forme. Nul doute que le gouverneur de Caen, suffisamment traité, n'ait à livrer des secrets bien intéressants. Comment connaître tous les rameaux de la conspiration si l'on ne conservait aucun des prisonniers ?

« Oui, c'est sagement pensé, dit le roi. Qu'on garde Friquet. »

Alors, Audrehem ouvrit une des fenêtres et cria au roi des ribauds, dans la cour : « Cinq charrettes, il suffira ! », confirmant du geste, la main grande ouverte : cinq. Et l'une des charrettes fut renvoyée au maire.

« Si c'est sagesse de garder Fricamps, ce le serait plus encore de garder son maître », dit alors le Dauphin.

Le premier émoi passé, il avait repris son calme et son air réfléchi. Son honneur était engagé dans l'affaire. Il cherchait par tous moyens à sauver son beau-frère. Jean II avait demandé à Jean d'Artois de répéter, pour la gouverne de tous, ce qu'il savait du complot. Mais « mon cousin Jean » s'était montré moins assuré, devant le Conseil, que devant le roi seul. Chuchoter de bouche à oreille une délation vous a un bon air de certitude. Redite à haute voix, pour dix personnes, elle perd de la force. Après tout, il ne s'agissait que d'on-dit. Un ancien serviteur avait vu... un autre avait entendu...

Même si, dans le secret de l'âme, le duc de Normandie ne pouvait s'empêcher d'accorder crédit aux accusations portées, les présomptions ne lui semblaient pas assez établies.

« Pour mon mauvais gendre, nous en savons assez, ce me semble, dit le roi. — Non, mon père, nous ne savons guère, répondit le Dauphin.

« Charles, êtes-vous donc si obtus ? dit le roi avec colère. N'avez-vous pas entendu que ce méchant parent sans foi ni aveu, cette bête nuisible, nous voulait saigner bientôt, moi puis vous ? Car, vous aussi, il voulait vous occire. Croyez-vous qu'après moi vous eussiez été un grand obstacle aux entreprises de votre bon frère qui voulait naguère vous tirer en Allemagne, contre moi ? C'est notre place et notre trône qu'il guigne, rien moins. Ou bien êtes-vous toujours si coiffé de lui que refusiez de rien comprendre ? »

Alors le Dauphin qui prenait de l'assurance et de la détermination : « J'ai fort bien entendu, mon père ; mais il n'y a preuve ni aveux. — Et quelle preuve voulez-vous, Charles ? La parole d'un loyal cousin ne vous suffit-elle pas ? Attendez-vous de gésir, navré dans votre sang et percé comme le fut mon pauvre Charles d'Espagne, pour fournir la preuve ? »

Le Dauphin s'obstinait. « Il y a présomptions très fortes, mon père, je ne le contredis point ; mais pour l'heure, rien de plus. Présomption n'est pas crime. — Présomption est crime pour le roi, qui a devoir de se garder, dit Jean II devenu tout rouge. Vous ne parlez pas en roi, mais comme un clerc d'université rencogné derrière ses gros livres. »

Mais le jeune Charles tenait bon. « Si devoir royal est de se garder, ne nous mettons pas à nous décapiter entre rois. Charles d'Evreux a été oint et sacré pour la Navarre. Il est votre beau-fils, félon sans doute, mais votre beau-fils. Qui respectera les personnes royales si les rois s'envoient l'un l'autre au bourreau ? — Il n'avait qu'à ne point commencer », cria le roi.

Alors le maréchal d'Audrehem intervint, pour fournir son avis. « Sire, en l'occasion, c'est vous, aux yeux du monde, qui paraîtriez commencer. »

Un maréchal, Archambaud, de même qu'un connétable, c'est toujours difficile à manier. Vous l'installez dans une autorité et puis, tout à coup, il en use pour vous contredire. Audrehem est un vieil homme de guerre... pas si vieux que cela, au fond ; il a moins d'âge que moi... mais enfin un homme qui a longtemps obéi en se taisant et vu beaucoup de sottises se commettre sans pouvoir rien dire. Alors, il se rattrapait.

« Si encore nous avions pris tous les renards dans le même piège ! continua-t-il. Mais Philippe de Navarre est libre, lui, et aussi acharné. Expédiez l'aîné, et le cadet le remplace, qui soulèvera tout aussi bien son parti, et traitera tout aussi bien avec l'Anglais, d'autant qu'il est meilleur chevalier et plus ardent à la bataille. »

Louis d'Orléans vint alors appuyer le Dauphin et le maréchal, représentant au roi qu'aussi longtemps qu'il tiendrait Navarre en prison, il garderait prise sur ses vassaux.

« Instruisez longuement procès contre lui, faites éclater sa noirceur, faites-le juger par les pairs du royaume ; alors nul ne vous reprochera votre sentence. Quand le père de notre cousin Jean commit tous les actes qu'on sait, le roi notre père ne procéda pas autrement que par jugement public et solennel. Et quand notre grand-oncle Philippe le Bel découvrit l'inconduite de ses brus, si rapide qu'ait été sa justice, elle fut établie sur interrogatoires et prononcée en grande audience. »

Tout cela ne fut point du goût du roi Jean qui s'emporta derechef : « Les beaux exemples, et bien profitables, que vous me baillez là, mon frère ! Le grand jugement de Maubuisson a mis le déshonneur et le désordre dans la famille royale. Quant à Robert d'Artois, pour l'avoir seulement banni, n'en déplaise à notre cousin Jean, au lieu de le proprement saisir et occire, il nous a ramené la guerre d'Angleterre. »

Monseigneur d'Orléans qui n'aime point trop son aîné et se plaît à lui tenir tête, aurait alors reparti... on m'a assuré que cela fut dit... « Sire, mon frère, faut-il vous rappeler que Maubuisson ne nous a pas trop desservis ? Sans Maubuisson où notre grand-père Valois, que Dieu garde, joua sa part, c'est sans doute notre cousin de Navarre qui serait au trône en cette heure, au lieu de vous. Quant à la guerre d'Angleterre, le comte Robert y poussa peut-être, mais il ne lui apporta qu'une lance, la sienne. Or, la guerre d'Angleterre dure depuis dix-huit ans... »

Il paraît que le roi fléchit sous l'estocade. Il se retourna vers le Dauphin qu'il regarda durement en disant : « C'est vrai, dix-huit ans ; juste votre âge, Charles », comme s'il lui faisait grief de cette coïncidence.

Sur quoi Audrehem bougonna : « Nous aurions plus aisé à bouter l'Anglais hors de chez nous si nous n'étions pas toujours à nous battre entre Français. »

Le roi resta muet un moment, l'air fort courroucé. Il faut être bien sûr de soi pour se maintenir dans une décision quand nul de ceux qui vous servent ne l'approuve. C'est à cela qu'on peut juger le caractère des princes. Mais le roi Jean n'est pas déterminé ; il est buté.

Nicolas Braque, qui a appris dans les conseils l'art de profiter des silences, fournit au roi une porte de retraite en ménageant tout ensemble son orgueil et sa rancune.

« Sire, n'est-ce point expier bien vite que de mourir d'un coup ? Voici deux années et plus que Monseigneur de Navarre vous fait souffrir. Et vous lui accorderiez si courte punition ? Tenu en geôle, vous pouvez faire en sorte qu'il se sente mourir tous les jours. En outre, je gage que ses partisans ne laisseront pas de monter quelque tentative pour le délivrer. Alors vous pourrez capturer ceux-là qui aujourd'hui ont nargué vos filets. Et vous aurez bon prétexte à abattre votre justice sur une rébellion si patente... »

Le roi se rallia à ce conseil, disant qu'en effet son traître beau-fils méritait d'expier plus longtemps. « Je diffère son exécution. Puissé-je n'avoir pas à m'en repentir. Mais à présent qu'on hâte le châtiment des autres. C'est assez de paroles et nous n'avons perdu que trop de temps. » Il semblait craindre qu'on ne parvînt à le dessaisir d'une autre tête.

Audrehem, de la fenêtre, héla de nouveau le roi des ribauds et lui montra quatre doigts. Et comme il n'était pas sûr que l'autre eût bien compris, il lui dépêcha un archer pour lui dire qu'il y avait une charrette de moins.

« Qu'on se hâte ! répétait le roi. Faites délivrer ces traîtres. »

Délivrer... l'étrange mot qui peut surprendre ceux qui ne sont pas familiers de cet étrange prince ! C'est sa formule habituelle, quand il ordonne une exécution. Il ne dit pas : « Qu'on me délivre de ces traîtres », ce qui ferait sens, mais « délivrez ces traîtres »... qu'est-ce que cela signifie pour lui ? Délivrez-les au bourreau ? Délivrez-les de la vie ? Ou bien est-ce simplement un lapsus dans lequel il s'obstine, parce que dans la colère sa tête confuse ne contrôle plus ses paroles ?

Je vous conte tout cela, Archambaud, comme si j'y avais été. C'est que j'en ai eu le récit fait, en juillet, à peine trois mois après, quand les mémoires étaient encore fraîches, et par Audrehem, et par Monseigneur d'Orléans, et par Monseigneur le Dauphin lui-même, et aussi par Nicolas Braque, chacun, bien sûr, se souvenant surtout de ce qu'il avait dit lui-même. De la sorte, j'ai reconstitué, assez justement je crois, et dans le menu, toute cette affaire, et j'en ai écrit au pape, auquel étaient parvenues des versions plus courtes et un peu différentes. Les détails, en ces sortes de choses, ont plus d'intérêt qu'on ne pense, parce que cela renseigne sur le caractère des gens. Lorris et Braque sont tous deux des hommes fort avides d'argent et déshonnêtes dans leur âpreté à en faire ; mais Lorris est d'assez médiocre nature, alors que Braque est un politique judicieux...

Il pleut toujours... Brunet, où sommes-nous ? Fontenoy... Ah oui, je me rappelle ; c'était dans mon diocèse. Il s'est livré là une bataille fameuse, qui a eu de grosses conséquences pour la France ; *Fontanetur* selon le nom ancien. Vers l'an 840 ou 841, Charles et Louis le Germanique y ont défait leur frère Lothaire, à la suite de quoi ils signèrent le traité de Verdun. Et c'est à partir de là que le royaume de France a été pour toujours séparé de l'Empire... Avec cette pluie, on ne voit rien. D'ailleurs, il n'y a rien à voir. De temps en temps, les manants, en labourant, trouvent une poignée de glaive, un casque tout rongé, vieux de cinq cents ans... Poursuivons, Brunet, poursuivons.

7

Le champ du pardon

Le roi, heaume en tête de nouveau, était seul à cheval avec le maréchal qui, lui, avait coiffé une simple cervellière de mailles. Il n'allait pas courir de si grands dangers qu'il lui fallût revêtir un arroi de bataille. Audrehem n'est pas de ces gens qui font grande ostentation guerrière quand il n'y a pas lieu. S'il plaisait au roi d'arborer son heaume à couronne pour assister à quatre décollations, c'était son affaire.

Tout le reste de la compagnie, du plus grand seigneur au dernier archer, irait à pied jusqu'au lieu du supplice. Le roi en avait décidé ainsi, car il est homme qui perd beaucoup de temps à régler lui-même les parades dans le menu, aimant à faire nouveauté de détail, au lieu de laisser agir selon l'usage de toujours.

Il n'y avait plus que trois charrettes, parce que d'ordres en contrordres mal compris, on en avait renvoyé une de trop.

Tout auprès se tenaient Guillaume... eh bien non, ce n'est pas Guillaume à la Cauche ; j'ai confondu. Guillaume à la Cauche est un valet de la chambre ; mais c'est un nom qui y ressemble... la Gauche, le Gauche, la Tanche, la Planche... Je ne sais même pas s'il se prénomme Guillaume ; c'est d'ailleurs de petite importance... Donc se tenaient auprès le roi des ribauds et le bourreau improvisé, blanc comme un navet d'avoir séjourné en cachot, un maigrelet, m'a-t-on dit, et pas du tout tel qu'on aurait attendu un mécréant coupable de quatre meurtres, et puis le capucin qui tripotait, comme ils le font toujours, sa cordelière de chanvre.

Tête nue et les mains liées derrière le dos, les condamnés sortirent du donjon. Le comte d'Harcourt venait le premier, dans son surcot blanc que le roi lui avait déchiré à l'emmanchure, la chemise avec. Il montrait son énorme épaule, rose comme couenne, et son sein gras. On finissait d'affûter les haches, sur une meule, dans un coin de la cour.

Personne ne regardait les condamnés, personne n'osait les regarder. Chacun fixait un coin de pavé ou de mur. Qui aurait osé, sous l'œil du roi, un regard d'amitié ou seulement de compassion pour ces quatre-là qui allaient périr ? Ceux même qui se trouvaient à l'arrière de l'assistance gardaient le nez baissé, de peur que leurs voisins ne puissent dire qu'on avait vu sur leur figure... Nombreux ils étaient à blâmer le roi. Mais de là à le montrer... Beaucoup d'entre eux connaissaient le comte d'Harcourt de longue accointance, avaient chassé avec lui, jouté avec lui, dîné à sa table, qui était copieuse. Pour l'heure, pas un ne semblait se souvenir ; les toits du château et les nuages d'avril leur étaient choses plus captivantes à contempler. Si bien que Jean d'Harcourt, tournant de tous côtés ses paupières plissées de graisse, ne trouvait pas un visage auquel accrocher son malheur. Pas même celui de son frère, surtout pas celui de son frère ! Dame ! une fois son gros aîné raccourci, qu'allait décider le roi de ses titres et de ses biens ?

On fit monter dans la première charrette celui qui était encore pour un moment le comte d'Harcourt. Ce ne fut pas sans peine. Un quintal et demi, et les mains liées. Il fallut quatre sergents pour le pousser, le hisser. Il y avait de la paille disposée dans le fond de la charrette, et puis le billot.

Quand Jean d'Harcourt fut juché, il se tourna tout dépoitraillé vers le roi comme s'il voulait lui parler, le roi immobile sur sa selle, vêtu de mailles, couronné d'acier et d'or, le roi justicier, qui voulait bien faire apparaître que toute vie au royaume était soumise à son décret, et que le plus riche seigneur d'une province, en un instant, pouvait n'être plus rien si tel était son vouloir. Et d'Harcourt ne prononça mot.

Le sire de Graville fut mis dans la seconde charrette, et dans la troisième on fit grimper ensemble Maubué de Mainemares et Colin Doublel, l'écuyer qui avait levé sa dague sur le roi. Celui-ci paraissait dire à chacun d'eux : « Souviens-toi du meurtre de Monsieur d'Espagne ; souviens-toi de l'auberge de la Truie-qui-file. » Car toute l'assistance comprenait que, sinon pour d'Harcourt, en tout cas pour les trois autres, c'était la vengeance qui commandait cette brève et bien torve justice. Punir des gens à qui l'on a donné publiquement rémission... Il faut pouvoir faire état de nouveaux griefs, et bien patents, pour agir de la sorte. Cela eût mérité remontrance du pape, et des plus sévères, si le pape n'était pas aussi faible...

Dans le donjon, on avait méchamment poussé le roi de Navarre au plus près d'une fenêtre pour qu'il ne perdît rien du spectacle.

Le Guillaume, qui n'est pas la Cauche, se tourne vers le maréchal d'Audrehem... tout est prêt. Le maréchal se tourne vers le roi... tout est prêt. Le roi fait un geste de la main. Et le cortège se met en route.

En tête, une escouade d'archers, chapeaux de fer et gambisons de cuir, le pas alourdi par leurs gros houseaux. Ensuite, le maréchal, à cheval, et visiblement sans plaisir. Des archers encore. Et puis les trois charrettes. Et derrière, le roi des ribauds, le bourreau maigrelet et le capucin crasseux.

Et puis le roi, droit sur son destrier, flanqué des sergents de sa garde étroite, et enfin toute une procession de seigneurs en chaperon ou en chapeau de chasse, manteau fourré ou cotte hardie.

La ville est silencieuse et vide. Les Rouennais ont prudemment obéi à l'ordre de se tenir dans leurs maisons. Mais leurs têtes s'agglutinent derrière leurs grosses vitres verdâtres, soufflées comme des culs de bouteilles ; leurs regards se coulent par le bord entrebâillé de leurs fenêtres quadrillées de plomb. Ils ne peuvent pas croire que c'est le comte d'Harcourt qui est dans la charrette, lui qu'ils ont vu souvent passer dans leurs rues, et ce matin encore, en superbe équipage. Pourtant son embonpoint le désigne assez... « C'est lui ; je te disons que c'est lui. » Pour le roi, dont le heaume passe presque à hauteur du premier étage des maisons, ils n'ont point de doute. Il fut longtemps leur duc... « C'est lui, c'est bien le roi... » Mais ils n'auraient pas été frappés d'une crainte plus grande s'ils avaient aperçu une tête de mort sous la ventaille du casque. Ils étaient mécontents, les Rouennais, terrifiés mais mécontents. Car le comte d'Harcourt les avait toujours soutenus et ils l'aimaient bien. Alors ils chuchotaient : « Non, ce n'est pas bonne justice. C'est nous qu'on atteint. »

Les charrettes cahotaient. La paille glissait sous les pieds des condamnés qui avaient peine à garder leur aplomb. On m'a dit que Jean d'Harcourt, pendant tout le trajet, avait la tête renversée en arrière, et que ses cheveux s'écartaient sur sa nuque qui faisait de gros plis. Que pouvait penser un homme comme lui en allant au supplice, et en regardant la coulée de ciel entre les pignons des maisons ? Je me demande toujours ce que peuvent avoir dans la tête les condamnés à mort, pendant leurs derniers moments... Est-ce qu'il se reprochait de ne pas avoir assez admiré toutes les belles choses que le bon Dieu offre à nos yeux, tous les jours ? Ou bien songeait-il à l'absurdité de ce qui nous empêche de profiter de tous Ses bienfaits ? La veille, il discutait d'impôts et de gabelle... Ou bien se disait-il qu'il y avait bien de la sottise dans son affaire ? Car il était prévenu, son oncle Godefroy l'avait fait prévenir... « Repartez-vous-en aussitôt... » Il avait tôt éventé le piège, Godefroy d'Harcourt... « Ce banquet de carême sent le guet-apens... » Si seulement son messager était parvenu un tout petit moment plus tôt, si Robert de Lorris ne s'était trouvé là, au bas de l'escalier... si... si... Mais la faute n'était pas au sort, elle était à lui-même. Il aurait suffi qu'il faussât compagnie au Dauphin, il aurait suffi qu'il ne cherchât pas de mauvaises raisons pour céder à sa gourmandise. « Je partirai après le banquet ; ce sera la même chose... »

Les grands malheurs des gens, voyez-vous, Archambaud, leur surviennent souvent ainsi pour de petites raisons, pour une erreur de jugement ou de décision dans une circonstance qui leur semblait sans importance, et où ils suivent la pente de leur nature... Un petit choix de rien du tout, et c'est la catastrophe.

Ah ! comme ils voudraient alors avoir le droit de reprendre leurs actes, remonter en arrière, à la bifurcation mal prise. Jean d'Harcourt bouscule Robert de Lorris, lui crie : « Adieu, messire », enfourche son gros cheval, et tout est différent. Il retrouve son oncle, il retrouve son château, il retrouve sa femme et ses neuf enfants, et il se flatte, tout le reste de sa vie, d'avoir échappé au mauvais coup du roi... A moins, à moins, si c'était son jour marqué, qu'en s'en repartant il ne se soit rompu la tête en se cognant à une branche de la forêt. Allez donc pénétrer la volonté de Dieu ! Et il ne faut pas oublier tout de même... ce que cette méchante justice finit par effacer... que d'Harcourt complotait vraiment contre la couronne. Eh bien, ce n'était pas le jour du roi Jean, et Dieu réservait à la France d'autres malheurs dont le roi serait l'instrument.

Le cortège monta la côte qui mène au gibet, mais s'arrêta à mi-chemin, sur une grand-place bordée de maisons basses où se tient chaque automne la foire aux chevaux et qu'on appelle le champ du Pardon. Oui, c'est là son nom. Les hommes d'armes s'alignèrent à droite et à gauche de la voie qui traversait la place, laissant entre leurs rangs un espace de trois longueurs de lances.

Le roi, toujours à cheval, se tenait bien au milieu de la chaussée, à un jet de caillou du billot que les sergents avaient roulé hors de la première charrette et pour lequel on cherchait un endroit plat.

Le maréchal d'Audrehem mit pied à terre, et la suite royale, où dominaient les têtes des deux frères d'Artois... que pouvaient-ils penser, ceux-là ? C'était l'aîné qui portait la responsabilité première de ces exécutions. Oh ! ils ne pensaient rien... « mon cousin Jean, mon cousin Jean »... La suite se rangea en demi-cercle. On observa Louis d'Harcourt pendant qu'on faisait descendre son frère ; il ne broncha point.

Les apprêts n'en finissaient pas, de cette justice improvisée au milieu d'un champ de foire. Et il y avait des yeux aux fenêtres tout autour de la place.

Le dauphin-duc, la tête penchant sous son chaperon emperlé, piétinait en compagnie de son jeune oncle d'Orléans, faisait quelques pas, revenait, repartait comme pour chasser un malaise. Et soudain le gros comte d'Harcourt s'adresse à lui, à lui et à Audrehem, criant de toutes ses forces :

« Ah ! sire duc, et vous gentil maréchal, pour Dieu, faites que je parle au roi, et je saurai bien m'excuser, et je lui dirai telles choses dont il tirera profit ainsi que son royaume. »

Nul qui l'entendit qui ne se souvienne d'avoir eu l'âme déchirée par l'accent qu'avait sa voix, un cri tout ensemble d'angoisse dernière et de malédiction.

Du même mouvement, le duc et le maréchal viennent au roi, qui l'a pu ouïr aussi bien qu'eux. Ils sont presque à toucher son cheval. « Sire mon père, pour Dieu, laissez qu'il vous parle !
— Oui, Sire, faites qu'il vous parle, et vous en serez mieux », insiste le maréchal.

Mais ce Jean II est un copiste ! En chevalerie, il copie son grand-père, Charles de Valois, ou le roi Arthur des légendes. Il a appris que Philippe le Bel, quand il avait ordonné une exécution, restait inflexible. Alors il copie, il croit copier le Roi de fer. Mais Philippe le Bel ne se mettait pas un heaume quand ce n'était pas nécessaire. Et il ne condamnait pas à tort et à travers, en fondant sa justice sur la trouble rumination d'une haine.

« Faites délivrer ces traîtres », répète Jean II par sa ventaille ouverte.

Ah ! Il doit se sentir grand, il doit se sentir vraiment tout-puissant. Le royaume et les siècles se souviendront de sa rigueur. Il vient surtout de perdre une belle occasion de réfléchir.

« Soit ! confessons-nous », dit alors le comte d'Harcourt en se tournant vers le capucin sale. Et le roi de crier : « Non, pas de confession pour les traîtres ! »

Là, il ne copie plus, il invente. Il traître le crime de... mais quel crime au fait ? le crime d'être soupçonné, le crime d'avoir prononcé de mauvaises paroles qui ont été répétées... disons le crime de lèse-majesté comme celui des hérétiques ou des relaps. Car Jean II a été oint, n'est-ce pas ? *Tu es sacerdos in œternum...* Alors il se prend pour Dieu en personne, et décide de la place des âmes après la mort. De cela aussi, le Saint-Père à mon sens aurait dû lui faire dure remontrance.

« Celui-là seulement, l'écuyer... », ajoute-t-il en désignant Colin Doublel.

Allez savoir ce qui se passe dans cette cervelle trouée comme un fromage ? Pourquoi cette discrimination ? Pourquoi accorde-t-il la confession à l'écuyer tranchant qui a levé son couteau contre lui ? Aujourd'hui encore les assistants, quand ils parlent entre eux de cette heure terrible, s'interrogent sur cette étrangeté du roi. Voulait-il établir que les degrés dans la faute suivent la hiérarchie féodale, et signifier que l'écuyer qui a forfait est moins coupable que le chevalier ? Ou bien était-ce parce que le coutelas brandi vers sa poitrine lui a fait oublier que Doublel était aussi parmi les assassins de Charles d'Espagne, comme Mainemares et Graville, Mainemares, un grand efflanqué qui se démène dans ses liens et promène des yeux furieux, Graville qui ne peut pas faire le signe de croix, mais, bien ostensiblement, murmure des prières... si Dieu veut entendre son repentir, il l'entendra bien sans intercesseur.

Le capucin, qui commençait à se demander ce qu'il faisait là, se saisit en hâte de l'âme qu'on lui laisse et chuchote du latin dans l'oreille de Colin Doublel.

Le roi des ribauds pousse le comte d'Harcourt devant le billot. « Agenouillez-vous, messire. »

Le gros homme s'affaisse, comme un bœuf. Il remue les genoux, sans doute parce qu'il y a des graviers qui le blessent. Le roi des ribauds, passant derrière lui, bande ses yeux par surprise, le privant de regarder les nœuds du bois, cette dernière chose du monde qu'il aura eue devant lui.

C'était plutôt aux autres qu'on aurait dû mettre un bandeau, pour leur épargner le spectacle qui allait suivre.

Le roi des ribauds... c'est curieux tout de même que je ne retrouve pas son nom ; je l'ai vu à plusieurs reprises auprès du roi ; et je revois très bien sa mine, un haut et fort gaillard qui porte une épaisse barbe noire... le roi des ribauds prit la tête du condamné à deux mains, comme une chose, pour la disposer ainsi qu'il fallait, et partager les cheveux pour bien dégager la nuque.

Le comte d'Harcourt continuait de remuer les genoux à cause des graviers... « Allez, taille ! » fit le roi des ribauds. Et il vit, et tout le monde vit que le bourreau tremblait. Il n'en finissait pas de soupeser sa grande hache, de déplacer ses mains sur le manche, de chercher la bonne distance avec le billot. Il avait peur. Oh ! il aurait été plus assuré avec un poignard, dans un coin d'ombre. Mais une hache, pour ce malingre, et devant le roi et tous ces seigneurs, et tous ces soldats ! Après plusieurs mois de prison, il ne devait pas se sentir les muscles bien solides, même si on lui avait servi une bonne soupe et un gobelet de vin pour lui donner des forces. Et puis on ne lui avait pas mis de cagoule, comme cela se fait d'ordinaire, parce qu'on n'en avait pas sous la main. Ainsi tout le monde saurait désormais qu'il avait été bourreau. Criminel et bourreau. De quoi faire horreur à n'importe qui. A savoir ce qui lui tournait dans la tête, à celui-là aussi, à ce Bétrouve qui allait gagner sa liberté en accomplissant le même acte que celui qui l'avait conduit en prison. Il voyait la tête qu'il avait à trancher à la place où il aurait dû avoir la sienne, un peu plus tard, si le roi n'était pas passé par Rouen. Peut-être y avait-il chez ce gredin plus de charité, plus de sentiment de communion, plus de lien avec son prochain qu'il n'y en avait chez le roi.

« Taille ! » dut répéter le roi des ribauds. Le Bétrouve leva sa hache, non pas droit au-dessus de lui comme un bourreau, mais de côté, comme un bûcheron qui va abattre un arbre et il laissa la hache retomber de son propre poids. Elle tomba mal.

Il y a des bourreaux qui vous décollent un chef en une fois, d'un seul coup bien frappé. Mais pas celui-là, ah non ! Le comte d'Harcourt devait être assommé, car il ne bougeait plus les genoux ; mais il n'était pas mort car la hache s'était amortie dans la couche de graisse qui lui tapissait la nuque.

Il fallut recommencer. Encore plus mal. Cette fois, le fer n'entama que le côté du cou. Le sang jaillit par une large plaie béante qui laissait voir l'épaisseur de la graisse jaune.

Le Bétrouve luttait avec sa hache dont le tranchant s'était fiché dans le bois du billot et qu'il ne pouvait plus en ressortir. La sueur lui coulait sur la figure.

Le roi des ribauds se tourna vers le roi avec un air d'excuse, comme s'il voulait dire : « Ce n'est pas ma faute. »

Le Bétrouve s'énerve, n'entend pas ce que les sergents lui disent, refrappe ; et l'on croirait que le fer tombe dans une motte de beurre. Et encore, et encore ! Le sang ruisselle du billot, gicle sous le fer, constelle la cotte déchirée du condamné. Des assistants se détournent, le cœur soulevé. Le Dauphin montre un visage d'horreur et de colère ; il serre les poings, ce qui lui fait la main droite toute violette. Louis d'Harcourt, blême, se contraint de rester au premier rang devant cette boucherie qu'on fait de son frère. Le maréchal déplace les pieds pour ne pas marcher dans la rigole de sang qui sinue vers lui.

Enfin, à la sixième reprise, la grosse tête du comte d'Harcourt se sépara du tronc, et, entourée de son bandeau noir, roula au bas du billot.

Le roi ne bougeait pas. Par sa fenêtre d'acier, il contemplait, sans donner marque de gêne, d'écœurement ni de malaise, cette bouillie sanglante entre les épaules énormes, juste en face de lui, et cette tête isolée, toute souillée, au milieu d'une flaque poisseuse. Si quelque chose parut sur son visage encadré de métal, ce fut un sourire. Un archer s'écroula, dans un bruit de ferraille. Seulement alors, le roi consentit à tourner les yeux. Cette mauviette ne resterait pas longtemps dans sa garde. Perrinet le Buffle se détendit en soulevant l'archer par le col de son gambison et en le giflant à toute volée. Mais la mauviette, par sa pâmoison, avait rendu service. Chacun se reprit un peu ; il y eut même des ricanements.

Trois hommes, il n'en fallut pas moins, tirèrent en arrière le corps du décapité. « Au sec, au sec », criait le roi des ribauds. Les vêtements lui revenaient de droit, n'oublions pas. Il suffisait qu'ils fussent déchirés ; si de surcroît ils étaient trop maculés, il n'en tirerait rien. Déjà, il avait deux condamnés de moins qu'il n'escomptait...

Et pour la suite, il exhortait son bourreau, tout suant et soufflant, lui prodiguait ses conseils comme à un lutteur épuisé : « Tu montes droit au-dessus de toi, et puis tu ne regardes pas

ta hache, tu regardes où tu dois frapper, à mi-col. Et han ! »
Et de faire mettre de la paille au pied du billot, pour sécher le
sol, et de bander les yeux du sire de Graville, un bon Normand
plutôt replet, de le faire agenouiller, de lui poser le visage dans
la bouillie de viande. « Taille ! » Et là, d'un coup... miracle...
Bétrouve lui tranche le col ; et la tête tombe en avant tandis
que le corps s'écroule de côté, déversant un flot rouge dans la
poussière. Et les gens se sentent comme soulagés. Pour un peu,
ils féliciteraient le Bétrouve qui regarde autour de lui, stupéfait,
l'air de se demander comment il a pu réussir.

Vient le tour du grand déhanché, de Maubué de Mainemares
qui a un regard de défi pour le roi. « Chacun sait, chacun
sait... », s'écrie-t-il. Mais comme le barbu est devant lui et lui
applique le bandeau, sa parole s'étouffe, et nul ne saisit ce qu'il
a voulu proférer.

Le maréchal d'Aubrehem se déplace encore parce que le sang
avance vers ses bottes... « Taille ! » Un coup de hache, à
nouveau, un seul, bien asséné. Et cela suffit.

Le corps de Mainemares est tiré en arrière, auprès des deux
autres. On délie les mains des cadavres pour pouvoir les
prendre plus aisément par les quatre membres, les balancer, et
hisse ! les jeter dans la première charrette qui les emmène
jusqu'au gibet, pour être accrochés au charnier. On les
dépouillera là-haut. Le roi des ribauds fait signe de ramasser
aussi les têtes.

Bétrouve cherche son souffle, appuyé sur le manche de la
hache. Il a mal aux reins ; il n'en peut plus. Et c'est de lui,
pour un peu, qu'on aurait pitié. Ah ! il les aura gagnées ses
lettres de rémission ! Si jusqu'à la fin de ses jours il fait de
mauvais rêves et pousse des cris dans son sommeil, il ne lui
faudra pas s'en étonner.

Colin Doublel, l'écuyer courageux, était nerveux quoique
absous. Il eut un mouvement pour se dégager des mains qui
le poussaient vers le billot ; il voulait y aller seul. Mais le
bandeau est fait justement pour éviter cela, les gestes désordonnés des condamnés.

On ne put pas empêcher toutefois que Doublel ne relevât la
tête au mauvais moment, et que Bétrouve... là, vraiment, ce
n'était pas sa faute !... ne lui ouvrît le crâne par le travers.
Allons ! encore un coup. Voilà, c'était fait.

Ah ! ils en auraient des choses à raconter, les Rouennais qui étaient aux fenêtres environnantes, des choses qui allaient vite se répéter de bourg en bourg, jusqu'au fond du duché. Et les gens allaient venir de partout contempler cette place qui avait bu tant de sang. On ne croirait pas que quatre corps d'hommes puissent en contenir autant et que cela fasse une si large marque sur le sol.

Le roi Jean regardait son monde avec une étrange satisfaction. L'horreur qu'il inspirait en cet instant, même à ses serviteurs les plus fidèles, n'était pas, semblait-il, pour lui déplaire ; il était assez fier de soi. Il regardait particulièrement son fils aîné... « Voilà, mon garçon, comment on se conduit, quand on est roi... »

Qui aurait osé lui dire qu'il avait eu tort de céder à sa nature vindicative ? Pour lui aussi, ce jour était celui de la bifurcation. Le chemin de gauche ou le chemin de droite. Il avait pris le mauvais, comme le comte d'Harcourt au pied de l'escalier. Après six ans d'un règne malaisé, plein de troubles, de difficultés et de revers, il donnait au royaume, qui n'était que trop prêt à l'y suivre, l'exemple de la haine et de la violence. En moins de six mois, il allait dévaler la route des vrais malheurs, et la France avec lui.

TROISIÈME PARTIE

LE PRINTEMPS PERDU

1

Le chien et le renardeau

Ah ! je suis bien aise, bien aise en vérité, d'avoir revu Auxerre. Je ne pensais pas que Dieu m'accorderait cette grâce, ni que je la goûterais autant. Revoir les places qui logèrent un moment de votre jeunesse remue toujours le cœur. Vous connaîtrez ce sentiment, Archambaud, quand les années se seront accumulées sur vous. S'il vous advient d'avoir à traverser Auxerre, lorsque vous aurez l'âge que j'ai... que Dieu veuille vous garder jusque-là... vous direz : « Je fus ici avec mon oncle le cardinal, qui y avait été évêque, son deuxième diocèse, avant de recevoir le chapeau... Je l'accompagnais vers Metz, où il allait voir l'Empereur... »

Trois ans j'ai résidé ici, trois ans... oh ! n'allez pas croire que j'aie regret de ce temps-là et que j'éprouvais mieux la faveur de vivre quand j'étais évêque d'Auxerre que je ne fais aujourd'hui. J'avais même, pour vous avouer le vrai, l'impatience d'en partir. Je louchais du côté d'Avignon, tout en sachant bien que j'étais trop jeune ; mais enfin je sentais que Dieu avait mis en moi le caractère et les ressources d'esprit qui pouvaient lui faire service à la cour pontificale. Afin de m'instruire à la patience, je poussai plus avant dans la science d'astrologie ; et c'est justement ma perfection en cette science qui décida mon bienfaiteur Jean XXII à m'imposer le chapeau, quand je n'avais que trente ans. Mais cela, je vous l'ai déjà conté... Ah ! mon neveu, avec un homme qui a beaucoup vécu, il faut s'habituer à entendre plusieurs fois les mêmes choses. Ce n'est pas que nous ayons la tête plus molle quand nous sommes vieux ; mais elle est pleine de souvenirs, qui s'éveillent en toutes sortes de circonstances. La jeunesse emplit le temps à venir d'imaginations ; la vieillesse refait le temps passé avec sa mémoire. Les choses sont égales... Non, je n'ai pas de regrets. Lorsque je compare ce que j'étais et ce que je suis, je n'ai que des raisons de louer le Seigneur, et un peu de me louer moi-même, en toute modeste honnêteté. Simplement, c'est du temps qui a coulé de la main de Dieu et qui n'existera plus quand j'aurai cessé de m'en souvenir. Sauf à la Résurrection, où nous aurons tous nos moments rassemblés. Mais cela dépasse mon entendement. Je crois à la Résurrection, j'enseigne à y croire, mais je n'entreprends pas de m'en faire image, et je dis qu'ils sont bien orgueilleux ceux-là qui mettent en doute la Résurrection... mais si, mais si, plus de gens que vous ne pensez... parce qu'ils sont infirmes à se la figurer. L'homme est pareil à un aveugle qui nierait la lumière parce qu'il ne la voit pas. La lumière est un grand mystère, pour l'aveugle !

Tiens... je pourrai prêcher là-dessus dimanche, à Sens. Car je devrai prononcer l'homélie. Je suis archidiacre de la cathédrale. C'est la raison pour laquelle je m'oblige à ce détour. Nous aurions eu plus court à piquer sur Troyes, mais il me faut inspecter le chapitre de Sens.

Il n'empêche que j'aurais eu plaisir à prolonger un peu à Auxerre. Ces deux jours ont passé trop vite... Saint-Etienne, Saint-Germain, Saint-Eusèbe, toutes ces belles églises où j'ai célébré messes, mariages et communions... Vous savez qu'Auxerre, *Autissidurum*, est une des plus vieilles cités chrétiennes du royaume, qu'elle était siège d'évêché deux cents ans avant Clovis, qui d'ailleurs la ravagea presque autant que l'avait fait Attila, et qu'il s'y tint, avant l'an 600, un concile... Mon plus grand souci, tout le temps que je passai à la tête de ce diocèse, fut d'y apurer les dettes laissées par mon prédécesseur, l'évêque Pierre. Et je ne pouvais rien lui réclamer ; il venait d'être créé cardinal ! Oui, oui, un bon siège, qui fait antichambre à la curie... Mes divers bénéfices et aussi la fortune de notre famille m'aidèrent à boucher les trous. Mes successeurs trouvèrent une situation meilleure. Et celui d'aujourd'hui à présent nous accompagne. Il est fort bon prélat, ce nouveau Monseigneur d'Auxerre... Mais j'ai renvoyé Monseigneur de Bourges... à Bourges. Il venait encore me tirer par la robe pour que je lui accordasse un troisième notaire. Oh ! ce fut tôt fait. Je lui ai dit : « Monseigneur, s'il vous faut tant de tabellions, c'est que vos affaires épiscopales sont bien embrouillées. Je vous engage à retourner tout à l'heure en faire ménage vous-même. Avec ma bénédiction. » Et nous nous passerons de son office à Metz. L'évêque d'Auxerre le remplacera avantageusement... J'en ai d'ailleurs averti le Dauphin. Le chevaucheur que je lui ai dépêché hier devrait être revenu demain, au plus tard après-demain. Nous aurons donc des nouvelles de Paris avant de quitter Sens... Il ne cède pas, le Dauphin ; malgré toutes sortes de manœuvres et pressions qu'on exerce sur lui, il maintient le roi de Navarre en prison...

Ce que firent nos gens de France, après l'affaire de Rouen ? D'abord, le roi resta sur place quelques jours, habitant le donjon du Bouvreuil tandis qu'il envoyait son fils loger dans une autre tour du château et qu'il faisait garder Navarre dans une troisième. Il estimait avoir diverses affaires à diligenter. En premier lieu, soumettre Fricamps à la question. « On va fricoter le Friquet. » Cette amusaille, je crois, fut trouvée par Mitton le Fol. Il n'y eut pas à beaucoup chauffer les feux, ni à prendre les grandes tenailles. Aussitôt que Perrinet le Buffle et quatre autres sergents l'eurent entraîné dans une cave et eurent manié quelques outils devant lui, le gouverneur de Caen fit preuve d'un bon vouloir extrême. Il parla, parla, parla, retournant son sac pour en secouer jusqu'à la plus petite miette. Apparemment. Mais comment douter qu'il eût tout dit quand il claquait si bien des dents et montrait tant de zèle pour la vérité ?

Et qu'avoua-t-il en fait ? Les noms des participants au meurtre de Charles d'Espagne ? On les savait depuis beau temps, et il n'ajouta aucun coupable à ceux qui avaient reçu, après le traité de Mantes, des lettres de rémission. Mais son récit prit une matinée entière. Les tractations secrètes, en Flandre et en Avignon, entre Charles de Navarre et le duc de Lancastre ? Il n'était plus guère de cour, en Europe, qui les ignorât ; et que lui-même, Fricamps, y eût pris part ajoutait peu à leur contenu. L'assistance de guerre que les rois d'Angleterre et de Navarre s'étaient mutuellement promise ? Les gens les moins fins avaient pu s'en aviser, l'été précédent, en voyant débarquer presque en même temps Charles le Mauvais en Cotentin et le prince de Galles en Bordelais. Ah ! certes, il y avait le traité caché par lequel Navarre reconnaissait le roi Edouard pour roi de France, et dans lequel ils se faisaient partage du royaume ! Fricamps avoua bien qu'un tel accord avait été préparé, ce qui donnait corps aux accusations avancées par Jean d'Artois. Mais le traité n'avait pas été signé ; seulement des préliminaires. Le roi Jean, quand on lui rapporta cette partie de la déposition de Friquet, cria : « Le traître, le traître ! N'avais-je pas raison ? »

Le Dauphin lui fit observer : « Mon père, ce projet était antérieur au traité de Valognes, que Charles passa avec vous, et qui dit tout le contraire. Celui donc que Charles a trahi, c'est le roi d'Angleterre plutôt que vous-même. »

Et comme le roi Jean hurlait que son gendre trahissait tout le monde : « Certes, mon père, lui répondit le Dauphin, et je commence à m'en convaincre. Mais vous auriez fausse mine en l'accusant d'avoir trahi précisément à votre profit. »

Sur l'équipée d'Allemagne, que n'avaient point accomplie Navarre et le Dauphin, Friquet de Fricamps ne tarissait point. Les noms des conjurés, le lieu où ils devaient se rejoindre, et qui était allé dire à qui, et devait faire quoi... Mais tout cela le Dauphin l'avait fait connaître à son père.

Un nouveau complot machiné par Monseigneur de Navarre à dessein de se saisir du roi de France et de l'occire ? Ah non, Friquet n'en avait pas ouï le plus petit mot ni décelé le moindre indice. Certes, le comte d'Harcourt... à charger un mort, le suspect ne risque guère ; c'est chose connue en justice... le comte d'Harcourt était fort courroucé ces derniers mois, et avait prononcé des paroles menaçantes ; mais lui seul et pour son propre compte.

Comment n'aller pas croire un homme, je vous le répète, si complaisant avec ses questionneurs, qui parlait par six heures d'affilée, sans laisser aux secrétaires le temps de tailler leurs plumes ? Un fameux madré, ce Friquet, tout à fait à l'école de son maître, noyant son monde dans une inondation de paroles et jouant les bavards pour mieux dissimuler ce qu'il lui importait de taire ! De toute manière, pour pouvoir faire usage de ses dires dans un procès, il faudrait recommencer son interrogatoire à Paris, devant une commission d'enquête dûment constituée, car celle-là ne l'était point. En somme, on avait jeté un gros filet pour ramener peu de poisson.

Dans les mêmes jours, le roi Jean s'occupait à saisir les places et biens des félons, et il dépêchait son vicomte de Rouen, Thomas Coupeverge, à mettre la main sur les possessions des d'Harcourt, tandis qu'il envoyait le maréchal d'Audrehem investir Evreux. Mais partout Coupeverge tomba sur des occupants peu amènes, et la saisie resta toute nominale. Il lui aurait fallu pouvoir laisser garnison dans chaque château ; mais il n'avait pas emmené assez de gens d'armes. En revanche, le gros corps décapité de Jean d'Harcourt ne demeura pas longtemps exposé au gibet de Rouen. La deuxième nuit, il fut dépendu secrètement par de bons Normands qui lui donnèrent sépulture chrétienne en même temps qu'ils s'offraient l'agrément de narguer le roi.

Quant à la ville d'Evreux, il fallut y mettre le siège. Mais elle n'était pas le seul fief des Evreux-Navarre. De Valognes à Meulan, de Longueville à Conches, de Pontoise à Coutances, il y avait de la menace dans les bourgs, et les haies, au long des routes, frémissaient.

Le roi Jean ne se sentait guère en sécurité à Rouen. Il était venu avec une troupe assez forte pour assaillir un banquet, non pas pour soutenir une révolte. Il évitait de sortir du château.

Ses plus fidèles serviteurs, dont Jean d'Artois lui-même, lui conseillaient de s'éloigner. Sa présence excitait la colère.

Un roi qui en vient à avoir peur de son peuple est un pauvre sire dont le règne risque fort d'être abrégé.

Jean II décida donc de regagner Paris ; mais il voulut que le Dauphin l'accompagnât. « Vous ne vous soutiendrez plus, Charles, s'il y a tumulte dans votre duché. » Il craignait surtout que son fils ne se montrât trop accommodant avec le parti navarrais.

Le Dauphin se plia, réclamant seulement de voyager par l'eau. « J'ai accoutumé, mon père, d'aller de Rouen à Paris par la Seine. Si je faisais autrement, on pourrait croire que je fuis. En outre, nous éloignant lentement, les nouvelles nous joindront plus aisément, et si elles méritaient que je retourne, j'aurais plus de commodité à le faire. »

Et voilà donc le roi embarqué sur le grand lin que le duc de Normandie a commandé tout exprès pour son usage, car, ainsi que je vous l'ai dit, il n'aime guère chevaucher. Un grand bateau à fond plat, tout décoré, orné et doré, qui arbore les bannières de France, de Normandie et de Dauphiné, et qui manœuvre à voile et à rames. Le château en est aménagé comme une vraie demeure, avec une belle chambre meublée de tapis et de coffres. Le Dauphin aime d'y deviser avec ses conseillers, d'y jouer aux échecs ou aux dames, ou de contempler le pays de France qui a, le long de cette grande rivière, bien de la beauté. Mais le roi, lui, bouillait de s'en aller à ce train calme. Quelle sotte idée de suivre toutes les courbes de Seine, qui triplent la longueur du chemin, alors qu'il y a des routes qui coupent droit ! Il ne pouvait se supporter sur cet espace restreint qu'il arpentait en dictant une lettre, une seule, toujours la même qu'il reprenait et remodelait sans cesse. Et, à tout moment, de faire accoster, de patauger dans la vase des débarcadères, d'essuyer ses houseaux dans les pâquerettes, et de se faire amener son cheval, qui suivait avec l'escorte le long des berges, pour aller visiter sans raison un château aperçu entre les peupliers. « Et que la lettre soit copiée pour mon retour. » Sa lettre au pape, par laquelle il voulait expliquer les causes et raisons de l'arrestation du roi de Navarre. Y avait-il d'autres affaires au royaume ? On ne l'aurait pas cru. En tout cas aucune qui dût requérir ses soins. La mauvaise rentrée des aides, la nécessité d'affaiblir de nouveau la monnaie, la taxe sur les draps qui causait la colère du négoce, la réparation des forteresses menacées par l'Anglais ; il balayait ces soucis. N'avait-il pas un chancelier, un gouverneur des monnaies, un maître de l'hôtel royal, des maîtres des requêtes et des présidents au Parlement pour y pourvoir ? Que Nicolas Braque, qui était reparti pour Paris, Simon de Bucy ou Robert de Lorris s'emploient à leur besogne. Ils s'y employaient, en effet, grossissant leur fortune en jouant sur le cours des pièces, en étouffant le mauvais procès d'un parent, en favorisant un ami, en mécontentant à jamais telle compagnie marchande, telle ville ou tel diocèse qui jamais ne le pardonneraient au roi.

Un souverain qui tantôt prétend veiller à tout, jusqu'aux plus petits règlements de cérémonies, et tantôt ne se soucie plus de rien, fût-ce des plus grandes affaires, n'est pas homme qui conduit son peuple vers de hautes destinées.

La nef dauphine était amarrée à Pont-de-l'Arche, le second jour, quand le roi vit arriver le prévôt des marchands de Paris, maître Etienne Marcel, chevauchant à la tête d'une compagnie de cinquante à cent lances sur laquelle flottait la bannière bleu et rouge de la ville. Ces bourgeois étaient mieux équipés que beaucoup de chevaliers.

Le roi ne descendit pas du bateau et n'invita pas le prévôt à y monter. Ils se parlèrent de pont à rive, aussi surpris l'un que l'autre de se trouver ainsi face à face. Le prévôt ne s'attendait visiblement pas à rencontrer le roi en ce lieu, et le roi se demandait ce que le prévôt pouvait bien faire en Normandie avec un tel équipage. Il y avait sûrement de l'intrigue navarraise là-dessous. Etait-ce une tentative pour délivrer Charles le Mauvais ? La chose semblait bien prompte, une semaine seulement après l'arrestation. Mais enfin, c'était possible. Ou bien le prévôt était-il pièce du complot dénoncé par Jean d'Artois ? La machination alors prenait vraisemblance.

« Nous sommes venus vous saluer, Sire », dit tout seulement le prévôt. Le roi, plutôt que de le faire parler un peu, lui répondit tout à trac d'un ton menaçant qu'il avait dû se saisir du roi de Navarre contre lequel il avait de forts griefs, et que tout serait exposé en grande lumière dans la lettre qu'il envoyait au pape. Le roi Jean dit encore qu'il entendait trouver sa ville de Paris en bon ordre, bon calme et bon travail quand il y rentrerait... « et à présent, messire prévôt, vous pouvez vous en retourner ».

Longue route pour petite palabre. Etienne Marcel s'en repartit, sa touffe de barbe noire dressée sur le menton. Et le roi, dès qu'il eut vu la bannière de Paris s'éloigner entre les saules, manda son secrétaire pour modifier une fois encore la lettre au pape... Tiens, à propos... Brunet ? Brunet ! Brunet, appelle à mon rideau dom Calvo... oui, s'il te plaît... dictant quelque chose comme « Et encore, Très Saint-Père, j'ai preuve affirmée que Monseigneur le roi de Navarre a tenté de soulever contre moi les marchands de Paris, en s'abouchant avec leur prévôt qui s'en vint sans ordre vers le pays normand, adjoint d'une si grande compagnie d'hommes d'armes qu'on ne la pouvait point compter, afin d'aider les méchants du parti navarrais à parfaire leur félonie par saisissement de ma personne et de celle du Dauphin mon aîné fils... »

La chevauchée de Marcel allait d'ailleurs se grossir d'heure en heure dans sa tête, et bientôt elle compterait cinq cents lances.

Et puis il décida de s'éloigner aussitôt de cet amarrage et, faisant extraire Navarre et Fricamps du château de Pont-de-l'Arche, il commanda aux nautoniers de pousser vers Les Andelys. Car le roi de Navarre suivait à cheval, d'étape en étape, entouré d'une épaisse escorte de sergents qui le serraient du plus près et avaient ordre de le poignarder s'il cherchait à fuir ou si venait à se produire quelque tentative pour le délivrer. Il devait toujours rester à vue du bateau. Le soir on l'enfermait dans la tour la plus proche. On l'avait enfermé à Elbeuf, on l'avait enfermé à Pont-de-l'Arche. On allait l'enfermer à Château-Gaillard... oui, à Château-Gaillard, là où sa grand-mère de Bourgogne avait si tôt fini ses jours... oui, à peu près au même âge.

Comment supportait-il tout cela, Monseigneur de Navarre ? A vrai dire assez mal. Sans doute, à présent, s'est-il mieux accoutumé à son état de captif, en tout cas depuis qu'il sait le roi de France lui-même prisonnier du roi d'Angleterre et que de ce fait il ne craint plus pour sa vie. Mais dans les premiers temps...

Ah ! vous voilà, dom Calvo. Rappelez-moi si dans l'évangile de dimanche prochain il y a le mot lumière ou quelque autre qui en rappelle l'idée... oui, deuxième dimanche de l'Avent. Ce serait bien surprenant de ne l'y pas trouver... ou dans l'épître... Celle de dimanche dernier évidemment... *Abjiciamus ergo opera tenebrarum, et induamur arma lucis...* Rejetons donc les œuvres de ténèbres et revêtons les armes de lumière... Mais c'était dimanche dernier. Vous non plus, vous ne l'avez pas en tête. Bon, vous me le direz tout à l'heure ; je vous en ai gré...

Un renardeau pris au piège, tournant tout affolé dans sa cage, les yeux ardents, le museau brouillé, le corps amaigri, et couinant, et couinant... C'est ainsi qu'il était, notre Monseigneur de Navarre. Mais il faut dire qu'on faisait tout pour l'apeurer.

Nicolas Braque avait obtenu sursis à l'exécution en disant qu'il fallait que le roi de Navarre se sentît mourir tous les jours ; ce n'était pas tombé dans oreille sourde.

Non seulement le roi Jean avait commandé qu'il fût précisément reclus dans la chambre où était morte Madame Marguerite de Bourgogne, et qu'on le lui fît bien savoir... « c'est la chiennerie de sa gueuse de grand-mère qui a produit cette mauvaise race ; il est le rejeton d'une rejetonne de catin ; il faut qu'il pense qu'il va finir comme elle... » mais encore, durant les quelques jours qu'il le tint là, il lui fit annoncer maintes fois, et même la nuit, que son trépas était imminent.

Charles de Navarre voyait entrer dans son triste séjour le roi des ribauds, ou bien le Buffle ou quelque autre sergent qui lui disait : « Préparez-vous, Monseigneur. Le roi a commandé de monter votre échafaud dans la cour du château. Nous viendrons vous chercher bientôt. » Un moment après, c'était le sergent Lalemant qui paraissait et trouvait Navarre le dos collé au mur, haletant et les yeux affolés. « Le roi a décidé de surseoir ; vous ne serez point exécuté avant demain. » Alors Navarre reprenait souffle et allait s'effondrer sur l'escabelle. Une heure ou deux passaient, puis revenait Perrinet le Buffle. « Le roi ne vous fera point décapiter, Monseigneur. Non... Il veut que vous soyez pendu. Il fait dresser la potence. » Et puis, une fois sonné le salut, c'était le tour du gouverneur du château, Gautier de Riveau. « Me venez-vous chercher, messire gouverneur ? — Non, Monseigneur, je viens vous porter votre souper. — A-t-on dressé la potence ? — Quelle potence ? Non, Monseigneur, on n'a point apprêté de potence. — Ni d'échafaud ? — Non, Monseigneur, je n'ai rien vu de tel. »

A six reprises déjà, Monseigneur de Navarre avait été décollé, autant de fois pendu ou écartelé à quatre chevaux. Le pire fut peut-être de déposer un soir dans sa chambre un grand sac de chanvre, en lui disant qu'on l'y enfermerait durant la nuit pour aller le jeter en Seine. Le matin suivant, le roi des ribauds vint reprendre le sac, le retourna, vit que Monseigneur de Navarre y avait ménagé un trou, et s'en repartit en souriant.

Le roi Jean demandait sans cesse nouvelles du prisonnier. Cela lui faisait prendre patience pendant qu'on ajustait la lettre au pape. Le roi de Navarre mangeait-il ? Non, il touchait fort peu aux repas qu'on lui portait, et son couvert redescendait souvent comme il était monté. Sûrement il craignait le poison. « Alors, il maigrit ? Bonne chose, bonne chose. Faites que ses mets soient amers et malodorants, pour qu'il pense bien qu'on le veut enherber. » Dormait-il ? Mal. Dans le jour, on le trouvait parfois affalé sur la table, la tête dans les bras, et sursautant comme quelqu'un qu'on tire du sommeil. Mais la nuit, on l'entendait marcher sans trêve, tournant dans la chambre ronde... « comme un renardeau, Sire, comme un renardeau ». Sans doute redoutait-il qu'on vînt l'étrangler, ainsi qu'on en avait fait de sa grand-mère, dans ce même logis. Certains matins, on devinait qu'il avait pleuré. « Ah bien, ah bien, disait le roi. Est-ce qu'il vous parle ? » Oh que certes, il parlait ! Il essayait de nouer discours avec ceux qui pénétraient chez lui. Et il tentait d'entamer chacun par son point faible. Au roi des ribauds, il promettait une montagne d'or s'il l'aidait à s'évader, ou seulement consentait à lui passer des lettres à l'extérieur. Au sergent Perrinet, il proposait de l'emmener avec lui et de le faire son roi des ribauds en Evreux et en Navarre, car il avait remarqué que le Buffle jalousait l'autre. Auprès du gouverneur de la forteresse, qu'il avait jugé soldat loyal, il plaidait l'innocence et l'injustice. « Je ne sais ce qui m'est reproché, car je jure Dieu que je n'ai nourri aucune mauvaise pensée contre le roi, mon cher père, ni rien entrepris pour lui nuire. Il a été abusé sur mon compte par des perfides. On m'a voulu perdre dans son esprit ; mais je supporte toute peine qu'il lui plaît de me faire, car je sais bien que cela ne vient point vraiment de lui. Il est maintes choses dont je pourrais utilement l'instruire pour sa sauvegarde, maints services que je lui peux rendre et ne lui rendrai pas, s'il me fait périr. Allez vers lui, messire gouverneur, allez lui dire qu'il aurait grand avantage à m'entendre. Et si Dieu veut que je rentre en fortune, soyez assuré que j'aurai soin de la vôtre, car je vois que vous m'êtes compatissant autant que vous avez de souci du vrai bien de votre maître. »

Tout cela, bien sûr, était rapporté au roi qui aboyait : « Voyez le félon ! Voyez le traître ! » comme si n'était pas la règle de tout prisonnier de chercher à apitoyer ses geôliers ou les soudoyer. Peut-être même les sergents insistaient-ils un peu sur les offres du roi de Navarre, afin de se faire assez valoir. Le roi Jean leur jetait une bourse d'or, en reconnaissance de leur loyauté. « Ce soir vous feindrez que j'ai commandé qu'on réchauffe sa geôle, et vous allumerez de la paille et du bois mouillé, en bouchant la cheminée, pour le bien enfumer. »

Oui, un renardeau piégé, le petit roi de Navarre. Mais le roi de France, lui, était comme un grand chien furieux tournant autour de la cage, un mâtin barbu, l'échine hérissée, grondant, hurlant, montrant les crocs, grattant la poussière sans pouvoir atteindre sa proie à travers les barreaux.

Et cela dura ainsi jusque vers le vingt avril, où parurent aux Andelys deux chevaliers normands, assez dignement escortés et qui arboraient à leur pennon les armes de Navarre et d'Evreux. Ils portaient au roi Jean une lettre de Philippe de Navarre, datée de Conches. Fort raide, la lettre. Philippe se disait très courroucé des grands torts et injures causés à son seigneur et frère aîné... « que vous avez emmené sans loi, droit ni raison. Mais sachez que vous n'avez nul besoin de penser à son héritage ni au nôtre, pour le faire mourir par votre cruauté, car jamais vous n'en tiendrez un pied. De ce jour nous vous défions, vous et toute votre puissance, et nous vous livrerons guerre mortelle, aussi grande que nous pourrons ». Si ce ne sont point tout exactement les mots, en tout cas c'est bien le sens. Les choses y étaient marquées avec toute cette dureté ; et l'intention du défi y était. Et ce qui rendait la lettre plus roide encore, c'est qu'elle était adressée « à Jean de Valois, qui s'écrit roi de France... ».

Les deux chevaliers saluèrent et, sans plus longue entrevue, tournèrent leurs chevaux et s'en allèrent comme ils étaient venus.

Bien sûr, le roi ne répondit pas à la lettre. Elle était irrecevable, de par sa suscription même. Mais la guerre était ouverte, et l'un des plus grands vassaux ne reconnaissait plus le roi Jean comme souverain légitime. Ce qui signifiait qu'il n'allait pas tarder à reconnaître l'Anglais.

On s'attendait qu'une si grosse offense mît le roi Jean dans une rage furieuse. Il surprit son monde par le rire qu'il eut. Un rire un peu forcé. Son père aussi avait ri, et de meilleur cœur, vingt ans plus tôt, quand l'évêque Burghersh, chancelier d'Angleterre, lui avait porté le défi du jeune Edouard III...

Le roi Jean commanda qu'on expédiât la lettre au pape sur-le-champ, oui, comme elle était ; d'avoir été tant de fois remaniée, elle ne faisait pas grand sens et ne prouvait rien du tout. En même temps, il ordonna de sortir son gendre de la forteresse. « Je vais le clore au Louvre. » Et, laissant le Dauphin remonter la Seine sur le grand lin doré, lui-même prit la route au galop pour regagner Paris. Où il ne fit rien de bien précieux, cependant que le clan Navarre se rendait fort actif.

Ah ! Je ne m'étais pas avisé que vous étiez revenu, dom Calvo... Alors vous avez trouvé... Dans l'évangile... *Jésus leur répondit...* quoi donc ? *Allez raconter à Jean ce que vous avez entendu et ce que vous avez vu.* Parlez plus fort, dom Calvo. Avec ce bruit de chevauchée... *Les aveugles voient, les boiteux marchent...* Oui, oui, j'y suis. Saint Matthieu. *Cæci vident, claudi ambulant, surdi audiunt, mortui resurgunt, et cætera...* Les aveugles voient. Ce n'est pas beaucoup, mais cela me suffira. Il s'agit d'y pouvoir accrocher mon homélie. Vous savez comment je travaille.

2

La nation d'Angleterre

Je vous disais tout à l'heure, Archambaud, que le parti navarrais se montrait bien actif. Dès le lendemain du banquet de Rouen, des messagers étaient partis en toutes directions. D'abord vers la tante et la sœur, Mesdames Jeanne et Blanche ; le château des reines veuves se mit à bruisser comme une fabrique de tisserand. Et puis vers le beau-frère, Phœbus... Il faudra que je vous parle de lui ; c'est un prince bien particulier, mais qui n'est point négligeable. Et comme notre Périgord est après tout moins distant de son Béarn que de Paris, il ne serait pas mauvais qu'un jour... Nous en recauserons. Et puis Philippe d'Evreux, qui avait pris les choses en main et se substituait bien à son frère, expédia en Navarre l'ordre d'y lever des troupes et de les acheminer par la mer le plus tôt qu'on pourrait, cependant que Godefroy d'Harcourt organisait les gens de leur parti, en Normandie. Et surtout Philippe dépêcha en Angleterre les sires de Morbecque et de Brévand, qui avaient participé aux négociations de naguère, pour requérir de l'aide.

Le roi Edouard leur fit un accueil frais. « J'aime loyauté dans les accords, et que la conduite réponde à ce que la bouche a dit. Sans confiance entre rois qui s'allient, il n'est pas d'entreprise qui se puisse mener à bien. L'an passé, j'ai ouvert mes portes aux vassaux de Monseigneur de Navarre ; j'ai équipé des troupes, aux ordres du duc de Lancastre, qui ont appuyé les siennes. Nous étions très avancés dans la préparation d'un traité à passer entre nous ; nous devions convenir d'une alliance perpétuelle, et nous engager à ne jamais faire paix, trêve ni accord l'un sans l'autre. Et aussitôt Monseigneur de Navarre débarqué en Cotentin, il accepte de traiter avec le roi Jean, lui jure bon amour et lui rend hommage. S'il est en geôle à présent, si son beau-père l'a pris aux rêts par coup de traîtrise, la faute n'est pas mienne. Et avant que de lui porter secours, j'aimerais savoir si mes parents d'Evreux ne viennent à moi que dans la détresse, pour se tourner vers d'autres aussitôt que je les en ai tirés. »

Néanmoins, il prit ses dispositions, appela le duc de Lancastre, et fit commencer les apprêts d'une nouvelle expédition, en même temps qu'il adressait des instructions au prince de Galles, à Bordeaux. Et comme il avait appris par les envoyés navarrais que Jean II le mettait en cause dans les accusations portées contre son gendre, il adressa des lettres au Saint-Père, à l'Empereur et à divers princes chrétiens, où il niait toute connivence avec Charles de Navarre, mais où d'autre part il blâmait fort Jean II de son manque de foi et de ses agissements que « pour l'honneur de la chevalerie » il eût aimé ne jamais voir chez un roi.

Sa lettre au pape avait demandé moins de temps que celle du roi Jean, et elle était autrement troussée, veuillez m'en croire.

Nous ne nous aimons guère, le roi Edouard et moi ; il me juge trop favorable, toujours, aux intérêts de la France et moi je le tiens pour trop peu respectueux de la primauté de l'Eglise. Chaque fois que nous nous sommes vus, nous nous sommes heurtés. Il voudrait avoir un pape anglais, ou préférablement pas de pape du tout. Mais je reconnais qu'il est pour sa nation un prince excellent, habile, prudent quand il le doit, audacieux quand il le peut. L'Angleterre lui doit gros. Et puis, bien qu'il ne compte que quarante-quatre ans, il jouit du respect qui entoure un vieux roi, quand il a été un bon roi. L'âge des souverains ne se mesure pas à la date de leur naissance, mais à la durée de leur règne.

A cet égard, le roi Edouard fait figure d'ancien parmi tous les princes d'Occident. Le pape Innocent n'est suprême pontife que depuis quatre ans ; l'empereur Charles, élu il y a dix ans, n'est couronné que depuis deux. Jean de Valois a tout juste célébré... en captivité, triste célébration... le sixième anniversaire de son sacre. Edouard III, lui, occupe son trône depuis vingt-neuf ans, bientôt trente.

C'est un homme de belle stature et de grande prestance, assez corpulent. Il a de longs cheveux blonds, une barbe soyeuse et soignée, des yeux bleus un peu gros ; un vrai Capétien. Il ressemble fort à Philippe le Bel, son grand-père, dont il a plus d'une qualité. Dommage que le sang de nos rois ait donné un si bon produit en Angleterre et un si piètre en France ! Avec l'âge il semble de plus en plus porté au silence, comme son grand-père. Que voulez-vous ! Il y a trente ans qu'il voit des hommes s'incliner devant lui. Il sait à leur démarche, à leur regard, à leur ton, ce qu'ils espèrent de lui, ce qu'ils vont en requérir, quelles ambitions les animent et ce qu'ils valent pour l'Etat. Il est bref en ses ordres. Comme il dit : « Moins on prononce de paroles, moins elles sont répétées et moins elles sont faussées. »

Il se sait paré, aux yeux de l'Europe, d'une grande renommée. La bataille de l'Ecluse, le siège de Calais, la victoire de Crécy... Il est le premier, depuis plus d'un siècle, à avoir battu la France, ou plutôt son rival français puisqu'il n'a entrepris cette guerre, dit-il, que pour affirmer ses droits à la couronne de Saint Louis. Mais aussi pour mettre la main sur des provinces prospères.

Il ne se passe guère d'année qu'il ne débarque des troupes sur le continent, tantôt en Boulonnais, tantôt en Bretagne, ou bien qu'il ordonne, comme ces deux derniers étés, une chevauchée à partir de son duché de Guyenne.

Autrefois, il prenait lui-même la tête de ses armées, et il s'y est acquis une belle réputation de guerrier. A présent, il n'accompagne plus ses troupes. Il les fait commander par de bons capitaines qui se sont formés campagne après campagne ; mais je pense qu'il doit surtout ses succès à ce qu'il entretient une armée permanente composée pour le plus gros d'hommes de pied, et qui, toujours disponible, ne lui coûte pas finalement plus cher que ces osts pesants, que l'on convoque à grands frais, que l'on dissout, qu'il faut rappeler, qui ne s'assemblent jamais à temps, qui sont équipés à la disparate et dont les parties ne savent point s'endenter pour manœuvrer en bataille.

C'est fort beau de dire : « La patrie est en péril. Le roi nous appelle. Chacun doit y courir ! » Avec quoi ? Avec des bâtons ? Le temps vient où chaque roi prendra modèle sur celui d'Angleterre, et fera faire la guerre par gens de métier, bien assoldés, qui vont où on leur commande sans muser ni discuter.

Voyez-vous, Archambaud, il n'est point nécessaire à un royaume d'être très étendu ni très nombreux pour devenir puissant. Il faut seulement qu'il ait un peuple capable de fierté et d'effort, et qu'il soit assez longtemps conduit par un chef avisé qui sache lui proposer de grandes ambitions.

D'un pays qui comptait à peine six millions d'âmes, Galles comprises, avant la grande peste, et quatre millions seulement après le fléau, Edouard III a fait une nation prospère et redoutée qui parle d'égale à égale avec la France et avec l'Empire. Le commerce des laines, le trafic des mers, la possession de l'Irlande, une bonne exploitation de l'abondante Aquitaine, les pouvoirs royaux partout exercés et partout obéis, une armée toujours prête et toujours occupée ; c'est avec cela que l'Angleterre est si forte, et qu'elle est riche.

Le roi lui-même possède des biens immenses ; on dit qu'il ne saurait compter sa fortune, mais moi je sais bien qu'il la compte, sinon il ne l'aurait pas. Il l'a commencée il y a trente ans en trouvant pour héritage un Trésor vide et des dettes dans toute l'Europe. Aujourd'hui, c'est à lui qu'on vient emprunter. Il a rebâti Windsor ; il a embelli Westminster... oui, Westmoutiers, si vous voulez ; à force d'aller là-bas, j'ai fini par prononcer à l'anglaise, car, chose curieuse à remarquer, à mesure qu'ils s'emploient à conquérir la France, les Anglais, même à la cour, parlent de plus en plus leur langue saxonne et de moins en moins la française... En chacune de ses résidences, le roi Edouard entasse des merveilles. Il achète beaucoup aux marchands lombards et aux navigateurs chypriotes, non seulement des épices d'Orient, mais aussi toute sorte d'objets ouvragés qui fournissent des modèles à ses industries.

A propos d'épices, il faudra que je vous entretienne du poivre, mon neveu. C'est fort bon placement. Le poivre ne s'altère pas ; sa valeur marchande n'a cessé de croître ces dernières années et tout permet de penser qu'elle continuera. J'en ai pour dix mille florins dans un entrepôt de Montpellier ; j'ai pris ce poivre en remboursement d'une moitié de la dette d'un marchand de là-bas, qui se nomme Pierre de Rambert, et qui ne pouvait solder ses approvisionneurs à Chypre. Comme je suis chanoine de Nicosie.... sans y être allé, sans y être allé, hélas, car cette île a grande réputation de beauté... j'ai ainsi pu arranger son affaire... Mais revenons à notre Sire Edouard.

Table de roi chez lui n'est pas un vain mot et qui s'y assoit pour la première fois a le souffle retenu par la profusion d'or qui s'y étale. Un cerf d'or, presque aussi gros qu'un vrai, en décore le centre. Hanaps, aiguières, plats, cuillers, couteaux, salières, tout est en or. Les huissiers de cuisine portent à chaque service de quoi battre monnaie pour tout un comté. « Si d'aventure nous sommes dans le besoin, nous pourrons vendre tout cela », dit-il. Mais dans les moments de gêne... quel Trésor n'en connaît pas ?... Edouard est toujours assuré de trouver du crédit, parce qu'on le sait posséder ces richesses. Lui-même ne paraît devant ses sujets que superbement atourné, couvert de fourrures précieuses et de vêtements brodés, étincelant de joyaux et chaussé d'éperons d'or.

Dans cet étalage de splendeurs, Dieu n'est pas oublié. La seule chapelle de Westminster est desservie par quatorze vicaires, à quoi s'ajoutent les clercs choristes et tous les servants de sacristie. Pour faire pièce au pape, qu'il dit être sous la main des Français, il multiplie les emplois d'Eglise et ne les veut voir conférés qu'à des Anglais, sans partage des bénéfices avec le Saint-Siège, ce sur quoi nous nous sommes toujours heurtés.

Après Dieu servi, la famille. Edouard III a dix enfants vivants. L'aîné, prince de Galles, et duc d'Aquitaine, est ce que vous savez ; il a vingt-six ans. Le plus jeune, le comte de Buckingham, vient à peine de quitter le sein de sa nourrice.

A tous ses fils, le roi Edouard constitue des maisons imposantes ; à ses filles, il cherche de hauts établissements qui peuvent servir ses desseins.

Je gage qu'il se serait fort ennuyé à vivre, le roi Edouard, s'il n'avait pas été désigné par la Providence pour ce qu'il était le plus apte à faire : gouverner. Oui, il aurait eu peu d'intérêt à durer, à vieillir, à regarder la mort venir s'il n'avait pas eu à arbitrer les passions des autres, et à leur désigner des buts qui les aident à s'oublier. Car les hommes ne trouvent d'honneur et de prix à vivre que s'ils vouent leurs actes et leurs pensées à quelque grande entreprise avec laquelle ils puissent se confondre.

C'est cela qui l'a inspiré quand il a créé à Calais son Ordre de la Jarretière, un Ordre qui prospère, et dont ce pauvre Jean II, avec son Etoile, n'a produit qu'une pompeuse, d'abord, et puis piteuse copie...

Et c'est encore à cette volonté de grandeur que le roi Edouard répond quand il poursuit le projet, non avoué mais visible, d'une Europe anglaise. Non pas qu'il songe à placer l'Occident directement sous sa main, ni qu'il veuille conquérir tous les royaumes et les mettre en servage. Non, il pense plutôt à un libre groupement de rois ou de gouvernements dans lequel il aurait préséance et commandement, et avec lequel non seulement il ferait régner la paix à l'intérieur de cette entente, mais encore n'aurait plus rien à redouter du côté de l'Empire, si même il ne l'englobait. Ni plus rien à devoir au Saint-Siège ; je le soupçonne de nourrir secrètement cette intention-là... Il a déjà réussi avec les Flandres qu'il a détachées de la France ; il intervient dans les affaires d'Espagne ; il pousse des antennes en Méditerranée. Ah ! s'il avait la France, vous imaginez, que ne ferait-il pas, que ne pourrait-il faire à partir d'elle ! Son idée d'ailleurs n'est pas toute neuve. Le roi Philippe le Bel, son grand-père, avait eu déjà un projet de paix perpétuelle pour unir l'Europe.

Edouard se plaît à parler français avec les Français, anglais avec les Anglais. Il peut s'adresser aux Flamands dans leur langue, ce dont ils sont flattés et qui lui a valu maints succès auprès d'eux. Avec les autres, il parle latin.

Alors, me direz-vous, un roi si doué, si capable, et que la fortune accompagne, pourquoi ne pas s'accorder à lui et favoriser ses prétentions sur la France ? Pourquoi tant faire afin de maintenir au trône ce niais arrogant, né sous de mauvaises étoiles, dont la Providence nous a gratifiés, sans doute pour éprouver ce malheureux royaume ?

Eh ! mon neveu, c'est que la belle entente à former entre les royaumes du couchant, nous la voulons bien, mais nous la voulons française, je veux dire de direction et de prééminence françaises. L'Angleterre, nous en avons conviction, s'éloignerait bien vite, si elle était trop puissante, des lois de l'Eglise. La France est le royaume par Dieu désigné. Et le roi Jean ne sera pas éternel.

Mais vous comprenez aussi, Archambaud, pourquoi le roi Edouard soutient avec tant de constance ce Charles le Mauvais qui l'a beaucoup trompé. C'est que la petite Navarre, et le gros comté d'Evreux, sont pièces, non seulement dans son affaire avec la France, mais dans son jeu d'assemblage de royaumes qui lui chemine en cervelle. Il faut bien que les rois aussi aient un peu à rêver !

Bientôt après l'ambassade de nos bonshommes Morbecque et Brévand, ce fut Monseigneur Philippe d'Evreux-Navarre, comte de Longueville, qui vint lui-même en Angleterre.

Blond, de belle taille et de nature fière, Philippe de Navarre est aussi loyal que son frère est fourbe ; ce qui fait que, par loyauté à ce frère, il en épouse, mais de cœur convaincu, toutes les fourberies. Il n'a pas le grand talent de parole de son aîné, mais il séduit par la chaleur de l'âme. Il plut fort à la reine Philippa, qui dit qu'il ressemblait tout à fait à son époux, au même âge. Ce n'est pas grande merveille ; ils sont cousins plusieurs fois.

Bonne reine Philippa ! Elle a été une demoiselle ronde et rose qui promettait de devenir grasse comme souvent les femmes du Hainaut. Elle a tenu promesse.

Le roi l'a aimée de bon amour. Mais il a eu, l'âge venant, d'autres entraînements du cœur, rares, mais violents. Il y eut la comtesse de Salisbury ; et à présent c'est Dame Alice Perrère, ou Perrières, une suivante de la reine. Pour calmer son dépit, Philippa mange, et elle devient de plus en plus grosse.

La reine Isabelle ? Mais si, mais si, elle vit toujours ; du moins elle vivait encore le mois dernier... A Castle Rising, un grand et triste château où son fils l'a enfermée, après qu'il eut fait exécuter son amant, Lord Mortimer, il y a vingt-huit ans. Libre, elle lui aurait causé trop de soucis. La Louve de France... Il vient la visiter une fois l'an, au temps de Noël. C'est d'elle qu'il tient ses droits sur la France. Mais c'est elle aussi qui a causé la crise dynastique en dénonçant l'adultère de Marguerite de Bourgogne, et fourni bonne raison pour écarter de la succession la descendance de Louis Hutin. Il y a de la dérision, vous l'avouerez, à voir, quarante ans après, le petit-fils de Marguerite de Bourgogne et le fils d'Isabelle faire alliance. Ah ! il suffit de vivre pour avoir tout vu !

Et voilà Edouard et Philippe de Navarre, à Windsor, remettant en chantier ce traité interrompu, et dont les premières assises avaient été posées lors des entretiens d'Avignon. Toujours traité secret. Dans les rédactions préparatoires, les noms des princes contractants ne devaient pas figurer en clair. Le roi d'Angleterre y est appelé *l'aîné* et le roi de Navarre *le cadet*. Comme si cela pouvait suffire à les masquer, et comme si la teneur des notes ne les désignait pas à l'évidence ! Ce sont là précautions de chancelleries qui n'abusent guère ceux dont on se défie. Quand on veut qu'un secret soit gardé, eh bien, il ne faut pas l'écrire, voilà tout.

Le *cadet* reconnaissait *l'aîné* pour le roi de France légitime. Toujours la même chose ; c'est le début et l'essentiel ; c'est la clef de voûte de l'accord. L'*aîné* reconnaît au *cadet* le duché de Normandie, les comtés de Champagne et de Brie, la vicomté de Chartres et tout le Languedoc avec Toulouse, Béziers, Montpellier. Il paraît qu'Edouard n'a pas cédé sur l'Angoumois... trop près de la Guyenne, ce doit être pour cela ; il ne laisserait pas Navarre, si ce traité doit avoir effet, qu'à Dieu ne plaise, prendre pied entre l'Aquitaine et le Poitou. En revanche, il aurait accordé la Bigorre, ce que Phœbus, si cela lui est venu aux oreilles, ne doit guère goûter. Comme vous voyez, tout cela additionné, cela fait un gros morceau de France, un très gros morceau. Et l'on peut se surprendre qu'un homme qui prétend à y régner en abandonne tout à un seul vassal. Mais, d'une part, cette sorte de vice-royauté qu'il confère à Navarre répond bien à cette idée d'empire nouveau qu'il caresse ; et, d'autre part, plus il accroît les possessions du prince qui le reconnaît pour roi, plus il élargit l'assise territoriale de sa légitimité. Au lieu d'avoir à gagner les ralliements, pièce à pièce, il peut soutenir qu'il est reconnu d'un coup par toutes ces provinces.

Pour le reste, partage des frais de la guerre, engagement à ne point conclure des trêves séparées, ce sont clauses habituelles et reprises du projet précédent. Mais l'alliance est énoncée « alliance perpétuelle ».

Je me suis laissé dire qu'il y eut une plaisante passe entre Edouard et Philippe de Navarre parce que celui-ci demandait que fût inscrit au traité le versement des cent mille écus, jamais payés, qui figuraient sur le contrat de mariage entre Charles de Navarre et Jeanne de Valois.

Le roi Edouard s'étonna. « Pourquoi aurais-je à payer les dettes du roi Jean ? — Si fait. Vous le remplacez au trône ; vous le remplacez aussi dans ses obligations. » Le jeune Philippe ne manquait pas d'aplomb. Il faut avoir son âge pour oser de ces choses. Cela fit rire Edouard III, qui ne rit guère à son ordinaire. « Soit. Mais après que j'aurais été sacré à Reims. Pas avant le sacre. »

Et Philippe de Navarre repartit pour la Normandie. Le temps de mettre sur vélin ce dont on était convenu, d'en discuter les termes article par article, de passer les notes d'un côté à l'autre de la Manche... « *l'aîné... le cadet* », et puis aussi les soucis de la guerre, tout cela fit que le traité, toujours secret, toujours connu, au moins de ceux qui avaient intérêt à en connaître, ne devait finalement être signé qu'au début de septembre, au château de Clarendon, il y a seulement trois mois, fort peu avant la bataille de Poitiers. Signé par qui ? Par Philippe de Navarre qui fit à ce dessein un second voyage en Angleterre.

Vous comprenez à présent, Archambaud, pourquoi le Dauphin, qui s'était si fort opposé, vous l'avez vu, à l'arrestation du roi de Navarre, le maintient si obstinément en prison, alors que, commandant céans au royaume, il aurait tout loisir de le libérer, comme de maintes parts on l'en presse. Aussi longtemps que le traité n'est signé que par Philippe de Navarre, on peut le tenir pour nul. Dès lors qu'il serait ratifié par Charles, ce serait une autre affaire.

A l'heure où nous sommes, le roi de Navarre, parce que le fils du roi de France le tient prisonnier, en Picardie, ne sait pas encore... il est sans doute le seul... qu'il a reconnu le roi d'Angleterre pour roi de France, mais d'une reconnaissance sans vigueur puisqu'il ne peut la signer.

Voilà qui ajoute au beau nœud d'embrouilles, où une chatte ne reconnaîtrait pas ses petits, que nous allons tenter de défaire à Metz ! Je gage que dans quarante ans d'ici personne n'y comprendra plus rien, sauf vous peut-être, ou votre fils, parce que vous lui aurez raconté...

3

Le pape et le monde

Ne vous avais-je pas dit que nous aurions des nouvelles, à Sens ? Et de bonnes nouvelles. Le Dauphin, plantant là ses Etats généraux tout houleux où Marcel réclame la destitution du Grand Conseil et où l'évêque Le Coq, en même temps qu'il plaide pour la libération de Charles le Mauvais, s'oublie jusqu'à parler de déposer le roi Jean... si, si, mon neveu, nous en sommes là ; il a fallu que le voisin de l'évêque lui écrase le pied pour qu'il se reprenne et précise que ce n'étaient point les Etats qui pouvaient déposer un roi, mais le pape, à la demande des trois Etats... eh bien, le Dauphin, roulant son monde, s'en est parti hier lundi pour Metz, lui aussi. Avec deux mille chevaux. Il a allégué que les messages reçus de l'Empereur lui faisaient obligation de se rendre à sa diète, pour le bien du royaume. Oui... et surtout mon message. Il m'a entendu. De la sorte, les Etats sont dans le vide et vont se disperser sans avoir rien pu conclure. Si la ville se montrait par trop turbulente, il pourrait y revenir avec ses troupes. Il la tient sous menace...

Autre bonne nouvelle : le Capocci ne vient pas à Metz. Il refuse de me retrouver. Bienheureux refus. Il se met en tort vis-à-vis du Saint-Père, et moi je suis débarrassé de lui. J'envoie l'archevêque de Sens escorter le Dauphin, qu'accompagne déjà l'archevêque-chancelier, Pierre de La Forêt ; cela fait deux hommes sages pour le conseiller. Pour ma part, j'ai douze prélats dans ma suite. Cela suffit. C'est autant qu'aucun légat n'en eut jamais. Et pas de Capocci. Vraiment, je ne peux comprendre pourquoi le Saint-Père s'est obstiné à me l'adjoindre et s'obstine encore à ne pas le rappeler. D'abord, sans lui, je serais parti plus tôt... Vraiment, ce fut un printemps perdu.

Dès que nous sûmes l'affaire de Rouen et que nous reçûmes en Avignon les lettres du roi Jean et du roi Edouard, et puis que nous apprîmes que le duc de Lancastre équipait une nouvelle expédition, cependant que l'ost de France était convoqué pour le premier juin, je devinai que tout allait tourner au pire. Je dis au Saint-Père qu'il fallait envoyer un légat, ce dont il tomba d'accord. Il gémissait sur l'état de la chrétienté. J'étais prêt à partir dans la semaine. Il en fallut trois pour rédiger les instructions. Je lui disais : « Mais quelles instructions, *sanctissimus pater* ? Il n'est que de recopier celles que vous reçûtes de votre prédécesseur, le vénéré Clément VI, pour une mission toute semblable, voici dix ans. Elles étaient fort bonnes. Mes instructions, c'est d'agir en tout pour empêcher une reprise générale de la guerre. »

Peut-être au fond de lui, sans en avoir conscience, car il est certes incapable d'une mauvaise pensée volontaire, ne souhaitait-il pas tellement que je réussisse là où il avait échoué naguère, avant Crécy. Il l'avouait du reste. « Je me suis fait rebuffer méchamment par Edouard III, et je crains qu'il ne vous en advienne de même. C'est un homme fort déterminé, Edouard III ; on ne le contourne pas aisément. De plus, il croit que tous les cardinaux français ont parti pris contre lui. Je vais envoyer avec vous notre *venerabilis frater* Capocci. » C'était cela son idée.

Venerabilis frater ! Chaque pape doit commettre au moins une erreur durant son pontificat, sinon il serait le bon Dieu lui-même. Eh bien, l'erreur de Clément VI, c'est d'avoir donné le chapeau à Capocci.

« Et puis, m'a dit Innocent, si l'un de vous deux venait à souffrir de quelque maladie... Notre-Seigneur vous en garde... l'autre pourrait poursuivre la mission. » Comme il se sent toujours malade, notre pauvre Saint-Père, il veut que chacun le soit aussi, et il vous ferait donner l'extrême-onction dès que vous éternuez.

M'avez-vous vu malade depuis que nous sommes en route, Archambaud ? Mais le Capocci, lui, les cahots lui brisent les reins ; il lui faut s'arrêter toutes les deux lieues pour pisser. Un jour, il sue de fièvre, un autre il a un flux de ventre. Il voulait me prendre mon médecin, maître Vigier, dont vous reconnaîtrez qu'il n'est pas accablé de labeur, en tout cas de mon fait. Pour moi, le bon physicien est celui qui chaque matin me palpe, m'ausculte, me regarde l'œil et la langue, examine mes urines, ne m'impose pas trop de privations ni ne me saigne plus d'une fois le mois, et qui me tient en bonne santé... Et puis, pour faire ses apprêts, le Capocci ! Il est de cette sorte de gens qui intriguent et insistent pour être chargés de mission et qui, dès qu'ils l'ont obtenue, ne tarissent plus d'exigences. Un secrétaire papal, ce n'était point assez, il lui en fallait deux. Pour quel office, on se le demande, puisque toutes les lettres pour la Curie, avant que nous ne soyons séparés, c'est moi qui ai dû les dicter et les corriger... Tout cela fit que nous ne partîmes qu'au temps du solstice, le 21 juin. Trop tard. On n'arrête point les guerres quand les armées sont en route. On les arrête dans la tête des rois, lorsque la décision est encore hésitante. Je vous dis, Archambaud, un printemps perdu.

La veille du départ, le Saint-Père me reçut, seul. Peut-être se repentait-il un peu de m'avoir infligé ce compagnon inutile. Je l'allai voir à Villeneuve, où il réside. Car il refuse de loger dans le grand palais qu'ont bâti ses prédécesseurs. Trop de luxe, trop de pompe à son gré, un train d'hôtel trop nombreux. Innocent a voulu satisfaire le sentiment public qui reprochait à la papauté de vivre dans trop de faste. Le sentiment public ! Quelques écrivailleurs, pour qui le fiel est l'encre naturelle ; quelques prêcheurs que le Diable a envoyés dans l'Eglise pour y mettre la discorde. Avec ceux-ci, il suffisait d'une bonne excommunication, bien assénée ; avec ceux-là, une prébende, ou un bénéfice, accompagnés de quelque préséance, car c'est l'envie souvent qui stimule leurs crachats ; ce qu'ils entendent redresser dans le monde, c'est le trop peu de place, à leurs yeux, qu'ils y ont. Voyez Pétrarque, dont vous m'avez entendu parler, l'autre jour, avec Monseigneur d'Auxerre. C'est un homme de mauvais naturel, mais de grand savoir et valeur, il faut le lui reconnaître, et qui est fort écouté des deux côtés des Alpes. Il était ami de Dante Alighieri qui l'amena en Avignon ; et il a été chargé de maintes missions entre les princes. Voilà quelqu'un qui écrivait qu'Avignon était la sentine des sentines, que tous les vices y prospéraient, que les aventuriers y grouillaient, que l'on y venait acheter les cardinaux, que le pape y tenait boutique de diocèses et d'abbayes, que les prélats y avaient des maîtresses et leurs maîtresses des maquereaux... Enfin, la nouvelle Babylone.

Sur moi-même, il répandait de fort méchantes choses. Comme il était personne à considérer, je l'ai vu, je l'ai écouté, ce qui lui a donné de la satisfaction, j'ai arrangé quelques-unes de ses affaires... on disait qu'il s'adonnait aux arts noirs, magie et autres choses... je lui ai fait rendre quelques bénéfices dont on l'avait privé ; j'ai correspondu avec lui en lui demandant de me copier dans chacune de ses lettres quelques vers ou sentences des grands poètes anciens, qu'il possède à merveille, pour orner mes sermons, car moi, je ne m'abuse point là-dessus, j'ai un style de légiste ; un moment même je l'ai proposé pour un office de secrétaire papal, et il n'a tenu qu'à lui que la chose aboutît. Eh bien, il dit beaucoup moins de mal de la cour d'Avignon, et de moi, il écrit merveilles. Je suis un astre dans le ciel de l'Eglise, un pouvoir derrière le trône papal ; j'égale ou surpasse en savoir aucun juriste de ce temps ; j'ai été béni par la nature et raffiné par l'étude ; et l'on peut reconnaître en moi cette capacité d'embrasser toute chose de l'univers que Jules César attribuait à Pline l'Ancien. Oui, mon neveu ; rien moins que cela ! Et je n'ai nullement réduit mon appareil de maison ni mon nombreux domestique qui naguère provoquaient sa diatribe... Il est reparti pour l'Italie, mon ami Pétrarque. Quelque chose en lui fait qu'il ne peut se fixer nulle part, comme son ami Dante, sur lequel il s'est beaucoup modelé. Il s'est inventé un amour sans mesure pour une dame qui ne fut jamais sa maîtresse, et qui est morte. Avec cela, il a sa raison de sublime... Je l'aime bien, ce méchant homme. Il me manque. S'il était demeuré en Avignon, sans doute serait-il assis à votre place, en ce moment, car je l'aurais pris dans mon bagage...

Mais suivre le prétendu sentiment public, comme notre bon Innocent ? C'est montrer faiblesse, donner puissance à la critique, et s'aliéner beaucoup des gens qui vous soutenaient, sans rallier aucun mécontent.

Donc, pour donner image d'humilité, notre Saint-Père s'est allé loger dans son petit palais cardinalice à Villeneuve, de l'autre côté du Rhône. Mais, même avec un train réduit, l'établissement s'est montré vraiment trop petit. Alors, il a fallu l'agrandir pour abriter les gens indispensables. La secrétairerie fonctionne mal faute de place ; les clercs changent sans cesse de chambre, au fur et à mesure des travaux. Les bulles s'écrivent dans la poussière. Et comme beaucoup d'offices sont demeurés en Avignon, il faut sans cesse traverser le fleuve, en affrontant le grand vent qui souffle souvent là-bas, et qui l'hiver vous gèle jusqu'à l'os. Toutes les affaires prennent retard... En outre, comme il a été élu de préférence à Jean Birel, le général des chartreux, qui jouissait d'une réputation de sainteté parfaite... je me demande, après tout, si j'ai eu raison de l'écarter ; il n'aurait pas été plus malencontreux... notre Saint-Père a fait vœu de fonder une chartreuse. On la bâtit en ce moment entre le logis pontifical et un nouvel appareil de défense, le fort Saint-André, que l'on est en train justement d'édifier. Mais là ce sont les officiers du roi qui ordonnancent les travaux. Si bien que la chrétienté pour l'heure est commandée au milieu d'un chantier.

Le Saint-Père me reçut dans sa chapelle, d'où il ne sort guère, une petite abside à cinq pans, attenante à la grande chambre d'audience... parce qu'il a besoin tout de même d'une salle d'audience ; il s'en est avisé... et qu'il a fait orner par un imagier venu de Viterbe, Matteo Giova quelque chose, Giovanotto, Giovanelli, Giovannetti... c'est bleu, c'est pâle ; cela conviendrait à un couvent de nonnes ; moi, je n'aime guère ; pas assez de rouge, pas assez d'or. Les couleurs vives ne coûtent pas plus cher que les autres... Et le bruit, mon neveu ! Il paraît que c'est le séjour le plus calme de tout le palais, et que c'est pourquoi le Saint-Père s'y retire ! Les scies grincent dans la pierre, les marteaux cliquettent contre les burins, les palans crissent, les charrois roulent, les madriers rebondissent, les ouvriers se hèlent et se querellent... Traiter de graves sujets dans ce vacarme, c'est le purgatoire. Je comprends qu'il souffre de la tête, le Saint-Père ! « Vous voyez, mon vénérable frère, me dit-il, je dépense beaucoup d'argent et me cause beaucoup de tracas pour construire autour de moi les apparences de la pauvreté. Et puis, il me faut tout de même entretenir le grand palais d'en face. Je ne peux pas le laisser crouler... »

Il me touche le cœur, le pape Aubert, quand il se moque de lui-même, tristement, et semble reconnaître ses erreurs, pour me faire plaisir.

Il était assis sur un piètre faudesteuil dont je n'aurais pas voulu pour siège dans mon premier évêché ; comme à l'accoutumée, il s'est tenu penché tout le long de l'entretien. Un grand nez busqué, dans le prolongement du front, de grandes narines, de grands sourcils levés très haut, de grandes oreilles dont le lobe sort du bonnet blanc, les coins de la bouche abaissés dans la barbe frisée. Il est de corps puissamment charpenté, et l'on s'étonne qu'il ait une santé si fragile. Un sculpteur sur pierre travaille à fixer son image, pour son gisant. Parce qu'il ne veut pas de statue debout : ostentation... Mais il accepte, tout de même, d'avoir un tombeau.

Il était dans un jour à se complaindre. Il continua : « Chaque pape, mon frère, doit vivre, à sa manière, la passion de Notre-Seigneur Jésus-Christ. La mienne est dans l'échec de toutes mes entreprises. Depuis que la volonté de Dieu m'a hissé au sommet de l'Eglise, je me sens les mains clouées. Qu'ai-je accompli, qu'ai-je réussi durant ces trois années et demie ? »

La volonté de Dieu, certes, certes ; mais reconnaissons qu'elle a choisi de s'exprimer un peu à travers ma modeste personne. Ce qui me permet quelque liberté avec le Saint-Père. Mais il est des choses, malgré tout, que je ne peux pas lui dire. Je ne puis lui dire, par exemple, que les hommes qui se trouvent investis d'une autorité suprême ne doivent pas chercher à trop modifier le monde pour justifier leur élévation. Il y a chez les grands humbles une forme sournoise d'orgueil qui est souvent la cause de leurs échecs.

Les projets du pape Innocent, ses hautes entreprises, je les connais bien. Il y en a trois, qui se commandent l'une l'autre. La plus ambitieuse : réunir les Eglises latine et grecque, sous l'autorité de la catholique, bien sûr ; ressouder l'Orient et l'Occident, rétablir l'unité du monde chrétien. C'est le rêve de tout pape depuis mille ans. Et j'avais, avec Clément VI, fort avancé les choses, plus loin qu'elles ne le furent jamais, et, en tout cas, qu'elles ne le sont à présent. Innocent a repris le projet à son compte et comme si l'idée lui était venue, toute neuve, par visitation du Saint-Esprit. Ne disputons point.

Pour y parvenir, seconde entreprise, et préalable à la première : réinstaller la papauté à Rome, parce que l'autorité du pape sur les chrétiens d'Orient ne saurait être acceptée que si elle s'exprime du haut du trône de saint Pierre. Constantinople, présentement en défaillance, pourrait sans perdre l'honneur s'incliner devant Rome, non devant Avignon. Là-dessus, vous le savez, je diffère tout à fait d'opinion. Le raisonnement serait juste à condition que le pape lui-même ne s'expose pas à être plus faible encore à Rome qu'il ne l'est en Provence...

Or, pour rentrer à Rome, il fallait d'abord, troisième dessein, se réconcilier avec l'Empereur. Ce qui fut entrepris, par priorité. Voyons donc où nous en sommes de ces beaux projets... On s'est hâté, contre mon conseil, de couronner l'empereur Charles, élu depuis huit ans, et sur lequel nous avions barre tant que nous lui tenions haute la dragée de son sacre. A présent, nous ne pouvons plus rien sur lui. Il nous a remerciés par sa Bulle d'Or, que nous avons dû gober, perdant notre autorité non seulement sur l'élection à l'Empire, mais encore sur les finances de l'Eglise dans l'Empire. Ce n'est pas une réconciliation, c'est une capitulation. Moyennant quoi, l'Empereur nous a généreusement laissé les mains libres en Italie, c'est-à-dire nous a fait la grâce de nous permettre de les poser dans un nid de frelons.

En Italie, le Saint-Père a envoyé le cardinal Alvarez d'Albornoz, qui est plus capitaine que cardinal, pour préparer le retour à Rome. Albornoz a commencé par se cheviller à Cola di Rienzi, qui domina Rome un moment. Né dans une taverne du Trastevere, ce Rienzi était un de ces hommes du peuple à visage de César comme il en surgit de temps en temps là-bas, et qui captivent les Romains en leur rappelant que leurs aïeux ont commandé à tout l'univers. D'ailleurs, il se donnait pour fils d'empereur, s'étant découvert bâtard d'Henri VII de Luxembourg, mais il resta seul de cet avis. Il avait choisi le titre de tribun, il portait toge de pourpre, et siégeait au Capitole, sur les ruines du temple de Jupiter. Mon ami Pétrarque le saluait comme le restaurateur des antiques grandeurs de l'Italie. Ce pouvait être un pion sur notre damier, mais à avancer avec discernement, et non pas en misant tout notre jeu dessus. Il fut assassiné voici deux ans par les Colonna, parce qu'Albornoz tardait à lui envoyer secours. Maintenant tout est à reprendre ; et l'on n'a jamais été aussi loin de rentrer à Rome, où l'anarchie est pire que par le passé. Rome, il faut en rêver toujours, et n'y retourner jamais.

Quant à Constantinople... Oh ! nous sommes très avancés en paroles. L'empereur Paléologue est prêt à nous reconnaître ; il en a pris l'engagement solennel ; il viendrait jusqu'à s'agenouiller devant nous, s'il pouvait seulement sortir de son étroit empire. Il ne met qu'une seule condition : qu'on lui envoie une armée pour se délivrer de ses ennemis. Au point qu'il se trouve, il accepterait de reconnaître un curé de campagne, contre cinq cents chevaliers et mille hommes de pied...

Ah ! vous aussi, vous vous en étonnez ! Si l'unité des chrétiens, si la réunion des Eglises ne tient qu'à cela, ne peut-on expédier vers la mer grecque cette petite armée ? Eh bien, non, mon bon Archambaud, on ne le peut point. Parce que nous n'avons pas de quoi l'équiper et l'aligner en solde. Parce que notre belle politique a produit ses effets ; parce que, pour désarmer nos détracteurs, nous avons résolu de nous réformer et de revenir à la pureté de l'Eglise des origines... Quelles origines ? Bien audacieux celui qui affirme qu'il les connaît vraiment ! Quelle pureté ! Dès qu'il y eut douze apôtres, il s'y trouva un traître !

Et de commencer à supprimer les commandes et bénéfices qui ne s'accompagnent point de la cure des âmes... « les brebis doivent être gardées par un pasteur, non par un mercenaire »... et d'ordonner que soient éloignés des divins mystères ceux qui amassent richesses... « faisons-nous semblables aux pauvres »... et d'interdire tous tributs qui proviendraient des prostituées et des jeux de dés... mais oui, nous sommes descendus dans de tels détails... ah ! c'est que les jeux de dés poussent à proférer des blasphèmes ; point d'argent impur ; ne nous engraissons pas du péché, lequel, devenant meilleur marché, ne fait que croître et s'étaler.

Le résultat de toutes ces réformations c'est que les caisses sont vides, car l'argent pur ne coule qu'en très minces ruisseaux ; les mécontents ont décuplé, et il y a toujours des illuminés pour prêcher que le pape est hérétique.

Ah ! s'il est vrai que l'enfer est pavé de bonnes intentions, le cher Saint-Père en aura dallé un bon bout de chemin !

« Mon vénérable frère, ouvrez-moi toute votre pensée ; ne me cachez rien, même si ce sont reproches que vous avez à formuler à mon endroit. »

Puis-je lui dire que s'il lisait un peu plus attentivement ce que le Créateur écrit pour nous dans le ciel, il verrait alors que les astres forment de mauvaises conjonctions et de tristes quadrats sur presque tous les trônes, y compris le sien, sur lequel il n'est assis que, tout précisément, parce que la configuration est néfaste, car si elle était bonne ce serait sans doute moi qui m'y trouverais ? Puis-je lui dire que lorsqu'on est en si piètre position sidérale, ce n'est point le temps d'entreprendre de renouveler la maison de fond en comble, mais seulement de la soutenir du mieux qu'on peut, telle qu'elle nous a été léguée, et qu'il ne suffit pas d'arriver du village de Pompadour en Limousin, avec des simplicités de paysan, pour être entendu des rois et réparer les injustices du monde ? Le malheur du temps veut que les plus grands trônes ne sont point occupés par des hommes aussi grands que leur charge. Ah ! les successeurs n'auront pas la tâche facile !

Il me dit encore, en cette veille de départ : « Serais-je donc le pape qui aurait pu faire l'unité des chrétiens et qui l'aura manquée ? J'apprends que le roi d'Angleterre assemble à Southampton cinquante bâtiments pour passer près de quatre cents chevaliers et archers et plus de mille chevaux sur le continent. » Je pense bien qu'il avait appris ; c'était moi qui lui avais fait donner la nouvelle. « C'est la moitié de ce qu'il me faudrait pour satisfaire l'empereur Paléologue. Ne pourriez-vous avec l'aide de notre frère le cardinal Capocci, dont je sais bien qu'il n'a pas tous vos mérites et que je ne parviens pas à aimer autant que je vous aime... » Farine, farine, pour m'endormir... « mais qui n'est pas sans crédit auprès du roi Edouard, ne pourriez-vous convaincre celui-ci, au lieu d'employer cette expédition contre la France... Oui, je vois bien ce que vous pensez... Le roi Jean, lui aussi, a convoqué son ost ; mais il est accessible aux sentiments d'honneur chevaleresque et chrétien. Vous avez du pouvoir sur lui. Si les deux rois renonçaient à se combattre pour dépêcher ensemble partie de leurs forces vers Constantinople afin qu'elle puisse rallier le giron de la seule Eglise, quelle gloire n'en retireraient-ils pas ? Tentez de leur représenter cela, mon vénérable frère ; montrez-leur qu'au lieu d'ensanglanter leurs royaumes, et d'amasser les souffrances sur leurs peuples chrétiens, ils se rendraient dignes des preux et des saints... »

Je répondis : « Très Saint-Père, la chose que vous souhaitez sera la plus aisée du monde, aussitôt que deux conditions auront été remplies : pour le roi Edouard, qu'il ait été reconnu roi de France et sacré à Reims ; pour le roi Jean, que le roi Edouard ait renoncé à ses prétentions et qu'il lui ait rendu l'hommage. Ces deux choses accomplies, je ne vois plus d'obstacles... — Vous vous moquez de moi, mon frère ; vous n'avez pas la foi. — J'ai la foi, Très Saint-Père, mais je ne me sens pas capable de faire briller le soleil la nuit. Cela dit, je crois de toute ma foi que si Dieu veut un miracle, il pourra l'accomplir sans nous. »

Nous restâmes un moment sans parler, parce qu'on déversait un chariot de moellons dans une cour voisine et qu'une équipe de charpentiers s'était prise de bec avec les rouliers. Le pape abaissait son grand nez, ses grandes narines, sa grande barbe. Enfin, il me dit : « Au moins, obtenez d'eux qu'ils signent une nouvelle trêve. Dites-leur bien que je leur interdis de reprendre les hostilités entre eux. Si aucun prélat ou clerc s'oppose à vos efforts de paix, vous le privez de tous ses bénéfices ecclésiastiques. Et rappelez-vous que si les deux rois persistent à se faire la guerre, vous pouvez aller jusqu'à l'excommunication ; cela est écrit dans vos instructions. L'excommunication et l'interdit. »

Après ce rappel de mes pouvoirs, j'avais bien besoin de la bénédiction qu'il me donna. Car vous me voyez, Archambaud, dans l'état où est l'Europe, excommunier les rois de France et d'Angleterre ? Edouard aurait aussitôt libéré son Eglise de toute obédience au Saint-Siège, et Jean aurait envoyé son connétable assiéger Avignon. Et Innocent, qu'aurait-il fait, à votre avis ? Je vais vous le dire. Il m'aurait désavoué, et levé les excommunications. Tout cela, ce n'étaient que paroles.

Le lendemain donc, nous partîmes.

Trois jours plus tôt, le 18 juin, les troupes du duc de Lancastre avaient débarqué à La Hague.

QUATRIÈME PARTIE

L'ÉTÉ DES DÉSASTRES

1

La chevauchée normande

Tout ne peut être tout le temps néfaste... Ah ! vous avez noté, Archambaud, que c'était l'une de mes sentences favorites... Eh ! oui, au sein de tous les revers, de toutes les peines, de tous les mécomptes, nous sommes toujours gratifiés de quelque bien qui nous vient réconforter. Il suffit seulement de le savoir apprécier. Dieu n'attend que notre gratitude pour nous prouver davantage sa mansuétude.

Voyez, après cet été calamiteux pour la France, et bien décevant, je le confesse, pour mon ambassade, voyez comme nous sommes favorisés par la saison, et le beau temps que nous avons pour continuer notre voyage ! C'est un encouragement du ciel.

Je craignais, après les pluies que nous eûmes en Berry, de rencontrer l'intempérie, la bourrasque et la froidure à mesure que nous avancerions vers le nord. Aussi m'apprêtais-je à me calfeutrer dans ma litière, à m'emmitoufler de fourrures et à nous soutenir de vin chaud. Or voici tout le contraire ; l'air s'est adouci, le soleil brille, et ce décembre est comme un printemps. Cela se voit parfois en Provence ; mais je n'attendais pas pareille lumière qui ensoleille la campagne, pareille tiédeur qui fait suer les chevaux sous les housses, pour nous accueillir à notre entrée en Champagne.

Il faisait presque moins chaud, je vous assure, quand j'arrivai à Breteuil en Normandie, au début de juillet, pour y trouver le roi.

Car, parti d'Avignon le 21 du mois de juin, j'étais le 12 juillet... ah ! bon, vous vous souvenez ; je vous l'ai déjà dit... et le Capocci était malade... c'est cela... du train auquel je l'avais mené...

Ce que le roi Jean faisait à Breteuil ? Le siège, le siège du château, au terme d'une courte chevauchée normande qui n'avait pas été pour lui un gros triomphe, c'est le moins qu'on puisse dire.

Le duc de Lancastre, je vous le rappelle, débarque en Cotentin le 18 juin. Soyez attentif aux dates ; elles ont de l'importance, en l'occurrence... Les astres ? Ah, non, je n'ai pas étudié particulièrement les astres de ce jour-là. Ce que je voulais dire, c'est qu'à la guerre, le temps et la rapidité comptent autant et parfois plus que le nombre des troupes.

Dans les trois jours, il fait sa jonction, à l'abbaye de Montebourg, avec les détachements du continent, celui que Robert Knolles, un bon capitaine, amène de Bretagne, et celui qu'a levé Philippe de Navarre. Qu'alignent-ils à eux trois ? Philippe de Navarre et Godefroy d'Harcourt n'ont guère avec eux plus d'une centaine de chevaliers. Knolles fournit le plus fort contingent : trois cents hommes d'armes, cinq cents archers, pas tous anglais d'ailleurs ; il y a là des Bretons qui viennent avec Jean de Montfort, prétendant au duché contre le comte de Blois qui est l'homme des Valois. Enfin, Lancastre compte à peine cent cinquante armures et deux cents archers, mais il a une grosse remonte de chevaux.

Lorsque le roi Jean II connut ces chiffres, il eut un grand rire qui le secoua de la panse aux cheveux. Pensait-on l'effrayer avec cette piteuse armée ? Si c'était là tout ce que son cousin d'Angleterre pouvait réunir, il n'y avait pas de quoi s'inquiéter grandement. « J'avais bien raison, vous voyez, Charles, mon fils, vous voyez, Audrehem, de ne pas craindre de mettre mon gendre en geôle ; oui, j'avais bien raison de me moquer des défis de ces petits Navarre, puisqu'ils ne peuvent produire que si maigres alliés. »

Et il se donnait gloire d'avoir, dès le début du mois, appelé l'ost à Chartres. « N'était-ce pas bonne prévoyance, qu'en dites-vous, Audrehem, qu'en dites-vous, Charles, mon fils ? Et vous voyez qu'il suffisait de convoquer le ban, et non l'arrière-ban. Qu'ils courent, ces bons Anglais, qu'ils s'enfoncent dans le pays. Nous allons fondre sur eux et les jeter dans la bouche de Seine. »

On l'avait rarement vu si joyeux, m'a-t-on dit, et je le veux bien croire. Car ce perpétuel battu aime la guerre, au moins en rêve. Partir, donner des ordres du haut de son destrier, être obéi, enfin ! car à la guerre les gens obéissent... en tout cas au départ ; laisser les soucis de finance ou de gouvernement à Nicolas Braque, à Lorris, à Bucy et aux autres ; vivre entre hommes, plus de femmes dans l'entourage ; bouger, bouger sans cesse, manger en selle, à grosses bouchées, ou bien sur un talus de route, à l'abri d'un arbre déjà chargé de petits fruits verts, recevoir le rapport des éclaireurs, prononcer de grandes paroles que chacun ira répétant... « si l'ennemi a soif, il boira son sang »... poser la main sur l'épaule d'un chevalier qui en rougit d'aise... « jamais las, Boucicaut... ta bonne épée fourmille, noble Coucy ! »...

Et pourtant, a-t-il remporté une seule victoire ? Jamais. A vingt-deux ans, désigné par son père comme chef de guerre en Hainaut... ah ! la belle appellation : chef de guerre !... il s'est remarquablement fait découdre par les Anglais. A vingt-cinq ans, avec un plus beau titre encore, à croire qu'il les invente : seigneur de la conquête... il a coûté fort cher aux populations du Languedoc, sans réussir, en quatre mois de siège, à s'emparer d'Aiguillon, au confluent du Lot et de la Garonne. Mais à l'entendre, tous ses combats furent prouesses, quelque triste issue ils aient eue. Jamais homme ne s'est acquis tant d'assurance dans l'expérience de la défaite.

Cette fois, il faisait durer son plaisir.

Le temps, pour lui, d'aller prendre l'oriflamme à Saint-Denis et, sans se presser, de gagner Chartres, déjà le duc de Lancastre, passé au sud de Caen, franchissait la Dives et s'en venait dormir à Lisieux. Le souvenir de la chevauchée d'Edouard III, dix ans plus tôt, et surtout du sac de Caen, n'était pas effacé. Des centaines de bourgeois occis dans les rues, quarante mille pièces de drap raflées, tous les objets précieux enlevés pour l'outre-Manche, et l'incendie de la ville évité de justesse... certes non, la population normande n'avait pas oublié et elle montrait plutôt de l'empressement à laisser passer les archers anglais. D'autant plus que Philippe d'Evreux-Navarre et messire Godefroy d'Harcourt faisaient bien savoir que ces Anglais étaient des amis. Le beurre, le lait et les fromages étaient abondants, le cidre gouleyant ; les chevaux dans ces prés gras ne manquaient pas de fourrage. Après tout, nourrir mille Anglais, un soir, coûtait moins cher que payer au roi, toute l'année ronde, sa gabelle, son fouage, et son impôt de huit deniers à la livre sur les marchandises.

A Chartres, Jean II trouva son ost moins rassemblé et moins prêt qu'il ne le croyait. Il comptait sur une armée de quarante mille hommes. A peine en dénombrait-on le tiers. Mais n'était-ce pas assez, n'était-ce pas déjà trop en regard de l'adversaire qu'il devait affronter ? « Eh, je ne paierai point ceux qui ne se sont pas présentés ; ce sera tout avantage. Mais je veux qu'on leur adresse remontrances. »

Le temps de s'installer dans son tref fleurdelisé et d'expédier ces remontrances... « quand le roi veut, chevalier doit »... le duc de Lancastre, lui, était à Pont-Audemer, un fief du roi de Navarre. Il délivrait le château, qu'un parti français assiégeait vainement depuis plusieurs semaines, et renforçait un peu la garnison navarraise, à laquelle il laissait du ravitaillement pour un an ; puis, piquant au sud, il allait piller l'abbaye du Bec-Hellouin.

Le temps, pour le connétable, duc d'Athènes, de mettre un peu d'ordre dans la cohue de Chartres... car ceux qui s'étaient présentés piétinaient les blés nouveaux depuis trois semaines et commençaient à s'impatienter... le temps surtout d'apaiser les discordes entre les deux maréchaux, Audrehem et Jean de Clermont, qui se haïssaient de bon cœur, et Lancastre déjà était sous les murs du château de Conches dont il délogea les gens qui l'occupaient au nom du roi. Et puis il y mit le feu. Ainsi les souvenirs de Robert d'Artois et ceux, plus frais, de Charles le Mauvais s'en allèrent en fumée. Il ne porte pas bonheur, ce château-là... Et Lancastre se dirigea sur Breteuil. A part Evreux, toutes les places que le roi avait voulu saisir dans le fief de son gendre étaient reprises l'une après l'autre.

« Nous écraserons ces méchants à Breteuil », dit fièrement Jean II quand son armée put enfin s'ébranler. De Chartres à Breteuil, il y a dix-sept lieues. Le roi voulut qu'on les couvrît en une seule étape. Dès midi, il paraît qu'on commença d'égrener des traînards. Quand les hommes parvinrent, fourbus, à Breteuil, Lancastre n'y était plus. Il avait enlevé la citadelle, pris la garnison française et installé en sa place une troupe solide, commandée par un bon chef navarrais, Sanche Lopez, auquel il laissait, là aussi, du ravitaillement pour un an.

Prompt à se consoler, le roi Jean s'écria : « Nous les taillerons à Verneuil ; n'est-ce pas mes fils ? » Le Dauphin n'osait dire ce qu'il m'a confié ensuite, à savoir qu'il lui semblait absurde de poursuivre mille hommes avec près de quinze mille. Il ne voulait point paraître moins assuré que ses frères cadets qui tous se modelaient sur leur père et faisaient les ardents, y compris le plus jeune, Philippe, qui n'a que quatorze ans.

Verneuil au bord de l'Avre ; l'une des portes de la Normandie. La chevauchée anglaise y était passée la veille, tel un torrent ravageur. Les habitants virent arriver l'armée française comme un fleuve en crue.

Messire de Lancastre sachant ce qui déferlait vers lui, se garda bien de pousser vers Paris. Emmenant le gros butin qu'il avait fait en chemin, ainsi qu'un beau nombre de prisonniers, il reprit prudemment la route de l'ouest... « Sur Laigle, sur Laigle, ils sont partis sur Laigle », indiquèrent les vilains. Entendant cela, le roi Jean se sentit marqué par l'attention divine. Vous voyez bien pourquoi... Mais non, Archambaud, pas à cause de l'oiseau... Ah ! vous y êtes... A cause de la Truie-qui-file... le meurtre de Monsieur d'Espagne... Là où avait été perpétré le crime, là même le roi arrivait pour accomplir le châtiment. Il ne permit pas à son armée de dormir plus de quatre heures. A Laigle, il allait rejoindre les Anglais et Navarrais, et ce serait l'heure, enfin, de sa vengeance.

Ainsi, le neuf juillet, ayant fait halte devant le seuil de la Truie-qui-file, le temps d'y ployer sa genouillère de fer... étrange spectacle pour l'armée que celui d'un roi en prière et en pleurs sur une porte d'auberge !... il apercevait enfin les lances de Lancastre, à deux lieues de Laigle, en lisière de la forêt de Tubœuf... Tout cela, mon neveu, venait de se passer quand on me le conta, trois jours après.

« Lacez heaumes, formez batailles », cria le roi.

Alors, pour une fois d'accord, le connétable et les deux maréchaux s'interposèrent. « Sire, déclara rudement Audrehem, vous m'avez toujours vu ardent à vous servir... — Et moi aussi, dit Clermont. — ... mais ce serait folie de nous engager sur-le-champ. Il ne faut plus demander un seul pas à vos troupes. Depuis quatre jours vous ne leur donnez point de répit, et ce jour même vous les avez menées avec plus grande hâte que jamais. Les hommes sont hors de souffle, voyez-les donc ; les archers ont les pieds en sang et s'ils n'avaient leur pique pour se soutenir, ils s'écrouleraient sur le chemin même. — Ah ! cette pétaille, toujours, qui ralentit tout ! » dit Jean II irrité.

« Ceux qui chevauchent ne valent pas mieux, lui répliqua Audrehem. Maintes montures sont blessées au garrot par leur charge, et maintes autres boitent, qu'on n'a pu referger. Les hommes d'armure, à tant aller par la chaleur qu'il fait, ont le cul saignant. N'attendez rien de vos bannières, avant qu'elles n'aient pris repos. — Outre quoi, Sire, renchérit Clermont, voyez en quel territoire nous irions attaquer. Nous avons devant nous une forêt dense, où Messire de Lancastre s'est retrait. Il aura toute aisance de faire échapper son parti, cependant que nos archers vont s'empêtrer en taillis et nos lances charger les troncs d'arbres. »

Le roi Jean eut un moment d'humeur méchante, pestant contre les hommes et les circonstances qui faisaient échec à sa volonté. Puis il prit une de ces décisions surprenantes pour lesquelles ses courtisans l'appellent le Bon, afin que leur flatterie lui soit répétée.

Il envoya ses deux premiers écuyers, Pluyan du Val et Jean de Corquilleray, vers le duc de Lancastre pour lui porter défi et lui demander bataille. Lancastre se tenait dans une clairière, ses archers disposés devant lui, tandis que des éclaireurs, partout, observaient l'armée française et repéraient des chemins de repli. Le duc aux yeux bleus vit donc arriver devers lui, escortés de quelques gens d'armes, les deux écuyers royaux qui arboraient pennon fleurdelisé à la hampe de leur lance, et qui soufflaient en cornet comme des hérauts de tournoi. Entouré de Philippe de Navarre, de Jean de Montfort et de Godefroy d'Harcourt, il écouta le discours suivant, que lui tint Pluyan du Val.

Le roi de France arrivait à la tête d'une immense armée, alors que le duc n'en avait qu'une petite. Aussi proposait-il audit duc de s'affronter le lendemain, avec un même nombre de chevaliers de part et d'autre, cent, ou cinquante, ou même trente, dans un lieu à convenir, et selon toutes les règles de l'honneur.

Lancastre reçut courtoisement les propositions du roi « qui se disait de France », mais n'en était pas moins partout réputé pour sa chevalerie. Il assura qu'il envisagerait la chose avec ses alliés, qu'il désignait de la main, car elle était trop sérieuse pour en décider seul. Les deux écuyers crurent pouvoir déduire de ces paroles que Lancastre donnerait réponse le lendemain.

C'est sur cette assurance que le roi Jean commanda de dresser son tref et plongea dans le sommeil. Et la nuit des Français fut celle d'une armée ronflante.

Au matin, la forêt de Tubœuf était vide. On y voyait des traces de passage, mais plus d'Anglais ni de Navarrais. Lancastre avait prudemment replié son monde vers Argentan.

Le roi Jean II laissa éclater son mépris pour ces ennemis sans loyauté, seulement bons au pillage quand ils n'avaient personne devant eux, mais qui s'éclipsaient dès qu'on leur offrait combat. « Nous portons l'Etoile sur le cœur, tandis que la Jarretière leur bat le mollet. Voilà ce qui nous distingue. Ce sont les chevaliers de la fuite. »

Mais songea-t-il à les prendre en chasse ? Les maréchaux proposaient de jeter les bannières les plus fraîches sur la voie de Lancastre ; à leur surprise, Jean II repoussa l'idée. On eût dit qu'il considérait la bataille gagnée dès lors que l'adversaire n'avait pas relevé son défi.

Il décida donc de revenir vers Chartres pour y dissoudre l'ost. Au passage, il reprendrait Breteuil.

Audrehem lui remontra que la garnison laissée à Breteuil par Lancastre était nombreuse, bien commandée et bien retranchée. « Je connais la place, Sire ; on ne l'enlève pas facilement. — Alors pourquoi les nôtres s'en sont-ils laissé déloger ? lui répondit le roi Jean. Je conduirai le siège moi-même. »

Et c'est là, mon neveu, que je le rejoignis, en compagnie de Capocci, le 12 juillet.

2

Le siège de Breteuil

Le roi Jean nous reçut armé en guerre, comme s'il allait lancer l'assaut dans la demi-heure. Il nous baisa l'anneau, nous demanda nouvelles du Saint-Père, et, sans écouter la réponse un peu longue, dissertante et fleurie, dans laquelle Niccola Capocci s'était engagé, il me dit : « Monseigneur de Périgord, vous arrivez à point pour assister à un beau siège. Je sais la vaillance qu'on a dans votre famille, et qu'on y est expert aux arts de la guerre. Les vôtres toujours ont très hautement servi le royaume, et si vous n'étiez prince d'Eglise, vous seriez sans doute maréchal à mon ost. Je gage qu'ici vous allez prendre plaisir. »

Cette manière de ne s'adresser qu'à moi, et pour me complimenter sur ma parentèle, déplut au Capocci, qui n'est pas de très haut lignage, et qui crut bon de dire que nous n'étions pas là pour nous émerveiller de prouesses de guerre, mais pour parler de paix chrétienne.

Je sus aussitôt que les choses n'iraient guère entre mon colégat et le roi de France, surtout quand ce dernier eut vu mon neveu Robert de Durazzo auquel il fit force amitiés, le questionnant sur la cour de Naples et sur sa tante la reine Jeanne. Il faut dire qu'il était très beau, mon Robert, tournure superbe, visage rose, cheveux soyeux... la grâce et la force tout ensemble. Et je vis poindre dans l'œil du roi cette étincelle qui ordinairement luit au regard des hommes quand passe une belle femme. « Où prendrez-vous vos quartiers ? » demanda-t-il. Je lui dis que nous nous accommoderions dans une abbaye voisine.

Je l'observai bien, et le trouvai assez envieilli, épaissi, alourdi, le menton plus pesant sous la barbe peu fournie, d'un jaune pisseux. Et il avait pris l'habitude de balancer la tête, comme s'il était gêné au col ou à l'épaule par quelque limaille dans sa chemise d'acier.

Il voulut nous montrer le camp, où notre arrivée avait produit quelque remous de curiosité. « Voici Sa Sainte Eminence Monseigneur de Périgord qui nous est venu visiter », disait-il à ses bannerets, comme si nous étions venus tout exprès pour lui porter l'aide du ciel. Je distribuai les bénédictions. Le nez de Capocci s'allongeait de plus en plus.

Le roi tenait beaucoup à me faire connaître le chef de son engeignerie auquel il semblait accorder plus d'importance qu'à ses maréchaux ou même son connétable. « Où est l'Archiprêtre ?... A-t-on vu l'Archiprêtre ?... Bourbon, faites appeler l'Archiprêtre... » Et je me demandais ce qui pouvait bien valoir le surnom d'archiprêtre au capitaine qui commandait les machines, mines et artillerie à poudre.

Etrange bonhomme que celui qui vint à nous, monté sur de longues pattes arquées prises dans des jambières et des cuissots d'acier ; il avait l'air de marcher sur des éclairs. Sa ceinture, très serrée sur le surcot de cuir, lui donnait une tournure de guêpe. De grandes mains aux ongles noirs et qu'il tenait écartées du corps, à cause des cubitières de métal qui lui protégeaient les bras. Une gueule assez louche, maigre, aux pommettes saillantes, aux yeux étirés, et l'expression goguenarde de quelqu'un qui est toujours prêt à s'offrir pour un quart de sol la figure d'autrui. Et pour coiffer le tout, un chapeau de Montauban, à larges bords, tout en fer, avançant en pointe au-dessus du nez, avec deux fentes pour pouvoir regarder à travers quand il baissait la tête. « Où étais-tu l'Archiprêtre ? On te cherchait », dit le roi qui précise à mon intention : « Arnaud de Cervole, sire de Vélines. — Archiprêtre, pour vous servir... Monseigneur cardinal... », ajoute l'autre d'un ton moqueur qui ne me plaît guère.

Et soudain, je me rappelle... Vélines, c'est de chez nous, Archambaud... bien sûr, près de Sainte-Foy-la-Grande, aux limites du Périgord et de la Guyenne. Et le bonhomme avait bel et bien été archiprêtre, un archiprêtre sans latin ni tonsure, certes, mais archiprêtre quand même. Et d'où cela ? Mais tout naturellement de Vélines, son petit fief, dont il s'était fait attribuer la cure, touchant ainsi à la fois les redevances seigneuriales et les revenus ecclésiastiques. Il ne lui en coûtait que de payer un vrai clerc, au rabais, pour assurer le travail d'Eglise... jusqu'à ce que le pape Innocent lui supprime son bénéfice, comme toutes autres commendes de cette nature, au début du pontificat. « Les brebis doivent être gardées par un pasteur... » ; ce que je vous contais l'autre jour. Alors, envolée l'archiprêtrise de Vélines ! J'avais eu à connaître de l'affaire entre cent de même sorte, et je savais que le gaillard ne portait pas la cour d'Avignon au plus haut de son cœur. Pour une fois, je dois dire, je donnais pleine raison au Saint-Père. Et je devinai que ce Cervole n'allait pas, lui non plus, me faciliter les choses.

« L'Archiprêtre m'a fait un fier travail à Evreux, et la ville est redevenue nôtre », me dit le roi pour mettre en valeur son artificier. « C'est même la seule que vous ayez reprise au Navarrais, Sire », lui répondit Cervole avec un bel aplomb. « Nous en ferons autant de Breteuil. Je veux un beau siège, comme celui d'Aiguillon. — A ceci près que vous n'avez jamais pris Aiguillon, Sire. »

Diantre, me dis-je, l'homme est bien en cour, pour parler avec cette franchise.

« C'est qu'on ne m'en a point, hélas, laissé le temps », dit tristement le roi.

Il fallait être l'Archiprêtre... je me suis mis moi aussi à l'appeler l'Archiprêtre, puisque tout le monde le nommait ainsi... il fallait être cet homme-là pour balancer son chapeau de fer et murmurer, devant son souverain : « Le temps, le temps... six mois... »

Et il fallait être le roi Jean pour s'obstiner à croire que le siège d'Aiguillon, qu'il avait conduit dans l'année même où son père se faisait écraser à Crécy, représentait un modèle de l'art militaire. Une entreprise ruineuse, interminable. Un pont qu'il avait ordonné de construire pour approcher la forteresse, et dans un si bon emplacement que les assiégés l'avaient détruit six fois. Des machines compliquées qu'on avait dû acheminer à grands frais et grande lenteur, depuis Toulouse... et pour un résultat parfaitement nul.

Eh bien ! c'était là-dessus que le roi Jean fondait sa gloire et qu'il autorisait son expérience. En vérité, acharné comme il est à régler ses rancunes envers le destin, il voulait prendre, à dix ans de distance, sa revanche d'Aiguillon, et prouver que ses méthodes étaient les bonnes ; il voulait laisser dans la mémoire des nations le souvenir d'un grand siège.

Et c'était pour cela que, négligeant de poursuivre un ennemi qu'il aurait pu battre sans beaucoup de peine, il venait de planter son tref devant Breteuil. Encore, s'adressant à l'Archiprêtre, fort versé dans le nouvel usage des destructions par la poudre, on eût pu croire qu'il avait résolu de miner les murailles du château, comme on avait fait à Evreux. Mais non. Ce qu'il demandait à son maître de l'engeignerie, c'était d'élever des constructions d'assaut qui permettraient de passer par-dessus les murs. Et les maréchaux et les capitaines écoutaient, pleins de respect, les ordres du roi et s'affairaient à les accomplir. Aussi longtemps qu'un homme commande, fût-ce le pire imbécile, il y a des gens pour croire qu'il commande bien.

Quant à l'Archiprêtre... j'eus l'impression que l'Archiprêtre se moquait de tout. Le roi voulait des rampes, des échafaudages, des beffrois ; eh bien, on lui en construirait, et l'on demanderait paiement en conséquence. Si ces appareils d'autrefois, ces machineries d'avant les pièces à feu n'apportaient pas le résultat escompté, le roi n'aurait à s'en prendre qu'à lui-même. Et l'Archiprêtre ne laisserait à personne le soin de le lui dire ;

il avait sur le roi Jean cet ascendant qu'ont parfois les soudards sur les princes, et il ne se gênait pas pour en user, une fois que le trésorier lui avait aligné sa solde et celle de ses compagnons.

La petite ville normande se transforma en un immense chantier. On creusait des retranchements autour du château. La terre retirée des fossés servait à établir des plates-formes et des pentes d'assaut. Ce n'était que bruits de pelles et de charrois, grincements d'essieux, claquements de fouets et jurons. Je me serais cru revenu à Villeneuve.

Les haches retentissaient dans les forêts avoisinantes. Certains villageois des parages faisaient leurs affaires, s'ils vendaient de la boisson. D'autres avaient la mauvaise surprise de voir soudain six goujats démolir leur grange pour en emporter les poutres. « Service du roi ! » C'était vite dit. Et les pioches de s'attaquer aux murs de torchis, et les cordes de tirer sur les bois de colombages, et bientôt, dans un grand craquement, tout s'écroulait. « Il aurait bien pu aller se planter ailleurs, le roi, plutôt que de nous envoyer ces malfaisants qui nous ôtent nos toits de dessus la tête », disaient les manants. Ils commençaient à trouver que le roi de Navarre était un meilleur maître, et que même la présence des Anglais pesait moins lourd que celle du roi de France.

Je restai donc à Breteuil un morceau de juillet, au grand dam de Capocci qui aurait préféré le séjour de Paris... moi aussi je l'eusse préféré !... et qui envoyait en Avignon des missives pleines d'acrimonie où il laissait entendre fielleusement que je me plaisais plus à contempler la guerre qu'à faire avancer la paix. Or comment, je vous le demande, pouvais-je faire avancer la paix sinon en parlant au roi, et où pouvais-je lui parler, sinon au siège dont il ne paraissait pas vouloir s'éloigner ?

Il passait ses journées à tourner autour des travaux en compagnie de l'Archiprêtre ; il usait son temps à vérifier un angle d'attaque, à s'inquiéter d'un épaulement, et surtout à regarder monter la tour de bois, un extraordinaire beffroi sur roues où l'on pourrait loger force archers, avec tout un armement d'arbalètes et de traits à feu, une machine comme on n'en avait point vu depuis les temps antiques. Il ne suffisait pas d'en bâtir les étages ; il fallait encore trouver assez de peaux de bœufs pour revêtir cet énorme échafaud ; et puis construire un chemin dur et plat, pour pouvoir l'y pousser. Mais quand elle serait prête, la tour, on verrait des choses étonnantes !

Le roi me conviait souvent à souper, et là je pouvais l'entretenir.

« La paix ? me disait-il. Mais c'est tout mon désir. Voyez, je suis en train de dissoudre mon ost, gardant juste avec moi ce qu'il me faut pour ce siège. Attendez que j'aie pris Breteuil, et aussitôt après je veux bien faire la paix, pour complaire au Saint-Père. Que mes ennemis me soumettent leurs propositions. — Sire, disais-je, il faudrait savoir quelles propositions vous seriez prêt à considérer... — Celles qui ne seront pas contraires à mon honneur. » Ah ! ce n'était pas tâche facile ! Ce fut moi, hélas, qui eus à lui apprendre, car j'étais mieux informé que lui, que le prince de Galles rassemblait des troupes à Libourne et à La Réole pour une nouvelle chevauchée.

« Et vous me parlez de paix, Monseigneur de Périgord ? — Précisément, Sire, afin d'éviter que de nouveaux malheurs... — Cette fois, je ne permettrai pas que le prince d'Angleterre s'ébatte en Languedoc comme il le fit l'an passé. Je vais convoquer l'ost de nouveau, pour le Ier août, à Chartres. »

Je m'étonnai qu'il laissât partir ses bannières pour les rappeler, une semaine plus tard. Je m'en ouvris, discrètement, au duc d'Athènes, à Audrehem, car tout ce monde venait me voir et se confiait à moi. Non, le roi s'obstinait, par un souci d'économie qui ne lui ressemblait guère, à renvoyer d'abord le ban, qu'il avait appelé le mois précédent, pour le rappeler, avec l'arrière-ban. Quelqu'un avait dû lui dire, Jean d'Artois peut-être ou une aussi fine cervelle, qu'il épargnerait ainsi quelques jours de solde. Mais il aurait pris un mois de retard sur le prince de Galles. Oh ! oui, il lui fallait faire la paix ; et plus il attendrait, moins elle serait négociable à sa satisfaction.

Je connus mieux l'Archiprêtre, et je dois dire que le bonhomme m'amusa. Le Périgord le rapprochait de moi ; il vint me demander de lui faire rendre son bénéfice. Et en quels termes ! « Votre Innocent... — Le Saint-Père, mon ami, le Saint-Père... lui disais-je. — Bon, le Saint-Père, si vous voulez, m'a supprimé ma commende pour le bon ordre de l'Eglise... ah ! c'est ce que l'évêque m'a dit. Eh quoi ? Croit-il donc qu'il n'y avait pas d'ordre à Vélines, avant lui ? La cure des âmes, messire cardinal, vous pensez que je ne l'exerçais point ? Il aurait fait beau voir qu'un agonisant trépassât sans les sacrements. A la moindre maladie, j'envoyais le tonsuré. Ça se paye, les sacrements. Et les gens qui passaient devant ma justice : amende. Ensuite, à confesse ; et la taxe de pénitence. Les adultères, la même chose. Je sais comment ça se mène, moi, les bons chrétiens. » Je lui disais : « L'Eglise a perdu un archiprêtre, mais le roi a gagné un bon chevalier. » Car Jean II l'avait armé chevalier, l'an passé.

Tout n'est pas mauvais, dans ce Cervole. Il a, pour parler des bords de notre Dordogne, des accents tendres qui surprennent. L'eau verte de la vaste rivière où se reflètent nos manoirs, le soir, entre les peupliers et les frênes ; les prairies grasses au printemps, la chaleur sèche des étés qui fait mûrir les orges jaunes ; les soirs qui sentent la menthe ; les raisins de septembre où nous mordions, enfants, dans des grappes chaudes... Si tous les hommes de France aimaient leur terre autant que l'aime cet homme-là, le royaume serait mieux défendu.

Je finis par comprendre les raisons de la faveur donc il jouissait. D'abord, il avait rejoint le roi dans la chevauchée de Saintonge, en 51, une petite équipée, mais qui avait permis à Jean II de croire qu'il serait un roi victorieux. L'Archiprêtre lui avait amené sa troupe, vingt armures et soixante sergents de pied. Comment les avait-il pu rassembler, à Vélines ? Toujours est-il que cela formait une compagnie. Mille écus d'or, réglés par le trésorier des guerres, pour le service d'une année... Cela permettait au roi de dire : « Nous sommes compagnons de longtemps, n'est-ce pas vrai, l'Archiprêtre ? »

Ensuite, il avait servi sous Monsieur d'Espagne, et, malin, ne manquait jamais de le rappeler devant le roi. C'était même sous les ordres de Charles d'Espagne, dans la campagne de 53, qu'il avait chassé les Anglais de son propre château de Vélines et des terres avoisinantes, Montcarret, Montaigne, Montravel... Les Anglais tenaient Libourne et y avaient grosse garnison d'archers. Mais lui, Arnaud de Cervole, tenait Sainte-Foy et n'était pas disposé à se la laisser enlever... « Je suis contre le pape parce qu'il m'a ôté mon archiprêtrise ; je suis contre l'Anglais parce qu'il a ravagé mon château ; je suis contre le Navarrais parce qu'il a occis mon connétable. Ah ! que n'ai-je été à Laigle, auprès de lui, pour le défendre ! »... C'était baume pour les oreilles du roi.

Et puis, enfin, l'Archiprêtre excelle aux nouveaux engins à feu. Il les aime, il les apprivoise, il s'en amuse. Rien ne lui plaît tant, il me l'a dit, que d'allumer une mèche, après de souterraines préparations, et de voir une tour de château s'ouvrir comme une fleur, comme un bouquet, projetant en l'air hommes et pierres, piques et tuiles. A cause de cela, il est entouré, sinon d'estime, du moins d'un certain respect ; car beaucoup, parmi les plus hardis chevaliers, répugnent à s'approcher de ces armes du diable que lui manie comme en se jouant. Il y a des gens ainsi, chaque fois qu'apparaissent de nouveaux procédés de guerre, qui en ont le sens immédiat et se font une réputation de leur emploi. Alors que les valets d'armes, les mains sur les oreilles, courent à mettre à l'abri, et que même les barons et les maréchaux reculent prudemment, Cervole, une lumière amusée dans l'œil, regarde rouler les barils de poudre, donne des ordres nets, enjambe les fougasses, se coule dans les sapes en rampant sur ses cubitières, ressort, bat tranquillement le briquet, prend son temps pour gagner un angle mort ou s'accroupir derrière un muret, tandis que part le tonnerre, que la terre tremble et que les murs s'entrouvrent.

Pareilles tâches exigent des équipes solides. Cervole a formé la sienne ; des brutes habiles, des amateurs de massacre, ravis de répandre la terreur, de briser, de détruire. Il les paye bien ; car le risque vaut salaire. Et il va flanqué de ses deux lieutenants qu'on croirait choisis pour leurs noms : Gaston de la Parade et Bernard d'Orgueil. Entre nous, le roi Jean aurait mieux employé ces trois artificiers-là, Breteuil serait tombé en une semaine. Mais non ; il voulait son beffroi roulant.

Cependant que la grande tour s'élevait, don Sanche Lopez, ses Navarrais et ses Anglais, enfermés dans le château, n'avaient pas l'air autrement émus. Les gardes se relayaient, à heures fixes, sur les chemins de ronde. Les assiégés, bien pourvus de vivres, avaient la mine grasse. De temps en temps, ils envoyaient une volée de flèches sur les terrassiers, mais avec parcimonie, pour ne pas user inutilement leurs munitions. Ces tirs, qui se produisaient parfois au passage du roi, lui procuraient des illusions d'exploit... « Avez-vous vu ? Tout un vol de flèches est arrivé sur lui, et point n'a bronché notre Sire ; ah ! le bon roi... » et permettaient à l'Archiprêtre, à l'Orgueil, à la Parade de lui crier : « Gardez-vous, Sire, on vous ajuste ! »...

en lui faisant rempart de leur corps contre des traits qui venaient finir dans l'herbe, à leurs pieds.

Il ne sentait pas bon, l'Archiprêtre. Mais il faut convenir que tout le monde puait, que tout le camp puait, et que c'était surtout par l'odeur que Breteuil était assiégée ! La brise charriait des senteurs d'excréments, car tous ces hommes qui pelletaient, charroyaient, sciaient, clouaient, se soulageaient au plus près de leur labeur. On ne se lavait guère, et le roi lui-même, constamment en cuirasse...

Usant d'autant de parfums et d'essences que je pouvais, j'eus le temps de bien observer les faiblesses du roi Jean. Ah ! c'est merveille que tant d'inconscience !

Il avait là deux cardinaux mandés par le Saint-Père pour tenter une grande paix générale ; il recevait des courriers de tous les princes d'Europe qui blâmaient sa conduite envers le roi de Navarre et lui donnaient conseil de le libérer ; il apprenait que les aides, partout, rentraient mal, et que non seulement en Normandie, non seulement à Paris, mais dans le royaume entier, l'humeur des gens était mauvaise et toute prête à la révolte ; il savait, surtout, que deux armées anglaises s'apprêtaient contre lui, celle de Lancastre en Cotentin, qui recevait renforts, et celle d'Aquitaine... Mais rien n'avait d'importance, à ses yeux, que le siège d'une petite place normande, et rien ne l'en pouvait distraire. S'obstiner sur le détail sans plus apercevoir l'ensemble est un grand vice de nature, chez un prince.

Durant tout un mois, Jean II n'alla qu'une fois à Paris, quatre jours, et pour y commettre la sottise que je vous dirai. Et le seul édit dont il n'ait pas alors laissé le soin à ses conseillers fut pour faire crier dans les bourgs et bailliages, à six lieues autour de Breteuil, que toutes manières de maçons, charpentiers, foueurs, mineurs, houeurs, coupeurs de bois et autres manœuvriers vinssent devers lui, de jour comme de nuit, portant les instruments et outils nécessaires à leurs métiers, afin de travailler aux pièces de siège.

La vue de son grand beffroi mobile, son atournement d'assaut comme il l'appelait, l'emplissait de satisfaction. Trois étages ; chaque plate-forme assez large pour que deux cents hommes y puissent tenir et combattre. Cela ferait donc six cents soldats au total qui occuperaient cette machine extraordinaire, quand on aurait apporté assez de fagots et fascines, charrié assez de pierres et tassé de terre pour lui former le chemin où elle roulerait sur ses quatres roues énormes.

Le roi Jean était si fier de son beffroi qu'il avait invité à le voir monter et mettre en œuvre. Ainsi s'en étaient venus le bâtard de Castille, Henri de Trastamare, ainsi que le comte de Douglas.

« Messire Edouard a son Navarrais, mais moi j'ai mon Ecossais », disait joliment le roi. A la différence près que Philippe de Navarre apportait aux Anglais la moitié de la Normandie, tandis que messire de Douglas n'apportait rien d'autre au roi de France que sa vaillante épée.

J'entends encore le roi nous expliquer : « Voyez, messeigneurs : cet atournement peut être poussé au point que l'on veut des remparts, les surplomber, permettre aux assaillants de jeter dans la place toutes sortes de carreaux et projectiles, d'attaquer à hauteur même des chemins de ronde. Les cuirs qu'on cloue dessus ont pour objet d'amortir les flèches. » Et moi qui m'obstinais à lui parler des conditions de la paix !

L'Espagnol et l'Ecossais n'étaient pas seuls à contempler l'énorme tour de bois. Les gens de messire Sanche Lopez la regardaient aussi, avec prudence, car l'Archiprêtre avait monté d'autres machines qui arrosaient copieusement la garnison de balles de pierre et de traits à poudre. Le château était pour ainsi dire décoiffé. Mais les gens de Lopez n'avaient pas l'air tellement effrayés. Ils ménageaient des trous dans leurs propres murailles, à mi-hauteur. « Pour mieux pouvoir fuir », disait le roi.

Enfin le grand jour arriva. J'y fus, un peu en retrait sur une petite butte, car la chose m'intéressait. Le Saint-Siège a des troupes, et des villes qu'il nous faut pouvoir défendre... Le roi Jean II paraît, coiffé de son heaume couronné de fleurs d'or. De son épée flamboyante, il donne le signe de l'attaque, tandis que les trompes sonnent. Au sommet de la tour tendue de cuir flotte la bannière aux fleurs de lis, et, au-dessous, les bannières des troupes qui occupent les trois étages. C'est un bouquet d'étendards que ce beffroi ! Et voilà qu'il se meut. Hommes et chevaux lui sont attelés, par grappes, et l'Archiprêtre scande l'effort à grands coups de gueule... On m'a dit avoir employé pour mille livres de cordes de chanvre. L'engin progresse, très lentement avec des gémissements de bois et quelques oscillations, mais il progresse. De le voir ainsi avancer, se balançant un peu et tout hérissé de drapeaux, on dirait un navire qui va à l'abordage. Et il aborde, en effet, dans un grand tumulte. Déjà, on se bat sur les créneaux, à hauteur de la troisième plate-forme. Les épées se croisent, les flèches partent en vols serrés. L'armée qui enserre le château, tout entière tête levée, a le souffle suspendu. Là-haut se font de beaux exploits. Le roi, la ventaille ouverte, assiste, superbe, à ce combat dans les airs.

Et puis soudain, un énorme fracas fait sursauter les troupes, et un jet de fumée enveloppe les bannières, au sommet du beffroi.

Messire de Lancastre avait laissé des bouches de canon à don Sanche Lopez, que celui-ci s'était bien gardé d'utiliser jusqu'à présent. Et voilà que ces bouches, par les trous ménagés dans la muraille, tirent à bout portant dans la tour roulante, crevant les peaux de bœufs qui la recouvrent, fauchant des rangées d'hommes sur les plates-formes, brisant les pièces de charpente.

Les balistes et les catapultes de l'Archiprêtre ont beau se mettre de la partie, elles ne peuvent empêcher qu'une deuxième salve ne soit tirée, puis une troisième. Ce ne sont plus seulement des boulets de fonte, mais aussi des pots enflammés, des sortes de feux grégeois qui viennent frapper le beffroi. Les hommes tombent, en hurlant, ou se ruent à dévaler les échelles, ou même se lancent dans le vide, affreusement brûlés. Les flammes commencent à jaillir du toit de la belle machine. Et puis, dans un craquement d'enfer, le plus haut étage s'effondre, écrasant ses occupants sous un brasier... De ma vie, Archambaud, je n'ai entendu plus effroyable clameur de souffrance ; et encore je n'étais pas au plus près. Les archers étaient pris dans un enchevêtrement de poutres incandescentes. Poitrines défoncées, leurs jambes, leurs bras cramaient. Les peaux de bœufs, en brûlant, répandaient une odeur atroce. La tour se mit à pencher, à pencher, et alors qu'on croyait qu'elle allait s'écrouler, elle s'immobilisa, inclinée, flambant toujours. On y jeta de l'eau comme on put, on s'affaira à en retirer les corps écrasés ou brûlés, tandis que les défenseurs du château dansaient de joie sur les murailles en criant : « Saint Georges loyauté ! Navarre loyauté ! »

Le roi Jean, devant ce désastre, semblait chercher autour de lui un coupable, alors qu'il n'y en avait d'autre que lui-même. Mais l'Archiprêtre était là, sous son chapeau de fer, et la grande colère qui allait éclater resta dans le heaume royal. Car Cervole était sans doute le seul homme de toute l'armée qui n'eût pas hésité à dire au roi : « Voyez votre ânerie, Sire. Je vous avais conseillé de creuser des mines, plutôt que de bâtir ces grands échafauds qui ne sont plus d'usage depuis bientôt cinquante ans. On n'est plus au temps des Templiers, et Breteuil n'est pas Jérusalem. »

Le roi demanda simplement : « Cet atournement peut-il être réparé ? — Non, Sire. — Alors cassez ce qu'il en reste. Cela servira à combler les fossés. »

Ce soir-là, je pensai opportun de l'entreprendre sérieusement sur les approches d'un traité de paix. Les revers ordinairement ouvrent l'oreille des rois à l'entendement de la sagesse. L'horreur dont nous venions d'être témoins me permettait d'en appeler à ses sentiments chrétiens. Et si son ardeur chevaleresque était avide de prouesses, le pape lui en offrait, à lui et aux princes d'Europe, de bien plus méritoires et plus glorieuses du côté de Constantinople. Je me fis rebuffer, ce qui remplit d'aise Capocci.

« J'ai deux chevauchées anglaises qui me menacent en mon royaume et ne puis différer de m'apprêter à leur courir sus. C'est là tout mon souci pour le présent. Nous reparlerons à Chartres, s'il vous plaît. »

Les dangers qu'il ignorait la veille lui paraissaient soudain d'urgence première.

Et Breteuil ? Qu'allait-il décider pour Breteuil ? Préparer un nouvel assaut demanderait un autre mois aux assiégeants. Les assiégés, pour leur part, s'ils n'avaient épuisé ni leurs vivres ni leurs munitions, avaient été pas mal éprouvés. Ils avaient des blessés, leurs tours étaient décoiffées. Quelqu'un parla de négocier, d'offrir à la garnison une reddition honorable. Le roi se tourna vers moi. « Eh bien, Monseigneur cardinal… »

Ce fut mon tour de lui marquer hauteur. J'étais venu d'Avignon pour œuvrer à une paix générale, non pour m'entremettre dans une quelconque livraison de forteresse. Il comprit son erreur, et se donna contenance par ce qu'il crut être une repartie plaisante. « Si cardinal est empêché, archiprêtre peut faire office. »

Et le lendemain, tandis que la tour de bois fumait encore et que les terrassiers s'étaient remis à l'œuvre, mais cette fois pour enterrer les morts, notre sire de Vélines, monté sur ses guêtres d'acier, et précédé de trompes sonnantes, s'en alla conférer avec don Sanche Lopez. Ils marchèrent un long moment devant le pont-levis du château, regardés par les soldats des deux camps.

Ils étaient l'un comme l'autre hommes de métier et ne pouvaient s'en faire accroire... « Si je vous avais attaqué avec des mines à poudre, sous vos murs, messire ? — Ah ! messire, je pense que vous seriez venu à bout de nous. — Combien de temps pouvez-vous tenir encore ? — Moins longtemps que nous le souhaiterions, mais plus que vous ne l'espérez. Nous avons suffisance d'eau, de victuailles, de flèches et de boulets. »

Au bout d'une heure l'Archiprêtre s'en revint vers le roi. « Don Sanche Lopez consent à vous remettre le château, si vous lui laissez libre départ et si vous lui donnez de l'argent. — Soit, qu'on lui en donne et qu'on en finisse ! »

Deux jours plus tard, les gens de la garnison, têtes hautes et bourses pleines, sortaient pour s'en aller rejoindre Monseigneur de Lancastre. Le roi Jean devrait réparer Breteuil à ses frais. Ainsi se terminait ce siège qu'il avait voulu mémorable. Encore eut-il le front de nous soutenir que sans son beffroi d'assaut la place serait venue moins vite à composition.

3

L'hommage de Phœbus

Vous regardez s'éloigner Troyes ? Belle cité, n'est-ce pas, mon neveu, surtout par ce matin tout éclairé de soleil. Ah ! c'est une grande chance pour une ville que d'avoir donné naissance à un pape. Car les beaux hôtels et palais que vous avez vus autour de la Maison de Ville, et l'église Saint-Urbain qui dans l'art nouveau est un joyau, avec sa foison de vitraux, et bien d'autres bâtiments encore dont vous avez admiré l'ordonnance, tout cela est dû au fait que Urbain IV, qui occupa le trône de saint Pierre voici tout près d'un siècle, et pour trois ans seulement, avait vu le jour à Troyes, dans une boutique, là même où s'élève à présent son église. C'est ce qui a donné de la gloire à la ville, et comme un élan de prospérité. Ah ! si pareille fortune avait pu échoir à notre cher Périgueux... Enfin, je ne veux plus parler de cela, car vous croiriez que je n'ai rien d'autre en tête...

A présent, je connais le chemin du Dauphin. Il nous suit. Il sera demain à Troyes. Mais il gagnera Metz par Saint-Dizier et Saint-Mihiel, tandis que nous passerons par Châlons et Verdun. D'abord, parce que j'ai affaire à Verdun... je suis chanoine de la cathédrale... et puis parce que je ne veux point paraître me joindre avec le Dauphin. Mais rapprochés comme nous sommes, nous pourrons à tout moment échanger messagers, dans la journée ou presque ; et puis nos liaisons deviennent plus aisées et rapides, avec Avignon...

Quoi donc ? Qu'avais-je promis de vous conter et que j'ai oublié ? Ah... ce que fit le roi Jean à Paris, pendant les quatre jours qu'il s'absenta du siège de Breteuil ?...

Il allait recevoir l'hommage de Gaston Phœbus. Un succès, un triomphe pour le roi Jean, ou plutôt pour le chancelier Pierre de La Forêt qui avait, patiemment, habilement, préparé la chose. Car Phœbus est beau-frère du roi de Navarre et leurs domaines tout voisins, au seuil des Pyrénées. Or, cet hommage traînait depuis le début du règne. L'obtenir au moment où Charles de Navarre était en prison, voilà qui pouvait changer les choses, et modifier le jugement de plusieurs cours d'Europe.

Bien sûr, la réputation de Phœbus est venue jusqu'à vous... Oh ! pas seulement un grand veneur, mais aussi un grand jouteur, un grand liseur, un grand bâtisseur et, de surcroît, un grand séducteur. Je dirais : un grand prince dont la peine est de n'avoir qu'un petit Etat. On assure qu'il est le plus bel homme de ce temps, et j'y souscris volontiers. Très haut, et d'une force à se battre avec les ours... au propre, mon neveu, avec un ours, il l'a fait !... il a la jambe bien fendue, la hanche mince, l'épaule large, le visage lumineux, la dent très blanche sous le sourire. Et puis surtout il a cette masse de cheveux d'un or cuivré, cette toison radieuse, ondulée, arrondie jusqu'au bas du col, cette couronne naturelle, flamboyante, qui lui a fait prendre le soleil pour emblème, ainsi que son surnom de Phœbus, qu'il écrit d'ailleurs avec un F et un é... Fébus... parce qu'il a dû le choisir avant d'avoir un peu de grec. Il ne porte jamais de chaperon et va toujours nu-tête comme les anciens Romains, ce qui est unique dans nos usages.

Je fus chez lui, naguère. Car il a fait si bien que tout ce qui compte dans le monde chrétien passe par sa petite cour d'Orthez dont il est arrivé à ce qu'elle soit une grande cour. Quand je m'y trouvais, j'y rencontrai un comte palatin, un prélat du roi Edouard, un premier chambellan du roi de Castille, sans compter des physiciens réputés, un célèbre imagier, et de grands docteurs ès lois. Tout ce monde splendidement traité.

Je ne sais que le roi Lusignan de Chypre qui ait si rayonnante et si influente cour, sur un si étroit territoire ; mais il dispose de beaucoup plus de moyens, de par les profits du commerce.

Phœbus a une rapide et plaisante façon de vous montrer ce qui lui appartient : « Voici mes chiens de meute... mes chevaux... voici ma maîtresse... voici mes bâtards... Madame de Foix se porte bien, Dieu soit loué. Vous la verrez ce soir. »

Le soir, dans la longue galerie qu'il a fait ouvrir au flanc de son château, et d'où l'on domine un horizon montueux, toute la cour se réunit et déambule, pendant un grand moment, en atours superbes, tandis qu'une ombre bleue tombe sur le Béarn. De place en place sont d'immenses cheminées qui flambent et, entre les cheminées, le mur est peint à fresque de scènes de chasse qui sont travail d'artistes venus d'Italie. L'invité qui n'a pas apporté tous ses joyaux et ses meilleures robes, croyant à un séjour dans un petit château de montagne, fait fort mauvaise figure. Je vous en avertis, s'il vous advient un jour d'y aller... Madame Agnès de Foix, qui est Navarre, la sœur de la reine Blanche et presque aussi belle qu'elle, est toute cousue d'or et de perles. Elle parle peu, ou plutôt, on le devine, elle craint de parler. Elle écoute les ménestrels qui chantent *Aqueres mountanes* que son époux a composé, et que les Béarnais aiment à reprendre en chœur.

Phœbus, lui, va de groupe en groupe, salue l'un, salue l'autre, accueille un seigneur, complimente un poète, s'entretient avec un ambassadeur, s'informe en marchant des affaires du monde, laisse tomber un avis, donne un ordre à mi-voix et gouverne en causant. Jusqu'à ce que douze grands flambeaux portés par des valets à sa livrée le viennent quérir pour passer à souper, avec tous ses hôtes. Parfois il ne se met à table qu'à la minuit.

Un soir je l'ai surpris, appuyé contre une arche de la galerie ouverte, à soupirer devant son gave argenté et son horizon de montagnes bleues : « Trop petit, trop petit... On dirait, Monseigneur, que la Providence prend un plaisir malin, en faisant rouler les dés, à les apparier à l'envers... »

Nous venions de parler de la France, du roi de France, et je compris ce qu'il voulait me donner à entendre. Grand homme souvent ne reçoit à gouverner que petite terre, alors qu'à l'homme faible échoit le grand royaume. Et il ajouta : « Mais si petit que soit mon Béarn, j'entends qu'il n'appartienne à personne qu'à lui-même. »

Ses lettres sont merveille. Il ne manque à y inscrire aucun de ses titres : « Nous, Gaston III, comte de Foix, vicomte de Béarn, vicomte de Lautrec, de Marsan et de Castillon... », et quoi donc encore... ah, oui : « seigneur de Montesquieu et de Montpezat... » et puis, et puis, entendez comme cela sonne : « viguier d'Andorre et de Capsire... » et il signe seulement « Fébus »... avec son F et son é, bien sûr, peut-être pour se distinguer même d'Apollon... tout comme sur les châteaux et monuments qu'il construit ou embellit, on voit gravé en hautes lettres : « Fébus l'a fait. »

Il y a de l'outrance, certes, en son personnage ; mais il faut se rappeler qu'il n'a que vingt-cinq ans. Pour son âge, il a déjà montré beaucoup d'habileté. De même qu'il a montré son courage ; il fut des plus vaillants à Crécy. Il avait quinze ans. Ah ! j'omets de vous dire, si vous ne le savez : il est petit-neveu de Robert d'Artois. Son grand-père épousa Jeanne d'Artois, la propre sœur de Robert, laquelle, aussitôt après son veuvage, a marqué tant d'appétit pour les hommes, mené vie si scandaleuse, causé tant d'embrouilles... et pourrait tant en causer encore... mais si, elle vit toujours ; un peu plus de soixante ans, et une belle santé... que son petit-fils, notre Phœbus, a dû la cloîtrer dans une tour du château de Foix où il la fait garder bien étroitement. Ah ! c'est un sang lourd que celui des d'Artois !

Et voilà l'homme dont La Forêt, l'archevêque-chancelier, alors que tout devient contraire au roi Jean, obtient qu'il vienne rendre l'hommage. Oh ! ne vous méprenez point. Phœbus a bien réfléchi sa décision, et il n'agit, précisément, que pour protéger l'indépendance de son petit Béarn. L'Aquitaine touchant à la Navarre, et lui-même touchant aux deux, leur alliance, à présent patente, ne lui sourit guère ; cela menace d'une grosse pesée ses courtes frontières. Il aimerait bien se garantir du côté du Languedoc où il a eu maille à partir avec le comte d'Armagnac, gouverneur du roi. Alors, rapprochons-nous de la France, finissons-en de cette mésentente, et dans ce dessein, rendons l'hommage dû pour notre comté de Foix. Bien sûr, Phœbus plaidera la libération de son beau-frère Navarre, on en est convenu, mais pour la forme, pour la forme seulement, comme si c'était le prétexte au rapprochement. Le jeu est fin. Phœbus pourra toujours dire aux Navarre : « Je n'ai rendu l'hommage que dans l'intention de vous servir. »

En une semaine, Gaston Phœbus séduisit Paris. Il était arrivé avec une nombreuse escorte de gentilshommes, des serviteurs à foison, vingt chars pour transporter sa garde-robe et son mobilier, une meute splendide et une partie de sa ménagerie de bêtes fauves. Tout ce cortège s'étirait sur un quart de lieue. Le moindre varlet était splendidement vêtu, arborant la livrée de Béarn ; les chevaux étaient carapaçonnés de velours de soie, comme les miens. Lourde dépense à coup sûr, mais faite pour frapper les foules. Phœbus y avait réussi.

Les grands seigneurs se disputaient l'honneur de le recevoir. Tout ce qui était notoire dans la ville, gens de Parlement, d'université, de finance, et même gens d'Eglise, prenaient quelque raison de le venir saluer dans l'hôtel que sa sœur Blanche, la reine-veuve, lui avait ouvert pour le temps de son séjour. Les femmes voulaient le contempler, entendre sa voix, lui toucher la main. Lorsqu'il se déplaçait dans la ville, les badauds le reconnaissaient à sa chevelure d'or et s'agglutinaient aux portes des boutiques d'argentiers ou de drapiers dans lesquelles il entrait. On reconnaissait aussi l'écuyer qui l'accompagnait toujours, un géant du nom d'Ernauton d'Espagne, peut-être son demi-frère adultérin ; de même qu'on reconnaissait les deux énormes chiens pyrénéens dont il se faisait suivre, tenus en laisse par un varlet. Sur le dos d'un des chiens, un petit singe se tenait assis... Un grand seigneur inhabituel, plus fastueux que les plus fastueux, était dans la capitale, et chacun en parlait.

Je vous conte cela par le menu ; mais en ce mauvais juillet, nous étions sur l'escalier des drames ; et chaque marche importe.

Vous aurez à gouverner un gros comté, Archambaud, et dans des temps, je gage bien, qui ne seront pas plus aisés que celui-ci ; on ne se relève point en quelques années de la chute où nous voilà.

Gardez bien ceci en mémoire : dès lors qu'un prince est médiocre de nature, ou bien affaibli par l'âge ou par la maladie, il ne peut plus maintenir l'unité de ses conseillers. Son entourage se partage, se divise, car chacun en vient à s'approprier les morceaux d'une autorité qui ne s'exerce plus, ou s'exerce mal ; chacun parle au nom d'un maître qui ne commande plus ; chacun échafaude pour soi, l'œil sur l'avenir. Alors les coteries se forment, selon les affinités d'ambition ou de tempérament. Les rivalités s'exaspèrent. Les loyaux se groupent d'un côté, et de l'autre les traîtres, qui se croient loyaux à leur manière.

Moi, j'appelle traîtres ceux qui trahissent l'intérêt supérieur du royaume. Souvent, c'est qu'ils sont incapables de l'apercevoir ; ils ne voient que l'intérêt des personnes ; or, ce sont eux, hélas, qui généralement l'emportent.

Autour du roi Jean, deux partis existaient comme ils existent aujourd'hui autour du Dauphin, puisque les mêmes hommes sont en place.

D'un côté, le parti du chancelier Pierre de La Forêt, l'archevêque de Rouen, que seconde Enguerrand du Petit-Cellier ; ce sont hommes que je tiens pour les plus avertis et les plus soucieux du bien du royaume. Et puis de l'autre Nicolas Braque, Lorris, et surtout, surtout, Simon de Bucy.

Peut-être l'allez-vous voir à Metz. Ah ! défiez-vous toujours de lui et des gens qui lui ressemblent... Un homme à tête trop grande sur un corps trop court, déjà c'est mauvais signe, redressé comme un coq, assez malappris et violent dès qu'il cesse d'être taciturne, et plein d'un immense orgueil, mais dissimulé. Il savoure le pouvoir exercé dans l'ombre, et n'aime rien tant qu'humilier, sinon perdre, tous ceux qu'il voit prendre trop d'importance à la cour ou trop d'influence sur le prince. Il imagine que gouverner, c'est seulement ruser, mentir, échafauder des machines. Il n'a point de grande idée, seulement de médiocres desseins, toujours noirs, et qu'il poursuit avec beaucoup d'obstination. Petit clerc du roi Philippe, il a grimpé jusqu'où il est... premier président au Parlement et membre du Grand Conseil... en s'acquérant réputation de fidélité, parce qu'il est autoritaire et brutal. On a vu cet homme, rendant la justice, obliger des plaideurs mécontents à s'agenouiller en plein prétoire pour lui demander pardon, ou bien faire exécuter d'un coup vingt-trois bourgeois de Rouen ; mais il prononce aussi bien des acquittements arbitraires ou renvoie indéfiniment de graves affaires, pour pouvoir tenir les gens à sa discrétion. Il sait ne pas négliger sa fortune ; il a obtenu de l'abbé de Saint-Germain-des-Prés l'octroi de la porte Saint-Germain, aussitôt nommée porte de Bucy, et par là il touche péage sur une bonne part de tout ce qui roule dans Paris.

Dès lors que La Forêt avait négocié l'hommage de Phœbus, Bucy y était opposé et bien résolu à faire échouer l'accord. C'est lui qui alla au-devant du roi, venant de Breteuil, et lui glissa : « Phœbus vous nargue dans Paris par un grand étalage de richesse... Phœbus a reçu à deux reprises le prévôt Marcel... J'ai soupçon que Phœbus complote, avec sa femme et la reine Blanche, l'évasion de Charles le Mauvais... Il faut exiger de Phœbus l'hommage pour le Béarn... Phœbus ne tient pas de bons propos sur vous... Prenez garde, en accueillant trop gracieusement Phœbus, de blesser le comte d'Armagnac, dont vous avez grand besoin en Languedoc. Certes, le chancelier La Forêt a cru bien faire ; mais La Forêt est trop coulant avec les amis de vos ennemis... Et puis a-t-on idée de s'appeler Phœbus ? » Et afin de mettre le roi vraiment en méchante humeur, il lui bailla une mauvaise nouvelle. Friquet de Fricamps s'était évadé du Châtelet grâce à l'ingéniosité de deux de ses domestiques. Les Navarrais narguaient le pouvoir royal et retrouvaient un homme bien habile et bien dangereux...

Cela fit qu'au souper qu'il offrit la veille de l'hommage, le roi Jean se montra rogue et agressif, appelant Phœbus : « Messire mon vassal » et lui demandant : « Reste-t-il quelques hommes dans vos fiefs, après tous ceux qui vous escortent dans ma ville ? »

Et encore il lui dit : « J'aimerais que vos troupes n'entrassent plus dans les terres où commande Monseigneur d'Armagnac. »

Fort surpris, car il était convenu avec Pierre de La Forêt qu'on regarderait ces incidents comme effacés, Phœbus répliqua : « Mes bannières, Sire mon cousin, n'auraient pas eu à pénétrer en Armagnac si ce n'avait été pour y repousser celles qui venaient attaquer chez moi. Mais dès lors que vous avez donné ordre que cessent les incursions des hommes qui sont à Monseigneur d'Armagnac, mes chevaliers se tiendront heureux sur leurs frontières. » Sur quoi le roi enchaîna : « Je souhaiterais qu'ils se tinssent un peu plus près de moi. J'ai convoqué l'ost à Chartres, pour marcher à l'Anglais. Je compte que vous serez bien exact à le rejoindre avec les bannières de

Foix et de Béarn. — Les bannières de Foix, répondit Phœbus, seront levées ainsi que vassal le doit, aussitôt que je vous aurai rendu l'hommage, Sire mon cousin. Et celles de Béarn suivront, s'il me plaît. »

Pour un souper d'accordement, c'était réussi ! L'archevêque-chancelier, surpris et mécontent, s'employait vainement à mettre un peu de beaume. Bucy montrait visage de bois. Mais dans le fond de soi, il triomphait. Il se sentait le vrai maître.

Du roi de Navarre, le nom ne fut même pas prononcé, bien que la reine Jeanne et la reine Blanche fussent présentes.

En sortant du palais, Ernauton d'Espagne, l'écuyer géant, dit au comte de Foix... je n'étais pas dans leurs bottes, mais c'est le sens de ce qui me fut rapporté : « J'ai bien admiré votre patience. Si j'étais Phœbus, je n'attendrais point un nouvel outrage, et je m'en repartirais sur-le-champ pour mon Béarn. » A cela Phœbus répondit : « Et si j'étais Ernauton, c'est tout exactement le conseil que je donnerais à Phœbus. Mais je suis Phœbus, et dois regarder avant tout l'avenir de mes sujets. Je ne veux pas être celui qui rompt et paraître en mon tort. J'épuiserai toutes chances d'accord, jusqu'aux limites de l'honneur. Mais La Forêt, je le crains bien, m'a mené dans une embûche. A moins qu'un fait que j'ignore, et qu'il ignore, ait retourné le roi. Nous verrons demain. »

Et le lendemain, après messe, Phœbus pénétra dans la grande-salle du palais. Six écuyers soutenaient la traîne de son manteau, et pour une rare fois, il n'allait pas tête nue. C'est qu'il portait couronne, or sur or. La chambre était tout emplie de chambellans, conseillers, prélats, chapelains, maîtres du Parlement et grands officiers. Mais le premier que remarqua Phœbus, ce fut le comte d'Armagnac, Jean de Forez, debout au plus près du roi et comme appuyé au trône, faisant figure bien arrogante. De l'autre côté, Bucy feignait de mettre ordre dans ses rôles de parchemin. Il en prit un et lut, comme si c'eût été un tout ordinaire arrêt : « Messire, le roi de France, mon seigneur, vous reçoit pour la comté de Foix et la vicomté de Béarn que vous tenez de lui, et vous devenez son homme comme comte de Foix et vicomte de Béarn selon les formes faites entre ses devanciers, rois de France, et les vôtres. Agenouillez-vous. »

Il y eut un temps de silence. Puis Phœbus répondit d'une voix fort nette : « Je ne puis. »

L'assistance marqua de la surprise, sincère chez la plupart, feinte chez d'autres, avec un rien de plaisir. Ce n'est pas si souvent qu'un incident survient dans une cérémonie d'hommage.

Phœbus répéta : « Je ne puis. » Et il ajouta bien clairement : « J'ai un genou qui ploie : celui de Foix. Mais celui de Béarn ne peut ployer. »

Alors le roi Jean parla, et sa voix avait un ton de colère. « Je vous reçois et pour Foix et pour Béarn. » L'audience frémit de curiosité. Et le débat donna ceci, pour le plus gros... Phœbus : « Sire, Béarn est terre de franc-alleu, et vous ne pouvez point me recevoir pour ce qui n'est pas de votre suzeraineté. » Le roi : « C'est fausseté que vous alléguez là, et qui a été pour trop d'années sujet de disputes entre vos parents et les miens. » Phœbus : « C'est vérité, Sire, et qui ne restera sujet à discorde que si vous le voulez. Je suis votre sujet fidèle et loyal pour Foix, selon ce que mes pères ont toujours protesté, mais je ne puis me déclarer votre homme pour ce que je ne tiens que de Dieu. » Le roi : « Mauvais vassal ! Vous vous ménagez de fourbes chemins pour vous soustraire au service que vous me devez. L'an dernier vous n'avez point amené vos bannières au comte d'Armagnac, mon lieutenant en Languedoc que voici, et qui, à cause de votre défection, n'a pu repousser la chevauchée anglaise ! » Phœbus dit alors, superbement : « Si de mon seul concours dépend le sort du Languedoc, et que Messire d'Armagnac est impuissant à vous garder cette province, alors ce n'est pas lui qu'il faut en remettre la lieutenance, Sire, mais à moi. »

Le roi était monté en fureur, et son menton tremblait. « Vous me narguez, beau sire, mais ne le ferez pas longtemps. Agenouillez-vous ! — Otez Béarn de l'hommage, et je ploie le genou aussitôt. — Vous le ploierez en prison, mauvais traître ! cria le roi. Qu'on s'en saisisse ! »

La pièce était montée, prévue, organisée, au moins par Bucy qui n'eut qu'un geste à faire pour que Perrinet le Buffle et six autres sergents de la garde surgissent autour de Phœbus. Ils savaient déjà qu'ils devaient le conduire au Louvre.

Le même jour, le prévôt Marcel s'en allait disant dans la ville : « Il ne restait plus au roi Jean qu'un seul ennemi à se faire ; c'est chose accomplie. Si tous les larrons qui entourent le roi demeurent en place, il n'y aura bientôt plus un seul honnête qui pourra respirer hors de geôle. »

4

Le camp de Chartres

La plus belle, mon neveu, la plus belle ! Savez ce que m'écrit le pape dans une lettre du 28 novembre, mais dont l'expédition a dû être quelque peu différée, ou bien dont le chevaucheur qui me la portait est allé me chercher où je n'étais pas, puisqu'elle ne m'est parvenue qu'hier soir, à Arcis ? Devinez... Eh bien, le Saint-Père, déplorant le désaccord que j'ai avec Niccola Capocci, me fait reproche « du manque de charité qui est entre nous ». Je voudrais bien savoir comment je pourrais lui témoigner charité, à Capocci ? Je ne l'ai point revu depuis Breteuil, où il m'a brusquement faussé compagnie pour aller s'installer à Paris. Et qui donc est fautif du désaccord, sinon celui qui, à toute force, a voulu m'adjoindre ce prélat égoïste, borné, uniquement soucieux de ses aises, et dont les démarches n'ont d'autre dessein que de contrecarrer les miennes ? La paix générale, il n'en a cure. Tout ce qui lui importe, c'est que ce ne soit pas moi qui y parvienne. Manque de charité, la belle chose ! Manque de charité... J'ai bonnes raisons de penser que Capocci fricote avec Simon de Bucy, et qu'il fut pour quelque chose dans l'emprisonnement de Phœbus, lequel, je vous rassure, oui, vous le saviez... fut relâché en août ; et grâce à qui ? A moi ; ça, vous ne le saviez pas... sous la promesse qu'il rejoindrait l'ost du roi.

Enfin, le Saint-Père veut bien m'assurer qu'on me loue pour mes efforts et que mes activités sont approuvées non seulement par lui-même, mais par tout le collège des cardinaux. Je pense qu'il n'en écrit pas autant à l'autre... Mais il revient, comme il l'a déjà fait en octobre, sur son conseil d'inclure Charles de Navarre dans la paix générale. Je devine aisément qui lui souffle cela...

C'est après l'évasion de Friquet de Fricamps que le roi Jean décida de transférer son gendre à Arleux, une forteresse de Picardie où tout autour sont des gens fort dévoués aux d'Artois. Il craignait que Charles de Navarre, à Paris, ne bénéficiât de trop de complicités. Il ne voulait pas laisser Phœbus et lui dans la même prison, voire la même ville...

Et puis, ayant bradé l'affaire de Breteuil comme je vous le contais hier, il revint à Chartres. Il m'avait dit : « Nous parlerons à Chartres. » J'y fus, moi, tandis que Capocci faisait le vaniteux à Paris...

Où sommes-nous ici ? Brunet !... le nom de ce bourg ?... Et Poivres, avons-nous passé Poivres ? Ah ! bon, c'est en avant. On m'a dit que l'église en était digne d'être regardée. D'ailleurs, toutes ces églises de Champagne sont fort belles. C'est un pays de foi...

Oh ! je ne regrette pas d'avoir vu le camp de Chartres, et j'eusse voulu que vous le vissiez aussi... Je sais ; vous avez été dispensé de l'ost afin de suppléer votre père, malade, pour contenir les Anglais, vaille que vaille, hors de Périgord... Cela vous a peut-être sauvé d'être aujourd'hui couché sous une dalle, dans un couvent de Poitiers. Peut-on savoir ? La Providence décide.

Alors, imaginez Chartres : soixante mille hommes, au bas mot, campant dans la vaste plaine que dominent les flèches de la cathédrale. L'une des plus grandes armées, sinon la plus grande, jamais réunies au royaume. Mais séparée en deux parts bien distinctes.

D'un côté, alignées en belles files par centaines et centaines, les tentes de soie ou de toile teinte des bannerets et des chevaliers. Le mouvement des hommes, des chevaux, des chariots produisait là un grand fourmillement de couleurs et d'acier, sous le soleil, à perte de vue ; et c'était de ce côté que venaient installer leurs éventaires roulants les marchands d'armes, de harnais, de vin, de mangeaille, ainsi que les bordeliers amenant de pleins chariots de filles, sous la surveillance du roi des ribauds... dont je n'ai toujours pas retrouvé le nom.

Et puis, à bonne distance, bien séparés, comme dans les images du Jugement dernier... d'un côté le paradis, de l'autre l'enfer... les piétons, sans autre abri, sur les blés coupés, qu'une toile soutenue par un piquet, quand encore ils avaient pris le soin de s'en munir ; une immense plèbe au hasard répandue, lasse, sale, désœuvrée, qui se groupait par terroir et obéissait mal à des chefs improvisés. D'ailleurs à quoi eût-elle obéi ? On ne lui donnait guère de tâches, on ne lui commandait aucune manœuvre. Toute l'occupation de ces gens, c'était la recherche de la nourriture. Les plus malins s'en allaient chaparder du côté des chevaliers, ou bien piller les basses-cours des hameaux voisins, ou bien braconner. Derrière chaque talus on voyait trois gueux assis sur leurs talons, autour d'un lapin en train de rôtir. Il y avait de soudaines ruées vers les chariots qui distribuaient du pain d'orge, à des heures irrégulières. Ce qui était régulier, c'était le passage du roi, chaque jour, dans les rangs des piétons. Il inspectait les derniers arrivés, un jour ceux de Beauvais, le lendemain ceux de Soissons, le surlendemain ceux d'Orléans et de Jargeau.

Il se faisait accompagner, entendez bien, de ses quatre fils, de son frère, du connétable, des deux maréchaux, de Jean d'Artois, de Tancarville, qui sais-je encore... d'une nuée d'écuyers.

Une fois, qui se trouva être la dernière, vous allez voir pourquoi... il me convia comme s'il me rendait grand honneur. « Monseigneur de Périgord, demain, s'il vous plaît de me suivre, je vous emmène à la montrée. » Moi, j'attendais toujours de m'accorder avec lui sur quelques propositions, si vagues fussent-elles, à transmettre aux Anglais, pour pouvoir accrocher un commencement de négociation. J'avais proposé que les deux rois commissent des députés pour dresser la liste de tous les litiges entre les deux royaumes. Rien qu'avec cela, on pouvait discuter pendant quatre ans.

Ou bien, je cherchais un autre abord, tout différent. On feignait d'ignorer les litiges et l'on engageait les préliminaires sur les préparatifs d'une expédition commune vers Constantinople. L'important, c'était de commencer à parler...

J'allai donc traîner ma robe rouge dans cette vaste pouillerie qui campait sur la Beauce. Je dis fort bien : pouillerie, car au retour Brunet dut me chercher les poux. Je ne pouvais tout de même pas repousser ces pauvres hères qui venaient baiser le bas de ma robe ! L'odeur était encore plus incommodante qu'à Breteuil. La nuit précédente un gros orage avait crevé, et les piétons avaient dormi à même le sol détrempé. Leurs guenilles fumaient sous le soleil du matin, et ils puaient ferme. L'Archiprêtre, qui marchait devant le roi, s'arrêta. Décidément, il tenait grande place, l'Archiprêtre ! Et le roi s'arrêta, et toute sa compagnie.

« Sire, voici ceux de la prévôté de Bracieux dans le bailliage de Blois, qui sont arrivés d'hier. Ils sont piteux... » De sa masse d'armes, l'Archiprêtre désignait une quarantaine de gueux dépenaillés, boueux, hirsutes. Ils n'étaient point rasés depuis dix jours ; lavés, n'en parlons pas. La disparité de leurs vêtements se fondait dans une couleur grisâtre de crasse et de terre. Quelques-uns portaient des souliers crevés ; d'autres avaient les jambes entourées seulement de mauvaises toiles, d'autres allaient pieds nus. Ils se redressaient pour faire bonne figure ; mais leurs regards étaient inquiets. Dame, ils n'attendaient pas de voir surgir devant eux le roi en personne, entouré de sa rutilante escorte. Et les gueux de Bracieux se tassaient les uns contre les autres. Les lames courbes et les piques à crocs de quelques vouges ou gaudendarts pointaient au-dessus d'eux comme des épines hors d'un fagot fangeux.

« Sire, reprit l'Archiprêtre, ils sont trente-neuf, alors qu'ils devraient se trouver cinquante. Huit ont des gaudendarts, neuf sont pourvus d'une épée, dont une très mauvaise. Un seul possède ensemble une épée et un gaudendart. L'un d'eux a une hache, trois ont des bâtons ferrés et un autre n'est armé que d'un couteau à pointe ; les autres n'ont rien du tout. »

J'aurais eu envie de rire, si je ne m'étais demandé ce qui poussait le roi à perdre ainsi son temps et celui de ses maréchaux à compter des épées rouillées. Qu'il se fît voir une fois, soit, c'était bonne chose. Mais chaque jour, chaque matin ? Et pourquoi m'avoir convié à cette piètre montrée ?

J'eus surprise alors d'entendre son plus jeune fils, Philippe, s'écrier du ton faux qu'ont les jouvenceaux quand ils veulent se poser en hommes mûris : « Ce n'est certes point avec de telles levées que nous emporterons de grandes batailles. » Il n'a que quatorze ans ; sa voix muait et il n'emplissait pas tout à fait sa chemise de mailles. Son père lui caressa le front, comme s'il se félicitait d'avoir donné naissance à un guerrier si avisé. Puis, s'adressant aux hommes de Bracieux, il demanda : « Pourquoi n'êtes-vous pas mieux pourvus d'armes ? Allons, pourquoi ? Est-ce ainsi qu'on se présente à mon ost ? N'avez-vous pas reçu d'ordres de votre prévôt ? »

Alors, un gaillard un peu moins tremblant que les autres, peut-être bien celui qui portait la seule hache, s'avança pour répondre : « Sire notre maître, le prévôt nous a commandé de nous armer chacun selon notre état. On s'est pourvu comme on a pu. Ceux qui n'ont rien, c'est que leur état ne leur permet pas mieux. »

Le roi Jean se retourna vers le connétable et les maréchaux, arborant cet air des gens qui sont satisfaits quand, même à leur détriment, les choses leur donnent raison. « Encore un prévôt qui n'a pas fait son devoir... Renvoyez-les, comme ceux de Saint-Fargeau, comme ceux de Soissons. Ils paieront l'amende. Lorris, vous notez... »

Car, ainsi qu'il me l'expliqua un moment après, ceux qui ne se présentait pas à la montrée, ou y venaient sans armes et ne pouvaient combattre, étaient tenus de payer rachat. « Ce sont les amendes dues par tous ces piétons qui me fourniront le nécessaire pour solder mes chevaliers. »

Une belle idée qui avait dû lui être glissée par Simon de Bucy, et qu'il avait faite sienne. Voilà pourquoi il avait convoqué l'arrière-ban, et voilà pourquoi il comptait avec une sorte de rapacité les détachements qu'il renvoyait dans leurs foyers. « Quel emploi aurions-nous de cette piétaille ? me dit-il encore. C'est à cause de ses troupes de pied que mon père a été battu à Crécy. La piétaille ralentit tout et empêche de chevaucher comme il convient. »

Et chacun l'approuvait, sauf, je dois dire, le Dauphin, qui semblait avoir une réflexion sur le bout des lèvres mais la garda pour lui.

Etait-ce à dire que de l'autre côté du camp, du côté des bannières, des chevaux et des armures, tout allait à merveille ? En dépit des convocations répétées, et malgré les beaux règlements qui prescrivaient aux bannerets et capitaines d'inspecter deux fois le mois, à l'improviste, leurs hommes, armes et montures afin d'être toujours prêts à faire mouvement, et qui interdisaient de changer de chef ou de se retirer sans permission, « à peine de perdre ses gages et d'être punis sans épargne », malgré tout cela, un bon tiers des chevaliers n'avaient pas rejoint. D'autres, astreints à équiper une route ou compagnie d'au moins vingt-cinq lances, n'en présentaient que dix. Chemises de mailles rompues, chapeaux de fer bosselés, harnachements trop secs qui craquaient à tout moment...
« Eh ! messire, comment pourrais-je y pourvoir ? Je n'ai point été aligné en solde, et j'ai assez d'entretenir ma propre

armure... » On se battait pour referger les chevaux. Des chefs erraient dans le camp à la recherche de leur troupe égarée, et des traînards à la recherche, plus ou moins, de leurs chefs. D'une troupe à l'autre on se chapardait la pièce de bois, le bout de cuir, l'alêne ou le marteau dont on avait besoin. Les maréchaux étaient assiégés de réclamations, et leurs têtes résonnaient des rudes paroles qu'échangeaient les bannerets coléreux. Le roi Jean n'en voulait rien savoir. Il comptait les piétons qui paieraient rachat...

Il se dirigeait vers la montrée de ceux de Saint-Aignan quand arrivèrent, au grand trot à travers le camp, six hommes d'armes, leurs chevaux blancs d'écume, eux-mêmes la face ruisselante et l'armure poudreuse. L'un d'eux mit pied à terre, lourdement, demanda à parler au connétable, et s'en étant approché lui dit : « Je suis à messire de Boucicaut dont je vous apporte nouvelles. »

Le duc d'Athènes, d'un signe, invita le messager à faire son rapport au roi. Le messager esquissa le geste de mettre genou en terre, mais ses pièces d'armure le gênaient ; le roi le dispensa de toute cérémonie et le pressa de parler.

« Sire, messire de Boucicaut est enfermé dans Romorantin. »

Romorantin ! L'escorte royale resta un moment toute muette de surprise, et comme étonnée de la foudre. Romorantin, à trente lieues seulement de Chartres, de l'autre côté de Blois ! On n'imaginait pas que les Anglais pussent être si près.

Car, durant que s'achevait le siège de Breteuil, que l'on envoyait Gaston Phœbus en geôle, que le ban et l'arrière-ban, lentement, se rassemblaient à Chartres, le prince de Galles... comme vous le savez mieux que personne, Archambaud, puisque vous étiez à protéger Périgueux... avait entrepris sa chevauchée à partir de Sainte-Foy et Bergerac, où il entrait en territoire royal, et continué vers le nord par le chemin que nous avons suivi, Château-l'Evêque, Brantôme, Rochechouart, La Péruse, y produisant toutes ces dévastations que nous avons vues. On était informé de son progrès, et je dois dire que je n'étais pas sans surprise de voir le roi se complaire à Chartres, tandis que le prince Edouard ravageait le pays. On croyait celui-ci, aux dernières nouvelles reçues, quelque part encore entre La Châtre et Bourges. On pensait qu'il allait continuer sur Orléans et c'était là que le roi se disait certain de lui livrer bataille, lui coupant la route de Paris. En vue de quoi le connétable, tout de même inspiré par la prudence, avait envoyé un parti de trois cents lances, aux ordres de messires de Boucicaut, de Craon et de Caumont, en longue reconnaissance de l'autre côté de la Loire, pour lui chercher les renseignements. Il n'en avait d'ailleurs reçu que bien peu. Et puis, soudain, Romorantin ! Le prince de Galles avait donc obliqué vers l'ouest...

Le roi engagea le messager à poursuivre.

« D'abord, Sire, messire de Chambly, que messire de Boucicaut avait détaché à l'éclairer, s'est fait prendre du côté d'Aubigny-sur-Nère... — Ah ! Gris-Mouton est pris... », dit le roi, car c'est ainsi qu'on surnomme messire de Chambly.

Le messager de Boucicaut reprit : « Mais messire de Boucicaut ne l'a point su assez tôt, et c'est ainsi que nous avons donné soudain dans l'avant-garde des Anglais. Nous les avons attaqués si roidement qu'ils se sont jetés en retraite... — Comme à leur ordinaire, dit le roi Jean. — ... mais ils se sont rabattus sur leurs renforts qui étaient grandement plus nombreux que nous, et ils nous ont assaillis de toutes parts, au point que messires de Boucicaut, de Craon et de Caumont nous ont menés rapidement sur Romorantin, où ils se sont enfermés, poursuivis par toute l'armée du prince Edouard qui, à l'heure où messire de Boucicaut m'a dépêché, commençait leur siège. Voilà, Sire, ce que je dois vous dire. »

Il se fit silence de nouveau. Puis le maréchal de Clermont eut un mouvement de colère. « Pourquoi diable avoir attaqué ? Ce n'était point ce qu'on leur avait commandé. — Leur faites-vous reproche de leur vaillance ? lui répondit le maréchal d'Audrehem. Ils avaient débusqué l'ennemi, ils l'ont chargé. — Belle vaillance, dit Clermont. Ils étaient trois cents lances, ils en aperçoivent vingt, et courent dessus sans plus attendre, en croyant que c'est grande prouesse. Et puis, il en surgit mille, et les voilà fuyant à leur tour, et courant se mucher au premier château. Maintenant, ils ne nous servent plus de rien. Ce n'est point de la vaillance, c'est de la sottise. »

Les deux maréchaux se prenaient de bec, comme à l'accoutumée, et le connétable les laissait dire. Il n'aimait pas prendre parti, le connétable. C'était un homme plus courageux de corps que d'âme. Il préférait se faire appeler Athènes que Brienne, à cause de l'ancien connétable, son cousin décapité. Or, Brienne, c'était son fief, alors qu'Athènes ce n'était qu'un vieux souvenir de famille, sans plus de réalité aucune, à moins d'une croisade... Ou peut-être, simplement, il était devenu indifférent, avec l'âge. Il avait longtemps commandé, et fort bien, les armées du roi de Naples. Il regrettait l'Italie, parce qu'il regrettait sa jeunesse. L'Archiprêtre, un peu en retrait, observait d'un air goguenard l'empoignade des maréchaux. Ce fut le roi qui mit fin à leur débat.

« Et moi, je pense, dit-il, que leur revers nous sert. Car voici l'Anglais fixé par un siège. Et nous savons à présent où courir à lui, tandis qu'il y est retenu. » Il s'adressa alors au connétable. « Gautier, mettez l'ost en route demain, à l'aurore. Séparez-le en plusieurs batailles qui passeront la Loire en divers points, là où sont les ponts, pour ne point nous ralentir, mais en gardant liaison étroite entre les batailles afin de les réunir à lieu nommé, par-delà le fleuve. Pour moi, je passerai à Blois. Et nous irons attaquer l'armée anglaise par revers à Romorantin, ou bien si elle s'avise d'en partir, nous lui couperons toutes routes devant elle. Faites garder la Loire très loin après Tours, jusques à Angers, pour que jamais le duc de Lancastre, qui vient du pays normand, ne puisse se joindre au prince de Galles. »

Il surprenait son monde, Jean II ! Soudain calme et maître de soi, le voici qui donnait des ordres clairs et fixait des chemins à son armée, comme s'il voyait toute la France devant lui. Interdire la Loire du côté de l'Anjou, la franchir en Touraine, être prêt soit à descendre vers le Berry, soit à couper la route du Poitou et de l'Angoumois... et au bout de tout cela, aller reprendre Bordeaux et l'Aquitaine. « Et que la promptitude soit notre affaire, que la surprise joue à notre avantage. » Chacun se redressait, prêt à l'action. Une belle chevauchée qui s'annonçait.

« Et qu'on renvoie toute la piétaille, ordonna encore Jean II. N'allons pas à un autre Crécy. Rien qu'en hommes d'armes, nous serons encore cinq fois plus nombreux que ces méchants Anglais. »

Ainsi, parce que voilà dix ans les archers et arbalétriers, engagés mal à propos, ont gêné les mouvements de la chevalerie et fait perdre une bataille, le roi Jean renonçait à avoir cette fois aucune infanterie. Et ses chefs de bannière l'approuvaient car tous avaient été à Crécy et ils en restaient tout meurtris. Ne pas commettre la même erreur, c'était leur grand souci.

Seul, le Dauphin s'enhardit à dire : « Ainsi, mon père, nous n'aurons point d'archers du tout... »

Le roi ne daigna même pas lui répondre. Et le Dauphin, qui se trouvait rapproché de moi, me dit, comme s'il cherchait appui, ou bien voulait que je ne le prisse pas pour un niais : « Les Anglais, eux, mettent leurs archers à cheval. Mais nul ne consentirait, chez nous, à ce qu'on donnât chevaux à des gens du commun peuple. »

Tiens, cela me rappelle... Brunet !... Si le temps demain se maintient dans la douceur qu'il a, je ferai l'étape, qui sera fort courte, sur mon palefroi. Il faut me remettre un peu dans ma selle, avant Metz. Et puis je veux montrer aux gens de Châlons, en entrant dans leur ville, que je puis tout aussi bien chevaucher que leur fol évêque Chauveau... qui n'a toujours pas été remplacé.

5

Le prince d'Aquitaine

Ah ! vous me retrouvez bien courroucé, Archambaud, pour ce bout de route qui va nous mener jusqu'à Sainte-Menehoud. Il est dit que je ne m'arrêterai point dans une grande ville sans y trouver quelque nouvelle qui me fasse bouillir le sang. A Troyes, c'était la lettre du pape. A Châlons, ce fut le courrier de Paris. Qu'ai-je appris ? Que le Dauphin, près d'une quinzaine avant de se mettre en route, a signé un mandement pour altérer une fois encore le cours des monnaies, dans le sens de l'affaiblissement, bien sûr. Mais par crainte que la chose ne soit mal accueillie... ça, il n'y avait pas besoin d'être grand devin pour le prévoir... il en a repoussé la promulgation jusqu'après son départ, quand il serait assez loin, à cinq jours de chemin, et c'est seulement le 10 de ce mois que l'ordonnance a été publiée. En somme, il a craint d'affronter ses bourgeois, et s'est forlongé comme un cerf. Vraiment, la fuite est trop souvent sa ressource ! Je ne sais qui lui a inspiré cette peu honorable ruse, si c'est Braque ou Bucy ; mais les fruits en ont vite mûri. Le prévôt Marcel et les plus gros marchands s'en sont allés tout en colère chanter matines au duc d'Anjou, que le Dauphin a installé au Louvre en sa place ; et le second fils du roi, qui n'a que dix-huit ans et pas beaucoup de jugeote, s'est laissé arracher, pour éviter l'émeute dont on le menaçait, de suspendre l'ordonnance jusqu'au retour du Dauphin. Ou il ne fallait pas prendre la mesure, ce pour quoi j'aurais penché, car elle n'est une fois de plus qu'un mauvais expédient, ou il fallait la prendre et l'imposer tout immédiatement. Il arrive bien renforcé devant son oncle l'Empereur, notre Dauphin Charles, avec une capitale où le conseil de ville refuse d'obéir aux ordonnances royales !

Qui donc, aujourd'hui, commande au royaume de France ? On est en droit de se le demander. La chose, ne nous y trompons pas, aura des suites graves. Car voilà le Marcel devenu sûr de lui, sachant qu'il a fait ployer la volonté de la couronne, et soutenu forcément par la populace des bourgeois, puisqu'il défend leur bourse. Le Dauphin avait bien joué ses Etats généraux, les laissant désemparés par son départ ; avec ce coup-là, il perd tout son avantage. Avouez que c'est décevant, vraiment, de se donner tant de soins et de courir les routes, comme je le fais depuis une demi-année, pour tenter d'améliorer le sort de princes si obstinés à se nuire à eux-mêmes !

Adieu, Châlons... Oh non, oh non ! je ne veux point me mêler de la désignation d'un nouvel évêque. Le comte-évêque de Châlons est l'un des six pairs ecclésiastiques. C'est l'affaire du roi Jean, ou du Dauphin. Qu'ils la règlent directement avec le Saint-Père... ou bien qu'ils en donnent la fatigue à Niccola Capocci ; il s'emploiera à quelque chose, pour une fois...

Il ne faut tout de même pas trop accabler le Dauphin ; il n'a point tâche facile. Le grand fautif, c'est le roi Jean ; et jamais le fils ne pourra commettre autant d'erreurs que le père en a additionné.

Pour me désencolérer, ou peut-être m'encolérer davantage... Dieu me pardonne de pécher... je vais vous conter son équipée, au roi Jean. Et vous allez voir comment un roi perd la France !

A Chartres, ainsi que je vous le disais, il s'était repris. Il avait cessé de parler chevalerie quand il eût fallu parler finances, de s'occuper de finances quand il eût dû s'occuper de la guerre, et de se soucier de vétilles quand se jouait le sort du royaume. Pour une fois, il semblait sorti de sa confusion intérieure et de sa funeste inclination au contretemps ; pour une fois, il paraissait coïncider avec l'heure. Il avait adopté de vraies dispositions de campagne. Et comme l'humeur du chef est chose contagieuse, ces dispositions furent mises en œuvre avec exactitude et rapidité.

D'abord, interdire aux Anglais le franchissement de la Loire. De forts détachements, commandés par des capitaines auxquels ces pays étaient familiers, furent envoyés pour tenir tous les ponts et passages entre Orléans et Angers. Ordre aux chefs d'avoir toujours lien avec leurs voisins, et d'envoyer fréquemment messagers à l'armée du roi. Empêcher à tout prix la chevauchée du prince de Galles, qui vient de Sologne, et celle du duc de Lancastre, qui arrive de Bretagne, de se joindre. On les battra séparément. Et d'abord, le prince de Galles. L'armée, divisée en quatre colonnes pour en faciliter l'écoulement, franchira le fleuve par les ponts de Meung, de Blois, d'Amboise et de Tours. Eviter les engagements, quelles que soient les occasions qui s'en puissent offrir, avant que tous les corps de bataille ne soient rassemblés outre-Loire. Pas de prouesses individuelles, si tentantes qu'elles puissent paraître. La prouesse, ce sera d'écraser l'Anglais tous ensemble, et de purger le royaume de France de la misère et de la honte qu'il subit depuis de trop longues années. Telles étaient les instructions que le connétable duc d'Athènes donna aux chefs de bannières réunis avant le départ. « Allez, messires, et que chacun soit à son devoir. Le roi a les yeux sur vous. »

Le ciel était encombré de gros nuages noirs qui crevèrent soudain, traversés d'éclairs. Toutes ces journées, le Vendômois et la Touraine furent battus de pluies d'orage, brèves mais drues, qui trempaient les cottes d'armes et les harnachements, traversaient les chemises de mailles, alourdissaient les cuirs. On eût dit que la foudre était attirée par tout cet acier qui défilait ; trois hommes d'armes, qui s'étaient abrités sous un grand arbre, en furent frappés. Mais l'armée, dans l'ensemble, supportait bien les intempéries, souvent encouragée par un peuple en clameur. Car bourgeois des petites villes et manants des campagnes s'inquiétaient fort de l'avance du prince d'Aquitaine dont on disait choses effrayantes. Ce long défilé d'armures qui se hâtaient, quatre de front, les rassurait dès qu'ils comprenaient que les combats ne se livreraient pas dans leurs parages. « Vivre notre bon roi ! Rossez bien ses ennemis ! Dieu vous protège, vaillants seigneurs ! » Ce qui voulait dire : « Dieu nous garde, grâce à vous... dont beaucoup vont tomber raides quelque part... de voir nos maisons et nos pauvres hardes brûlées, nos troupeaux dispersés, nos récoltes perdues, nos filles malmenées. Dieu nous garde de la guerre que vous allez faire ailleurs. » Et ils n'étaient pas chiches de leur vin qui est frais et doré. Ils le tendaient aux chevaliers qui le buvaient, cruche levée, sans arrêter leur monture.

J'ai vu tout cela, car j'avais pris résolution de suivre le roi et d'aller comme lui à Blois. Il se hâtait à la guerre mais, moi, j'avais mission de faire la paix. Je m'obstinais. J'avais mon plan, moi aussi. Et ma litière avançait, derrière le gros de l'armée, mais suivie de détachements qui avaient manqué de rejoindre à temps le camp de Chartres. Il en arriverait pendant plusieurs jours encore, tels les comtes de Joigny, d'Auxerre et de Châtillon, trois fiers compères qui s'en allaient sans se presser, suivis de toutes les lances de leurs comtés, et prenaient la guerre par son côté joyeux. « Bonnes gens, avez-vous vu passer l'armée du roi ? — L'armée ? On l'a vue passer le jour d'avant-hier, qu'il y en avait, qu'il y en avait ! Cela a duré plus d'une couple d'heures. Et d'autres encore ont passé ce matin. Si vous trouvez l'Anglais, ne lui faites point quartier. — Pour sûr, bonnes gens, pour sûr... et si nous prenons le prince Edouard, nous nous rappellerons de vous en envoyer un morceau. »

Et le prince Edouard, pendant ce temps, allez-vous me demander... Le prince avait été retardé devant Romorantin. Moins longtemps que ne l'escomptait le roi Jean, mais assez toutefois pour lui laisser développer sa manœuvre. Cinq journées, car les sires de Boucicaut, de Craon et de Caumont s'étaient furieusement défendus. Dans la seule journée du 31 août, l'assaut leur fut donné trois fois, qu'ils repoussèrent. Et ce fut seulement le 3 septembre que la place tomba. Le prince la fit incendier, comme à l'accoutumée ; mais le lendemain, qui était un dimanche, il lui fallut laisser reposer sa troupe. Les archers, qui avaient perdu nombre des leurs, étaient fatigués. C'était la première rencontre un peu sérieuse depuis le début de la campagne. Et le prince, moins souriant qu'à son ordinaire, ayant appris par ses espies... car il avait toujours des intelligences très en avant... que le roi de France avec tout son ost se dispose à descendre sur lui, le prince se demande s'il n'a pas eu tort de s'obstiner contre la forteresse, et s'il n'aurait pas mieux fait de laisser les trois cents lances de Boucicaut enfermées dans Romorantin.

Il ne connaît pas exactement le nombre de l'armée du roi Jean ; mais il la sait plus forte que la sienne, et de beaucoup, cette armée qui va chercher passage sur quatre ponts à la fois... S'il ne veut pas souffrir d'une disparité trop écrasante, il lui faut à tout prix opérer sa jonction avec le duc de Lancastre. Finie la chevauchée plaisante, fini de s'amuser des vilains fuyant dans les bois et des toits de monastères qui flambent. Messires de Chandos et de Grailly, ses meilleurs capitaines, ne sont pas moins inquiets, et même ce sont eux, vieux routiers rompus à la fortune des guerres, qui l'invitent à la hâte. Il descend la vallée du Cher, traversant Saint-Aignan, Thésée, Montrichard sans s'arrêter à trop les piller, sans même regarder la belle rivière aux eaux tranquilles, ni ses îles plantées de peupliers que le soleil traverse, ni les côteaux crayeux où mûrissent, sous la chaleur, les prochaines vendanges. Il tend vers l'ouest, vers le secours et le renfort.

Le 7 septembre, il atteint Montlouis pour apprendre qu'un gros corps de bataille, que commandent le comte de Poitiers, troisième fils du roi, et le maréchal de Clermont, est à Tours.

Alors, il balance. Quatre jours il attend, sur les hauteurs de Montlouis, que Lancastre arrive, ayant passé le fleuve ; le miracle, en somme. Et si le miracle ne se produit pas, en tout cas sa position est bonne. Quatre jours il attend que les Français, qui savent le lieu où il est, lui livrent bataille. Contre le corps Poitiers-Clermont, le prince de Galles pense qu'il peut tenir et même l'emporter. Il a choisi son emplacement de combat, sur un terrain coupé par d'épais buissons d'épines. Il occupe ses archers à terrasser leurs retranchements. Lui-même, ses maréchaux et ses écuyers campent dans des maisonnettes avoisinantes.

Quatre jours, dès l'aurore, il scrute l'horizon, du côté de Tours. Le matin dépose dans l'immense vallée des brumes dorées ; le fleuve, grossi par les récentes pluies, roule de l'ocre entre ses berges vertes. Les archers continuent à façonner des talus.

Quatre nuits, regardant le ciel, le prince s'interroge sur ce que l'aube suivante lui réserve. Les nuits furent très belles dans ce moment-là, et Jupiter y brillait bien, plus gros que tous les autres astres.

« Que vont faire les Français ? se demandait le prince. Que vont-ils faire ? »

Or, les Français, respectant pour une fois l'ordre qui leur avait été donné, n'attaquent point. Le 10 de septembre, le roi Jean est à Blois avec son corps de bataille bien rassemblé. Le 11, il se meut vers la jolie cité d'Amboise, autant dire à toucher Montlouis. Adieu renforts, adieu Lancastre ; il faut au prince de Galles retraiter sur l'Aquitaine, au plus rapide, s'il veut éviter que, entre Tours et Amboise, la nasse ne se referme ; à deux corps de bataille, il ne peut opposer front. Le même jour, il déloge de Montlouis pour aller dormir à Montbazon.

Et là, au matin du 12, que voit-il arriver ? Deux cents lances, précédées d'une bannière jaune et blanche, et au milieu des lances une grande litière rouge d'où sort un cardinal... J'ai accoutumé mes sergents et valets, vous l'avez vu, à mettre genou en terre quand je descends. Cela fait toujours impression sur ceux chez qui je parviens. Beaucoup aussitôt s'agenouillent de même, et se signent. Mon apparition mit de l'émotion, je vous le donne à croire, dans le camp anglais.

J'avais la veille quitté le roi Jean à Amboise. Je savais qu'il n'attaquerait pas encore, mais que le moment ne pouvait plus être éloigné. Alors, à moi d'engager mon affaire. J'étais passé par Bléré, où j'avais pris peu de sommeil. Flanqué des armures de mon neveu de Durazzo et de messire de Hérédia, et suivi des robes de mes prélats et clercs, j'allai au Prince et lui demandai de s'entretenir avec moi, seul à seul.

Il me parut pressé, me disant qu'il levait le camp dans l'heure. Je lui assurai qu'il avait un moment, et que mon propos, qui était celui de notre saint-père le pape, méritait qu'il l'entendît. De savoir, comme je m'en portais certain, qu'il ne serait pas attaqué ce jour lui donna certainement du répit ; mais tout le temps que nous parlâmes, bien qu'il voulût se montrer sûr de soi, il continua de marquer de la hâte, ce que je trouvai bon.

Il a de la hauteur dans le naturel, ce prince, et comme j'en ai aussi, cela ne pouvait pas nous faire le début facile. Mais moi, j'ai l'âge, qui me sert...

Bel homme, belle taille... En effet, en effet, il est vrai, mon neveu, que je ne vous ai point encore décrit le prince de

Galles !... Vingt-six ans. C'est l'âge d'ailleurs de toute la nouvelle génération qui devient maîtresse des affaires. Le roi de Navarre a vingt-cinq ans, et Phœbus de même ; seul le Dauphin est plus jeune... Galles a un sourire avenant qu'aucune dent gâtée ne dépare encore. Pour le bas du visage et pour la carnation, il tient du côté de sa mère, la reine Philippa. Il en a les manières enjouées, et il grossira comme elle. Pour le haut du visage, il tirerait plutôt vers son arrière-grand-père, Philippe le Bel. Un front lisse, des yeux bleus, écartés et grands, d'une froideur de fer. Il vous regarde fixement, d'une façon qui dément l'aménité du sourire. Les deux parties de cette figure, d'expressions si différentes, sont séparées par de belles moustaches blondes, à la saxonne, qui lui encadrent la lèvre et le menton... Le fond de sa nature est d'un dominateur. Il ne voit le monde que du haut d'un cheval.

Vous connaissez ses titres ? Edouard de Woodstock, prince de Galles, prince d'Aquitaine, duc de Cornouailles, comte de Chester, seigneur de Biscaye... Le pape et les rois couronnés sont les seuls hommes qu'il ait à regarder pour supérieurs. Toutes les autres créatures, à ses yeux, n'ont que des degrés dans l'infériorité. Il a le don de commander, c'est certain, et le mépris du risque. Il est endurant ; il garde tête claire dans le danger. Il est fastueux dans le succès et couvre de dons ses amis.

Il a déjà un surnom, le Prince Noir, qu'il doit à l'armure d'acier bruni qu'il affectionne et qui le rend très remarquable, surtout avec les trois plumes blanches de son heaume, parmi les chemises de mailles toutes brillantes et les cottes d'armes multicolores des chevaliers qui l'entourent. Il a commencé de bonne heure dans la gloire. A Crécy, il avait donc seize ans, son père lui confia toute une bataille à commander, celle des archers gallois, en l'entourant, bien sûr, de capitaines éprouvés qui avaient à le conseiller et même à le diriger. Or, cette bataille fut si durement attaquée par les chevaliers français qu'un moment, jugeant le prince en péril, ceux-là qui avaient charge de le seconder dépêchèrent vers le roi pour lui demander de se porter au secours de son fils. Le roi Edouard III, qui observait le combat depuis la butte d'un moulin, répondit au messager : « Mon fils est-il mort, atterré ou si blessé qu'il ne se puisse aider lui-même ? Non ?... Alors, retournez vers lui, ou vers ceux qui vous ont envoyé, et dites-leur qu'ils ne viennent me requérir, quelque aventure qu'il lui advienne, tant qu'il sera en vie. J'ordonne qu'ils laissent à l'enfant gagner ses éperons ; car je veux, si Dieu l'a ordonné, que la journée soit sienne et que l'honneur lui en demeure. »

Voilà le jeune homme donc devant lequel je me trouvais, pour la première fois.

Je lui dis que le roi de France... « Devant moi, il n'est pas le roi de France », fit le prince. — Devant la Sainte Eglise, il est le roi oint et couronné », lui renvoyai-je ; vous jugez du ton... que le roi de France donc venait à lui avec son ost qui comptait près de trente mille hommes. Je forçais un peu, à dessein ; et pour être cru, j'ajoutais : « D'autres vous parleraient de soixante mille. Moi, je vous dis le vrai. C'est que je n'inclus pas la piétaille qui est demeurée en arrière. » J'évitai de lui dire qu'elle avait été renvoyée ; j'eus le sentiment qu'il le savait déjà.

Mais n'importe ; soixante ou trente, ou même vingt-cinq mille, chiffre qui s'approchait plus du vrai : le prince n'avait que six mille hommes avec lui, tous archers et coutilliers compris. Je lui représentai que, dès lors, ce n'était plus question de vaillance, mais de nombre.

Il me dit qu'il allait être rejoint d'un moment à l'autre par l'armée de Lancastre. Je lui répondis que je le lui souhaitais de tout mon cœur, pour son salut.

Il vit qu'à jouer l'assurance, il ne serait pas mon maître, et, après avoir marqué un court silence, il me dit tout à trac qu'il me savait plus favorable au roi Jean... à présent, il lui rendait son titre de roi... que je ne l'étais à son père. « Je ne suis favorable qu'à la paix entre les deux royaumes, lui répondis-je, et c'est elle que je viens vous proposer. »

Alors il commença avec beaucoup de grandeur à me représenter que l'an précédent il avait traversé tout le Languedoc et mené ses chevaliers jusqu'à la mer latine sans que le roi s'y pût opposer ; que cette saison même, il venait de faire chevauchée de la Guyenne jusqu'à la Loire ; que la Bretagne était quasiment sous la loi anglaise ; que bonne part de la Normandie, amenée par Monseigneur Philippe de Navarre, était tout près d'y passer ; que moult seigneurs d'Angoumois, du Poitou, de Saintonge, et même du Limousin lui étaient ralliés... il eut le bon goût de ne point mentionner le Périgord... et en même temps, il regardait la hauteur du soleil par la fenêtre... pour enfin me lâcher : « Après tant de succès pour nos armes, et toutes les emprises que nous avons, de droit et de fait, dans le royaume de France, quelles seraient les offres que nous ferait le roi Jean pour la paix ? »

Ah ! si le roi avait bien voulu m'entendre à Breteuil, à Chartres... Que pouvais-je répondre, qu'avais-je dans les mains ? Je dis au prince que je ne lui apportais aucune offre du roi de France car ce dernier, fort comme il l'était, ne pouvait songer à la paix avant d'emporter la victoire qu'il escomptait ; mais que je lui portais le commandement du pape, qui voulait qu'on cessât d'ensanglanter les royaumes d'Occident, et qui priait impérieusement les rois, insistai-je, de s'accorder afin de se porter au secours de nos frères de Constantinople. Et je lui demandai à quelles conditions l'Angleterre...

Il regardait toujours monter le soleil, et rompit l'entretien en disant : « Il revient au roi mon père, non à moi, de décider de la paix. Je n'ai point d'ordre de lui qui m'autorise à traiter. » Puis il souhaita que je voulusse bien l'excuser s'il me précédait sur la route. Il n'avait en tête que de mettre distance avec l'armée poursuivante. « Laissez-moi vous bénir, Monseigneur, lui dis-je. Et je resterai proche, s'il vous advenait d'avoir besoin de moi. »

Vous me direz, mon neveu, que j'emportais petite pêche dans mon filet, en m'en repartant de Montbazon derrière l'armée anglaise. Mais je n'étais point aussi mécontent que vous le pourriez croire. La situation étant ce que je la voyais, j'avais ferré le poisson et lui laissais du fil. Cela dépendait des remous de la rivière. Il me fallait seulement ne pas m'éloigner du bord.

Le prince avait piqué vers le sud, vers Châtellerault. Les chemins de la Touraine et du Poitou, ces journées-là, virent passer d'étonnants cortèges. D'abord, l'armée du prince de Galles, compacte, rapide, six mille hommes, toujours en bon ordre, mais tout de même un peu essoufflés et qui ne musent plus à brûler les granges. C'est plutôt la terre qui semble brûler les sabots de leurs montures. A un jour de marche, lancée à leur poursuite, l'armée formidable du roi Jean, lequel a regroupé, comme il le voulait, toutes ses bannières, ou presque, vingt-cinq mille hommes, mais qu'il presse trop, qu'il fatigue et qui commencent à moins bien s'articuler et à laisser des traînards.

Et puis, entre Anglais et Français, suivant les premiers, précédant les seconds, mon petit cortège qui met un point de pourpre et d'or dans la campagne. Un cardinal entre deux armées, cela ne s'est pas vu souvent ! Toutes les bannières se hâtent à la guerre, et moi, avec ma petite escorte, je m'obstine à la paix. Mon neveu de Durazzo trépigne ; je sens qu'il a comme de la honte à escorter quelqu'un dont toute la prouesse serait de faire qu'on ne combattît point. Et mes autres chevaliers, Hérédia, La Rue, tous pensent de même. Durazzo me dit : « Laissez donc le roi Jean rosser les Anglais, et qu'on en finisse. D'ailleurs qu'espérez-vous empêcher ? »

Je suis au fond de moi assez de leur avis, mais je ne veux point lâcher. Je vois bien que si le roi Jean rattrape le prince Edouard, et il va le rattraper, il ne peut que l'écraser. Si ce n'est en Poitou, ce sera en Angoumois.

Tout, apparemment, donne Jean pour vainqueur. Mais ces journées-ci, ses astres sont mauvais, très mauvais, je le sais. Et je me demande comment, dans une situation qui l'avantage si fort, il va essuyer un si funeste aspect. Je me dis qu'il va peut-être livrer une bataille victorieuse, mais qu'il y sera tué. Ou bien qu'une maladie va le saisir en chemin...

Sur les mêmes routes avancent aussi les chevauchées des retardataires, les comtes de Joigny, d'Auxerre et de Châtillon, les bons compères, toujours joyeux et prenant leurs aises, mais comblant petit à petit leur écart avec le gros de l'armée de France. « Bonnes gens, avez-vous vu le roi ? » Le roi ? Il est parti le matin de La Haye. Et l'Anglais ? Il y a dormi la veille...

Jean II, puisqu'il suit son cousin anglais, est renseigné fort exactement sur les routes de son adversaire. Ce dernier, se sentant talonné, gagne Châtellerault, et là, pour s'alléger et dégager le pont, il fait passer la Vienne, de nuit, à son convoi personnel, tous les chariots qui portent ses meubles, ses harnachements de parade, ainsi que tout son butin, les soieries, les vaisselles d'argent, les objets d'ivoire, les trésors d'églises qu'il a raflés au cours de sa chevauchée. Et fouette vers Poitiers. Lui-même, ses hommes d'armes et ses archers, dès le petit matin, prennent un moment la même route ; puis, pour plus de prudence, il jette son monde dans des voies de traverse. Il a un calcul en tête : contourner par l'est Poitiers, où le roi sera bien forcé de laisser reposer sa lourde armée, ne serait-ce que quelques heures, et ainsi augmenter son avance.

Ce qu'il ignore, c'est que le roi n'a pas pris le chemin de Châtellerault. Avec toute sa chevalerie qu'il emmène à un train de chasse, il a piqué sur Chauvigny, encore plus au levant, pour tenter de déborder son ennemi et lui couper la retraite. Il va en tête, droit sur sa selle, le menton en avant, sans prendre garde à rien, comme il est allé au banquet de Rouen. Une étape de plus de douze lieues, d'un trait.

Toujours courant à sa suite, les trois seigneurs bourguignons, Joigny, Auxerre et Châtillon. « Le roi ?... — Sur Chauvigny. — Va donc pour Chauvigny ! » Ils sont contents ; ils ont presque rejoint l'ost ; ils seront là pour l'hallali.

Ils parviennent donc à Chauvigny, que surmonte son gros château dans une courbe de la Vienne. Il y a là, dans le soir qui tombe, un énorme rassemblement de troupes, un encombrement sans pareil de chariots et de cuirasses. Joigny, Auxerre et Châtillon aiment leurs aises. Ils ne vont pas se jeter, après une dure étape, dans une telle cohue. A quoi bon se presser ? Prenons plutôt un bon dîner, tandis que nos varlets panseront les montures. Cervellière ôtée, jambières délacées, les voilà qui s'étirent, se frottent les reins et les mollets, et puis s'attablent dans une auberge non loin de la rivière. Leurs écuyers, qui les savent gourmands, leur ont trouvé du poisson, puisqu'on est vendredi. Ensuite, ils vont dormir... tout cela me fut conté après, par le menu... et le matin suivant s'éveillent tard, dans un bourg vide et silencieux. « Bonnes gens... le roi ? » On leur désigne la direction de Poitiers. « Le plus court ? — Par la Chaboterie. »

Voilà donc Châtillon, Joigny et Auxerre, leurs lances à leur suite, qui s'en vont à bonne allure dans les chemins de bruyères. Joli matin ; le soleil perce les branches, mais sans trop darder. Trois lieues sont franchies sans peine. On sera rendu à Poitiers dans moins d'une demi-heure. Et soudain, au croisement de deux layons, ils tombent nez à nez avec une soixantaine d'éclaireurs anglais. Ils sont plus de trois cents. C'est l'aubaine. Fermons nos ventailles, abaissons nos lances. Les éclaireurs anglais, qui sont d'ailleurs gens du Hainaut que commandent messires de Ghistelles et d'Auberchicourt, font demi-tour et prennent le galop. « Ah ! les lâches, ah ! les couards ! A la poursuite, à la poursuite ! »

La poursuite ne dure guère car, la première futaie franchie, Joigny, Auxerre et Châtillon s'en vont donner dans le gros de la colonne anglaise qui se referme sur eux. Les épées et les lances s'entrechoquent un moment. Ils se battent bien les Bourguignons ! Mais le nombre les étouffe. « Courez au roi, courez au roi, si vous pouvez ! » lancent Auxerre et Joigny à leurs écuyers, avant d'être démontés et de devoir se rendre.

Le roi Jean était déjà dans les faubourgs de Poitiers lorsque quelques hommes du comte de Joigny, qui avaient pu échapper à une furieuse chasse, s'en vinrent, hors d'haleine, lui conter l'affaire. Il les félicita fort. Il était tout joyeux. D'avoir perdu trois grands barons et leurs bannières ? Non, certes ; mais le prix n'était pas lourd pour la bonne nouvelle. Le prince de Galles, qu'il croyait encore devant lui, était derrière. Il avait réussi ; il lui avait coupé la route. Demi-tour vers la Chaboterie. Conduisez-moi, mes braves ! L'hallali, l'hallali... Il venait de vivre sa bonne journée, le roi Jean.

Moi-même, mon neveu ? Ah ! J'avais suivi la route venant de Châtellerault. J'arrivais à Poitiers, pour y loger à l'évêché, où je fus, dans la soirée, informé de tout.

6
Les démarches du cardinal

Ne vous surprenez pas, à Metz, Archambaud, de voir le Dauphin rendre l'hommage à son oncle l'Empereur. Eh bien oui, pour le Dauphiné, qui est dans la mouvance impériale... Non, non, je l'y ai fort engagé ; c'est même un des prétextes au voyage ! Cela ne diminue point la France, au contraire ; cela lui établit des droits sur le royaume d'Arles, si l'on venait à le reconstituer, puisque le Viennois jadis s'y trouvait inclus. Et puis c'est de bon exemple, pour les Anglais, de leur montrer que roi ou fils de roi, sans s'abaisser, peut consentir l'hommage à un autre souverain, quand des parties de ses Etats relèvent de l'antique suzeraineté de l'autre...

C'est la première fois, depuis bien longtemps, que l'Empereur paraît résolu à pencher un peu du côté de la France. Car jusqu'ici, et bien que sa sœur Madame Bonne ait été la première épouse du roi Jean, il était plutôt favorable aux Anglais. N'avait-il pas nommé le roi Edouard, qui s'était montré bien habile avec lui, vicaire impérial ? Les grandes victoires de l'Angleterre, et l'abaissement de la France ont dû le conduire à réfléchir. Un empire anglais à côté de l'Empire ne lui sourirait guère. Il en va toujours ainsi avec les princes allemands ; ils s'emploient autant qu'ils peuvent à diminuer la France et, ensuite, ils s'aperçoivent que cela ne leur a rien rapporté, au contraire...

Je vous conseille, quand nous serons devant l'Empereur, et si l'on vient à parler de Crécy, de ne point trop insister sur cette bataille. En tout cas, n'en prononcez pas le nom le premier. Car, tout à la différence de son père Jean l'Aveugle, l'Empereur, qui n'était pas encore empereur, n'y a pas fait trop belle figure... Il a fui, tout bonnement, ne mâchons pas les mots... Mais ne parlez pas trop de Poitiers non plus, que tout le monde forcément a en tête, et ne croyez point nécessaire d'exalter le courage malheureux des chevaliers français, cela par égard pour le Dauphin... car lui non plus ne s'est pas distingué par un excès de vaillance. C'est une des raisons pour lesquelles il a quelque peine à asseoir son autorité. Ah non ! ce ne sera pas une réunion de héros... Enfin, il a des excuses, le Dauphin ; et s'il n'est pas homme de guerre, ce n'est pas lui qui aurait manqué de saisir la chance que j'offris à son père...

Je vous reprends le récit de Poitiers, que nul ne pourrait vous faire plus complètement que moi, vous allez comprendre pourquoi. Nous en étions donc au samedi soir, lorsque les deux armées se savent toutes voisines l'une de l'autre, presque à se toucher, et que le prince de Galles comprend qu'il ne peut plus bouger...

Le dimanche, tôt le matin, le roi entend messe, en plein champ. Une messe de guerre. Celui qui officie porte mitre et chasuble par-dessus sa cotte de mailles ; c'est Regnault Chauveau, le comte-évêque de Châlons, un de ces prélats qui conviendraient mieux à l'ordre militaire qu'aux ordres religieux... Je vous vois sourire, mon neveu... oui, vous vous dites que j'appartiens à l'espèce ; mais moi, j'ai appris à me contraindre, puisque Dieu m'a désigné mon chemin.

Pour Chauveau, cette armée agenouillée dans les prés mouillés de rosée, en avant du bourg de Nouaillé, doit lui offrir la vision des légions célestes. Les cloches de l'abbaye de Maupertuis sonnent dans leur gros clocher carré. Et les Anglais, sur la hauteur, derrière les boqueteaux qui les dissimulent, entendent le formidable *Gloria* que poussent les chevaliers de France.

Le roi communie entouré de ses quatre fils et de son frère d'Orléans, tous en arroi de combat. Les maréchaux regardent avec quelque perplexité les jeunes princes auxquels il leur a fallu donner des commandements bien qu'ils n'aient aucune expérience de la guerre. Oui, les princes leur sont un souci. N'a-t-on pas amené jusqu'aux enfants, le jeune Philippe, le fils préféré du roi, et son cousin Charles d'Alençon ? Quatorze ans, treize ans ; quel embarras que ces cuirasses naines ! Le jeune Philippe restera auprès de son père, qui tient à le veiller lui-même ; et l'on a commis l'Archiprêtre à la protection du petit Alençon.

Le connétable a réparti l'armée en trois grosses batailles. La première, trente-deux bannières, est aux ordres du duc d'Orléans. La deuxième aux ordres du Dauphin, duc de Normandie, secondé de ses frères, Louis d'Anjou et Jean de Berry. Mais en vérité, le commandement est à Jean de Landas, à Thibaut de Vodenay et au sire de Saint-Venant, trois hommes de guerre qui ont charge de serrer étroitement l'héritier du trône et de le gouverner. Le roi prendrait la tête de la troisième bataille.

On le hisse en selle, sur son grand destrier blanc. Du regard, il parcourt son armée et s'émerveille de la voir si nombreuse et si belle. Que de heaumes, que de lances côte à côte, sur des rangs profonds ! Que de lourds chevaux qui encensent de la tête et font cliqueter leurs mors ! Aux selles pendent les épées, les masses d'armes, les haches à deux tranchants. Aux lances flottent les pennons et les banderoles. Que de couleurs vives peintes sur les écus et les targes, brodées sur les cottes des chevaliers et sur les housses de leur monture ! Tout cela poudroie, luit, scintille, éclate sous le soleil du matin.

Le roi s'avance alors et s'écrie : « Mes beaux sires, quand vous étiez entre vous à Paris, à Chartres, à Rouen ou à Orléans, vous menaciez les Anglais et vous souhaitiez être le bassinet en tête devant eux ; or, vous y êtes à présent ; je vous les montre. Aussi veuillez leur montrer vos talents et venger les ennuis et dépits qu'ils nous ont faits, car, sans faute, nous les battrons ! » Et puis après l'énorme : « Dieu y ait part. Nous le verrons ! » qui lui répond, il attend. Il attend, pour donner l'ordre d'attaquer, que soit revenu Eustache de Ribemont, le bailli de Lille et de Douai, qu'il a envoyé avec un petit détachement reconnaître exactement la position anglaise.

Et toute l'armée attend, dans un grand silence. Moment difficile que celui où l'on va charger et où l'ordre tarde. Car chacun alors se dit : « Ce sera peut-être mon tour aujourd'hui... Je vois peut-être la terre pour la dernière fois. » Et toutes les gorges sont nouées, sous la mentonnière d'acier ; et chacun se recommande à Dieu plus vivement encore que pendant la messe. Le jeu de la guerre devient tout à coup solennel et terrible.

Messire Geoffroy de Charny portait l'oriflamme de France que le roi lui avait fait l'honneur de lui confier, et l'on m'a dit qu'il avait l'air tout transfiguré.

Le duc d'Athènes semblait des plus tranquilles. Il savait d'expérience que, le plus gros de son travail de connétable, il l'avait assuré auparavant. Dès que le combat serait engagé, il ne verrait guère à plus de deux cents pas ni ne se ferait entendre à plus de cinquante ; on lui dépêcherait des divers points du champ de bataille des écuyers qui arriveraient ou n'arriveraient pas ; et, à ceux qui parviendraient à lui, il crierait un ordre qui serait ou ne serait pas exécuté. Qu'il soit là, qu'on puisse dépêcher à lui, qu'il fasse un geste, qu'il crie une approbation, rassurerait. Peut-être une décision à prendre dans un moment difficile... Mais dans cette grande confusion de chocs et de clameurs, ce ne serait plus lui, vraiment, qui commanderait, mais la volonté de Dieu. Et vu le nombre des Français, il semblait bien que Dieu se fût déjà prononcé.

Le roi Jean, lui, commençait à s'irriter parce que Eustache de Ribemont ne revenait pas. Aurait-il été pris, comme hier Auxerre et Joigny ? La sagesse serait d'envoyer une seconde reconnaissance. Mais le roi Jean ne supporte point l'attente. Il est saisi de cette coléreuse impatience qui monte en lui chaque fois que l'événement n'obéit pas tout de suite à sa volonté, et qui le rend impuissant à juger sainement des choses. Il est au bord de donner l'ordre d'attaque... tant pis, on verra bien... quand reviennent enfin messire de Ribemont et ses patrouilleurs.

« Alors, Eustache, quelles nouvelles ? — Fort bonnes, Sire ; vous aurez, s'il plaît à Dieu, bonne victoire sur vos ennemis. — Combien sont-ils ? — Sire, nous les avons vus et considérés.

A l'estimation, les Anglais peuvent être deux mille hommes d'armes, quatre mille archers et quinze cents ribauds. »

Le roi, sur son destrier blanc, a un sourire vainqueur. Il regarde les vingt-cinq mille hommes, ou presque, rangés autour de lui. « Et comment est leur gîte ? — Ah ! Sire, ils occupent un fort lieu. On peut tenir pour sûr qu'ils n'ont pas plus d'une bataille, et petite, à opposer aux nôtres, mais ils l'ont bien ordonnée. »

Et de décrire comment les Anglais sont installés, sur la hauteur, de part et d'autre d'un chemin montant, bordé de haies touffues et de buissons derrière lesquels ils ont aligné leurs archers. Pour les attaquer, il n'est d'autre voie que ce chemin, où quatre chevaux seulement pourront aller de front. De tous autres côtés, ce sont seulement vignes et bois de pins où l'on ne saurait chevaucher. Les hommes d'armes anglais, leurs montures gardées à l'écart, sont tous à pied, derrière les archers qui leur font une manière de herse. Et ces archers ne seront pas légers à déconfire.

« Et comment, messire Eustache, conseillez-vous de nous y rendre ? »

Toute l'armée avait les yeux tournés vers le conciliabule qui réunissait, autour du roi, le connétable, les maréchaux et les principaux chefs de bannière. Et aussi le comte de Douglas, qui n'avait pas quitté le roi depuis Breteuil. Il y a des invités, parfois, qui coûtent cher. Guillaume de Douglas dit : « Nous, les Escots, c'est toujours à pied que nous avons battu les Anglais... » Et Ribemont renchérit, en parlant des milices flamandes. Et voici qu'à l'heure d'engager combat, on se met à disserter d'art militaire. Ribemont a une proposition à faire, pour la disposition d'attaque. Et Guillaume de Douglas l'approuve. Et le roi invite à les écouter, puisque Ribemont est le seul qui ait exploré le terrain, et parce que Douglas est l'invité qui a si bonne connaissance des Anglais.

Soudain un ordre est lancé, transmis, répété. « Pied à terre ! » Quoi ? Après ce grand moment de tension et d'anxiété, où chacun s'est préparé au fond de soi à affronter la mort, on ne va pas combattre ? Il se fait comme un flottement de déception. Mais si, mais si ; on va combattre, oui, mais à pied. Ne resteront à cheval que trois cents armures, qui iront, emmenées par les deux maréchaux, percer une brèche dans les lignes des archers anglais. Et, par cette brèche, les hommes d'armes s'engouffreront aussitôt, pour combattre, main à main, les hommes du prince de Galles. Les chevaux sont gardés à toute proximité, pour la poursuite.

Déjà Audrehem et Clermont parcourent le front des bannières pour choisir les trois cents chevaliers les plus forts, les plus hardis et les plus lourdement armés qui formeront la charge.

Ils n'ont pas l'air content, les maréchaux, car ils n'ont même pas été conviés à donner leur avis. Clermont a bien tenté de se faire entendre et demandé qu'on réfléchisse un instant. Le roi l'a rabroué. « Messire Eustache a vu, et messire de Douglas sait. Que nous apporterait de plus votre discours ? » Le plan de l'éclaireur et de l'invité devient le plan du roi. « Il n'y a qu'à nommer Ribemont maréchal et Douglas connétable », grommelle Audrehem.

Pour tous ceux qui ne sont pas de la charge, pied à terre, pied à terre... « Otez vos éperons, et taillez vos lances à la longueur de cinq pieds ! »

Humeur et grogne dans les rangs. Ce n'était pas pour cela qu'on était venu. Et pourquoi alors avoir licencié la piétaille à Chartres, si l'on devait à présent en faire le travail ? Et puis raccourcir les lances, cela leur brisait le cœur, aux chevaliers. De belles hampes de frêne, choisies avec soin pour être tenues horizontales, coincées contre la targe, et va le galop ! Maintenant ils allaient se promener, alourdis de fer, avec des bâtons. « N'oublions point qu'à Crécy... » disaient ceux qui voulaient malgré tout donner raison au roi. « Crécy, toujours Crécy », répondaient les autres.

Ces hommes qui, la demi-heure d'avant, avaient l'âme tout exaltée d'honneur bougonnaient comme des paysans qui ont cassé un essieu de chariot. Mais le roi lui-même, pour donner l'exemple, avait renvoyé son destrier blanc et piétinait l'herbe, les talons sans éperons, faisant sauter sa masse d'armes d'une main dans l'autre.

C'est au milieu de cette armée occupée à couper ses lances à coups de hache d'arçon que, arrivant de Poitiers, je dévalai au galop, couvert par la bannière du Saint-Siège, et escorté seulement de mes chevaliers et de mes meilleurs bacheliers, Guillermis, Cunhac, Elie d'Aimery, Hélie de Raymond, ceux-là avec lesquels nous voyageons. Ils ne sont pas près d'oublier ! Ils vous ont conté... non ?

Je descends de cheval en lançant mes rênes à La Rue ; je recoiffe mon chapeau que la course m'avait rabattu dans le dos ; Brunet défroisse ma robe, j'avance vers le roi les gants joints. Je lui dis d'entrée, avec autant de fermeté que de révérence : « Sire, je vous prie et vous supplie, au nom de la foi, de surseoir un moment au combat. Je viens m'adresser à vous d'ordre et de la volonté de notre Saint-Père. Vous plaira-t-il de m'écouter ? »

Si surpris qu'il fût par l'arrivée, en un tel instant, de ce gêneur d'Eglise, que pouvait-il faire, le roi Jean, sinon me répondre, du même ton de cérémonie : « Volontiers, Monseigneur cardinal. Que vous plaît-il de me dire ? »

Je restai un moment les yeux levés vers le ciel, comme si je le priais de m'inspirer. Et je priais, en effet ; mais aussi j'attendais que le duc d'Athènes, les maréchaux, le duc de Bourbon, l'évêque Chauveau en qui je pensais trouver un allié, Jean de Landas, Saint-Venant, Tancarville et quelques autres, dont l'Archiprêtre, se fussent rapprochés. Car ce n'étaient plus à présent paroles seul à seul ou entretiens de dîner, comme à Breteuil ou Chartres. Je voulais être entendu, non seulement du roi, mais des plus hauts hommes de France, et qu'ils soient bien témoins de ma démarche.

« Très cher Sire, repris-je, vous avez ici la fleur de la chevalerie de votre royaume, en multitude, contre une poignée de gens que sont les Anglais au regard de vous. Ils ne peuvent tenir contre votre force ; et il serait plus honorable pour vous qu'ils se missent à votre merci sans bataille, plutôt que d'aventurer toute cette chevalerie, et de faire périr de bons chrétiens de part et d'autre. Je vous dis ceci sur l'ordonnance de notre très saint-père le pape, qui m'a mandé comme son nonce, avec toute son autorité, afin d'aider à la paix, selon le commandement de Dieu qui la veut entre les peuples chrétiens. Aussi je vous prie de souffrir, au nom du Seigneur, que je chevauche vers le prince de Galles, pour lui remontrer en quel danger vous le tenez, et lui parler raison. »

S'il avait pu me mordre, le roi Jean, je crois qu'il l'aurait fait. Mais un cardinal sur un champ de bataille cela ne laisse pas d'impressionner. Et le duc d'Athènes hochait le front, et le maréchal de Clermont, et Monseigneur de Bourbon. J'ajoutai : « Très cher Sire, nous sommes dimanche, jour du Seigneur, et vous venez d'entendre messe. Vous plairait-il de surseoir au travail de mort le jour consacré au Seigneur ? Laissez au moins que j'aille parler au prince. »

Le roi Jean regarda ses seigneurs autour de lui, et comprit que lui, le roi très chrétien, ne pouvait point ne pas déférer à ma demande. Si jamais quelque accident funeste survenait, on l'en tiendrait pour coupable et l'on y verrait le châtiment de Dieu.

« Soit, Monseigneur, me dit-il. Il nous plaît de nous accorder à votre souhait. Mais revenez sans tarder. »

J'eus alors une bouffée d'orgueil... le bon Dieu m'en pardonne... Je connus la suprématie de l'homme d'Eglise, du prince de Dieu, sur les rois temporels. Eussé-je été comte de Périgord, au lieu de votre père, jamais je n'aurais été investi de cette puissance-là. Et je pensai que j'accomplissais la tâche de ma vie.

Toujours escorté de mes quelques lances, toujours signalé par la bannière de la papauté, je piquai vers la hauteur, par le chemin qu'avait éclairé Ribemont, en direction du petit bois où campait le prince de Galles.

« Prince, mon beau fils... » car cette fois, quand je fus devant lui, je ne lui donnai plus du Monseigneur, pour mieux lui laisser sentir sa faiblesse... « si vous aviez justement considéré la puissance du roi de France comme je viens de le faire, vous me laisseriez tenter une convention entre vous, et de vous accorder, si je le puis. » Et je lui dénombrai l'armée de France que j'avais pu contempler devant le bourg de Nouaillé. « Voyez où vous êtes, et combien vous êtes... Croyez-vous donc que vous pourrez tenir longtemps ? »

Eh non, il ne pourrait longtemps tenir, et il le savait bien. Son seul avantage, c'était le terrain ; son retranchement était vraiment le meilleur qu'on pût trouver. Mais ses hommes déjà commençaient à souffrir de la soif, car il n'y avait pas d'eau sur cette colline ; il eût fallu pouvoir aller en puiser au ruisseau, le Miosson, qui coulait en bas ; or les Français le tenaient. Des vivres, il n'en était guère pourvu que pour une journée. Il avait perdu son beau rire blanc sous ses moustaches à la saxonne, le prince ravageur ! S'il n'avait pas été qui il était, au milieu de ses chevaliers, Chandos, Grailly, Warwick, Suffolk, qui l'observaient, il serait convenu de ce qu'eux-mêmes pensaient, que leur situation ne permettait plus d'espérance. A moins d'un miracle... et le miracle, c'était peut-être moi qui le lui apportais. Néanmoins, par souci de grandeur, il discuta un peu : « Je vous l'ai dit à Montbazon, Monseigneur de Périgord, je ne saurais traiter sans l'ordre du roi mon père... — Beau prince, au-dessus de l'ordre des rois, il y a l'ordre de Dieu. Ni votre père le roi Edouard, sur son trône de Londres, ni Dieu sur le trône du ciel ne vous pardonneraient de faire perdre la vie à tant de bonnes et braves gens remis à votre protection, si vous pouvez agir autrement. Acceptez-vous que je discute les conditions où vous pourriez, sans perdre l'honneur, épargner un combat bien cruel et bien douteux ? »

Armure noire et robe rouge face à face. Le heaume aux trois plumes blanches interrogeait mon chapeau rouge et semblait en compter les glands de soie. Enfin le heaume fit un signe d'acquiescement.

Le chemin d'Eustache dévalé, où j'aperçus les archers anglais en rangs tassés, derrière les palissades de pieux qu'ils avaient plantés, et me voici revenu devant le roi Jean. Je tombai en pleine palabre ; et je compris, à certains regards qui m'accueillirent, que tout le monde n'avait pas dit du bien de moi. L'Archiprêtre se balançait, efflanqué, goguenard, sous son chapeau de Montauban.

« Sire, dis-je, j'ai bien vu les Anglais. Vous n'avez point à vous hâter de les combattre, et vous ne perdez rien à vous reposer un peu. Car, placés comme ils sont, ils ne peuvent vous fuir, ni vous échapper. Je pense en vérité que vous les pourrez avoir sans coup férir. Aussi je vous prie que vous leur accordiez répit jusques à demain, au soleil levant. »

Sans coup férir... J'en vis plusieurs, comme le comte Jean d'Artois, Douglas, Tancarville lui-même, qui bronchèrent sous le mot et secouèrent le col. Ils avaient envie de férir. J'insistai : « Sire, n'accordez rien si vous le voulez à votre ennemi, mais accordez son jour à Dieu. »

Le connétable et le maréchal de Clermont penchaient pour cette suspension d'armes... « Attendons de savoir, Sire, ce que l'Anglais propose et ce que nous en pouvons exiger ; nous n'y risquons rien... » En revanche, Audrehem, oh ! simplement parce que, Clermont étant d'un avis, il était de l'autre... disait assez haut pour que je l'entendisse : « Sommes-nous donc là pour batailler ou pour écouter prêche ? » Eustache de Ribemont, parce que sa disposition de combat avait été adoptée par le roi, et qu'il était tout énervé de la voir en œuvre, poussait à l'engagement immédiat.

Et Chauveau, le comte-évêque de Châlons qui portait heaume en forme de mitre, peint en violet, le voilà soudain qui s'agite et presque s'emporte.

« Est-ce le devoir de l'Eglise, messire cardinal, que de laisser des pillards et des parjures s'en repartir sans châtiment ? » Là, je me fâche un peu. « Est-ce le devoir d'un serviteur de l'Eglise, messire évêque, que de refuser la trêve à Dieu ? Veuillez apprendre, si vous ne le savez pas, que j'ai pouvoir d'ôter office et bénéfices à tout ecclésiastique qui voudrait entraver mes efforts de paix... La Providence punit les présomptueux, messire. Laissez donc au roi l'honneur de montrer sa grandeur, s'il le veut... Sire, vous tenez tout en vos mains ; Dieu décide à travers vous. »

Le compliment avait porté. Le roi tergiversa quelque temps encore, tandis que je continuais de plaider, assaisonnant mon propos de compliments gros comme les Alpes. Quel prince, depuis Saint Louis, avait montré tel exemple que celui qu'il pouvait donner ? Toute la chrétienté allait admirer un geste de preux, et viendrait désormais demander arbitrage à sa sagesse ou secours à sa puissance !

« Faites dresser mon pavillon, dit le roi à ses écuyers. Soit, Monseigneur cardinal ; je me tiendrai ici jusqu'à demain, au soleil levant, pour l'amour de vous. — Pour l'amour de Dieu, Sire ; seulement pour l'amour de Dieu. »

Et je repars. Six fois au long de la journée, je devais faire la navette, allant suggérer à l'un les conditions d'un accord, venant les rapporter à l'autre ; et chaque fois, passant entre les haies des archers gallois vêtus de leur livrée mi-partie blanche et verte, je me disais que si quelques-uns, se méprenant, me lançaient une volée de flèches, je serais bien assaisonné.

Le roi Jean jouait aux dés, pour passer le temps, sous son pavillon de drap vermeil. Tout à l'alentour, l'armée s'interrogeait. Bataille ou pas bataille ? Et l'on en disputait ferme jusque devant le roi. Il y avait les sages, il y avait les bravaches, il y avait les timorés, il y avait les coléreux... Chacun s'autorisait à donner un avis. En vérité, le roi Jean restait indécis. Je ne pense pas qu'il se posa un seul moment la question du bien général. Il ne se posait que la question de sa gloire personnelle qu'il confondait avec le bien de son peuple. Après nombre de revers et de déboires, qu'est-ce donc qui grandirait le plus sa figure, une victoire par les armes ou par la négociation ? Car l'idée d'une défaite bien sûr ne le pouvait effleurer, non plus qu'aucun de ses conseillers.

Or les offres que je lui portais, voyage après voyage, n'étaient point négligeables. Au premier, le prince de Galles consentait à rendre tout le butin qu'il avait fait au cours de sa chevauchée, ainsi que tous les prisonniers, sans demander rançon. Au second, il acceptait de remettre toutes les places et châteaux conquis, et tenait pour nuls les hommages et ralliements. A la troisième navette, c'était une somme d'or, en réparation de ce qu'il avait détruit, non seulement pendant l'été, mais encore dans les terres de Languedoc l'année précédente. Autant dire que de ses deux expéditions, le prince Edouard ne conservait aucun profit.

Le roi Jean exigeait plus encore ? Soit. J'obtins du prince le retrait de toutes garnisons placées en dehors de l'Aquitaine... c'était un succès de belle taille... et l'engagement de ne jamais traiter dans l'avenir ni avec le comte de Foix... à ce propos, Phœbus était dans l'armée du roi, mais je ne le vis pas ; il se tenait fort à l'écart... ni avec aucun parent du roi, ce qui visait précisément Navarre. Le prince cédait beaucoup ; il cédait plus que je n'aurais cru. Et pourtant je devinais qu'au fond de lui il ne pensait pas qu'il serait dispensé de combattre.

Trêve n'interdit pas de travailler. Aussi tout le jour il employa ses hommes à fortifier leur position. Les archers doublaient les haies de pieux épointés aux deux bouts, pour se faire des herses de défense. Ils abattaient des arbres qu'ils tiraient en travers des passages que pourrait emprunter l'adversaire. Le comte de Suffolk, maréchal de l'ost anglais, inspectait chaque troupe l'une après l'autre. Les comtes de Warwick et de Salisbury, le sire d'Audley participaient à nos entrevues et m'escortaient à travers le camp.

Le jour baissait quand j'apportai au roi Jean une ultime proposition que j'avais moi-même avancée. Le prince était prêt à jurer et signer que, pendant sept ans entiers, il ne s'armerait pas ni n'entreprendrait rien contre le royaume de France. Nous étions donc tout au bord de la paix générale.

« Oh ! on connaît les Anglais, dit l'évêque Chauveau. Ils jurent, et puis renient leur parole. »

Je répliquai qu'ils auraient peine à renier un engagement pris par-devant le légat papal ; je serais signataire à la convention.
« Je vous donnerai réponse au soleil levant », dit le roi.
Et je m'en allai loger à l'abbaye de Maupertuis. Jamais je n'avais tant chevauché dans une même journée, ni tant discuté. Si recru de fatigue que je fusse, je pris le temps de bien prier, de tout mon cœur. Je me fis éveiller à la pointe du jour. Le soleil commençait juste à jaillir quand je me présentai derechef devant le tref du roi Jean. Au soleil levant, avait-il dit. On ne pouvait être plus exact que moi. J'eus une mauvaise impression. Toute l'armée de France était sous les armes, en ordre de bataille, à pied, sauf les trois cents désignés pour la charge, et n'attendant que le signal d'attaquer.
« Monseigneur cardinal, me déclare brièvement le roi, je n'accepterai de renoncer au combat que si le prince Edouard et cent de ses chevaliers, à mon choix, se viennent mettre en ma prison. — Sire, c'est la demande trop grosse et contraire à l'honneur ; elle rend inutiles tous nos pourparlers d'hier. J'ai pris suffisante connaissance du prince de Galles pour savoir qu'il ne la considérera même pas. Il n'est pas homme à capituler sans combattre, et à venir se livrer en vos mains avec la fleur de la chevalerie anglaise, dût ce jour être pour lui le dernier. Le feriez-vous, ou aucun de vos chevaliers de l'Etoile, si vous en étiez en sa place ? — Certes non ! — Alors, Sire, il me paraît vain que j'aille porter une requête avancée seulement pour qu'elle soit repoussée. — Monseigneur cardinal, je vous sais gré de vos offices ; mais le soleil est levé. Veuillez vous retirer du champ. »
Derrière le roi, ils se regardaient par leur ventaille, et échangeaient sourires et clins d'œil, l'évêque Chauveau, Jean d'Artois, Douglas, Eustache de Ribemont et même Audrehem et bien sûr l'Archiprêtre, aussi contents, semblait-il, d'avoir fait échec au légat du pape qu'ils le seraient d'aplatir les Anglais.
Un instant, je balançai, tant la colère me montait au nez, à lâcher que j'avais pouvoir d'excommunication. Mais quoi ? Quel effet cela aurait-il eu ? Les Français seraient tout de même partis à l'attaque, et je n'aurais gagné que de mettre en plus grande évidence l'impuissance de l'Eglise. J'ajoutai seulement : « Dieu jugera, Sire, lequel de vous deux se sera montré le meilleur chrétien. »

Et je remontai, pour la dernière fois, vers les boqueteaux. J'enrageais. « Qu'ils crèvent tous, ces fous ! me disais-je en galopant. Le Seigneur n'aura pas besoin de les trier ; ils sont tous bons pour sa fournaise. »

Arrivé devant le prince de Galles, je lui dis : « Beau fils, faites ce que vous pourrez ; il vous faut combattre. Je n'ai pu trouver nulle grâce d'accord avec le roi de France. — Nous battre est bien notre intention, me répondit le prince. Que Dieu m'aide ! »

Là-dessus, je m'en repartis, fort amer et dépité, vers Poitiers. Or ce fut le moment que choisit mon neveu de Durazzo pour me dire : « Je vous prie de me relever de mon service, mon oncle. Je veux aller combattre. — Et avec qui ? lui criai-je. — Avec les Français, bien sûr ! — Tu ne les trouves donc pas assez nombreux ? — Mon oncle, comprenez qu'il va y avoir bataille, et il n'est pas digne d'un chevalier de n'y pas prendre part. Et messire de Hérédia vous en prie aussi... »

J'aurais dû le tancer bien fort, lui dire qu'il était requis par le Saint-Siège pour m'escorter dans ma mission de paix, et que, tout au contraire d'acte de noblesse, ce pourrait être regardé comme une forfaiture d'avoir rejoint l'un des deux partis. J'aurais dû lui ordonner, simplement, de rester... Mais j'étais las, j'étais irrité. Et d'une certaine façon, je le comprenais. J'aurais eu envie de prendre une lance, moi aussi et de charger je ne sais trop qui, l'évêque Chauveau... Alors je lui criai : « Allez au Diable, tous les deux ! Et grand bien vous fasse ! » C'est la dernière parole que j'adressai à mon neveu Robert. Je me la reproche, je me la reproche bien fort...

7

La main de Dieu

C'est chose bien malaisée, quand on n'y fut pas, que de reconstituer une bataille, et même quand on y fut. Surtout lorsqu'elle se déroule aussi confusément que celle de Maupertuis... Elle me fut contée, quelques heures après, de vingt façons différentes, chacun ne la jugeant que de sa place et ne prenant pour important que ce qu'il avait fait. Particulièrement les battus qui, à les entendre, ne l'eussent jamais été sans la faute de leurs voisins, lesquels en disaient tout autant.

Ce qui ne peut être mis en doute, c'est que, aussitôt après mon départ du camp français, les deux maréchaux se prirent de bec. Le connétable, duc d'Athènes, ayant demandé au roi s'il lui plaisait d'ouïr son conseil, lui dit à peu près ceci : « Sire, si vous voulez vraiment que les Anglais se rendent à votre merci, que ne les laissez-vous s'épuiser par défaut de vivres ? Car leur position est forte, mais ils ne la soutiendront guère quand ils auront le corps faible. Ils sont de toute part encerclés, et s'ils tentent sortie par la seule issue où nous pouvons nous-mêmes les forcer, nous les écraserons sans peine. Puisque nous avons attendu une journée, que ne pouvons-nous attendre encore une ou deux autres, d'autant qu'à chaque moment nous nous grossissons des retardataires qui rejoignent ? » Et le maréchal de Clermont d'appuyer : « Le connétable dit bien. Un peu d'attente nous donne tout à gagner, et rien à perdre. »

C'est alors que le maréchal d'Audrehem s'emporta. Atermoyer, toujours atermoyer ! On devrait en avoir terminé depuis la veille au soir. « Vous ferez tant que vous finirez par les laisser échapper, comme souvent il advint. Regardez-les qui bougent. Ils descendent vers nous pour se fortifier plus bas et se ménager refuite. On dirait, Clermont, que vous n'avez pas grand-hâte de vous battre, et qu'il vous peine de voir les Anglais de si près. »

La querelle des maréchaux, il fallait bien qu'elle éclatât. Mais était-ce le moment le mieux choisi ? Clermont n'était pas homme à prendre si gros outrage en plein visage. Il renvoya, comme à la paume : « Vous ne serez point si hardi aujourd'hui, Audrehem, que vous mettiez le museau de votre cheval au cul du mien. »

Là-dessus il rejoint les chevaliers qu'il doit entraîner à l'assaut, se fait hisser en selle, et donne de lui-même l'ordre d'attaquer. Audrehem l'imite aussitôt, et avant que le roi n'ait rien dit, ni le connétable rien commandé, voici la charge lancée, non point groupée comme il en avait été décidé, mais en deux escadrons séparés qui semblent moins se soucier de rompre l'ennemi que de se distancer ou de se poursuivre. Le connétable à son tour demande son destrier et s'élance, cherchant à les rameuter.

Alors le roi fait crier l'attaque pour toutes les bannières ; et tous les hommes d'armes, à pied, patauds, alourdis des cinquante ou soixante livres de fer qu'ils ont sur le dos, commencent à s'avancer dans les champs vers le chemin pentu où déjà la cavalerie s'engouffre. Cinq cents pas à franchir...

Là-haut, le prince de Galles, quand il a vu la charge française s'ébranler, s'est écrié : « Mes beaux seigneurs, nous sommes petit nombre, mais ne vous en effrayez pas. La vertu ni la victoire ne vont forcément à grand peuple, mais là où Dieu veut les envoyer. Si nous sommes déconfits, nous n'en aurons point de blâme, et si la journée est pour nous, nous serons les plus honorés du monde. »

Déjà la terre tremblait au pied de la colline ; les archers gallois se tenaient genou en terre derrière leurs pieux pointus, et les premières flèches se mirent à siffler...

Tout d'abord le maréchal de Clermont fonça sur la bannière de Salisbury, se ruant dans la haie pour s'y faire brèche. Une pluie de flèches brisa sa charge. Ce fut une tombée atroce, au dire de ceux qui en ont réchappé. Les chevaux qui n'avaient pas été atteints allaient s'empaler sur les pieux pointus des archers gallois. De derrière la palissade, les coutilliers et bidaux surgissaient avec leurs gaudendarts, ces terribles armes à trois fins dont le croc saisit le chevalier par la chemise de mailles, et parfois par la chair, pour le jeter à bas de sa monture... dont la pointe disjoint la cuirasse à l'aîne ou à l'aisselle quand l'homme est à terre, dont le croissant enfin sert à fendre le heaume... Le maréchal de Clermont fut des premiers tués, et presque personne d'entre les siens ne put vraiment entamer la position anglaise. Tous défaits dans le passage conseillé par Eustache de Ribemont.

Au lieu de se porter au secours de Clermont, Audrehem avait voulu le distancer en suivant le cours du Miosson pour tourner les Anglais. Il était venu donner sur les troupes du comte de Warwick dont les archers ne lui firent pas meilleur parti. On devait vite apprendre que Audrehem était blessé, et prisonnier. Du duc d'Athènes, on ne savait rien. Il avait disparu dans la mêlée. L'armée avait, en quelques moments, vu disparaître ses trois chefs. Mauvais début. Mais cela ne faisait que trois cents hommes tués ou repoussés, sur vingt-cinq mille qui avançaient, pas à pas. Le roi était remonté à cheval pour dominer ce champ d'armures qui marchait, lentement.

Alors se produisit un étrange remous. Les rescapés de la charge Clermont, déboulant d'entre les deux haies meurtrières, leurs chevaux emportés, eux-mêmes hors de sens et incapables de freiner leurs montures, vinrent donner dans la première bataille, celle du duc d'Orléans, renversant comme des pièces d'échec leurs compagnons qui s'en venaient à pied, péniblement. Oh ! ils n'en renversèrent pas beaucoup : trente ou cinquante peut-être, mais qui dans leur chute en chavirèrent le double.

Du coup, voici la panique dans la bannière d'Orléans. Les premiers rangs, voulant se garer des chocs, reculent en désordre ; ceux de derrière ne savent pas pourquoi les premiers refluent ni sous quelle poussée ; et la déroute s'empare en quelques moments d'une bataille de près de six mille hommes. Combattre à pied n'est pas leur habitude, sinon en champ clos, un contre un. Là, pesants comme ils sont, peinant à se déplacer, la vue rétrécie sous leurs bassinets, ils s'imaginent déjà perdus sans recours. Et tous se jettent à fuir alors qu'ils sont encore bien loin de portée du premier ennemi. C'est une chose merveilleuse qu'une armée qui se repousse elle-même !

Les troupes du duc d'Orléans et le duc lui-même cédèrent ainsi un terrain que nul ne leur disputait, quelques bataillons allant chercher refuge derrière la bataille du roi, mais la plupart courant droit, si l'on peut dire courir, aux chevaux tenus par les varlets, alors que rien d'autre en vérité ne talonnait tous ces fiers hommes que la peur qu'ils s'inspiraient à eux-mêmes.

Et de se faire hisser en selle pour détaler aussitôt, certains partant pliés comme des tapis en travers de leurs montures qu'ils n'étaient pas parvenus à enfourcher. Et disparaissant à travers le pays... La main de Dieu, ne peut-on s'empêcher de penser... n'est-ce pas, Archambaud ?... Et seuls les mécréants oseraient en sourire.

La bataille du Dauphin, elle aussi, s'était portée en avant... « Montjoie Saint-Denis ! »... et n'ayant reçu aucun retour ni reflux, poursuivit son progrès. Les premiers rangs, haletants déjà de leur marche, s'engagèrent entre les mêmes haies qui avaient été funestes à Clermont, butant sur les chevaux et les hommes abattus là, un petit moment fait. Ils furent accueillis par de mêmes nuées de flèches, tirées de derrière les palissades. Il y eut grand bruit de glaives heurtés, et de cris de fureur ou de douleur. Le goulot étant fort étroit, très peu se trouvaient au choc, tous les autres derrière eux pressés et ne se pouvant plus mouvoir. Jean de Landas, Voudenay, le sire Guichard aussi se tenaient, comme ils en avaient l'ordre, autour du Dauphin lequel aurait été bien en peine, et ses frères de Poitiers et de Berry comme lui, de bouger ou de commander aucun mouvement. Et puis, encore une fois, à travers les fentes d'un heaume, quand on est à pied, avec plusieurs centaines de cuirasses devant soi, le regard n'a guère de champ. A peine le Dauphin voyait-il plus loin que sa bannière, tenue par le chevalier Tristan de Meignelay. Quand les chevaliers du comte de Warwick, ceux-là qui avaient fait Audrehem prisonnier, fondirent à cheval sur le flanc de la bataille du Dauphin, il fut trop tard pour se disposer à soutenir charge.

C'était bien le comble! Ces Anglais, qui si volontiers se battaient à pied et en avaient tiré leur renommée, s'étaient remis en selle dès lors qu'ils avaient vu leurs ennemis venant à l'attaque démontés. Sans avoir à être bien nombreux, ils produisirent la même carambole, mais plus durement, dans le corps de bataille du Dauphin, que celle qui s'était faite toute seule parmi les gens du duc d'Orléans. Et avec plus de confusion encore. « Gardez-vous, gardez-vous », criait-on aux trois fils du roi. Les chevaliers de Warwick poussaient vers la bannière du Dauphin, lequel Dauphin avait laissé choir sa courte lance et peinait, bousculé par les siens, à seulement soutenir son épée.

Ce fut Voudenay, ou bien Guichard, on ne sait pas trop, qui le tira par le bras en lui hurlant: « Suivez-nous; vous devez vous retraire, Monseigneur! » Encore fallait-il pouvoir... Le Dauphin vit le pauvre Tristan de Meignelay navré au sol, le sang lui fuyant de la gorgière comme d'un pot fêlé et coulant sur la bannière aux armes de Normandie et du Dauphiné. Et cela, je le crains, lui donna de l'ardeur à filer. Landas et Voudenay lui ouvraient chemin dans leurs propres rangs. Ses deux frères le suivaient, pressés par Saint-Venant.

Qu'il se soit tiré de ce mauvais pas, il n'y a là rien à redire, et l'on ne doit que louer ceux qui l'y ont aidé. Ils avaient mission de le conduire et protéger. Ils ne pouvaient laisser les fils de France, et surtout le premier, aux mains de l'ennemi. Tout cela est bon. Que le Dauphin soit allé aux chevaux, ou qu'on ait appelé son cheval à lui, et qu'il y soit remonté, et que ses compagnons en aient fait de même, cela est juste encore, puisqu'ils venaient d'être bousculés par gens à cheval.

Mais que le Dauphin alors, sans regarder en arrière, s'en soit en allé d'un roide galop, quittant le champ du combat, tout comme son oncle d'Orléans un moment auparavant, il sera malaisé de jamais faire tenir cela pour une conduite honorable. Ah ! les chevaliers de l'Etoile, ce n'était pas leur journée !

Saint-Venant, qui est vieux et dévoué serviteur de la couronne, assurera toujours que ce fut lui qui prit la décision d'éloigner le Dauphin, qu'il avait déjà pu juger que la bataille du roi était mal en point, que l'héritier du trône commis à sa garde devait coûte que coûte être sauvé, et qu'il lui fallut insister fortement et presque ordonner au Dauphin d'avoir à partir, et il soutiendra cela au Dauphin lui-même... brave Saint-Venant ! D'autres, hélas, ont la langue moins discrète.

Les hommes de la bataille du Dauphin, voyant celui-ci s'éloigner, ne furent pas longs à se débander et s'en furent à leurs chevaux eux aussi, criant à la retraite générale.

Le Dauphin courut une grande lieue, comme il était parti. Alors, le jugeant assez en sécurité, Voudenay, Landas et Guichard lui annoncèrent qu'ils s'en retournaient se battre. Il ne leur répondit rien. Et que leur aurait-il dit ? « Vous repartez à l'engagement, moi je m'en écarte ; je vous fais mon compliment et mon salut » ?... Saint-Venant voulait également s'en retourner. Mais il fallait bien que quelqu'un restât avec le Dauphin, et les autres lui en firent obligation, comme au plus vieux et au plus sage. Ainsi Saint-Venant, avec une petite escorte qui se grossit vite, d'ailleurs, de fuyards tout affolés qu'ils rencontraient, conduisit le Dauphin s'enfermer dans le gros château de Chauvigny. Et là, paraît-il, quand ils furent arrivés, le Dauphin eut peine à retirer son gantelet, tant sa main droite était gonflée, toute violette. Et on le vit pleurer.

8

La bataille du roi

Restait la bataille du roi... Ressers-nous un peu de ce vin mosellan, Brunet... Qui donc ? l'Archiprêtre ?... Ah bon, celui de Verdun ! Je le verrai demain, ce sera bien assez tôt. Nous sommes ici pour trois jours, tant nous nous sommes avancés par ce temps de printemps qui continue, au point que les arbres ont des bourgeons, en décembre...

Oui, restait le roi Jean, sur le champ de Maupertuis... Maupertuis... tiens, je n'y avais pas songé. Les noms, on les répète, on ne s'avise plus de leur sens... Mauvaise issue, mauvais passage... On devrait se méfier de livrer combat dans un lieu ainsi appelé.

D'abord le roi avait vu fuir en désordre, avant même l'abord de l'ennemi, les bannières que commandait son frère. Puis se défaire et disparaître, à peine engagées, les bannières de son fils. Certes, il en avait éprouvé dépit, mais sans penser que rien fût perdu pour autant. Sa seule bataille était encore plus nombreuse que tous les Anglais réunis.

Un meilleur capitaine eût sans doute compris le danger et modifié aussitôt sa manœuvre. Or, le roi Jean laissa aux chevaliers d'Angleterre tout le temps de répéter à son encontre la charge qui venait de si bien leur réussir. Ils ont déboulé sur lui, lances basses, et ils ont rompu son front de bataille.

Pauvre Jean II ! Son père, le roi Philippe, avait été déconfit à Crécy pour avoir lancé sa chevalerie contre la piétaille, et lui se faisait étriller, à Poitiers, tout précisément pour la raison inverse.

« Que faut-il faire quand on affronte des gens sans honneur qui toujours emploient des armes autres que les vôtres ? » C'est ce qu'il m'a dit ensuite, quand je l'ai revu. Du moment qu'il s'avançait à pied, les Anglais auraient dû, s'ils avaient été de preux hommes, rester à pied de même. Oh ! il n'est pas le seul prince qui rejette la faute de ses échecs sur un adversaire qui n'a pas joué la règle du jeu choisie par lui !

Il m'a dit aussi que la grande colère où ceci l'avait mis lui renforçait les membres. Il ne sentait plus le poids de son armure. Il avait rompu sa masse de fer, mais auparavant il avait assommé plus d'un assaillant. Il aimait mieux, d'ailleurs, assommer que pourfendre ; mais puisqu'il ne lui restait plus que sa hache d'armes à deux tranchants, il la brandissait, il la faisait tournoyer, il l'abattait. On eût dit un bûcheron fou dans une forêt d'acier. De plus furieux que lui sur un champ de bataille, on n'en a guère connu. Il ne sentait rien, ni fatigue ni effroi, seulement la rage qui l'aveuglait, plus encore que le sang qui lui coulait sur la paupière gauche.

Il était si sûr de gagner, tout à l'heure ; il avait la victoire dans la main ! Et tout s'est écroulé. A cause de quoi, à cause de qui ? A cause de Clermont, à cause d'Audrehem, ses méchants maréchaux trop tôt partis, à cause de son connétable, un âne ! Qu'ils crèvent, qu'ils crèvent tous ! Là-dessus, il peut se rassurer, le bon roi ; ce vœu-là au moins est exaucé. Le duc d'Athènes est mort ; on le retrouvera tout à l'heure contre un buisson, le corps ouvert par un coup de vouge et piétiné par une charge. Le maréchal de Clermont est mort ; il a reçu tant de flèches que son cadavre ressemble à une roue de dindon. Audrehem est prisonnier, la cuisse traversée.

Rage et fureur. Tout est perdu, mais le roi Jean ne cherche qu'à tuer, tuer, tuer tout ce qui est devant lui. Et puis tant pis, mourir, le cœur éclaté ! Sa cotte d'armes bleue brodée des lis de France est en lambeaux. Il a vu tomber l'oriflamme, que le brave Geoffroy de Charny serrait contre sa poitrine ; cinq coutilliers étaient sur lui ; un bidau gallois ou un goujat irlandais, armé d'un mauvais couteau de boucher, a emporté la bannière de France.

Le roi appelle les siens. « A moi, Artois ! à moi, Bourbon ! » Ils étaient là il n'y a qu'un moment. Eh oui ! Mais à présent, le fils du comte Robert, le dénonciateur du roi de Navarre, le géant à petite cervelle... « mon cousin Jean, mon cousin Jean »... est prisonnier, et son frère Charles d'Artois aussi, et Monseigneur de Bourbon, le père de la Dauphine.

« A moi, Regnault, à moi l'évêque ! Fais-toi entendre de Dieu ! » Si Regnault Chauveau parlait à Dieu en ce moment-là, c'était face à face. Le corps de l'évêque de Châlons gisait quelque part, les yeux clos sous la mitre de fer. Personne ne répondait plus au roi qu'une voix en mue qui lui criait : « Père, père, gardez-vous ! A droite, père, gardez-vous ! »

Le roi a eu un moment d'espoir en voyant Landas, Voudenay et Guichard reparaître dans la bataille, à cheval. Les fuyards s'étaient-ils repris ? Les bannières des princes revenaient-elles, au galop, pour le dégager ? « Où sont mes fils ? — A l'abri, Sire ! »

Landas et Voudenay avaient chargé. Seuls. Le roi saurait plus tard qu'ils étaient morts, morts d'être retournés au combat pour qu'on ne les crût pas lâches, après avoir sauvé les princes de France. Un seul de ses fils reste au roi, le plus jeune, son préféré, Philippe, qui continue de lui crier : « A gauche, père, gardez-vous ! Père, père, gardez-vous à droite... » et qui le gêne, disons bien, autant qu'il ne l'aide. Car l'épée est un peu lourde dans les mains de l'enfant pour être bien offensive, et il faut au roi Jean écarter parfois de sa longue hache cette lame inutile, afin de pouvoir porter des coups d'arrêt à ses assaillants. Mais au moins il n'a pas fui, le petit Philippe !

Soudain, Jean II se voit entouré de vingt adversaires, à pied, si pressés qu'ils se gênent les uns les autres. Il les entend crier : « C'est le roi, c'est le roi, sus au roi ! »

Pas une cotte d'armes française dans ce cercle terrible. Sur les targes et les écus, rien que des devises anglaises ou gasconnes. « Rendez-vous, rendez-vous, sinon vous êtes mort », lui crie-t-on.

Mais le roi fou n'entend rien. Il continue de fendre l'air avec sa hache. Comme on l'a reconnu, on se tient à distance ; dame, on veut le prendre vivant ! Et il tranche le vent à droite, à gauche, à droite surtout parce qu'à gauche il a l'œil collé par le sang... « Père, gardez-vous... » Un coup atteint le roi à l'épaule. Un énorme chevalier alors traverse la presse, fait brèche de son corps dans le mur d'acier, joue des cubitières, et parvient devant le roi haletant qui toujours mouline l'air. Non, ce n'est pas Jean d'Artois ; je vous l'ai dit, il est prisonnier. D'une forte voix française, le chevalier crie : « Sire, Sire, rendez-vous. »

Le roi Jean alors s'arrête de frapper contre rien, contemple ceux qui l'entourent, qui l'enferment, et répond au chevalier : « A qui me rendrais-je, à qui ? Où est mon cousin le prince de Galles ? C'est à lui que je parlerai. — Sire, il n'est pas ici ; mais rendez-vous à moi, et je vous mènerai devers lui, répond le géant. — Qui êtes-vous ? — Je suis Denis de Morbecque, chevalier, mais depuis cinq ans au royaume d'Angleterre, puisque je ne puis demeurer au vôtre. »

Morbecque, condamné pour homicide et délit de guerre privée, le frère de ce Jean de Morbecque qui travaille si bien pour les Navarre, qui a négocié le traité entre Philippe d'Evreux et Edouard III. Ah ! le sort faisait bien les choses et mettait des épices dans l'infortune pour la rendre plus amère.

« Je me rends à vous », dit le roi.

Il jeta sa hache d'armes dans l'herbe, ôta son gantelet et le tendit au gros chevalier. Et puis, un instant immobile, l'œil clos, il laissa la défaite descendre en lui.

Mais voilà qu'à son entour le hourvari reprenait, qu'il était bousculé, tiré, pressé, secoué, étouffé. Les vingt gaillards criaient tous ensemble : « Je l'ai pris, je l'ai pris, c'est moi qui l'ai pris ! » Plus fort que tous, un Gascon gueulait : « Il est à moi. J'étais le premier à l'assaillir. Et vous venez, Morbecque, quand la besogne est faite. » Et Morbecque de répondre : « Que clamez-vous, Troy ? Il s'est rendu à moi, pas à vous. »

C'est qu'elle allait rapporter gros, et d'honneur et d'argent, la prise du roi de France ! Et chacun cherchait à l'agripper pour assurer son droit. Saisi au bras par Bertrand de Troy, au col par un autre, le roi finit par être renversé dans son armure. Ils l'eussent séparé en quartiers.

« Seigneurs, seigneurs ! criait-il, menez-moi courtoisement, voulez-vous, et mon fils aussi, devers le prince mon cousin. Ne vous battez plus de ma prise. Je suis assez grand pour tous vous faire riches. »

Mais ils n'écoutaient rien. Ils continuaient de hurler : « C'est moi qui l'ai pris. Il est mien ! »

Et ils se battaient entre eux, ces chevaliers, gueules rogues et griffes de fer levées, ils se battaient pour un roi comme des chiens pour un os.

Passons à présent du côté du prince de Galles. Son bon capitaine, Jean Chandos, venait de le rejoindre sur un tertre qui dominait une grande partie du champ de bataille, et ils s'y étaient arrêtés. Leurs chevaux, les naseaux injectés de sang, le mors enveloppé de bave mousseuse, étaient couverts d'écume. Eux-mêmes haletaient. « Nous nous entendions l'un l'autre prendre de grandes goulées d'air », m'a raconté Chandos. La face du prince ruisselait et son camail d'acier, fixé au casque, qui enfermait le visage et les épaules, se soulevait à chaque prise d'haleine.

Devant eux, ce n'étaient que haies éventrées, arbrisseaux cassés, vignes ravagées. Partout des montures et des hommes abattus. Ici un cheval n'en finissait pas de mourir, battant des fers. Là, une cuirasse rampait. Ailleurs, trois écuyers portaient au pied d'un arbre le corps d'un chevalier expirant. Partout, archers gallois et coutilliers irlandais dépouillaient les cadavres. On entendait encore dans quelques coins des cliquetis de combat. Des chevaliers anglais passaient dans la plaine serrant un des derniers Français qui cherchait sa retraite.

Chandos dit : « Dieu merci, la journée est vôtre, Monseigneur. — Eh oui, par Dieu, elle l'est. Nous l'avons emporté ! » lui répondit le prince. Et Chandos reprit : « Il serait bon, je crois, que vous vous arrêtiez ici, et fassiez mettre votre bannière sur ce haut buisson. Ainsi se rallieront vers vous vos gens, qui sont fort épars. Et vous-même pourrez vous rafraîchir un petit, car je vous vois fort échauffé. Il n'y a plus à poursuivre. — Je pense ainsi », dit le prince.

Et tandis que la bannière aux lions et aux lis était plantée sur un buisson et que les sonneurs cornaient, cornaient dans leur trompe le rappel au prince, Edouard se fit ôter son bassinet, secoua ses cheveux blonds, essuya, sa moustache trempée.

Quelle journée ! Il faut bien reconnaître qu'il avait vraiment payé de sa personne, galopant sans relâche, pour se montrer à chaque troupe, encourageant ses archers, exhortant ses chevaliers, décidant des points où pousser des renforts... enfin, c'est surtout Warwick et Suffolk, ses maréchaux, qui décidaient ; mais il était toujours là pour leur dire : « Allez, vous faites bien... » Au vrai, il n'avait pris de lui-même qu'une seule décision, mais capitale, et qui lui méritait vraiment la gloire de toute la journée. Lorsqu'il avait vu le désordre causé dans la bannière d'Orléans par le seul reflux de la charge française, il avait aussitôt remis en selle une partie de son monde pour aller produire semblable effet dans la bataille du duc de Normandie. Lui-même était entré dans la mêlée à dix reprises. On avait eu l'impression qu'il était partout. Et chacun qui ralliait venait le lui dire. « La journée est vôtre. La journée est vôtre... C'est grande date, dont les peuples garderont mémoire. La journée est vôtre, vous avez fait merveille. »

Ses gentilshommes du corps et de la chambre se hâtèrent à lui dresser son pavillon, sur place, et à faire avancer le chariot, soigneusement garé, qui contenait tout le nécessaire de son repas, sièges, tables, couverts, vins.

Il ne pouvait pas se décider à descendre de cheval, comme si la victoire n'était pas vraiment acquise.

« Où est le roi de France, l'a-t-on vu ? » demandait-il à ses écuyers.

Il était grisé d'action. Il parcourait le tertre, prêt à quelque lutte suprême.

Et soudain il aperçut, renversée dans les bruyères, une cuirasse immobile. Le chevalier était mort, abandonné de ses écuyers, sauf d'un vieux serviteur blessé, qui se cachait dans un taillis. Auprès du chevalier, son pennon : armes de France au sautoir de gueules. Le prince fit ôter le bassinet du mort. Eh ! oui, Archambaud... c'est bien ce que vous pensez ; c'était mon neveu... c'était Robert de Durazzo.

Je n'ai pas honte de mes larmes... Certes, son honneur propre l'avait poussé à une action que l'honneur de l'Eglise, et le mien, auraient dû lui défendre. Mais je le comprends. Et puis, il fut vaillant... Il n'est pas de jour où je ne prie Dieu de lui faire pardon.

Le prince commanda à ses écuyers : « Mettez ce chevalier sur une targe, portez-le à Poitiers et présentez-le pour moi au cardinal de Périgord, et dites-lui que je le salue. »

Et c'est de la sorte, oui, que j'appris que la victoire était aux Anglais. Dire que, le matin, le prince était prêt à traiter, à tout rendre de ses prises, à suspendre les armes, pour sept ans ! Il m'en fit beau reproche, le lendemain, quand nous nous revîmes à Poitiers. Ah ! il ne mâcha pas ses paroles. J'avais voulu servir les Français, je l'avais trompé sur leur force, j'avais mis tout le poids de l'Eglise dans la balance pour l'amener à composition. Je ne pus que lui répondre : « Beau prince, vous avez épuisé les moyens de la paix, par amour de Dieu. Et la volonté de Dieu s'est fait connaître. » Voilà ce que je lui dis...

Mais Warwick et Suffolk étaient arrivés sur le tertre, et avec eux Lord Cobham. « Avez-vous nouvelles du roi Jean ? leur demanda le prince. — Non, pas de notre vue, mais nous croyons bien qu'il est mort ou pris, car il n'est point parti avec ses batailles. »

Alors le prince leur dit : « Je vous prie, partez et chevauchez pour m'en dire la vérité. Trouvez le roi Jean. »

Les Anglais étaient épars, répandus sur près de deux lieues rondes, chassant l'homme, poursuivant et ferraillant. A présent que la journée était gagnée, chacun traquait pour son profit. Dame ! Tout ce que porte sur lui un chevalier pris, armes et joyaux, appartient à son vainqueur. Et ils étaient bellement adornés, les barons du roi Jean. Beaucoup avaient des ceintures d'or. Sans parler des rançons, bien sûr, qui se discuteraient et seraient fixées selon le rang du prisonnier. Les Français sont assez vaniteux pour qu'on les laisse eux-mêmes fixer le prix auquel ils s'estiment. On pouvait bien se fier à leur gloriole. Alors, à chacun sa chance ! Ceux-là qui avaient eu la bonne fortune de mettre la main sur Jean d'Artois, ou le comte de Vendôme, ou le comte de Tancarville, étaient en droit de songer à se faire bâtir château. Ceux qui ne s'étaient saisis que d'un petit banneret, ou d'un simple bachelier, pourraient seulement changer le meuble de leur grand-salle et offrir quelques robes à leur dame. Et puis il y aurait les dons du prince, pour les plus hauts faits et belles prouesses.

« Nos hommes sont à chasser la déconfiture jusques aux portes de Poitiers », vint annoncer Jean de Grailly, captal de Buch. Un homme de sa bannière qui revenait de là-bas avec quatre grosses prises, n'en pouvant conduire plus, lui avait appris qu'il s'y faisait grand abattis de gens, parce que les bourgeois de Poitiers avaient fermé leurs portes ; devant celles-ci, sur la chaussée, on s'était occis horriblement, et maintenant les Français se rendaient d'aussi loin qu'ils apercevaient un Anglais. De très ordinaires archers avaient jusqu'à cinq et six prisonniers. Jamais on n'avait ouï telle méchéance.

« Le roi Jean y est-il ? demanda le prince. — Certes non. On me l'aurait dit. »

Et puis, au bas du tertre, Warwick et Cobham reparurent, allant à pied, la bride de leur cheval au bras, et cherchant à mettre paix parmi une vingtaine de chevaliers et écuyers qui leur faisaient escorte. En anglais, en français, en gascon, ces gens disputaient avec des grands gestes, mimant des mouvements de combat. Et devant eux, tirant ses pas, allait un homme épuisé, un peu titubant, qui, de sa main nue, tenait par le gantelet un enfant en armure. Un père et un fils qui marchaient côte à côte, tous deux portant sur la poitrine des lis de soie tailladés.

« Arrière ; que nul n'approche le roi, s'il n'en est requis », criait Warwick aux disputeurs.

Et là seulement Edouard de Galles, prince d'Aquitaine, duc de Cornouailles, connut, comprit, embrassa l'immensité de sa victoire. Le roi, le roi Jean, le chef du plus nombreux et plus puissant royaume d'Europe... L'homme et l'enfant marchaient vers lui très lentement... Ah ! cet instant qui demeurerait toujours dans la mémoire des hommes !... Le prince eut l'impression qu'il était regardé de toute la terre.

Il fit un signe à ses gentilshommes, pour qu'on l'aidât à descendre de cheval. Il se sentait les cuisses raides et les reins aussi.

Il se tint sur la porte de son pavillon. Le soleil, qui inclinait, traversait le boqueteau de rayons d'or. On les aurait bien surpris, tous ces hommes, en leur disant que l'heure de Vêpres était déjà passée.

Edouard tendit les mains au présent que lui amenaient Warwick et Cobham, au présent de la Providence. Jean de France, même courbé par le destin adverse, est de plus grande taille que lui. Il répondit au geste de son vainqueur. Et ses deux mains aussi se tendirent, l'une gantée, l'autre nue. Ils restèrent un moment ainsi, non pas s'accolant, simplement s'étreignant les mains. Et puis Edouard eut un geste qui allait toucher le cœur de tous les chevaliers. Il était fils de roi ; son prisonnier était roi couronné. Alors, toujours le tenant par les mains, il inclina profondément la tête, et il esquissa une pliure du genou. Honneur à la vaillance malheureuse... Tout ce qui grandit notre vaincu grandit notre victoire. Il y eut des gorges qui se serrèrent chez ces rudes hommes.

« Prenez place, Sire mon cousin, dit Edouard en invitant le roi Jean à entrer dans le pavillon. Laissez-moi vous servir le vin et les épices. Et pardonnez que, pour le souper, je vous fasse faire bien simple chère. Nous passerons à table tout à l'heure. »

Car on s'affairait à dresser une grande tente sur le tertre. Les gentilshommes du prince connaissaient leur devoir. Et les cuisiniers ont toujours quelques pâtés et viandes dans leurs coffres. Ce qui manquait, on alla le chercher au garde-manger des moines de Maupertuis. Le prince dit encore : « Vos parents et barons auront plaisir à se joindre à vous. Je les fais appeler. Et souffrez qu'on panse cette blessure au front qui montre votre grand courage. »

9

Le souper du prince

C'est chose qui fait songer au destin des nations, que de vous conter tout cela, qui vient de survenir... et qui marque un grand changement, un grand tournement pour le royaume... justement ici entre toutes places, justement à Verdun... Pourquoi ? Eh ! mon neveu, parce que le royaume y est né, parce que ce qu'on peut nommer le royaume de France est issu du traité signé ici même après la bataille de Fontenoy, alors *Fontanetum*... vous savez bien, où nous sommes passés... entre les trois fils de Louis le Pieux. La part de Charles le Chauve y fut pauvrement découpée, d'ailleurs sans regarder les vérités du sol. Les Alpes, le Rhin eussent dû être frontières naturelles à la France, et il n'est pas de bon sens que Verdun et Metz soient terres d'Empire. Or, que va-t-il en être de la France, demain ? Comment va-t-on la découper ? Peut-être n'y aura-t-il plus de France du tout, dans dix ou vingt ans, certains se le demandent sérieusement. Ils voient un gros morceau anglais, et un morceau navarrais allant d'une mer à l'autre avec toute la Langue d'oc, et un royaume d'Arles rebâti dans la mouvance de l'Empire, avec la Bourgogne en sus... Chacun rêve de dépecer la faiblesse.

Pour vous dire mon sentiment, je n'y crois guère, parce que l'Eglise, tant que je vivrai et que vivront quelques autres de ma sorte, ne permettra point cet écartèlement. Et puis le peuple a trop le souvenir et l'habitude d'une France qui fut une et grande. Les Français verront vite qu'ils ne sont rien s'ils ne sont plus du royaume, s'ils ne sont plus rassemblés dans un seul Etat. Mais il y aura des gués difficiles à traverser. Peut-être serez-vous mis devant des choix pénibles. Choisissez toujours, Archambaud, dans le sens du royaume, même s'il est commandé par un mauvais roi... parce que le roi peut mourir, ou être déchassé, ou tenu en captivité, mais le royaume dure.

La grandeur de la France, elle apparaissait, au soir de Poitiers, dans les égards mêmes que le vainqueur, ébloui de sa fortune et presque n'y croyant pas, prodiguait au vaincu. Etrange tablée que celle qui s'installa, après la bataille, au milieu d'un bois du Poitou, entre des murs de drap rouge. Aux places d'honneur, éclairés par des cierges, le roi de France, son fils Philippe, Monseigneur Jacques de Bourbon, qui devenait duc puisque son père avait été tué dans la journée, le comte Jean d'Artois, les comtes de Tancarville, d'Etampes, de Dammartin, et aussi les sires de Joinville et de Parthenay, servis dans des couverts d'argent ; et répartis aux autres tables, entre des chevaliers anglais et gascons, les plus puissants et les plus riches des autres prisonniers.

Le prince de Galles affectait de se lever pour servir lui-même le roi de France et lui verser le vin en abondance.

« Mangez, cher Sire, je vous en prie. N'ayez point regret à le faire. Car si Dieu n'a pas consenti à votre vouloir et si la besogne n'a pas tourné de votre côté, vous avez aujourd'hui conquis haut renom de prouesse, et vos hauts faits ont passé les plus grands. Certainement Monseigneur mon père vous fera tout l'honneur qu'il pourra, et s'accordera à vous si raisonnablement que vous demeurerez bons amis ensemble. Au vrai, chacun ici vous reconnaît le prix de bravoure, car en cela vous l'avez emporté sur tous. »

Le ton était donné. Le roi Jean se détendait. L'œil gauche tout bleu, et une entaille dans son front bas, il répondait aux politesses de son hôte. Roi-chevalier, il lui importait de se montrer tel dans la défaite. Aux autres tables, les voix montaient de timbre. Après qu'ils s'étaient durement heurtés à l'épée ou à la hache, les seigneurs des deux partis, à présent, faisaient assaut de compliments.

On commentait haut les péripéties de la bataille. On ne tarissait pas de louanges sur la hardiesse du jeune prince Philippe qui, lourd de mangeaille après cette dure journée, dodelinait sur son siège et glissait au sommeil.

Et l'on commençait à faire les comptes. Outre les grands seigneurs, ducs, comtes et vicomtes qui étaient une vingtaine, on avait déjà pu dénombrer parmi les prisonniers plus de soixante barons et bannerets ; les simples chevaliers, écuyers et bacheliers ne pouvaient être recensés. Plus d'un double millier assurément ; on ne saurait vraiment le total que le lendemain...

Les morts ? Il fallait les estimer en même quantité. Le prince ordonna que ceux déjà ramassés fussent portés, dès l'aurore suivante, au couvent des frères mineurs de Poitiers, en tête les corps du duc d'Athènes, du duc de Bourbon, du comte-évêque de Châlons, pour y être enterrés avec toute la pompe et l'honneur qu'ils méritaient. Quelle procession ! Jamais couvent n'aurait vu tant de hauts hommes et de si riches lui arriver en un seul jour. Quelle fortune, en messes et dons, allait s'abattre sur les Frères Mineurs ! Et autant sur les Frères Prêcheurs.

Je vous dis tout de suite qu'il fallut dépaver la nef et le cloître de deux couvents pour mettre dessous, sur deux étages, les Geoffroy de Charny, les Rochechouart, les Eustache de Ribemont, les Dance de Melon, les Jean de Montmorillon, les Seguin de Cloux, les La Fayette, les La Rochedragon, les La Rochefoucault, les La Roche Pierre de Bras, les Olivier de Saint-Georges, les Imbert de Saint-Saturnin, et je pourrais encore vous en citer par vingtaines.

« Sait-on ce qu'il est advenu de l'Archiprêtre ? » demandait le roi.

L'Archiprêtre était blessé, prisonnier d'un chevalier anglais. Combien valait l'Archiprêtre ? Avait-il gros château, grandes terres ? Son vainqueur s'informait sans vergogne. Non. Un petit manoir à Vélines. Mais que le roi l'ait nommé haussait son prix.

« Je le rachèterai », dit Jean II qui, sans savoir encore ce qu'il allait coûter lui-même à la France, recommençait à faire le grandiose.

Alors le prince Edouard de répondre : « Pour l'amour de vous, Sire mon cousin, je rachèterai moi-même cet archiprêtre, et lui rendrai la liberté, si vous le souhaitez. »

Le ton montait autour des tables. Le vin et les viandes, goulûment avalés, portaient à la tête de ces hommes fatigués, qui n'avaient rien mangé depuis le matin. Leur assemblée tenait à la fois du repas de cour après les grands tournois et de la foire aux bestiaux.

Morbecque et Bertrand de Troy n'avaient pas fini de se disputer quant à la prise du roi. « C'est moi, vous dis-je ! — Que non ; j'étais sur lui, vous m'avez écarté ! — A qui a-t-il remis son gant ? »

De toute manière, ce ne serait pas à eux qu'irait la rançon, énorme à coup sûr, mais au roi d'Angleterre. Prise de roi est au roi. Ce dont ils débattaient, c'était de savoir qui toucherait la pension que le roi Edouard ne manquerait pas d'accorder. A se demander s'ils n'auraient pas eu plus de profit, sinon d'honneur, à prendre un riche baron qu'ils se seraient partagé. Car on faisait des partages, si l'on avait été à deux ou trois sur le même prisonnier. Ou bien des échanges. « Donnez-moi le sire de La Tour ; je le connais, il est parent à ma bonne épouse. Je vous remettrai Mauvinet, que j'ai pris. Vous y gagnez ; il est sénéchal de Touraine. »

Et le roi Jean soudain frappa du plat de la main sur la table.

« Mes sires, mes bons seigneurs, j'entends que tout se fasse entre vous et ceux qui nous ont pris selon l'honneur et la noblesse. Dieu a voulu que nous soyons déconfits, mais vous voyez les égards qu'on nous prouve. Nous devons garder la chevalerie. Que nul ne s'avise de fuir ou de forfaire à la parole donnée, car je le honnirai. »

On eût dit qu'il commandait, cet écrasé, et il prenait toute sa hauteur pour inviter ses barons à être bien exacts dans la captivité.

Le prince de Galles qui lui versait le vin de Saint-Emilion l'en remercia. Le roi Jean le trouvait aimable, ce jeune homme. Comme il était attentif, comme il avait de belles façons. Le roi Jean eût aimé que ses fils lui ressemblassent ! Il ne résista pas, la boisson et la fatigue aidant, à lui dire : « N'avez-vous point connu Monsieur d'Espagne ? — Non, cher Sire ; je l'ai seulement affronté sur mer... » Il était courtois, le prince ; il aurait pu dire : « Je l'ai défait... » « C'était un bon ami. Vous m'en rappelez la mine et la tournure... » Et puis soudain, avec de la méchanceté dans la voix : « Ne me demandez point de rendre la liberté à mon gendre de Navarre ; cela, contre ma vie, je ne le ferai point. »

Le roi Jean II, un moment, avait été grand, vraiment, un très bref moment, dans l'instant qui avait suivi sa capture. Il avait eu la grandeur de l'extrême malheur. Et voici qu'il revenait à sa nature : des manières répondant à l'image exagérée qu'il se faisait de soi, un jugement faible, des soucis futiles, des passions honteuses, des impulsions absurdes et des haines tenaces.

La captivité, d'une certaine façon, n'allait pas lui déplaire, une captivité dorée, s'entend, une captivité royale. Ce faux glorieux avait rejoint son vrai destin, qui était d'être battu. Finis, pour un temps, les soucis du gouvernement, la lutte contre toutes choses adverses en son royaume, l'ennui de donner des ordres qui ne sont point suivis. A présent, il est en paix ; il peut prendre à témoin ce ciel qui lui a été contraire, se draper dans son infortune, et feindre de supporter avec noblesse la douleur d'un sort qui lui convient si bien. A d'autres le fardeau de conduire un peuple rétif ! On verra s'ils parviennent à faire mieux...

« Où m'emmenez-vous, mon cousin ? demanda-t-il. — A Bordeaux, cher Sire, où je vous donnerai bel hôtel, pourvoyance, et fêtes pour vous réjouir, jusqu'à ce que vous vous accommodiez avec le roi mon père. — Est-il joie pour un roi captif ? » répondit Jean II déjà tout attentif à son personnage.

Ah ! que n'avait-il accepté, au début de cette journée de Poitiers, les conditions que je lui portais ? Vit-on jamais pareil roi, en position de tout gagner le matin, sans avoir à tirer l'épée, qui peut rétablir sa loi sur le quart de son royaume, seulement en posant son seing et son sceau sur le traité que son ennemi traqué lui offre, et qui refuse... et le soir se retrouve prisonnier !

Un oui au lieu d'un non. L'acte irrattrapable. Comme celui du comte d'Harcourt, remontant l'escalier de Rouen au lieu de sortir du château. Jean d'Harcourt y a laissé la tête ; là, c'est la France entière qui risque d'en connaître agonie.

Le plus surprenant, et l'injuste, c'est que ce roi absurde, obstiné seulement à gâcher ses chances, et qu'on n'aimait guère avant Poitiers, est bientôt devenu, parce qu'il est vaincu, parce qu'il est captif, objet d'admiration, de pitié et d'amour pour son peuple, pour une partie de son peuple. Jean le Brave, Jean le Bon...

Et cela commença dès le souper du prince. Alors qu'ils avaient tout à reprocher à ce roi qui les avait menés au malheur, les barons et chevaliers prisonniers exaltaient son courage, sa magnanimité, que sais-je ? Ils se donnaient, les vaincus, bonne conscience et bel aspect. Quand ils rentreront, leurs familles s'étant saignées et ayant saigné leurs manants pour payer leurs rançons, ils diront, soyez-en sûr, avec superbe : « Vous ne fûtes pas comme moi auprès de notre roi Jean... » Ah ! ils la raconteront, la journée de Poitiers !

A Chauvigny, le Dauphin, qui prenait un repas triste en compagnie de ses frères et entouré seulement de quelques serviteurs, fut averti que son père était vivant, mais captif. « A vous de gouverner, à présent, Monseigneur », lui dit Saint-Venant.

Il n'y a guère dans le passé, à mon savoir, princes de dix-huit ans qui aient eu à prendre le gouvernail dans une situation aussi piteuse. Un père prisonnier, une noblesse diminuée par la défaite, deux armées ennemies campant dans le pays, car il y a toujours Lancastre au-dessus de la Loire... plusieurs provinces ravagées, point de finances, des conseillers cupides, divisés et haïs, un beau-frère en forteresse mais dont les partisans bien actifs relèvent la tête plus que jamais, une capitale frémissante qu'une poignée de bourgeois ambitieux incite à l'émeute... Ajoutez à cela que le jeune homme est de chétive santé, et que sa conduite en bataille n'a pas fait grandir sa réputation.

A Chauvigny, toujours ce même soir, comme il avait décidé de rentrer à Paris par le plus court, Saint-Venant lui demanda : « Quelle qualité, Monseigneur, devront donner à votre personne ceux qui parleront en son nom ? » Et le Dauphin répondit : « Celle que j'ai, Saint-Venant, celle que Dieu me désigne : lieutenant général du royaume. » Ce qui était parole sage...

Il y a trois mois de cela. Rien n'est tout à fait perdu, mais rien non plus ne donne signe d'amélioration, tout au contraire. La France se défait. Et nous allons dans moins d'une semaine nous retrouver à Metz, d'où je ne vois pas trop, je vous l'avoue, quel grand bien en pourrait sortir, sauf pour l'Empereur, ni quelle grande œuvre s'y pourrait faire, entre un lieutenant du royaume, mais qui n'est pas le roi, et un légat pontifical, mais qui n'est pas le pape.

Savez-vous ce qui vient de m'être dit ? La saison est si belle, et les journées sont si chaudes à Metz, où l'on attend plus de trois mille princes, prélats et seigneurs, que l'Empereur, si cette douceur se maintient, a décidé qu'il donnerait le festin de Noël au grand air, dans un jardin clos.

Dîner dehors à Noël, en Lorraine, encore une chose que l'on n'avait jamais vue !

RÉPERTOIRE BIOGRAPHIQUE

Les souverains apparaissent dans ce répertoire au nom sous lequel ils ont régné ; les autres personnages à leur nom de famille ou de fief principal. Nous n'avons pas fait mention de certains personnages épisodiques, lorsque les documents historiques ne conservent de leur existence d'autre trace que l'action précise pour laquelle ils figurent dans notre récit.

Alençon (Charles de Valois, comte d') (1294-1346).
Second fils de Charles de Valois et de Marguerite d'Anjou-Sicile. Tué à Crécy.

Andronic II Paléologue (1258-1322).
Empereur de Constantinople. Couronné en 1282. Détrôné par son petit-fils Andronic III en 1328.

Anjou (saint Louis d') (1275-1299).
Deuxième fils de Charles II d'Anjou, dit le Boiteux, roi de Sicile, et de Marie de Hongrie. Renonça au trône de Naples pour entrer dans les ordres. Evêque de Toulouse. Canonisé sous Jean XXII en 1317.

Anjou-Sicile (Marguerite d'), comtesse de Valois (vers 1270-31 décembre 1299).
Fille de Charles II d'Anjou, dit le Boiteux, roi de Sicile, et de Marie de Hongrie. Première épouse de Charles de Valois. Mère du futur Philippe VI, roi de France.

Artevelde (Jakob Van) (vers 1285-1345).
Marchand drapier de Gand. Joua un rôle capital dans les affaires de Flandre. Assassiné au cours d'une révolte de tisserands.

Artois (Jean d'), comte d'Eu (1321-6 avril 1386).
Fils de Robert d'Artois et de Jeanne de Valois, fut emprisonné avec sa mère et ses frères après le bannissement de Robert. Libérés en 1347. Chevalier (1350). Reçut en donation le comté d'Eu après l'exécution de Raoul de Brienne. Fait prisonnier à Poitiers (1356). Il avait épousé Isabelle de Melun dont il eut six enfants.

Artois (Mahaut, comtesse de Bourgogne puis d') (?-27 novembre 1329).
Fille de Robert II d'Artois. Epousa (1291) le comte palatin de Bourgogne, Othon IV (mort en 1303). Comtesse-pair d'Artois par jugement royal (1309). Mère de Jeanne de Bourgogne, épouse de Philippe de Poitiers, futur Philippe V, et de Blanche de Bourgogne, épouse de Charles de France, comte de la Marche, futur Charles IV.

Artois (Robert III d') (1287-1342).
Fils de Philippe d'Artois et petit-fils de Robert II d'Artois. Comte de Beaumont-le-Roger et seigneur de Conches (1309). Epousa Jeanne de Valois, fille de Charles de Valois et de Catherine de Courtenay (1318). Pair du royaume par son comté de Beaumont-le-Roger (1328). Banni du royaume (1322), se réfugia à la Cour d'Edouard III d'Angleterre. Blessé mortellement à Vannes. Enterré à Saint-Paul de Londres.

Arundel (Edmond Fitzalan, comte d') (1285-1326).
Fils de Richard Ier, comte d'Arundel. Epouse Alice, sœur de John, comte de Warenne, dont il eut un fils, Richard, qui épousa la fille de Hugh Le Despenser le Jeune. Grand Juge du Pays de Galles (1323-1326). Décapité à Hereford.

Asnières (Jean d').
Avocat au Parlement de Paris. Prononça l'acte d'accusation d'Enguerrand de Marigny.

Aubert (Etienne) (voir Innocent VI, pape).

Auch (Arnaud d') (?-1320).
Evêque de Poitiers (1306). Créé cardinal-évêque d'Albano par Clément V en 1312. Légat du pape à Paris en 1314. Camérier du pape jusqu'en 1319. Mort en Avignon.

Aunay (Gautier d') (?-1314).
Fils aîné de Gautier d'Aunay, seigneur de Moucy-le-Neuf, du Mesnil et de Grand-Moulin. Bachelier du comte de Poitiers, second fils de Philippe le Bel. Convaincu d'adultère (affaire de la tour de Nesle) avec Blanche de Bourgogne, il fut exécuté à Pontoise. Il avait épousé Agnès de Montmorency.

Aunay (Philippe d') (?-1314).
Frère cadet du précédent. Ecuyer du comte de Valois. Convaincu d'adultère avec Marguerite de Bourgogne, épouse de Louis, dit Hutin, roi de Navarre puis de France. Exécuté en même temps que son frère à Pontoise.

Auxois (Jean d').
Evêque de Troyes, puis d'Auxerre (de 1353 à 1359).

Baglioni (Guccio) (vers 1295-1340).
Banquier siennois apparenté à la famille des Tolomei. Tenait, en 1315, comptoir de banque à Neauphle-le-Vieux. Epousa secrètement Marie de Cressay dont il eut un fils, Giannino (1316), échangé au berceau avec Jean Ier le Posthume. Mort en Campagnie.

Baldock (Robert de) (?-1327).
Archidiacre du Middlesex (1314). Lord du sceau privé (1320). Mort à Londres.

Bar (Edouard, comte de) (1285- ?).
Fils d'Henri III, comte de Bar (mort en 1302). Epousa en 1310 Marie de Bourgogne, sœur de Marguerite. Beau-frère de Louis X, d'Eudes de Bourgogne et de Philippe de Valois.

Barbette (Etienne) (vers 1250-19 décembre 1321).
Bourgeois de Paris, appartenant à une des plus vieilles familles de notables. Voyer de Paris (1275), échevin (1296), prévôt des marchands (1296 et 1314), maître de la Monnaie

de Paris et argentier du roi. Sa demeure, la courtille Barbette, fut pillée lors des émeutes de 1306.

Béatrice de Hongrie (vers 1294- ?).
Fille de Charles-Martel d'Anjou. Sœur de Charobert, roi de Hongrie, et de Clémence, reine de France. Epouse du dauphin de Viennois, Jean II de La Tour du Pin, et mère de Guigues VIII et Humbert II, derniers dauphins de Viennois.

Beaumont (Jean de), dit le Déramé, seigneur de Clichy et de Courcelles-la-Garenne (?-1318).
Succéda en 1315 à Miles de Noyers dans la charge de maréchal de France.

Bec-Crespin (Michel du) (?-1318).
Dizenier de Saint-Quentin en Vermandois. Créé cardinal par Clément V le 24 décembre 1312.

Benoît XII (Jacques Nouvel-Fournier) (vers 1285-avril 1342).
Cistercien. Abbé de Fontfroide. Evêque de Pamiers (1317), puis de Mirepoix (1326). Créé cardinal en décembre 1327 par Jean XXII auquel il succéda en 1334.

Berkeley (Thomas, baron de) (1292-1361).
Chevalier (1322). Fait prisonnier à Shrewsbury et libéré en 1326.
Gardien du roi Edouard II en son château de Berlekey (1327).
Maréchal de l'armée en 1340, commanda les forces anglaises à Crécy. Marié à Marguerite, fille de Roger Mortimer.

Bersumée (Robert).
Capitaine de la forteresse de Château-Gaillard, il fut le premier gardien de Marguerite et Blanche de Bourgogne. Il fut remplacé, après 1316, par Jean de Croisy, puis André Thiart.

Bertrand (Robert de) (?-1348).
Baron de Briquebec, vicomte de Roncheville. Lieutenant du roi en Guyenne, Saintonge, Normandie et Flandre. Maréchal

de France (1325). Il avait épousé Marie de Sully, fille d'Henri, grand bouteiller de France.

Boccacio da Chellino ou Boccace.
Banquier florentin, voyageur de la compagnie des Bardi. Eut d'une maîtresse française un fils adultérin (1313) qui fut l'illustre poète Boccace, auteur du *Décaméron*.

Bohême (Jean de Luxembourg, roi de) (1296-1346).
Fils d'Henri VII, empereur d'Allemagne. Frère de Marie de Luxembourg, deuxième épouse (1322) de Charles IV, roi de France. Epousa (1310) Elisabeth de Bohême, dont il eut une fille, Bonne, qui épousa en 1332 Jean, duc de Normandie, futur Jean II, roi de France. Tué à Crécy.

Boniface VIII (Benoît Caëtani), pape (vers 1215-11 octobre 1303).
D'abord chanoine de Todi, avocat consistorial et notaire apostolique. Cardinal en 1281. Fut élu pape le 24 décembre 1294 après l'abdication de Célestin V. Victime de l'« attentat » d'Anagni, il mourut à Rome un mois plus tard.

Bourbon (Louis, sire, puis premier duc de) (vers 1280-1342).
Fils aîné de Robert, comte de Clermont (1256-1318), et de Béatrice de Bourgogne, fille de Jean, sire de Bourbon. Petit-fils de Saint Louis. Grand chambrier de France à partir de 1312. Comte de la Marche (1322). Duc et pair en septembre 1327.

Bourdenai (Michel de).
Légiste et conseiller de Philippe le Bel. Fut emprisonné et eut ses biens confisqués sous le règne de Louis X, mais retrouva biens et dignités sous Philippe V.

Bourgogne (Agnès de France, duchesse de) (vers 1268-vers 1325).
Dernière des onze enfants de Saint Louis. Mariée en 1273 à Robert II de Bourgogne. Mère de Hugues V et d'Eudes IV, ducs de Bourgogne, de Marguerite, épouse de Louis X Hutin, roi de Navarre puis de France, et de Jeanne, dite la Boiteuse, épouse de Philippe VI de Valois.

Bourgogne (Blanche de) (vers 1296-1326).
Fille cadette d'Othon VI, comte palatin de Bourgogne, et de Mahaut d'Artois. Mariée en 1307 à Charles de France, troisième fils de Philippe le Bel. Convaincue d'adultère (1314), en même temps que Marguerite de Bourgogne, fut enfermée à Château-Gaillard, puis au château de Gournay, près de Coutances. Après l'annulation de son mariage (1322), elle prit le voile à l'abbaye de Maubuisson où elle mourut.

Bourgogne (Eudes IV, duc de) (vers 1294-1350).
Fils de Robert II, duc de Bourgogne, et d'Agnès de France, fille de Saint Louis. Succéda en mai 1315 à son frère Hugues V. Frère de Marguerite, épouse de Louis X Hutin, de Jeanne, épouse de Philippe de Valois, futur Philippe VI, de Marie, épouse du comte de Bar, et de Blanche, épouse du comte Edouard de Savoie. Marié le 18 juin 1318 à Jeanne, fille aînée de Philippe V (morte en 1347).

Bourgogne (Jeanne de France, duchesse de) (1308-1347).
Fille aînée de Philippe V et de Jeanne de Bourgogne. Fiancée en juillet 1316 à Eudes VI, duc de Bourgogne ; mariée en juin 1318.

Bouville (Hugues III, comte de) (?-1331).
Fils de Hugues II de Bouville et de Marie de Chambly. Chambellan de Philippe le Bel. Il épousa (1293) Marguerite des Barres dont il eut un fils, Charles, qui fut chambellan de Charles V et gouverneur du Dauphiné.

Bretagne (Jean III, dit le Bon, duc de) (1286-1341).
Fils d'Arthur II, duc de Bretagne, auquel il succède en 1312. Marié trois fois, mort sans enfants.

Briançon (Geoffroy de).
Conseiller de Philippe le Bel et l'un de ses trésoriers. Fut emprisonné en même temps que Marigny sous le règne de Louis X, mais fut rétabli par Philippe V dans ses possessions et dignités.

Brienne (Raoul de) (?-1345).
Comte d'Eu et de Guines. Connétable de France (1330). Lieutenant du roi en Hainaut (1331), en Languedoc et Guyenne (1334). Mort en tournoi.

Brienne (Raoul de) (?-novembre 1350).
Comte d'Eu et de Guines. Fils du précédent, lui succéda dans la charge de connétable. Prisonnier en Angleterre et libéré sur parole par Edouard III, fut décapité sans jugement, par ordre de Jean II, le lendemain de son retour.

Burghersh (Henry de) (1282-1340).
Evêque de Lincoln (1320). Recueillit, avec Orleton, l'abdication d'Edouard II (1327). Négocia la paix avec les Ecossais (1328). Succéda à Orleton dans la charge de trésorier (mars 1328). Accompagna Edouard III à Amiens pour l'hommage (1328) en qualité de chancelier. A nouveau trésorier de 1334 à 1337. Accomplit de nombreuses missions diplomatiques en France.

Bucy (Simon de).
Ancien chancelier du duc de Normandie. Premier président du Parlement de Paris à partir de 1345.

Caëtani (Francesco) (?-mars 1317).
Neveu de Boniface VIII et créé cardinal par lui en 1295. Impliqué dans une tentative d'envoûtement du roi de France (1316). Mort en Avignon.

Capocci (Nicola, cardinal) (?-1368).
Romain. Petit-neveu d'Honoré IV (pape) par sa mère. Docteur en droit. Evêque d'Urgel. Cardinal (1350). Envoyé en mission de négociation entre le roi de France et le roi d'Angleterre par le pape Innocent VI (1356). Mourut à Monte-Falcone le 26 juillet 1368 et fut enterré à Sainte-Marie Majeure.

Caumont.
Membre de la ligue d'Artois en révolte contre la comtesse Mahaut.

Cervole (Arnaud de), seigneur de Vélines en Périgord (?-1366).
Laïc, se fit attribuer le titre honorifique d'archiprêtre qu'il dut abandonner en 1352. Au service de Jean II à partir de 1351. Promu chevalier en 1355. Blessé à la bataille de Poitiers. Mena ensuite, avec des compagnies de routiers, des chevauchées en Provence, en Nivernais, en Lorraine, et fut tué par un de ses cavaliers en mai 1366.

Chambly (Egidius de) (?-janvier 1326).
Dit également Egidius de Pontoise. Cinquantième abbé de Saint-Denis.

Charles IV, empereur d'Allemagne (1316-1378).
Fils de Jean de Luxembourg, roi de Bohême, dit l'Aveugle, et petit-fils de l'empereur Henri VII. Elevé à la cour de France. Epouse (1329) Blanche de Valois, demi-sœur de Philippe VI. Couronné roi de Bohême en 1346 et empereur l'année suivante. Blessé à la bataille de Crécy. Publie (1356) la Bulle d'Or.

Charles IV, roi de France (1294-1er février 1328).
Troisième fils de Philippe IV le Bel et de Jeanne de Champagne. Comte apanagiste de la Marche (1315). Succéda à son frère Philippe V (1322). Marié successivement à Blanche de Bourgogne (1307), Marie de Luxembourg (1322), et Jeanne d'Evreux (1325). Mourut à Vincennes, sans héritier mâle, dernier roi de la lignée des Capétiens directs.

Charles V, roi de France (21 janvier 1338-16 septembre 1380).
Fils aîné de Jean II et de Bonne de Luxembourg. Né à Vincennes. Reçoit le titre de Dauphin (1349) après la cession du Dauphiné à la France. Marié (1350) à Jeanne de Bourbon. Chevalier la même année. Lieutenant du roi en Normandie (1355), puis duc de Normandie. Participa à la bataille de Poitiers (1356) et assuma le gouvernement du royaume pendant la captivité de Jean II.
Devint roi sous le nom de Charles V à la mort de Jean II (1364). Mort le 16 septembre 1380. Inhumé à Saint-Denis.

Charles II, roi de Navarre, dit le Mauvais (1332-1387).
Fils de Philippe d'Evreux et de Jeanne de France, reine de Navarre. Roi à la mort de sa mère. Sacré à Pampelune le 27 juin 1350. Frère de Blanche, deuxième épouse de Philippe VI, et d'Agnès, épouse de Gaston Phoebus, comte de Foix. Marié (1352) à Jeanne de Valois, fille aînée de Jean II. En 1351, nommé par Jean II lieutenant général en Languedoc, charge qui lui fut retirée au profit de Charles d'Espagne qu'il fit assassiner (1354). Mort le 1er janvier 1387.

Charles-Martel ou Carlo-Martello, roi titulaire de Hongrie (vers 1273-1296).
Fils aîné de Charles II d'Anjou, dit le Boiteux, roi de Sicile, et de Marie de Hongrie. Neveu de Ladislas IV, roi de Hongrie, et prétendant à sa succession. Roi titulaire de Hongrie de 1291 à sa mort. Père de Clémence de Hongrie, seconde épouse de Louis X, roi de France.

Charles-Robert, ou Charobert, ou Caroberto, roi de Hongrie (vers 1290-1342).
Fils du précédent et de Clémence de Habsbourg. Frère de Clémence de Hongrie. Prétendant au trône de Hongrie à la mort de son père (1296), il ne fut reconnu roi qu'en août 1310.

Charnay (Geoffroy de) (?-18 mars 1314).
Précepteur de Normandie dans l'Ordre des chevaliers du Temple. Arrêté le 13 octobre 1307, fut condamné et brûlé à Paris.

Châtillon (Gaucher V de), comte de Porcien (vers 1250-1329).
Connétable de Champagne (1284), puis de France après Courtrai (1302). Fils de Gaucher IV et d'Isabeau de Villehardouin, dite de Lizines. Assura la victoire de Mons-en-Pévèle. Fit couronner Louis Hutin roi de Navarre à Pampelune (1307). Successivement exécuteur testamentaire de Louis X., Philippe V et Charles IV. Participa à la bataille de Cassel (1328), et mourut l'année suivante ayant occupé la charge de connétable de France sous cinq rois. Il avait épousé Isabelle de Dreux, puis Mélisinde de Vergy, puis Isabeau de Rumigny.

Châtillon (Guy V de), comte de Saint-Pol (?-6 avril 1317).
Second fils de Guy IV et de Mahaut de Brabant, veuve de Robert Ier d'Artois. Grand bouteiller de France de 1296 à sa mort. Epousa (1292) Marie de Bretagne, fille du duc Jean II et de Béatrice d'Angleterre, dont il eut cinq enfants. L'aînée de ses filles, Mahaut, fut la troisième épouse de Charles de Valois.

Châtillon (Guy de), comte de Blois (?-1342).
Fils de Hugues VI de Châtillon, comte de Saint-Pol, et de Béatrix de Dampierre, fille du comte de Flandre. Epouse (1311) Marguerite, fille de Charles de Valois et de Marguerite d'Anjou-Sicile, sœur de Philippe VI, roi de France. Leur fils, Charles, fut prétendant à la succession de Bretagne à la mort du duc Jean III.

Châtillon-Saint-Pol (Mahaut de), comtesse de Valois (vers 1293-1358).
Fille de Guy de Châtillon-Saint-Pol, grand bouteiller de France et de Marie de Bretagne. Troisième épouse de Charles de Valois (1308).

Cherchemont (Jean de) (?-1328).
Seigneur de Venours en Poitou. Clerc du roi (1318). Chanoine de Notre-Dame de Paris. Chancelier de France de 1320 à la fin du règne de Philippe V. Réintégré dans ces fonctions à partir de novembre 1323.

Clémence de Hongrie, reine de France (vers 1293-12 octobre 1328).
Fille de Charles-Martel d'Anjou, roi titulaire de Hongrie, et de Clémence de Habsbourg. Nièce de Charles de Valois par sa première épouse, Marguerite d'Anjou-Sicile. Sœur de Charles-Robert, ou Charobert, roi de Hongrie, et de Béatrice, épouse du dauphin de Viennois, Jean II. Epousa Louis X Hutin, roi de France et de Navarre, le 13 août 1315, et fut couronnée avec lui à Reims. Veuve en juin 1316, elle mit au monde en novembre 1316 un fils, Jean Ier. Mourut au Temple.

Clément V (Bertrand de Got ou Goth), pape (?-20 avril 1314).
Né à Villandraut (Gironde). Fils du chevalier Arnaud Garsias de Got. Archevêque de Bordeaux (1300). Elu pape (1305) pour succéder à Benoît XI. Couronné à Lyon, il fut le premier des papes d'Avignon.

Clément VI (Pierre Roger) (1292-1352).
Natif du Limousin. Bénédictin, puis archevêque de Rouen et de Bordeaux. Chancelier de Philippe VI. Cardinal (1337). Elu pape en 1342. Acheta à la reine Jeanne de Naples la propriété d'Avignon (1348).

Clermont Robert (comte de) (1256-1318).
Dernier fils de Saint Louis et de Marguerite de Provence. Marié, vers 1279, avec Béatrice, fille unique et héritière de Jean, sire de Bourbon. Reconnu sire de Bourbon en 1283.

Colonna (Jacques) (?-1318).
Membre de la célèbre famille romaine des Colonna. Créé cardinal en 1278 par Nicolas III. Principal conseiller de la cour romaine sous Nicolas IV. Excommunié par Boniface VIII en 1297 et rétabli dans sa dignité de cardinal en 1306.

Colonna (Pierre).
Neveu du cardinal Jacques Colonna. Créé cardinal par Nicolas IV en 1288. Excommunié par Boniface VIII en 1297 et rétabli dans sa dignité de cardinal en 1306.

Colonna (Sciarra).
Frère de Jacques Colonna. Homme de guerre. Un des chefs du parti gibelin. Ennemi du pape Boniface VIII, gifla celui-ci au cours de l'attentat d'Anagni.

Conflans (Hugues de).
Maréchal de Champagne, nommé par Louis X, le 15 mai 1316, au gouvernement de l'Artois.

Corbeil (Jean de), dit de Grez (?-1318).
Seigneur de Grez en Brie et de Jalemain. Maréchal de France à partir de 1308.

Cornillot.
Sergent de la comtesse Mahaut d'Artois, arrêté en compagnie de Denis d'Hirson par les « alliés » d'Artois le 27 septembre 1315, et exécuté le jour même.

Courtenay (Catherine de), comtesse de Valois, impératrice titulaire de Constantinople (?-1307).
Seconde épouse de Charles de Valois, frère de Philippe le Bel. Petite-fille et héritière de Baudoin, dernier empereur latin de Constantinople (1261). A sa mort, ses droits passèrent à sa fille aînée, Catherine de Valois, épouse de Philippe d'Anjou, prince d'Achaïe et de Tarente.

Courtenay (Robert de) (?-1324).
Archevêque de Reims de 1299 à sa mort.

Cressay (dame Eliabel de).
Châtelaine de Cressay, près de Neauphle-le-Vieux, dans la prévôté de Montfort-l'Amaury. Veuve du sire Jean de Cressay, chevalier. Mère de Jean, Pierre et Marie de Cressay.

Cressay (Jean de) et Cressay (Pierre de).
Fils de la précédente. Furent tous deux armés chevaliers par Philippe VI de Valois lors de la bataille de Crécy (1346).

Cressay (Marie de) (vers 1298-1345).
Fille de dame Eliabel et du sire Jean de Cressay, chevalier. Secrètement mariée à Guccio Baglioni, et mère (1316) d'un enfant échangé au berceau avec Jean Ier le Posthume dont elle était la nourrice. Fut enterrée au couvent des Augustins, près de Cressay.

Despenser (Hugh Le), dit le Vieux (1267-27 octobre 1326).
Fils de Hugh le Despenser, Grand Justicier d'Angleterre. Baron, membre du Parlement (1295). Principal conseiller d'Edouard II à partir de 1312. Comte de Winchester (1322). Chassé du pouvoir par la révolte baronniale de 1326, il mourut pendu à Bristol.

Despenser (Hugh Le), dit le Jeune (vers 1290-24 novembre 1326).
Fils du précédent. Chevalier (1306). Chambellan et favori d'Edouard II à partir de 1312. Marié à Eleanor de Clare, fille du comte de Gloucester (vers 1309). Ses abus de pouvoir amenèrent la révolte baronniale de 1326. Pendu à Hereford.

Despenser (Lady Eleanor Le), née de Clare (?-1337).
Fille du comte de Gloucester et nièce d'Edouard II. Epouse de Hugh Le Despenser le Jeune, dont elle eut deux fils.

Divion (Jeanne de) (?-6 octobre 1331).
Fille d'un gentilhomme de la châtellenie de Béhune. Inculpée de fabrication de faux dans le procès d'Artois, fut brûlée vive.

Dubois (Guillaume).
Légiste et trésorier de Philippe le Bel. Emprisonné sous le règne de Louis X, mais rétabli dans ses biens et dignités par Philippe V.

Duèze (Gaucelin) (?-1348).
Neveu du pape Jean XXII. Créé cardinal en décembre 1316. Evêque d'Albano, puis Grand pénitencier.

Duèze (Jacques), voir Jean XXII, pape.

Durfort-Duras (Guillaume de) (?-1330).
Evêque de Langres (1306), puis de Rouen (1319), jusqu'à sa mort.

Edouard II Plantagenêt, roi d'Angleterre (1284-21 septembre 1327).
Né à Carnarvon. Fils d'Edouard Ier et d'Eléonore de Castille. Premier prince de Galles et comte de Chester (1301). Duc d'Aquitaine et comte de Ponthieu (1303). Armé chevalier à Westminster (1306). Roi en 1307. Epousa à Boulogne-sur-Mer, le 22 janvier 1308, Isabelle de France, fille de Philippe le Bel. Couronné à Westminster le 25 février 1308. Détrôné (1326) par une révolte baronniale conduite par sa femme, fut emprisonné et mourut assassiné au château de Berkeley.

Edouard III Plantagenêt, roi d'Angleterre (13 novembre 1312-1377).
Fils du précédent et d'Isabelle de France. Né à Windsor. Comte de Chester (1320). Duc d'Aquitaine et comte de Ponthieu (1325). Chevalier (1327). Couronné à Westminster (janvier 1327), après la déposition de son père. Epousa (1328) Philippa de Hainaut, fille de Guillaume, comte de Hainaut, de Hollande et de Zélande, et de Jeanne de Valois, dont il eut douze enfants. Ses prétentions au trône de France, à la mort de Charles IV, sont à l'origine de la guerre de Cent Ans.

Edouard de Woodstock, prince de Galles, duc de Cornouailles, comte de Chester, dit le Prince Noir (15 juin 1330-8 juin 1376).
Fils aîné d'Edouard III d'Angleterre et Philippa de Hainaut. Participa à la bataille de Crécy (1346). Nommé lieutenant général d'Aquitaine (1355). Vainqueur de Jean II à Poitiers (1356). Epousa (1361) Jeanne de Kent, fille d'Edmond de Kent. Père du futur Richard II d'Angleterre.

Eudeline, fille naturelle de Louis X (vers 1305- ?).
Religieuse au couvent du faubourg Saint-Marcel, puis abbesse des Clarisses.

Evrard.
Ancien Templier. Clerc de Bar-sur-Aube. Impliqué en 1316 dans une affaire de sorcellerie ; complice du cardinal Caëtani dans une tentative d'envoûtement du roi de France.

Evreux (Louis de France, comte d') (1276-mai 1319).
Fils de Philippe III le Hardi et de Marie de Brabant. Demi-frère de Philippe le Bel et de Charles de Valois. Comte d'Evreux (1298). Epousa Marguerite d'Artois, sœur de Robert III d'Artois, dont il eut Jeanne, troisième épouse de Charles VI le Bel, et Philippe, époux de Jeanne, reine de Navarre.

Evreux (Philippe d') (?-1343).
Fils de Louis d'Evreux, demi-frère de Philippe le Bel, et de Marguerite d'Artois. Epousa (1318) Jeanne de France, fille de Louis X Hutin et de Marguerite de Bourgogne, héritière de

la Navarre (morte en 1349). Père de Charles le Mauvais, roi de Navarre, de Blanche, seconde épouse de Philippe VI de Valois, roi de France. Tué en Castille dans un combat contre les Maures.

Fériennes (Isabelle de) (?-1317).
Magicienne. Témoigna contre Mahaut lors du procès intenté à cette dernière après la mort de Louis X. Fut brûlée vive ainsi que son fils après l'acquittement de Mahaut, le 9 octobre 1317.

Fiennes (Jean, baron de Ringry, seigneur de Ruminghen, châtelain de Bourbourg, baron de).
Elu chef de la noblesse rebelle d'Artois et l'un des derniers à se soumettre (1320). Il avait épousé Isabelle, sixième fille de Guy de Dampierre, comte de Flandre, dont il eut un fils, Robert, connétable de France en 1356.

Flandre (Louis, seigneur de Crécy, comte de Nevers et de) (?-1346).
Fils de Louis de Nevers. Succéda à son grand-père, Robert de Béthune, comme comte de Flandre en 1322. Marié en 1320 à Marguerite, seconde fille de Philippe V et de Jeanne de Bourgogne. Tué à Calais.

Flandre (Robert, dit de Béthune, comte de Nevers et de) (?-1322).
Fils de Guy de Dampierre, comte de Flandre (mort en 1305) et d'Isabelle de Luxembourg. Epousa Yolande de Bourgogne, comtesse de Nevers. Père de Louis de Nevers.

Fleury (Geoffroy de).
Entré en fonctions le 12 juillet 1316, fut le premier officiel de l'hôtel à porter le titre d'argentier du roi. Anobli par Philippe V en 1320.

Flisco (Luca de) (?-1336).
Consanguin du roi Jacques II d'Aragon. Créé cardinal par Boniface VIII le 2 mars 1300.

Flotte (Guillaume de) (?-après 1350).
Seigneur de Revel et d'Escot. Fils de Pierre Flotte, chancelier de France, tué à Courtrai.

Forez (Jean Ier d'Albon, comte de) (?-avant 1333).
Ambassadeur de Philippe le Bel et de Louis X à la cour papale. Gardien du conclave de Lyon de 1316. Marié (1295) à Alix de Viennois, fille de Humbert de La Tour du Pin.

Fougères (Arnaud de) (?-1317).
Archevêque d'Arles (1308). Créé cardinal par Clément V le 19 décembre 1310.

Fournier (Jacques-Nouvel), voir Benoît XII, pape.

Fréauville (Nicolas de) (?-1323).
Dominicain. Confesseur de Philippe le Bel. Créé cardinal par Clément V le 15 décembre 1305.

Frédol (Bérenger), dit l'Aîné, ou l'Ancien (vers 1250-juin 1323).
Evêque de Béziers (1294). Créé cardinal par Clément V le 15 décembre 1305.

Frédol (Bérenger), dit le Jeune (?-1323).
Neveu du précédent, Evêque de Béziers (1309). Créé cardinal par Clément V le 24 décembre 1312.

Galard (Pierre de).
Grand maître des arbalétriers de France à partir de 1310. Gouverneur de Flandre (1319).

Gaveston ou Gabaston (Pierre de) (vers 1284-juin 1312).
Chevalier béarnais, favori d'Edouard II. Fait comte de Cornouailles à l'avènement d'Edouard II (1307) et marié la même année à Marguerite de Clare, fille du comte de Gloucester. Régent du royaume, vice-roi d'Irlande (1308). Excommunié (1312). Assassiné par une coalition baronniale. En 1315, Edouard II fit transférer ses restes d'Oxford au château de Langley (Hertfordshire).

Got ou Goth (Bertrand de).
Vicomte de Lomagne et d'Auvillars. Marquis d'Ancône. Neveu et homonyme du pape Clément V. Intervint à diverses reprises dans le conclave de 1314-1316.

Gournay (Thomas de) (?-1333).
Un des gardiens d'Edouard II au château de Berkeley. Déclaré (1330) responsable de la mort du roi, il fut arrêté en Espagne, puis à Naples où il avait fui, et tué par ceux qui l'avaient arrêté.

Guigues, dauphiniet de Viennois, futur dauphin Guigues VIII (1310-1333).
Fils de Jean II de La Tour du Pin, dauphin de Viennois, et de Béatrice de Hongrie. Neveu de la reine Clémence. Fiancé en juin 1316 à Isabelle de France, troisième fille de Philippe V, et marié en mai 1323. Mort sans héritier ; son frère lui succéda.

Hainaut (Guillaume d'Avesnes, dit le Bon, comte de Hollande, de Zélande et de) (?-1337).
Fils de Jean II d'Avesnes, comte de Hainaut, et de Philippine de Luxembourg. Succéda à son père en 1304. Epousa en 1305 Jeanne de Valois, fille de Charles de Valois et de Marguerite d'Anjou-Sicile. Père de Philippa, reine d'Angleterre.

Hainaut (Jean de) sire de Beaumont (?-1356).
Frère du précédent. Participa à plusieurs opérations en Angleterre et en Flandre.

Harcourt (Jean V d'), comte d'Harcourt et d'Aumale, vicomte de Châtellerault, seigneur d'Elbeuf (?-5 avril 1356).
Fils de Jean IV, tué à Crécy. Epouse (1340) Blanche de Ponthieu dont il eut neuf enfants. Décapité à Rouen.

Harcourt (Godefroy d'), dit le Boiteux (vers 1310-novembre 1356).
Oncle du précédent. Chevalier, seigneur de Saint-Sauveur-le-Vicomte. Banni en 1343, prit le partir d'Edouard III et se

battit contre les Français à Crécy et à Poitiers. Tué en combat, près de Coutances.

Héron (Adam).
Bachelier, puis chambellan de Philippe, comte de Poitiers, futur Philippe V.

Hirson, ou Hireçon (Thierry Larchier d') (vers 1270-17 novembre 1328).
D'abord petit clerc de Robert II d'Artois, il accompagna Nogaret à Anagni et fut utilisé par Philippe le Bel pour plusieurs missions. Chanoine d'Arras (1299). Chancelier de Mahaut d'Artois (1303). Evêque d'Arras (avril 1328).

Hirson, ou Hireçon (Denis Larchier d').
Frère du précédent. Trésorier de la comtesse Mahaut d'Artois.

Hirson, ou Hireçon (Béatrice d').
Nièce des précédents. Demoiselle de parage de la comtesse Mahaut d'Artois.

Humbert II, dernier dauphin de Viennois (1312-1355).
Fils de Jean, succéda à son frère Guigues VIII en 1333. Vendit le Dauphiné à Philippe VI (1349). Après son abdication, prit l'habit religieux chez les dominicains.

Innocent VI (Etienne Aubert), pape (vers 1300-1362).
Né près de Pompadour, en Limousin. Etudes de droit à Toulouse. Evêque de Noyon (1338), de Clermont (1340). Cardinal (1342), puis Grand pénitencier. Elu pape en 1352 à la mort de Clément VI.

Isabelle de France, reine d'Angleterre (1292-13 août 1358).
Fille de Philippe IV le Bel et de Jeanne de Champagne. Sœur des rois Louis X, Philippe V et Charles IV. Epousa Edouard II d'Anglererre (1308). Prit la tête (1325) avec Roger Mortimer de la révolte des barons anglais qui amena la déposition de son mari. Surnommée « la Louve de France », gouverna de 1326 à 1328 au nom de son fils Edouard III. Exilée de la cour (1330). Morte au château de Hertford.

Isabelle de France (vers 1311-après 1345).
Fille cadette de Philippe V et de Jeanne de Bourgogne. Fiancée en juin 1316 à Guigues, dauphiniet de Viennois, futur Guigues VIII ; mariée le 17 mai 1323.

Jean, duc de Normandie, puis Jean II, roi de France (1319-8 avril 1364).
Fils de Philippe VI et de Jeanne de Bourgogne, dite la Boiteuse.
Roi en 1350. Marié à Bonne de Luxembourg, fille du roi de Bohême (1332). Veuf en 1349, remarié en 1350 à Jeanne de Boulogne. De son premier mariage il eut quatre fils (dont le futur roi Charles V) et cinq filles. Mort à Londres.

Jean XXII (Jacques Duèze), pape (1244-décembre 1334).
Fils d'un bourgeois de Cahors. Fit ses études à Cahors et Montpellier. Archiprêtre de Saint-André de Cahors. Chanoine de Saint-Front de Périgueux et d'Albi. Archiprêtre de Sarlat. En 1289, il partit pour Naples où il devint rapidement familier du roi Charles II d'Anjou qui en fit le secrétaire des conseils secrets, puis son chancelier. Evêque de Fréjus (1300), puis d'Avignon (1310). Secrétaire du concile de Vienne (1311). Cardinal évêque de Porto (1312). Elu pape en août 1316. Couronné à Lyon en septembre 1316. Mort en Avignon.

Jean II de La Tour du Pin, dauphin de Viennois (vers 1280-1319).
Fils d'Humbert Ier de La Tour du Pin, dauphin de Viennois, auquel il succède en 1307. Epousa Béatrice de Hongrie dont il eut deux fils, Guigues et Humbert, derniers dauphins de Viennois.

Jeanne de Bourgogne, comtesse de Poitiers, puis reine de France (vers 1293-21 janvier 1330).
Fille aînée d'Othon IV, comte palatin de Bourgogne, et de Mahaut d'Artois. Sœur de Blanche, épouse de Charles de France, futur Charles IV. Mariée en 1307 à Philippe de Poitiers, second fils de Philippe le Bel. Convaincue de complicité dans les adultères de sa sœur et de sa belle-sœur (1314), elle fut

enfermée à Dourdan, puis libérée en 1315. Mère de trois filles, Jeanne, Marguerite et Isabelle, qui épousèrent respectivement le duc de Bourgogne, le comte de Flandre et le dauphin de Viennois.

Jeanne de Bourgogne, dite la Boiteuse, comtesse de Valois, puis reine de France (vers 1296-1348).
Fille de Robert II, duc de Bourgogne, et d'Agnès de France. Sœur d'Eudes IV, duc de Bourgogne, et de Marguerite, épouse de Louis X Hutin. Epouse (1313) Philippe de Valois, futur Philippe VI. Mère de Jean II, roi de France. Morte de la peste.

Jeanne de Champagne, reine de France et de Navarre (vers 1270-avril 1305).
Fille unique et héritière d'Henri Ier de Navarre, comte de Champagne et de Brie (mort en 1274), et de Blanche d'Artois. Mariée en 1284 au futur Philippe IV le Bel. Mère des rois Louis X, Philippe V et Charles IV, et d'Isabelle, reine d'Angleterre.

Jeanne de France, reine de Navarre (vers 1311-8 octobre 1349).
Fille de Louis de Navarre, futur Louis X Hutin, et de Marguerite de Bourgogne. Présumée bâtarde. Ecartée de la succession au trône de France, elle hérita la Navarre. Mariée (1318) à Philippe, comte d'Evreux. Mère de Charles le Mauvais, roi de Navarre, de Blanche, seconde épouse de Philippe VI de Valois, roi de France, et d'Agnès, épouse de Gaston Phoebus. Morte de la peste.

Jeanne d'Evreux, reine de France (?-mars 1371).
Fille de Louis de France, comte d'Evreux, et de Marguerite d'Artois. Sœur de Philippe, comte d'Evreux, plus tard roi de Navarre. Troisième épouse de Charles IV le Bel (1325) dont elle eut trois filles : Jeanne, Marie et Blanche, née posthume le 1er avril 1328.

Jeanne de France, duchesse de Bourgogne (1308-1347).
Fille aînée de Philippe V et de Jeanne de Bourgogne. Fiancée en juillet 1316 à Eudes IV, duc de Bourgogne ; mariée en juin 1318.

Jeanne de France, reine de Navarre (vers 1311-octobre 1349).
Fille de Louis de Navarre, futur Louis X Hutin, et de Marguerite de Bourgogne. Présumée bâtarde. Ecartée de la succession au trône de France, elle hérita la Navarre. Mariée à Philippe, comte d'Evreux. Mère de Charles le Mauvais, roi de Navarre, et de Blanche, seconde épouse de Philippe VI de Valois, roi de France.

Joinville (Jean, sire de) (1224-24 décembre 1317).
Sénéchal héréditaire de Champagne. Accompagna Louis IX à la septième croisade et partagea sa captivité. Rédigea à quatre-vingts ans son *Histoire de Saint Louis* pour laquelle il demeure parmi les grands chroniqueurs.

Joinville (Anseau ou Ansel de).
Fils aîné du précédent. Sénéchal héréditaire de Champagne. Membre du Grand Conseil de Philippe V, et maréchal de France.

Kent (Edmond de Woodstock, comte de) (1301-1329).
Fils d'Edouard Ier, roi d'Angleterre, et de sa seconde épouse, Marguerite de France, sœur de Philippe le Bel. Demi-frère d'Edouard II, roi d'Angleterre. En 1321, nommé gouverneur du château de Douvres, gardien des Cinq Ports, et créé comte de Kent. Lieutenant d'Edouard II en Aquitaine en 1324. Décapité à Londres.

Kiérez (Gérard).
Représentant de la noblesse révoltée d'Artois auprès du roi Louis X Hutin.

La Cerda (Charles), dit Monsieur d'Espagne (?-1354).
Fils d'Alphonse de Castille, le déshérité. Favori de Jean II. Lieutenant général en Languedoc. Connétable de France (1350). Charles de Navarre le fit assassiner (1354).

La Forêt (Pierre de).
Ancien avocat au Parlement de Paris, archevêque de Rouen, chancelier de Normandie (1347), chancelier de France (1349).

La Madelaine (Guillaume de).
Prévôt de Paris du 31 mars 1316 à fin août 1316.

Lancastre (Henry, comte de Leicester et de), dit Tors-Col (vers 1281-1345).
Fils d'Edmond, comte de Lancastre, et petit-fils d'Henry III, roi d'Angleterre. Participa à la révolte contre Edouard II. Arma chevalier Edouard III le jour de son couronnement, et fut nommé chef du Conseil de régence. Passa ensuite dans l'opposition à Mortimer.

Latille (Pierre de) (?-15 mars 1328).
Evêque de Châlons (1313). Membre de la Chambre aux Comptes. Garde du sceau royal à la mort de Nogaret. Incarcéré par Louis X (1315) et libéré par Philippe V (1317), il revint à l'évêché de Châlons.

Le Coq (Robert), évêque de Laon (vers 1300-1372).
Né à Montdidier. Etudes de droit. Avocat au Parlement de Paris (1340). Maître des requêtes sous Jean II (1350). Evêque de Laon (1351) avec rang de duc et pair. Prit le parti de Charles de Navarre puis soutint la révolte d'Etienne Marcel. Fut banni du royaume et mourut en Espagne.

Le Loquetier (Nicole).
Légiste et conseiller de Philippe le Bel ; emprisonné par Louis X, rétabli dans ses biens et dignités par Philippe V.

Le Roux (Raymond) (?-1325).
Neveu du pape Jean XXII et créé cardinal par lui en décembre 1325.

Licques (baron de).
Membre de la ligue d'Artois, tenant d'une baronnie du comté de Guines en Picardie.

Longis (Guillaume de), dit de Pergame (?-avril 1319).
Chancelier du roi Charles II de Sicile. Créé cardinal par Célestin V le 18 septembre 1294. Mort en Avignon.

Longwy (Jean de).
Parent du grand-maître Jacques de Moley. Membre de la ligue féodale de Bourgogne constituée en 1314.

Loos.
Membre de la ligue d'Artois, d'une famille originaire du pays de Liège.

Lorris (Robert de).
Fils d'un paysan du Gâtinais. Ascension rapide. Clerc, maître des requêtes, maître des comptes, chevalier, membre du grand et secret Conseil, chambellan du roi. Beau-frère d'Etienne Marcel. Entra en conflit avec lui. Sa destitution fut demandée par les Etats (octobre 1356).

Louis IX, ou Saint Louis, roi de France (1215-25 août 1270).
Né à Poissy. Fils de Louis VIII et de Blanche de Castille. Roi en 1226, il ne régna effectivement qu'à partir de 1236. Epousa (1234) Marguerite de Provence dont il eut six fils et cinq filles. Conduisit la septième croisade (1248-1254). Mourut à Tunis au cours de la huitième croisade. Canonisé en 1296 sous le pontificat de Boniface VIII.

Louis X, dit Hutin, roi de France et de Navarre (octobre 1289-5 juin 1316).
Fils de Philippe IV le Bel et de Jeanne de Champagne. Frère des rois Philippe V et Charles IV, et d'Isabelle, reine d'Angleterre. Roi de Navarre (1307). Roi de France (1314). Epousa (1305) Marguerite de Bourgogne dont il eut une fille, Jeanne, née vers 1311. Après le scandale de la tour de Nesle et la mort de Marguerite, se remaria (août 1315) à Clémence de Hongrie. Couronné à Reims (août 1315). Mort à Vincennes. Son fils, Jean Ier le Posthume, naquit cinq mois plus tard (novembre 1316).

Luxembourg (Bonne de) (vers 1315-11 septembre 1349).
Fille de Jean de Luxembourg, roi de Bohême, dit l'Aveugle, et petite-fille de l'empereur d'Allemagne, Henri VII. Epousa en 1332 Jean, duc de Normandie, fils aîné de Philippe VI, dont elle eut neuf enfants. Morte de la peste.

Luxembourg (Jean de), dit l'Aveugle, roi de Bohême (1295-1346).
Fils de l'empereur Henri VII d'Allemagne. Roi de Bohême (1310). Père de Bonne, épouse de Jean de Normandie, futur Jean II de France, et de Charles IV, empereur d'Allemagne. Tué à Crécy (1346).

Maltravers (John, baron) (1290-1365).
Chevalier (1306). Gardien du roi Edouard II à Berkeley (1327). Sénéchal (1329). Maître de la maison du roi (1330). Après la chute de Mortimer, condamné à mort comme responsable de la mort d'Edouard II, il fuit sur le continent. Autorisé à rentrer en Angleterre en 1345 et réhabilité en 1353.

Mandagout (Guillaume de) (?-septembre 1321).
Evêque d'Embrun (1295), puis d'Aix (1311). Créé cardinal-évêque de Palestrina par Clément V le 24 décembre 1312.

Marcel (Etienne) (vers 1310-31 juillet 1358).
Né dans une famille de grande bourgeoisie commerçante. Prévôt des marchands de Paris. Beau-frère de Robert de Lorris, chambellan de Jean II. Pendant la captivité du roi, après Poitiers, souleva le peuple contre l'autorité du Dauphin (futur Charles V) et soutint Charles de Navarre. Mourut assassiné à coups de hache.

Marguerite de Bourgogne, reine de Navarre (vers 1293-1315).
Fille de Robert II, duc de Bourgogne, et d'Agnès de France. Mariée (1305) à Louis, roi de Navarre, fils aîné de Philippe le Bel, futur Louis X, dont elle eut une fille, Jeanne. Convaincue d'adultère (affaire de la tour de Nesle), 1314, elle fut enfermée à Château-Gaillard où elle mourut assassinée.

Marie de Hongrie, reine de Naples (vers 1245-1325).
Fille d'Etienne, roi de Hongrie, sœur et héritière de Ladislas IV, roi de Hongrie. Epousa Charles II d'Anjou, dit le Boiteux, roi de Naples et Sicile, dont elle eut treize enfants.

Marie de Luxembourg, reine de France (vers 1306-mars 1324).
Fille d'Henri VII, empereur d'Allemagne, comte de Luxembourg, et de Marguerite de Brabant. Sœur de Jean de Luxembourg, roi de Bohême. Seconde épouse de Charles IV (1322). Couronnée en mai 1323.

Marigny (Enguerrand Le Portier de) (vers 1265-30 avril 1315).
Né à Lyons-la-Forêt. Marié en premières noces à Jeanne de Saint-Martin, en secondes noces à Alips de Mons. D'abord écuyer du comte de Bouville, puis attaché à la maison de la reine Jeanne, épouse de Philippe le Bel, et successivement garde du château d'Issoudun (1298), chambellan (1304) ; fait chevalier et comte de Longueville, intendant des finances et des bâtiments, capitaine du Louvre, coadjuteur au gouvernement et recteur du royaume pendant la dernière partie du règne de Philippe le Bel. Après la mort de ce dernier, il fut accusé de détournements, condamné, et pendu à Montfaucon. Réhabilité en 1317 par Philippe V et enterré dans l'église des Chartreux, puis transféré à la collégiale d'Ecouis qu'il avait fondée.

Marigny (Jean, ou Philippe, ou Guillaume de) (?-1325).
Frère cadet du précédent. Secrétaire du roi en 1301. Archevêque de Sens (1309). Fit partie du tribunal qui condamna à mort son frère Enguerrand.

Marigny (Jean de) (?-1350).
Dernier des trois frères Marigny. Chanoine de Notre-Dame de Paris, puis évêque de Beauvais (1312). Fit partie, lui aussi, du tribunal qui condamna à mort son frère Enguerrand. Chancelier (1329). Lieutenant du roi en Gascogne (1342). Archevêque de Rouen (1347).

Marigny (Louis de).
Seigneur de Mainneville et de Boisroger. Fils aîné d'Enguerrand de Marigny. Marié en 1309 à Roberte de Beaumetz.

Mauny (Guillaume de) (?-1372).
Né en Hainaut, et passé en Angleterre dans la suite de Philippa, épouse d'Edouard III. Chevalier (1331). Participa à

toutes les campagnes d'Edouard III dont il fut un des grands capitaines. Il avait épousé Marguerite, fille de Thomas de Brotherton, comte de Norfolk, oncle d'Edouard III.

Mello (Guillaume de) (?-vers 1328).
Seigneur d'Epoisses et de Givry. Conseiller du duc de Bourgogne.

Melton (William de) (?-1340).
Familier d'Edouard II dès son enfance. Clerc du roi, puis gardien du sceau privé (1307). Secrétaire du roi (1310). Archevêque d'York (1316). Trésorier d'Angleterre (1325-1327). A nouveau trésorier en 1330-1331 et gardien du grand sceau en 1333-1334.

Mercœur (Béraud X, sire de).
Seigneur du Gévaudan. Fils de Béraud IX et de Blanche de Châlons. Epouse (1290) Isabelle de Forez, fille de Guy, comte de Forez. Ambassadeur de Philippe le Bel auprès de Benoît XI en 1304. Se brouilla avec le roi qui ordonna une enquête de police sur ses terres (1309). Entré au conseil royal à l'avènement de Louis X, en 1314, en fut éliminé par Philippe V en 1318.

Meudon (Henriet de).
Maître de la vénerie de Louis X en 1313 et 1315. Reçut une partie des biens de Marigny après la condamnation de ce dernier.

Molay (Jacques de) (vers 1244-18 mars 1314).
Né à Molay (Haute-Saône). Entra dans l'Ordre des Templiers à Beaune (1265). Partit pour la Terre sainte. Elu grand-maître de l'Ordre (1295). Arrêté en octobre 1307, fut condamné et brûlé.

Montaigu, ou Montacute (Guillaume de) (1301-1344).
Fils aîné de Guillaume, deuxième baron Montacute, auquel il succède en 1319. Armé chevalier en 1325. Gouverneur des îles de la Manche et connétable de la Tour (1333). Comte de Salisbury (1337). Maréchal d'Angleterre (1338). Mort des suites de blessures reçues en tournoi à Windsor.

Mornay (Etienne de) (?-31 août 1332).
Neveu de Pierre de Mornay, évêque d'Orléans et d'Auxerre. Chancelier de Charles de Valois, puis chancelier de France à partir de janvier 1315. Eloigné du gouvernement sous le règne de Philippe V, il entra à la Chambre des Comptes et au Parlement sous Charles IV.

Mortimer (Lady Jeanne), née Joinville (1286-1356).
Fille de Pierre de Joinville, petite-nièce du sénéchal compagnon de Saint Louis. Epousa sir Roger Mortimer, baron de Wigmore, vers 1305, et eut de lui onze enfants.

Mortimer (Roger), baron de Chirk (vers 1256-1326).
Lieutenant du roi Edouard II et grand juge du Pays de Galles (1307-1321). Fait prisonnier à Shrewsbury (1322). Mort à la tour de Londres.

Mortimer (Roger) (1287-29 novembre 1330).
Fils aîné d'Edmond Mortimer, baron de Wigmore, et de Marguerite de Fiennes. Huitième baron de Wigmore. Lieutenant du roi Edouard II et Grand Juge d'Irlande (1316-1321). Chef de la révolte qui amena la déposition d'Edouard II. Gouverna de fait l'Angleterre, comme Lord protecteur, avec la reine Isabelle, pendant la minorité d'Edouard III. Premier comte de March (1328). Arrêté par Edouard III et condamné par le Parlement, il fut pendu au gibet de Tyburn, à Londres.

Navarre (Blanche de) (1333-1398).
Fille de Philippe d'Evreux et de Jeanne de France, reine de Navarre. Mariée le 29 janvier 1349 à Philippe VI de Valois dont elle eut une fille posthume. Morte à Neauphle-le-Château.

Navarre (Philippe de) (vers 1335-1363).
Frère de Charles le Mauvais. Participa à l'assassinat de Charles d'Espagne. En 1356, reconnut Edouard III comme roi de France et duc de Normandie.

Nédonchel (Gilles de) (vers 1283-vers 1336).
Fils de Guy Nédonchel et d'Alix de Créquy. Membre de la ligue d'Artois. Devint conseiller du roi et grand chambellan du duc de Bourbon.

Nevers (Louis de) (?-1322).
Fils de Robert de Béthume, comte de Flandre, et de Yolande de Bourgogne. Comte de Nevers (1280). Comte de Rethel par son mariage avec Jeanne de Rethel.

Nogaret (Guillaume de) (vers 1265-mai 1314).
Né à Saint-Félix de Caraman, dans le diocèse de Toulouse. Elève de Pierre Flotte et de Gilles Aycelin. Enseigna le droit à Montpellier (1291) ; juge royal de la sénéchaussée de Beaucaire (1295) ; chevalier (1299). Se rendit célèbre par son action dans les différends entre la couronne de France et le Saint-Siège. Conduisit l'expédition d'Anagni contre Boniface VIII (1303). Garde des Sceaux de septembre 1307 à sa mort, il instruisit le procès des Templiers.

Norfolk (Thomas de Brotherton, comte de) (1300-1338).
Fils aîné du second mariage d'Edouard Ier, roi d'Angleterre, avec Marguerite de France. Demi-frère d'Edouard II, et frère d'Edmond de Kent. Créé duc de Norfolk en décembre 1312 et maréchal d'Angleterre en février 1316. Rallia le parti Mortimer, dont son fils épousa une des filles.

Nouvel (Arnaud) (?-août 1317).
Abbé de l'abbaye cistercienne de Fontfroide (Aude). Créé cardinal par Clément V en 1310. Légat du pape en Angleterre.

Noyers (Miles IV de), seigneur de Vandœuvre (?-1350).
Maréchal de France (1303-1315). Négocia la paix en Flandre avec Louis de Nevers pour le compte de Louis X. Successivement conseiller de Philippe V, Charles IV et Philippe VI, joua un rôle d'exceptionnelle importance sous ces trois règnes. Grand bouteiller de France (1336).

Oderisi (Roberto).
Peintre napolitain. Elève de Giotto pendant le séjour de celui-ci à Naples, subit également l'influence de Simone de

Martino. Chef de l'école napolitaine de la seconde moitié du XIVe siècle. Son œuvre la plus importante : les fresques de l'Incoronata, à Naples.

Orleton (Adam) (?-1345).
Evêque de Hereford (1317), de Worcester (1328) et de Winchester (1334). Un des maître de la conspiration contre Edouard II. Trésorier d'Angleterre (1327). Accomplit de nombreuses missions et ambassades à la cour de France et en Avignon.

Orsini (Napoléon), dit des Ursins (?-1342).
Créé cardinal par Nicolas IV en 1288.

Pareilles (Alain de).
Capitaine des archers sous Philippe le Bel.

Payraud (Hugues de).
Visiteur de France dans l'Ordre des chevaliers du Temple. Arrêté le 13 octobre 1307, condamné à l'emprisonnement à vie en mars 1314.

Pélagrue (Arnaud de) (?-août 1331).
Archidiacre de Chartres. Créé cardinal par Clément V le 15 décembre 1305.

Périgord (Hélie de Talleyrand, cardinal de) (1301-1364).
Fils d'Hélie VII de Talleyrand, comte de Périgord, et de Brunissande de Foix. Reçut les ordres à Saint-Front de Périgueux. Archidiacre de Périgueux, abbé de Chancelade. Primat de l'église de Metz et archidiacre de Londres. Evêque de Limoges à vingt-trois ans (1324). Evêque d'Auxerre (1328). Cardinal le 24 mai 1331. Ami de Pétrarque. Le pape Innocent VI le chargea de négocier la paix entre Jean II et Edouard III. Après la bataille de Poitiers, partit pour Metz pour rencontrer l'empereur Charles IV. Mort en janvier 1364, il fut, sur sa demande, inhumé à Saint-Front de Périgueux.

Philippa de Hainaut, reine d'Angleterre (1314 ?-1369).
Fille de Guillaume de Hainaut et de Jeanne de Valois. Mariée le 30 janvier 1328 à Edouard III d'Angleterre, dont elle eut douze enfants. Couronnée en 1330.

Philippe III, dit le Hardi, roi de France (3 avril 1245-5 octobre 1285).
Fils de Saint Louis et de Marguerite de Provence. Epousa Isabelle d'Aragon (1262). Père de Philippe IV le Bel et de Charles, comte de Valois. Accompagna son père à la huitième croisade et fut reconnu roi à Tunis (1270). Veuf en 1271, il se remaria à Marie de Brabant dont il eut Louis, comte d'Evreux. Il mourut à Perpignan au retour d'une expédition faite pour soutenir les droits de son second fils au trône d'Aragon.

Philippe IV, dit le Bel, roi de France (1268-29 novembre 1314).
Né à Fontainebleau. Fils de Philippe III le Hardi et d'Isabelle d'Aragon. Epousa (1284) Jeanne de Champagne, reine de Navarre. Père des rois Louis X, Philippe V et Charles IV, et d'Isabelle de France, reine d'Angleterre. Reconnu roi à Perpignan (1285) et couronné à Reims (6 février 1286). Mort à Fontainebleau et enterré à Saint-Denis.

Philippe V, dit le Long, roi de France (1291-3 janvier 1322).
Fils de Philippe IV le Bel et de Jeanne de Champagne. Frère des rois Louis X, Charles IV, et d'Isabelle d'Angleterre. Comte palatin de Bourgogne, sire de Salins par son mariage (1307) avec Jeanne de Bourgogne. Comte apanagiste de Poitiers (1311). Pair de France (1315). Régent à la mort de Louis X, puis roi à la mort du fils posthume de celui-ci (novembre 1316). Mort à Longchamp, sans héritier mâle. Enterré à Saint-Denis.

Philippe VI, roi de France (1293-22 août 1350).
Fils aîné de Charles de Valois et de sa première épouse Marguerite d'Anjou-Sicile. Neveu de Philippe IV le Bel et cousin germain des rois Louis X, Philippe V et Charles IV. Comte de Valois (1325). Devint régent du royaume à la mort de Charles IV le Bel, puis roi à la naissance de la fille posthume de ce dernier (avril 1328). Sacré à Reims le 29 mai

1328. Son accession au trône, contestée par l'Angleterre, fut à l'origine de la seconde guerre de Cent Ans. Epousa en premières noces (1313) Jeanne de Bourgogne, dite la Boiteuse, sœur de Marguerite, et qui mourut en 1348 : en secondes noces (1349), Blanche de Navarre, petite-fille de Louis X et de Marguerite.

Philippe Le Convers.
Chanoine de Notre-Dame de Paris. Membre du Conseil de Philippe V pendant toute la durée de son règne.

Phoebus (Gaston III, dit), comte de Foix et de Béarn (1331-octobre 1391).
Fils de Gaston II et d'Eléonore de Comminges. Petit-fils de Jeanne d'Artois, sœur de Robert. Couronné à la mort de son père (1344). Participe à la bataille de Crécy. Nommé par Philippe VI co-lieutenant en Languedoc (1347). Epouse (1349) Agnès d'Evreux-Navarre, sœur de Charles le Mauvais. Tenait une cour fastueuse à Orthez. En 1382, frappe mortellement son fils unique. A sa mort, en 1391, ses terres reviennent à la couronne de France.

Ployebouche (Jean).
Prévôt de Paris de 1309 à fin mars 1316.

Pouget ou Poyet (Bertrand de) (?-1352).
Neveu du pape Jean XXII et créé cardinal par lui en décembre 1316.

Prato (Nicolas Alberti de) (?-avril 1321).
Evêque de Spolète, puis d'Ostie (1303). Créé cardinal par Benoît XI le 18 décembre 1303. Mort en Avignon.

Pré (Jehan du).
Ancien Templier ; s'employait comme domestique à Valence en 1316. Fut impliqué avec le clerc et ancien Templier Evrard dans la tentative d'envoûtement du roi Louis X par le cardinal Caëtani.

Presles (Raoul Ier de) ou de Prayères (?-1331).
: Seigneur de Lizy-sur-Ourcq. Avocat. Secrétaire de Philippe le Bel (1311). Emprisonné à la mort de ce dernier, mais rentré en grâce dès la fin du règne de Louis X. Gardien du conclave de Lyon en 1316. Anobli par Philippe V, chevalier poursuivant de ce roi et membre de son Conseil. Fonda le collège de Presles.

Reynolds (Walter) (?-1327).
: Trésorier (1307). Evèque de Worcester (1307). Gardien du sceau (1310-1314). Un des principaux conseillers d'Edouard II, il prit le parti d'Isabelle en 1326. Couronna Edouard III, dont il était parrain.

Robert, roi de Naples (vers 1278-1344).
: Troisième fils de Charles II d'Anjou, dit le Boiteux, et de Marie de Hongrie. Duc de Calabre en 1296. Vicaire général du royaume de Sicile (1296). Désigné comme héritier du royaume de Naples (1297). Prince de Salerne (1304). Roi en 1309. Couronné en Avignon par le pape Clément V. Prince érudit, poète et astrologue, il épousa en premières noces Yolande (ou Violante) d'Aragon, morte en 1302 ; puis Sacia, fille du roi de Majorque (1304).

Roger (Pierre) (voir Clément VI, pape).

Saint-Pol (Guy de Châtillon, comte de) (?-avril 1317).
: Fils de Guy IV et de Mahaut de Brabant. Epousa Marie de Bretagne (1292), fille du duc Jean II et de Béatrice d'Angleterre. Grand bouteiller (1296). Exécuteur testamentaire de Louis X et membre du conseil de régence. Père de Mahaut, troisième épouse de Charles de Valois.

Saisset (Bernard de).
: Abbé de Saint-Antoine de Pamiers. Boniface VIII créa pour lui l'évêché de Pamiers (1295). En conflit avec la couronne, il fut arrêté et comparut à Senlis, en octobre 1301. Son procès amena la rupture entre Philippe IV et le pape Boniface VIII.

Savoie (Amédée V, dit le Grand, comte de) (1249-octobre 1323).
Deuxième fils de Thomas II de Savoie, comte de Maurienne (mort en 1259), et de sa deuxième épouse Béatrice de Fiesque. Succède en 1283 à son oncle Philippe. Epouse en premières noces Sibylle de Baugé (morte en 1294), et se remarie en 1304 à Marie de Brabant. En 1307, son fils Edouard épouse Blanche de Bourgogne, sœur de Marguerite et d'Eudes IV.

Savoie (Pierre de) (?-1332).
Archevêque de Lyon (1308). Entré en lutte avec Philippe le Bel et emmené en captivité par celui-ci en 1310. Consentit à la réunion du Lyonnais à la couronne en 1312, et retrouva son siège archiépiscopal.

Seagrave (Stephen) (?-1325).
Constable de la Tour de Londres. Emprisonné après l'évasion de Mortimer et libéré en juin 1324.

Souastre.
Membre de la ligue féodale d'Artois en révolte contre la comtesse Mahaut.

Stapledon (Walter) (1261-1326).
Professeur de droit canon à Oxford. Evêque d'Exeter (1307). Trésorier d'Angleterre (1320). Assassiné à Londres.

Stefaneschi (Jacques Caëtani de) (?-juin 1341).
Créé cardinal par Boniface VIII le 17 décembre 1295.

Sully (Henri de) (?-vers 1336).
Fils d'Henri III, sire de Sully (mort en 1285) et de Marguerite de Beaumetz. Epoux de Jeanne de Vendôme. Grand bouteiller de France à partir de 1317.

Talleyrand (Archambaud de), comte de Périgord (?-1397).
Fils de Roger-Bernard et d'Eléonore de Vendôme. Succéda à son père en 1361. Etant passé au service de l'Angleterre, fut banni et ses biens rattachés au domaine royal.

Tolomei (Spinelllo).
Chef en France de la Compagnie siennoise des Tolomei, fondée au XIIe siècle par Tolomeo Tolomei et rapidement enrichie par le commerce international et le contrôle des mines d'argent en Toscane. Il existe toujours à Sienne un palais Tolomei.

Trye (Mathieu de).
Seigneur de Fontenay et de Plainville-en-Vexin. Grand panetier (1298) puis chambellan de Louis Hutin, et grand chambellan de France à partir de 1314.

Trye (Mathieu de) (?-1344).
Neveu du précédent. Seigneur d'Araines et de Vaumain. Maréchal de France vers 1320. Lieutenant général en Flandre (1342).

Valois (Charles de) (12 mars 1270-décembre 1325).
Fils de Philippe III le Hardi et de sa première épouse, Isabelle d'Aragon. Frère de Philippe IV le Bel. Armé chevalier à quatorze ans. Investi du royaume d'Aragon par le légat du pape, la même année, il n'en put jamais occuper le trône et renonça au titre en 1295. Comte apanagiste d'Anjou, du Maine et du Perche (mars 1290) par son premier mariage avec Marguerite d'Anjou-Sicile ; empereur titulaire de Constantinople par son second mariage (janvier 1301) avec Catherine de Courtenay, fut créé comte de Romagne par le pape Boniface VIII. Epousa en troisièmes noces (1308) Mahaut de Châtillon-Saint-Pol. De ses trois mariages, il eut de très nombreux enfants ; son fils aîné fut Philippe VI, premier roi de la lignée Valois. Il mena campagne en Italie pour le compte du pape en 1301, commanda deux expéditions en Aquitaine (1297 et 1324) et fut candidat à l'empire d'Allemagne. Mort à Nogent-le-Roi et enterré à l'église des Jacobins à Paris.

Valois (Jeanne de), comtesse de Beaumont (vers 1304-1363).
Fille du précédent et de sa seconde épouse, Catherine de Courtenay. Demi-sœur de Philippe VI, roi de France, Epouse de Robert d'Artois, comte de Beaumont-le-Roger (1318).

Enfermée, avec ses trois fils, à Château-Gaillard après le bannissement de Robert, puis rentrée en grâce.

Valois (Jeanne de), comtesse de Hainaut (vers 1295-1352).
Fille de Charles de Valois et de sa première épouse, Marguerite d'Anjou-Sicile. Sœur de Philippe VI, roi de France, Epouse (1305) de Guillaume, comte de Hainaut, de Hollande et de Zélande, et mère de Philippa, reine d'Angleterre.

Via (Arnaud de) (?-1335).
Evêque d'Avignon (1317). Créé cardinal par Jean XXII en juin 1317.

Warenne (John de) (1286-1344).
Comte de Surrey et de Sussex. Beau-frère de John Fitzalan, comte d'Arundel. Chevalier et membre du Parlement dès 1306. Resté fidèle au roi Edouard II, il fut cependant membre du Conseil de régence d'Edouard III.

Watriquet Brasseniex, dit de Couvin.
Originaire de Couvin, en Hainaut, village proche de Namur. Ménestrel attaché aux grandes maisons de la famille Valois, acquit une réelle célébrité pour ses lais composés entre 1319 et 1329. Ses œuvres furent conservées dans de jolis manuscrits enluminés, exécutés sous sa direction pour les princesses de son temps.

omnibus — Livres d'hier, lectures d'aujourd'hui

**Vous avez aimé ce livre ?
Venez en parler sur la page Facebook
des éditions Omnibus**

Retrouvez notre catalogue sur
www.omnibus.tm.fr
et abonnez-vous à la newsletter
dans la rubrique Lettre d'information

*Littérature française et étrangère,
Polar, S-F, Mer et Aventure,
Dossiers historiques, Anthologies thématiques,
Dictionnaires et Albums de poésies*

Composé par Nord Compo, Villeneuve-d'Ascq, Nord
Imprimé par l'Imprimerie Maury S.A.S., 12100 Millau, France
en décembre 2017 – N° d'impression : L17-57318L
pour Omnibus, 12, avenue d'Italie, 75013 Paris
http://www.omnibus.tm.fr

omnibus

omnibus